KANT-FC

KANT-FORSCHUNGEN

Herausgegeben von Reinhard Brandt und Werner Stark

Band 10

FELIX MEINER VERLAG
HAMBURG

REINHARD BRANDT

Kritischer Kommentar
zu Kants
Anthropologie
in pragmatischer Hinsicht
(1798)

FELIX MEINER VERLAG
HAMBURG

Im Digitaldruck »on demand« hergestelltes, inhaltlich mit der ursprünglichen Ausgabe identisches Exemplar. Wir bitten um Verständnis für unvermeidliche Abweichungen in der Ausstattung, die der Einzelfertigung
geschuldet sind. Weitere Informationen unter: *www.meiner.de/bod*

Bibliographische Information der Deutschen Nationalbibliothek

Die Deutsche Nationalbibliothek verzeichnet diese Publikation
in der Deutschen Nationalbibliographie; detaillierte bibliographische
Daten sind im Internet über ‹http://portal.dnb.de› abrufbar.
ISBN 978-3-7873-1384-6
ISBN eBook: 978-3-7873-2796-6

www.meiner.de

INHALT

EINLEITUNG

1. Die Idee des Werks

Die Anthropologie in pragmatischer Hinsicht hat zu keiner Auseinandersetzung zwischen Anhängern und Gegnern geführt, und es gibt bis heute keine namhafte Studie, die dem Buch von 1798 gewidmet ist.[1] Das Werk provoziert keine Stellungnahme; es ist ein Sachbuch, das informieren will, es bringt keine Theorie, die sich militant gegen andere Theorien oder gar die Metaphysik wendet, wie es andere Anthropologien taten. Friedrich Schleiermachers ablehnende Rezension[2] hat keine gleichrangigen Verteidiger auf den Plan gerufen, sondern allenfalls die Interesselosigkeit des Publikums verstärkt. Zwar wurde das Werk mit 2000 Exemplaren in erster Auflage gedruckt und übertraf mit dieser Auflagenstärke alle früheren Werke Kants;[3] bereits 1800 erschien zur Ostermesse eine zweite Auflage, aber es gab keine öffentliche Auseinandersetzung um die Schrift und ihre Thesen, die Spuren hinterlassen hätte.[4]

Anders als die Kantische Anthropologie verfolgte David Humes *Treatise of Human Nature* – also ausweislich des Titels ebenfalls eine Anthropologie – das empiristische Programm der Destruktion der spekulativen oder rationalistischen Philosophie und ihre Ersetzung durch die »science of man«. Die auf Erfahrung und Beobachtung gegründete Wissenschaft vom Menschen liefere »the only solid foundation of the other sciences«, wie es in der Einleitung heißt. Unter dem Einfluß Humes schrieb Herder: »Philosophie wird auf Anthropologie zurückgezogen.«[5] Später wird die Anthropologie Ludwig Feuerbachs dieses Programm aufnehmen. Die Grundsätze der Philosophie der Zukunft (1843) verkünden erneut die Reduktion der Philosophie auf Anthropologie: »Die neue Philosophie macht den *Menschen* mit Ein-

---

[1] Symptomatisch, daß ein Preisausschreiben über Kants Anthropologie des Jahres 1931 ohne Ergebnis blieb (Kant-Studien 36, 1931, 384–385). – Zu den in der »Einleitung« benutzten Abkürzungen s. das Siglenverzeichnis am Schluß.

[2] Schleiermacher rezensierte die Anthropologie im Athenaeum 2, 1799, 300–306. Abgedruckt in der von Rudolf Malter 1980 besorgten Vorländer-Ausgabe der Anthropologie im Meiner-Verlag.

[3] Vgl. Rosenkranz, Schubert in Kant 1838ff., XI 2, 154.

[4] Johann Ith, ein Kirchenhaupt aus Bern, integrierte einige Hinweise auf Kant in die 2. Auflage seines Versuchs einer Anthropologie oder Philosophie des Menschen (1803) 61–62; 381; 386; 388–390; 392–393, aber ohne jeden theoretischen Biß.

[5] Herder 1877ff., XXXII 37 (in der postum publizierten Abhandlung »Problem: wie die Philosophie zum Besten des Volks allgemeiner und nützlicher werden kann.«).

schluss der Natur, als der Basis des Menschen, zum *alleinigen, universalen* und *höchsten Gegenstand* der Philosophie – die *Anthropologie* also, mit *Einschluss der Physiologie, zur Universalwissenschaft.*«[6] Kants empirischer Anthropologie dagegen fehlt jede empiristische Zielsetzung. Die Anthropologie wird als »pragmatisch« bezeichnet; später wird der Pragmatismus in Fortsetzung des anthropologischen Empirismus ebenfalls den Versuch unternehmen, apriorisch argumentierende Theorien durch Evidenzen des Alltags auszuheben. An diesen -ismen nimmt die Kantische pragmatische Anthropologie nicht teil; sie verzichtet sogar konsequent, wenn unsere Überlieferung nicht trügt, auf die Eingliederung in die Philosophie – von seiner pragmatischen Anthropologie scheint Kant nicht als einer philosophischen Disziplin gesprochen zu haben. Die pragmatische Anthropologie ist eine Enzyklopädie der Kantischen Philosophie auf empirischer Ebene; sie ist nicht in das (wechselnd konzipierte) System der Transzendentalphilosophie oder kritischen Philosophie integriert, sondern stellt sich neben die eigentliche Philosophie und erörtert doch deren Probleme in der Dimension, die einer Disziplin im Empirischen – bei vielfältigen Anleihen und Brücken zur reinen Philosophie – möglich ist. Was sie lehrt, ist im Prinzip von empirischer Allgemeinheit; die universellen, auch apriorischen Strukturen und Vorgaben begründet sie nicht, sondern entleiht sie stillschweigend den korrespondierenden philosophischen Disziplinen, bedacht, keine Konflikte entstehen zu lassen. Dieses irenische Unternehmen hat keine Auseinandersetzungen und sich profilierende Kontraste in der Interpretation entzündet.

Welches ist die leitende, einheitsstiftende Idee des Werks? »Anthropologie« kündigt eine theoretische Untersuchung des Menschen an; »in pragmatischer Hinsicht« dagegen eine Einschränkung auf die Befassung nur mit den praktischen Aspekten, und die »Vorrede« fügt drittens eine moralische Pointe hinzu: Das Buch hat zum Thema, was der Mensch »als freihandelndes Wesen aus sich selber macht, oder machen kann und soll.« (119,13–14)

Die Anthropologie bestimmt (in Teil 1) und charakterisiert (in Teil 2) den Menschen, aber wodurch ist sie selbst im ganzen bestimmt und charakterisiert? Welches ist ihre durchgängige Leitidee?

Doch vorweg eine Klärung des Wortes »Idee«. Kant selbst spricht von der »Idee im Ganzen« seiner KrV (B XLIV), und er kann sich dabei auf die Vernunftidee beziehen, der das System der Kritik seine Einheit verdankt: »Ich verstehe aber unter einem Systeme die Einheit der mannigfaltigen Erkenntnisse unter einer Idee.« (A 832) Vernunftideen leiten den Verstandesgebrauch, der sich durch die apriori notwendigen, weil der Vernunft

---

6 Feuerbach 1903 ff., II 317.

zugehörigen Ideen erst als einheitlicher konstitutiert (A 327 ff.). Nun bilden
die pragmatische Anthropologie und das Buch, in dem sie ihre Darstellung
findet, kein System unter einer Vernunftidee; sie ist nur eine systematisch
abgefaßte empirische Wissenschaft (119,9; 120,27 und 121,29). Wenn wir
trotzdem versuchen, die »Idee« des Werkes zu skizzieren, dann mit einem
weiter gefaßten Ideenbegriff, wie er in der Neuzeit vielfältig für eben diesen
Zweck mit der »Idea operis«, »Idea dell' Opera« verwendet wurde. Während die »Idee im Ganzen« der KrV doch wohl bedeuten müßte, daß
derjenige, der sich ihrer bemächtigt, das Werk ohne die Kenntnis der Schrift
selbst für sich hervorbringen könnte, können und müssen wir im Fall der
Anthropologie nur die Hauptgesichtspunkte kennen, die zur Orientierung
bei der Lektüre dienen. Wenn es in der Vorlesungsankündigung des Som-
mersemesters 1775 heißt: »Die physische Geographie, die ich hierdurch
ankündige, gehört zu einer Idee, welche ich mir von einem nützlichen
akademischen Unterricht mache [...]« (II 443,12 – 13), und wenn zu dieser Idee auch die im Wintersemester folgende Anthropologie-Vorlesung
gezählt wird, dann wird hier der Ideenbegriff nicht im Sinn eines apriorischen Vernunftbegriffs, sondern unterminologisch gebraucht. Keine der
beiden Disziplinen hat eine Vernunftidee zur Grundlage, und keine bildet
entsprechend im strengeren Sinn ein System, das als Ganzes seine Teile
bestimmt.

Es ist sicher nicht möglich, das eine gemeinsame Thema der pragmatischen Anthropologie aus der Artikulation des Stoffes in zwei Teile mit
den Titeln »Didaktik« und »Charakteristik« zu gewinnen, und auch die
beiden Untertitel geben für diesen Zweck nichts her: »Von der Art, das
Innere sowohl als das Äußere des Menschen zu erkennen« und »Von der
Art, das Innere des Menschen aus dem Äußeren zu erkennen«.[7] Eine
bessere Anweisung gibt der schon angesprochene Satz der »Vorrede«, die
pragmatische Menschenkenntnis gehe auf das, »was er [der Mensch] als
freihandelndes Wesen aus sich selber macht, oder machen kann und soll.«
(119,13 – 14) Interpretieren wir diesen Leitsatz mit einiger Freiheit, so
stoßen wir auf drei Themenbereiche. Einmal wird vom faktischen Tun
(und dessen psychologischer Motivation) gehandelt, sodann von der Klugheit des Handeln-Könnens, und drittens folgt eine Sphäre des Sol-
lens. Diesen dreifachen Aspekt menschlichen Handelns finden wir tatsächlich in der Anthropologie. Sie bietet einmal eine Phänomenologie menschlichen Agierens und Reagierens im Hinblick auf die psychologischen
Motive. In dieser Ebene ist sie Erbe der »psychologia empirica« Christian
Wolffs und Alexander Baumgartens, angereichert mit vielfältigem neuen
Material, eingebettet in eine immer schon teleologisch konzipierte Natur

---

[7] S. dazu den Kommentar zu den jeweiligen Titeln und Untertiteln.

des Menschen. Sie stellt zweitens diese Psychologie und Phänomenologie
unter ein neues Ziel; die Informationen sollen einer Handlungswissenschaft
dienen, sie sollen pragmatisch verwertbar sein, d. h. dem Menschen eine
Orientierung im praktisch-klugen Umgang mit anderen Menschen, aber
auch mit sich selbst liefern. Daher der Titel: Anthropologie in *pragmatischer* Hinsicht. Tatsächlich enthält der Titel jedoch eine Unterbestim-
mung des Inhalts des Buches, denn die Schrift kulminiert in der
Untersuchung der Bestimmung der menschlichen Gattung. Die Gattung
im ganzen ist kein menschliches Subjekt, das mir in meinem pragmatischen
Handeln in der Welt begegnen könnte; es gehört jedoch zum moralischen
Selbstverständnis des Menschen, sich in Harmonie mit der Vernunft-
Bestimmung der menschlichen Gattung zu wissen. Daher führt die
»Summe der pragmatischen Anthropologie in Ansehung der Bestimmung
des Menschen« (324,33–34) auf den das rein Pragmatische transzendieren-
den Zielpunkt des Handelnden, »sich der Menschheit würdig zu machen.«
(325,4)
   Wir haben, so zeigt sich, drei Ebenen der Untersuchung vor uns. Die erste
macht uns mit Phänomenen und möglichst auch deren Erklärung in einer
empirischen Psychologie vertraut, die zweite restringiert diese (für sich
beliebigen) Phänomene und ihre psychologische Motivation auf die Vielfalt
des menschlichen Handelns im Hinblick auf einen klugen Gebrauch anderer Menschen (und unserer selbst), und die dritte fügt diesen Befund in eine
für die Moral relevante Natur- und Vernunftbestimmung der menschlichen
Gattung.
   Einige Hinweise zu den drei Bereichen der Kantischen Anthropologie.
Die empirische Psychologie als eigentümliche Interessensphäre des akademischen Unterrichts gewinnt spätestens 1765–1766 Konturen, greifbar für
uns durch die »Nachricht von der Einrichtung seiner Vorlesungen«
(II 303–313). Kant fängt, so das Programm, die Metaphysikvorlesung »nach
einer kleinen Einleitung von der *empirischen Psychologie* an, welche eigentlich die metaphysische Erfahrungswissenschaft vom *Menschen* ist; denn was
den Ausdruck der Seele betrifft, so ist es in dieser Abteilung noch nicht
erlaubt zu behaupten, daß er eine habe.« (II 309,1–5) Kant übernimmt diese
Konzeption der empirischen Psychologie 1772–1773 mit der durch die
Dissertation erzwungenen Korrektur, daß eine »metaphysische Erfahrungswissenschaft« ein hölzernes Eisen ist und folglich empirische Psychologie
nicht in die Metaphysik als einer reinen, dezidiert nicht-empirischen Vernunftlehre gehören kann, sondern eine selbständige theoretische Sachdiszi-
plin ist. Sie steht als besonders einfach, weil metaphysikfrei, am Anfang des
Studiums.
   Die Transformation dieses ersten Programms zu einer nicht mehr theoretischen, sondern praktischen oder pragmatischen Disziplin findet vermut-

lich um 1773 statt;[8] sie ermöglicht es, den Weltbegriff in den Vordergrund zu
stellen. Zusammen mit der »Physischen Geographie« hat die Vorlesung
jetzt, ab Mitte der siebziger Jahre, die Aufgabe, die Brücke von der Schule
bzw. Universität zur Welt zu stiften. So steht es prononciert im Vorlesung-
sprogramm vom Sommer 1775. Die akademische »Vorübung in der *Kenntniß der Welt*« diene dazu, »allen sonst erworbenen Wissenschaften und
Geschicklichkeiten das *Pragmatische* zu verschaffen, dadurch sie nicht bloß
für die *Schule*, sondern auch für das *Leben* brauchbar werden, und wodurch
der fertig gewordene Lehrling auf den Schauplatz seiner Bestimmung, nämlich in die *Welt*, eingeführt wird. Hier liegt ein zwiefaches Feld vor ihm,
wovon er einen vorläufigen Abriß nöthig hat, um alle künftige Erfahrungen
darin nach Regeln ordnen zu können: nämlich die *Natur* und der *Mensch*.
Beide Stücke aber müssen darin *kosmologisch* erwogen werden, nämlich
nicht nach demjenigen, was ihre Gegenstände im Einzelnen Merkwürdiges
enthalten (Physik und empirische Seelenlehre), sondern was ihr Verhältniß
im Ganzen, worin sie stehen und darin ein jeder selbst seine Stellung
einnimmt, uns anzumerken giebt.« (II 443,14–25) Von der bloß empirischen Psychologie sagt Kant jetzt, nach der Änderung der Vorlesung von
einer theoretischen zu einer pragmatischen Disziplin, sowohl in einem Brief
an Marcus Herz vom Herbst 1773 (X 145,34–36) wie auch in der publizierten Anthropologie von 1798 (VII 119,14–22), daß sie gewissermaßen wehr-
los ist gegenüber einer Nachfrage nach dem *physiologischen* Substrat
psychologischer Phänomene und Prozesse; so gerät z. B. die empirische
Untersuchung des Gedächtnisses in die Lage, das Gehirn in die Forschung
einzubeziehen; diese Nachforschung jedoch, so Kants Überzeugung, führt
faktisch zu keinem Ergebnis. Die pragmatische Wende rettet die empirische
Untersuchung vor diesem Überschritt, da die Erforschung der Korrelation
von Geist und Körper keinen Beitrag zum weltklugen Verhalten liefern
kann, man sich also aus diesem Grund nicht auf sie einzulassen braucht.
Dies ist ein Gewinn, den die neue Konzeption der Anthropologie verbuchen kann. Daneben vermag sie jetzt, die Aufzählung psychologischer
Fakten und auch Kuriositäten unter ein Ziel zu stellen, die Ermöglichung
klugen Handelns der künftigen Weltbürger.
    Das Buch endet mit der Untersuchung des Charakters und der Bestim-
mung der menschlichen Gattung insgesamt. Wie verhält sich dieser Schluß
und vielleicht auch Zielpunkt der Anthropologie zu dem, was die Menschen
faktisch tun und was sie unter dem Gesichtspunkt der Klugheit tun können,
also der Anthropologie als einer pragmatischen Disziplin? Es lassen sich
drei Gesichtspunkte angeben, die vom nur pragmatischen Können zum
Sollen und von den vielen Menschen zur Menschheit führen. Einmal kann

---

[8] Vgl. dazu XXV S. VII–IX.

man von der allgemeinen Erwägung des immer nur distributiven klugen Handelns zur Frage gelangen, in welchem Totum dieses Handeln eigentlich zu verstehen ist. Betrachtet man die menschlichen Motive und das menschliche Tun und Lassen pragmatisch, also im Hinblick auf das, was man aus sich selbst machen und wozu man andere Menschen gebrauchen kann, so gewinnt man keine letzte Einheit aller menschlichen Zwecke. Die Frage, worauf das Handeln der Menschen in der Welt insgesamt hinausläuft, wird von der bloßen Klugheitslehre nicht beantwortet. Die Untersuchung des komplexen individuellen Handelns gelangt unter der Leitung der Vernunft und ihrer Suche nach einer abschließenden Einheit zum Ganzen, in dem sich das verstreute menschliche Handeln vollzieht. Dieses Ganze ist das Geschick der Menschheit überhaupt. Die Vernunft leitet zweitens zugleich als praktische von den pragmatischen Möglichkeiten zu einem *Sollen* der Menschheit im ganzen. Ich denke, daß das in der »Vorrede« angeführte »soll« (119,14) am besten geschichtsphilosophisch und somit vom Ende der Schrift her zu verstehen ist. Die Menschheit im ganzen ist dazu bestimmt, einen Friedenszustand zwischen Republiken zu errichten – dies ist das »Soll«, in dem alle vereint sind. Damit ist nicht geleugnet, daß der Mensch in der pragmatischen Anthropologie auch als moralisches Individuum angesprochen wird und etwa die Frage der Charakterbildung mit ihrem »soll« unabhängig vom Gattungsgeschick erörtert wird. Aber dabei ist das »soll« zugleich in der Weise vermittelt, daß uns pragmatisch interessiert, ob ein Mensch einen stabilen oder gar moralischen Charakter hat oder nicht. Dies zu wissen, gehört in die Domäne der Klugheit. Die finale Bestimmung der Gattung im ganzen überschreitet dagegen die Dimension der bloßen Klugheit. Von der Bestimmung der Gattung im ganzen erhellt nun zugleich drittens, wie die Übel und die Sinnlosigkeiten, auf die wir im einzelnen stoßen, im ganzen doch als vernünftig zu verstehen sind. Der Blick aufs Ganze versöhnt uns mit dem Befund in der pragmatischen Ebene, daß der Mensch erstens (Titel: Erkenntnisvermögen) seine Gedanken verheimlicht und andere täuscht und belügt, daß zweitens (Titel: Gefühl der Lust und Unlust) der Schmerz die Grundtönung der gefühlten Existenz ist und daß drittens (Titel: Begehrungsvermögen) die Laster zu triumphieren scheinen. Im Erkennen, Fühlen und Begehren ist das menschliche Leben im einzelnen, so scheint es, sinnlos oder gar infernalisch. Nur der Blick auf die Bestimmung der Menschheit kann uns mit dem versöhnen, was uns der pragmatische Umgang mit uns und unseresgleichen alltäglich lehrt. Wir erkennen jetzt, daß die Natur diese drei Sphären menschlicher Übel als Mittel benutzt und benötigt, das große Ziel der Menschheit im ganzen herbeizuführen. Der Zweck dieser Übel des menschlichen Lebens, so das Ergebnis der teleologischen Reflexion, ist die Hervorbringung des Guten. Im Vorplan der Natur ist der Mensch dazu bestimmt, sich selbst zu

bestimmen, technisch und pragmatisch in der Entwicklung seiner natür-
lichen Fähigkeiten und moralisch in der Erringung der Autonomie. Diese
Sinn-und Sollens-Ebene wird ermöglicht durch eine deistisch überhöhte
Natur, die die Welt nach Zwecken lenkt und die sich im Einklang mit der
reinen praktischen Vernunft weiß. Der von der Stoa entlehnte Begriff der
Natur-Vorsehung wird dabei ohne explizit kritische Restriktion und Rücksicht gebraucht. Die vernünftige, moralisch-zweckhafte Natur will, daß die
Menschheit ihre natürlichen Anlagen und ihre Moralität selbst entwickelt,
und sie zwingt sie mit mechanischen Mitteln zu diesem ihrem Zweck. Die
Verblendung und die Verstellung, der Schmerz und drittens das Böse sind
gut, weil sie die Menschheit insgesamt zur Zivilisierung, Kultivierung und
zum rechtlich-moralischen Fortschritt zwingen. Jede Gegenwart ist erfüllt
von einem physischen und moralischen Übel, die als Stachel zur Erzeugung
eines besseren Zustandes wirken. Gemäß diesem Konzept neigt Kant auf
anderem Gebiet z. B. dazu, als den Entstehungsort der kritischen Philosophie die Verblendung der reinen Vernunft anzusehen und der Natur dafür
zu danken: »[...] so daß die Antinomie der reinen Vernunft, die in ihrer
Dialektik offenbar wird, in der That die wohltätigste Verirrung ist, in die die
menschliche Vernunft je hat geraten können, indem sie uns zuletzt
antreibt, den Schlüssel zu suchen, aus diesem Labyrinthe herauszukommen,
[...].« (V 107,25–29) Die Entdeckung der Wahrheit verdankt sich der
Verblendung. Zweitens verhindert der Schmerz das tatenlose Verweilen im
angenehmen Lebensgefühl; und drittens treibt das Böse uns zur Verwirklichung der Autonomie. Aus der Verirrung, dem Schmerz und dem Bösen,
mit denen wir im pragmatischen Vorantreiben des Lebens geschlagen sind,
erzeugt somit die vorsorgliche Natur eine bessere Zukunft.

Die Rechtfertigung der »negativen« Anthropologie dient nicht einer
theoretischen Theodizee, sondern hat wiederum einen immanenten *praktischen* Sinn. Erweist sich der Gang der menschlichen Gattung im ganzen als
gerichtet auf eine zunehmende Versittlichung, dann brauchen wir nicht zu
verzweifeln und können nicht gegen die Erfüllung unserer moralischen
Aufgabe die Effektlosigkeit aller moralischen Anstrengung anführen. Die
Aufopferung unseres Lebensglücks zugunsten der Moralität hat ihren Sinn
in der Bestimmung der Menschheit im ganzen. Hier nun liegt die Gefahr,
daß die Natur den einzelnen Menschen zum bloßen Mittel ihres universalistischen Planes macht. Hatte Kant nicht selbst in der »Idee zu einer
allgemeinen Geschichte in weltbürgerlicher Absicht« geschrieben: »Befrem-
dend bleibt es immer hiebei: daß die älteren Generationen nur scheinen um
der späteren willen ihr mühseliges Geschäfte zu treiben, um nämlich diesen
eine Stufe zu bereiten, von der diese das Bauwerk, welches die Natur zur
Absicht hat, höher bringen könnten; und daß doch nur die spätesten das
Glück haben sollten, in dem Gebäude zu wohnen, woran eine lange Reihe

ihrer Vorfahren (zwar freilich ohne ihre Absicht) gearbeitet hatten, ohne
doch selbst an dem Glück, das sie vorbereiteten, Antheil nehmen zu
können.« (VIII 20,12–20) Kant verfügt jedoch über eine Rettung: Es ist das
individuelle Sollen im Hinblick auf die Bildung eines Charakters. Der
moralische Charakter entspringt einer Revolution in einem bestimmten
Lebensalter, in dem sich, so darf man Kant ergänzen, ein Überdruß an den
sich immer wiederholenden sinnlichen Impressionen und Verlockungen
einstellt. Der moralische Charakter ist in sich gut und bedarf keines weiteren Horizontes, der allererst seinen Wert expliziert. Als autonome Person
bin ich dagegen gefeit, mich zum bloßen Mittel eines Geschichtsplans
machen zu lassen.

Das negative Element des menschlichen Lebens ist in der Kantischen
Anthropologie nicht immer präsent, sondern nur in bestimmten entschei-
denden Teilstücken. Entsprechend wird der Leser in der Phänomen-Ebene
mit einem häufig beschaulich dargestellten Panorama des menschlichen
Tuns und Lassens konfrontiert und mit den psychologischen Triebfedern
vertraut gemacht, die zu den alltäglichen und den bizarren, den liebenswer-
ten und lächerlichen, den klugen und wahnhaften eigenen und fremden
Handlungen führen. Kant, einer der großen Beobachter im Jahrhundert des
»Spectator«, sieht hierbei die Menschen aus dem eigentümlichen Winkel der
Mittelklasse seiner Zeit und seines Landes; die allgegenwärtige antike und
neuzeitliche europäische Literatur und die Kraft der Reflexion neutralisie-
ren jedoch die zeit- und ortsgebundenen Bornierungen und erweitern die
Anthropologie zu einer Summe der bis dahin literarisch vermittelten Menschenkenntnis. Den vorhergehenden Untersuchungen der menschlichen
Motive und Handlungen in den empirischen Psychologien fehlte der
befreite weltweite Blick der europäischen Aufklärung; die Anthropologien
im 19. Jahrhundert suchen dagegen eine feste experimentelle Basis und
verlieren wieder den Kosmopolitismus, der im 18. Jahrhundert das psychologische Detail noch mit dem Schicksal der Menschheit im ganzen zu
verbinden verstand.

Wenn diese Skizze die Idee der Anthropologie von 1798 korrekt wiedergibt, dann ist sie (wie schon die Vorlesung) ein in sich abgerundetes Ganzes;
es gibt dann eine lockere Einheit vom Anfang, der mit dem Ich-Bewußtsein
beginnt, bis zum Schluß mit der Bestimmung der Menschheit im ganzen,
eine Einheit auch der drei Sphären: der phänomenalen, der pragmatischen
und der moralisch-teleologischen.

Wenn diese Annahmen stimmen, dann ist die »pragmatische Anthropologie« nicht identisch mit der Anthropologie, die Kant verschiedentlich
als ergänzende Disziplin der reinen Moralphilosophie fordert, z.B. in der
Grundlegung zur Metaphysik der Sitten. »Die Physik wird also ihren empirischen, aber auch einen rationalen Theil haben; die Ethik gleichfalls,

wiewohl hier der empirische Theil besonders *praktische Anthropologie*,
der rationale aber eigentlich *Moral* heißen könnte.« (IV 388,11–14) Bestimmte Äußerungen in den Nachschriften der Moral- und Anthropologie-
Vorlesungen legen es zwar nahe, die »praktische Anthropologie« mit der
pragmatischen zu identifizieren.[9] So heißt es in der von Paul Menzer zuerst
herausgegegebenen Ethik-Vorlesung von 1774–1775: »Die Wißenschaft der
Regel, wie der Mensch sich verhalten soll, ist die practische Philosophie, und
die Wißenschaft der Regel des wirklichen Verhaltens ist die Anthropologie;
diese beide Wißenschaften hangen sehr zusammen, und die Moral kann
ohne die Anthropologie nicht bestehen, denn man muß das Subject erst
kennen, ob es auch im Stande ist, das zu leisten, was man von ihm fordert,
das es thun soll. Man kann zwar die practische Philosophie wohl erwegen
auch ohne die Anthropologie oder ohne die Kentniß des Subjects, allein
denn ist sie nur speculative, oder eine Idee; so muß der Mensch doch
wenigstens hernach studiert werden. Es wird immer gepredigt was geschehen soll, und keiner denkt daran ob es geschehen kann [...]. Daher muß
man den Menschen kennen, ob er auch das thun kann, was man von ihm
fordert.« (XXVII 244,16–34) Das auffällige Echo in den Anthropologie-
nachschriften lautet: »Der Mensch aber, das Subject muß studirt werden, ob
er auch das praestiren kann, was man fordert, das er thun soll. Die Ursache,
daß die Moral und Kanzelreden, die voll Ermahungen sind, in denen man
niemals müde wird, weniger Effect haben, ist der Mangel der Kenntniß
des Menschen. Die Moral muß mit der Kenntnis der Menschheit verbunden werden.« (XXV 471,35–472,2, Winter 1775–1776) Bei Mrongovius
(1784–1785) heißt es: »Die Anthropologie ist pragmatisch dienet aber
zur Moralischen Kentniß des Menschen denn aus ihr muß man die BewegungsGründe zur moral schöpfen und ohne sie wäre die moral scholastisch
und auf die Welt gar nicht anwendbar und derselben nicht angenehm.«
(XXV 1211,30–33) Hiermit ist zweifellos eine Engführung der pragmatischen Anthropologie mit der reinen Moralphilosophie markiert, wie sie zu
keiner anderen Disziplin besteht. Trotzdem reichen diese Hinweise nicht
aus, die zitierten Passagen zu verknüpfen und der pragmatischen Anthropologie die Systemstelle zuzuweisen, die in der *Grundlegung* die praktische
Anthropologie innehat. Besonders folgende Gründe sind entscheidend:
Gemäß den Vorlesungsnachschriften entsteht das Anthropologie-Kolleg
1772 aus der Baumgartenschen empirischen Psychologie; sie ist also eine
originär theoretische Disziplin, wenn auch mit praktischer Wichtigkeit. Der
Ursprung der Anthropologie ist die empirische Psychologie; am Anfang
steht also sicher nicht die Idee der Ergänzung der Moralphilosophie. In den

---

[9] Auf die beiden folgenden Zitate verweist Werner Stark, der für eine größere Nähe von
pragmatischer Anthropologie und Moralphilosophie bei Kant plädiert.

nachfolgenden Semestern entwickelt die nunmehr pragmatische Anthropologie ihre intrinsische Logik als Klugheitslehre des Menschen als eines
Weltwesens. Als eine derartige Disziplin kann sie der Physischen Geographie programmatisch nebengeordnet werden.[10] Als Klugheitslehre bezieht
sie sich auf das Interagieren der Menschen im ganzen, ohne auf die Belange
der Moral eingeschränkt zu sein. Auch in der Endredaktion von 1798 fehlt
jeder Hinweis darauf, daß die Anthropologie in pragmatischer Hinsicht in der
genannten Systembeziehung zur reinen Moralphilosophie steht. Es gibt
zweitens weder in den Schriften zur reinen Moral noch in der pragmatischen Anthropologie eine Erörterung darüber, wie nun diese vorgebliche
Beziehung konkret aussehen soll. Und drittens fehlen in auffälliger Weise
die beiderseitigen Stichworte. In der Moralphilosophie wird an den entsprechenden Stellen zwar von einer praktischen, aber nie von der pragmatischen
Anthropologie gesprochen, mit der wir es nun einmal zu tun haben. Und
umgekehrt begegnen die (wenn auch erst in der zweiten Hälfte der siebziger
Jahre bei Kant eingeführten, zum ersten Mal 1785 gedruckten) Wörter
»kategorisch« und »Imperativ« weder in den Vorlesungsnachschriften noch
im Drucktext der Anthropologie. Somit kann die pragmatische Anthropologie insgesamt nicht als das systematisch geforderte Komplementärstück
der Moral angesehen werden.

   Zweitens beantwortet die pragmatische Anthropologie auch nicht die
Frage: »Was ist der Mensch?« Kant selbst schreibt zwar am 4. Mai 1793 an
den Göttinger Theologen Carl Friedrich Stäudlin: »Mein schon seit gerau-
mer Zeit gemachter Plan der mir obliegenden Bearbeitung des Feldes der
reinen Philosophie ging auf die Auflösung der drei Aufgaben: 1) Was kann
ich wissen? (Metaphysik) 2) Was soll ich thun? (Moral) 3) Was darf ich
hoffen? (Religion); welcher zuletzt die vierte folgen sollte: Was ist der
Mensch? (Anthropologie; über die ich schon seit mehr als 20 Jahren jährlich
ein Collegium gelesen habe).« (XI 429,10–16)[11] Es läßt sich jedoch gegen
diese Äußerung Kants festhalten, daß weder die Vorlesungsnachschriften
noch die Anthropologie von 1798 sich auf die Frage »Was ist der Mensch?«
als ihr Leitproblem beziehen; sie erwähnen sie nicht einmal. Die pragmatische Anthropologie versteht sich also nicht als eine Antwort auf die seit
Platon immer wieder erörterte Wesensfrage des Menschen; und das Kolleg,
das Kant 1793 tatsächlich über 20 Jahre (nämlich seit dem Wintersemester

---

[10] Es sei noch einmal angemerkt, daß sich die Vorlesung sicher nicht aus den überschüs-
sigen anthropologischen Beobachtungen der Physischen Geographie entwickelt hat; zu
dieser These Benno Erdmanns vgl. Adickes 1924–1925, II 396, Anm. 1.
[11] Zu der Frage »Was ist der Mensch?« vgl. weiter den Kommentar zu 125,1–5; 399,3
(unter S. 141); 399,42–400,9 (unter S. 145). Vgl. auch IX 25,1–10 und XXVIII
533,36–534,4. Zu einer anderen Aufschlüsselung der drei ersten Fragen als im Stäudlin-
Brief und in der Vorlesung zur Logik bei Kant selbst vgl. Brandt 1998c, 195–196.

1772–1773) gelesen hat, hat zwar die Anthropologie zum Thema, und insofern ist die Feststellung richtig, aber es ist nicht die Anthropologie der vierten Frage.

Die »pragmatische Anthropologie« ist drittens ebenfalls nicht identisch mit der »Anthropologia transcendentalis«. Von dieser »Anthropologia« spricht Kant nach den erhaltenen Dokumenten nur einmal in einer Reflexion, die vom Gelehrten handelt; er wird als Cyclop bezeichnet, wenn ihm die Humanität fehlt. »Nicht die Stärke, sondern das einäugigte macht hier den Cyclop. Es ist auch nicht gnug, viel andre Wissenschaften zu wissen, sondern die Selbsterkentnis des Verstandes und der Vernunft. Anthropologia transcendentalis.« (Refl.903; XV 395,29–32; vgl. XV 661,27) Zuvor hieß es in derselben Reflexion: »Das zweyte Auge ist also das der Selbsterkentnis der Menschlichen Vernunft, ohne welches wir kein Augenmaas der Größe unserer Erkentnis haben [...]. Jene giebt die Standlinie der Messung.« (XV 395,17–20) Es ist leicht zu sehen, daß wir uns hier in der Theorieebene der Transzendentalphilosophie bewegen. In der KrV selbst wird auf die durch das zweite Auge mögliche Vermessung des menschlichen Erkenntnisvermögens hingewiesen (gegen den Skeptiker Hume): »Wenn ich mir die Erdfläche (dem sinnlichen Scheine gemäß) als einen Teller vorstelle, so kann ich nicht wissen, wie weit sie sich erstrecke [...]. Bin ich aber doch so weit gekommen, zu wissen, daß die Erde eine Kugel und ihre Fläche eine Kugelfläche sei, so kann ich auch aus einem kleinen Teil derselben, z.B. der Größe eines Grades, den Durchmesser, und, durch diesen, die völlige Begrenzung der Erde, d.i. ihre Oberfläche, bestimmt und nach Prinzipien a priori erkennen; [...].« (A 759; B 787) Der Nomade, der Cyclop, der Skeptiker kann die »mental geography« nicht leisten. Im ursprünglichen Plan der Kritik stand dieses Problem im Vordergrund, wie der vorgesehene Titel »Die Grenzen der Sinnlichkeit und der Vernunft« (an Marcus Herz vom 7. Juni 1771; X 123,2–3; s.a. 129,28–29; vgl. schon in den Träumen eines Geistersehers II 351,32; 368,2; 369,16) zeigt. Diese grundsätzliche Grenzbestimmung setzt sich die empirische Anthropologie nicht zum Ziel. Sie operiert im Feld der möglichen Erfahrung; sie läßt sich in vielerlei Weise apriorische Erkenntnisse und Prinzipien vorgeben und zeigt dann deren empirische Durchführung wie etwa im Fall der drei Prinzipien der zwangsfreien, der liberalen und der konsequenten Denkungsart, »von deren jeder, noch mehr aber von ihrem Gegentheil die Anthropologie Beispiele aufstellen kann.« (VII 229,1–2) Die Prinzipien selbst werden in der Anthropologie nicht begründet, sondern mit Beispielen und Gegenbeispielen erläutert.

Sucht man nach einem Vorbild und vielleicht auch historischen Vorgedanken der Dualität von Transzendentalphilosophie bzw. kritischen Philosophie einerseits und der zunächst empirischen, dann pragmatischen

Anthropologie andererseits, so lassen sich die Meditationen Descartes'
anführen. Sie lokalisieren sich wie die Transzendentalphilosophie auf dem
Gebiet der Ontologie und untersuchen die Gegebenheit und die Erkennbarkeit der drei Entitäten der metaphysica specialis, Ich, Gott, Welt. Diese
Untersuchung schließt mit der fünften Meditation. In der sechsten Medition
kehrt Descartes zu den Alltagsüberzeugungen zurück, die unsere Praxis
ermöglichen; sie können in ihren nunmehr wohlverstandenen Ansprüchen,
die mit wirklicher Erkenntnis nichts zu tun haben, restituiert werden. John
Locke stellt Descartes gewissermaßen auf den Kopf und beginnt mit den
Überzeugungen der sechsten Meditation, um aus ihnen die pragmatischen
Gewißheiten unserer Realitätserkenntnis zu gewinnen (selbst die Physik
kann nach Locke keine exakte Wissenschaft werden). Auf dieser Basis
wiederum entwickelt Hume seinen Skeptizismus und Empirismus, der
Kant aus den Vermischten Schriften (1754–1756) vertraut war. Kants Antwort auf Humes Programm wäre somit: Die Anthropologie ersetzt nicht
die Rationalphilosophie, sondern steht neben ihr, so wie bei Descartes
ursprünglich die Alltagsüberzeugungen neben der klaren und distinkten
Erkenntnis angesiedelt wurden.

Noch ein Hinweis zur *Zwecksetzung* und zum literarischen genus der
Publikation: Die Schrift ist einerseits kein bloßes Lehrbuch für Vorlesungen; sie wendet sich am Ende der »Vorrede« an »das lesende Publicum«
(121,31–32), nicht jedoch an akademische Kollegen oder eine dezidiert
akademische Öffentlichkeit. Kant hat kein Interesse daran genommen, ein
Lehrbuch für irgendeine Disziplin zu verfassen, und er hat sein Desinter-
esse auch hier nicht überwunden, obwohl er mit der Anthropologie in
pragmatischer Absicht die Ambition hatte, eine neue akademische Disziplin
zu gründen (vgl. den Brief an Marcus Herz Ende 1773: »Ich lese in diesem
Winter zum zweyten mal ein collegium privatum der Anthropologie welches ich jetzt zu einer ordentlichen disciplin zu machen gedenke.«
X 145,26–28) Einer der Gründe dafür mag sein, daß die Abfassung eines
Lehrbuches mit didaktischen Rücksichten und pedantischer Literaturliste
seinem Stil gänzlich widersprach.[12] Nun heißt es andererseits in einer
Fußnote am Ende der »Vorrede«, die vorliegende Publikation sei das Hand-
buch der Anthropologie-Vorlesung (122,8–13). Wie immer es mit dem
Verhältnis der Niederschrift des Manuskripts zu diesem Handbuch der
Vorlesungen bestellt ist, hier wird das Werk als die Grundlage einer akade-
mischen, gar philosophischen (122,9) Disziplin vorgestellt, nach dem Kant
selbst gelesen hat und das, so ist zu folgern, auch künftigen *akademischen*
Veranstaltungen anderer Professoren zur Grundlage dienen kann und soll.

---

[12] S. die Vorlesung zur Physischen Geographie IX 183; die ausführliche Bibliographie
stammt von Rink, nicht von Kant.

Es ist charakteristisch für die akademische Disziplin der pragmatischen
Anthropologie, daß sie sich auch in ihrer Zielsetzung im Spannungsfeld von
»Schule« und »Welt«, von akademischem »Handbuch« und Schrift für das
lesende Publikum und für »Liebhaber« (122,4) ansiedelt.

»[...] unter aller Kritik« – diese Formulierung benutzt Kant bei einer
seiner Darstellungen höfischen Verhaltens (265,19 mit Kommentar). Daß
die »großen Herren« beim Essen Musik hörten, hält Kant für »das
geschmackloseste Unding, was die Schwelgerei immer ausgesonnen haben
mag.« (281,8–10) Der heutige Leser urteilt hierüber gelassener und würde
sich nicht ungern zu einem derartigen Essen einladen lassen. Er ist jedoch
geneigt, Kants Äußerungen zur Frau und zu den Juden geschmacklos und
unter aller Kritik zu finden. Kant spricht der Frau eine eigenständige
Vernunft ab (wie Aristoteles den Sklaven von Natur), sie ist weder zur
Wissenschaft in der Erkenntnis, zum Gefühl des Erhabenen in der Ästhetik
oder zur Charakterbildung in der Ethik befähigt, noch kann sie aktive
Staatsbürgerin werden oder auch nur selbständig Geschäftsverträge ab-
schließen: »Das *Weib* in jedem Alter wird für bürgerlich=unmündig
erklärt; der Ehemann ist ihr natürlicher Curator.« (209,4–5) Aber wie ist
der in der Rechtslehre vorgesehene Ehevertrag von Mann und Frau möglich,
und wie ist die Frau zum eigenständigem Verbrechen befähigt, wie dies in
der Rubrik des Kindsmordes (VI 335,36–337,7) vorgesehen ist? Auf die
durchgängige Ausklammerung der Frau aus dem Bereich der eigentlichen
Bestimmung der Menschen wird im Kommentar vielfältig eingegangen; hier
sei nur vorweg angedeutet, daß Kants Auffassung in seiner stoischen Welt-
auffassung begründet ist. Die Trennung von Haus- und bürgerlicher bzw.
staatlicher Gesellschaft, wie sie sich in der Geschichte ergeben hat und auch
als rechtsnotwendig begründen läßt (s. das Privat- und öffentliche Recht der
Metaphysik der Sitten), diese fundamentale Trennung muß von der Vorsehung bzw. der Natur intendiert sein. Die Natur selbst will, daß die Frau nur
in die Hausgesellschaft gehört, während der Mann im Haus *und* in der
bürgerlichen Gesellschaft wirkt. Zu welchen grotesken Verzerrungen Kants
häufig misogyne Haltung führen kann, erläutert z. B. der Kommentar zu
214,25–215,4. – Ohne jede Ratio ist dagegen die schmähliche Behandlung
der Juden. Die Nation oder das Volk der Juden wird nicht unter dem
Stichwort »Charakter des Volks« (311–320) behandelt, sondern in einer
Anmerkung zu dem Komplex »Betrug« (innerhalb des Kapitels über die
Schwächen und Krankheiten der Seele) dargelegt (205,33–206,41). Wie im
Kommentar ausgeführt wird, mißachtet Kant die ihm vertrauten vorsichti-
gen Versuche Mendelssohns, dem Judenhaß entgegenzuwirken; die Juden
sind für Kant Betrüger und, was genauso fatal ist, sie leisten keine produk-
tive Arbeit, können sich also auch nicht »emporarbeiten« (das rechtliche
Erfordernis, aktiver Staatsbürger zu werden, s. VI 315,21). Das alles ist

»unter aller Kritik und Aufklärung«, die sonst die Kantische Anthropologie in ihren Grundzügen bestimmen.[13]

2. Die Entstehung des Buches

Um die Frage nach der Entstehung des Buches zu beantworten, ist folgendes Material zu konsultieren. Wir verfügen über eine Reinschrift Kants, die fast den gesamten Text des Drucks (A1) vom Herbst 1798 umfaßt; sie liegt in der Rostocker Universitätsbibliothek[14] und wird in der Literatur als »H« geführt. (Bei der Abfassung des Kommentars wurde ein Film (Kant-Archiv Marburg) und ein Papierabzug des Films benutzt.) Die Zeit der Abfassung von H läßt sich nur durch Indizien erschließen. Die Handschrift ist so verfaßt, daß sie nicht als Druckvorlage dienen kann; es mußten in eine Abschrift von H Ergänzungen (z. B. offengelassene Paragraphenziffern) eingetragen werden. Die anzunehmende Abschrift wurde von einer bislang unbekannten Person erstellt, Kant vorgelegt und dann an den Verleger Nicolovius gesandt, der sie seinerseits an eine Druckerei in Jena weiterschickte. Über das Erscheinen des Buches im Herbst 1798 wird in Briefen und Anzeigen berichtet. – So weit der erste Überblick. Im Detail ergibt sich folgendes.

a) Die Reinschrift H

Die Anthropologie in pragmatischer Hinsicht ist das einzige gedruckte Buch Kants, von dem – mit Ausnahme geringer Textbestände (Vorrede, Inhaltsverzeichnis, Titelblatt von Teil 1) – ein vollständiges fortlaufendes Manuskript existiert.[15] Die Handschrift umfaßt 150 Folioseiten; die Prüfung der Wasserzeichen durch das »Buch- und Schriftmuseum Deutsche Bücherei Leipzig« 1991 führte zu keinen datierungsrelevanten Erkenntnissen.[16] Für das Rostocker Manuskript gilt, was Vittorio Mathieu im Hinblick auf das Opus postumum festgehalten hat: Kant bevorzugt es, neue Kapitel oder

---

[13] Ich übergehe hier die Rassenfrage und die Beurteilung nicht-europäischer Völker, weil sie für die gedruckte Anthropologie kaum eine Rolle spielen; s. dazu Firla 1997 und Brandt 1997 d.

[14] Mss. Var. 32. Zur Überlieferung vgl. Stark 1993, 48–52.

[15] Zur etwas anders gelagerten Situation der Religion innerhalb der bloßen Vernunft und des Gemeinspruchs und des Ewigen Friedens vgl. Brandt 1995b und Klemme in: Kant 1992, 129–135.

[16] So der Inhalt des Schreibens vom 18. 9. 1991 an die Handschriftenabteilung der UB Rostock, der ich für die freundliche Auskunft danke.

Paragraphen auf neuen Blättern zu beginnen; dadurch entstehen einerseits
Leerstellen, andererseits gedrängte Schriftpassagen am Ende der vorhergehenden Abschnitte mit dem Ziel, den Schluß dieses Teils möglichst noch auf
derselben Seite unterzubringen.[17] Der Haupttext enthält Passagen, die von
Kant selbst durchstrichen wurden. Die Akademie-Ausgabe bringt sie unter
dem Titel »Ergänzungen aus H« (VII 395–415).

Die Randnotizen sind meist Zusätze zum Text, zugeordnet durch leicht
erkennbare Verweiszeichen. Es gibt jedoch auch flüchtig geschriebene,
schwer entzifferbare Zusätze, die meistens eindeutig nicht als Bestandteil
des Textes vorgesehen sind und folglich nicht kopiert werden sollten. Dieser
zweite Typ von Randbemerkungen kann sich inhaltlich auf andere Textteile,
aber auch Themen außerhalb der Anthropologie beziehen. Als nicht für die
Druckvorlage zu kopierender Textteil ist z. B. die letzte Zeile der Randbemerkung zu 134,13: »Doppelt Ich« (396,8) gedacht. Die Randbemerkung zu
204,35 (403,38–39) verweist auf den Aberglauben und nennt Fischer und
Jäger, zuvor die Randbemerkung zu 193,15 (403,12–24) den Aberglauben
der Fischer (403,24). Der einschlägige Haupttext folgt jedoch erst 275,27.
283,1 nimmt eine Randbemerkung die Titelformulierung des 1. Teils auf
(412,3–4); der Titel steht jedoch auf der Seite 125. Eine Randbemerkung zu
178,29 (402,23–28) gehört thematisch nicht in die Anthropologie, sondern
zum Opus postumum (die wohl einzige derartige Abweichung).

b) Die Abfassungszeit von H

Wir verfügen über keine direkten Nachrichten der Abfassungszeit von H,
sondern müssen sie erschließen. Im Hinblick auf die erhaltenen Vorlesungsnachschriften zur Anthropologie (s. Bd. XXV) läßt sich sagen, daß es keine
auch nur kurze textidentische Passagen gibt, so daß man annehmen muß,
daß Kant das geplante Buch auf der Grundlage seiner eigenen Notizen
(s. Bd. XV) gänzlich neu verfaßt hat.

Die Handschrift erweckt den Eindruck einer homogenen Niederschrift;
ob jedoch der letzte aus äußeren Daten erschließbare terminus post quem
für das Manuskript im ganzen oder nur für den Teil (den Bogen) gilt, in dem
sich die entsprechende datierungsfähige Bemerkung findet, läßt sich nicht
ausmachen. Der vorhergehende Teil könnte also auch früher geschrieben
sein als das letzte post quem. Keine der im folgenden aufgeführten Passagen,
die zeitlich bis 1796 führen, ist in den schon fertigen Text später eingefügt
worden. Bei explizitem Rekurs auf H (und nicht den textidentischen Druck
A1) wird zur Lokalisierung der Textstellen die Paginierung der Akademie-

---

[17] Mathieu 1989, 61–63.

Ausgabe benutzt. Anschließend werden auch äußerlich datierbare Hinweise aufgeführt, die sich nicht in H, sondern erst in A1 finden.

259,10–13: »[...] eines revolutionären Zustandes (z. B. des Wohlfahrts-ausschusses der französischen Republik) ehrliebende Männer (z. B. Roland) der Hinrichtung nach dem Gesetz durch Selbstmord zuvorzukommen gesucht haben.« Roland beging am 1. 11. 1793 Selbstmord.

Eine Ergänzung oder Vorbereitung des gegen Johann Georg Schlosser und Graf Stolberg gerichteten Aufsatzes »Von einem neuerdings erhobe-nen vornehmen Ton in der Philosophie« vom Mai 1796 bildet der § 58 (226,3–22). Schlossers Schrift erschien 1795 in Königsberg; der § 58 kann nicht vorher geschrieben sein.

Zum »*Charakter der Rasse*« (320,17) heißt es: »In Ansehung dieser kann ich mich auf das beziehen, was Herr Geh. H.-R. *Girtanner* davon in seinem Werk [...] vorgetragen hat [...].« (320,18–21) Christoph Girtanner, Ueber das Kantische Princip für die Naturgeschichte. Ein Versuch diese Wissenschaft philosophisch zu behandeln. Die (getrennt paginierte) Vorrede datiert vom 29. August 1796; am 24. Oktober publizieren die Göttingischen Anzeigen von gelehrten Sachen (Nr. 171; S. 1705–1712) eine anonyme Inhaltsangabe des erschienenen Werks. Kants Hinweis auf Girtanners Schrift findet sich in der Nähe des Schlusses des Buches bzw. von H, so daß nicht ausgeschlossen ist, daß Kant ihn während der Niederschrift von H einflocht, das post quem also nicht für die vorhergehenden Teile gilt.

Mit einiger Sicherheit läßt sich sagen, daß Kant einen Nachtrag veranlaßt oder selbst in die (uns nicht mehr vorliegende) Abschrift von H eingetragen hat, der sich indirekt auf Christoph Wilhelm Hufeland bezieht, dem er am 15. März 1797 schrieb, er gedenke dessen Makrobiotik »auch für die Anthropologie zu benutzen« (XII 148,27). Ein Hinweis auf die Makrobiotik oder die Kunst, das menschliche Leben zu verlängern, veröffentlicht 1796, in Königsberg Mitte März 1797 (s. dazu VII 340–341), findet sich in A1 (s. 212,32–35), jedoch nicht in H. (Vgl. den Hinweis von Oswald Külpe VII 354.)

133,28 heißt es: »[...] Collegen, den *D. Leß*, zu befragen«, in H: »Colle-gen zu befragen«. D(oktor der Theologie) Gottfried Leß, ehemaliger Schüler des Königsberger Collegium Fridericianum (Klemme 1994, 31) starb am 28. August 1797 in Göttingen. Die Tatsache, daß Leß' Name in H fehlt, legt die Vermutung nahe, daß Leß zur Zeit der Niederschrift dieses Manuskriptteils noch lebte bzw. Kant noch nicht über seinen Tod infor-miert war. Ob Kant selbst den Namen in das Druckmanuskript einfügte oder der Abschreiber und Korrektor, muß offen bleiben; eher ist das letztere zu vermuten. Es ist auch durchaus möglich, daß der Eintrag nach der Abfassung von H nichts mit dem Tod von Leß zu tun hat. Sollte jedoch ein Zusammenhang bestehen, dann hätte Kant wenigstens diesen frühen Teil des

Manuskripts vor dem 28. August 1797 bzw. vor der Information über den Tod von Leß verfaßt, ein nicht sehr überraschendes Ergebnis. Wir verfügen über keine Informationen, nach denen Kant 1798 noch an der Niederschrift arbeitete.

249,19 ist von »Epigrammen und Xenien« die Rede. Wie im zugehörigen Kommentar auseinandergesetzt, wird diese unübliche Bezeichnung, die nicht in H steht, durch die Ende 1796 erschienenen »Epigramme und Xenien« von Goethe und Schiller veranlaßt sein.

244,1–2 heißt es: »*Der Geschmack enthält eine Tendenz zur äußeren Beförderung der Moralität*«. Der Begriff der Tendenz, aufgenommen im geschichtsphilosophischen Schlußabschnitt (vgl. unseren Kommentar zum zitierten Satz), wurde vom frühen Kant in physikalischen Zusammenhängen gebraucht, in den Vorlesungsnachschriften ist er so wenig belegt wie in den Druckschriften bis 1798. In der Anthropologie und im 2. Abschnitt des Streits der Fakultäten begegnet er in gleicher Weise im moralischen Kontext, vgl. dort Ziffer 6: »*Von einer Begebenheit unserer Zeit, welche diese moralische Tendenz der Menschengeschichte beweiset.*« (85,2–3) Kant entdeckt nach dem Ewigen Frieden (1795) eine neue Form der Begründung der Erkennbarkeit des moralischen Fortschritts (s. den genannten Kommentar). Es ist daher also höchst unwahrscheinlich, daß die entsprechenden Abschnitte der Anthropologie vor 1796 konzipiert sind. Man wird sie im Gegenteil nach dem Abschluß der Arbeiten an der Metaphysik der Sitten (1797) datieren.

In der Texthöhe 178,27 beginnt folgende Randnotiz in H: »1. Bildung durch kalte oder warme Crystallisation indem ein Auflösungsmittel (Wärme oder Wasser entweicht e.g. im Kalkspat) / a) die mechanische Bildung der Gestalt: wo der See <?> / b.) die Zusammenfügung / Die Synthesis der Aggregation (mathematisch) und der Coalition (dynamisch). / Verstand Urtheilskr. Vernunft.« Diese Randnotiz muß in ein Verhältnis zu den gleichzeitigen Überlegungen im Opus postumum gesetzt werden und sollte in dessen kritischer Edition nicht fehlen.[18]

Im IV. Konvolut der Krause-Papiere (gedruckt als Opus postumum) findet sich ein Text mit dem Titel »Beschlus« (XXI 344,18–346,33). Es handelt sich um eine Variation zur Frage, ob die Menschheit im Fortschritt begriffen ist. Diese Passage ist keine Vorarbeit zur Anthropologie, wie Adickes 1920, 97, Stark 1993, 288 und Brandt 1991, 21 annehmen. Die Vorlesungen zur pragmatischen Anthropologie und die 1798 publizierte Anthropologie meiden alle religiösen oder theologischen Eintönungen, die den angezeigten Text durchziehen. Sodann paßt die Datierung nicht. Der Text ist auf einem Umschlagblatt des IV. Konvoluts geschrieben, dessen terminus a quo pro-

---

[18] Vgl. Adickes 1920, 103.

blemlos zu datieren ist: Es handelt sich um das Doktordiplom für J. M.
Hübschmann, »P. P. Dominica Quasimodogenita 1798« (den 15. April,
s. Adickes 1920, 97). Es ist kaum möglich, daß Kant nach dem 15. April
einen Text für den Schluß der Anthropologie konzipierte, den er in der
nachfolgenden Zeit, jedoch vor Anfang Juli (s. u.) *gänzlich* verwarf (es gibt
keine Passagen mit Satzidentität) und in der tatsächlichen Problemebene der
pragmatischen Anthropologie neu verfaßte. Es läßt sich daher mit Sicherheit
ausschließen, daß es sich um eine Vorarbeit der Anthropologie handelt und
die Datierung der Niederschrift des Schlusses von H durch das a quo von
XXI 344,18–346,33 festgelegt wird. Wohin gehört jedoch der Text? Er gibt
ein Rätsel auf, denn er zeigt schon im Titel »Beschlus« (XXI 344,18) eine
Affinität zu einer Vorarbeit des zweiten Abschnitts des Streits der Fakultäten,
XXII 621,21: »Beschlus«. Sodann heißt es am Ende des Textes: »Es ist
unbescheiden etwas mehr zu verlangen u. zu versichern.« (XXI 346,33)
Diese Wendung stimmt ebenfalls auffällig überein mit Formulierungen, die
in Vorarbeiten des zweiten Abschnitts des Streits der Fakultäten benutzt
werden: »Aber man verlangt mehr [...].«[19] (XXII 622,3) Auch die Frage der
praktischen oder theoretischen Gewißheit des Fortschritts wird in beiden
Vorarbeiten behandelt (nicht jedoch am Ende der Anthropologie). Adickes
hat schlüssig gezeigt, daß unser »Beschlus« aus zeitlichen Gründen keine
Vorarbeit des zweiten Abschnitts des Streits der Fakultäten sein kann.[20]
Welchen Zweck verfolgte Kant mit der Reformulierung des Fortschrittprob-
lems, nachdem die Frage im Streit der Fakultäten beantwortet war?

XXI 347,19–28 findet sich fast wörtlich in der *ersten* Auflage der Anthropologie von 1798 (in der Akademie-Ausgabe, die der *zweiten* Auflage folgt,
wäre der Ort VII 166,34–36). In der Rostocker Handschrift findet sich
beim Wort »Tramontane« (166,18 mit A2: »*Tramontano*«) ein Anmer-
kungszeichen; das Zeichen wird zwar am Textende aufgenommen, statt eines
entsprechenden Textes findet sich dort jedoch nur ein Freiraum. Kant hat
den Text von XXI 347,19–28 entweder selbst in die Druckvorlage (die
Abschrift von H) eingetragen oder ihn dem Abschreiber und Korrektor von
H zugänglich gemacht. In der zweiten Auflage von 1800 wurde die ausführliche Anmerkung durch eine kurze lexikalische Auskunft ersetzt, wohl auch
wegen der Überschneidung mit 176,28–177,32. So gewinnen wir auch hier
keine datierungsrelevanten Informationen.

---

[19] Vgl. auch XXIII 458,10: »Die zum Erfolg der verlangten begebenheit [...].« Es ist zu
beachten, daß die Formel »man verlangt zu wissen« eine stereotype Wendung ist, vgl.
II, 24,4; III 79,11; VII 287,7–8; VIII 53,19; 181,30; 366,25 u. ö. Es wird hiermit das beweistechnische »aitema« aufgenommen und nicht notwendig auf eine wirkliche Preisfrage
oder die Anfrage eines Rezensenten Bezug genommen.
[20] S. Adickes 1920, 97.

Im Neuen Teutschen Merkur 2, 1797, 82–83 wird eine Nachricht aus
Königsberg vom 12. April mitgeteilt, Kant gebe noch im selben Jahr die
Anthropologie heraus (vgl. VII 354), und vielleicht stützen sich folgende
beiden Äußerungen auf dieselbe Quelle: Am 20. September 1797 meldet
Johann Erich Biester aus Berlin: »Mit der größten Freude wird die lesende
Welt Ihre Anthropologie empfangen; es ist vortrefflich daß Sie dieselbe noch
in diesem Jahre der Druckerei übergeben, da man sie schon so lange zu sehen
gewünscht hat.« (XII 202,33–36) Johann Heinrich Tieftrunk fragt am
5. November 1797 aus Halle: »Das Publikum hofft auf eine Anthropologie
von Ihnen, wird sie bald erscheinen?« (XII 219,7–8)

c) H und der Redaktor

Kant pflegte die Reinschrift seiner geplanten Publikationen durch einen
Amanuensis abschreiben zu lassen; diese Abschrift ging an ihn zurück und
wurde dann an den Verlag gegeben, der sie nach einer redaktionellen Durch-
sicht oder Bearbeitung an die Druckerei sandte.[21] Daß eine redaktionelle
Bearbeitung der Handschrift H vorgesehen war, geht aus verschiedenen
Eigentümlichkeiten hervor. Es gibt Paragraphenzeichen, bei denen die
Ziffer fehlt (s. den Kommentar zu 305,8–9). Kant erlaubte sich Flüchtigkeiten, die behoben werden mußten; so steht 130,11 im Manuskript: »Alle
Eudämonisten sind«; in A1 wird ergänzt: »daher praktische Egoisten«, und
zwar im Rückgriff auf 128,30. Es wäre auch »moralische Egoisten« im
Rückgriff auf 130,3 möglich und wohl besser gewesen, weil Kant im
allgemeinen Schema von »logisch-ästhetisch-praktisch« (nach 128,29–30)
im letzteren Fall nur das spezielle Feld der Moral ausführt. Verschiedentlich
stimmt in H der Satzbau nicht; Kant wird die grammatischen und syntak-
tischen Flüchtigkeiten im Vertrauen auf die Richtigstellung durch den
Amanuensis nicht selbst revidiert haben. So heißt es 319,31–33 in H: »Der
Character der Griechen unter dem harten Druck der Türken und dem nicht
viel sanfteren ihrer Caloyers hat eben so [?] wenig ihre Sinnesart (Lebhaf-
tigkeit und Leichtigkeit) wie die [durchstrichen: Züge] Bildung ihrer
Leibesgestalt und Gesichtszüge ausgelöscht und diese Eigenthümlichkeit
würde sich wiederum in That herstellen wenn die Religions und Regie-
rungsformen [...]«. Der Satz mußte geändert werden; A1 schreibt: »Der
[A2: In dem] Charakter der *Griechen* unter dem harten Druck der *Türken*
und dem nicht viel sanfteren ihrer *Caloyers* hat sich eben [...] ihres Leibes,
Gestalt und Gesichtszüge verloren, sondern diese Eigenthümlichkeit würde
sich vermuthlich wiederum in That herstellen, wenn die Religions- und

---

[21] Hierzu vgl. Stark 1988, 7–29.

Regierungsform [A 2: Regierungsformen] [...].« Notwendige Korrektur, willkürlicher, sachlich relevanter Eingriff (»vermuthlich«) und unterlassene Richtigstellung (»in That«) gehen ineinander.

Der Redaktor hat viele notwendige Eingriffe vorzüglich bewältigt. Er hat darüber hinaus einige Textpassagen dem Zeitgeschmack angepaßt, ähnlich, wie es D. Friedrich Theodor Rink bei der Herausgabe der Physischen Geographie tat. Adickes dazu: »Außerdem hat *Rink* am Text manche stilistische Aenderungen angebracht, indem er ihn (wie er sicher glaubte) ›verfeinerte‹, altertümliche Wendungen entfernte und naturalistische Ausdrücke milderte.«[22] Der Abschreiber und Korrektor hat jedoch auch in den Inhalt eingegriffen, und so verdanken wir ihm manche Sottisen und Fehler des Textes. Er hat Gedanken aus anderen späten Schriften Kants übernommen, man vergleiche den Kommentar zu 319,25–26; 328,4–7; 15–16. (In der Weischedel-Ausgabe wird häufig nicht auf den Unterschied von H und A 1 geachtet; so 314,27 und 35–36; 315,32–37: Der ursprüngliche, von A 1 in interessanter Weise abweichende Text wird nicht angegeben.) Es gibt Passagen, in denen er gegen Kants Intention agiert, so wenn in H »Seelenstärke« steht und daraus »Gemüthsstärke« gemacht wird (132,10). Durch die Änderung geht der Konnex mit einem späteren Theoriestück verloren (242,2–6 mit Kommentar). Kants Formulierung »zerstreuter, unter keinen Begriff des Objects vereinigter Wahrnehmungen« (s. 128,19–20) wird in A 1 heruntergebracht zu »zerstreuter unter Begrif des Objects noch nicht vereinigter Wahrnehmungen«. Der Untertitel des ersten Teils, »Von der Art, das Innere sowohl als das Äußere des Menschen zu erkennen« (125), findet sich nicht im Rostocker Manuskript, das erst mit dem ersten Buch des ersten Teils beginnt. Stammt der Untertitel von Kant? Konnte er schreiben, daß der Teil der Anthropologie, der vom Erkenntnisvermögen, dem Gefühl der Lust und Unlust und dem Begehrungsvermögen handelt, die »Art, das [Innere sowohl als das] Äußere des Menschen zu erkennen«, erörtert? Um das Äußere des Menschen zu erkennen, braucht man nur hinzusehen (Näheres s. im Kommentar zu 125). Es sprechen also viele Indizien dafür, daß H ohne Wissen und Kontrolle Kants beim Kopieren häufig im Wortlaut und Gedanken verändert wurde. Auf Grund dieser Annahme richtet sich das Interesse des Kommentars auf die Differenzen zwischen H und A 1, weniger auf die Unterschiede zwischen A 1 und A 2.

Wer kopierte und änderte H? War es noch ein Amanuensis, der für seine Tätigkeit durch ein Stipendium der Universität (das Freiessen im Convictorium) entschädigt wurde?[23] Oder soll man an den Königsberger Redakteur

---

[22] Adickes 1911, 30.
[23] Im Opus postumum wird an zwei Stellen von »Worm Amanuensis« bzw. »Amanuensis-Worm« gesprochen (XXI 44,10 und 72,1). S. dazu Stark 1988, 18, Anmerkung 39. Nach

(der Hartungschen Zeitung) und Akzise-Inspektor Johann Brahl denken?
Er schrieb 1797 für Kant die Bouterwek-Rezension der Metaphysischen
Anfangsgründe der Rechtslehre ab, wie Arthur Warda berichtet.[24] Für Brahl,
»der in der Geschichte der metakritischen Invasion auch eine kleine Rolle
gespielt hat,«[25] spricht die Kenntnis Kantischer Werke, über die der
Abschreiber von H verfügte. Kant erkundigt sich bei ihm nach dem Druck
des Streits der Fakultäten, und Brahl erweist sich als genau informiert.[26]
Johann Heinrich Abegg verkehrte während seines Königsberger Aufent-
halts mit Brahl, ließ sich durch ihn bei Kant einführen, berichtet jedoch in
seinem Reisetagebuch von 1798 nichts von einer Kopistentätigkeit.[27] Hier
läuft vorerst alles auf bloße Vermutungen hinaus. – Wir wissen nicht, wann
der Kopist und Redaktor mit der Abschrift begann und wie viel Zeit er
neben seiner übrigen Beschäftigung für diese Tätigkeit aufwenden konnte,
nicht einmal, ob es eine oder mehrere Personen waren. Wir können nur
sicher sein, daß nach der Art der Eingriffe und nach den Kantkenntnissen,
die diese meistens voraussetzen, die Rolle des Setzers oder Druckers vernachlässigt werden kann; auf ihn können die Verbesserungen und Ver-
schlimmbesserungen, mit denen wir es durchgehend zu tun haben, nicht
zurückgehen.

Ein kurzer Hinweis zum Umgang Kants mit seinen eigenen Manu-
skripten und Druckschriften: Er hat sich nie für eine penible Korrektheit
interessiert.[28] Andere Autoren vor und nach ihm haben akribisch genau den
Wortlaut ihrer Werke verfolgt und mit Argusaugen Korrektur gelesen; Kant
dagegen ist außerordentlich lässig mit seinen Schriften. Man ist versucht,
diese Lässigkeit damit zu erklären, daß er der Meinung war, in dem Werk im
ganzen die Ideen, die ihm vorschwebten, ausgedrückt zu haben, alles weitere
läßt sich leicht in der künftigen näheren Bearbeitung durch andere zurechtbringen. Ähnlich großzügig das Verhältnis zu den Werken anderer Autoren:
Man muß die Idee verstehen, den Geist, nicht die Buchstaben. Kant rezipiert
die Autoren nach der Meinung, die sie auf Grund bestimmter fundamentaler
Annahmen haben mußten, nicht nach dem Wortlaut, den man zitieren kann.
Er interessiert sich nicht für philologische Quisquilien, er fragt in seinem
erhaltenen Briefwechsel nicht nach bestimmten Büchern und Auflagen, die
ihm nicht zur Verfügung stehen. Er hat David Humes Treatise of Human

Stark wird damit Friedrich Wilhelm Worm gemeint sein, der am 16. März 1799 als Jurist
immatrikuliert wurde; er kommt also als Abschreiber von H vermutlich schon aus termin-
lichen Gründen nicht in Frage.
 [24] Warda 1917, 280. Hierauf verweist Stark 1988, 17.
 [25] Warda 1917, 280.
 [26] Abegg 1977, 147.
 [27] Hieraus resultiert das Bedenken Werner Starks, Brahl als Kopisten anzunehmen.
 [28] Dazu die Hinweise von Stark 1988, 7.

Nature (1739–1740) nach allen Indizien, über die wir verfügen, nie gelesen, weil Humes Vermischte Schriften (auf deutsch 1754–1756) offenbar ausreichten, um sich ein Bild von dessen wesentlichen Gedanken zu machen. Kant ist Wissenschaftler und Philosoph, kein – wie er vielleicht sagen würde – Pedant und Philologe, weder in eigener Sache noch im Umgang mit fremden Büchern.

d) Von der Abschrift von H zum Druck, A1 und A2

Johann Friedrich Abegg vermerkt in dem erwähnten Reisetagebuch von 1798 am 1. Juni über Kant: »Seine Anthropologie hat er heute früh corrigirt, weil diese nun auch abgedruckt wird.«[29] »Heute früh« – der Abschnitt, in dem Abegg dies berichtet, beginnt mit den Sätzen: »Den 1. Juni. Heute früh um 10 Uhr führte mich der Ober-Stadt-Inspector Brahl, ein vertrauter Gesellschafter Kant's, zu demselben [...].«[30] Die Formulierung Abeggs lädt zur Annahme ein, daß Kant sich an eben diesem Vormittag bis kurz nach zehn Uhr mit der Korrektur befaßt hat, nicht vorher und nicht nachher. Sodann eine Notiz vom 30. Juni 1798 über den Königsberger Verleger und Buchhändler Friedrich Nicolovius »Von Kant's Schriften ist er jetzo der Verleger, und der ›Streit der Facultäten‹ wird nächstens im Drucke fertig seyn. Deßen Anthropologie hat er vor 14 Tagen im Manuscript abgeschickt, der Druck ist hier zu theuer, u. der Transport wäre nachher zu kostbar. Daher läßt Nicolovius gewöhnlich in Halle, Jena oder Leipzig drucken.«[31] Worin bestehen Kants Korrekturarbeiten am Vormittag des 1. Juni? Entweder korrigierte er die letzten Seiten des Manuskripts H für den Schreiber, der die Abschrift anfertigen sollte, die Mitte Juni nach Jena ging, oder er korrigierte diese Abschrift, sei es insgesamt, sei es etwa den letzten Bogen. Aus Zeitgründen kommt nur das letztere in Frage, denn die Abschrift von H mit ihren vielen umsichtigen Ergänzungen und Korrekturen konnte unmöglich in weniger als 14 Tagen hergestellt werden (weniger als 14 Tage, wenn man Kant die Gelegenheit geben will, sich die Abschrift anzusehen). Die zweite Variante ermöglicht dagegen eine Korrekturzeit der Abschrift (insgesamt oder in einem letzten Teil) vom 1. Juni bis zum 12. oder 13. Juni. Die Äußerung Abeggs legt jedoch nahe, daß Kants Durchsicht sich auf einen Vormittag beschränkte; das nunmehr druckfertige Manuskript konnte dann an demselben oder am nächsten Tag an den Verleger Nicolovius in Königs-

---

[29] Abegg 1977, 146.
[30] Abegg 1977, 143.
[31] Zu den von Abegg 1977, 229 genannten Druckorten s. die Bestätigung bei Stark 1988, 11, Anmerkung 14.

berg gehen. Es wurde dort nach verlegerischen Gesichtspunkten durchgesehen und dann in der Mitte des Monats an die Druckerei geschickt. Die Tatsache, daß sich in der ersten Auflage vom Herbst 1798 neben den sinnvollen und notwendigen Eingriffen in H auch viele Änderungen von H finden, die kaum Kants Zustimmung gefunden hätten, wenn er sie entdeckt hätte, spricht dafür, daß er sich die Abschrift von H nur flüchtig, vielleicht eben nur am Vormittag des 1. Juni, angesehen hat. Es ist die selbstauferlegte »Kürze der Zeit«, wie es am Schluß der Vorrede zur ersten Auflage der Religion innerhalb der Grenzen der bloßen Vernunft heißt: »Die auf den ersten Bogen von der meinigen abweichende Orthographie wird der Leser wegen der Verschiedenheit der Hände, die an der Abschrift gearbeitet haben, und der Kürze der Zeit, die mir zur Durchsicht blieb, entschuldigen.« (VI 11,12–15) Zeitnäher sind die Metaphysischen Anfangsgründe der Rechtslehre (1797). Kant muß dem Kopisten ein Manuskript übergeben haben, dessen Textkontinuum in einzelnen Partien durch Verweisungszeichen ersichtlich sein sollte, wie wir sie z.B. aus dem Manuskript des Opus postumum kennen. Es liegt auf der Hand, daß sich hier leicht Irrtümer einschleichen können, wie unbestritten im § 6, aber vermutlich auch an anderen Stellen.[32] Kant fand keine Zeit, die Kopie wiederum sorgfältig zu überprüfen, so daß der Interpret des Anfangs der »Rechtslehre« vor zwei Problemen steht: Einmal wird ab der Erstauflage ein in seiner Abfolge nicht haltbarer Text präsentiert, und zum anderen hat Kant seine Idee, innerhalb des Privatrechts als der Lehre vom *erwerblichen*, weil *äußeren* Mein und Dein das »Erste Hauptstück« nicht dem Erwerben, sondern dem Haben des äußeren Besitzes zu widmen, nur unzulänglich durchdacht. Das »Rechtliche Postulat der praktischen Vernunft« (§ 2) soll die Grundlage aller drei Gegenstandsklassen des äußeren Mein und Dein (s. § 4) bilden, aber es kann nur die Grundlage des Ersterwerbs von Sachen sein; erweitert man seine Funktion, wie Kant es tut, wird die Willkür der Vertragspartner und der Zustand von Personen zur Sache, statt das innere Mein und Dein der betreffenden Personen zu bilden, wie die »Einleitung in die Rechtslehre« vorsieht (s. VI 237,24–238,25). – Auch der Streit der Fakultäten (1798) wurde falsch gedruckt.[33]

Das Druckmanuskript ging, so Abegg, Mitte Juni 1798 zur Druckerei. Der Druck selbst verlief in drei Phasen, der erste Druck, die Korrektur der Druckfahnen, der Satz des Buches.[34] Wir wissen nicht, wer – vermutlich am Druckort selbst – mit der Korrektur betraut war. Wir gehen in unserem

[32] Vgl. Ludwig (mit Stark) 1988.
[33] Vgl. Giuseppe Landolfi Petrone, L'ancella della ragione. Le origini di *Der Streit der Fakultäten* di Kant (1997).
[34] S. Stark 1988, 20.

Kommentar davon aus, daß sachlich relevante Änderungen und bewußte Eingriffe in H, wie sie in A1 auftreten, nicht durch den Korrektor in Jena, sondern durch den Kopisten und Redaktor in Königsberg vorgenommen wurden, können jedoch Eingriffe in Jena (durch Christian Gottfried Schütz?) nicht ausschließen. Für uns ist nur das Ergebnis relevant: Der zuweilen erhebliche sachliche Unterschied zwischen H und A1. Für das Korrekturlesen galt, was Ludwig Ernst Borowski in seiner »Darstellung des Lebens und Charakters Immanuel Kants« schrieb: »Mit der so mühsamen und zeitfressenden Korrektur seiner Druckschriften durfte er sich auch nicht beschäftigen, da in seinen jüngern Jahren seine ihm ergebenen Schüler diese Bemühung gerne auf sich nahmen, die späteren und größeren Werke aber alle ohne Ausnahme im Auslande gedruckt wurden.«[35] Die Druckfahnen wurden also nicht nach Königsberg geschickt, sondern am Druckort selbst korrigiert. Das Buch war vermutlich erst im November auf dem Markt; Kiesewetter schreibt in einem Brief vom 25. November 1798, daß Kants Streit der Fakultäten und die Anthropologie ihm »unendlich viel Freude gemacht« hätten (XII 265,24). Die Anzeige im Allgemeinen Litterarischen Anzeiger vom 7. 9. 1798, Spalte 1439 besagt nicht, daß das Buch schon erschienen ist. (Der Artikel wird fortgesetzt am 20. 12. 1798, Spalte 2087–2088.)

Die zweite Auflage von 1800 wurde von Kant nicht mehr begleitet, alle Änderungen stammen vermutlich von Christian Gottfried Schütz in Jena. Schütz selbst kündigte für das Wintersemester 1798–1799 eine Vorlesung zur Anthropologie Kants an und war mit dem Text gut vertraut. Mit großer Gewißheit lesen wir also dort, wo A2 von A1 abweicht, den Text nicht von Kant, sondern von Schütz (vgl. Schütz' Brief vom 22. Mai 1800, XII 307,24–26).[36] Häufig handelt es sich um sachlich berechtigte Eingriffe, die man ungern eliminieren wird, weil sie die Lektüre in dem Sinn ermöglichen, wie sie vom Werk intendiert ist; häufig sind es Freundlichkeiten gegenüber dem Leser, der durch explizierende Einschübe entlastet werden soll. So stammen fast alle Querverweise der heutigen Editionen der Anthropologie von Schütz (vgl. z. B. 310,17 »wie bereits oben bemerkt worden«). Gewisse provinzielle Grobheiten haben Schütz im feineren Jena nicht gefallen; er ändert, um nur ein Beispiel zu nennen, »Dichteranfall« (H, A1) in »dichterische Begeisterung« (202,33); »nachschlachten« in »nachschla-

---

[35] Borowski 1912, 80.
[36] Unbegründet ist daher die Annahme Friedrich Wilhelm Schuberts, Kant habe den Text selbst korrigiert. Schubert schreibt: »[Kant] beschränkte sich in dieser Zeit auf die Revision einiger seiner Werke, die einer neuen Auflage bedurften, wie dies selbst der Fall schon bei der *Anthropologie* war, die trotz der 2000 Exemplare (in so starker Auflage war kein früheres Werk von Kant erschienen) bereits zur Ostermesse 1800 neu gedruckt werden musste.« (Kant 1838 ff., XI 2, 154)

gen« (217,13–14). Im selben Absatz wird der einleitende Satz: »Es giebt kein gestöhrt Kind« (217,8 mit Kommentar) in A 2 ersatzlos gestrichen, weil er einfach falsch ist.

Das Ergebnis der Untersuchung des Verhältnisses von H besonders zu A 1 ist nicht erfreulich. H kann unmöglich gedruckt werden (vgl. auch Schöndörffer 518), und A 1 ist ein unzuverlässiger Kantonist. Die Detailanalyse zerstört eine Illusion, an der jeder, der sich für die verhandelte Sache, die Kantische Anthropologie, interessiert, festhalten möchte: Daß wir ein eindeutig identifizierbares Opus haben und uns darauf als das letzte von Kant selbst edierte Werk beziehen können. Im großen und ganzen ja, im Detail jedoch nicht. So trägt hier der Fortschritt der Wissenschaft zu ihrer Erschwerung bei.

3. Die Gliederung der Schrift[37]

Die flüchtig erstellte Inhaltstafel (123–124; fehlt in H), die häufig mißliche Form der Einteilungen durch Kant selbst und die irreführende Druckweise entscheidender Passagen und Überschriften erschweren die Orientierung in der Schrift außerordentlich. Deshalb soll hier der gedankliche Aufbau vorgestellt werden:

Wie jede durchdachte Schrift, fordert auch die Kantische Anthropologie vom Leser, daß er sich das Werk im ganzen vorstellt, bevor er sich den Details zuwendet. Diese Vergegenwärtigung des Ganzen ist nicht zirkulär, denn die Schrift selbst markiert die entscheidenden Zäsuren in der Metaebene der Einteilung und der ausdrücklichen Verweise auf den Zusammenhang und die Differenz der wechselnden Themen. Es bedarf jedoch einer besonderen Aufmerksamkeit, die Scharniere und Übergänge als solche zu beachten und zu erkennen. An einigen Stellen hilft nur eine Art vergleichender Anatomie und vor allem der genetische Rückgang zur »Psychologia empirica« in der Metaphysica von Alexander Baumgarten. Baumgartens Metaphysica[38] gibt die ungefähre Gedankenfolge des ersten Teils sowohl der Vorlesungen wie auch des Buches vor. Baumgartens Präsenz in Form von Verweisen auf »den Autor« nimmt im Laufe der Zeit beständig ab; er wird im Buch weder bei den »Hilfsmitteln« der Anthropologie (121,18–28) noch

---

[37] In diesem Kapitel werden Textauszeichnungen bei Kant nicht durch Kursivdruck wiedergegeben.
[38] S. dazu Stark 1993, 210; 321. Das Buch mit den handschriftlichen Eintragungen Kants, das in der Niedersächsischen StUB Göttingen als Depositum der Akademie der Wissenschaften aufbewahrt wurde, ist Ende 1995 an die Eigentümerin, die Universitätsbibliothek Tartu (Dorpat), zurückgegangen. Der dritte Teil, die »Psychologia empirica«, die der Anthropologievorlesung als Grundlage diente, ist abgedruckt in XV 5–54.

sonst namentlich angeführt. Wenn Kant lateinische Termini einflicht, bedeutet dies nicht, daß sie sich im Text von Baumgarten finden; häufig ist dies jedoch der Fall.

Die beiden Teile der Schrift sind durch keinen Übergang miteinander verbunden; über das Problem ihrer Koordinierung ist XXV S. XXIX–XXXI gehandelt worden. Es ist hier weiter darauf zu verweisen, daß auch die Abschnitte innerhalb der beiden Teile durch keine Übergänge verknüpft sind und kaum eine innere Verweisung enthalten (Ausnahme: 235,14–20; vielleicht auch 285,17). Da im Buch selbst keine Herleitung der einzelnen Abschnitte aus einem vorangestellten Einteilungsprinzip vorgenommen wird, könnte im Prinzip auch ein Abschnitt (oder mehrere) fehlen oder auch durch andere ersetzt werden. – Der 1. Teil ist in 88 Paragraphen unterteilt, der 2. Teil kennt dagegen keine Paragraphenzählung. Ähnlich führt die 2. Auflage der KrV die Paragraphenzählung bis B 169 (»Nur bis hierher halte ich die Paragraphenzählung *für nötig*, weil wir es mit Elementarbegriffen zu tun hatten.«). Die Physische Geographie hat in der Rink-Edition ebenfalls im ersten Teil eine durchgehende Paragraphenzählung (bis IX 319). In der (noch nicht edierten) Nachschrift Holstein-Beck finden wir das gleiche Verfahren mit jeweils neu einsetzenden Paragraphen bis S. 91.

1. Teil

Das I. Buch, »Vom Erkenntnisvermögen«, zerfällt in folgende Abschnitte:

   I. § 1–§ 6: Das Bewußtsein.
  II. § 7–§ 14: Von der Sinnlichkeit im Gegensatz mit dem Verstande.
 III. § 15–§ 39: Die Sinnlichkeit; das untere Erkenntnisvermögen.
 IV. § 40–§ 59: Der Verstand; das obere Erkenntnisvermögen.

I. Der erste Komplex, der vom Bewußtsein allgemein handelt, ist so aufgebaut, daß zuerst das Selbstbewußtsein (§ 1–§ 2) behandelt wird, einmal (§ 1) unter dem Aspekt der Entstehung beim Kind, sodann (§ 2) unter dem der Gewichtung des Ego im Hinblick auf den sozialen Austausch. Darauf wird die Frage der Aufmerksamkeit und Abstraktion bei Vorstellungen zuerst generell thematisiert (§ 3), danach zuerst mit dem speziellen Fokussieren seiner selbst (§ 4), danach (§ 5 und § 6) im Hinblick auf die Thematisierung von Vorstellungen anderer Gegenstände im Bewußtsein. Das grundlegende Schema von § 3–§ 6 ist das von clarum-obscurum und distinctum-confusum, ohne daß dies ohne weiteres sichtbar wäre, zumal das Schema selbst erst am Anfang von § 6 gewissermaßen offiziell vorgestellt wird (s. dazu den Kommentar zu 131,15).

II. § 7 umreißt im Prinzip den gesamten Folgetext des I. Buches, in dem zuerst von der Sinnlichkeit, dann vom Verstand gehandelt wird. Es wird

diese Dualität an den Leitbegriffen der Passivität und der Spontaneität
besonders in der Unterscheidung von innerem Sinn und Apperzeption
erörtert.

§ 8–§ 11 setzen das Thema »Sinnlichkeit im Gegensatz mit dem Verstande« fort in einem imaginierten Abweis der gerichtlichen Klage des
Verstandes (bzw. seiner Vertreter) gegen die Sinnlichkeit – sie wird in allen
drei Punkten freigesprochen.

§ 12 behandelt den von Baumgarten übernommenen Topos vom Leichten
und Schweren unter dem Titel »Vom Können in Ansehung des Erkenntnißvermögens überhaupt« (146,26–27); man wird hierin eine Erörterung
sehen, die noch Sinnlichkeit und Verstand gemeinsam behandelt.

§ 13 und § 14 handeln vom Schein, zuerst im Sinnenbereich, dann unter
dem Titel »Von dem erlaubten moralischen Schein«, wobei das Erkenntnisvermögen, das Gefühl der Lust und Unlust und das Begehrungsvermögen
ins Spiel kommen.

III. Es folgen zwei Blöcke, die als solche nicht markiert sind: 1. Die
äußeren Sinne (§ 15–§ 23) und der innere Sinn (§ 24); sodann die Gegen-
züge der Vermehrung (§ 25) und der Verminderung (§ 26–§ 27) der
Sinnenempfindungen, bezogen auf die äußeren Sinne und den inneren Sinn.
2. Die Einbildungskraft (§ 28–§ 39), angekündigt zu Beginn des § 15: »Die
Sinnlichkeit im Erkenntnißvermögen (das Vermögen der Vorstellungen in
der Anschauung) enthält zwei Stücke: den Sinn und die Einbildungskraft.«
(153,19–21)

Die Kontrastierung von Sinnlichkeit und Verstand geschieht nach den
Gegenbegriffen von Rezeptivität und Spontaneität: »In Ansehung des
Zustandes der Vorstellungen ist mein Gemüth entweder handelnd und zeigt
Vermögen (facultas), oder es ist leidend und besteht in Empfänglichkeit
(receptivitas).« (140,16–17) Hier ist die Sinnlichkeit besonders im Bereich
der Einbildungskraft von eigenen Handlungen des Gemüts durchwirkt;
insofern gehört die Einbildungskraft zwar zur Sinnlichkeit, bildet aber
zugleich ein Brücke zum oberen Erkenntnisvermögen mit dem allgemeinen
Titel des »Verstandes«.

Das obere Erkenntnisvermögen wird erörtert unter dem Titel »Vom
Erkenntnißvermögen, so fern es auf Verstand gegründet wird.« (196,14–15)
Die Vernunft erhält keinen eigenen Ort, wird jedoch an zwei Stellen
angesprochen; einmal als Teil des oberen Erkenntnisvermögens (§ 40–§ 44),
sodann im zweiten Teil des letzten Paragraphen (227,16–229,7): »Weil am
Ende der ganze Gebrauch des Erkenntnißvermögens [...] der Vernunft
bedarf, welche die Regel giebt, nach welcher es allein befördert werden kann:
[...].« (227,16–19)

Im Bereich der inneren und äußeren Sinne als der unteren Erkenntnisvermögen behandelt der letzte Paragraph (»Von der Hemmung, Schwä-

chung und dem gänzlichen Verlust des Sinnenvermögens«, 165,27–167,18)
die Pathologien der Sinnlichkeit und kulminiert im Tod. Das Gegenstück:
»Von den Schwächen und Krankheiten der Seele in Ansehung ihres
Erkenntnißvermögens« (§ 45–§ 53) steht nun nicht am Schluß des I. Buchs,
wie man erwarten würde (s. Kommentar zu 202,1–2), sondern es folgen
noch die »Talente im Erkenntißvermögen« (§ 54–§ 59). Nun endet die
Erörterung *vor* den Seelenschwächen und -krankheiten, also der § 44, mit
einer kurzen Besprechung der Talente, besonders der Urteilskraft und des
Witzes (201,17 und 30). So wirkt die Pathologie der Erkenntnisvermögen
wie ein Einschub; es ist jedoch zu beachten, daß schon die Vorlesungsnachschriften einen großen Teil des Materials an der gleichen Position anführen
und die Anlage auf Wolff und Baumgarten zurückgeht.

Das II. Buch, »Das Gefühl der Lust und Unlust«, ist das kürzeste Buch;
u. a. deswegen, weil es seinen pathologischen Teil, die Abhandlung der
Affekte, an das III. Buch abgegeben hat (s. 235,14–20 und Kommentar). Die
Gliederung des Inhaltsverzeichnisses (124,2–5) suggeriert ebenso eine
Lücke wie Kants eigener Einteilungstext (230,3–8; so auch im Rostocker
Manuskript): Im Inhaltsverzeichnis folgt auf den Haupttitel der Untertitel
»Von der sinnlichen Lust«, dessen Pendant »Von der intellektuellen Lust«
der Leser erwartet, aber nicht findet. In Kants eigener »Eintheilung«
(230,3–8) wird die »intellectuelle Lust« als Titel neben der sinnlichen Lust
angeführt (230,4); beide zerfallen in zwei Stücke: In der Sinnlichkeit gibt es
die spezifische Sinneslust (das Vergnügen) und den durch die Einbildungskraft möglichen Geschmack, im Bereich der intellektuellen Lust die Lust
durch die Verstandesbegriffe und die Vernunftideen, zu ergänzen jeweils
durch die komplementäre Unlust. Nun folgt jedoch auf die »Eintheilung«
die Überschrift »Von der sinnlichen Lust«, ohne daß das intellektuelle
Gegenstück im späteren Text auftaucht. Ist hier etwas ausgefallen? Sicher
nicht; denn es wird im nachfolgenden Text (wie analog auch in den Vorlesungsnachschriften seit der Mitte der siebziger Jahre) *auch* von der Lust, die
durch Begriffe und Ideen evoziert wird, gehandelt. Entsprechend kann die
Behandlung der sinnlichen, ins Gebiet der Einbildungskraft (und nicht
der Sinne) fallenden Lust den Titel tragen: »Vom Gefühl für das Schöne,
d. i. der theils sinnlichen theils intellectuellen Lust in der reflectirten
Anschauung, oder dem Geschmack« (239,19–22). Besonders beim »Wohlgeschmack« (240,17) kommt die intellektuelle Lust ins Spiel, die für die
weiteren Ausführungen konstitutiv ist, ebenso in der Erörterung »Der
Geschmack enthält eine Tendenz zur äußeren Beförderung der Moralität«
(§ 69 und § 70) und partiell auch im Abschnitt »Vom Kunstgeschmack«
(246,9–249,30). Die intellektuelle Lust (und Unlust) wird also nicht
getrennt erörtert, wie die Einteilung es ankündigt (230,6–7), sondern in die
Behandlung der Geschmackslust integriert.

Der erste Abschnitt – A – trägt den Titel »Vom Gefühl für das Angenehme oder der sinnlichen Lust in der Empfindung eines Gegenstandes« (230,11–12). Dieser Abschnitt zerfällt inhaltlich in drei Teile. Zuerst (§ 60–§ 61) wird vom Lebensgefühl ohne eigentliches Referenzobjekt gesprochen, dieser Teil endet mit der »Anmerkung«, daß die Affektbehandlung zwar einschlägig ist, aber erst im III. Buch folgen soll. Auf die allgemeine Psychologie von Lust und Unlust folgt die differentielle des § 62 im Hinblick auf unterschiedliche Temperamente und Haltungen; sodann eine Mahnung zur Lustsublimierung und taktischen -verzögerung (§ 63). Es folgt die Beziehung von Lust und Unlust auf das Urteil über sie im Hinblick auf sich selbst oder auch im Vergleich mit anderen (§ 64–§ 66).

Der zweite Abschnitt – B – handelt vom Gefühl für das Schöne; er umfaßt die Paragraphen 67–71; es folgt ein nicht eingeordneter Anhang »Von der Üppigkeit« (§ 72).

Das III. Buch enthält einen einleitenden Paragraphen (§ 73) mit der Vorklärung dessen, was Begehren oder Begierde, Neigung und ihre Steigerungsform, die Leidenschaft, und was Affekte sind; Leidenschaften beruhen auf dem Begehrungsvermögen, Affekte dagegen auf dem Gefühl der Lust und Unlust. Die darauf folgende Überschrift »Von den Affecten in Gegeneinanderstellung derselben mit der Leidenschaft« (252,1–2) kann als Titel des § 74 gelten, der die Untersuchungen »Von den Affecten insbesondere« (253,19; § 75–§ 79) und »Von den Leidenschaften« (265,20; § 80–§ 86) einleitet, oder auch als Titel des Abschnittes insgesamt (also von § 74 bis § 86). Die Formulierung erinnert an den Titel »Von der Sinnlichkeit im Gegensatz mit dem Verstande« (140,15), der ebenfalls für den auf ihn folgenden § 7, aber auch für § 7–§ 14 gelten kann.

Die Affekttheorie zerfällt in zwei Abschnitte: Im ersten (A; § 75) wird die Frage der Affektbeherrschung erörtert, der zweite Abschnitt (B; § 76–78 oder § 79) analysiert Einzelaffekte, eine besondere Berücksichtigung erfahren Furchtsamkeit und Tapferkeit (§ 77).

Die Analyse der Leidenschaften beginnt mit einer einleitenden allgemeinen Skizze dieser Gemütskrankheit (§ 80) und einer »Eintheilung der Leidenschaften« (267,31; § 81). Die Einteilung unterscheidet angeborene und erworbene Leidenschaften, zu den ersteren gehören die Freiheits- und die Geschlechtsneigung, die erworbene Leidenschaft dagegen wird unter dem Titel »Von der Neigung zum Vermögen, Einfluß überhaupt auf andere Menschen zu haben« (271,15–16) angekündigt; diese letztere zerfällt wiederum in drei Stücke: Ehrsucht, Herrschsucht und Habsucht (267,32–268,6). Näher behandelt wird von den angeborenen Leidenschaften nur die Freiheitsneigung (A; § 82, genauer: 268,14–270,5), nicht die Geschlechtsneigung. Der Übergang zu den drei erworbenen Leidenschaften ist unklar gestaltet; einerseits erfolgt er am Schluß von § 82: »Diese Leiden-

schaften sind Ehrsucht, Herrschsucht, Habsucht« (270,6), andererseits
werden sie im Teil C (271,14–274,18) vorgestellt und in drei Abschnitten
(a, b, c) behandelt. Die dann folgende Erörterung »Von der Neigung des
Wahnes als Leidenschaft« (§ 86) ist in der Disposition nicht vorgesehen; sie
zeigt, wie die Natur im Spielwahn mit dem Menschen spielt und ihn
vorsorglich in Erregung hält.

Der Schlußteil des III. Buches (276,1–282,9) ist in der vorhergehenden Disposition ebenfalls nicht angekündigt; die beiden Erörterungen
»Von dem höchsten physischen Gut« (§ 87) und »Von dem höchsten moralisch-physischen Gut« (§ 88) sprechen weder von Affekten noch Leidenschaften, handeln aber von einem bestimmten Thema des Begehrungsvermögens.

2. Teil

Während der 1. Teil einen Abriß der allgemeinen, für jedes menschliche
Subjekt überhaupt gültigen Psychologie oder Anthropologie enthält, läßt
sich der 2. Teil als differentielle Psychologie bzw. Anthropologie fassen. Zu
den variierenden Gegentiteln der beiden Teile in der Tradition der Vorlesungsnachschriften und dann des Buches selbst finden sich nähere Ausführungen im Kommentar zu S. 125.

Die viergliedrige »Eintheilung« (285,1–3) markiert den Ablauf: nach dem
Schema *Einer* (Person), *Zwei* (Geschlecht), *Viele* (Volk), *Alle* (Gattung).
(Man erinnere sich der Verlaufsform der »Metaphysischen Anfangsgründe
der Rechtslehre«; sie gehen aus vom inneren und äußeren »Mein« des
einzelnen, d. h. Privatrecht, kommen dann zum Staats-, Völker- und alles
umfassenden Weltbürgerrecht). Die pragmatische Anthropologie zeigt die
Handlungsformen, gemäß denen sich der Mensch zu sich selbst, zum
anderen Geschlecht, zum Volk und zur Bestimmung der Menschheit im
ganzen verhalten kann und soll (119,14; 328,26). Im Selbstverhältnis ist die
Aszendenzbewegung durch die Pole »Natur-Freiheit« gekennzeichnet. Naturell und Temperament sind natürliche Vorgaben, die wir in unterschiedlicher Weise in uns und in den anderen finden. Jeder einzelne Mensch ist
durch sein eigentümliches Naturell und Temperament charakterisiert; er
kann es nicht ändern, sich jedoch in unterschiedlicher Weise dazu verhalten.
Im III. Teil des Abschnitts über die Person wird unter dem Titel »Vom
Charakter als der Denkungsart« (291,23) die Souveränitätsfrage behandelt:
Der Mensch, so weit er sich nicht der Natur, sondern den eigenen Grundsätzen verdankt und sich dadurch selbst in seiner Gewalt hat.

285,15–19 bezieht das Charakteristische der Person auf das Begehrungs-
vermögen (also das letzte Buch des 1. Teils) zurück. Die Behandlung der
Einzelperson wird abgeschlossen durch die 285,5–21 nicht berücksichtigte
»Physiognomik« (295,23–302,34), deren Programm, das Innere aus dem

Äußeren zu erkennen, zugleich als Untertitel des gesamten zweiten Teils
fungiert (283 und 295,24–25). Die Abhandlung über den Charakter der
beiden Geschlechter (303,1–311,3) bringt nach dem auch sonst gebrauchten
Titel der »Zerstreuten Anmerkungen« (306,19; vgl. 217,7) nur hier vorkom-
mende »Pragmatische Folgerungen« (308,21). Neben dem Charakter des
Volks, das den Platz der »vielen« einnimmt, erscheint im Text das hiermit
konkurrierende Thema »Der Charakter der Rasse« (320, 17), allerdings mit
dem Hinweis, daß sich eine nähere Behandlung erübrigt; 120,6–8 wird als
Begründung des Wegfalls angegeben: »Daher wird selbst die Kenntniß der
Menschenrassen als zum Spiel der Natur gehörenden Producten noch nicht
zur pragmatischen, sondern nur zur theoretischen Weltkenntniß gezählt.«
320,18–21 heißt es: »In Ansehung dieser [sc. der Rasse] kann ich mich auf
das beziehen, was der Herr Geh. H. R. Girtanner davon in seinem Werk
(meinen Grundsätzen gemäß) zur Erläuterung und Erweiterung schön und
gründlich vorgetragen hat; […].«

4. Der Wissenschaftscharakter der pragmatischen Anthropologie[39]

Kant hält die pragmatische Anthropologie zweifellos für eine Wissenschaft
(120,27; 122,7). Diese Vorstellung ist jedoch nicht in einem Wissenschafts-
konzept der kritischen oder Transzendentalphilosophie begründet. Im
Aufriß der philosophischen Erkenntnis in der »Architektonik der reinen
Vernunft« der KrV (A 845–849) kommt die pragmatische Anthropologie so
wenig wie die physische Geographie vor. Unter dem Prinzip, »daß in jeder
besonderen Naturlehre nur so viel *eigentliche* Wissenschaft angetroffen
werden könne, als darin *Mathematik* anzutreffen ist« (IV 470,13–15), wird
in den Metaphysischen Anfangsgründen der Naturwissenschaft die empirische Seelenlehre (einer der Bausteine der Kantischen Anthropologie) aus
dem Bereich wissenschaftlicher Disziplinen entlassen (IV 471,11–37; vgl.
schon KrV A 848–849). Sie kann auch keinen wissenschaftlichen Boden
gewinnen unter dem Prinzip, wir könnten nur das erkennen, was wir
machen können (vgl. V 384,4–5 u. ö.). Die Erkenntnisse der pragmatischen
Anthropologie lassen sich sammeln und ordnen, aber nicht eigentlich
machen. Die Materie der Disziplin eignet sich auch nicht für Experimente.
Kant warnt z. B. davor, »mit dem Gemüth Experimente und es in gewissem
Grade krank zu machen, um es zu beobachten und durch Erscheinungen,
die sich da vorfinden möchten, seine Natur zu erforschen.« (216,33–36)
So steht auch hier das »verum-factum«-Prinzip nicht zur Verfügung. Die

---

[39] Zu diesem Thema demnächst ausführlich Thomas Sturm: Kant und die Wissenschaften vom Menschen.

pragmatische Anthropologie ist weder eine mathematische noch eine Experimentalwissenschaft. Sie läßt uns auch nichts nomologisch erkennen und erklären, wie es zeitweilig die Kantische Geschichtsphilosophie anstrebte. In der »Idee zu einer allgemeinen Geschichte in weltbürgerlicher Absicht« (1784) operiert Kant mit einer Erkenntnis des gesetzmäßigen Ganges der Menschheitsgeschichte im ganzen und orientiert sich dabei promiscue an zwei Naturwissenschaften: Der Astronomie (vgl. VIII 18,5–17)[40] und der Wissenschaft der lebendigen Natur (VIII 18,19ff.; KdU § 83ff. u.ö.). Die Anthropologie der Vorlesungen und der Buchpublikation von 1798 verfügt über keine derartige naturwissenschaftliche Fundierung oder Orientierung, die zur Aufstellung von Gesetzmäßigkeiten berechtigte.

Kant sammelt literarisch bezeugte, von jedem leicht nachvollziehbare seelische Vorgänge und Motive unter bestimmten Titeln der psychologischen Taxonomie (wie Erkennen, Fühlen, Wollen), und er erläutert den Zusammenhang bestimmter innerer Dispositionen mit einem beobachtbaren Verhalten. Darüber hinaus wird die Intention erschlossen, die die Vorsehung mit der Menschengattung hat.

Kant ist weder über den Wissenschaftsstatus der physischen Geographie noch den der pragmatischen Anthropologie beunruhigt; er exponiert weder vor den Hörern der Vorlesung noch vor dem Leser der Publikation von 1798 die epistemischen Grundlagen, die zu dem Titel einer Wissenschaft berechtigten. Dies ist auf den ersten Blick um so erstaunlicher, als genau diese Frage bei der Physik oder Naturwissenschaft im ganzen die Notwendigkeit eines »Überganges von den metaphysischen Anfangsgründen der Naturwissenschaft zur Physik« (u.a. XXI 174,16–20) begründet. Beide Disziplinen, sowohl die Anthropologie wie auch die physische Geographie, sind von vornherein auf einem außerphilosophischen Territorium angesiedelt, so daß die exakte Bestimmung ihres Wissenschaftscharakters sich erübrigt.

Kant schreibt schon in den Beobachtungen über das Gefühl des Schönen und Erhabenen: »Das Feld der Beobachtungen dieser Besonderheiten der menschlichen Natur erstreckt sich sehr weit und verbirgt annoch einen reichen Vorrath zu Entdeckungen, die eben so anmuthig als lehrreich sind. Ich werfe für jetzt meinen Blick nur auf einige Stellen, die sich in diesem Bezirke besonders auszunehmen scheinen, und auch auf diese mehr das Auge eines Beobachters als eines Philosophen.« (II 207,10–16) »Anmuthig und lehrreich«, delectans et docens sollte auch die Anthropologievorlesung bleiben; das Geschäft des Philosophen dagegen beschränkt sich auf die strenge Lehre, von der auch Adepten nicht wie von der Anthropologie sagen

---

[40] Vgl. Brandt 1997 c. Vgl. dort S. 230–232 den Hinweis auf den Wandel der Kantischen Vorstellung im Streit der Fakultäten.

dürfen: »Unsere Anthropologie kan von jedermann selbst von der Dame
bey der Toilette gelesen werden.« (Petersburg 4, auch Menschenkunde 6)
Kant spricht, wenn ich richtig sehe, nie von einer »philosophischen Anthropologie«. So ist es auch nicht erstaunlich, daß die Wörter »transzendental«
und »kritisch« nicht in der Druckfassung der Anthropologie von 1798
begegnen. In den Druckschriften findet sich das Wort »transscendental-«
über tausend Mal; gemäß den Nachschriften der Anthropologie hat Kant
nur 1772–1773 von einer »Aesthetica transcendentalis« gesprochen (Parow
38; vgl. Collins 29); später begegnet der Begriff nicht mehr.

Aus dieser Abstinenz von den Leitbegriffen seiner eigenen Philosophie
wird man schon vermuten dürfen, daß die Erkenntnis, die hier entwickelt
wird, sich nicht ohne weiteres in die systematischen Wissenschaftsauffas-
sungen innerhalb der Transzendentalphilosophie oder kritischen Philosophie integrieren lassen. Die einschlägigen Überlegungen in der KrV weisen
der empirischen Psychologie, ist sie einmal in eine ausführliche Anthropologie überführt, einen Platz als Pendant zur empirischen Naturlehre zu
(A 849). Wenn in der Anthropologie vom Menschen als einem frei handelnden Wesen gesprochen wird (119,13), dann wird die metaphysische Problemstellung von Freiheit und Determinismus völlig ausgeklammert; die
Freiheit, die hier gemeint ist, ist die der Alltagsunterscheidung zwischen
Handlungen, die zu tun oder zu unterlassen erfahrungsgemäß in unserer
Macht steht, und solchen, bei denen dies nicht der Fall ist. Es ist der
Freiheitsbegriff der Aristotelischen Ethik, nicht der stoischen Metaphy-
sik.

Um das gestellte Thema zu erörtern, kann man sich kaum auf explizite
Auskünfte von Kant beziehen, sondern muß Symptome aufgreifen. Eines
soll hier benannt und kurz exponiert werden.

In der »Vorrede« wird von der pragmatischen Anthropologie als einer
»Wissenschaft« gesprochen (120,26 und 27; 121,17). Es gebe Schwierigkeiten, »sie zum Rang einer förmlichen Wissenschaft zu erheben« (121,16–17),
aber diese Schwierigkeiten gefährden offensichtlich nicht den schon zuer-
kannten Status. Nachdem die Schwierigkeiten benannt sind, folgt der
Hinweis, daß die systematisch entworfene pragmatische Anthropologie
über eine »Vollständigkeit der Titel« verfüge und der Leser dazu aufgerufen
sei, weiteres Material in die bereitstehenden Fächer einzubringen. Hier zeigt
sich eine Zweiteilung: Einmal gibt es die Titel und Fächer, sodann das
Material der Beobachtung und Erfahrung; die aufgezählten Schwierigkeiten
bezogen sich nicht auf die ersten, sondern das letztere. Bei den Titeln und
Fächern ist an die tatsächlichen Unterteilungen im Buch zu denken, die
jeweils das zu erörternde Thema angeben. Es gehört zu den Eigentümlichkeiten der Kantischen Anthropologie, daß die als vollständig bezeichneten Titel weder als solche hergeleitet noch auch nur erörtert werden oder in

der weiteren anthropologischen Erkenntnis zur Disposition stehen. Sie bilden stabile Vorgaben, die die Empirie ermöglichen, aber offenbar durch sie nicht veränderbar sind. Es scheint also im Rahmen dieser Wissenschaft nicht möglich zu sein, etwa ein neues Erkenntnis- oder Gemütsvermögen zu entdecken oder die Sequenz von Naturell, Temperament und Charakter um weitere Titel und Fächer zu ergänzen.

Dieses Faktum, daß die erfahrungermöglichende Taxonomie der Anthropologie weder nachvollziehbar der empirischen Forschung entstammt noch durch sie kritisierbar und korrigierbar scheint, wird nicht thematisiert. Die Disziplin verfügt über eine Verfassung, die ihr nicht selbst entspringt und die sie nicht ändern kann. Die Funktion dieser Verfassung wird besonders in der Behandlung der Gemütskrankheiten deutlich. Sie entziehen sich als solche der geistigen Ordnung und drohen, als bloßes Chaos nicht mehr begreifbar zu sein. Aber gerade an dem geistigen Chaos bewährt sich die Ordnung der Natur und damit die Verfassung der Vernunft, die der Anthropologie zugrunde liegt. »Es ist aber verwunderungswürdig, daß die Kräfte des zerrütteten Gemüths sich doch in einem System zusammenordnen, und die Natur sogar in die Unvernunft ein Prinzip der Verbindung derselben zu bringen strebt [...].« (216,22–25) Das System der Unvernunft ist das System der Erkenntnisvermögen, beginnend mit der Ordnung der sinnlichen Vorstellungen, weiterschreitend über die Einbildungs- und Urteilskraft und endend mit der Vernunft selbst. Ein festes Gerüst liefert im ersten Teil die als apriori gesichert angenommene Gliederung in drei Vermögen (der Erkenntnis, des Gefühls und des Begehrens); innerhalb des Erkenntnisvermögens bilden die Titel und Fächer von Bewußtsein, Sinnlichkeit, Verstand, Urteilskraft und Vernunft ein Schema, das nicht mehr zur Disposition steht, sondern als eine apriorische Vorgabe fungiert. Auf die Hierarchie von der Sinnlichkeit bis zur Vernunft bezieht sich die Systematisierung der verschiedenen Wahnformen, die somit apriori entwickelt wird und dann mit geeigneten Materialien der Anschauung ausgefüllt werden kann, sogar mit einer Berufung auf eine bisher nie gemachte eigene Erfahrung (215,15–17).

Die Anthropologie beruft sich nicht auf die eigene Philosophie Kants und deren Systematische Leihgaben, sondern appelliert implizit an einen allgemeinen Konsens im Hinblick auf die vorgegebenen vollständigen Titel, besonders im zweiten Teil, in dem die Trias der Gemütsvermögen verlassen wird und Titel der anthropologischen Tradition übernommen und modifiziert werden. Auch hier wird die Herkunft nie angesprochen. Es sind Sedimente, die sich bewährt haben, plausibel sind und die eine pragmatische Fortarbeit ermöglichen.

Versucht man, den Wissenschaftscharakter der Vorlesungen und des Buches zur pragmatischen Anthropologie näher zu bestimmten, ist es nütz-

lich, die Parallelvorlesung zur physischen Geographie einzubeziehen; auch
hier ist der Versuch, sie in die philosophische Wissenschaftstheorie einzubeziehen und sie aus den verstreuten Angaben hierzu zu begreifen, zum
Scheitern verurteilt.[41] Das Philosophische an der physischen Geographie ist
nicht ihre Methode, sondern eher Kants Unternehmen, die physische Geographie als eine wirklich globale Untersuchung durchzuführen, deren
Gesichtspunkte durch das kosmopolitische Interesse des Menschen bestimmt werden.

Kant bringt auffällig häufig Distinktionen und Definitionen am Anfang
der Untersuchung eines bestimmten Gebietes. Für die so aus Aufteilungen
entstehenden Areale gibt es Bezeichnungen, Etiketten, die sichern sollen,
daß dieses Areal als solches identifiziert ist. Nun läßt sich innerhalb der
Philosophie als einer »Vernunfterkenntnis aus Begriffen« nicht anders vorgehen als so, daß mit sprachlichen Mitteln begriffliche Realitäten nachvollzo-
gen werden. In der empirischen Disziplin der Anthropologie kann sich die
Erkenntnis jedoch nicht auf apriorische Begriffe beziehen, sondern auf
überprüfbare Erfahrungen. Diese Erfahrungen jedoch liegen Kant in vielen
Bereichen nicht vor, etwa auf dem Gebiet der Gemütskrankheiten – er kennt
das Irrenhaus nicht als den Ort, an dem er seine Aussagen über den Wahnsinn
hätte überprüfen können. Das Fehlen der Empirie auf empirischem Gebiet
wird kompensiert durch eine bestimmte Sprachpolitik; wo Kant selbst
Areale stiftet und benennt, wird ein Einverständnis mit anderen oder allen
suggeriert. Aus dem »ich benenne« wird ein »man nennt«; »heißt«, und dann
am Ende »ist«. Der prätendierte Konsens ersetzt den Sachzugang.

Kant ist von größter Findigkeit in der Einführung immer neuer Distinktionen und Areale, die dadurch Wirklichkeit und Gewicht erhalten, daß die
eigenen Innovationen als alter Brauch vorgestellt werden. Die Verbaldi-
stinktionen werden dadurch mit größerem Gewicht versehen, daß kühn
behauptet wird, sie beruhten nicht auf einem der tatsächlich unzähligen
ingeniösen Einfälle des Autors, sondern entsprächen der üblichen Wortverwendung. Man lese die Beobachtungen über das Gefühl des Schönen
und Erhabenen oder auch die »Allgemeine Eintheilung« der »Schwächen
und Krankheiten der Seele in Ansehung ihres Erkenntnißvermögens«
(202,1–204.6) unter diesem Gesichtspunkt – der Leser wird ohne Unter-
brechung über Sprachüsancen informiert, die in eine Erkenntnis der Sache
überleiten. Aber sieht dies der Autor nicht selbst? Im »Versuch über die
Krankheiten des Kopfes« (1764) heißt es, wenn auch leicht ironisch, er
»entwerfe eine kleine Onomastik der Gebrechen des Kopfes« (II 260,11–12).
Aber die Onomastik will mehr sein als Dichtung. Worin die sachliche Fundierung, das Mehr, genau besteht, wird nicht explizit thematisiert.

---

[41] Vgl. die Bemühungen von May 1970.

Man nehme einen Satz wie folgenden: »Daß die Wörter *innerer Sinn* und *Apperception* von den Seelenforschern gemeinhin für gleichbedeutend genommen werden, unerachtet der erstere allein ein psychologisches (angewandtes), die zweite aber blos ein logisches (reines) Bewußtsein anzeigen soll, ist die Ursache dieser Irrungen.« (142,20–24) Kant, so wird hier implizit konstatiert, weiß den wirklichen Sinn der Wörter, und die Gegner verstehen die deutsche Sprache nicht richtig, denn die Wörter stehen schon im Kontext einer philosophischen Theorie, die nun ausgemachterweise die Kantische ist. Symptomatisch das grammatische Springen von den »Wörtern« zur Sache selbst (»der erstere« – nicht mehr das Wort, sondern der innere Sinn selbst).

Aus der Retrospektive wird man die Diagnose stellen: Die Kantische Sprachpolitik verdeckt das Fehlen von Erfahrungsdaten. Kant ist durch keine ärztlichen Erfahrungen vertraut mit dem Phänomen der Gemütskrankheiten und entwirft trotzdem eine Theorie, die auf ihren Geltungsanspruch pocht. In den Zentralbereichen der kritischen und der Transzendentalphilosophie spielt die Benennung bestimmter Operationen keine Rolle; sie wird da relevant, wo sich die Behauptung nur noch selbst behauptet und konsequent in die Nomenklatur flüchtet. Dann werden »Les mots« zu den »choses«, die sich lautlos fügen müssen.

Der furor etymologicus, der die empirischen Schriften Kants durchzieht,[42] hat hier vermutlich seine Wurzeln: Die Wörter selbst sollen häufig dingfest gemacht werden, weil der methodische Zugang zu den Sachen selbst fehlt. Wie stark Kant seinen Etymologien nachhing, zeigt der Bericht von Johann Gottfried Hasse, *Lezte Aeußerungen Kant's*: »So hatte ich kaum einige Wochen regelmäßig bey ihm gespeißt, als ich bemerkte, daß er gern *etymologisire*; sey es nun, daß er mir damit ein Vergnügen machen wollte, [...] oder daß er einen natürlichen Hang dazu hatte, [...].«[43]

Ludwig Ernst Borowski hält fest: »Freund war dagegen unser K. von Sprachuntersuchungen, vom Etymologisieren; war ein oft treffender, bisweilen aber auch ein sehr verunglückter Deuter der Provinzialismen u. f.

---

[42] Zu diesem Thema fehlt eine Arbeit auf dem heutigen Stand der Kenntnisse. Eine Ergänzung zur Edition der Vorlesungsnachschriften: Mrongovius 54 heißt es: »Romulus bedeutet Gewalt und Numa Gesetz und wer weiß haben diese Konige einmal existirt«. (XXV 1295,19–20). Kants unmittelbare Quelle wird Rousseaus Contrat social sein: »Le nom de *Rome* qu'on prétend venir de Romulus est Grec, et signifie *force*; le nom de *Numa* est Grec aussi, et signifie *Loi*.« (Rousseau 1959 ff., III 444*) Eine Ergänzung ergibt sich für die Kommentierung von Menschenkunde (XXV 1154,27–28) und Mrongovius 82 über den Tod vor Freude, s. den Kommentar zu 231,28. – Die Ausführungen zu 324,10 enthalten eine Korrektur von Brandt 1998a (es geht um die Interpretation der Kopernikanischen Hypothese VII 83).

[43] Hasse 1925, 16.

Vor wenigen Tagen fiel mir die meines Dafürhaltens gegründete Mißbilligung der Allg. Jen. Lit. Zeit. (1804. Int. = Bl. Nr. 51 S. 407) wegen der in der
Anthropologie (S. 100 [in der Akademie-Ausgabe VII 187,30–35]) vorkom-
menden Bemerkung über *Ahnen* und *Ahnden* ins Auge. Es ließe sich ein
Mehreres hierüber sagen: allein, sollt's nicht an Mikrologie grenzen?«[44] Wir
halten uns im Kommentar bei den vielen verunglückten und vielleicht auch
durch Zufall geglückten Etymologien an Borowskis Losung – ein näheres
Eingehen auf sie würde an Mikrologie grenzen.

»[…] in pragmatischer Hinsicht«. Der Wissenschaftscharakter der Anthropologie liegt nicht in einer exakten apriorischen Erkenntnis, sondern ist
herabgestimmt auf ein gut begründetes, empiriegesättigtes Meinen (ohne
daß Kant dies explizit sagt). Und hier liegt einer der Fortschritte, die Kant
mit der Renovierung der empirischen Psychologie als einer pragmatischen
Anthropologie erzielt. Dazu folgendes Beispiel: Das vieldiskutierte Phänomen des Heimwehs wird von Ernst Anton Nicolai in seiner 1758
publizierten Schrift *Gedancken von der Verwirrung des Verstandes, dem
Rasen und Phantasieren der Melancholie* zugeordnet (63–79). Kant dagegen
sieht im Heimweh weniger ein Phänomen nur der Individualpsychologie,
sondern rückt die sozialen Hintergründe ins Blickfeld: »[…] wobei es doch
merkwürdig ist, daß dieses Heimweh mehr die Landleute einer *geldarmen*,
dafür aber durch Brüder- und Vetterschaften verbundenen Provinz, als
diejenigen befällt, die mit Gelderwerb beschäftigt sind und das *patria ubi
bene* sich zum Wahlspruch machen.« (179,3–7) Dort das isolierte Individuum der empirischen Psychologie, hier die pragmatische Anthropologie,
die das soziale Umfeld des Handelns und des Reagierens zum Thema erhebt:
Der Mensch nicht in seinem Seelengehäuse, sondern als Weltbürger. Sodann:
Es wird kein Gesetz und keine Regel formuliert, denn es heißt vorsichtig
»mehr […] befällt«; der Menschenkenner wird, trifft er auf Personen aus
der Schweiz oder aus Paris, das Heimweh *eher* bei der ersteren als der
zweiten erwarten; er schließt das Gegenteil nicht aus. Einer größeren
Exaktheit ist die pragmatische Anthropologie nicht fähig. Über diesen
Status der Erkenntnis werden in der Schrift selbst keine theoretischen
Erörterungen angestellt.

Kant hatte die Hoffnung, eine neue akademische Disziplin und Wissenschaft zu begründen. Wir können heute viele Erkenntnisse, die sich in dem
Werk und den Vorlesungsnachschriften verbergen, fruchtbar zu machen
suchen, aber die Anthropologie in pragmatischer Hinsicht blieb ein errati-
scher Block in der Geschichte der Wissenschaften.

[44] Groß 1912, 77.

5. Aufgaben und Grenzen des vorliegenden Kritischen Kommentars

Kants Anthropologie ist bei der ersten Lektüre wesentlich einfacher zu verstehen als seine systematischen philosophischen Werke, das Buch ist jedoch, wie sich rasch zeigt, von einer esoterischen Dichte, so daß es des aufschlüsselnden Kommentars zum Verständnis auch häufig einfach scheinender Passagen bedarf. Die Kommentarbedürftigkeit entsteht nicht so sehr, wie die landläufige Hermeneutik suggeriert, durch die historische Distanz des Lesers, sondern durch die individuelle Konzentration der Gedanken im Text. Die großen Werke der Literatur und Kunst kondensieren in sich ungewöhnlich komplexe Traditionsströme, implizite und explizite Bezugnahmen und verborgene Auseinandersetzungen, so daß nur eine intensivere Beschäftigung über Generationen die Analyse von wichtigen Komponenten vollziehen kann. Die zeitgenössischen Reaktionen auf große Werke der Wissenschaft, der Literatur und der Kunst sind in der Regel einigermaßen hilflos und oberflächlich; erst durch die Freilegung der Werkbezüge wird die Möglichkeit einer sachlichen Beurteilung geschaffen.

Vor die Alternative gestellt, nur die literarischen Dokumente im Kommentar anzuführen, die entweder (1) die erste Quelle einer bestimmten Beobachtung oder (2) eine Station ihrer Weitergabe oder aber (3) den Text darstellen, den Kant nachweislich gelesen und für seine Anthropologie benutzt hat, oder neben diesen drei Feldern promiscue auch Dokumente anzuführen, die Kant sicher nicht gekannt hat, die jedoch für das jeweilige Thema einschlägig sind, habe ich mich hier im Gegensatz zum Kommentar in der Akademie-Ausgabe dazu entschlossen, den zweiten Weg zu beschreiten und Material zu bringen, das für die Reflexion über die verschiedenen Themen wichtig sein kann. Dieses Vorgehen ist häufig leichter als das andere, aber es ist unweigerlich der Kritik des sachkundigen Benutzers ausgesetzt: daß just der Bezug, den er für den wichtigsten hält, nicht zitiert und nicht einmal erwähnt wird. Es ist ein vielleicht allzu bunter Teppich entstanden, aber ich hoffe, daß das gesammelte Material dazu dient, den Kulturbereich anzudeuten, in dem die Kantische Anthropologie zu verorten und zu erörtern ist. Die vielfachen Verweise auf antike Texte sollen nicht besagen, daß sich Kant unmittelbar auf sie bezieht, sondern sollen die Tradition markieren, aus der seine Ausführungen hervorgegangen sind.

Der Kommentar bezeichnet sich selbst als »kritisch«. Im Zentrum des Interesses steht zwar die Explikation von Passagen, die nicht ohne weiteres verständlich sind, weder Kants Zeitgenossen noch dem heutigen Leser; es finden sich jedoch viele Einlassungen auf philosophische Themen, die einen Geltungsanspruch erheben und implizit vom Leser nach Prüfung der angeführten Gründe den Konsens verlangen. Der Leser ist aufgefordert, die

Behauptungen nicht nur zu verstehen, sondern auch kritisch zu beurteilen. Eben das soll eine der Aufgaben des Kommentars sein.

Der Kommentar bezieht sich auf die Ausgabe der Anthropologie in pragmatischer Hinsicht in Band VII der Akademie-Ausgabe von Oswald Külpe, und zwar in der Edition von 1917. Der Band ist 1907 in 1. Auflage und 1917 in einer als solcher vom Verlag nicht angegebenen 2. Auflage erschienen. Eine *Textverschiebung* durch Ergänzungen ergibt sich ab S. 356, Zeile 7; schon vorher hat der Setzer (?) 1917 in der ihm nicht zukommenden Rolle des Selbstdenkers den Wortlaut geändert: 136,21 »sind wir selbst ein Spiel« in »sind wir selbst beim Spiel«; 151,6 *»erlaubten Schein«* in *»unerlaubten Schein«*. Die Edition von 1917 bildet die Grundlage der elektronischen Edition von Kants Gesammelten Schriften (hg. vom IKS Bonn). Es wird kommentiert auch der Text der »Ergänzungen aus H« mit zugefügter Zeilenzählung (395,6–415,25); in Ausnahmefällen wird dieser Text im Kommentar mit abgedruckt.

Bei der Textbearbeitung lag eine Kopie des Rostocker Manuskripts vor, die praktisch keine Probleme der Dechiffrierung bot. Wer sich für diesen Text interessiert, kann ihn in Autopsie in der Rostocker Universitätsbibliothek einsehen, eine Kopie steht im Marburger Kantarchiv zur Verfügung. Die Einbeziehung der Textvarianten in den Kommentar ist selektiv; die berücksichtigten Stellen können nicht die Grundlage weiterer wissenschaftlicher Behandlungen dieses Komplexes sein, sie können nicht den eigenen Rückgang zum Manuskript und zu den verschiedenen textkritischen Ausgaben ersetzen. Es wurde darauf verzichtet, bei den Anmerkungen die jeweiligen Textvarianten der kritischen Ausgaben zu vermerken; viele Varianten der Cassirer-Ausgabe werden von Hinske in der Weischedel-Edition vermerkt. Die Cassirer-Ausgabe versucht, den Text der Handschrift möglichst wieder für die Edition fruchtbar zu machen. Da wir nicht wissen, ob und wie intensiv Kant die Druckvorlage für A 1 selbst durchgearbeitet hat und somit für A 1 verantwortlich ist, kann allerdings im Rückgang auf H auch ein Rückschritt hinter die Autorintention liegen.

Es wird meist darauf verzichtet, den Kommentar mit Sacherläuterungen zu füllen, die der Leser auch in einem allgemeinen Konversationslexikon erfahren kann, etwa: Wer ist der Prinz Palagonia in Sizilien? (175,7) Dasselbe gilt für philosophische Termini, die in philosophischen Lexika behandelt werden; nur in Ausnahmen wird auf sie verwiesen.

Während die Probleme der KrV, aber auch der anderen Kritiken wesentlich systematischer Natur sind und ein Kommentar nicht davon abstrahieren kann, daß die einzelnen Lehrstücke Thema der öffentlichen Auseinandersetzung seit den achtziger Jahren, z. T. schon seit den siebziger Jahren des 18. Jahrhunderts waren und geblieben sind, sind nur wenige Textstücke der Anthropologie zum Gegenstand einer systematischen Auseinandersetzung geworden.[45] Ein gutes Beispiel ist die Editionstätigkeit von Oswald Külpe im Rahmen der Akademie-Ausgabe. Külpe hat den Text ganz vorzüglich ediert, er hat mit größter Aufmerksamkeit das Rostocker Manuskript studiert und in den »Lesarten« und »Ergänzungen« verzeichnet; seine sachlichen Anmerkungen sind für die damalige Zeit bewundernswert. Külpe nun war auf einem der Anthropologie verwandten Gebiet, nämlich der empirischen Psychologie tätig. Es gibt jedoch in seiner systematischen Forschung keine Auseinandersetzung mit Kantischen Theoremen. Entsprechend hat die Literatur zu diesem Werk bisher einen anderen Charakter als der zu den systematisch erregenden und umstrittenen Zentralwerken der kritischen Philosophie. Es hat wenig Sinn, die Bücher und Aufsätze anzuführen, in denen die Anthropologie beiläufig zitiert wird, die Aufmerksamkeit richtet sich dagegen auf die Schrift selbst und ihre gedanklichen Voraussetzungen. Die Anthropologie, die selbst vermeidet, sich in ein *systematisches* Verhältnis zur kritischen oder zur Transzendentalphilosophie zu setzen, wird hier kommentiert als ein Dokument der Selbstverständigung des Menschen am Ende des 18. Jahrhunderts.

6. Zur Benutzung des Kommentars

Dem Kommentar wird die Edition der Anthropologie in der Akademie-Ausgabe von 1917 (nicht 1907) zugrunde gelegt. Mit dem Namen »Külpe« wird auf die Sachanmerkungen des Bandes VII verwiesen. »Külpe« heißt immer: Die Auflage des Bandes VII der Akademieausgabe von 1917. Die Einbeziehung der (in Kopie vorliegenden) Rostocker Handschrift (H) geschieht so, daß auf die »Ergänzungen aus H« der Akademie-Ausgabe von 1917 (nicht der von 1907!) mit Seitenangabe und eigener Zeilenzählung verwiesen wird. Korrekturen der Külpeschen Entzifferung von H werden stillschweigend vorgenommen, nur in interessanten Fällen wird die Korrektur ausdrücklich erwähnt.[46] – Sämtliche Textauszeichnungen werden im Kommentar durch Kursivdruck wiedergegeben.

Die Kritik der reinen Vernunft (KrV) wird nach der Meiner-Ausgabe mit A (1781) und B (1787) zitiert. Alle weiteren Schriften, Reflexionen und Briefe Kants werden nach der Akademie-Ausgabe (Berlin 1900 ff.) nach dem Schema zitiert: Band (römische Ziffer) Seite (arabisch), Zeile (arabisch). Die

---

[45] Vgl. dazu Erich Adickes' German Kantian Bibliography (1896).
[46] Nur einige Beispiele: 256,33–35 fehlt in H, nicht vermerkt Weischedel 586; 257,20–23 fehlt in H (Külpe ebenfalls irrtümlich »fehlt A«, als ob der Text in H stünde), von Weischedel nicht vermerkt. 257,30–36 fehlt ein Hinweis zur Textlage in H (tatsächlich gleich A1).

Vorlesungsnachschriften zur Anthropologie werden einfach mit Titel der
Nachschrift und Originalpaginierung zitiert, wie in Bd. XXV der Akademie-Ausgabe enthalten. Genaue bibliographische Angaben zu den verwendeten Ausgaben finden sich im Siglenverzeichnis anfangs des Literatur-
verzeichnisses. Die Nachschriften der Anthropologie-Vorlesungen, die
nicht im Band XXV der Akademie-Ausgabe enthalten sind, sind sämtlich
auf dem Internet über die Homepage des Marburger Kant-Archives »Kant
Information Online« abrufbar (http://www.uni-marburg.de/kant/).

Es wurden Wordcruncher-Versionen der Kantischen Werke (erstellt von
Winfried Lenders) und der Nachschriften der Kantischen Anthropologie-
Vorlesung (erstellt von Werner Stark) benutzt.

Kant-Leser, denen die Frakturschrift der Akademie-Ausgabe Schwierigkeiten bereitet, können die Anthropologie-Edition des Meiner-Verlages
benutzen; sie enthält am Rand die Paginierung der Akademie-Ausgabe, so
daß eine rasche Orientierung im Text möglich ist. In vielen Fällen findet sich
die Begründung für die von mir vorgenommene neue Textgestaltung (mit
häufigem Rückgriff auf das Kantische Manuskript) im vorliegenden Kommentar.

Die Buchausgabe des Kommentars enthält keine Indices. Sie würden
das Volumen noch weiter anschwellen lassen und könnten doch nie alle
Wünsche von Lesern der verschiedensten Richtungen befriedigen. Stattdessen erscheint der Kommentartext im Internet (wieder über die Homepage
des Kant-Archives, »Kant Information Online«) mit den üblichen Möglichkeiten der Wortrecherche. Das copyright beider Editionsformen liegt
beim Meiner-Verlag. Die Druckfassung des Kommentars bietet sich an als
Einhilfe und Orientierung bei einer vertieften Lektüre der Kantischen
Anthropologie und wird sich in dieser Funktion nicht durch den Bild-
schirmtext ersetzen lassen. Ergeben sich beim näheren Studium von Text
und Kommentar Fragen, die eine Wortrecherche nötig machen, steht die
Netzfassung zur Verfügung. Umgekehrt wird man bei Externfragen die
Digitalfassung sowohl der Anthropologie wie des Kommentars befragen und
dann zu den beiden Buchfassungen übergehen, weil sie ein bequemeres
Lesen ermöglichen.

Eine frühere Fassung des Kommentars zur »Vorrede« ist in französischer
Übersetzung erschienen in: L'année 1798. Kant et la naissance de l'anthro-
pologie au siècle des lumières. Actes du colloque de Dijon 9–11 mai 1996.
Sous la direction de Jean Ferrari, Paris 1997, 197–220.

7. Dank

Das Material, das bei der über zehnjährigen Tätigkeit der Edition der Vorlesungsnachschriften zur Anthropologie (Bd. XXV der Akademie-Ausgabe) gesammelt wurde, führte zur Idee eines Kommentars der Anthropologie in pragmatischer Hinsicht von 1798. Durch die Verknüpfung mit der Edition sind vielfältig Erkenntnisse eingeflossen, die sich der Zusammenarbeit mit Werner Stark verdanken – dem Freund und Helfer vorweg mein Dank. Jörg Lengelsen hat die Arbeit mit Korrekturen und Hinweisen zur Literatur seit ihrem Beginn verfolgt. Piero Giordanetti (Mailand) gab Hinweise zu Pietro Verri, und ohne die vielfache Unterstützung studentischer und wissenschaftlicher Hilfskräfte wäre der Text nicht zum Druck gereift: Alexander Chucholowsky, Mechthild Ebers, Kolja Kopton, David Lauer, Rolf Löchel, Lars Manzeschke und, mit kritischen Interventionen, Thomas Sturm.

Im Hause Meiner halfen die Herren Horst D. Brandt und Axel Kopido bei der Einrichtung des Manuskripts – besten Dank!

KOMMENTAR

Anthropologie in pragmatischer Hinsicht

117,1 *Anthropologie*] Zur Begriffsgeschichte vgl. Mareta Linden, Untersu-   ◇
chungen zum Anthropologiebegriff des 18. Jahrhunderts (1976). Materialien
zur lateinischen und deutschen Begriffsverwendung auch bei Odo Marquard, »Zur Geschichte des Begriffs ›Anthropologie‹ seit dem Ende des
achtzehnten Jahrhunderts« (1965). Die Kantische Anthropologie entsteht
aus dem Lehrbereich der empirischen Psychologie, die von Christian Wolff
und Alexander Baumgarten innerhalb der Metaphysik (Metaphysica generalis: Ontologia; Metaphysica specialis: Cosmologia, Psychologia, Theolo-
gia) behandelt wurde. Im Wintersemester 1772–1773 soll die empirische
Psychologie zunächst nur aus dem Metaphysikverbund herausgelöst und in
einer getrennten Vorlesung unter dem Titel der empirischen Psychologie,
Naturlehre oder -kenntnis vom Menschen oder Anthropologie vorgestellt
werden. Vgl. auch die Bestimmungen in der KrV A 550; 841–842; 848. Erst
nach der ersten Vorlesung gelangt Kant zum Konzept einer nicht mehr
theoretischen empirischen Anthropologie oder Psychologie, sondern pragmatischen Anthropologie, das explizit dem Anfangskonzept entgegengestellt wird: »Also nicht speculativ sondern pragmatisch nach Regeln der
Klugheit seine Kenntnis anzuwenden wird der Mensch studirt, und das ist
die Antropologie [...] so müßen wir die Menschheit studiren, nicht aber
psychologisch oder speculativ, sondern pragmatisch.« (Ms. 400 7 und 11)
Auch 1798 wird, wie schon in den erhaltenen Vorlesungsnachschriften ab
1775–1776, die empirische Psychologie im *Gegensatz* zur – sc. pragmatischen – Anthropologie als bloß theoretische Erkenntnis der Erscheinungen
des inneren Sinnes gefaßt, so 134,21 (im Gegensatz zur Logik); 141,4
(gleicher Kontrast); 142,22 (idem). S. auch unten den Kommentar zu »pragmatisch«.
Die Begriffslage ist etwas verwirrend, denn Baumgarten sieht die empirische Psychologie als Teil der empirischen Anthropologie, der empirischen
Lehre also vom Menschen als einem Wesen, das sich aus Körper und Seele
zusammensetzt, wie schon die erste bekannte Wortverwendung durch Otto
Casmann in der Psychologia anthropologica (1594) besagt: »Anthropologia
est doctrina humanae naturae. Humana natura est geminae naturae munda-
nae, spiritualis et corporeae, in unum hyphistamenon unitae, particeps
essentia« (1); so auch Baumgarten innerhalb der Erörterung der »Psychologia rationalis« der Metaphysica (⁴1779) § 747: »Anima humana non admittit

quidem triplicem dimensionem extensorum, § 290, 745. possibilis tamen eius cognitio philosophica et mathematica, sicut humani corporis, § 743, 249. Homo constat anima et corpore finitis, § 741, 743. hinc interne mutabilis, § 740. est ens finitum et contingens, § 202, 257. Ergo possibilis est hominis cognitio philosophica et mathematica, § 249i i. e. ANTHROPLOGIA philosophica et mathematica, s. ANTHROPOMETRIA, sicut empirica per experientiam.« (297) Die empirische Anthropologie also ist die Erfahrungslehre vom Menschen als einem aus Körper und Seele zusammengesetzten Wesen. Es fehlt hier so gut wie bei Casmann die explizite Konzeption einer *pragmatischen* Anthropologie.

Von »Anthropologie« spricht Kant in seinen publizierten Schriften in vielfältigen Formen, außerhalb der vorliegenden Schrift wird die pragmatische Anthropologie jedoch in ihnen nicht erwähnt und nur in der Vorlesungsankündigung von 1775–1776 angesprochen (»Von den verschiedenen Racen der Menschen«, 4. Abschnitt; II 443,12–27). Die pragmatische Anthropologie hat, so kann man schon hieraus folgern, in der Systematik der kritischen oder der Transzendentalphilosophie keinen Ort und läßt sich auch nicht post festum zu ihr in ein systematisches Verhältnis setzen.

In den erhaltenen Materialien wird nur in einer Notiz von einer »Anthropologia transcendentalis« gesprochen, nämlich in der Refl. 903, datiert 1776–1778: »Es ist auch nicht gnug, viel andre Wissenschaften zu wissen, sondern die Selbsterkentnis des Verstandes und der Vernunft. *Anthropologia transcendentalis.*« (XV 395,29–32) Monika Firla unternimmt in ihrer sonst sorgfältigen Dissertation Untersuchungen zum Verhältnis von Anthropologie und Moralphilosophie bei Kant (1981) den zum Scheitern verurteilten Versuch, diese »transzendentale Anthropologie« mit der vorliegenden Anthropologie zu identifzieren und ihr dadurch eine systematische Stelle in der Transzendentalphilosophie zu verschaffen.

Frederick P. van de Pitte versucht u. a. mit Bezug auf die zitierte Reflexion, Kants kritische Philosophie insgesamt als eine philosophische Anthropologie zu deuten (»Kant as Philosophical Anthropologist« (1972) 574–581. – Kant as Philosophical Anthropologist (1971)). Diese Deutung steht dem Hermeneutiker frei, er kann sich dabei jedoch nicht auf Kants pragmatische Anthropologie berufen.

Die gesamte neuzeitliche Literatur unter dem Titel der Anthropologie basiert wesentlich auf den psychologischen und physiologischen Untersuchungen der Antike und ist verknüpft mit den parallelen vielfältigen Publikationen unter den Titeln »De homine«, »On Human Nature«, »Of man« oder ähnlich. In der englischsprachigen Literatur wird der Begriff »Anthropologie« gemieden; eine Ausnahme ist die anonyme Schrift *Anthropologie Abstracted: Or the Idea of Human Nature Reflected in briefe*

Philosophicall, and Anatomicall Collections (1655); sie folgt in ihren beiden Teilen (»Of the Nature of the Human Soul«, 1–52, »Of the Human Body and its Functions«, 53 ff.) eng den einschlägigen Aristotelischen Schriften; die Sinnesorgane werden im 2. Teil der Abhandlung erörtert.

Zur historischen Verortung der Anthropologie vgl. auch den Kommentar zu 121,18.

3 *pragmatischer*] Vgl. Physische Geographie Kaehler (1774; noch nicht ◇ ediert): »Der Umgang mit Menschen erweitert unsere Kenntniße; es ist aber nöthig von allen künftigen Erfahrungen eine Vorübung zu geben und dieses zeiget die *Antropologie*, hier wird gesehen, was in dem Menschen *pragmatisch* ist und nicht *speculativ*; der Mensch wird darin nicht *physiologisch* daß man die Quellen der *phaenomenorum* untersuchen sollte, sondern *cosmologisch*.« (4). Vgl. die schon erwähnte Vorlesungsankündigung von 1775–1776 »Von den verschiedenen Racen der Menschen«, 4. Abschnitt; II 443,12–27.

Pragmatisch ist eine »[...] jede praktische Kenntniß, sofern sie dazu dient, unsere gesammten Absichten zu erfüllen [...]. Jede Lehre der Weisheit ist moralisch, und jede der Klugheit pragmatisch.« (Menschenkunde 5) Erst in der »Einleitung« der KdU (1790) werden die technischen Regeln der Kunst und Geschicklichkeit und die pragmatischen Regeln der Klugheit aus der praktischen Philosophie herausgenommen und zur theoretischen Philosophie gezogen (V 172,14–173,17). Von dieser Trennung scheint die Anthropologie in pragmatischer Hinsicht nicht berührt zu sein, denn sie greift vielfach in das Gebiet der Moral ein, wenn auch nur inhaltlich, nicht begründungstechnisch. – Während in der Konstellation von »technisch-pragmatisch-moralisch« (»Geschicklichkeit-Klugheit-Weisheit« im Brief an Marcus Herz Ende 1773; X 146,6) das Pragmatische einerseits dem Technischen, andererseits dem Moralischen entgegengesetzt wird, steht es in einer anderen Konstellation dem Spekulativen oder Theoretischen gegenüber; vgl. oben den Hinweis auf den Gegensatz von pragmatischer Anthropologie und spekulativer oder theoretischer empirischer Psychologie. Zu dieser letzteren Begriffskonstellation pragmatisch versus theoretisch oder spekulativ vgl. auch z.B. Andreas Rüdiger, Philosophia pragmatica, methodo apodictica et quod eius licuit, mathematica, conscripta (1729). Im § 9 des »Prooemium« (6–7) wird die »ratio docendi« der Philosophie in die dogmatische und pragmatische eingeteilt; die erstere argumentiere so, daß auch die Einwände von Gegnern widerlegt werden (»[...] ut thesium veritas etiam adversus dissentientium objectiones vindicetur [...]«), die zweite so, daß besonders Rücksicht genommen werde auf das, was den Fähigkeiten, wie man sie nenne, dienlich ist, weshalb sie den Namen »pragmatisch« verdienen werde (»[...] ut id maxime respiciatur, quod ad finem facultatum, quas vocant, pertinet, quo casu pragmaticae nomen merebitur.«).

Anders als Rüdiger spricht Kant in den erhaltenen Dokumenten nicht von einer »pragmatischen Philosophie« oder einer »pragmatischen Vernunft«, und auch die übrigen Erkenntnisvermögen können nach dem Kantischen Wortgebrauch offenbar nicht pragmatisch sein. In einer Notiz zur Vorbereitung der Antwort an Garve auf dessen Brief vom September 1798 (vgl. XII 256–258) bemerkt Kant: »an Garve. System der Philosophie in pragmatischer Absicht als Geschicklichkeits und Klugheitslehre aufzustellen.« (Nr. 818 [779], XII 487,3–4; XXI 483,12–13 [»Klugheitslehrer«]) Aus diesem isolierten Satz lassen sich jedoch keine weitergehenden Folgerungen ziehen.

Der Begriff des Pragmatischen begegnet in den frühen Reflexionen Kants zur Moralphilosophie im Anschluß an Alexander Baumgartens Initia philosophiae practicae primae (1760), s. u. a. Refl. 6489 (XIX 26,11); vgl. dazu auch Baumgarten, Metaphysica § 669: Die cognitio pragmatica als bewegende Kraft (251); Refl. 6495 (XIX 29,6); Refl. 6512 (XIX 45,2–7). Baumgarten selbst verwendet, wenn ich richtig sehe, diesen Begriff nicht in den Initia. Er bedeutet gemäß der Erläuterung, die Kant im zweiten Abschnitt der Grundlegung zur Metaphysik der Sitten (1785) gibt: »zur Wohlfahrt« gehörig (IV 417,1; s. auch die Erläuterung in der zugefügten Anmerkung). Es ist jedoch unwahrscheinlich, daß Kant sich vom Wortgebrauch in der Moral anregen ließ, seine Anthropologie als pragmatisch zu bezeichnen. Er selbst schreibt in der besagten Anmerkung der Grundlegung: »Pragmatisch ist eine *Geschichte* abgefaßt, wenn sie *klug* macht, d. i. die Welt belehrt, wie sie ihren Vorteil besser, oder wenigstens eben so gut als die Vorwelt besorgen könne.« (IV 417,35–37) So könnte die pragmatische Geschichte ein Vorbild der Benennung der pragmatischen Anthropologie sein. Polybios spricht von seinen Historiae als einer pragmatischen Geschichte (Historiae I 2, 8; IX 2,4); Humes History of England (Band I, 1754) wird in einer anonymen Rezension in den Göttingischen Anzeigen von gelehrten Sachen, 147. Stück, 8. Dezember 1755 gelobt wegen ihrer »pragmatischen Schreibart« (Spalte 1350), der Autor in einer anderen Rezension desselben Bandes in den Neuen Zeitungen von Gelehrten Sachen Nr. 59 vom 23. Juli 1764 als »pragmatischer Geschichtsschreiber« (S. 467) vorgestellt (vgl. Reinhard Brandt/Heiner Klemme, David Hume in Deutschland (1989) 53–55). Hume selbst bezeichnet seine History nicht als pragmatisch, denn der zeitgenössische Wortgebrauch des englischen »pragmatic[al]« geht in eine andere Richtung. Vielleicht will Kant der »pragmatischen Geschichte« David Humes und anderer Autoren eine alle pragmatische Geschichtsschreibung fundierende »pragmatische Anthropologie« entgegen oder zur Seite stellen. Dies wäre allerdings nur ein Nebengedanke bei der Konzeption der Vorlesung als einer pragmatischen Anthropologie (*nach* dem Wintersemester 1772–1773).

In einer vom preußischen König 1770 erlassenen »Anweisung wie die
Philosophie, Philologie und diejenigen Wissenschaften, worin die Philosophische Fakultät den Unterricht giebt [...]« wurde unter dem Titel »V. Die
politische Historie« ausgeführt: »Zu der gründlichen Erlernung einer pragmatischen Historie wird erfordert, daß man ein Philosoph sey.« (12) Und:
»Eine pragmatische Historie kan man eine Moral, Politic, Philosophie in
Exempel nennen [...].« (12) Das Vorlesungsverzeichnis des Sommers von
1770 meldet jedoch unter den 6 »Historicae Lectiones« keine am Pragmatischen orientierte Vorlesung, so daß die Anweisung hier innovativ sein
könnte. Ob dies für Kants Konzeption einer spezifisch pragmatischen
Anthropologie nach 1772–1773 von irgendeinem Belang war, wird sich
jedoch kaum entscheiden lassen. Die Anweisung indiziert jedenfalls die
Präsenz des Begriffes des Pragmatischen im Fach Geschichte in Königsberg.
Dazu generell auch Lothar Kolmer, »G. Chr. Lichtenberg als Geschichtsschreiber. Pragmatische Geschichtsschreibung und ihre Kritik im 18. Jahrhundert« (1983). In der Zeit, als Kant seine Anthropologie als pragmatisch
zu bezeichnen begann (in der Mitte der siebziger Jahre), war das Wort
besonders in Mode, so daß es kaum möglich sein dürfte, eine exakte Quelle
für die Verwendung anzugeben. Die Sache selbst ist klar: Es soll eine
Disziplin entstehen, die über das Handeln in der menschlichen Gesellschaft
belehrt und die ihren Stoff gemäß diesem Ziel auswählt; vgl. die Program-
merklärung 119,9–27 und die Hinweise zur entsprechenden Beschränkung
des Materials 136,15–18. (»Weil es aber diesen [sc. den Menschen] nur in
seinem passiven Theile als Spiel der Empfindungen wahrnehmen läßt, so
gehört die Theorie derselben doch nur zur physiologischen Anthropologie,
nicht zur pragmatischen, worauf es hier eigentlich abgesehen ist.«) Die
Aufgabe der Anthropologie als einer pragmatischen Disziplin ist entsprechend dem Brief an Marcus Herz Ende 1773 und den Ausführungen von
1798 (119,9–27) die Konzeption einer einheitlichen Disziplin, die sich
entschieden *nicht* mit der Frage zu befassen braucht, wie sie den »ganzen
Menschen« aus den beiden Teilen von Körper und Seele zusammenbringt.
Wie der *Mensch* sieht (und nicht das Auge oder der Geist), wie der *Mensch*
hört (und nicht das Ohr oder die Seele), so handelt der *Mensch* (und nicht
der Körper oder die Seele). Die pragmatische Anthropologie untersucht die
Grundlagen und Zusammenhänge des Umgangs des Menschen mit sich
selbst und anderen und stellt ihn abschließend in einen Bestimmungszu-
sammenhang der Menschheit im ganzen, dies letztere aber erst mit dem
Gewinn der endgültigen Gesamtstruktur um 1775.

   3 *Hinsicht*] Gleichbedeutend mit »Absicht«, s. 119,25–26 (»Anthropolo- ◇
gie in *pragmatischer* Absicht«); vgl. den Titel »Idee zu einer allgemeinen
Geschichte in weltbürgerlicher Absicht« (1784), der dadurch dem Titel der
Anthropologie besonders nahesteht, daß auch diese sich »als *Weltkenntniß*«

(120,1) versteht, nämlich als »Erkenntniß des Menschen als *Weltbürgers*« (120,5). In den Nachschriften der Vorlesungen begegnet weder die Formulierung »pragmatische Hinsicht« noch »pragmatische Absicht«. Der Titel scheint gleichbedeutend zu sein mit dem einfachen »Pragmatische Anthropologie«.

Die Refl. 457, datiert 1798, dient vielleicht der Begründung des Titels der Anthropologie in pragmatischer Hinsicht; sie lautet: »Wenn von einem Buch (nicht einer Farrago, welche noch Redaction erfordert) als einem opus die Rede ist, so kann es in dreyfacher Hinsicht einen Zwek haben: 1. wodurch der Mensch gescheuter, 2. klüger (geschikter) und 3. weiser wird, d. i. in pragmatischer, technisch-practischer und moralischer Hinsicht. – Die pragmatische Hinsicht ist die, welche die Basis der übrigen ausmacht.« (XV 189,2–7) Hier vertauschen Geschicklichkeit und Klugheit ihren Platz gegenüber der sonst verwendeten Anordnung.

119   1 *Vorrede.*] Nicht in H. – Vgl. Wasianskis Bericht: »Am folgenden Tage kommt jener [ein junger russischer Arzt] zum Bedienten, erkundigt sich, was *Kant* mache, […] und bittet um ein einziges, von *Kants* Hand geschriebenes Blättchen, zum Andenken. Der Bediente sucht auf dem Boden, findet einen Bogen von der Vorrede zu seiner Anthropologie, den er kassiert und anders umgearbeitet hatte. Der Diener zeigt mir das Blatt vor und erhält die Erlaubnis, es fortgeben zu können.« (Groß (Hrsg.) 1912, 284) S. auch Stark 1993, 288.

◊   2 Alle Fortschritte in der Cultur, wodurch der Mensch] Der Textbeginn mit »Alle« (vgl. auch die »Einleitung« der Logik (1800): IX 11,4) entspricht guter aristotelischer Tradition; so beginnt Aristoteles viele Schriften, z. B. seine Metaphysica (980 a 22): »πάντες ἄν9ρωποι τοῦ εἰδέναι ὀρέγονται φύσει.«

Die Begriffskonstellation von »technisch-pragmatisch-moralisch« (u. a. 322,13–324,32) darf nicht identifiziert werden mit der ihr ähnelnden Trias von »Kultur-Zivilisierung (Zivilisation)-Moral« (u. a. 324,37; auch im »7. Satz« der »Idee« (1784): VIII 26,20–23). »Kultur« wird näher bestimmt durch das Gebiet, auf das sich die Handlung der »cultura«, die Kultivierung, bezieht, etwa: »Die *pragmatische Anlage* der Civilisirung durch Cultur, vornehmlich der Umgangseigenschaften […].« (323,21–22) Kant spricht häufig von der Kultur unserer Seelenvermögen, so in der »Nachricht von der Einrichtung seiner Vorlesungen« von 1765: »Cultur der feineren und gelehrten Vernunft« (II 311,1–2; erstes Vorkommen von »Cultur« in den Druckschriften); in der KrV (1787) B XXX–XXXI: »[…] man mag nun bloß auf die Cultur der Vernunft durch den sicheren Gang einer Wissenschaft überhaupt […] sehen […]«; in der »Auflösung« der Prolegomena (1783): »Cultur der Gemüthskräfte« (IV 368,3–4); im Abschnitt V A der »Tugendlehre« der Metaphysik der Sitten (1797): »*Cultur* seines *Vermögens*«

(VI 387,1); am selben Ort: »Die Cultur seines *Willens*« (VI 387,12–13); in
der Anthropologie selbst: »Cultur« des gesunden Menschenverstandes
(139,23–28); »Cultur des Gemüths« (152,9); »[…] mit der fortschreitenden
Cultur des Volks (in Kunst und Wissenschaft) vereinbar […].« (250,3–4)
Besonders die letzteren Formulierungen zeigen, daß Kant mit einer häufig
benutzten Variante des Kulturbegriffs an Cicero und seine »cultura animi«
anknüpft. (Disputationes Tusculanae II 13: »[…] ut ager quamvis fertilis sine
cultura fructuosus esse non potest, sic sine doctrina animus; ita est utraque
res sine altera debilis. cultura autem animi philosophia est […]«; De finibus
V 54: »[…] animi cultus ille erat ei quasi quidem humanitatis cibus.«) Vgl.
dazu Ralph Häfner, Johann Gottfried Herders Kulturentstehungslehre (1995),
1–2. An der hier zu kommentierenden Stelle wird »Cultur« näher bestimmt
durch: »wodurch der Mensch seine Schule macht« (z.2–3), so daß man an
eine Kultivierung der Geisteskräfte durch Kunst und Wissenschaft (u.a. im
»7. Satz« der »Idee« (1784): »Wir sind im hohen Grade durch Kunst und
Wissenschaft *cultiviert* […]« (VIII 26,20)) denken wird. Die Universität ist
der Ort der »Cultur der Wissenschaften« (120,31–32). Der Akzent, der in
der pragmatischen Anthropologie auf dem Aus-sich-selbst-Machen liegt
(z.13–14), auf der Kultur also im Gegensatz zur Natur, lädt dazu ein, von
einer »Kultur-Anthropologie« zu sprechen. Dieser Terminus würde jedoch
dann in die Irre führen, wenn in ihr der Mensch in den faktisch bestehenden
Kulturen untersucht wird.
    Es bleibt offen, ob »der Mensch« das Individuum oder die Gattung
bezeichnet. Das Wort »Cultur« (= Kultivierung) kann auf Kollektive bezogen werden, etwa 250,3–4: »Die erste [sc. Üppigkeit] ist doch noch mit der
fortschreitenden Cultur des Volks (in Kunst und Wissenschaft) vereinbar
[…]«; ebenso im § 62 der Metaphysik der Sitten (1797): »Cultur roher
Völker« (VI 353,23–24; womit hier deren Kultivierung von außen, nicht der
Stand ihrer eigenen »Kultur«, die keine ist, gemeint ist). Auf das Individuum
und eine bestimmte Situation bezieht sich dagegen die Redeweise, daß sich
der Gast nach einem bestimmten Mahl »[…] verwirrt fühlt und in der
Cultur nicht fortgeschritten, sondern eher rückgängig geworden […].«
(281,21–22) Eher auf den Fortschritt des menschlichen Geschlechts bezieht
sich die Redeweise, in der Ehe müsse ein Teil »[…] im Fortgange der *Cultur*
auf heterogene Art überlegen sein […].« (303,19–20) So auch die Wendung:
»die […] Perfectionierung des Menschen durch fortschreitende Cultur […]
zu bewirken.« (322,10–12)
    Während sich bei Aristoteles der Mensch vor den übrigen irdischen
Lebewesen dadurch auszeichnet, daß er sich für Erkenntnis interessiert, ist
bei Kant der Mensch das einzige Tier, das sich vervollkommnen kann. Die
von Rousseaus Vorstellung der »perfectibilité« der Menschen entlehnte
Fortschrittsidee (bezogen jetzt *nur* noch auf den Menschen, nicht mehr auf

die Schöpfung im ganzen wie in der vorher gebräuchlichen Idee der »perfectio«) bestimmt seit der Mitte der siebziger Jahre Kants Reflexion über die Bestimmung der menschlichen Gattung (vgl. zur Perfektibilität Gottfried Hornig, »Perfektibilität« (1980)). So grenzt sowohl die Vorrede wie auch der erste Paragraph der Schrift (127,4–5) den ἄνθρωπος von den anderen Lebewesen aus. Nicht ungefährlich für die Nicht-Europäer, für die Schwarzen, Gelben und Roten, da Kant ihnen die Initiative zum Fortschritt abspricht, vgl. u. a. Refl. 1499 (unsichere Datierung, 1775–7 oder 1773–5): »Viele Völker schreiten vor sich selbst nicht weiter fort. Grönlander. asiater. Aus Europa muß es kommen. Amerikaner ausgerottet. Fortschritt von Grichen an.« (XV 781,20–22) Ebenso in der Refl. 1501, datiert 1775–1789: »Die orientalische Nationen würden sich aus sich selbst niemals verbessern. Wir müssen im occident den Continuirlichen Fortschritt des Menschlichen Geschlechts zur Vollkommenheit und von da die Verbreitung auf der Erde suchen.« (XV 788,29–789,3)

Zum Kulturbegriff vgl. auch Georg Bollenbeck, Bildung und Kultur. Glanz und Elend eines deutschen Deutungsmusters (1994) bes. 31–159 (»Von alten Wörtern zu modernen Begriffen. Die wissenschaftsgeschichtliche Konturierung des Deutungsmusters«).

◇ 2–4 Schule ... Welt] Vgl. die Vorlesungsnotizen und Vorarbeiten der Refl. 1482 (XV 658,6–661,1); Refl. 1502a (XV 799,5–801,16); in der Wiener Logik (um 1780) ist die Rede von der »Philosophie in sensu scholastico« (XXIV 799,6) und der »Philosophie in sensu cosmico« (XXIV 799,18); wichtig die Vorlesungsankündigung von 1775 (im 4. Abschnitt »Von den verschiedenen Racen der Menschen«): »Diese Weltkenntniß ist es, welche dazu dient, allen sonst erworbenen Wissenschaften und Geschicklichkeiten das *Pragmatische* zu verschaffen, dadurch sie nicht bloß für die *Schule*, sondern für das *Leben* brauchbar werden, und wodurch der fertig gewordene Lehrling auf den Schauplatz seiner Bestimmung, nämlich in die *Welt*, eingeführt wird.« (II 443,14–19)

Im Hintergrund steht Ciceros Diktum: »Socrates autem primus philosophiam e caelo devocavit« (Disputationes Tusculanae V 4, 10). Zu Lockes entscheidender Wende von der bloßen Gelehrten- und Schul- zur Weltbildung vgl. die Hinweise in der »Einleitung« von Band XXV S. XIX–XXII.

In England folgt Shaftesbury mit der Beobachtung, daß es einigen der Universitäten nicht gelingt, die Studenten vorzubereiten »[...] for a right practice of the world, or a just knowledge of men and things.« (Characteristics of Men, Manners, Opinions, Times (1711), Shaftesbury 1963, I 82). Zum Thema Schule-Welt vgl. Helmut Holzhey/Walter Zimmerli, Esoterik und Exoterik in der Philosophie (1977) sowie die Beiträge in Band 15 der Studia Leibnitiana, besonders Werner Schneiders, »Zwischen Welt und Weisheit« (1983b).

4 anzuwenden] Das Problem der Anwendung wird aufgenommen ◇
139,22 bei der Unterscheidung von abstrakter und konkreter, für sich und
mit Gemeinsinn geübter Erkenntnis und Wissenschaft. Das Wort »Anwendung« ist in den Druckschriften 244mal belegt; die intensive Bemühung um
Anwendung gehört in den Bereich des Jahrhundertproblems der Vermittlung von Theorie und Praxis.

4–5 der wichtigste Gegenstand ... ist der *Mensch*] Die Pathosformel ◇
der Vorlesungsnachschrift von 1772–1773: »Nichts scheint wohl für den
Menschen intereßanter zu seyn, als diese Wißenschafft, und doch ist keine
mehr vernachläßiget, als eben diese« (Collins 1) kann in ihrem zweiten Teil
1798 nicht mehr wiederholt werden, weil die Anthropologie oder Menschenkunde inzwischen zu vielfachen Publikationen geführt hatte. Die
Sätze selbst sind das Echo bekannter Deklarationen: Alexander Pope
beginnt die »Epistle II« des Essay on Man von 1733 mit der berühmten
Wendung »Know then thyself, presume not God to scan, / The proper
study of Mankind is Man.« (Pope 1950, 53) Francis Hutcheson stellte an
den Anfang der »Preface« seiner Inquiry into the Original of our Ideas of
Beauty and Virtue von 1725 den Satz: »There is no part of Philosophy of
more importance, than a just Knowledge of human Nature, and its various
Powers and Dispositions.« (III) Dies wird in klarer empiristischer Absicht
geäußert, denn sowohl die theoretischen Erkenntnismöglichkeiten wie
auch die Grundlagen der praktischen Philosophie lassen sich, so das Programm, nur durch Anthropologie ermitteln. Der Begriff der Anthropologie begegnet kaum in der englischsprachigen Theoriebildung (s. oben den
Komentar zu »Anthropologie«); im Hinblick auf den Gegenstand besteht
zwischen der Untersuchung der menschlichen Natur und der Anthropologie zwar kein Unterschied, die Methode jedoch und die Theorietraditionen,
in denen sich die beiden Zugangsformen entfalten, sind verschieden. Das
Programm von Hutcheson wird, wie schon der Titel zeigt, aufgenommen
von David Humes Treatise of Human Nature (1739–1740); der Traktat
handelt, wie in der Einleitung ausgeführt wird, von der neuen, weil rein
empirischen »science of man«. – Rousseau schreibt in der »Préface« des
Discours sur l'origine et les fondements de l'inégalité parmi les hommes
(1755): »La plus utile et la moins avancée de toutes les connoissances
humaines me paroît être celle de l'homme [...]« (Rousseau 1959ff.,
III 122); s. auch im Emile (1762): »Nôtre véritable étude est celle de la
condition humaine.« (Rousseau 1959ff., IV 252); »L'homme est la dernière
étude du sage [...].« (Rousseau 1959ff., IV 458). Vgl. weitere Belege bei
Sergio Moravia, Beobachtende Vernunft. Philosophie und Anthropologie in
der Aufklärung (1973) 17–18.
    Eine der Bekundungen aus der deutschen Literatur: Moses Mendelssohn
an Thomas Abbt, in: Abbt 1771, III 173. S. Johan van der Zande, »In the

Image of Cicero: German Philosophy between Wolff and Kant« (1995) 419–442 (430–437: »A Philosophy of Life«). Johann Caspar Lavater schreibt in den Physiognomischen Fragmenten (1775–78): »Das allerwichtigste und bemerkenswürdigste Wesen, das sich auf Erden unserer Beobachtung darstellt – ist der Mensch. Der würdigste Gegenstand der Beobachtung – und der einzige Beobachter – ist der Mensch.« (I 33).

1798 muß, wie schon gesagt, die 1772 noch glaubwürdige Behauptung, die Menschenkunde sei vernachlässigt, gestrichen werden. – Wenn Karl Philipp Moritz in der »Vorrede« des Anton Reiser (1785) fordert, »[…] die Aufmerksamkeit des Menschen immer mehr auf den Menschen selbst zu heften und ihm sein individuelles Denken wichtiger zu machen […]« (36), so gibt er der Anthropologie einen anderen Akzent als Kant, den nicht das Individuelle als Ziel, sondern allenfalls als Heuristik interessiert – das Ziel ist die Beschreibung oder Erklärung der allgemeinen Menschennatur mit ihren unterschiedlichen Spezifikationen. Moritz interessiert das singuläre je eigene Subjekt, Kant interessieren die allgemeinen, in jeder analogen Situation verwendbaren Prädikate.

Es ist zu beachten, daß Kant hier nicht vom Menschen als dem wichtigsten Gegenstand des Studiums des Menschen spricht, sondern: Der wichtigste Gegenstand der Anwendung oder Verwendung der zuvor erworbenen Schul-Kenntnisse ist der Mensch.

◇   **5–6 sein eigener letzter Zweck]** Vom »letzten Zweck« spricht Kant innerhalb der Anthropologie nur hier. Im § 82 der KdU (1790) heißt es auf die Frage, wozu die verschiedenen Reiche der anorganischen und organischen Natur am Ende gut sind: »Für den Menschen zu dem mannigfaltigen Gebrauche, den ihn sein Verstand von allen Geschöpfen machen lehrt; und er ist der letzte Zweck der Schöpfung hier auf Erden, weil er das einzige Wesen auf derselben ist, welches sich einen Begriff von Zwecken machen und aus einem Aggregat von zweckmäßig gebildeten Dingen durch seine Vernunft ein System der Zwecke machen kann.« (V 426,35–427,3) Die im § 84 der KdU vollzogene Unterscheidung von »letztem Zweck« und »Endzweck« (V 434,5–436,2 u. Anmerkung) kennen die Nachschriften der Anthropologie-Vorlesung nicht. Bei der Anthropologie von 1798 kann man dagegen annehmen, daß vom »Endzweck« unserer Naturbestimmung nur im Hinblick auf die Zwecksetzung der reinen praktischen Vernunft gesprochen wird, vgl. 192,6; 192,16; 200,5; 271,31; 280,34; 327,13.

Es ist jedoch nicht eindeutig zu entscheiden, ob hier (119,5–6) im Sinn der Differenz von letztem Zweck und Endzweck dezidiert nur der erstere gemeint ist oder auch der zweite. Dem Gesamtduktus entsprechend wird man jedoch dafür plädieren, daß hier vom letzten Zweck der klugen, nicht der spezifisch moralischen Verwendung der »erworbenen Kenntnisse und Geschicklichkeiten« (119,3) die Rede ist.

Nach Kant ist es moralischer Egoismus, alle Zwecke auf sich selbst einzuschränken; zu dieser Vorstellung und ihrem Unterschied von der hier gebrauchten Zweckvorstellung s. 130,3–4 und die Anmerkung dazu. Im Hinblick auf die anderen Lebewesen (wozu Näheres 127,8–10) wird man sagen müssen, daß hier der menschlichen Gattung testiert wird, daß sie egoistisch verfährt und verfahren soll.

6–7 seiner Species nach ... begabtes Erdwesen] Diese Bestimmung wird ◇ bei dem Versuch, den Charakter der Gattung zu erfassen, wieder aufgegriffen: Der Mensch könne »[...] als mit *Vernunftfähigkeit* begabtes Thier (animal rationabile) aus sich selbst ein *vernünftiges* Thier (animal rationale) machen [...].« (321,33–34)

9 Eine Lehre von der Kenntniß des Menschen, systematisch abgefaßt] ◇ Die Systematik, die die Anthropologie benutzt, wird in ihr selbst nicht abgeleitet, sondern sowohl im ersten wie im zweiten Teil vorausgesetzt und benutzt. Die Anthropologie wird systematisch abgefaßt; zu ihrem Status als einer Wissenschaft vgl. unten den Kommentar zu 120,26.

9–11 Eine Lehre ... entweder in *physiologischer* oder in *pragmatischer* ◇ **Hinsicht sein.]** Schon bei Otto Casmann hat die von ihm »Anthropologie« genannte Menschenkunde die beiden Aspekte von Seele und Körper, von Psychologie und Physiologie, s. oben den Kommentar zum Titel, dort zu »pragmatisch«. Zum Wortgebrauch von »Physiologie« nach Zedlers Universal-Lexicon (Bd. XXVII von 1741, s. v. »Physiologie«): »Physiologie« sei entweder allgemein Naturlehre bzw. Physik oder sie befasse sich speziell »mit dem gesunden, noch lebenden, und aus seinen zweyen wesentlichen Theilen, dem Leibe nemlich und der Seele bestehenden Menschen [...]. Sie führet sonst noch unterschiedliche Benennungen, als 1. Anthropologia, welches so viel heisset, als eine Rede von dem Menschen und seiner Natur.« (Spalte 2241)

Es fehlt im zu kommentierenden Text, so scheint es, die Psychologie, die nach der Anthropologie ein »Inbegriff aller innern Wahrnehmungen unter Naturgesetzen« ist (141, 4–5). Nun benutzt Kant jedoch häufig den Begriff der Physiologie auch für die Naturerkenntnis des inneren Sinnes, also gleichbedeutend mit »Psychologie«; so in der »Vorrede« (A IX) der KrV von 1781: »[...] eine gewisse *Physiologie* des menschlichen Verstandes (von dem berühmten *Locke*) [...].« Oder KrV A 550: »In Ansehung dieses empirischen Charakters gibt es also keine Freiheit, und nach diesem können wir doch allein den Menschen betrachten, wenn wir [ihn] lediglich *beobachten*, und, wie es in der Anthropologie geschieht, von seinen Handlungen die bewegenden Ursachen physiologisch erforschen wollen.« Auch hier bezieht sich die Physiologie auf den inneren Sinn, und unter »Anthropologie« wird nichts anderes als empirische Psychologie verstanden. In der Anthropologie selbst wird in Übereinstimmung hiermit z. B. gesagt, das Feld der dunklen

Vorstellungen sei das größte im Menschen: »Weil es aber diesen nur in seinem
passiven Theile als Spiel der Empfindungen wahrnehmen läßt, so gehört die
Theorie derselben doch nur zur physiologischen Anthropologie, nicht zur
pragmatischen, worauf es hier eigentlich abgesehen ist.« (136,15 – 18; ähnlich
189,26 – 31; vgl. auch 396,11 bzw. 397,28: »theoretisches (physiologisches)
Erkentnis seiner Natur erworben zu haben als worauf die Psychologie
eigentlich ausgeht.«) – Die KdU (1790) dokumentiert in der »Allgemeinen
Anmerkung zur Exposition der ästhetischen reflectirenden Urtheile« das
Changieren zwischen »Psychologie« und »Physiologie«: »Man kann mit
der jetzt durchgeführten transcendentalen Exposition der ästhetischen Urtheile nun auch die physiologische, wie sie ein *Burke* und viele scharfsinnige
Männer unter uns bearbeitet haben, vergleichen, um zu sehen, wohin eine
bloß empirische Exposition des Erhabenen und Schönen führe. [...] Als
psychologische Bemerkungen sind diese Zergliederungen der Phänomene
unseres Gemüths überaus schön und geben reichen Stoff zu den beliebte-
sten Nachforschungen der empirischen Anthropologie.« (V 277, 1–24) In
der Erstauflage stand »die physiologische« statt »die psychologische« (s. die
Lesarten V 534); dasselbe Schwanken am Anfang der beiden Anthropologie-Nachschriften Collins (1) und Philippi (2) von 1772–1773. In das kurze
Burke-Referat (V 277,1–24) gehen besonders somatische Reaktionen ein, so
daß auch hier dokumentiert wird, daß eine empirische Psychologie eine
Physiologie von leiblichen Phänomenen einschließt. Auf unterschiedliche
Weise meidet also sowohl die Transzendentalphilosophie wie auch die
pragmatische Anthropologie das Feld der Psychologie-Physiologie, die
»mind-body«-Problematik.

»In physiologischer Hinsicht« (z. 10 – 11) bezieht sich auf die psychische,
aber (damit) zugleich auf die leibliche Natur des Menschen. Tatsächlich wird
im folgenden bei der näheren Erläuterung der physiologischen Anthropologie (z. 14 – 22) von »Naturursachen« (z. 14) im Sinn von physischen
Ursachen gesprochen, so daß man zunächst die physiologische Anthropologie für eine nur physische Anthropologie halten möchte. So auch der
Wortgebrauch 166,2 – 7: »Hiezu [sc. zum Schlaf] die Sacherklärung zu
finden, bleibt den Physiologen überlassen, welche diese Abspannung [...]
erklären mögen [...]«; 176,8 – 17: »Eine physiologische Erklärung hievon
[sc. von der Assoziation von Vorstellungen] zu fordern, ist vergeblich; man
mag sich auch hiezu was immer für einer Hypothese bedienen (die selbst
wiederum eine Dichtung ist), wie der des Cartesius von seinen sogenannten
materiellen Ideen im Gehirn. Wenigstens ist keine dergleichen Erklärung
pragmatisch, d. i. man kann sie zu keiner Kunstausübung brauchen: weil
wir keine Kenntniß vom Gehirn und den Plätzen in demselben haben,
worin die Spuren der Eindrücke aus Vorstellungen sympathetisch miteinander in Einklang kommen möchten, indem sie sich einander (wenigstens

mittelbar) gleichsam berühren.« So auch in der »Einleitung« der Rinkschen Physischen Geographie (1802): »Aus ihr [sc. der pragmatischen Anthropologie] macht man sich mit dem bekannt, was in dem Menschen *pragmatisch* ist und *nicht* speculativ. Der Mensch wird da nicht *physiologisch*, so daß man die Quellen der Phänomene unterscheidet, sondern *kosmologisch* betrachtet.« (IX 157,29–32) Vgl. auch Refl. 1502 a: »Die pragmatische Anthropologie soll nicht psychologie seyn: [...] auch nicht physiologie des Artztes: um das Gedachtnis aus dem Gehirn zu erklären, sondern Menschenkentnis.« (XV 801,12–16)

Kant scheint schon 1773 und noch 1798 der Meinung zu sein, daß die empirische Psychologie notwendig auf die Untersuchung der »black box« der physischen Ursachen führt und nur eine Wendung ins Pragmatische (oder in die transzendentale Fragestellung) vor dem Erklärungszwang rettet. Dazu Näheres im Kommentar zu 119,14–22.

Zu Kants Überlegungen zum commercium von Seele und Körper s. Refl. 1033, datiert zwischen 1773 und 1778 (XV 463,1–13) und die Hinweise von Adickes ad loc.

Daß eine Harmonie oder ein commercium mentis et corporis besteht, wird von Kant vernünftigerweise nie geleugnet; er bezweifelt jedoch, daß wir bei der Klärung des *Wie* zu Ergebnissen gelangen können. Beim ersteren ist Kant der gleichen Meinung wie Franz Moor in Schillers Räubern (1781), 2. Akt, 1. Szene: »Philosophen und Mediziner lehren mich, wie treffend die Stimmungen des Geists mit den Bewegungen der Maschine zusammen lauten.« (38) S. auch Helmut Pfotenhauer, *Literarische Anthropologie* (1987) 26.

11–14 Die physiologische Menschenkenntniß ... machen kann und soll.] ◇
Vgl. 321,33–35: (»[...] wodurch er als mit *Vernunftfähigkeit* [H: Vernunft] begabtes *Thier* (animal rationabile) aus sich selbst ein *vernünftiges* Thier (animal rationale) machen kann [...].«). Zu den, wenn auch weiten, doch kategorisch gebotenen Pflichten (dem »soll« also) gehört die Selbstkultivierung des Menschen, vgl. u.a in der »Tugendlehre« von 1797: »Von der Pflicht gegen sich selbst in Entwickelung und Vermehrung seiner *Naturvollkommenheit*, d.i. in pragmatischer Absicht« (VI 444,14–16). Die pragmatische Anthropologie versteht sich unter diesem Aspekt (das »soll« ist neben dem Faktischen und Möglichen – »macht, oder machen kann« – nur eine der drei Modalitäten!) als Komplementärlehre der Moralphilosophie. Die Schrift kulminiert in der moralischen Bestimmung des Menschengeschlechts (321–333), und dort begegnet die Doppelbestimmung erneut: »Übrigens soll und *kann* die Menschengattung selbst Schöpferin ihres Glücks sein [...].« (328,26–27) Diese Beziehung zur Moral nimmt die pragmatische Anthropologie schon 1773 auf, wenn Kant an Herz schreibt, »Ich arbeite in Zwischenzeiten daran, aus dieser in meinen Augen sehr angenehmen Beob-

achtungslehre eine Vorübung der Geschiklichkeit der Klugheit und selbst
der Weisheit vor die academische Iugend zu machen.« (X 146,4–9) Diese
Moral wird jedoch nicht als die der eigenen kritischen Philosophie begriffen,
sondern als gängige Moralüberzeugung, die man z. B. auch bei Cicero findet.
Nur so ist zu erklären, daß die Anthropologie-Vorlesungen und auch das
Buch von 1798 sich nie in ein explizites Verhältnis zur kritischen Moralphilosophie setzen; symptomatisch, daß weder der Begriff »kategorisch« noch
der des Imperativs vorkommen. Der Hinweis auf »den kategorischen
Pflichtimperativ« in H (399,21) fiel der Streichung der gesamten Passage
zum Opfer. Umgekehrt wird die Anthropologie, die für die Anwendung der
kritischen Moralprinzipien essentiell ist (vgl. u. a. die »Vorrede« zur Grundlegung der Metaphysik der Sitten (1785): IV 388,9–14), nicht als pragmatische Anthropologie identifiziert. Dieses Phänomen wird dadurch leicht
begreiflich, daß die pragmatische Anthropologie sich aus der empirischen
Psychologie entwickelt, erst als bloße Erweiterung, sodann als praktische
Weltkenntnis. Sie entspringt keinem spezifischen Systemgedanken und gehört entsprechend nicht in die Kantische Philosophie im strikten Wortsinn.

In der Polemik gegen den politischen Moralisten im Anhang I des
Traktats Zum ewigen Frieden (1795) wird ein Teil dieser Formulierung
benutzt: »[...] wenn sie [sc. die moralisierenden Politiker] darauf groß
thun, Menschen zu kennen (welches freilich zu erwarten ist, weil sie mit
vielen zu thun haben), ohne doch den Menschen, und was aus ihm gemacht
werden kann [man wird ergänzen dürfen: und gemacht werden soll], zu
kennen (wozu ein höherer Standpunkt der anthropologischen Beobachtung
erfordert wird), [...].« (VIII 374,4–8) Man wird hierin einen impliziten
Hinweis auf die eigene Anthropologie sehen dürfen; die Bezeichnung
»pragmatisch«, die hicr fehlt, wäre mißverständlich gewesen und wurde
deswegen, so wird man annehmen dürfen, nicht gebracht. Auch hier
246,10–15: »Ich ziehe hier nur die redenden Künste: *Beredsamkeit* und
Dichtkunst, in Betrachtung, weil diese auf eine Stimmung des Gemüths
angelegt sind, wodurch dieses unmittelbar zur Thätigkeit aufgeweckt wird
und so in einer *pragmatischen* Anthropologie, wo man den Menschen nach
dem zu kennen sucht, was aus ihm zu machen ist, ihren Platz hat.« Auch
292,15–16: »Es kommt hiebei nicht auf das an, was die Natur aus dem
Menschen, sondern was dieser *aus sich selbst macht* [...].« In einer durchstrichenen Passage von 321 (s. 413,16–28) wird ein pragmatisches und ein
rein moralischen Sollen ins Spiel gebracht, s. den zugehörigen Kommentar
(auf 321,28 folgend). Diese, mit der Unterscheidung von vernünftigem und
Vernunftwesen verbundene Differenz wird für die hier zu erläuternde Stelle
keine Rolle spielen. – Die hier entwickelte Bestimmung ist nicht gänzlich
kongruent mit der Subsumtion der technischen und pragmatischen Zweck-

lehre unter den Bereich der Natur, nicht der Freiheit, wie Kant in der »Tugendlehre« 1797 entwickelt. Dort werden »technische (subjective) eigentlich pragmatische« (VI 385,22) Zwecke, »die der Mensch sich nach sinnlichen Antrieben seiner Natur macht« (VI 385,19–20), von den objektiven moralischen Zwecken unterschieden, eine Unterscheidung, die evident sei, »weil die Sittenlehre sich schon durch ihren Begriff von der Naturlehre (hier der Anthropologie) deutlich absondert, als letztere auf empirischen Principien beruht, dagegen die moralische Zwecklehre, die von Pflichten handelt, auf a priori in der reinen praktischen Vernunft gegebenen Principien beruht.« (VI 385,25–29) Hiernach würde die »pragmatische Anthropologie« von 1798 zur Naturlehre gehören und könnte nicht zugleich ein »und soll« (z. 14) einbeziehen.

Hier ist zu ergänzen, daß gemäß der Lehre der Anthropologie der Mensch auch bei dem, was er aus sich selbst macht, dem Naturwillen folgt, denn selbst die Emanzipation von der Natur zum Zweck der endgültigen Moralisierung ist noch von der (stoisch gedachten) Natur gewollt. Natur wird einmal – im Hinblick auf die Physiologie – bestimmt als Komplex determinierender Ursachen, andererseits jedoch als dasjenige Subjekt, das den einverständigen Rahmen für individuelles Handeln und für die Selbstverwirklichung der Menschengattung abgibt. In diesem zweiten Sinn ist Kants Natur eine (stoisch konzipierte) Instanz, die die Natur im ersten (epikurisch konzipierten) Sinn so leitet, daß der Mensch seine moralische Bestimmung verwirklichen kann. –

Die pragmatische Anthropologie ist also keine einfache Klugheitslehre für den Umgang mit sich selbst und anderen, sie ist auch keine Handlungstheorie mit hypothetischen Imperativen in Bezug auf das, was der Mensch wirklich will, sondern bezieht sich auf ein »etwas aus sich selbst Machen«: sie erforscht, was der Mensch aus sich macht oder machen kann und machen soll. Der Mensch macht etwas aus sich selbst, er wird innerhalb der durch seine Natur gesetzten Grenzen zu seinem eigenen »Machwerk«, um Lockes »workmanship« aufzunehmen.

Christoph Meiners, Allgemeine kritische Geschichte der ältern und neuern Ethik oder Lebenswissenschaft (1800): »Die Lebenswissenschaft besteht [...] aus zwey Hauptstücken: aus Untersuchungen über die menschliche Natur, oder das, was der Mensch ist; und dann aus Betrachtungen über die Bestimmung des Menschen, und die Mittel, diese Bestimmung zu erreichen: oder aus Betrachtungen über das, was der Menschen werden soll, und wie er es werden kann.« (I 270)

14-22 Wer den Naturursachen ... reiner Verlust ist.] Kants Brief an ◇
Marcus Herz Ende 1773: »Ich lese in diesem Winter zum zweyten mal ein *collegium privatum* der *Anthropologie* [...]. Da suche ich alsdenn mehr Phänomena u. ihre Gesetze als die erste Gründe der Möglichkeit der

modification der menschlichen Natur überhaupt. Daher die subtile u. in meinen Augen auf ewig vergebliche Untersuchung über die Art wie die organe des Korper mit den Gedanken in Verbindung stehen ganz wegfällt.« (X 145,26–36), s. a. in der Dissertation von 1770 die Ausführungen im § 27 (II 414,2–15). Kant hat vermutlich immer die Idee eines psycho-physischen Parallelismus vertreten, ergänzt durch die Vorstellung, daß das Gehirn die Seelentätigkeit ermöglicht und kausal beeinflußt und dasselbe auch umgekehrt geschieht. Die Zusammenhänge im einzelnen kann der Mensch grundsätzlich nicht erkennen (»indem er die Gehirnnerven und Fasern nicht kennt«, z. 19–20), und er kann die physiologischen Vorgänge nicht für seine Absichten beeinflussen, so daß sich hier weder für die empirische Psychologie noch für die pragmatische Anthropologie ein Feld der Forschung auftut. Die kritische Erkenntnistheorie schließt ebenso wie die kritische Moralphilosophie eine kausale Determination des erkennenden und moralisch handelnden Subjekts aus.

Entscheidend für die spätere Theorieentwicklung wurde die Gedächtnistheorie Descartes'; in den Passions de l'âme lautet die Überschrift von Artikel 42: »Comment on trouve en sa memoire les choses dont on veut se souvenir.« (Descartes 1967, XI 360) Dort folgen die »esprits« den physischen Spuren, »traces«, die das früher Wahrgenommene hinterlassen hat. So auch Locke, der im Essay concerning Human Understanding in den physiologischen Nebenbemerkungen von der mechanischen Bewegung der »animal spirits« und den »traces« im Gehirn spricht (Locke 1975, 133; 155 u. ö.) Im Bereich der Theorie nicht nur der Erkenntnis (wie Kant hier), sondern auch der Affekte und Leidenschaften wendet sich La Bruyère in seinem »Discours sur Théophraste« gegen den physiologischen Reduktionismus von Cartesianern, die, »[...] contents que l'on réduise les moeurs aux passions et que l'on explique celles-ci par le mouvement du sang, par celui des fibres et des artères, quittent un auteur de tout le reste.« (Les Caractères de Théophraste (1688) 4–5) Hier erklärt sich der Reduktionismus als eine Konsequenz des Neostoizismus, für den Affekte und Leidenschaften dunkle oder verworrene, der Erkenntnis entzogene Vorstellungen sind, die als solche schlecht Teil der »cogitatio« sein können, also zur »res extensa« des Körpers geschlagen werden.

◊   14–17 Wer den Naturursachen ... (nach dem Cartesius) vernünfteln] Vgl. Kants Schreiben an Samuel Thomas Soemmerring vom 10. August 1795: »[...] ein Fehler der Subreption, nämlich das Urtheil über die Ursache der Empfindung an einem gewissen Orte (des Gehirns) für die Empfindung der Ursache an diesem Orte zu nehmen, und die Gehirnspuren von den auf dasselbe geschehenen Eindrücken nachher, unter dem Namen der *materiellen Ideen* (des Cartes), die Gedanken nach Associationsgesetzen begleiten zu lassen: [...].« (XII 32,10–15)

15 z. B. das Erinnerungsvermögen] Das Erinnerungsvermögen spielt in ◇
der von Kant abgelehnten Anthropologie Ernst Platners, aber auch schon
bei Juan Huarte und Charles Bonnet eine besondere Rolle, weil es eine im
aktuellen Bewußtsein nicht vorhandene Menge von Vorstellungen enthält;
diese müßten irgendwo physiologisch abgelagert sein. Vgl. Collins Kommentar Nr. 77; Refl. 1502a (XV 801,15–16). Schon Ernst Platners Dissertation
handelte De vi corporis in memoria (1767); Bonnet 1770–1771, I 43 (die
Anmerkung K von Christian Gottfried Schütz) und II 20–50 (»Kap. 22:
Die Statüe bekömmt drey neue Gerüche. Untersuchungen über die Mechanik des Gedächtnisses [...].«)
Die neuzeitlichen Erörterungen gehen direkt oder indirekt auf Platon
und Aristoteles zurück; im Theätet steht: »So setze mir nun [...] in unsern
Seelen einen wächsernen Guß [ἐκμαγεῖον], welcher Abdrücke aufnehmen
kann, bei dem einen größer, bei dem andern kleiner, bei dem einen von
reinerem Wachs, bei dem andern von schmutzigerem, auch härter bei
einigen, und bei andern feuchter, bei andern auch gerade wie er sein muß.
[...] und wessen wir uns erinnern wollen von dem Gesehenen oder Gehörten oder auch selbst Gedachten, das drücken wir in diesen Guß ab, indem
wir ihn den Wahrnehmungen und Gedanken unterhalten, wie beim Siegeln
mit dem Gepräge eines Ringes.« (191 c 8 – d 7) Aristoteles bringt die Erinne-
rungsproblematik in De memoria et reminiscentia im Rückgriff auf den
Vergleich des Gedächtnisses mit der physischen Wachstafel im Theätet zur
Sprache (450a30–b11). Was Platon und Aristoteles als relativ harmlos
erörtern, ist nach der cartesischen Trennung von »res cogitans« und »res
extensa« zu einem zentralen philosophischen Problem geworden.
Zur zeitgenössischen Diskussion vgl. auch Pfotenhauer 1987, 7–8; 11–12
und Wolfgang Riedel, Influxus physicus und Seelenstärke (1992) 29.

16 Gehirn] In den publizierten Schriften ist »Gehirn« einerseits meta- ◇
phorisch im pejorativen Sinn belegt (so im Versuch über die Krankheiten des
Kopfes (1764): »das verbrannte Gehirn« des Wahnwitzigen (II 268, 23); in
den Träumen eines Geistersehers (1766): »leeres Gehirn« (II 347, 21–22)),
zum anderen im physiologischen Sinn als – problematisch erörterten – Sitz
der Seele, vgl. den Kommentar zu 119,14–17 und 119,18–22, s. a. 176,8–17.
Das Gehirn wird in den ersten Vorlesungsjahren wesentlich stärker berücksichtigt als in den späteren Fassungen der Anthropologie; so heißt es bei
Hamilton unter dem Titel »Vom Witz und Urtheilskraft«: »Diese Vermögen
bestehen eigentlich nur in Actibus der Vergleichung und sind von der Sinnlichkeit ganz verschieden, als wodurch die Vorstellungen in uns erzeugt
werden. Es kommt also bei diesen Vermögen wirklich auf die phisische
Beschaffenheit unsers Gehirns an [...].« (92) Zum zeitgenössischen Gebrauch von »Gehirn«: Doris Bachmann-Medick, Die ästhetische Ordnung
des Handelns (1989) 221–222.

◊   **17 nach dem Cartesius]** Vgl. 176,11–12: »[...] wie der des Cartesius von seinen sogenannten materiellen Ideen im Gehirn [...]«; Refl. 1491: »ideae materiales Cartesii« (XV 749,12). Auch in den Träumen eines Geistersehers (1766): »[...] so erlaube man mir dasjenige, was Cartesius annahm und die mehrsten Philosophen nach ihm billigten, zum Grunde zu legen: nämlich daß alle Vorstellungen der Einbildungskraft zugleich mit gewissen Bewegungen in dem Nervengewebe oder Nervengeiste des Gehirns begleitet sind, welche man ideas materiales nennt [...].« (II 345,18–23); ebenfalls II 326,31 und 502. Jean Ferrari, Les sources françaises de la philosophie de Kant (1981), 36 und 39.

◊   **18–22 muß aber dabei gestehen ... reiner Verlust ist.]** Es werden zwei Argumente gegen das Unternehmen der physiologischen Anthropologie genannt: Erstens entzieht sich das nähere *Wie* des »commercium corporis et animae« unseren Erkenntnismöglichkeiten (z. 19–20: »er die Gehirnnerven und Fasern nicht kennt«); zweitens läßt sich das Gehirn nicht zu unseren Absichten handhaben (z. 20–21: »noch sich auf die Handhabung derselben zu seiner Absicht versteht«). Kant berücksichtigt im Hinblick auf den ersten Punkt nicht seine eigenen Überlegungen im offenen Brief an Samuel Thomas Soemmerring vom 10. August 1795, der als Anhang in dessen Schrift Über das Organ der Seele (1796) 81–86, auch XII 31–35, gedruckt wurde. S. dazu u. a. Adickes 1920, 265–269.

◊   **18 Spiel seiner Vorstellungen]** Kant spricht innerhalb der Anthropologie vom »Spiel der Empfindungen« (136,15–16); vom »Spiel dunkeler Vorstellungen« (136,21–22), wobei hier mitgemeint ist, daß die dunklen Vorstellungen ihr Spiel mit uns treiben; s. dazu den Kommentar zu 136,19–24.

Die Rede vom Vorstellungsspiel ist im 18. Jahrhundert häufig anzutreffen, besonders auch die des freien Spiels der Vorstellungen, sowohl in der empirischen Psychologie wie auch speziell in der Ästhetik (dazu auch Kant in der KdU V 217,21–34 u. ö.).

Vom »freien Spiel« wirtschaftlicher Kräfte wird, so weit ich sehe, im 18. Jahrhundert noch nicht oder nur sporadisch gesprochen; Adam Smith kennt das »fair play« der Natur im ökonomischen Bereich: »Projectors disturb nature in the course of her operations in human affairs; and it requires no more than to let her alone, and give her fair play in the pursuits of her ends, that she may establish her own designs.« So in einer Schrift von 1755, aus der Dugald Stewart einige Passagen mitteilt, s. Adam Smith, Essays on Philosophical Subjects; Smith 1976 ff., III 322. Nach dem Kontext ist hier das »fair play« praktisch mit einem freien Spiel gleichzusetzen, einem Spiel, das durch keine Eingriffe in seinem natürlichen Verlauf gestört wird. Man wird jedoch sagen können, daß die Metapher später in der Ökonomie als in der Psychologie verwendet wurde.

Der Begriff des Spiels selbst ist schwer zu präzisieren. Hier wird der Akzent auf die Trennung von Spiel und Zuschauer gelegt wie ähnlich im »2. Abschnitt« des Streits der Fakultäten (1798): »Es ist bloß die Denkungsart der Zuschauer, welche sich bei diesem Spiele großer Umwandlungen *öffentlich* verräth und eine so allgemeine und doch uneigennützige Theilnehmung der [sc. an den] Spielenden [...] laut werden läßt, [...].« (VII 85,9–13)

Der Begriff der Vorstellung erstreckt sich nach diesem Wortgebrauch auch auf das nicht Vorstellbare, weil Dunkle, und offenbar auch auf die unerkennbaren physiologischen Gegebenheiten der »Gehirnnerven und Fasern«. Das Spiel darf kaum gemäß den Kantischen Vorstellungen gänzlich kategorial bestimmbar sein; es gibt (entsprechend?) auch keine Definition des Spielbegriffs, wie Wittgenstein (mit anderen Gründen) sagte.

19–20 Gehirnnerven und Fasern] Kant spricht durchgängig in seinen ◇ Schriften von Nerven in tierischen (I 356,30; II 326,1 u. ö.) und von Fasern in pflanzlichen und tierischen (I 198,20; 356,3 u. ö.) Körpern.

Ralph Häfner, »L'âme est une neurologie en miniature: Herder und die Neurophysiologie Charles Bonnets« (1994) bes. 401 ff.

Kant schafft sich diese gesamte Problematik vom Halse. Er läßt sich auf keine Detailfragen ein und verweist nicht mehr auf Autoren, die hier neue Theorien und vermeintlich empirische Ergebnisse zu bieten hatten, wie 1772–1773 mit dem Hinweis auf Platner und Bonnet, sondern geht pauschal auf den Klassiker der Dichotomie von res cogitans und res extensa zurück.

22–27 Wenn er aber ... hier beschäftigen.] Dieses Thema selbst wird ◇ unter dem Titel »Vom Gedächtniß« behandelt (182,20–185,28).

1–6 Eine solche Anthropologie ... *Weltbürgers* enthält.] Der Satz ist in 120 seinem Wortlaut schwer verständlich, weil die Weltkenntnis, die sich auf die »*Sachen* in der Welt« (z.3) wie Tiere (inklusive den Menschen als Tier), Pflanzen und Mineralien bezieht, mit zur Anthropologie zählt (z.3: »wenn sie«, nämlich die Anthropologie als Weltkenntnis) und nicht, wie es nach Kant richtig ist, zur Weltkenntnis der Disziplin der physischen Geographie und z.B. zur Rassenlehre. Der Sinn ist jedoch klar: Die Weltkenntnis (nicht die Anthropologie) hat zwei Sparten, die theoretische »Erkenntniß der Sachen in der Welt« und die pragmatische »Erkenntniß des Menschen als *Weltbürgers*« (z.5); nur die letztere ist Anthropologie und speziell pragmatische Anthropologie.

1 Anthropologie, als *Weltkenntniß*] In der Vorlesungsankündigung vom ◇ Sommer 1775 wird genauer von den beiden akademischen Disziplinen als einer »Vorübung in der *Kenntniß der Welt*« (II 443,14) und einem »vorläufigen Abriß« (II 443,19–20) gesprochen. Aber es ist auch hier klar, was gemeint ist.

◇   1–2 welche auf die *Schule* folgen muß] Erst Schul-, dann Weltkenntnis;
so scheint auch die Vorstellung des ersten Satzes der »Vorrede« zu sein
(119,2–4). Die Vorlesung zur Anthropologie hatte dagegen anfangs die
Aufgabe, in das Schul- (sc. Universitäts-) Studium einzuführen, der Schulkenntnis also vorherzugehen; vgl. XXV S. XIX. – Die Vorlesung 1772–1773
scheint die Anthropologie noch nicht als Weltkenntnis im Gegensatz zur
Schulkenntnis vorgestellt zu haben; der einzige Hinweis auf diese Unterscheidung findet sich in einer (offenbar später eingefügten) Marginalie der
Nachschrift Philippi 2.

◇   2 eigentlich] Ein Hinweis darauf, daß auch die physische Geographie als
pragmatische Weltkenntnis geführt wird, so in der Vorlesungsankündigung
von 1775, »Von den verschiedenen Racen der Menschen«, 4. Abschnitt
(II 443,12–21).

◇   4–5 z. B. der Thiere, Pflanzen … Klimaten] Die hiermit angegebenen
drei Naturreiche bilden das Thema des zweiten oder »besonderen« Teils der
Vorlesung über physische Geographie. So schon 1757 in »Entwurf und
Ankündigung eines Collegii der physischen Geographie«, s. II 3,18–21 und
9,4–16.

◇   6–8 Daher wird … Weltkenntniß gezählt.] Dingelstädt überliefert: »Vom
Character der verschiedenen Racen ist in der physischen Geographie gehandelt.« (127) Vgl. dagegen 124,19: »D. Vom Charakter der Rasse« und
320–321.

◇   7 Spiel der Natur] »Spiel der Natur« nimmt den Begriff des »ludus (oder
lusus) naturae« auf. Die Rassen sind »Spielarten«; s. II 430,25; 37; hier
320,22; »Spielart« II 431,18 und VII 220,6.

◇   9 die Welt *kennen* und Welt *haben*] In der Refl. 1502a, von Adickes
1790–1791 datiert, wird die Unterscheidung noch anders vorgenommen. In
der Weltbildung seien die Menschen nicht passiv wie in der Schulbildung,
sondern »[…] selbst Mitspielend […] im großen Spiel des Lebens.«
(XV 799,8–800,1) Die erste erziehe zur Geschicklichkeit, die zweite zur
Klugheit, nämlich seine Geschicklichkeit in der Welt anzubringen; wer dies
verstehe, habe Welt; darüberhinaus gehe jedoch noch das Kennen der Welt.
Pragmatische Anthropologie sei Menschenkenntnis, verstanden als Weltkenntnis (XV 800,1–11).

◇   11 der Andere aber *mitgespielt* hat.] Der Gedanke erinnert an die Vorstellung im 2. Abschnitt des Streits der Fakultäten (1798): »Es ist bloß die
Denkungsart der Zuschauer, welche sich bei diesem Spiele großer Umwandlungen *öffentlich* verräth […]« (VII 85,9–10), wobei zugleich gilt, daß das
zuschauende Publikum »[…] ohne die mindeste Absicht der Mitwirkung
sympathisirte.« (VII 87,1–2)

◇   12–15 Die sogenannte *große* Welt … zu weit befinden.] Einige Beobachtungen und Beurteilungen der großen Welt, allesamt negativ, kommen

dennoch vor: »Die Neuigkeit ist es also, was die Mode beliebt macht, und erfinderisch in allerlei äußeren Formen zu sein, wenn diese auch öfters ins Abenteuerliche und zum Theil Häßliche ausarten, gehört zum Ton der Hofleute, vornehmlich der Damen, [...] (die *élegants de la cour*, sonst *petits maîtres* genannt, sind Windbeutel.)« (245,24–33) »Eine Tafelmusik bei einem festlichen Schmause großer Herren ist das geschmackloseste Unding, was die Schwelgerei immer ausgesonnen haben mag [...]« (281,8–10); sodann wird festgestellt, daß ein eigener Charakter einer Person »[...] bei Hofleuten, die sich in alle Formen fügen müssen, gar nicht zu suchen sei [...].« (295,4–5) »[...] eine angemaßte Wichtigkeit, mit höfischer Manier der Einschmeichelung verbunden [...].« (301,31–32) Ein Streiflicht fällt auf infantile Monarchen: »[...] wie ein Minister seinem blos auf Vergnügen bedachten Monarchen [...]« (310,3) etwas vorgaukelt, um die Verwirklichung seiner desaströsen Wünsche zu verhindern. In den erhaltenen Vorlesungsnachschriften scheinen die Invektiven gegen den Hof auch erst nach der Französischen Revolution zu begegnen, so bei Dohna 273: »Das Genie findet man vorzüglich bei den Engländern, Franzosen und Italiänern, doch bei den ersten findet man nur das wahre eigenthümliche Genie, weil (welches auch bei den Italiänern der Fall ist) hier Freiheit und Regierungsform es begünstigt. Denn hier darf es keiner für nothwendig halten, sich dem Hofe, den Vornehmen, oder irgend einem andern zu accommodiren. Denn wo schon der Hof zu furchtbar ist, und sich alles nach einerley Muster bildet, da muß zuletzt alles einerley Farbe enthalten.« Der junge Kant schrieb noch zu Beginn des dritten Krieges Friedrichs II. gegen Österreich: »Ein Fürst, der, durch ein edles Herz getrieben, sich diese Drangsale des menschlichen Geschlechts bewegen läßt, das Elend des Krieges von denen abzuwenden, welchen von allen Seiten überdem schwere Unglücksfälle drohen, ist ein wohlthätiges Werkzeug in der gütigen Hand Gottes und ein Geschenk, das er den Völkern der Erde macht, dessen Werth sie niemals nach seiner Größe schätzen können.« (I 461,9–14) Dagegen heißt es im 2. Abschnitt des Streits der Fakultäten (1798): »Denn für die Allgewalt der Natur, oder vielmehr ihrer uns unerreichbaren obersten Ursache ist der Mensch wiederum nur eine Kleinigkeit. Daß ihn aber auch die Herrscher von seiner eigenen Gattung dafür nehmen und als eine solche behandeln, indem sie ihn theils thierisch, als bloßes Werkzeug ihrer Absichten, belasten [sc. durch Steuern], theils in ihren Streitigkeiten gegen einander aufstellen, um sie schlachten zu lassen, – das ist keine Kleinigkeit, sondern Umkehrung des *Endzwecks* der Schöpfung selbst.« (VII 89,8–15) In den Vorlesungsnachschriften wird die Invektive gemieden; bei anwesendem Adel unter den Zuhörern wurde jedoch den Dienern empfohlen zurückzuschlagen, wenn sie von den Vornehmen geschlagen würden: vgl. den Kommentar zu 293, 31 (»der einen *Herren* nöthig hat«). In der Physischen Geographie Hesse (um

1770) heißt es: »Bey den Prinzen findet man Minen der Dreistigkeit, die sie sich ihres Standes bewußt, von Jugend auf annehmen.« (84)

Kant hat zwar einen »Standpunkt«, aber keinen eigenen Stand neben oder unter dem »Stand der Vornehmen«. Friedrich Schulz prägt in Über Paris und die Pariser (1791) den Begriff des Mittelstandes, »[...] der nur in großen Städten vorhanden ist, und die Lücke zwischen Volk und großer Welt ausfüllt [...].« (236, genauere Erläuterungen 237 ff.) Der Sache nach ist die Auszeichnung des »Mittelstandes« natürlich älter, sie findet sich schon bei Aristoteles.

Zur Geschicklichkeit, Standpunkte zu nehmen, vgl. die »Bemerkungen zu den Beobachtungen über das Gefühl des Schönen und Erhabenen« (XX 12,14; 169,1–5). – In der Menschenkunde heißt es: »Der Mensch kennt die Welt d. h. er kennt den Menschen in allen Ständen.« (2) Vor der Menschenkunde wird die Standesfrage in den Vorlesungsnachschriften nicht genannt.

Kant sagt nicht, welche anthropologisch relevanten Erkenntnisse man in der »sogenannten großen Welt« (z. 12) grundsätzlich gewinnen könnte; er erhebt mit seiner Anthropologie einen universalistischen Anspruch der Kenntnis des Menschen überhaupt. Es findet keine Abgrenzung nach unten statt – so wenig wie die große Welt angeblich einbezogen wird, so wenig wird jedoch die Welt unterhalb des Mittelstandes berücksichtigt. Die Anthropologie betrachtet Menschen, die an der Bildung und Kultur, in der die Disziplin entwickelt wird, teilnehmen. Insofern ist es eine Anthropologie des bürgerlichen Mittelstandes, der seine eigenen Vorstellungen verallgemeinert.

◇   **13 der Anthropologe]** Das Wort begegnet in den Druckschriften nur hier und 127,22. In den erhaltenen Vorlesungsnachschriften zuerst Menschenkunde 339; dann Marienburg 4.

◇   **16–26 Zu den Mitteln ... abgeben kann.]** Collins vom Wintersemester 1772–1773 bringt folgende Ausführung unter dem Titel des »Verstandes«: »Ein richtiger Verstand ist nicht immer lebhafft, er ist langsam, daher dergleichen Leute offt für unfähig gehalten werden. Dieser langsame Fortgang, wird aber durch Richtigkeit ersetzt. Manche Menschen haben Verstand, und geben doch lauter albern und zwecklose Dinge an. Das findet sich bey denen, die keinen dirigirenden Verstand haben. Frauenzimmer können offt ihre Absichten geschickt ausführen, aber gute Zwecke können sie nicht wählen; alles lauft auf Tändeleyen hinaus. Uberhaupt ist der männliche Verstand vom weiblichen ganz verschieden, den Werth der Dinge zu schätzen ist mehr für den männlichen, als weiblichen Verstand. Es gehet hier so zu, als wie auf einem Schiffe, wo alle Matrosen ihre Arbeit wißen, aber einer muß sie dirigiren. Einige Köpfe sind *technisch*, die in besondern Stücken, und einzelnen Sachen, sich offt sehr vortreflich zeigen, und sehr

subtil sind, aber keinen Blick aufs Ganze werfen können – andere sind
architechtonisch, die erstere sind so, wie Leüte, welche weit gereist sind, und
die Landcharte nicht kennen. Sie wißen von jedem Orte was zu erzählen,
aber sie haben keinen Begriff von dem ganzen Lande und seiner Verbindung. Manche Mahler mahlen gute Füße, aber nicht proportionirt ganze
Portraitte. Es gibt viele Wißenschafften, wo man zuvor das Ganze wißen
muß ehe man zu den Theilen kommt. Dieß ist bey der Geographie, bey der
Betrachtung des Weltgebaüdes. Menschen, die von Leidenschafften besessen
sind, sinnen bloß auf die Befriedigungen der Begierden, und vergeßen mit
der Summe alle übrigen Neigungen zu vergleichen.« (130–131) Kant experimentiert in dieser Phase mit dem »dirigierenden Verstand« und versucht
ihn von der Vernunft abzugrenzen: »Verstand ist das Vermögen zu urtheilen;
Vernunft daß Vermögen a priori zum Voraus vor der Erfahrung zu erkennen.
[…] Sachen die schon in der Erfahrung sind, zu erkennen und zu beurtheilen, gehört Verstand; was aber noch nicht in der Erfahrung ist voraus zu
sehen, gehört Vernunft.« (133)

16–17 Zu den Mitteln … Reisebeschreibungen.] Eigenes Reisen und die ◇
Lektüre von Reisebeschreibungen können nur den »Umfang« (z. 16; 20–21)
der Menschenkenntnis erweitern, sie aber nicht begründen. – Kant schätzt
das mit Forschungsinteresse begleitete Reisen hoch und hält es für eine
Eigentümlichkeit nur der Europäer, die ihre Überlegenheit über die Völker
der (für ihn: drei) anderen Kontinente zeigt. Die »Tartarn und Calmücken«,
der orientalische im Gegensatz zum okzidentalischen Menschenschlag, so
die Refl. 1520, »perfectioniren sich nicht, reisen nicht, sind keiner Gesetze
fähig.« (XV 879,14–16) – Die Reisebeschreibungen erscheinen nicht noch
einmal unter den Hilfsmitteln der Anthropologie (s. 121,18–28); sie enthalten häufig genaue Anweisungen zur Beobachtung, die den Reisenden
mitgegeben wurden, s. z.B. die Reise-Instruktionen in der Reise um die Welt
Georg Forsters von 1778. Vgl. dazu Michael Neumann, »Philosophische
Nachrichten aus der Südsee« (1994), bes. 523 ff.

Kant übt keine Kritik an der Reiseliteratur wie Rousseau im 5. Buch
(»Des Voyages«) des Emile (1762) (Rousseau 1959 ff., IV 827–828: man muß
auch andere Völker *selbst* kennen); vgl. auch die »Note X« zum Discours sur
l'inégalité (1755; Rousseau 1959 ff., III 212). Er macht auch keine Vorschläge
für methodisches Reisen und Menschenforschen wie Rousseau, s. Discours
sur l'inégalité (1755; Rousseau 1959 ff., III 214).

Das Reisen kann nur der quantitativen Erweiterung dienen, die Struktur
der Erfahrung liefert der Philosoph in Form der Generalkenntnis »a priori«
(z. 23–24: »geht … voraus«). Die eigenen Quellen im Bereich der Philosophie werden hier nicht genannt; es ist vor allem die »empirische Psychologie« von Alexander Baumgarten, die Kant vielfältig benutzt, ohne daß der
Name Baumgartens noch fällt. S. den Kommentar zu 121,18.

◇   18–21 Man muß aber doch … zu erweitern.] Ein »aufmerksame[r] und
einsehende[r] Reisende[r]« nach Kants Geschmack war ein Herr Eaton,
ehemaliger holländischer Konsul, s. »Von den verschiedenen Racen« (1775),
II 439,23–38 und die Einleitung zu Band XXV. Das Profil, das Kant sich
hier im Hinblick auf seinen eigenen »Umgang« (z. 18) selbstbewußt gibt,
hebt sich angenehm ab von der Bescheidung Carl Christian Erhard
Schmids, eines Jenenser Professors, der in der »Einleitung« seiner Empirischen Psychologie von 1791 unter dem Zwischentitel »Einschränkung des
Umgangs« schreibt: »Die Lage eines Gelehrten bringt es mehrentheils so
mit sich, daß er sich auf den Umgang mit wenigen Menschen, von ähnlichem
Stande, Range, Vermögen und Lebensart einschränke. Diese Aehnlichkeiten
aber führen häufig eine Verwandschaft der Denkungsart, Gesinnungen und
Sitten mit sich. Die Sphäre der Beobachtung ist daher einförmig, und ihre
Resultate können oft schon deshalb einseitig und unrichtig ausfallen. Sehr
viele Classen und Seiten der Menschheit muß der Psycholog nur aus
Büchern, Geschichtsschreibern und Romanen kennen lernen.« (118) – Die
Annahme von Michel Foucault in seiner (nicht publizierten) Thèse Com-
plémentaire Introduction à l'anthropologie de Kant, es gebe auffällige Ko-
inzidenzen zwischen Kants Anthropologie und Schmids Empirischer Psychologie und die letztere sei vielleicht von Kants Anthropologie-Vorlesung
beeinflußt (Foucault 1961, 6), läßt sich m. E. nicht aufrechthalten. Schmid
bezieht sich häufig auf publizierte Kantische Schriften (s. unten zu 120,29
und 121,1–4), er verrät jedoch, wenn ich richtig sehe, keine darüber hinausgehenden Kenntnisse der pragmatischen Anthropologie aus Königsberg.
Nur so läßt sich wohl die auffällige Differenz der Vorgehensweise im ganzen
erklären. Übereinstimmungen gehen auf gemeinsame Quellen zurück. Unabhängig von diesem Befund ist klar, daß Schmid über die publizierten
Schriften Kants gut informiert ist; er hat die erste Kant-Vorlesung in Jena
gehalten und 1786 ein Wörterbuch zum Gebrauch der Kantischen Schriften
verfertigt. Kant verweist im Gegensatz zu Schmid auf seinen Umgang mit
den Stadt- und Landesgenossen und sieht sich in der Rolle des Anthropologen als Stadt-, nicht Universitätsbürger (der er der rechtlichen Stellung
nach war). Es galt, die akademische Einengung, über die Schmid klagte,
sogleich von sich zu weisen; zur Gefahr des bloß Akademischen in Lebens-
fragen vgl. auch Johann Michael von Loen, Moralische Schildereien nach
dem Leben gezeichnet (1749): »Kluge Leute aber, welche die grose Welt, die
Menschen und die Sitten etwas genauer, als die Herren Gelehrten auf hohen
Schulen haben kennen lernen, bedienten sich dieser Methode [sc. der Tem-
peramentenlehre] niemals […]« (J. M. v. Loen, Kleine Schriften (1972) I 6;
s. a. Kosenina 1995, 74–75). Auf die »grose Welt« verzichtet Kant ausdrücklich (z. 12) im Gegensatz zu Goethes Großonkel von Loen, der den »red-
lichen Mann am Hofe« für möglich hielt, wie Goethe.

21 Ohne einen solchen Plan] Dieser Plan hat eine Ordnungs- und ◇
Leitfunktion (s. z. 24 »geordnet und geleitet«) für das auswärtige Suchen,
z. B. in Form von einzelnen Titeln (s. 121,32); er ist in der vorliegenden
pragmatischen Anthropologie als *»Generalkenntniß«* (z. 23) niedergelegt.
Er erwächst aus Kenntnissen, die man zum einen, wie Kant in der Anmerkung sagt, unter günstigen Umständen zu Hause erwerben kann, die zum
andern jedoch in einer Theorie (und deren Quellen) fundiert sind, die in der
pragmatischen Anthropologie nicht mehr angesprochen werden. Dazu gehört die Gliederung und damit der Plan des ersten Teils mit der Unterscheidung von Erkenntnisvermögen, Gefühl und Begehren – keine der von Kant
120–121 aufgeführten Erkenntnisquellen vermag zu dieser grundlegenden
»Generalkenntniß« (z. 23) zu führen.

23–24 Die *Generalkenntniß* ... der *Localkenntniß* voraus] Kant ver- ◇
sucht mit der Frage fertig zu werden, wie man zur anthropologischen
Weltkenntnis gelangen kann, ohne sich von der Stelle zu rühren (»ohne zu
reisen«, 121,36).
Die Unterscheidung von lokaler und »Generalkenntniß« findet sich
zuerst in den Prolegomena von Pillau: »Unterfand der Welterkenntniß.
1) Eine Local Weltkenntniß die die Kaufleute haben, die auch empirisch
genannt wird. 2) eine general Weltkenntniß die der Weltmann hat, und die
nicht empirisch sondern cosmologisch ist.« (b 17–21) Der Sache nach ist die
Differenzierung älter, so heißt es in Parow 166: »Einige können philosophische Säze recht gut vortragen, allein sie haben das Erhabene der Philosophie
niemals geschmeckt. Es ist mit einem solchen Menschen ebenso, als mit
einem der in vielen Ländern gewesen, aber niemals eine LandCharte gesehen
hat; dieser wird viel erzählen können, was er hie und da gesehen, aber er
wird sich niemals einen ganzen Begriff, von der ganzen Gegend und ihrer
Lage machen können. [...] Manche Wißenschaften sind so geschaffen, daß
man vom Ganzen auf die Theile gehen muß, als die Geographie und
Astronomie.« Die beiden Begriffe der General- und Lokalkenntnis orientieren sich an zwei Formen der Landkarten: Es gibt die Generalkarte und die
Lokalkarte; vgl. Refl. 4991 (XVIII 53,15). Der Ursprung des ersten Begriffs
liegt vielleicht in der *Geographia generalis in qua affectiones generales
Telluris explicantur* von Bernardus Varenius (1671; von Isaac Newton 1672
in Cambridge neu herausgegeben; in Kants Besitz Newtons Ausgabe von
1681 (mit Randnotizen), s. Arthur Warda, *Immanuel Kants Bücher* (1922)
18–19). Zur Erklärung des Begriffs führt Varenius im ersten Kapitel unter
dem Zwischentitel »Divisio« aus: »Dividimus Geographiam in Generalem
et Specialem, sive Universalem et Particularem. (Golnitzius explicatio-
nem Geographiae ait duplicem esse, Exteriorem et Interiorem, sed impro-
pria et Catachristica est haec appellatio [...].)« (2) Auf Varenius verweist
Christian Wolff in Spalte 665 seines *Mathematischen Lexicons* (1716). Dort

auch die Einteilung der Geographie in mathematische, physische und geo-
graphische. Der Gegenbegriff einer lokalen Geographie wird nicht
gebraucht. So auch in der Vollständigen Einleitung Zur Geographischen
Wissenschaft, die in Kants Schule, dem Collegium Fridericianum, verwendet wurde: »Die Geographie ist in Ansehung ihres Begriffs entweder
generalis, welche von der Erdkugel überhaupt handelt, dabey man einen
[...] *Globum terrestrem* zu gebrauchen pflegt; oder *specialis*, welche sich
um einzelne Länder und Provintzen insbesondere bekümmert, wobey die
Landcharten gebrauchet werden.« (zitiert nach Heiner Klemme, Die Schule
Immanuel Kants (1994) 51).

Alexander Pope nennt seinen Essay on Man (1733) eine »general Map of
Man« (unter dem Zwischentitel »The Design«; Pope 1950, 8).

Die Unterscheidung von General- und Lokalkenntnis des Menschen
wird an anderen Stellen durch die Unterscheidung von Singular und Plural –
der Mensch oder die Menschen (s. im Ewigen Frieden VIII 374,5–6) – oder
die Gegenüberstellung der *Natur* des Menschen und seines jeweiligen bloßen *Zustandes* gefaßt.

Im 8. Kapitel seines postum veröffentlichten »Essai sur l'origine des
langues« schreibt Rousseau : »Quand on veut étudier les hommes, il faut
regarder près de soi; mais pour étudier l'homme, il faut apprendre à porter sa
vue au loin; il faut d'abord observer les différences pour découvrir les
propriétés.« (Rousseau 1959 ff., V 394)

◇   **25–26 fragmentarisches Herumtappen**] »fragmentarisch« ist grundsätzlich dem Systematischen, Einheitlichen der Wissenschaft entgegengesetzt.
»Herumtappen« in der Anthropologie in ähnlicher Verwendung 228,6; auch
in der KrV, B XXX–XXXI: »[...] man mag nun bloß auf die Kultur der
Vernunft durch den sicheren Gang einer Wissenschaft überhaupt, in Vergleichung mit dem grundlosen Tappen und leichtsinnigen Herumstreifen
derselben ohne Kritik sehen, [...].« In den Druckschriften wohl zuerst in
der »Vorrede« der Metaphysischen Anfangsgründe der Naturwissenschaft
(1786): Wenn die allgemeine Metaphysik der Anschauung bedürfe, um ihren
Verstandesbegriffen Bedeutung zu verschaffen, müßten diese aus der allgemeinen Körperlehre kommen, da sie sonst »[...] unter lauter sinnleeren
Begriffen unstät und schwankend herumtappe.« (IV 478,9) Vom »bloßen
Herumtappen« im Gegensatz zu einer voraussehenden, planvollen Erfahrung und Wissenschaft spricht Kant zuerst in der Vorrede zur zweiten
Auflage der KrV, so B VII; B XI; B XIV; B XV. Sodann in der gegen Georg
Forster verfaßten Schrift »Über den Gebrauch teleologischer Principien in
der Philosophie« von 1788: Es sei »[...] ungezweifelt gewiß, daß durch
bloßes empirisches Herumtappen ohne ein leitendes Princip, wornach man
zu suchen habe, nichts Zweckmäßiges jemals würde gefunden werden; denn
die Erfahrung *methodisch* anstellen, heißt allein *beobachten*. Ich danke für

den blos empirischen Reisenden und seine Erzählung, vornehmlich wenn es
um eine zusammenhängende Erkenntniß zu thun ist, daraus die Vernunft
etwas zum Behuf einer Theorie machen soll. Gemeiniglich antwortet er,
wenn man wonach frägt: ich hätte das wohl bemerken können, wenn ich
gewußt hätte, daß man darnach fragen würde.« (VIII 161,9–17) Im gleichen
Sinn im »Gemeinspruch« (1793): »Es kann also Niemand sich für praktisch bewandert in einer Wissenschaft ausgeben und doch die Theorie
verachten, ohne sich bloß zu geben, daß er in seinem Fache ein Ignorant sei:
indem er glaubt, durch Herumtappen in Versuchen und Erfahrungen, ohne
sich gewisse Principien (die eigentlich das ausmachen, was man Theorie
nennt) zu sammeln und ohne sich ein Ganzes (welches, wenn dabei methodisch verfahren wird, System heißt) über sein Geschäft gedacht zu haben,
weiter kommen zu können, als ihn die Theorie zu bringen vermag.«
(VIII 276,1–8) und im 2. Abschnitt der Schrift Zum ewigen Frieden (1795):
VIII 348,30–31.

Der Tastsinn leitet den Blinden; für die Wissenschaft bedarf es des
vorausschauenden, ein Ganzes vor der Berührung erfassenden Sehsinns. Zu
Kants häufig gebrauchter Metaphorik von Tasten und Sehen im Hinblick
auf die Konstitution von Wissenschaft vgl. hier auch 154,30–155,11 und den
Kommentar zu 154,29.

Zur Ordnung der Sinne besonders bei Herder im Gegensatz zu Kant vgl.
Peter Utz, Das Auge und das Ohr im Text (1990), bes. 90–99 (»Der tappende
Augenmensch«).

Vermutlich hat sich Schelling in seinen »Miscellen aus der Zeitschrift für
speculative Physik« (1803) von Kant anregen lassen: »Ich schließe diese
Betrachtungen [...] vorerst mit Einem Resultat, das aus ihnen hervorgeht,
nämlich *daß wer keine rechte Theorie hat, unmöglich auch eine rechte*
Erfahrung haben kann, und umgekehrt. Die Thatsache an sich ist nichts.
Ganz anders *erscheint* sie sogar dem, der *Begriffe* hat, als dem, der begrifflos
sie anblickt. Um recht zu sehen, muß man wissen, wornach zu sehen ist, und
viele Experimentatoren gleichen jenen Reisenden, die recht vieles erfahren
könnten, wenn sie nur wüßten, wornach zu fragen wäre.« (Schelling 1927 ff.,
I. Erg.Bd. 584)

26 Wissenschaft] Ist die vorliegende Anthropologie eine Wissenschaft?   ◇
In der »Vorrede« der Metaphysischen Anfangsgründe der Naturwissenschaft
(1786) wird der empirischen Psychologie der Rang einer Naturwissenschaft
abgesprochen, weil sie erstens nicht mathematisiert werden kann und zweitens keine systematische Zergliederungskunst oder Experimentallehre (wie
die Chemie) abgibt, »weil sich in ihr das Mannigfaltige der inneren Beobachtung nur durch bloße Gedankentheilung von einander absondern, nicht
aber abgesondert aufbehalten und beliebig wiederum verknüpfen, noch
weniger aber ein anderes denkendes Subjekt sich unseren Versuchen der

Absicht angemessen von uns unterwerfen läßt, und selbst die Beobachtung
an sich schon den Zustand des beobachteten Gegenstandes alterirt und
verstellt. Sie kann daher niemals mehr als eine historische und, als solche, so
viel möglich systematische Naturlehre des inneren Sinnes, d. i. eine Natur-
beschreibung der Seele, aber nicht Seelenwissenschaft, ja nicht einmal
psychologische Experimentallehre werden [...].« (IV 471,23–32) Und in
der »Ersten Einleitung« der KdU: »Psychologisch beobachten (wie Burke in
seiner Schrift vom Schönen und Erhabenen), mithin Stoff zu künftigen
systematisch zu verbindenden Erfahrungsregeln sameln, ohne sie doch
begreifen zu wollen, ist wohl die einzige wahre Obliegenheit der empirischen Psychologie, welche schwerlich jemals auf den Rang einer philosophischen Wissenschaft wird Anspruch machen können.« (XX 238,18–23)
    Kant nennt im folgenden die Schwierigkeiten, die einer Anthropologie als
Wissenschaft entgegenstehen. Er spricht ihr auch hier die Möglichkeit zu,
systematisch abgefaßt werden zu können (119,9; 121,29).
    In ihrer ursprünglichen Fassung stellte sich die Anthropologie als Wis-
senschaft vor; so etwa bei Philippi: »Wenn wir die Kentniß des Menschen als
eine besondre Wissenschaft ansehen, so entspringen daraus viele Vortheile«
(2v), oder Hamilton: »Die empirische Psychologie ist eine Art von Naturlehre. Sie handelt die Erscheinungen unsrer Seele ab, die ein Gegenstand
unserer Sinne sind, nämlich des inneren Sinnes sind, und ausmachen, und
zwar auf eben die Art wie die empirische Naturlehre oder Physik, die
Erscheinungen abhandelt.« (1)

◇   **29 Schwierigkeiten]** Kant nimmt die Argumentation aus der »Vorrede«
der Metaphysischen Anfangsgründe der Naturwissenschaft (1786) auf
(IV 471,11–37). In der KrV lautet das Gegenstück in Bezug auf die apriorische Selbsterkenntnis: »[...] eine Aufforderung an die Vernunft, das
beschwerlichste aller ihrer Geschäfte, nämlich das der Selbsterkenntniß aufs
neue zu übernehmen [...]« (A XI).
    Der Hinweis auf Schwierigkeiten gehört zu den Topoi des Exordiums
einer Abhandlung; so (und nicht durch direkte Filiation) erklärt es sich, daß
auch Aristoteles am Anfang von De anima auf die Schwierigkeiten hinweist,
die mit der Themenstellung verbunden sind: »Ganz im allgemeinen gehört
es zum Schwierigsten, eine feste Meinung über sie [sc. die Seele] zu gewinnen.« (402 a 11–12) Speziell die Selbsterkenntnis gilt als schwierig in Platons
Alkibiades I 129 a 2–6, bei Cicero, De legibus I 22, 58: »Haec [sc. die Philo-
sophie] enim una nos cum ceteras res omnes, tum quod est difficillimum.
docuit, ut nosmet ipsos nosceremus [...].« Wie Kant nennt auch Justus
Christian Hennings in seiner pragmatischen Geschichte von den Seelen der
Menschen und Thiere (1774) »Schwierigkeiten der Psychologie« und verweist dabei auf Charles Bonnets Analytischen Versuch über die Seelenkräfte
(1770–1771). Christian Gottfried Schütz zählt im »Anhang I: Betrachtun-

gen über die verschiednen Methoden der Psychologie« seiner Bonnetüber-
setzung drei »Klassen psychologischer Schwierigkeit« auf, die mit den drei
möglichen Methoden der Psychologie, der empirischen, der analytischen
und der synthetischen einhergehen: »Derjenige, welcher bloß Erfahrungen
von der Seele sammelt, scheint zwar am sichersten zu gehn; aber auch nicht
die grösten Progressen zu machen. [...] [Es] können auch hier unrichtig
angestellte Beobachtungen, falsche Schlüsse, die aus ihnen gezogen werden,
und Verwechslungen des Wesentlichen mit dem Zufälligen manchen Irrthum erzeugen. Der Analyst setzt sich der Gefahr aus, auf unmögliche
Voraussetzungen zu gerathen, und die Zergliederung weiter zu treiben, als
es der Wahrheit gemäß ist [...]. Der Synthetiker findet auf seinem Wege die
Unbequemlichkeit, daß er durch eine Reihe von Schlüssen auf Begriffe
geleitet wird, welche gar nicht mit der Realität zusammentreffen; daß er sich
in Speculationen verirrt, welche der Erweiterung der Kenntniß der Seele
keinen Vortheil bringen [...].« (Schütz in: Bonnet 1770–1771, II 187–322;
dort 205–206) Und Karl Philipp Moritz schreibt in der (titellosen) Vorrede
seines Gnothi Sauton oder Magazin zur Erfahrungsseelenkunde (1783): »Mit
Zittern schreite ich zu der Ausführung eines Unternehmens, dessen Wichtigkeit und Nutzbarkeit mir von Tage zu Tage mehr in die Augen leuchtet,
wobei ich aber auch die großen Schwierigkeiten immer deutlicher einsehe.«
(Gnothi Sauton 1, 1783, 7) Thomas Reid schreibt in seiner Inquiry of the
Human Mind on the Principles of Common Sense von 1764 unter dem Titel
»Section II. The Impediments to our Knowledge of the Mind«: »But it must
be acknowledged, that this kind of anatomy is much more difficult than the
other; and, therefore, it needs not seem strange that mankind have made less
progress in it. To attend accurately to the operations of our minds, and make
them an object of thought, is no easy matter even to the contemplative, and
to the bulk of mankind is next to impossible.« (98 a) So auch in den Essays on
the Intellectual Powers of Man (1785), »Essay« I 6: »Of the Difficulty of
Attending to the Operations of our own Minds« (Reid 1858, 240); es folgt
wie bei Kant eine numerierte Liste von speziellen Schwierigkeiten; vgl. den
Kommentar zu 121,18.
  Carl Christian Erhard Schmid widmet den § XXII (109–120) der »Einleitung« seiner Empirischen Psychologie von 1791 der Darstellung der
»Schwürigkeiten«; unter der Ziffer 7 und 8 (113–115) wird Kants Psycho-
logie-Erörterung in der »Vorrede« der Metaphysischen Anfangsgründe der
Naturwissenschaft zitiert (113–115; Zitattext: IV 471,11–29).
  1795 sprach Lacépède in Paris in der École Normale über die »Naturgeschichte des Menschen« und malte den Topos näher aus im Sinn der
Subjekt-Objekt-Problematik: »Was ist schwieriger, als ihn [sc. den Men-
schen] kennenzulernen? Welches Objekt steht uns näher? Wir sehen es,
berühren es, wir fühlen es in unserm Innern: dieses Objekt sind wir, und

dennoch entzieht sich sein Wesen unserem Geist; es entgeht unserer Intelligenz. Ach! Gerade diese Identität entzieht es der Anschauung. Wir können nur aufgrund der Verschiedenheit von Beziehungen begreifen, und hier gibt es nur Ähnlichkeiten, aber keine Unterschiede zwischen dem Beobachter und dem Untersuchungsobjekt.« (zit. nach Sergio Moravia, Beobachtende Vernunft (1973) 61).

Die drei im folgenden genannten Schwierigkeiten beziehen sich auf die beiden »Quellen« der anthropologischen Kenntnis, den Erfahrungsumgang mit anderen und sich selbst; die Schwierigkeiten liegen erstens in der Beziehung des Beobachtens zum Beobachteten (1. und 2.) und 3. in der Abwandlung des Menschen durch die »altera natura«.

Mit »Endlich« schließt ein Problem der Hilfsmittel an (121,18–28). Eine weitere Schwierigkeit wird 143,4–13 genannt: Daß »der Forscher seines Inneren leichtlich, statt blos zu beobachten, manches in das Selbstbewußtsein hinein *trägt*« (143,8–9) und dies dann zur Grundlage der Beurteilung anderer nimmt.

Die Nennung von Schwierigkeiten ist also nicht nur ein tradierter Topos für den Anfang einer Schrift, sondern findet – wie bei vielen anderen Autoren, die zur Selbsterkenntnis des Menschen schreiben – eine inhaltliche Begründung. Der Nennung der Schwierigkeit der Selbsterkenntnis am Anfang des Unternehmens korrespondiert die Behandlung der Schwierigkeit der Selbstverwirklichung am Schluß: Im letzten Kapitel über den »Charakter der Gattung« (321–333) wird die Frage erörtert, wie der Mensch zur Selbstfindung gelangen kann, wie er seine eigene Bestimmung zu erreichen vermag – »Wir wollen die Schwierigkeiten der Auflösung dieses Problems und die Hindernisse derselben anführen.« (325,9–11) Die hier genannten Schwierigkeiten nehmen das Motiv auf, das aus dem »7. Satz« der »Idee« (1784) bekannt ist (VIII 23,2–6; vgl. unseren Kommentar zu 325,9–11).

Claude Lévi-Strauss verweist in Mythologica I. Das Rohe und das Gekochte (1976) darauf hin, daß sich das soziohistorische und anthropologische Material »nicht nach dem cartesischen Prinzip zu richten vermag, die Schwierigkeiten in so viele Teile zu zerlegen, wie zu ihrer Lösung nötig sind.« (16) Vgl. Descartes zum methodischen Umgang mit Schwierigkeiten in den Regulae ad directionem ingenii VI Abs. 1: »[...] quoties aliqua difficultas occurrit, [...].« (Descartes 1967 ff., X 381)

Descartes' methodischer Umgang mit Schwierigkeiten und deren völlige Eliminierung ist in der pragmatischen Anthropologie nicht möglich. So wenig jedoch wie Aristoteles auf die Ethik verzichtet, weil sie nicht more geometrico erfaßbar ist (vgl. Ethica Nicomachea I, iii: 1094 b 10–25), so wenig ist die Nichteliminierbarkeit der Schwierigkeiten bei Kant ein Grund, auf die pragmatische Anthropologie als eine Wissenschaft zu verzichten. Sie

gehört in den »two cultures«, die seit Platons Politikos (283 b–287 b) wahrgenommen werden, zu den nicht-mathematischen Disziplinen.

30–121,36 Eine große Stadt … erworben werden kann.] Königsberg, ◇
Montreal, Monreale, ist der feste Ort, von dem sich das gleichsam ›empirische A-priori‹ aller fluktuierenden Lokalkenntnisse in unbewegter Anschauung entwerfen läßt. Auch hier wird allerdings nur eine »Erweiterung
sowohl der Menschenkenntniß als auch der Weltkenntniß« erworben. – Wie
ist zu erklären, daß Kant von Königsberg als dem »Mittelpunkt eines
Reichs« (z. 30) spricht? Welches sollte dieses Reich sein? Kant scheint
»Preußen« nur auf Ostpreußen zu beziehen; wenn vom »Königreich Preußen« im § 35 der Physischen Geographie (1802) gesprochen wird
(IX 222,28–29), so ist die Mark Brandenburg nicht mitgemeint. Wenn in
derselben Schrift von »Polen und Preußen« die Rede ist (so § 17: IX 192,35;
§ 49: 262,18–19; 323,32), ist ebenfalls Ostpreußen gemeint; auch der
»Magister, der seine Verwandten in Preußen besuchte« (hier 262,31), be-
sucht sie in Königsberg (262 Anm.). In der Physischen Geographie § 35,
IX 222,28–29, kommen Eisfelder vor, die »manchmal fast die Größe des
eigentlichen Königreichs Preußens haben.« Dieses »eigentliche Königreich
Preußen« scheint Berlin und seinen Anhang nicht zur Kenntnis zu nehmen
und nur mit der eigenen Größe und Königsberg als Hauptstadt zu rechnen.

Karl Friedrich Burdach schreibt in seiner Selbstbiographie Rückblick auf
mein Leben (1848) über Königsberg zur Zeit seines Antritts der Anatomie-
professur 1814: »Königsberg nannte sich noch die Haupt- und Residenz-
stadt von Preußen, ungefähr wie eine verstoßene Geliebte ihr kümmerliches
Dasein noch durch die Erinnerung an ihre glänzende Vergangenheit zu
schmücken sucht.« (279) Benno Erdmann (Hrsg.), Reflexionen Kants zur
Anthropologie (1882–1884) 37 spricht pietätvoll von Königsberg als dem
Mittelpunkt »des engeren Königreichs«.

Das Festhalten an »Preußen« und die implizite Rückweisung des nunmehr korrekten »Ostpreußen« und das Ignorieren der Hauptstadt Berlin
paßt zu einer Tendenz Kants, die man als eine Depotenzierung des Staats
kennzeichnen kann. In der »Rechtslehre« der Metaphysik der Sitten (1797)
will Kant gegen Hobbes den Leviathan durch ein starkes Privatrecht einhe-
gen und binden und seine Kompetenzen genauestens vorweg bestimmen.
Dieses Ziel läßt sich nicht nur innerhalb der »Rechtslehre« belegen, die das
Privatrecht gegen den Staat stärkt, sondern auch in anderen Schriften. Der
Streit der Fakultäten entwickelt die Universität als eine Korporation, die sich
den administrativen Eingriffen durch ihre innere Architektur (vier und nur
vier Fakultäten mit apriori festgelegten Aufgaben) entzieht, explizit den
Staat extra muros verweist, wenn es um Wissenschaft und wissenschaftliche
Auseinandersetzung geht und im übrigen das Ziel hat, die Zensur vom Staat

weg in die Korporation zurückzuziehen. Ähnlich die Organisation der Kirche in der Religionsschrift von 1793: Ihr Telos ist auf die ethische Gemeinschaft der Menschen insgesamt gerichtet, die eigentliche Kirche ist eine kosmopolitische Organisation, sie hat mit dem jeweiligen Staat nichts zu tun. In der Anthropologie spielt der Staat für den Menschen praktisch keine Rolle (»Staat«, »Staaten«: 193,27; 194,7; 206,10; 35; 276,27; 319,15; 331,6).

Für Kant wird es nicht zum Problem, daß der Blick auf die Welt von Königsberg aus nur eine perspektivische Ansicht zeigen kann. Die literarische Tradition in England und Frankreich, die eigene Kultur in fingierten Außenaufnahmen zu verfremden, hat in Deutschland kein Echo gefunden. Die Fußnote enthält auch eine Apologie; denn der Autor weiß, daß die Menschenkenntnis nach dem common sense nicht »auch ohne zu reisen« (121,36) erworben wird. – Lichtenberg notiert in seinen »Reise-Anmerkungen« von 1775: »Ich sage der Stubensitzer ist nicht der Mann, der hierzu taugt, weil es kaum möglich ist ohne Umgang mit der Welt und mit Leuten, die einem an Erfahrung überlegen sind, von allerlei Stand, sich das Gefühl zu erwerben, das uns fast ohne nachzudenken von Begebenheiten urtheilen lehrt [...]. Bücher würden diesen Mangel völlig ersetzen, wenn alle Bücher von Menschenkennern geschrieben wären [...]. Langer Aufenthalt in großen Handelsstädten, nicht weit von einem Hof, oder noch besser in einiger Verbindung mit ihm [...] sind Umstände, die überhaupt vieles beitragen den *vernünftigen* Mann zu bilden und hauptsächlich den Geschichtsschreiber.« (Anmerkung 127; Lichtenberg 1967ff., II 676)

◇   33 angränzenden entlegenen] Vorländer: »Einen besseren Sinn gäbe: mit angrenzenden sowohl als auch entlegenen usw.« Vielleicht läßt sich die seltsame Zusammenstellung retten, wenn man berücksichtigt, daß zuerst vom Seehandel (sc. mit fernen Ländern) gesprochen wird, dann vom Verkehr durch die Flüsse, der sich einmal auf das Innere des eigenen Landes, sodann auf angrenzende andere Länder – wie Polen und Rußland – bezieht, die groß und für den üblichen Verkehr entlegen sind.

121   1–4 Der Mensch ... wie er ist.] Vgl. in der »Vorrede« der Metaphysischen Anfangsgründe der Naturwissenschaft (1786): »[...] noch weniger aber ein anderes denkendes Subject sich unseren Versuchen der Absicht angemessen von uns unterwerfen läßt, und selbst die Beobachtung an sich schon den Zustand des beobachteten Gegenstandes alterirt und verstellt.« (IV 471,26–29)

◇   3 oder er *verstellt* sich] 151,7–8: »Die Menschen sind insgesammt, je civilisirter, desto mehr Schauspieler [...].« Vgl. im ersten Abschnitt der Erörterung »Von der Physiognomik« den Hinweis: »Es versteht sich von selbst, daß: wenn der, welchen man in dieser Absicht beurtheilt, inne wird, daß man ihn beobachte und sein Inneres ausspähe, sein Gemüth nicht in Ruhe, sondern im Zustande des Zwanges und der inneren Bewegung, ja

selbst des Unwillens sei, sich eines anderen Censur ausgesetzt zu sehen.«
(295,28–32) S. auch die Eskalation von Verstellung zur Täuschung und
Lüge 332,24–25 mit wichtigem Kommentar.

Julius Bernhard von Rohr rückt in seinen Unterricht Von der Kunst der
Menschen Gemüther zu erforschen (1732; s. XXV 1638 und 1684 s. v.
»Rohr«) eine Abhandlung »Von der Stellung und Verstellung« (41–73) ein.
Christian Wolff, Vernünftige Gedanken von der Menschen Thun und Lassen
(1752), § 602 handelt von der Verstellung (Wolff 1962 ff., I 4, 411). Justus
Christian Hennings schreibt in der Geschichte von den Seelen der Menschen
und Thiere (1774): »Nur selten legen die Menschen die Maske so ganz ab, daß
es eine leichte Sache wäre, ihren Charakter zu durchschauen.« (24) So
handelt auch Johann Caspar Lavater im II. Band (1776) seiner Physiognomischen Fragmente »Über Verstellung, Falschheit und Aufrichtigkeit.«
(55–63) Carl Christian Erhard Schmid behandelt die »Allgemeine Verstellung« im bereits angesprochenen § XII der »Einleitung« seiner Empirischen
Psychologie von 1791, 117–118. Henry Home schreibt über die Grenzen der
Verstellung im 15. Kapitel des 2. Bandes seiner Grundsätze der Kritik (1790):
»Die äußerlichen Kennzeichen der Leidenschaften sind ein starker Beweis,
daß der Mensch durch die Einrichtung seiner Natur selbst bestimmt ist,
offenherzig und aufrichtig zu seyn. [...] selbst dann, wenn die Menschen
ihre Gesinnungen verhehlen lernen, und das äußerliche Betragen in eine
Kunst ausartet, bleiben noch Kennzeichen, welche die Verstellung in
Schranken halten, und einen großen Theil ihrer schädlichen Wirkung ver-
eiteln. Die gänzliche Unterdrückung der freywilligen Kennzeichen, bey
irgend einer lebhaften Leidenschaft, erzeugt die äußerste Unruhe, die man
unmöglich irgend eine beträchtliche Zeit hindurch auszuhalten vermag.
Diese Wirkung wird zwar durch die Gewohnheit weniger beschwerlich;
zum Glück aber kommen noch die nothwendigen Kennzeichen hinzu, die
durch keinen Zwang, den man sich anthut, unterdrückt oder nur verborgen
werden können. Eine vollkommne Heucheley, durch die man seinen Charakter verbergen und einen erdichteten annehmen könnte ist uns unmöglich
gemacht; wodurch die Natur vielem Nachtheile für die Gesellschaft vorgebeugt hat. Offenbar war es also Absicht der Natur, die selbst ungeschminkt
und aufrichtig ist, daß auch der Mensch durch Ausübung der Einfalt,
Wahrheit und Verbannung jeder Art von Verstellung, die schädlich werden
kann, sich in demselben Charakter behaupten solle.« (153–154) – Es wird
noch nicht berücksichtigt die unbewußte, mimetische Verstellung, die der
Psychoanalytiker bei seinem Patienten erzeugt; der letztere liefert dem
ersten just die Vorstellungen, die der Analytiker brauchen kann; vgl. Meo
1982, 138.

Zur Verstellung vgl. Raimund Bezold, Popularphilosophie und Erfahrungsseelenkunde (1984) 152–166; Georg Stanitzek, Blödigkeit (1989) 11 und

160 ff.; Alexander Kosenina, »Wie die ›Kunst von der Natur überrumpelt‹ werden kann: Anthropologie und Verstellungskunst« (1992) 57, Anm. 13. Ursula Geitner: Die Sprache der Verstellung. Studien zum rhetorischen und anthropologischen Wissen im 17. und 18. Jahrhundert (1992); Alexander Kosenina, Anthropologie und Schauspielkunst (1995) 58–84 (»›Du wirst ihre ganze Seele in ihrem Gesichte lesen‹: Körperliche Beredsamkeit und Verstellungskunst in der Klugheitslehre«).

◇   5–9 2. Will er ... Triebfedern ruhen.] Wurde 1. die Fremdbeobachtung angesprochen, so ist es hier die Selbstbeobachtung, beim 3. Punkt wird beides kombiniert. – Kant äußert hier keine Skepsis im Hinblick auf die generelle Möglichkeit der Introspektion. An späterer Stelle der Anthropologie wird ein überraschendes Veto gegen die Introspektion eingelegt, s. 134,11–13 und den Kommentar dazu.

Zu dem grundsätzlichen Problem (unabhängig von der speziellen Lage im Affektzustand) s. Plotin, »Enneade« V 4 mit dem Kommentar von Werner Beierwaltes, Selbsterkenntnis und Erfahrung der Einheit (1991) 173–175 mit den einschlägigen Verweisen.

◇   7–9 wenn die Triebfedern ... die Triebfedern ruhen.] Vgl. die Paraphrase von Heinze zum Schluß der empirischen Psychologie in der Metaphysik K 2: »A priori lasse sich in ihr [sc. der empirischen Psychologie] nichts herausbringen, um sie zur Wissenschaft zu machen, müssten wir methodische Erfahrungen anstellen, d. h. durch Observieren und Experimentieren. Observieren könne sich aber der Mensch nicht, weil er schon in Ruhe sein müsse, wenn er im Stande sei, sich zu observieren, und das wieder nicht könne, wenn er im Affect sei. Mit sich Experimente anstellen, sei aber gar etwas Tolles. Das Experiment, welches ich machen wolle, ändere ja meinen Gemüthszustand, ich habe ja aber den unveränderten und nicht diesen veränderten experimentieren wollen.« (XXVIII 750,7–15)

Die Frage, ob eine auf mentale Handlungen gerichtete Beobachtung gleichzeitig möglich ist, wurde in der Tradition vielfach erörtert; so sind Thomas von Aquin und Thomas Hobbes der Meinung, die Selbstbeobachtung sei nur in Form der Erinnerung möglich, Descartes dagegen nimmt die Möglichkeit der Gleichzeitigkeit an, s. dazu Mark Kulstad, Leibniz on Apperception, Consciousness, and Reflection (1991) 59–61 (»[...] there is little doubt that Leibniz sided, early and late, with Aquinas and Hobbes on the matter of consciousness.« (61)) Thomas Reid nimmt die Frage in seinen Essays on the Intellectual Powers of Man (1785) bei der Erörterung der einzelnen Schwierigkeiten der Selbsterkenntnis (s. den Kommentar zu 120,29) auf: »4thly, To this we may add a just observation made by Mr. Hume, That ›when the mind is agitated by any passion, as soon as we turn our attention from the object to the passion itself, the passion subsides or vanishes, and by that means escapes our inquiry. This indeed, is common to almost every operation of the mind: when it is exerted, we are conscious of it; but then we do not attend to the operation, but to its object. When the mind is drawn off from the object to attend to its own operation, that operation ceases, and escapes our notice.« (Reid 1858, 240) Der Hume-Text, den Reid zitiert oder paraphrasiert, ließ sich nicht auffinden; vielleicht ist es eine aus dem Gedächtnis zitierte (und mit bekannten Topoi angereicherte) Paraphrase der »Introduction« des *Treatise of Human Nature:* »When I am at a loss to know the effects of one body upon another in any situation, I need only put them in that situation, and observe what results from it. But should I endeavour to clear up after the same manner any doubt in moral philosophy, by placing myself in the same case with that which I consider, it is evident this reflection and premeditation would so disturb the operation of my natural principles, as must render it impossible to form any just conclusion from that phenomenon.« (Hume 1978, XIX). S. auch Karl Philipp Moritz in *Gnothi Sauton* von 1787 im Abschnitt »Zur Seelennaturkunde« der »Revision der drei ersten Bände dieses Magazins«: »Es ist nehmlich sehr merkwürdig, daß man sein *ich* nur außer sich denkt, sobald ein anders handelndes Wesen von außen her auf uns wirkt, und uns gleichsam unser Daseyn außer uns fühlbar macht [...]. Indem mein Gedanke von mir selber ausgeht, kann ich mich unmöglich als Objekt denken, eben so wenig, wie sich mein Auge, indem die Lichtstrahlen bloß von ihm ausgehen, ohne wieder zurückgeworfen zu werden, selber sehen kann.« (*Gnothi Sauton* 4, 1787, 43) Zur gleichen Thematik 1791 unter der Überschrift »Über den Endzweck des Magazins in Erfahrungsseelenkunde«: »Denn wenn das Denkende sich selbst unmittelbar erforschen will, so ist es immer in Gefahr sich zu täuschen, weil es sich in keinem einzelnen Augenblicke von sich selber absondern, sondern nur ein Hirngespinst statt seiner vor sich hinstellen kann, um es zu zergliedern. – Die wirkliche Sache muß doch immer in dem jedesmaligen Aktus des Denkens eingehüllt bleiben, welcher sich selbst in dem Augenblicke aufheben würde, wo er sein eigner Gegenstand werden wollte.« (*Gnothi Sauton* 8, 1791, 9–10)

    10–11 *Angewöhnungen*] Zum Problem der Angewöhnung oder Angewohnheit (im Gegensatz auch zur Gewohnheit) vgl. 149,6 und den Kommentar dazu.   ◇

    11 *wie man sagt, eine andere Natur sind*] Vgl. 149,17–18. Vgl. § 54 der ◇ KdU (1790): »[...] Naivität, die der Ausdruck der der Menschheit ursprünglich natürlichen Aufrichtigkeit wider die zur anderen Natur gewordene Verstellungskunst ist« (V 335,6–8); VI 41,19 u. ö. »Andere« ist hier zugleich im Sinn einer zweiten Natur gemeint; die Vorstellung einer »secunda natura« ist Kant vertraut durch vielfache Quellen in der antiken und neuzeitlichen Literatur. Shaftesbury im Teil III der »Inquiry Concerning Virtue or Merit«: »That which is of original and pure nature, nothing beside

contrary habit and custom (a second nature) is able to displace.« (Characteristics (1711); Shaftesbury 1963, I 260) Rousseau, Discours sur l'inégalité
(1755; Rousseau 1959ff., III 122). – G.W.F. Hegel, Enzyklopädie (1830)
§ 410: »Die Gewohnheit ist mit Recht eine zweite Natur genannt worden –
Natur, denn sie ist ein unmittelbares Seyn der Seele, – eine *zweite*, denn sie
ist eine von der Seele *gesetzte* Unmittelbarkeit, eine Ein- und Durchbildung
der Leiblichkeit, die den Gefühlsbestimmungen als solchen und den Vor-
stellungs- Willens-Bestimmtheiten, als verleiblichten (§ 401) zukommt. Der
Mensch ist in der Gewohnheit in der Weise von Natur-Existenz, und darum
in ihr unfrei, aber in sofern frei, als die Naturbestimmtheit der Empfindung
durch die Gewohnheit zu *seinem* bloßen Seyn herabgesetzt, er nicht mehr
in Differenz und damit nicht mehr in Interesse, Beschäftigung und in
Abhängigkeit gegen dieselbe ist. Die Unfreiheit in der Gewohnheit ist
theils nur formell als nur in das Seyn der Seele gehörig; theils nur *relativ*,
insofern sie eigentlich nur bei *übeln* Gewohnheiten statt findet, oder in
sofern einer Gewohnheit überhaupt ein anderer Zweck entgegengesetzt ist,
die Gewohnheit des Rechten überhaupt, des Sittlichen, hat den Inhalt der
Freiheit.« (Hegel 1968ff., XX 416–417)

◇   **14–16** denn die Veränderung ... Abenteurer selbst setzt] Das »denn« ist
zunächst nicht einsichtig; die Veränderung ist wohl als Grund der dann
anhaltenden Umstände zu interpretieren. – Im Kontext eines anderen
Gedankens findet sich dieselbe Formulierung (des »gesetzt ist«) in der
»Vorrede« der Grundlegung zur Metaphysik der Sitten (1785): »[...] daß
mithin der Grund der Verbindlichkeit hier nicht in der Natur des Menschen,
oder den Umständen in der Welt, darin er gesetzt ist, gesucht werden müsse
[...].« (IV 389,16–18) Die unbedingte praktische Notwendigkeit des Sittengesetzes falle weg, so der »2. Abschnitt« der Grundlegung, »[...] wenn
der Grund derselben von *der besonderen Einrichtung der menschlichen
Natur*, oder den zufälligen Umständen hergenommen wird, darin sie gesetzt
ist.« (IV 442,9–12)

◇   **18** nicht Quellen, aber doch Hülfsmittel] Der Sinn der Aussage wird sein,
daß es sich bei den angegebenen Quellen oder Hilfsmitteln um Literatur
handelt, und diese Literatur nicht zum Zweck der anthropologischen Information verfaßt wurde, sie also noch ausgewertet werden muß.
    Die von Kant selbst am intensivsten benutzte Quelle wird nicht genannt,
nämlich die empirische Psychologie innerhalb der Metaphysik von Baumgarten. Eine weitere für die gesamte Anthropologie des 18. Jahrhunderts
präsente Quelle nennt weder Kant noch die neuere Geschichtsschreibung:
Die umfassende »De homine«-Literatur und die antiken Schriften zur
Psychologie. S. oben den Kommentar zum Titelwort »Anthropologie«.

◇   **19** Weltgeschichte ... ja Schauspiele und Romane.] Diese vier »Hilfsmittel« (»Wo werden wir also die Welt, ohne um sie zu reisen am besten kennen

lernen?«, Pillau c) werden schon um 1777/78 aufgeführt: »3) Die Schauspiele, Romanen, Geschichte und besonders die Biographien« (Pillau c).
Mrongovius 4: »Aber die Anthropologie wird auch wieder durch die
Geschichte erweitert und mit neuen Bemerkungen erläutert. Denn aus der
Geschichte kann ich die Beyspiele nehmen und so sind beyde Wissenschaften wechselweise miteinander verbunden.«
Ähnlich Ludwig Heinrich Jakob im § 7 der »Einleitung« seines Grundriß
der Erfahrungs-Seelenlehre von 1791: »Alle Schriften worinnen das menschliche Geschlecht gut geschildert, oder beobachtet ist, und welche Philosophie des Lebens [sic!] enthalten, wie die Schriften von Tacitus, Cäsar,
Plutarch, Theophrast, Montaigne, St. Evremont, Robertson, Home, Hume,
Gibbon, Friedrich dem Zweiten, Voltaire, Schiller, Wieland, und anderer;
auch Reisebeschreibungen, Lebensbeschreibungen einzelner Menschen; in-
gleichen Gedichte, Schauspiele und Romane, wenn sie von Menschenkennern geschrieben sind.« (7)
19 Weltgeschichte, ... und Romane.] Der Terminus »Weltgeschichte«   ◇
begegnet seit Anfang der achtziger Jahre in den Vorlesungsnachschriften
(Menschenkunde 31; auch Mrongovius 121) in den Druckschriften VIII 29,2;
30,29; VII 62,5. An welche informativen antiken oder neuzeitlichen Werke
bei der »Weltgeschichte« zu denken ist, geht aus den angeführten Parallelstellen nicht hervor; bei Mrongovius heißt es lediglich: »Man muß daher
erstaunen was die großen Englischen Geographen für elende Begriffe von
andern Ländern haben zE Gouthry der mit Gray die allgemeine Weltgeschichte herausgab von Preußen« (121'; zu Gouthry und Gray vgl. den
zugehörigen Kommentar Nr. 289). Im Ms. 400 ist notiert: »Es hat noch
keiner eine Welthistorie geschrieben, wo zugleich eine Geschichte der
Menschheit war, sondern nur den Zustand und die Veränderung der Reiche [...].« (13) »Welthistorie« in der Allgemeinen Naturgeschichte und
Theorie des Himmels (I 228,18) bezieht sich auf die Naturgeschichte des
Kosmos.
Die erstaunliche – (»ja [sogar]«) – Einbeziehung von Schauspiel und
Roman als Erkenntnisquellen bedarf einer Rechtfertigung. Romane tragen
das Stigma des Unseriösen an sich. Zum Negativbild der Romanlektüre
vgl. 185,18. Im »9. Satz« der »Idee« (1784) wird der Verdacht aufgenommen, eine nach einer Idee abgefaßte Geschichte gebe nur einen Roman
her, nicht ein System (VIII 29,6–16; dazu Ralf Selbach, Staat, Universität
und Kirche (1993) 57–60). Im Gegensatz zur Romanleserin (vgl. den Kommentar zu 185,18) ist demnach der Kantische Anthropologe befähigt,
aus den Schauspielen und Romanen wichtige Erkenntnisse über die
menschliche Natur zu gewinnen, und tatsächlich ist die Anthropologie
Kants im Hinblick auf ihre Quellen eine »literarische Anthropologie«. Zu
diesem Begriff vgl. Hartmut Böhme, »Germanistik in der Herausforderung

durch den technischen und ökologischen Wandel« (1994) 74 ff. (Böhme meint allerdings, die Germanistik solle zur literarischen Anthropologie werden).

Repräsentanten der Autoren von Schauspielen und Romanen sind Molière und Richardson (z. 24–25); der Roman wird wie die Komödie als (wenn auch übertreibender) Spiegel des täglichen Lebens, des »wirklichen Thun und Lassens der Menschen« (z. 26) genommen. Zu den von Kant bevorzugten Romanschriftstellern gehört Henry Fielding, der im 1. Kapitel des 1. Buches des Tom Jones (1749) selbst erklärt: »The Provision which we have here made is no other than *Human Nature*« (32), oder in der Überschrift von Buch IV, Kapitel 11 schreibt: »[...] some Observations for which we have been forced to dive pretty deep into Human Nature.« (191) Vgl. auch Rousseau im 4. Buch des Emile (1762); Rousseau 1959 ff., IV 526 ff. Es werden keine deutschen Schriftsteller genannt; Parow 1 verweist darauf, daß wir neue Einsichten »besonders durch die Englischen Schriftsteller erhalten haben«.

Christian Garve schreibt in seiner Betrachtung einiger Verschiedenheiten in den Werken der ältesten und neuern Schriftsteller, besonders der Dichter (1770) über die neueren Schriftsteller: »Sie sagen uns nicht bloß die Gedanken, die der wirklich hatte, welcher in der vorgestellten Verfassung war, sondern auch die, welche bloß dunkel in seiner Seele zum Grunde lagen [...]. Sie sondern in dem Gemälde der menschlichen Seele die Züge, die in Eins verlaufen waren, von einander ab, und lassen die geheimen kleinern Triebfedern einzeln vor unsern Augen spielen, die die Natur uns nicht anders als in ihrer vereinigten Wirkung zeiget. [...] Sie haben irgend eine neue Klasse der Empfindungen wahrgenommen, verborgene Unterschiede und Schattirungen sonst ähnlicher Veränderungen der Seele entdeckt, die Begriffe, die in einer zusammengesetzten Vorstellung oder einer Begierde verborgen liegen, richtiger erforscht. [...] Der Vorzug, den in diesem Stücke unser Jahrhundert vielleicht vor allen übrigen voraus hat, ist augenscheinlich.« (78–79) Garve bezeichnet »die Wende zur Psychologie, die seelenanalytische Optik als den eigentlichen Differenzpunkt zwischen antiker und moderner Dichtung [...]« (Riedel 1992, 32). Vgl. auch Hans-Jürgen Schings, »Der anthropologische Roman« (1980).

Johann Gottfried Herder gibt im Abschnitt »Vom Reiz« seines Traktats Vom Erkennen und Empfinden der menschlichen Seele (1778) andere Erkenntnisquellen an: »Drei Wege weiß ich nur, die hiezu führen mögten. Lebensbeschreibungen: Bemerkungen der Ärzte und Freunde: Weissagungen der Dichter – sie allein können uns Stoff zur wahren Seelenlehre schaffen.« (Herder 1877 ff., VIII 180); vgl. auch Pfotenhauer 1987, 13–14. Von der Dichtung sagt Herder dort (in Übereinstimmung mit Kant), daß sie langweilig ist, wenn sie das uns bekannte Leben reproduziert.

Eine andere Quellenkunde betreibt die Erfahrungsseelenkunde: Sie sucht
»Fakta, und kein moralisches Geschwätz« (so Moritz, Gnothi Sauton 1,
1783, 8). Dazu Bezold 1984: »Mit dem Leitsatz ›Fakta, und kein moralisches
Geschwätz‹ zitiert Moritz aus einem Grundbuch der neuen Anthropologie.
Ernst Platner hatte es sich in seiner *Anthropologie für Aerzte und Weltweise*
(1772) zum Prinzip machen wollen, ›mehr Fakta als Spekulationen‹ zu
liefern – Tatsachen anstatt ›untauglicher Hirngebäude‹ (wie Baumgarten den Ausdruck ›speculatio‹ übersetzt). Die Beschränkung auf Beobachtung und Erfahrung wird durch eine solche Entgegensetzung von einer
Bescheidenheitsgebärde im Sinne Popes (*Essay on Man* II, 1 f.) zum selbstbewußt vorgetragenen Programm.« Der Ausdruck Platners findet sich auf
Seite XVIII der »Vorrede« der Anthropologie, Baumgartens Übersetzung in
§ 669 der Metaphysica (1779).
  Von Kant wird diese Form der Erfahrungsseelenkunde strikt gemieden;
insofern steht seine Anthropologie noch vor der Phase einer Suche nach
empirischen Methoden innerhalb der empirischen Psychologie. Im Hinblick auf die Angabe der Quellen der anthropologischen Beobachtungen
könnte man von einer Zwischenstufe der menschenkundlichen Literatur
sprechen; während in der zuvorliegenden Phase der antiken einschlägigen
Abhandlungen und der neuzeitlichen Literatur über die Natur des Menschen (Hobbes, Descartes) grundsätzlich keine Quellen angegeben werden,
gibt die psychologische und ethnologische Literatur ab dem 19. Jahrhundert
Rechenschaft über ihre Aussagen, sei es in Form kontrollierbarer Berichte
über Experimente oder verifizierbarer Wiedergabe von Beobachtungen.
  20 obzwar beiden letzteren] Weischedel: »obzwar bei den letzteren«; ◇
»obzwar den letzteren«? »obzwar bei beiden letzteren«?
  25 Moliere] Molière erscheint nur hier als ein für die Anthropologie ◇
wichtiger Autor, nicht in den überlieferten Vorlesungsnachschriften. Kant
bezieht sich nur in der Praktischen Philosophie-Herder (XXVII 86,32–33:
»Er thut Gutes, ohne zu wißen, waz Gutes ist, so wie der bürgerliche
Edelmann Prose redete, ohne zu wißen, waz Prose ist.«) und in einer
Logik-Reflexion (Refl. 1620; XVI 39,21–22) auf ein Molièresches Stück,
und zwar in beiden Fällen auf den Bourgeois gentilhomme (1671) (Akt II,
Szene 4; Molière 1971, 729 ff.) mit dem Paradoxon des Prosa-Redens. Kant
brauchte dazu Molière nicht selbst gelesen zu haben; zu den möglichen
Quellen s. Adickes Anmerkung zur genannten Reflexion XVI 39 ad z. 21.
Vermutlich wird Molière nur genannt als der bekannteste Komödienautor,
während der von Kant tatsächlich gelesene (s. die Angaben in Bd.
XXV 1684) Richardson stellvertretend für die Romanautoren steht. In der
korrespondierenden Passage von Dohna heißt es »Theater und Romane,
wenn sie so sind, wie es in der wirklichen Welt zugeht. Ideale wie Gran-
dison. Addison u. s. w. verderben« (5), und von Shakespeare: »Es ist nicht zu

tadeln, daß Shakespeare in Trauerspielen Lustigmacher anbringt, denn es
ist so im wirklichen Leben« (25). Auch in der Menschenkunde wird
Shakespeare, nicht Molière, an der entsprechenden Stelle genannt: »Können
Romane, Lustspiele, Schauspiele, Trauerspiele, z. B. Shakspears anthropologische Kentnisse abgeben?« (7). Auch sonst wird Shakespeare häufig
angeführt (Parow 138; Philippi 61, Mrongovius 65; Menschenkunde 234; 237;
241; Anthropologie von 1798: 180,11).

◇   **29 systematisch entworfene]** Vgl. die Unterscheidung von Generalkenntnis und Lokalkenntnis 120,21–26 mit Kommentar. Während die Frage eines
Systems a priori vor der Physik als einer Erfahrungserkenntnis Kant die
größten Mühen bereitet und in die Aporien des Opus postumum führt
(s. z. B. 4. Konvolut, XXI 486,25–27: »Ich muß vorher forschen wie ich die
Naturgesetze aufsuchen und in einem System a priori denken soll ehe ich
zur Physik schreite um sie nach der Erfahrung zu betrachten«), wird in der
Anthropologie der Übergang als problemlos hingestellt und die Frage der
Herkunft und Begründung der Systematik nicht an einer einzigen Stelle
erörtert. – 184,3–4 wird von »einer *Tafel der Eintheilung* eines Systems
(z. B. des Linnäus)« gesprochen, sodann von »*Abtheilungen* eines sichtbar
gemachten Ganzen« (z. 7) und drittens von einer Topik, einem »Fachwerk
für allgemeine Begriffe« (z. 10–11) nach der Art einer »Classeneintheilung,
wie wenn man in einer Bibliothek die Bücher in Schränke mit verschiedenen
Aufschriften vertheilt« (z. 12–13). Keine dieser Einteilungen jedoch führt
die Gewähr der Vollständigkeit mit sich, wie sie Kant mit seiner Systematik
verbindet (z. 32).
        Innerhalb der Anthropologie finden sich keine Äußerungen zur Her-
kunft der in ihr verwendeten Systematik, und dies trifft auch auf die
Vorlesungsnachschriften zu. Im ersten Teil wird nun eindeutig die triadische
Vermögensstruktur benutzt, die in der Transcendentalphilosophie ihre systematische Begründung findet. Man könnte also hier eine Brücke zwischen
dem kritischen System und der pragmatischen Anthropologie annehmen.
Dies ist jedoch nicht zwingend, da Kant selbst die Trias schon als eine
bekannte in der Studienzeit Herders benutzt, s. Praktische Philosophie-
Herder, XXVII 12,4–23. Ob Kant die Benutzung schon bei Aristoteles (De
anima 414b; 431 a) vertraut war, wird sich schwer entscheiden lassen. Jedenfalls wußte er von der Verwendung dieser Struktur außerhalb seines eigenen
philosophischen Systems und konnte sie in der Anthropologie als eine
empirisch bewährte Gliederung benutzen. Der zweite Teil der Anthropologie folgt einer eigenen Sachlogik; sie wird ebenfalls nicht explizit vorgestellt
und begründet.

122   **2–3 zu einem eigenen Thema zu machen]** Ein Thema verlangt eine
gegenstandsbezogene Einheit. Innerhalb der Anthropologie wird vom Thema 177,11 (vgl. den dortigen Kommentar) und 213,14 gesprochen.

3 in das ihr zugehörende Fach zu stellen] Vgl. auch Collins 2: »Man behält ◇
nichts aus den Büchern wozu man nicht gleichsam Fächer [statt: Bücher;
korrigiert mit Philippi 2] im Verstande hat. Die disposition ist daher in der
Wißenschaft das vortreflichste, [...].« Vgl. dazu Borowski in seiner Kant-
Biographie: »In seinen ersten Magisterjahren empfahl er uns, die wir um ihn
her saßen, den bis dahin etwa eingesammelten wissenschaftlichen Vorrat uns
zerteilt in verschiedene Behältnisse in unserm Kopf zu gedenken – und
dann, bei Lesung eines Buchs oder Journals, in welchem eine neue, uns bis
dahin unbekannte Idee vorkäme, immer die Frage zur Hand zu haben: In
welches Fach oder Behältnis gehört dies, das du eben liesest, hin – wo
bringst du es hin? – [...] Er glaubte, daß solche Rubrizierung des Neuge-
lernten auch zu einem gehörigen Ordnen unseres Wissens viel beitrage.«
(Borowski 1912, 74) Das Collins-Zitat verweist auf einen der Ursprünge der
»Fächer im Verstande«, die Mnemotechnik und ihre Lehre von der Topologie. Kant plädiert in der Anthropologie selbst für diese Mnemotechnik in
der Form des »judiciöse[n] Memoriren[s]«, s. 184,3–14 und den Kommentar dazu. Nur durch eine geordnete Topologie läßt sich Erkenntnis
thesaurieren, aber auch verteilen und vereinen.

Die Ausführungen 120,18–23 bezogen sich auf die Leitfunktion der
Generalkenntnis für die Lokalkenntnis oder, mit den hier verwendeten
Begriffen, die unabdingbare Funktion der »Fächer« für den Erfahrungs*er-
werb*, nicht nur die Thesaurierung.

Kant sieht sich als Gründer der neuen Disziplin »pragmatische Anthropologie«; nur durch die von ihm gegebene Struktur und das einheitliche
Thema (der Mensch als handelndes Wesen), so läßt sich annnehmen, kann
nach seiner Meinung die Identität dieser Disziplin gewährleistet sein. Er
sieht keine Möglichkeit vor, die Leit-Fächer im Laufe der weiteren Erfahrung nach einer Regel zu ändern, so wie es die Wissenschaftstheorie von
Francis Bacon will. Der Tatsache, daß die Fächereinteilung nicht zur Disposition steht, entspricht die oben (121,29 zu »systematisch«) angemerkte
Lücke der Kantischen Anthropologie, daß sie ihre Systematik weder empirisch noch apriori entwickelt, noch auf eine sonstige Herkunft verweist.

Die hier angesprochene anthropologische Forschung ist keine, wie man
frei paraphrasierend sagen könnte, der reflektierenden, sondern der bestimmenden Urteilskraft. Die allgemeinen Bestimmungen sind unverrückbar
vorgegeben, und die weitere Tätigkeit besteht in der Erweiterung des
Materials unter den schon fixierten Titeln.

3–6 wodurch die Arbeiten ... vereinigt werden] Unter einem anderen ◇
Aspekt hatte Kant von der KrV (1781) geschrieben, die Metaphysik könne
sich jetzt in kurzer Zeit ihre Vollendung versprechen, »[...] und zwar
in kurzer Zeit und mit nur weniger, aber vereinigter Bemühung [...].«
(A XX)

Die Arbeits(ver)teilung in der populären Disziplin der pragmatischen Anthropologie geschieht »von selbst« dadurch, daß jeder einschlägige Beitrag der »Liebhaber« (z. 4) ein Fach findet, in das seine Beobachtung gehört; die Vollständigkeit (121,32) der Fächer ist ebenso wie die Systematik, die »Einheit des Plans« (z. 5), gewährleistet. Die hier zur Verfügung gestellte Topologie und damit die Vorweg-Einheit der verteilten, sich vielerorts vollziehenden einschlägigen Beobachtungen darf durch die einzelnen »Liebhaber dieses Studiums« (z. 4) nicht revidiert werden, weil sonst die Einheit des Plans und die Vereinigung zu einem Ganzen scheitert. – Hier wird das Programm einer arbeitsteiligen Materialerfassung unter einem vorweg gelieferten Gesamtplan entworfen. Die Arbeitsteilung oder »Arbeitsverteilung« wird in der Grundlegung zur Metaphysik der Sitten unter dem Gesichtspunkt der Perfektionierung durch Spezialisierung angesprochen (IV 388,15–21).

◇   **3–4** die Arbeiten in derselben] Sc. in der Anthropologie in pragmatischer Hinsicht.

◇   **6–7** der gemeinnützigen Wissenschaft] In der »Nachricht von der Einrichtung seiner Vorlesungen in dem Winterhalbenjahre von 1765–1766« schreibt Kant unter der Ziffer »4. *Physische Geographie*«, daß er seit längerem zur Vermehrung der historischen Kenntnisse der studierenden Jugend über physische Geographie lese. »Seitdem habe ich diesen Entwurf allmählig erweitert, und jetzt gedenke ich, indem ich diejenige Abtheilung mehr zusammenziehe, welche auf die physische Merkwürdigkeiten der Erde geht, Zeit zu gewinnen, um den Vortrag über die andern Theile derselben, die noch gemeinnütziger sind, weiter auszubreiten.« (II 312,19–23) Die physische Geographie wird erweitert um die moralische und politische Geographie, wobei die erstere »[...] den *Menschen* nach der Mannigfaltigkeit seiner natürlichen Eigenschaften und dem Unterschiede desjenigen, was an ihm moralisch ist, auf der ganzen Erde [...]« (II 312,33–35) betrachtet. (»Moral« umfaßt hier die Kulturleistungen im Gegensatz zur Natur; von der Sittlichkeit oder Moral im ethischen Sinn wurde unter Ziffer 3 gehandelt; diesen weiten Wortgebrauch meidet Kant nach 1770.) Innerhalb der Druckschriften wird nur an diesen beiden Stellen von der Gemeinnützigkeit einer Wissenschaft gesprochen, an denen zugleich der Zusammenhang von Anthropologie und physischer Geographie thematisiert wird.

◇   **8–9** In meinem anfänglich ... *der reinen Philosophie*] Das »anfänglich« bezieht sich auf die Vorlesungen ab Wintersemester 1755/56 (so Borowski 1912, 85; vgl. Traugott Weisskopf, Immanuel Kant und die Pädagogik (1970) 24); das »späterhin« auf die Vorlesungen ab dem Sommersemester 1770. Kant erhielt 1770 das Ordinariat für Logik und Metaphysik. Diese beiden Disziplinen hatte er im Rahmen der ihm »als Lehramt aufgetragenen Geschäfte« *öffentlich* zu lesen, die Vorlesungen über Anthropologie und physische Geographie waren dagegen *Privat*vorlesungen. Die *privat* und durch eigene Initiative übernommenen Vorlesungen sind nun tatsächlich öffentlich in dem Sinn, daß an ihnen auch nicht-akademische Hörer teilnehmen konnten. Die Teilnehmer an den öffentlichen Privatvorlesungen hatten ein Hörergeld zu entrichten.

10 zwei auf *Weltkenntniß* abzweckende Vorlesungen] Diese gehören (na- ◇ türlich) nicht zur »*reinen Philosophie*« (z. 9). Der Weltbezug der Anthropologie wird noch nicht in den Nachschriften der ersten Vorlesung 1772–1773 herausgestellt, sondern frühestens im Wintersemester 1773–1774, belegt für das Wintersemester 1775–1776.

11 *Anthropologie ... physische Geographie*] Die Parallelisierung von ◇ Anthropologie und physischer Geographie ist erst im Brief an Marcus Herz Ende 1773 dokumentiert (X 146,4–9). Die Gegenüberstellung erfolgt in der Übernahme der älteren Kontrastierung von empirischer Psychologie und Physik, wie wir sie z. B. im § 12 der Dissertation von 1770 finden: »Phaenomena recensentur et exponuntur, *primo* sensus externi in PHYSICA, *deinde* sensus interni in PSYCHOLOGIA empirica.« (II 397,22–24)

Auch bei Wolff wird in der Psychologia empirica (1732) auf die Parallelführung von empirischer Psychologie und Physik verwiesen, so in der »Praefatio«: »[...], ut adeo singularum actionum humanarum determinationes atque directiones per constantes quasdam leges non minus intelligibili modo explicentur et ex natura animae a priori deducantur, quam in Physica actiones corporum ac pendentes inde mutationes in universo hodie explicari solent.« (Wolff 1962 ff., II 5, 13*–14*); so auch im § 4 der »Prolegomena« mit einem Rückverweis auf den »Discursus praeliminaris« der Philosophia rationalis (1728): »Hinc iam alias (not. § III. Disc. praelim.) monuimus, Psychologiam empiricam Physicae experimentali respondere.« (3) Die Duplizität von Psychologie und Physik beruht hier u. a. auf der Baconschen Einteilung der Dinge als Gegenständen der Körper und der Seele. In der »Psychologia empirica« (§§ 504–739 der Metaphysica) von Baumgarten wird die Parallelisierung von Psychologie und Physik nicht mehr angeführt, es wird auch das Wolffsche Programm der Verwissenschaftlichung der Psychologie durch Meßverfahren (in der Psychologia empirica: § 522, »Psycheometria« (Wolff 1962 ff., II 5, 403 Anm.); § 616, »Psychimetria« (Wolff 1962 ff., II 5, 465 Anm.)) nur kurz als realisierbar erwähnt. Die Parallelführung von Wolff wird wieder aktiviert von Sulzer in seinem Kurzen Begriff aller Wissenschaften (1745, ²1759): Psychologie habe Erfahrungswissenschaft zu sein und müsse so verfahren, »wie in der Physik mit den körperlichen Dingen, welche man durch Erfahrungen und Versuche kennen lernt.« (§ 204)

11 *physische Geographie*] Die einzige inhaltliche Bezugnahme der vorlie- ◇ genden Schrift auf die »physische Geographie«: »[...] so gehören die

Bemerkungen darüber mehr zur physischen Geographie, als zur pragmatischen Anthropologie.« (299,16–17)

◇ **12 populären Vorträgen**] Die Vorträge sind, wie zu z. 8–9 ausgeführt, *privat*, weil sie nicht wie die Vorlesungen zur Logik und Metaphysik öffentliche Kollegs, sondern Privatvorlesungen sind; als solche aber sind sie *öffentlich* für ein zahlendes Publikum; sie sind *populär* im Hinblick auf ihr Thema und die wissenschaftlichen Anforderungen. Die Hörerzahl betrug nie mehr als etwa fünzig oder sechzig; Kants Hörsaal in seinem eigenen Haus, das er im Sommer 1784 bezog, maß nur etwa sechs Meter im Quadrat. Vgl. Werner Stark, »Wo lehrte Kant? Recherchen zu Kants Königsberger Wohnungen« (1994) 103–105.

◇ **12 auch andere Stände gerathen fanden**] Damit sind Bürger und Adlige gemeint, die nicht »cives« der »universitas Albertina« waren.

◇ **13–15 von der zweiten aber… möglich sein dürfte.**] Vgl. dazu Benno Erdmann (Hrsg.), *Reflexionen Kants zur Anthropologie* (1882–1884) 8–11. Erdmann versucht zu zeigen, daß die Auseinandersetzung mit Herders Metakritik Kant dazu veranlaßte, in der Folgezeit doch einer Publikation auch der Vorlesung zur physischen Geographie zuzustimmen. So heißt es am Schluß der Vorrede der von Rink herausgegebenen Sammlung *Mancherley zur Geschichte der metacritischen Invasion* von 1800: »Schliesslich darf ich den Freunden und Verehrern der critischen Philosophie die ihnen wahrscheinlich nicht uninteressante Nachricht ertheilen, dass Herr M. Jäsche [sic] und ich, durch die Güte des Herrn Prof. Kant […] in den Stand gesetzt sind, die allmählige Erscheinung seiner Metaphysik, […] seiner Logik, natürlichen Theologie, physischen Geographie und anderer interessanter Schriften mit Gewissheit zu versprechen.« (XIX–XX, vgl. Erdmann (Hrsg.) 1882–1884, 11)

◇ **13 das gegenwärtige Handbuch**] Das Buch hatte sich zugleich als nicht nur akademisches Werk, sondern allgemein für ein »lesende[s] Publicum« und »Liebhaber« empfohlen, s. 121,29–122,7.

◇ **15 für mein Alter**] Der Text der »Vorrede« fehlt im (undatierten) Rostocker Manuskript. Kant wird ihn nach der Fertigstellung des Haupttextes verfaßt haben, vermutlich also 1798, spätestens im Sommer. Es ist damit möglich, daß Kant die Vorrede nach dem 22. April, also in seinem 75. Lebensjahr, verfaßte.

123 **1–124,21 *Inhalt* … *Menschengattung.*]** Das (nicht fehlerfreie) Inhaltsverzeichnis bringt die Titel der beiden Werkteile, die drei Buchtitel sowie (ohne Numerierung) die Titel der Paragraphen des ersten Teils und die Titel und Kennzeichnung der Kapitel des zweiten Teils. Das Fehlen der Paragraphenzuweisung der einzelnen Überschriften des ersten Teils ist vielleicht ein Reflex der Unsicherheit, die hier generell vorliegt. Das Verzeichnis fehlt, wie schon die »Vorrede«, im Rostocker Manuskript, jedoch auch in A1. Es stammt somit nicht von Kant.

6 Vom wirklichen Bewußtsein seiner Vorstellungen.] Muß heißen: »Vom ◇
willkürlichen Bewußtsein seiner Vorstellungen.« (131,15)

11 Apologie der Sinnlichkeit.] Muß heißen: »Apologie für die Sinn- ◇
lichkeit.« (143,14)

15 Von den fünf äußern Sinnen.] Müßte heißen: »Von den fünf Sinnen.« ◇
(153,18) Die Ergänzung ist jedoch in der Sache korrekt, denn die Anzahl der
äußeren Sinne ist fünf (154,12–158,17). Kant erörtert im Bereich derjenigen
Sinne, die nicht zum inneren Sinn gehören (161,5–162,11) außer den fünf
äußeren Organsinnen auch den nicht äußeren, jedoch auch nicht inneren
Vitalsinn (153,35–154,11; 158,18–23).

19–21 Sinnenvermögens … Von dem] Es fehlen die drei Paragraphen ◇
(hier: §§ 28–30) unter dem Titel »Von der Einbildungskraft.« (167,19)

5–6 Es fehlen die »Anthropologischen Bemerkungen über den Ge- 124
schmack«, § 71–§ 72 (245,3–250,30).

12–21 Vom Charakter … der Menschengattung.] In den Titeln des ◇
Buches selbst steht durchgehend »Der« statt »Vom«.

1–5 *Der Anthropologie Erster Theil … zu erkennen.*] A1; A2. Auch 125
dieser Text fehlt noch in H. Es ist nicht ausgeschlossen, daß der Untertitel
nicht von Kant selbst stammt und in dieser Form auch nicht seiner Intention
entspricht. In einer Randnotiz zur Titelangabe des zweiten Teils (283) steht
in H: »Anthropologie / 1ster Theil / Anthropologische / *Didactic* / Was ist
der Mensch?« Diese letztere Frage nun betrifft ein Spezifikum des ersten
Teils nur dann, wenn man sie dem in der Randnotiz angeführten Untertitel
des zweiten Teils entgegenstellt (s. Kommentar zu 283). Wenn der Redaktor
selbst einen geeigneten Untertitel für Teil 1 suchte, verfiel er u. U. auf den
Gedanken, Kants eigenen Untertitel von Teil 2 im Haupttext: »*Von der Art
das Innere des Menschen aus dem Äußeren zu erkennen*« (283) in abgeän-
derter Form für Teil 1 zu verwenden, und zwar so, daß im ersten Teil das
Allgemeinere behandelt wird, also sowohl das Innere wie auch das Äußere.
Die Formulierung: »*Von der Art, das […] Äußere des Menschen zu erkennen*« unterstellt jedoch fälschlich, daß eben hierin überhaupt ein zu
untersuchendes Problem liege. Geht man vom gesicherten Untertitel des
zweiten Teils (H: Haupttext) aus, so läßt sich festhalten, daß die »Charakteristik« den Menschen als den *anderen*, also nur von außen erkennbaren
thematisiert; der Gegensatz dazu ist die Erkenntnis des Menschen von
innen, durch Introspektion. Also schlagwortartig: *Selbst*erkenntnis im
inneren Sinn in Teil 1 und *Fremd*erkenntnis durch die äußeren Sinne in
Teil 2. Die Introspektion wird natürlich durch Lektüre über die Seelenzustände anderer in den Domänen des Erkennens, Fühlens und Wollens
ergänzt. Für diesen Sachverhalt findet man schwer eine geeignete Formulierung; dies mag der Grund sein, warum der Untertitel dem Abschreiber
(wenn diese Hypothese korrekt ist) aus den Fugen geriet.

In diesem Teil folgt Kant der empirischen Psychologie von Baumgarten, wenn diese auch die genaue Dreiteilung der Vermögen nicht kennt; der zweite Teil hat sich aus der Systematik der Beobachtungen über das Gefühl des Schönen und Erhabenen (1764) entwickelt. In den Nachschriften des Wintersemesters 1772–1773 fehlt die Zweiteilung noch in Form von Überschriften, der Sache nach ist sie von Anfang an vorhanden.

Von einer »Didaktik« spricht Kant in der »Eintheilung der Metaphysik der Sitten überhaupt« in der Metaphysik der Sitten (1797); die »Methodenlehre« der Moral überhaupt (so VI 242,3–6; vgl. die Korrekturen in der Ausgabe der »Metaphysischen Anfangsgründe der Rechtslehre« von Bernd Ludwig (1986) 34 ff.) bzw. der Tugendlehre (so § 49, VI 477,3 und § 52, 484,18; auch die abschließende Tafel, 493,25–27) wird eingeteilt in Didaktik und Asketik. Der Hintergrund dieser Zweiteilung wird aus dem Beginn der »Ethischen Didaktik« (VI 477,5–26; § 49) deutlich: »Daß Tugend erworben werden müsse (nicht angeboren sei), liegt [...] schon in dem Begriffe derselben. [...] Daß sie könne und müsse *gelehrt* werden, folgt schon daraus, daß sie nicht angeboren ist [...].« Darüberhinaus aber müsse sie »[...] durch Versuche der Bekämpfung des inneren Feindes im Menschen (ascetisch) cultivirt, *geübt* werden [...].« (VI 477,5–20) Hier werden die drei Begriffe genannt, die schon am Beginn des Platonischen Menon (70 a) zu finden sind: »Kannst du mir sagen, Sokrates, ob die Tugend lehrbar ist? Oder ist sie nicht lehrbar, sondern durch Übung zu erlangen? Oder wird sie dem Menschen weder durch Übung noch durch Lehre, sondern von Natur oder sonst irgendwie zuteil?« Also: Lehre, Übung oder Natur. (Vgl. dazu Brandt 1998 c, 34–36). Dieses Schema läßt sich jedoch nicht für die Erklärung der Dichotomie von »Didaktik« und »Charakteristik« in der Anthropologie fruchtbar machen, wenn auch auffällig ist, daß Kant in den erhaltenen Dokumenten nur in der Metaphysik der Sitten von 1797 und der Anthropologie von 1798 den Titel »Didaktik« gebraucht, die letztere also vielleicht unter dem unmittelbaren Einfluß der ersteren steht. – Nur die »Didaktik« der Anthropologie ist in Paragraphen aufgeteilt; sie folgt hierin dem Genus des Lehrbuchs, wie es in der Vorlage des (und nur des) ersten Teils der Anthropologie, der Metaphysica von Baumgarten, verwirklicht war. Die Weiterführung der Paragraphenzählung in der Cassirer-Ausgabe dürfte kaum korrekt sein. Zu einem Sonderproblem vgl. den Kommentar zu 285,3.

Anstelle der hier gewählten Dichotomie von »Didaktik« und »Charakteristik« finden sich in den Vorlesungsnachschriften unterschiedliche Alternativen, vgl. XXV S. XXVIII–XXXI. Vgl. auch Starke II 53: »Die Elementarlehre vom Menschen bestand darin, daß wir alle Eigenschaften der Menschen auseinander setzen, und die Verknüpfung aller dieser Eigenschaften ist die Methodenlehre oder Charakteristik des Menschen.« In der Handschrift H folgt ein weiteres Experimentieren. Einmal wird folgende

»Eintheilung« am Rand von 159,16 ff. vermerkt: »Anthropologische Elementarlehre. Exposition und Methodenlehre Charakteristik. Element. Lehre.« (400,38–39); sodann wird der Titel »Didactik« ergänzt durch die Frage: »Was ist der Mensch?« und der Titel »Characteristik« durch: »Woran ist die Eigenthümlichkeit jedes Menschen zu erkennen.« Die erstere sei »gleichsam die Elementarlehre die zweite die Methodenlehre der Menschenkunde.« (412,5–8 ad 283,1 ff.)

Goethe teilt seine Farbenlehre ein in drei Teile, einen didaktischen, polemischen und historischen Teil; ursprünglich sollte noch ein vierter, »supplementarer« Teil folgen, vgl. Goethe 1948 ff., XIII 314 und die Erläuterungen 627–628. Ob die Vorstellung eines didaktischen Teils bei Kant und Goethe derselben Tradition entspringt?

Eine Vorzeichnung der Zweiteilung der Anthropologie kann man bei Pierre Charron, De la sagesse (zuerst 1646) entdecken. Im I. Buch wird der Mensch zunächst als solcher, auch im Gegensatz zu den anderen Kreaturen (I 2), betrachtet, sodann folgt als fünfte und letzte Betrachtung des I. Buches die Untersuchung der Unterschiede unter den Menschen: »Cinquiesme et dernière consideration de l'homme, par les varietés et differences grandes qui sont en luy, et leur comparaisons.« (Charron 1662, 169) Aber diese Gliederung drängt sich nicht hervor, sie hat Kant sicher nicht beeinflußt, sondern entspringt einer naheliegenden Aufteilung der Blickrichtungen innerhalb der Anthropologie.

Mit einer festen Zweiteilung der Anthropologie rechnet Wilhelm von Humboldt in seinem »Plan einer vergleichenden Anthropologie«, datiert August oder September 1795 (Humboldt 1903 ff., I 437): »[...] ist die vergleichende Anthropologie bestimmt, welche, indem sie sich auf die allgemeine stützt, und den Gattungscharakter des Menschen als bekannt voraussetzt, nur seine individuellen Verschiedenheiten aufsucht, [...]« (Humboldt 1903 ff., I 376). Das Thema der *vergleichenden* Anthropologie ist im Prinzip identisch mit der Kantischen »Charakteristik«, das Thema der vorangehenden (von v. Humboldt nicht ausgeführten) *allgemeinen* Anthropologie mit der Kantischen »Didaktik«.

4–5 *das Innere sowohl als das Äußere des Menschen*] In der »Charakteristik« ist das Thema dagegen »das Innere des Menschen aus dem Äußeren zu erkennen« (283). Wie wird das Innere des Menschen in der »Didaktik« erkannt? Und: Es ist schwer zu sehen, wieso im ersten Teil der Anthropologie die Erkenntnis des Äußeren des Menschen thematisiert wird, denn es ist nur von den drei Gemütskräften der Erkenntnis, des Gefühls und des Begehrens in der Gliederung die Rede; das Äußere wird erst im zweiten Teil relevant, als Erkenntnisquelle des Inneren, aber nicht als eigenes Problemfeld, wie der Untertitel von Teil 1 suggeriert. Überhaupt: welches Problem soll die Erkenntnis des Äußeren des Menschen bieten?

Kant benutzt feststehende Termini der zeitgenössischen Physiognomie und Menschenkunde. Adolph von Knigge, Philo's endliche Erklärung und Antwort, auf verschiedene Anforderungen und Fragen, die an ihn ergangen, seine Verbindung mit dem Orden der Illuminaten betreffend (1788): »Indem man sich beschäftigt, Andre zu beobachten und zu bilden; so macht man natürlicher Weise Fortschritte in Kenntniß der Menschen überhaupt und in Erkenntniß seiner Selbst insbesondere. Es schien aber wichtig, dies Studium zu der Arbeit eines eigenen Grades des Ordens zu machen, und das geschahe in dem großen Illuminat-Grade, oder schottischen Noviziate. Hier wurden einige tausend Fragen aufgeworfen, nach welchen man den innern und äussern Character des Menschen erforschen sollte. Aus der Vergleichung aller dieser Züge, selbst der kleinsten, unbedeutend scheinenden, ließen sich in der Folge die herrlichsten allgemeinen Resultate für die Menschenkunde ziehn, und nach und nach eine sichre Semiotic der Seele ausarbeiten.« (93) Nach Friedrich Wilhelm von Schütz, Freie Bekenntnisse eines Veteranen der Maurerei und anderer geheimen Gesellschaften (1824) war es die »Hauptsache« des Illuminatenordens, »den innern und äußern Charakter des Menschen zu erforschen.« (34) Vgl. hierzu Manfred Agethen, Geheimbund und Utopie (1984) 208–210.

◊   4 *das Innere*] Vom »inneren Menschen« spricht Paulus ὁ ἔισω ἄνθρω-
πος. S. Johannes Thomann, »Anfänge der Physiognomik zwischen Kyoto und Athen« (1992) 209; vgl. auch Gerhard Kittel (Hrsg.), Theologisches Wörterbuch zum Neuen Testament (1933–1979), I 365–366 und II 696–697. Daß das Verborgene aus dem Äußeren erkannt wird, ist jedoch eine von der spezifischen Menschenerkenntnis unabhängige Regel: »Das Erscheinende ist die Sicht des Verborgenen«, wie es Anaxagoras im Gefolge Demokrits (und der Ärzteschulen) formuliert. Vgl. DK II 43; Frg. 21 a.

127   1 *Erstes Buch.*] Die Bucheinteilung des ersten Teils orientiert sich an den drei Fähigkeiten des Gemüts, dem Erkenntnisvermögen, Gefühl der Lust und Unlust und Begehrungsvermögen. Eine Bucheinteilung fehlt ebenso wie die Paragrapheneinteilung im zweiten Teil der Schrift.

◊   2 *Vom Erkenntnißvermögen.*] Die Gliederung von Teil I in Erkenntnis-
vermögen, Gefühl der Lust und Unlust und Begehrungsvermögen wird in der Anthropologie selbst nicht begründet; in der Druckschrift findet sich auch keine gesonderte Thematisierung derjenigen Entität, die der Dreiteilung zugrunde liegt, und es fehlt der Begriff, der die drei Bereiche bezeichnet, denn ob z. B. das Gefühl der Lust und Unlust ein Vermögen ist, wird nicht gesagt (s. dazu den Kommentar zu 230,2). Kant ist jedoch im Manuskript H auf die Gliederung eingegangen, vgl. 399,27–32: »Das Gemüth (animus) des Menschen, [als der] als *Inbegriff* aller Vorstellungen, die in demselben Platz haben hat einen Umfang (sphaera) der die drei [Abtheilungen] Grundstücke Erkentnisvermögen, Gefühl der Lust und

Unlust und Begehrungsvermögens befaßt deren jedes in zwey Abtheilungen
dem Felde der *Sinnlichkeit* und der *Intellectualität* zerfällt. (dem der sinnlichen oder intellectuellen Erkenntnis, Lust oder Unlust, und des Begehrens
oder Verabscheuens).« (Vgl. die kurze Aufnahme des Themas 400,38–41.)
Eines der Probleme dieser Gliederung des Gemüts besteht darin, daß die
bezeichnete Sphäre das Gemüt im ganzen befaßt und dann die Gemütsge-
gebenheiten des Naturells, Temperaments und natürlichen Charakters, von
denen der zweite Teil handelt, kaum noch einzuordnen sind. Zur Gliederung der beiden ersten Vermögen in ein unteres und ein oberes
s. 140,15–141,6; 230,4–8 und Kommentar. Ein anderes Problem liegt in der
Rede vom »*Inbegriff* aller Vorstellungen«. Man wird Wert darauf legen, daß
man bestimmte Gefühle und Begehrungen wirklich hat und sich nicht nur
vorstellt; der Vorstellungsbegriff kann also die Einheit der drei »Grundstücke« nicht leisten. Zum Verhältnis von Vorstellung und Gefühl stellt Carl
Christian Erhard Schmid in seiner Empirischen Psychologie (1791) fest:
»Wenn sich auch Gefühle zuweilen auf Vorstellungen beziehen: so ist diess
doch nicht die Beziehung einer Vorstellung, auf eine andre Vorstellung, wie
beym Bewustseyn (Th. II. § XXXIII ff.), sondern das Gefühl bleibt immer
eine Veränderung des Gemüthes, die von derjenigen specifisch verschieden
ist, welche den Nahmen einer Vorstellung in eigentlichem Sinne (Th. II.
§ I ff.) führt.« (261)
Die Gliederung des ersten Teils der Anthropologie in Erkenntnisvermögen, Gefühl der Lust und Unlust und Begehrungsvermögen läßt sich
schon bei Collins beobachten: »Wir haben bisher die ErckentnißKräffte des
Menschen erwogen, jetzt gehen wir zu seinem Gefühl der Lust und Unlust
über« (145); »Vom Begehrungsvermögen« (170). Zur Präsenz dieser Gliederung in der Tradition vor und dann bei Kant vgl. die Einleitung zu den
Anthropologie-Vorlesungen XXV S. XXV–XXVII. Baumgarten handelt in
der Metaphysica von der »Facultas cognoscivita inferior« (Sectio II), dem
»Intellectus« (Sectio XII) und der »Ratio« (Sectio XIII), danach von »Voluptas et taedium« (Sectio XV) und endlich der »Facultas appetitiva«
(Sectio XVI); diese Gliederung bei Baumgarten führt jedoch nicht auf eine
eindeutig triadische Anlage, wie sie z. B. in seiner Ethica Philosophica (1740,
³1763) angesprochen wird, s. XXV S. XXVI Anm. 1.
Die Vermögenspsychologie Kants führt zu einer Trias ohne Übergänge
und ohne Thematisierung der Bestände der jeweils vorhergehenden Vermögen für die folgenden. Die Trennung des Gefühls der Lust und Unlust
vom Begehrungsvermögen war eine der Voraussetzungen dafür, eine Ästhetik auf der Grundlage eines uninteressierten, d. h. vom Begehren abgelösten
Wohlgefallens zu konzipieren. Die Trennung des Willens vom Erkenntnisvermögen, die mit einem Rückgriff auf die Stoa zu Beginn der Neuzeit
vollzogen wird, hat bei Kant zur Konsequenz, daß der epistemische Status

des kategorischen Imperativs problematisch, wenigstens in der Erkenntnistheorie selbst nicht erörtert wird. Hinter dem »Factum der reinen Vernunft«
(V 31,33) steht eine angeborene, dunkle und verworrene, also unbewußte
»Gegebenheit« (?) des Gesetzes, die sich ohne Analyse in Form eines
Gefühls meldet: »Allein kein moralisches Princip gründet sich in der That,
wie man wohl wähnt, auf irgend einem *Gefühl*, sondern ist wirklich nichts
anders, als dunkel gedachte *Metaphysik*, die jedem in seiner Vernunftanlage
beiwohnt; [...].« (VI 376,23–26) Eine vollständige Analyse der »Vorstellungen, die wir haben, ohne uns ihrer bewußt zu sein« (135,1–2) hätte also
auch diese für das Gefühl der Achtung und für das Begehren entscheidende
Präsenz des Sittengesetzes aufdecken müssen. Die strikte Trennung des
Willens vom Erkenntnisvermögen verhindert jedoch die Aufdeckung der
Gemeinsamkeiten. Kant unterscheidet sich von Leibniz (und von Leibniz'
Anhängern) eben hierin, daß er den Bereich der dunklen und verworrenen
Vorstellungen und Tätigkeiten gänzlich dem Verstand zuschlägt und sie
nicht als Fundament auch für das Fühlen und Wollen analysiert; s. dazu den
Kommentar zu 135,1–2.

Seit Beginn der Vorlesung hat die Dreiteilung die Folge, daß Affekte und
Leidenschaften dem Gefühl (Affekte) und dem Begehrungsvermögen (Leidenschaften) zugeteilt werden können, und daß die vier Temperamente in
zwei Gruppen, die des Fühlens und der (vom Begehrungsvermögen abhängigen) Tätigkeit geteilt werden können. Diese Zuordnung bleibt eine stabile
Größe in der Kantischen Anthropologie.

Kant stellt den Titel »Vom Erkenntnißvermögen« sogleich an den Anfang.
Baumgarten dagegen beginnt mit der »Existentia animae« (Sectio I der
»Psychologia empirica«). Bei Kant bildet die Lehre vom Selbstbewußtsein
und den Vorstellungen mit ihrer Unterscheidung in klare und dunkle und
deutliche und undeutliche (§§ 1–6) einen Teil des Erkenntnisvermögens, bei
Baumgarten dagegen der allgemeinen Seelenlehre. Baumgarten faßt die
»cogitationes« im Unterschied zu Descartes nur als »repraesentationes« und
die Seele insgesamt als »vis repraesentativa« (Metaphysica §§ 505 und 506).
Damit ist auch bei Baumgarten gewährleistet, daß die Seelenlehre unter dem
Primat kognitiver Leistungen gefaßt wird. Kant stellt das Erkenntnisvermögen entsprechend der inneren Logik des triadischen Schemas an den
Anfang, ordnet jedoch die beiden anderen Vermögen dem Erkenntnisvermögen auch parallel zu und kann sie derart stärker von der Erkenntnis lösen
als Baumgarten. Bei Baumgarten heißt es z. B. bei der Behandlung des
Begehrungsvermögens in stoischer Tradition: »Appetitiones aversationesque (fortiores) ex confusa cognitione sunt Affectus [...].« (Metaphysica
§ 678) Bei Kant werden Leidenschaft und Affekt nicht mehr aus der
Verworrenheit der Erkenntnis erklärt, sondern sind eigenständige Seelenturbulenzen. Baumgarten verfährt relativ leger mit seiner Vermögenslehre;

der »Facultas cognoscitiva inferior« (Sectio II) ist keine »Facultas cognoscitiva superior« zugeordnet, wenigstens nicht im Text, wohl aber in der
voranstehenden Synopsis: Die Sektionen 12 und 13 der »Psychologia empirica« stehen dort unter der Überschrift »b) facultas cognoscitiva superior«
(vgl. auch Metaphysica § 624). Bezüglich der Sektionen »Phantasia« (IV),
»Perspicacia« (V), »Memoria« (VI) bleibt offen, ob es sich um eigenständige
»facultates« handelt oder nicht. Die einzelnen Vermögen werden als Äußerungsformen der einen »vis repraesentativa« gesehen. Anders bei Kant. Die
starke Akzentuierung der Eigenständigkeit der Vermögen zwingt zu einer
klaren und eindeutigen Abgrenzung. Die Zahl der Vermögen wird auf drei
festgelegt; ihre Einheit wird nicht in einer »vis« gesehen.
    Während in der Herdernachschrift eine anthropologisch leicht nachvoll-
ziehbare Sequenz von Wahrnehmung – Reizauslösung – Begehren angenommen wird, begründet Kant in der »Einleitung« der KdU (1790) die
Notwendigkeit der drei angegebenen Vermögen und ihre Vollständigkeit
durch die trichotomische Struktur der Philosophie als einer Vernunfterkenntnis aus Begriffen, die sich zugleich als Syllogismus darstellt, »[...]
nämlich 1) Bedingung, 2) ein Bedingtes, 3) der Begriff, der aus der Vereinigung des Bedingten mit seiner Bedingung entspringt [...].« (V 197,25–27)
Den drei oberen, apriori bestimmbaren Erkenntnisvermögen des (gesetzgebenden) Verstandes, der (subsumierenden oder reflektierenden) Urteilskraft
und der (schließenden) Vernunft korrespondieren notwendig die drei sonst
nicht weiter ableitbaren Vermögen der Erkenntnis, des Gefühls der Lust
und Unlust und des Begehrens (vgl. die Tafel V 198). Daß in der Philosophie
erwiesen wird, was die Empirie (hier: die empirische Psychologie oder
Anthropologie) schon auffand, entspricht der Vorstellung, die Christian
Wolff über das Verhältnis von empirischer und rationaler Psychologie
entwickelt: »In ea [sc. der Psychologia rationalis] rationem reddimus eorum,
quae in Psychologia empirica experientia magistra nobis innotuere.« So der
zweite Satz in der (nicht paginierten) »Praefatio« der Psychologia rationalis.
(Wolff hatte allerdings die Bereiche des Empirischen und des Apriorischen
nicht so rigoros voneinander getrennt wie Kant.)
    Die Herkunft der Dreiheit ist die empirische Psychologie, wie aus der
Herderschen Nachschrift von Kants Moralvorlesung hervorgeht: »*Einleitung in die Praktische Philosophie / Grund in der Psychologie*: 3 Hauptbe-
griffe in der Seele / 1) *Erkenntnis*. Phaenomena vor wahr oder falsch halten:
so die theoretische Philosophie / 2) *Gefühl*: sezt Erkenntnis voraus Phaenomena lust und Unlust: [...] 3) Begierde sezt beides voraus a) Vorstellung
b) beziehung auf lust und Unlust [...].« (XXVII 12, 3–7 mit dem Leh-
mann-Kommentar XXVII 1045–1047) Die Trias ist schon bei Homer
gesichtet worden, vgl. Richard B. Onians, The Origins of European Thought
(²1954) 16–18; vgl. auch Anne P. Burnett, »Signals from the Unconscious in

Early Greek Poetry« (1991) 275–276; am prägnantesten Arbogast Schmitt, Selbständigkeit und Abhängigkeit menschlichen Handelns bei Homer (1990) 170–173 und 216–221. Wie präsent die psychologische Gliederung in der europäischen Kulturgeschichte ist, zeigt z. B. die Aufzählung dreier Funktionen der Rede: Sie kann dem »docere« (also der Erkenntnis), dem »delectare« (also dem Gefühl) und bzw. oder dem »movere« (dem Begehrungsvermögen) dienen; so u. a. Cicero im Orator 21, 69 u. ö.

Zu der Verfassung, die Kant den apriorischen Vermögen im Laufe der achtziger Jahre gab vgl. Reinhard Brandt, »Vernunft bei Kant« (1994 b) 175–183.

◇   **3** *Vom Bewußtsein seiner selbst.*] Es ist günstig, sich die nicht unmittelbar transparente Gliederung §§ 1–6 zu vergegenwärtigen:

§ 1:   Vom Bewußtsein seiner selbst
§ 2:   Anthropologisches Korollar: Vom Egoismus und Pluralismus als dem gesellschaftlich unangemessenen oder angemessenen Selbstbewußtsein.
§ 3–§ 4:   Klare, willkürliche und unwillkürliche Vorstellungen.
§ 5:   Dunkle (unbewußte) Vorstellungen.
§ 6:   Deutliche und undeutliche Vorstellungen im Bewußtsein.

Das Thema ist also das Bewußtsein, bezogen zum einen auf das Selbst oder Ich, zum anderen auf die Vorstellungen, die entsprechend ihrer Bewußtheit in die vier klassischen Sparten der dunklen und klaren, undeutlichen und deutlichen Vorstellungen unterteilt werden; hier klare vor dunklen, deutliche vor undeutlichen Vorstellungen, also nicht im Modus des Aufstiegs von den ideae obscurae zu den ideae clarae, sed confusae zu den ideae clarae et distinctae.

Was unter ›Bewußtsein‹ verstanden werden soll, wird nicht ausgeführt. Bezüglich der Vorstellungen kann für das Bewußtsein das alte Bild des Lichtes benutzt werden (s. 135,28–33). Dies ist jedoch im Hinblick auf das »Bewußtsein seiner selbst« nicht möglich – was sollte da von wem beleuchtet werden? Ist das »Bewußtsein seiner selbst« etwas anderes als die »Einheit des Bewußtseins« (z. 6)? Ist das Selbst, das sich seiner bewußt ist, der ganze Mensch mit Körper und Seele bzw. Gemüt, oder ist der Körper eines unter anderen Phänomenen des seelischen Selbstbewußtseins?

Die Bewußtseinsanalyse, die in den §§ 1–6 durchgeführt wird, muß als Teil der empirischen Psychologie verstanden werden. So wird es möglich, daß diejenigen Vorstellungen, deren wir uns nicht bewußt sind, auch nicht zum Bewußtsein (in einem anderen Wortsinn) gehören. Die dunklen Vorstellungen sind in uns (135,25; 136,14); wir haben sie (135,1), aber wie das möglich sein soll, wird nicht erörtert.

In der Metaphysik Christian Wolffs und Alexander Baumgartens steht *vor* der Psychologie die Kosmologie; durch diese Präzedenz der Welt vor

der Seele ist es möglich, daß das Ich sich selbst im Unterschied zum
Nicht-Ich, nämlich der Welt, in der es sich vorfindet, erkennt; es ist nicht
von allem Weltbezug entblößt wie bei Kant, der die Psychologie entweder
allein behandelt (wie hier in der Anthropologie) oder sie vor die Kosmologie
stellt (wie in der »Dialektik« der KrV). Baumgarten kann (wie Christian
Wolff) die »Psychologia empirica« eröffnen mit einer Bestimmung der Seele
als eines Seienden, das sich irgendeines Etwas bewußt sein kann (»[...] quod
sibi alicuius potest esse conscium, [...]«) (Baumgarten § 504); dieses »aliquid« wird dann konkretisierbar durch das Universum bzw. Teile des
Universums, wobei meine körperliche Position in dieser Welt die Vorgaben
enthält (Baumgarten § 505 – § 509). So wird ein Selbstbewußtsein durch den
Akt der *Unterscheidung* meiner selbst von der Welt möglich. Weder Christian Wolff noch Alexander Baumgarten haben auf Grund ihrer Metaphy-
sik-Anlage Idealismus-Probleme, während die Subjektivisten Locke und
Kant entweder bei ihren Nachfolgern (Berkeley, Hume) oder in der eigenen
Theorie mit diesem Problem permanent konfrontiert sind.

Die Formulierung »Bewußtsein seiner selbst« ist offenbar ein Äquivalent
für: »in seiner Vorstellung das Ich haben [können]« (z. 4); in beiden Fällen
soll vermieden werden, daß wir eine Vorstellung *des* oder *vom* Ich haben,
wobei das vorstellende Ich vom vorgestellten unterschieden ist (Plotin,
»Enneade« V 3,1) und zudem die Frage offenbleibt, ob das vorgestellte auch
das wirkliche Ich ist. – Es wird die Möglichkeit, das »Bewußtsein seiner
selbst« auch als Selbstgefühl zu interpretieren, das man vielleicht auch
Tieren im Hinblick auf die Empfindung von Zuständen (Kälte, Schmerz
etc.) zuschreiben müßte, ausgeschlossen. Kant selbst spricht im § 46 der
Prolegomena (1783) davon, »die Vorstellung der Apperception, das Ich« sei
»nichts mehr als Gefühl eines Daseins« (IV 334,31–34, s. den Kommentar
zu z. 21), aber hiermit ist nicht gesagt, daß auch ein animalisches Selbstgefühl
zum Selbstbewußtsein zu rechnen ist. Eher umgekehrt: Auch das Gefühl
des Daseins kommt nur dem Menschen zu, denn es ist mit der Ich-
Apperzeption verknüpft, die den Tieren nun einmal nicht eignet.

Baumgarten setzt in der »Psychologia empirica« mit dem Bewußtsein,
nicht dem Selbstbewußtsein ein: »Si quid in ente est, quod sibi alicuius
potest esse conscium, illud est ANIMA.« (Baumgarten § 504) Diese Fassung
ermöglicht im Gegensatz zur Kantischen (und Wolffschen) eine Einbeziehung auch der Tierseelen in die empirische Psychologie. In der Sectio VI der
»Psychologia rationalis« (§ 792) unter dem Titel »Animae brutorum« heißt
es unter Aufnahme der Anfangsbestimmung der empirischen Psychologie:
»Omnis anima quum sit id in ente, quod sibi alicuius esse potest conscium,
§ 504. habet facultatem cognoscitivam, § 519. eamque vel inferiorem tantum
[sc. wie die Tiere], vel etiam superiorem [sc. wie die Menschen], §§ 520, 524.
Prior erit ANIMA MERE SENSITIVA *(eine bloss sinnliche Seele). Animal,

quod animam habet mere sensitivam, BRUTUM *(das Vieh) est, cuius anima
spiritus est, est ANIMAL RATIONALE *(ein vernünftiges Thier). Ergo homo
est animal rationale, §§ 754, 740.« Dieser psychologische Ansatz unterscheidet sich fundamental von der Psychologia empirica Christian Wolffs, die
schon auf der Titelseite keinen Zweifel daran läßt, daß sie nur »De anima
humana« handelt. Kant kehrt zur Wolffschen Psychologie zurück, wie der
korrespondierende Titel der Anthropologie, Menschenkunde, ankündigt.
Das Baumgartensche Bewußtsein wird sogleich in das nur dem Menschen
gegebene reflexive Selbstbewußtsein verwandelt, so schon 1772–1773: »Der
erste Gedanke der uns aufstößt, wenn wir uns selbst vorstellen, drückt das
Ich aus«, beginnt die »Abhandlung« bei Philippi (3 a). Zu dieser Selbst-
Vorstellung sind Tiere nicht in der Lage, sie erscheinen also erstens nicht
mehr in der empirischen Psychologie und können zweitens wegen der
unendlichen Kluft zwischen ichfähigen und ichlosen Wesen unter die
Sachen (z. 8) im Hinblick auf unsere Verfügungsgewalt gestellt werden. In
der KdU (1790) werden die Tiere, wiewohl beseelt, nicht gesondert neben
den Pflanzen behandelt, und diese sind nicht objektiv, sondern nur durch
ein subjektives Reflexionsprinzip von den Mineralien etc. unterschieden, da
die causa finalis nicht zu den schematisierten Kategorien (und entsprechend
den naturkonstituierenden Grundsätzen) gehört.

In der ursprünglichen Fassung der Anthropologie-Vorlesung bis ungefähr 1777 ist das Selbstbewußtsein in einer unmittelbaren Anschauung
gegeben, die mich der Substantialität, Identität, Personalität und meiner
Freiheit vergewissert (Collins 2–4; Parow 3–4; Ms. 400 17–18). Vgl. Meta-
physik-L1, XXVIII 224,27–28: »[...] mich schaue ich selbst an, ich bin mir
unmittelbar bewußt.« Es bleibt hierbei unklar, wie sich die Ich-Vorstellung
zum inneren Sinn verhält, der ja nur über Erscheinungen verfügt. Kant muß
wohl der Meinung sein, daß im empirischen Vorstellen der Erscheinungen
des inneren Sinnes zugleich ein Denken des Ich vorliegt, das man analytisch
klären und auf die vier erwähnten Punkte bringen kann.

Das Ich ist somit in den frühen und mittleren siebziger Jahren nicht
diskursiv erkennbar, sondern ist ursprünglich intuitiv gegeben und kann
analysiert werden; das Ich oder Selbst, das mir derart empirisch unmittelbar
zugänglich ist, erweist sich als der Grund aller möglichen diskursiven
Erkenntnis. Diese Vorstellung hat sich nicht nur bei Kant ergeben, sondern
wird an verschiedenen Orten in der Weiterentwicklung der Wolffschen und
Baumgartenschen empirischen Psychologie gelehrt. Vgl. dazu Klemme 1996,
76 ff., bes. 78. Ein für die spätere Kant-Rezeption entscheidender Autor,
Christian Gottfried Schütz, schreibt in seinen Grundsätzen der Logik oder
Kunst zu denken zum Gebrauche der Vorlesung (1773): »Die erste Vorstellung, worauf alle Urtheile nachher sich gründen, ist die von unserm Ich,
unserm Selbst, oder Persönlichkeit.« (32) Schütz hatte 1770–1771 den

Analytischen Versuch über die Seelenkräfte von Charles Bonnet übersetzt
und herausgegeben.
  4 in seiner Vorstellung das Ich] Vgl. unten 141,28–142,30. Es gehört zum ◇
festen Bestand der kritischen Lehre, daß ich von mir selbst eine Vorstellung
im inneren Sinn haben kann, »wie ich mir selbst *erscheine*« (142,6–7). Qua
»denkendes Wesen« (142,3) bin ich der Vorstellbarkeit entzogen. Die KrV
(1781/1787) nimmt im Paralogismenkapitel der B-Auflage (B 422–423)
darüber hinaus an, daß es eine von anderen Vorstellungen unterschiedene,
wenn auch unbestimmte (ergo: clare, non distincte) empirische Ich-Vorstellung gibt: Der Satz »Ich denke« drücke »eine unbestimmte empirische
Anschauung, d. i. Wahrnehmung, aus, (mithin beweiset er doch, daß schon
Empfindung, die folglich zur Sinnlichkeit gehört, diesem Existenzialsatz
zum Grunde liege) geht aber vor der Erfahrung vorher, die das Object der
Wahrnehmung [sc. im Raum] durch die Kategorie in Ansehung der Zeit
bestimmen soll; und die Existenz ist hier noch keine Kategorie, als welche
nicht auf ein unbestimmt gegebenes Object, sondern nur ein solches, davon
man einen Begriff hat, und wovon man wissen will, ob es auch außer diesem
Begriff gesetzt sei, oder nicht, Beziehung hat.« – Bekanntlich war David
Hume anderer Meinung. Im *Treatise of Human Nature* von 1739–1740 (den
Kant nach den uns bekannten Dokumenten nie, weder in Teilen noch im
Ganzen, zur Kenntnis genommen hat) schreibt er im Kapitel »Of Personal
Identity« (Part IV, Section VI), es lasse sich weder eine gesonderte »impression« eines Ich oder Selbst noch entsprechend eine aus dieser »impression«
abgeleitete »idea« nachweisen: »For my part, when I enter most intimately
into what I call *myself*, I always stumble on some particular perception or
other, of heat or cold, light or shade, love or hatred, pain or pleasure. [...] If
any one, upon serious and unprejudic'd reflection, thinks he has a different
notion of *himself*, I must confess I can reason no longer with him. [...] But
setting aside some metaphysicians of this kind, I may venture to affirm of
the rest of mankind, that they are nothing but a bundle or collection of
different perceptions, which succeed each other with an inconceivable
rapiditiy, and are in a perpetual flux and movement.« (Hume 1978, 252)
  Es ist wohl intendiert, daß die Wendung von der Ich-Vorstellung (z. 4)
identisch ist mit dem »Bewußtsein seiner selbst« (z. 3). Das Bewußtsein
jedoch könnte auch in einem Selbstgefühl in einer bestimmten oder generellen emotionalen Lage bestehen und wäre dann nicht an eine distanzie-
rende Vorstellung gebunden, die problemlos mit dem Denken, dem »Ich
denke«, identifiziert werden kann, wie es schon z. 11 geschieht: »weil er es
doch in Gedanken hat [...].« Mit der Reihe: »Bewußtsein seiner selbst –
Vorstellung vom Ich – das Ich in Gedanken haben« wird die Dominanz des
Denkens und des Verstandes (letztes Wort des Absatzes) besonders gegenüber dem Fühlen, aber auch gegenüber dem Wollen erreicht.

Das vorgestellte Ich ist einerseits innerhalb der Anthropologie faktisch und implizit der »ganze Mensch«, denn es gehört auch mein Körper zum empirischen, in der pragmatischen Anthropologie thematisierten Ich. Andererseits wird das Ich explizit nur zum Vorstellen und Denken gestellt. Nähere Ausführungen zum Ich (134,23–29) besagen, daß das Ich in der Logik und in der Psychologie thematisiert wird; in der Logik in der Form einer (notwendig anonymen) abstrakten reinen Apperzeption, in der Psychologie als Gegenstand des inneren Sinnes. Daß wir eine empirische Selbst- oder Icherfahrung auch durch äußere Sinne haben und sich erst dadurch der Mensch im ganzen für sich selbst gegeben ist, wird bei in der Anthropologie nicht thematisiert. Der Hörsinn hört nicht die eigene Stimme, der Sinn der Betastung ertastet nicht den eigenen Körper, das Auge sieht den eigenen Körper nicht im Spiegel.

Wenn sogleich vom Herrschaftsanspruch gegenüber der gesamten nicht-menschlichen Welt gesprochen wird, so wird über das epistemische »Bewusstsein seiner selbst« hinaus ein moralisch-praktischer Aspekt geltend gemacht. Man könnte argumentieren, daß der Mensch nur dann »in seiner Vorstellung das Ich haben kann« (z. 4), wenn schon eine moralische Komponente mitgedacht wird; dies scheint die Tendenz folgender Reflexion zu sein: »Das Ich. Nach den Erscheinungen des inneren (g sowohl als aeusseren) Sinnes kan man sich niemals als das identische Selbst ansehen, selbst dem sensibelen Character nach. Blos in Ansehung der Moralitaet [...].« (Refl. 5646; XVIII 295,8–11) In der Metaphysik der Sitten (1797) (und auch früher) stellt sich die Situation jedoch anders dar. Hier (»Einleitung«, Abschnitt IV) wird eindeutig eine bloß psychologische Persönlichkeit von der moralischen unterschieden; die erstere ist »[...] bloß das Vermögen, sich der Identität seiner selbst in den verschiedenen Zuständen seines Daseins bewußt zu werden [...].« (VI 223,27–28) Hiernach kann »der Mensch in seiner Vorstellung das Ich haben« (z. 4), und ist »vermöge der Einheit des Bewußtseins bei allen Veränderungen, die ihm zustoßen mögen, eine und dieselbe Person« (z. 6–7), ohne sich zur moralischen Person zu qualifizieren. Er ist dann, wie es im § 3 der »Ethischen Elementarlehre« heißt, kein eigentliches Vernunftwesen, sondern ein »[...] blos vernünftiges Wesen, weil die Vernunft nach ihrem theoretischen Vermögen wohl auch die Qualität eines lebenden körperlichen Wesens sein könnte [...].« (VI 418,8–10) Der Mensch ohne spezifisch moralische Identität bewegt sich auf dem Niveau der »thinking matter« und der nur psychologischen Identität, wie sie John Locke im Essay concerning Human Understanding (1690) (Locke 1975, 335–348; II 27, 9–29) entwickelte und (nach Kant somit fälschlich) schon für einen moralischen »Forensick Term« (Locke 1975, 346; II 27, 26) hielt. So auch Gottfried Wilhelm Leibniz, der in den »Meditationes de Cognitione, Veritate et Ideis« die epistemische und die »moralische« Kom-

ponente des Ich-Bewußtseins verknüpft: »Mais l'ame intelligente connois-
sant ce qu'elle est, et pouvant dire ce MOY, qui dit beaucoup, ne demeure pas
seulement et subsiste Metaphysiquement, bien plus que les autres, mais elle
demeure encor la même moralement et fait le même personnage. Car c'est le
souvenir, ou la connoissance de ce *moy*, qui la rend capable de chastiment et
de recompense.« (Leibniz 1965, IV 459–460)

 4 Vorstellung] Der Begriff der Vorstellung ist nach Kant keiner weiteren ◇
Analyse fähig; vgl. im Beweisgrund von 1763: »[...] wie selbst in der
allertiefsinnigsten Wissenschaft das Wort *Vorstellung* genau genug verstanden und mit Zuversicht gebraucht wird, wiewohl seine Bedeutung niemals
durch eine Erklärung kann aufgelöset werden [...].« (II 70,14–16); s. a. die
1. Betrachtung der »Untersuchung über die Deutlichkeit der Grundsätze
der natürlichen Theologie und der Moral« (1764), II 280,20–21; § 10 der
Logik-Blomberg, XXIV 40,3–6; außerdem »Tractatio ipsa logices« in der
Logik-Philippi XXIV 340,19–23; so auch Logik-Hechsel 26: »Was eine Vorstellung sey kann nicht erklähret werden [...], denn müßten wir eine
Vorstellung von einer Vorstellung haben.« Das gleiche stellt fast wörtlich die
Logique de Port-Royal (1662) I 1 zum Begriff der »idea« fest: »Le mot d'*idée*
est du nombre de ceux qui sont si clairs, qu'on ne les peut expliquer par
d'autres; parce qu'il n'y en a point de plus clairs et de plus simples.«
(Arnauld / Nicole 1965, 27) – Kant scheint über keine Theorie zu verfügen,
in der neben dem »Ich denke« (oder: Ich kann in meiner epistemischen
»Vorstellung das Ich haben«, z. 4) das »Ich fühle« (nicht: »Ich habe eine
Vorstellung von meinem Gefühl«) und »Ich will« (nicht: »Ich habe eine
Vorstellung von meinem Willen«) näher artikuliert wird.

 Grundsätzlich hat alles Gegebene sowohl in der Transzendentalphilosophie wie auch in der Anthropologie den Modus der Vorstellung. Entsprechend beginnt die »Transzendentale Ästhetik« der ersten Kritik sogleich
damit, daß wir uns vermittelst des äußeren Sinnes Gegenstände als außer
uns im Raum vorstellen und vermitteltst des inneren Sinnes in uns in der
Zeit vorstellen (A 22–23), und es wird weder hier noch später unterschieden
zwischen dem präsenten Gegenstand und der Vorstellung von ihm, sondern
alles generell als Vorstellung gefaßt. So können Raum und Zeit zu bloß
subjektiven Vorstellungen werden, die die Dinge selbst nicht zu erkennen
geben. Für die Anthropologie gilt dasselbe, vgl. z. B. § 3 »*Von dem willkürlichen Bewußtsein seiner Vorstellungen.*« (131,15)

 Neuere Untersuchungen zum Selbstbewußtsein vindizieren es auch anderen Lebewesen als dem Menschen, vgl. z. B. Detlev Ploog, »Zur Evolution des
Bewußtseins« (1989): »Sich-selbst-Erkennen und Seiner-selbst-bewußt-Sein«
und »Zentralnervöse Einrichtungen zur Selbstwahrnehmung?« (9–11)

 4–5 erhebt ihn unendlich über alle andere auf Erden lebende Wesen.] Die ◇
Kennzeichnung der Kluft zwischen dem Menschen und der übrigen Schöp-

fung durch das Inkommensurabilitäts-Prädikat »unendlich« gehört ebenso
zur Tradition wie die »unendliche Kluft« zwischen Gott und seiner Schöpfung. Kant beendet die »Recension von Moscatis Schrift: Von dem körperlichen wesentlichen Unterschiede zwischen der Structur der Thiere und
Menschen« (1771) mit dem Hinweis, daß der Mensch durch seine Vernunft
für die Gesellschaft bestimmt sei und daher aus einem Vierbeiner zu einem
Zweibeiner wurde, »wodurch er [...] unendlich viel über die Thiere
gewinnt, aber auch mit den Ungemächlichkeiten vorlieb nehmen muß, die
ihm daraus entspringen, daß er sein Haupt über seine alte Cameraden so
stolz erhoben hat.« (II 425, 6–12) Vgl. auch die Menschenkunde 206–207:
»Der Schritt vom Thiere zum Menschen, von der Sinnlichkeit zum Verstande, ist also unendlich, und es findet hier gar keine Annäherung statt, und
ob wir gleich in Ansehung des Körperbaus mit den Thieren in Verwandtschaft stehen, indem das Skelet eines Menschen von dem eines Affen nicht
zu sehr unterschieden ist, so ist die Kluft zwischen beiden doch unendlich
[...] Wenn wir fragen, was ist die Grundlage des Verstandes, so sehen wir,
daß das, was den dümmsten Menschen vor dem feinsten Thiere auszeichnet,
die apperception oder das Bewußtsein seiner selbst ist. Wenn ein Thier ich
sagen könnte, so wäre es mein Camerad.« In der »Preisschrift« über die
Fortschritte der Metaphysik: »[...] die gänzliche Absonderung von allem
Vieh, dem wir das Vermögen, zu sich selbst Ich zu sagen, nicht Ursache
haben beyzulegen, [...].« (XX 270,8–9) Der Mensch unterscheidet sich
kaum von den Tieren als Tier, jedoch unendlich durch seine keimhafte oder
entwickelte Vernunft, die ihn zur Ich-Vorstellung befähigt. Gegen Moscati
und Rousseau wird allerdings ab den siebziger Jahren stärker herausgearbei-
tet, daß schon die körperliche Anlage auf den Vernunftgebrauch ausgerichtet ist. Im übrigen: Goethe entdeckte 1784 den Zwischenkieferknochen.
Hätte Kant von dieser trouvaille gehört, so hätte er sie nicht wie Camper,
Soemmering und Blumenbach abgelehnt; vgl. Pfotenhauer 1987, 147–148.

Auch Hegel schreibt später in seiner Ästhetik: »Dies Erheben aber des
Ansich ins selbstbewußte Wissen bringt einen ungeheuren Unterschied
hervor. Es ist der unendliche Unterschied, der z. B. den Menschen vom Tiere
trennt.« (Hegel 1955, 116) John Locke ist anderer Meinung; er setzt die
Differenz von Tier und Mensch in das Vermögen, allgemeine Begriffe zu
bilden. So am Anfang (I 1 § 1) des Essay concerning Human Understanding
(1690): »Since it is the *Understanding* that sets Man above the rest of
sensible Beings, and gives him all the Advantage and Dominion, which he
has over them; it is certainly a Subject, even for its Nobleness, worth of our
Labour to enquire into.« (1975, 43) Hier wird eine angeborene Herrschaft
des Menschen über die Tiere angenommen, jedoch keine »unendliche
Kluft«, so im § 11 des 11. Kapitels des 2. Buches: »[...] 'tis that proper
difference wherein they are wholly separated, and which at last widens to so

vast a distance.« (160) Menschen und Tiere sind zwar hierin »wholly separated«, die Entfernung wird im Laufe der Zivilisationsgeschichte »vast«, aber nicht unendlich. Alexander Pope führt in seinem Essay on Man von 1733 (»Epistle 1«, Vs. 224–228) die Feinheit des tierischen Instinkts vor Augen und zeigt dann die unüberschreitbare Grenzlinie hin zur menschlichen Vernunft: »Remembrance and Reflection how ally'd / What thin partitions Sense from Thought divide: / And Middle natures, how they long to join, / Yet never pass th' insuperable line!« (43–44)

Dagegen stehen die Autoren, die für eine kontinuierliche Kette des Seienden plädieren und den Übergang von den Tieren zu den Menschen als Kontinuum sehen möchten; so David Hume im Treatise of Human Nature I 3, 16 (»Of the reason of animals«; Hume 1978, 176–179).

Zur Suche nach dem Wesen, das die ungeheure Kluft zwischen Mensch und Tier füllen könnte, vgl. Günther 1907, 30–35 (»Der Streit um das missing link und um die Grenzen zwischen Menschheit und Tierreich«).

Eine Erörterung der beiden Varianten gibt Johann Nicolas Tetens im 11. Versuch (dort III. 4) seiner Philosophischen Versuche über die menschliche Natur und ihre Entwicklung (1777): »Ist nun der Unterschied zwischen Menschen und Thieren blos ein *Stufenunterschied?* oder ist *Verschiedenartigkeit* da? [...] oder ist bei der *gänzlichen Einartigkeit der Urkräfte in den einfachen Wesen,* die *Leibnitz* am lebhaftesten und am besten dachte, dennoch der Stufenunterschied zwischen ihnen, den ihnen der Schöpfer vom Anfang ihres Daseyns an mitgetheilet hat, von unendlicher Größe? so daß die Kluft zwischen dem niedern Wesen und den Wesen der höhern Gattung auch bey einem immer dauernden Fortschritt in der Entwickelung nicht zu übersteigen ist?« (Tetens 1979, I 761–762)

Entsprechend der prinzipiellen Differenz von Mensch und Tier ist es nach Kant auch unmöglich, eine Entwicklungslinie vom Tier zum Menschen zu ziehen. Die auffälligen Gleichheiten bestimmter Affenarten mit dem Menschen dürfen nicht über die generische Kluft hinwegtäuschen (s. das obige Zitat aus der Menschenkunde). Später experimentiert Kant mit der vergleichenden Anatomie und erwägt, ob es nicht doch eine Entwicklungsmöglichkeit vom Tier zum Menschen gibt; vgl. dazu den Kommentar zu 327,26–328,37; speziell 328,32–37.

Folgt man dem Hinweis auf das »mega chasma« zwischen Mensch und Tier oder Selbstbewußtsein und Natur, so wird man bei Kant selbst an die »[...] unübersehbare Kluft zwischen dem Gebiete des Naturbegriffs, als dem Sinnlichen, und dem Gebiete des Freiheitsbegriffs, als dem Übersinnlichen [...]« in der »Einleitung« der KdU (1790) erinnert (V 175,36–176,1; vgl. die »große Kluft« V 195,11). Vgl. auch § 270 in Hegels Grundlinien der Philosophie des Rechts (1821), wo vom »ungeheure[n] Überschritt des Innern in das Äußere« gesprochen wird (Hegel 1958 ff., VII 352). Fichte

schreibt im 6. Abschnitt der »Ersten Einleitung« des Versuchs einer neuen
Darstellung der Wissenschaftslehre (1797): »So verfährt der Dogmatismus
allenthalben, und in jeder Gestalt, in der er erscheint. In die ungeheure
Lücke, die ihm zwischen Dingen und Vorstellungen übrig bleibt, setzt er
statt einer Erklärung einige leere Worte, die man zwar auswendig lernen,
und wieder sagen kann, bei denen aber schlechthin noch nie ein Mensch
etwas gedacht hat, noch je einer etwas denken wird.« (1962 ff., I/4 198) Mit
den zitierten Äußerungen nehmen die Autoren Stellung gegen den Versuch,
die »Kette des Seins« so zu fassen, daß es keinen Riß zwischen »res extensa«
und »res cogitans« gibt, sondern einen kontinuierlichen Übergang von den
Mineralien zu den Pflanzen, Tieren und damit zum ganzen Menschen, auch
seinem Intellekt oder seiner Seele.

Das Selbstbewußtsein wird an unserer Stelle als theoretisches *und* als
moralisch-praktisches gesehen, denn das bloße (theoretische) Ich-Bewußtsein macht uns zu Personen, die als solche den moralischen Wert eines
Zwecks an sich selbst haben. Die »unendliche« Kluft, das von den Tieren
»ganz unterschiedene« Wesen markieren Differenzen von »Rang und
Würde« (z. 9), die dem Hiat von Natur und Freiheit korrespondieren (vgl.
»Einleitung« der KdU (1790), V 175,36–176,4; 195,8–13). Trotz dieser moralisch-praktischen Konnotation ist nur von der »Einheit des Bewußtseins«
(z. 6) und dem Verstand als dem Vermögen zu denken (z. 13–14) die Rede,
nicht von der praktischen Vernunft, die den Menschen vor den Tieren
auszeichnet.

In anderen Schriften, so in der »Ethischen Elementarlehre« der Metaphysik der Sitten (1797) trennt Kant das bloß theoretische Ich-Bewußtsein von
der reinen praktischen Vernunft, die das vernünftige Lebewesen erst zur
Person macht und damit den Menschen von den Tieren trennt, »[...] weil
die Vernunft nach ihrem theoretischen Vermögen wohl auch die Qualität
eines lebenden körperlichen Wesens sein könnte [...].« (VI 418,8–10;
s. oben den Kommentar zu 127, 3) Diese deutliche Trennung von zwei
Vernunft- und zwei Personbegriffen ist ein Novum der neunziger Jahre.
Eine ihrer Voraussetzungen ist, so scheint es, die Zuweisung der hypothetischen Imperative zum bloß technisch-theoretischen Bereich der Philosophie und damit ihre Überweisung an die pure Natur – als homo technicus
ist der Mensch Teil der Natur, nicht mehr. – Der hiermit gegebenen Zweiteilung entspricht eine Zweiteilung der Philosophie in eine philosophische
Wissenschaftslehre, die uns lediglich geschickt macht und nur einen Markt-
wert hat, und eine moralische Weisheitslehre von unbedingtem Wert. Zu
dieser im Jachmann-Prospekt artikulierten Differenz s. den Kommentar zu
292,19–25.

Zum Inhalt vgl. den »2. Abschnitt« der Grundlegung zur Metaphysik der
Sitten (1785): »Die Wesen, deren Dasein zwar nicht auf unserm Willen,

sondern der Natur beruht, haben dennoch, wenn sie vernunftlose Wesen sind, nur einen relativen Werth, als Mittel, und heißen daher *Sachen*, dagegen vernünftige Wesen *Personen* genannt werden, weil ihre Natur sie schon als Zwecke an sich selbst, d. i. als etwas, das nicht bloß als Mittel gebraucht werden darf, auszeichnet, mithin so fern alle Willkür einschränkt (und ein Gegenstand der Achtung ist).« (IV 428,18–25) Worin die natürliche Auszeichnung besteht, wird nicht ausgeführt; jedoch steht im gleichen Absatz ein anderer Grund, der nur in der praktischen Notwendigkeit eines Objekts der Moral liegt: »[...] weil ohne dieses [sc. dem Gegebensein eines objektiven Zwecks] überall gar nichts von *absolutem Werthe* würde angetroffen werden; wenn aber aller Werth bedingt, mithin zufällig wäre, so könnte für die Vernunft überall kein oberstes praktisches Princip angetroffen werden.« (IV 428,29–33) Die Moralphilosophie rekurriert zur Begründung der Personalität des Menschen nicht auf das Faktum der epistemischen Ich-Vorstellung, sondern »setzt« selbstmächtig ihr oberstes Prinzip: Es ist (in praktischer Hinsicht), was sein soll. In der KdU (1790) wird die Morallehre ihrerseits benutzt, um den Menschen als Endzweck in (und außer) der Natur anzunehmen: »Von dem Menschen nun (und so jedem vernünftigen Wesen in der Welt), als einem moralischen Wesen, kann nicht weiter gefragt werden: wozu (quem in finem) er existire. Sein Dasein hat den höchsten Zweck selbst in sich, dem, so viel er vermag, er die ganze Natur unterworfen halten darf« (V 435,25–30) Erst durch den Endzweck findet die Natur ihre causa prima finalis: »[...] denn ohne diesen wäre die Kette der einander untergeordneten Zwecke nicht vollständig gegründet; und nur im Menschen, aber auch in diesem nur als Subjecte der Moralität ist die unbedingte Gesetzgebung in Ansehung der Zwecke anzutreffen, welche ihn also allein fähig macht ein Endzweck zu sein, dem die ganze Natur teleologisch untergeordnet ist.« (V 435,32–436,2) Der Verstand, der ihn zum letzten Zweck und damit zum Herrn der Natur macht, steht unter der Bedingung der reinen praktischen Vernunft: »Als das einzige Wesen auf Erden, welches Verstand, mithin ein Vermögen hat, sich selbst willkürlich Zwecke zu setzen, ist er zwar betitelter Herr der Natur und, wenn man diese als ein teleologisches System ansieht, seiner Bestimmung nach der letzte Zweck der Natur; aber immer nur bedingt, nämlich daß er es verstehe und den Willen habe, dieser und ihm selbst eine solche Zweckbeziehung zu geben, die unabhängig von der Natur sich selbst genug, mithin Endzweck sein könne, die aber in der Natur gar nicht gesucht werden muß.« (V 431,3–11) Es folgt hieraus nicht, daß die Form der Naturbeherrschung sittlichen Kriterien unterliegt.

In einer von Kant selbst gestrichenen Textpartie der Anthropologie heißt es: »Das Verstandeslose Vieh hat wohl [vielleicht] etwas Ähnliches was wir Vorstellungen nennen [...] aber kein Erkenntnis von Dingen; denn dazu gehört *Verstand* ein Vorstellungsvermögen mit Bewußtsein der Handlung wodurch die Vorstellungen auf einen gegebenen Gegenstand bezogen und dieses Verhältnis gedacht wird.« (397,3–9)

Einen Kompromiß zwischen Kluft und Seinskette sucht Herder in seinen Ideen zur Philosophie der Geschichte der Menschheit; er spricht vom Menschen als einem »*Mittelgeschöpf unter den Thieren*« (Herder 1877 ff., XIII 68; s. a. 194). Dazu Kants Kritik VIII 54–55; s. auch VIII 180–182. – Karl Marx argumentiert wie Kant im 5. Kapitel des 3. Abschnitts des *Kapital* I (1867): »Eine Spinne verrichtet Operationen, die denen des Webers ähneln, und eine Biene beschämt durch den Bau ihrer Wachszellen manchen menschlichen Baumeister. Was aber von vornherein den schlechtesten Baumeister vor der besten Biene auszeichnet, ist, daß er die Zelle in seinem Kopf gebaut hat, bevor er sie in Wachs baut. Am Ende des Arbeitsprozesses kommt ein Resultat heraus, das beim Beginn desselben schon in der Vorstellung des Arbeiters, also schon ideell vorhanden war. Nicht daß er nur eine Formveränderung des Natürlichen bewirkt; er verwirklicht im Natürlichen zugleich seinen Zweck, den er weiß, der die Art und Weise seines Tuns als Gesetz bestimmt, und dem er seinen Willen unterordnen muß.« (Marx 1959 ff., I 186)

◇   **5–6 Dadurch ist er eine *Person*]** Zum Begriff der Person (und Persönlichkeit) vgl Klemme 1996, 95–101 (»Die Persönlichkeit der Seelensubstanz«). Zur Position der Metaphysik der Sitten vgl. oben den Kommentar zu z. 4.

◇   **8 die vernunftlosen *Thiere*]** Kant war immer der Meinung, Tiere seien vernunftlose Wesen. In den Träumen eines Geistersehers von 1766 sprach er den Tieren allerdings probeweise eine immaterielle Seele zu (1. Teil, 1. Hauptstück): »Was in der Welt ein Principium des *Lebens* enthält, scheint immaterieller Natur zu sein. Denn alles *Leben* beruht auf dem inneren Vermögen, sich selbst nach *Willkür* zu bestimmen. [...]; daher der Zustand alles dessen, was materiell ist, äußerlich *abhängend* und *gezwungen* ist, diejenigen Naturen aber, die *selbst thätig* und aus ihrer inneren Kraft wirksam den Grund des Lebens enthalten sollen, [...] schwerlich materieller Natur sein können.« Die Tiere unterscheiden sich allerdings von den Menschen, »die in ihrer Selbstthätigkeit Vernunft begreifen und Geister genannt werden.« (II 327,25–38) Die KdU (1790) dagegen kennt praktisch keinen Unterschied zwischen Pflanzen und Tieren. – Die Vernunft im allgemeinen Sinn, wie sie hier gemeint ist, kommt dem Menschen zu, weil er »in seiner Vorstellung das Ich haben kann« (z. 4), dieses ihn denkfähig macht und er somit über Vernunft bzw. Verstand verfügt. »Denn dieses Vermögen (nämlich zu denken) ist der Verstand.« (z. 13–14) Zum Tierstatus vgl. auch die Dreierskala in der Religion innerhalb der Grenzen der bloßen Vernunft VI 26–28.

Innerhalb der Anthropologie werden die Tiere häufiger als Kontrastwesen
der Menschen oder Vergleichswesen neben ihnen genannt (vgl. z. B. 135,26);
spezifisch werden nur angeführt die Taube (172,32), die Heime (Hausgrille)
(212,10), der Mückenschwarm (292,12), Gibbon, Orangutang und Schimpanse (322,24, nach einer Vorlage, s. Kommentar; 328,33–34), Singvögel
(323,7), Finken und Nachtigallen (323,36–37), Raubbienen (330,10); Wolf,
Schwein (327,29).

Zu dem Unterschied des vorcartesischen und nachcartesischen Vernunftbegriffs vgl. Richard Rorty, Der Spiegel der Natur (1987) 66–67.

8–9 sind, mit denen … und walten kann] H: »sind und mit«. – Die   ◇
Aussage kann keine Feststellung im Sinn des Konstatierens der physischen
Möglichkeit des Menschen sein, mit den Tieren nach Belieben zu verfahren,
sondern enthält im »kann« ein Recht es zu tun, so wie umgekehrt kein
höheres Wesen »ein Recht hat, über ihn [sc. den Menschen] nach bloßem
Belieben zu schalten und zu walten.« (VIII 114,28–29; »Muthmaßlicher
Anfang der Menschengeschichte«, 1786) Tiere haben im Gegensatz zu
leblosen Sachen Lust- und Schmerzgefühle, s. 231,22–24: »Vergnügen ist
das Gefühl der Beförderung; Schmerz das einer Hinderniß des Lebens.
Leben aber (des Thiers) ist, wie auch schon die Ärzte angemerkt haben, ein
continuirliches Spiel des Antagonismus von beiden.« Mit dem »nach Belieben schalten und walten« ist nicht gesagt, daß es auf Grund der Empfin-
dungsfähigkeit der Tiere keine Einschränkungen dieses Beliebens durch
sittliche Gründe gibt, die im Menschen selbst liegen; s. dazu § 17 der
»Metaphysischen Anfangsgründe der Tugendlehre« (VI 443,10–25).

Die Kantische *Rechtslehre* besagt jedoch, daß die äußere Natur, so weit sie
vom Menschen gebraucht werden kann, das rechtliche Mein und Dein von
Personen werden können muß (VI 246,4–8, »*Rechtliches Postulat der
praktischen Vernunft*. Es ist möglich, einen jeden äußeren Gegenstand
meiner Willkür als das Meine zu haben […]«) und daß der Staat seine rechtliche Kompetenz überschreitet, wenn er sich um die Gebrauchsformen des
Eigentums kümmert, die nicht die äußere Freiheit anderer Bürger tangiert;
d. h. der Kantische Staat ist zur Tierschutzgesetzgebung nicht befugt (es sei
denn, mit indirekten, wiederum menschenbezogenen Argumenten).

Die Meinung, Tiere seien rechtlos, vertritt (im Gegensatz zu früheren
philosophischen Schulen) die für Kants Moralvorstellungen immer wieder
entscheidende Stoa, s. z. B. Cicero, De finibus III, 20, 67: »Sed quomodo
hominum inter homines iuris esse vincula putant, sic homini nihil iuris esse
cum bestiis. Praeclare enim Chrysippus, cetera nata esse hominum causa et
deorum, eos autem communitatis et societatis suae, ut bestiis homines uti ad
utilitatem suam possint sine iniuria.« So auch Diogenes Laertius VII 129.
Wichtig in der Vermittlung dieser Auffassung zur Neuzeit ist Justus Lipsius,
Physiologia Stoicorum (1604) II 8.

◊   10–11 selbst wenn er das Ich … doch in Gedanken hat] Vgl. Menschenkunde 10.

◊   12 denken] In H unterstrichen.

◊   12–13 ob sie zwar diese Ichheit nicht durch ein besonderes Wort ausdrücken.] Vgl. Refl. 1482: »Sprachen, die das Ich und Du im *verbo* nicht
unterscheiden.« (XV 662,3) Adickes ad loc. verweist auf Johann Christoph
Adelung, Mithridates oder allgemeine Sprachenkunde (1806) I 27, der von
Sprachen ohne Konjugationen berichtet. – Georg Christoph Lichtenberg
hatte der Ich-Rede einen anderen Aspekt abgewonnen: »*Es denkt*, sollte
man sagen, so wie man sagt: *es blitzt*. Zu sagen *cogito*, ist schon zu viel, so
bald man es durch *Ich denke* übersetzt.« (Sudelbücher, Heft K, Aphorismus
76, 412; Lichtenberg 1967 ff., II 412) Salomon Maimon hatte in seinem
Aufsatz »Sprache in philosophischer Absicht«, in: Gnothi Sauton 10, 1793, 13
geschrieben: »Ich glaube, daß die Impersonale sich zwar nicht auf eine
bestimmte, aber doch auf eine Ursache überhaupt beziehen, und es donnert
heist so viel als eine mir unbekannte Ursache donnert, oder bringt den
Donner hervor.« Zum Zusammenhang u. a. Riedel 1992, 31–32.

◊   12 Ichheit] In den Kantischen Druckschriften ist das Wort nur hier
belegt; es kommt auch in den erhaltenen Nachschriften der Anthropologie-
Vorlesungen nicht vor. – Zum Gebrauch des Wortes (u. a. bei Luther) s. H.-J.
Fuchs im HWPh IV 21–25, s. v. »Ichheit«. Ergänzend sei darauf hingewiesen, daß Carl von Dahlberg in seinen Betrachtungen über das Universum von
1777 eine Allbeseelung annimmt und die Ichheit *allen* Wesen als solchen
konzediert: »Wie gesagt, die größte, allgemeinste, wichtigste relative Mannichfaltigkeit liegt darin: Daß Individualität, Ichheit eines jeden Wesens auf
ewig umschrieben ist. Daß seine Ichheit nie die Ichheit eines andren Wesens
wird. […] so bleibt doch ewig unüberspringbare Kluft einer andren Ichheit
zwischen ihnen. Nie können mehrere einfache Wesen in ein einfaches Wesen
zusammenschmelzen.« (21) Das Wort findet sich nicht bei Schelling vor
1798, jedoch bei Fichte. In der Schrift Einige Vorlesungen über die Bestimmung des Gelehrten (1794) steht in der »Ersten Vorlesung« ein Satz, der
Kant jedoch kaum interessiert hat: »*Der Mensch soll seyn, was er ist,
schlechthin darum, weil er ist*, d. h. alles was er ist, soll auf sein reines Ich, auf
seine bloße Ichheit bezogen werden.« (Fichte 1962 ff., I 3, 29; vgl. auch 253)
Anders in der Grundlage des Naturrechts nach Principien der Wissenschaftslehre (Erster Teil: Jena und Leipzig März 1796); dort heißt es in der
»Einleitung« gleich im zweiten Satz: »[…] darum ist die Vernunft über-
haupt durch die Ichheit charakterisirt worden.« (Fichte 1962 ff., I 3, 313)
Sodann bezieht sich Fichte im Abschnitt III der »Einleitung« mit dem Titel,
»Ueber das Verhätniß der gegenwärtigen Theorie des Rechts zu der Kanti-
schen« (Fichte 1962 ff., I 3, 323) besonders auf die Schrift Zum ewigen
Frieden. Dies könnte Kants Interesse erregt haben. Im sogleich folgenden

»Ersten Lehrsatz« des »Ersten Hauptstücks« konnte er lesen: »*In sich selbst zurückgehende Thätigkeit überhaupt* (Ichheit, Subjektivität) *ist Charakter des Vernunftwesens.*« (Fichte 1962 ff., I 3, 329) Man wird vermuten, daß hier das Wort »Ichheit« mit einer gewissen Selbstverständlichkeit benutzt wird und Kant es als relativ unbestimmten Begriff in die Anthropologie übernommen hat.

15–23 Es ist aber merkwürdig: ... ziemlich schwer fallen.] Kant gestaltet ◇ erst in der Buchfassung der Anthropologie die Analyse des Selbstbewußtseins zu einer Ontogenese des Selbstbewußtseins; dadurch wird zuerst hier an den Anfang der Anthropologie die Entstehung des einzelnen Menschen als Person gestellt.

Zu dem Sachverhalt vgl. Salomon Maimon, »Erklärung einer allgemein bekannten merkwürdigen anthropologischen Erscheinung« (1800). Die Neue Berlinische Monatsschrift bringt den Artikel, der von der Kantischen Beobachtung ausgeht, unter dem Kolumnentitel »Das grammatische Ich« (3, 1800, 61–72). Maimon zeigt, daß die korrekte Verwendung der Wörter »ich« und »du« nicht durch deiktischen Aufweis erlernt werden kann.

18–19 daß ihm gleichsam ein Licht aufgegangen zu sein scheint] H: ◇ Von Kant korrigiert aus: »aufzugehen scheint«. – Vgl. die »Vorrede« der 2. Auflage (1787) der KrV (B XI): »Dem ersten, der den *gleichschenkligen Triangel* demonstrirte (er mag nun *Thales* oder wie man will geheißen haben), dem ging ein Licht auf [...].« Kant verwendet die Metapher auch beim Rückblick auf die Entstehung der KrV: »Das Jahr 69 gab mir großes Licht« (Refl. 5037; XV 69,21–22); vgl. Reinhard Brandt, »Rez. von: Lothar Kreimendahl, Kant – Der Durchbruch von 1769« (1992). Von Johann Heinrich Lambert stammt ein kurzer Essay mit dem Titel »Es geht mir hierinn ein Licht auf« (in: Lambert 1965 ff., VI 409–414). Bei Christian Wolff findet sich die Licht-Metapher u. a. an folgenden Stellen, die sowohl für Lambert wie auch für Kant entscheidend gewesen sein werden: Ausführliche Nachricht von seinen eigenen Schrifften (1726) § 69: »Als ich nun aber durch ihn [Leibniz] veranlasset ward [...] einigen Sachen weiter nachzudencken, und dadurch endlich auch auf die *Ontologie* verfiel, um zu untersuchen, was es damit für eine Bewandnis habe; so fand ich, daß die Schul-Weisen bloß klare, aber undeutliche Begriffe von denen Dingen gehabt, die in der Grund-Wissenschafft von ihnen abgehandelt werden, und ihre so genannte *Canones* oder Grund-Lehren werden aus den Begriffen erwiesen noch auch jederzeit genug determiniert werden. Durch das erste gieng mir schon ein grosses Licht auf.« (213–214) Ähnlich in der »Vorrede« der Vernünftigen Gedanken von den Kräften des menschlichen Verstandes (1713): »Endlich muß ich auch bekennen, daß [...] mir des Herrn von Leibnitz sinnreiche Gedancken von der Erkäntniß der Wahrheit und den Begriffen in den Leipziger Actis An. 1684 p. 573. unverhoft ein grosses

Licht gegeben [...].« (109) Anders in den Anmerckungen zu den Vernünfti-
gen Gedancken von Gott, der Welt und der Seele des Menschen (1724) § 35:
»Ja, ich finde meine Erklärungen fruchtbar, und kan sie überall gebrauchen.
Sie sind mir ein Licht, welches mir den Weg weiset, daß ich dahin kommen
kan, wo ich hin will, da ich hingegen ohne sie im Finstren tappe.« (71; vgl.
Sonia Carboncini, Transzendentale Wahrheit und Traum (1991) 90 ff.) Wäh-
rend im letzten Text von Wolff ein konstantes Licht angesprochen wird
(Kontrast: »Tappen«; s. dazu den Kommentar zu 120,26), bringen die
vorhergehenden beiden Texte wie die von Lambert und Kant die *plötzliche*
Erhellung zum Ausdruck. Entscheidend ist, daß diese nicht methodisch
durch den Erkennenden hergestellt, sondern von ihm nur vorbereitet wird;
das Aufgehen des Lichtes selbst ist ein sich vollziehendes Geschehen.
Dasselbe besagt die Rede vom »glücklichen Einfall« in der »Vorrede« der
KrV von 1787 (B XI).

◊   **21** Vorher *fühlte* es bloß sich selbst, jetzt *denkt* es sich selbst.] In H steht
jeweils »er«, seit A 1 korrigiert. Kant denkt unwillkürlich an das männliche
Kind und würde statt »Karl« (z. 18) keinen Mädchennamen einfügen. In der
cartesischen Tradition wird das Ich auf das Denken bezogen, nicht auf das
Wollen oder das (ästhetische) Fühlen.

Im Opus postumum wird zu einem Gedanken über den Hebel, den ich »an
einem Punct in mir selbst ansetze«, die Überlegung hinzugefügt: »Daß das
Bewustseyn ein Gefühl sey ist falsch denn die Vorstellung meiner selbst ist
blos logisch um ein Object (an mir selbst) zu haben. Das Wort *sum.*«
(XXI 484,13–17; Konvolut IV, datiert April 1798-September 1798) S. auch
Erich Adickes, Kants Opus postumum (1920) 89.

Das Selbstgefühl von Kindern ist den Autoren des 18. Jahrhunderts
durch den Bericht der stoischen Lehre in Ciceros De finibus (III 5, 16)
vertraut: »Id ita esse [sc. daß die Kinder ein Selbstgefühl besitzen] sic
probant, quod ante quam voluptas aut dolor attigerit, salutaria appetant
parvi aspernenturque contraria, quod non fieret nisi statum suum diligerent,
interitum timerent. Fieri autem non posset ut appeterent aliquid nisi sensum
haberent sui eoque se diligerent.« (232) Zu der dem tierischen Lebewesen
von Natur gegebenen Selbstgefühl (synaistheisis, syneidesis) und der affektiven Selbstbeziehung, der Selbstliebe, wie sie die Stoa konzipierte, vgl.
Maximilian Forschner, Die stoische Ethik (1981) 146–147.

Vom Selbstgefühl des Menschen spricht Kant im § 46 der Prolegomena
(1783): »Wäre die Vorstellung der Apperception, das Ich, ein Begriff,
wodurch irgend etwas gedacht würde, so würde es auch als Prädicat von
andern Dingen gebraucht werden können, oder solche Prädicate in sich
enthalten. Nun ist es nichts mehr als Gefühl eines Daseins ohne den
mindesten Begriff und nur Vorstellung desjenigen, worauf alles Denken in
Beziehung (relatione accidentis) steht.« (IV 334,31–35) Vgl. Johann Nicolas

Tetens' 5. Versuch (Abschnitt 5) der Philosophischen Versuche (1777): »Daher der Begrif von der *Identität unsers Ichs*, [...] als einem Subjekt mit seiner in ihm vorhandenen Beschaffenheit mit einem ähnlichen vergangenen Gefühl, welches reproduciret wird.« (Tetens 1979, I 394) Wenn Kant in den Prolegomena (1783) abrückt vom *Begriff* des Ich und an dessen Stelle das Ich-*Gefühl* stellt, so befindet er sich auf dem Weg von der 1. Auflage der KrV (1781), die eine kategoriale Bestimmung des Ich zuläßt (wenn auch den Kategorien die Anschauung und damit die Möglichkeit der Erkenntnis fehlt), zur 2. Auflage (1787), die diese Lehre herb kritisiert und nur ein reines Subjekt-Denken zuläßt, das darauf verzichtet, das Ich in ein gegebenes, kategorial bestimmbares Objekt zu verwandeln. Das Selbstdenken, von dem Kant an unserer Stelle in der Anthropologie spricht, steht in Einklang mit dem in der 2. Auflage der KrV erreichten Standpunkt.

Kant verbindet die Vorstellung des Selbstgefühls hier nicht mit dem Vitalsinn oder der Vitalempfindung bzw. dem sensus vitalis. Zu diesem inneren Körpersinn vgl. 153,35 – 154,11 mit Kommentar.

Im Hintergrund der Unterscheidung von Selbstgefühl und Selbsterkenntnis stehen die Ausführungen von Malebranche in den Entretiens sur la Métaphysique et sur la Religion, das innere »sentiment« lasse uns wissen, »que je suis, que je pense, que je veux, que je sens, que je souffre, mais il ne me fait point connoître ce que je suis, la nature de ma pensée, de ma volonté, de mes sentiments, de mes passions, de ma douleur, ni des rapports que toutes les choses ont entr' elles.« (Malebranche 1965, III 7, 67) Zur Diskussion in der deutschen Philosophie der neunziger Jahre vgl. die materialreichen Ausführungen von Frank 1998, 672 ff.

21 jetzt *denkt* es sich selbst.] Dieses Sich-selbst-Denken ist kein Sich-   ◇ selbst-Erkennen! In den frühen und mittleren siebziger Jahren nahm Kant noch eine Möglichkeit der intuitiven Selbst-Anschauung an, die zur Selbsterkenntnis qualifizierte, vgl. den Kommentar zu 127,3.

22 dem Anthropologen] Vgl. 120,13. Das Wort ist zuerst in der Men   ◇ schenkunde 339 belegt; das Wort selbst findet sich schon bei Aristoteles in der Nikomachischen Ethik 1125 a 5–6: »Es ist auch nicht seine Art, von Menschen zu reden, weder von sich noch von anderen.«

25 weder Weinen noch Lächeln] Vom Weinen ist das Schreien des Klein   ◇ kindes zu unterscheiden; vgl. 268,28 und 327,22 mit Kommentar.

26 von Beleidigung und Unrechtthun] »und Wohlthun« (H); vgl. auch   ◇ 128,12. Die ursprüngliche Fassung korrespondiert (chiastisch) dem »Weinen« und »Lächeln« (z. 25); die Änderung könnte jedoch von Kant selbst im Hinblick auf die Hindeutung zur Vernunft (z. 27) vorgenommen worden sein, denn das Rechtsbewußtsein wird durch Unrechtthun anderer, nicht deren Wohltun geweckt.

Ausführlicher äußert sich die Anthropologie zu dem angeborenen Rechts»bewußtsein« 268,26–31; 269,24–38 und noch einmal 327,22–26. Das Neugeborene jammert nicht mit seinem Geschrei, sondern äußert Zorn und Entrüstung über die Freiheitsbeschränkung. Kant sucht diesen Protest beim Lebensbeginn mit der Umwandlung des Geschreis in Tränen und der »Entwicklung gewisser Vorstellungen« (z.25–26) von Recht und Unrecht zu verbinden; vgl. den Kommentar zu 269,24–30.

Die Unterscheidung von Schaden und Unrecht ist dem Menschen eigentümlich, wie die Naturrechtler unermüdlich wiederholen; man vgl. die Stellensammlung bei Hugo Grotius, De iure belli ac pacis (1625) I 1, 11, 1 (Grotius 1939, 37–40). Aufgenommen auch von Thomas Hobbes im Leviathan (1651) II 17: »Fiftly, irrational creatures cannot distinguish between *Injury* and *Dammage* [...]« (Hobbes 1991, 120). Vgl. auch die ausführliche Diskussion von Robert Derathé, Jean-Jacques Rousseau et la science politique de son temps (1950) 386–389 und die Anmerkung zur S. 286 des Emile in: Rousseau 1959ff., IV 1330.

128   1–3 des Fortschreitens von ... Erfahrung, zu erweitern.] In H fehlt »des Fortschreitens« und »um sie«. – Vgl. z.18–20 und 134,16–17; 142,16–19; 143,10–13; 156,24–25 (»Diese drei äußern Sinne leiten durch Reflexion das Subject zum Erkenntniß des Gegenstandes als eines Dinges außer uns.«) Die Apprehension fügt zur Empfindung[svorstellung] das Bewußtsein hinzu, denn wir können affiziert werden, ohne es zu merken. Collins 35: »Eine Empfindung ist die Rührung auf unsere Organen; Erscheinung ist die Vorstellung von der Ursache der Empfindung, von einem Gegenstande, der die Empfindung in mir hervorgebracht hat.« Im Nachlaßwerk begegnet die gleiche Formulierung im Hinblick auf die Verwandlung von empirischen Vorstellungen »als Wahrnehmungen in Erfahrungen von der Beschaffenheit der Phänomene der Materie in Raum und Zeit [...].« (XXI 162,12–13)

Mit der hier angesprochenen Erfahrung ist die Alltagserfahrung gemeint: die in der Vergegenwärtigung des Vergangenen und Künftigen in der jeweiligen Gegenwart sich assoziativ ergebende »zusammenhängende[n] Erfahrung« (182,14). Diese sich aus der modalen Zeit assoziativ ergebende je eigene Lebenserfahrung ist nicht das Thema der KrV, die trotz einiger mißlicher Ausdrücke in dem positiven Teil des Nachweises der Möglichkeit von Erfahrung ausschließlich von der Naturwissenschaft und ihrer Befugnis, vom Begriff des Erfahrungs- und Natur*gesetzes* Gebrauch zu machen, handelt.

◇   1–2 von *Wahrnehmungen* (Apprehension der Empfindungsvorstellung)] Ist jede Empfindung immer schon *Vorstellung*, die dann noch der Apprehension bedarf, um zur Wahrnehmung zu werden? Kant drückt sich im prekären Bereich von Empfindung und Wahrnehmung selten klar und deutlich aus. Man wird unbemerkte Empfindungen der einzelnen Sinne von bemerkten, bewußten Empfindungen unterscheiden müssen und könnte die letzteren als Wahrnehmung bezeichnen – das Grün dort, das ich vorher »sah«, ohne darauf zu achten, das Geräusch, das ich »hörte«, ohne es zu hören etc.

5 liebenswürdig] Vgl. in der Anthropologie noch 203,37; 299,34–35; 313,28; 314,31. Seit den Beobachtungen (1763) ist »liebenswürdig« ein fester Terminus, der dem Schönen und dem weiblichen Geschlecht im Gegensatz zum Achtenswerten, Erhabenen, Männlichen zugeordnet ist.

Zur Liebenswürdigkeit der Menschen in allgemein-philanthropischer Hinsicht im »Gemeinspruch« von 1793 s. den dritten Abschnitt: »Vom Verhältniß der Theorie zur Praxis im Völkerrecht. In allgemein philanthropischer, d.i. kosmopolitischer Absicht betrachtet.« (VIII 307,2–3) »Ist das menschliche Geschlecht im ganzen zu lieben […]?« (307,5) »Die menschliche Natur erscheint nirgend weniger liebenswürdig, als im Verhältnisse ganzer Völker gegen einander.« (312,19–20)

6–7 es auch wohl … Befehlshaber zu verziehen] Vgl. Rousseaus dramatische Schilderung der verzogenen Kinder als Familiendespoten im II. Buch des Emile (Rousseau 1959ff., IV 314–315). Hier liegt der Ursprung der Meinung, der Mensch sei ein Tier, das einen Herrn nötig habe; vgl. dazu 292,34–293,34 und den Kommentar.

Zum Komplex der Kindererziehung s. Helga Glantschnig, Liebe als Dressur. Kindererziehung in der Aufklärung (1987) sowie Ulrich Herrmann (Hg.), Die Bildung des Bürgers (1982).

8–9 Entwickelung zur Menschheit] Vgl. zum moral-emphatischen, hier gemeinten Begriff der Menschheit die »Eintheilung« der Metaphysik der Sitten (1797): »Da in der Lehre von den Pflichten der Mensch nach der Eigenschaft seines Freiheitsvermögens, welches ganz übersinnlich ist, also auch bloß nach seiner *Menschheit*, als von physischen Bestimmungen unabhängiger Persönlichkeit, (homo noumenon) vorgestellt werden kann und soll, zum Unterschiede von eben demselben, aber als mit jenen Bestimmungen behafteten Subject, dem *Menschen* […].« (VI 239,23–28) Der Gegenbegriff der »Thierheit« wird 269,37 benutzt. S.a. 327,14–15.

Randbemerkung: »Das Erkentnis [gestrichen: seiner sel] besteht aus zwey stücken der Anschauung und dem Denken. In (?) dem Bewußtsein beyder sich seiner bewußtseyn ist nicht sich selbst warnehmen sondern die Vorstellung des Ich im Denken. Um sich zu kennen, muß man sich warnehmen. perceptio wozu auch apperceptio« (395,14–17). Der Randzusatz ist nicht deutlich dem daneben stehenden Text zugeordnet, sondern kann auch als Ergänzung des Schlusses auf der Seite (und damit des § 1) gedacht sein.

11 den natürlichen Hang der Ammen] A 1; in H fehlt »der Ammen«. Besser wäre im Sinne Kants die Ergänzung »der Menschen«, zu denen besonders die hier erwähnten Mütter, Ammen und Erzieher gehören. Nach

Cicero, De finibus III 19, 62 ist der lebende Organismus gemäß stoischer Lehre naturwüchsig auf Fortzeugung aus, und es wäre unstimmig, »wenn die Natur wollte, daß die Lebewesen sich fortpflanzen, und sich nicht darum kümmerte, daß die Kinder geliebt würden.« (»Neque vero haec inter se congruere possent ut natura et procreari vellet et diligi procreatos non curaret.«) S. auch die weiteren Dokumente SVF III 83–85 (»De conjunctione hominum [sc. et animalium). Vgl. schon Xenophon, Memorabilia I 4, 7. S. auch den Kommentar zu 276,30–32.

◇   **12** welches einschmeichelnd sich des] A1; H dagegen besser: »welches sich einschmeichelnd des«.

◇   **14** die glücklichste unter allen] Der Grund dafür liegt in der »Spielzeit«.

◇   **18–20** weil sie nicht die … Wahrnehmungen war.] Zum Status der in der frühen Kinderzeit noch fehlenden Erfahrung vgl. den Kommentar zu z. 1–3.

◇   **18–19** sondern blos zerstreuter] Zur Zerstreuung vgl. § 47 (206–208), hier die Erläuterung des Begriffs der Zerstreuung 206,1.

◇   **19** unter den Begriff des Objects noch nicht vereinigter] A2; H: »unter keinen Begrif des Objects vereinigter«, A1: »unter Begrif des Objects noch nicht vereinigter«.

◇   **21** *Vom Egoism.*] Zur Problematik des § 2 vgl. die Erörterungen in den Träumen eines Geistersehers (1766), die Kant spielerisch im Schema von Newtons Attraktion und Repulsion und Rousseaus Allgemeinwillen führt, s. II 334,3ff. Zur Wortprägung vgl. den Artikel »Egoismus II« von W. Halbfass im HWPh. – In Deutschland gebraucht vermutlich Christian Wolff das Wort zuerst, s. § 2 seiner Vernünfftigen Gedancken Von Gott, Der Welt und der Seele des Menschen (1720): »[…] die allerseltsamste Secte der Egoisten, die vor weniger Zeit in Paris entstanden, und von allen Dingen geleugnet, daß sie sind, doch das: Ich bin, zugegeben.« (2) Martin Knutzen spricht im Systema causarum efficientium (1745) von »Berkeleio ceteraque Idealistarum, Egoistarum et Pluralistarum cohorte, qui mentem solam existere, corpus vero nullum extra mentem dari sibi vel persuadent, vel saltem prae se ferunt.« (72)

Dies also ein metaphysischer »Egoismus«; das psychologische Phänomen, das Kant erörtert, wird in England als »Egotism« gegeißelt; s. »The Spectator« vom 2. Juli 1714 (Nr. 562): »*It is a hard and nice Subject for a Man to speak of himself* […]. The Gentlemen of *Port-Royal*, who were more eminent for their Learning and their Humility than any other in *France*, banished the way of speaking in the First Person out of all their Works, as arising from Vain-Glory and Self-Conceit. To shew their partcular Aversion to it, they branded this Form of Writing with the Name of an *Egotism*; a Figure not to be found among the ancient Rhetoricians.« (Addison und Steele 1963, IV 272; zur zeitgenössischen Auseinandersetzung vgl. Fabio Todesco, Riforma della Metafisica e sapere scientifico (1987) 20–21). Zielscheibe der »Gentlemen of Port-Royal, der Jansenisten, ist besonders Michel Montaigne. Montaigne selbst nimmt zu der Frage Stellung im Kapitel II 6 (»De l'exercitation«) der Essais (1580): »La coustume a faict le parler de soy vicieux, et le prohibe obstinéement en hayne de la ventance qui semble tousjours estre attachée aux propres tesmoignages.« (Montaigne 1962, 358) Vgl. auch den 21. Satz des Kapitels »De la société et de la conversation« von La Bruyères Les Caractères de Théophraste (1688): »Celui qui dit incessamment qu'il a de l'honneur et de la probité, qu'il ne nuit à personne, qu'il consent que le mal qu'il fait aux autres lui arrive, et qui jure pour le faire croire, ne sait pas même contrefaire l'homme de bien. Un homme de bien ne saurait empêcher par toute sa modestie qu'on ne dise de lui ce qu'un malhonnête homme sait dire de soi.« (La Bruyère 1962, 160) Johann Georg Zimmermann, Vom Nationalstolze (⁴1768) beginnt mit dem Stolz des Einzelnen – jeder ist ein Egomane: »Nichts ist gemeiner als der Stolz. Von dem Throne bis in die Bauernhütte, vom König bis zum Bettler, glaubt jeder Mensch sich durch etwas vor allen andern Menschen ausgezeichnet, und verlachet alles ausser ihm mit Mitleid und hochmüthigem Erbarmen.« (1–2)

Weitere Hinweise bei Norbert Hinske, »Perché il popolo colto rivendica con tanta insistenza la libertà della stampa. Pluralismo e libertà nel pensiero di Kant« (1995a) 287–289. Rudolf Käser, Die Schwierigkeit, ich zu sagen. Rhetorik der Selbstdarstellung in Texten des »Sturm und Drang«. Herder – Goethe – Lenz (1987).

Der heutige Kontrastbegriff des »Egoismus«: der »Altruismus«, ist eine Wortschöpfung von Auguste Comte; Kants Gegensatz von Egoismus und Pluralismus findet sich bereits bei Martin Knutzen, s. Kommentar zu 130,12.

23 sein geliebtes Selbst] Es klingt hier die bekannte Unterscheidung von ◇ natürlichem »amour de soi« und ungutem »amour propre« an, die Kant von Rousseau vertraut war. – Der Mensch soll »in seiner Vorstellung das Ich haben« können (127,4); es ist nicht ohne weiteres klar, welche besondere Anteilnahme er an dieser Vorstellung haben soll. Warum soll die Ich-Vorstellung nicht wie die Vorstellungen von Wolken am Nordpol, »like unregarded shadows«, durch mein Bewußtsein ziehen? Woher die Liebe zu diesem vorgestellten Selbst?

29–30 logisch oder ästhetisch oder praktisch] Refl. 230: »Der theo- ◇ retische idealism [...] Der practische [...] Der aesthetische [...].« (XV 88,15–19); Refl. 1482: »Der egoism im metaphysischen Verstande; im Moralischen; endlich im physischen.« (XV 662,6–7; »physischen« wurde von Kant durchgestrichen und durch die Worte »aesthetischen Eitelkeit«

ersetzt, Anm. Adickes.) In der frühen Phase der Vorlesung unterschied Kant
das Ideal in der gleichen Weise: »Wir können dreyerley Ideale haben. – 1.)
Aesthetisches, 2.) Intellectuales, 3.) practisches.« (Collins 81) – Busolt 7 unterscheidet zwischen moralischen, ästhetischen und physischen Egoisten.
Dohna 9 schreibt abweichend: »Man kan 4 Arten des Egoismus angeben,
nemlich 1.) den logischen, der darin besteht daß man andrer Urtheil gegen
seins unrichtig glaubt, ohne es mit dem der Menschheit überhaupt, zu
vergleichen. [...] 2.) metaphysisch 3) aesthetisch 4.) moralisch, wenn der
Mensch immer sein allerliebstes Selbst vorzieht, man kann ihn theilen: 1.) in
den Egoism des Wohlwollens gegen sich selbst, wenn man sich allein wohl
will. Er heißt Solupsismus (Solus ipse). 2.) in den Egoism des Wohlgefallens
an sich selbst. Er heißt Phylaphtie [sc. Philautie]«. Es fehlt eine nähere
Ausführung der vier Egoismus-Arten.

◇   **31–129,17** Der *logische Egoist* ... des Irrthums kommen.] Vgl. in den
Träumen eines Geistersehers (1766) die (auch autobiographisch getönte)
Schilderung des Übergangs vom logischen Egoisten zum logischen Pluralis-
ten (1. Teil, 4. Hauptstück): »Ich habe meine Seele von Vorurtheilen
gereinigt [...]. Das Urtheil desjenigen, der meine Gründe widerlegt, ist
mein Urtheil, nachdem ich es vorher gegen die Schale der Selbstliebe und
nachher in derselben gegen meine vermeintliche Gründe abgewogen und
in ihm einen größeren Gehalt gefunden habe. Sonst betrachtete ich den allgemeinen menschlichen Verstand blos aus dem Standpunkte des meinigen:
jetzt setze ich mich in die Stelle einer fremden und äußeren Vernunft,
und beobachte meine Urtheile sammt ihren geheimsten Anlässen aus dem
Gesichtspunkt anderer. Die Vergleichung beider Beobachtungen giebt zwar
starke Parallaxen, aber sie ist auch das einzige Mittel, den optischen Betrug zu verhüten und die Begriffe an die wahre Stellen zu setzen, darin sie
in Ansehung der Erkenntnißvermögen der menschlichen Natur stehen.«
(II 349,4–22)
     Dem logischen Egoisten in seiner strengsten Form begegnen wir wie-
der im Kapitel über den Wahnsinn: »Das einzige allgemeine Merkmal
der Verrücktheit ist der Verlust des *Gemeinsinns* (sensus communis) und der
dagegen eintretende *logische Eigensinn* (sensus privatus) [...].« (219,6–8) –
Die Gliederung in die drei Formen des Egoismus gibt es seit Collins. Hierin liegt die latente Leitform der drei Kritiken, die sich mit dem Wahren,
dem Guten und Schönen oder Erhabenen befassen. – 199,21–22 wird die
Trias abgewandelt zur technischen, ästhetischen und praktischen Urteilskraft. S. die von Kants Bemerkungen ausgehenden Überlegungen Lazarus
Bendavids, »Ueber den logischen Egoism. An Hrn Salomon Maimon.«
(1800)

◇   **31** Der *logische Egoist*] Vgl. Georg Friedrich Meier, Auszug aus der
Vernunftlehre (1752) § 170: »Ein logisch Vorurtheil (praeiudicium logicum)

ist ein Vorurtheil, wodurch die Vollkommenheit der gelehrten Erkenntniß, sonderlich die Gründlichkeit derselben gehindert wird. Zum Exempel: a) das Vorurtheil des gar zu großen Zutrauens (praeiudicium nimiae confidentiae), wenn man auf eine übereilte Art etwas für logisch vollkommen hält. 1) [...]. 2) Die logische Egoisterei (egoismus logicus), wenn jemand etwas deswegen für logisch vollkommen hält, weil er selbst der Urheber davon ist.« (46) S. auch XVI 412ff. Entsprechend dieser Ausführungen wird vom logischen Egoismus in den Nachschriften der Logik-Vorlesungen gehandelt, vgl. Logik-Wien. »Der logische egoismus ist entweder Indifferentism oder *Gleichgültigkeit* gegen Anderer Urtheile, indem ich anderer Urtheile zur Beurtheilung des meinigen für unnötig halte, oder *Eigendünkel* und arroganz, da man sich nur allein anmaßt, vor allen Andern *ein* richtiges Urtheil von einer Sache zu fällen.« (XXIV 874,21–25); Logik-Hechsel 53: »Das Vorurtheil des Ansehens in sich selbst, heißt der logische Egoismus.«

Der logische Egoismus erscheint als einziger in einer Randbemerkung in der Mitschrift Philippi (4v); in der Vorlesung selbst wird wie bei Collins verfahren sein, s. ad z. 29–30. Vgl. die gleiche Problematik 219,6–220,3, ohne Rückverweis.

Vgl. auch in den »Bemerkungen in den Beobachtungen über das Gefühl des Schönen und Erhabenen« (hrsg. von Marie Rischmüller), Bemerkung 136 (ad II 253,10–26): »De stationibus: [...] *Logicis*, in Ermanglung Egoismus« (125); Bemerkung 8 (ad II 207,11–208, 4): »Der logische *egoism* ›Geschiklichkeit Standpunkte zu nehmen‹.« (15) Vgl. Rischmüller (Hrsg.) 1991, 153.

32–33 criterium veritatis externum] Vgl. Refl. 2564 (XVI 418,8–24); Logik-Hechsel 53. – Diese anthropologisch erforderliche Kontrolle des eigenen Urteils durch das Urteil anderer unterscheidet sich dadurch von der heutigen Diskurstheorie, daß ein vom Kontrollverfahren unabhängiger Zugang zur Objektivität angenommen wird.   ◇

36 *Freiheit der Feder*] Ms. 400 239: »So verbieten oft Fürsten die   ◇
Drukerpreße, denn die Freiheit derselben ist ein Mittel die Vernunft zu beleben, die Kenntniße zu bilden, und also vernünftelnde Menschen zu machen. Die Untersagung derselben bringt nun das Gegentheil hervor [...].« Zur Pressefreiheit als dem Palladium der Menschenrechte vgl. einen anonymen Aufsatz im Schleswigschen Journal I, 1792, (Jan. bis Apr.), in dem es heißt, »Preßfreiheit und Publizität« seien »das allein sichere Palladium unserer heiligsten Menschenrechte« (456); dementsprechend seien alle gegen die Freiheit der Presse gerichteten Gesetze »auf alle Fälle immer ungerecht; denn nur durch die völlig freie Mittheilung aller Gedanken kann Wahrheit wirklich gefunden werden.« (379; zitiert nach Agethen 1984, 29)

J. A. Bergk, Untersuchungen aus dem Natur-, Staats- und Völkerrechte (1796) bringt auf der nichtpaginierten Titelseite ein Motto von Kant: »Die Freyheit der Feder ist das einzige Palladium der Volksrechte« und handelt ausführlich über die Pressefreiheit im »8. Versuch«, 59–77.

129 6–7 mit Talent und Fleiß] Es gibt zwar keinen Anlaß, an dieser Stelle vom Genieproblem zu sprechen, Kants Formulierung stimmt jedoch mit der sonst geäußerten Meinung überein, zur Mathematik bedürfe es nur des Talents und Fleißes, und entsprechend sei es falsch, Newton als Genie zu bezeichnen, vgl. V 308,32–309,6 (KdU § 47). Auch 326,3 wird im Hinblick auf Archimedes, Newton und Lavoisier (zuerst: Galilei) nur von »Fleiß und Talent« gesprochen. S. dazu auch 226,35 mit Kommentar.

◇ 8–12 Giebt es doch ... nicht auch so dünke.] Vgl. die parallelen Phänomene des Seh- und Hörsinns bei einem Verrückten qua logischem Egoisten 219,8–10 (»[...] z. B. ein Mensch sieht am hellen Tage auf seinem Tisch ein brennendes Licht, was doch ein anderer Dabeistehende nicht sieht, oder hört eine Stimme, die kein Anderer hört.«)

◇ 9 dem Urtheil unserer eigenen Sinne] Die Sinne urteilen nicht (vgl. 146,6), legen aber, so wird man sinngemäß interpretieren, Urteile und Fehlurteile nahe.

◇ 13–14 Urtheile der Rechtserfahrenen] Vgl. VI 229,6–9: »Ist eine solche Gesetzgebung wirklich, so ist sie die Lehre des *positiven* Rechts, und der Rechtskundige derselben oder Rechtsgelehrte (Iurisconsultus) heißt *rechtserfahren* (Iurisperitus) [...].« (§ A der »Einleitung in die Rechtslehre« der Metaphysik der Sitten)

◇ 15 dürfen, so ... jeder Schriftsteller] H: »dürfen, ja nicht sollen,«. – Eine durchstrichene Textpassage von H: 395,18–23. – Mutatis mutandis gibt es das Problem des »Anhangs« auch für den Dichter, vgl. V 282,21–32 (KdU § 32). S. auch z. 34–130,2.

◇ 16 ist, in] A1; dagegen H: »ist allein steht blos darum beym Publikum in«.

◇ 18–33 Eben darum ... die oft zu Entdeckungen führt.] Vgl. Refl. 1482 (XV 671,14–672,10). Zu Kants Vorliebe für das Paradoxe vgl. die handschriftliche Notiz von Christian Jacob Kraus zu Samuel Gottlieb Walds Gedächtnisrede von 1804: »Die originalsten Autoren, wie paradox sie auch sein mochten, waren seine Lieblingsautoren. Daher nahm er selbst den Moscati, der den aufrechten Gang des Menschen als Quelle vieler Krankheiten und mithin als nicht naturgemäss vorstellte, in einer Recension in Schutz. Denken und wo möglich immer was Neues, die gewöhnlichen Begriffe überflügelndes Denken war für seinen regen Geist Bedürfniss. Daher seine Liebe für alle, wenn auch noch so paradoxen Schriften.« (mitgeteilt II 517 nach Rudolph Reicke, Kantiana. Beiträge zu Immanuel Kants Leben und Schriften (1860) 15). Vgl. weiter Reinhard Brandt, »Feder und Kant« (1989) 249–264 (mit weiterführender Literatur).

Rousseau bekennt sich dazu, paradox zu sein; so im Emile: »Lecteurs vulgaires, pardonez-moi mes paradoxes.« (Rousseau 1959 ff., IV 323 (»Livre II«); vgl. 242 (»Préface«); 928 (»Lettre à C. de Beaumont«). Jacobis Äußerungen zum Paradoxen bei: Mendelssohn 1971 ff., VI 1, 236–237. – Norbert Haas, Spätaufklärung. Johann Heinrich Merck zwischen Sturm und Drang und Französischer Revolution (1975) 170 (der »Hang zum Paradoxen« als signifikant für die deutsche Spätaufklärung). Die sog. »Kopernikanische Wende« ist ein Musterbeispiel des Wechsels einer Sehweise in der Wissenschaft, KrV B XXII Anmerkung: »widersinnisch« gleich »paradox«. Parow 19: »Ein solches Paradoxon, war das System des Copernicus.«

26–27 Si omnes patres sic, at ego non sic. *Abaelard*] »Selbst wenn alle ◇ Väter Ja sagen, sage ich dagegen nicht Ja.« – Zu Abelard in der Vorlesung vgl. XXV 1660 s. v. »Abelard«.

31–33 weil es einschläfert ... zu Entdeckungen führt.] H, A 1: »ein- ◇ schlummert«. – Kant ließ sich (nach seiner eigenen und eigenwilligen Rekonstruktion der Genese der KrV) sei es von David Hume (IV 260,6–9: »Ich gestehe frei: die Erinnerung des David Hume war eben dasjenige, was mir vor vielen Jahren zuerst den dogmatischen Schlummer unterbrach und meinen Untersuchungen [...] eine ganz andere Richtung gab.« Prolegomena »Vorwort«), sei es durch die paradoxe Problematik der Antinomie im Weltbegriff (XII 257,32–37; auch IV 340,1–8) aus dem dogmatischen Schlummer zu seinen Entdeckungen erwecken. Die Antinomie ist jedoch erst in der schon gefundenen Systematik der KrV lokalisierbar, kann also im genaueren Sinn nicht zu ihr hinführen; im Fall Humes ist darauf zu achten, daß Kant den Treatise of Human Nature (1739–1740) weder im ganzen noch in irgendwelchen Teilen je zur Kenntnis genommen hat. Die von Sulzer herausgegebenen Versuche Humes (1754–1756) kannte er mindestens seit Beginn der sechziger Jahre. Daß Hume über keinen Weltbegriff verfügt, der antinomisch werden könnte, zeigen sowohl die Versuche wie auch der Traktat.

34–130,2 Der *ästhetische* Egoist ist ... sich allein sucht.] Ähnlich schreibt ◇ schon Pseudo-Longinos in der Schrift Vom Erhabenen: »Wenn nämlich Menschen von verschiedener Tätigkeit und Lebensweise, verschiedenem Interesse, Alter und Denken zugleich alle ein und dasselbe über dasselbe meinen, so läßt das zustimmende Urteil so ungleich gestimmter Zeugen das Vertrauen in den Wert des Bewunderten stark und unumstößlich werden.« (7, 4) Und als Korrektiv beim eigenen Schreiben: »[...] wie hätte Homer, wäre er zugegen, dies von mir Gesagte angehört? wie Demosthenes? oder: welchen Eindruck hätte dies bei ihnen hinterlassen?« (14, 2)

3–11 Endlich ist der *moralische* ... daher praktische Egoisten.] Der   130 Gedanke, der zur Schlußfolgerung des letzten Satzes führt, ist: Alle moralischen Egoisten sind notwendig moralische Eudämonisten, weil sie ihre

Zwecke nur in den eigenen Nutzen setzen und sich folglich nicht dem allgemeinen Pflichtgesetz unterwerfen. Da es keinen objektiven allgemeinen Nutzen gibt (wie der Utilitarist fälschlich glaubt), ist jeder Eudämonist tatsächlich ein moralischer Egoist.

◇   **3–4 welcher alle Zwecke auf sich selbst einschränkt]** Diese tadelnswerte Haltung widerspricht dem Prinzip, das in der Grundlegung zur Metaphysik der Sitten die »Zweck-an-sich-Formel« des kategorischen Imperativs mitbegründet: »Der Grund dieses Princips ist: *die vernünftige Natur existirt als Zweck an sich selbst.* So stellt sich nothwendig der Mensch sein eignes Dasein vor; so fern ist es also ein *subjectives* Princip menschlicher Handlungen.« (IV 429,2–5) Der Mensch als Vernunftwesen ist damit zwar die oberste einschränkende Bedingung aller materialen Zwecksetzungen (zu denen der Zweck an sich selbst als schon daseiend nicht gehören kann), aber er schränkt damit nicht alle Zwecke auf sich selbst ein. – Eine frühere Variante der Selbstsetzung als eines Zwecks an sich selbst ist die in der Collinsgruppe überlieferte Vorstellung, daß sich der Mensch notwendig als Schöpfungszweck ansieht: »Es liegt auch in ihm [sc. dem Wort »Ich«] die Personalitaet. Jeder Mensch, jedes Geschöpf, was sich selbst zum Gegenstand seiner Gedancken macht, kann sich nicht als ein Theil der Welt ansehen, das Leere der Schöpfung auszufüllen, sondern als ein Glied der Schöpfung, und als Mittelpunckt derselben, und ihr Zweck.« (Collins 3)

◇   **10 als welcher durchaus]** Nach »als welcher« fährt H fort (durchstrichen): »nur in den für *jedermann* geltenden Bestimmungsgründen des freyen Willens in Ansehung des Zwecks gefunden werden kann.« Vielleicht von Kant gestrichen, weil sich hier die allgemeine empirische Anthropologie zu eng an seine eigene spezielle Moralphilosophie band.

◇   **11 Alle Eudämonisten sind daher praktische Egoisten.]** H: »Alle Eudämonisten sind«; die (notwendige) Ergänzung von A1 im Rückgriff auf 128,30. Es wäre auch »moralische Egoisten« im Rückgriff auf 130,3 möglich und wohl besser gewesen, weil Kant das allgemeine Schema von »logisch-ästhetisch-praktisch« (nach 128,29–30) im letzteren Fall nur für das spezielle Feld der Moral ausführt.

◇   **12 Dem Egoism kann nur der *Pluralism*]** Vgl. Logik-Philippi: »Der Egoiste verwandelt alle Erkenntniß auch die Vernunftsätze selbst in Schein (apparantia) indem er ihnen eine Privatgültigkeit giebt. [...] Wenn man seine Einsichten mit denjenigen anderer vergleicht und aus dem Verhältniß der Uebereinstimmung mit anderer Vernunft die Wahrheit entscheidet, ist das der logische Pluralism.« (XXIV 428) Logik-Bauch (nicht ediert): »Logischer Egoism entgegen dem Pathologischen des Eigennutzes [ist] besteht darin, daß man zur Berichtigung unserer Kenntniße, insofern sie auf der Erfahrung beruhn, andrer Urtheile für unnöthig hält.« (85–86) Busolt: »Wir

Menschen haben bey Gebrauch des Verstandes eine Regell, unser Uhrteil durch das Uhrtheil anderer zu prüfen, daß wir uns nicht unseres eigenen Uhrtheils allein bedienen. sondern auch der Andern ihres, damit Ueber- einstimmung sey, welches ein nothwendiger probirstein der Wahrheit sey. Es muß Sensus communis, allgemeiner Verstand da seyn, und das Uhr- theil muß nicht Egoistisch, sondern Pluralistisch seyn und von allen Menschen gelten.« (81) In der KdU s. V 278,18 und 20 (»egoistisch« – »pluralistisch«).

In der zu 128,31 zitierten Passage: »Das einzige allgemeine Merkmal der Verrücktheit ist der Verlust des *Gemeinsinnes* (sensus communis) und der dagegen eintretende *logische Eigensinn* (sensus privatus), [...]« (219,6–8) steht die Beziehung auf den Gemeinsinn für Pluralismus, der Eigensinn für den Egoismus. – XX 12,14: »Der logische egoism Geschicklichkeit Stand- puncte zu nehmen.«

13 die Denkungsart] Zu Denkungs- und Sinnesart vgl. XXV S. CX und   ◇ hier 285,18–19 mit Kommentar. – In der zweiten Auflage der KrV wird zum ersten Mal in den Druckschriften der Begriff der Denkart benutzt und von der »Revolution der Denkart« (B XI) gesprochen. Nun ist diese neue Denkart der spekulativen Vernunft ebenso wie die Denkungsart der prakti- schen Vernunft dem Prinzip der Selbstgesetzgebung verpflichtet. Die Einheit der theoretischen und der praktischen Vernunft liegt entsprechend im Autonomie-Prinzip, gemäß dem sich die Vernunft von der Heteronomie der Dinge befreit und in einer paradoxen Wende auf sich selbst besinnt. Sie entdeckt in der eigenen Gesetzgebung das Prinzip hier der Erkenntnis der Dinge qua Erscheinungen, dort des Handelns nach eigenem Willen statt unter dem wechselnden Reiz der Natur. Der sog. kopernikanischen Wende (dazu Reinhard Brandt, »Zu Kants politischer Philosophie« (1997c)) ent- spricht das »Paradoxon der Methode« der praktischen Vernunft. Vgl. Brandt 1995 a.

15–21 So viel gehört davon ... blos metaphysisch.] Zum Anlaß des   ◇ Abweises eines »metaphysischen Egoismus« vgl. oben ad 128,28–30. Vgl. Jean Bernard Merian, »Sur le phénoménisme de David Hume«, in: Mémoires de l'Académie des Sciences (1793) 417–437. – Karl Leonhard Reinhold, Versuch einer neuen Theorie des menschlichen Vorstellungsvermögens (1798) 201: »[...] *Egoisten*, d.h. Philosophen [...], die das Daseyn aller Gegen- stände außer ihrem Ich geläugnet haben; [...].« Später wird kaum noch vom Egoismus und Egoisten im metaphysischen Verstand gesprochen, sondern nur noch im moralischen.

Die grundsätzliche Abgrenzung der Anthropologie von der Metaphy- sik gehört zur ersten Phase der Vorlesung, s. XXV S. VIII. Hier wird eine neue Problematik benannt, die nicht in die anthropologische, sondern metaphysische Fragestellung im Hinblick auf das isolierte Ich gehört. Die

Grenze zwischen pragmatischer Anthropologie und Metaphysik beim
Ichbegriff wird auch später noch virulent, vgl. die »metaphysische« Abschweifung 134,14–34 und die korrespondierenden Passagen aus H, die
gestrichen wurden. S. auch die erneute explizite Grenzziehung 142,31–
143,2.

◇ *23 Über die Förmlichkeit der egoistischen Sprache.*] Die Begriffe des
Egoismus und des Pluralismus (z. 25 und 34) schließen einerseits an die
vorhergehende Erörterung des § 2 an, sind andererseits jedoch strikt grammatisch gefaßt; vielleicht wird deswegen auch von »*unitarisch*« (z. 32–33)
statt »egoistisch« gesprochen. – Die Frage der Anrede ist ein vieldiskutierter
Topos des 18. Jahrhunderts; in den Vorlesungsnachschriften Parow 5; Mrongovius 8–9.

◇ *25 pluralistisch*] Vgl. z. 34 (»*pluralistisch* durch *Ihr*«).

◇ *27–28 was der König von Spanien ... der König) sagt.*] Vgl. Parow 5
mit Kommentar Nr. 7. S. auch Eobald Toze, Einleitung in die allgemeine
und besondere Europäische Staatskunde (1785) 144: »Die königlichen Ur-
kunden werden mit den Worten YO EL REY, *Ich der König* unterzeichnet:
aber in Briefen an auswärtige Fürsten unterschreibt der König seinen
Namen.«

◇ *32 durch Du*] Von Kant ausdrücklich am Rand korrigiert in »durch *Ich*
und *Du*« (auch A 1; im Hinblick auf die »wechselseitige Anrede« z. 31–32;
auch »wechselseitige« wurde zum ursprünglichen Text hinzugefügt).

◇ *34–131,7 wozu die Deutschen ... Gebrauch gekommen.*] Die hier gegebene Charakteristik der »Deutschen« (nach A 2! s. den folgenden Kommentar) wird 318,25–319,20 aufgenommen und fortgeführt.

◇ *34–131,1 durch Ihr bezeichnet ... den des Er und des Sie (gleich]* Kant
hatte in H geschrieben: »durch *Ihr* und Sie umgewandelt worden wozu die
letztern noch einen mittleren, zur Mäßigung der Herabsetzung des Ange-
redeten ausgedachten Ausdruck nämlich den des Er (gleich«. (»umgewandelt«, sc. gegenüber den alten, klassischen Sprachen, z. 32). So auch A 1
(leicht geändert). – Vgl. Ms. 400 617–618.

131 7–14 Alles vermuthlich ... nicht verfehlt würde.] Vgl. in den Vorlesungen
über Metaphysik (L 1) den Verweis auf die Kirchenhierarchie, die Voltaire
kritisiert: »Sagt man: Gott schließt die Reihe; so sagt Voltaire recht: Gott
gehört nicht zur Reihe, sondern er hält die Reihe; er ist seiner Natur nach
von der Reihe ganz unterschieden, und wenn die Reihe ins Unendliche
könnte fortgesetzt werden, so könnte man doch nicht auf solche Wesen
kommen, die Gott die nächsten wären, und von diesen sogleich auf Gott.
Voltaire sagt: die Menschen mögen sich gern solche Reihe vorstellen; z. E.
vom Papste bis auf den Kapuziner. Allein dieses wäre doch kein quantum
continuum, sondern discretum, dessen Theile im Raume bestimmbar sind.«
(XXVIII 205,23–28) – Das »Feudalwesen« (z. 8) wird von Kant wie von

Rousseau durchgehend negativ gesehen. Die Polemik gegen das Feudalwe-
sen wendet sich in den neunziger Jahren u. a. gegen dessen Apologeten
Justus Möser, der den Adel als privilegierten Stand beibehalten will und die
Leibeigenschaft verteidigt, sodann August Wilhelm Rehberg und Friedrich
Gentz; vgl. zur Fraktionsbildung Reinhard Brandt, »Zu Kants politischer
Philosophie« (1997c). – Das Gegenbild zum Unwesen des Feudalismus
lieferte die Antike. Bei den »Alten« gab es keine Titel (Dr. Seneca, Prof. Dr.
Platon, Baron Sophokles), jeder sagte »ich« (nicht »Wir«) und redete jeden
mit »du« an.

9–10 wo die Menschenwürde ... Mensch bleibt] Unüberhörbar der ◇
Nachklang des Lukrez-Verses: »eripitur persona, manet res« (vgl.
180,26–27) – So auch in der Metaphysik der Sitten: Die Leibeigenen sind
»Menschen ohne Persönlichkeit« (VI 241,25).

12–13 oder eines Kindes ... haben darf] Vgl. Christian Schiffert, Nach- ◇
richt von den jetzigen Anstalten des Collegii Friedericiani (1741), in: Klemme
1994, 101–102: »Wie denn überhaupt die gemeinen Anreden, als die Kinder
DU zu heißen, und noch viel weniger Schimpf-Worte bey uns nicht
gebräuchlich sind, auch nicht geduldet werden.«

13–14 der *Grad* ... verfehlt würde.] Der Satzteil fehlt in H. – Kant (?) ◇
spricht ironisch wie 209,24–31.

15 *Von dem ... seiner Vorstellungen.*] Beachtet man die weitere Themen- ◇
folge, so handelt der § 3 von den klaren Vorstellungen, § 4 bringt den
Sonderfall der (sonst für Klarheit sorgenden) Aufmerksamkeit auf sich
selbst, § 5 handelt von den nicht klaren, sondern dunklen Vorstellungen,
und § 6 schließt den traditionellen Komplex des »clarum et obscurum«,
»distinctum et confusum« mit der letzteren, wenn auch modifizierten
Gegenüberstellung ab. Die neue Akzentsetzung Kants führt dazu, daß
das Schema zwar zugrunde gelegt wird, aber nicht zu Beginn schulmäßig
vorgestellt wird. Erst 135,9–13 und 137,24–138,10 folgt der Hinweis auf
die Begriffsquaternio. – Wenn in den §§ 3 und 4 von dem willkürlichen
Bewußtsein der Vorstellungen (mit den beiden unterschiedlichen Akten
der Aufmerksamkeit und der Abstraktion) und der Selbstbeobachtung
gehandelt wird und damit in der Problemdisposition der Bereich der klaren Vorstellungen zur Erörterung steht, dann steht im Hintergrund eine
von Kant hier nicht thematisierte Schwierigkeit: Wir können natürlich
klare Vorstellungen und deutliche Erkenntnisse haben, ohne daß wir uns
dessen im Modus des Aufmerkens auf uns selbst bewußt werden. Dieses
Phänomen ist schon von Plotin beobachtet worden: »Enneade« I 4 (»Über
die Glückseligkeit«) 10, 21–26: die selbstverlorene Konzentration auf
einen bestimmten Sachverhalt. Vgl. auch Pseudo-Mayne, Über das Bewußtsein (1983) 76. Demnach ist mit klaren, ergo auch bewußten Vorstellungen zu rechnen, deren wir uns bewußt sind, ohne daß wir diesem Sach-

verhalt unsere Aufmerksamkeit widmen und damit von der klaren Vorstellung der Sache selbst ablenken. Für dieses allbekannte Phänomen gibt
es in der Kantischen Anthropologie keine explizite Erörterung; die Thematisierung von willkürlichem Bewußtsein und Selbstbeobachtung am
Systemort der klaren Vorstellungen zeigt jedoch, daß das Problem präsent
ist.

◇   **16** Das Bestreben sich seiner Vorstellungen bewußt zu werden] Statt
dessen in H und A1: »Dieses Verfahren mit sich selbst« (»Dieses« bezogen
auf den Titel, der auf die Paragraphenbezeichnung folgt). – Die Formulierung »sich seiner Vorstellungen bewußt zu werden« ist unglücklich, weil
eine Konzentration auf die Vorstellung gemeint ist, wobei das Faktum, daß
wir sie dann gerade »selbstvergessen« haben, nicht formuliert wird. Vgl.
auch 135,14–15: »Wenn ich weit von mir auf einer Wiese einen Menschen zu
sehen mir bewußt bin, [...]«; auch hier soll der Sehende nicht zugleich auf
sich selbst achten.

◇   **16–18** Das Bestreben ... bewußt bin (abstractio).] Erste Bezugnahme auf
die »Psychologia empirica« der Baumgartenschen Metaphysica: »Quod aliis
clarius percipio, ATTENDO, quod aliis obscurius, ABSTRAHO AB EO« (§ 529).
§ 624 wird der Intellekt als oberes Erkenntnisvermögen eingeführt und
sogleich im § 625 auf die beiden Tätigkeiten der Attention und Abstraktion
bezogen: »Cum habeam facultatem attendendi, ATTENTIONEM (Anm.: »das
Vermögen der Aufmerksamkeit, oder auf etwas zu achten«), abstrahendi,
ABSTRACTIONEM (Anm.: »der Absonderung, oder sich etwas aus den
Gedanken zu schlagen«), § 529 et praescindendi seu abstrahendi partem a
toto, § 589, eaeque se exserant in sensationibus, imaginationibus, praevisio-
nibus, e.c., prout obiecta earum ad corpus meum se habeant, § 538, 600,
actuantur per vim animae repraesentativam universi pro positu corporis,
§ 513.«
     Es ist zu beachten, daß Kant der »Abkehrung von der Aufmerksam-
keit« (206,1–2, s. Kommentar), der Zerstreuung, einen eigenen Paragraphen innerhalb der Behandlung der Gemütsschwächen widmet. – Francis
Hutcheson wendet sich mit dem Verfahren einer bloßen Aufmerksamkeit
(der Philosophie) gegen die Demonstrationen (anderer Wissenschaften):
»In this Inquiry we need little *Reasoning*, or *Argument*, since Certainty is
only attainable by distinct *Attention* to what we are *conscious* happens in
our Minds.« (Hutcheson 1971, II 2; An Essay on the Nature and Conduct of
the Passions and Affections (1728) »Treatise I, Sect. I.«; vgl. Wolfgang Schrader, Ethik und Anthropologie in der englischen Aufklärung (1984) 74). –
Charles Bonnet schreibt in seinem Essai analytique sur les facultés de l'âme
(1760): »*L'Esprit d'Observation* [...] cet Esprit *universel* des Sciences et des
Arts, n'est que *l'Attention* appliquée avec *régle* à différens Objets. Un
Philosophe qui nous traceroit les *Régles de l'Art d'observer*, nous enseigne-

roit les *Moyens* de *diriger* et de *fixer l'Attention*.« (Bonnet 1970, 184–185; § 279) Bonnet faßt Newton als »Génie attentif« und stellt allgemein fest, »que c'est par l'*Attention* que nous formons des *Abstractions* de tout genre.« (§ 530; S. 312–313) S. dazu auch Ralph Häfner, »»L'âme est une neurologie en miniature‹: Herder und die Neurophysiologie Charles Bonnets«, in: Schings (Hrsg.) 1994, 390–409, bes. 392–393. Jacques Marx, »L'art d'observer au XVIIIe siècle: Jean Senebier et Charles Bonnet« (1974) 201–220.

Kurt Joachim Grau, Die Entwicklung des Bewußtseinsbegriffs im XVII. und XVIII. Jahrhundert (1916) 176 (»Bewußtsein« wird bei Leibniz zu »Aufmerksamkeit«). Bachmann-Medick 1989, 174 ff.

20–21 Act des Erkenntnißvermögens] In der 1. und 2. Auflage der KrV $\diamond$ wird noch durchgehend vom »Aktus« (»Actus«) gesprochen, während von »Akt« und »Akten« in den Druckschriften erst ab der Metaphysik der Sitten (1797) gesprochen wird (VI 213,12; 272,3).

23–24 *von etwas*, d.i. einer ... Vorstellung, abstrahiren] H: »von einer $\diamond$ [gestrichen: Vorstellung abstrahiren] Bestimmung des Gegenstandes meiner Vorstellung abstrahiren«. H verdient entschieden den Vorzug vor A. – Der Gedanke schon im § 6 der Dissertation von 1770. »Nempe proprie dicendum esset: *ab aliquibus abstrahere*, non *aliquid abstrahere* [...] Hinc conceptus intellectualis *abstrahit* ab omni sensitivo, non *abstrahitur* a sensitivis, [...].« (II 131,21–26)

31 *in seiner Gewalt zu haben* (animus sui compos).] Vgl 144,3–5: »[...] $\diamond$ daß er den Gebrauch aller seiner Vermögen in seiner Gewalt habe, um ihn seiner *freien Willkür* zu unterwerfen«; 236,24; 237,12–13; 239,16; 252,3–4: »Der Affect der Überraschung durch Empfindung, wodurch die Fassung des Gemüths (animus sui compos) aufgehoben wird.« Vgl. 287,25–26. – Philippi notiert: »Der Selbstbesitz animus sui compos, der Gott der Stoiker ist viel erhabner, als das stets fröhliche Gemüth des Epicur.« (35, Randbemerkung) Zur Formel des in der antiken Literatur wohl nicht belegten »animus sui compos« vgl. Collins 52 mit Kommentar Nr. 66. Die eigentliche Übersetzung wäre das »in potestate sua«. – Für Kant ist die stoische Maxime, sich selbst in seiner Gewalt zu haben, das Lebenselixier; Johann Friedrich Abegg vermerkt bewundernd in seinem Reisetagebuch von 1798: »Ganz in seiner Gewalt hat er sich.« (Abegg 1977, 148) S. auch den Hinweis auf Kants Maxime des »tenax propositi« bei Borowski 1912, 82. Vgl. u.a. den ersten Abschnitt in Epiktets Handbüchlein der Moral: »Von dem, was in unserer Gewalt steht und was nicht«. (Zu Epiktet s. XXV 1590 und 1668 s.v. »Epiktet«.)

1 seiner Geliebten] Fehlt in H.   132

4–5 am Rock fehlenden Knopf] Ein zu seltsamem Ruhm gelangter $\diamond$ Knopf, vgl. Menschenkunde 56.

◇   10 Gemüthsstärke] H: »Seelenstärke«. »Gemüthsstärke« ist bei Dingelstaedt 85 und Starke II 76 belegt. Durch die Änderung des Redaktors geht der
Zusammenhang mit 242,2–6 verloren, s. den zugehörigen Kommentar.

◇   **12 Von dem Beobachten seiner selbst.**] H: »Beobachter«. – Kant unterscheidet zwei Arten der Selbsterforschung. Einmal gibt es die korrekte
Selbsterforschung des Anthropologen (vgl. z.B. 121,5–9; hier das »Bemerken«, z.13, seiner selbst), zum anderen die krankhafte Selbstbeobachtung,
die ihrem Gegenstand – dem eigenen Seelenleben – nicht angemessen ist und
zum Wahnsinn führen kann. Innerhalb der rationalen Psychologie gibt es
ebenfalls zwei Formen der Ich-Thematisierung; einmal die korrekte des
Transzendentalphilosophen mit seiner Lehre von der transzendentalen Apperzeption, zum anderen die pathologische der traditionellen Metaphysik,
deren Ich-Thematisierung zu Paralogismen führt, die einzig die kritische
Philosophie aufzulösen versteht.
In der Metaphysik-Pölitz (L1) versucht Kant folgende Grenzziehung
gegen den krankhaften Selbstbeobachter und Psychoanalytiker in eigener
Sache: »Das *objective* Bewußtseyn, oder die Erkenntniß von Gegenständen
mit Bewußtseyn, ist eine nothwendige Bedingung, von allen Gegenständen
eine Erkenntniß zu haben. Das *subjective* Bewußtseyn ist aber ein gewalt-
samer Zustand. Es ist ein auf sich gekehrtes Beobachten; es ist nicht
discursiv, sondern intuitiv.« (XXVIII 227,7–12) – Zur Problematik der
intuitiven Selbsterkenntnis vgl. Heiner Klemme, Kants Philosophie des Subjekts (1996) 106 und 114–115.
Vgl. auch Goethe am Anfang des 14. Buches von Dichtung und Wahrheit
(Goethe 1948 ff., X 7–8).

◇   **13 Das Bemerken (animadvertere)**] H: »*Bemerken*«. Sinngemäß ist zu
ergänzen: »seiner selbst« (s. z.14). Vom »Bemerken« im Sinn eines vernünftigen Selbstbezugs ist im folgenden nur 133,31–33 der Sache nach die Rede.
Kant führt den Terminus ein, ohne ihn zu benutzen; er dient nur hier als
Gegenbegriff zur Selbstbeobachtung.

◇   **16 zum Tagebuch eines Beobachters seiner selbst**] In H und A1: »zu
einem [von Kant korrigiert aus: zum] Tagebuch des Beobachters seiner
selbst«. – Vgl. 133,25–26 mit Kommentar; XV 952,20–23: »Zuerst ist die
auf sich selbst, vornemlich den Korper, gerichtete Aufmerksamkeit dem
Korper nachtheilig, unterhält die Krankheiten, vornehmlich Krämpfe.
Die auf das Gemüth gerichtete Aufmerksamkeit schwächt den Körper.
Diarium observatoris sui ipsius.« – Johann Caspar Lavater publizierte 1771
anonym sein Geheimes Tagebuch. Von einem Beobachter seiner selbst; nach
der 2. Auflage (1772–1773) folgten 1773 die Unveränderten Fragmente
aus dem Tagebuch eines Beobachters seiner Selbst. Vgl. Refl. 1482: »Die
(ᵍ Unwillkührliche) Selbstbeobachtung ist schweer (ᵍunnatürlich) und muß
nicht continuirlich seyn. Lavater« (XV 664,8–9; s. die Anmerkung von

Adickes). Mrongovius 9: »Deswegen hat Lavater nicht recht gethan daß er ein
Tagebuch von Beobachtungen über sich selbst geschrieben hatte.« Kant
bezieht sich in diesem § 4 jedoch nicht ausdrücklich auf Lavater, sondern
(auch) auf Albrecht von Hallers *Diarium seines Seelenzustandes*, 133,25–30
mit Kommentar.

Wie eine Antwort auf Kants Vorbehalte klingt die Feststellung von Karl
Philipp Moritz: »Es scheint aber mit einer widrigen Idee bei andern Menschen verbunden zu seyn, Beobachtungen über sich selber anzustellen; und
man kann die Gedanken nicht gut vermeiden, daß man seiner eignen Person
eine zu große Wichtigkeit beilegt, indem man gerade selber der Gegenstand
dieser Beobachtungen seyn will [...].« (*Beiträge zur Philosophie des Lebens*
(1791), zitiert nach Pfotenhauer 1987, 18) Der Kantischen Auffassung entspricht die von Goethe: »Das wahre Leben verdrängt gewiß das Spekuliren.
[...] Der gesunde Mensch macht selten über seine Constitution Betrachtungen, nur der kränkelnde [...].« (Hanna Fischer-Lamberg (Hrsg.), *Der junge
Goethe* (1966) III 98; s. auch Hans-Jürgen Schings, *Melancholie und Aufklärung* (1977) 37) Der späte Herder: Pfotenhauer 1987, 20–21; 31. Zur
selbstreflektierten Problematik des Tagebuchschreibens am Fall James Boswells vgl. auch Groß 1997, 65–68.

Ursula Geitner, »Zur Poetik des Tagebuchs. Beobachtungen am Text
eines Selbstbeobachters«, in: Schings (Hrsg.) 1994, 629–659.

16–17 und leichtlich zu Schwärmerei und Wahnsinn] H: »und auf ◊
Schwärmerey«. Vgl. 145,17; 161,18–27; 172,10–12 (»Die Originalität [...]
der Einbildungskraft, wenn sie zu Begriffen zusammenstimmt, heißt *Genie*;
stimmt sie dazu nicht zusammen, *Schwärmerei*.«); 191,36; 203,1–2; 291,32.
S. den Brief zwischen dem 6. und 22. März 1790 an Ludwig Ernst Borowski
([1]XI 138–140). Nähere Bestimmungen: II 251,6–15; 267,3–31 (zum Unter-
schied von Phantasten und Schwärmern). Nach Collins 188–189 neigt der
Melancholiker zum Schwärmertum in der Religion; s. hier 291,32. Die
zeitgenössische Literatur ist unübersehbar; einige Hinweise: *Archiv der
Schwärmerey und Aufklärung* (1787–1791); Daniel Jenisch, »Über die
Schwärmerey und ihre Quellen in unsern Zeiten«, in: *Gnothi Sauton* 4, 1787,
23–48; Novalis: »Apologie der Schwärmerey« (1789; Novalis 1978ff.,
I 100–102). – Jutta Heinz, »Die Figur des Schwärmers in den späten
Romanen C. M. Wielands« (1991), s. Schings (Hrsg.) 1994, 497; Manfred
Engel, »Die Rehabilitation des Schwärmers. Theorie und Darstellung des
Schwärmers in Spätaufklärung und früher Goethezeit«, in: Schings (Hrsg.)
1994, 469–498 (mit umfangreicher Bibliographie). – Im 17. Jahrhundert ist
ein Äquivalent des Schwärmer-Phänomens das des Enthusiasmus, vgl. John
Locke, *An Essay concerning Human Understanding*, IV 19: »Of Enthusiasm«
(Locke 1975, 697–706). – Kant faßt das Phänomen der Schwärmerei als nur
individuelles; er nennt ausschließlich singuläre Personen, die dieser geistigen

Perversion verfallen. Die Restriktion auf das isolierte Individuum hat bei
Kant zwei Gründe. Einmal wird der Schwärmer wie ein Träumer gesehen.
Zum anderen wird die Geselligkeit als solche schon als Heilmittel angenommen. Die Welt, die uns von dem falschen Selbstthematisieren und der
Hypostasierung bloßer idiosynkratischer Vorstellungen zu realen Gegebenheiten retten kann, ist die Welt des geselligen Umgangs und der Öffentlichkeit. Wenn 1776 im Teutschen Merkur die Frage gestellt wird: »Wird
durch die Bemühungen kaltblütiger Philosophen und Lucianischer Geister
gegen das, was sie Enthusiasmus und Schwärmerey nennen, mehr Böses
oder Gutes gestiftet? Und, in welchen Schranken müßten sich die Anti-
Platoniker und Luciane halten, um nützlich zu seyn?« (Der Teutsche Merkur
(1776) 82), so ist festzuhalten, daß Kant gegen das Schwärmertum polemisiert, jedoch Platon (und Rousseau) vor dem Vorwurf in Schutz nimmt. Ihre
politischen Gedanken sind keine Chimären, vgl. zum Schwärmer-Vorwurf
besonders gegenüber Rousseau vgl. Claus Süßenberger, Rousseau im Urteil
der deutschen Publizistik (1974) 272–279.

◇   **18–33 Das Aufmerken (attentio) ... *Wahrhaftigkeit* in Äußerungen.]**
Hier wird die alte Lehre aufgenommen, das eigene Betragen müsse so
vollendet gestaltet werden, daß man die Aufmerksamkeit nicht mehr merkt:
Die vollendete Kunst wirkt völlig natürlich. S. z.B. Baldassare Castiglione,
Il Cortegiano (1934).

◇   **21–22 air dégagé]** Durchgehend auch in den Vorlesungen erwähnt. Vgl.
auch Georg Stanitzek, Blödigkeit. Beschreibungen des Individuums im
18. Jahrhundert (1989) 25; 57; 213.

◇   **23–29 Der, welcher ... zu betrügen erregt.]** Vgl. hierzu Bezold 1984,
162.

◇   **26 *repräsentieren* und]** H: »repräsentieren [durchstrichen: d.i. vorzügliche
Aufmerksamkeit auf sich ziehen und zeigt sich läppisch (auf thörigte Art
eitel)].«

◇   **31–32 Betragen (welches darum ... und es]** H: »Betragen wenn es
übrigens [sc. im übrigen] doch nicht ohne schöne Kunst der Bildung seyn
mag und es«.

◇   **33–35 Wo aber zugleich ... heißt sie *Naivetät*.]** Zum Thema der Naivität
vgl. auch in der KdU die parallelen Ausführungen mit dem Hinweis auf »die
zur andern Natur gewordene Verstellungskunst« (V 335,6–34; § 54). Kant
operiert noch nicht mit dem (vielfach mißbrauchten) Kontrast von naiv und
sentimentalisch oder reflexiv innerhalb der Kulturgeschichte der Menschheit. Vgl. auch die Stellungnahme Friedrich Schillers zum Kantischen
Naiven der KdU in seinem Aufsatz »Über naive und sentimentalische
Dichtung« (1796); Schiller 1943 ff., XX 417–418.

133 **1–14 Die offene Art ... zu schonen.]** Hier wird vom »Lachen« (z.4;
»*Auslachen*« z.5; »Belachen« z.7) gesprochen. Das Lachen wurde in den

Anthropologievorlesungen ausführlicher erörtert (vgl. Collins 121–126), es bildet ein Thema der KdU (V 332,32–334,35; § 54), wird jedoch in der endgültigen Fassung der Anthropologie nur noch kurz behandelt, 250,30; 261,32–262,14. – Vgl. Schiller in »Über naive und sentimentalische Dichtung«: Das Naive der Denkart »verbindet die *kindliche* Einfalt mit der *kindischen*; durch die letztere gibt es dem Verstand eine Blöße und bewirkt jenes Lächeln, wodurch wir unsre (*theoretische*) Überlegenheit zu erkennen geben.« (Schiller 1943ff., XX 416–417)

1–2 einem der Mannbarkeit sich nähernden Mädchen] Parow 119 mit ◇ Kommentar Nr. 108a; Dohna 11. – Christian Fürchtegott Gellert, *Fabeln und Erzählungen* (1966) 235. Vgl. auch Moses Mendelssohn in seinen »Betrachtungen über das Erhabene und das Naive in den schönen Wissenschaften«: »Die bekannte Stimme beym *Gellert* (Fabeln und Erz. 2 B. S. 115) 'Was sagten Sie Papa? Sie haben sich versprochen / Ich sollt erst vierzehn Jahre seyn? / Nein, vierzehn Jahr und sieben Wochen' ist ungemein naiv, weil *Fieckchen* die geheimen Wünsche ihres Herzens entdecket, da es doch den Anschein haben könnte, als wenn sie nur ihren Vater zu Rechte weisen wollte, daß er sich um sieben Wochen verrechnet.« (Mendelssohn 1971ff., I 216) Lazarus Bendavid, *Versuch über das Vergnügen* (1794) I 155 (innerhalb einer Untersuchung über das Naive, 153–170; es folgt »Das Lächerliche«, 170–207).

3 Unschuld und Einfalt] Claudia Henn, Simplizität, Naivität, Einfalt. ◇ Studien zur ästhetischen Terminologie in Frankreich und in Deutschland 1674–1771 (1974). Stanitzek 1989, 99–100; 235–239.

5–7 Nicht ein *Auslachen* mit Verachtung ... Aufrichtigkeit; sondern] H, ◇ A1: »*Auslachen* (mit Verachtung ... Aufrichtigkeit) sondern«. – Vgl. Aristoteles, Rhetorik III 18: »Wieviel Arten des Lächerlichen es gibt, [...] Der Spott ist mit einem freien Geist eher zu vereinbaren als die Verhöhnung, da das eine um seiner selbst willen lächlich macht, die Verhöhnung aber um des andern willen« (1419b6–14).

8 obgleich auf ... gegründeten] Das »obgleich« ist hier nicht ohne ◇ Umwege zu verstehen.

9 *Kunst zu scheinen*] Von Kant in H korrigiert aus »Kunst der Verstel- ◇ lung«.

16–20 gleichsam studirten ... wer weiß woher, auf] In H fehlt: »studir- ◇ ten«, »inneren«, »wer weiß woher«.

16 *Warnung*] Ricke 1981, 31 spricht vom zeitgenössischen Genus der ◇ »Warnliteratur«, in der Mediziner und Moralphilosophen die Zeitkrankheit der »Schwermütigkeit, Hypochondrie, Grillenkrankheit, vapeurs, spleen, englische Krankheit oder Milzsucht [...] durch Pathologisierung und Klinifizierung zu bannen versuchen«. – Zur »Warnliteratur« vgl. auch Schings 1977, 185–197 (»Warnung vor dem Fanaticismus.«).

◇   20 einfließenden] Muß wie z. 19 (»vermeinter, höherer«) heißen: »einflie-
ßender«.

◇   20–21 in Illuminatism oder Terrorism] Auffällig ist die Zusammenstellung von Terrorismus und Illuminatismus. Zur einschlägigen Terminologie
in Frankreich vgl. Helmut Kessler, Terreur. Ideologie und Nomenklatur der
revolutionären Gewaltanwendung in Frankreich von 1770 bis 1794 (1973);
Gerd van den Heuvel, »Terreur, Terroriste, Terrorisme« in: Handbuch
politisch-sozialer Grundbegriffe in Frankreich 1680–1820, (1985) 89–132.
S. jetzt auch den Artikel »Terror, Terrorismus« von Rudolf Walther, in:
Geschichtliche Grundbegriffe (1972 ff.) 323–444, bes. 351–369: »IV. Rezeption von ›terreur. terrorisme‹ im Deutschen.« – Zur Verbindung von
»Terrorism« und »Illuminatism« vgl. Eberhard Weis, »Der Illuminatenorden (1776–1786). Unter besonderer Berücksichtigung der Fragen seiner
sozialen Zusammensetzung, seiner politischen Ziele und seiner Fortexistenz
nach 1786« (1990) 46–66.

◇   22–23 in uns hineingetragen haben] Vgl. 143,8–9: »indem der Forscher
seines Inneren [...] manches in das Selbstbewußtsein hinein *trägt*«. Es kann
sich nicht um eine tadelnswerte Selbstaffektion handeln und damit die Möglichkeit, eine bestimmte Klasse von Erscheinungen des inneren Sinnes als
hineingetragen auszusondern; der Gedanke muß sein, daß der Schwärmer
Phänomene des inneren Sinnes falsch interpretiert. Er stellt nicht zuerst
Beobachtungen der Erscheinungen an, um im nächsten Schritt zu Erfah-
rungssätzen zu gelangen (vgl. 143,10–13), sondern interpretiert die Erscheinungen unkritisch und ohne auf die Gesetzlichkeit zu achten.

◇   23 wie eine *Bourignon* ... oder ein *Pascal*] Dieselbe Zusammenstellung
noch einmal 162,3–5: »So war es mit den schwärmerisch-reizenden inneren
Empfindungen einer *Bourignon*, oder den schwärmerisch-schreckenden
eines *Pascal* bewandt.« – Zu Kants Pascal-Auffassung vgl. Ferrari 1979,
130–132.

◇   24 schreckenden ... Fall selbst] H: »schreckhaften und selbst«.

◇   25–30 *Albrecht Haller* ... Seele antreffen könne.] Vgl. 132,16 mit Kommentar. Albrechts von Haller, Tagebuch seiner Beobachtungen über Schriftsteller und über sich selbst, hrsg. von Johann Georg Heinzmann (1787). Im
2. Teil befinden sich die »Fragmente religioser Empfindungen« (219–319). In
seinem letzten Brief (vom 7. 12. 1777) an Christian Gottlob Heyne in Göttingen schreibt Haller: »Belieben Sie doch, Herrn Less nebst meiner dankbaren
Hochachtung zu fragen, was für ein Buch (es muß nicht lang sein) in meinen
Umständen und wider die Schrecken des Todes, hingegen für die Festergrei-
fung des Verdienstes des Heilandes, ich fruchtbar lesen könnte?« (für
Kant zugänglich in: Johann Georg Zimmermann, Über die Einsamkeit
(1784–1790) II 218). Im Erscheinungsjahr von Kants Anthropologie äußerte
sich sein Anhänger Carl Friedrich Pockels vernichtend zu Hallers Tagebuch;

in den Neuen Beyträgen zur Bereicherung der Menschenkunde überhaupt und
der Erfahrungsseelenlehre insbesondere schrieb er: »Allein eben dieser große
philosophische Kopf war zu Hause in seiner einsamen Stube, sobald ihn
nicht Berufsarbeiten und Wissenschaften beschäftigten, ein kleinlichdenken-
der, winselnder, engbrüstiger Frömmling, der täglich von einer Menge
religiöser Gewissensscrupel und andächtiger Grillen über seine Sünden und
seinen Gemüthszustand gefoltert wurde, der mit einer, oft der Verzweiflung
ähnlichen, Aengstlichkeit seine Bußfertigkeit Empfindungen und Seelenlei-
den sein ganzes Leben hindurch eigenhändig aufschrieb, und mit einer
Gewissenhaftigkeit an einer licht- und kraftleeren Dogmatik hing, dergleichen man nur bey sehr kurzsichtigen Köpfen anzutreffen gewohnt ist« (zit.
bei Schings 1977, 141). Carl Friedrich Pockels war im Besitz einer Nachschrift der Kantischen Anthropologie-Vorlesung, s. XXV S. CXL. – S. auch
Sybille Kershner, »›Aus Furcht, zu zerspringen‹. Grenzen der Selbsterkenntnis. Krankheit und Geschlecht in popularphilosophischen Texten von
Weikard, Pockels und Moritz« (1992) 120–136.

28 Collegen, den *D. Leß*, zu befragen] H: »Collegen zu befragen«. ◇
D(oktor der Theologie) Gottfried Leß, ehemaliger Schüler des Collegium
Fridericianum (Klemme 1994, 31) starb am 28. August 1797 in Göttingen.
Die Tatsache, daß Leß' Name im Rostocker Manuskript fehlt, legt die
Vermutung nahe, daß Leß zur Zeit der Niederschrift dieses Manuskriptteils
noch lebte bzw. Kant noch nicht über seinen Tod informiert war. Ob Kant
selbst den Namen in das Druckmanuskript einfügte oder der Abschreiber
und Korrektor, muß offen bleiben; eher ist das letztere zu vermuten. Es ist
durchaus möglich, daß der Eintrag nach der Abfassung von H nichts mit
dem Tod von Leß zu tun hat.

33–134,5 Aber sich ... zum Irrhause.] Vgl. 145,29–33: »Wenn aber ◇
gewisser Urtheile und Einsichten als unmittelbar aus dem innern Sinn (nicht
vermittelst des Verstandes) hervorgehend, sondern dieser als für sich gebie-
tend und Empfindungen für Urtheile geltend angenommen werden, so ist
das baare *Schwärmerei*, welche mit der Sinnenverrückung in naher Verwandtschaft steht.« – Das Verfahren, das der Verstand zur Scheidung von
Pseudo-Erfahrung und wirklicher Erfahrung anwendet, wird nicht näher
bestimmt. 134,8–13 legt die Vorstellung nahe, daß es überhaupt keine innere
Erfahrung gibt.

36 Naturam videant ingemiscantque relicta.] »Mögen sie sich die Natur ◇
ansehen und beklagen, was von ihr übrig blieb.« Persius, »Satura« III 38:
»virtutem videant intabescantque relicta«. (»Mögen sie sich die Tugend
ansehen, und das übrige mag vergehen«.)

1 unabsichtlich dichtenden] Fehlt in H.   **134**

1–5 weil alsdann ... zum Irrhause.] Zur »Verkehrung« vgl. 202,19 und ◇
Kommentar; 213,16. Die Verkehrungsfigur im Bereich der Erkenntnis trägt

dazu bei, daß auch der Wahn formal faßbar und systematisierbar ist. Vgl. 218,11–16 und Kommentar. – Seit der Mitte der achtziger Jahre wird mit der Figur der verkehrten Reihenfolge im Bereich der Vermögenslehre argumentiert: Das Gefühl darf in der Sittlichkeit dem Vernunftgrundsatz nicht vorhergehen, sondern muß auf ihn folgen. Die Lust darf beim ästhetischen Geschmacksurteil nicht vor der Erkenntnis (qua Spiel von Einbildungskraft und Verstand) vorhergehen, sondern muß folgen etc. Vgl. dazu Reinhard Brandt, »Kants ›Paradoxon der Methode‹« (1995 a).

◇   **2 sollen]** H; A1: »sollten«.

◇   **4–5 (Grillenfängerei)]** Fehlt in H.

◇   **8 in Anticyra vorher anlanden.]** H: »in Antycira anlanden«. – Anticyra war eine Küstenstadt am Golf von Korinth (südöstlich von Delphi), von Kranken aufgesucht wegen des Heleboros-(= Nieswurz-)Wuchses. Horaz, »Sermones« II 3, 165–166: »[…] verum ambitiosus et audax: naviget Anticyrum« (sc. als Ort der Heilung); auch »De arte poetica« Vs. 300; Der Teutsche Merkur 2 (1784) 151: »Ueber das Reisen und jemand, der nach Anticyra reisen sollte.« Zum Gebrauch von Nieswurz s. auch Kants Ratschlag in »De Medicina Corporis, quae Philosophorum est« Refl. 1526; XV 943,4.

◇   **8–9 jenen inneren Erfahrungen nicht]** H: »jenen nicht«; »Erfahrungen«. Zusatz A 2.

◇   **10–11 als *bleibend* festgehalten erscheinen.]** H: »als *bleibend* festgehalten werde.« – In H folgt nach »und« der – durchgestrichene – Text: »beharrlich den Sinnen vorgelegt werden können sondern wo, namlich in der Zeit die Phänomene (des Gemüths) im beständigen Flusse sind und in verschiedenen Stunden immer verschiedene Ansichten eben desselben Objects geben welches hier die Seele (des Subjects selber) ist [dem Erkenntniß]vermögen immer auf neue untergelegt werden können um eine *Erfahrung* zu begründen sondern die innern Warnehmungen [deren] die nach [ihrem] Verhältniß *in der Zeit* einander beygeordnet werden [stellen ihren Gegenstand gleichsam] sind selbst im Fließen begriffen [vor mit und in continuirlicher Veränderung (dem Vergehen einiger und dem Entstehen Anderer) vor] wodurch es leicht geschieht daß Einbildungen statt Warnehmungen eingeschoben werden und was wir [unversehens selbst] hinzudichten fälschlich für innere Erfahrung genommen [wird] und uns von uns selbst angedichtet.« Es ist demnach eine Unterscheidung der Wahrnehmungen von den Einbildungen im inneren Sinn möglich. Vgl. auch in der »Vorrede« der zweiten Auflage der KrV: »Welchen gegebenen Anschauungen nun aber wirklich Objekte außer mir korrespondieren, und die also zum äußeren *Sinne* gehören, welchem sie und nicht der Einbildungskraft zuzuschreiben sind, muß nach den Regeln, nach welchen Erfahrung überhaupt (selbst innere) von Einbildung unterschieden wird, in jedem besonderen Falle ausgemacht werden, wobei der Satz: daß es wirklich äußere Erfahrung gebe, immer zum Grunde liegt.« (B XLI) Nach welchen Regeln Einbildung und erfahrungermöglichende Wahrnehmung im inneren Sinn zu unterscheiden sind, wird nicht gesagt. Unleugbar sind auch Einbildungen Phänomene des inneren Sinnes und müssen damit dem durchgängigen Prinzip der Bestimmbarkeit durch die Kategorien und Grundsätze des Verstandes unterliegen. Aber schon die Beweise der »Analogien der Erfahrung« beziehen sich praktisch nur auf Gegenstände des äußeren Sinnes bzw. der äußeren Sinne (KrV A 176–218). Somit bleibt erstens offen, wie überhaupt innere kategorial bestimmte Erfahrung möglich sein soll, und zweitens wird nicht einsichtig, wie bei einer zugestandenen kategorialen Erkenntnis der Phänomene des inneren Sinnes zwischen – falscher – Einbildung und – wahrer – Wahrnehmung zu unterscheiden wäre. Die erstere müßte eine Art Wunder sein.

11–13 Der innere Sinn … statt findet.] Die »Erfahrungen« des inneren ◇ Sinnes erscheinen nur noch als Karikatur, als Blendwerk »von der Gnade und von Anfechtungen« (z.6). Kant zieht damit die anthropologische Konsequenz seiner Überzeugung, daß der (schlechte) Idealismus nur durch den Hinweis auf die auch für den inneren Sinn konstitutive Funktion der äußeren, auf Beharrliches (»bleibend«) im Raum gerichteten Sinne zu überwinden ist. – Nach dem hier entwickelten Argument scheint es überhaupt keine inneren Erfahrungen geben zu können, sondern nur fließende Wahrnehmungen. In der Anmerkung jedoch wird die Möglichkeit der inneren Erfahrung und damit der Psychologie angenommen, z.21–29. – Kant führt an, daß im inneren Sinn ein permanenter Wechsel stattfindet (die transzendentalphilosophische Rede von der Zeit als Form des inneren Sinnes wird vermieden) und damit keine »Dauerhaftigkeit der Betrachtung« (z.12) möglich ist. Mit der Schlußfolgerung geht Kant über die vorhergehenden Idealismus-Widerlegungen hinaus, die besagten, daß sich die Zeitbestimmungen in der (zugegebenen) Erfahrung des inneren Sinnes der Beziehung auf etwas Beharrliches im äußeren Sinn verdanken. Hier dagegen wird implizit gesagt, daß nicht durch das Beharrliche (im Raum) eine Zeitbestimmung in der inneren Erfahrung möglich ist, sondern daß alle innere Erfahrung zu streichen ist und somit eigentliche Erfahrung nur bezüglich des Beharrlichen im Raum stattfindet. Eine pragmatische Anthropologie oder auch empirische Psychologie mit einer Berufung auf Introspektion ist also nicht möglich.

13 H bringt folgende Randnotiz: »Von dem anschauenden und *reflecti-* ◇ *renden* Bewußtsein. Das erstere kann empirisch oder a priori seyn. Das andere ist nie empirisch, sondern jederzeit intellectuel. / Das letztere ist entweder attendiren oder abstrahiren. Wichtigkeit im pragmatischen Gebrauch. / Reflexion ist die Vergleichung der Vorstellung mit Bewustseyn

wodurch ein Begrif (des Objects) möglich wird. Sie geht also vor dem Begriffe vorher setzt aber Vorstellung überhaupt voraus / Das Bewustseyn seiner selbst (appercept:) ist nicht empirisch Aber das Bewustseyn der Apprehension einer (a posteriori) gegebenen Vorstellung ist empirisch. / Doppelt Ich.«

Der auch in H vorhandene Text der Anmerkung (134,14–36) berücksichtigt im Gegensatz zu dieser Randnotiz nicht, daß das anschauende Bewußtsein auch apriori sein kann (sc. in Bezug auf die reinen Formen der Anschauung, Raum und Zeit). Die Gegenüberstellung von empirischem und intellektuellem Bewußtsein in der Randbemerkung findet sich in der Anmerkung im Hinblick auf ein empirisches und reines oder intellektuelles Bewußtsein seiner selbst.

Zu dem hier verwendeten Begriff der Reflexion vgl. z. 15; 142,17 und 156,24. Die Reflexion wird hier angesetzt als diejenige spontane reine Verstandeshandlung, die allererst Verstandesbegriffe und somit Begriffe vom Objekt möglich macht. Sie scheint nicht identisch zu sein mit derjenigen »Überlegung«, von der die »Amphibolie der Reflexionsbegriffe« in der KrV (A 260–292) handelt. Zum Problem des »Doppelten Ich« vgl. die Vorarbeit (der »Fortschritte«? der Anthropologie?), die Stark 1993, 251 bringt (»*Doppeltes Ich*«). – Das »Doppelt Ich« bezieht sich auf das Ich, das sich einmal in der reinen Spontaneität der Verstandestätigkeit, zum anderen im Akt der Apprehension des Sinnlichen zeigt. Es ist also rein epistemisch und bezieht sich nicht auf die ältere Vorstellung der doppelten Person. Zu letzterer vgl. schon II 338,16–39 (Anmerkung). – In der zeitgenössischen Literatur findet sich die Ich- oder Persontrennung häufig; Charles Bonnet spricht von einer »combinirten« Persönlichkeit, vgl. Ms. 400 26–27. So auch Christoph Meiners in seinem Kurzen Abriß der Psychologie von 1773; er teilt das innere Gefühl (Gegenbegriff: innere Empfindung, beides sind Zweige des inneren Sinnes) in »drei Aeste: Apperception der Ideen – Gefühl unsrer Kräfte, Personalität« (12); die letztere zerfällt (etwas schief) in folgende zwei Gebiete: »III. das Bewustsein meiner selbst ist doppelt: Das Gefühl meines Daseins, – und die Personalität. Das erstere kann ohne Gedächtnis: das letztere aber gar nicht ohne dasselbe Statt haben. Was Gefühl unsers Ich, unsrer Personalität sei. Beide sind vieler Grade fähig. Personalität wird anders von mir, anders von andern beurtheilt.« (13–14) Michael Hissmann, Psychologische Versuche, ein Beytrag zur esoterischen Logik (1777) schreibt in gleicher Weise, vom Selbstgefühl sei noch unterschieden »das Gefühl unsers Ichs, oder der Personalität, das von allen bisherigen Gefühlen sehr verschieden ist.« (144)

Kant selbst kennt neben der hier explizierten dualen Struktur des Ich eine Dopplung der Person, die für die Moralphilosophie wichtig ist. Sie wird in der Metaphysik der Sitten folgendermaßen angeführt: »*Person* ist dasjenige

Subject, dessen Handlungen einer *Zurechnung* fähig sind. Die *moralische* Persönlichkeit ist also nichts anders, als die Freiheit eines vernünftigen Wesens unter moralischen Gesetzen (die psychologische aber bloß das Vermögen, sich der Identität seiner selbst in den verschiedenen Zuständen seines Daseins bewußt zu werden), [...].« (VI 223,24–28; s. auch VI 417,7–418,23). Es wird keine Theorie entwickelt, die diese Konzepte der praktischen und theoretischen Philosophie zusammenführte. Für das Selbstverständnis der pragmatischen Anthropologie ist es nicht unwichtig, daß sie die Ichdualität der theoretischen Philosophie thematisiert, nur marginal (134,31: »[...] der von ihm angenommenen Grundsätze [...]«, mit Kommentar; 399,18–22) die der Moralphilosophie; die pragmatische Anthropologie versteht sich eben nicht als diejenige »praktische Anthropologie«, die als Komplementärstück der reinen Moralphilosophie gefordert wird, vgl. dazu die Ausführungen XXV S. XLVI–L.

Wie in der Dissertation die eine Welt in einen mundus sensibilis und mundus intelligibilis zerfällt, so in der Moralphilosophie der eine Mensch in einen homo noumenon und homo phaenomenon. Zu dem Problembereich der letzteren Dualität vgl. u. a. Hermann Schmitz, *Was wollte Kant?* (1989) 118–140 (mit entwicklungsgeschichtlichen Annahmen, die m. E. nicht ganz stimmen).

14–17 Wenn wir uns ... mit Bewußtsein vorstellen] H: »Empfäng- ◇ lichkeit aber (Receptivität)«. – Wichtig, daß sowohl die Reflexion wie auch die bloße Wahrnehmung als »Acte« (z. 17) geführt werden. Hiermit wird der Doppelaspekt der Empfindung oder Wahrnehmung angedeutet, die einerseits passiv erlitten werden soll, andererseits vom Subjekt irgendwie »akzeptiert« werden muß.

15 die *Reflexion*] Vgl. dazu die obigen Ausführungen zur Randbemer- ◇ kung. Zur Tradition der Vorstellung eines reflexiven Bewußtseins im Unterschied zum inneren Sinn s. Heinrich Schepers, »Andreas Rüdigers Methodologie und ihre Voraussetzungen. Ein Beitrag zur Geschichte der deutschen Schulphilosophie im 18. Jahrhundert« (1959) 55–56.

17–19 so kann das Bewußtsein seiner selbst ... eingetheilt werden.] ◇ Hiermit ist nicht das Selbstbewußtsein gemeint, das nach 127,21 erst ein Selbstgefühl, dann ein sich-selbst-Denken ist. Das dort gemeinte praktisch relevante Selbstbewußtsein wird in dem Kontext, in dem wir uns hier bewegen, offensichtlich nicht berücksichtigt.

19–20 das zweite der innere Sinn] Bei der Apperzeption wird hier der ◇ äußere Sinn ausgeblendet – weil er in der Grenzziehung zwischen Psychologie und Logik nicht relevant ist oder weil er im inneren Sinn enthalten sein muß?

20–21 da dann jene ... *Sinn* genannt wird.] Vgl. Refl. 224 (XV 85,14–18; ◇ datiert 1783–1784): »Der Sinn ist entweder innerlich oder äußerlich; innerlich wird nur [sc. von anderen Autoren!] genannt und dadurch [sc. von anderen Autoren] die apperception verstanden. Diese ist aber kein Sinn, sondern wir sind uns dadurch so wohl der Vorstellungen der äußeren als inneren Sinne bewußt. Sie ist bloß die Beziehung aller Vorstellungen auf ihr gemeinschaftliches Subiect, nicht aufs obiect.« Dazu Wolfgang Carl, Der schweigende Kant. Die Entwürfe zu einer Deduktion der Kategorien vor 1781 (1989) 89.

Kant selbst begeht den Fehler der partiellen Identifikation von innerem Sinn und (bloß logischer, funktionaler) Apperzeption in den siebziger Jahren. In den frühen Anthropologie-Vorlesungen wird die Selbstanschauung des Ich, die die Erkenntnis der eigenen Substantialität etc. liefert, mit dem inneren Sinn gleichgesetzt: »Der erste Gedanke der bey dem Menschen, bey dem Gebrauch seines innern Sinnes entstehet, ist das Ich. Es ist merkwürdig, daß wir uns unter dem Ich so viel vorstellen, denn bey Zergliederung deßelben finden wir, daß wir uns unter demselben folgende Stücke dencken. I.) Die I. Einfachheit der Seele [...] II.) Die Substantialitaet der Seele [...] III.) Eine vernünftige Substanz [...] IV.) Die Freyheit der Seele. Wenn ich das Ich dencke: so sondre ich mich von allen andern ab, und dencke mich unabhängig von allen äußern Dingen.« (Parow 3–4; s. a. Collins 2–3) Die Differenz von reinem Selbstbewußtsein und innerem Sinn wird endgültig erst in der KrV erreicht. Klemme 1996, 136–138.

◇   21 fälschlich der innere *Sinn* genannt wird.] Die Verwechselung von innerem Sinn oder Apprehensions-Bewußtsein mit dem Selbstbewußtsein der Reflexion oder Apperzeption ist u. a. bei John Locke zu finden, vgl. Reinhard Brandt, »Materialien zur Entstehung der Kritik der reinen Vernunft. John Locke und Johann Schultz« (1981). Kant müßte jedoch allen Philosophen, die nicht über seine spezifische Verknüpfung von Apriorizität und Subjektivität verfügen, diesen Fehler anlasten.

◇   22–23 in der Logik aber... an die Hand giebt.] Zur Unterscheidung von Psychologie und Logik in der KrV vgl. Klemme 1996, 126–138; besonders 128; 130–131; 137.

◇   23–24 Hier scheint uns nun das Ich doppelt zu sein] Vgl. den Kommentar zu 134,11–13.

◇   24–25 das Ich als *Subject* des Denkens] Vgl. in der KrV die Widerlegung der rationalen Psychologie (B 407–409); mit der in diesem Passus entwickelten Vorstellung, daß das Ich nur Subjekt und nicht das Objekt einer nicht-sinnlichen Erkenntnis ist, korrigiert Kant seine in der A-Auflage 1781 vertretene Ansicht, man könne die Kategorien auf das Ich (sc. als Objekt des *Denkens*, nicht Erkennens!) problemlos anwenden, wenn nur klar sei, daß man von diesen Kategorien keinen Gebrauch machen könne, A 348–405. Die Änderung der Auffassung verdankt sich der Reflexion über den Kategoriengebrauch im Bereich der reinen praktischen Vernunft, vgl. KpV bes.

V 136,9–11: »Zu jedem Gebrauche der Vernunft in Ansehung eines Gegenstandes werden reine Verstandesbegriffe (*Kategorien*) erfordert, ohne die kein Gegenstand gedacht werden kann« – das Ich, so die B-Auflage im Gegensatz zur A-Auflage, ist kein gegebenes Objekt, sondern kann nur als Subjekt gedacht werden.

30–35 Die Frage, ob … dasselbe *Subject* vorstellt] Hier wird die Identität ◇ in der Vorstellung der Identität begründet, statt umgekehrt die Vorstellung auf ein vorgegebenes, in der Zeit identisches Ich zu beziehen. Leibniz ist gegen Locke der Meinung, nur die zweite Variante sei haltbar und ergo sei ein substantielles Ich vorauszusetzen, wenn man sich der Identität des Ich bewußt werden will. Vgl. Leibniz, *Nouveaux Essais* II 27, 9 (Leibniz 1965, V 218–219): Das Selbst- oder Identitätsbewußtsein setzt eine »identité réelle« voraus. S. auch Brandt 1988, 669–672.

Kann sich das Subjekt seiner Veränderungen im Inneren bewußt sein, wenn es kein äußeres Beharrliches gibt, d. h. genügt die Bezugnahme auf ein die Vorstellung eines identisch bleibenden Subjekts? Die Widerlegung des Idealismus ab der 2. Auflage der KrV nimmt die Angewiesenheit des inneren Sinnes auf etwas Beharrliches im äußeren Sinn für die Zeit*bestimmung* der Veränderungen im inneren Sinn an (B 274–279).

31 der von ihm angenommenen Grundsätze] Wenn ich richtig sehe, ◇ wird nur hier mit marginalem Verweis und in dem durchstrichenen Text 399,18–22 auf die Problematik der Ichdualität in der *praktischen* Philosophie Rücksicht genommen. An dieser Stelle sind es die wechselnden Grundsätze der folglich charakterlosen Person (s. u. a. 292,6–14) in der Denkungsart eines Menschen, 399,18–22 ist es das Pflicht- und folglich Freiheitsbewußtsein, was nicht mehr Thema der »Naturkunde des Menschen« (399,20) sein kann. (?) Es heißt dort: »Das Erkentnis seiner selbst nach derjenigen Beschaffenheit [die] was er an sich selbst ist kann durch keine innere *Erfahrung* erworben werden und entspringt nicht aus der Naturkunde vom Menschen sondern ist einzig und allein das Bewußtseyn seiner Freyheit welche im durch den categorischen Philchtimperativ also nur durch den höchsten practischen Vernunft kund wird.«

32–33 Randbemerkung H: »Vom willkührlichen ignoriren und keine ◇ Notiz nehmen«. Ein späteres Beispiel des willkürlichen Ignorierens ist Kants Notiz nach dem Weggang des Dieners Lampe: »Der Name Lampe muß nun völlig vergessen werden.« (Wasianski 1912, 264)

35–36 und das Ich … (dem Inhalte) nach zwiefach.] Hiermit scheint ◇ Kant mit einem Aspektdualismus im Hinblick auf Form und Materie des einen Ich zu operieren.

1–4 *Von den Vorstellungen* … § 5. *Vorstellungen* … scheint ein] H; A1: **135** »§ 5. Von den Vorstellungen die wir haben ohne uns ihrer bewust zu seyn. / Es scheint hierin ein«.

◇   *1–2 Von den Vorstellungen, die wir haben, ohne uns ihrer bewußt zu sein.*] Zur Verortung in der Disposition der §§ 3–6 vgl. den Hinweis zu 131,15.

Gliederung des § 5: Im 1. Absatz werden Namen- und Sacherklärungen geliefert, der 2. und 3. Absatz (letzterer bis zum Spiegelstrich 136,3) bringt die Theorie unbewußter Vorstellungen und Empfindungen bei der Sehwahrnehmung, die zweite Hälfte des 3. Absatzes (136,3 bis 136,13) die Tätigkeit unbewußter Vorstellungen bei der Erzeugung von Musik. Der 4. Absatz enthält den Beschluß des bis dahin Betrachteten und die Begrenzung des eigentlich pragmatischen Interesses. Die folgenden Abschnitte sind dem Spiel gewidmet, das wir mit den dunklen Vorstellungen oder das diese mit uns treiben, beides verbunden im letzten Absatz: Es wird mit dunklen Vorstellungen gespielt, damit diese mit den Lesern und Hörern ihr Spiel treiben. – Vgl. Refl. 201 (XV 77,10 – 78,9); XXVIII 227,1–228,14 (Metaphysik-Pölitz (L1)).

Benno Erdmann (Hrsg.), Reflexionen Kants zur Anthropologie (1882–1884) 62 Anm. 2: »Die Bemerkungen zur Lehre von den dunklen Vorstellungen, die sich in Mellins *Wörterbuch* gelegentlich des Artikels »Vorstellung« (VI 63 f.) als einem Manuskript entnommene finden, stammen aus einer Nachschrift von Kants anthropologischen Vorlesungen. Man vgl. bei Starke 24 f.«. – Es werden hier keine Vorstellungen der praktischen Vernunft einbezogen, die ursprünglich eine entscheidende Rolle in der Konzeption der unbewußten Vorstellungen spielten und auch in der Metaphysik-Pölitz (L1) genannt werden: »Ferner, alles was in der Metaphysik und Moral gelehrt wird, das weiß schon ein jeder Mensch; nur war er sich dessen nicht bewußt; und der uns solches erklärt und vorträgt, sagt uns eigentlich nichts Neues, was wir noch nicht gewußt hätten, sondern er macht nur, daß ich mir dessen, was schon in mir war, bewußt werde.« (XXVIII 227,38–228,3) – Vor der Untersuchung der Einzelprobleme, mit denen das Verständnis des § 5 belastet ist, sei an den Text erinnert, der für die gesamte Tradition zunächst des klaren oder dunklen und deutlichen oder undeutlichen bzw. konfusen Erkennens, dann auch der bewußten und unbewußten Vorstellungen oder Handlungen des Verstandes grundlegend ist. Es handelt sich um das 1. Kapitel der Aristotelischen Physik mit folgendem Passus: »So bleibt es bei der Notwendigkeit, (auch hier) so zu verfahren, daß wir von dem ausgehen, was zwar weniger deutlich nach seiner eigenen Natur ist, aber uns das Deutlichere ist, und fortschreiten hin zu dem, was nach seiner eigenen Natur deutlicher und erkennbarer ist. Uns ist am Anfang das offen und deutlich, was in Wahrheit eher konfus ist. Später erst, wenn man es auseinandernimmt, werden aus diesen die Grundbausteine und Anfangsstücke erkennbar. Aus diesem Grund muß man vom Allgemeinen zu dem Einzelnen fortschreiten. Denn das Ganze ist für die sinnliche Wahrnehmung

bekannter, und das Allgemeine ist ja eine Art von Ganzem. Denn das Ganze
umfaßt vieles als seine Teile.« (184 a 18–26. Übersetzung unter Zuhilfe-
nahme der Übersetzungen von Hans Wagner und Hans Günter Zekl.) Der
Sinnlichkeit ist ein konfuses, subjektiv jedoch zunächst deutliches Mannigfaltige gegeben, das im Erkenntnisprozeß zurückverfolgt wird auf die
Grundelemente. Das Gegebene ist ein Allgemeines und Ganzes. Im Hinblick auf seine Bestimmung als eines Allgemeinen schreibt Hans Wagner
korrekt: »Die Schwierigkeit, aber auch deren Auflösung hängt am Begriff
des Allgemeinen. Was sich am Ende des Erkenntnisweges zeigt, das Streng-
Allgemeine des erklärenden Grunds und des Prinzips, ist *nicht* das Allgemeine, von dem hier gesprochen wird. [...] Das Allgemeine, das am Anfang
des Erkenntnisweges steht, ist das schlichte Allgemeine, das bloß kompara-
tiv und noch ungegliedert ist, das also weder als Grund oder Prinzip zu
fungieren vermag noch auch eine bestimmte Vorstellung von dem gibt, was
in ihm enthalten ist« (Aristoteles, Physikvorlesung, übersetzt von Hans
Wagner (1967) 395). Das Konfuse (συγκεχύμενον; vgl. auch Platons Politeia
524 c 4), den Sinnen jedoch klar (σαφές) Vorgestellte, wird durch den Verstand mit seinen Begriffen, die zugleich objektiv sind, zergliedert, aufge-
trennt, und dadurch deutlich erkannt. Hier ist die historische Grundlage der
von Descartes aufgegriffenen Unterscheidungen von clarum/obscurum und
distinctum/confusum. Bei Descartes erfährt jedoch der sinnliche Gegenstand einerseits eine Abwertung, da er ein bloß sinnliches Mannigfaltiges ist,
andererseits wird verlangt, daß ich *in* ihm alle Bestimmungen per Wahrnehmung erkennen soll, z.B. *wahrnehmen* soll, daß vor mir ein Stück Wachs
liegt. Daß niemand ein Stück Wachs oder einen Menschen als solchen
wahrnehmen, sondern nur anläßlich von Wahrnehmungen erkennen, d.h.
erschließen kann, liegt auf der Hand. Vgl. dazu Arbogast Schmitt, »Zur
Erkenntnistheorie bei Platon und Descartes« (1989). Kants Anthropologie
liefert nach den vielfältigen Erörterungen auch mittelalterlicher Philosophen
eine Variation zu diesem Thema. Auch er entmachtet einerseits den sinnlichen Gegenstand zu einem bloßen Mannigfaltigen der Empfindung,
andererseits ist er der Meinung, Häuser, Schiffe und Menschen ließen sich
wahrnehmen.

Auffällig, daß Kant es hier zunächst meidet, von einer nicht bewußten
Tätigkeit der Seele zu sprechen, sondern sich in der expliziten Darstellung
auf Vorstellungen bezieht, also einen fertigen Fundus der Anschauung oder
Erinnerung. In der Einbeziehung des Musikers jedoch (136,3–13; dazu
Näheres unten) ist spätestens die Theorie nicht-bewußter Seelentätigkeit
präsent. Der Reflexionsbegriff wird überwiegend für eine bewußte Tätigkeit
reserviert, vgl. 141,22–23: »Überlegung (reflexio), mithin Bewußtsein der
Thätigkeit«, es begegnet jedoch auch eine Formulierung wie folgende: »[...],
ohne sich der Acte, die hiebei im Inneren des Gemüths vorgehen, bewußt zu

werden« (140,6–7); »alle Acte der Reflexion, die er hiebei wirklich, obzwar im Dunkelen, anstellt« (145,3–4); »dunkelen Überlegungen des Verstandes« (145,25) Vgl. Philippi 6 v: »In dunklen Vorstellungen ist der Verstand am wirksamsten, und alle klare Vorstellungen sind mehrentheils Resultate von langen [...] dunklen Reflexionen.«; so auch Parow 14. Was also macht das Bewußtsein aus? – Es ist hier generell anzumerken, daß die Thematisierung unbewußter Vorstellungen, Tätigkeiten und sogar unbewußter Reflexion Kant nicht zu der Frage führt, welche Rolle hierbei das Ich spielt. Er spricht von »*Vorstellungen, die wir haben, ohne uns ihrer bewußt zu sein*« (z. 1–2), aber wo liegt der Besitztitel, der die unbewußten Vorstellungen, Tätigkeiten und Reflexionen zu *meinen eigenen* macht? Sind sie Teile *meiner* cogitatio? Einer cogitatio, die ihr Spiel mit mir treibt (»[...] öfter aber noch sind wir selbst ein Spiel dunkeler Vorstellungen [...], 136,21–22). Wenn Ludwig XIV. als Kommentar zu Descartes' »cogito« die Behauptung aufstellt »L'état c'est moi«, dann wird er der Überzeugung sein, daß diese Behauptung nur so lange und so weit gilt, als nicht ein Teil des Staats oder dieser überhaupt zu bestimmten Zeiten sein Spiel mit ihm treibt.

In der frühen Phase der Anthropologie-Vorlesung dient die Theorie der unbewußten Verstandestätigkeit der Destruktion vorgeblicher Empfindungen, so besonders des moralischen Gefühls als einer eigenständigen Empfindung. Das vorgebliche originäre Fühlen der moralischen Qualität einer Handlung basiert, so Kant gegen die englische und schottische moralsense-Theorie, tatsächlich auf einem Urteil, dem das Gefühl folgt, nicht umgekehrt! Auf diese Funktion der unbewußten *Verstandes*-Vorstellungen geht Kant hier nicht ein, vgl. auch den Kommentar zu 136,15–16. Die Idee wird jedoch vielleicht später benutzt: »Man sieht leicht, daß alle Ahndung ein Hirngespinst sei; denn wie kann man empfinden, was noch nicht ist? Sind es aber Urtheile aus dunkelen Begriffen eines solchen Causalverhältnisses, so sind es nicht Vorempfindungen, sondern man kann die Begriffe, die dazu führen, entwickeln und, wie es mit dem gedachten Urtheil zustehe, erklären.« (187,6–10) »die dazu führen« (187,9) – doch wohl zur Empfindung, die also zwar als real, aber zugleich als Phantomempfindung behandelt wird.

Der Terminus »unbewußt« wird in der Anthropologie nicht gebraucht; anders Rudolf Eisler im Kant-Lexikon (1930), 549–550 (ohne Beleg). – Es wird von den dunklen und verworrenen Vorstellungen und Tätigkeiten des Bewußtseins (»die wir haben«, z. 1) keine Brücke zum Gefühl der Lust und Unlust und zum Begehrungsvermögen geschlagen. Diese werden in den Büchern 2 und 3 ohne Übergang und ohne Begründung ihrer Abfolge für sich behandelt (s. dazu oben den Kommentar zu 127,2). Mit dieser rigiden Isolierung setzt sich Kant nicht nur von der Platonischen und Aristotelischen, auch stoischen Seelentheorie ab, sondern auch von Leibniz. Bei

Leibniz sind die dunklen und konfusen Vorstellungen zugleich mit dem
Gefühl und der Willensmotivation verbunden. Hierauf greifen Herder,
Tetens und Schiller zurück, während Kant der Baumgartenschen Linie folgt,
gemäß der die dunklen Vorstellungen wesentlich erkenntnisbezogen sind;
s. dazu Jeffrey Barnouw, »The Cognitive Value of Confusion and Obscurity
in the German Enlightenment: Leibniz, Baumgarten, and Herder« (1995)
29–50, hier 40 mit Literaturverweisen.

Zum Problem der Annahme dunkler Ideen vgl. auch Justus Christian
Hennings, Geschichte von den Seelen der Menschen und Thiere (1774)
93–94; Hennings selbst unterscheidet zwischen – nicht möglichen – völlig
dunklen Ideen und relativ dunklen Ideen. – Übersichten über die Tradition
von »Vorstellungen, die wir haben, ohne uns ihrer bewußt zu sein« (z. 1–2)
bei Lancelot Law Whyte, The Unconscious before Freud (1962).

3–7 Vorstellungen zu haben … Vorstellungen verwarf.] Vgl. Metaphysik- ◇
Mrongovius: »Locke macht hingegen den Einwurf: dunkler Vorstellungen
bin ich mir nicht bewußt. Woher weiß man denn, daß ich dunkle Vorstellungen habe? Sich etwas nicht bewußt sein und es doch wißen, ist
Contradictio in adjecto – aber das ist bloße Chicane« (XXIX 879,20–23).
S. John Locke, An Essay concerning Human Understanding II 1, 9–19 (Locke
1975, 108–116). Tatsächlich muß auch Locke mit einer unbewußten Tätigkeit des Verstandes rechnen, so bei der Rekonstruktion unserer vermeintlichen Wahrnehmung äußerer Gegenstände II 9, 9–10 (Locke 1975,
146–147); Locke benutzt nicht den Begriff des Unbewußten, sondern
umschreibt ihn mit »actions [sc. des Urteilens] in us, which often escape
our observation« (Locke 1975, 147). – Kant gemäß Metaphysik-Pölitz (L1):
»*Leibnitz* sagte: der größte Schatz der Seele besteht in dunklen Vorstellungen, welche nur durch das Bewußtseyn der Seele deutlich werden.«
(XXVIII 227, 23–25) – Zur Diskussion der Frage, ob es unbewußte Vorstellungen gibt und wie sie, falls es sie gibt, erkennbar sind, vgl. Grau 1916,
190 ff. Die Existenz von nicht bewußten Vorstellungen leugneten Bonnet,
Condillac, von Creuz, Crusius, Herz, Ploucquet, Rüdiger (s. Grau 1916,
220–229); später führten Theodor Lipps und Paul Natorp diese Auffassung
fort, s. Arbogast Schmitt, »Das Bewußte und das Unbewußte in der
Deutung durch die griechische Philosophie (Platon, Aristoteles, Plotin)«
(1994) 59–85.

7–8 mittelbar bewußt sein] Vgl. die Rede vom Erschließen der unbe- ◇
wußten Vorstellungen z. 16 und 24. So auch Wolff (Grau 1916, 191), Meier
(Grau 1916, 202–203).

9–13 Dergleichen Vorstellungen … der Anschauung.] Vgl. die Hinweise ◇
zu 131,15. Kant folgt mit der Bezeichnung der unbewußten und bewußten
Vorstellungen als dunkler-klarer und dann undeutlicher-deutlicher zunächst
der seit Descartes üblichen Tradition von obscurum-clarum, (confusum)-

distinctum, wie sie sich auch bei Baumgarten in der »Psychologia empirica, Sectio I: Existentia animae« findet, vgl. § 518: »Status animae, in quo perceptiones dominantes *obscurae* sunt, est REGNUM TENEBRARUM (Anm.: »das Reich der Finsterniss«), in quo clarae regnant, REGNUM LUCIS (Anm.: das Reich des Lichtes in der Seele) est.« (XV 8,32–34) Zur grundsätzlichen Kritik an der Vorstellung von Leibniz – Wolff – Baumgarten vgl. unten 140,29–141,37.

◇   **11–12** Theilvorstellungen eines Ganzen … ihre Verbindung erstreckt, *deutliche*] H: »Ganzen erstreckt *deutliche*«. – Die Ergänzung stimmt überein mit der Kantischen Vorstellung, die sich z. B. in der Disposition der Argumente 1 und 4 innerhalb der Raum- und Zeitabhandlungen der »Transzendentalen Ästhetik« in der KrV (A 23 und A 24–25 und A 31 und A 31–32) zeigt. Es werden dort zuerst die Verhältnisse (hier: Verbindungen) und sodann die Teil-Ganzes-Beziehungen erörtert (die Reihenfolge ist also umgekehrt).

◇   **12–13** es sei des Denkens oder der Anschauung.] Eben dies steht nach Kant in scharfem Kontrast zur Leibniz-Wolffschen Schule, die, so seine Auffassung ab 1770, keine generische Trennung zwischen Sinnlichkeit und Verstand kennt, sondern die Sinnlichkeit mit der Verworrenheit der (dunklen oder klaren) Vorstellung gleichsetzt, den Verstand mit ihrer Distinktheit. Nach Kant können auch sinnliche Anschauungen deutlich und intellektuell, dunkel oder verworren bzw. undeutlich sein, vgl. die Anmerkung 140,29–141,37. Zuerst dargelegt in § 7 der Dissertation von 1770: »Ex hisce videre est, sensitivum male exponi per *confusius* cognitum, intellectuale per id, cuius est cognitio *distincta*. Nam haec sunt tantum discrimina logica, et quae *data*, quae omni logicae comparationi substernuntur, plane *non tangunt*. Possunt autem sensitiva admodum esse distincta et intellectualia maxime confusa.« (II 394,30–34)

◇   **14–136,3** Wenn ich weit von mir … bewußt zu werden.] Eine weitere Illustration des Gedankens liefert z. B. Busolt 11–12. – Kant folgt der Leibnizschen Monadologie in der Annahme, in tierischen (z. 26) und menschlichen Seelen gebe es eine »unermeßlich[e]« (z. 26) Fülle dunkler Vorstellungen, die klaren dagegen seien »nur unendlich wenige Punkte derselben« (z. 26–27; was »unendlich wenige« ist, muß wohl selbst im Dunkeln bleiben, ebenso das untere limit der zugelassenen Tiere; bei Leibniz ist es jede Monade). Leibniz gegen Locke in der »Préface« der NOUVEAUX ESSAIS: »D'ailleurs il y a mille marques qui font juger qu'il y a à tout moment une infinité de *perceptions* en nous, mais sans apperception et sans reflexion, c'est à dire des changements dans l'ame même dont nous ne nous appercevons pas, parce que les impressions sont ou trop petites et en trop grand nombre […].« (Leibniz 1965, V 46; vgl. 105) Die Konsequenz dieser in die reale Wahrnehmungslehre transponierten Seelenmetaphysik ist, daß auch

der fernste noch sichtbare oder auch unsichtbare Stern in allen Details seiner
Oberfläche unbewußt wahrgenommen wird, denn: *alles*, was Teleskop und
Mikroskop nur entdecken mögen, »wird durch unsere bloßen Augen gesehen; [...].« (z. 33–35; auch XXVIII 227,30–37; Metaphysik-Pölitz (L 1) Kant
zieht offenbar nicht in Erwägung, daß die Übertragung der metaphysischen Annahme von Leibniz in die empirische Psychologie daran scheitern
könnte, daß die Medien der optischen Übermittlung eine vollständige
Erfassung nicht zulassen. Jedenfalls wird mit der falschen Unterstellung die
Ansicht gerettet, daß bei einer künstlichen Verschärfung der Sinnesorgane
nicht (wie Locke meint, s. Anmerkung zu z. 34) etwas prinzipiell Neues
wahrgenommen wird, sondern nur das ohnehin Präsente klarer und dann
deutlicher wird als zuvor. Diese Annahme steht im Einklang mit der
generellen Auffassung, daß die Entwicklung des Kosmos und speziell die
Entwicklung der Menschheit nur eine »Auswicklung« schon vorhandener
Keime und Anlagen ist und daß das Weltprogramm niedergeschrieben
wurde, bevor es sich realiter abspielt. Alles muß nur aufgeklärt und verdeutlicht werden.

14–22 Wenn ich weit ... zusammengesetzt.] Vgl. Logik-Pölitz »Z. E. Ich ◇
sehe in der Ferne ein Landhaus, und bin mir bewust daß dies ein Haus ist, so
habe ich doch auch nothwendig eine Vorstellung von den Theilen des
Haußes z. e. vom Fenster etc., denn sähe ich die Theile nicht so sähe ich auch
das ganze Haus nicht, da ich mir nun aber dieser Vorstellung des Mannigfaltigen nicht bewust bin: so habe ich eine undeutliche Vorstellung.« (XXIV
510,34–511,4) – In »meiner Anschauung« befinden sich nach der hier
vertretenen Auffassung alle Teilstücke, die es mir ermöglichen zu erkennen,
daß ich einen Menschen sehe. Hier wird also nicht das Sehbild durch die
Elemente ergänzt, die sich im Augenblick aus perspektivischen oder anderen, auch prinzipiellen Gründen nicht sehen lassen, sondern es wird das
Anschauungsbild selbst als tatsächlich komplett behauptet, wenn auch nur
ein Teilbereich der optischen Eindrücke im Sehfeld bewußt wahrgenommen
wird. Kant macht die Möglichkeit, zu schließen, »daß dies Ding ein Mensch
sei« (z. 16–17), davon abhängig, »daß ich einen Menschen sehe« (z. 20–21).
Es ist schwer einzusehen, warum diese Möglichkeit, richtig oder falsch zu
schließen, daß es sich um einen Menschen handelt, nicht davon abhängen
soll, daß ich bestimmte, mir vertraute Farben und Formen sehe. Aus dieser
Sehwahrnehmung schließe ich auf Grund meiner Erfahrung, daß es sich um
einen Menschen handeln wird. Hierbei ist es gleichgültig, ob der Mensch
nahe oder fern ist – *sehen* kann ich ihn nie, weil das Auge nur Farben und
Formen, nicht aber Dinge wie Menschen wahrnehmen kann. Dieser letzteren Auffassung ist z. B. Aristoteles, vgl. De anima II 6 (418 a 20–25). »Die
Meinung, die Wahrnehmung erfasse einen Einzelgegenstand in seiner Gesamtheit, verwechselt nach Aristoteles also das äußere Objekt der Wahrneh-

mung mit dem vom Subjekt wahrgenommenen Objekt, mit dem Erkennt-
nisinhalt also, den die Wahrnehmung von ihrem Objekt gewonnen hat.«
(Schmitt 1998, mit Verweis auf Analytica Posteriora 100 a 17) Dagegen nimmt
auch Descartes in den Meditationen an, daß wir ein Stück Wachs *wahrnehmen*: »Consideremus res illas quae vulgo putantur omnium distictissime
comprehendi [...] Sumamus, exempli causa, hanc ceram [...]« (Descartes
1964, VII 30; »Meditatio« II, Abs. 11). Das sich ändernde Wachs kann
jedoch kaum ein Gegenstand der Wahrnehmung, sondern nur der Erfahrung sein; das Beispiel bietet daher keinen Anlaß, an der Zuverlässigkeit der
Sinneswahrnehmungen zu zweifeln. Damit wird der gesamte methodische
Zweifel hinfällig. Eine plausiblere Erörterung der Wahrnehmung eines
fernen Gegenstandes als Kant liefert Platon im Philebos 38 b 6–39 b 2.

◇ 14 auf einer Wiese] Christian Wolff: »Enimvero si in luce crepusculina
objectum aliquod in agro positum videmus, ea, quae ipsi insunt, non satis
discernimus, ut adeo cum rebus olim visis idem comparaturi similitudinem,
quam cum iis habet, non animadvertamus« (sc. so daß wir auf Grund der
Undeutlichkeit des Objekts und damit der Dunkelheit der im Tageslicht
wahrgenommenen Teilvorstellungen nicht mehr erkennen können, ob auf
der Wiese z. B. ein Baum steht) (Wolff 1962 ff., II 5, 21; Psychologia empirica
»De differentia perceptionum formali« § 30). Bei Wolff ist keine Rede von
der tatsächlichen Präsenz *aller* Anschauungselemente im Sehbild in der
Dämmerung. Das Beispiel des entfernten Menschen(bildes) benutzt Platon
im Philebos 38 c–d. – Der entfernte Turm als Beispiel 146,10 (mit Kommentar).

◇ 15 seine Augen, Nase, Mund u. s. w.] Vgl. Christian Wolff in der Psychologia empirica I 2, 1, 1 § 37: »Dum faciem hominis intueor, in eadem nasum,
frontem, palpebras, oculum, genas, os, mentem a se invicem distinguo«
(Wolff 1962 ff., II 5, 24; Psychologia empirica § 37: »De differentia perceptionum formali«).

◇ 20–21 so würde ich auch nicht ... einen Menschen sehe] Eben diese
Behauptung ist kaum haltbar, denn ich kann keinen Menschen *sehen*. Die
bloß optische Information vermag u. a. nicht zwischen einer vollendeten
Seh-Attrappe und einem wirklichen Menschen zu unterscheiden. – Wenn
ich auf Grund mangelhafter optischer Informationen (nach Kant objektiv
ein Unding) vermute, der gesehene Gegenstand sei ein Mensch, ist diese
Vermutung darüberhinaus vielleicht falsch: Es war ein Baum.

◇ 22 oder des Menschen] Fehlt in H; der Text ist jedoch sinnvoll gemäß
z. 18 ergänzt. – Ich habe also in meiner Anschauung das Totum aller
Teilvorstellungen eines Gegenstandes! Man sieht hier schön, zu welchen
Konsequenzen die nacharistotelische Wahrnehmungstheorie gelangt.

◇ 23–33 Daß das Feld ... vor Augen liegen.] Neben dem Phänomen der
quantitativen, geographisch und kartographisch vorgestellten Differenz von

bewußten und unbewußten Vorstellungen wird hier die Metapher von hell und dunkel näher erläutert. – Vgl. zur Beleuchtung von Teilgebieten des »Bewußtseins« schon Aristoteles, De anima III 5: »[…] und es einen Geist von solcher Art gibt, daß er zu allem wird, und einen anderen von solcher, daß er alles wirkt (macht) als eine Kraft wie die Helligkeit, denn gewissermaßen macht auch die Helligkeit die möglichen Farben zu wirklichen Farben.« (430 a 14–17) – Baumgarten unterscheidet in der »Psychologia empirica« den »*Campus obscuritatis*«, »Feld der Dunkelheit«, von dem »*Campus claritatis*«, «Feld des Lichts«, § 514 (s. XV 6,37–7,4). Dazu Hans Adler, Die Prägnanz des Dunklen (1990) 39 ff.

23–24 Feld unserer … nicht bewußt sind] H: »Sinnenanschauung«. Vgl. ◇
Metaphysik-Mrongovius XXIX 879,24–880,2. Die Geographiemetapher wird auch unten bei »der großen *Karte* unseres Gemüths« (z. 28) zugrunde gelegt.

25–26 im Menschen (und so auch in Thieren)] Wird dieses Innere der ◇
Menschen und Tiere in ihrem inneren Sinn lokalisiert? Wenn ja, dann gibt es in ihm stabile Depots, die nicht im Fluß sind, wie 134,11–13 angenommen wurde.

26–27 unermeßlich … unendlich] Baumgarten sagt nicht, daß der »fun- ◇
dus animae« unermeßlich oder unendlich sei, sondern nur: »Sunt in anima perceptiones obscurae, § 510. Harum complexus FUNDUS ANIMAE dicitur« (§ 511; s. XV 6,26–27), wobei »fundus animae« in der beigefügten Anmerkung mit »Grund der Seele« übersetzt wird. Auf wen sich das »dicitur« bezieht, ist mir unbekannt; Baumgarten scheint anzunehmen, daß der Ausdruck nicht von ihm selbst stammt (anders Inka Mülder-Bach, »Eine ›neue Logik für den Liebhaber‹. Herders Theorie der Plastik«, in: Schings (Hrsg.) 1994, 344). Im § 513 (s. XV 6,35–36) folgt: »Anima mea est vis, § 505 repraesentativa, § 506 universi, § 507 pro positu corporis sui, § 512.« Im § 507 (s. XV 6,9) stand: »Cogitat anima mea saltim quasdam partes huius universi, § 354.« Also nicht wie die Leibnizsche Monade das Universum im ganzen, sondern nur teilweise nach empirischen Vorgaben. – Herder nimmt den Baumgartenschen »Grund der Seele« auf, fügt jedoch ein entweder tautologisches oder radikalisierendes »ganze« hinzu: »Der ganze Grund unsrer Seele sind dunkle Ideen […]« (»Viertes Wäldchen« I 5; Herder 1877 ff., IV 27). Damit ist, so Herders Tendenz, *alle* Erkenntnis diesem Grund und Ursprung verpflichtet. Zugleich kehrt er ohne die entsprechende Metaphysik doch zu Leibniz zurück, wenn er die Begriffe des ganzen Weltalls in dem dunklen Gefühl beschlossen sieht; vgl. hierzu Mülder-Bach 1994, 344–345. Auch bei Kant sind nach bestimmten Äuße- rungen »alle Weltkörper« im unbewußten Bewußtsein im Abbild vorhan- den, s. die Erläuterung zu z. 30. Im Gedächtnis wird alles je Gesehene, Empfundene etc. unauslöschlich gespeichert, vgl. Ms. 400 170: »Ueber-

haupt kann aus unserm Gedächtnis nichts verlohren gehen, was schon einmahl war, und nichts ausgelöscht werden.« Diese These wird allerdings 1798 nicht explizit wiederholt. – Kant läßt das »Unbewußtsein« (Grau 1916, 213: Ernst Platner) den Bewußtseinsbereich als extensive Größe überragen, sieht auch, daß die unbewußten Vorstellungen ihr Spiel mit uns treiben (136,21–22), er nimmt jedoch nicht an, daß das Unbewußte zu Handlungen verleitet, die sich unserem Willen entziehen. Ein vermeintlicher derartiger Fall wird analysiert im Allgemeinen Repertorium für empirische Psychologie und verwandte Wissenschaften, das Immanuel David Mauchart 1792–1801 in 6 Bänden herausgab; vgl. dort den Fallbericht »Vater- und Muttermord aus dunkeln Vorstellungen« (3, 1793, 116) mit dem anschließenden, wohl von Mauchart selbst stammenden Plädoyer der Nichtzurechnungsfähigkeit des Täters. Die angefügten »Bemerkungen« berufen sich auf Johann Georg Sulzers Abhandlung »Erklärung eines psychologischen paradoxen Satzes: Daß der Mensch zuweilen nicht nur ohne sichtbare Gründe sondern selbst gegen dringende Antriebe und überzeugende Gründe handelt und urtheilet« (1759) (Vermischte philosophische Schriften (1773) 199–224). Vgl. hierzu Wolfgang Riedel, »Erkennen und Empfinden. *Anthropologische Achsendrehung und Wende zur Ästhetik bei Johann Georg Sulzer*«, in: Schings (Hrsg.) 1994, 410–439.

◇   28 gleichsam auf der großen *Karte* unseres Gemüths] Vgl. dazu u.a. Rudolf Behrens, »Die Spur des Körpers. *Zur Kartographie des Unbewußten in der französischen Frühaufklärung*«, in: Schings (Hrsg.) 1994, 561–583.

◇   29 Bewunderung] Weiteres Vorkommen dieses Begriffs in der Anthropologie: 222,9; 226,9; 243,19; 261,16; 292,2; 293,19; 328,24. Zur unterschiedlichen Bewertung von Bewunderung bei Kant s. den Kommentar zu 243,19.

◇   30 eine höhere Macht dürfte nur rufen: es werde Licht!] Nach dem Bericht der Bibel, Moses I 1, 3, ein Ausruf Gottes, nachdem er Himmel und Erde geschaffen hatte, die letztere aber noch wüst und leer war. – Eine Parallele fehlt in den Vorlesungsnachschriften. In der KdU ersetzt Kant das bei der Erörterung des Erhabenen übliche »Fiat lux«-Zitat (Pseudo-Longinos, De sublimitate IX 9; vgl. auch Alexander Gottlieb Baumgarten, Aesthetica § 300; Baumgarten 1961, 181) durch den Hinweis auf das biblische Bilderverbot (V 274,20–23). – In der Metaphysik-Pölitz (L1) wird literarisch weniger anspruchsvoll gesagt: »Würde Gott auf einmal unmittelbar Licht in unsere Seele bringen, daß wir uns aller unserer Vorstellungen könnten bewußt seyn, so würden wir alle Weltkörper ganz klar und deutlich sehen, eben so, als wenn wir sie vor Augen hätten.« (XXVIII 228, 3–7)
Auch hier die Wendung des »vor Augen«-Habens (s. z.33); es wird mit Hilfe der Metapher vermieden, die auf etwas Äußeres bezogenen Vorstel-

lungen im inneren Sinn zu lokalisieren. Durch die Lichtmetapher (im
Hinblick auf die Beleuchtung des Unbewußten) wird zwar ein Monopol des
Augensinns suggeriert, es müßte sich jedoch auch eine analoge Bewußt-
werdung bei den Empfindungen der übrigen äußeren Sinne und auch des
inneren Sinnes vollziehen, wie sie in einem Einzelfall beim Musiker
(136,3–13) vorgeführt wird. Des weiteren handelt es sich offenbar um eine
Halbe-Welt-Schau von unbewegten Gegenständen, so daß keine Ereignis-
folge berücksichtigt wird und die Frage ausgeblendet wird, ob die derart
beleuchteten Empfindungen erneut empfunden werden. Die Verwirrung
wird noch größer, wenn man sich fragt, ob nur die Empfindungen selbst
beleuchtet werden oder die durch sie vermittelten Objekte. Im ersten Fall
bedürfte es eines zusätzlichen Aktes der Beziehung der Empfindung »auf
etwas außer mich [...] (d. i. auf etwas in einem anderen Orte des Raumes, als
darinnen ich mich befinde)«, wie es in der »Transzendentalen Ästhetik« der
KrV heißt (A 23). Kant denkt vermutlich an die vorgestellte Gegenwart der
Objekte selbst, die es in einer (naiv-realistischen) Ebene seiner Theorie
immer schon als vollständig bestimmte gibt, so daß wir sie mit unserer
Erkenntnisapparatur nur nachbestimmen.

Die »halbe Welt«, die uns nach dem Ruf: »Es werde Licht!« vor Augen
liegen soll, ist somit ein verräterisches Kuriosum, weil uns nach der
zugrunde liegenden Auffassung schon in der Anschauung *Gegenstände*
(Häuser, Schiffe, Menschen) gegeben sein müßten und nicht nur optische
Reize. Genau das aber ist eine in der KrV wiederkehrende Rede: Uns seien
»Gegenstände gegeben« (A 19; A 50; A 92; A 399 u. ö.). Wie soll das unter
strengen Gesichtspunkten der Transzendentalphilosophie möglich sein?
Empfindungen mögen uns gegeben sein, die dann in den Formen der
Anschauung und qua angeschaute Erscheinungen kategorial bestimmt wer-
den. Wenn uns Gegenstände insgeheim gegeben werden und wenn die halbe
Welt vor Augen liegt, dann ist es immer schon eine halbe Welt, die sich vor
und unabhängig von unserer anschaulichen Formgebung und kategorialen
Bestimmung präsentiert; eben dies aber destruiert die subjektivistische
Wende. Die Metapher der göttlichen Bewußtmachung verrät am Ende, daß
der Blick, den wir »vor Augen« haben, derjenige wäre, mit dem Gott in
seiner vorkritischen Manier die Welt anschaut. – Die Aporie schon fertiger
Gegenstände, die unserer Sinnlichkeit zugleich als amorphes Mannigfalti-
ges gegeben sein sollen, ist vielfach gesehen worden, vgl. u. a. Theodor
W. Adorno, *Zur Metakritik der Erkenntnistheorie* (1956), in: Adorno 1971 ff.,
V 150–151.

Christian Wolff wehrt in der korrespondierenden Erörterung den Gedanken an Gott ab: »Claritas perceptionum est id, quod *Lumen animae*
appellare solemus. Et hinc anima dicitur *illuminari*, quatenus acquirit facultatem res clare percipiendi, ut sibi conscia sit ejus, quod percipit, atque ea,

quae percipit, probe a se invicem distinguat. Non hic sumimus terminos in sensu theologico, sed philosophico, qui cum communi loquendi usu convenit.« (Wolff 1962 ff., II 5, 23–24; Psychologia empirica § 35: »De differentia perceptionum formali«)

Zur Rolle des »Es werde Licht« in der Aufklärung vgl. die Ausführungen von Aram Vartanian, »*Fiat Lux* and the Philosophes« (1973) 375–387 (im Anschluß an Roland Mortiers Buch Clartés et Ombres du Siècle des Lumières. Etudes sur le XVIIIe siècle littéraire (1969)). Zum speziellen Phänomen der Heilung von Blinden s. Peter Utz, »›Es werde Licht!‹ Die Blindheit als Schatten der Aufklärung bei Diderot und Hölderlin«, in: Schings (Hrsg.) 1994, 371–389.

◇   30 Licht] Die Lichtmetapher benutzt Kant z. B. im Hinblick auf eine wichtige Einsicht vor der Abfassung der Dissertation: »Das Jahr 69 gab mir großes Licht« (Refl. 5037; XVIII 69,21–22) – »gab mir« – es ist ein »glücklicher Einfall« (KrV B 11 und 13) und kein nach einer bestimmten Methode selbst erzeugter Erkenntnisfortschritt. So auch der nicht methodisch erzeugte Umschlag vom Dunklen ins Helle im Bewußtsein.

◇   31 Litterator] Vgl. die »Wundermänner des Gedächtnisses«, die Kant 184,20–21 aufzählt.

◇   32–33 gleichsam eine halbe Welt] Vgl. Menschenkunde 19: »Die dunklen Vorstellungen machen den größten Theil der menschlichen Vorstellungen aus, und wenn sich ein Mensch aller Vorstellungen bewußt werden könnte, die wirklich in seinem Gemüthe liegen, die aber nur bei Gelegenheit hervortreten, so würde er sich für eine Art von Gottheit halten, und über seinen eignen Geist erstaunen; denn er hat keinen Begriff von einem Wissen von so ungeheurer Erkenntniß, als er selber hat.« – Wenn die Perzeptionen einer Leibnizschen Monade, in der sich das Universum spiegelt, durch den Machtspruch: »Es werde Licht!« zu Apperzeptionen würden, dann müßte tatsächlich (und nicht gleichsam) die ganze (und nicht die halbe) Welt »vor Augen liegen« (z. 32–33). Kant dagegen unterstellt keine Metaphysik der Monade, sondern den »influxus« anderer Weltgegenstände auf die einzelne Seele auf dem Umweg der optischen Wahrnehmung. Für ihn wird die Präsenz des je (mit Wolff und Baumgarten: »pro positu corporis«) Wahrgenommenen (»gleichsam eine halbe Welt«) im Unbewußten zu einem empirischen Faktum.

◇   34 Teleskop (etwa am Monde) ... (an Infusionsthierchen)] Zur Zusammenstellung von Teleskop und Mikroskop bei Kant vgl. in der KdU V 250, 19–21 (§ 25). Das Interesse ist dort allerdings ein ganz anderes.

◇   34 durchs Mikroskop (an Infusionsthierchen)] In der Logik-Jäsche heißt es ähnlich: »Die Deutlichkeit kann eine zwiefache sein. *Erstlich*, eine *sinnliche*. Diese besteht in dem Bewußtsein des Mannigfaltigen in der Anschauung. Ich sehe z. B. die Milchstraße als einen weißlichten Streifen; die

Lichtstrahlen von den einzelnen in demselben befindlichen Sternen müssen notwendig in mein Auge gekommen sein. Aber die Vorstellung war nur klar und wird durch das Teleskop erst deutlich, weil ich jetzt die einzelnen in jenem Milchstreifen enthaltenen Sterne erblicke.« (IX 35,13–20) – John Locke ist der Meinung, daß das Mikroskop etwas Neues sehen läßt und somit nicht nur die dunklen immer schon vorhandenen Vorstellungen des bloßen Auges aufhellt: »Had we Senses acute enough to discern the minute particles of Bodies, and the real Constitution on which their sensible Qualities depend, I doubt not but they would produce quite different *Ideas* in us; and that which is now the yellow Colour of Gold, would then disappear, and instead of it we should see an admirable Texture of parts of a certain Size and Figure. This Microscopes plainly discover to us: for what to our naked Eyes produces a certain Colour, is by thus augmenting the acuteness of our Senses, discovered to be quite a different thing; and the thus altering, as it were, the proportion of the Bulk of the minute parts of a coloured Object to our usual Sight, produces different *Ideas*, from what it did before.« (Locke 1975, 301; An Essay concerning Human Understanding II 23, 11) Wer mit mikroskopischen Augen ausgestattet wäre, würde in einer anderen Welt leben – »[...]: But then he would be in a quite different World from other People: Nothing would appear the same to him, and others: [...].« (Locke 1975, 303; An Essay concerning Human Understanding II 23, 12) Die »andere Welt« bezieht sich nur auf die Rezeptionsform des Subjekts; objektiv würden wir die primären Qualitäten unmittelbar erblicken, die für unsere jetzigen Sinne die sekundären Qualitäten der Farben erzeugen.

Die unterschiedliche Stellungnahme zu einer empirischen Frage ist in unterschiedlichen Grundsatzentscheidungen in der Erkenntnistheorie und Logik begründet. Der Zusammenhang wird deutlich, wenn Mendelssohn schreibt: »Die Analysis der Begriffe ist, für den Verstand nicht mehr als, was das Vergrösserungsglas für das Gesicht ist [...]; sie macht die Theile und Glieder dieser Begriffe deutlich und kennbar, die vorhin dunkel und unbemerkt waren« (Moses Mendelssohn, Abhandlung über die Evidenz in Metaphysischen Wissenschaften, welche den von der Königlichen Academie der Wissenschaften in Berlin auf das Jahr 1763. ausgesetzten Preis erhalten hat (1763); Mendelssohn 1971 ff., II 267–330, dort 274). Also: Fernrohr und Urteilstheorie. Die klaren Ideen können in dieser Tradition aus dunklen, unbewußten entstehen, während Locke und seine angelsächsischen Nachfolger kein Verhältnis zum Unbewußten entwickeln. Der Modellfall bei Locke im Hinblick auf die zu gewinnende Erkenntnis sind die einfachen, im inneren oder in den äußeren Sinnen wahrnehmbaren Ideen, aus denen komplexe Ideen vom Menschen erstellt werden können (Buch II des Essay). Das Urteil und damit die Erkenntnis entspringt einem Akt des Vergleichs

von derart selbständigen Ideen (Buch IV 1 des Essay; Locke 1975, 525 ff.).
Der Modellfall bei Leibniz und seinen Nachfolgern ist dagegen die zusammengesetzte, sinnlich klare und von anderen somit unterscheidbare, aber
noch in sich konfuse oder verworrene Idee, die vom Verstand in ihrer
Zusammensetzung analysiert und deutlich gemacht wird. Die zu erkennenden Prädikate werden also *im* Subjektbegriff gefunden, das Erkenntnisurteil
ist analytisch, und Philosophie ist dementsprechend Analysis und Aufklärung konfuser Ideen oder Begriffe. Die deutliche Erkenntnis wird adäquat,
wenn die Analysis alle Elemente der konfusen Vorstellungen erfaßt hat. –
Anders Christian Wolff in der Psychologia empirica § 270: »Quoniam experientia constat, per telescopia atque microscopia videri, quae visui sese
subducunt nudo, et per illa distincte apparere, quae nudus oculus nonnisi
confuse cernebat; ideo patet, *telescopiis ac microscopiis acui visum* (§ 268.).«
(Wolff 1962 ff., II 5, 195) Im § 268 wurde in der Anmerkung gesagt, das
»Verschärfen« (»acui«) beziehe sich nicht nur auf den Sehsinn, sondern auch
auf die übrigen Sinne. Man darf wohl ergänzen: Nicht nur des Menschen,
sondern aller Lebewesen überhaupt. – Herder: »Unrecht aber hätten sie,
wenn sie sich der Vergleichung, der Berichtigung und Verstärkung der Sinne
widersetzten, und z.B. ein Vergrößerungsglas- oder ein Fernglas verschmähten, weil es ihnen den Mond oder die Milbe nicht mehr, wie diese ihr
unbewafnetes Auge sah, zeiget.« (Herder 1877 ff., XXI 161; vgl. die kurzen
Hinweise von Hugh Barr Nisbet, Herder and the Philosophy and History of
Science (1970) 20–21 (mit einer Einbeziehung Goethes)). Steht Herder auf
der Seite von Kant und von Leibniz oder auf der Seite Lockes?
     Zur Verbindung der Äußerung Mendelssohns mit der Methodenreflexion
nach Wolff vgl. Hans-Jürgen Engfer, »Zur Bedeutung Wolffs für die Methodendiskussion der deutschen Aufklärungsphilosophie: Analytische und
synthetische Methode bei Wolff und beim vorkritischen Kant«, in: Werner
Schneiders (Hrsg.), Christian Wolff 1679–1754. Interpretationen zu seiner
Philosophie und der Wirkung (1983 a) 48–65, dort 59–60.
     Schelling schreibt 1804 in seinem postum publizierten System der gesamten Philosophie und der Naturphilosophie insbesondere: »Dieser Punkt in der
Natur ist bezeichnet durch das Reich der *Infusionsthiere.* In einer Welt,
wohin kaum das bewaffnete Auge noch reicht, regt sich diese unendliche,
in ihren Grenzen nicht nur unbekannte, sondern völlig unbestimmbare
Schöpfung, die von der Natur stets aufs neue eingeschoben zu werden
scheint, und zwischen der potentialen und aktualen Organisation der Materie in der Mitte liegt [...]« (Schelling 1927 ff., II. Erg.Bd. 324). Trotz des
Zusammentreffens des »bewaffneten Auges« und der »Infusionstiere« in
beiden Texten wird man nicht darauf schließen dürfen, daß Schelling hier die
Kantische Anthropologie berücksichtigt. Vgl. dazu auch unten den Kommentar ad 154,5.

Eine historisch-systematische Untersuchung der erkenntnistheoretischen Implikationen des Mikroskops liefert Ian Hacking, Einführung in die Philosophie der Naturwissenschaften (1996) 309–347 (»Mikroskope«).

33–136,3 Alles, was das … bewußt zu werden.] Das vermeintliche ◇ Phänomen, das Kant darlegt, wird nicht unter dem Titel der Sinne, speziell des Sehsinns, sondern des Bewußtseins gebracht. Es enthält nach dieser Theorie die Gesamtheit der optischen (akustischen, haptischen etc.) Qualitäten, über die ein von uns empirisch wahrgenommenes Objekt nur immer verfügt. Mikroskope und Teleskope sind entsprechend keine Instrumente, die uns eine größere Anzahl optischer Eindrücke eines bestimmten Objekts vermitteln, sondern die die uns auch ohne ihre Zwischenschaltung vollständig übermittelten Eindrücke nur bewußtseinsfähig machen.

Kant wendet die metaphysische Spekulation von Leibniz, gemäß der die Monaden das Universum vollständig spiegeln, ins Empirische; die Sinne sind vollkommene Spiegel der Objekte, auf die sie sich richten. Der gleichen Überzeugung ist auch noch z.B. Georg Christoph Lichtenberg in seiner Streit- und Kalenderschrift Über Physiognomik; Wider Physiognomen von 1777 bzw. 1778: »Wenn eine Erbse in die Mittelländische See geschossen wird, so könnte ein schärferes Auge als das unsrige, aber noch unendlich stumpfer als das Auge dessen, der alles sieht, die Wirkung auf die Chinesische Küste verspüren« (Lichtenberg 1967 ff., III 256–295, hier 264). Vgl. dazu Vladimir Satura, Kants Erkenntnispsychologie in den Nachschriften seiner Vorlesungen über empirische Psychologie (1971) 57.

Wolfgang Bernard, Rezeptivität und Spontaneität der Wahrnehmung bei Aristoteles (1988) kommentiert Kants Vorstellung: »Das auf der Netzhaut entstandene Bild enthält alles Sichtbare, optische Hilfsmittel breiten nur die Strahlen mehr aus, die die Abbildung erzeugt haben. […] Diese Auffassung kann Kant nur vertreten, wenn er der Wahrnehmung jegliche Erkenntnistätigkeit und Spontaneität abspricht. […] Die Erkenntnis und die Spontaneität beginnen erst danach, wenn es darum geht, die durch die Affektion gegebenen Vorstellungen zu ordnen und zusammenzusetzen. Es ist daher kaum verwunderlich, daß sich bei Kant keine genaueren Ausführungen über die Wahrnehmung finden (und ebensowenig bei Descartes), denn er hält sie ja für einen physiologischen Vorgang, der nicht wirklich in den Bereich der Erkenntnistheorie gehört. Aristoteles widmet demgegenüber einen beachtlichen Teil seiner Schrift ›Über die Seele‹ der Wahrnehmung, wobei er sie als ein spontanes Unterscheidungsvermögen der Seele aufweist.« (222) M.E. gehört auch bei Kant die Wahrnehmung sehr wohl in die Erkenntnistheorie, allerdings in ihrer metaphysischen, rational-psychologischen Basis in Form einer Empfindungslehre, gemäß der Substanzen sich gegenseitig affizieren (in einem influxus physicus) und wir uns nur eines Teils dieser Affektionen bewußt werden.

136   3–13 Eben das gilt … aufbehalten zu haben.] In etwas anderer Interpretation erscheint der »fertige[n] Musicus« Parow 11. Vgl. auch XXVIII
276,17–20 und XXIX 44,36–45,2.

Das Beispiel des Musikers fand Kant vermutlich bei Locke im *Essay
concerning Human Understanding* (2. Auflage) im Kapitel II 33, »*Of the
Association of* Ideas.«, 6: »A Musician used to any Tune will find that let it
but once begin in his Head, the *Ideas* of the several Notes of it will follow
one another orderly in his Understanding without any care or attention, as
regularly as his Fingers move orderly over the Keys of the Organ to play out
the Tune he has begun, though his unattentive Thoughts be elsewhere a
wandering.« (Locke 1975, 396) Hier ist es die fertige Melodie, die durch
Ideenassoziation mühelos reproduziert wird, bei Kant spielt der Musiker
eine Phantasie; es müßte konsequent auf die produktive Tätigkeit des
Unbewußten eingegangen werden. Der innovative Charakter wird eigens
betont: Der Musiker wünscht, die Phantasie »in Noten aufbehalten zu
haben« (z. 13). Hier wird also nicht eine thesaurierte Vorstellungsmenge
anamnetisch reproduziert (vgl. Platons Menon), sondern es wird eine Tätigkeit des Unbewußten unterstellt; es bedarf einer permanenten Aktivität des
Urteils (z. 8) während des Spiels. Zu dieser 135,1–136,3 nicht angesprochenen unbewußten Verstandestätigkeit vgl. den Kommentar zu z. 15–18. –
Leibniz antwortet auf einen Einwand Pierre Bayles gegen die prästabilierte
Harmonie ebenfalls mit dem Vergleich der Reproduktion einer schon gehörten, im ganzen unbewußt gewußten Melodie: »›But‹, says Mr Bayle, ›must
not the soul recognize the sequence of the notes (distinctly), and so actually
think of them?‹ I answer: ›No‹; it suffices that the soul has included them in
its confused thoughts in the same way it has a thousand things in its memory
without thinking of them distinctly.« (Leibniz 1956, 944) Dazu Burkhard
Liebsch, »›Eine Welt von Konsequenzen ohne Prämissen‹. Ein Nachtrag zur
Geschichte des Theorems vom unbewußten Schluß« (1991) 326–367.

◇   **15–18** Weil es aber diesen … eigentlich abgesehen ist.] Die Vorstellung,
daß eine unbewußte Verstandes*tätigkeit* in der Form einer *passiven* Empfindung bewußt wird, ist Gegenstand längerer Erörterungen in den Vorlesungsnachschriften. So heißt es Collins 10: »Wenn nur aber sehr vieles, was
man empfinden nennet, nichts als dunckle Reflexionen sind; so steht dem
Philosophen ein großes Feld zu bearbeiten offen, um diese dunckele Reflexionen zu entwickeln.« Vgl. Menschenkunde 21. Was in der frühen Phase als
wichtiges Arbeitsfeld philosophischer Analyse aufgefaßt wird, entläßt Kant
1798 aus der pragmatischen Anthropologie mit dem Hinweis, wir würden
die dunklen Vorstellungen nur als Spiel der Empfindungen mit uns wahrnehmen, also eine nur passive Rolle spielen. Damit ist die Möglichkeit einer
Psychoanalyse, die die unbewußte Tätigkeit, die den Empfindungen zugrunde liegt, aufspürt, aus der (geisteswissenschaftlichen) pragmatischen

Anthropologie in die medizinische, tatsächlich aussichtslose Physiologie abgeschoben. Kant nimmt nicht teil an der Erforschung des Unbewußten, wie sie besonders im Anschluß an Johann Georg Sulzers Abhandlung »Erklärung eines psychologischen paradoxen Satzes: Daß der Mensch zuweilen nicht nur ohne Antrieb und ohne sichtbare Gründe, sondern selbst gegen dringende Antriebe und überzeugende Gründe handelt und urtheilet« entwickelt wird (zuerst 1759 auf französisch; deutsch in: Sulzer 1800, I 101–123; dort auch speziell: »Daher kommt es, daß man das Urtheil für eine Art von innerer Empfindung hält.« (I 119)). Vgl. dazu u. a. die Abhandlung von Mauchart, auf die im Kommentar zu 135,26–27 verwiesen wird.

15 Weil es aber diesen nur in seinem passiven Theile] In H fehlt ◇ »Theile«.

15–16 Spiel der Empfindungen wahrnehmen läßt] Liegt der Akzent ◇ darauf, daß wir (wer? der Anthropologe?) die dunklen Vorstellungen nur als Spiel der Empfindung wahrnehmen? Nämlich derart, daß sich uns fälschlich als *Empfindung* darstellt, was eigentlich eine dunkle Reflexion des *Verstandes* ist. Die Quelle hierfür könnte der eben angeführte Satz der Abhandlung Sulzer 1800, I 119 sein: »Daher kommt es, daß man das Urtheil für eine Art von innerer Empfindung hält.« – Die Vorstellung des *Spiels* der Empfindungen, der Gefühle, der Gemütsvermögen durchzieht die Kantische Anthropologie. Es ist ein Spiel, das wir treiben können oder das mit uns getrieben wird, vgl. u. a. § 31 A (174,30–176,2).

16–18 die Theorie ... eigentlich abgesehen ist.] H: »diese Theorie dersel- ◇ ben doch nicht zur pragmatischen Anthropologie, sondern der physiologi- schen« mit dem Randzusatz: »worauf es hier eigentlich nicht abgesehen ist«. A1: »eigentlich abgesehen« (die Auslassung des »nicht« führte in A2 zur Umstellung des Satzes). Vgl. 140,6–7: »[...] ohne sich der Acte, die hiebei im Inneren des Gemüths vorgehen, bewußt zu werden«; hier wird also klar eine unbewußte Tätigkeit angesprochen. – Zur Unterscheidung von physio- logischer und pragmatischer Anthropologie vgl. oben 119,9–27.

19–21 Wir spielen nämlich ... Schatten zu stellen] Kant kennt den ◇ Begriff der hier einschlägigen »Anspielung« (z. B. II 234,27–28: »[...] durch den kleinen Muthwillen ihrer Scherze einige feine Anspielungen durchscheinen zu lassen, [...]«). Er benutzt ihn jedoch in der Druckschrift der Anthropologie nicht; der Begriff »Allusion« wird offenbar ebenfalls nicht benutzt. Kant interessiert nicht nur der heute dominierende »Eros concealed«, sondern die Verbergungs- und Anspielungstechnik im gesamten Schambereich. – In z. 19–21 wird auf z. 25–35 vorverwiesen, in z. 21–24 auf z. 36–137,12.

21–22 öfter aber noch sind wir selbst ein Spiel dunkeler Vorstellungen] ◇ Vgl. z. 36–37: »[...] sind wir auch oft genug das Spiel dunkeler Vorstellungen, [...].« Die als solche nicht gekennzeichnete 2. Auflage von Bd. VII der Akademie-Ausgabe (von 1917) bringt z. 21 »selbst beim Spiel«, offenbar eine Verschlimmbesserung eines Druckers, der die lectio difficilior »selbst ein Spiel« (z. 21; 1907) zurechtbringen wollte. Zur Differenz der Auflagen von 1907 und 1917 vgl. oben S. 4 – Ein Beispiel für das hier angesprochene Spiel der Vorstellungen mit uns ist der Traum. Zum letzteren vgl. z. B. Ludwig Heinrich von Jakob im Grundriß der Erfahrungs-Seelenlehre (1791): »Der Traum scheint größtentheils ein mechanisches Spiel von Vorstellungen zu seyn. Die Organe der Phantasie sind rege; es erfolgt also das Bewußtseyn der mit ihren Bewegungen verknüpften Vorstellungen, und das Dichtungsvermögen spielt mit diesen rege gemachten Vorstellungen, verknüpft sie, trennt sie, fügt sie zusammen, schafft neue Bilder u. s. w. Der Traum ist nichts als ein unwillkürliches Dichten.« (291; § 499) Vgl. hierzu auch Herbert Read, Icon and Idea (1955) 117; ebenso Albert Béguin, L'âme romantique et le rêve (1939) 7–8.

◇   23–24 ob er sie gleich als Täuschung anerkennt.] Warum nicht »erkennt«? Ob er die Täuschung nun erkennt oder anerkennt – was besagt dies für die Notwendigkeit, daß das Ich »seine« Vorstellungen als solche rechtskräftig besitzen, also sie auch beherrschen muß? Wenn »seine« Vorstellungen das Spiel mit dem Verstand treiben, wenn ich das Spiel »meiner« Vorstellungen werde – worin liegt dann noch der Besitzanspruch und Herrschaftstitel? Entspricht das Erkennen oder Anerkennen der Täuschung dem Akt Ludwigs XVI., mit dem er die Revolution erkennt oder anerkennt, d. h. abdankt? Kant denkt vermutlich einfach an den Wunsch eines Grabes unter einem schattigen Baum, 137,1–5. – Es gibt bei Kant keinen prinzipiellen Grund, warum wir nicht das Spiel, das das Unbewußte (die dunklen Vorstellungen) mit uns treibt, selbst durchschauen sollten. Die Psychoanalyse ist dagegen der Meinung, daß es in bestimmten Fällen einer umständlichen Anamnese unter Einhilfe eines Therapeuten bedarf, um die Manipulationen, die das Unbewußte mit uns vornimmt, zu durchschauen und durch die Selbsterkenntnis auch die Selbsttäuschung aufzuheben und damit nicht mehr Opfer dieses mit uns getriebenen Spiels zu sein.

◇   25–35 So ist es mit ... Gefahr laufen will.] Vgl. 152,19–32. Collins 71–72; dort unter dem Titel »Handlungen beym Gedächtniß«.

◇   26 Genuß ihres Gegenstandes] Vgl. 152,22–23: »[...] um nicht das eine zum bloßen Werkzeuge des Genusses des anderen abzuwürdigen.« S. a. dazu den »Anhang erläuternder Bemerkungen zu den metaphysischen Anfangsgründen der Rechtslehre. 3. Beispiele«, VI 359,17–360,7.

◇   36–137,1 Andererseits sind wir ... Verstand beleuchtet.] Vgl. 149,34–35: »*Illusion* ist dasjenige Blendwerk, welches bleibt, ob man gleich weiß, daß der vermeinte Gegenstand nicht wirklich ist«; 167,11–12: »Die Täuschung ist hier nicht zu heben; [...]; vgl. auch Refl. 1482 (XV 666,13). – Daß etwas

als Täuschung durchschaut, aber dadurch als Illusion nicht aufgehoben
wird, wird ausführlich in der Kreutzfeld-Opponentenrede behandelt, vgl.
XV 906 ff. – Die Unterscheidung einer Täuschung, die verschwindet, wenn
man sie durchschaut, und einer Täuschung, die in Kraft bleibt, obwohl sie
durchschaut ist, wird in ganz anderem Zusammenhang in der stoischen
Affektenlehre gemacht. Bei Johannes Stobäus wird in den Eclogae ausgeführt: »Alle, die im Affekt sind, kehren sich von der Vernunft ab, aber nicht
so, wie Leute, die sich in etwas täuschen, sondern auf eine spezifische
Weise. Denn diejenigen, die sich beispielsweise darin täuschen, daß die
Atome die Prinzipien sind, nehmen, belehrt, daß sie es nicht sind, von
ihrem Urteil Abstand. Die Leute hingegen, die im Affekt sind, die nehmen,
auch wenn sie wissen und auch wenn sie darüber belehrt werden, daß man
nicht trauern oder sich fürchten oder überhaupt im Affekt sein soll,
dennoch nicht davon Abstand, sondern werden von den Affekten dazu
gebracht, daß sie sich von deren Tyrannei beherrschen lassen.« (abgedruckt
in: SVF III 94; Frg. 389)

1–5 Sich das Grab … nicht Ursache hat.] Vgl. hier 167,5–11; sodann   **137**
Refl. 370 (XV 144,28–145,2); Refl. 1504 (XV 809,4–5). Korrespondierende
Überlegungen in den Vorlesungsnachschriften: »Die Phantasie erstreckt sich
bis zum Grabe. So z. E. Glaubt mann, wenn man gestorben ist, werde man
wissen wie man im Grabe Liege. Daher wählen sie viele schon im Leben,
beyleibe nicht ein Dunkles Gewölbe, sondern wie bey uns am Haberberge
will man gern begraben seyn.« (Busolt 38) Der Hinweis auf den Königsberger Haberberg (= Haferberg, also trockenes Land) konnte nicht in das Buch
übernommen werden. – Eine Anmerkung der Logik-Bauch lautet: »Eine
Vorstellung ist dunkel d. h. ich bin mich ihrer nicht bewust. Es scheint daher
ein Widerspruch zu seyn [vgl. 135,3–7]. Allein wir sind sich ihrer bewust
aber nicht unmittelbar, sondern Mittelbar z. B. Mancher will gern apart
unter einem Baum wo er oft im Schatten gesessen und ein Pfeifchen
geschmaucht hat, begraben seyn. Man hat hirbey die dunkle Vorstellung: ich
werde mich meiner nach dem Tod bewust seyn, es ist freylich närrisch [?],
sich bewust seyn und Tod seyn« (70). – Zur Umwandlung der Vorstellungen von Tod und Begräbnis in der Spätaufklärung vgl. Friedrich Gedikes
Aufsatz »Über die Begräbnisse in den Kirchen« (1785) 80–95. Physische
Geographie Pillau 112: »Daher wäre es schön, wenn man nicht mehr die
Leichen in den Kirchen begraben möchte.«
Goethe sagte in einem Gespräch mit Ernst Förster: »Den Tod statuire ich
nicht.« (vgl. Pfotenhauer 1987, 167) Dazu das Pendant bei Kant: »Wer aber
über diesen Gedanken [sc. des Todes] nicht mit männlichem Muthe weg-
sieht, wird des Lebens nie recht froh werden.« (213,10–11).

7 Das russische Sprichwort] Vgl. Refl. 474 (XV 196,6); Parow 20 mit   ◇
Kommentar Nr. 25.

◇   13–18 Sogar wird studirte ... der Weisheit anzulocken.] Ähnliche Ausführungen 139,26–34, besonders 31–34: Daß man sich den gesunden
Menschenverstand »als eine Fundgrube in den Tiefen des Gemüths verborgen liegender Schätze vorstellt, auch bisweilen seinen Ausspruch als Orakel
(den Genius des Sokrates) für zuverlässiger erklärt als Alles, was studirte
Wissenschaft immer zu Markte bringen würde.« Sodann 145,16–25, besonders 19–21: »Dergleichen enthalten die sogenannten Sinnsprüche oder
orakelmäßigen Anwandlungen (wie diejenigen, deren Ausspruch Sokrates
seinem Genius zuschrieb).« S. a. 224,1. Der für Kant aktuelle philosophie-
politische Hintergrund zeigt sich in der »Vorrede zu Reinhold Bernhard
Jachmanns Prüfung der Kantischen Religionsphilosophie« aus dem Jahr
1800: »Der, welcher das erstere [sc. daß »Weisheit von oben herab dem
Menschen (durch Inspiration) *eingegossen*« werde, VIII 441,15–16] als passives Erkenntnißmittel behauptet, denkt sich das Unding der Möglichkeit
einer *übersinnlichen Erfahrung*, welches im geraden Widerspruch mit sich
selbst ist, (das Transscendente als immanent vorzustellen) und fußt sich auf
eine gewisse Geheimlehre, Mystik genannt, welche das gerade Gegentheil
aller Philosophie ist und doch eben darin, daß sie es ist, (wie der Alchemist)
den großen Fund setzt, aller Arbeit vernünftiger, aber mühsamer Naturforschung überhoben, sich im süßen Zustande des Genießens selig zu
träumen.« (VIII 441,18–25) Dieser Hinweis schließt unmittelbar an die
Auseinandersetzung mit Stolberg-Schlosser an, die ihren literarischen Niederschlag in der Schrift von 1796 fand: »Von einem neuerdings erhobenen
vornehmen Ton in der Philosophie« (VIII 389–406); dort die Neuprägung
(?) »Obscuriren«, VIII 394,36. Vgl. auch hier 226,3–22 mit Kommentar.
    Die hier angesprochene Dunkelheit hat ihrem *literarischen* Ursprung
nach nichts zu tun mit der *erkenntnistheoretischen* Topologie von dunklen
und klaren, verworrenen und deutlichen Vorstellungen (wenn Kant auch
z. 20–21 auf das Schema von »dunkel-klar« zurückgreift); sie stammt vielmehr aus der Rhetorik und wird hier von Kant auch wesentlich auf
Schriften bezogen, verdeutlicht durch optische Analogien. Man vergleiche
auch John Lockes Essay concerning Human Understanding, in dem im
Kapitel II 29: »Of Clear and Obscure, Distinct and Confused Ideas« gehandelt wird, während die unvermeidliche Dunkelheit und die »*affected
Obscurity*« in der Sprache unter dem Titel der »*Of the Imperfection of
Words*« und des »*Of the Abuse of Words*« erneut diskutiert werden, auch
hier im Rückgriff auf das Schema »dunkel-klar (obscure-confused)« und
»verworren-deutlich (clear-determined)« (Locke 1975, 475–508; Essay III 9
und 10). Die hier erörterte »studirte« (z. 13) oder »gekünstelte« (z. 17)
Dunkelheit steht im Kontrast zur Dunkelheit, die ein Schriftsteller (noch)
nicht überwinden konnte – die Dunkelheit besonders der ersten Kritik war
nach Kant nicht studirt, sondern bildete einen eingestandenen Mangel; vgl.

dazu A 98 (»Um deswillen wird sich der Leser bis dahin durch die Dunkelheit nicht abwendig machen lassen [...]«). Auf die Dunkelheit der Kritik wurde verwiesen in der Jenaer Allgemeinen Litteratur-Zeitung Nr. 295 (1785) 298–299: »Doch vielleicht hielt ihn [Kant] hievon blos die Dunkelheit zurück, die eben in diesem Theile der Kritik [der Deduktion der reinen Verstandesbegriffe], welcher gerade der helleste seyn müsste, wenn das Kantische System eine vollkommene Überzeugung gewähren sollte, am allerstärksten herrscht.« Kants Reaktion in der zweiten »Vorrede« der KrV (1787) B XXXVII (»[...] um den Schwierigkeiten und der Dunkelheit so viel wie möglich abzuhelfen [...].«). Sodann die generelle Stellungnahme zu dem Vorwurf der Dunkelheit in der Metaphysik der Sitten, »Vorrede« zu den »Metaphysischen Anfangsgründen der Rechtslehre«, VI 206,4–34.

Die studierte, gekünstelte Dunkelheit wird man wieder in zwei Arten einteilen: Die eine ist rhetorisch-instrumenteller Art, die andere ist nach Meinung der Autoren in der Sache selbst begründet. Zur Dunkelheit der letzteren Art bekennen sich z.B. Autoren mit gnostischen Tendenzen, s. Michael Pauen, Dithyrambiker des Untergangs. Gnostizismus in Ästhetik und Philosophie der Moderne (1994).

August Georg Friedrich Rebmann, Obscuranten-Almanach (1798–1804); dazu York-Gothart Mix, »Guillotinen aus Papier. A.G.F. Rebmanns ›Obscuranten-Almanach‹ (1798–1804)« (1991) 22–28.

»Obscuritas« wird von Quintilian in der Institutio oratoria VIII 2 behandelt: »De perspicuitate et obscuritate«; dort auch das »skotison« von z.16 (VIII 2,18); die Quintilian-Passage gehört zu den Referenz-Texten der Pedanten-Kritik. Vgl. auch das Gedicht von Luise Adelgunde Victoria Gottsched: »Ode über eines Schulfuchses im Quintilian skòtison. Tanto melior! ne ego quidem intellexi!« (1742; abgedruckt in: Epochen der deutschen Lyrik 1700–1770, hrsg. von Jürgen Stenzel (1969) 159–161. Johann Gotthelf Lindner, Lehrbuch der schönen Wissenschaften (1767) I 206 (s. XV 668,39–40).

Erneute Beachtung fand das Dunkle in der Diskussion des Erhabenen; so heißt es bei Edmund Burke im zweiten Teil der Philosophischen Untersuchungen über den Ursprung unsrer Begriffe vom Erhabnen und Schönen (1773) 89–90 im vierten Abschnitt »Von dem Unterschiede zwischen Klarheit und Dunkelheit in Ansehung der Leidenschaft«: »Etwas anders ist es, eine Idee *klar*, und etwas anders, sie für die Imagination *eindringend* zu machen. [...] Eine Beschreibung durch Worte hingegen, so lebhaft und so malerisch sie immer seyn möchte, würde nur eine sehr dunkle und unvollkommene Idee dieser Gegenstände erregen: und doch wäre es möglich, durch diese Beschreibung einen stärkern Eindruck hervor zu bringen, als durch jenes Gemälde. [...] In der That trägt eine große Deutlichkeit nur wenig dazu bey, die Leidenschaften zu erregen, da sie auf gewisse Weise eine Feindin alles Enthusiasmus ist.«

◇   **14–15** *in der* Dämmerung ... *einen Nebel gesehene Gegenstände]* Die
Urteilskraft, so 228,11–12, verhütet »Irrthümer aus dem dämmernden
Lichte, darin die Gegenstände erscheinen.« Der Scharfsinn, von dem z.20
gesprochen wird, ist eine Eigenschaft der Urteilskraft als des Unterschei-
dungsvermögens, des »iudicium discretivum«, 220,31 und 228,3.

◇   **16–17** *Das Skotison (machs dunkel!) ist der Machtspruch aller Mystiker]*
Vgl. Refl. 178; XV 67,3–4: »Verwirrte Kopfe. Ordentliche. Methodische. systematische. Dunkelheit: scotison. Heller Verstandlicher Prediger. Mystisch.«

◇   **17** *Machtspruch]* H: »Wahlspruch«. »Machtspruch« in der Anthropologie
nur hier, »Wahlspruch« auch 179,7. Während hier zwischen »Machtspruch«
und »Wahlspruch« zu wählen ist, wird in den parallelen Ausführungen von
»Ausspruch« (139,32 und 145,20; s. auch VIII 394,35 gegen Johann Georg
Schlosser) und »Sinnsprüche[n]« (145,19) gesprochen. – Die Verwendung
des Begriffs des Machtspruchs im Kampf gegen »Mystiker« findet sich auch
z.B. bei Vertretern der Berliner Aufklärung. Friedrich Nicolai schreibt in
seinem Buch Ueber meine gelehrte Bildung, über meine Kenntniß der kritischen Philosophie und meine Schriften dieselbe betreffend, und über die
Herren Kant, J.B. Erhard, und Fichte (1799) über die Mittwochsgesellschaft:
»Alle Mitglieder waren ächte Wahrheitsfreunde, daher ging die Bemühung
eines jeden dahin, dasjenige was er für Wahrheit hielt, nicht durch *Machtsprüche* oder die Berufung auf die Stimme im Innern, sondern durch
Gründe geltend zu machen.« (zitiert nach Norbert Hinske (Hrsg.), Was ist
Aufklärung? (1977) XXIX).
Durch die kurzfristige Umarbeitung des »Allgemeinen Gesetzbuches der
Preußischen Staaten« zum »Allgemeinen Landrecht für die Preußischen
Staaten« zwischen 1792 und 1794 erhielt die Frage der Machtsprüche noch
einmal eine politische Aktualität. Franz Wieacker schreibt in seiner Privatrechtsgeschichte der Neuzeit: (1967) 331: »Für den 1. 6. 1792 war die
Publikation des Gesetzes als Allgemeines Gesetzbuch vorgesehen. [...] Da
suspendierte unter dem Einfluß der politischen und theologischen Reaktion
um den berüchtigten Kultusminister Wöllner und den Justizminister Dank-
kelmann Friedrich Wilhelm II. die Inkraftsetzung auf unbestimmte Zeit:
man hatte an der aufklärerischen Staatstheorie, ja schon an der rechtsstaat-
lichen Terminologie (›Machtspruch‹: § 6 Einl.; V 28 § 33; ›Gesetzbuch‹,
›Bürgerstand‹) sogar an Worten und Begriff des ›Mißbrauches religiöser
Handlungen zu Beschwörung und Geisterbannen‹ Anstoß genommen.« Ob
Kant nähere Informationen über den Vorgang der Revision hatte, ist unbekannt. Jedenfalls trifft der Text der Anthropologie auf dezente Weise die
Obskuranten auf dem und um den preußischen Thron (und Altar). – In der
Schrift »Über das Mißlingen aller philosophischen Versuche in der Theodi-
cee« (1791) wird »Machtspruch« in negativer und in positiver Wertung
verwendet. Es darf »nicht durch einen Machtspruch [die] Unstatthaftig-

keit des Gerichtshofes der menschlichen Vernunft« dekretiert werden
(VIII 255,24–25). Andererseits erhält der kategorische Imperativ den Rang
eines Machtspruches: »Vielmehr muß die Vernunft, wenn sie nicht als
moralisch gesetzgebendes Vermögen [...] einen Machtspruch thut, [...]«
(VIII 262,20–22); s. auch VIII 264,21–25: »Doch kann man auch der bloßen Abfertigung aller Einwürfe wider die göttliche Weisheit den Namen
einer Theodicee nicht versagen, wenn sie ein *göttlicher Machtspruch*, oder
(welches in diesem Falle auf Eins hinausläuft) wenn sie ein Ausspruch
derselben Vernunft ist, wodurch wir uns den Begriff von Gott als einem
moralischen und weisen Wesen nothwendig und vor aller Erfahrung
machen.« Diese Redeweise zeigt gut die Unhintergehbarkeit des Faktums
des Vernunftgesetzes.

Regina Ogorek, »Das Machtspruchmysterium« (1984) 82–107.

Für Kants Interesse an den Schatzgräbern der Weisheit wird der Geister-
glaube von Friedrich Wilhelm II. nicht ohne Bedeutung sein. Dazu Bezold
1984, 227 (Anm. 37).

17 Mystiker] Schon Alexander Baumgarten spricht im zweiten Teil seiner ◇
Aesthetica unter dem Titel der »Obscuritas aesthetica« (Sectio XXXVIII)
von den Mystikern, § 641: »Turpioris obscuritatis § 638. notatae dabunt
exempla, nunc alterutro, nunc utroque morbo, de quo § 639] laborantes
veterum multi chemici, praesertim alchimistae, quibus arcana sunt omnia,
praesertim philosophorum lapis, multi recentiorum etiam mystici, quoties
vere divinis non contenti nova sibi ac suis excogitant mysteria, omnis
magiam simulans et nocturnum cum daemonibus commercium, [...].«
(Baumgarten 1961, 421) Diese Ausführungen fehlen in der Arbeit von
Manfred Engel zum Schwärmertum (s. den Kommentar zu 132,17).

17–18 um durch ... anzulocken.] Fehlt in H. A1 wie A2. – Von Schatz- ◇
gräbern ist auch unter dem Titel »Von der Wahrsagergabe« die Rede (188,10);
s. a. 205,13–16. Kant notiert in der Phase 1792–1798: »Astrologie, Cabbala,
Alchemie, Schatzgräberey, Animalische (g Magnetism) Electricitet, Be-
schwörungsformeln« (Refl. 6332; XVIII 654,5–6). In der Berlinischen Monatsschrift 19 (1792) 68–75 steht in der Januarnummer »Eine Schatzgräbergeschichte aus Pommern. Eingesandt vom Herrn Prediger S*«. Die
Geschichte beginnt folgendermaßen: »Eine außerordentliche Begierde, in
der Erde Schätze aufzusuchen, ist seit einiger Zeit selbst unter Leuten, die
sonst nicht einfältig sein wollen, ein ansteckendes Uebel geworden. Wie viel
Aberglauben, Zeitversäumniß und Geldverlust, wie viel bittre Reue am
Ende damit verbunden sei, kann man in manchen Fällen bereits sichtbar
genug wahrnehmen.« (68) In der Aprilnummer erschien Kants Aufsatz
»Ueber das radikale Böse in der menschlichen Natur« (ibid. 323–384). –
Goethes Ballade »Der Schatzgräber« erschien in Schillers *Musen-Almanach*
für das Jahr 1798 (Goethe 1948ff., I 265–266).

◇   **18–21 Aber überhaupt ist … Begriffe aufzulösen.**] Vgl. Collins 16: »Es muß in der Schreibart eine Dunckelheit seyn, aber so eingerichtet, daß man sie den Augenblick auflösen kann, das ist angenehmer und wahrer Witz.« Allgemein zur wünschbaren »obscuritas« und »umbra aesthetica« Alexander Baumgarten, **Aesthetica, Pars altera, Sectio XXXVIII und Sectio XXXVIIII, § 631–§ 665;** Baumgarten 1961, 414–441). Eine negative Wertung in Dohna 13: »Im dunkeln sieht alles größer aus als es wirklich ist. Das wissen die Schriftsteller die ihre Schriften mystisch eingekleidet wie faul Holz im Dunkeln leuchten lassen.«

Lockes bilderreicher Aufruf gegen die »obscurity« im Essay concerning Human Understanding ist wie ein Fanal der Aufklärung geschrieben: »Besides, there is no such way to gain admittance, or give defence to strange and absurd Doctrines, as to guard them round about with Legions of obscure, doubtful and undefined Words. Which yet make these Retreats, more like the Dens of Robbers, or Holes of Foxes, than the Fortresses of fair Warriours; which if it be hard to get them out of, it is not for the strength that is in them, but the Briars and Thorns, and the Obscurity of the Thickets they are beset with. For Untruth being unacceptable to the Mind of Man, there is no other defence left for Absurdity, but Obscurity.« (III 10. 9; Locke 1975, 495)

Zum Lob einer moderaten schriftstellerischen Dunkelheit vgl. Pietro Verri in der von Kant geschätzten Schrift Gedanken über die Natur des Vergnügens (1777): »Ein Buch, wo lauter scharfsinnige, und erhabene Gedanken auf einander folgten, könnte nicht gefallen, wenn nicht eine gewisse Dunkelheit damit verbunden wäre. Diese Dunkelheit sezt den Leser in die Notwendigkeit, die Lectur dann und wann zu unterbrechen, um über die Gedanken seines Schriftstellers nachzudenken […].« (81) Ludwig Ernst Borowski hielt die ungefähr gleiche Meinung Kants in seiner Biographie fest: »Dagegen einen sehr geringen Wert nur setzte K[ant] auf Beredsamkeit. Er schätzte Wohlredenheit und bedauerte es, diese ebensowenig als den klaren, gleich faßlichen Audruck (den er auch in gelehrten Vorträgen eben nicht so sehr nötig hielt, damit dem Leser doch auch etwas zu eigenem Nachdenken verbleibe) sich in seinen Schriften ganz eigen machen zu können.« (Groß (Hrsg.) 1912, 77)

◇   **24–138,10 Das Bewußtsein seiner … *Definition* derselben.**] Zu dem Ort dieser Begriffsklärung vgl. den Kommentar zu 131,15.

◇   **24–138,5 Das Bewußtsein seiner … gedacht wird.**] In der neuzeitlichen Philosophie ist die von Platon und Aristoteles ausgearbeitete Theorie des Klaren und Deutlichen neu konzipiert worden. Einer der klassischen Texte sind Descartes' Principia philosophiae § 45: Ein gewisses und unbezweifelbares Urteil verlange eine klare und deutliche »perceptio«, die zu beurteilen sei. »Claram voco illam, quae menti attendenti praesens et aperta est: sicut ea clare a nobis videri dicimus, quae, oculo intuenti praesentia, satis fortiter et aperte illum movent. Distinctam autem illam, quae, cum clara sit, ab omnibus aliis ita sejuncta est et praecisa, ut nihil plane aliud, quam quod clarum est, in se contineat.« (Descartes 1964 ff., VIII 1, 22) Hier wird die *äußere* Distinktheit (also dieser Vorstellung von allen anderen) so bestimmt, daß sie die *innere* voraussetzt, d. h. daß jedes innere Merkmal klar ist und, so ist zu ergänzen, somit von jedem anderen inneren Merkmal zu *unterscheiden* ist, also *vollständig* erkannt ist.

Leibniz nimmt die Bestimmung u. a. im Discours de la métaphysique auf: »Pour mieux entendre la nature des idées, il faut toucher quelque chose de la varieté des connoissances. Quand je puis reconnoistre une chose parmy les autres, sans pouvoir dire en quoy consistent ses differences ou propriétés, la connoissance est *confuse*. C'est ainsi que nous connoissons quelques fois *clairement*, sans estre en doute en aucune façon, si un poëme ou bien un tableau est bien ou mal fait, parce qu'il y a un *je ne sçay quoy* qui nous satisfait ou qui nous choque. Mais lors que je puis expliquer les marques que j'ay, la connoissance s'appelle *distincte*.« (§ XXIV; Leibniz 1965, IV 449). Hier wird die Klarheit als ausreichend angesehen, eine Sache von anderen zu unterscheiden; die Distinktheit bezieht sich auf die *inneren* Teile. Eine klare, unterscheidbare Vorstellung kann also distinkt oder verworren sein. S. auch die Darstellung der einschlägigen Vorstellungen von Leibniz bei Robert McRae, Leibniz: Perception, Apperception, and Thought (1976) 71–89.

Den Unterschied von angelsächsischer und kontinentaler Tradition bei der Weiterentwicklung und Präzisierung des cartesischen »clare et distincte« hat Kurt Joachim Grau (1916) erörtert. Locke schreibt im Essay concerning Human Understanding II 29, 4: »As a *clear Idea* is that whereof the Mind has such a full and evident perception, as it does receive from an outward Object operating duly on a well-disposed Organ, so a *distinct Idea* is that wherein the Mind perceives a difference from all other; and a *confused Idea* is such an one, as is not sufficiently distinguishable from another, from which it ought to be different.« (Locke 1975, 364) Die Lockesche Auffassung ist in seinem »Sensualismus« begründet: Schon die Sinne liefern uns klares und deutliches, d. h. durch die verschiedenen Sinnesbereiche evident unterschiedenes Material. »The coldness and hardness, which a man feels in a piece of *Ice*, being as distinct *Ideas* in the Mind, as the Smell and Whiteness of a Lily; or as the taste of Sugar, and smell of a Rose: And there is nothing can be plainer to a Man, than the clear and distinct Perception he has of those simple *Ideas* [...].« (Locke 1975, 119; II 2, 1) Mit dieser Konzeption wird der Verstand in seiner Aufklärungsfunktion entmachtet: Es bedarf seiner nicht, um das verworrene oder (nach Kant) undeutliche Sinnenmaterial zu entwirren oder deutlich zu machen. Mit seiner Theorie, daß es im Hinblick auf die Form der Sinne (Raum und Zeit) verstandesunabhängig klare und distinkte Vorstellungen gibt, nimmt Kant diese Lockesche (und schon Aristotelische) Lehre auf. Es sei hinzugefügt, daß die Differenz von Locke und Leibniz im Hinblick auf klare und deutliche Vorstellungen ihrer unterschiedlichen Urteilstheorie korrespondiert. Nach Locke kommt das Urteil durch den Vergleich zweier verschiedener (wir ergänzen: jeweils klarer und deutlicher) Vorstellungen zustande (Essay IV 1, 1; Locke 1975, 525–530). Bei Leibniz dagegen entdeckt der Verstand in den klaren, jedoch noch konfusen Vorstellungen die Distinktionen und gelangt so zur Entdeckung der Prädikate *im* Subjektbegriff; dadurch wird die Erkenntnis deutlich, im Idealfall am Ende auch adäquat. Das bedeutet, daß das Individuelle, die infima species, also vollständig begrifflich bestimmbar ist – worin Kant das eigentliche Mißverständnis der Leibnizschen Philosophie erblickt: »[...] errichtete der berühmte *Leibniz ein intellectuelles System der Welt*, oder glaubte vielmehr der Dinge innere Beschaffenheit zu erkennen, indem er alle Gegenstände nur mit dem Verstande und den abgesonderten formalen Begriffen seines Denkens verglich. [...] Er verglich alle Dinge blos durch Begriffe mit einander und fand, wie natürlich, keine andere Verschiedenheiten als die, durch welche der Verstand seine reine Begriffe von einander unterscheidet. Die Bedingungen der sinnlichen Anschauung, die ihre eigene Unterschiede bei sich führen, sah er nicht für ursprünglich an; [...].« (KrV A 270)

Zur Kontinentaltradition vgl. auch Christian Wolffs Bestimmungen in dem Kapitel »De differentia perceptionum formali« (Wolff 1962 ff., II 5, 20–33; Psychologia empirica § 29–§ 55) und Baumgarten § 510–§ 511; XV 6). – In der Rezension der Kantischen Anthropologie in der Erlanger Litteratur-Zeitung Nr. 11 vom 16. 1. 1799 wird vom Standpunkt des Leibniz-Wolffianismus moniert: »Ein *deutlicher Begriff* kann durch Beispiele in concreto *klar* aber keine Anschauung *deutlich* werden.« (Spalte 85) Mit der nächsten Bemerkung (s. ad 140,27–28) stellt sich der Autor auf den Standpunkt Kants gegen die Leibniz-Wolffianer.

Zur Präsenz der erörterten Unterscheidung in der Kantischen Philosophie vgl. u. a. Jill Vance Buroker, Space and Incongruence. The Origin of Kant's Idealism (1981) 34. Zur Herkunft der Unterscheidung von »clare et distincte« aus der platonischen und aristotelischen Philosophie vgl. die entscheidende Studie von Arbogast Schmitt, »Zur Erkenntnistheorie bei Platon und Descartes« (1989).

◇ **25** *Klarheit*] In H die Randbemerkung (ad z.27 ff., jedoch inhaltlich auf z.25 zu beziehen): »Klarheit der Begriffe (Verstandesklarheit) und der Darstellung der Begriffe. Diese ist Helligkeit des Kopfs«. – Die Klarheit der Vorstellung reicht zur Unterscheidung (dem »distinguere«) zu, das »distinctum« (sc. von anderen Vorstellungen) somit zum »clarum« gezogen, womit die Deutlichkeit (das »distinctum«) freigesetzt ist für die *interne* Unterscheidung.

28–33 ein Feuer, in … hoch am Himmel] H: nachträgliche Einfügung ◇
Kants.

29–34 Vielleicht läßt sich … als kleiner beurtheilt.] Ohne Rückbezug ◇
wird 146,13–16 das gleiche Phänomen angesprochen. S. Collins 46.
Randnotiz in H: »Klarheit der Begriffe (Verstandesklarheit) und der
Darstellung der Begriffe. Diese ist Helligkeit des Kopfs«.

30 die scheinbare Größe des Mondes] H: »die scheinbar größere Gestalt ◇
des Mondes«.

31–32 in beiden … leuchtende Gegenstände] H und A1: »beides stellt ◇
leuchtende Gegenstände vor«.

1–2 wodurch auch die *Zusammensetzung* … heißt *Deutlichkeit*.] Vgl. 138
135,10–13 (»[…] und, wenn ihre Klarheit sich auch auf die Theilvorstel-
lungen eines Ganzen derselben und ihre Verbindung erstreckt, *deutliche
Vorstellungen*, es sei des Denkens oder der Anschauung«). Ein wesentlicher
Referenzpunkt der neuzeitlichen Überlegungen zur klaren und distinkten
Erkenntnis ist Platons Erkenntnisanalyse im 7. Buch der Politeia. Vgl. dazu
Arbogast Schmitt, »Zur Erkenntnistheorie bei Platon und Descartes« (1989)
54–82.

6–10 Der deutlichen Vorstellung … *Definition* derselben.] Leibniz be- ◇
spricht ebenfalls die Frage, worin sich die Deutlichkeit bei einfachen, klaren Ideen noch erweisen kann: »Datur tamen et cognitio distincta notio-
nis indefinibilis, quando ea est *primitiva* sive nota sui ipsius, hoc est,
cum est irresolubilis ac non nisi per se intelligitur, atque adeo caret requisi-
tis.« (Leibniz 1965, IV 423; »Meditationes de Cognitione, Veritate et
Ideis«)

7 mere clara] Die undeutliche Vorstellung ist eine »[perceptio] mere ◇
clara«, d. h. »nur klar« und nicht auch deutlich, und kann dies aus zwei
Gründen sein: Entweder ist sie einfach und kann ihrer Natur nach nicht
intern differenziert und verdeutlicht werden, oder sie ist nicht einfach und
ist dann auf Grund ihrer internen Verworrenheit undeutlich. Wenn dies eine
haltbare Interpretation ist, braucht kein »non« ergänzt zu werden, wie es
Schöndörffer tut: »(non mere clara)«.

9–10 ist also die *Ursache* … die *Definition* derselben.] Zu lesen als: »eine ◇
Ursache«? Die zweite »Ursache« der Undeutlichkeit sollte in dem Faktum
liegen, daß die betreffende Vorstellung einfach und somit keiner weiteren
Deutlichkeit fähig ist. Dann ergäbe sich, daß die Definition beide Möglichkeiten der Undeutlichkeit zu erfassen hätte, sowohl die durch die
Verwirrung verschiedener einfacher Vorstellungen wie die durch das Vorliegen nur einer einfachen, nicht weiter analysierbaren oder zu verdeut-
lichenden, ergo undeutlichen Vorstellung. Die Schwierigkeit dieser Auffassung liegt in der intuitiven Meinung, daß die einfache klare Vorstellung eo
ipso auch deutlich sein könnte. Oder?

◇   **10–18** In jeder vielhaltigen Vorstellung ... Erkenntniß deutlich wird.]
Adickes weist XV 72,19–24 darauf hin, daß hier ein Komplex, der in den
anthropologischen Vorlesungen in zwei Abschnitten behandelt werde, in
einen Satz (138,10–18) komprimiert werde. Der Ausgangstext steht bei
Baumgarten im § 530 der Metaphysik: »Eine Vorstellung (perceptio), die
neben den Begriffen (notas), auf die ich besonders in ihr achte, noch andere
weniger klare [sc. notas] enthält, ist eine gehäufte (complexa). Jener Komplex (complexus) der Begriffe (notarum) eines gehäuften Gedankens
(cogitationis complexae), auf den ich unter den Begriffen am meisten achte,
ist eine Haupt-Vorstellung (perceptio primaria), der Komplex der weniger
klaren Begriffe wird sekundäre oder Neben-Vorstellung genannt (perceptio
(secundaria) adhaerens).« (XV 11–12)

◇   **18–24** Man sieht wohl ... enthalten müsse.] Vgl. die verwandten, aber
nicht identischen Ausführungen 128,1–3; 134,14–21; 142,16–19. – Die Bewegung durch die drei Verstandeshandlungen der attentio, abstractio und
reflexio führt von der Anschauung zum Begriff und vom Begriff zum Urteil.
Die auffällige Konstellation von attentio, abstractio und reflexio findet
sich nicht in den vorhergehenden Druckschriften Kants, sondern in Christian Wolffs Psychologia empirica I 3, 2: »De intellectu in genere et
differentia cognitionis«, § 283 (Wolff 1962ff., II 5, 201). »Attentio« und
»reflexio« bei Johann Georg Walch, Philosophisches Lexicon (1733b) Spalte
265–266 s. v. »Bewust seyn«.

◇   **19 daß, wenn]** Folgender Text, der an das »wenn« anschloß, wurde von
Kant in H gestrichen: »dieses Erkentniß Erfahrung seyn soll, 1.) Auffassung der gegebenen Vorstellung [korrigiert aus: des gegebenen Objects]
(apprehensio) 2.) Bewußtseyn des Mannigfaltigen in ihr enthaltenen (apperceptio) 3.) Überlegung der Art der Verbindung dieses letzteren in Einem
Bewußtseyn (reflexio) zu einem solchen Erkenntnis gehören«. In der
zweiten Version bezieht sich Kant nicht mehr auf Erfahrung, sondern auf
den Verstand, wenn auch »in der allgemeinsten Bedeutung des Worts«
(z.19–20); hier wird das »Auffassungsvermögen (attentio) gegebener Vorstellungen, um Anschauung, [...] hervorzubringen, [...]« (z.20–24) unter
den Verstand subsumiert. Mit dem Hinweis auf »gegebene[r] Vorstellungen« (z.21) könnte sich Kant auf die – dann noch selbständige – »Ästhetik«
beziehen. Es bleibt nur unklar, worin diese Vorstellungen bestehen, wenn
erst durch ihre Auffassung eine Anschauung möglich wird.

◇   **25–27** Man nennt den ... werden bedarf)] Vgl. 210,18–20; V 308,26–28;
Refl. 507 (XV 221,4); XXI 137,10–11.

◇   **36 vaster Gelehrter]** H: »großer Gelehrter«. 224,26 (»vastes Genie«).

◇   **37–139,1** in Ansehung des ... Wissens dabei] Fehlt in H.

139   **1–9** Der, dessen Verfahren ... eines Ignoranten ist.] In H fehlt »in der
öffentlichen Mittheilung« (z.2–3) und »im Grunde« (z.5). – S. Mrongovius

1 mit Kommentar Nr. 1; dem Pedanten fehlt die Ausbildung in der prag-
matischen Anthropologie, wie sie in der Vorrede des Buches (119–122) als
Weltkenntnis im Gegensatz zu bloßer Schulkenntnis geschildert wird. Vgl.
auch IX 46,18–48,16: »In Ansehung der Wissenschaften giebt es zwei
Ausartungen des herrschenden Geschmacks: *Pedanterie* und *Galanterie*.
Die eine treibt die Wissenschaften bloß für die *Schule* und schränkt sie
dadurch ein in Rücksicht ihres *Gebrauches, die andre* treibt sie bloß für den
Umgang oder die Welt und beschränkt sie dadurch in Absicht auf ihren
Inhalt. – Der Pedant [...] ist die verunglückte Nachahmung oder *Caricatur*
vom *methodischen* Kopfe. Man kann daher die Pedanterie auch die grüble-
rische Peinlichkeit und unnütze Genauigkeit (Mikrologie) in Formalien
nennen. Und ein solches Formale der Schulmethode außer der Schule ist
nicht bloß bei Gelehrten und im gelehrten Wesen, sondern auch bei andern
Ständen und in andern Dingen anzutreffen. Das *Ceremoniell an Höfen,* im
Umgange, was ist es anders als Formalienjagd und Klauberei? Im Militär ist
es nicht völlig so, ob es gleich so scheint. Aber im Gespräche, in der
Kleidung, in der Diät, in der Religion herrscht oft viel Pedanterie. – Eine
zweckmäßige Genauigkeit in Formalien ist *Gründlichkeit* (schulgerechte,
scholastische Vollkommenheit). Pedanterie ist also eine *affectirte* Gründlichkeit; [...].« Refl. 1208 (XV 530,22–531,6); Refl. 1209 (XV 531,8–9).
   In der »Vorrede« der Metaphysik der Sitten (VI 206,29–34) in eigener
Sache: »Wenn aber *Pedanten* sich anmaßen, zum Publicum (auf Kanzeln
und in Volksschriften) mit Kunstwörtern zu reden, die ganz für die Schule
geeignet sind, so kann das so wenig dem kritischen Philosophen zur Last
fallen, als dem Grammatiker der Unverstand des Wortklaubers (logodaeda-
lus). Das Belachen kann hier nur den Mann, aber nicht die Wissenschaft
treffen.« Und VI 208,27–28: »Indessen läßt sich über den *unpopulären
Pedanten* freilich viel lustiger lachen, als über den *unkritischen Ignoranten*
[...].«
   Kant siedelt den Pedanten zunächst entsprechend der Haupttradition der
Pedantenkritik im Bereich der Gelehrsamkeit an, erweitert ihn jedoch im
Hinblick auf andere Stände und nimmt dann den gelehrten Pedanten in
Schutz – die eigentliche Stoßrichtung ist die Pedanterie des Soldaten und
Hofmanns, während die Pädagogiknotizen das Militär gegen den Anschein
der Pedanterie in Schutz nehmen.
   Benno Böhm, Sokrates im achtzehnten Jahrhundert (1929; [2]1966) 9–10,
Anm. 1 (mit umfangreicher Literatur). – Eine ausführliche Darstellung des
»Pedantismus« und der historischen geistes- und sozialgeschichtlichen
Randbedingungen der Pedanten-Kritik seit dem Humanismus liefert Wil-
helm Kühlmann, Gelehrtenrepublik und Fürstenstaat. Entwicklung und Kritik
des deutschen Späthumanismus in der Literatur des Barockzeitalter (1982)
288–318 (»Der Pedant und das Pedantische: Grundzüge einer Bedeutungs-

geschichte im europäischen Zusammenhang«). Vgl. jedoch auch die folgenden Kapitel, in denen die Gelehrtenkritik in den unterschiedlichen Facetten und Medien dargestellt wird. In der Renaissance ist der belächelte oder bekämpfte Pedant der humanistische Grammatiker, die über keine Realkenntnisse verfügt (Kühlmann 1982, 288–306); am Anfang des 17. Jahrhunderts ist der Pedant das Anti-Ideal von »la cour et la ville« (313–318). An die Stelle von Hof und Stadt wird in der Aufklärung (seit Locke) die »Welt« gestellt, in der sich der weltfremde Pedant nicht zurechtfindet. Zu der Parallelführung von Pedanterie und Galanterie in der Pädagogik, die keinen Eingang in die Anthropologie findet (437–454; »Galantismus und Pedantismus: Die Einheit des Gegensätzlichen«).

◇   3–4 Selbstdenken] Der Begriff begegnet innerhalb der Anthropologie nur hier und 200,35. An dieser zweiten Stelle folgt eine nähere Erläuterung.

◇   4–5 er mag übrigens Gelehrter oder Soldat, oder gar Hofmann sein.] In der Refl. 1208 (XV 530,14–21) werden im Hinblick auf die Gegensetzung von Privat- und allgemeinem Geist Gelehrter, Kaufmann, Geistlicher und König unterschieden, nachträglich wird noch der Edelmann hinzugefügt; zu dieser Gruppierung vgl. die Ständeordnung in der Schrift »Beantwortung der Frage: Was ist Aufklärung?«, wo Kant den Finanzrat, den Offizier, den Geistlichen und den König nennt (VIII 36,37–37,4).

◇   10–15 Die Kunst aber ... dadurch irre leiten.] Zum Problem der Popularität vgl. die »Vorrede« der »Metaphysischen Anfangsgründe der Rechtslehre« VI 206,4–34; 208,19–209,7.
Die Stellungnahme des jungen Hegel in »Über das Wesen der philosophischen Kritik überhaupt, und ihr Verhältniß zum gegenwärtigen Zustand der Philosophie insbesondere« im Kritischen Journal der Philosophie von 1802: »Dagegen hat eine andere herrschende Manier durchaus nur nachtheilige Seiten, nämlich diejenige, welche sogleich die philosophischen Ideen wie sie hervortreten, populär oder eigentlich gemein zu machen bestrebt ist. Die Philosophie ist ihrer Natur nach etwas esoterisches, für sich weder für den Pöbel gemacht, noch einer Zubereitung für den Pöbel fähig; sie ist nur dadurch Philosophie daß sie dem Verstande, und damit noch mehr dem gesunden Menschenverstande, worunter man die lokale und temporäre Beschränktheit eines Geschlechts der Menschen versteht, gerade entgegengesetzt ist; im Verhältnis zu diesen ist an und für sich die Welt der Philosophie eine verkehrte Welt.« (Hegel 1968ff., IV 124–125)
Hartmut Traub, Johann Gottlieb Fichtes Populärphilosophie 1804–1806 (1992) 18–24.

◇   15 beim Addison] Der Quäker-Spruch findet sich im Spectator Nr. 132 vom 1. August 1711: »Thou art a Person of a light Mind; thy Drum is a Type of thee, it soundeth, because it is empty.« (Addison and Steele 1964, I 400)

Zu den Kant zur Verfügung stehenden Übersetzungen vgl. XXV 1648 s. v.
»Spectator«. Diogenes Laertius berichtet ähnlich von Diogenes dem Kyni-
ker: »Qui recta dicerent, sed non facerent, eos citharae similes aiebat: hanc
enim nihil audire neque sentire.« (VI 2, 64)

18–21 Um die Menschen ... Leute von *Wissenschaft*.] Die Unterschei- ◇
dung ähnelt der von »Welt« (haben oder kennen) und »Schule«, 119,2–4.
Zum Gemeinsinn vgl. 169,15 (mit der gleichen Tendenz wie hier); 219,7; 27;
329,33. Die Grundlage der Überlegungen zum Gemeinsinn entwickelt Kant
in der KdU V 238–240; die Anregung geht zurück auf die kritische Beschäftigung mit Mendelssohn, s. VIII 133,26. Im Hintergrund die Kritik der
common-sense-Theoretiker, die sich auf den gesunden Menschenverstand
als eine nicht mehr kritisierbare (und in der Vernunft gegründete) Letztinstanz berufen.

25–26 den *hellen Kopf* (ingenium perspicax).] H: »den klaren Kopf ◇
(ingenium.......).«

26–34 Es ist merkwürdig ... zu Markte bringen würde.] Vgl. 145,19–25. ◇
In den Vorlesungsnachschriften findet sich keine Vorlage für diesen Passus,
der sich vermutlich auf die Situation der neunziger Jahre bezieht und auf die
Favorisierung vorgeblicher Erkenntnis, für die die Aufkärung nur schädlich
sein kann.

29–30 wenn sie nicht weit genug getrieben wird] Vermutlich: und da- ◇
durch zum Ausgangspunkt zurückführt, wie Francis Bacon meinte, »[...]
that a little or superficial knowledge of philosophy may incline the mind of
man to atheism, but a farther proceeding therein doth bring the mind back to
religion [...].« (Bacon 1963, III 267–268; Of the Advancement of Learning I)

33 den Genius des Sokrates] Weitere Erwähnungen des Sokrates ◇
203,23–26 (»[...] ein populär sein sollender Grundsatz, der doch nirgend
bei Klugen Beifall findet, z. B. von seiner Gabe der Ahndungen, gewissen
dem Genius des Sokrates ähnlichen Eingebungen [...]«; 253,13 (mit anderem Inhalt). Ähnlich wie hier auch VI 387,18–20 (»[...] das *moralische*
Gefühl, gleichsam ein besonderer *Sinn* (sensus moralis), ist, der zwar freilich
oft schwärmerisch, als ob er (gleich dem Genius des Sokrates) vor der
Vernunft vorhergehe [...].«). S. auch den Hinweis zu 137,13–18.
Vor den neunziger Jahren gibt es nach meiner Kenntnis keine Bemerkungen zu Sokrates mit negativer Tendenz. Kant reagiert mit der Kritik am
sokratischen daimon offenbar auf die Literatur, die er 1796 auch in dem
Aufsatz »Von einem neuerdings erhobenen vornehmen Ton in der Philosophie« (VIII 389–406) angreift, dort ohne Nennung des Sokrates, sondern
Platons des Briefstellers (VIII 398,16–17).
Im Hintergrund die wirksame Schrift Plutarchs »De genio Socratis«. Die
zeitgenössische Erörterung des »Genius des Sokrates«, auf die Kant hier
reagiert, beginnt schon 1777 mit einem anonymen Aufsatz »Vom Genius des

Sokrates, eine philosophische Untersuchung« im Deutschen Museum
(481–510). Vor dem Hintergrund der Humeschen Abhandlung über Wunder
und der Gegenrede durch Jean de Castilhon wird der daimon des Sokrates
mit den christlichen Wundern verglichen. Gegen diesen Aufsatz wendet sich
der in Göttingen lehrende (aus Königsberg stammende) Theologe Gottfried
Leß mit einem Artikel »Parallel des Genius Sokratis mit den Wundern
Christi«, der zunächst als selbständiger Druck erschien, jedoch schon in der
Oktobernummer des gleichen Jahres im Deutschen Museum neu gedruckt
wurde (304–324; zum Hinweis auf eine selbständige Erstpublikation vgl. die
»Vorerinnerung der Herausgeber« 302–304). Johann Georg Schlosser
nimmt 1778 in derselben Zeitschrift mit einem Aufsatz »Ueber die Streitig-
keit vom Genius des Sokrates« (71–76) Stellung, der wiederum Anlaß gibt zu
einem mit »S.« gezeichneten Aufsatz »Noch Etwas über den Genius des
Sokrates aus einem Briefe an B.« in derselben Nummer des Deutschen
Museums (76–85). Im September folgte ein nicht gezeichneter Artikel »Ueber
die Hebammenkunst des Sokrates« (214–232), in dem die sokratische
Methode im Rückgriff auf den einschlägigen Text im Theätet (vgl. 215–220)
erörtert wird. Der »Ahndungsgenius« (223) habe lediglich in der Auswahl
der Schüler eine mehr vorgeschobene als wirkliche Funktion (223–224).
Worauf aber bezieht sich die in den Anthropologie-Vorlesungen nicht belegte
Polemik gegen den »Genius des Sokrates« 1798? Schlosser antwortete auf
Kants Kritik im »Vornehmen Ton« (1796) in einem Schreiben an einen jungen
Mann, der die kritische Philosophie studiren wollte (1797). In dieser Schrift
wird zwar vom Genius des jungen Mannes gesprochen (4), jedoch nicht
ausdrücklich vom Genius des Sokrates. Sokrates führt jedoch Platon zur
Annahme einer intellektuellen Anschauung (79). So nimmt Kant hier Stellung
in dem schon lange schwelenden Kampf um die Prinzipien der Aufklärung;
der spezielle Gegner ist Schlosser. Vgl. den Kommentar zu § 58 (226,3–22).
    Nach der Sokrates-Kritik durch Nietzsche in der Geburt der Tragödie
(1872) als eines nun gerade nicht naiven, sondern besonders reflektierten
Philosophen und alexandrinischen Pedanten ist die Verehrung urtümlicher
Weisheit von Sokrates zu den Vorsokratikern gewandert; vgl. dazu im
Hinblick auf Heidegger die Studie von Michael Pauen, Dithyrambiker des
Untergangs (1994) 255–336 (s. bes. 287–289; 307). So lobt auch Josef Pieper
in einer Schrift über den göttlichen Wahnsinn die »Fundgrube in den Tiefen
des Gemüths« (z. 31) als den »[…] jeder rationalen Lebenstechnik entrück-
te[n] Lebensgrund der Seele, die wahrhaft weiß, was sie will und was sie
braucht,« sie habe »einen übermenschlichen, kreatorischen Ursprung« in
sich (Pieper 1961–1962, 515–516).
    In den siebziger Jahren sieht Kant in Sokrates besonders den vorbild-
lichen Lehrer, der keine langen Reden vorträgt, sondern den Dialog sucht.
Kant weiß sich hier einig mit dem Staatsminister von Zedlitz (und sei-

nem, Kants, späteren Propagator Christian Gottfried Schütz in Halle).
Von Zedlitz wies die königliche Ritterakademie in Liegnitz an, den »Lehr-
vortrag« durch die »sokratische Methode« zu ersetzen; vgl. u. a. Schütz
in seinem Lehrbuch zur Bildung des Verstandes und des Geschmacks
(1776–1778), Vorrede.

35–36 den allgemeinen und angebornen Regeln des Verstandes] Man ◇
wird annehmen müssen, daß auch diese Regeln (wie auch die der »logica
naturalis«) nicht im strikten Wortsinn angeboren sind, sondern erworben
werden, jedoch nicht auf studierte und künstliche Weise (wie z. B. die
Prinzipien der »logica artificialis«).

2 im Dunkeln des Gemüths] Vorher »in den Tiefen des Gemüths« 140
(139,31). Baumgarten übersetzt »Fundus Animae« (den Komplex der dunklen Vorstellungen, der »perceptiones obscurae«) mit: »der Grund der Seele«
(§ 511; XV 6,26–27).

3 in Masse] Kant favorisiert den Ausdruck, s. 144,26 und 144,31– ◇
145,1.

6–7 ohne sich der Acte … bewußt zu werden.] H: durchgestrichen »der ◇
Momente«. – Hier wieder die Frage, wie die unbewußten »Momente« oder
»Acte« im Besitz der Person sind, so daß ein »Ich« das Urteil des Mutter-
witzes ausspricht, obwohl doch dessen »Bestimmungsgründe« (z. 3) nicht
in seiner Gewalt sind. Ist das »ich« hier mehr als eine Konvention, die auch
durch ein »wir« oder »es« ersetzt werden könnte?

11 empirisch-praktischer] H: »practischer«. ◇

13–14 können es auch … bewährt werden.] H: »können es auch empiri- ◇
sche einer Erkentniß seyn, die durch den Erfolg continuirlich bewährt
werden«.

14 Versuch und Erfolg] »Trial and error« zählen nur in der Empirie. – ◇
Der Begriff des Versuchs – ob von Kant oder dem Redaktor von A1 in den
Text gebracht – ist für die Kantische Vorstellung von Erkenntnis von
eminenter Wichtigkeit; vgl. z. B. KrV B XVI–XVII, bes. die Anmerkungen
zu B XVIII und B XXII.

15 *Von der … mit dem Verstande.*] H: »Zweyter Abschnitt / Von der«. ◇
Darauf folgend in H gestrichen: »A. Vom sinnlichen Bewustseyn seiner
selbst zum Unterschiede vom intellectuellen.« Fehlt bei Külpe und Schöndörffer.

Mit dem Thema »Von der Sinnlichkeit im Gegensatz mit dem Verstande«
beginnt die KrV. Sowohl die ersten beiden Absätze wie auch die Anmerkung
reflektieren (im Sinn der »Amphibolie der Reflexionsbegriffe«) über die
Zuordnung der Vermögen im Hinblick auf die Möglichkeit von Erkenntnis
und gehören insofern nicht in die Anthropologie. Kant selbst bestätigt dies
vom Inhalt der »Anmerkung« (142,31) und nennt einen Grund für den
Exkurs: »Aber es war doch nöthig so weit zurückzugehen, um auch nur die

Verstöße des speculativen Kopfs [...] abzuhalten.« (143,2–4) Man wird
vermuten, daß es außer der generellen Tendenz zu derartigen Verstößen auch
einen konkreten Anlaß und einen bestimmten spekulativen Kopf gibt, der
Kant zur erneuten Darlegung von Eckdaten der kritischen Vermögenslehre
veranlaßt hat. Kant hält sich jedoch so verdeckt, daß eine genaue Benennung
nicht möglich sein wird.

◇   **24–25** (dieses mag sich nun selbst afficiren] Das Thema wird in dem
gestrichenen Text 141,6 ff. aufgenommen, vgl. 397,16–17: »[...] er hat eine
Vorstellung von sich selbst wie er von sich selbst afficirt wird [...];«
399,5–6. – Zur Selbstaffektion vgl. KrV B 67–68: »[...] die Art, wie das
Gemüt durch eigene Tätigkeit, nämlich dieses Setzen ihrer Vorstellung,
mithin durch sich selbst afficirt wird [...]«. S. Adickes 1920, 248–279 (»Der
Begriff der Selbstaffektion in dreifacher Bedeutung. Die vom empirischen
Ich im Gehirn hervorgerufenen Gegenbewegungen.«).

◇   **25** von einem Object] Dies muß auf der Ebene des transzendentalen
Idealismus »Ding« heißen. Vgl. 142,30: »[...] wie das Object an sich ist, zu
erkennen giebt.« Andererseits gibt es neben der These Kants, daß wir die
Gegenstände als Erscheinungen in Raum und Zeit (*unseren* Formen der
Anschauung) unmittelbar wahrnehmen, auch die Beachtung der Tatsache,
daß wir durch empirisch eruierbare Objekte affiziert werden. Ist die Affektion in diesem zweiten Sinn gemeint, wird der Begriff des Objekts zu Recht
gebraucht. – Wenn der gestrichene Text 141,6 ff. die Vorstellung weiter-
schreibt, die Eindrücke »stellen uns die Gegenstände der Sinne nur vor wie
sie uns *erscheinen* nicht nach dem was sie an sich selbst sind« (s. 396,25–26),
so denkt Kant an die Dichotomie von Ding an sich und Erscheinung, nicht
an die physisch rekonstruierbare Affektion der Sinnesobjekte.

◇   **27–28** Jenes wird ... Erkenntnißvermögen genannt.] Zu ergänzen ist:
Fälschlich. Dies hat der Rezensent der Erlanger *Litteratur-Zeitung* Nr. 11 vom
16. 1. 1799 nicht bemerkt, der Kant kritisiert: »Eben so [s. dazu ad
137,24–138,2] wird S. 25. nach der bekannten Willkührlichkeit das *sinnliche*
Erkenntnissvermögen das *untere*, das *intellektuelle* hingegen das *obere*
genannt. Allein durch das Merkmal der Sinnlichkeit und Intellektualität
wird kein Verhältnis der Subordination bezeichnet, welches man schon
daraus sehen kann, dass die reine Sinnlichkeit und produktive Einbildungskraft ganz unabhängig von dem Verstande sind.« (Spalte 85)

◇   **29–141,37** Die *Sinnlichkeit* ... zu verdanken hätten.] Zu der hier ausgeführten Kritik an der Leibniz-Wolffschen Tradition, wie sie Kant seit 1770
übt, vgl. die Ausführungen von Vaihinger 1970, II 447–460.

◇   **30–31** einen blos *formalen* (logischen) Unterschied des Bewußtseins]
Der von Kant generell (s. II 394,32 u. ö.) als bloß logisch bezeichnete Unter-
schied erscheint bei Wolff in der *Psychologia empirica* (I 2, 1) unter dem
Titel: »De differentia perceptionum formali« (Wolff 1962 ff., II 5, 20).

33 Ungefähr in der Höhe dieser Zeile beginnt in H eine durchgestrichene ◊
Marginalie mit folgendem Text: »Sinnlichkeit ist das Vorstellungsvermögen
eines Subjects so fern es afficirt wird / Als Mangel und als Ergänzungs [?]
zum Erkentnis / Eine Vorstellung entsinnen oder entsinnlichen«.

1 der *Passivität* des inneren Sinnes] Vgl. »Das Passive in der Sinnlichkeit«   141
144,1 und bezüglich der äußeren Sinne (im Hinblick auf die Affektion
durch ein Objekt) 140,25. In der Nachfolge der empirischen Psychologie
erklärt sich hier die Anthropologie nur für die »innere Erfahrung« (z. 5–6)
zuständig.

2–6 d.i. des reinen ... Erfahrung begründet.] Dieser Text ist in H eine ◊
hinzugefügte Marginalie.

4–5 *Psychologie* (einem Inbegriff ... unter Naturgesetzen)] Kant scheint ◊
hier keine Schwierigkeit in der Annahme der Psychologie als einer Wissenschaft zu sehen; vgl. dagegen 134,11–13. Es wird dort nicht gesagt, die
Psychologie sei die Wissenschaft der besonderen Naturgesetze, denen die
Erscheinungen des inneren Sinnes unterliegen.

6 begründet.] In H folgt nach einem Gedankenstrich ein durchgestriche- ◊
ner Absatz, ursprünglich auf »Spontaneität der Apperception« (hier z. 2)
folgend; er ist 396,21–33 abgedruckt.

396,21 bey der ersteren] Sc. der Passivität des inneren Sinnes.   ◊

396,22–23 welche vom Object herkommen] Vgl. den Kommentar zu ◊
140,25 »von einem Object afficirt werden«.

396,23–24 nicht bey allen Subjecten gerade eben dieselbe seyn darf] Wie ◊
nicht klar ist, ob das Objekt, das mich affiziert, das Ding an sich ist oder der
empirische Gegenstand, so ist hier unklar, ob die Differenz der Subjekte die
Vielfalt der empirisch unterschiedlichen Sinnesausstattung meint oder ob
von der transzendentalen Erkenntnis der bloßen Subjektivität von Raum
und Zeit als Formen der Anschauung die Rede ist; zum letzteren vgl.
397,29–32 (korrigiert mit H): »Das empirische Selbsterkentnis stellt also
dem inneren Sinn den Menschen vor wie er ihm erscheint nicht wie er an
sich selbst ist weil jenes Erkentnis blos die *Affectibilität* des Subjects nicht
die innere Beschaffenheit desselben als Objects vorstellig macht.« S. auch
KrV B 148 (»Anschauung überhaupt, sie mag der unsrigen ähnlich sein oder
nicht«) u. ö. Die Tatsache, daß die mögliche Anschauungsdifferenz der
Subjekte im Folgesatz mit der Unterscheidung von Ding an sich und
Erscheinung verbunden wird, legt es nahe, an die transzendentale Ebene zu
denken (die als solche hier niemals angeführt wird).
Hierauf folgt in H ein fast zwei Manuskriptseiten langer durchgestriche-
ner Text, s. 396,34–399,33. Das Wort »Anmerkung« findet sich (auch) in
dem Text, der auf den durchstrichenen Text folgt. Es ist im durchstrichenen
Text nur versehentlich nicht auch ebenfalls durchstrichen worden. Richtig
Weischedel 426.

Der Grund der Streichung dieser langen Passage dürfte nicht in der Ablehnung des Inhalts liegen (es findet sich wohl kein Gedanke, der nicht in publizierten Schriften ebenfalls zu belegen wäre), sondern in der Meinung, daß hier die Grenze von der Anthropologie zur Transzendentalphilosophie überschritten wurde, kombiniert vielleicht mit der Feststellung, daß alles hier Vorgetragene schon vielfältig seit 1787 (der 2. Auflage der KrV) gesagt wurde. Der Anlaß der Ausführungen zu Grundprinzipien der Transzendentalphilosophie dürfte von Kant 143,2–4 genannt werden: »Aber es war doch nöthig so weit zurückzugehen, um auch nur die Verstöße des speculativen Kopfs in Ansehung dieser Frage abzuhalten.« Es ist unwahrscheinlich, daß hiermit nicht bestimmte Verstöße – sc. gegen die Prinzipien der Kantischen Philosophie – eines bestimmten Autors gemeint sind. Und hier wird man vermutlich an Fichte denken müssen. Ohne nähere historische Untersuchungen wird eben dies von Michel Foucault in seiner ungedruckten Habilitationsschrift Introduction à l'anthropologie de Kant (1961) vorgeschlagen und weiter ein Bezug zum Briefwechsel von Kant und Beck hergestellt (1961, 22). Daß die Überlegungen, die Kant in seinem an Beck gerichteten Brief vom 1. Juli 1794 (^{1}XI 495–497) anstellte, auch hier präsent sind und damit der Gedankenaustausch hier fortgesetzt wird, zeigt die Relevanz des »Machens« einer Erkenntnis, s. den Kommentar zu 397,9–10. Gegen diese Adressatenbestimmung spricht jedoch die Tatsache, daß Kant in der »Anmerkung« im Grunde dasselbe Problem wie in der Anmerkung 134,14–36 behandelt und man dort nicht ohne weiteres an Fichte oder Beck denken wird, sondern eher an »Seelenforscher[n]« (142,21), die die transzendentalphilosophische Trennung von Ding an sich und Erscheinung im Bereich des inneren Sinns nicht akzeptieren; vgl. den ersten Teil »Erläuterung« der »Transzendentalen Ästhetik«, »Von der Zeit«, in der KrV, A 36–A 38.

◇   **396,36** Daß dieser Satz so gar vom inneren Selbst] Vgl. z. 40 (»das ist ein kühner *metaphysischer* Satz«); 398,24–25 (»[...] so ist in diesem Satze etwas Empörendes, was wir näher betrachten müssen«). Worauf bezieht sich »dieser« zurück? Der Satz selbst besagt, daß unsere Erkenntnis sich nur auf Erscheinungen der (äußeren und inneren) Sinne bezieht. Dieses Paradoxon verfolgt Kant seit 1770, vgl. X 106–108; 114–116 und in der KrV A 38; B 55.

◇   **396,40** *metaphysischer* Satz (paradoxon)] Vgl. 398,26 »wiedersinnisch«. Vgl. die hierauf zielenden Ausführungen 129,18–33. In der »Vorrede« der 2. Auflage der KrV wird vom Wagnis des Kopernikus gesprochen, »auf eine widersinnische, aber doch wahre Art, die beobachteten Bewegungen nicht in den Gegenständen des Himmels, sondern in ihrem Zuschauer zu suchen.« (B XXIII)

◇   **396,40–41** in einer Anthropologie gar nicht zur Frage kommen kann.] Auch die vorhergehenden Bemerkungen des gestrichenen Textes gehören nicht zur Anthropologie, und es ist zugleich signifikant für die prekäre Grenzbestimmung, daß sie (und die verbliebene Anmerkung 141,7–143,13) in die Anthropologie eingeführt werden. Vgl. auch 397,1–2: »gehört zur Anthropologie«.

396,43–397,1 das Selbsterkentnis führe … Erforschung seiner Natur] ◇
Vgl. ähnlich 178,37–38: »In welchem Dunkel verliert sich die menschliche Vernunft, wenn sie hier den Abstamm zu ergründen, ja auch nur zu errathen es unternehmen will?« Vgl. u. a. II 66,1 (»bodenlosen Abgrund der Metaphysik«); KrV A 575; B 603 (»Abgrund der Unwissenheit«); A 613; B 641 (»ist der wahre Abgrund für die menschliche Vernunft«).

397,3 das Verstandeslose Vieh] In einem Brief vom 24. Mai 1789 an ◇
Marcus Herz schreibt Kant: »Ich würde gar nicht einmal wissen können, daß ich sie [sc. Vorstellungen] habe, folglich würden sie für *mich*, als erkennendes Wesen, schlechterdings nichts seyn, wobey sie (wenn ich mich in Gedanken zum Thier mache) als Vorstellungen, die nach einem empirischen Gesetze der Association verbunden wären und so auch auf Gefühl und Begehrungsvermögen Einflus haben würden, in mir, meines Daseyns unbewust, (gesetzt daß ich auch jeder einzelnen Vorstellung bewust wäre, aber nicht der Beziehung derselben auf die Einheit der Vorstellung ihres Objects, vermittelst der synthetischen Einheit ihrer Apperception,) immer hin ihr Spiel regelmäßig treiben können, ohne daß ich dadurch im mindesten etwas, auch nicht einmal diesen meinen Zustand, erkennete.« (¹XI 52; ²XI 52)

397,9–10 Wir verstehen aber … zugleich machen können] Vgl. z. 14–16 ◇
(die Materie, die man empfängt, kann man nicht *machen*); 398,13–14 »und Erfahrungen werden *gemacht*«; z.19–20 (»und Erfahrungen dieser Art [anstellen] machen könnten«). Randnotiz in H zu 201,23: »Begreifung dessen was man selbst machen kann *mathematic*. Man wundert sich doch darüber daß es so erfolgt.« (403) Die Emphase des »intellegere et facere convertuntur« läßt sich besonders beim späten Kant beobachten. An Jacob Sigismund Beck schreibt Kant am 1. Juli 1794: »Wir können aber nur das verstehen, und Anderen mittheilen, was wir selbst *machen* können, vorausgesetzt, daß die Art, wie wir etwas *anschauen*, um dies oder jenes in eine Vorstellung zu bringen, bey Allen als einerley angenommen werden kann.« (¹XI 496; ²XI 515). An Johann Plückner am 26. Januar 1796: »Denn nur das, was wir selbst *machen* können, verstehen wir aus dem Grunde […].« (XII 57,10–11) Vgl. auch die Verteidigung im Hinblick auf den Gottesbegriff, den wir machen, in dem Aufsatz »Von einem neuerdings erhobenen vornehmen Ton in der Philosophie« VIII 401,17–41.

In der KdU heißt es § 68 klar, der Mensch sehe nur so viel vollständig ein, als er nach Begriffen a priori »selbst machen und zu Stande bringen kann.« (V 384,5) Die Aussagen knüpfen an die »Vorrede« der 2. Auflage der KrV an,

für die nicht mehr wie in der 1. Auflage John Locke, sondern Francis Bacon
maßgebend ist. – Goethe notiert spielerisch im September 1787 während des
zweiten römischen Aufenthaltes: »Lebhaft vordringende Geister begnügen
sich nicht mit dem Genusse, sie verlangen Kenntnis. Diese treibt sie zur
Selbsttätigkeit, und wie es ihr nun auch gelingen möge, so fühlt man zuletzt,
daß man nichts richtig beurteilt, als was man selbst hervorbringen kann.«
(Goethe 1948ff., XI 409–410) Hierzu und zur Rolle Vicos vgl. unkritisch
Karl Löwith, »Vicos Grundsatz: verum et factum convertuntur. Seine
theologische Prämisse und deren säkulare Konsequenzen« (1986) bes.
216–217.
Der über Bacon und Vico zum Konstruktivismus vermittelte Factum-
verum-Satz (den genau zu übernehmen Goethe sich hütet) ist schwer zu
verstehen, da wir, wie jeder weiß, vieles erkennen, was wir nicht machen
können (z. B. die Unterschiedenheit des Einen vom Vielen), und vielerlei
machen können, ohne irgendeine oder ohne eine richtige Erkenntnis von
unserem Machwerk zu haben; so gibt es »selbstgemachte Vorstellungen«
(215,8) des Gemütskranken, die dieser nicht erkennt. Ein Bumerang wird
gemacht ohne jede Kenntnis der aerodynamischen Gesetze. Der Konstruk-
tivist glaubt, eine Ebene mechanisch herstellen zu können, und vergißt, daß
er immer schon eine rein begriffliche Vorstellung einer Ebene voraussetzt;
da der Raum ins Unendliche teilbar ist und daher immer neue Unebenheiten
nachweisbar sind, soll das Ergebnis idealisiert werden – nach Maßgabe der
vorausgesetzten Idee der Ebene, nicht der porösen Unebene. Es gehört zum
Ruhm der antiken Philosophie, daß sie das verum-factum-Prinzip nach
unserer (nicht selbst gemachten) Erkenntnis nicht kannte.
◇   **397,14–23** In dem Selbsterkentnis … an sich selbst ist.] Der Mensch wird
in der Selbsterkenntnis qua innerer Erfahrung »von sich selbst afficirt«
(z. 17); die Materie der Affektion stammt nicht vom »an sich« des Subjekts,
sondern eine Selbstaffektion liegt vor, »wenn das Subject auf sich attendirt es
sich dadurch auch zugleich afficirt und so [Erscheinungen] Empfindungen
in sich aufruft d. i. Vorstellungen zum Bewußtseyn bringt« (399,5–7).
Während es bei äußeren Erscheinungen das Problem der doppelten Affektion gibt (das sich hier bei Kant in der Doppelbedeutung des Begriffs des
Objekts oder des Gegenstandes der Vorstellung verbirgt), kann es dieses
Problem im inneren Sinn nicht geben. Die Ursache der Selbstaffektion kann
nicht eine Erscheinung im inneren Sinn (als Pendant des empirischen
Gegenstandes) sein, sondern wird vorgestellt als »innere Beschaffenheit
desselben als Objects« an sich (z.32), »der Beobachtete an sich selbst«
(z. 22–23). – Sind meine Vorstellungsassoziationen Produkte der Selbstaffektion? Und woher kommen die Vorstellungsassoziationen (oder analoge
Seelenphänomene, 397,3–6) von Tieren, die über kein Ich oder Selbst an sich
verfügen sollen?

397,18 subjektiven] H: »subjectiven«. Ebenfalls in der Ausgabe von 1907 ◇
falsch, 396,1.

397,23–24 Bewußtseyn der reinen Spontaneität (den Freyheitsbegriff)] ◇
Vgl. 399,18–22: »Das Erkentnis seiner selbst nach derjenigen Beschaffenheit
[die] was er an sich selbst ist [...] ist einzig und allein das Bewußtseyn seiner
Freyheit welche ihm durch den categorischen Pflichtimperativ [...] kund
wird.« Ähnlich in den beiden Auflagen der KrV innerhalb der Paralogismen-
problematik. Es ist schwer einzusehen, warum nicht auch das Bewußtsein
der Apperzeption und ihrer reinen Spontaneität (und die vielen Informationen, die die KrV dazu liefert) eine mit der praktischen Selbsterkenntnis
gleichwertige Erkenntnis des Ich an sich stiftet. Das Ich, das als das den
inneren Sinn affizierende Subjekt benötigt wird, ist wiederum nicht identisch mit dem Ich der praktischen Philosophie noch mit dem Ich der rein
logischen transzendentalen Apperzeption. – Die eben zitierte, von Kant
gestrichene Passage 399,18–22 ist nach meiner Kenntnis die einzige Text-
stelle innerhalb des Corpus der pragmatischen Anthropologie, in der der
Begriff des kategorischen Imperativs vorkommt. S. dazu die »Einleitung«
von XXV S. XLVI–L.

397,28 theoretisches (physiologisches) Erkentnis] Vgl. 398,4 »(als Phy- ◇
siologie)« und den Kommentar zu 119,10.

397,31 Affectibilität] In den Druckschriften nur V 324,25 (»Kritik der ◇
ästhetischen Urteilskraft« § 51).

397,32 innere Beschaffenheit desselben als Objekts] H: »Objects«; in der ◇
Ausgabe von 1917 fälschlich »Objekts«, richtig 1907, 396,15. Das Ich als Ding
an sich selbst: dieses Ich wird als unbekannt angenommen; es wird jedoch die
Sinnhaftigkeit der Rede von ihm (als Unbekanntem) unterstellt und das
Wissen der praktischen Vernunft, daß es das Ich der Spontaneität ist.

397,33 Wie ist nun die große Schwierigkeit zu heben] Vgl. 398,31 (»Diese ◇
Schwierigkeit beruht [...]«). Es handelt sich um dieselbe Schwierigkeit, von
der schon im Brief an Marcus Herz vom 21. Februar 1772 die Rede ist: »Der
Schlüssel zu dieser Schwierigkeit liegt hierinn.« (X 134,19–20)

397,35–398,1 doppeltes Bewußtseyn dieses Ich] Vgl. 134,23–29 mit ◇
Kommentar.

397,36–43 Mensch der du … recht ermisst?«] Das vorgebliche Pope-Zitat ◇
ist korrekt nachgewiesen von Külpe. Der Band: Berthold Heinrich Brockes,
Versuch vom Menschen des Herrn Alexander Pope (1740) enthält eine zwei-
sprachige Ausgabe der anonymen »Les contradictions de l'homme« (168 ff.),
deren erste Verse lauten: »Mensch, der du selbst ein schwer Problema vor
deinen eignen Augen bist! Nein, ich vermag dich nicht zu fassen. Wer ist, der
dich wohl recht ermißt?«

398,2–3 discursive und intuitive Apperception] Vgl. 399,4–5: »Man ◇
muß also die reine Apperception (des Verstandes) von der empirischen (der

Sinnlichkeit) unterscheiden [...]«; 142,1–2 (»das Ich der *Apprehension*, (folglich eine empirische Apperception)«). Zu diesem verwirrenden, gegen die eigene Mahnung 142,20–23 gerichteten Wortgebrauch, gemäß auch die sinnliche Apprehension eine Apperzeption ist, vgl. auch 134,17–18: »[...] so kann das Bewußtsein seiner selbst (apperceptio) in das der Reflexion und das der Apprehension eingetheilt werden.« S. den Kommentar dazu. Kant folgt diesem Wortgebrauch nicht 399,35–39.

◇   **398,4** (als Physiologie)] Vgl. 397,28 (»theoretisches (physiologisches) Erkentnis«). Die Physiologie gehört zur Anthropologie, jedoch nicht zur pragmatischen Anthropologie, s. 119,9–27.

◇   **398,6–7** Ein Gegenstand ... so fern er wargenommen wird] Es gehört zu den verhängnisvollen Irrtümern Kants anzunehmen, man könne Gegenstände (Häuser, Schiffe, Menschen) wahrnehmen. Der Gegenstand soll schon in der Wahrnehmung, wie es sogleich heißt, gegeben sein, aber erst danach als solcher (in einer Material-Form-Synthese) erkannt werden. Die Mittel der Erkenntnis werden in der »Transzendentalen Analytik« der KrV angegeben, aber die Kategorien und Grundsätze führen allenfalls zur physikalischen Erkenntnis einer atomistisch gedachten Natur, nicht jedoch zur unterscheidenden Erkenntnis funktional bestimmter Gegenstände. Vgl. den Kommentar zu 135,23–33.

◇   **398,26** wiedersinnisch] Gleichbedeutend mit »paradox«, s. 396,39–40, wo der gleiche Sachverhalt als »kühner *metaphysischer* Satz (paradoxon)« hingestellt wird. Der Widersinn und das Empörende (z. 24) ist die »Schwierigkeit«, die schon 1772 für die Leser der Dissertation von 1770 bestand, s. Kommentar zu 397,33.

◇   **398,27–30** Daß einige Wortverdreher ... Wiederlegung werth ist.] Vgl. fast wörtlich 142,11–14. S. den Kommentar dazu.

◇   **399,3** Was ist der Mensch.] Die Frage wird 400,7–8 noch einmal gestellt. Vgl. weiter die für die Anthropologie folgenlose Bemerkung im Brief an Carl Stäudlin vom 4. Mai 1793 (²XI 429). – Kant bezieht sich an unserer Stelle vielleicht auf Charles Bonnet zurück, der im Analytischen Versuch über die Seelenkräfte (Übersetzung 1770–1771) leicht pathetisch am Anfang geschrieben hatte: »Welches ist die Natur unsrer Seelenkräfte? Was haben sie für ein Wachsthum, was für verhältnißmäßige Gränzen, und wie hängen sie von einander ab? Auf welche Art geht der Mensch aus dem Zustande eines Wesens das fähig ist zu empfinden, zu denken, zu wollen, zu handeln, in den Zustand eines Wesens über, das wirklich empfindet, denkt, will, und handelt? [...] Mit einem Worte, was ist der Mensch?« (I 3–4; s. a. Klemme 1996, 21) – Die Frage begegnet schon in Platons Theätet 174 b 3–4 und im Alcibiades Maior 129 e 9.

◇   **399,6** sich dadurch auch zugleich afficirt] Zur Selbstaffektion vgl. 140,24–25 und 397,17.

399,20–22 ist einzig und allein … kund wird] S. schon oben 397,23–27. ◇
399,23 B] Zum korrespondierenden »A« vgl. den Kommentar zu 140,15. ◇
399,24–33 Von dem Felde … betrachtet werden.] Die Einteilung des ◇
Erkenntnis-, aber auch des Begehrungsvermögens in eine »facultas inferior«
und eine »facultas superior« kennt auch die empirische (!) Psychologie
Baumgartens (s. § 624; § 676; § 689); vgl. auch Wolff 1962 ff., II 5, 33. – Die
Einteilung an diesem Ort zeigt, daß die Bewußtseinspräliminarien hier zu
Ende gehen und jetzt die Vermögen im einzelnen erörtert werden. Kant
beachtet jedoch nicht durchgängig die Zweiteilung; sie erscheint im Hin-
blick auf die Erkenntnisvermögen in den §§ 40–42; beim Gefühl der Lust
und Unlust in der »Eintheilung« 230, 3–8 (s. Kommentar) und fehlt beim
Begehrungsvermögen.

141,7 *Anmerkung.*] Von Kant wird das Wort (doppelt unterstrichen) ◇
über die folgende Zeile (»Der Gegenstand der Vorstellung [...]«) gesetzt.
Diese Gewichtung entspricht dem expliziten Rückverweis 142,31.

7–8 Der Gegenstand der Vorstellung, … afficirt werde] Man wird kaum ◇
umhin kommen, den Relativsatz (»der nur die Art [...]«) auf »Vorstellung«
zu beziehen und statt »der nur« zu lesen: »die nur«. Man darf jedoch nicht
den Text ändern, denn es ist mit dem Gegenstand nicht nur das mich
affizierende (»wie ich von ihm afficirt werde«, 141,8) Ding an sich (142,7;
142,30; 142,33–34) gemeint, sondern auch der Gegenstand, wie ich ihn mir
vorstelle, also der Vorstellungsgegenstand, »der nur die Art enthält, wie ich
von ihm [nämlich qua Ding an sich] afficirt werde« (141,7–8). Nun affiziert
mich nicht nur, in *transzendentaler* Reflexion, das Ding an sich, sondern,
empirisch kontrollierbar, auch der physikalische Gegenstand: optisch, aku-
stisch, haptisch, vielleicht auch im Geruch und Geschmack. Dies sind die
Arten, »wie ich von ihm afficirt werde« (z. 8). Wie es allerdings überhaupt zu
Gegenständen kommt, ist bei Kant unklar. Jeder unterscheidbare Gegenstand ist immer mehr als das, was ich sinnlich wahrnehmen kann, er kann
also als Gegenstand nicht erscheinen. Zum »Gegenstand der Vorstellung«
vgl. den Kommentar zu 398,6–7.

8 von ihm afficirt werde] Es handelt sich offenbar sowohl um die ◇
empirische Affektion, die ein physikalischer Gegenstand auf meinen Körper
ausübt, wie auch die aller Empirie zugrunde liegende Affektion der Seele
durch andere Substanzen, die die erstere dann in der ihr eigentümlichen Art
der Anschauung (Raum und Zeit) vorstellbar macht, so wie es in der
Menschenkunde heißt: »Wir setzen alle Dinge in Zeit und Raum; beides sind
Arten unserer Vorstellungen; [...]« (65).

15–20 Die formale Beschaffenheit … Erfahrungen die *Zeit.*] Es wird das ◇
Argument der Ziffer 1. und 2. der »Transzendentalen Ästhetik« rekapituliert. S. KrV A 23–24 und A 30–31. Dort wird allerdings kein expliziter
argumentativer Gebrauch von der Differenz von Materie (z. 18–19 »alles

Empirische (*Sinnenempfindung* Enthaltende)«) und der Form der Rezeptivität (z.15 »formale Beschaffenheit«; z.19–20 »dieses Förmliche der Anschauung«) gemacht. Die Formbestimmtheit von Raum und Zeit wird erst in den »Schlüssen« ermittelt, s. A 26 und A 33; vgl. auch in der Dissertation von 1770, II 402, 8 (»Tempus itaque est *principium formale* [...]«) und 405,5–6 (»*Spatium* itaque est *principium formale* [...]«). Bleibt man in der empirischen Ebene (in der die physikalische Gegenstände die verschiedenen Sinne des Menschen affizieren), so ist für die Sinnesausstattung des Subjekts der Raum immer schon vorausgesetzt. Wie dieser empirische Raum *begrifflich* zu bestimmen und erkennen ist, ist dann eine Frage der empirisch-begrifflichen Forschung, wie sie z.B. in der Physik geleistet wird, nicht der euklidischen Geometrie, die Kant irrtümlich dafür in Anspruch nimmt, apriori.

◇   **22** Überlegung (reflexio)] Vgl. den Kommentar zu 134,15.

◇   **22–23** Bewußtsein der Thätigkeit] So H, Külpe, Schöndörffer; dagegen A1, A2 und Weischedel: »Bewußtsein, d.i. Thätigkeit«. Kant unterscheidet Bewußtsein und Tätigkeit, so z.B. Collins 8: »Das Bewustseyn ist gleichsam ein Licht, womit eine Stelle in unserer Erkenntniß erleüchtet ist, es bringt nicht die Stelle hervor, auch nicht Erkenntniß, sondern siehet nur auf die Reflexionen, die in uns sind ein Licht zu werfen«. Die H-Fassung verdient entsprechend den Vorzug.

◇   **23** des Mannigfaltigen] Das Mannigfaltige wird transzendental zu denken sein, also als gänzlich amorphe Affektion des transzendentalen Subjekts durch das Ding an sich. Das Subjekt strukturiert das Mannigfaltige nach seinen Anschauungsformen von Raum und Zeit und macht somit aus dem Mannigfaltigen der Affektion ein Mannigfaltiges der Vorstellung, die dann begrifflich zu bestimmen ist.

◇   **27–28** das erstere ... ist einfach.] Vgl. 134,24–27 (»[...] 1) das Ich als *Subject* des Denkens [...] eine ganz einfache Vorstellung ist; [...]«).

◇   **28–142,2** Das Ich der Reflexion ... Apperception) enthält.] Die Unterscheidung eines Ich der Reflexion und eines Ich der Apprehension ist der Sache nach in der A-Auflage der Kritik schon enthalten.

◇   **34–35** Denn Er, der platonischen ... Ideen genannt, an] Leibniz selbst sieht sich als Anhänger Platons im Gegensatz zum Aristoteliker Locke, s. die »Préface« der *Nouveaux Essais* (Leibniz 1965, V 41–42). Nach Kant gibt es weder Verstandesanschauungen noch angeborene Ideen.

142   **1–2** folglich eine empirische Apperception] Gerade dies wird unten als ein böswilliger Irrtum bezeichnet, nämlich die Wörter »innerer Sinn« und »Apperzeption« für gleichbedeutend anzunehmen, z.20–21.

◇   **3–4** Ich, als denkendes Wesen ... dasselbe Subject] Zur Einheit des Subjekts vgl. 134,23–29. »Sinnenwesen« bedeutet nicht den eigenen Leib, sondern den inneren Sinn. Vgl. auch 399,35–36: »Das Bewußtseyn seiner selbst ist entweder discursiv im Begriff oder intuitiv in der inneren Anschauung der Zeit.« Das Ich hat eine logische und eine psycholische Dimension, aber keine räumliche – seine Existenz als »res extensa« in Form eines eigenen Leibes wird schlicht vergessen. Ausnahmsweise wird der Raum miterwähnt in der Marginalie zu 144,25 (400,7).

5 von Empfindungen in der Zeit] H, A 1: »mit Empfindungen«, H: »die ◇ ich in der Zeit«

5–6 so fern ich innerlich … einander sind] Vgl. 161,10–11. Erich Adi- ◇ ckes, Kants Opus postumum (1920) 250, Anm. 1: »Genau ausgedrückt würde es also heißen müssen: ›[…] sofern ich als empirisches Ich innerlich von meinem Ich an sich durch Empfindungen in der Zeit affiziert werde.‹« Auch für die Erscheinung des eigenen Selbst in der Zeit bedarf es einer Identifikation des Subjekts, dem das Selbst erscheint, mit dem erscheinen- den in der Form, daß das Ich sich nur in der Gegenwart (»ich jetzt«) erscheinen kann und daß jedes Zugleich und Nacheinander in der Form von Vergangenheit, Gegenwart und Zukunft geordnet wird. Vgl. dazu § 34, bes. 182,4–18.

8–9 welche kein Verstandesbegriff … ist] Vgl. z. 27–28: »welche kein ◇ Verstandesbegriff ist«. Dieses Lehrstück steht seit 1770 fest. Hier hat die Darstellung das Mißliche, daß die Zeit selbst zur Rezeptivität, »in Anse- hung deren mein Vorstellungsvermögen leidend ist« (z. 9–10) gezogen wird; sie soll jedoch die Form der Rezeptivität sein und müßte als bloße apriori erkennbare Form zum Subjekt an sich gehören. Hier versagt das duale Schema von Spontaneität und Rezeptivität.

11–19 Daher erkenne ich … hiemit Wahrheit wird.] In beiden Sätzen ◇ wird der Unterschied von Erscheinung und Schein im Hinblick auf den inneren Sinn erörtert. In einer parallelen Ausführung in H wird von »Wortverdrehern« (397,27) gesprochen. Man wird zunächst auf eine Aus- führung in der 2. Auflage der KrV B 69 verweisen wollen: »Wenn ich sage: im Raum und der Zeit stellt die Anschauung, sowohl der äußeren Objekte, als auch die Selbstanschauung des Gemüts, beides vor, wie es unsere Sinne affiziert, d. i. wie es erscheint; so will das nicht sagen, daß diese Gegenstände ein bloßer Schein wären.« Zu dieser Problematik der Verwechselung von Erscheinung und Schein (sowohl im inneren Sinn wie auch in den äußeren Sinnen bzw. im äußeren Sinn) vgl. die Darlegungen von Vaihinger 1970, II 486–494. Es ist gut möglich, daß Kant in der Anthropologie eine neuere Auseinandersetzung aufgreift und die »Wortverdreher«, die keiner Widerle- gung wert sind, sich in den neunziger Jahren geäußert haben. Vgl. eine Reflexion des Sommers 1797: »Von dem *Spectakel*, den man mit dem Satz treibt, sich selbst in der inneren Anschauung nur Erscheinung, nicht die Sache selbst zu seyn […].« (Refl. 6349; XVIII 673,19–20) Zuvor heißt es: »Von Aenesidemus und der Dialele.« (XVIII 673,4)

◇   **20–23** Daß die Wörter… Ursache dieser Irrungen.] Zu dem Sprung von den Wörtern zu den Sachen (»der erstere« bezieht sich auf den inneren Sinn, nicht auf »innerer Sinn«, »die zweite« auf die Apperzeption, nicht auf »Apperception«) vgl. den Hinweis in der »Einleitung« S. 41–43.

◇   **22–23** ein psychologisches … ein logisches (reines) Bewußtsein] Zu den Kontrastbegriffen von Psychologie und Logik vgl. 134,21–23 und 141,3–4.

◇   **30** wie das Object an sich ist, zu erkennen giebt.] H: »wie sie an sich ist.«

◇   **31** gehört eigentlich nicht zur Anthropologie.] Vgl. 136,16–18: »[…], so gehört die Theorie derselben doch nur zur physiologischen Anthropologie, nicht zur pragmatischen, worauf es hier eigentlich abgesehen ist«.

◇   **31–32** In dieser sind … Erfahrungen] Die Verstandesgesetze der KrV, an die man hier denken muß, sind für die Erfahrungen, von denen die Anthropologie spricht, unzureichend.

143   **1** gehört zur Metaphysik] Kant meidet es in der Anthropologie, von seiner eigenen Transzendentalphilosophie zu sprechen. Deren Lehre wird hier generell zur Metaphysik gerechnet.

◇   **9** in das Selbstbewußtsein hinein *trägt*] H: »*hineinträgt*«. Vgl. 133,21–23: »Denn unvermerkt machen wir hier vermeinte Entdeckungen von dem, was wir selbst in uns hineingetragen haben.«

◇   **10–13** von beobachteten *Erscheinungen* … fortzuschreiten.] Vgl. die Bestimmung von Erscheinungen zu Erfahrungen durch Verstandesbegriffe 128,1–3; 142,16–19; 144,13–17; 146,15–18. Hier gibt es also (selbst verursachte, »hineingetragene«) Erscheinungen, die sich kategorial nicht bestimmen lassen, so daß die transzendentale Deduktion der Kategorien nur für einen Teil der Erscheinungen objektive Gültigkeit hat. Es ist weiter zu fragen, ob die transzendentalen Grundsätze nicht sowieso nur für *äußere* (sc. jedermann zugängliche) Erscheinungen gelten, so daß wir es bei inneren (sc. nur privaten) Erscheinungen mit Phänomenen zu tun haben, die sich zwar systematisch erfassen lassen, aber nicht Gegenstand einer kategorialen wissenschaftlichen Bestimmung sind. – Die (induktive?) Methode, mit der wir von inneren Erscheinungen zur »inneren Erfahrung« fortschreiten sollen, wird nicht näher benannt. Vgl. zu dem Problem Michael Ayers, Locke. Epistemology and Ontology (1991) 175–176.

◇   **14** *Apologie für die Sinnlichkeit.*] Vgl. Refl. 1482 »Apologie vor die Sinne […].« (XV 674,6–678,14) Die Metapher einer Anklage und Apologie der Sinnlichkeit (oder auch des Verstandes) gehört zur philosophischen Literatur seit der Vorsokratik. Sie dürfte heute kaum noch praktiziert werden. Von Demokrit ist überliefert: »Wenn der Leib gegen sie [sc. die Seele] einen Prozeß anhängig machte wegen der Schmerzen und Mißhandlungen, die er von ihr während des ganzen Lebens erfahren, und er selbst [sc. Demokrit]

Richter über die Anklage würde, so würde er gern die Seele verurteilen, weil
sie den Leib teils durch Vernachlässigung zugrunde richtete [...].« (SVF
II 175, Frg. 157) Von einer Schuld der Sinnlichkeit spricht Francis Bacon:
»Duplex autem est sensus culpa: aut enim destituit nos aut decipit« (Bacon
1961–1963, I 138; »Distributio Operis«; s. auch Wilhelm Risse, Die Logik
der Neuzeit (1964–1970) I 489). Im Novum Organum, »Aphorismus L«: »At
longe maximum impedimentum et aberratio intellectus humani provenit a
stupore et incompetentia et fallaciis sensuum [...].« (Bacon 1961–1963,
I 168) Jean-François Senault, De l'Usage des Passions (1643) beginnt mit
einem »Discours«: »Apologie pour les Paßions contre les Stoiques.« – Ähnlich wie später Kant verteidigt George Berkeley die Sinne gegen ihre
Verächter in einer Notiz seiner Philosophical Commentaries: »[...] foolish in
Men to despise the senses. If it were not [...] yᵉ mind could have no
knowlege no thought at all. All [...] of Introversion, meditation, contem-
plation & spiritual acts as if these could be exerted before we had ideas from
without by the senses are manifestly absurd.« (Berkeley 1948ff., I 67;
Nr. 539) Christoph Meiners, Kurzer Abriß der Psychologie von 1773 schreibt
von der Einbildungskraft: »Sie ist eben so verschrieen worden, als das
Gedächtniß. Man hat vier Haupt Gravamina gegen sie vorgebracht, die aber
gröstentheils in dunkeln Ideen bestehen.« (49) Dietrich Tiedemann, Untersuchungen über den Menschen II (1777) 325–344: »Von dem Betruge der
Sinne«; sieht zwei Parteien: Die Skeptiker, die den Sinnenbetrug behaupten,
und die Dogmatiker, die ihn bestreiten und behaupten, daß die Sinne nicht
betrügen (326). Weitere zeitgenössische Verwendungen der gedanklichen
Figur der Apologie bei Tortarolo 1989, 285 (»Apologie der Vernunft«); Jean
Baptiste René Robinet in dem vierbändigen Werk De la nature (763–1766):
»Apologie du babil des femmes« (I 110); Christian Cajus Lorenz Hirschfeld, Von der Gastfreundschaft. Eine Apologie für die Menschheit (1777),
gegen die Anklage, im Grunde seien alle Handlungen egoistisch. – Von Kant
selbst wird das Verhältnis von (unterer) Sinnlichkeit und (höherem) Verstand eindeutig soziologisch mitinterpretiert, s. die Vorstellung von Herr-
scherin und Dienerin z. 21–22, von Pöbel und Gesetzgeber 144,5–8. S. auch
den Vergleich bei Parow 24: »[...] denn eben so wenig als es einen Beherr-
scher des Staats geben würde, wenn der niedrige Stand, als die Bauern, ihn
nicht ernähren möchten [...].« Die politische Interpretation geht hinein bis
zur Vorstellung eines Anhörrechts: Die Sinne wollen nicht gebieten, sondern »sind wie das gemeine Volk, welches, wenn es nicht Pöbel ist (ignobile
vulgus), seinem Obern, dem Verstande, sich zwar gern unterwirft, aber doch
gehört werden will.« (145,26–28) Die Gegenüberstellung von Anklage
und Rechtfertigung in einem imaginierten Gerichtsverfahren in verschiedenen Punkten des Prozesses findet sich ebenfalls in der Schrift von 1791:
»Über das Mißlingen aller philosophischen Versuche in der Theodicee«

(VIII 253–271). Angeklagt ist in der Anthropologie die Natur qua Sinnlichkeit; sie wird gerechtfertigt mit dem Hauptargument, daß die vermeintlichen Verfehlungen der Natur tatsächlich vom Verstand (der Tätigkeit des Menschen) stammen.

Es fällt auf, daß die »Apologie für die Sinnlichkeit« vor der Analyse dessen erscheint, was die Sinne eigentlich leisten. Tatsächlich ist der Hauptgesichtspunkt hier der, daß etwas Passives nicht gut schuldig sein kann.

◇   **18** stulte! quis unquam vituperavit] Vgl. Refl. 1192; XV 526,16. »Dummkopf! Wer hat (sie) je getadelt«. Nach Plautus, Miles gloriosus 736–737: »Qui deorum consilia culpet stultus inscitusque sit, quique eos vituperet«.

◇   **19–20** Aber die Sinnlichkeit … Schlimmes nach] Für Kant beginnt die Campagne gegen die Sinne mit den Eleaten. Logik-Hechsel 22: »Bald nach dem Homer [und der jonischen Schule] aber folget eine Art Phylosophen, deren Urheber Xenophanes war. Ihr Grundsatz war: in den Sinnen ist Nichts als Täuschung und Schein, im Verstande aber Weißheit und: Wahrheit […]«. S. auch IX 28,15–18: »Auf die Ionier folgten die Eleatiker. Der Grundsatz der eleatischen Philosophie und ihres Stifters Xenophanes war: in den Sinnen ist Täuschung und Schein, nur im Verstande allein liegt die Quelle der Wahrheit.« Vgl. auch II 398,6–7.

◇   **20** daß sie die Vorstellungskraft verwirre] Der Vorwurf ist auf die spezifisch ockhamistische und neuzeitliche Tradition des »clare et distincte« bezogen, gemäß der der distinkten bzw. deutlichen Verstandeserkenntnis die noch konfuse bzw. verworrene Vorstellung entgegensteht; der Grund der Verwirrung liegt in der Sinnlichkeit. Anders die analoge Unterscheidung bei Aristoteles, Physik 184 a 18–26 (Buch I, Kap. 1), wo die Erkenntnis von den zunächst für uns klareren Sinneswahrnehmungen übergeht hin zu den an sich klareren und deutlicheren Begriffen.

◇   **21** als Herrscherin] H: »herrschen wolle«. – Zum Herrschaftsverhältnis von Verstand und Sinnlichkeit vgl. David Humes berühmtes umgekehrtes »Reason is, and ought only to be the slave of the passions, and can never pretend to any other office than to serve them.« (Hume 1978, 415; A Treatise of Human Nature II 3, 3 »Of the influencing motives of the will«)

◇   **23** daß sie sogar betrüge] Das »sogar« wird sinngemäß im zweiten Satz der Rechtfertigung gegen die dritte Anklage wieder aufgenommen: »Dieser Satz ist die Ablehnung des wichtigsten, aber auch, genau erwogen, nichtigsten Vorwurfs, den man den Sinnen macht« (146,3–5). Hierin könnte ein Hinweis liegen, daß die Abfolge der drei Anklagen nach dem Prinzip der Eskalation erfolgt; ein anderer Gesichtspunkt wird durch die Abfolge Begriff-Urteil bei der ersten und dritten Rechtfertigung angegeben: Der Vorwurf der Verwirrung bezieht sich auf den Bereich, für den der Verstand bei der Apprehension des Mannigfaltigen und die Bildung von Begriffen zuständig ist (»[…] wenn er keck urteilt, ohne zuvor die Sinnenvorstellungen nach Begriffen geordnet zu haben«, 144,19–20); der Vorwurf des Betrugs bezieht sich dagegen auf den Urteilsbereich (»[...] nicht, weil sie immer richtig urteilen, sondern weil sie gar nicht urteilen;« 146,5–6). Die zweite Anklage bezieht sich auf Urteile, die von den Sinnen zu kommen scheinen, aber – »sie kommen in der That nicht aus den Sinnen, sondern aus wirklichen, obzwar dunkelen Überlegungen des Verstandes« (145,24–25); vielleicht aus diesem Grund in die Mitte zwischen Begriff und Urteil gestellt.

29–30 *Prägnante (die Gedankenfülle) … (die Helligkeit im Bewußt-* ◇ *sein)*] Die Trias wird leicht verändert 144,27–30 wieder aufgenommen und expliziert: »[...] wenn der Verstand mit seiner Anordnung und intellectuellen Form hinzukommt und z. B. *prägnante* Ausdrücke für den Begriff, *emphatische* für das Gefühl und *interessante* Vorstellungen für die Willensbestimmung ins Bewußtsein bringt.« Die drei Bereiche dieser letzteren Fassung (mit der Ersetzung des Einleuchtenden durch das Interessante) entsprechen der traditionellen Trias des Wahren, Schönen und Guten, die – großzügig interpretiert – das Thema der drei Kritiken bilden. – Die Zusammenstellung von »prägnant« und »emphatisch« geht auf Baumgarten zurück: »Je mehr Merkmale eine Vorstellung (perceptio) umfaßt, desto stärker ist sie. Daher ist eine dunkle Vorstellung, die mehr Merkmale umfaßt als eine klare, stärker als diese, und eine verworrene, die mehr Merkmale umfaßt als eine deutliche, ist stärker als diese. Die Vorstellungen, die mehr [sc. Vorstellungen, RB] in sich enthalten, werden als prägnant (»vielsagende Vorstellungen«) bezeichnet. Daher sind die prägnanten Vorstellungen stärker. Daher haben die Ideen eine große Kraft. Begriffe (termini) mit einer prägnanten Bedeutung (significatus praegnantis) sind emphatisch (»ein Nachdruck«). Die Wissenschaft von ihnen ist die Emphasiologie. Die Kraft von Eigennamen ist nicht gering« (§ 517; XV 7–8 [eigene Übersetzung]).

34 *Vorstellung*] A1, A2. H: »Vorstellung der Gegenstände«.   ◇
Am linken Rand neben der Anmerkung steht in H (durchgestrichen): »Das Bewußtseyn seiner selbst ist entweder discursiv im Begriff oder intuitiv in der inneren Anschauung der Zeit. – Das Ich der Apperception ist einfach und verbindend; das aber der Apprehension zusammengesetzt aus Wahrnehmungen und geht auf ein Mannigfaltiges mit einander Verbundener in dem Ich als Gegenstand der Anschauung. Dieses Mannigfaltige in seiner Anschauung ist *gegeben* … [unleserlich] eine Form a priori in der es geordnet werden kann« (399,35–41; zu Unsicherheiten der Transkription vgl. Weischedel 432).
Die Reflexion gehört nicht in die pragmatische Anthropologie und ist vermutlich deswegen von Kant gestrichen worden; außerdem bringt sie inhaltlich nichts Neues.

144   1–2 Das *Passive* in der Sinnlichkeit ... ihr nachsagt.] Es ist schwer zu
         sehen, wie jetzt noch eine »Apologie für die Sinnlichkeit« möglich ist, denn
         hier liegt eine klare Schuldzuweisung vor: Aufgrund ihrer Passivität ist die
         Sinnlichkeit tatsächlich die Ursache der Übel, die ihr – ergo zu Recht –
         angelastet werden. Entlastet ist sie nur, sofern sie als Stoff des Verstandes
         dient.

◇   3 Vollkommenheit] Sonst in der Anthropologie nur noch 200,3 und
         218,30.

◇   4–5 seiner *freien Willkür* zu unterwerfen.] Vgl. 149,21: »wenn näm-
         lich die Natur der freien Willkür ihre Hülfe versagt«. Zur Neufassung
         des Begriffs der freien Willkür in der Spätphilosophie Kants vgl.
         VI 213,27–214,30 und 226,4–227,9.
         Es ist erstaunlich, daß die Vollkommenheit des Menschen nicht in der
         Moralität gesehen wird, bei der nicht die freie Willkür, sondern der freie,
         weil moralische *Wille* den Menschen bestimmt. Die Maxime des »in pote-
         state mea« (»in seiner Gewalt«, z.4), die besonders in der stoischen
         Philosophie vertreten wurde, scheint hier dagegen rein instrumentell ver-
         standen zu sein. Vgl. die Charakterbestimmung 292,6–14 mit Kommen-
         tar.

◇   6 Pöbel] Vgl. 145,27 (»[...] das gemeine Volk, welches, wenn es nicht
         Pöbel ist (ignobile vulgus) [...]«); 196,17–19; 311,10–13 (»[...] der Theil,
         der sich von diesen Gesetzen ausnimmt (die wilde Menge in diesem Volk),
         heißt *Pöbel* (vulgus), dessen gesetzwidrige Vereinigung das *Rottiren* (agere
         per turbas) ist; ein Verhalten, welches ihn von der Qualität eines Staatsbür-
         gers ausschließt.«). – In der Refl. 1195 heißt es, viele Personen »nehmen den
         Geist der Menge an und Urtheilen nach dem Anschein. Sie sind in Versamm-
         lung Pöbel.« (XV 527,21–23) Hiermit wird ein Ausspruch von Chesterfield
         aufgenommen, vgl. Pillau 57 mit Kommentar Nr. 33.
         Zur Herrschaft des Verstandes vgl. auch die Formulierung im Ent-
         wurf der Opponenten-Rede gegen die Kreutzfeld-Dissertation von 1777:
         »[...] mentis in ignobile sensuum vulgus *imperium* legibusque sapientiae
         quodammodo obsequium parans.« (XV 909,13–14) – In größerer Nähe
         zur französischen Revolution vergleicht die Niederschrift Dohna Verstand
         und Sinnlichkeit mit den Fürsten und dem Volk. Der Verstand gebe der
         Sinnlichkeit die Regeln und sei deswegen vornehmer als die letztere:
         »Angenommen er wäre der Fürst, die Sinnlichkeit das Volk. Was könnte
         wohl ohne das andere bestehn? Eher kann sich das Volk ohne Fürsten
         behelfen, also könte Sinnlichkeit ohne Verstand, nie Verstand ohne Sinn-
         lichkeit bestehn« (17) Trotz dieser revolutionsnahen Aussage heißt es gleich
         darauf wie sonst bei Kant: »Die Sinnlichkeit ist ein Instrument des Verstan-
         des; sie muß nie ihr Spiel mit ihm treiben sondern er muß herrschen.«
         (17)

Die Parallelisierung von Erkenntnisvermögen und sozialer Hierarchie ist spätestens seit Platons Politeia ein Topos in der Literatur; vgl. u. a. Reinhard Brandt, D'Artagnan und die Urteilstafel (1998 c) 41 ff.

Auch die Natur wird hierarchisiert; so spricht Albrecht Haller vom Pöbel unter den Pflanzen: »Dort ragt das hohe Haupt vom edeln Enziane / Weit übern niedern Chor, der Pöbel-Kräuter hin: / Ein ganzes *Blumen-Volk* dient unter seiner Fahne, / [...].« Die Haller-Verse werden von Johann Georg Sulzer in seinen (anonymen) Unterredungen über die Schönheit der Natur (1774) zitiert (dort S. 20). – Zum Wortgebrauch vgl. Werner Conze, »Vom ›Pöbel‹ zum ›Proletariat‹« (1966).

7–8 weil ohne sie ... verarbeitet werden könnte.] Neben die Vorstellung ◇ der Beherrschung des Sinnen-Pöbels durch den gesetzgebenden Verstand tritt hier die Dualität von Stoff oder Material und deren Bearbeitung und Formgebung (s. z. 27: »intellectuellen Form«) durch den Verstand. Vgl. eine Abwandlung dieses Motivs in der KdU: »Das Genie kann nur reichen Stoff zu Producten der schönen Kunst hergeben; die Verarbeitung derselben und die Form erfordert ein durch die Schule gebildetes Talent [...].« (V 310,20–22)

Vom »labour of our thoughts« (oder ähnlich) spricht John Locke häufig im Essay concerning Human Understanding, vgl. Locke 1975, 52, z. 32; 156, z. 35; 540, z. 12; 699, z. 1 (an die letztere Passage – »Labour of strict Reasoning« – knüpft Kant unmittelbar im »Vornehmen Ton« von 1796 an, s. VIII 390). Locke kennt nicht die Form-Materie-Unterscheidung, die Kant aus der mittelalterlichen Aristotelestradition übernimmt, daher ist Arbeit bei Locke nie Formgebung. Kant kann bei der Form-Materie-Dichotomie nicht zeigen, wie es kommt, daß sich der Sinnenstoff überhaupt zur Verstandesformung hergibt und eignet; des weiteren ist der uns bekannte Sinnenstoff immer schon als solcher unterschiedlich, elementar im Hinblick auf die verschiedenen Sinne – was sagt der Verstand zu diesen im Stoff vorgegebenen Bestimmungen? Tatsächlich ist die Stoff-Metapher in der transzendentalen Ebene angesiedelt, in der die unterschiedlichen Sinne nicht thematisiert werden. Aber mit dieser Ebenenverschiebung werden die angesprochenen Probleme nicht gelöst.

11 § 9.] Die gesamte »Apologie für die Sinnlichkeit« wird in H als § 8 ◇ (s. 143,15) gebracht (§ 12 h hier 146,18 ff., ist bei Kant entsprechend § 9). Schöndörffer und Vorländer folgen Külpe in der neuen Paragraphenzählung, Weischedel verzichtet unmotiviert bei der dritten Anklage (hier 146,3) auf die Numerierung.

11 *Die Sinne verwirren nicht.*] Die Grundlage der Ablehnung dieses ◇ Vorwurfs ist die klare Arbeitsteilung zwischen den Vermögen der Sinnlichkeit und des Verstandes; die erstere ist für die Apprehension (Auffassung, *»aufgefaßt«* z. 12) zuständig, der Verstand für Deutlichkeit und

Ordnung, deren Gegenbegriff die Verwirrung oder Konfusion ist (nach dem Schema von clarum/obscurum in der Sinnlichkeit und distinctum/confusum in der rationalen Erkenntnis). So kann Baumgarten schreiben: »*Repraesentatio* non distincta *sensitiva* vocatur.« (§ 521; XV 9,19) Die Sinne sind wenn nicht Ursache, so doch der Ort der Verwirrung. Wenn es bei Collins heißt: »Verwirrung ist ein Übel, und Sinnlichkeit verwirrt« (19), so entspricht das kaum der Vorstellung von Kant nach 1770; sowohl reine Anschauungen wie auch Begriffe sind der Deutlichkeit fähig.

Zur Verwirrung der Sinnlichkeit vgl. das συγκεχύμενον in Platons Politeia 524 c 4 und Aristoteles, Physik 184 a 10 – b 14 (Buch I, Kap. 1).

◇   **14 – 15 innere *Erscheinungen*]** Es ist nicht einzusehen, warum hier die äußeren Erscheinungen nicht ebenfalls genannt werden. Weiter unten wird korrekt von der »Verwirrung [sowohl] der äußeren, als der inneren Vorstellungen« (z. 23) gesprochen. Die Vorstellung, daß alle Erscheinungen der Zeit unterliegen und somit immer innere Erscheinungen sein müssen, könnte der Grund der Formulierung sein.

◇   **15 – 17 Der Verstand, der … d. i. *Erfahrung*.]** Zu dem Zweischritt vgl. 143,10 – 13 mit Kommentar. Wahrnehmungen der Sinne als »empirische Vorstellungen mit Bewußtsein« (z. 14) müssen durch die Sinne (auch ohne explizites Bewußtsein qua Bemerken) voneinander unterschieden, also auch geordnet sein. Es muß folglich im gegebenen Mannigfaltigen (s. z. 11 – 12) eine Ordnung vorliegen, die sich nicht dem Verstand verdankt. Kant nimmt hier weder die Problemstellung der nur in den Prolegomena besprochenen »Wahrnehmungsurteile« (IV 296 ff.) auf, noch wird, wie hier dringend nötig, das Verhältnis von Transzendentalphilosophie und empirischer Anthropologie geklärt.

◇   **22 Dieser Vorwurf]** Sc. der Vorwurf, der in dem imaginierten Prozeß nun in Umkehrung der ursprünglichen Klage dem Verstand gemacht wird.

Randnotiz in H (nicht durchgestrichen): »Die Wahrnehmungen (empirische Anschauungen mit Bewußtseyn) können nur Erscheinungen des inneren Sinnes genannt werden. Damit sie aber innere Erfahrung werden muß das Gesetz bekannt seyn welches die Form dieser [?] Verbindung in einem Bewußtseyn des Objectes bestimmt. – Der Mensch kann sich selbst innerlich nicht beobachten wenn er nicht durch eine Regel geleitet wird unter der allein die Warnehmungen verbunden seyn müssen wenn sie ihm eine Erfahrung liefern sollen. Daher sind jene insgesammt nur Erscheinung von sich selbst daraus sich selbst zu erkennen muß er das Princip der Erscheinung (in Raum und Zeit) zum Grunde legen um zu wissen was ist der Mensch. / Die Sinnlichkeit als Stärke oder Schwäche«. (399,42 – 400,9) – Es ist unklar, ob die Einbeziehung des Raumes im vorletzten Satz der Randbemerkung sich auf die Wahrnehmung des eigenen Leibes beziehen soll; im Gesamtduktus ist dies jedoch sehr unwahrscheinlich. Es ist keine bloße Sorglosigkeit in der Formulierung, wenn die Selbstbeobachtung im inneren Sinn abhängig gemacht wird von der Integration dieser Beobachtungen in die Erfahrung, die jedoch ihrerseits von den vorhergehenden Beobachtungen abhängt.

28–30 z. B. *prägnante* Ausdrücke … ins Bewußtsein bringt.] Eine Variation der Trias von 143,29–30. Vgl. den Kommentar dort. ◇

1–2 bringt diesen … oft in Verwirrung,] H: »bringen vielmehr diesen oft **145** in Verlegenheit wegen seines [durchstrichen: gut] vernünftigen Gebrauchs und der Verstand geräth oft in Verwirrung, wenn er«. A1, A2: »bringen diesen vielmehr oft in Verwirrung, wenn er« (typischer Zeilenspringer, daher folgt auch Külpe H statt A).

2–4 der Verstand geräth … auseinander setzen soll.] Vgl. 136,3–13. Die ◇ Verstandestätigkeit im Dunkeln wird häufig für Empfindung ausgegeben, s. z.24–25 und z.28–33.

6 reichhaltigen Stoff] Der Verstand ist das Formprinzip (144,27: »der ◇ Verstand mit seiner Anordnung und intellectuellen Form«), die Sinnlichkeit bietet den Stoff, s. den Kommentar zu 144,7–8.

7 schimmernde Armseligkeiten] Im Anschluß an das Diktum der »spen- ◇ dida vitia«; in der Religionsschrift von 1793 heißt es: »[…] ohne welchen [sc. den moralischen Kampf] alle Tugenden, zwar nicht, wie jener Kirchenvater will, glänzende *Laster*, aber doch *glänzende Armseligkeiten* sein würden.« (VI 58,37–39; vgl. 71,36–37: »schimmernde Vernünftelei«.) »Jener Kirchenvater« ist Augustin, in dessen einschlägiger Schrift von der Civitas Dei die Rede von den »splendida vitia« jedoch nicht nachgewiesen ist.

17 Richterstuhl] A1, A2. H: »Richterausspruch«. ◇

20–21 Anwandlungen (wie … vorausgesetzt, daß das] H (und A1): »An- ◇ wandlungen wie diejenigen [welche] deren Ausspruch Sokrates seinem Genius zuschrieb daß nämlich das«; Külpe folgt A2. – Zum Sokratesbild des späteren Kant vgl. oben den Kommentar zu 139,33.

24–25 Aber sie kommen … des Verstandes.] A2; A1 und H: »aus (ob ◇ zwar dunkelen) Überlegungen des Verstandes.« A2 korrigiert den Text unnötig nach dem Vorbild von z.3–4: »wirklich, obzwar im Dunkelen, anstellt«. – Das »sie« ist zurückzubeziehen auf die Urteile, Sinnsprüche und Anwandlungen z.16–20. Die Vorstellung, daß dunkle Verstandeshandlungen fälschlich für originäre Empfindungen und Gefühle gehalten werden, findet sich bei Kant seit seiner Kritik an »Shaftesbury et asseclae« (II 396,9).

26–28 Die Sinne machen … gehört werden will.] Vgl. VIII 304,9–12: ◇ »[…] so muß dem Staatsbürger und zwar mit Vergünstigung des Oberherrn selbst die Befugniß zustehen, seine Meinung über das, was von den Verfügungen desselben ihm ein Unrecht gegen das gemeine Wesen zu sein scheint, öffentlich bekannt zu machen.« S. den Kommentar zu 144,6.

◇   32 baare *Schwärmerei*] Der Schwärmer gibt bloß subjektive Erscheinungen seines inneren Sinnes für wirkliche Erfahrung aus, vgl. dazu 132,17;
161,26–27; 172,12, 191,34; 203,1. S. den Kommentar zu 132,17.

146   3 *Die Sinne betrügen nicht.*] »Vom Betruge der Sinne« sprach Kant in
der Anthropologie-Vorlesung auch vor der Einführung einer »Apologie für
die Sinnlichkeit« (mit den beiden weiteren Punkten der Verwirrung und
der angemaßten Herrschaft, s. 143,19–24), vgl. Collins 45–46, Philippi 33,
Parow 56–61, Brauer 23–24. Dazu Refl. 248 (XV 94,11). Die »Acte der
Reflexion« (145,3), die der Verstand wirklich, »obzwar im Dunkelen«
(145,3–4) anstellt und dabei den Schein erzeugt, als handle es sich nicht um
seine eigenen Denkhandlungen, sondern um Empfindungen und Erscheinungen der äußeren Sinne, diese Akte werden in den früheren Fassungen
detaillierter auseinandergesetzt, vgl. z.B. Parow 59. Vgl. auch in der Metaphysik-Pölitz (L1): »Demnach werden wir den Satz merken: sensus non
fallunt. Dieses geschiehet nicht deßwegen, weil sie richtig urtheilen, sondern
weil sie gar nicht urtheilen, aber in den Sinnen liegt der Schein. Sie verlei-
ten zum urtheilen, obgleich sie nicht betrügen.« (XXVIII 234,36–39) Für
das Verständnis der Sache (weniger des Kantischen Textes) ist eine Differenz
entscheidend, die Kant nicht einführt: Die untrügliche Sinneswahrnehmung kann sich entweder auf die ihnen je gemäßen Qualitäten beziehen
(beim Auge: Farben und Formen, beim Ohr: Töne) oder auf die Gegenstände, etwa einen Turm oder ein Stück Wachs. Für das erstere plädieren
Platon und Aristoteles (letzterer ausführlich in De anima), für das letztere
die hellenistischen Schulen und fast alle Autoren der Neuzeit inklusive
Descartes und Kant. Kant ist nicht der Meinung, daß wir untrüglich einen
roten Farbfleck und eine blaue Fläche *sehen* und in dem ersteren einen
Turm, im zweiten das Meer auf fallible Weise zu *erkennen* glauben, sondern
er vertritt durchgehend die Auffassung, wir würden den Turm und das Meer
und den Mond selbst sehen (vgl. 135,14–136,14 mit Kommentaren) und
einen nach optischen Regeln zustande gekommenen zusätzlichen *Schein*
(überraschend z. 16 »*Erscheinung*«) für objektiv halten. – Es werden nur
optische Phänomene zur Erläuterung beigezogen; mutatis mutandis müssen
wir nach Kant die Blume riechen (nicht einen Duft, dessen Ursprung wir als
die Blume dort erkennen) und die Glocke hören (nicht einen Ton, der, wie
wir wissen, durch die Glocke erzeugt wird). Der bloße Satz »*Die Sinne
betrügen nicht*« ist also zweideutig; zu Kants Auffassung, wir würden die
Gegenstände selbst sinnlich wahrnehmen, vgl. bes. 135,23–136,13 mit
Kommentar.
       Der Betrugsvorwurf wird bes. in der antiken Skepsis entwickelt. Dagegen
die Apologie von Epikur: »non enim sensum mentiri« (Tertullian, De anima
17,4; Hermann Usener (Hrsg.), Epicurea (1966) Frg. 247, dort weitere parallele Äußerungen). Epikur vertritt dieselbe Auffassung wie Kant.

Descartes wirft den Sinnen vor, wenigstens zuweilen zu betrügen:
»Nempe quidquid hactenus ut maxime verum admisi, vel a sensibus, vel per
sensus accepi; hos autem interdum fallere deprehendi, ac prudentiae est
nunquam illis plane confidere qui nos vel semel deceperunt« (Descartes
1964ff., VII 18; Meditationes I, Abs. 5). Der eigentliche Betrugsvorwurf
liegt nur in dem »a sensibus«, da mit dem »per sensus« gemeint sein soll, was
mir eine von den Sinnen übermittelte Information anderer Menschen
zuträgt; vgl. Descartes 1964ff., V 146 (»Descartes et Burman«).

Wie verbreitet die Apologie der Sinne gegen den Vorwurf des Betruges ist,
zeigen vier Verse aus Calderón de la Barcas El Pastor Fido : »Ya veo que mis
Sentidos / por sí son nobles; ya sé / que su yerro es culpa mía / pues tan mal
de ellos usé« (nach Ludwig Schrader, Sinne und Sinnesverknüpfungen (1969)
62). – Gegen den Betrugsvorwurf nimmt auch Rousseau die Sinne in Schutz,
vgl. Emile IV, »Profession de foi du Vicaire savoyard«: »Si le jugement [...]
n'étoit qu'une sensation et me venoit uniquement de l'objet, mes jugemens
ne me tromperoient jamais, puisqu'il n'est jamais faux que je sente ce que je
sens.« (Rousseau 1959ff. IV 572) Baumgarten spricht im § 545 der Metaphysik vom Betrug der Sinne: »Die ›fallaciae sensuum‹ (›Betrug der Sinne‹)
sind falsche Vorstellungen (repraesentationes), die von den Sinnen abhängen, und es sind entweder die Empfindungen selbst (sensationes ipsae) oder
Schlüsse, deren Prämisse eine Empfindung bildet, oder Wahrnehmungen
(perceptiones), die auf Grund eines Fehlers der Erschleichung (vitium
subreptionis) für Empfindungen gehalten werden.« Im folgenden Paragraphen stellt Baumgarten klar, daß die erste Klasse der »fallaciae sensuum« ein
Leerklasse ist: »Die Empfindungen selbst (sensationes ipsae) [...] betrügen
nicht (nec ulla earum est fallacia sensuum), weil [cum; oder mit ›wenn‹ zu
übersetzen?] sie den gegenwärtigen Zustand des Körpers oder der Seele oder
beider repräsentieren [...]« (§ 546; XV 15,35–38; eigene Übersetzung). Die
Ursache des vermeintlichen Betruges liegt also auch bei Baumgarten in der
Verstandestätigkeit anläßlich bestimmter Empfindungen.

Vgl. David Summers, The Judgment of Sense. Renaissance naturalism and
the Rise of Aesthetics (1987) 42–49 (»The fallacies of sight«).

6 weil sie gar nicht urtheilen] Vgl. auch in der Transzendentalphiloso-   ◇
phie: »[...] allein der Schein kommt nicht auf Rechnung der Sinne, sondern
des Verstandes, dem es allein zukommt, aus der Erscheinung ein objectives
Urtheil zu fällen.« (IV 291,9–11) In der Logik: »[...] die Sinne urtheilen gar
nicht« (XXIV 527,12; Pölitz).

9–10 das Subjective ... für das Objective] Sc. »zu halten« (z.16). S. den   ◇
Kommentar zu z.3. – Kant nimmt diese Figur an zentraler Stelle seiner
Lehre von der Trennung des »mundus sensibilis atque intelligibilis« in
der Dissertation von 1770 auf, II 412,7 u.ö., vgl. weiter IV 291,9–11;
V 116,22; VI 297,21 (bei der überraschenden systematischen Unterscheidung

von dem, was an sich recht ist, und dem, was Rechtens vor einem Gerichts-
hof ist).

◇   **10** (den entfernten Thurm] Vgl. zuerst Lukrez, De rerum natura IV
353–354: »Quadratasque procul turris cum cernimus urbis, / propterea fit
uti videantur saepe rotundae«. Vgl. weiter Sextus Empiricus, Adversus mathe-
maticos VII 208 und Plutarch, Adversus Colotem 25, 1121 a; Seneca, Naturales Quaestiones I 3,9 und Tertullian, De anima 17. Descartes, Meditationes
VI (Descartes 1964 ff., VII 82 (»astra et turres«)). Es ist müßig darüber
nachzudenken, durch welchen antiken oder neuzeitlichen Text (bzw. Texte)
Kant sich der Tradition anschloß. – 135,14 statt des Turmes ein entfernter
Mensch auf der Wiese, s. den zugehörigen Kommentar.

◇   **13–16** den Vollmond ... am Himmel erscheint)] Einen Versuch der
Erklärung dieser optischen Täuschung unternahm Kant 137,29–34.

◇   **16** und so *Erscheinung* für *Erfahrung* zu halten] Der hier benutzte
Erscheinungs-(und Erfahrungs)begriff ist nicht identisch mit dem transzendentalphilosophischen der KrV, vgl. die ausdrückliche Warnung A 45–46.

◇   **19** entgegen wirft] H: »macht«.

◇   **21** Individualität] Der Begriff ist in den Druckschriften seit 1790 belegt,
s. VIII 211,3; hier 298,18.

◇   **24** deren erste Forderung Popularität ist] Vgl. 121,29–30 (»populär
(durch Beziehung auf Beispiele, die sich dazu von jedem Leser auffinden
lassen)«).

◇   **25** ausgebeugt] Wie »vorgebeugt«.

◇   **27** *Vom Können ... überhaupt.*] Neue Seite in H. In H steht »§ 9«
(korrigiert aus »§ 10«) über der Überschrift (zur neuen Paragraphenzählung
vgl. die Anmerkung zu 144,11). – Links am oberen Seitenrand und auf dem
rechten oberen Seitenrand der vorhergehenden Seite steht: »NB [sc. nota
bene]. Hier müssen die Seiten verwechselt nämlich S. 2 an die Stelle der
S. 3«. Die Seitenzählung bezieht sich auf die Seiten des Bogens e; mit der (in
den Ausgaben befolgten) Vertauschung ist die Abfolge der Themen wieder
hergestellt, die sich schon bei Baumgarten findet (»facile« und »difficile« in
§ 527 der Sectio II (XV 10,10–18); »Blendwerk der Sinne« in § 547 der
Sectio III (XV 16,8–15). und die auch in den Nachschriften der Vorlesung
befolgt wird. Vgl. den Kommentarhinweis zu 148,5. Die Irritation Kants
rührt u. a. von der Schwierigkeit der Zuordnung von Baumgartens Sectio II
(»Facultas Cognoscitiva Inferior«) zur eigenen Materialdisposition her. –
Der erste Satz des (jetzigen) § 12 berücksichtigt die Umstellung *nicht*: »Der
vorhergehende Paragraph, der vom Scheinvermögen handelte in dem, was
kein Mensch *kann*, [...]« (146,28–29); der hier gegebene Hinweis besagt,
daß der (jetzige) § 12 auf den (jetzigen) § 13 folgte.

§ 12 handelt vom Leichten und Schweren, einem Thema, dem man in der
heutigen Diskussion kaum noch begegnen dürfte. Außer auf Baumgarten

§ 527 (XV 10,10–18) und die korrespondierenden Abschnitte in den Vorlesungsnachschriften (mit den Kommentaren) sei hier auf die Relevanz dieser
Begriffe schon vor Baumgarten verwiesen. Descartes beschreibt im Artikel
42 der Les passions de l'âme, wie man sich einer Sache dadurch erinnert, daß
die »esprits« auf einem schon gebahnten Weg »leichter« vorankommen
(»[…] ont acquis par cela une plus grande facilité […]«; »plus facilement«;
Descartes 1964 ff., XI 360). Die ästhetische Theorie des »Compendium
Musicae« macht von der verbreiteten Vorstellung Gebrauch, daß die *leichter*
perzipierbaren Wahrnehmungen als schön, die *schwierigen* als nicht schön
empfunden werden (»non nimis difficulter«; »facilius«; »facillime«; »sine
labore«; Descartes 1964 ff., X 91–93). Diese Vorstellung wird von Sulzer,
Mendelssohn und Kant fortgeführt. So auch François Hemsterhuis in seiner
1769 publizierten Lettre Sur La Sculpture: »Enfin, je pourrois vous prouver,
par un grand nombre d'exemples, pris chez les orateurs, les poetes, les
peintres, les sculpteurs et les musiciens, que ce que nous appelons grand,
sublime et de bon goût, sont des grands touts, dont les parties sont si
artistement composées que l'âme en peut faire la liaison dans le moment et
sans peine.« (Hemsterhuis 1792, I 15) – Zur Schwierigkeit der Selbsterkenntnis vgl. 120,29 und Kommentar.

26 *in Ansehung des Erkenntnißvermögens*] Steht am Rande von H, ◇
eingefügt in den ursprünglichen Titel »*Vom Können überhaupt*«. In einer
Notiz für die Vorlesung steht: »Von dem Vermögen sich seiner Kräfte zu
bedienen: leicht oder Schweer« (Refl. 1482; XV 678,16–17); tatsächlich sind
die angeführten Materien (vgl. bes. 147,17 ff.) nicht, wie die von Kant selbst
korrigierte Überschrift in der Anthropologie von 1798 es will, auf das
Erkenntnisvermögen beschränkt. Der auf die genannte Überschrift in der
Refl. 1482 folgende Text (bis XV 683,6) bringt Notizen, die häufig wörtlich
identisch sind mit 146,28–149,25).

30 leve et grave] H und A1: »(leve et ponderosum)«; hierzu paßt Kants ◇
Hinweis auf die »körperliche Beschaffenheiten und Kräfte« (z. 31).

5–6 (promptitudo) … (habitus)] Anders Wolff in seiner Psychologia **147**
empirica § 428: »agendi promptitudo est id, quod *Habitus* appellari potest«
(Wolff 1962 ff., II 5, 339).

9 die subjectiv-praktische … *Gewohnheit*] Erste Erwähnung des für die ◇
Moral-, aber auch allgemeine Lebensphilosophie wichtigen Begriffs der
Gewohnheit. Vgl. weiter 147,15; 181,1; 195,5; 219,22; 240,15; 249,14; 257,10;
260,32; 265,26; 286,12. – Gerhard Funke, »Gewohnheit« (1958).

12–16 Daher kann man die *Tugend* … hervorgehen soll.] Zur Fertigkeit ◇
vgl. die parallelen Ausführungen in der Religion innerhalb der Grenzen der
bloßen Vernunft: »Der zur Fertigkeit gewordene feste Vorsatz in Befolgung
seiner Pflicht heißt auch *Tugend* der Legalität nach als ihrem *empirischen*
Charakter (virtus phaenomenon). Sie hat also die beharrliche Maxime

gesetzmäßiger Handlungen; die Triebfeder, deren die Willkür hiezu bedarf, mag man nehmen, woher man wolle. [...] Daß aber jemand nicht bloß ein *gesetzlich*, sondern *moralisch* guter (Gott wohlgefälliger) Mensch, d. i. tugendhaft nach dem intelligiblen Charakter (virtus Noumenon), werde, welcher, wenn er etwas als Pflicht erkennt, keiner andern Triebfeder weiter bedarf, als dieser Vorstellung der Pflicht selbst [...]« (VI 47,1–22). Vgl. auch 149,8–11. – Kant benutzt in der Anthropologie zwar nicht das technische Vokabular seiner Moralphilosophie, faktisch jedoch gibt der Absatz z. 5–16 eine Anwendung der Unterscheidung hypothetisch-theoretischer Imperative (»ich kann, wenn ich will«, z. 7–8) *und* kategorischer Imperative (»ich will, weil es die Pflicht gebietet«, z. 11).

◇ **16 aus der Denkungsart]** Zur »Denkungsart« als dem Gegenbegriff von »Sinnesart« vgl. 291,23 und 292,6. S. auch XXV S. CX–CXI.

◇ **25–148,5 Welche Vexationen ... zu nichts nützt.]** Vgl. 191,36–192,17; VI 100,19–147,14.

◇ **33–34 Wenn daher... »Meine Gebote sind nicht schwer«]** Parow 174 mit Kommentar Nr. 168. Neues Testament, 1. Johannes 5, 3. Vgl. Refl. 1482 (XV 679,1–2, mit der Anmerkung von Adickes); VI 179,28.

◇ **33 der große moralische Volkslehrer]** Umschreibung für den von Kant gemiedenen Namen »Christus«, derselbe Sprachgebrauch in der Religion innerhalb der Grenzen der bloßen Vernunft, s. z. B. VI 110,17.

148 **1–2 einer geschäftigen Nichtsthuerei]** Vielleicht war noch Johann Elias Schlegel, Der geschäftige Müßiggänger (1743) präsent.

◇ **2 gratis anhelare, multa agendo nihil agere]** Phaedrus, Fabulae II 5, 1–4. »Umsonst keuchen, und mit viel Geschäftigkeit doch nichts tun.«

◇ **3 welche das Judenthum begründete]** Zu Kants Beurteilung der Juden als eines nur gesetzesgläubigen Volks vgl. u. a. VI 125,14–128,11. Zur weiteren Beurteilung der Juden s. 205,33–206,41 mit Kommentar.

◇ **5 nichts nützt.]** Hierauf folgt in einer neuen Zeile in H: »Vid. Einlage« (mit Verweiszeichen). Die Einlage fehlt in H; H setzt erst wieder mit § 13 (dort: § 10) ein. S. die Hinweise zu 146,27.

◇ **8–11 Methoden und Maschinen ... schwer sein würde.]** Zur »Vertheilung der Arbeiten« (z. 9) vgl. 121,29–122,7 mit Kommentar. – Dieser Satz stellt die wohl ausführlichste Äußerung zur maschinellen Produktion und Arbeitsteilung dar. Vgl. auch den Hinweis zur »Verteilung der Arbeit« in der Vorrede der Grundlegung zur Metaphysik der Sitten (IV 388,19) und der »Einleitung« in den Streit der Fakultäten (VII 17,2–17). – Bei Kants Verweisen zur Verteilung der Arbeit[en] lassen sich zwei Gesichtspunkte ausmachen: Erstens kann durch die Spezialisierung der jeweilige Gegenstand qualitativ besser produziert werden. Zweitens kann die Arbeitsteilung durch die »Einheit des Plans« als Zusammenhang erhalten werden (122,3–6). Gänzlich außer Betracht bleibt die quantitative Erhöhung der

Produktion und die Einführung von Produkten, die nur eine Vielzahl von Produzenten herstellen kann. Hierauf macht neben den beiden genannten Gesichtspunkten u. a. Rousseau im *Emile* aufmerksam: »La pratique des arts naturels auxquels peut suffire un seul homme mêne à la recherche des arts d'industrie et qui ont besoin du concours de plusieurs mains. [...] l'introduction du superflu rend indispensable le partage et la distribution du travail; car bien qu'un homme travaillant seul ne gagne que la subsistance d'un homme, cent hommes travaillant de concert gagneront dequoi en faire subsister deux cens.« Die gesellschaftliche Konsequenz: »Sitôt donc qu'une partie des hommes se repose, il faut que le concours des bras de ceux qui travaillent supplée au travail de ceux qui ne font rien.« (Rousseau 1959ff., IV 456) Vgl. auch Adam Ferguson im *Essay on the History of Civil Society* (1767; neu ediert 1966), in deutscher Übersetzung *Versuch über die Geschichte der bürgerlichen Gesellschaft* (1768; neu ediert 1988) »Von der Teilung der Künste und Berufe« (Ferguson 1988, 337–341). In der Übersetzung wird Fergusons »artist« (Ferguson 1966, 181 u. ö.) mit »Handwerker« wiedergegeben, während Kant noch vom »Künstler« (z. 10) spricht, so auch 224,12; 247,33; 296,2.

    15–16 leicht läßt] So auch z. 18 (»leicht lassen«). Zeit- und ortsüblich für $\diamond$ »leicht fällt«.

    22–25 Einige fangen von Schwierigkeiten ... (Sanguinische).] Vgl. $\diamond$ 287,15–29. Beides sind Temperamente des Gefühls, nicht der Tätigkeit.

    26 Kraftmänner] Vgl. die Vermutung von Rose Burger und Paul Menzer $\diamond$ XIII 79 (ein gewisser Christoph K. Kaufmann).

    31–34 Es gab aber vor einigen Jahren ... ausgegangen ist.] Im Hinter- $\diamond$ grund steht die Vorstellung des Titanenkampfes; einschlägige Texte bes. der Ilias sind zusammengestellt von Pseudo-Longinos, *Vom Erhabenen* 9,6. Mit der Bezeichnung »Welt*bestürmer*« wird implizit auf die Vertreter des Sturm und Drang verwiesen.

    35 das *Gewohntwerden* (consuetudo)] A1: »(assuefactio)«. »Gewohnt- $\diamond$ werden« ist nur hier in den Druckschriften Kants belegt. Vgl. Henry Home, *Grundsätze der Kritik* (1790–1791) II 89–122 (»Von Gewohnheit und Fertigkeit«).

    6–25 Aber die *Angewohnheit* ... alle Angewohnheit verwerflich.] Vgl. **149** in der Pädagogik: »Je mehr aber der Angewohnheiten sind, die ein Mensch hat, desto weniger ist er frei und unabhängig. [...]. Man muß also verhindern, daß sich das Kind an nichts gewöhne; man muß keine Angewohnheit bei ihm entstehen lassen.« (IX 463,21–26) Diese Auffassung geht auf Rousseau zurück, der im *Emile* schrieb: »La seule habitude qu'on doit laisser prendre à l'enfant est de n'en contracter aucune.« (Rousseau 1959ff., IV 282).« Vgl. Traugott Weiskopf, *Immanuel Kant und die Pädagogik* (1970) 291.

◇   **29** ist entweder *Täuschung* ... (fraus).] 161,27: »Betrug des inneren Sinnes«. Zur Unterscheidung von Täuschung und Betrug vgl. XV 907,4–11 mit Folgeerörterungen im Hinblick auf die Dichtungstheorie. S. auch die Einleitung in XXV S. XXXVII–XXXIX.

Eine gewisse Vorform der Differenz ist die Unterscheidung von Irrtümern in rein theoretischer Hinsicht und im Affektbereich, die sich bei Stobaeus in den Eklogen II 89, 4 (vgl. SVF III 94; Frg. 389) findet: »Denn die Leute, die sich beispielsweise darin täuschen, daß die Atome Prinzipien sind, nehmen, belehrt, daß sie es nicht sind, von ihrem Urteil Abstand. Die Leute hingegen, die, auch wenn sie wissen und auch wenn sie darüber belehrt werden, daß man nicht trauern oder sich fürchten oder überhaupt im Affekt sein soll, nehmen dennoch nicht davon Abstand, sondern werden von den Affekten dazu gebracht, daß sie sich von ihrer Tyrannei beherrschen lassen.« Der letztere Fall wird von Ovid in der bekannten Formulierung gebracht: »Video meliora proboque, deteriora sequor.«

◇   **31** der Augen] H sachlich korrekt: »der Sinne«; A1 überflüssig: »seiner Sinne«; A2 an dem Wort »*Augenverblendniß*« (z.32–33) klebend: »der Augen«.

◇   **33** praestigiae] H und A1 besser: »fascinatio«.

150   **3–5** wie Raphael *Mengs* ... zu gehen scheinen«] Es gibt keine bekannte »Schule der Peripatetiker«, und die sogenannte »Schule von Athen« stammt nicht von Correggio, sondern Raffael. – Anton Raphael Mengs spricht in seiner Schrift *Gedanken über die Schönheit und über den Geschmack in der Malerei* (1771) verschiedentlich von Raffael, es findet sich jedoch nicht die von Kant zitierte Aussage. Platon und Aristoteles haben auf dem Fresko eine Geste der Bewegung; die Vorstellung einer täuschend natürlichen Nachahmung, so daß Bildnisse »zu gehen scheinen« (z.5), wird tradiert seit dem Platonischen Dialog Euthyphron (11c; 15b).

◇   **5–6** oder wie eine ... an ihr hinaufzusteigen,] H: »sie hinaufzusteigen,«.

◇   **13–16** Daher kommt es auch ... zu Gesichte kommen.] Kant folgt der klassizistischen Ästhetik Winckelmanns, gemäß der der Kontur über die Schönheit entscheidet und bunte Farben nur ablenken.

◇   **15** jeden] H korrekt: »einen«, verschlimmbessert in A1 und A2.

◇   **27–30** Dem Verliebten, der ... was ich dir sage.«] Vgl. Parow 336–337 mit Kommentar Nr. 266.

◇   **31–32** die *Bauchredner* ... Schwarzkünstler verübten.] Johann Joseph Gaßner (1727–1779) und Franz Anton Messmer oder Mesmer (1734–1815).

◇   **36–151,28** Ein protestantischer Geistliche ... Hexenmeister seid.«] Die Quelle dieser Geschichte konnte nicht ermittelt werden.

151   **2** auf einmal] Vgl. 218,26–27 (»der Geck, der ohne lange Mühe durch eine Reise nach Indien auf einmal Gold zu fischen hofft«); 294,29–31

(»sondern nur gleichsam durch eine Explosion, die auf den Überdruß am schwankenden Zustande des Instincts auf einmal erfolgt«).

In den achtziger und neunziger Jahren gilt für den Kontrast von »auf einmal« und »allmählich« oder »nach und nach«, von plötzlicher Revolution und kontinuierlicher Evolution folgendes: Methodisch sicherbare Erkenntnis kann sich nur nach der lex continui vollziehen; diese wird jedoch erst anwendbar durch eine durch keine Methode veranstaltbare »Revolution der Denkart«, vgl. die »Vorrede« zur KrV von 1787 (B X–XXIV). Die erste erfordert Arbeit, die zweite beruht auf einem »glücklichen Einfall« (nach vorgehenden mühevollen Versuchen). Für die erste steht der Name des Aristoteles (VIII 393,30–394,4; »Von einem neuerdings erhobenen vornehmen Ton in der Philosophie«), der zweite ist orientiert an der Tradition von Platons »ἐξαίφνης« Politeia 515 c 6; 516 e 5; s. auch Parmenides 156 d 3. Die hier kritisierten Bauchredner etc. wollen die Arbeit kontinuierlicher, methodischer Erkenntnis durch plötzliche Einfälle und Inspirationen *ersetzen*. – Innerhalb der praktischen Philosophie gibt es ebenfalls den Dualismus: Im Bereich der Ethik, in der sich die Person völlig in ihrer eigenen Gewalt hat, soll und kann der eigene Charakter nur durch eine Revolution erworben werden (s. 294,22–295,2 mit Kommentar), während eine Revolution innerhalb eines Staatskörpers rechtlich verboten ist; die Verbesserung kann sich im Staat nur nach der lex continui in einer evolutio juris naturalis vollziehen. Anthropologisch und pragmatisch betrachtet läßt sich jedoch auch ein historischer Prozeß der Moralisierung annehmen, so wie es im folgenden Paragraphen beschrieben wird: »Denn dadurch, daß Menschen diese Rolle spielen, werden zuletzt die Tugenden, deren Schein sie eine geraume Zeit hindurch nur gekünstelt haben, nach und nach wohl wirklich erweckt und gehen in die Gesinnung über.« (z. 12–15) Vgl. zu diesem Komplex Reinhard Brandt, »Kants ›Paradoxon der Methode‹« (1995 a).

3–4 losgesprochen zu sein, dagegen Andere in] H besser: »losgesprochen und Andere ihm in«.   ◇

6 *Von dem erlaubten moralischen Schein.*] In der Ausgabe des Bandes   ◇
VII von 1917 steht irrtümlich »*unerlaubten*« statt »*erlaubten*« (H, A1, A2). Vgl. 182,1–2: »[…] aber es ist doch besser auch nur den Schein von dem Besitz dieses die Menschheit veredelnden Guts für sich zu haben, als sich desselben handgreiflich beraubt zu fühlen.« Vgl. Refl. 1412 (XV 615,7–616,3). Vom speziellen unerlaubten moralischen Schein handelt 153,9–17. Vgl. zu der gesamten Problematik schon in der KrV A 747–748. Zum Thema insgesamt s. a. § 69 und § 70: »*Der Geschmack enthält eine Tendenz zur äußeren Beförderung der Moralität.*« (244,1–245,2)

Kant hat sich mit der Vorstellung, jeder Schein betrüge, ausführlich in seiner Opponenten-Rede gegen Kreutzfeld auseinandergesetzt, vgl. XV 903–935. Kreutzfeld war auch auf die Frage der Höflichkeit eingegangen, s. XV 922,19. – In den erhaltenen Vorlesungsnachschriften wird, wenn ich richtig sehe, von einem *erlaubten* Schein nicht gesprochen. Die Formulierung findet sich jedoch in den »Bemerkungen in den Beobachtungen über das Gefühl des Schönen und Erhabenen«: »Der erlaubte Schein ist eine Art von Unwarheit, die dann nicht eine Lüge ist [...].« (XX 134,12–13; s. a. Kant 1991, 101) Es ist nicht unwahrscheinlich, daß Kant diese Fassung erst in der Anthropologie von 1798 wieder aufnahm und damit einen Aspekt mitmeinte, der erst in der Schrift Zum ewigen Frieden formuliert wurde: das Erlaubnisgesetz, das die Beibehaltung dessen ermöglicht, was unter der strengen Gesetzlichkeit des Vernunftrechts eigentlich verboten ist (VIII 347,34–348,41 und 373,27–38). So hätten wir hier das Pendant in der Ethik: ein Zugeständnis an den historischen Formationsprozeß der Sittlichkeit, nicht als Zugeständnis an den Handelnden, aber als ein (gegen Rousseau gerichtetes) Kriterium der Beurteilung historischer gesellschaftlicher Entwicklung. Der Schein der bürgerlichen Gesellschaft verfällt nicht dem völligen Verdikt, sondern läßt sich retten durch seine Interpretation als eines Mittels der allmählichen Moralisierung der Menschen.

Johann Heinrich Lambert, Neues Organon oder Gedanken über die Erforschung und Bezeichnung des Wahren und dessen Unterscheidung vom Irrthum und Schein (1965 ff., II 300–318: »Viertes Hauptstück der Phänomenologie oder Lehre von dem Schein: Von dem moralischen Schein.« S. dort schon 285: »Diese Schwierigkeit äußert sich selbst auch bey Beurtheilung seiner eigenen Handlungen. [...] die Besorgniß des Selbstbetrugs, [...].« Friedrich Schiller antwortet im 26. seiner Briefe Über die ästhetische Erziehung des Menschen (1795) auf die Frage: »In wie weit darf Schein in der moralischen Welt seyn?« mit dem Satz: »[...] insoweit es *ästhetischer Schein* ist, d.h. Schein, der weder Realität vertreten will, noch von derselben vertreten zu werden braucht.« (Schiller 1943 ff., XX 403) Die Antwort macht von der Meinung Gebrauch, der Schein sei ästhetisch, wenn er aufrichtig ist, d. h. »sich von allem Anspruch auf Realität ausdrücklich lossagt« und wenn er darin konsequent ist, d. h. »allen Beistand der Realität entbehrt.« Die Vorstellung des ästhetischen Scheins gegenüber dem nicht-ästhetischen bei Schiller ähnelt entfernt der Unterscheidung von Illusion und Betrug bei Kant, hier z. 8–10 (Schein ohne Trug) und bes. 149,27–29. – Kants Opponent ist Rousseau mit seinem strikten Festhalten an der Identität von Sein und Scheinen; vgl. u. a. im 2. Discours: »Etre et paroître devinrent deux choses tout à fait différentes.« (Rousseau 1959 ff., III 174) Da die Kultur bei Kant keine gegen die Natur gerichtete, sondern von ihr selbst mitgeleitete Veranstaltung ist, muß sie in ihren großen Zügen gut und vernünftig sein; der Philosoph hat die Aufgabe, die Zwecke des vermeintlich Schlechten zu erkennen und es so zu rechtfertigen. Damit ist das Kapitel »Von dem erlaubten moralischen Schein« Teil einer Natur-Rechtfertigung.

Zum Thema des erlaubten oder gar notwendigen (auch moralwidrigen) Scheins im menschlichen Verhalten vgl. Torquato Accettos Schrift von 1651: Della dissimulazione onesta (1983) Die »dissimulazione onesta« ist schon vor Accetto terminus technicus, vgl. Jürgen von Stackelberg, Tacitus in der Romania (1960) 112, 127–128, 187 u. ö. Stanitzek 1987, 85; 160. Manfred Sommer, Die Selbsterhaltung der Vernunft (1977) 187 ff., 248 ff.

7 § 14.] H: »§ 11« (über dem Titel des Paragraphen); A: »§ 12«.   ◇

7 je civilisirter] Zu Kants Zivilisations-Vorstellung vgl. die Trias von   ◇
»*cultiviren*«, »*civilisiren*« und »*moralisiren*« 324,37 mit Kommentar.

10–11 ein jeder Andere, ... in der Welt zugeht.] H: »ein jeder Andere weiß,   ◇
... gemeynt sey, und es ist sehr gut«.

12–15 Denn dadurch ... Gesinnung über.] Zur Anverwandlung des   ◇
moralischen Scheins in die eigene Natur vgl. im Bereich des Rechts: VIII 366,29–367,4. – Die Assimilation des Scheins in den eigenen Habitus wird auch von Zeitgenossen Kants thematisiert. So heißt es bei James Harris: »Es ist möglich, eine Empfindung so lange vorzutäuschen, bis man sie tatsächlich fühlt, und was im Schein begann, wird zur Wirklichkeit.« (James Harris, Philosophical Inquiries (1781) II 12) Ähnlich auch Montesquieu in den Lettres persanes von 1721: »Ich täuschte einen starken Trieb zur Gelehrsamkeit vor, und dank meiner Täuschungskunst überkam er mich wirklich.« (Montesquieu 1960, 22) – Es ist eine Art moralischer Lamarckismus: Woran man sich gewöhnt, kann allmählich zur Natur werden.

14 nach und nach] Vgl. 152,33 und den Kommentar zu »auf einmal«   ◇
z. 2.

15 Gesinnung] »Gesinnung« in der Anthropologie noch 152,33 (»nach   ◇
und nach zu wirklichen Gesinnungen dieser Art hinleiten.«); 236,29–30; 147,36 (»reine Herzensgesinnungen«). Kant verwendet den Begriff als einen terminus technicus seiner eigenen Moralphilosophie, die das paradoxe Phänomen eines moralischen, also intellektuellen Gefühls zu erklären versucht. Vgl. die Refl. 5448 (datiert 1776–1778): »Wäre es ein wirklich Gefühl (proprie), so würde die necessitation pathologisch seyn; die causae impulsivae wären nicht motiva, sondern stimuli; nicht die bonitaet, sondern das iucundum würde uns bewegen. Also ist der sensus moralis nur per analogiam so genannt und soll nicht Sinn, sondern Gesinnung heissen, nach welcher die moralische motive in dem Subiekt eben so wie stimuli necessitiren.« (XVIII 185,9–15)
Jean Starobinski, Das Rettende in der Gefahr. Kunstgriffe der Aufklärung (1990) 186 ff.

15–152,13 Aber den Betrüger in uns ... um das Schiff zu retten.] Zur   ◇
Gliederung des Gedankens: Im angezeigten Abschnitt wird nicht »Von dem erlaubten moralischen Schein« (z. 6) gehandelt, sondern vom – schuldlosen – Selbstverhältnis des Menschen zu seinen Neigungen, die er mit

Geschick hintergehen kann. Das Hauptthema wird 152,14 wieder aufgenommen; es endet mit einem Abschnitt (153,9–17) über einen schuldhaften
Selbstbetrug.

◇   **15–17 Aber den Betrüger … Täuschung unserer selbst.]** Zur Erläuterung
s. den besonderen Fall, den Betrug der Neigung zur Gemächlichkeit zu
betrügen: 152,3–10. – Daß der Betrug des Betruges eine pia fraus und mit
der Tugend kompatibel ist, erinnert an die Rechtlichkeit der Verhinderung
der Freiheitsverhinderung durch Gewalt, s. VI 231,22–34 (»Einleitung in
die Rechtslehre«, § D). Die Subtilitäten des Selbstbetrugs sind Gegenstand
einer umfangreichen Literatur, s. u. a. Daniel Dyke, Nosce ti ipsum: das
große Geheimniss des Selbstbetrug oder reiche und in Gottes Worte gegründete Betrachtung von Entdeckung der grossen Betriglichkeit und Tücke des
menschlichen Herzens (1643) (nach Hohenegger 1997, 246).

◇   **16 unter das]** So A; H korrekt: »unter dem«.

◇   **17 schuldlose]** H: »rühmliche«. Die Korrektur von A1 und A2 will
vermutlich die Kontrastbeziehung zu 153,9–17 hervorheben.

◇   **18–152,13 So ist … das Schiff zu retten.]** Die Bildung eines neuen
Absatzes (auch in H) ist irreführend, weil die Ausführungen sich auf die
These 151,15–17 (Verhältnis zu den eigenen Neigungen) beziehen und nicht
vom erlaubten moralischen Schein gegenüber anderen, sondern vom moral-
indifferenten (ergo »schuldlose[n], z. 17, ergo erlaubten) Betrug der eigenen
Neigungen handelt. Erst die dann folgenden Ausführungen (152,14–153,9)
greifen wieder auf 151,7–15 (Verhältnis zu anderen Personen) zurück.

◇   **18–24 So ist die *Anekelung* … Ermüdung vorhergeht).]** Das hier
beschriebene Gemütsphänomen ist in der Tradition, auf die sich Kant
stützt, teils als Melancholie, teils als acedia gefaßt und beschrieben worden.
Zur Melancholie vgl. 288,14–30 mit Kommentar.

◇   **19–20 der *langen Weile* … der Trägheit fühlt, d. i.]** A2; H: »*die lange
Weile*, und doch zugleich das Gewicht der Trägheit, d. i.«; A1: »*die lange
Weile*, doch auch zugleich ein Gewicht der Trägheit, d. i.«. Die »lange Weile«
erläutert in der ursprünglichen Fassung die »Anekelung«. – Zum Thema
»Langeweile« vgl. unten 233,6. »Von der langen Weile und dem Kurz-
weil.«

◇   **21–23 die Arbeit heißen … Gefühl, dessen]** H: »die [durchstrichen:
einen Zweck hat und] Arbeit heißen könnte, weil sie mit Beschwerden
verbunden ist, das Gefühl seiner eigenen Nichtswürdigkeit, deren«.

◇   **32 zuerst das Wort]** H: »zuerst das hoksten woraus nachher hexen als der
Anfang der Zauberformel geworden ist veralaßt dann aber auch das
Wort«.

152   **1 macht, um mit]** H: »macht mit«. Korrekt (sc. »macht, mit«): Die
Vernunft gebietet die Selbstzufriedenheit, sie macht sie zum Gesetz; vgl. u. a.
V 38,22–33.

6 andeutet, nämlich die] H: »andeutet die«. Wiederum eine unnötige ◇
Ergänzung in A 1 und A 2.

10–13 Mit Gewalt … Schiff zu retten.] Vgl. ähnlich Rousseau in der ◇
»Préface« des Narcisse: »Il ne s'agit plus de porter les peuples à bien faire, il
faut seulement les distraire de faire le mal; il faut les occuper à des niaiseries
pour les détourner des mauvaises actions; il faut les amuser au lieu de les
prêcher.« (Rousseau 1959ff., II 972) Kant würde in dieser Position eine
Nähe zum Prinzip des »tromper le peuple« sehen und beschränkt den
Betrug auf das Verhältnis zu den je eigenen Neigungen, die als Pöbel
einzuschätzen nicht falsch ist (s. 144,6–7).
Daß die bloße ratio nicht auf die Neigungen einwirken kann, man also in
der Neigungssphäre selbst nach Möglichkeiten der Einflußnahme suchen
muß, ist Gedankengut auch des Hellenismus, vgl. Anthony Arthur Long,
Hellenistic Philosophy (1974) 220: »Reason itself has no competence to
modify our passions.«

12 *Swift*] »D Jonathan Swifts Mährgen von der Tonne«, in: Satyrische ◇
und ernsthafte Schriften von Dr. Jonathan Swift (1756ff.) III 46, »Vorrede«.
Vgl. Refl. 1482 (XV 686,7).

14–153,9 bzw. **17** Die Natur hat … Schwachheit vorgemalt wird.] Rück- ◇
kehr zum Hauptthema des Paragraphen. Vgl. hierzu die schon oben
erwähnte parallele Ausführung in der KrV A 747–748.

14–15 Hang … dem Menschen weislich] H: »Hang des Menschen sich ◇
gern täuschen zu lassen ihm weislich«. – Zum »Hang« vgl. 265,21–23 mit
Kommentar; vgl. auch VI 28ff.

18 Frauenzimmer … männliche Ge-] Als Randbemerkung zu dieser ◇
Zeile in H: »Von einem Paar das Gäste bekam die sich vorher nicht
angemeldet hatten. / Einschränkung der Ansprüche der Sinnlichkeit des
Erkenntnisvermögens. – N.B. es muß zuletzt vor den Titel des Verstandes
kommen.«
Zu den überraschenden Gästen vgl. Ms. 400 117: »So zwang sich der
Mann und die Frau ihre Gäste denen sie nicht viel zu Mittag vorsetzen
konnten, sehr höflich aufzunehmen, so daß sie sich hernach würcklich daran
gewöhnten, und die Gäste mit dem größten Vergnügen von ihnen schieden.«
Vgl. Adickes zu XV 686,14–15.

26–33 *Höflichkeit* (Politesse) … Gesinnungen dieser Art hinleiten.] Zur ◇
Unterscheidung von Schein und Betrug vgl. Refl. 1482 (XV 683–688; bes.
»Politesse (im gringeren stande artigkeit) ist ein Schein, der Liebe (erwirbt)
einflößt.« 687,5–6). Zur Polemik gegen die Politesse und Complimenten-
Bücher vgl. Barbara Zaehle, Knigges Umgang mit Menschen und seine Vor-
läufer (1933) 103–105; 124ff.

29–30 Meine lieben Freunde: es giebt keinen Freund! *Aristoteles*] Vgl. ◇
Refl. 989 (XV 433,25–26); Refl. 1482 (XV 687,19). Aristoteles schreibt in

Buch VII, Kapitel 12 der Eudemischen Ethik: »Keinen Freund hat, wer
viele Freunde hat [wem – ᾧ – viele Freunde sind]« (1245 b 20); bei Diogenes Laertius erscheint diese Lebensweisheit in epigrammatischer Zuspit-
zung: »Wem Freunde, der hat keinen Freund [ᾧ φίλοι οὐδεὶς φίλος]«
(V 21). Gabriel Cobet übersetzt korrekt: »Cui amici, amicus nemo«. Die
lateinische Ausgabe von Kraus aus dem Jahr 1769 hat jedoch: »O amici,
nemo amicus«. In der Vorlage ist offenbar aus dem Dativ des Personalpro-
noms »wem« (ᾧ) das exklamative »o« (ὤ) geworden. Kant kennt nur die
Variante »O«, nicht den Dativ. Die Leseweise des Diogenes-Laertius-Textes
durch Kraus und Kant ist jedoch älter; sie findet sich bereits bei Montaigne,
der in seinem Essay »De l'Amitié« schreibt: »[...] il faut employer le mot
qu'Aristote avoit très-familier: O mes amis, il n'y a nul ami!« (Montaigne
1962, 189) Die deutsche Übersetzung von Montaignes Essais aus den Jahren
1753–1754: »Meine lieben Freunde, es giebt keine Freunde!« Kant hat
genau dasselbe »Meine lieben Freunde«, kehrt jedoch dann richtig zu dem
Singular zurück: »es giebt keinen Freund!«
Bei Montaigne also ist aus dem überraschenden Erfahrungssatz von
Aristoteles, paradox zugespitzt in der Formulierung von Diogenes Laertius, ein paradox-skeptisches Diktum geworden. Kant dagegen platonisiert
gewissermaßen das Paradoxon, indem er die realen Freundschaftsver-
hältnisse an der (apriori unerreichbaren) Idee der Freundschaft mißt.
Wasianski schreibt in seiner Biographie Immanuel Kant in seinen letzten
Lebensjahren: »*Kant* hatte das blendende Paradoxon des Aristoteles adop-
tiert: Meine lieben Freunde, es gibt keine Freunde. Er schien dem Ausdrucke: *Freund* nicht den gewöhnlichen Sinn unterzulegen, sondern
ihm so etwa, wie das Wort *Diener* in der Schlußformel des Briefes oder im
gewöhnlichen Empfehlungsgruß zu nehmen. Hierin war ich mit ihm nicht
einerlei Meinung. Ich habe einen Freund im vollen Sinn des Worts, dessen
Wert es mir unmöglich machte, *Kants* Meinung zuzustimmen.« (Wasianski
1912, 245) Falls Wasianski der Meinung ist, er habe einen Freund und mehr
als einer sei nicht möglich, würde er zur Auffassung des historischen
Aristoteles zurückkehren. Seine Kant-Interpretation dürfte kaum richtig
sein.
Die Stoiker plädierten für die Möglichkeit, nicht nur einen Freund zu
haben. Zur polyphilia vgl. SVF III 161, z. 18; Frg. 631.
Markus Fauser, Das Gespräch im 18. Jahrhundert (1991) 53 (»Freundschaft als Gegenwelt«). Igor S. Kon, Freundschaft (1979) 40–42; 60–61.
Jacques Derrida, Politiques de l'amitié suivi de L'oreille de Heidegger
(1994).

◇   **36** zu haben, und] H (durchstrichen): »zu haben oder mit bloßem
gestempelten Papier das gar keinen inneren Gehalt hat und«.

◇   **37** baares] H: »wahres« entsprechend dem »ächten Gold« z. 35.

2–3 mit dem sarkastischen ... ausgetreten worden«] Im »Mährgen von 153
der Tonne« (s. die Angabe zu 152,12): »[...] die Redlichkeit ein paar Schuhe,
die im Koth ausgetreten worden?« (86)

   4 Marmontels *Belisar*] »So suchte wider den Bélisaire ein gewisser Hof- ◇
stede die Tugend zu untergraben, [...].« (XXVII 316,31–37; in Paul Menzer
(Hrsg.) Eine Vorlesung Kants über Ethik (1924) 113–114; in der neu aufgefun-
denen Moral-Kaehler (Kant-Archiv Marburg) S. 169).
   Jean-François Marmontel (1723–1799) publizierte 1767 Bélisaire, auf
deutsch: Belisar, von dem Herrn Marmontel. Aus dem Französischen übersetzt und mit Anmerkungen begleitet. Nebst einer glücklichen Familie,
einer moralischen Erzählung von ebendiesem Schriftsteller (1767, ohne
Angabe des Übersetzers und Herausgebers). Auf Marmontels Schrift und
ihre aktuellen Anspielungen antwortete der orthodoxe Rotterdamer Theologe Peter Hofstede. Des Herrn Marmontels herausgegebener Belisar beurtheilt [...] (1769); vgl. XXV 1606 s. v. »Hofstede«. Das 23. Kapitel trägt
die Überschrift »Der griechische Weltweise Socrates entlarvt«. Der daran
anschließende literarische Streit wird dargestellt und in gewisser Weise
zu Ende geführt von Johann August Eberhard, Neue Apologie des Sokrates, oder Untersuchung der Lehre von der Seligkeit der Heiden (1772 und
²1776–1778).
   John Renwick, »Reconstruction and interpretation of the genesis of the
Bélisaire affair, with an unpublished letter from Marmontel to Voltaire«, in:
Studies on Voltaire and the Eighteenth Century 53, 1967, 171–222. Ders.,
Marmontel, Voltaire and the Bélisaire affaire (= Studies on Voltaire and the
Eighteenth Century 121, 1974).

   8–9 Verstellungen, welche Achtung erwerben, ohne sie vielleicht zu ◇
verdienen] H: »Vorstellungen, welche Achtung verdienen«; A1: »Vorstellungen, welche Achtung erwerben, ohne sie vielleicht zu verdienen«. Von
»Verstellungen« (A 2, Külpe, Schöndörffer, Weischedel) dürfte kaum gesagt
werden, daß sie die erworbene Achtung *vielleicht* nicht verdienen.

   9–17 Nur der Schein des Guten ... vorgemalt wird.] Vgl. in der Reli- ◇
gionsschrift VI 38,8–9: »[...] sich wegen seiner eigenen guten oder bösen
Gesinnungen selbst zu betrügen [...].« Vgl. auch in den »Metaphysischen
Anfangsgründen der Tugendlehre« der Metaphysik der Sitten das Problem
der »inneren Lüge« (VI 430,9–431,3).
   Auch Torquato Accetto handelt vom »Dissimulare con se stesso« (Accetto
1928, 43; Kap. XII). Kant scheint Karl Philipp Moritz, »Über Selbsttäuschung. Eine Parenthese zu dem Tagebuche eines Selbstbeobachters.«
(Gnothi Sauton 7/3, 1789, 45–47) nicht zu kennen. Auf einen zweiten
Aufsatz von Moritz, »Über Selbsttäuschung« (Gnothi Sauton 8/3, 1791,
32–37), antwortet Salomon Maimon »Über Selbsttäuschung in Bezug auf
den vorhergehenden Aufsatz« (Gnothi Sauton 8/3, 1791, 38–50).

◇   **16** Übertretung] H: »Übertretungen«.
◇   **16–17** Schwachheit] H: »Schwachheiten«.
◇   **17** vorgemalt wird.] Hiermit endet in H der Haupttext des Blattes F.
Unterhalb des Textes steht am Rand: »Nicht bey Sinnen seyn, unbesonnen
verfahren« und davon durch einige Leerzeilen getrennt die weitere Randnotiz: »Von der Leichtigkeit etwas zu thun (promtitudo). Von der subjectiven Nothwendigkeit etwas zu thun (habitudo) Fertigkeit. Die *mechanische* Leichtigkeit die von der Übung abhängt ist von der dynamischen
welche objectiv ist unterschieden. Die Tugend ist nicht Fertigkeit sondern
Stärke«.
◇   **18** *Von den fünf Sinnen.*] War bisher generell von der Sinnlichkeit die
Rede (s. den Kommentar zu 140,15), so folgt jetzt die Analyse der einzelnen
Sinne, und zwar der fünf äußeren (§ 17 – § 23) und des inneren körperlichen
und gemütaffizierten Vitalsinns (§ 16, § 18) und des nur inneren Sinnes
(§ 24). Im Rostocker Manuskript wird ein Zweifel an der Fünfzahl der Sinne
festgehalten: »Ob nicht wirklich noch ein 6ter Sinn nämlich in Ansehung des
Geschlechts anzunehmen [...]« (401,3–4; Randnotiz zu 159,16ff.). Vgl.
Refl. 1503 (XV 803,25–26, und 805,1): »Ob es in uns mehr als 5 gebe. mehr
vitalsinne, darunter der des Geschlechts. Der des Geschlechts ist der Gefahr-
lichste. [...] Vom sechsten Sinn der Geschlechtsneigung als Genuß [...].«
Ms. 400: »Das Fühlen *tactus* welches von dem Gefühl überhaupt unterschieden ist, das Hören und Sehen [sc. die drei »Objectiven Sinne«]. Die
subjectiven Sinne sind der Geruch und der Geschmack, Wenn wir das
Gefühl mitrechneten, so waren 6 Sinne, aber dieses ist ein allgemeiner Sinn,
und heißt nicht *tactus* sondern *sensus.*« (80–81) Pillau 11–12: »Wir können
auch die Sinne eintheilen. 1) In animalische Sinne. Man nimmt alles Animalische was von unserer Willkühr dependirt; [...]. 2) In den vitalischen Sinn,
das ist das inwendige Gefühl wodurch wir eigentlich nur uns selbst empfinden. Bey diesem Sinn sind wir nur passive und er ist auch überall wo
Nerven sind ausgebreitet. Der vitalische Sinn geht hauptsächlich dahin alles
das zu thun was unser Leben befördert und hinweg zu räumen das es
verkürzen kann. Dieses kann aber nicht der 6te Sinn seyn weil es kein
besonder Organon dazu giebt. Einige hat es gegeben die einen 6ten Sinn
annehmen und ihn in die Geschlechter Neigung setzten.« Zum Vital- und
Tastsinn vgl. den Kommentar zu »*Vitalempfindung*« (154,1) und »*Vom
Sinne der Betastung*« (154,29). – Die Klassifikation enthält zwei Neuerun-
gen aus der zeitgenössischen Literatur: Den Vitalsinn und den Sinn der
Betastung. S. dazu die »Einleitung« von XXV S. XL–XLII. Beide Neuerun-
gen hängen miteinander zusammen, wie 155,6–8 verraten kann; die beiden
Sinne teilen sich gewissermaßen den Bereich des älteren generellen Tastsinns: Der Sinn der Betastung ist auf die Gestalt von Objekten gerichtet,
während der verbleibende Bereich des Tastinns zur Vitalempfindung bzw.

zum Vitalsinn geschlagen wird. Das Wort und vielleicht der Ursprung des Konzepts eines gesonderten Vitalsinns findet sich bei Lukrez, *De rerum natura* II 890 (»[…] nequeunt vitalem reddere sensum.«); 916 [»[…] vitali ut possint consentire undique sensu.«); III 214–215 (»mors omnia praestat / vitalem praeter sensum calidumque vaporem.«); 527 ([…] membratim vitalem deperdere sensum.«) (Hinweis M. Hohenegger, Rom). – Der Vitalsinn muß zu systematischen Schwierigkeiten führen, denn die (auch transzendentalphilosophische) Gliederung aller Erscheinungen in die des äußeren und des inneren Sinnes implizierte, daß ich »meine eigene Existenz, als eines denkenden Wesens, von anderen Dingen außer mir (wozu auch mein Körper gehört)« (KrV B 409) unterscheide, also alles sinnliche »praeter me« in die Domäne des äußeren Sinnes fällt, zu dem dann auch der Vitalsinn gehört. Vom äußeren Sinn sagt Kant hier, er sei der, »wo der menschliche Körper durch körperliche Dinge […] afficirt wird« (z. 25–26), der Vitalsinn wird jedoch auch durchs Gemüt affiziert (154,5–11). – Wie ist es möglich, daß ich meinen Körper durch einen Willensakt (bei dem ich mir nicht mein Wollen vorstelle, sondern wirklich will) bewege? Diese Frage wird weder in der Transzendentalphilosophie noch in der Anthropologie behandelt.

Kant hat kein Interesse an dem Gedankenspiel von menschlichen Wesen, die mit anderen Sinnen als den fünf klassischen ausgestattet sein könnten. Vgl. dazu Pierre Gassendi in den *Exercitationes paradoxicae adversus Aristoteleos* II 6, 5 (Gassendi 1964, III 202 b). Locke nimmt das Motiv im *Essay concerning Human Understanding* auf (II 2, 3; Locke 1975, 120; s. auch Puster 1991, 100). Gottfried Ploucquet schrieb in seinen *Principia de substantiis et phaenomenis* (1753) 129: »Numerus sensuum determinari nequit. Quot diversis formis internis perceptiones sunt possibiles, tot dantur sensus possibiles. Sed innumeris modis formae à formis differre possunt. *Ergo innumeri possibiles sunt sensus.* Perceptiones in primitiva Dei visione reali fundatae multis modis in animam agere possunt, et quot modis agunt, tot sunt sensus actuales.« Hierzu vgl. Häfner 1995, 129. In Lessings Nachlaß: »Daß mehr als fünf Sinne für den Menschen seyn können.« (Lessing 1970 ff., VIII 557–560) – Claude Nicolas Le Cat, *Traité des sens* (1740).

19 § 15.] A1, A2: »§ 13«; H: »§ 12« unterhalb des Titels, der ursprünglich ◇ lautete: »Von den zum Erkentnisvermögen gehörenden Sinnen«. Auch dieser Titel wird nicht ganz der Tatsache gerecht, daß im § 15 (in der Zählung von Külpe) nicht speziell von den fünf Organsinnen, sondern auch von der Einbildungskraft und vom inneren im Gegensatz zum inwendigen Sinn gehandelt wird. § 15 bringt Präliminarien der Einteilung für das 154,12 ff. behandelte Hauptthema »Von den fünf Sinnen«. – In H steht der Titel (»Von den [zum Erkentnisvermögen gehörenden] fünf Sinnen«) hier im Unterschied zu den vorhergehenden und folgenden Paragraphen *über*

der Angabe der Paragraphenziffer, vermutlich, weil das angegebene Thema
sich über verschiedene Paragraphen mit eigenen Untertiteln erstreckt. Diese
Strukturgebung Kants ist in allen Drucken verlorengegangen.

◇   **19** *Die Sinnlichkeit* im Erkenntnißvermögen] Diesem Bereich der Sinnlichkeit steht gegenüber die Sinnlichkeit im Gefühl der Lust und Unlust
(z. 27–31) und im Begehrungsvermögen qua Neigung (251,5). Die Lokalisierung der »*Sinnlichkeit* im Erkenntnißvermögen« indiziert, daß das
Sinnenmaterial für die Verstandeserkenntnis benötigt wird (144,7–8). Es
wird jedoch nicht geklärt, wie das Verhältnis des sinnlichen Gefühls und der
Neigungen zum Erkennen gedacht werden soll. Wie erkennt oder versteht
der Mensch die Sinnlichkeit *außerhalb* des »im Erkenntnißvermögen«,
nämlich im Bereich des Gefühls der Lust und Unlust und des Begehrens,
und welche epistemische Leistung haben diese zwei Domänen der Sinnlichkeit ihrerseits?

◇   **21–23** Das erstere ist ... Gegenwart desselben.] Vgl. Refl. 225 (ca.
1783–1784): »Sinnlichkeit ist das Vermögen der Anschauungen, entweder
der Gegenstande der Gegenwart = Sinn, oder auch ohne Gegenwart: Einbildungskraft« (XV 86,4–6). Vgl. 167,20–21. Kant spricht vom »Gegenstand« nur bei den äußeren Sinnen (der Begriff fehlt bei der Behandlung
»*Vom inneren Sinn*« 161,5–162,11), vgl. 154,15–16; 18–19; 21; 27; 155,15;
155,21; 156,13; 25; 157,9–10. Es ist entscheidend für die gesamte Erkenntnistheorie Kants, daß er tatsächlich in der Anthropologie und auch in der
Transzendentalphilosophie (dort weniger eindeutig) fast durchgängig annimmt, daß die Sinne äußere Gegenstände erkennen: Menschen (135,14),
Infusionstierchen (135,34); wir hören entfernte Gegenstände (155,15). Die
eigentümliche Leistung des jeweiligen Sinnesorgans verschwindet damit vor
dem ihnen gemeinsamen Bezug auf einen schon fertigen Gegenstand. Daß
das Auge Farben, das Ohr Töne unterscheidet und nicht mehr, wird an
keiner Stelle gesagt. Im Gegenteil: Es gibt nach Kant Leute, »die sehr gut
sehen, aber keine Farben unterscheiden können, und denen alle Gegenstände wie im Kupferstich erscheinen.« (159,30–32) Die Farbenblinden
sehen also farblose *Gegenstände*, sie werden nicht dadurch charakterisiert,
daß sie zu Schwarz-Weiß-Unterscheidungen befähigt sind. (Es fällt schwer,
mit den Kantischen Mitteln zwischen den vorgeblich gesehenen Gegenständen und den »Gegenständen«, die man auf einem Bild, als Farbenblinder
z. B. auf einem Kupferstich, »sieht«, zu unterscheiden, da Kant über keine
Bildtheorie verfügt und verfügen kann.) Vom »Unterscheiden« spricht Kant
innerhalb der Sinnesanalyse nur noch an einer weiteren Stelle, dort jedoch
vom »Unterscheiden der Gegenstände« (154,27); eben dies ist jedoch eine
Funktion, die die einzelnen Sinne nicht erfüllen können. Das Komplementärstück dieser *Überforderung* der Sinne (Gegenstände zu erkennen, statt
Farben, Töne, Gerüche zu unterscheiden) ist ihre gänzliche *Unterbestim-*

mung. Sie liegt dort vor, wo die Sinne in der Kantischen Philosophie lediglich eine im Prinzip undifferenzierte Materie von Empfindungen beibrin-
gen, die dann vom Verstand differenziert und bearbeitet wird. Die Sinnlichkeit, so hieß es im § 8, dürfe nicht geschwächt werden, »weil ohne sie es
keinen Stoff geben würde, der zum Gebrauch des gesetzgebenden Verstandes verarbeitet werden könnte.« (144,7–8) Dieser »Stoff« ist das Mannigfaltige der Empfindungen, das erst durch den spontanen Verstand seine
Bestimmung erfahren soll; er bringt »*Ordnung* in das Mannigfaltige«
(144,16), das bedeutet in dieser Theorieebene: Er müßte aus dem Mannigfaltigen, dem bloßen Stoff, die bestimmte Farbe und den bestimmten Ton
machen. Wichtig in diesem Kontext, daß Kant nur dem Sinn der Betastung
zugesteht, unmittelbar zu sein, s. den Kommentar zu 155,2–3.

23–26 Die Sinne aber ... afficirt wird] Das »er« am Schluß von z. 25 ◇
müßte grammatisch auf den Körper bezogen werden; gemeint ist jedoch
eher der – sc. innere – Sinn. Im ersteren Fall würde der innere Sinn hier als
Vermögen der Körperaffektion, d. h. als Komponente des Vitalsinns, gefaßt
werden; s. auch 154,5–6 (»welche durchs Gemüth erregt wird«); die
Bestimmung des inneren Sinns im § 24 (»Vom inneren Sinn.«) restringiert
den inneren Sinn jedoch nicht auf die hier genannte Funktion. Eine gute
Erläuterung der Körperaffektion durch das Gemüt gibt Ms. 400: »Wir
können unserm Cörper auf eine 3fache Art beykommen nehmlich durch
die mechanische bewegende Kraft Z. E. durch Reiten, fahren p durch die
chymische bewegende Kraft wo die Säfte aufgelößt werden Z. E. durch
Arzeney Mittel, durch Saltze und metallische Theile. Die dritte bewegende
Kraft ist nicht durch Cörperliche Dinge sondern durch Gemüth. Dieses ist
die innigste bewegende Kraft. Die Aufmunterungen. Auffrischungen des
Gemüths können wir durch nichts körperliches oder mechanisches, viel
weniger durch Medicin erhalten.« (443–444) Kant hat dieser Gemütskraft
die Abhandlung gewidmet »*Von der Macht des Gemüths durch den bloßen
Vorsatz seiner krankhaften Gefühle Meister zu sein.*« (VII 97–116) – Es ist
jedoch fraglich, ob Kant das »er« auf den Körper bezieht, wie es die
Grammatik nahelegt, oder ob es sich um eine Gemütsaffektion des inneren
Sinnes handelt. S. den Kommentar zu z. 26–27.

Die äußeren Sinne werden mechanisch oder chemisch, also physisch im
Raum affiziert, der innere Sinn dagegen ist der Sinn der Selbstaffektion
durch das Gemüt. Diese empirische Gliederung entspricht nicht ganz der
transzendentalphilosophischen, gemäß der die Zeit als Form des inneren
Sinnes auch die Gegenstände des äußeren Sinnes umfaßt; während hier die
äußeren Sinne und der innere Sinne einander nebengeordnet sind. Tran-
szendentalphilosophisch ist die Zeit »eine Bedingung a priori von aller
Erscheinung überhaupt, und zwar die unmittelbare Bedingung der inneren
(unserer Seelen) und eben dadurch mittelbar auch der äußeren Erscheinun-

gen.« (KrV A 34/B 50) Innerhalb der Transzendentalphilosophie gibt es auch
die von Kant neugeprägte Idee des (sc. einen) äußeren Sinns, der nicht wie
bei Baumgarten bloßer Sammelbegriff der äußeren Sinne ist: »Vermittelst
des äußeren Sinnes, (einer Eigenschaft unseres Gemüts), stellen wir uns
Gegenstände als außer uns, und diese insgesamt im Raume vor.« (KrV
A 22/B 37)

◇   24 den *inneren* Sinn (sensus internus)] H: »den inneren (sensus internus)
Sinn«.

◇   26–27 der letztere als bloßes Wahrnehmungsvermögen] Hiermit wird
der innere Sinn als Affektion des *Körpers* durch das Gemüt dementiert. »der
letztere« muß sich auf den »inneren Sinn« beziehen (und somit »er« z. 25
ebenfalls). Die Unterscheidung eines »sensus internus« als des bloß epistemischen Teils des inneren Sinnes (»bloßes Wahrnehmungsvermögen«) von
einem »sensus interior« als eines affektiv-praktischen Teils (»zur Erhaltung
oder Abwehrung des Zustandes [...] bestimmt zu werden«, z. 29–30) ist in
den publizierten Werken Kants neu, daher wohl auch die terminologische
Einführung »den man [...] nennen könnte.« (z. 30–31) Die Unterscheidung
wird im § 24 (»*Vom inneren Sinn.*«) nicht aufgenommen.

◇   29 zur Erhaltung oder Abwehrung] Vgl. in der »Kritik der ästhetischen
Urteilskraft«: »Diese Lust [sc. am Spiel der Erkenntniskräfte] [...] hat aber
doch Causalität in sich, nämlich den Zustand der Vorstellung selbst und die
Beschäftigung der Erkenntnißkräfte ohne weitere Absicht zu *erhalten.*«
(V 222,28–33)

◇   31–34 Eine Vorstellung ... des Subjects erregt.] Vgl. 156,25–28 und
158,13–17. Daß die Sinne bei einer übermäßigen Einwirkung nicht mehr
differenziert wahrnehmen, hält auch Aristoteles, De anima 429 a 31 – b 2 fest,
s. a. 424 a 28–30.

◇   33 Sensation] Das deutsche Wort ist in den Druckschriften nur hier
belegt. Vgl. in der KrV: »Eine Perception, die sich lediglich auf das Subject als
die Modificaion seines Zustandes bezieht, ist Empfindung (sensatio), [...].«
(III 250,2–3) Innerhalb der Vorlesungsnachschriften: Ms. 400 88: »Die
objectiven Sinne geben mehr Erkenntnis, und geben Anlaß zur Reflexion,
die subiektiven Sinne aber haben mehr Sensation als Reflexion.«

◇   35–154,5 Man kann zuerst die Sinne ... Nerven afficiren.] Soll »Körper-
empfindung« hier auf die Affektion durch »körperliche Dinge« (z. 25–26
»wo der menschliche Körper durch körperliche Dinge [...] afficirt wird;«)
bezogen werden oder auf eine Selbstempfindung des animalischen bzw.
menschlichen Körpers? Diese letztere Interpretation paßt besser zum Ner-
vensystem, das sowohl die Vital- wie auch die Organempfindung umfassen
soll.

154   1 *Vitalempfindung ... Organempfindung*] Die Vitalempfindung bzw. der
Vitalsinn (154,1; 155,28) wird nicht gesondert abgehandelt, sondern nur beim

Tastsinn (155,6–8), beim Gehör (155,28–35) und in der »*Allgemeinen Anmerkung über die äußern Sinne*« als Gefühl des Ekels (157,23–27) erwähnt, sodann folgt noch ein Vergleich von Vital- und Organsinn im Hinblick auf die unterschiedliche Empfindlichkeit der Menschen (158,18–23). Hinweise zur Einführung eines Vitalsinnes bzw. einer Vitalempfindung im Kommentar zu 153,18. Die Vitalempfindung wird zur gleichen Zeit wie der vom Gefühl getrennte, in den Fingerspitzen lokalisierte Sinn der Betastung eingeführt; dazu 154,29 mit Kommentar. 263,30 heißt es: »Gewisse innere körperliche Gefühle sind mit Affecten *verwandt*, [...]«; diese psychosomatischen Gebilde gehen auf den Vitalsinn zurück, s. den Kommentar. Der Begriff ist eine Ergänzung des Begriffs der vis vitalis oder Lebenskraft, der von Kant und seinen Zeitgenossen vielfältig benutzt wurde. Vgl. Eckart Förster (Hrsg.), Immanuel Kant: Opus postumum (1993) 258.

1–2 (sensus vagus) ... (sensus fixus)] Die Kontrastbildung von »vagus« ◇ und »fixus« findet sich in den Druckschriften nur hier.

5–7 Die Empfindung der *Wärme* ... zum *Vitalsinn*.] Zum Warm-Kalt- ◇ Empfinden innerhalb der Diskussion von Tastsinn und Gefühl vgl. Johann Jakob Engel, »Die Bildsäule«, in: Ders. (Hrsg.), Der Philosoph Für Die Welt (1775–1800), in: J. J. Engel, Schriften (1801–1806; ND 1971), I 335–355; s. des weiteren den Akademie-Vortrag »Über einige Eigenheiten des Gefühlssinnes«, in: J. J. Engel, Kleine Schriften (1795) 153–176. Schelling kennt den Vitalsinn nicht, führt jedoch in seinem System der gesamten Philosophie und der Naturphilosophie insbesondere als einen besonderen Organsinn der Haut den Wärmesinn ein: »Der *Wärmesinn* bedarf einer besonderen Rechtfertigung, da er bis auf neuere Zeiten so allgemein übersehen und unter den allgemeinen Gefühlssinn subsumirt wurde.« (Schelling 1927 ff., II. Erg.Bd. 379) Schelling lehnt den Sinn der Betastung ausdrücklich ab (s. den Kommentar zu 154,29), er kann ihn jedoch auch aus anderen Quellen kennen als der Kantischen Anthropologie.

7–11 Der *Schauer*, der ... in ihm Leben ist.] Vgl. 263,30–36. Zuerst ◇ Ms. 400 405–406: »Was den Ueberfall in Ansehung der Empfindung des Cörpers betrift, so nennt man den Schauer eine Empfindung des Cörpers die nur einen Augenblick dauert, und vom Schauder der eine daurende Furcht bedeutet unterschieden werden muß. [...] Dieser Schauer überfällt unsern Körper Z. E. wenn wir hören, daß jemand auf einen hohen Thurm auf dem Rande eines Wolms eingeschlafen ist, auch bey einem grosmüthigen erhabenen Zug in der Comoedie, denn das erhabene hat mit dem schreckhaften eine Gemeinschaft, und wenn es eine Theilnehmung ist, so überfällt mich solcher Schauer.« Zur Verknüpfung des Gefühls des Erhabenen mit dem Schauer vgl. 261,18; in der V 269,12–13 (»*Die Verwunderung*, die an Schreck gränzt, das Grausen und der heilige Schauer, [...].«); 277,13; 316,36.

VIII 287,37. Kant hätte vermutlich auch das Schwindelgefühl hier anführen
können; vgl. 169,26–28 mit Kommentar.

◇   **8–9** womit Ammenmährchen ... zu Bette jagen] Vgl. 298,28–29 (»mit
denen man, wie man sagt, Kinder zu Bett jagen kann«).

◇   **9–11** sind von der ... in ihm Leben ist.] »von der letzeren Art« muß sich
auf »Vitalsinn« beziehen. – Der Begriff »Leben« wird hier zum ersten Mal in
der Anthropologie verwendet. Wie aus einer späteren Stelle (»Vergnügen ist
das Gefühl der Beförderung; Schmerz das einer Hinderniß des Lebens.
Leben aber (des Thiers) ist, wie auch schon die Ärzte angemerkt haben, ein
continuirliches Spiel des Antagonismus von beiden«; 231,22–24) hervorgeht, wird der Lebensbegriff nicht an den der innerlich-willkürlichen
Selbstbestimmung gebunden (wie z. B. in den Träumen von 1765: »Was in
der Welt ein Principium des *Lebens* enthält, scheint immaterieller Natur zu
sein. Denn alles *Leben* beruht auf dem inneren Vermögen, sich selbst nach
Willkür zu bestimmen.« (II 327,25–27) S. auch in der »Einleitung in die
Metaphysik der Sitten«: »Das Vermögen eines Wesens, seinen Vorstellungen
gemäß zu handeln, heißt das *Leben*.« (VI 211,8–9), sondern stärker an das
Gefühl; so hier das des Vitalsinns, sonst der Lust und Unlust, V 204,8–9;
244,33; 277,28.
Gareth B. Matthews, »Consciousness and Life« (1977).

◇   **14** mehr objectiv, als subjectiv] Zur Tradition der korrespondierenden
Unterscheidung von »perception« und »sensation« vgl. William Hamilton
in: Ders. (Hrsg.), The Works of Thomas Reid (1858) 886–888.

◇   **17** d. i. die Vorstellung] In H (durchstrichen): »d. i. sie bewegen mehr die
bloße Lebensempfindung des Subjects (ein Organ afficirt zu wissen) als daß
sie zum Erkentniß des afficirenden Gegenstandes und seiner Beschaffenheit
etwas beytrügen. Daher können sich in Ansehung der ersteren Menschen
sehr wohl einständigen [und als] statt dessen über die Sinnesempfindung
der letzeren man gemeiniglich weit auseinander ist sie«.

◇   **19–22** daher über die ... verschieden sein kann.] Vgl. 168,24–26. – Die
ersten drei Sinne beziehen sich »mehr« auf die Gegenstände der äußeren
gemeinsamen Raumwelt, Geschmack und Geruch dagegen »mehr« auf das
je private Gefühl. Die Unterscheidung dieser beiden Gesichtspunkte im
Hinblick auf einen öffentlichen und einen privaten Bereich der Empfindungen (also nicht wie hier bei Kant im Hinblick auf die Klassifizierung der fünf
Sinne) wird bei Pierre Gassendi und John Locke erörtert, vgl. Puster 1991,
105–111 (»Das invertierte Spektrum«). Der Ursprung dieser Beobachtung
könnte bei Aristipp liegen, vgl. Brandt in der Rezension von Pusters Buch
in: British Journal for the History of Philosophy 1 (1993a) 150–152.

◇   **23** Randbemerkung in H: »Von dem Sinn des Gesichts ohne Farbe und
des Gehörs ohne Musik«. Dazu die Ausführungen in der Druckfassung
159,27–32.

23–25 Die Sinne … (olfactus)] In der Reihenfolge der Aufzählung und ◇
in der lateinischen Benennung folgt Kant Baumgarten § 536 (XV 14,1–8); er
vertauscht nur die Stellung von Geschmack und Geruch. In der tatsächlichen Durchführung sind die Plätze von Gehör und Gesicht vertauscht
(155–156). Dies entspricht einem Aufstieg der Objektsinne von unten nach
oben, der in der Schlußpassage von § 19 thematisiert wird: der Sinn der
Betastung ist der eingeschränkteste, dem Material am stärksten verhaftete
Sinn, der Sehsinn der umfassendste, fast affektionslose Sinn. Zum Sinnes-
aufbau vgl. auch Bonnet 1770–1771, I 28–29.

Peter Utz, *Das Auge und das Ohr im Text: Literarische Sinneswahrnehmung
in der Goethezeit* (1990). Lutz verweist S. 22 auf Adam Smith, »Of The
External Senses. *Of the Sense* of Seeing« in seinen Essays on Philosophical
Subjects. Smith behandelt die Sinne in der Abfolge Tastsinn, Geschmack,
Geruch, Gehör und Gesicht (Aristoteles in De anima: Gesicht, Gehör,
Geruch, Geschmack, Tastsinn, 418 a 26–424 a 16). Die Wende nach Locke
und Berkeley: »The objects of Sight and those of Touch constitute two
worlds, which, though they have a most important correspondence and
connection with one another, bear no sort of resemblance to one another.«
(Smith 1976 ff., III 135–168, hier 150)

26–28 so vieler äußerer … zubereiteten Eingänge.] Der Genitiv (inklu- ◇
sive »zubereitete[r?]«) wohl von »Sinne« abhängig.

27 für das Thier] Im strikten Sinn ist nur an das animal rationale gedacht, ◇
denn den übrigen Tieren fehlt nach § 17 der Sinn der Betastung.

27 zum Unterscheiden] »Unterscheiden« hier noch 159,31; s. den Kom- ◇
mentar zu 153,21–23. Auch bei Aristoteles ist die Grundfunktion der
einzelnen Sinne das Unterscheiden, κρίνειν; vgl. u. a. De anima 418 a 14–15
(»ἀλλ’ ἑκάστη γε κρίνει περὶ τοῦτον«). Damit leisten die Sinne eine
vorbegriffliche Erkenntnis, die als solche jedoch von Kant – im Gegensatz
zu Platon und Aristoteles – nicht gewertet und untersucht wird. Hier wird
das Unterscheiden der Sinne nicht auf ihre spezifischen Bereiche (wie
Farben und Töne) bezogen, sondern sogleich auf Gegenstände.

29–30 *Vom Sinne* … der Betastung liegt] H: »§ 14 / Vom Sinne der ◇
Betastung / Er liegt« ; A1, A2: »Vom Sinne der Betastung / § 15. Er
liegt«.

Weder Baumgarten noch die Vorlesungsnachschriften der siebziger Jahre
kennen einen Sinn der Betastung, sondern nur den Tastsinn; den »tactus«
(übersetzt mit »Gefühl«) nennt Baumgarten die »facultatem sentiendi quod-
vis corpus contingens meum« (§ 536; XV 14,2–3); der Körper im ganzen
verfügt also über den Tastsinn bzw. das Tastgefühl. Dieser Sinn fällt bei Kant
in der Aufzählung fort und wird durch den Sinn der Betastung (ebenfalls
»tactus«) ersetzt. Es ist, wenn ich richtig sehe, die einzige Sinneserfahrung
bei Kant, die konstitutionell von einer Bewegung des eigenen Körpers

abhängt (der Gegenstand kann nicht an meinem Sinn der Betastung entlang-gleiten). Gegen die cartesische Vorstellungsfalle ist festzuhalten, daß das Ertasten der Gestalt nicht identisch ist mit der Vorstellung dieser Bewegung, sondern ein originäres *Unterscheiden* und Erkennen durch den Tastsinn als einer Handlung darstellt. Man wird annehmen müssen, daß er die Gestalt-wahrnehmung der Betastung für irrtumsfrei hält. – Es ist auffällig, wie hoch Kant den neu entdeckten Sinn der Betastung ansetzt: Ohne diesen – den hände- und fingerlosen Tieren notwendig fehlenden – Organsinn würden wir uns keinen Begriff von einer körperlichen Gestalt machen können und ergo keine Erfahrungserkenntnis haben (155,8–11). Ertastete Gestalt und Begriff sind unmittelbar aufeinander bezogen, beides fehlt den Tieren. Zum Sinn der Betastung heißt es an einer späteren Stelle der Anthropologie: »Die Charakterisirung des Menschen als eines vernünftigen Thieres liegt schon in der Gestalt und Organisation seiner Hand, seiner Finger und Fingerspitzen, deren theils Bau, theils zartem Gefühl, dadurch die Natur ihn nicht für Eine Art der Handhabung der Sachen, sondern unbestimmt für alle, mithin für den Gebrauch der Vernunft geschickt gemacht und dadurch die technische oder Geschicklichkeitsanlage seiner Gattung als eines vernünftigen Thieres bezeichnet hat.« (323,14–20) Dem scheint entgegenzustehen, daß auch Orang-Utangs oder Schimpansen bei zukünftigen Naturrevolutionen in der Lage sein können, »die Organe, die zum Gehen, zum Befühlen der Gegen-stände [also: der Tastsinn] und zum Sprechen dienen, sich zum Gliederbau eines Menschen aus[zubilden].« (328,34–35) Vgl. den Kommentar zu dieser Stelle.

Die Bedeutung des Tastsinns für die Empfindung anderer Körper und die Erfahrung generell vertrat Herder schon im »Vierten Kritischen Wäldchen« (Herder 1977 ff., IV 48 ff.); dezidiert dann im »Plastik«-Aufsatz in der Fassung von 1778: »Ists ein Metaphysisch- und Physisch erwiesener Satz, ›daß nur *körperliches Gefühl* uns Formen gebe‹, so müssen die Ableitungen desselben in *jeder* Kunst und Wissenschaft wahr sein [...].« (Herder 1977 ff., VIII 71)

In der Refl. 1503 (um 1780 datiert) heißt es: »Papillae (ᵍ Nervenwarzen) an den Fingerspitzen [...]: organempfindung (ᵍ objectiv). Substanz. Grund von allen übrigen äußeren Vorstellungen der objecte. (ᵍ Korper von allen Seiten.) Blindgeborner.« (XV 802,18–21) In einer früheren Reflexion (Adickes: 1766–1769?) notiert Kant: »Durch Gesicht der Raum [...]; durch das Gehör die Zeit [...]; durch Gefühl die substantz« (Refl. 265; XV 100,9–11; vgl. auch Refl. 264). Kant stimmt hier mit Herder überein, der in seinem Aufsatz über »Plastik« (1778) schreibt: »Der Ophthalmit mit tausend Augen, ohne Gefühl, ohne tastende Hand, bliebe Zeitlebens in Platons Höle, und hätte von keiner einzigen Körpereigenschaft, als solcher, eigentlichen *Begrif*.« (Herder 1877 ff., VIII 7)

Collins 36: »Das Gefühl berichtet uns von Substansen. Ein in London
operirter Blinde, unterschied die Sachen nicht eher durch das Gesicht, als bis
er sie durch das Gefühl examiniret und betrachtet hatte.« Die Gestaltwahrnehmung wird im Ms. 400 dem Sehsinn vindiziert: »Das Gehör giebt keine
Gestalt und Begrif vom Gegenstande, aber Empfindung. Das Gesicht giebt
keine Empfindung, aber Gestalt. Demnach ist das Gehör ein Spiel der
Empfindung, und das Gesicht ein Spiel der Gestalt.« (91) Ähnlich und
ausführlicher auch Menschenkunde 63. Mrongovius 23'–24: »A.) Das Gefühl
ist zweierlei a. das Gefühl der Lust oder Unlust und b. die Empfindung
eines Gegenstandes durch die Berührung. Das Gefühl ist der gröbste Sinn
und kömt dem «su»obiectiven am nächsten E«s»r ist auch der getreueste
Sinn. Es ist das sicherste und erste Mittel den Gegenstand kennen zu lernen.
Denn ohne das Gefühl und bloß durch das Gesicht würden wir die
Gegenstände nicht für Substanzen sondern für gemachte Figuren halten.
Wenn ich im HohlSpiegel eine umgekehrte Rose stelle; so sehe ich eine in der
Luft schweben. Ob dies nun wirklich eine Rose sei, kann ich nur durch
das Gefühl ausmachen. Dieser Sinn giebt uns wol die Elemente unserer
Erkenntniß aber keine neue Begriffe. Er liegt vorzüglich in den FingerSpit-
zen. Die Berührung geschieht nur auf der Oberfläche – Der Sinn ist ein
immediater Sinn durch ihn erkennen wir die Substanz.« Busolt 30: »Die
Natur hat in den fingern solche Nerven hereingelegt, daß wir alles sehr
Genau auf der Oberfläche eines Dinges, fühlen und Unterscheiden können.
Der Sinn des Gefühls wird der Grobe sinn genannt. Durch gefühl und sehen
können wir zuerst Begriffe von Gestallt erhalten.«
    Kant spricht den Tieren den Sinn der Betastung ab; er verbindet ihn mit
der Möglichkeit, sich einen Begriff von der Gestalt eines Körpers machen zu
können (z. 34–35; 155,9). Man wird jedoch schließen müssen, daß den
Tieren nicht nur der Begriff, sondern auch die Wahrnehmung der Gestalt
eines Körpers fehlen muß, was zu zeigen schwer sein dürfte. Sodann: Die
von uns ertasteten Gestalten von Körpern sind deren Form im Gegensatz
zur Härte, Wärme etc. Nun ist nach der »Transzendentalen Ästhetik« die
räumliche Form eine subjektive Anschauung, keine Gegebenheit der Empfindungen. So muß transzendental die ertastete Form subjektiven
Ursprungs sein, d. h. unabhängig von der Materie der Empfindung. Der
Sinn der Betastung soll jedoch originär eine Form liefern und den Begriff
der Form allererst ermöglichen. (Dasselbe Problem begegnet schon in der
KdU, wo die schöne Form der Natur die Angemessenheit der Natur an
unserer Erkenntnisvermögen dokumentiert. Dies ist jedoch nicht möglich,
wenn die Form laut »Transzendentaler Ästhetik« der KrV vom erkennenden
Subjekt stammen muß.)
    Der spezifische Sinn der Betastung betritt erst mit dem Molyneux-
Problem die Diskussionsszene. Auf dieses Problem bezieht sich z. B.

Johann Jakob Engel in seinem schon zu 154,5 herangezogenen Beitrag »Die
Bildsäule« in: Der Philosoph Für Die Welt (Engel 1801, I 335–355). Dort wird
gleich auf »jene berühmte Frage des *Molyneux*, die Ähnlichkeit zwischen
Gefühls- und Gesichtseindrücken betreffend« (338) hingewiesen, später
auch auf die Kugel als Beispiel (345). Er präzisiert seine Grenzziehung
zwischen »Getast« und »Gefühl« in der Rede »Über einige Eigenheiten des
Gefühlssinnes« von 1787 (zitiert nach: Kleine Schriften (1795) 153–176, hier
174): »Wir zählten dann freylich, statt der bisherigen fünf Sinne, ihrer
sechse; wir hätten drey gröbere: Geruch, Geschmack, Gefühl, drey feinere:
Gesicht, Gehör, Getast: aber warum sollten wir nicht lieber eine Neuerung
einführen, zu der wir so gute Gründe haben, als immer die alte unvoll-
kommne Bezeichnung beybehalten?«
    Zur Geschichte und Erforschung des Zusammenhangs von Seh- und
Tasterfahrung s. auch Michael J. Morgan, Molyneux's Question (1977).
    Johann Martin Chladenius schreibt 1752 in seiner Allgemeinen Ge-
schichtswissenschaft (1985) 28: »Ohngeachtet wir fast alle Cörper durch die
Augen entdecken, so ist es doch eigentlich das *Gefühl*, wodurch wir von der
Existentz der *eintzeln* Cörper *ausser uns*, versichert werden.« Dazu Häfner
1995, 205. Rousseau bringt im zweiten Buch des Emile eine ausführliche
Darstellung der Fundierung der Realitätsüberzeugung im Tastsinn (Rous-
seau 1959 ff., IV 396). Die gemeinsame Quelle ist natürlich John Lockes
Essay concerning Human Understanding II 9, 8 (Locke 1975, 145–146).
    Die Reflexion über den Tastsinn führte zu neuen Überlegungen in der
Ästhetik besonders bei Herder; vgl. Hans Dieter Irmscher, »Zur Ästhetik
des jungen Herder« (1987 b) 43–76; Adler 1990, 101–125 (»Haptik und
Skulptur, Optik und Malerei«); Jeffrey Barnouw, »The Cognitive Value of
Confusion and Obscurity in the German Enlightenment: Leibniz, Baumgarten, and Herder« (1995) 42–45. Auf die Kantische *Ästhetik*, die sich
traditionsgemäß auf die Sinne des Sehens und Hörens beschränkte, hatte
diese Gedankenrichtung keinen Einfluß.
    Ein anderes Gebiet war die Entwicklung der Blindenschrift; vgl. die
Überlegungen von Valentin Haüy zum taktilen Lesen in seinem Essay sur
l'instruction des aveugles (1786): »L'Aveugle, nous dîmes-nous à nous-
mêmes, ne connoît-il pas les objets à la diversité de leurs formes?« (zitiert
nach William R. Paulson, Enlightenment, Romanticism, and the Blind in
France (1987) 100; nicht in: Valentin Haüy, Essai sur l' education des aveugles
(1786; Würzburg 1990). Kants Vorstellung der Verstehensmöglichkeit der
Blinden blieb dagegen dominiert von akustischen und optischen Vorgaben. – S. auch Raymond Immerwahr, »Diderot, Herder, and the Dichotomy
of Touch and Sight« (1978).
    Kritik an der Einführung eines gesonderten Tastsinns übt Schelling in
seinem schon oben (ad. 154,5) herangezogenen System der gesammten Phi-

losophie und der Naturphilosophie insbesondere (1804): »Ich bemerke hier,
daß ich unter dem Gefühlssinn zugleich den Sinn des *Betastens* begreife, den
mehrere mit vielem Scharfsinn als einen von dem Gefühlssinn verschiedenen, selbständigen darzuthun gesucht haben. Allein der Tastsinn ist nur
gewissermaßen die Blüthe des allgemeinen Gefühlssinns, wie schon die
bedeutendere Contraktion der Papillen (welche wahre Blüthen sind) in den
eigentlichen Organen des Tastsinns, beim Menschen z. B. in den Fingern,
diesen unmittelbaren Organen für Cohäsion, anzeigt. So wenig man etwa
den Polen des Magnets einen eignen oder besonderen Magnetismus
zuschreiben kann, darum, weil er an ihnen am freiesten hervortritt, so wenig
den Organen des Tastsinns einen vom allgemeinen Gefühlssinn verschiedenen Sinn. Zudem ist es zum Theil wenigstens Werk der Erziehung und
Bildung, [...].« (Schelling 1927 ff., II. Erg. Bd. 374)
   Zu den vielfältigen Bereichen des Tastsinns bei Aristoteles, s. jetzt
Cynthia Freeland, »Aristotle On The Sense Of Touch« (1992). In der Antike ist die Auszeichnung der Fingerspitzen unbekannt. Auch wenn Vitruv
in De Architectura schreibt, die Menschen seien gegenüber den Tieren durch
den aufrechten Gang ausgezeichnet »[...] item manibus et articulis quam
vellent rem faciliter tractarent, [...]« [»und ferner dadurch, daß sie mit
ihren Händen und Fingern alles, was sie wollten, leicht bearbeiten konnten«] (II 1), so werden zwar die Finger besonders hervorgehoben, jedoch
nicht im Hinblick auf einen ihnen eigentümlichen Sinn der Betastung.
Dagegen Platner 1772, 63, § 222: »Die Werkzeuge des Gefühls d. i. die
Nerven auf der Oberfläche des Körpers, besonders der Finger, leiden von
den auf den Körpern hervorragenden Theilchen [...].« Mendelssohn in
einem Essay »Die Bildsäule. Ein psychologisch-allegorisches Traumge-
sicht«: »Was weiß das Gehör von Organ, Fasern, von Saft, von Schwingun-
gen? überhaupt von Raum, Materie, und Bewegung? Alle diese Begriffe
haben die Menschen den Fingerspitzen und den Augen zu verdanken. Den
Schall in solche Merkmale auflösen, heißt im Grunde nichts anders, als ihn
mit Fingern greifen, oder mit Augen sehen wollen. [...] Sitz der Seele? –
Der Blindgebohrne, bevor ihm das Gesicht wiedergegeben ward, glaubte
nicht anders, als seine Seele sei in den äußersten Fingerspitzen.« (Mendelssohn 1971 ff., VI 1, 80)
   In der vorneuzeitlichen Tradition gilt der Tastsinn als basal für das Leben,
weniger für die Erkenntnis. Die fundamentale Funktion des Tastsinnes auch
für die übrigen Sinne bei Raymundus Vieussens, Neurographia universalis
(1690) 245: »Verumtamen: si res accurate perpendatur, sensationes omnes ad
tactum referri videntur, ut ipsimet Aristoteli visum est, qui Lib. III de
anima, Cap. XII sic habet. [folgt Aristoteleszitat auf Griechisch] Atqui
etiam alia sensoria tactu sentiunt, sed per alia, hic vero solus per se.« Bei
Aristoteles ist der Tastsinn basal und borniert.

Claudia Schmölders spricht korrekt von der »Karriere des Tastsinns im 18. Jahrhundert« in ihrer Besprechung von: Rudolf Behrens und Roland Galle (Hrsg.), Leib-Zeichen. Körperbilder, Rhetorik und Anthropologie im 18. Jahrhundert (1993), in: Das achtzehnte Jahrhundert 18 (1994) 197–200, hier 198. Die Hochschätzung des Tastsinnes ist möglich innerhalb des voranschreitenden Nominalismus und Materialismus, der konsequent zu einer geringeren Schätzung des Auges führt.

James J. Gibson, The Senses considered as Perceptual Systems (1966; dtsch. Die Sinne und der Prozeß der Wahrnehmung (1973)).

155   2–3 von *unmittelbarer* äußerer] H, A1: »der unmittelbaren [A1: *unmittelbaren*] äußeren«.

Die hier verwendete Kennzeichnung der Unmittelbarkeit des Tastsinns bzw. des Sinnes der Betastung wird vom Hören und Sehen negiert (155,13–14; 22; 156,2). Vom Gesichtssinn wird jedoch gesagt, daß man ihn gewissermaßen in seiner Reinheit extrapolieren könnte und dann zu einer »unmittelbaren Vorstellung des gegebenen Objects ohne beigemischte merkliche Empfindung« (156,22–23) gelangte. Die hierbei angesprochene Unmittelbarkeit kann nicht gut identisch sein mit der des Tastsinns. – Innerhalb der Transzendental-Philosophie vertritt Kant die Lehrmeinung, die Erscheinungen in Raum und Zeit seien uns unmittelbar gegeben, da ja Raum und Zeit nichts sind als Formen unserer Sinnlichkeit; vgl. III 85,22–23; 117,11–13, 250,5–6 u. ö.

Die Meinung, der Sinn der Betastung sei unmittelbar, alle anderen Sinne jedoch mittelbar, zeigt, daß Kant die sinnliche Wahrnehmung nicht von ihren spezifischen Sinnesqualitäten her konzipiert (dann müßten die Farbe und die Töne unmittelbare Wahrnehmungen sein), sondern vom Gegenstand, der sich in der Solidität des »festen Körpers« (154,32) zeigt. Kant sagt nicht, durch welche spezifische Tastqualität wir die Gestalt eines Körpers erkunden. Ist eine glatte Oberfläche in einer Ringform erwärmt, wird man die Gestalt des Kreises aus der Unterscheidung von Warm und Kalt ertasten, entgegen 155,7, und sich im übrigen an die Differenz von Fest und Nichtfest, Resistent und Nichtresistent halten. Wie die Gestaltwahrnehmung nach dem Prinzip, daß die Form uns nicht affiziert (vgl. Brandt 1998d) generell der materiellen Beziehung entzogen sein soll und sich nach Kant die optisch wahrnehmbare Gestalt nicht aus den Farbdifferenzen ergibt, so wird hier der Tastsinn seiner eigentlich sinnlichen Qualitäten entblößt, ihm wird nur die Unmittelbarkeit (in der Spätfolge von Locke und der Beeinflussung durch Lambert) testiert.

◇   3 darum auch der wichtigste] Vgl. die Begründung z. 8–11.

◇   5 der Gestalt nach] Fehlt in H; die Klammer z. 6–8 wie schon der Titel des Paragraphen und die vorhergehenden Ausführungen (154,30–155,2) eliminieren mögliche Mißverständnisse.

6–8 Von der Vitalempfindung … nicht die Rede.] Vgl. die analoge ◇
Behandlung beim Gehörsinn z. 28–35. Die Ausgliederung des Vitalsinns
hat hier jedoch die besondere Funktion, daß dieser Sinn die Teile des
früheren Tastsinns übernimmt, die nach der Ausgliederung des Sinnes der
Betastung noch übrigbleiben.

8–11 Ohne diesen Organsinnn … zu verschaffen.] Inka Mülder-Bach, ◇
»Eine ›neue Logik für den Liebhaber‹: Herders Theorie der Plastik« (1994)
bes. 350–355.

9–10 auf deren Wahrnehmung] H: »auf dessen Wahrnehmungen«, sc. des ◇
Organsinns, den die anderen Sinne voraussetzen; zur Änderung von H gibt
es keinen zwingenden Grund.

9–11 auf deren Wahrnehmung … bezogen werden müssen] Die Bezie- ◇
hung der mittelbaren Wahrnehmungen des Hörens und Sehens auf den
unmittelbar wahrgenommenen Gegenstand der Betastung ist ein Akt, der in
seiner grundsätzlichen Funktion bei Kant in anderen Theoriekontexten
ebenfalls angesprochen wird, so am Anfang der »Kritik der ästhetischen
Urteilskraft«, wo die Beziehung einer Vorstellung entweder auf das Subjekt
(s. V 203,9–10: »[…] beziehen wir die Vorstellung nicht durch den Verstand
auf das Objekt […]«) oder aber, wie hier, auf das Objekt unterschieden
werden. Dieser Beziehungsakt darf nicht identisch sein mit dem Reflexions-
akt, der 156,24–25 angesprochen wird: »Diese drei äußern Sinne leiten
durch Reflexion das Subject zum Erkenntniß des Gegenstandes als eines
Dinges außer uns.«

10 andern Sinne der erstern Classe ursprünglich] H; A1: »Andern ◇
ursprünglich«.

12–13 *Vom Gehör … des Gehörs*] H: »§ 15 / Vom Gehör / Dieser ◇
Sinn«.

13–14 einer der Sinne von blos *mittelbarer* Wahrnehmung.] H, A1: ◇
»einer von den blos mittelbaren Wahrnehmungen«.

14–15 Durch die Luft … erkannt] Vgl. die genauere Erläuterung 156,4–6 ◇
(»wie der Schall blos eine wellenartige Bewegung eines flüssigen Elements
ist, die sich im Raume umher nach allen Seiten verbreitet, […]«). S. den
zugehörigen Kommentar.

16 durch eben dieses] H, A1: »durch dieses«. ◇

16–17 Mittel, welches durch … gesetzt wird, können] H: »Mittel, dessen ◇
Gebrauch durch den Mund geschieht, können«; A1: »durch das Stimmor-
gan, den Mund«.

20 in ihrer gesetzlichen Verbindung durch den Verstand] Ursprünglich ◇
hatte Kant in H geschrieben »in ihrer regelmäßigen Verbindung«. Vor allem
in der revidierten Fassung scheint zugleich die Logik und die Grammatik
gemeint zu sein. Da das Denken immer gefaßt wird als ein Sprechen mit sich
selbst, fallen Denk- und Sprachstruktur zusammen.

◇   21–27 Die Gestalt ... der Vernunft gelangen.] Vgl. 192,34–37. Kant führt den gleichen Gedanken 159,22–27 aus: Nur die Stimme vermag begriffliche Allgemeinheit zu vermitteln. Das Surrogat, an das Kant dort denkt, ist nicht die Schrift (oder gar eine eigene Taubstummensprache), sondern es muß der Sehsinn die Bewegung der Sprachorgane des fremden Sprechers aufnehmen; diese Bewegung wird dann imitiert und damit dem Fühlen zugänglich. Dieses Fühlen jedoch ist nicht begriffsfähig. Der Grund, der Kant zum Phonozentrismus drängt, wird 155,22–25 angedeutet: Die »Sprachlaute führen nicht unmittelbar zur Vorstellung« des Gegenstandes, denn sie sind (wie das Geld, s. 274,5–6) »an sich nichts«. Aufgrund dieser Freiheit vom unmittelbaren Gegenstandsbezug sind sie ideale (und einzig mögliche) Träger der mittelbaren Beziehung auf Gegenstände, der Begriffe des Verstandes (im Gegensatz zur Anschauung). Anschauung und Begriff sind durch eine unüberbrückbare Kluft voneinander getrennt, so daß es keine Möglichkeit gibt, von der Anschauung kontinuierlich zum Verstandesbegriff zu gelangen. In der Erkenntnis jedoch muß beides miteinander verbunden werden; diese Paradoxie grundsätzlich zu lösen, ist Aufgabe der »Transzendentalen Deduktion« und der Schematismuslehre.

Vgl. Menschenkunde 73: »Welches ist der wichtigste und nothwendigste unter beiden Sinnen, dem Gehöre und dem Gesichte? Der Sinn des Gehörs, denn ohne das Gehör würde man keine Begriffe haben. Es fällt schwer, Taubgeborene sprechen zu lehren, und sie kommen nie zu solchen Begriffen wie die, welche des Gehörs fähig sind, ob man gleich Unterrichtsanstalten für Taubstumme hat. Man findet dieses bei der Unterhaltung; denn alle Blinde, wenn sie alt sind, sind immer vergnügt und beredt; alte Leute aber, die taub sind, sind stets mißtrauisch und niedergeschlagen. Der taube Gelehrte aber, wenn er gleich auf Conversation Verzicht thun muß, kann Theil an dem *commercio literario* nehmen« (letzteres wohl nur, wenn er nicht taub geboren ist). Dingelstaedt 46: »Die Sprache ist ein nothwendiges und wesentliches Stück des Gebrauchs des Verstandes. Denn durch solche Zeichen setz ich mich in den Stand die Vorstellungen des Verstandes zu unterscheiden. Die Kunst Taub und Stumm gebohrnen sprechen zu lehren ist neuerlich sehr cultivirt und man hat in Sachsen einen solchen Lehrer der schon viele Unterrichtet hat.« Bei Collins wird das Gehör bereits in ähnlicher Weise charakterisiert und dem Sehsinn gegenüber gestellt, es fehlt jedoch die dezidierte Vorstellung, daß die gesprochene und gehörte Sprache das einzige Medium der Ausbildung und Vermittlung von Begriffen ist (vgl. Collins 38–39). Im Ms. 400 heißt es in der korrespondierenden Passage: »Der entbehrlichste Sinn beym alten wäre das Gehör, bey den Kindern das Gesicht. Denn das Gehör ist ein Organon der Vernunft, ohne Gehör kann keine Sprache, und ohne Sprache kein Zeichen der Begriffe, und ohne das kein Gebrauch des Verstandes statt finden. Ein alter aber, der das schon hat,

kann das Gehör entbehren; das Kind aber ohne Gesicht macht sich andere
Erfindungen Gegenstände zu erkennen. Das Gehör ist also der wichtigste
Sinn in acquisition der Erkennntniße, aber in Ansehung des Gebrauchs der
Welt das Gesicht.« (95)

Der in Dingelstaedt erwähnte sächsische Lehrer ist Samuel Heinicke
(1735–1790), von dem Kant spätestens durch einen Brief von Christian
Gottfried Schütz vom 20. 9. 1785 hörte: »Übrigens ist fatal, daß Sie zwischn
zwey Schwärmer in die Mitte kommen. Der eine ist Hr. Obereit, der gegen
Sie schreibt, der andre Hr. Heinike in Leipzig, der zwar ein großer Verehrer
Ihrer Critik ist, sie aber auf seinen *Buchstabirkram*, nisi me omnia fallunt,
ganz link und verkehrt anwendet.« (X 408,34–409,3)

In der Antike galt der taubstumme Mensch als nicht bildungsfähige
Mißgeburt; dumm und stumm, taub und doof haben dieselbe Wortwurzel. –
Zur nachantiken Geschichte vgl. den Abschnitt »Deafness and Dumbness as
Idiocy« in dem Aufsatz von Frederick Woodbridge, »Mental Irresponsibi-
lity« (1938–1939) bes. 834–842. Krauss 1979, 137–175. Vgl. das 1. Kapitel:
»Zum Taubstummenunterricht im 18. Jahrhundert« in dem Aufsatz von
Manfred Tietz: »Die Körpersprache als Tor zur Seele. Lorenzo Hervás y
Panduros *Escuela española de sordomudos* (1795)« (1993) bes. 61–63.

Zum »Phonozentrismus« vgl. Stefan Riegers Aufsatz »Unter Sprechzwang. – Zur Geschichte der Taubstummenpädagogik im 18. und 19. Jahrhundert« (1992). Zur Diskussion besonders auch bei Condillac und La
Mettrie (Taubstumme sind Tiere in Menschengestalt) vgl. Bezold 1984,
46–54; »Das Taubstummenproblem«.

23–24 weil sie … Gefühle bedeuten] H: »weil sie an sich nichts be-   ◇
deuten«, A1: »nichts bedeuten, ausser allenfalls innere Gefühle, nicht
Objecte«.

27 *Analogon* der Vernunft] Vgl. V 464,17 (»Analogon der Vernunft«);   ◇
VII 86,15: Der Ehrbegriff des Adels als Analogon des – mit der Vernunft
verbunden . – Rechtsenthusiasmus; und hier 270,28: Die Leidenschaft der
Rachbegierde ist ein Analogon der vernünftigen Rechtsbegierde.

»analogon [analogum] rationis« ist terminus technicus bei Wolff und
Baumgarten; s. Christian Wolff, Psychologia empirica § 506 (Wolff 1962ff.,
II 5, 383); Baumgarten, »Psychologia empirica« § 640 (s. XV 38,7: »Analogon rationis«). Somit hätten die Taubstummen keine eigene Vernunft,
sondern nur eine instinktartige Imitation von Vernunft. Vgl. auch Werner
Busch, Die Entstehung der kritischen Rechtsphilosophie Kants 1762–1780
(1979) 4–33.

28–31 Was aber den Vitalsinn … (ohne alle Begriffe) ist.] Zum Vitalsinn   ◇
vgl. 153,35–154,11. Die Musik als Kunst ohne alle Begriffe verzichtet
demnach auch auf ästhetische Ideen, sie wird damit aus einer Darstellungs-
kunst zu einer reinen Ausdruckskunst. Ihr fehlt damit die allgemeine

Mitteilbarkeit, die nur über eine epistemische Grundlage (Spiel der Einbildungskraft mit dem Verstand; Ideenbezug des Schönen und Erhabenen) erreicht werden kann; vgl. bes. § 9 der »Kritik der ästhetischen Urteilskraft«, V 216,30–219,23). Immerhin es sich bei den akustischen Empfindungen um ein »regelmäßiges« Spiel handeln (s. z. 29) sein; es hat damit an irgendeiner logos-Natur teil und unterscheidet sich vom Geräusch.

◇   30 *nicht blos bewegt, sondern auch gestärkt*] Vgl. dazu die analoge Charakteristik des Spiels der Erkenntniskräfte in der »Kritik der ästhetischen Urteilskraft«: »Wir *weilen* bei der Betrachtung des Schönen, weil diese Betrachtung sich selbst stärkt und reproducirt: [...].« (V 222,33–34) Dazu Reinhard Brandt, »Die Schönheit der Kristalle und das Spiel der Erkenntniskräfte. Zum Gegenstand und zur Logik des ästhetischen Urteils bei Kant« (1994a) 19–57.

◇   33 *Mittheilung der Gefühle*] Zur nichtsprachlichen Mitteilung vgl. auch in der V 317,6–19 (wo das Kunstwerk eine Gemütsstimmung mitteilt, nicht der Geschmack über die Mitteilbarkeit des Natur- oder Kunstschönen in einem Urteil befindet).

156   1–2 *Von dem Sinn des Sehens. / § 19. Auch das Gesicht*] H: »§ 16 / Vom Sinn des Sehens / Gleichfalls ein Gesicht«.

Kant spricht im § 19 nur vom Licht, nicht von der Farbe. Wenn es z. 20–22 heißt, der Sehsinn fühle sich am wenigstens affiziert und komme insofern »einer *reinen Anschauung*« nah, so ist auch hier nicht die Farbe, sondern die (geometrische) Form der wesentliche Punkt.

◇   4–7 *durch Licht, welches ... und vermittelst dessen*] Vgl. 155,14–15: »Durch die Luft, die uns umgiebt, und vermittelst derselben [...].« Mit dieser Parallele ist sichergestellt, daß sich »dessen« (z. 7) auf »Licht« (z. 4) bezieht und nicht auf »das Gesicht« (z. 2). Vgl. in diesem Sinn auch schon Collins 35: »Nun sage ich alle Gegenstände würcken entweder unmittelbar auf meine Sinne, wenn ich sie berühre, oder auch durch eine mittel Materie. So empfinde ich die Sonne nicht unmittelbar, sondern vermittelst des Lichts, wir hören unseren Freünd nur vermittelst der Lufft, [...].«

◇   4–7 *welches nicht wie..., und vermittelst*] H: »welches eine Ausströhmung nicht wie der Schall blos eine wellenartige Bewegung des unendlich gröberen Flüßigen (der Luft) zu seyn vermittelst«; A1: »welches eine Ausströhmung ist, nicht, wie der Schall, blos eine wellenartige Bewegung des unendlich gröberen Flüßigen (der Luft), welche sich im Raume umher nach allen Seiten verbreitet, sondern dadurch ein Punct für das Object in demselben bestimmt wird, und vermittelst«. Der Kopist mußte den Kantischen Satz der deutschen Grammatik anbequemen; man wird annehmen dürfen, daß er dabei den Satzteil »die [welche] sich im Raume [...] bestimmt wird« (z. 5–7) selbst interpolierte. Inhaltlich standen ihm dafür die Metaphysischen Anfangsgründe der Naturwissenschaft (IV 518,32–521,12) zur

Verfügung. Eine grammatische Korrektur des Kantischen Satzes ohne Hinzufügung könnte lauten: »welches eine Ausströmung ist, ohne wie der
Schall bloß eine wellenartige Bewegung des unendlich gröberen Flüssigen
(der Luft) zu sein, vermittelst«.

5 eines flüssigen Elements] Kant zählt wie andere Autoren des 18. Jhdts. ◊
die Gase zu den Flüssigkeiten, vgl. im Opus postumum: »Dunstförmige ist
eine an sich flüßige ohne äußere Ursache durch Wärme aus der Berührung
ihrer Theile gesetzte Materie« (XXI 380,17–19).

6 Ausströmung] Hiermit ist keine Emanation von Lichtkorpuskeln ge- ◊
meint, sondern eine »bewegte Materie« (z. 3–4), die man zu denken hat »als
ein ursprünglich Flüssiges und zwar durch und durch, ohne in feste
Körperchen zertheilt zu sein, [...].« (IV 520,25–26) Diese Auffassung wird
von Adickes 1920, 464–465 bestritten, der gegen Windelband in dessen
»Sachlichen Erläuterungen« der KdU V 528 und Külpe in beiden Auflagen
der Anthropologie (VII 358,40–41: *Ausströmung*] Darin soll wohl nicht ein
Bekenntniss zur Emissionstheorie liegen«) zu zeigen versucht, daß »Ausströmung« (z. 6) die Übersetzung von »emanatio« der Lichtkorpuskeln sei,
Kant also für die Korpuskulartheorie Newtons gegen die Undulations-
theorie von Euler votiere. Mit der Auffassung des Lichtes als eines ausströ-
menden ursprünglich Flüssigen ist kompatibel auch Opus postumum »A.
Elementar System 1«: »Die Phänomene der Schwerkraft der Körper, des
Lichts als Ausströhmung des Gewichtslosen, des Schalles als sich verbreit-
ender Erschütterung der Luft [...].« (XXI 191,22–23) »Licht ist eine
Wirkung des nach allen Seiten aus jedem punkt vibrirenden und für sich
nach keiner geraden erschütternden Aether [...].« (XXI 469,4–6) Auch von
der Ausströmung ist im Zusammenhang des Lichts als einer Vibration des
Äthers die Rede: »Mit einem Worte Licht ist auch zugleich Wärme; jenes in
der gradlinigten Ausströhmung des Aethers dieses in der dunstförmigen
Einsaugung eben desselben [...]« (XXI 381,24–26; IV. Konvolut, 1796).
»Daß das Licht keine abschießende Bewegung (eiaculatio) einer Materie
sondern eine wellenformige (undulatio) sey.« (XXII 32,28–29; VII. Konvolut, nach Adickes 1800 verfaßt.)

Vgl. auch innerhalb der Vorlesungsnachschriften die cartesische Reminiszenz Menschenkunde 67: »Wir finden beim Gesichte [...] viel Aehnlichkeit
mit dem Gefühle; denn ein Lichtstrahl, der vom Gegenstande in mein Auge
fällt, ist gleich einem Stocke, der vom Gegenstande in grader Linie in mein
Auge fällt, und durch den ich die Oberfläche des Gegenstandes berühre. Das
Sehen geschieht also vermittelst eines Mittels, das in Bewegung gesetzt wird,
nemlich des Lichtstrahls.«

1755 akzeptiert Kant in De igne Eulers Undulationshypothese: »[...]
hypothesin naturae legibus maxime congruam et nuper a clarissimo Eulero
novo praesidio munitam [...]« (I 378); s. auch Waschkies (Hrsg.) 1994; vgl.

Eulers Nova Theoria Lucis et Colorum (Euler 1746, 169–244; hier 181; 218; 235–236; s. Adickes XIV 65). Auch in der Berliner Physik von 1776 (XXIX 1, 1; 67–92) wird Euler bevorzugt (84,26–27: »Diese Meynung ist viel richtiger.«), während die Danziger Physik von 1785 die Bestimmung des Lichtes als ein offenes Problem behandelt (XXIX/1,1 151,38: »[…] aber es ist noch nicht hinlänglich ausgemacht.«). Zu diesen Texten vgl. auch Adickes' Kommentar XIV 65, –66,38. Vgl. Refl. 23; XIV 79,1 (gegen Newtons Korpuskulartheorie): »Wenn das Licht eine ströhmende Bewegung hätte, […].«

In der »Kritik der ästhetischen Urteilskraft« heißt es, man könne »nicht recht ausmachen« (V 324,24), ob der reine Ton und die reine Farbe nur als angenehm *empfunden* oder auch als schön *reflektiert* und beurteilt wird. »Wenn man die Schnelligkeit der Licht= oder, in der zweiten Art, der Luftbebungen […] bedenkt: […]« (V 324,31–35), dann neige man zunächst dazu, die Affektion könne nur *empfunden* werden; andererseits jedoch ist das Reflexionsvermögen vielleicht in der Lage, diese Undulationen und ihre Proportion zu erfassen und als schön zu beurteilen (V 324–325). In der »Kritik der ästhetischen Urteilskraft« steht in der ersten und zweiten Auflage des weiteren folgender Text zur Natur von Farben und Tönen: »Nimmt man mit *Eulern* an, daß die Farben gleichzeitig auf einander folgende Schläge (pulsus) des Äthers, so wie Töne [sc. gleichzeitig auf einander folgende Schläge (pulsus)] der im Schalle erschütterten Luft sind, und, was das Vornehmste ist, das Gemüth nicht bloß durch den Sinn die Wirkung davon [sc. der Farben *und* der Töne!] auf die Belebung des Organs, sondern auch durch die Reflexion das regelmäßige Spiel der Eindrücke (mithin die Form in der Verbindung verschiedener Vorstellungen) wahrnehme (woran ich doch gar sehr zweifle): so würde Farbe und Ton nicht bloße Empfindungen, sondern schon formale Bestimmung der Einheit eines Mannigfaltigen derselben sein und alsdann auch für sich zu Schönheiten gezählt werden können.« (vgl. V 224,22–31) Die dritte Auflage schreibt statt: »woran ich doch gar sehr zweifle«: »woran ich doch gar nicht zweifle«, übernommen von Windelband in die Akademie-Ausgabe und begründet in den »Sachlichen Erläuterungen« S. 527–528. Ob bejahend oder verneinend, die Klammer war kein glücklicher Einfall Kants, besonders angesichts V 324,13–325,21.

Wenn es im Briefentwurf an Hellwag (Brief vom 3. Januar 1791) heißt: »Meine blos problematische vorgetragene Vergleichung zwischen den Farben und Tönen in einem ästhetischen Urtheile [sc. V 324–325] haben Sie freylich der Entscheidung und zwar für die Meynung der Beurtheilung derselben als schönen Spiels der Empfindungen näher gebracht.« (XIII 294; vgl. XI 232 bzw. 244), dann steht auch hier nicht die Frage Euler contra Newton zur Diskussion, sondern bloße (angenehme) Empfindung contra

Reflexion und Beurteilung als schön (mit Euler als Grundlage im Bereich der Farben).

1772 wurde die Dissertation von Karl Daniel Reusch (?praeses), *Medita-tiones physicae circa systemata Euleri et Newtoni de luce et coloribus* in Königsberg verteidigt und publiziert (jetzt: Torun: UMK: Pol. 8. II. 2563; nicht eingesehen; Hinweis Werner Stark).

Eckart Förster, »Kant's Third Critique and the *Opus postumum*« (1993). Zur zeitgenössischen Diskussion von Licht und Wärme vgl. die materialrei-che Untersuchung von H.B. Nisbet, *Herder and the Philosophy and History of Science* (1972) 147–162.

9–10 wenn wir ihre ... auf Erden vergleichen] In der KdU wird dieses ◇ Problem mit angesprochen unter dem Titel »Von der Größenschätzung der Naturdinge, die zur Idee des Erhabenen erforderlich ist.« (V 251–257)

11–12 Empfindsamkeit] So wie hier wird der Begriff schon II 325,36 ◇ und II 381,3: gebraucht; zu einer neueren Wortverwendung s. 158,24.

16–23 Der Sinn des ... näher kommt.] In der Rangstreitfrage wird der ◇ Sinn der »Betastung« (z.18) dem Gehör und Gesicht nachgeordnet, eine Vorstellung, die durch die Trennung von Tasten und Betasten (s. Kommen-tar zu 154,29–30) nicht tangiert ist. Vgl. auch 196,24–25. – Ludwig von Baczko, der blinde Königsberger Gelehrte (1756–1823), hält in seiner 1824 edierten *Geschichte meines Lebens* II 13–14 fest: »Kant, der eine, – ich weiß nicht aus welchem Grunde erzeugte – Abneigung gegen Blinde hatte, mir dies selbst gestand, aber auch hinzusetzte, ich wäre kein Blinder, weil ich hinlängliche Begriffe aus der Anschauung und auch Hülfsmittel besäße, die Mängel [sic!] des Gesichts zu überwinden, war so gütig mich zu besuchen [...].« Dazu Thomas Studer, »Ludwig von Baczko. Schriftsteller in Königs-berg um 1800« (1994) dort bes. 416–417.

16–17 Der Sinn des Gesichts ... doch der edelste:] Zur Bewertung des ◇ Sehsinns als des ranghöchsten der Sinne (gleichrangig dem Gehör im Hinblick auf die Lebensnotwendigkeiten, aber edler durch die Distanz von der materiellen Berührung), die unabhängig ist von den vorhergehenden Einlassungen auf die modernen astronomischen Erkenntnisse und neueren Erfindungen, vgl. Aristoteles, *Metaphysik* 980 a 21–27; s.a. Eckart Scheerer, »Sinne«, in: HWPh IX 824–869, hier 845.

Zur Nobilitierung des Sehsinns vgl. auch David Summers, *The Judgment of Sense. Renaissance Naturalism and the Rise of Aesthetics* (1987) 32–41 (»The primacy of sight«).

19 und nicht] H (ab »und« durchstrichen): »und so damit unendlich ◇ mehr Stoff zum Denken hergiebt«.

22–23 einer *reinen Anschauung* ... näher kommt.] Hier scheint die reine ◇ Anschauung ein Ideal zu sein, dem die empirische Realität menschlicher Seh-Anschauung zwar in der Form »näher kommt« (sc. als die anderen

Sinne), daß sie das »Organ am wenigsten afficirt fühlt« (z. 20–21), das aber doch unerreichbar ist. Die reine Anschauung wird vermutlich als die Vorstellung des ganzen Objekts gedacht, also unabhängig von der Perspektive und Realaffektion des Betrachters. Sie ist somit identisch mit der geometrischen Konstruktion eines Körpers. 1770 mutet Kant den Augen noch das Vermögen zu, die geforderte reine Anschauung zu leisten: »Ceterum geometria propositiones suas universales non demonstrat obiectum cogitando per conceptum universalem, quod fit in rationalibus, sed illud oculis subiiciendo per intuitum singularem, quod fit in sensitivis.« (II 403,19–22) Auf diesen kruden Empirismus verzichtet Kant 1781 und spricht nur noch von einer reinen Anschauung, verrät aber nicht mehr, wer diese Anschauung mit welchen Sinnesvermögen vollziehen soll. Zum Problem der reinen Anschauung in der »Transzendentalen Ästhetik« vgl. Brandt 1998 d.

◇   **22–23 der unmittelbaren … merkliche Empfindung]** Die Kantische Raum-Zeit-Theorie scheint u. a. das Ziel zu haben, den »way of ideas« der cartesischen und Lockeschen Philosophie zu überwinden, hierin das gleiche Interesse wie Thomas Reid verfolgend: Wir sehen nicht die »idea« des Tisches, sondern den Tisch selbst, sc. als Erscheinung. Dieses Ziel jedoch, die Gegenstände im Raum unmittelbar zu sehen, kann auch mit der Dichotomie von Ding an sich und Erscheinung nicht erreicht werden; denn die Gegenstände müssen den, der sie sieht, hört, etc. empirisch kontrollierbar affizieren. Die Formulierung »ohne beigemischte merkliche Empfindung« ist ambivalent: Ohne Empfindung gibt es keine Anschauung eines gegebenen Objekts, und die Frage, ob sie merklich ist oder nicht, spielt keine Rolle. Kant scheint jedoch den Idealfall einer »Vorstellung des gegebenen Objects« (z. 22–23) ohne *alle* Empfindung im Blick zu haben, das aber ist ein hölzernes Eisen, sc. für irdische Wesen.

◇   **24–25 Diese drei äußern … Dinges außer uns.]** Die Reflexion ist nach 134,14–15 »die innere Handlung (Spontaneität), wodurch ein *Begriff* (ein Gedanke) möglich wird«; sie ist also in der Kantischen Dichotomie von Sinnlichkeit und Verstand keine Sache der »äußern Sinne«. – Der Gegenstand »außer uns« ist im empirischen Sinn eine Erscheinung »extra nos«, also an einem anderen Ort im Raum, als der, den wir mit unserem Körper einnehmen; es ist kein transzendentalphilosophisches »extra nos«, zu dem auch der eigene Körper gehört, weil das Gemüt die Empfindungen allererst in die Form der Raumanschauung bringt und also auch Kopfschmerzen und Schmerzen in den äußeren Sinnesorganen zu den Ereignissen »außer uns« gehören. Zu dem transzendentalphilosophischen »uns« vgl. die Formulierung der KrV A 22: »Vermittelst des äußeren Sinnes, (einer Eigenschaft unseres Gemüts), stellen wir uns Gegenstände als außer uns, und diese insgesamt im Raume vor.« Zu diesen Gegenständen außer uns muß dann auch der eigene Körper gehören.

25–28 Wenn aber … in innere verwandelt.] Vgl. 153,31–34. Der Sache ◇
nach auch z. 30 bis 157,5 und 158,13–17.

28–30 Das Glatte … dadurch erkundigen.] Vgl. 155,6–8. Beim Glatten ◇
und Rauhen soll hier nicht an die objektive Qualität der Oberfläche des
Gegenstandes gedacht werden, sondern an die subjektive Empfindung im
Anfühlen.

30–157,5 Eben so: wenn das … Organs, geheftet.] Vgl. Aristoteles, De ◇
anima 429 a 31 – b 2.

6–7 *Von den Sinnen … sind beide*] H: »§ 17 / Von den Sinnen des Schmek- 157
kens und Riechens / Beyde sind«. A 1: »Von den Sinnen des Geschmacks und
des Riechens / § 18. Beyde sind«. A 2 wie hier, nur »18«. – Kant sieht im
Geruchssinn gleichsam einen »Geschmacks-Fernsinn«; vgl. 158,3.

7–8 sind beide mehr subjectiv als objectiv] Auf den graduellen Charak- ◇
ter wurde schon 154,14–19 verwiesen; auch 160,11–12.

9 des *Schlundes*] Fehlt in H. ◇

10 zweite durch] H: »zweyte (des Riechens) auch in der Entfernung ◇
durch«; A 1: »zweyte (des *Riechens*) auch in der *Entfernung* zu empfinden,
durch«.

11–12 wobei der Körper … sein kann.] Zusatz A 2. ◇

13 Geschmack. – Man] H (durchstrichen): »Keiner von beyden Sinnesar-
ten führt für sich allein zum Erkentnis des Gegenstands wenn man nicht
einen andern Sinn zu Hülfe ruft z. B.«

13–17 Man kann sagen … zukommen zu lassen.] Baumgarten bezieht die ◇
»facultas sentiendi« des Geruchs (»olfactum«) auf die »effluvia corporum in
nasum adscendentia«, den Geschmack (»gustus«), auf die »resoluta per
internas oris partes salia« (§ 536; XV 14,3 und 5–6), Kant macht auch die
»effluvia« zu Salzen, und zwar flüchtigen oder volatischen im Gegensatz zu
den fixen Salzen des Geschmackssinnes.

16–17 um diesem … zukommen zu lassen.] H: »um jeder ihre specifische ◇
Empfindung zu« (d. h. H führt den Satz nicht zu Ende).
In der Geschmacksanalyse im 2. Buch des I. Teils der Anthropologie
(»Vom Gefühl für das Schöne, d. i. der theils sinnlichen theils intellectuellen
Lust in der reflectirten Anschauung, oder dem Geschmack.« 239,19–22)
heißt es mit einem Rückverweis auf den § 20, Geschmack sei »die Eigenschaft eines Organs (der Zunge, des Gaumens und des Schlundes), von
gewissen aufgelösten Materien im Essen oder Trinken spezifisch afficirt zu
werden.« (239,24–26) Sodann wird eine hier fehlende, aber sicher mitge-
meinte Eigenschaft hinzugefügt, nämlich das mit der spezifischen Empfindung gegebene Unterscheidungsvermögen, »z. B. ob etwas süß oder bitter
sei« (239,28). Es ist dies das Vermögen des κρίνειν, das Aristoteles ebenfalls
in die Sinnesempfindung legt, vgl. De anima II 6, 418 a 14–15; s. hier 154,27
(»zum Unterscheiden der Gegenstände«) mit Kommentar.

◇   18–19 *Allgemeine Anmerkung ... Man*] H: »Allgemeine Anmerkung / über die äußern Sinne / Man«. – Kant hat dieser Anmerkung keine Paragraphenzählung zugewiesen.

◇   19–22 *Man kann ... zwei niedern Sinne.*] Wie Kant, rechnet auch Engel in seiner Rede »Über einige Eigenheiten des Gefühlssinnes« von 1787 (u. a. in: Ders., Schriften (1801–1806; ND 1971) IX 201–228) den Sinn des »Getastes«, wie er sagt (226) mit dem Gesicht und dem Gehör zu den oberen Sinnen. Er trennt den Sinn des Getastes wie den der Betastung vom Gefühl, das sich u. a. auf die Wärme und Kälte eines Körpers bezieht. Er hebt seine Sinneshierarchie ab von einer zeitgenössischen, die die Stufung gemäß den Medien vornimmt: Am feinsten sind Licht und Luft und lassen das Sehen und Hören den obersten Rang einnehmen; dann folgen Salze (Geruch) und Öle (Geschmack), und auf der dritten untersten Stufe steht der (traditionelle) Tastsinn, der die Körper selbst berührt. (213)

◇   31 *widerlich findet*] Zusatz A 2.

158   3 *Geruch ist gleichsam ... in der Ferne*] Vgl. 159,12–15. Aristoteles, De anima 421 a 7 – 422 a 7.

◇   3–7 *und andere werden ... mit zu genießen.*] Zu dem sozialen Aspekt des vom Geruch ausgeübten Zwanges zur Wahrnehmung vgl. Alain Corbin, Pesthauch und Blütenduft. Eine Geschichte des Geruchs (1984). Einen historischen Wandel in der Wertschätzung von Gerüchen bemerkt Kant selbst in den Anthropologie-Vorlesungen, s. Philippi: »In Ansehung des Geruchs giebt es auch sogar Moden. Vorzeiten waren die Parfums von Ziebeth und Ambra, jetzo die von distillirten Saften Mode« (31; auch Collins 41 mit Kommentar Nr. 57) und Corbin 1984, 95–98: »*Die Denunzierung des Moschusgeruchs.*«

◇   12 *Schlundes.*] Hiermit endet der fortlaufende Text auf der Manuskriptseite von H; weit unterhalb des Textendes findet sich als Randnotiz: »pica«.

◇   15 *wenn sie viel ... mäßig afficiren.*] Man erwartet: »müssen sie mäßig afficirt werden.« Es ist vermutlich an die Affektion des Gemüts durch die Sinne zu denken.

◇   24 *Empfindsamkeit*] Zu einer früheren Wortverwendung vgl. 156,11–12, wie hier s. 235,36–37 und IX 487,9.
Vgl. die Untersuchung von Georg Jäger, Empfindsamkeit und Roman. Wortgeschichte, Theorie und Kritik im 18. und frühen 19. Jahrhundert (1969).

◇   26–27 *zu können, ... zärtliche Empfindlichkeit* (sensibilitas asthenica) nennen.] H, A1: »zu können (sensibilitas asthenica), d. i. *zarte* [A1: zärtliche] *Empfindlichkeit* nennen.«

◇   28–29 *Fragen./ § 22. Welcher*] H: »Fragen / Welcher«. Die stilistische Form, Sachverhalte in Frageform zu erörtern, wird in der Anthropologie häufiger verwendet (vgl. u. a. 232,7–28; 322,21–32); als Titel eines Abschnitts erscheinen die »Fragen« jedoch nur hier. Die »Fragen« stehen in der Tradition der aristotelischen Problemata und der mittelalterlichen Quaestiones.

29–35 Welcher Organsinn ... vergnügen soll.] Schelling, Erster Entwurf ◇ eines Systems der Naturphilosophie (1799): »Für den Geruchssinn existirt ohne Zweifel [...] am wenigsten cultivirte ist.« (Schelling 1927 ff., II 1–268, hier 171)

31 um zu genießen] Fehlt in H. ◇

1 (den Ofendunst ... und Äser)] H, A1: »(Ofendunst, die der Moräste 159 und Anger verfaulter Thiere)«. Randnotiz von H: »Der Geruch läßt sich nicht beschreiben sondern nur durch Ähnlichkeit mit einem andern Sinn (wie Musik mit Farbenspiel) z. B. des Geschmacks vergleichen z. B. das riecht sauer, süß, fäulig – Anhauch(en?) des Thonschiefers.« – Zu »Musik mit Farbenspiel« vgl. die Publikation von Johann Jacob Engel, »Über die Musikalische Malerei.« (1780), in: Engel 1971, IV 297–342.

12–13 Geruch ... ein Vorgeschmack] H, A1: »Geruch ist gleichsam ein ◇ Geschmack in der Ferne«. S. 158,3.

16 Vicariat der Sinne] Vgl. 172,23–25: »Wenn der Mangel eines Sinnes ◇ (z. B. des Sehens) angeboren ist: so cultivirt der Verkrüppelte nach Möglichkeit einen andern Sinn, der das *Vicariat* für jenen führe, [...].« In der Refl. 1571 (XVI 8,15–16; datiert um 1755–1756) wird die Einbildungskraft als »vicarius der Sinne« bezeichnet; in der Refl. 1670 (XVI 72,12–13, gleiche Datierung) heißt es ebenso: »unsere Sinne oder deren Vicaria, die imaginatio«. In der Anthropologie hingegen fragt Kant nach der Vertretung der Sinne untereinander.

In den folgenden Ausführungen (z. 16–32) wird nicht auf die Stellvertretung anderer Sinne im Fall der Blindheit eingegangen. Zur (allbekannten) Schärfung des Gehörs beim Blinden s. a. Herder in der Abhandlung über den Ursprung der Sprache (1772): »[...] allein alle Beispiele sagen, daß eben durch diese Verhüllung das Gehör weniger zerstreut, horchender und eindringender werde.« (Herder 1877 ff., V 15) Hierher gehört auch ein vermeintliches Phänomen, das in den Vorlesungen ausführlich erörtert wird: die Vertretung des Sehsinns durch den Tastsinn. In der Randnotiz, die 162,11 folgt (s. unten; bei Külpe 401,10–15) heißt es: »Blinde unterscheiden Farben des Gefühls«, wobei der Sinn eigentlich nur sein kann: »durchs Gefühl«, nämlich den Tastsinn. So Jonathan Swift, Gulliver's Travels III 5; Swift berichtet von dem Besuch Gullivers in der Akademie von Lagado, in der Projektemacher beschäftigt sind: »There was a man born blind, who had several apprentices in his own condition: their employment was to mix colours for painters, which their master taught them to distinguish by feeling and smelling: [...].« (Swift 1966, 192) Diderot 1964, 117: »Saunderson voyait donc par la peau; [...].« S. a. Ludwig Schrader, Sinne und Sinnesverknüpfungen (1969) 43.

John Thomas Woolhouse (1650? – 1730? 1734?) spricht von einem blinden Deutschen, »welcher die Farben mit dem Getast unterschied« (zitiert nach Albert Wellek in seiner Studie »Farbenharmonie und Farbenklavier. Ihre Entstehungsgeschichte im 18. Jahrhundert« (1935) dort 354, zum literarischen Nachweis vgl. 355). Zu Leibniz und Diderot s. Christa Kersting, Die Genese der Pädagogik im 18. Jahrhundert (1992) 132–133.

Kant benutzt nicht den Begriff der Kompensation, der später für die Vorstellung eines Vikariats benutzt wurde; vgl. Michael E. Monboek, The Meaning of Blindness. Attitudes Toward Blindness and Blind People (1973) 46–48 (»Compensation«).

Die Vorstellung, daß der Verlust eines Sinnes zur Stärkung anderer Vermögen führt, ist antik. Ein Spruch des delphischen Orakels besagt, daß das Gedächtnis »das Gesicht des Blinden« ist (Paul Zanker, Die Maske des Sokrates. Das Bild des Intellektuellen in der antiken Kunst (1995) 25). So ist der Sänger Demodokos am Hof des Phäakenkönigs in der Odyssee blind: »Ihn, den die Muse liebte; sie gab ihm Gutes und Böses: Denn sie nahm ihm die Augen und gab ihm süßen Gesang« (8, 63–65).

◇   **19–21** wozu auch die … eben dasselbe geschehen.] Vgl. Parow 45 und Kommentar Nr. 47.

◇   **22–26** Ist er aber … wirklichen Begriffen kommt] S. den Kommentar zu 155,21–27.

◇   **27–32** Der Mangel eines … im Kupferstich erscheinen.] Vgl. beide Phänomene 168,14–21. Zur Quellenlage vgl. Adickes XV 113,26–30; s. a. den XIII 296 von Rose Burger und Paul Menzer beigefügten Verweis von Hellwag auf »Des Herrn Giros von Gentilly Muthmasungen über die Gesichtsfehler bey Untersuchung der Farben« (1781) 57 ff.

◇   **30** so wie es Leute gibt, die sehr gut *sehen*] Das Vermögen des guten Sehens bezieht sich hier nur auf die Naturanlage. Es sei darauf verwiesen, daß in den Vorlesungsnachschriften, jedoch nicht in der Buchfassung, außerdem von der Übung der Sinne gesprochen wird: »Einige Beobachter können die Dinge nicht bemerken die Schwammerdam durchs Mikroskop gesehen. Es gehört Uebung dazu. Wo die Eindrücke nur schwach seyn dürfen um empfunden zu werden; da ist der Sinn fein. Scharfe Sinne sind die, so die wenigen Unterscheide, unterscheiden können zE die unmerkliche Schattirung der Farben, kleine Disharmonien in der Music.« (Philippi 31–31') So auch ausführlich in der Menschenkunde 77–78. In der späteren Nachschrift Busolt heißt es (dagegen ?): »Die Obere Uhrtheilskrafft kann man Cultivirt haben; aber nicht die Sinnliche.« (Busolt 63)

Zur Übung der Sinne vgl. die Hinweise bei Annemarie Jeanette Neubekker, Die Bewertung der Musik bei Stoikern und Epikureern. Eine Analyse von Philodems Schrift *De musica* (1956) 13 ff. Diderot, Lettre sur les Aveugles:

»L'exemple de cet illustre aveugle [Saunderson] prouve que le tact peut devenir plus délicat que la vue lorsqu'il est perfectionné par l'exercice; [...].« (Diderot 1964, 115)

30–32 aber keine Farben ... erscheinen.] Vgl. in der KdU § 51: »[...] ◇ Menschen, die mit dem besten Gesichte von der Welt nicht haben Farben [...] unterscheiden können« (V 325,6–8). Schelling, System der gesamten Philosophie und der Naturphilosophie insbesondere (1804): »[...] und diese Modifikation ist wieder nicht dieselbe mit derjenigen, durch welche die Differenzen der Farben empfunden werden, welches daraus erhellt, daß bekanntlich Menschen, die übrigens sehen, alles Sinns für Farben entbehren, so daß ihnen die Welt nicht anders als farblos, wie ein bloßer Kupferstich erscheint.« (Schelling 1927 ff., II. Erg.Bd. 61–506, hier 374)

34 oder des Gesichts?] Die Blindheit wird nicht getrennt behandelt. – ◇ Peter Utz, »›Es werde Licht!‹ Die Blindheit als Schatten der Aufklärung bei Diderot und Hölderlin«, in: Schings (Hrsg.) 1994, 371–389.

10–11 Die Sterne (hier drei und sonst nur zwei) finden sich in H und **160** sind sinnvoll, weil hier in H (und A1) kein neuer Paragraph beginnt; bei Külpe § 23, in A2 § 21.

11–161,4 Noch gehört zu ... erneuerten Anreizen ausfüllt.] Thema sind ◇ besondere, erst in der Neuzeit beachtete Reizmittel des Geschmacks und Geruchs. Der Abschnitt zerfällt in drei Teile: allgemeine Beschreibung (z. 11–21); die Materialien des Reizes (z. 21–27); die psychologische Wirkung (z. 27–161,4).

16 fixer Salze] Der Gegensatz sind die volatilischen oder flüchtigen Salze ◇ (s. 157,14).

21–27 Das gemeinste Material derselben ... Wirkung thut.] Zum Tabak ◇ vgl. 232,28–35. – Zum Tabak und den 169,22–172,9 genannten weiteren Genußmitteln vgl. Wolfgang Schivelbusch, Das Paradies, der Geschmack und die Vernunft. Eine Geschichte der Genußmittel (1988).

24 Pfeifenröhre] H: »Pfeifen« ◇

24–25 wie selbst das spanische ... Zigarro zu *rauchen*.] Vgl. IX 429,31– ◇ 32: »Die Frauenzimmer im spanischen Amerika rauchen fast allenthalben Tabak.«

25–27 Statt des Tobaks ... dieselbe Wirkung thut.] Vgl. Refl. 1503; ◇ XV 805,7–9. Die Quelle Kants wurde nicht ermittelt.

27–30 Dieses *Gelüsten* (Pica) ... zur Folge haben mag] Schivelbusch ◇ 1988, 244 nennt Johann Heinrich Cohausen, Satyrische Gedancken von der Pica Nasi, oder der Sehnsucht der Lüstern Nase. Das ist: Von dem heutigen Mißbrauch und schädlichen Effect des Schnupf-Tabacks [...] (1720). Vielleicht spielt Kant mit dem Hinweis auf den »medicinischen Nutzen oder Schaden« (z. 28) auf den möglichen »schädlichen Effect« an, den Cohausen mitbehandeln will.

◇   30–161,4 ist als bloße Aufreizung … Anreizen ausfüllt.] Vgl. 232,28–35
mit Kommentar.

◇   34 immer stoßweise wieder] H: »immer wieder«.

161 5 *Vom inneren Sinn.*] H (und A1) schreiben: »Anhang. Vom inneren
Sinn«; von A 2 zu Recht korrigiert, da der innere Sinn als angekündigtes
(153,24) Gegenstück zu den äußeren Sinnen nicht in einem bloßen Anhang
behandelt werden kann. Nach H: »§ 18«, A1: »§ 19«; A2: »§ 22«.
Man muß den Abschnitt vermutlich in drei thematische Bereiche unter-
gliedern: z.6–11 (innerer Sinn im Gegensatz zur reinen Apperzeption);
z.11–20 (die Verknüpfung der inneren Wahrnehmungen zu einer inneren
Erfahrung und die psychologische Frage der Einheit des inneren Sinnes);
z.21–162,11 (die Täuschungen und Pathologien des inneren Sinnes).
Kant geht von der Einheit des inneren Sinnes aus (s. auch z.18–21); zur
Tradition der Vorstellung, es gebe mehrere innere Sinne, vgl. Harry Austryn
Wolfson, »The Internal Senses in Latin, Arabic, and Hebrew Philosophic
Texts« (1935); Schrader 1969, 113–125 (»V. Die inneren Sinne«).

◇   6–11 Der innere Sinn … zum Grunde.] Die Unterscheidung von reiner Apperzeption und innerem Sinn ist dem Leser von 134,14–19 und
141,21–142,30 vertraut.

◇   8–9 durch sein eignes Gedankenspiel afficirt wird.] Vgl. die Ausführungen in der KdU V 331,19–33, wo das Gedankenspiel unter das »freie
Spiel der Empfindungen« (V 331,19) subsumiert wird (ohne die Problematik der hier angesprochenen Selbstaffektion). Ist dieses Spiel eine eigene
Tätigkeit des Subjekts? Das dürfte es kaum sein, da das Spiel nicht eine
nach Regeln ausgeführte Handlung ist, also nicht zu dem gehört, »was der
Mensch thut« (z.7). Wer spielt also, wenn das »er tut« und »er leidet«
nicht ergänzt werden kann durch »er spielt«? Das Spiel nicht des Menschen, sondern seiner Gedanken steht zwischen Tun und Leiden, wird aber
in dieser Position von Kant weder hier noch an anderer Stelle näher
bestimmt.

◇   10–11 so wie sie … nach einander sind] Vgl. 142,5–6 »so wie sie zugleich
oder nach einander sind«. S. auch 399,10: »zugleich oder nacheinander zu
sein«.

◇   12–13 (wahre oder scheinbare) innere Erfahrung] Der Hinweis auf die
scheinbare Erfahrung antizipiert das Thema von z.21 ff. Wie ist die Unterscheidung möglich? Die Wahrnehmungen können nicht wahr oder scheinbar sein, jedoch die bewußte (nicht bloß assoziative) Verknüpfung sc. im
Hinblick auf ein Objekt, mit dem übereinzustimmen das Urteil vorgibt. Es
können innere Empfindungen für äußere Erscheinungen oder transzen-
dente Eingebungen gehalten werden. Hier wird das Thema von 143,9–13
aufgenommen: »[…] so ist es rathsam und sogar nothwendig von beobachteten Erscheinungen in sich selbst anzufangen und dann allererst zu

Behauptung gewisser Sätze, die die Natur des Menschen angehen, d. i. zur inneren Erfahrung, fortzuschreiten.« Eine Methode des Fortschreitens wird, so hielten wir schon oben fest, nicht angegeben; es fehlt das Kausalgesetz als Kontrollinstanz des inneren Sinnes (der Grundsatz: »Alle Veränderungen geschehen nach dem Gesetze der Verknüpfung der Ursache und Wirkung« (KrV B 232; auch A 189) wird nur für Veränderungen im Raum erörtert!); es fehlt auch die Kontrolle durch den Konsens mit allen anderen, denn wie können andere über je eigene Binnenerscheinungen und -erfahrungen wie Träume und Eingebungen urteilen?

13–15 nicht blos *anthropologisch* … sondern *psychologisch*] In H nicht ◇ hervorgehoben. – Vgl. den Hinweis 142,31. (»Diese Anmerkung gehört eigentlich nicht zur Anthropologie.«)

15–16 eine solche … und das Gemüth] H, A1: »ein solches in sich ◇ wahrzunehmen und statt des Gemüths« mußte korrigiert werden.

20–21 die Seele ist das Organ des inneren Sinnes] Samuel Thomas ◇ Soemmering, *Über das Organ der Seele* (1796). Vgl. XIII 31,35–32,18.

21–162,11 von dem nun gesagt … zurückgeführt wird.] Der Abschnitt ◇ handelt insgesamt von pathologischen Deformationen des inneren Sinnes bzw. der Interpretation der Erscheinungen im inneren Sinn und nimmt damit das Thema von 133,15–134,13 auf.

22–24 der Mensch die Erscheinungen … Eingebungen hält, von] H (und ◇ A1): »der Mensch [diese] Erscheinungen desselben für [äußerlich] solche hält von«.

26–27 alsdann *Schwärmerei* … beides *Betrug* des] H: »alsdann unvor- ◇ setzlich ist und *Schwärmerey* heißt oder auch absichtlich gekünstelt wird um mit solchen Wesen in vermeynte Gemeinschaft zu kommen und alsdann *Geisterseherey* und Betrug des«.

27 *Betrug* des inneren Sinnes] Vgl. 162,8 (»Täuschungen des inneren ◇ Sinnes«).

28 der Hang] Fehlt in H, vgl. jedoch 162,7. Zur Bestimmung des Hanges ◇ innerhalb der Anthropologie s. 265,21–23.

30 eine Dichtung ist; oft auch sich] H: »eine absichtliche Dichtung sich«; ◇ »absichtlich« mit Randbemerkung besonders eingefügt.

34–162,2 Denn nachgerade hält … entdeckt zu haben.] Keine einfache ◇ Problemlage, denn alle Erscheinungen des inneren Sinnes sind nach Kant Selbstaffektionen (s. 153,25–26: »wo er durchs Gemüth afficirt wird«), sind also vom Empfindenden selber »ins Gemüth hineingetragen« (161,34–35). Die Unterscheidung der guten von den schlechten Erscheinungen hängt damit am »vorsetzlich« (161,34) – der Schwärmer und Geisterseher wird jedoch nicht annehmen, er habe sich vorsätzlich affiziert, sondern dies für das böswillige Urteil derer halten, die seine Erscheinungen nicht haben und ihm deswegen Betrug und Täuschung vorwerfen.

162   3–5 So war es … eines *Pascal* bewandt.] Gemäß der Geschlechterdifferenz hat Frau Bourignon reizende, Herr Pascal dagegen schreckende
Empfindungen; vgl. die Unterscheidung im 3. Abschnitt der Beobachtungen
über das Gefühl des Schönen und Erhabenen von 1764, s. II 228–243. – Die
Polemik gegen die Schwärmerei begleitet die Kantische Anthropologie-
Vorlesung seit 1772–1773 und ist somit Lehrbestand vor dem Auftreten der
neuen Genie-Schwärmer um Jacobi, gegen die sich Kant besonders in dem
Aufsatz »Von einem neuerdings erhobenen vornehmen Ton in der Philosophie« von 1796 (VIII 387–406) wendet.

◇   4 den schwärmerisch-schreckenden eines *Pascal*] Vgl. XXIII 419,11–13:
»In die Natur des Menschen u. sein inneres zu schauen ist gleichsam
Unterhaltung. Aber in seinem eigenen Busen was in ihm als Individuum
sey u. worin Andere frey seyn mögen zu forschen ist abschreckend –
Pascal.«

◇   7–11 Der Hang in sich … zurückgeführt wird.] Eine ähnliche Therapie
der Zuwendung zur äußeren Welt schlägt David Hume im *Treatise of Human
Nature* (I 4, 2; Hume 1978, 269) vor. Hume unterscheidet allerdings nicht
zwischen den philosophischen Chimären, in die ihn die Vernunft führt, und
einer falschen Schwärmerei. – Die gleiche Meinung vertritt vielfach Goethe.

◇   8–11 nur dadurch in Ordnung … zurückgeführt wird.] H, A1: »nur
durch Versetzung in die äußere Welt und hiemit in die Ordnung der Dinge
die den äußeren Sinnen vorgelegt werden [A1: vorliegen] ins Gleis gebracht
werden.«

◇   10 die Ordnung der Dinge] 261,13–14: »Ordnung der Natur«. »Ordnung der Dinge« (im Anschluß an »ordo rerum«) ist eine von Kant häufig
benutzte Formulierung, die mit wenigen Ausnahmen auf die höhere, intelligible, moralische etc. Ordnung bezogen wird. Vgl. z. B. II 116,15; KrV A 815
(»[…] die allgemeine, obgleich in der Sinnenwelt uns sehr verborgene
Ordnung der Dinge gründet, erhält und vollführt.«); IV 457,10; V 107,31;
377,1–2; 379,34. Anders, wie hier, in den Träumen eines Geistersehers
II 342,11 (im Zusammenhang von Metaphysik und Wahn). – Die Wahnty-
pologie kommt zu dem Ergebnis, daß »die Kräfte des zerrütteten Gemüths
sich doch in einem System zusammenordnen, und die Natur auch sogar in
die Unvernunft ein Princip der Verbindung derselben zu bringen strebt«
(216,23–25), so daß der »ordo naturae« zwar nicht für den Schwärmer und
Irren erkennbar ist, wohl aber für den Anthropologen.
  Georg Christoph Lichtenberg: »Mein Körper ist derjenige Teil der Welt,
den meine Gedanken verändern können. Sogar eingebildete Krankheiten
können wirkliche werden. In der übrigen Welt können meine Hypothesen
die Ordnung der Dinge nicht stören.« (Sudelbücher Heft J 1208; Lichtenberg 1967 ff., I 824) Rousseau 1959 ff., III 174 (»nouvel ordre de choses«).

Heinrich von Kleist schreibt am 19. März 1799 an Christian Ernst Martini
(anders als Kant im Jahr zuvor) wie in einem Echo auf Lichtenberg und
Kant: »[…] daß es wenigstens weise und ratsam sei, in dieser wandelbaren
Zeit so wenig wie möglich an die Ordnung der Dinge zu knüpfen.« (Kleist
1986, IV 32; s. auch Groß 1997, 3)

In H folgt nach einigen Leerzeilen als Randnotiz: »NB Oben vom animus
sui compos der alle Gemüthsveränderungen in seiner Gewalt hat. Von
stumpfen schwachen blöden Sinnen – Gefühl der Mattigkeit und Stärke
sagacitaet der Hunde Spühren. – Der Alte glaubt sich wohl zu befinden
indem die vitalempfindung schwach wird. – Blinde unterscheiden Farben
des Gefühls. Scharfe Sinne zum Wahrnehmen, zarte zum Unterscheiden.«
Zu dem Satz: »Blinde unterscheiden Farben des Gefühls« s. den Kommentar zu 159,16.

12–13 *Von den Ursachen … dem Grade nach.*] H in der Zeile über dem ◇
Titel: »Zweyter Abschnitt« (es fehlt ein erster oder auch dritter); A1:
»Dritter Abschnitt«.

14–15 § 25. Die Sinnenempfindungen … die Steigerung.] H, A1: »Sie ◇
sind 1.) der Contrast, 2.) die Neuigkeit 3.) der Wechsel. 4).) [die Vollendung]
die Steigerung.« – Der Vorspann von § 25 (z. 14–15) spricht nur vom
Vermehren des Grades, d. h. der intensiven Größe der Sinnenempfindung
(vom korrespondierenden Vermindern handeln die §§ 26 und 27 gemäß der
Ankündigung 165,27–28), tatsächlich wird jedoch im § 25 auch von der
Verminderung gehandelt, s. 162,29–163,2 und 164,3–5.

Die Vorlage des § 25 ist der § 549 in Baumgartens »Psychologia empirica«:
»Dieselbe Ursache, die dazu führt, daß eine unterschiedene stärkere Vorstellung die schwächere verdunkelt (§ 529), bewirkt, daß mehrere schwächere
die stärkere Vorstellung beleuchten (illustrant), § 531. Daher wird eine klare
stärkere unterschiedene Vorstellung, die der schwächeren Vorstellung irgendeines Objektes folgt, eben deswegen, weil sie neu ist im Feld der klaren
Vorstellungen stärker wahrgenommen, § 529. Daher wird eine klare stärkere
Wahrnehmung, die auf die schwächere von ihr unterschiedene folgt, schon
aufgrund der Neuigkeit erleuchtet, § 542, 534. Daher beleuchten einander
entgegengesetzte schwächere Vorstellungen eine Sache, § 81, 531. Entgegengesetzte Vorstellungen, die nebeneinander gestellt werden, erhalten dadurch
ein größeres Licht.« (XV 16,24–31) In der Gruppe Collins wird das Thema
unter dem Titel »Von den Vorstellungen nach dem Verhältniß, was sie unter
einander haben« (46) behandelt. Es fehlt dort der übergreifende Gesichtspunkt der intensiven Größe (»Grad«) der Vorstellungen; dies letztere zuerst
im Ms. 400 124. Bei Collins wird das Material nach den Gesichtspunkten der
Mannigfaltigkeit, Abwechselung, Neuigkeit und Seltenheit, Abstechung
oder des Kontrastes angeordnet (46–51). Die Abwechselung ist Mannigfaltigkeit in verschiedenen Zeiten, die Neuigkeit führt eine Differenz in die

Abwechselung ein, die Seltenheit wird in Abhebung von der Neuigkeit bestimmt als eine Sache, die »nicht bey vielen anzutreffen ist.« (Collins 48) In der vorliegenden Anthropologie ist eine innere Logik der Abfolge nicht ersichtlich; hier gipfelt die Darstellung in der Anrede »Junger Mann!« (165,16); dieser Abschnitt gehört sicher an den Schluß.

◇   **17** *Der Contrast.*] Vgl. 238,21–23: »Diese Wirkung ist aber blos psychologisch (nach dem Satze des Contrastes: opposita iuxta se posita magis elucescunt) [...].«
Die Kontrastwirkung gehört zu den Themen der Kant vertrauten Psychologie. S. Leibniz, Theodizee § 12 (Leibniz 1965, VI 109); Henry Home, Grundsätze der Kritik (1790–1791) I 73: »Wir können nichts besitzen, [...] ohne zu wünschen, daß wir es beständig besitzen möchten; und deswegen muß die Trennung von ihm Betrübniß hervorbringen, da sie unsern Wünschen zuwider ist. Die Natur des Contrasts hat auch Theil an dieser Wirkung.« Mit der Anmerkung: »Entgegengesetzte Dinge, die neben einander gestellt werden, setzen einander mehr ins Licht«. S. weiter das 8. Kapitel des I. Bandes: »Von Aehnlichkeit und Contrast« (I 375–410).

◇   **18** Aufmerksamkeit] Vgl. auch bei den beiden folgenden Punkten der Neuigkeit und des Wechsels die zentrale Stellung der Aufmerksamkeit (163,15 und 164,4); so sind die Abschnitte a bis c eigentlich eine Abhandlung über die Aufmerksamkeit. Der Begriff fehlt in den korrespondierenden Abschnitten bei Baumgarten (§ 549 bis § 551).

◇   **20** Sie ist vom *Widerspruch* unterschieden] Der komische Kontrast beruht nur auf einem »augenscheinlichen Widerspruch« (163,5); bei Collins wird der Widerspruch problemlos zum Kontrast gezogen: »Einige Contraste haben Wiedersprüche bey sich [...] Contraste worin wiedersprüche sind, erregen Lachen [...].« (49–50)
Die Grundlage der Differenz von »einander widerwärtige[n] *Sinnesvorstellungen* unter einem und demselben *Begriffe*« und dem Widerspruch, der »Verbindung einander widerstreitender *Begriffe*« (z. 19–21) ist Kants Unterscheidung von realen und logischen Gegensätzen, ausführlich entwickelt in der Schrift Versuch den Begriff der negativen Größen in die Weltweisheit einzuführen von 1763 (II 165–204). S. dazu auch 230,13–19 mit Kommentar.

◇   **22–24** Ein wohlgebautes Stück ... Damascus in Syrien.] H: »wohlangebautes«. – Vgl. Refl. 986 (XV 431,5); Ms. 400 106–107 mit Kommentar Nr. 22; dort weitere Parallestellen in den Nachschriften. Die literarische Quelle, die hier benutzt wird, ist nicht ermittelt.

◇   **24–26** Das Geräusch und der Glanz ... des Landmanns] Vgl. zum Kontrast von Stadt und Land schon 133,2–3. Die von Kant benutzte Figur gehört spätestens seit der römischen Lyrik des ersten vorchristlichen Jahrhunderts und der Kaiserzeit zu den Topoi der europäischen Literatur.

30–31 prächtiger Putz einer Dame ... unsauber ist] H: »schimmert«. – ◇
Henry Home, Grundsätze der Kritik (1790–1791) II, 3; Kap. X: »Vom
Schicklichen und Anständigen«: »Beyspiele hingegen vom Unschicklichen
und Unanständigen sind: [...]; ein reich gallonirtes Kleid über einem
groben und schmutzigen Hemde [...].«

5 augenscheinlichen ... im *Ton* der Wahrheit ... offenbar] In H fehlt   163
»augenscheinlichen« und »offenbar«, die Hinzufügung ist möglich, aber
nicht notwendig. Statt »*Ton* derWahrheit« in H: »Ton der Wahrheits-
lehre«.

7–8 wie *Fielding* in seinem Jonathan Wild dem Großen] Vgl. Refl. 298: ◇
»Comisch contrastiren (zur Verbindung) Jonathan Wild« (XV 115,19–20);
Refl. 1484: »Comisch contrastiren. Jonathan Wild« (XV 696,11). Fielding
selbst stellt im Tom Jones Reflexionen an über die Rolle des Kontrastes in der
Literatur und im Leben (Fielding 1966, 244–247).

8 *Blumauer* in seinem travestirten Virgil] Vgl. die ausführlichere Darstel- ◇
lung in Dohna: »Auf diese Weise hat Blumhauer ganz unvergleichlich den
Virgil transvestirt, indem er wichtige Personen wie Pöbel, Wäschermädchen
aber aus einem hohen Tone reden läßt. Er weis dies oft sehr komisch und
unerwartet anzubringen. Vorzüglich vergnüget er durch den erhabnen Ton
geringer Personen.« (31; s. XXV 1538,2–9) S. auch Berlin 54: »Das komische
contrastiren geschiehet auf 2fache weise 1., wenn ich schlechte und gemeine
Leute, wie größe Männer; im hohen Tone sprechen laße. – 2.) z:E: wenn ich
einen großen Mann in einer Friseur Sprache reden laße, lezteres nennt man
travestiren.« – Vgl. Refl. 300: »Virgil travesti« (XV 117,10). Der französische
Titel macht es wahrscheinlich, daß Kant hier an Paul Scarrons Vergile
travesty en vers burlesques (1648) denkt. – Zum komischen Kontrast vgl.
auch Henry Home, Grundsätze der Kritik (1790–1791) II 43: »Der Contrast
zwischen dem Subjekt, und der Art es zu behandeln, ist dasjenige, was das
Belachenswerthe wirkt.« – Schiller schätzte Blumauer weniger, als Kant es
tat: »Man soll zwar gewißen Lesern ihr dürftiges Vergnügen nicht verküm-
mern, und was geht es zuletzt die Critik an, wenn es Leute gibt, die sich
am dem schmutzigen Witz des Herrn *Blumauer* erbauen und belustigen
können.« (»Über naive und sentimentalische Dichtung«, Schiller 1943ff.,
XX 460–461)
Zum Phänomen allgemein s. a. Werner von Koppenfels, »Parva componere magnis: Vergil und die ›mockheroische‹ Perspektive des Klassizismus
in England« (1983).

9 einen herzbeklemmenden Roman, wie Clarissa, lustig] H statt »lustig« ◇
(besser): »glücklich«. Samuel Richardson, Clarissa (1748). Vgl. Refl. 795
(XV 347–348): »Die enthusiastische autoren sind oft die leichtsinnigsten,
die Grause Dichter die an sich lustigsten und ioung oder richardson Leute
von nicht dem besten Charakter.«

◇   **13** *Die Neuigkeit.*] Vgl. Edmund Burke, Philosophische Untersuchungen über den Ursprung unsrer Begriffe vom Erhabnen und Schönen (1773) 37–39: »Neuheit.« Henry Home, Grundsätze der Kritik (1790–1791) I 350–367: »Vom Neuen und Unerwarteten.«

◇   **16–17** Das *Alltägige* oder] Vgl. 226,6; kein Schreib- oder Druckfehler.

◇   **19** verstehen, wodurch] H: »verstehen [durchstrichen: denn die kann neu genug seyn und der Seltenheit wegen imgleichen der Verborgenheit wegen darin sie liegen die Attention] wodurch«.

◇   **19–21** wird, von der man ... längst vernichtet hätte.] H, A1: »wird welche nach dem natürlichen Lauf der Dinge vom Zahn der Zeit längst aufgezehrt zu seyn vermuthet wird.«

◇   **26–27** Aufmerksamkeit. Der Hang] H hatte ursprünglich: »Aufmerksamkeit. [Neue Zeile, durchstrichen: Man nennt die Neigung solche Seltenheiten zu sehen die *Curiosität*; wiewohl auch diejenige das Geheimgehaltene blos darum weil es geheim gehalten wird auszuforschen mit diesem Namen benannt wird aber alsdann eine unächte genannt zu werden verdient.] Der Hang«. S. auch die Randnotiz zu 159,16: »*Curiosus* ist der begierig ist Seltenheiten zu erfahren oder auch zu besitzen für Curiose.« (400,42–43)

◇   **28** wird die *Curiosität* genannt.] Vgl. Refl. 308 (XV 119,6–31). Vgl. Melchior Adam Weikard, Philosophische Arzneykunst (1799) 159.

◇   **30** Ausspähung] Hier bezogen auf andere Personen; 133,16 auf sich selbst.

◇   **32** Sinneindruck] H, A1 und A2; in den Druckschriften nur hier; »Sinneneindruck« V 325,13–14; »Sinneneindrücke« V 321,2; 353,8.

164   **2** *Der Wechsel.*] Vgl. weiter 232,7–233,5 und 276,5–11.

◇   **8** Arbeit und Ruhe, Stadt- und Landleben] Kant nimmt einen Topos der ihm vertrauten römischen Literatur auf; otium und negotium; vgl. auch den Kommentar zu 162,24–29.

◇   **10–11** bald mit Geschichten, ... dann mit Mathematik] Zu diesem Wechsel der geistigen Beschäftigung vgl. David Hume in einem Brief vom 4. Juli 1727 an Michael Ramsay: »[...] for I hate task-reading, and I diversify them at my Pleasure; sometimes a Philosopher, sometimes a Poet; which change is not unpleasant nor disserviceable neither; [...].« (The Letters of David Hume (1932) I 10)

◇   **11–12** Es ist eben dieselbe Lebenskraft] Man wird hier eine unterminologische Verwendung des Begriffs »Lebenskraft« annehmen müssen, auf die Reinhard Löw verweist: »Dieser beiläufige Gebrauch von Lebenskraft ist immer an ein Selbst-Erleben des eigenen Leibes geknüpft und hat bis zum Op.p. (s.u.) *keine* Beziehung zu einem wissenschaftlichen Gebrauch.« (Reinhard Löw, Philosophie des Lebendigen (1980) 158) Der Begriff wird häufig in diesem Sinn in der Anthropologie verwendet. S. dagegen den Verweis zu 154,1.

22 und so das Leben interessant macht.] Das Wort »interessant« ist in ◇
den Druckschriften erst 1790 belegt, V 205,32; 35; 271,35; hier 177,7; 180,10;
278,32; 295,13. Keine weiteren Belege in den Druckschriften, jedoch vielfache in den Nachschriften der Anthropologie-Vorlesung.

25–26 wie in *Fieldings* Roman ... Theil hinzufügte] Vgl. Menschenkunde ◇
258–259; Dohna 131. Der anonym edierte Fortsetzungsroman trug den Titel
The History of Tom Jones the Foundling, in his Marriate State ([2]1750).

30–31 ; selbst nicht in ... nicht Abwechselung.] Fehlt in H. ◇

33 *Die Steigerung bis zur Vollendung.*] H: »Steigerung bis zur« Randzu- ◇
satz.

16–26 Junger Mann! ... des Ganzen abgeht.] Vgl. 237,6–13; Refl. 1511   **165**
(XV 833,14; 20–25); Dohna 155: »Das sustine et abstine der Stoiker, aushalten und ausdauern, in Summa, daß wir uns Vergnügen versagen ist das
wahre Mittel, uns Vergnügen zu erschaffen.« – Die rhetorische Figur der
Anrede wird innerhalb der Anthropologie nur hier und in der gleichen Sache
237,6 verwendet. Der einzige Parallelfall einer Allocutio im gedruckten
Werk findet sich in der KpV: »Pflicht! Du erhabener, großer Name [...].«
(V 86,22) Hier in der Anthropologie erinnert die Kantische Wendung an den
Vicaire Savoyard in Rousseaus Emile mit seinem pathetischen »O! bon jeune
homme [...]« oder »Jeune homme, [...]« (Rousseau 1959ff., IV 566 und
583). – Kants Strategie ist hier epikureisch (z. 18); zur Vergnügensstrategie
vgl. Refl. 1484 (XV 697,15–16 und 24–26). Während in der Moralphilosophie und ihrem Eherecht ein stoisches Verbot ausgesprochen wird, setzt
die Anthropologie auf eine kluge und somit langfristige Vergnügungs- und
Vermögensverwaltung. Das männliche Geschlechtsvermögen wird hierbei
als vorhandene Barschaft (z. 20) angesehen, die man klugerweise in der Ehe
ausgibt. Die Betrachtung des Geldes als eines Kapitals, das durch Investitionen wachsen kann, ist Kant in diesem Zusammenhang fremd.

16 Befriedigung (der Lustbarkeit)] H: »Befriedigungen der Sinne (der ◇
Lustbarkeit«. Die Klammer ist Randzusatz.

19–21 Dieses Kargen mit der Baarschaft ... wirklich reicher] Die Para- ◇
doxie ist nicht die des Kapitals, das durch Weggeben wächst, sondern die
eines Perspektivwechsels, denn das Reicherwerden bezieht sich nicht auf die
Barschaft, wie das Wort suggeriert, sondern auf den Lustgewinn beim
Aufschub. Die eigentliche Lust besteht nicht darin, die Barschaft auszugeben, sondern das Ausgeben zu verzögern.

19–26 Dieses Kargen mit ... des Ganzen abgeht.] Vgl. die Beschreibung ◇
des Geizigen 274,9–10.

27–28 *Von der Hemmung, Schwächung ... des Sinnenvermögens.*] In ◇
der Gruppe Collins wird nach der Erörterung der »Schwächung der Vorstel-

lungen durch die Zeit« (Collins 51) von den »verschiedenen Umständen
[»Zuständen« Philippi 34'] der Menschen« (Collins 51) gehandelt, in diesem
letzteren Abschnitt werden Trunkenheit, Verlust der Selbstbeherrschung,
Schlaf, Ohnmacht und Tod behandelt (Collins 51–58). Kant verzichtet in der
Druckfassung auf eine besondere Behandlung der Schwächung der Vorstellungen durch die Zeit und zieht den Titel der »Schwächung« in die
Erfassung der künstlichen und natürlichen Zustandsänderungen des Menschen hinein. Er stellt im folgenden die Schwächung durch die Trunkenheit
an den Anfang und handelt sie mit nur einem Satz ab, während sie in den
Nachschriften an dieser Stelle einen breiten Raum einnimmt; das Material ist
in der Druckfassung jedoch weitgehend erhalten geblieben, es steht jetzt
unter dem Titel »Von der Einbildungskraft« im § 29: Nicht der widernatür-
liche Zustand und die Schwächung der Sinne durch die Trunkenheit
interessiert Kant am Ende, sondern die stimulierende Wirkung auf die
Imagination und andere Sonderphänomene.

◇   29–31 § 26. Das ... des wirklichen Todes.] H: »Der Zustand des Menschen ist hiebey der des Schlafs, oder der Trunkenheit oder der Ohnmacht
[oder] und des wahren oder des Scheintodes.« So auch A1 (mit Unterstrei-
chung der vier Zustandsarten).

◇   31 des Scheintodes (Asphyxie)] Zum Problem des Scheintodes und der
nicht geringen Wahrscheinlichkeit, lebendig begraben zu werden, vgl. Philippe Ariès, Geschichte des Todes (1987) 504–517 (»9. Der Scheintote«).

◇   32–34 Die Trunkenheit ist ... Genießmittels ist.] Zusatz von A2; in H
und A1 findet sich der korrespondierende Text im jetzigen § 29, s. den
Kommentar zu 169,22–23.

◇   35 Der Schlaf] Vgl. 401,35–402,4 die gestrichene Passage über den Schlaf;
vielleicht hielt Kant die Vorstellung des Schlafes als eines Genusses, der dem
Menschen in einem individuellen Quantum für das ganze Leben zugerechnet wird, für überflüssig oder falsch, die Neufassung ist konziser und
schiebt den Physiologen die Erklärungsschuld zu. – Refl. 310
(XV 120,10–14). Das Thema des Schlafs wird noch einmal kurz im Zusammenhang der Traumerörterung angesprochen, 189,26–29.

◇   35 der Worterklärung nach] Kant unterscheidet traditionsgemäß immer
zwischen einer Nominal-, Namen- oder Worterklärung bzw. -definition auf
der einen Seite und der Sach- oder Realerklärung bzw. -definition auf der
anderen Seite.

166   1 äußere] H: »äußere«
◇   2–7 Hiezu die Sacherklärung ... erklären mögen.] »Physiologe« noch
214,4; VIII 56,33; 181,4. Zur Unterscheidung von pragmatischer Anthropologie und Physiologie vgl. den Kommentar zu 119,9–27. – In den frühen
Anthropologie-Vorlesungen ging Kant ausführlich auf die physiologischen
Ursachen des Schlafs ein, vgl. Collins 56. Der Schlaf ist dabei eine Funktion

des Nervensafts, der am Tage nahezu verbraucht wurde und dann regene-
riert werden muß. Eine der Kantischen Erörterung nahestehende Darstellung gibt S. C. I. S[upprian], Gedancken vom Schlafe und denen Träumen,
[...] (1746). Von der physiologischen Erklärung unterscheidet sich nach
Supprian die der Metaphysiker, diese »halten den Schlaf vor einen Zustand
dunckler Vorstellungen« (10).

8 Sinnwerkzeuge] H korrekt: »Sinnenwerkzeuge«.   ◇

18 hat den *Tramontano**) verloren] S. den Kommentar zu 34–36. –   ◇
Parow 65 mit Kommentar Nr. 70; Refl. 129 (XV 18,6–8).

22 *Ekstasis*] Baumgarten § 552–§ 553 (XV 17,26–18,22).   ◇

26 § 27. Die *Ohnmacht*] Zu der verwirrenden Lage von H, A 1 und A 2 in ◇
der Paragraphenzählung und Lokalisierung der Abschnitte s. Weischedel
465, Anm. 1. In H folgt der § 27 als § 21 auf den § 29 unserer Zählung
(172,9 ff.).

33–167,18 Das *Sterben* ... ist ein Widerspruch.] In den Anthropologie- ◇
Nachrichten der Gruppe Collins wird vom Sterben zuerst rein physiologisch gehandelt (wie bei der vorhergehenden Ohnmacht), sodann folgt
der Hinweis, daß alte Leute wegen des Todes weniger besorgt sind als junge,
auch dies findet eine physiologische Erklärung (Collins 58). – Im Vorwort der Collins-Philippi-Gruppe wird noch festgehalten: »Zeigen uns die
Erfahrungen das Gegentheil [sc. daß nämlich nicht »der Einfluß des Körpers nothwendig zum Denken gehöre«], so wird eine bloße Schlußfolge
aus diesen Erfahrungen den sichersten Beweisgrund für die Unsterblichkeit der Seele an die Hand bieten« (Philippi 3r). Im Gegensatz zum
Menschen, von dem die Anthropologie (166,33) spricht, müßte die unsterbliche Seele den Körpertod registrieren können. – Bei Parow heißt es in einem
späteren Zusammenhang: »vom wiüklichen Tode wollen wir nachher
reden« (86), aber dieser Ankündigung entspricht kein Stück in der Nachschrift.

33 Das *Sterben* ... selbst erfahren] Kant nimmt bei der Analyse des   ◇
»*gänzlichen Verlust[es] des Sinnenvermögens*« (165,27–28) zuerst – in
abgewandelter Form – das Diktum Epikurs auf, daß der Tod nichts für uns
sei, da wir ihn nicht an uns erfahren könnten, s. »Epistula ad Menoeceum«
124–125; Epicurea 1966, 60–61. Das Sterben ist bei Kant nicht gefaßt als
(ungewisse) Bewegung hin zum Tod, sondern als dessen – nicht erfahrba-
res – Eintreten.

34–36 *Tramontano* oder ... zu finden wissen.] A 2; während H die   ◇
vorgesehene, mit einem Asteriscus bezeichnete Anmerkung zu »*Tramon-
tana*« nicht ausführt (es bleibt ein Leerplatz; s. aber XXI 347,19–28; dazu
Brandt 1991 b, 21), bringt A 1 eine Erklärung des Wortes, die sich auch in
den Vorlesungsnachschriften findet, s. »Lesarten« 376 zu 166,34–36. Külpe
weist in seinen »Sachlichen Erläuterungen« (359) darauf hin, daß die Kor-

rektur von A 2 durch eine Notiz im Allgemeinen Litterarischen Anzeiger von
1798, S. 2087 f. veranlaßt sein könnte. S. auch 176,28–177,32.

167   **3–4** *eine blos mechanische Reaction der Lebenskraft*] Dies wird näher
ausgeführt bei Collins 58, etwas unklarer Parow 85. Gemäß dem Vorsatz, die
pragmatische Anthropologie von physiologischen Untersuchungen freizu-
halten, entfiel nach diesen frühen Vorlesungen eine nähere Analyse der
Todesmechanik. Nicht unwichtig scheint für die Kantische Auffassung zu
sein, daß es sich um einen mechanischen Vorgang handelt, nicht um einen
»biologischen« (ein Wort, das Kant nicht kennt); die Organismen, die im
zweiten Teil der untersucht werden, haben Systemkräfte der Selbsterhaltung, sie können jedoch nicht systemgerecht selbst sterben. Man lese die
Analyse des »Naturproducts« (V 370,33) am Beispiel des Baumes, der einen
anderen Baum erzeugt, sich selbst als Individuum reproduziert, sich innerlich organisiert und sich derart selbst hilft (V 371,7–372,11). Daß der Baum
sein eigenes Absterben mitorganisiert, wird nicht mehr gesagt; dagegen hieß
es 1754 noch: »Alle Naturdinge sind diesem Gesetze unterworfen, daß
derselbe Mechanismus, der im Anfange an ihrer Vollkommenheit arbeitete,
[…] dem Verderben mit unvermerkten Schritten endlich überlieferte.«
(I 198,11–17) Im »3. Abschnitt« des *Streits der Fakultäten* wird der Tod nicht
als Teil des Lebens, sondern Produkt einer Krankheit gefaßt: »[…] indessen
daß der Keim des Todes (die Krankheit), der Entwickelung nahe, unbemerkt in ihnen lag, und der, welcher sich gesund *fühlte*, nicht *wußte*, daß er
krank war; denn die *Ursache* eines natürlichen Todes kann man doch nicht
anders als Krankheit nennen.« (VII 100,12–15)

◊   **7–8** *wie Montaigne richtig sagt*] Fehlt in H. Mit Vorländer (in seiner
Anthropologie-Ausgabe) ad locum: »Weder in dem ausführlichen Kapitel
(Essais I 20 [sic]), in dem Montaigne zeigt, daß Philosophieren bedeute:
sterben lernen, noch an den zahlreichen anderen Stellen, in denen er vom
Tode handelt, haben wir diesen Gedanken gefunden; eher den entgegenge-
setzten: nicht das Totsein, sondern das Sterben setze den Menschen in
Furcht (II, 13 [»De juger de la mort d'autruy«])« (Montaigne 1962,
589–595). Vgl. die Demaskierung des Todes im letzten Absatz von I 20. –
Von Kant wird Montaigne auch in einer Vorarbeit der Abhandlung »Von der
Macht des Gemüts« (»3. Abschnitt« des *Streits der Fakultäten*) herangezogen, XXIII 463,20–22: »[…] wenngleich derselbe Mensch doch wiederum,
wenn an ihn der Tod kommt, wie Montaigne sagt, nicht sowohl aufs
Sterben, sondern vielmehr auf's Gestorbenseyn mit Grauen hinausieht.«
Vielleicht hatte der Redaktor von A1 Einsicht in diese Vorarbeit und
ergänzte den Hinweis auf Montaigne im Anthropologie-Manuskript. Anweisung (Starke II) 86 ist wörtlich aus der 2. Auflage der Anthropologie
(1800) abgeschrieben und insofern kein eigenes Dokument; vgl. dazu XXV
S. XIII Anm. 1.

Zu den Montaigne-Kenntnissen Kants vgl. Ferrari 1979, 129 und die Anmerkung Gerhard Lehmanns zu XXIII 463,20–21 (XXIII 529). In seiner »Gedächtnißrede auf Kant« sagt Wald: »Er [Kant] las in seinen academischen Jahren *Montaigne's* Versuche und konnte viele Stellen daraus auswendig.« (Reicke 1860, 15) Auf französisch oder deutsch?

11 sich selbst im düstern Grabe, oder irgend sonst wo denkt.] Vgl. dazu ◇
137,1–5 mit Kommentar.

11–18 Die Täuschung … ist ein Widerspruch.] Vgl. Busolt 135: »Die ◇
Täuschung der Phantasie macht uns den Todt grausend; obgleich der Verstorbene nichts unangenehmes empfinden mag. Die Einbildungskrafft macht hier die fürchterliche Empfindung, weil sie nicht Unterlassen kann unser Ich in den Todt mithzunehmen.« Das Ich in den Tod, das Nichtich, mitzunehmen, ist widersprüchlich. Während die Ausführungen 136,36–137,5 die Vorstellung einer Grab-Existenz nach dem Tode als eine durch dunkle Vorstellungen erzeugte Illusion hinstellen, die der Verstand durchschaut, tritt hier an die Stelle der Illusion eine nicht aufhebbare, wenn auch als solche durchschaubare »Täuschung« (167,11) des Verstandes selbst, nicht mehr der Einbildungskraft in Form einer psychologischen Zwangsvorstellung. Daß die Täuschung in der Natur des Denkens liegen soll, ist allerdings schwer nachzuvollziehen und wird eine Täuschung Kants sein. Zur gedanklichen Klarstellung: Die Aussage »Ich existiere nicht« ist selbstwiderlegend (»ein [performativer] Widerspruch«, z. 18), wenn ich es bin, der sie sagt oder denkt. Die Täuschung allerdings, auch nach meinem Tod in der Leiche fortzuexistieren, mag stark sein und aus psychologischen Gründen vielleicht »nicht zu heben«, der Gedanke jedoch oder die Aussage »Ich werde nicht sein« ist ebenso wenig selbstwiderlegend oder widersprüchlich wie der Gedanke oder die Aussage: »Ich war nicht vor meiner Geburt«; ein Widerspruch läge nur dann vor, wenn die Aussage lautet: Ich (denkend im jetzigen Zeitpunkt t^1, also in t^1 existierend) denke, daß ich im künftigen Zeitpunkt t^2 sein werde, weil ich mich nur denken kann als identisch denkendes ich (ego = cogitans = existens), also denkend in t^2 und somit existierend in t^2. Somit kann ich meine künftige Nichtexistenz nicht denken, und die Täuschung ist eine Verstandestäuschung und keine psychologische Zwangsvorstellung.

Die Vorstellung, der Gedanke »Ich bin nicht« könne nicht »existieren«, gibt es weder in den Reflexionen zur Anthropologie noch in den Vorlesungsnachschriften. Sie ist *nicht* zu verwechseln mit der Konzeption zweier Personen, wie sie z. B. in der Preisschrift über die Fortschritte der Metaphysik (publiziert 1804) begegnet: »Es wird dadurch aber nicht eine doppelte Persönlichkeit gemeynt, sondern nur Ich, der ich denke und anschaue, ist die Person, das Ich aber des Objectes, was von mir angeschauet wird, ist gleich andern Gegenständen außer mir, die Sache.« (XX 270,11–14) Auch

eine verwandte Überlegung aus der Frühzeit der Vorlesung ist nicht identisch, sie findet sich in folgendem Wortlaut in Collins 5: »In mir nemlich
ist nichts als die Vorstellung meiner Selbst, ich schaue mich nur Selbst an.
[...] Das Ich ist die bloße Seele. Es ist kein Mensch, der nicht mit einem
andern tauschen möchte, mit Gesicht, mit dem ganzen Leibe, ia sogar mit
den Eigenschafften der Seele; aber sein ganzes Ich vertauschen entschließt
sich niemand; es ist an sich ein Wiederspruch.« Vgl. auch Parow 9: »Es liegt
auch etwas contraDictorisches in diesem Satz, denn sie wollen tauschen,
doch aber auch nicht«; und Hamilton 6–7: »Es ist sehr gewöhnlich, daß die
Menschen sagen, sie wollten mit einem andern tauschen, sie wünschen sich
eine beßere Gesichtsbildung, Gedächtniß und wenn sie auch mit allem
tauschen könnten, so würden sie doch nie ihr Ich zu vertauschen, weil sich
jeder für vollkommen in seiner Art hällt. Es liegt auch etwas contradictorisches in diesem Saz, denn sie wollen, und wollen auch nicht tauschen.« Ein
Gedankenexperiment enthält die Refl. 6347 (von 1797): »Ich kann meinen
Todt nicht erleben, denn das ist Wiederspruch, wohl aber den Tod eines
andern.« (XVIII 671,28–30) In der Anthropologie von 1798 dagegen kann
ich nicht denken, daß ich nicht bin. Vorbereitet ist die Unmöglichkeit des
Sich-Nicht-Denkens in der bereits zitierten Bemerkung in Busolt 135: »Die
Einbildungskrafft macht hier die fürchterliche Empfindung, weil sie nicht
Unterlassen kann unser Ich in den Todt mitzunehmen.« Aber das ist keine
logische Notwendigkeit, sondern eine psychologische Zwangsvorstellung. –
Es ist auffällig, daß sich folgender Text in Schellings Philosophischen Briefen
über Dogmatismus und Kriticismus von 1795 in einer Anmerkung findet:
»[...] ich sorge, auch dann noch zu seyn, wenn ich nicht mehr bin.
Deßwegen der Gedanke an Nichtseyn nicht sowohl etwas Schreckendes, als
Peinigendes hat, weil ich, um mein Nichtdaseyn zu denken, zugleich mich
selbst als existierend denken muß, also in die Nothwendigkeit versetzt bin
einen *Widerspruch* zu denken. Fürchte ich also wirklich das Nichtseyn, so
fürchte ich nicht sowohl dieses, als mein *Daseyn* auch nach dem Nichtseyn: – ich will gerne nicht daseyn, nur will ich mein Nichtseyn nicht
fühlen.« (Schelling 1927 ff., I 244; »Achter Brief«) Das Schreckende mag an
die Sinnlichkeit gebunden sein, das Peinigende jedoch ist eine Sache nur des
Verstandes. »Diese Täuschung hat sich in allen Schwärmereien der alten
Philosophie geoffenbart«, heißt es im Haupttext nach der Anmerkung (245).
Schelling begründet die Unmöglichkeit, das Ich im Denken zu negieren,
folgendermaßen: »Daß wir unsers eigenen Ichs nie los werden können,
davon liegt der einzige Grund in der absoluten Freiheit unsers Wesens, kraft
welcher das *Ich* in uns kein *Ding*, keine *Sache* seyn kann, die einer objektiven Bestimmung fähig ist. Daher kommt es, daß unser Ich niemals in einer
Reihe von Vorstellungen als Mittelglied begriffen seyn kann, sondern jedes-
mal vor jede Reihe wiederum als erstes Glied tritt, das die ganze Reihe von

Vorstellungen festhält; daß das handelnde Ich, obgleich in jedem einzelnen
Falle *bestimmt*, doch zugleich *nicht* bestimmt ist, weil es nämlich jeder
objektiven Bestimmung entflieht und nur *durch sich selbst* bestimmt seyn
kann, also zugleich das *Bestimmte* und das *Bestimmende* ist.« (Schelling
1927 ff., I 244)

12–13 in der Natur des Denkens, als eines Sprechens zu und von sich ◇
selbst.] So auch 192,31–32 (»Denken ist Reden mit sich selbst«). Christian
Wolff in der Psychologia empirica: »[...] *dum judicamus, nobismetipsis
tacite loquimur*« (§ 353; Wolff 1962 ff., II 5, 261). Die literarische Quelle für
diese Auffassung ist Platons Sophistes 238d.

14–15 mir auch nicht bewußt werden, daß] H: »so kann ich auch ◇
[Randzusatz: mir auch] nicht [durchstrichen: denken daß ich ni]«.

19 *Von der Einbildungskraft.*] H, A1: »Der Sinnlichkeit im Erkentnis- ◇
vermögen / Zweytes Kapitel / Von der Einbildungskraft / § 19 [A1: § 21]«. –
Vgl. 153,22–23. Der Titel erstreckt sich auf die Erörterungen von § 28 bis
inklusive § 39.

20–25 Die Einbildungskraft ... Gemüth zurückbringt.] Zur Unterschei- ◇
dung von produktiver und reproduktiver Einbildungskraft vgl. Pillau 25;
Menschenkunde 107. – Den Begriff der »produktiven Einbildungskraft«
benutzt auch Alexander Gerard, An Essay On Genius (1774) 29; I, II; der
Text ist Kant vertraut als: Versuch über das Genie, aus dem Englischen von
Christian Garve (1776). – Während Baumgarten nicht von einer produktiven Einbildungskraft spricht (man nehme denn die »facultas fingendi«,
§ 589–§ 594 als produktive Einbildungskraft im Gegensatz zur »phantasia«
§ 557–§ 571), begegnet dieser Begriff nicht wörtlich, aber sachlich häufig
bei Christian Wolff. In der Psychologia empirica heißt es: »Facultas produ-
cendi perceptiones rerum sensibilium absentium *Facultas imaginandi* seu
Imaginatio appellatur.« (§ 92; Wolff 1962 ff., II 5, 54) Gemäß der Kantischen
Auffassung von produktiver Einbildungskraft z. 20–29 ist das von Wolff
gemeinte Vermögen jedoch nur reproduktiv, weil es nicht zu einer »ursprünglichen Darstellung« (z. 22) »vor der Erfahrung« (z. 23), also apriori,
befähigt ist; innerhalb der reproduktiven Einbildungskraft wird in dem
zitierten Wolfftext nicht zwischen Gedächtnis und Phantasie unterschieden;
dazu 182,21–25, wo Kant nun das erste wiederum als reproduktive Einbildungskraft, die zweite als schöpferische Einbildungskraft faßt. Zu dieser
letzteren Verkomplizierung vgl. den Kommentar zu z. 34–35. – Christoph
Meiners, Kurzer Abriß der Psychologie zum Gebrauche seiner Vorlesungen
(1773) 48: »Die *Einbildungskraft* reproducirt aber nicht blosse angenehme
Empfindungen, in der Ordnung, in welcher wir sie erhalten haben: sondern
sie *verbindet, concentrirt, erhöht* und *verkleinert* [...]. diese Materialien: –
und dann verdient sie *den Titel einer schöpferischen Einbildungskraft*. –
Ihre *Producte* [...].« (48)

Condillac unterscheidet zwischen einer passiven und aktiven Einbildungskraft, ebenso Voltaire in dem Artikel »Imagination« des Dictionnaire
philosophique Bd. VII; Voltaire 1785, LIII, 19–39, hier 22–23. Hiermit
werden die Differenzen von »wit« und »judgement« und von Analysis und
Synthesis aufgenommen. – Zur Einführung der Unterscheidung von produktiver und reproduktiver Einbildungskraft vgl. J.H. Tredes Artikel
»Einbildung, Einbildungskraft I« in: HWPh II 346–348.

◇   **22–23** der ursprünglichen Darstellung des letzteren (exhibitio origina-
ria)] Vgl. dazu in der KrV B 152: »Sofern die Einbildungskraft nun
Spontaneität ist, nenne ich sie auch bisweilen die *produktive* Einbildungskraft, und unterscheide sie dadurch von der *reproductiven*, deren Synthesis
lediglich empirischen Gesetzen, nämlich denen der Assoziation, unterworfen ist, und welche daher [...] in die Psychologie gehört.« – Zu Kants
Verwendung des Begriffs der »Darstellung« vgl. die gut dokumentierte
Arbeit von Guido Traversa, L'unità che lega l'uno ai molti. La *Darstellung* in
Kant (1991).

◇   **24–25** oder *reproductiv ... ins Gemüth zurückbringt.*] So auch die KrV,
z.B. B 278: »Daraus, daß die Existenz äußerer Gegenstände zur Möglichkeit eines bestimmten Bewußtseins unserer selbst erfordert wird, folgt
nicht, daß jede anschauliche Vorstellung äußerer Dinge zugleich die Existenz derselben einschließe, denn jene kann gar wohl die bloße Wirkung der
Einbildungskraft (in Träumen sowohl als im Wahnsinn) sein; sie ist es aber
bloß durch die Reproduktion ehemaliger äußerer Wahrnehmungen [...].«

◇   **26** Reine Raumes- und ... erstern Darstellung] Vgl. 156,22–23 (»einer
reinen Anschauung [...] näher kommt.«) Kant hat nicht gezeigt, daß eine
derartige *reine* Anschauung des von aller Materie bzw. deren Empfindung
leeren Raumes und der empfindungsleeren Zeit wirklich möglich ist; er
postuliert die – transzendentale – Möglichkeit dieser Anschauung, da auf ihr
in seiner Theorie die Geometrie und Arithmetik beruht. Daß der *Sehsinn*
zur reinen Anschauung nicht in der Lage ist, wird 156,21–23 gesagt (anders
als vielleicht in der Dissertation von 1770, II 403,21; »oculis subiiciendo«),
und auch der menschlichen empirischen Vorstellung (eine imaginierte Anschauung) wird man die Reinheit nicht testieren können. – Zu beachten ist,
daß der Begriff der produktiven Einbildungskraft ab z. 34 anders als hier
verwendet wird.
   Zum Problem der reinen Anschauung von Raum und Zeit vgl. Brandt
1998 d.

◇   **33** heißt *träumen.*] H läßt nach einem durchstrichenen Text (402,5–9)
mit neuer Zeile die Überschrift »*Eintheilung*« folgen.

◇   **34–35** Die Einbildungskraft ... entweder *dichtend* (produktiv)] Vgl.
318,38. Kant geht hiermit über zu einer Form der produktiven Einbildungskraft, die Sinnesempfindungen voraussetzt; vorher war die produktive

Einbildungskraft ein »Vermögen der ursprünglichen Darstellung« (z. 22) *vor* der Erfahrung (z. 23) und damit auch der Empfindung. Dort gehörten *reine* Raum- und Zeitanschauungen zum Bereich der produktiven Einbildungskraft (z. 26). Der Begriff der produktiven Einbildungskraft wechselt also von der transzendentalen zur empirischen Ebene, und es ist nicht gerade korrekt, wenn Kant schreibt: »mit andern Worten« (z. 34). – Der Übergang von einer transzendentalphilosophischen zu einer empirischen, wenn auch poetischen Ebene ist kennzeichnend für die frühidealistischen Kunsttheorien, die hiermit ein von Kant nicht intendiertes, aber veranlaßtes Spiel treiben.

35–168,4 Die productive aber … immer nachweisen.] Vgl. dagegen die ad ◇ hoc-Äußerung in der KdU: »[…] so ist die Einbildungskraft hiebei schöpferisch und bringt das Vermögen intellectueller Ideen (die Vernunft) in Bewegung […]« (V 315,4–5). – Rationalisten und Empiristen sind sich darin einig, daß alle Vorstellungen der Einbildungskraft ihr Material aus den Sinnen beziehen. Die Frage ist nur, ob der »intellectus ipse« (»nihil est in intellectu, quod non ante fuerit in sensu, nisi intellectus ipse«) über Erkenntnisse nicht-sinnlicher Art verfügt.

4–10 Dem, der unter … zu haben, hervorbringen.] Hier wird in eine **168** langwierige Diskussion eingegriffen. Locke nimmt – natürlich – folgende Position ein: »But it is not in the Power of the most exalted Wit, or enlarged Understanding, by any quickness or variety of Thought, to *invent or frame one new simple* Idea in the mind, not taken in by the ways before mentioned: nor can any force of the Understanding, *destroy* those that are there.« (Locke 1975, 119–120; An Essay concerning Human Understanding II 2, 2). David Hume im Enquiry concerning Human Understanding (1975) 18–19 (II, Absatz 4 und 5). Aufgenommen u. a. von Dieterich Tiedemann, Untersuchungen über den Menschen (1777–1778) I 160–161: »Gegen diesen in der Erfahrung so sehr gegründeten Satz [John Lockes] macht Hume einen Einwurf, der scharfsinnig genug erdacht ist, […]. Man stelle, sagt er, alle verschiedene Stufen oder Abänderungen der blauen Farbe so neben einander, daß immer die zunächst höhere auf die vorhergehende niedere unmittelbar folge, und laße in dieser Progression eine einzige Lücke: so wird derjenige, der das Ganze aufmerksam übersieht, nicht nur finden, daß eine Lücke da ist; sondern er wird auch genau diejenige Farbe anzeigen, die ausgelaßen worden ist.« S. auch Klemme 1996, 197–198.

14–17 Es hat Leute gegeben … ein Kupferstich erschien.] Vgl. 159,30–32 ◇ mit Kommentar.

24–26 und einer den anderen … unterschieden sein mögen.] Die Mög- ◇ lichkeit wird dadurch eröffnet, daß wir bestimmten identifizierten Objekten gleiche Empfindungsprädikate (»Farbwörter«) zusprechen und dadurch zwar einen verbalen Konsens erzeugen können, jedoch keine Gewähr des

Konsenses der subjektiven korrespondierenden Empfindungen haben. Über diesen Sachverhalt hat gemäß unserer Quellenlage Aristipp nachgedacht, s. Kommentar zu 154, 19–22. – Tiedemann (s. den Kommentar z. 4–10) spricht im gleichen Zusammenhang von »aristippischen Einwürfen« (163).

169   1–2 so allgemein mittheilbar, als die Verstandesbegriffe.] Die Tätigkeit des Verstandes ist die notwendige und hinreichende Bedingung der Mitteilbarkeit. Sie ist entsprechend für private Empfindungen nicht gegeben, wohl aber z. B. für ästhetische Lust am Schönen (und, auf einem Umweg, auch am Erhabenen), weil ihre Grundlage das Spiel der Erkenntniskräfte inklusive des Verstandes oder der Vernunft ist, s. bes. § 9 der »Kritik der ästhetischen Urteilskraft« (bes. V 216,30–217,34).

◇   8 er spricht *Unsinn* (non sense)] H: »Unsinn (nonsense)«. – In den Druckschriften ist »Nonsense« nur in der KrV A 485 belegt. Vgl. Dohna 15. Vielleicht erinnerte sich Kant einer leidvollen Prüfung am 19. Januar 1791, an der er als Prodekan teilnahm und bei der dem Kandidaten Carl Benjamin Frubrig testiert wurde: »[…] dessen lateinisches *Exercitium* ist voller *Nonsens* und grammatischer Schnitzer. Die deutsche Übersetzung aus *Phaedro* ist mehrenteils ohne Sinn.« (Freundlicher Hinweis von Werner Euler; demnächst in: Kants Amtstätigkeit.)

◇   15 den gesunden Menschenverstand … Gemeinsinn nennt] Vgl. 145,13–25.

◇   22–23 § 29. Die Einbildungskraft … Genießmittel] H: »§ 20 / Die wahre Trunckenheit ist der wiedernatürliche Zustand des Unvermögens, seine Sinnesvorstellungen nach Erfahrungsgesetzen zu ordnen, sofern jenes die Wirkung eines absichtlich genommenen Genießmittels ist:« S. den Text 165,32–34 und den Kommentarhinweis dazu . Es ist schwer verständlich, warum Adickes 1920, 98 Anm. 1 schreibt: »In Kants Anthropologie-Handschrift (Rostock) fehlt noch der ganze § 29 samt der Anmerkung über Schwindel und Seekrankheit (VII 169–172). Es genügte ein Blick in Band VII. Aliquando dormitat Homerus.«

◇   26–28 Dahin gehört der *Schwindel* … ohne Geländer)] 178,11–13; 264,4–9. S. auch den Hinweis zu 154,7–11. Vgl. Montaigne, Essais (1992) 365; II 12: »Man lege zwischen zween solche Thürme einen so breiten Balken, daß einer darauf gehen kann: dem ungeacht wird keine philosophische Weisheit so standhaft sein, daß sie uns Muth machen sollte darüber zu gehen, wie wir thun würden, wenn er auf der Erde läge.« Borowski berichtet in seiner Kant-Biographie: »Einst war ich eben bei ihm [Kant], da ihm Marcus Herz eine Schrift über den Schwindel zuschickte, vor der Kants Name stand. Kaum hatte er den Titel gesehen und dabei geäußert, daß er vom Schwindel frei sei, als er dem Diener auch schon befahl, es zu seinen übrigen Büchern (er sagte nie, in seine Bibliothek) zu tragen. Sicher hat er die Zueignungsschrift nie gelesen, […].« (Borowski 1912, 71)

32–38 Die Seekrankheit … Eingeweide reizte.] Vgl. 264,4; 9–17. – Explizite Bezugnahmen auf eigene Erfahrungen: 190,6–15; 195,30–34. In den Nachschriften der Anthropologie-Vorlesungen gibt es keine derartigen expliziten Verweise. ◇

2 das Chica der Peruaner] – S. Busolt 125 mit Kommentar Nr. 42. 170

9–11 Alle diese … vergessen zu machen.] Vgl. unten z. 33–35: »[…] der ◇ Berauschte fühlt nun nicht die Hindernisse des Lebens, mit deren Überwältigung die Natur unablässig zu thun hat«; und 231,31–35: »Es sind kleine Hemmungen der Lebenskraft mit dazwischen gemengten Beförderungen derselben, welche den Zustand der Gesundheit ausmachen, den wir irrigerweise für ein continuirlich gefühltes Wohlbefinden halten; da er doch nur aus ruckweise (mit immer dazwischen eintretendem Schmerz) einander folgenden angenehmen Gefühlen besteht.«

27 oder blos lallend] Fehlt in H. ◇

31 ut conviva satur] »Als befriedigter Gast« – Horaz, »Satiren« I 1, 119: ◇ »cedat uti conviva satur«. Bei Horaz »wie«, nicht »als« befriedigter Gast.

34–35 die Hindernisse des Lebens … zu thun hat] Vgl. § 60 mit den ◇ Kommentaren.

14 virtus eius incaluit mero] »Seine Tugend erhitzte sich durch reinen 171 Wein«. Parow 76 und Kommentar Nr. 82. Vgl. Refl. 1484 (XV 698,32). – Horaz, »Carmina« III 21, 11–12: »narratur et prisci Catonis / saepe mero incaluisse virtus«; mit dem »stoischen Verehrer« meint Kant Seneca, der vom jüngeren (!) Cato in De tranquillitate animi sagt: »et Cato vino laxabat animum curis publicis fatigatum« (XV 11).

14–17 von den alten Deutschen … ohne Verstand wären.«] Vgl. Parow 75 ◇ mit Kommentar Nr. 81.

24–26 Auch sagt *Hume*: »Unangenehm … Platz zu machen.«] David ◇ Hume, Vermischte Schriften (1755–1756) III 77; Sittenlehre der Gesellschaft »Der vierte Abschnitt:«: »Ich hasse einen Saufbruder, saget ein griechisches Sprüchwort, der niemals vergißt. Die Thorheiten des letzten Gelags sollten in ewige Vergessenheit begraben werden, damit die Thorheiten des nächsten Gelags desto weniger eingeschränkt seyn möchten.« Kant gibt den Text wie meistens bei der Bezugnahme auf andere Autoren ungenau wieder. Zurückgehend auf Plutarch, Moralia, Quaestiones convivales I 612 c: »Ich hasse den Mittrinker, der nicht vergißt«. S. auch XXV 1608 und 1636 s. v. »Plutarch: Moralia«. Vgl. Menschenkunde 11 mit Kommentar Nr. 8. Rousseau, Nouvelle Héloise I 23 (Rousseau 1959 ff., II 81).

29–35 die vor einem halben … überflüssig sein.] H: »Politik an nordi- ◇ sche Gesandte abzuschicken«. – Pillau 23: »Deswegen schickten die Frantzosen auch solche Gesandte nach Norden, die im Truncke wohl erfahren waren, damit er desto ehr die Geheimnisse erfahren möchte.« Vgl. Kommentar Nr. 12: Die Quelle ist nicht ermittelt.

172   6 weichmüthig oder ... stumm] H: »zärtlich oder andächtig«.

◇   9 selber lachen.] Es folgt in H »§ 21 / [durchstrichen: Der Schlaf] Die
Ohnmacht und der Tod, deren die erstere«; s. den Kommentar zu 166,26.

◇   10–11 Die Originalität ... heißt Genie] Vgl. die Bestimmung in der
»Kritik der ästhetischen Urteilskraft«: »Man sieht hieraus, daß Genie 1) ein
Talent sei, dasjenige, wozu sich keine bestimmte Regel geben läßt, hervorzubringen: [...] folglich daß *Originalität* seine erste Eigenschaft sein
müsse.« (V 307,33–308,1)

◇   12 stimmt sie dazu nicht zusammen, *Schwärmerei*.] Zum Parallelphäno-
men in der Ästhetik vgl. V 308,2 (»da es auch originalen Unsinn geben
kann«); 310,15–20.

◇   12–14 Es ist merkwürdig ... denken können.] Vgl. 178,1–5; 400 (ad
175,10ff.); Refl. 1115 (XV 497,18–498,2). Vgl. den Kommentar zu 178,2–8.
In der Renaissanceästhetik wird die antike Vorstellung der inneren Korres-
pondenz von Vernunft und menschlichem Körper vertieft, vgl. bes. Luca
Pacioli im Anhang seiner Schrift *De divina proportione* (1497): Alle Maße
seien vom menschlichen Körper abgeleitet, in seinen Proportionen offen-
bare Gott die inneren Geheimnisse der Natur, d. h. den die Natur im ganzen
bestimmenden Logos (Pacioli 1889, 129). Herders Aufsatz »Plastik« von
1778 ist der Versuch, »den *simpelsten Begrif* und *Bedeutung der Form* und
zwar der edelsten, schönsten, reichsten Form, eines *Menschlichen Körpers*«
zu entwickeln (Herder 1877ff., VIII 41). Dazu Häfner 1995, 145. Der
Künstler kann nach Kant eine Normalidee (ein Durchschnittsmaß) von beliebigen Dingen bilden, jedoch: »Von der *Normalidee* des Schönen ist doch
noch das *Ideal* desselben unterschieden, welches man lediglich an der
menschlichen Gestalt [...] erwarten darf.« (V 235,12–14) – Hegel sagt
darüberhinaus in der Ästhetik (1955) 115: »Das Personifizieren und
Vermenschlichen hat man zwar häufig als eine Degradation des Geistigen
verleumdet, die Kunst aber, insofern sie das Geistige in sinnlicher Weise zur
Anschauung zu bringen hat, muß zu dieser Vermenschlichung fortgehen, da
der Geist nur in seinem Leibe in genügender Art sinnlich erscheint. Die
Seelenwanderung ist in dieser Beziehung eine abstrakte Vorstellung, und die
Physiologie müßte es zu einem ihrer Hauptsätze machen, daß die Leben-
digkeit notwendig in ihrer Entwicklung zur Gestalt des Menschen fort-
zugehen habe als der einzig für den Geist angemessenen sinnlichen
Erscheinung.«
Dagegen meinte Xenophanes: »Doch wenn die Ochsen und Rosse und
Löwen Hände hätten oder malen könnten mit ihren Händen und Werke
bilden wie die Menschen, so würden die Rosse roßähnliche, die Ochsen
ochsenähnliche Göttergestalten malen und solche Körper bilden, wie jede
Art gerade selbst ihre Form hätte. – Die Äthiopen behaupten, ihre Götter
seien stumpfnasig und schwarz, die Thraker, blauäugig und rothaarig.« (DK

I 132–133; Frg. 15 und 16) Dies wäre nach Kant die empirische Normalidee, s. V 234,28–30.

Hans Esselborn, »Vexierbilder der literarischen Anthropologie. Möglichkeiten und Alternativen des Menschen im europäischen Reiseroman des 17. und 18. Jahrhunderts« (1994). – Karl Siegfried Guthke, Der Mythus der Neuzeit. Das Thema der Mehrheit der Welten in der Literatur- und Geistesgeschichte von der kopernikanischen Wende bis zur Science Fiction (1983).

23–30 Wenn der Mangel eines Sinnes … zu machen sucht] S. 159,16 mit ◊ Kommentar. Vgl. Konrad Friedrich Udens Anmerkung in Albrecht von Hallers Grundriß der Physiologie für Vorlesungen (1781): »Ueberhaupt aber findet sich bei Menschen, denen Ein Sinn fehlet, mehrenteils eine vorzügliche Stärke in irgend einem andern. Man könnte dies für einen Ersatz der alles in gewisser Absicht gleichmässig austheilenden Natur halten, wenn nicht mehrere Gründe bei dem allen diese vorzügliche Schärfe eines Sinnes auf die Seele zurück brächten, deren Aufmerksamkeit nicht nur auf die Sinne zu wirken, sondern auch sie zu schärfen vermag. Der Übersetzer.« (270–271) Der Fall eines »Vikariats« des einen Sinnes durch einen anderen betraf die von von Haller berichtete Möglichkeit, durch das Gefühl Farben wahrzunehmen »([…]; diese Unterart des Gefühls ist bisweilen bei einzelnen Menschen so fein, daß sie blos durchs Gefühl die Farben der berührten Flächen zu unterscheiden im Stande sind«).

30–173,1 wenn eine … frei macht] Kants Erfahrung bezieht sich vor ◊ allem auf die Blindenoperation, die seit 1694 (Stichwort: Molyneux-Problem) philosophisch interessant geworden war; vgl. seine Erkundigung im Brief an Ludwig Ernst Borowski vom 6. März 1761 (X 34).

5 durch productive Einbildungskraft] Der Begriff wird hier im Sinne 173 Wolffs verwendet, vgl. den Kommentar zu 167,20–25.

8–9 eine ansehnliche Statur zu geben] Vgl. Refl. 1240 (XV 548,14–15). ◊

19–24 Es ist nicht rathsam … als einbüßen kann.] Vgl. Refl. 298: »Man ◊ muß daher keine große Erwartungen erregen […].« (XV 115,3)

29–32 Ist nun aber das … das größte Gelächter.] Vgl. die Bestimmung ◊ des Lachens in der KdU: »*Das Lachen ist ein Affect aus der plötzlichen Verwandlung einer gespannten Erwartung in nichts.*« (V 332,34–35)

33–174,13 Wandelbare, in Bewegung … Stoff unterzulegen.] Vgl. die ◊ parallelen Ausführungen in der »Kritik der ästhetischen Urteilskraft« § 22, V 243,29–244,2 (»[…] so wie etwa bei dem Anblick der veränderlichen Gestalten eines Kaminfeuers oder eines rieselnden Baches, welche beide keine Schönheiten sind, aber doch für die Einbildungskraft einen Reiz bei sich führen, weil sie ihr freies Spiel unterhalten.«)

7 scheint darin] H: »scheint mir darin«.   174

13–18 Der Engl. Zuschauer erzählt … Unsinn redete] Vgl. Dohna 43 ◊ (XXV 1540,7–10): »Ein Advocat in Paris hatte sich gewöhnt, wenn er vor den Schranken redete einen Bindfaden um den Finger auf und ab zu wickeln, sein Gegenpart bemerkte dieses, prakticirte ihm den Bindfaden weg und gewann den Proceß.« Refl. 199: »Advocat mit dem Faden« (XV 76,19). Die Anekdote findet sich nicht im Spectator Nr. 77, wie Külpe in seiner Anmerkung annimmt.

◊   **20 fremde]** Fehlt in H, störender Zusatz.

◊   **23 *Von dem sinnlichen Dichtungsvermögen*]** H fügt »dem sinnlichen« nach der ersten Niederschrift ein, desgleichen ist in der Überschrift z. 31 »sinnlichen« erst nach der Niederschrift eingefügt; z. 28 ist zwischen »das der« gestrichen: »intellectuelle Dichtungsvermögen«. Das Wort »sinnlichen« z. 25 ist erst durch die Ergänzung von A 2 in den Text gekommen. 176,4 und 25 hat H auch in der ursprünglichen Fassung den Text von A 1 und A 2.

◊   **25–29 Es giebt drei … von einander (affinitas).]** Ms. 400 147: »Die beyde Associationen der Begleitung und Nachbarschaft, weil sie sich auf Zeit und Raum beziehen sind Associationen der Sinnlichkeit, die Association der Verwandtschaft ist aber eine Association des Verstandes.« So auch Menschenkunde 109. Die Trias entspricht also der Dreiheit von Raum, Zeit und Verstand; so auch die Abfolge in der KrV, gefaßt unter den Titeln der »Transzendentalen Ästhetik« (Raum, Zeit) und »Transzendentalen Logik«. – Die Anthropologie von 1798 sieht das Assoziationsprinzip nur noch für die »beigesellende Anschauung« (z. 27) vor und streicht aus der (in H ursprünglich als intellektuell gefaßten) Verwandtschaft die Ähnlichkeit (zu letzterer Ms. 400 146–147). – Die drei Humeschen Prinzipien der Assoziation oder »Gründe der Verknüpfung unter den Begriffen« sind »die Aehnlichkeit, Nähe in Zeit und Ort, und Ursachen oder Wirkungen« (in der von Kant gelesenen Übersetzung Versuch über den menschlichen Verstand (1755) 46). – Beim frühen Kant und bei Herder gibt es verschiedentlich die Zusammenstellung von Raum, Zeit und Kraft. Durch die Orientierung an dieser Trias wird eine Ordnung und ein Prinzip der Vollständigkeit der verschiedenen Arten des sinnlichen Dichtungsvermögens erzeugt.

◊   **25–26 § 31. Es giebt … Diese sind]** H: »§ 20 / Sie sind«; A1, A2: »§ 23. Sie sind«.

◊   **28–29 das der *Verwandtschaft* … von einander (affinitas).]** Zu den Begriffen »Verwandtschaft« und »affinitas« s. 177,19 und den zughörigen Kommentar.

◊   **32–175,12 Ehe der Künstler … auch mit uns.]** Vgl. Refl. 370 (XV 144,14–145,15).

175   **3–5 wenn sie aber … Producte *natürlich*;]** Zusatz von A 2, also ein Text, der nicht von Kant stammen wird.

◊   **6–7 verfertigt er aber … so gestaltete Gegenstände]** Die »so gestaltete[n] Gegenstände« sind die gleichsam handgreiflichen Gestalten (s. 174,32), die

der Künstler nach in der Einbildungskraft »verfertigt[en]« (174,33) Bildern
»verfertigt« (z. 6).

7 wie der Prinz Palagonia in Sicilien] Dohna 43: »In Neapel ist der reiche ◇
Prinz von Palagonien, (er mag noch leben, vid. Brydone's Reisen (campag-
nes) durch Neapel und Sicilien) der um sein Palais in einer Villa ausseror-
dentlich viel Statuen hat erbauen lassen. Sie sind über alle Beschreibung toll
und zügellos fantastisch. Z.E. Ein Gott mit einem Hundkopf. pp.«. Vgl.
auch Matuszewski 79; im Opus postumum XXII 383,12–15; Brydone 1774,
II 45–52: »Die Bildsäulen, welche den großen Eingang zieren, oder vielmehr verstellen, und welche den Hof des Pallastes umgeben, belaufen sich
allbereits auf 600. und dessen ungeachtet kann man in Wahrheit sagen, daß er
das zweyte Gebot nicht übertreten habe, weil nichts darunter ein Bildniß
oder Gleichniß von irgend einer Sache oben im Himmel, oder unten auf
Erden, oder im Wasser unter der Erden ist.« (47)
Vgl. dazu die Hinweise von Eckart Förster in: Kant, Opus postumum
(1993) 272 (Anmerkung 70). – Goethe, Italienische Reise, 9. April 1787
(Goethe 1948 ff., XI 242–247, s. auch die zugehörige Anm. S. 630).

8–9 abenteuerlich, ... sind gleichsam] Zusatz von A 2, wie z. 3–5. ◇

9–10 velut aegri somnia vanae finguntur species] »Die leeren Gestal- ◇
ten werden erdichtet wie Traumbilder eines Kranken.« Horaz, »De
Arte poetica« 7–8: »[...] velut aegri somnia, vanae / finguntur species,
[...]«. Das Zitat diente schon als Motto der Träume eines Geistersehers
(II 315,5–6).

10–12 Wir spielen oft ... auch mit uns.] Vgl. 136,19–24 und Kommen- ◇
tar.

19–22 aber eben das ... führen müßte.] Vgl. 190,3–6: »Das Träumen ◇
scheint zum Schlafen so nothwendig zu gehören, daß Schlafen und Sterben
einerlei sein würde, wenn der Traum nicht als eine natürliche, obzwar
unwillkürliche Agitation der inneren Lebensorgane durch die Einbildungskraft hinzukäme.« 190,33: »[...] kein Schlaf ohne Traum«. Anders Collins,
verbessert mit Philippi: »Im Schlummer allein träumt man, im tiefen Schlaf
nie, denn da haben wir eigentlich keine sinnliche Empfindungen.« (56) Aber
dann heißt es sogleich: »Der Chimairen im tiefen Schlaf sind wir uns, wenn
wir aufwachen, nicht bewußt« (56). »Will man nicht träumen, so muß man
suchen fest zu schlafen, [...] Kurzer und fester Schlaf erhällt und stärckt am
besten, schlechter Schlaf und Traum ermüden.« (84)
Vgl. Schelling, Erster Entwurf eines Systems der Naturphilosophie (1799):
»Ebenso das Träumen, manche andere Erfahrungen, z.B. der Vorsatz zu
erwachen. Kant: das Träumen eine Veranstaltung der Natur, weil ohne das
der Schlaf in völliges Erlöschen des Lebens übergehen würde. Insofern
wahr, als die Sensibilität überhaupt nicht als mit dem Leben selbst erlöschen
kann. Wohl aber kann die Sensibilität so weit herabgestimmt werden, daß sie

z. B. zur Hervorbringung der natürlichen Bewegungen hinreicht.« (Schelling 1927 ff., II 158)

◇   **20 Lebenskraft]** S. a. 164,11 u. ö.

◇   **26 im Zustande einer Zerstreuung]** Die Zerstreuung ist Thema einer besonderen Abhandlung, s. § 47 (206,1–208,28).

◇   **31–33 würden wir die folgende … zu leben wähnen würden.]** Es entstünde dann eine zusammenhängende Erfahrung, und damit würden die Träume das Wirklichkeitskriterium erfüllen; vgl. dazu Klemme 1996, 208–210.

◇   **33–176,2 Das Träumen ist … Welt annehmen.]** Fehlt in H.

◇   **34–35 Erregung der Lebenskraft durch Affecten]** Hier erscheint deutlich, daß die geträumten Affekte (natürlich) real sind. Vgl. Refl. 396 (XV 159,6–9).

176   **4–5** *Von dem sinnlichen Dichtungsvermögen der Beigesellung.*] Die Assoziation wird hier zur gewohnheitsmäßigen Kopie einer Vorstellungsfolge. Bei Hume wird dagegen die Assoziation aus bestimmten Verhältnissen des Vorgestellten begründet; s. den Kommentar zu 174,25–29. – Zum Problem der Differenz von Ideenverbindung zu komplexen Ideen und zu Urteilen vgl. die Analyse bei Stephen K. Land, The Philosophy of Language in Britain. Major Theories from Hobbes to Thomas Reid (1986). Eine Einführung in die Tradition, in der Kant steht, gibt David F. Markus, Die Associationstheorien im XVIII. Jahrhundert (1901); diese bei Benno Erdmann angefertigte Untersuchung erwähnt Kant allerdings nicht.

◇   **8–17 Eine physiologische Erklärung … gleichsam berühren.]** Es wird der Gedanke der »Vorrede« (119,11–27) aufgenommen.

◇   **20 Kette der Vorstellungen]** Schon im Ms. 400 153: »[…] wenn man die Kette seines Laufs der Imagination nicht weiß.« Die »Kette der Vorstellungen« ist Teil oder Abbild der »Great Chain of Being« (dazu Arthur Lovejoy, The Great Chain of Being. A Study of the History of an Idea (1965).

◇   **22–23 in meinem Gespräch]** Es ist wohl an das Denken als einem Sprechen mit sich selbst gedacht; vgl. VII 113,20–27 (Streit der Fakultäten, 3. Abschnitt).

◇   **28–177,32 Daher muß der … Predigt sehr ankommt.]** Bei Reichel heißt es in dem korrespondierenden Abschnitt: »[…] weil man gemeinhin, wenn man in Gesellschaft kommt von dem Wetter redet. (Es würde sehr übel lassen, wenn man beym Eintritt in die Gesellschaft sagen möchte: ›Die Königin von Franckreich hatt ein unglückliches Schicksaal‹.).« (36; eine weitere belanglose Anspielung auf die Ereignisse in Frankreich: »Die Leute sind in Gesellschaft unangenehm die mit ihren Gedanken herum schweifen. Z:E: Wenn die Rede von dem Kriege der Franzosen ist; so kann ein solcher Mensch wohl auf die französische Weine oder Moden kommen«, 41).

◇   **28 einen gesellschaftlichen Discours]** H: »einen Discurs«.

32 Behelf. Denn etwa] H (auch A1): »Behelf. Wird der Ankömmling ◇
über die nicht erwartete Feyerlichkeit derselben perplex so sagt man er hat
die Tramontane verlohren d. i. er hätte vom bösen Nordwind der jetzt eben
herrscht das Gespräch anheben können (oder vom Sirocco wenn er in Italien
ist). Denn etwa«. Vgl. 166,34–36 mit Kommentar.

32 Nachrichten aus der Türkei] Eine analoge Formulierung fehlt in ◇
den Vorlesungsnachschriften. Die Nachrichten aus der Türkei, an die Kant
denken könnte, werden den (von Rußland unterstützten) Aufstand der
Griechen gegen die Türken betreffen. Der Befreiungsversuch, den Hölderlin im Hyperion schildert, führte zu der Diskussion, ob die Griechen
zu ihrem ursprünglichen Charakter zurückkehren, wenn sie einmal die
Türkenherrschaft abgeschüttelt haben; vgl. den Kommentar zu 319,31–
320,3.

Auf dieselben »Nachrichten aus der Türkei« bezieht sich Goethe im Faust
I: »Nichts Besseres weiß ich mir an Sonn- und Feiertagen / Als ein Gespräch
von Krieg und Kriegsgeschrei / Wenn hinten weit, in der Türkei / Die
Völker auf einander schlagen.« (Vs. 860–863; Goethe 1948 ff., III 34)

1–2 das Abspringen von einer Materie auf eine ganz ungleichartige] Vgl.   177
Randnotiz H zu 177,32 (»Das Abspringen von der Materie des Discurses«);
207,24–26 (»sie muß aber nicht von einer auf die andere wider die natürliche
Verwandtschaft der Ideen abspringend sein«); zum »Abspringen« in moralischer Hinsicht 292,12–13 (»nicht wie in einem Mückenschwarm bald
hiehin bald dahin abzuspringen«).

5 eine Art Unsinn der Form nach] Dauert dieser Unsinn an, öffnet sich ◇
das Irrenhaus: s. 214,25–215,4.

8–11 Die regellos herumschweifende … geträumt hätte.] Vgl. 207,23–30. ◇

11–12 Es muß immer ein Thema sein] Vgl. 207,28 (»Einheit der Unter- ◇
redung«); »Thema« noch 122,2 und 213,14. Sachlich einschlägig sind die
Ausführungen 214,25–215,4; s. den zugehörigen Kommentar.

In den Druckschriften begegnet der Begriff nicht vor 1781, KrV A 132;
in den Anthropologie-Nachschriften u. a. Collins 158; Pillau 37; Menschenkunde 110. S. auch die um 1776–1778 datierte Refl. 811: »So müssen wir
selbst beym Spiel eine idee oder ein thema haben, welches eine einzige
Vorstellung ist, die durch die ganze Beschaftigung durchgeht, damit durch
die Vereinigung die Belebung desto vollkommener sey.« (XV 361,3–5) In
der 2. Auflage der Kritik thematisiert Kant die Einheit des Themas in einer
für die Anthropologie wichtigen Weise in folgendem Vergleich: »In jedem
Erkenntnisse eines Objektes ist nämlich *Einheit* des Begriffes, welche man
qualitative Einheit nennen kann, sofern darunter nur die Einheit der
Zusammenfassung des Mannigfaltigen der Erkenntnisse gedacht wird, wie
etwa die Einheit des Thema in einem Schauspiel, einer Rede, einer Fabel.«
(B 114)

◇   16–17 dem Verstande *gemäß*, ... *aus* dem Verstande abgeleitet] Die
Heraushebung von *gemäß* und *aus* zeigt, daß Kant hier an eine auch sonst
gebrauchte Kontrastbildung denkt; so handelt mancher zwar pflicht*gemäß*,
wiewohl nicht *aus* Pflicht, s. IV 398, und V 81,13–19.

◇   19–24 Das Wort *Verwandtschaft* (affinitas) ... erzeugt werden können.]
»Von der Anziehung durch *Affinität* Diese besteht nämlich darin daß
Heterogene Theile sich sammlen Expansiv//kraft und Anziehung durch
Affinität sind zwey Kräfte die einander entgegen wirken Die Bindung des
freyen Wärmestoffs reducirt sich ganz allein auf die Aufhebung seiner
Elasticität durch Verwandtschaft gegen die Theile des bindenden Korpers.
(Was ist aber Verwandschaft?)«. (XXI 479,21–27; Konvolut IV, datiert
15. April 1798-Oktober 1798) »Jetzt sieht man den Wärmestoff als etwas an
das sich nach seiner verschiedenen Verwandtschaft mit den Körpern chy-
misch verbindet und dadurch die Wirksamkeit die es im freyen Zustande
hatte verlieren kann. [...] Eben so wie Säuren durch Verbindung mit
Laugensalzen ihre Aetzkraft verlieren und nach der Trennung von denselben wieder zeigen – Wahlverwandschaft.« (XXI 480,21–481,3, noch Konvolut IV; XXI 561; XXII 161). Vor 1796 (?) wird der Begriff der Verwandtschaft und Affinität von Kant zwar häufig benutzt, jedoch nicht mit der
Chemie in Verbindung gebracht. – Im »chemischen Zeitalter« (so Friedrich
Schlegel, zit. nach Jeremy Adler, »Eine fast magische Anziehungskraft«.
Goethes ›Wahlverwandtschaften‹ und die Chemie seiner Zeit (1987) 84) wählt
auch Kant die chemische Reaktion, bei der spezifisch heterogene Stoffe
durch ihre Vereinigung etwas Neues erzeugen, was nur auf Grund dieser
chemischen Verbindung möglich ist, als Muster eines analogen psychischen
oder geistigen Vorgangs. Dieses Muster ist unterschieden von dem eines
Antagonismus der Kräfte, die durch Attraktion und Repulsion aufeinander
wirken; für dieses letztere war Newtons Auffassung im Vorwort zur 1. Auflage der Principia wichtig: »I am induced by many reasons to suspect that
they [sc. phenomena of nature] may all depend upon certain forces by which
the particles of bodies, by some causes hitherto unknown, are either mutu-
ally impelled towards one another and cohere in regular figures, or are
repelled and recede from one another« (Newton 1934, I xviii). – Zum
Einfluß der Chemie auf die Gedankenbildung der Spätzeit Kants vgl.
277,7–8 mit Kommentar. In den Vorlesungsnachschriften fehlen korrespondierende Überlegungen. – Mögliche Quellen führt Jeremy Adler (1987) auf,
s. dort das Kapitel »Die Theorie der chemischen Verwandtschaft« (32–83).
S. auch Nisbet 1970, 82–84.

◇   19 Das Wort *Verwandtschaft*] Das Wort wurde 176,25 und 26 benutzt.
Die Erklärung der Verwandtschaft als einer »Vereinigung aus der Abstam-
mung des Mannigfaltigen von einem Grunde« ließ offen, welcher Art die
Vereinigung sein sollte.

20 jener Verstandesverbindung] Es muß sich wohl um die Verbindung ◇
handeln, die der Verstand im Stoff der Sinnlichkeit herstellt, z. 11–13. Aber
der Bezug ist wenig klar.

21–22 innigst auf einander wirkenden] Die »Innigkeit« ist häufig das ◇
Signalwort für einen chemischen im Gegensatz zu einem mechanischen Vorgang; hier 157,23; 160,18; IV 530,3; V 467,26; XXI 453,19: »Was ist Chemie
Die Wissenschaft der inneren Kräfte der Materie.« Dagegen: »Anziehung ist
eine die Materie außer einem Korper bewegende Kraft [...].« (XXI 454,6)

23–29 drittes bewirkt, ... entsprossen sein könne.] A1 und A2; H: ◇
»drittes voraussetzt, von welchem beyde als Stammglieder eines und desselben (obgleich für uns unbegreiflichen) Princips ihren Ursprung haben.« Es
fällt hier schwer, die Textergänzung als Werk nur des Redaktors von A1
anzusehen. Als Vorbild diente dann vielleicht folgender Text der KrV: »Nur
so viel scheint zur Einleitung oder Vorerinnerung nötig zu sein, daß es zwei
Stämme der menschlichen Erkenntnis gebe, die vielleicht aus einer gemeinschaftlichen, aber uns unbekannten Wurzel entspringen, nämlich, Sinnlichkeit und Verstand [...].« (A 15; auch B 29) Dazu Vaihinger 1970, I 485.
Weitere Literatur zusammengestellt bei Heinz Jahnson, Kants Lehre von der
Subjektivität (1969) 268–269; jetzt auch Baumanns 1997, 77–78. Nach
Baumanns enthält die transzendentale Apperzeption die beiden Erkennt-
nisstämme als Ursprung in sich bzw. verweist selbst auf einen zweiten (den
sinnlichen) Erkenntnisursprung.

30–32 Das Gemüth verlangt ... Predigt sehr ankommt.] Randnotiz von ◇
H: »Das Abspringen von der Materie des Discurses« (s. Kommentar zu
177,1); die Notiz ist von Külpe fälschlich 175,17 lokalisiert (402). – Vgl.
208,18–28 mit Kommentar.

33–35 Man könnte die ... in der Chemie) hervorkommt.] Welche »zwei ◇
ersten Arten«? Sinngemäß müßten es Vorstellungszusammensetzungen sei
es nur der Sinnlichkeit (Raum und Zeit) sein. Somit griffe der Texte auf
174,25–29 zurück.

34 mathematische ... dynamische] Zum Kontrast vgl. die Randnotiz zu ◇
178,27 mit Kommentar.

36–37 Das Spiel der Kräfte ... als des Körpers] Hiermit zeichnet sich ◇
eine identische Wirkungsweise in der leblosen und lebenden Natur, in
Körper und Seele ab, so daß die Analogie (z. 20–21: »analogische Wechselwirkung«) von körperlicher (z. 19–24) und seelischer (z. 24–29) Zeugung in
einem identischen Grund vermutbar wird.

37 Zersetzungen und Vereinigungen] Wie kommt es zu den Zersetzun- ◇
gen?

1 § 32. Die Einbildungskraft] H: »§ 21 / Erläuterung durch Beispiele. / **178**
Die Einbildungskraft«. A1: »Erläuterung durch Beispiele. § 24. Die Einbildungskraft«.

◇   **2–8** Wir können uns ... dichten, wie er will.] S. oben 172,12–14 und den Kommentar dazu.

◇   **7** Flügel, Krallen oder Hufe).] Vgl. Ms. 400 631–632: »So pflegt man auch den Engeln denen man auch eine menschliche Gestalt giebt, noch Flügel hinzuzusezzen, die aber sehr unpaßend sind, indem ein solcher Mensch der Flügel an den Schultern hätte gar nicht fliegen könnte, weil kein Gleichgewicht ist.«

◇   **11–13** Daher der Schwindel ... Geländer steht.] Vgl. 169,26 und 264,4. S. auch Refl. 365 (XV 143,12–14) und XXI 348,26.

◇   **20** Das *Heimweh* der Schweizer] In der (noch nicht publizierten) Physischen Geographie Hesse von 1770 heißt es: »Die Westphäler, die Schweitzer und viele Pommern werden von dem Heimweh afficiret. Es scheinet daß besonders armselige Nationen und die an groben Speisen gewohnt sind, damit behaftet sind. Je mehr ihre vorige Lebensart der Einfalt der Natur nahe gekommen, desto größer mag das Verlangen darnach seyn, wo sie nach ihrem natürlichen Hange ganz ungekünstelt und von keinem bemerkt leben können. Diese Sehnsucht ereignet sich besonders bey denen Schweizern ganz wieder die Vorstellung der Vernunft. Sie mögen sich auch noch so zu bereden suchen, daß der vorige, Zustand elend, und der jetzige weit beßer ist, so müßen sie durchaus ins Vaterland. Wenn sie hinkommen, so gefällt es ihnen nicht, und sie kommen gemeinhin wieder. Besonders befällt sie dieses Übel bey einem gewißen Tag, dem Kuhreigen, der in ihrem Vaterlande gewöhnlich ist, wo sie alsdenn inn eine Schwermuth fallen, und im Stande sind ihr Leben daran zu setzen, das Vaterland zu suchen.« (63) Vgl. in der Physischen Geographie die Hinweise IX 244,33–246,2; 247,33–248,15. – Zuerst publizistisch herausgestellt in der Dissertatio curioso-medica De nostalgia oder Heimweh von Johann Jakob Harder (1656–1711) unter dem Vorsitz von Jakob Hofer (Basel 1678). Rousseau in seiner Lettre à d'Alembert (Rousseau 1959 ff., V 122). Vom Heimweh handelt ausführlich Hieronymus David Gaub[ius] im zweiten Vortrag (gehalten 1773) seiner Sermones II. academici de regimine mentis (1776). S. die kommentierte Übersetzung von L. J. Rather, Mind and Body in Eighteenth Century Medicine. A Study Based on Jerome Gaub's De regimine mentis (1965) 175–177 und 233–234.

◇   **20–22** wie ich es ... in einigen Gegenden] Der angesprochene General ist nicht ermittelt. Die Nachricht muß vor 1770 datiert werden, da sie auch in der zu z. 20 zitierten Physischen Geographie Hesse erwähnt wird.

◇   **24** Gesellschaft] H und A1: »Gesellligkeit«.

◇   **27** des Ungleichartigen. Wir gelangen] In dieser Texthöhe beginnt folgende Randnotiz in H: »1. Bildung durch kalte oder warme Crystallisation indem ein Auflösungsmittel (Wärme oder Wasser entweicht. e. g. im Kalkspat) / a) die mechanische Bildung der Gestalt: wo der S o?e? / b.) die Zusammenfügung / Die Synthesis der Aggregation (mathematisch) und der

Coalition (dynamisch). / Verstand Urtheilskr. Vernunft.« Diese Randnotiz
muß in ein Verhältnis zu den gleichzeitigen Spekulationen im Opus postumum gesetzt werden und sollte in dessen kritischer Edition nicht fehlen. Vgl.
Adickes 1920, 103. Adickes vermutet am Ende von »a)«. »Sto«; so auch
Weischedel.

29–38 Was mag wohl … unternehmen will?] Vgl. Kants Brief an Schiller ◇
vom 30. März 1795: »So ist mir nämlich die Natureinrichtung: daß alle
Besamung in beiden organischen Reichen zwei Geschlechter bedarf, um ihre
Art fortzupflanzen, jederzeit als erstaunlich und wie ein Abgrund des
Denkens für die menschliche Vernunft aufgefallen, weil man doch die
Vorsehung hiebei nicht, als ob sie diese Ordnung gleichsam spielend, der
Abwechselung halber, beliebt habe, annehmen wird, sondern Ursache hat zu
glauben, daß sie *nicht anders möglich sey* […].« (XII 11,14–21) Vgl. Eckart
Förster in: Kant, Opus postumum (1993) 274 (Anm. 88 zu XXII 495,5–6;
s. a. XXI 349,14–15; 520,16–18; 568,10; 571,6–9). Wilhelm von Humboldt
handelte »Über den Geschlechtsunterschied und dessen Einfluss auf die
organische Natur« in einem Horen-Aufsatz von 1794 (Humboldt 1960ff.,
I 268–295). S. auch Schelling im »Ersten Entwurf eines Systems der Naturphilosophie« von 1799: »Absolute Geschlechtslosigkeit ist nirgends in der
ganzen Natur demonstrabel, und ein regulatives Princip a priori fordert,
überall in der organischen Natur auf Geschlechtsverschiedenheit auszuge-
hen« (Schelling 1927ff., II 44). S. auch in der »Einleitung zu dem Entwurf
eines Systems der Naturphilosophie«: »Der Abgrund von Kräften, in den
wir hinabsehen, öffnet sich schon durch die Eine Frage: welchen Grund in
der ersten Construktion unserer Erde es wohl haben möge, daß keine
Erzeugung neuer Individuen anders als unter Bedingung entgegengesetzter
Potenzen auf ihr möglich ist? Vergl. eine Aeußerung von Kant über diesen
Gegenstand in seiner Anthropologie.« (Schelling 1927ff., II 323) Mit dem
»Abgrund von Kräften, in den wir hinabsehen« verknüpft Schelling zwei
Sätze des § 32 der Kantischen Anthropologie: »Daher der Schwindel, der
den, welcher in einen Abgrund sieht, befällt […]« (178, 11–12) und »In
welchem Dunkel verliert sich die menschliche Vernunft, wenn sie hier den
Abstamm zu ergründen, […] unternehmen will.« (178,37–38).
Reinhard Löw, Philosophie des Lebendigen. Der Begriff des Organischen
bei Kant, sein Grund und seine Aktualität (1980) 250.

34 gleichsam nur gespielt habe] »Gott würfelt nicht«, er braucht auch ◇
nichts zu korrigieren, wie Robert Boyle in dem Essay »A Free Inquiry
into the Vulgarly Received Notion of Nature« schrieb; vgl. Boyle 1966,
V 162–163.

3–7 wobei es doch … zum Wahlspruch machen.] Diese soziologische **179**
Beobachtung findet sich nicht bei Hofer (s. ad 178,20).

◇   6 patria ubi bene] H: »ibi patria ubi bene« (»Wo es einem gut geht, dort ist das Vaterland«). »Patria est ubicumque est bene«, Pacuvius-Vers, den Cicero in den *Tusculanae disputationes* (V 37) festhielt.

◇   11 zu Einer Empfindung.] Fehlt in H.

◇   11 Nach Helvetius] Parow 57 und Kommentar Nr. 59; s. schon im »Versuch über die Krankheiten des Kopfes« von 1764: »[...] jene Dame durch ein Seherohr im Monde die Schatten zweier Verliebten, ihr Pfarrer aber zwei Kirchthürme.« (II 265,37–266,1) Helvetius, *De l'esprit* (1758) I 2 (Helvetius 1967ff., I 220). S. auch Henry Home, *Grundsätze der Kritik* (1790) I 225: »Die Gewogenheit hat auch, eben wie dieser Hang, ihren Einfluß auf Meynung und Glauben. Die bekannte Erzählung von dem Frauenzimmer und dem Priester, die den Mond durch das Sehrohr sehen, ist eine lustige Erläuterung dieser Wahrheit. Ich sehe zwey Schatten, sagt die Dame, die sich gegen einander neigen; es sind gewiß zwey glückliche Liebhaber. Ganz und gar nicht, Madam, versetzt der Priester, es sind zwey Kirchthürme.« Vgl. Refl. 1504 (XV 807,17–18). Vgl. Meo 1982, 56.

◇   15–16 Wirkungen durch die Sympathie der Einbildungskraft] Vgl. 203,9–14; Refl. 1491 (XV 748,11; 750,9–10). Vgl. die Randbemerkung zu 182,3 in H: »nicht Tollhäuser besuchen.« (402,30)

◇   19–24 der Arzt, Hr. Michaelis ... für ihren Kopf fürchten.] Christian Friedrich Michaelis, *Medicinisch-praktische Bibliothek* I 1 (1785) 114–117 (»Tollheit aus Mitleidenschaft«). Vgl. Menschenkunde 116 mit Kommentar Nr. 84. – Hartmut und Gernot Böhme, *Das Andere der Vernunft* (1983) 120ff.

◇   23 aus Neugierde Tollhäuser zu besuchen.] Ein Brauch im 18. Jahrhundert; s. z.B. Johann Jakob Engel, *Philosoph für die Welt*: »Sie besahen, nach ihrer Ankunft, die Merkwürdigkeiten der Stadt, und noch den Tag vor der Rückreise des Vaters gingen sie in die öffentliche Anstalt für Wahnsinnige und Rasende.« (*Schriften* (1801) II 181) – A. Bennholdt-Thomsen und A. Guzzoni, »Der Irrenhausbesuch. Ein Topos der Literatur um 1800« (1982). Kant wird vom Zustand des Irren- und auch des Zuchthauses in Königsberg kaum Kenntnis genommen haben, und seine Warnung bezieht sich auf eine angelesene Erfahrung. Zum Irrenhaus in Königsberg schreibt Kants Kollege, der Medizin-Professor Johann Daniel Metzger: »[...] im untersten Stockwerk sind vier oder fünf äußerst dumpfige Stuben oder Kammern angebracht, in welchen beinahe 200 Wahn- und Blödsinnige, gleich Heringen in einer Tonne, zusammengepackt sind; die Rasenden in elenden, engen, hölzernen Klausen, wie Schweinställe; die Blödsinnigen oben über den Klausen und unten in den Stuben, so dicht, als möglich, beisammen [...] Nie habe ich noch gesehen, daß eine der Klausen gelüftet oder gereiniget worden wäre, noch weniger die Wahnsinnigen selbst, welche sich in ihrem eigenen Koth herumwälzen, so viel es die Größe des Schweinstalls erlaubt [...]« (zit. nach Groß 1997, 128). John Howard besuchte 1789 das Königsberger Zuchthaus: »Hier war kein Unterschied zwischen alten und jungen, kleinern und größern Verbrechern [...]. Der erste Anblick von den Gesichtern der Gefangenen überzeugte mich von der traurigsten Vernachlässigung: kein Krankenzimmer war da; die Kranken hatten kaum ein Deckbette, um sich zuzudecken [...]. Die kranken Weiber in 3 andern Zimmern waren über alle Beschreibung schmutzig, und schienen an jeder Bequemlichkeit des Lebens Mangel zu leiden.« (zit. nach Groß 1997, 128) Kants Fernblick verhindert die Wahrnehmung des Nächsten. Michel Foucault wird die Änderung dieser Zustände als Disziplinierung durch die bürgerliche Gesellschaft inkriminieren (Foucault 1969).

28–32 Man will auch ... doch falsch ist.] S. Ms. 400 656–657 mit ◇ Kommentar Nr. 122 und Busolt 36. Nicht ermittelt.

5 zum arglosen *Lügen*] Vom harmlosen im Gegensatz zum rechtlich **180** relevanten Lügen handelt die »Einleitung in die Rechtslehre« der Metaphysik der Sitten, VI 238,3–9 und 26–37.

10–12 wie der Ritter ... seine Erzählung endigte.] Shakespeare, König ◇ Heinrich IV., 1. Teil, 2. Aufzug, 4. Szene: Aus zwei Männern werden vier, sieben, neun, elf.

13 § 33. Weil die Einbildungskraft] H: »Von den Mitteln der Belebung ◇ und Bezähmung des Spiels der Einbildungskraft / § 22 / Die Einbildungskraft«. In A1 folgt auf diesen Titel: »§ 25«.

18–24 So hatte ein deutscher ... der Erwartung entsprach.] Der Fürst ist ◇ identifiziert als Leopold von Dessau, der 1698 die Apothekerstochter Anneliese Föge heiratete, s. die Erläuterung von Külpe VII 360.

24–26 Diese Krankheit ... durch die *Ehe*.] Die Beurteilung der Liebe als ◇ einer Seelenkrankheit tritt besonders stark in der Stoa hervor, vgl. SVF IV s. v. ἔρως und ἐπιθυμία.

26–27 eripitur persona, manet res. *Lucret.*] Lukrez, De rerum natura ◇ III 58 (»Die Maske wird weggerissen, es bleibt die Sache«).

4–5 das Frauenzimmer aber ... entgegengesetzte Verhalten.] Kants Nei- **181** gung, den Frauen den Charakter ernstzunehmender Menschen zu nehmen, ist unbezähmbar. Vgl. weiter 209,4–18; 307,31–34 und in den Beobachtungen II 228–243.

4 Hypochondristen] Vgl. Refl. 324 (XV 128,2). ◇

18–26 Daß die ... ist ein Widerspruch.] Vgl. Collins 65 (XXV 83,9–84, 2) ◇ ◇ und Kommentar Nr. 76 und 76 a.

27–28 Cardinal Este] Vgl. Refl. 1504 (XV 806,8–9 und die Anm. von ◇ Adickes).

33 ein politischer Künstler] Die Wendung begegnet innerhalb der ◇ Druckwerke nur hier. Vgl. Domenico Losurdo, Hegel und das deutsche Erbe (1989) 123.

◇   35 wie die im englischen Parlament] Vgl. 311,14–19; VIII 303,1–3.

◇   37 mundus vult decipi] »Die Welt will betrogen sein.« Der Spruch ist
nicht antik.

182   4–5 *Von dem Vermögen ... durch die Einbildungskraft.*] Vgl. Refl. 1507:
»Man bedient sich der imagination und ihrer association zum Erinnern,
Vorhersehen und Bezeichnen.« (XV 816,3–4) Das Bezeichnungsvermögen
wird aus dem einheitlichen Komplex herausgenommen und erscheint
getrennt in den §§ 38 und 39 (191–194).

◇   4–5 *Vergegenwärtigung des Vergangenen und Künftigen*] Die Erlebnis-
zeit (oder modale Zeitordnung im Gegensatz zur relationalen) mit der
Dreiheit von Vergangenheit, Gegenwart und Zukunft interessiert Kant zwar
in der Anthropologie, nicht jedoch in der Erkenntnistheorie der KrV; dort
wird in der transzendentalen Zeittheorie der »Ästhetik« nur von den
Relationen des Zugleich und Früher-Später gehandelt (A 30 u. ö.). Die
Erfahrung und Erfahrungserkenntnis, die in der Transzendentalphiloso-
phie behandelt wird, ist ausschließlich die der allgemeingesetzlichen Natur-
wissenschaft, nicht der Erfahrungen des Alltags, die in der pragmatischen
Anthropologie das Thema bildet. Philosophiegeschichtlich (und -systema-
tisch) tritt die Transzendentalphilosophie, speziell die »Analytik« der
»Transzendentalen Logik« in der KrV, das Erbe von Descartes' Meditationen
II–V an, während die Anthropologie in der Tradition der Lebenswelt der
VI. Meditation steht, somit außerhalb der eigentlichen Wissenschaft. In der
ersten gibt es nur die relationale Zeit, in der zweiten auch die modale. Es gibt
keine Aufzeichnungen Kants zu dem Unterschied dieser beiden Zeitvorstel-
lungen.

◇   8–9 Beide gründen sich, ... auf die *Association*] H: »Sie sind wenn dieser
ihr Act [mit Bewußtseyn] hiebey vorsetzlich ist das Erinnerungs- und
Vorhersehungsvermögen und gründen sich, so fern sie sinnlich sind auf der
Association«.

◇   9 sofern sie sinnlich sind] Baumgarten unterscheidet ein sensitives von
einem intellektuellen Gedächtnis: »Ergo habeo facultatem reproductas perceptiones recognoscendi seu *memoriam*, § 216. eamque vel sensitivam, vel
intellectualem, § 575.« (§ 579) Der Rückverweis auf § 575 bezieht sich auf die
dort aufgestellte Unterscheidung zweier Weisen, Identität und Differenz der
Dinge wahrzunehmen: »Identitates diversitatesque rerum vel distincte percipio, vel sensitive, § 521.« Diese Unterscheidung wiederum hängt an der tradierten Differenz von »clare et distincte«; das erste wird der Sinnlichkeit, das
zweite dem unterscheidenden Verstand zugewiesen. – Kant notiert zu Baumgarten § 580–582: »Memoria intellectualis – Identität der Person in ihrem
Bewustseyn.« (Refl. 373; XV 148,20) Abstrahiert man vom Rückbezug auf
Baumgarten, ist die Bemerkung »sofern sie sinnlich sind« unverständlich, da
das erörterte Vermögen im Kantischen System nur sinnlich sein kann.

13–14 in einer zusammenhängenden Erfahrung zu verknüpfen.] Hier ◇
erweist sich die Anthropologie u. a. als komplementäres Werk zur KrV, die
qua Erkenntnistheorie von der »einige[n] allbefassende[n] Erfahrung«
(A 582; B 610) handelt und von der Gesetzeserkenntnis der Naturwissenschaft. Die Anthropologie dagegen thematisiert die zusammenhängende
Ich- und Welt- oder Lebenserfahrung des einzelnen Menschen, sie ist die
»Wissenschaft« (wenn sie denn eine ist, s. aber 120,27) von der unwissen-
schaftlichen Selbst- und Welt[er]kenntnis. Kant hat keine Theorie des
Verhältnisses der beiden Erfahrungsbegriffe entwickelt; aus der Theorie-
anlage resultiert nur, daß die transzendentalphilosophische Ebene epistemisch die Voraussetzung der anthropologischen Erfahrung ist.

  20 *Vom Gedächtniß.*] Kant orientiert sich im Aufbau und in einzel- ◇
nen Partien an Baumgartens Darlegungen »Memoria« (§ 579–§ 588; XV
24,7–25,38). Dort folgt auf zwei Grundsatzparagraphen die Erklärung
»Quae ita percipiuntur, vt facilius olim recognosci possint, memoriae
mando.« (§ 581; XV 24,21) Ähnlich beginnt bei Kant der zweite Absatz:
»Methodisch etwas ins Gedächtniß fassen (memoriae mandare) heißt *memoriren* [...]« (183,3–4). Hier entwickelt Kant eine eigene Systematik nach dem
(ungefähren) Schema: Die Sache selbst zu erinnern, sie durch eine künstliche
Assoziation zu erinnern oder sie in ein Fachwerk, eine Topik stellen
(183,6–187,14). Bei der Behandlung des ingeniösen Memorierens wird
Baumgarten mit dem Satz zitiert: »ingeniosis non est admodum fida memoria«, 184,1 – vgl. § 586; XV 25,26–27). Während Baumgarten in § 586 von der
Vergeßlichkeit (»obliviositas«) handelt und dann zur »ars mnemonica« übergeht (§ 587), ändert Kant die Reihenfolge und stellt an den Anfang des
vorletzten Absatzes den Satz: »Eine *Gedächtnißkunst* (ars mnemonica) als
allgemeine Lehre giebt es nicht« (184,15–16) und erörtert im letzten Absatz
die Vergeßlichkeit (185,12–28). – Innerhalb der Pädagogik wendet sich Kant
gegen das traditionelle Auswendiglernen, vgl. IX 473,12–19 und die häufigen Hinweise in den Vorlesungen, die bloße Gedächtnisschule zerstöre das
Genie: Menschenkunde 235; Mrongovius 64 f.

  Anselm Haverkamp und Renate Lachmann (Hrsg.), Gedächtniskunst:
Raum – Bild – Schrift. Studien zur Mnemotechnik (1991); Stefan Goldmann,
»Topos und Erinnerung. Rahmenbedingungen der Anthropologie« (1994).

  25–27 Etwas bald ins Gedächtniß ... des Gedächtnisses.] Diese drei ◇
»formalen Vollkommenheiten« (z. 27) des Gedächtnisses, etwas zu fassen,
sich zu besinnen und es lange zu behalten, werden in den meisten der
erhaltenen Vorlesungsskripten ausführlich dargestellt. Vgl. auch Refl. 373
(XV 147,13–17). Gemäß der Terminologie von Baumgarten handelt es sich
um die memoria capax, prompta und tenax. Vgl. auch die zur Anthropologie
gehörige Notiz im Opus postumum XXI 443,21–22: »Wenn memoria capax
aber nicht tenax ist so ist auf die Dauer doch alles Gedächtnis Übung«.

◇   28–31 Wenn jemand … sinnlos machen).] So schon Aristoteles, De
memoria et reminiscentia 452 a8–16; s. auch Frances A. Yates, Gedächtnis
und Erinnern. Mnemonik von Aristoteles bis Shakespeare (1991) 37–41.

◇   30–31 er könne es nicht … sinnlos machen).] Kant faßt »entsinnen« in
seiner manchmal skurrilen Wörtertheorie als Bildung im Sinne etwa von
»entmannen«, »enthaupten«. Unter dieser Voraussetzung leuchtet seine
auch dem Wortgebrauch des 18. Jhdts. trotzende Beobachtung ein.

183   3–4 *Methodisch* etwas … heißt *memoriren*] Baumgarten § 581; XV
24,20–25. »memoriae mando«; »memoriae mandantur«.

◇   6–7 Dieses Memoriren … *judiciös* sein.] In der ersten Nachschriften-
gruppe unterscheidet Kant in Anlehnung an Baumgartens zweiteiliges
Gedächtnis (§ 579) zwischen sensitivem und judiciösem Memorieren, Collins 73; Hamilton 100; Parow 113; Brauer 50. Im Ms. 400 170 und Pillau 32 wird
das sensitive durch das mechanische Memorieren abgelöst. Das stets negativ
bewertete ingeniöse Erinnern kommt vor ab Menschenkunde 142 und Mrongovius 41. Zur Systematik von mechanisch, ingeniös und judiciös vgl.
Dingelstaedt 42; Busoldt 44–45; Reichel 49–50, auch Refl. 373
(XV 148,4–18). In der Pädagogik s. IX 447,13–15 und Weisskopf 1970, 147.
Die Dreigliederung erinnert entfernt an die Struktur der Kategorie der
Relation mit der Substanz, der Kausalbeziehung und der Wechselwirkung
und kann auf Grund dieser Orientierung eine gewisse Vollständigkeit
beanspruchen.
Die Kontrastierung von ingeniösem und judiciösem Erinnern basiert auf
der Entgegensetzung von Witz oder »ingenium« und Urteilskraft. Vgl. dazu
John Locke, An Essay concerning Human Understanding II 2 (Locke 1975,
156).

◇   21–184,2 Das *ingeniöse* Memoriren … Phänomen erklärt.] Die assozi-
ierte Nebenvorstellung, die als Gedächtnisstütze dienen soll, verdankt sich
einem willkürlichen Einfall des Witzes. Sie ist mit der ursprünglichen Vorstellung nicht notwendig verknüpft (»[…] die an sich (für den Verstand) gar
keine Verwandtschaft mit einander haben«, z. 22–23); sie kommt als weitere
Last (»belästigt«, z. 26) hinzu statt das Erinnern zu erleichtern, widerspricht
also der Zielsetzung der Erleichterung des Erinnerns. Zum letzteren Argument der zusätzlichen Belastung vgl. schon die antike Diskussion, die von
Herwig Blum, Mnemotechnik (1969) 162–163 vorgestellt wird.
Die Kontrastierung von Witz und Urteilskraft ist bei Locke vorgeprägt
und wird von Kant in der Anthropologie an späterer Stelle näher ausgeführt
(§ 54–§ 57); die Annahme, daß es eine Gedächtnisbegabung und eine ihr
zuwiderlaufende Phantasiebegabung gibt, ist schon in der Antike nachweisbar. So kann jemand nach Platons Darlegungen im Theätet eine gute
Intelligenz und ein schlechtes Gedächtnis und umgekehrt haben (Theätet
194 e–195 a; sonst argumentiert Platon anders, s. Blum 1969, 61). Plotin

erklärt in der »Enneade« IV 3, 29: »Sind doch nicht dieselben Personen im Denken und im Erinnern die stärksten, und Leute, die in gleichem Maße über den Gebrauch der Wahrnehmung verfügen, haben nicht im gleichen Maße Erinnerung [...].« Zu einer anderen Verwendung des Begriffs »ingeniös« vgl. Cicero, De finibus V 36.

21–25 Methode gewisse ... einzuprägen; wo man, um] H: »Methode ◇ durch Association von Nebenvorstellungen die an sich (für den Verstand) gar keine Verwandtschaft mit einander haben durch die Ähnlichkeit der Laute einer Sprache bey der gänzlichen Ungleichartigkeit der Bilder die jenen correspondiren sollten [durchstrichen: also der Gegenstand des Gehörs mit dem des Gesichts wie einem ganz anderen z.B. des Gesichts] einander zur Erinnerung anzuknüpfen wodurch, weil man da, um«. Diesem Text folgt A1 mit nur leichten Änderungen.

27 regelloses Verfahren der Einbildungskraft] H, A1: »regellose Einbildungskraft«. ◇

32–184,2 Daß Witzlinge selten ... jenes Phänomen erklärt.] An der ◇ Tradition, die Kant hier aufnimmt, partizipiert auch Plotin, »Enneade« IV 6, 3 (»Wahrnehmung und Gedächtnis«) 31 bzw. 64–65 (95): »Wenn aber meistenteils nicht dieselben Menschen ein gutes Gedächtnis und zugleich rasche Auffassungsgabe besitzen, so darum, weil diese beiden Eigenschaften nicht auf derselben Kraft beruhen, so wie derselbe Mensch nicht zugleich ein guter Faustkämpfer und ein guter Läufer ist.«

33–36 und **184,34–36** So ist ... Tafeln Mosis.] Collins 72 und Kommen- ◇ tar Nr. 81, 81a, 81b. – Ein antikes Pendant auch aus dem Bereich des Testamentsrechts (Auctor Ad Herennium 33–34) führt Herwig Blum (1969) 17–18 an.

1 ingeniosis non admodum fida est memoria] »Witzigen Menschen eignet **184** kein sehr treues Gedächtnis«. Baumgarten § 586 (XV 25,26–27): »*Ingeniosis non* est admodum *fida memoria*, § 576 [...].«

3–14 Das *judiziöse* Memoriren ... Erinnerung erleichtert.] Vgl. den ◇ Kommentar zu 122,3. Neben der hier in Funktion tretenden Urteilskraft, die dem Erinnern näher steht als der flatterhafte Witz, ist positiv die optische Präsentierung des »sichtbar gemachten Ganzen« (z.7). Die Mnemotechnik favorisierte den Sehsinn vor dem Hörsinn, vgl. Herwig Blum (1969) 164–171.

11 *Gemeinplätze*] H: »*Gemeinplätze* (loci topici)« ◇

15–16 Eine *Gedächtnißkunst* (ars mnemonica) ... giebt es nicht.] In der ◇ Antike wurde diskutiert, »memoria utrum habeat quiddam artificiosi, an omnis ab natura proficiscatur« (Auctor ad Herennium 28a; vgl. Herwig Blum (1969) 150). – Kant unterscheidet eine »allgemeine Lehre« (z.15), die es nicht gibt, von den »besondern [...] Kunstgriffe[n]« (z.16). Ähnlich die Unterscheidung in der Physiognomie: 296,24–26.

◇   17 weil der Rhythmus] In der Antike wird nach Herwig Blum (1969)
21–22 nur das Klang- oder phonetische Verfahren als rein akustisches
Hilfsmittel der Lautähnlichkeit verwendet.

◇   **19–28 Von den Wundermännern … memoria tenemus).**] Unter anderem Aspekt erscheinen die Giganten der Gelehrsamkeit in der Logik Busolt:
»Es ist schon ein großer Grad eines solchen gelehrten bis auf den Poly-
histor, dieser ist gleichsam ein Gigant der Gelehrsamkeit. Er lernet nicht
die Philosophie und Mathematik, sondern er weiß sie schon Historisch.
Er hat eine Bücherkenntniß und beurteilt selbst die alten Philosophen. Sie
sind nichts als Halbgelehrte, sie wißen Historisch, was große Männer gesagt haben. Aber der Grund fehlt ihnen. Durch den Weg der Nachahmung
kann ich kein Philosoph werden, ich muß andern nichts zu Dank haben,
sondern durch sie nur ihre Begriffe verbessern.« (XXIV 619,18–26) Zur
historischen Beziehung dieser Passage vgl. Norbert Hinske, »Ursprüngliche Einsicht und Versteinerung. Zur Vorgeschichte von Kants Unterscheidung zwischen ›Philosophie lernen‹ und ›Philosophieren lernen‹« (1995 b)
26.

◇   **19–20 Von den Wundermännern… Magliabecchi**] Zu den »wunderliche[n] Dinge[n]«, die man über verschiedene Wundermänner des Gedächtnisses erzählt, vgl. Collins 74–77 (XXV 93,2–95,3). In der Pädagogik
überliefert Rink: »Die untern Kräfte haben für sich allein keinen Werth, z. E.
ein Mensch, der viel Gedächtniß, aber keine Beurtheilungskraft hat. Ein
solcher ist dann ein lebendiges Lexikon. Auch solche Lastesel des Parnasses
sind nöthig, die, wenn sie gleich selbst nichts Gescheutes leisten können,
doch Materialien herbeischleppen, damit Andere etwas Gutes daraus zu
Stande bringen können.« (IX 472,18–23) Zur Herkunft dieser Notiz vgl.
Weisskopf 1970, 260 (zu »Abschnitt 88«). – Vgl. die Aufzählung von
Wundermännern des Gedächtnisses bei Cicero, Tusculanae disputationes
I 59. Speziell zu Charmadas: »Charmadas quidem in Graecia quae quis
exegerat volumina in bibliothecis legentis modo repraesentavit« (Plinius,
Naturalis Historia VII 89). Zur Tradition der Gedächtnis-Wundermänner
vgl. Ulrich Ernst, »›Die Bibliothek im Kopf‹. Gedächtniskünstler in der
europäischen und amerikanischen Literatur« (1997).

◇   **20 Picus von Mirandola**] Die Quelle Kants wird Zedler 1732 ff.,
XXVIII (1741), Sp. 59–61 s. v. »Pico« sein: »Denn er hatte ein so vortreff-
liches Gedächtnis, daß er wohl 2000 Wörter, die ihm einmal vorgesprochen
worden, in derselben Ordnung wiederum hersagen konnte, […].« (59)

◇   **28 tantum scimus, quantum memoria tenemus**] »Wir wissen so viel, wie
wir im Gedächtnis haben.« Vgl. Ms. 400 175 und den Kommentar Nr. 40.
Vgl. Wolff Psychologia empirica § 451: »*Tantum scimus, quantum memoria
retinemus.*« (Wolff 1962 ff., II 5, 354) Wolff expliziert diesen Satz, mit dem
der Paragraph beginnt, genauer und fügt in der Anmerkung hinzu: »Pro-

positio pervulgata est; sed hic eam ad fixam notionem terminis philosophicis conformem reduximus.«

28–30 Einer der Alten … entbehrlich gemacht).«] Die Abneigung gegen ◇ gelehrtes Pedantentum (etwa in Form von Kommentaren älterer Schriften) führt dazu, daß der Name Platons durch den vagen Hinweis »Einer der Alten« ersetzt wird. Platon, Phaidros 275 a 1–2.

6–8 wiederzufinden, ist doch … eine herrliche] H und A1: »wiederzu- 185 finden, die Schreibkunst ist doch eine so herrliche«.

17–28 Aber oft ist es … aufs Gedächtniß.] Vgl. 208,7–18; 233,29–36. ◇

17–18 Aber oft … anzuwandeln pflegt.] Vgl. 208,7–9: »Das *Romanlesen* ◇ hat außer manchen anderen Verstimmungen des Gemüths auch dieses zur Folge, daß es die Zerstreuung habituell macht.«

18 die Romanleserinnen] Zur Romanleserin äußert sich Ludwig Anton ◇ Muratori in seiner Schrift Della Forza della Fantasia Umana (1766, hier zitiert nach der Übersetzung von G. H. Richerz, Über die Einbildungskraft des Menschen (1785) I 122–125); er macht für das allgemein beobachtete Phänomen der in ihre Phantasien verlorenen Romanleserin vor allem die Erziehung verantwortlich: »Weil man aus Frauenzimmern mehr angenehme und unterhaltende Gefährtinnen des Mannes, als Theilnehmerinnen an seinen Entwürfen und Gehülfinnen seiner Unternehmungen ziehn will, arbeitet man auch weniger an der Vervollkommnung ihres Verstandes, als ihrer Phantasie. [...] Diese nährt und übt man beym andern Geschlechte noch durch dessen geflissentliche Anführung zur Malerey und Musik, durch die Forderung, daß es sich mit Geschmack putze, und dennoch Einförmigkeit und gesuchte Nachahmung andrer in seinem Putz vermeide. Frühe muß es hiezu seine Einbildungkraft anstrengen. Durch Romanen und Schauspiele läßt man sich den Kopf mit phantastischen Dingen anfüllen. Und solche Lektüre hinterläßt einen unwiderstehlichen Reiz, sich, wenn man allein ist, selbst mit der Erbauung von Luftschlössern zu üben. Nun beschäftigt sich das einsame Mädchen mit nichts so gern, als seinem künftigen Geliebten.« (122–123) Muratori weist im Gegensatz zu Kant auf eine gesellschaftliche Steuerung der Mädchenerziehung hin, die sich nicht auf die Natur berufen kann; und er nennt eine Alternative: die Frau als Teilnehmerin an den Entwürfen und Gehilfin der Unternehmungen des Mannes. Kant trennt das Haus von der Öffentlichkeit und damit die Tätigkeitsbereiche von Frau und Mann.

Vgl. Foucault 1969, 379: Alonso Quijano alias Don Quixote verliert beim Romanelesen seine Vernunft. Johann August Eberhard, Über den Werth der Empfindsamkeit besonders in Rücksicht auf die Romane (1786). Kant 1991, 149–150.

Vgl. Sybille Kershner: »›Aus Furcht, zu zerspringen‹: Grenzen der Selbsterkenntnis, Krankheit und Geschlecht in popularphilosophischen Texten von Weikard, Pockels und Moritz« (1992); Gudrun Gersmann: »Das Geschäft mit der Lust des Lesers. Thérèse philosophe – Zur Geschichte eines philosophischen Bestsellers im 18. Jahrhundert.« (1994)

Eine der ersten Quellen der schwarzen Piste, auf der die Romanleserinnen verfolgt werden, dürfte die Schrift Corbaccio von Giovanni Boccaccio sein, in der von der Frau verzeichnet wird: »[...] le sue orazioni e i suoi paternostri sono i romanzi francesi e canzoni latine« – sie liest »di Lancelotto e di Ginevra e di Tristano e d'Isotta« und träumt sich ins Schlafzimmer und Bett ihrer Helden (Giovanni Boccaccio, Corbaccio, hrsg. von P. G. Ricci (1977) 74).

◇   **19** Leserei] Noch 233,31.

◇   **31** Praevisio.] Dies ist der Titel von Sectio VIII der empirischen Psychologie in Baumgartens Metaphysica (s. XV 27). Kant hat die ersten drei Paragraphen (§ 595 – § 598) kommentiert (Refl. 377; XV 150–151, um 1756). Baumgarten setzt ein mit dem Satz: »Conscius sum status mei, hinc status mundi, futuri, § 369« (»Ich bin mir meines künftigen Zustandes bewußt, also des künftigen Zustandes der Welt«). Kant muß auf eine vorgängige Welt verzichten (die Kosmologie geht nicht mehr der Psychologie voran) und bezieht sich auf eigene Erfahrungen.

186   **1–4** Das Zurücksehen ... gefaßt zu sein.] Vgl. 193,30–32: »[...] und der Bestimmungsgrund des Begehrungsvermögens das Gegenwärtige nur um der künftigen Folgen willen (ob futura consequentia) beherzigt und auf diese vorzüglich aufmerksam macht.« Vgl. Parow 136–137.

◇   **6** exspectatio casuum similium] Baumgarten, Metaphysica § 612 (»Sectio X«: »Praesagitio«): »Praesagitio sensitiva est expectatio casuum similium« (»Die sinnliche Vorhererwartung ist die Erwartung ähnlicher Fälle«).

◇   **8** folgen] H: »folgten«.

◇   **14–18** Man sollte fast ... auf alle Fälle bereit zu sein.] Die gleiche Forderung wird in der Ethik ausgesprochen: Der Mensch hat die weite Pflicht einer allgemeinen Selbst-Ausbildung für alle Fälle: »Denn als ein vernünftiges Wesen will er nothwendig, daß alle Vermögen in ihm entwickelt werden, weil sie ihm doch zu allerlei möglichen Absichten dienlich und gegeben sind.« (IV 423,13–16)

◇   **20–22** wie dem Caraiben, ... schlafen wird.] Dieser Text ist in H am Rande hinzugefügt. Mrongovius 52; Refl. 1486 (XV 707,13); Refl. 1507 (XV 817,12); IX 435,8–25. Der Caraibe stellt sich noch einmal 233,26 zur Verfügung, wo ihm eine »angeborene Leblosigkeit« im Hinblick auf bestimmte Zivilisationsbeschwerden bezeugt wird. La Condamine, Relation abrégée d'un voyage fait dans l'intérieur de l'Amérique méridionale (1745) 50–53 (über die Lethargie der Indios).

Rousseau im ersten Teil des Discours sur l'origine de l'inégalité (Rousseau 1959ff., III 144): »Tel est encore aujourd'hui le degré de prévoyance du

269 187

Caraybe: Il vend le matin son lit de Coton, et vient pleurer le soir pour le racheter, faute d'avoir prevû qu'il en auroit besoin pou la nuit prochaine.« – Friedrich Schiller exzerpiert ebenfalls aus Rousseau in seiner Jenenser Antrittsvorlesung »Was heißt und zu welchem Ende studiert man Universalgeschichte?« von 1789: »[...] sorglos sah man den Wilden das Lager hingeben, worauf er heute schlief, weil ihm nicht einfiel, daß er morgen wieder schlafen würde.« (Schiller 1943 ff., XVII 364)

26–29 Unter allen Aussichten ... im Prospect zu haben.] Man wird nach ◇ dem Gesamtduktus der Anthropologie an ein nur innerweltliches »Fortschreiten zum noch Besseren« denken müssen, d. h. das Unsterblichkeitspostulat der KpV (V 122,1–124,3) vergessen müssen. Dazu noch folgende Stichworte: »Unsterblichkeit« und »Nachleben« nach dem Tod kommt in der Anthropologie nicht vor; sie nimmt kein Interesse an den Themen der »Dialektik« der KrV (Gott, intelligible Freiheit und Unsterblichkeit der Seele), auf die sich das Interesse der Vernunft mit den drei Fragen »Was kann ich wissen? Was soll ich tun? Was darf ich hoffen?« richtet, vgl. KrV A 805 und B XXXII–XXXIII.

28 Fortschreiten zum noch Besseren] Die Vorstellung des Fortschritts ◇ wird bei Kant zu einer dominierenden Idee. Hier: 324,32; 329,3–4.

29–35 Dagegen wenn er ... ähnlicher Fälle.] Dieser »trostlose[r] Zu- ◇ stand« kann nur durch eine Revolution der Denkart und die Gründung eines Charakters als einer unwandelbaren Verfassung der eigenen Person beendet werden; vgl. den Abschnitt »Vom Charakter als der Denkungsart« 291,23–295,22, dort besonders 294,24–295,2. In der Religionsschrift wird von diesem Thema u. a. VI 48,17–19 gehandelt.

32 durch Procrastination] Vgl. Menschenkunde, Kommentar Nr. 262 a ◇ (XXV 1175). Cicero, Philippica VI 3, § 7: »Nam cum plerisque in rebus gerendis tarditas et procrastinatio odiosa est, tum hoc bellum indiget celeritatis.« (einziges belegtes Vorkommen von »procrastinatio« im klassischen Latein).

1 praesensio] Vgl. Baumgarten § 605: »Si praevideantur totaliter eadem 187 cum sentiendis, praevisiones sunt veraces seu praesensiones« (»Wenn etwas völlig mit dem zu Fühlenden gleich vorhergesehen wird, so sind die Vorhersehungen wahrhaft oder Vorherempfindungen«); XV 29,19–20.

2 praesagitio] Von der »Vorhererwartung« handelt Baumgarten nicht in ◇ der Sectio VIII, sondern in einer eigenständigen Sektion (X, § 610–§ 618). In den Nachschriften (s. Collins 104–106; Reichel 56) folgt ebenfalls ein eigenes Kapitel über die Präsagition.

10 zustehe] So in H und A; Cassirer: »zugehe«. ◇

17 Der Bergschotten ihr zweites Gesicht] Vgl. Refl. 1486 (XV 707,23); ◇ Refl. 1504 (XV 805,23–24); Menschenkunde 111 (mit Kommentar Nr. 80); Dohna 40–41. Physische Geographie IX 244,29–32. S. XXV 1558,2–14.

◇   **23–24** *Von der Wahrsagergabe.* (Facultas divinatrix.)] Von dieser Gabe handelt Baumgarten im § 616 der Sectio X (»Praesagitio«). Dort wird das Weissagen und das Wahrsagen (s. z. 25) bestimmt.

◇   **30–35** Man hat neuerlich … aber anders gewandt.] Zu dieser etymologischen Spielerei vgl. die Allgemeine Jenaer Literaturzeitung (1804) 12. S. auch den Hinweis in unserer »Einleitung« S. 41–43.

◇   **29–188,1** wird, deren Fähigkeit, weil] H: »wird und weil«; so auch A1.

188   **5–8** Wenn es von … er *wahrsagert*] 189,3 (H: »Wahrsagern«). Vgl. VII 79,24–25: »Wer ins Wahrsagen pfuschert (es ohne Kenntniß oder Ehrlichkeit thut), von dem heißt es: er *wahrsagert*, von der Pythia an bis zur Zigeunerin.«

◇   **8–9** wie die Zigeuner … *Planetenlesen* nennen] Zum Hintergrund vgl. die zusammenfassende Studie von Kurt Röttgers, »Kants Zigeuner« (1997). Leider verfällt Röttgers selbst der Hermeneutik des »Planetenlesens«

◇   **10** Schatzgräber] Vgl. 137,17 und Kommentar.

◇   **11–12** der lumpichte sibirische Schaman] Kant wird nicht an eine bestimmte Person denken, sondern den Schamanen im zeitgenössischen Sibirien allgemein.

◇   **23–25** wie es denn … beigemischt sei.] 202,33. Vgl. Cicero, De oratore II 46, § 194: »saepe enim audivi poetam bonum neminem – id quod a Democrito et Platone in scriptis relictum esse dicunt – sine inflammatione animorum existere posse et sine adflatu quasi furoris.« De divinatione I 37, § 80: »[…] negat enim sine furore Democritus poetam magnum esse posse, […].«

◇   **26–27** gleichsam durch Eingebung getriebener] A1, A2; fehlt in H.

◇   **31–32** und deren sie, … zum Theil verlustig geworden] »zum Theil« korrekte Ergänzung von A2. Nach Gellius, Noctes Atticae I 19. Das »leider!« ist natürlich ironisch gemeint; zur Ironie in der Anthropologie vgl. den Kommentar zu 209,24–31.

189   **12–13** mit Überspringung aller … dahin führen möchten] Vgl. 215,35: »Der Seelenkranke überfliegt die ganze Erfahrungsleiter […].« S. dort den Kommentar.

◇   **14** O, curas hominum!] »O [wie töricht sind die] Sorgen der Menschen!« Persius, »Satura« I 1.

◇   **19–23** welche nicht etwa … eine Fabel verwandelte.] Vgl. 195,2–3.

◇   **25** *vom Traume.*] Der Traum erregt das Interesse u. a. unter dem Titel der »dunklen [also noch nicht klaren, also auf jeden Fall verworrenen] Vorstellungen«; Kant interessierte sich jedoch nicht nur für die unbewußten thesaurierten Vorstellungen, sondern auch für die unbewußte Tätigkeit des Verstandes oder der Vernunft – »[…] nämlich daß vielleicht im tiefsten Schlafe die größte Fertigkeit der Seele im vernünftigen Denken möge ausgeübt werden.« (II 290,17–19) Es wird jedoch nicht der Versuch unternommen, das Träumen und die übrige Tätigkeit des Unbewußten mit den Gefühlen und dem Begehren zu verbinden, wie es Freud tun wird. – Zur literarischen Umgebung: S. C. I.[upprian], Gedancken vom Schlafe und denen Träumen (1746). Im Jahr 1751, als sich Kant als Hauslehrer in Judtschen aufhielt, wurde an der Königsberger Universität eine Dissertation mit dem Titel Commentatio philosophica de somno et somniis öffentlich verteidigt und publiziert. Beteiligt waren Johann Gotthelf Lindner als Praeses, Johann Georg Hamann als Respondent und die beiden Opponenten Johann Christoph Wolson und Ehregott Friedrich Lindner. – Im selben Jahr wie die Kantische Anthropologie erschien Jean Pauls Abhandlung Über den Traum. Zu Lichtenbergs Vorstellung vom Traum vgl. Albert Béguin, Traumwelt und Romantik (1972) 30–41.

26–29 Was *Schlaf*, was … Anthropologie gelegen] Vgl. in der Rektoratsrede »De Medicina Corporis, quae Philosophorum est«: »Quid sit somnus, hoc una cum ignarissimis ignoro et, qui hoc naturae ad reparandas vires institutum artificium se perspicere putat, illi audacter cum vate accino: Quod mecum nescit, solus vult scire videri.« (Refl. 1526; XV 948,23–26) ◇

31–32 gelten, der nicht … will. Und das] H: »gelten und das«. ◇

32–190,1 Und das Urtheil … zuwider und grausam.] Während Mrongovius 47–48 und Petersburg 113 ebenfalls einen griechischen Kaiser nennen, heißt es in der Menschenkunde 174: »In Rom hatte jemandem geträumt, daß er dem Kaiser den Kopf abgeschlagen hätte […].« S. dort Kommentar Nr. 135. Es gibt tatsächlich sowohl für die griechische wie auch die römische Variante eine Quelle. Im ersten Fall ist es Plutarch, Vita Dionis IX 5, wohl übernommen von Montesquieu, De l'esprit des lois XII 11. Die intellektualistische Interpretation des Unbewußten verhindert, daß es statt »wenn er nicht im Wachen damit umgegangen wäre« (z. 35, der Traum als die Reproduktion von Vorstellungen und Gedanken) heißt: »wenn er es nicht insgeheim *gewünscht* hätte«. ◇

1–2 »Wenn wir wachen … seine eigene.«] Vgl. 219,25–30 (das Gedankenspiel des Verrückten, in dem »er nicht in einer mit anderen gemeinsamen Welt, sondern (wie im Traum) in seiner eigenen sich sieht, verfährt und urtheilt«). Von Kant schon in den Träumen eines Geistersehers (1766) angeführt: »Aristoteles sagt irgendwo: Wenn wir wachen, so haben wir eine gemeinschaftliche Welt, träumen wir aber, so hat ein jeder seine eigne.« (II 342,4–6) Die Quelle ist ein bei Plutarch überliefertes Heraklit-Fragment: »Die Wachenden haben eine einzige und gemeinsame Welt [κόσμος], doch im Schlummer wendet sich jeder von dieser ab in seine eigene.« (DK I 171; Frg. B89) Vgl. Refl. 394 (XV 158,1). – Der Verweis auf Aristoteles könnte auf einer Verwechselung mit dessen Satz sein: »[…], denn was allen erscheint, von dem sagen wir, daß es ist« (Nikomachische Ethik X 2, 1173 a 1) 190 beruhen; ihn zitiert Grotius in dem jedermann bekannten De jure belli ac pacis von 1625, I 1, 12, 2 (Grotius 1939, 39) sogleich nach einem ähnlichen Ausspruch des Heraklit (DK I 148, Zeile 22; Frg. A 16, bei Sextus Empiricus überliefert).

◇ **3–6** Das Träumen scheint … hinzukäme.] So auch z. 32–34. Vgl. in der KdU § 67 (V 380,1–12).

◇ **5–6** Agitation … durch die Einbildungskraft] Noch 102,15; 203,36; die Agitation betrifft die Gemütseinwirkung auf die Lebenskräfte. Die Einbildungskraft wird hiermit zur Erhalterin des psychologischen und physiologischen Lebens, ohne ihre Tätigkeit tritt im Schlaf der Tod ein. Sie gleicht dem alles durchwirkenden, alles in Agitation haltenden Äther im Kosmos (der in der Stoa zugleich das göttliche Vernunftprinzip ist); vgl. die Theoriebildung im Opus postumum gemäß Wortindex XXII 634, s. v. »agitatio«, »Agitation«, »agitierende Kräfte«.

◇ **6–15** So erinnere ich mich … werden muß.] Explizite Bezugnahmen auf eigene Erfahrungen: 169,32–38; 195,30–34. Ohne Pendant in den Vorlesungsskripten.

◇ **19–23** Eben darum scheint … Wunsch und Willen geht.] Nach dem gleichen Prinzip hat die Natur es so eingerichtet, daß der Mensch in der Grundtönung des Lebens Schmerz empfindet (vgl. 230,23–232,5 mit den Kommentaren) und daß am Anfang seines sittlichen Lebensweges das moralisch Böse steht.

◇ **32–34** Man kann aber wohl … vergessen habe.] Vgl. in der KdU: »[…] ob nicht die Träume (ohne die niemals der Schlaf ist, ob man sich gleich selten derselben erinnert) […].« (s. V 380,1–7) Kant löst mit seiner teleologisch orientierten Traumpsychologie – »kein Schlaf ohne Traum« – ein, was Locke an Descartes monierte: daß seine »res cogitans« im Schlaf die Existenz aufgebe. s. Locke 1975, 108–116 (An Essay concerning Human Understanding II 1, 9–20).

◇ **34** vergessen habe.] In H (s. 402,33–403,3) folgt ein Extrakt aus Pierre Sonnerat, Reise nach Ostindien und China Bd. I (1783) 402–403. Am Rand »Arvieux«, s. Weischedel 499; dazu XXV 1572 und 1661 s. v. »Arvieux«.

191 **1–2** *Von dem Bezeichnungsvermögen. (Facultas signatrix.)*] Baumgarten kennt keine »Facultas signatrix«, sondern nur die (aus dem Betrachterstandpunkt gesehene) »facultas characteristica« (»Sectio XI«). Vgl. schon Collins 108–109 (»Von der facultate characteristica«). Unter dem Titel der »facultas characteristica« handelt Baumgarten jedoch von gleichen Problemen wie Kant hier.

◇ **4–5** der Verknüpfung der … der des Vergangenen] In H durch Überschreiben aus dem ursprünglichen: »Verknüpfung des Vorhergesehenen mit dem Vergangenen«. – Das Gegenwärtige »als Mittel« muß das Symbol sein, vgl. z. 20: »Symbole sind blos Mittel des Verstandes, […]«.

Das »Vorhergesehene« ist nicht das, was *vorher* gesehen wurde, sondern ist der Gegenstand des Vor*her*sehens (Übers. Vidari und Guerra: »la rappresentazione di ciò che si prevede«; Foucault: »la représentation de ce qui est prévu«). – Es ist schwer zu verstehen, was hier gemeint ist. Ist der Wegweiser das Produkt des Bezeichnungsvermögens derart, daß der Benutzer, der von einem bestimmten, nunmehr durchschrittenen und vergangenen Weg kommt, mittels des gegenwärtigen Zeichens auf den weiteren Weg gewiesen wird? Das Bezeichnungsvermögen insgesamt erscheint hier auf zeitliche Verhältnisse restringiert. – Die Weise der Verknüpfung wird nicht näher erläutert, sie kann jedoch nicht die Verknüpfung sein, die der Verstand in Urteilen stiftet. Baumgarten sprach ebenfalls von einem – nicht näher analysierten – »conjungere«: »Signa cum signatis una percipio; ergo habeo facultatem signa cum signatis repraesentando conjungendi, [...].« (§ 619) Wenn Kant einerseits von der Erkenntnis des Gegenwärtigen und andererseits von der *Vorstellung* des Vohergesehenen und des Vergangenen spricht (Hinweis Josef Simon, Bonn), so ist dies im strikten Verständnis nur im Rahmen des empirischen Realismus der Anthropologie möglich, denn innerhalb des transzendentalen Idealismus kann aufgrund der Raum-Zeitlehre auch das Gegenwärtige nur eine Vorstellung sein.

9–23 Gestalten der Dinge ... Bedeutung zu verschaffen.] Umgekehrt ◇ der Wortgebrauch in der »Untersuchung« von 1764 (II 278,12–279,25; mit einer Schwierigkeit 279,10), in der Dissertation und den frühen Anthropologie-Nachschriften. 1770 heißt es: »Intellectualium non datur (homini) *intuitus*, sed nonnisi *cognitio symbolica*, et intellectio nobis tantum licet per conceptus universales in abstracto, non per singularem in concreto.« (II 396,19–21; § 10) »Das Symbolische Erckentniß muß aufhören, und das intuitive anfangen, wenn ein Nachdruck stattfinden soll.« (Collins 112, ähnlich Hamilton 145) Hier wird also die symbolische Erkenntnis mit der diskursiv-sprachlichen bzw. intellektuellen oder begrifflichen gleichgestellt; sie steht der Anschauung gegenüber, die dazu benutzt werden kann, dem bloß Begrifflichen oder Symbolischen Nachdruck zu verleihen. Auf der anderen Seite gilt schon bei Collins 109: »So sind Characktere und Symbola unterschieden.« Ms. 400 213: »Symbola können nur da gebraucht werden, wo die Vorstellungen nicht schwer sind, alle Symbola sind also Mittel der größeren Vorstellung [sc. der größeren Anschaulichkeit]. Wer durch Symbola spricht, zeigt an, daß es ihm an Verstande fehlt.« Zu dieser Fassung des Symbolbegriffs vgl. auch die »Transzendentale Deduktion der Verstandesbegriffe« in der 2. Auflage der KrV. Dort wird im § 24 die »synthesis speciosa« der »synthesis intellectualis« entgegengestellt (B 151). Das Figürliche ist mit dem Symbolischen in dieser Wortbedeutung gleichzusetzen, s. z. 11. – Die symbolische als die nicht-intuitive Erkenntnis bei Christian

Wolff in der Psychologia empirica § 289: »Quodsi cognitio nostra terminatur actu, quo verbis tantum enunciamus, quae in ideis continentur, vel aliis signis eadem repraesentamus, ideas vero ipsas verbis aut signis aliis indigitatas non intuemur; *cognitio symbolica est.*« (Wolff 1962 ff., II 5, 204) Baumgarten § 620: »Si signum et signatum percipiendo coniungitur, et maior est signi, quam signati perceptio, cognitio talis symbolica dicitur, si maior signati repraesentatio, quam signi, cognitio erit intuitiva, (intuitus).« (XV 32,23–25)

◇   **13** die an sich nichts bedeuten] Vgl. Hamilton 141: »Es giebt gewiße Zeichen die weiter nichts bedeuten sollen, als nur ein Mittel zu seyn, Gedanken hervorzubringen«; so auch Collins 108.

◇   **14** führen; daher] H: »führen; wie die *Wörter* einer Sprache die für das Ohr eines Fremden nichts bedeutende Laute sind aber eben darum auch desto bestimmter auf Begriffe führen«. Die Auslassung dieses Satzteiles in A und den folgenden Drucken beruht vermutlich auf dem zweimaligen »führen«, also einem einfachen Abschreibfehler.

◇   **18–23** Das symbolische Erkenntniß ... Bedeutung zu verschaffen.] Dieser Satz scheint gegenüber dem vorhergehenden nichts Neues zu bringen. Die Wiederholung zeigt, daß Kant in dieser gegen eigene frühere Vorstellungen gerichteten Aussage einen zentralen Punkt sieht.

◇   **24–33** Wer sich immer ... auszudrücken, zu verdanken.] Vgl. Ms. 400 258–260 (im Hinblick auf die vermeintliche Unfähigkeit der Orientalen, aus Begriffen zu urteilen; dazu auch im Brief an Friedrich Victor Leberecht Plessing vom 3. Februar 1784: »Ihrem Urtheile, wegen der großen Weisheit und Einsicht der alten Aegypter, kann ich, aus Gründen, deren guten Theil mir schon HE Meiners vorgegriffen hat, nicht beystimmen, [...]« X 363,30–33). – Die durchgängig bildliche Sprache wird als bloßes Begriffsdefizit beurteilt (z. 24–25: »hat noch wenig Begriffe des Verstandes«; z. 27–28: »nichts als Armuth an Begriffen«; z. 32–33: »blos dem Mangel an Mitteln, ihre Begriffe auszudrücken«); Kant ist nicht gewillt, hierin einen besonderen Tiefsinn zu suchen. – Kant nimmt hiermit Stellung gegen den schon in der antiken Dichter-, vor allem Homerallegorese geübten Versuch, frühe Dichtung als verschlüsselte Weisheit zu interpretieren. Die gleiche – aufklärerische – Tendenz wie bei Kant findet sich auch bei Christoph Meiners in seinem Versuch über die Religionsgeschichte der ältesten Völker, besonders der Egyptier (1775). Johann Gottlieb Kreutzfeld untersucht in seiner Dissertatio Philologico-Poetica de Principiis Fictionum Generalioribus particula 1 (1777) die Bildlichkeit der Frühzeit im Hinblick auf die gleiche anfängliche mentale Struktur der Völker in ihrer Frühzeit, s. bes. § 10 ff. (ein entferntes Parallelunternehmen zu Vicos Scienza Nuova). Zum zweiten Teil der Dissertation Kreutzfelds s. Refl. 1525, XV 903–935. S. weiter Wilfried Nippel, Griechen,

Barbaren und »Wilde«. Alte Geschichte und Sozialanthropologie (1990)
bes. 56 ff.

24–25 Wer sich immer … des Verstandes] Vgl. Physische Geographie ◇
Hesse 94: »Alle diese Nationen [sc. in Asien] sind sehr bilderreich zE. in
Räthseln ihre Weisheit einzuschließen, in Fabeln und in Sprüchwörtern zu
reden. Sie haben gar nicht die rechte Erkentniß der Wahrheit und den
rechten Gebrauch der Vernunft.«

25–27 das so oft Bewunderte … Reden hören lassen] Die »vermeinten ◇
Weisen in einem noch rohen Volk« werden u. a. die Figuren des Alten
Testaments sein, deren »sinnliche Wahrheit« Herder verzückte; die Systeme
von Kopernikus und Newton, von Buffon und Priestley sollten, so schreibt
er 1782 in Vom Geist der hebräischen Poesie (4. Gespräch), in Gedichten
versinnlicht werden. »Wir wollen wünschen, daß so ein Dichter bald gebohn
ren werde: und so lang er nicht da ist, wollen wir bei den alten Völkern die
hohen Schönheiten ihrer Dichtkunst deswegen nicht lächerlich machen,
weil sie unsre Physik und Metaphysik nicht kannten. Manche ihrer Allego-
rien und Personendichtungen enthalten mehr Einbildungskraft und sinnliche Wahrheit, als dicke Systeme; und Regung des Herzens verstehet sich
von selbst« (Herder 1877 ff., XI 293–294). Zu Herders diesbezüglichen
Anschauungen vgl. Häfner 1995, 117–123. Kant will die »vermeinten Weisen in einem noch rohen Volk« nicht lächerlich machen, sondern beharrt nur
auf seinem aufklärerischen »noch nicht«. Die gleiche Auffassung wie Kant
findet sich bei Christian Gottlob Heyne, er vertritt in seinem Aufsatz
»Temporum mythicorum memoria a corruptelis nonnullis vindicata« von
1763 die Auffassung, daß die Völker am Beginn der Menschheitsentwick-
lung nur über Vorstellungen der Sinnlichkeit verfügten und entsprechend
ihre Geschichte in nur sinnlicher Weise darstellten; vgl. Häfner 1995,
142–143. Nach Bacon, Heyne und Kant ist es ein Anachronismus zu
hoffen, daß die neuen wissenschaftlichen Systeme in Dichtungen dargestellt
werden.

29 der amerikanische Wilde] Joseph François Lafitau, Moeurs des sauva- ◇
ges Américains (1724) II 458. – Zur symbolischen Ausdrucksweise der
Wilden ist vielfach geschrieben worden, vgl. u. a. Adam Ferguson in seinem
Essay on the History of Civil Society von 1767: »When we attend to the
language which savages employ on any solemn occasion, it appears that man
is a poet by nature. Whether at first obliged by the mere defects of his
tongue, and the scantiness of proper expressions, or seduced by a pleasure of
the fancy in stating the analogy of its objects, he clothes every conception in
image and metaphor. ›We have planted the tree of peace,‹ says an American
orator; ›we have buried the axe under its roots: we will henceforth repose
under its shade; […].« (Ferguson 1966, 172) S. auch Christian Gottlob
Heyne, »Nonnulla ad quaestionem de caussis fabularum seu mythorum

veterum physicis«, in: *Opuscula academica collecta et animadversionibus locupletata* I (1785) 184–206.

Poesie oder Gesang als Ursprache der Völker: dazu Herder in der Abhandlung über den Ursprung der Sprache: »Was so viele Alten sagen und so viel Neuere ohne Sinn nachgesagt, nimmt hieraus sein sinnliches Leben: ›daß nehmlich Poesie älter gewesen, als Prosa!‹ [...] Die Tradition des Alterthums sagt, *die erste Sprache des Menschlichen Geschlechts sei Gesang gewesen,* [...].« (Herder 1877 ff., V 56–57)

◇   **31 vom Homer an bis zum Ossian**] In den Druckschriften wird Ossian nur hier erwähnt; Kant wird die von David Hume sogleich als Lesertäuschung durchschaute Schrift nicht gelesen haben.

◇   **31–32 von einem Orpheus bis zu den Propheten**] Während man 189,10 den Propheten noch in die griechische Kulturgeschichte einbeziehen kann, sind die hier genannten »Propheten« die des Alten Testaments, die gezielt an die Seite des Orpheus gestellt werden.

◇   **34–192,7 Die wirklichen, den ... Endzweck verfehlt wird.**] Die hier vorgetragene Konzeption einer moralischen Religion, die den Wert des Menschen nicht in der Erledigung gesetzlich vorgeschriebener Rituale sieht, entspricht der Lehre der Religionsschrift von 1793. Wenn auch »*Schwedenborg*« (z. 35) aus seinem Grab zitiert wird (immerhin nicht mehr wie in den Träumen eines Geistersehers von 1766 als »Schwedenberg«, sondern in einer Annäherungsform an den Kant wohlvertrauten Namen »Swedenborg«), so ist der Passus doch auf die aktuelle Auseinandersetzung mit Jacobi und Stolberg bezogen; dazu s. § 58 mit Kommentar. Der Gegensatz von »*Ideal*« und »*Idol*« findet sich in dem Aufsatz »Von einem neuerdings erhobenen vornehmen Ton in der Philosophie«: »Die *Theophanie* macht also aus der Idee des Plato ein *Idol*, welches nicht anders als abergläubisch verehrt werden kann; wogegen die *Theologie*, die von Begriffen unsrer eigenen Vernunft ausgeht, ein *Ideal* aufstellt, [...].« (VIII 401,37–39)

192   **5 *Aufklärung***] Dies ist die einzige Nennung dieses Worts in der Anthropologie, während die Vorlesungsnachschriften es ab der Menschenkunde häufig enthalten. Die Problemstellung der Kantischen Aufklärungsschrift wird 209,19–210,4 aufgenommen.

◇   **5–6 der reinen praktischen Vernunft**] Weitere Nennungen der »reinen praktischen Vernunft« innerhalb der Anthropologie 266,21–22; 271,1.

◇   **7 mit dieser Vertauschung**] Vgl. zu der Wende oder Verkehrung, die die moralische Ordnung gegenüber der natürlichen postuliert, Reinhard Brandt, »Kants ›Paradoxon der Methode‹« (1995 a).

◇   **9 wirklich gedacht haben**] Hier ungefähr hat H die Randnotiz: »Vom Aberglauben / Nominal und realzeichen / Mittelbar – unmittelbar«.

◇   **10 nicht symbolisch, sondern *buchstäblich* auslegen müsse**] Vgl. dazu im Streit der Fakultäten den 1. Abschnitt, bes. VII 66–67.

18–19 Man kann ... eintheilen.] Die Quellen der Kantischen Semiotik ◇
wurden nicht untersucht. Sie gliedert sich in »künstlich« – »natürlich« –
»übernatürlich«, wobei der letztere Bereich auf Mißverständnisse im »er-
schrockenen großen Haufen« (194,15–16) zurückgeht.

20–21 die der *Geberdung* ... auch natürliche sind)] Vgl. dazu die natür- ◇
lichen Zeichen, die 301,8–19 aufgeführt werden.

24 freier, mit erblichem Vorrang beehrter Menschen] Fehlt in H; dort ◇
als Randergänzung zwischen »*Standeszeichen* (Wappen)« eingeschoben:
»freyer Menschen«.

27–28 Verweilung, ... die Interpunctionen).] H: »Verweilung oder des ◇
Affects (der Interpunction).«

29 Alle Sprache ist Bezeichnung der Gedanken] D. h., Sprache bezeich- ◇
net *nicht* Phänomene der äußeren Sinne und des inneren Sinnes oder andere
Dinge und Entitäten (wie die meisten neueren Nominalisten annehmen,
z. B. Nelson Goodman), sondern unsere Gedanken und Vorstellungen von
ihnen. So Platon, auch Aristoteles im 1. Kapitel von De interpretatione; auch
John Locke durchgängig: Die Sprache bezieht sich auf unsere »ideas«. Kant
hat sich außer für etymologische Spielereien nie für Sprache interessiert; der
Grund liegt in seinem Begriffs- und Ideenrealismus. Mit ihm gibt es eine
Erkenntnis- und Vergewisserungsinstanz, die den von Volk zu Volk wechselnden sprachlichen Artikulationen *zuvor* liegt; hierin ist sich Kant mit
Platon (vgl. die Burleske des Kratylos) gegen den Nominalismus einig,
desgleichen mit Aristoteles (pace Wolfgang Wieland) und John Locke.

31–32 Denken ist *Reden* mit sich selbst] Vgl. 167,12–13 mit Kommentar. ◇
Wenn die Sprache Bezeichnung der Gedanken ist, kann das Denken nicht
nur Reden mit sich selbst sein.

32–33 die Indianer auf ... Sprache im Bauch] Zusatz in A1 und A2. ◇
»Otaheite« wird außer hier noch 304,28–32 erwähnt; Kant benutzt den
englischen Namen statt des französischen »Tahiti«. – Johann Reinhold
Forster, Bemerkungen über Gegenstände der physischen Erdbeschreibung,
Naturgeschichte und sittlichen Philosophie auf seiner Reise um die Welt
gesammlet (1783) 469, Anmerkung: »Es fehlt den Taheitiern der Ausdruck
für abgezogene Begriffe. *Gedanken*, sind nichts Körperliches, hier mußten
sie sich als einer besonderen Wendung bedienen, und durch die Umschreibung: [...] Wortes des Bauches, den Begriff von Gedanken ausdrücken.«
(Forster 1985, V 127) Kant gibt dem eine andere Wendung. Es wird mit der
Lokalisierung des Denkens im Bauch sogleich dezent das Niveau der
oheitanischen Gedanken angedeutet.

34–37 Dem Taubgebornen ... zu haben und zu denken.] Vgl. 155,21–27 ◇
mit Kommentar.

36–37 mit körperlichen Gefühlen] H: »mit Gefühlen« (korrigiert aus ◇
»der Gefühle«). Man muß vermutlich zu H zurückkehren; »körperliche

Gefühle« sind für Kant anderer Art, vgl. 263,30 mit Kommentar. Hier legt
sich der Begriff nahe, beruht aber vermutlich auf einem Eingriff des Redaktors.

193   1–7 Aber auch die, so sprechen ... offenbar wird.] Kant nimmt hier in
gedrängter Form die Lockesche Sprachkritik im Buch III des Essay concerning Human Understanding auf; Locke 1975, 402–524 (»Of Words«).

◇   10 demonstrativ, oder rememorativ, oder prognostisch.] Vgl. im 2. Abschnitt des Streits der Fakultäten: »[...] Geschichtszeichen (signum rememo-
rativum, demonstrativum, prognostikon) [...]« (84,30–31). Die Aufzählung geht hier auf Baumgarten, Metaphysica § 348 zurück: »Signatum
actuale, § 347 vel praesens est, tunc signum dicitur demonstrativum; vel
praeteritum, tunc signum dicitur mnemonicum, vel futurum, § 298, tunc
dicitur prognosticon.«

◇   11–12 Der Pulsschlag ... Rauch das Feuer.] Zur Pulsdiagnose gab es ein
bekanntes Werk von Joseph Struth, Ars sphygmica seu pulsuum doctrina
(1602). Vgl. Rather 1965, 226–227.

◇   18–27 Grabhügel und Mausoleen ... Wechsel aller Dinge.] Zur erkenntnistheoretischen und semantischen Problematik rememorativer Zeichen vgl.
u. a. Arthur Danto, Analytische Philosophie der Geschichte (1980) 70–72; 122
(»Narbe« als Beispiel eines vergangenheitsbezogenen Begriffs).

◇   18–20 Grabhügel und ... Königs Pyramiden.] Es ist nicht ganz einsichtig, warum diese künstlichen Grab- und Mahnmale zu den Naturzeichen
(»b«) gezählt werden; desgleichen z. 25–27. Im Streit der Fakultäten gehörten
die signa prognostica zu den Geschichtszeichen, s. VII 84,30–31.

◇   21–22 die Löcher der Pholaden in den hohen Alpen] Pholaden: Bohr-
muscheln, die sich tief in Schlamm, Holz, aber auch harte Felsen einbohren
können.

◇   24 Archäologie der Natur] Vgl. 323,27: »Man kann mit dem Ritter Linné
für die Archäologie der Natur [...].« In der KdU hatte Kant vom »Archäo-
logen der Natur« geschrieben und die möglichen Hypothesen als »Aben-
teuer der Vernunft« bezeichnet (V 419,26–27; auch 428 Anmerkung;
Düsing 1986, 137). – Thema ist hier nicht der alte Zustand der Welt (z. 23)
für sich, sondern nur die Relation des Zustandes zu den Zeichen, die wir
von ihm besitzen. Daher der sonst unangebrachte Vergleich mit den »ver-
narbten Wunden des Kriegers« (z. 25). – Einen Reflex der Alpen-Meeres-
Archäologie bietet Voltaire in seinem L'homme aux quarante écus, dort:
»Nouvelles douleurs occasionnées. Par les nouveaux systèmes«. Die Funde
von Meeresspuren auf hohen Bergen (»Mais, monsieur l'incrédule, que
répondrez-vous aux huîtres pétrifiées qu'on a trouvées sur le sommet des
Alpes?«) lassen an die Metamorphosen Ovids denken und suggerieren die
Möglichkeit, daß wir selbst aus dem Meer oder von den Affen abstammen
(»[...] descendre d'un poisson que d'un singe«; Voltaire 1960, 307–308).

Vgl. auch die Dissertation sur les changements arrivés dans notre globe (1746) und die Singularités de la nature (1768).

Eine spekulative Erörterung findet sich in Schellings nachgelassener Schrift System der gesamten Philosophie und der Naturphilosophie insbesondere von 1804 (Schelling 1927ff., II. Erg. Bd. 319–320).

27 *alter* Staaten und] H: »aller und«, auch A1. ◇

30–32 und der Bestimmungsgrund ... aufmerksam macht.] Vgl. 186,1–4. ◇

32–33 In Ansehung ... in der Astronomie] H: »Die *Zeichendeuterey* in ◇ Ansehung der künftigen Weltbegebenheiten ist die sicherste in der Astronomie«; so auch A1.

2 facies Hippocratica] S. Menschenkunde 201 (XXV 1028,15–16) und **194** den zugehörigen Kommentar Nr. 154.

3–4 auch nach der Einsicht] H: »auch vor der Einsicht«. Dies scheint der ◇ bessere Text zu sein.

6–7 Aber die von ... waren ein durch den Staat] H: »Aber die Nativi- ◇ tätsstellung (der Horospicus) der [am Rand hinzugefügt: von den Römern in staatskluger Absicht veranstalteten] Augurien und Haruspicien [durchstrichen: denen sich der römische der römische] waren ein durch den Staat«. Leicht verbessert in A1. – »Haruspicinen« z.7 ist ein einfacher Druckfehler.

18–196,13 *Anhang.* Ein wunderliches Spiel ... seinen Weg verfolgt.] Vgl. ◇ die Vorarbeit, die Stark 1993, 250–251 bringt. – In der Zeitschrift Hieroglyphen erschien 1784 ein Aufsatz von Friedrich Traugott Hartmann: »Über die Heiligkeit der Zahlen 3. 7. und 9.« (Hieroglyphen 1784, 60–80; mit Literatur) Der Aufsatz steht im Zusammenhang mit der Emanzipation der Juden und dem Problem ihrer Kultur bei einer Assimilation (vgl. Tortarolo 1989, 251). Friedrich Gedike veröffentlichte in der Berlinischen Monatsschrift 18. Dezember 1791, 494–525 einen Aufsatz mit dem Titel »Geschichte des Glaubens an die Heiligkeit der Zahl Sieben«. Külpe verweist 361 ad 194,31 auf Anton Joseph Testa, Bemerkungen über die periodischen Veränderungen und Erscheinungen im kranken und gesunden Zustande des menschlichen Körpers (1790); Kapitel 6: »Von den Stufenjahren«.

30–195,4 Hieraus sind ... richten müßte.] Zum »Stufenjahr« vgl. ◇ VII 62,13–63,31; XIII 83 ad X 210,28. Die Zuschreibung eines Werkes De annis climactericis an Julius Cäsar Scaliger beruht auf einem Irrtum. In der Nachschrift Dohna 122 wird neben Scaliger Saumaise genannt; vgl. Menschenkunde 204 mit Kommentar Nr. 163. Saumaise oder Claudius Salmasius ist Autor der Schrift De annis climactericis (1648).

2–4 als ob sich ... richten müßte.] Vgl. 189,19–23. **195**

6–9 Ein Arzt, dem ... nicht ein Dutzend voll?] Vgl. Refl. 345: »Einbil- ◇ dungskraft bey vollen Zahlen. Dutzend Ducaten. Tassen.« (XV 135,12) Da Ärzte nach dem Hippokratischen Eid nicht für Bezahlung heilen dürfen

und sich die Mediziner im 18. Jahrhundert an diesen Eid hielten, war es dem
Patienten freigestellt, eine seinem Vermögen und der ärztlichen Hilfe angemessene Gratifikation zu senden.

◇   25–26 Deutschland, vielleicht auch anderswo] Zusatz von A 2.

◇   37–196,5 So soll der ... von Zahlenmystik gestellt.] S. Menschenkunde
203 und den Kommentar Nr. 161.

196   11–12 Wir wollen jetzt sehen] Das joviale »wir« anläßlich des Aufstiegs
von der Sinnlichkeit zum Verstand ist eine stilistische Innovation; vgl. weiter
197,3–4: »Laßt uns jetzt [...].« Vgl. Refl. 1507; XV 819,15–18.

◇   14–15 Vom Erkenntnißvermögen ... gegründet wird.] Die §§ 40–44
handeln vom oberen Erkenntnisvermögen im Anschluß an Baumgartens
Sektionen XII und XIII, die vom »intellectus« (§ 624: »Anima mea cognos-
cit quaedam distincte, [...], facultas distincte quid cognoscendi est Facultas
Cognoscitiva Superior (mens), intellectus«) und von der »ratio« handeln.
Während Baumgarten auch beim Begehrungsvermögen eine Zweiteilung
von unterem und oberem Vermögen innerhalb der empirischen Psychologie
kennt (vgl. »Sectio XVII. Facultas Appetitiva Inferior« und »Sectio XVIII.
Facultas Appetitiva Superior«), verzichtet Kant vom Anfang der Vorlesung
an (nach unseren Nachschriften) auf die Behandlung des oberen Begehrungsvermögens innerhalb der Anthropologie.

◇   25 Sinnlichkeit, mit] H: »Sinnlichkeit; aber die letztere ist nothwendiger,
und unentbehrlicher ist doch die Sinnlichkeit mit«. – Vgl. 144,5–8 und
156,16–17 (»Der Sinn des Gesichts ist, [...] doch der edelste: [...]«); auch
198,13.

197   3 Verstand, Urtheilskraft und Vernunft.] Diese für die KrV essentielle
Trias findet sich innerhalb der Vorlesungsnachschriften zur Anthropologie
zuerst im Ms. 400 217–218: »Das Obererkenntnis Vermögen faßt dreyerley
in sich: Verstand insbesondere, so ferne er der Vernunft entgegen gesetzt
wird, Urtheils Kraft und Vernunft. Verstand ist das Vermögen der Begriffe,
Urtheils Kraft ist das Vermögen der Anwendung der Begriffe im gegebenen
Falle; und die Vernunft ist das Vermögen der Begriffe a priori in abstracto.
Der Verstand ist das Vermögen der Regel, Urtheilskraft das Vermögen der
Anwendung der Regel, und Vernunft die Anwendung der Regel a priori.«
Erst hiermit ist der Weg frei für eine Zuordnung der Kategorien zum
Verstand und der Ideen zur Vernunft und zur Konzeption einer Dialektik
der reinen Vernunft. In Parow (1772–1773) fehlt in der korrespondierenden
Darstellung (176) noch die Urteilskraft, so wie in den übrigen Teilen die
klare Abgrenzung von Verstand und Vernunft. Dasselbe trifft auf Collins 126
zu.

◇   15–16 und der Bestimmung desselben] Fehlt in H.

◇   20–21 bei Juvenal: ... aerumnosique Solones.] Persius, »Satura« III 78
(»Was ich verstehe, reicht mir; ich sorge mich nicht darum, zu sein was

Arkesilas und die mühebeladenen Solone [...]«). Hinske 1990a, 235: Bei
diesem Zitat »könnte Gesners *Isagoge* möglicherweise mit Pate gestanden
haben.« S. Gesner 1774–1775, I 9.

35 selbst zu denken] Vgl. 200,35; 228,31. Zur Maxime des Selbstdenkens ◇
und der Figur des Selbstdenkers vgl. Michael Albrecht, Eklektik (1994)
598–599. – Am 26. Mai 1770 erging von Berlin an die Preußische Regierung
in Königsberg, der die Universität unterstand, ein Spezialbefehl mit »Methodologischen Anweisungen für die Studirenden in allen 4 Facultaeten«,
die den Studenten bei der Immatrikulation auszuhändigen waren. Darin
hieß es im Hinblick auf die Philosophie: »Wer auf Universitäten die Philosophie studiret, muß vornehmlich zur Absicht haben, diejenige Fertigkeit
zu denken, zu erlangen, welche der Natur der wahren Philosophie gemäß
ist, die wahre Philosophie ist eine Fertigkeit selbst ohne Vorurtheile und
ohne Anhänglichkeit an eine Secte zu denken, und die Naturen der Dinge
zu untersuchen.« (s. XXV, S. LXVI)

25–26 der General ... muß Vernunft besitzen.] Vgl. 200,12–14. – In der   198
Anthropologie wird die reflektierende Urteilskraft nicht berücksichtigt;
gemäß der KdU könnte sie als das Vermögen fungieren, zum Zweck der
Beurteilung von Fällen eine Regel auszudenken. Kant hält hier an der
durch den Syllogismus suggerierten Drei-Vermögenslehre der ersten Kritik
fest. In den früheren Anthropologie-Nachschriften wird die (subsumie-
rende, anwendende) Urteilskraft dem Witz entgegengesetzt als dem Vermögen des Erfindens (Collins 114–121, Hamilton 148–158), so auch hier § 44
(201,12–34 mit Kommentar).

29–30 Tel brille ... au premier] Fehlt in H. – Voltaire, Henriade 1. Ge- ◇
sang, Vers 32. – S. XXV 1654. Hinske 1990a, 235: das Zitat »wird Kant
z.B. nicht bei Voltaire, sondern in Abraham Gotthelf Kästners ›Betrachtungen über den Beruf‹ gelesen haben« (folgt Verweis auf Kästner 1971, III 112).
Ob Kant das Voltaire-Kästner-Zitat selbst in den Text eingerückt hat, wird
man bezweifeln müssen. Es ist nicht in den Vorlesungsnachschriften belegt.

31 *Klügeln* ist nicht ... Christina von Schweden] Vgl. Refl. 1486 ◇
(XV 712,17); in den Vorlesungen häufig erwähnt, vgl. Collins 128–129 mit
Kommentar Nr. 147.

33–199,2 Es ist hiemit wie ... Kluges gethan hat.«] S. Busolt 117 mit ◇
Kommentar Nr. 40.

7–19 aber das zweite ... genannten Ältesten sucht.] Vgl. 228,2–4; s. auch   199
den Hinweis auf die »secunda Petri« (d.h. den zweiten Teil in der Logik von
Petrus Ramus) in der KrV A 133 Anmerkung; auch XXIV 22 u.ö. Die Frage
von Belehrung oder Übung spielt sich in dem Schema von Alternativen ab,
das seit dem Anfang des platonischen Menon tradiert wird, s. Brandt 1998c,
34–36.

◇   18 eine französische Republik] H: »eine Republik«. Eine Ergänzung des
Redaktors, die auch zur Änderung des unbestimmten in den bestimmten
Artikel hätte führen müssen. – Die Bevorzugung der indirekten Nennung
ist literarische, vielfach politisch motivierte Eigentümlichkeit; an anderer
Stelle wird von der »Revolution eines geistreichen Volks« gesprochen
(85,19), und der Hinweis auf Königsberg in der Anthropologie beginnt
umschweifig mit »Eine große Stadt [...].« (120,30)

◇   21 für technische,] H und A1: »für theoretische,«. Die Änderung in A 2
ist durch das »was thunlich ist« z. 20 begründet. Die ursprüngliche Fassung
war durch eine vorgegebene Trias motiviert, s. Parow 121: »Das Ideal ist
entweder das aus der speculativischen Vernunft oder das aesthetische oder
das practische Ideal.« Und hier in der Buchfassung: »Der Egoism kann
dreierlei Anmaßungen enthalten: die des Verstandes, des Geschmacks und
des praktischen Interesse, d. i. er kann logisch oder ästhetisch oder praktisch
sein.« (128,28–30) Anders die Dreiheit der hypothetischen und kategorischen Imperative. Sie beziehen sich auf technische, pragmatische und
moralische Zwecke (IV 416,28–417,2 u. ö.).

◇   23–24 und macht den Verband ... und der Vernunft.] H: »das Band«. –
Vgl. in der kritischen Ebene u. a. V 195–197 (»Einleitung IX« der KdU).

◇   28 also nach Principien und als] H: »also als«.

◇   33–200,4 Ideen sind ... vollständig erreichen kann.] Zu diesem Ideenbegriff gelangt Kant erst in der Mitte der siebziger Jahre im Zusammenhang
der Scheidung von Verstand und Vernunft ungefähr in der Form, die die KrV
aufweist. S. den Kommentar zu 197,3. S. a. Ms. 400 254–261.

200   5 gesunde Vernunft] Eine ausführliche Bestimmung der gesunden Ver-
nunft (gemäß der Auffassung 1775–1776) findet sich im Ms. 400 248–253.
Die dort gegebenen Maximen sind mit Berücksichtigung von § 30 der
Dissertation von 1770 zu lesen.

◇   7 Mit Vernunft rasen] Das Oxymoron »mit Vernunft rasen« noch 39,26;
215,17; IV 383,21; V 275,5. Terenz sprach vom »insanire cum ratione«
(»Eunouchos« 1, 1, 18), Horaz dichtete: »insanire paret certa ratione modo-
que« (»Sermo« II 3, 271) – der Wahnsinn hat Methode.

◇   10–30 Subalterne müssen nicht ... guter Art auszuweichen.] Der Abschnitt nimmt das Thema der Schrift »Beantwortung der Frage: Was ist
Aufklärung?« (1784), speziell den Abschnitt VIII 36,34–37,4, auf. Während
dort die drei traditionellen Stände durch den Finanzrat, den Offizier und
den Geistlichen vertreten sind (Brandt 1998c, 62–68), treten hier nur
Offizier und Geistlicher auf, weil nur der Kontrast von vernünftiger Subordination und notwendiger Eigenständigkeit interessiert. – Das Thema der
Schrift wird 209,19–210,4 weitergeführt.

◇   10–12 Subalterne ... unbekannt bleiben darf] Trotz dieser Regel gilt in
der Kantischen Ethik: »Der Satz ›man muß Gott mehr gehorchen, als den

Menschen< bedeutet nur, daß, wenn die letzten etwas gebieten, was an sich
böse (dem Sittengesetz unmittelbar zuwider) ist, ihnen nicht gehorcht
werden darf und soll.« (VI 99,30–33) Auch der Subalterne ist verpflichtet,
seine befohlenen Handlung nach dem Prinzip der Sittlichkeit zu prüfen und
den Gehorsam bei einer Kollision zu verweigern (nicht: Widerstand zu
leisten).

12–14 der Befehlshaber … gegeben werden kann.] Vgl. 198,25–26.   ◇

14–20 Daß aber … auch nur kann.] Vgl. 209,32–210, 4.   ◇

24–27 nicht sowohl … sondern] Die Redeform ist gleichbedeutend mit   ◇
»nicht …, sondern«, gibt jedoch dem Ausgeschlossenen ein größeres
Gewicht. Sie begegnet häufig bei Kant und bei zeitgenössischen Autoren;
vgl. die Bestimmung der transzendentalen Erkenntnis in der Formulierung:
»Ich nenne alle Erkenntnis transzendental, die sich nicht so wohl mit
Gegenständen, sondern mit unsern Begriffen a priori von Gegenständen
überhaupt beschäftigt.« (KrV A 11–12)

34–37 Die Vorschrift … einstimmig zu denken.] Die drei Maximen der   ◇
Weisheit werden auch 228,31–34 (mit Rückverweis) aufgeführt; vgl. weiter
V 294–295 (KdU § 40) IX 57,22–23; Refl. 454 (XV 187,13–17); Refl. 456
(XV 188,12–13); Refl. 1486 (XV 715–716); Refl. 1508 (XV 820,3–20);
Refl. 2273 (XVI 294,16–19); Refl. 2564 (XVI 429,1–2). Otto Schlapp, Kants
Lehre vom Genie und die Entstehung der ›Kritik der Urteilskraft‹ (1901) 379.
Zum Zusammenhang der hier Maximen der Weisheit genannten Vorschrif-
ten mit dem Thema »Aufklärung« (z. 10–30) vgl. bes. V 294,14–295,19 (KdU
§ 40). Ähnlich sind die Maximen Lockes in der Schrift Of the Conduct of
the Understanding (1688) konzipiert, vgl. Reinhard Brandt, »Materialien
zur Entstehung der Kritik der reinen Vernunft. John Locke und Johann
Schultz« (1981) 39–40.

35 Selbstdenken] 197,35 (mit Kommentar); 228,31.   ◇

1–6 Das Zeitalter der … anberaumt werden] Zur Trias von Geschick-   201
lichkeit, Klugheit und Weisheit vgl. schon den Brief Kants an Marcus Herz
vom Herbst 1773: Die neue Konzeption der Anthropologievorlesung solle
sie zu einer »Vorübung der Geschiklichkeit der Klugheit und selbst der
Weisheit« (X 146,6–7) machen. Die pragmatische Anthropologie wäre
demnach eine Lehre vom »vollständigen Gebrauch seiner Vernunft« (hier
z. 1–2). Wie die technischen und pragmatischen Imperative als hypotheti-
sche den (dem) kategorischen entgegengestellt werden, kann sich auch ein
duales Schema ergeben: »Moralische und pragmatische Maximen. 1. Die
der Sittlichkeit haben *allgemeine* Regeln (universales) 2. Der Geschicklichkeit (wozu auch Klugheit) nur generale Regeln (im allgemeinen).«
(XXIII 247,16–18; Vorarbeit zur »Vorrede« und »Einleitung« in die Metaphysik der Sitten) – Die Kantischen Überlegungen zu den drei Lebensaltern
stehen noch in einer Tradition, die selbst die Heiligen Drei Könige (ur-

sprünglich Magier mit drei Geschenken) so sortierte: Der Jugendliche
Kaspar, der männliche Melchior und der Alte Balthasar, alles zur Freude des
Vierten, des Kindes.

◇   **4** *Klugheit*] Vgl. Refl. 1111 (XV 494,17).

◇   **5–6** das der *Weisheit* … anberaumt werden] Der Erwerb der Weisheit ist
also nicht identisch mit der Gründung eines Charakters, für die das 30. und
das 40. Lebensjahr genannt werden, s. 294,31–33. – In Parow heißt es: »[…]
dieser Verstand der da dient den Werth der Dinge zu schäzen, verspätet sich
oft so sehr, daß er sich wohl selten vor 40 Jahren einfindet. In diesem Alter
geht alsdenn gleichsam eine Palingenesie im Verstande vor, man verliert
öfters die Anhänglichkeit an diesem oder jenem Dinge, das uns vorhero viel
werth war.« (164–165) Kant sagt dies im Wintersemester 1772–1773, also in
seinem 49. Lebensjahr; er lädt dazu ein, sich zu überlegen, welches die Dinge
sind, denen er um 1764 absagte (die Lebenszäsuren werden in Jahrzehnten
gerechnet, so daß nur eine ungefähre Lokalisierung möglich ist). Man wird
vermuten, daß er an die Anhänglichkeit an die alte Leibniz-Wolffsche
Metaphysik denkt, der er mit den Träumen eines Geistersehers (geschrieben
1765, publiziert Ende 1765, Druckdatum 1766) den öffentlichen Abschied
gab. – Zu ähnlichen Überlegungen im Hinblick auf die Leidenschaften vgl.
Ms. 400 492–493.

Goethe bezieht sich in seinem Brief an Schiller vom 19. 12. 1798 auf diese
Stelle: »Kants Anthropologie ist mir ein sehr wertes Buch und wird es
künftig noch mehr sein, wenn ich es in geringern Dosen wiederholt ge-
nieße, denn im ganzen, wie es dasteht, ist es nicht erquicklich. Von diesem Gesichtspunkt aus sieht sich der Mensch immer im pathologischen
Zustande, und da man, wie der alte Herr selbst versichert, vor dem 60sten
Jahr nicht vernünftig werden kann, so ist es ein schlechter Spaß, sich die
übrige Zeit seines Lebens für einen Narren zu erklären.« (Goethe 1948 ff.,
II 362) Der Narr kommt durch den alten stoischen Kontrast zur Weisheit
(z. 5; vgl. den Kommentar zu 202,1–2) herein.

◇   **6** mehr *negativ* ist] Vgl. zur Rolle des Negativen 158,35; 228,11; 35; 286,1;
327,2. Die Bedeutung des Negativen in der Erkenntnis und besonders auch
Erziehung scheint in den ersten Vorlesungen ausgeprägter als in der Spätphase. S. etwa Collins 21–23.

◇   **7–9** »Es ist Schade … hätte leben sollen,«] Eine Variation des Diktums,
daß es schade ist zu sterben, wenn man in der Wissenschaft fortschreitet, vgl.
325,30–326,5 mit Kommentar.

◇   **12–32** So wie das Vermögen … der ersteren zukommt.] Vgl. dazu § 55
(221,4–223,11).

◇   **12–14** So wie das Vermögen … *Witz* (ingenium).] Diese Bestimmung
ähnelt der Unterscheidung von bestimmender und reflektierender Urteilskraft, s. V 179,16–181,11 (»Einleitung IV« der KdU). S. Liedtke 1964, 97. –

Zur Funktion von Urteilskraft und Witz in der ars inveniendi (»auszufin-
den« z. 13; »auszudenken« z. 14) in der Philosophie vor Kant vgl. die
Hinweise von Cornelis-Anthnie van Peursen, »Ars inveniendi im Rahmen
der Metaphysik Christian Wolffs« (1983) bes. 73–76.

14–17 Das erstere geht ... zum Theil Verschiedenen.] Vgl. Refl. 473 ◇
(XV 195,11–21). – John Locke unterscheidet »wit« und »judgment« so, wie
Kant z. 14–17 schreibt: »For *Wit* lying most in the assemblage of *Ideas*, and
putting those together with quickness and variety, wherein can be found any
resemblance or congruity, thereby to make up pleasant Pictures, and agree-
able Visions in the Fancy: *Judgment*, on the contrary, lies quite on the other
side, in separating carefully, one from another, *Ideas*, wherein can be found
the least difference, thereby to avoid being misled by Similitude, and by
affinity to take one thing for another.« (Locke 1975, 156; An Essay concerning Human Understanding II 11, 2) In der Nachfolge Lockes thematisieren
viele Autoren die beiden entgegengesetzten Vermögen in jeweils eigener
Modellierung, vgl. u. a. Shaftesbury, der im Soliloquy, or Advice to an Author
(1710) von einem »injudicious random use of Wit and Fancy« spricht
(Shaftesbury 1963, I 135); s. a. Spectator 62 vom 11. 5. 1711. Henry Home,
Kritik (1790) I 26–27: »Zu weiterer Bestätigung berufe ich mich auf eine
andere bekannte Beobachtung, nämlich, daß Witz und Urtheilskraft selten
mit einander vereinigt sind. Der Witz besteht vornehmlich in der Fertigkeit,
Dinge durch entfernte und phantastische Verhältnisse mit einander zu
verbinden, die uns in Verwunderung setzen, weil wir sie nicht erwarten.
[...] In sofern ist ein großer Theil des Witzes mit einem gründlichen
Verstande unvereinbar; [...].« Johann Christoph Gottsched, Versuch einer
Critischen Dichtkunst (1751): »Dieser Witz ist eine Gemüthskraft, welche die
Aehnlichkeiten der Dinge leicht wahrnehmen, und also eine Vergleichung
zwischen ihnen anstellen kann. Er setzet die Scharfsinnigkeit zum Grunde,
welche ein Vermögen der Seele anzeiget, viel an einem Ding wahrzunehmen,
welches ein andrer, der gleichsam einen [...] blöden Verstand hat, nicht
würde beobachtet haben.« (Gottsched 1962, 102) – Eine Erörterung des
Witzes muß zurückgehen zu Aristoteles, Rhetorik 1412 a 11–13; Topik
108 a 12–14; b 23–28; 151 b 18–23 (über den Scharfsinn, das Gleiche auch in
weit enfernt Liegendem zu beobachten).
Zur historischen Seite s. den Hinweis von Alfred Baeumler, Das Irrationalitätsproblem (1974) 353–354.

15–16 zum Theil ... zum Theil] In H fehlt an beiden Stellen »zum ◇
Theil«.

23 Randnotiz zu verschiedenen Themen, s. 403,31–37. ◇

33–34 welche eine Art ... Bedürfniß einschränkt.] Fehlt in H. ◇

1–2 *Von den Schwächen... Ansehung ihres Erkenntnißvermögens.*] Auf 202
die Physiologie des Erkenntnisvermögens (§ 1–§ 44) folgt die Pathologie in

Form von gradueller Schwäche und wirklicher Krankheit (§ 45 – § 53). Die
Tatsache, daß die Behandlung des Erkenntnisvermögens nicht mit seinem
Niedergang im Aberwitz und den »Zerstreuten Anmerkungen« (§ 52 und
§ 53) endet, sondern sich noch eine Erörterung der Talente (§ 54 – § 59)
anschließt, liegt an Sonderbedingungen der Herkunft (von Baumgarten)
und der Redaktion des Buches, die mit der Vollständigkeit der Dichotomie
von Physiologie und Pathologie nichts zu tun hat; vgl. dazu den Kommentar
zu 220,11. – Eine korrespondierende Pathologie des Gefühls der Lust und
Unlust und des Begehrungsvermögens *scheint* zu fehlen. Im Anfangsparag-
raphen des dritten Buches »Vom Begehrungsvermögen« heißt es jedoch:
»Affecten und Leidenschaften unterworfen zu sein, ist wohl immer *Krankheit des Gemüths*« (251,20 – 21); das dritte Buch handelt bis auf die beiden
Schlußparagraphen *nur* von den Affekten und Leidenschaften und beschränkt sich damit praktisch auf die Pathologie. In den Ausführungen des
zweiten Buches »Vom Gefühl der Lust und Unlust« fehlt der pathologische
Teil, in dem die Affekte zu behandeln wären, da er aus Gründen der besseren Disposition im dritten Buch behandelt wird (vgl. 235,14 – 20). Somit
gibt es innerhalb der Anthropologie tatsächlich auch im Bereich des Gefühls
der Lust und Unlust und des Begehrungsvermögens die Erörterung der
Gemütskrankheiten. Vgl. auch die Anmerkung zu 251,2. Vgl. Refl. 1505
(XV 809 – 812); Refl. 1506 (XV 812 – 815).

Das Subjekt der Schwächen und Krankheiten ist die *Seele*; es wird nicht
von einem *Ich* und der Gefährdung oder Auflösung des Selbstbewußtseins
gesprochen; auch die Problematik des Unbewußten, das sein Spiel mit uns
treibt (136,21 – 24), das wir nicht in unserer Gewalt haben (s. ad 202,12),
wird nicht in die Untersuchung der Seelenschwächen und -krankheiten
integriert; vgl. auch Meo 1982, 101 – 108. Die Unterteilung jedoch der
Gemütskranken in Hypochondrie und Manie wird so vollzogen, daß die
ersteren um ihre Krankheit *wissen*, die zweiten nicht (mehr), s. z. 9 – 17.

Weiteres Material außer in den korrespondierenden Abschnitten der
Vorlesungsnachschriften findet sich XV 206,14 ff.; 705,1 ff., 809,6 ff.

Kant nimmt in der Vorlesung und besonders in der Buchpublikation von
1798 Motive des »Versuchs über die Krankheiten des Kopfes« von 1764
(II 257 – 271) auf. Dort jedoch ist die Tonlage völlig anders: Die Untersuchungen sind untermischt mit einer teils ernsten, teils auch kokettierenden
Distanzierung von der bürgerlichen Gesellschaft, die pathologisch ist und
einen Zwang zum Schein erzeugt, dem auch der philosophische Publizist
sich zu beugen hat. Ein auffälliger Unterschied gegenüber den späteren
Darstellungen: »Die Rousseau-inspirierte Kritik bürgerlicher Lebensfor-
men in der Mitte der sechziger Jahre spielt in den Schriften der kritischen
Periode keine Rolle mehr.« (Friedrich Groß, Die »perturbationes animi« in
Kants Seelenlehre (1997) 27) 1764 fehlt dort noch die *terminologische*

Unterscheidung von Schwäche und Krankheit, nicht jedoch deren sachliche Differenz und die aus ihr folgende unterschiedliche Reaktion. Die erstere kann in der Gesellschaft geduldet werden, während die zweite zum Ausschluß führt. »Ich komme von den Gebrechen des Kopfes, welche verachtet und gehöhnt werden, zu denen, die man gemeiniglich mit Mitleiden ansieht, von denen, welche die freie bürgerliche Gemeinschaft nicht aufheben, zu denjenigen, deren sich die obrigkeitliche Vorsorge annimmt und um welcher willen sie Verfügungen macht.« (II 263,26–30) *Diese* Differenz wird (1798 modifiziert) beibehalten. In Busolt heißt es: »Ein toller [...] Der kann nicht freygelassen werden« (83), und hier: »Der Einfältige, Unkluge, Dumme, Geck, Thor und Narr [...] gehören ihrer Gebrechen wegen noch nicht ins Narrenhospital, [...].« (z. 25–28) Ins Irrenhaus kommen jedoch nicht alle Gemütskranken, sondern nur die, die »in Ansehung der geringsten Lebensangelegenheiten durch fremde Vernunft in Ordnung gehalten werden müssen« (z. 29–31) oder aber gemeingefährlich sind (z. 19–21). Wie sich diese beiden Kriterien zur Unterteilung der Gemütskrankheit in Hypochondrie und Manie verhalten, wird nicht ausgeführt.

In Königsberg gab es ab 1691 ein Irrenhaus; vgl. Heinrich B. Wagnitz, Historische Nachrichten und Bermerkungen über die merkwürdigsten Zuchthäuser in Deutschland (1791–1794); Foucault 1969, 77; Johann David Metzger, »Über das Königsbergsche Irrenhaus« (1785), nicht berücksichtigt von Gause 1996, II 231. Es gibt kein Dokument, daß Kant sich zum Zweck der Darstellung der Geisteskrankheiten mit der Empirie im Königsberger Tollhaus befaßt hätte. Kants Einteilung und Beurteilung ergibt sich mit Notwendigkeit aus dem Schema der Erkenntniskräfte (so wie es sich nach Kant apriori und ohne die Mühe der Forsterschen Reisen ergibt, daß es wirklich vier und nur vier Menschenrassen gibt und geben kann). – Wir stoßen wieder auf das Phänomen, daß in der gesamten Erörterung die Frage dominiert, wie bestimmte vermeintliche Sonderbarkeiten zu *benennen* und *einzuordnen* sind; das Interesse richtet sich auf die eigene Wissenschaftsordnung, die sich auch im Wahn bewährt (216,22–28), nicht auf den Zustand und die empirische Erfassung der Betroffenen; die Kantische Distanz ist die des benennenden und ordnenden Linné. Nicht bestimmte Fälle, sondern eine mit der eigenen Theorie kompatible Ordnung und eine distinktionssichere Terminologie bilden das Interesse. – Eine für Kant entscheidende Quelle sind Ciceros Tusculanae Disputationes IV. Schon die Einteilung der »Fehler des Erkenntnißvermögens« (z. 5), der »perturbationes animi« in Schwächen und Krankheiten entspricht dem aus der Stoa übernommenen Schema Ciceros, der in jeder Leidenschaft (!) zwei Momente unterscheidet, das falsche Urteil und die mangelnde Selbstbeherrschung. Das erstere führt zu den »morbi«, den νοσήματα, das zweite zu den »aegrotationes«, den ἀρρωστήματα (Tusculanae Disputationes IV 10, 23). – Zu einer zeitgenössischen Einteilung, in der Dummheit, Schwachheit und Wahnsinn unterschieden werden, s. Foucault 1969, 179.

Christian August Crusius, Weg zur Gewißheit und Zuverläßigkeit der menschlichen Erkenntnis (1747) 803–828 (§ 448–§ 460 »Von den Kranckheiten des Verstandes.«); Melchior Adam Weikard, Philosophische Arzneykunst oder von Gebrechen der Sensationen, des Verstandes, und des Willens (1799); Johann Friedrich Zöllner bringt in seinem Lesebuch für alle Stände (1781–1783) eine Sparte mit dem Titel: »Betrachtungen über Geistesschwäche und Wahnsinn« (III 136–166), vgl. Bezold 1984, 4.

◇   1 *Krankheiten der Seele*] Diese Bezeichnung darf nicht darüber hinwegtäuschen, daß die unter diesen Titel subsumierten Seelenphänomene erblich (vielleicht außer 217,5–6) und unheilbar (214,37 ist nicht Kants eigenes Argument) sind, sie also eher zu den Monstrositäten der Natur als zu den Krankheiten zählen; zu diesen Abweichungen der physischen Natur und ihrer theoretischen Relevanz vgl. KdU § 82: »[...] Mißgeburten (die man doch unmöglich für Zwecke der Natur halten kann)« (V 423,32–33); vgl. den Kommentar zu 216,22–28.

◇   3–4 *A./ Allgemeine Eintheilung.*] Zusatz von A2. – Zu der von Kant 202,5 (bzw. 8) – 204,6 entwickelten Einteilung und Nomenklatur, die man nicht auf den ersten Blick durchschaut: Die Fehler des Erkenntnisvermögens zerfallen in *Schwächen* oder *Krankheiten* der Seele bzw. des Gemüts (»geistesschwach« und »geisteskrank« ist in Kants Druckschriften nicht belegt). Die letzteren, die Seelen- oder Gemütskrankheiten werden in die Hypochondrie und Manie (H, A1: »Delirium«) eingeteilt (202,8–9), die Manie oder Gemütsstörung bzw. »Verrückung« (214,23) wiederum in die Gemütsstörung bezüglich der Vorstellungen (Unsinnigkeit oder Wahnsinn), sodann der Urteilskraft und der Vernunft (Wahn*witz* oder Aber*witz*; 202,18–20; nach 215,22 ist der Wahnwitz der Urteilskraft, nach 215,34 der Aberwitz der Vernunft zugeordnet).

Die Ausführungen 202,20–24 bringen eine Unterscheidung von Phantasten und Enthusiasten, die sich nicht in die Absicht einer allgemeinen Einteilung (z.4) fügt; eine Fortsetzung dieser eingeschobenen Thematik findet sich im Passus 202,31–203,8 mit dem Hauptthema der Schwärmerei. 202,25–31 verweisen auf § 46 und § 49, die unterbrochen werden durch die nicht angekündigte Erörterung der *Zerstreuung* (§ 47) und der Schwächen nicht des Erkenntnisvermögens als solchen, sondern in Ansehung der *Ausübung* oder des *Gebrauchs* des Verstandes (§ 48). Der Abschnitt 203,9–204,6 erörtert einschlägige Sonderphänomene.

◇   5–9 *Die Fehler des ... Gemüth (Manie).*] H: »Die oberste ist die welche *Grillenkrankheit* (Hypochondrie) und die welche *gestöhrt* Gemüth genannt wird.« A1: »Die oberste Eintheilung ist in die, welche [...].« Der Begriff der Manie findet sich auch in H, so 212,8–9.

8 *Grillenkrankheit* (Hypochondrie)] 212,8. Der Name »Grillenkrank- ◇
heit« (vgl. Grimm IX 331–332) »Hypochondrie« bezeichnet Störungen der
Organe, die wegen ihrer Lokalisierung unterhalb des Brustbeins »hypochondria« (gr.) heißen (Leber, Galle, Blase, Milz, vor allem die Gebärmut-
ter); bei Erkrankung sondern sie (nach der spätantiken Variante der
Temperamentenlehre) einen verbrannten, daher schwarzen Saft ähnlich der
an sich gesunden schwarzen Galle (daher »melancholia adusta«) ab und
verursachen melancholie-ähnliche psychopathische Störungen. Vgl. u.a.
Lawrence Babb, The Elizabethan Malady. A Study of Melancholia in English
Literature from 1580–1642 (1951) 26.

8 Hypochondrie] S. den Kommentar zu 212,9–213,11. ◇

9 das *gestörte Gemüth* (Manie).] Vgl. 213,29–31: »Nur der Irreredende ◇
[...] heißt verrückt; wofür das Wort gestört nur ein mildernder Ausdruck
ist.«

9–17 Bei der *ersteren* ... zuwider läuft.] Die Unterscheidung liegt im ◇
Wissen um die Krankheit, nicht in der fehlenden Gewalt über sich selbst;
vgl. Refl. 487: »[...] im ersten Falle weiß er, daß er sich nicht selbst
besitzt; im zweyten weiß er es nicht« (XV 210,9–10). S. auch 212,22:
»[...] von denen sich der Patient bewußt ist, daß es Einbildungen sind,
[...].«

12 nicht hinreichende Gewalt über sich selbst hat.] Hiermit wird der ◇
eigentliche Orientierungspunkt genannt, an dem sich Schwäche und Krankheit bemessen: Das »in potestate mea esse« oder auch das »sui juris esse«.
Eine Schwäche dieser Konzeption liegt darin, daß Kant kein exaktes Kriterium des »in potestate mea esse« angibt. Auch die Leidenschaften führen
dazu, daß man sich nicht in der Gewalt hat, vgl. 265,27–30; s. auch die
Erläuterungen zu dem Gedanken, wir seien ein Spiel dunkler Vorstellungen,
ad 136,21–24.

11–12 ihn aufzuhalten oder anzutreiben] Fehlt in H. ◇

13–14 Unzeitige Freude ... in ihm ab.] Hier wird das Gefühl der Lust ◇
und Unlust angesprochen; ihm kommt keine eigenständige Schwäche oder
Krankheit zu. Der Satz antizipiert, was 213,5–8 ausgeführt wird.

15–17 Das zweite ist ... zuwider läuft.] Vgl. 216,8–10: »Denn es ist in der ◇
letzteren Art der Gemüthsstörung nicht blos Unordnung und Abweichung
von der Regel des Gebrauchs der Vernunft, sondern auch *positive Unvernunft*, d.i. eine *andere* Regel, [...].«

15 willkürlicher] H: »unwillkürlicher«. In H wird der Mensch, in A1 der ◇
Gedanke als Subjekt der Willkür bzw. der fehlenden Willkür angesehen. Da
H sinnvoll ist, ist »unwillkürlicher« vorzuziehen.

16–17 den (objective) ... zuwider läuft.] H: »den (objectiven) Erfah- ◇
rungsgesetzen zuwider läuft.«

18–19 In Ansehung ... oder *Wahnsinn*.] Es beginnt hier zwar ein neuer ◇

Absatz, sachlich liegt jedoch eine Fortführung der Erörterung der Gemütsstörung oder Manie vor, die z. 15 mit »Das zweite […]« begann und dort
den unwillkürlichen *Gedanken*lauf betraf, dem jetzt die gestörte *Sinnen*vorstellung entgegengestellt wird.

◇   **19** *Unsinnigkeit* oder *Wahnsinn.*] H und A1: »Blödsinnigkeit oder
Wahnsinn«; in Übereinstimmung mit Refl. 1505 (XV 809,11 – 14); A2 korrigiert gemäß 214,25 – 215,21. – Refl. 1506 stellt »Unsinnig und Wahnsinnig«
zusammen (XV 814 – 815), jedoch nicht als »amentia und dementia«, sondern »insania et vesania«.

◇   **19–20** Als Verkehrtheit … oder *Aberwitz.*] »Verkehrung« 134,3 mit
Kommentar. Vom »Verkehrten« wird innerhalb der Erkenntnispathologie
nur noch 213,16 gesprochen, die Klassifizierung spielt also für die tatsächliche Durchführung keine dominierende Rolle. Im »Versuch über die
Krankheiten der Kopfes« wird die Verkehrtheit neben der Ohnmacht zum
obersten Prinzip der Gemütspathologie erhoben, s. II 263,30 – 31 u. ö. Der
Grund oder einer der Gründe der Vernachlässigung der Verkehrungs-Figur
könnte sein, daß die Verkehrtheit in der Methodologie und Moralphilosophie generell eine fundamentale Bestimmung erhalten hat, vgl. Reinhard
Brandt, »Kants ›Paradoxon der Methode‹« (1995 a).

◇   **25–31** Der Einfältige … gehalten werden müssen.] Orientiert man sich
an der in der Überschrift (nach A 2) angekündigten Einteilungsfunktion des
§ 45, so wird hier vorverwiesen auf § 46 (stumpf, dumm, einfältig) und auf
§ 49 (einfältig, dumm, töricht, närrisch).

◇   **25** Thor und Narr] Vgl. 210,28 – 211,29 (der Tor ist für sich dumm, der
Narr bleidigt in seiner Dummheit andere). Im »Versuch über die Krankheiten des Kopfes« (II 261,15 – 263,25) und in den Vorlesungsnachschriften
wird diese Differenz mit erstaunlicher Sorgfalt behandelt, vgl. ab Collins 93:
»Unterschied der Thorheit und Narrheit«. Der Narr erscheint im Word-
cruncher der Bände I – IX mit 108 Belegen, der Thor mit 50. – Christian
Wolff, *Philosophia moralis sive Ethica* I § 458 (Wolff 1962 ff., II 12, 717),
§ 462 (Wolff 1962 ff., II 12, 721).

◇   **30–31** in Ordnung gehalten werden müssen.] Refl. 488 (XV 211,16 – 17);
Refl. 1466 (XV 709,7); Collins Kommentar Nr. 96. – 215,19 – 21 wird ein
zweiter Grund für die Einweisung ins Hospital genannt: die Sicherheit
der übrigen Bürger. – Foucault 1969, 449 (»Fürsorge und Sicherheit«). Das
»Narrenhospital« dient grundsätzlich nicht der Therapie, sondern der
Lebenserhaltung unmündiger und der Schutzhaft der aus pathologischen
Gründen gefährlichen Menschen.

◇   **33** furor poeticus] 188,18. mit Kommentar.

◇   **33** an das *Genie* gränzt] Zur Bestimmung des Genies in der Anthropologie von 1798 vgl. 224,6 – 227,15 (»*Von der Originalität des Erkenntnißvermögens oder dem Genie.*«).

6–7 Der letztere Kopfkranke ... *exaltirt*, auch] H: »Der letztere [sc. 203
Wahnwitz] wird oft auch mit gemildertem Ausdrucke Exaltation [durchstri-
chen: genannt] auch«. In Kants übrigen Druckschriften, im Briefwechsel
und in den Nachschriften der Anthropologie-Vorlesungen ist das Wort
»kopfkrank« nicht belegt (wohl »Krankheiten des Kopfes« und ähnlich). So
wird man hier auf die Ergänzung von A1 und A2 verzichten müssen und
nach der Ersetzung von »Exaltation« durch »exaltirt« in Gedanken ergänzen müssen: »Der sc. Wahnwitzige«.

9–14 Das Irrereden ... Verrückung zu halten.] Zur sympathisch ◇
erzeugten Raserei und zum Besuch von Irrenhäusern vgl. 179,15–24 mit
Kommentar. Zum Irrereden als eventuellem Zeichen der Verrücktheit vgl.
213,27–31.

14–204,6 Was man aber ... *aufzusitzen*.«] Das Thema dieses Textteils ◇
läßt sich den Zeilen 29–30 entnehmen: »Die gelindeste unter allen
Abschweifungen über die Gränzlinie des gesunden Verstandes [...]«;
z. 14–22 führt eine gelinde derartige Abschweifung vor, z. 22–29 wird
als Mittelstück eingeleitet mit dem Hinweis: »Gelinder ist [...]«. So bestimmt eine Abnahme der Abweichung vom gesunden Verstand die Disposition.

17–22 ein an Wahnsinn gränzender *Hochmuth* ... zu stellen.] Wiederholt ◇
210,34–211,3. S. schon im »Versuch über die Krankheiten des Kopfes«: »Der
Hochmüthige äußert eine unverdeckte Anmaßung des Vorzuges vor anderen durch eine deutliche Geringschätzung derselben. Er glaubt geehrt zu
sein, indem er ausgepfiffen wird, denn es ist nichts klärer, als daß die
Verachtung anderer dieser ihre eigene Eitelkeit gegen die Anmaßer empöre.«
(II 262,32–36) Auf Grund der Verkehrung des Zwecks in sein Gegenteil ist
der Hochmütige ein Narr (und nicht bloß ein Tor), s. II 263,2–3. – Der
Hochmut steht in der Tradition der hybris bzw. der superbia, die zu den
schwersten Vergehen der Menschen gehört.

22 In H folgt unterhalb dieser Zeile als Randnotiz (die Külpe übersehen ◇
hat, vgl. aber Weischedel 514,6 Anmerkung): »Bedlam. Uberstudirt. mit sich
laut sprechen. Die Linie passirt seyn. Sonderling hat einen Sparren. Philautie
Hochmuth ob sie aus der Stöhrung herkommen oder sie erzeugen Empfin-
deley ist Krankheit Einen Wurm haben Nicht das Schießpulver Stecken-
pferd Der auf den Nutzen und die Bestätigung seines Gedacht[en ? nis?]
rechnet wird für Phantasten gehalten oder Schwärmer Kinder sind nicht
gestöhrt circa objectum«.

24 bei Klugen] Fehlt in H. ◇
28 wie eine Hausgrille] Fehlt in H, hinzugefügt nach 212,10. ◇
2–4 Erholung, und Klüglinge, die ... *Sterne's* Zurechtweisung] H und 204
A1: »Erholung, und die kleine Thorheit verdient wohl *Sterne's* Zurechtweisung«.

◇   **4–6** *Sterne's* Zurechtweisung: … *hinten aufzusitzen.*«] Laurence Sterne, Leben und Meinungen des Tristram Shandy (1763) I, 7 Ende. Vgl. Refl. 1486 (XV 707,1–2).

◇   **12–15** wie dem Clavius … Mathematiker ward.] Vgl. II 260,26–32 und Collins 115 mit Kommentar Nr. 124.

◇   **25–27** wie eine … so dumm sein?«] S. schon II 269,36–270,2. – Der Akademiker ist der Abt Terrasson, s. Des Abbts Terrasson Philosophie, nach ihrem allgemeinen Einflusse auf alle Gegenstände des Geistes und der Sitten (1756) 48. Vgl. den Kommentar zu 264,30–33.

◇   **27–30** Sonst ist es Beweis … belehrt zu werden).] Vgl. in der »Vorrede« 120,19–20.

◇   **33–34** Ehrlich, aber… höchst tadelhafter Spruch.] Vgl. Ms. 400 532 und Kommentar 99a. In Platons Politeia heißt es: »›Also ist die Gerechtigkeit Laster?‹ – ›Das nicht, aber höchst gutartige Einfalt.‹« (348 c 11–12) Das Motiv wird von Plotin in der »Enneade« I 6 (»Über das Schöne«) aufgenommen, dort 1, 48–50 (Plotin 1964, 93).

◇   **35** Randnotiz in H: »Schatzgraben, Goldmachen und Lotteriespielen – Aberglauben den alle haben die aufs Glück rechnen. Fischer Jäger« (403,38–39).

205   **3–10** Daher die Sprichwörter: … (als schwarzen Verschnittenen) an.] Vgl. Refl. 523 (XV 226,23–227,6); Refl. 1486 (XV 713,18–19).

◇   **8–10** So, sagt *Hume,* … Verschnittenen) an.] Nicht David Hume, sondern Claude Adrien Helvétius, Discurs über den Geist des Menschen (1760) 375: »Der Großtürk übergiebt die Aufsicht seiner Weiber in dem Haram keineswegs den verdienstlichen Tugenden, sondern dem Unvermögen.« S. XXV 1558,18–22.

◇   **33–206,41** Die unter uns … Personenzahl jetzt übersteigt.] Die hier gegebene Charakteristik gehört thematisch nicht zu den »Gemüthsschwächen« und dem Betrug, sondern in das Kapitel »C« des zweiten Teils: »Der Charakter des Volks« (311,5–320,15). Kant wählt jedoch gezielt die Verortung unter dem Stichwort »Betrug«. – Aufbau: 1. Die Juden als Nation betrügerischer Kaufleute (205,33–206,19); 2. Abweis der Erörterung einer sowieso vergeblichen Änderung ihres Charakters (206,19–20); 3. Vermutung des Ursprungs der kommerziellen Verfassung der jüdischen Nation (206,20–41). Während Montesquieu den Handel der Juden und die Wuchergeschäfte aus ihrer bedrängten Situation in den Gastländern ableitete (Montesquieu 1969, 672; De l'esprit des lois XXI 20), geht Kant auf die geopolitische Lage Israels zurück. – Johann Friedrich Abegg notiert in seinem Reisetagebuch von 1798 (1977): »Die Rede war von der jüdischen Gesellschaft, den Juden: ›Es wird nichts daraus kommen; so lange die Juden Juden sind, sich beschneiden lassen, werden sie nie in der bürgerlichen Gesellschaft mehr nützlich als schädlich werden. Jetzo sind sie die Vampyre der Gesellschaft.‹« (190) David Hume schrieb in dem Essay »Von National-charakteren«: »Also haben die Juden in Europa, und die Armenier im Morgenlande, einen besondern Charakter; und die erstern sind so bekannt ihrer Betrügerey, als die letzten ihrer Frömmigkeit wegen.« (Hume 1754–1756, IV 336–337) Wesentlich anders als Hume und Kant sieht Rousseau die Juden, vgl. Rousseau 1959ff., III 498–500 (»[Des Juifs]«). Léon Poliakov, Geschichte des Antisemitismus V (1983) 201–204; Nathan Rotenstreich, The Recurring Pattern. Studies in Anti-Judaism in Modern Thought (1963), 23–47 (»Kant«). Zur Literaturlage vgl. Volkmar Eichstädt, Bibliographie zur Geschichte der Judenfrage (1938) 1–30.

33–34 durch ihren Wuchergeist seit ihrem Exil] Im folgenden wird nicht ◇ vom Wucher, sondern vom Betrug nicht von Bankiers, sondern von »lauter Kaufleuten« (z. 37; 206,13 und 22) gesprochen, des weiteren ist der Witz der soziоökonomischen Erklärung der Nation von lauter betrügerischen Kaufleuten gerade die Rückführung dieser Eigentümlichkeit in die Zeit vor dem Exil (206,22–41).

37–206,10 von dem Staat, darin sie leben, anerkannten Aberglauben] Die ◇ Juden leben in christlichen Staaten, die »gewisse heilige Bücher mit ihnen gemein haben« (z. 15–16); worauf sich die Anerkennung (z. 10 und z. 16) bezieht, muß geklärt werden. Es ist für Kant ausgemacht, daß die jüdische Religion mit ihrem bloß statutarischen, also heteronomen Gesetz nichts anderes als »Religionswahn« (VI 168,8 u. ö.) oder eben reiner Aberglaube ist; von ihm führt keine Reform zur moralischen Vernuftreligion, wie dies beim Christentum seltsamerweise möglich sein soll. S. den Kommentar zu 206,19–22.

1 § 47.] Zu diesem § s. die Reflexionen 524–527 (XV 227,7–228,26). 206

1 *Zerstreuung* (distractio)] In den Frühschriften ist »Zerstreuung« der ◇ terminus technicus für den Zustand der Materie im unendlichen Raum vor der Stern- und Planetenbildung. Später erscheint er in den Kantischen Schriften häufig in psychologischer (wie hier, nach Baumgarten § 638; XV 37,5–14) und erkenntnistheoretischer Bedeutung. In der »Transzendentalen Deduktion der reinen Verstandesbegriffe« der B-Auflage heißt es: »Denn das empirische Bewußtsein, welches verschiedene Vorstellungen begleitet, ist an sich zerstreut und ohne Beziehung auf die Identität des Subjekts.« (B 133) Die empirische Psychologie der Anthropologie verwendet diese Konzeption im Hinblick auf die Kindheit des Menschen, den zufälligen momentanen Geisteszustand des normalen Erwachsenen und den habituellen, schon leicht pathologischen Zustand geistig gefährdeter Menschen, unter denen sich die Romanleserinnen besonders auszeichnen. Zum ersten Bereich hieß es am Ende des ersten Paragraphen der Anthropologie: »Die *Erinnerung* seiner Kinderjahre reicht aber bei weitem nicht an jene Zeit, weil sie nicht die Zeit der Erfahrungen, sondern blos zerstreuter, unter

den Begriff des Objects noch nicht vereinigter Wahrnehmungen war.«
(128,17–20) Das Romanlesen zerstreut das Bewußtsein und führt dazu,
»daß man die Vorstellungen eines und desselben Objects zerstreut (spar-
sim), nicht verbunden (conjunctim) nach Verstandeseinheit im Gemüthe
spielen läßt.« (208,16–18; vgl. 185,17–25)

208,27–28: »[..] ein sonst guter Kopf kann doch nicht von sich ablehnen,
ein *confuser* zu heißen.« Die Zusammenführung des Begriffs der Zerstreuung mit »konfus« und »verwirrt« weist auf die Kontrastbildung von
konfus und distinkt oder deutlich zurück. Vgl. die Ausführungen zu
137,24–138,23.

Der Zerstreuer war der Titel einer Zeitschrift Samuel Christian Hollmanns
in Göttingen (1737). – Leibbrand und Wettley 1961, 364: »Die Zerstreuung
(distractio), jenes etwa seit Lessing neu aufgekommene Wort, das in engstem
Zusammenhang mit dem ›Collectum‹ der Pietisten steht, [...]«. Bei Kant
wird ebenfalls der Gegensatz der »collectio animi« erwähnt (207,20 mit
Kommentar).

◇   1–2 der Zustand einer Abkehrung der Aufmerksamkeit (abstractio)] So
auch in H. Die »abstractio« wird sonst durchaus nicht als Zerstreuung,
sondern als Komplementärstück der Aufmerksamkeit gefaßt, vgl. 131,16–18
mit Kommentar. Man möchte also just hier von einer Zerstreuung des Autors
sprechen und muß statt »abstractio«, bezogen auf die Abkehr, »attentio«,
bezogen auf die Aufmerksamkeit selbst, in die Klammer setzen.

◇   13–14 als nicht-producirenden Gliedern der Gesellschaft] Nach Adam
Smith gehört der Handel nicht zu den »Produktivkräften« (»productive
powers«) der Gesellschaft, vgl. den Anfang von Buch I des Wealth of
Nations von 1776. Von der Differenz produktiver und nicht produktiver
Arbeit handelt ausdrücklich das Kapitel II 3: »Of the Accumulation of
Capital, or of productive and unproductive Labour« (Smith 1976 ff., I 330).
Zur Frage, ob die »Zwischenhände« produktiv oder nicht produktiv sind,
vgl. Moses Mendelssohns Vorrede zu »Manasseh Ben Israel, Rettung der
Juden« (1782), in: Mendelssohn 1971 ff., VIII 1–25, dort 12–17 mit dem
Kommentar Alexander Altmanns S. 252–255; s.a. in der Kant vertrauten
Schrift Moses Mendelssohns: Jerusalem oder über religiöse Macht und Juden-
tum (1783), in: Mendelssohn 1971 ff., VIII 99–204 (dort 147 Anmerkung).
Kant äußert sich nicht zu der Frage, ob unproduktive Arbeit dazu legiti-
miert, ein ökonomisch und ergo rechtlich selbständiger und damit politisch
aktiver Staatsbürger zu sein; dazu VI 314,17–315,22.

Zur Präsenz von Adam Smith in der Kantischen Überlegungen der
achtziger und neunziger Jahre vgl. Fleischacker 1991. S.a. 209,27–31 mit
Kommentar. – Zur spezifisch ökonomischen Judenkritik s.a. Max Horkhei-
mer und Theodor W. Adorno, Dialektik der Aufklärung. Philosophische
Fragmente (1968) 204–207.

14 z. B. der Juden in Polen] Es ist schwer ersichtlich, warum sich Juden in   ◇
anderen Ländern anders verhalten sollten als in Polen, nachdem sie zu einer
Nation zusammengefaßt sind. Vermutlich möchte Kant ablenken von der
Tatsache, daß er mit seiner Pauschalerklärung Juden wie Moses Mendelssohn, Marcus Herz, David Friedländer zu Betrügern erklärt und den
allgemeinen Ausführungen Mendelssohns (s. die vorhergehende Erläuterung) direkt entgegen tritt. Wie dem auch sei, in den Reflexionen zur
Anthropologie findet sich die Notiz: »Von den Juden – Carosi.« (Refl. 1235;
XV 543,9) Adickes weist in seiner ausführlichen Anmerkung darauf hin,
daß Johann Philipp Carosi in seinen *Reisen durch verschiedene polnische
Provinzen* [...] (1781–1784) an vielen Stellen über die polnischen Juden
spreche (Aufzählung der einschlägigen Seiten) und ihre Unredlichkeit,
Faulheit und Unsauberkeit beklage; in der Vorrede zum 2. Teil verteidige
sich Carosi gegen Vorwurf, er zeige »zu wenig Duldung gegen diese Nation«
mit dem Hinweis, seine Klage betreffe nur die polnischen Juden.

18–19 ohne Inconsequenz nicht aufgehoben werden.] Worin liegt die   ◇
Inkonsequenz? Die »von uns [...] selbst anerkannte Verfassung« (z. 15–17)
paßt zu dem behaupteten betrügerischen Handeln der Juden; diese Satzung
oder Verfassung selbst ist notwendig unmoralisch, weil sie aus nur statutarischen Gesetzen besteht und der Moral den Boden entzieht; auch der Gott
der Juden hat mit Moral nichts zu tun. Da die Juden als Juden unter dieser
Verfassung leben, können sie als Juden nicht »in Rücksicht auf den Punkt
des Betrugs und der Ehrlichkeit« (z. 19–20) moralisiert und reformiert
werden.

19–41 Statt der vergeblichen ... jetzt übersteigt.] Die soziologische und   ◇
ökonomische Herleitung der Lebensweise der Juden entspricht den Vorschlägen, die Juden durch Einräumung bürgerlicher Positionen in die
Gesellschaft zu integrieren; so etwa der Beitrag »Gedanken über das Schicksal der Juden« im *Teutschen Merkur* von 1775 (213–220, hier 219): »Laßt uns
ihnen [sc. den Juden] die Vorrechte einräumen, wodurch sie nützliche
Mitglieder des Staats werden können! Laßt uns ihnen die Thüren zu allen
nützlichen Gewerben öffnen!« Im gleichen Sinn argumentieren Christian
Konrad Wilhelm von Dohm in seiner Schrift *Über die bürgerliche Verbesserung der Juden* (1781) und Moses Mendelssohn in: »*Manasseh Ben Israel
Rettung der Juden*« (1782); Mendelssohn 1971ff., VIII 4–5. Kant setzt
gegen die Reformjuden: 1. Eine Reform des Judentums ist grundsätzlich
nicht möglich; 2. die Wurzeln der Nation von lauter Kaufleuten, die notwendig betrügerisch sind, liegen nicht in der Zeit und den Bedingungen des
Exils, sondern in der Vorphase des Exils in ihrer eigenen Heimat, in
Palästina. Auch dort wurde der Reichtum nicht – ehrlich (s. z. 10–11) –
produziert, sondern – unehrlich und betrügerisch – durch Handel (z. 23;
[29]; 32; 33; 36) erworben.

◇   **19–22** Statt der vergeblichen … lauter Kaufleuten) angeben.] So auch
Kants Urteil in religionsphilosophischer Hinsicht: »[…] according to Kant,
Judaism does not contain even a nucleus which might, with the passing of
time, take on the form of a moral covenant.« (Rotenstreich 1963, 33)

◇   **22** Der Reichthum ist] H: »Der Reichthum in Asien ist«.

◇   **29** für den Caravanenhandel] H: »dazu«.

◇   **30** des ehemaligen Salomonischen] H: »des einmaligen Salomoni-
schen«.

◇   **36–41** so daß … jetzt übersteigt.] Statt dieses Textes von A 1 und A 2 steht
in H: »So ward das größte Verderben ihres Staats das größte Glück für die
Individuen. Denn es ist zu glauben daß der *Geld*reichthum dieses so weit
verbreiteten Volks den von jedem andern von derselben Menschenzahl wenn
er zusammenflöße (wozu der M[?] [?]angallerie einen Vorschlag that) über-
treffen würde. – Vorausgesetzt das Reichthum ein Glück ist.« An die Stelle
der profanen Begriffe von Verderben und Glück in H treten die religiösen
Begriffe von Fluch und Segnung; des weiteren fällt der Hinweis auf M[?]
[?]angallerie fort. Vielleicht ist nicht mit Külpe 381 »Morris Cangallerie« zu
lesen, sondern, so der Vorschlag Norbert Hinskes, »M[arquis] Langallerie«
(s. XXV 1676 s. v. »Langallerie«; Hinske 1990 a, 235). Eine passende litterari-
sche Äußerung des Marquis konnte ich nicht finden.

207   **8** *sich* zu *zerstreuen*, d. i.] H, A 1: »*sich* zu zerstreuen (dissipatio) d. i.«.
Korrekt gemäß 206,4.

◇   **19–20** z. B. Lesung der Zeitungen, gehoben] H, A 1: »Zeitungen, nach
angestrengtem Nachsinnen über einen philosophischen Punct gehoben«. –
Vgl. IX 163,18–37.

◇   **20** *Wiedersammeln* (collectio animi)] Nach Baumgarten § 638; XV 37,9:
»ANIMI COLLECTIO«, übersetzt als »Sammlung des Gemüthes« (XV 37,14).

◇   **23–30** Dazu ist gesellschaftliche … los zu werden.] Vgl. schon 176,28–
177,32. Zum »abspringend« z. 26 s. 177,1.

◇   **35–36** in einem dergleichen Geschäfts-Verhältniß] H: »in einem Verhältniß«.

208   **7–18** Das *Romanlesen* … im Gemüthe spielen läßt.] Vgl. 185,17–25. –
Hier führt Kant aus, daß das Romanlesen die Einheit des Denkens aufhebt;
es findet sich zwar eine thematische Einheit (z. 9–13), die subjektive Leseweise erlaubt jedoch die permanente Intervention der Einbildungskraft und
die Zerstörung der Themeneinheit; eben dies ist jedoch ein Kennzeichen der
Unsinnigkeit, s. 214,25–215,4. Ein weiterer Vorwurf gegen das Romanlesen
im Hinblick auf das Erkenntnisvermögen ist die Zerstörung des Gedächtnisses, s. 185,17–28 (vgl. 184,29–30), dort auch die »habituelle[n] Zerstreuung«, 185,17–18.

◇   **8** außer manchen anderen Verstimmungen des Gemüths] Diese nicht-
epistemischen Verstimmungen werden das Gefühl und das Begehren betref-

fen. – Ein Vorwurf im Hinblick auf die emotionale Disposition der Romanleserin lautet, daß die Affekte und Nerven angegriffen werden: »Romane sind theils durch die leeren Wünsche von Glückseligkeit, womit sie das menschliche Herz aufblähen, theils durch die Affecten und Nervenkrankheiten, die sie erregen, schädlich.« (Menschenkunde 146) Mit dieser letzten Meinung stimmt der Herausgeber des Berichts des Königsberger Arztes Johann Daniel Metzger »Ueber das Königsbergsche Irrhaus« von 1784 überein, der dem Text eine Fußnote hinzufügt mit der Bemerkung: »Ich muß gestehen, daß ich eben dieses beobachtet habe. Das häufige Lesen der jetzigen weinerlichen Romane, wodurch die Leidenschaften erhitzt, und die Begriffe überspannt werden, macht heut zu Tage dergleichen Gemüthsverwirrungen und Selbstmorde häufiger.« (Metzger 1784, 773, Anmerkung 2) – Kant kritisiert die Romane nicht als solche (die bei gehöriger emotionaler Distanz als Hilfsmittel zur Anthropologie dienen, s. 121,19), sondern nur die Romanleserinnen. Während der wissenschaftlich interessierte Anthropologe die Romane (und die Schauspiele) als Mittel der Menschenkunde liest, verliert sich die Frau emotional in der Lektüre, wird in ihrem Erkenntnisvermögen zerrüttet und endet womöglich im Irrenhaus.

11 wenn gleich mit einiger Übertreibung] So schon 121,21–22 (»Übertreibung der Charaktere und Situationen«); 27 (»weil sie zwar im Grade übertrieben«).

13–16 systematisch … fragmentarisch] Der Kontrast wurde schon in der »Vorrede« im Hinblick auf die Menschenkenntnis benutzt, vgl. 120,25–26 und 121,29; die gleiche Differenz bei den Begriffen »farrago« und »System«, vgl. XXII 664 s. v. »farrago«.

18–28 Der Lehrer von der… ein confuser zu heißen.] Parow 11: Ein frei phantasierender Musiker muß »theils auf die künftigen Töne prospiciren, theils auf die hervorgebrachten respiciren, er muß die Finger recht sezen, […].« Vgl. die Ausführung in der Abhandlung »Von der Macht des Gemüths durch den bloßen Vorsatz seiner krankhaften Gefühle Meister zu sein« (im Streit der Fakultäten) VII 113,3–27. – Kant entwickelt eine Regel der Rhetorik, die es in dieser Form der Orientierung an der modalen Zeitordnung von Gegenwart, Vergangenheit und Zukunft in der antiken Rhetoriktradition, so weit ich sehe, nicht gibt.

21 Gemüthsfassung] In den Druckschriften V 263,31; 273,22, 462,32; hier noch 259,2. Nicht identisch mit dem von Kant auch verwendeten Wort »Gemüthsverfassung«. Von der Gemütsfassung spricht Christian Friedrich von Blanckenburg in seinem Versuch über den Roman (1774) 261.

29–210,15 § 48. Ein an sich … der Anthropologie liegt.] Zu § 48 s. in den Vorlesungsnachschriften zuerst Ms. 400 225–232. S. auch die von Adickes ab 1772 datierten Reflexionen 528–532; XV 229–231. § 48 befaßt sich nicht mit Gemütsschwächen, sondern mit Schwächen der *Ausübung* (z. 30) oder des *Gebrauchs* (z. 35) des gesunden Verstandes unter dem Stichwort der Unmündigkeit. Dieser Mangel kann erstens in der Natur oder (bzw. und) in der bürgerlichen Gesetzgebung begründet sein (208,29–209,18); zweitens in gesellschaftlichen Umständen, die sich dem Gebot der Aufklärung widersetzen (209,19–210,4); er kann auch in skurrilen Eigentümlichkeiten bestehen (210,5–15). – Zum Problem der Mündigkeit vgl. Manfred Sommer, Identität im Übergang (1988) 117–139; Selbsterhaltung der Vernunft (1977) 53 ff.

◇   **31–33** die entweder *Aufschub* ... sind, nothwendig machen.] Die Alternative besagt, daß Kinder noch nicht in »Geschäfte, die von bürgerlicher Qualität sind,« (z. 33) involviert sind. Das kann jedoch kaum richtig sein, vgl. den nachfolgenden Satz.

◇   **33–209,2** machen. Die (natürliche oder gesetzliche) ... Unmündigkeit genannt werden.] H: »machen. Man nennt dieses Unvermögen oder auch die Unschicklichkeit eines übrigens [...] bürgerlichen Geschäften die Minderjährigkeit welche wen sie blos den Mangel an Jahren zur Ursache hat die *natürliche* liegt sie am Mangel der bürgerlichen Qualität die *gesetzliche* Unmündigkeit genant werden kann. Das Unvermögen (oder auch die Illegalität) sich seines Verstandes ohne Leitung eines anderen zu bedienen ist die Unmündigkeit.« (Ähnlich A 1, s. 382,2–9 und Weischedel.) Mit dem »Unvermögen« bezieht sich Kant auf die Kinder, mit der »Unschicklichkeit« und »Illegalität« auf die Frauen; A 2 beseitigt die Mißlichkeit von H, daß die Minderjährigkeit zum Oberbegriff der natürlichen und bürgerlichen Unmündigkeit wird.

◇   **37–209,2** beruht sie aber ... genannt werden.] Eine seltsame Verknüpfung von Natur und bürgerlicher Gesetzgebung: Frauen sind im Hinblick auf den Gebrauch ihres Verstandes nicht einfach den Kindern gleichzustufen, sondern ihre Unmündigkeit ist eine Sache der Konvention. Im »Gemeinspruch« von 1793 heißt es noch: »Derjenige nun, welcher das Stimmrecht in dieser Gesetzgebung hat, heißt ein *Bürger* (citoyen, d. i. *Staatsbürger*, nicht Stadtbürger, bourgeois). Die dazu erforderliche Qualität ist außer der *natürlichen* (daß es kein Kind, kein Weib sei) [...].« (VIII 295,12–15) Kant vertritt, so scheint es, 1798 die Auffassung, daß die Unmündigkeit der Frau nicht in ihrer natürlichen Gemüts- und Verstandesschwäche begründet ist und der Ausschluß aus den aktiven Staatsbürgern und der juridischen Geschäftsfähigkeit nicht auf dieser *natürlichen* Vorgabe beruht, sondern daß die Frau in der bürgerlichen Gesetzgebung schlicht für unmündig *erklärt* wird. »*Kinder* sind natürlicherweise unmündig [...]« (209,3); eben das wird von der Frau nicht mehr gesagt. Die Natur bildet offenbar trotzdem die Grundlage für die zivile Unmündigkeit, und zwar dadurch, daß der Mann sich als »natürlicher Curator« (209,5) der Frau

erweist. Die Unmündigkeit ist somit eine *relativ* natürliche. Wie der Mann
in den Krieg zieht und *deshalb* die Frau natürlicherweise nicht, so gilt dies
auch für die gerichtliche Vertretung und die aktive Staatsbürgerqualität. Weil
die Frau relativ schwächer ist, fühlt sich das männliche Geschlecht berufen,
sie zu achten und zu verteidigen (209,16–18). Derart beruht die Unmün-
digkeits-Konvention in vermittelter Weise auf der Natur und ist kein purer
Willkürakt.

   Die Begründung, warum eine Frau keine aktive Staatsbürgerin sein kann,
bleibt in der Metaphysik der Sitten von 1797 unklar: Ausgeschlossen ist »der
Unmündige (naturaliter [z. B. Kinder und Idioten] vel civiliter [z. B. Verbre-
cher]); alles Frauenzimmer und überhaupt jedermann, der nicht nach
eigenem Betrieb, sondern nach der Verfügung *Anderer* (außer der des Staats)
genöthigt ist, seine Existenz (Nahrung und Schutz) zu erhalten, […].«
(VI 314,28–31) Der Grund wird beim »Frauenzimmer« nicht benannt,
denn das »und überhaupt« ist nicht explikativ, sondern benennt einen
anderen, nunmehr *aufhebbaren* Grund des Ausschlusses. – Da der Staatsdienst die Qualität, aktiver Staatsbürger zu sein, mit sich führt, schließt
Kant ohne viel Aufhebens die Frauen aus dem Staatsdienst aus. – Parow 167:
»Es ist nicht zu läugnen daß es auch Fälle giebt, wo dem Mann der
dirigirende Verstand [Mitte der siebziger Jahre partiell für Vernunft] mangelt, und wo nur eine Frau denselben besitzt, (Mit solchen Frauen mag ich
nicht gerne zu thun haben) allein man muß eine jede Regel so viel wie möglich allgemein laßen, wenn gleich einige Fälle davon abgehen, (Nach Kants
Meynung daß durchgehends den Männern die Herrschaft anvertraut wäre)
die Ursache ist diese, weil die Natur doch etwas im Manne gelegt, was man
bey einer Frau vergeblich suchen wird.« Einer der seltenen Fälle, an denen
das persönliche »Ich« Kants in der Vorlesung genannt wird. – Zur Problematik von ziviler Mündigkeit und Unmündigkeit der Frau in der Zeit Kants
vgl. bes. Dieter Schwab, »Frauenrecht und Naturrecht« in: Schwab 1995,
101–119.

   5 der Ehemann ist ihr natürlicher Curator.] Vgl. Refl. 528: »Weiber sind   **209**
nicht mündig. Der Mann der natürliche Curator« (XV 229,14); Refl. 529
(XV 230,16–231,2). Kant halst sich hiermit an wenigstens zwei Stellen eine
Schwierigkeit auf. Einmal spricht er in der Rechtslehre von der Ehe als
einem Vertragsverhältnis (VI 279,28; 280,1–2: »nicht […] ohne vorhergehenden Vertrag«) und sagt nicht, daß dieser Vertrag durch irgendeinen
Curator mit dem künftigen Ehemann der Frau geschlossen wird, sondern
erweckt den Eindruck, daß die Frau an diesem Vertrag selbst beteiligt ist.
Hier kann man jedoch die Unmündigkeit der Frau in der Weise retten, daß
die Ehe »lege« vollzogen wird (VI 280,4), d. h. durch eine »Beiwohnung«,
die zugleich als Vertrag interpretiert wird. Schwierig wird die Lage bei
kriminellen Handlungen wie der Tötung eines unehelichen Kindes. Kant

fordert die Todesstrafe und setzt damit voraus, daß die Frau im Gegensatz zu unmündigen Kindern und Tieren für ihre Handlung juridisch verantwortlich ist; vgl. Reinhard Brandt, »Die Todesstrafe bei Duell und
Kindsmord« (1998 b).

Baumgarten kennt im § 639 (XV 37,15–27), auf den sich Kant bezieht,
nur Kinder und »mente capti« als naturaliter Unmündige. Friedrich Schleiermacher kritisiert in seiner Rezension Kants Auffassung, vgl. Athenäum 2,
1799, 306: »[...] die Behandlung des weiblichen Geschlechts als einer Abart,
und durchaus als Mittels [...] dies und mehreres Andere sind Beiträge zu
einer Kantologie, die man sowol physiologisch als pragmatisch weiter
ausführen könnte, ein Studium, welches wir den blinden Verehrern des
großen Mannes bestens empfohlen haben wollen.«

◇   6–10 Denn obgleich ... erklärt werden könnte] Vgl. 304,4–6; 306,13;
Ms. 400 772–773. Auch hier die Absicht, die Frau herabzusetzen: Sie ist
geschwätzig und kann daher als »übermündig« bezeichnet werden – an der
Aufklärung und deren Programm der wahren Mündigkeit braucht ein
derartig übermündiges Wesen nicht teilzunehmen. Die Naturabsicht bei
dieser Überdosis von Beredsamkeit wird 304,4–6 erklärt. Die Frau zieht
zwar nicht in den Krieg (209,11), aber: »Sie scheut den *Hauskrieg* nicht, den
sie mit der Zunge führt und zu welchem Behuf die Natur ihr Redseligkeit
und affectvolle Beredthe it gab, [...]. – Sophokles, »Aias« Vs. 294: »Der
Frau steht es gut an zu schweigen.«

◇   12 vertheidigen und staatsbürgerliche] H: »vertheidigen eigentliche
staatsbürgerliche«.

◇   13–18 und diese gesetzliche ... schon berufen fühlt.] Eine der üblichen
Trostfiguren. Ob das »*Recht des Schwächeren*« gewährt wird oder nicht,
steht im Belieben des Stärkeren.

◇   16–18 weil hier das ... schon berufen fühlt.] Fehlt in H.

◇   22–23 ohne Leitung eines Anderen ... zu bedienen] In der Aufklärungs-
Schrift von 1784 heißt es: »*Aufklärung ist der Ausgang des Menschen aus
seiner selbst verschuldeten Unmündigkeit. Unmündigkeit* ist das Unvermögen, sich seines Verstandes ohne Leitung eines anderen zu bedienen.«
(VIII 35,1–3; »selbst verschuldet«: nicht *naturaliter* minorenn wie z. B. ein
Kind) Johann Georg Hamann warf die Frage in einem Brief an Christian
Jacob Kraus vom 18. Dezember 1784 auf: »[...] wer ist der *andere*, von dem
der kosmopolitische Chiliast weißagt?« (Hamann 1955 ff., V 290) Die Antwort steht im Kantischen Text, sowohl hier in der Anthropologie wie auch in
der Aufklärungsschrift: »Habe ich ein Buch, das für mich Verstand hat,
einen Seelsorger, der für mich Gewissen hat, einen Arzt, der für mich die
Diät beurtheilt, u. s. w., so brauche ich mich ja nicht selbst zu bemühen.«
(VIII 35,13–16). Hier werden zwei der oberen Fakultäten benannt (Theologie und Medizin) und dann mit dem Buch wohl die untere Fakultät der

Philosophie. Zu einem Bezug auf die drei oberen Fakultäten vgl. Refl. 1508 (XV 822,1 und Adickes' Kommentar). 1798 werden die »Anderen« ebenfalls benannt: Die Staatsoberhäupter qua Landesväter (209,24–25) und der Klerus (209,32); damit ist die Orientierung an der Universität fortgefallen und durch die beiden Instanzen von Thron und Altar ersetzt.

◇ 24–210,4 Staatsoberhäupter nennen sich ... einer gesetzlichen Ordnung.] Die drei hier angesprochenen Stände der Herrscher, der Geistlichen und Gelehrten haben keine gleich signifikante Ordnung wie der Finanzrat (im Hinblick auf den »tiers état«, der als einziger Steuern zahlt), der Offizier und der Geistliche in der Aufklärungsschrift von 1784 (VIII 36,34–37,3).

◇ 25–31 weil sie es ... kräftig widerlegt.] Vgl. 250,9–11 und 22–30; Refl. 528 (XV 230,6–8); Refl. 1507 (XV 822,4–5); XXV 1647 s. v. »Smith«. – Kant spricht *ironisch* und meint das Gegenteil von dem, was er schreibt. Natürlich verstehen es die »Landesväter« nicht besser als ihre »Unterthanen«, wie diese glücklich zu machen sind, und die Äußerung des Adam Smith als »ungebührlich« zu bezeichnen, die Aufwandgesetze jedoch als weise, ist reine Satire. Daß Kant sich des literarischen Mittels der Satire bedient, weiß der Leser seit den Träumen eines Geistersehers. – Zum »launichten Talent«, das Kant hier ins Spiel bringt, vgl. 235,33–36. Es sei gekennzeichnet »durch die absichtlich-verkehrte Stellung, in die der witzige Kopf die Gegenstände setzt (gleichsam sie auf den Kopf stellt), mit schalkhafter Einfalt dem Zuhörer oder Leser das Vergnügen macht, sie selbst zurecht zu stellen.« Die Ironie, die durch die Verkehrung einen Angriff maskiert, wird von Kant selbst nicht analysiert. – Die Passage findet sich ohne Ironie in Mrongovius 58 in folgender Weise: »Wenn der Regent die Unterthanen unmündig macht; so sind sie unwillig. Dänemark hat daher nicht gut gethan dass es die Kleiderordnung eingeführt hat. Smith im Buch vom Nationalcharakter sagt eben dies.« (XXV 1299 mit Kommentar Nr. 129, s. auch XV 822,23–26) – In Dohna: »Gesetze wider den Luxus heißen auch Aufwandsgesetze, sie sind aber nicht rathsam, denn der Luxus wird wirklich nicht dadurch vermindert, sie verfehlen überhaupt ihre Wirkung, denn die Menschen verfallen auf ein ander Object, wann ihnen eins untersagt wird; [...].« (154)

Montaigne handelt in einem seiner Essais »Des lois somptuaires« (I 43) (Montaigne 1962, 259–261). Samuel Pufendorf befürwortet »leges sumtuariae« in De officio II 11, 11, allerdings mit dem Hinweis: »Aber so wie alle Gesetze entfalten auch diese Gesetze erst durch das Beispiel der Inhaber der Staatsgewalt größere Wirkung.« (Pufendorf (1994) 185)

Zur zeitgenössischen Luxusdiskussion s. Ulrich-Christian Pallach, Materielle Kultur und Mentalitäten im 18. Jahrhundert (1987).

◇ 27–31 und wenn *Adam Smith* ... kräftig widerlegt.] Bei Smith steht in umgekehrter Reihenfolge und entsprechend anderer (aber von Kant eigentlich gemeinter) Logik: »It is the highest impertinence and presumption, therefore, in kings and ministers, to pretend to watch over the economy of private people, and to restrain their expence, either by sumptuary laws, or by prohibiting the importation of foreign luxuries. They are themselves always, and without any exception, the greatest spendthrifts in the society« (Smith 1976ff., I 346; The Wealth of Nations II 3). In der Übersetzung von 1776, Untersuchung der Natur und Ursachen von Nationalreichthümern, lautet die Passage: »Etwas höchst eitles und unverschämtes ist es demnach an Königen und Staatsministern, wenn sie sichs anmaßen, über die Haushaltung der Privatleute zu wachen, und ihren Aufwand entweder durch Prachtgesetze, oder durch das Verbieten der Einfuhr ausländischer Ueppigkeiten zu hemmen. Sie selber sind allezeit und ohne Ausnahme die größten Verschwender unter der Gesellschaft.« Und weiter: »Möchten sie nur über ihren eigenen Aufwand wachen; so dürfen sie sicher Privatleuten den ihrigen zu besorgen überlasssen. Richten nur ihre eigenen Ausschweifungen den Staat nicht zu Grunde, so wird er von ihrer Unterthanen ihrem gewiß nie zu Grunde gerichtet werden!« (Smith 1810, I 521–522) In der Übersetzung von Garve: »Sie, die Könige und Minister, sind immer und ohne Ausnahme, die größten Verschwender in der bürgerlichen Gesellschaft.« (II 116) – Das Zitat stammt aus demselben Kapitel II 3, das den Hinweis auf die nicht-produktive Arbeit der Kaufleute 206,13–14 motiviert haben könnte, s. den Kommentar zu der Stelle).

Zu den »Aufwandgesetzen« (250,10 und XV 230,8; 822,4: »Aufwandsgesetze«) vgl. Menschenkunde Kommentar Nr. 129. In der Vorlesung von 1775–1776 wurde als Kants Meinung notiert: »Denn alles das anständige im Wohlstande ist durch keinen bürgerlichen Zwang hervorgebracht, darum bekümmert sich die Obrigkeit gar nicht, wie man mit den Kleidern geht. ob man reinlich geht, und nach Geschmack gewählt hat, ob man sich bescheiden oder Grob in der Gesellschaft auführt, wenn man einen nur nicht offenbar beleidigt, so bekümmert sich die Obrigkeit um das übrige gar nicht.« (Ms. 400 721–722)

◇ **28–29** *Smith* von jenen … unter allen] H: »*Smith* ungebührlicherweise sagt sie wären selbst unter allen«. Das ergänzte »ohne Ausnahme« steht in der Smith-Übersetzung von Johann Friedrich Schiller (Smith 1776–1792).

◇ **32–210,4** Der *Klerus* hält … gesetzlichen Ordnung.] Vgl. 200,14–20.

◇ **34–35** Es bedarf nicht eigener Augen des Menschen] Auch z.37: »[…] um mit eigenen Augen zu sehen, […]«. Natürlich ist auch dieser Passus wie schon der vorhergehende ironisch gemeint.

◇ **36–37** und wenn ihm gleich … gegeben werden] Nicht nur der katholische, sondern auch der protestantische Hirte (Pastor) seiner Gemeinde zielt auf Unmündigkeit seiner Herde. Der Plural der »Schriften« hebt den gemeinten Fall der *einen* und einzigen Heiligen Schrift ins unangreifbarere Allgemeine.

6 von ihren Frauen] Fehlt in H.   210

6–9 Ein unter seinen Büchern ... meine Frau gehören.«] Vgl. Refl. 528 ◇
(XV 229,8–9); Ms. 400 225 mit Kommentar Nr. 59.

11–15 wenn er nach ... Anthropologie liegt.] Fehlt in H.   ◇

16 § 49. *Einfältig* (hebes)] H und ähnlich A1: »B./ Von dem Gradunter- ◇
schiede in der Gemüthsschwäche. / § 35. / *Einfältig* (hebes)«.

18–20 Der nur zum Nachahmen ... ein *Kopf.*] So schon 138,25–27.   ◇

21–22 man sagt: »Vollkommene Kunst ... zur Natur«] Vgl. im »Mut- ◇
maßlichen Anfang der Menschengeschichte«: »[...] bis vollkommene Kunst wieder Natur wird: als welches das letzte Ziel der sittlichen Bestimmung der Menschengattung ist.« (VIII 117,4–118,2) Die These findet sich ähnlich im 2. Buch des Emile: »[...] on réuniroit dans la République tous les avantages dans l'état naturel à ceux de l'état civil, on joindroit à la liberté qui maintient l'homme exempt de vices la moralité qui l'élève à la vertu.« (Rousseau 1959 ff., IV 311); im Genfer Manuskript des Contrat social (jedoch nicht in der – Kant einzig bekannten – Endfassung) heißt es: »Montrons lui dans l'art perfectionné la réparation des maux que l'art commencé fit à la nature [...]. Qu'il voye dans une meilleure constitution des choses le prix des bonnes actions, le chatiment des mauvaises et l'accord aimable de la justice et du bonheur.« (Rousseau 1959 ff., III 288). Vgl. Reinhard Brandt, *Rousseaus Philosophie der Gesellschaft* (1973) 53–57. – Als literarisches Sprichwort ist das damit verwandte Diktum der »ars artem celandi« bekannt – die Kunst, die Kunst zu verbergen, führt zurück zur Natur.

30–31 Die Thorheit, wenn sie beleidigend ist, heißt *Narrheit.*] Vgl.   ◇
202,25. Zur Narrheit vgl. Wolfgang Promies, *Der Bürger und der Narr* (1966). Meo 1982, 41–42 (Anmerkung) macht auf einen möglichen Einfluß Christian Wolffs aufmerksam, *Philosophia moralis sive ethica* I § 458 (Wolff 1962 ff., II 12, 717).

32–33 Werkzeug der Schelme (nach Pope)] Vgl. 273,2: »Instrument der ◇
Schelme«. – Schon Külpe konnte das vorgebliche Zitat nicht nachweisen.

34–211,4 *Hochmuth* ist Narrheit ... verdienten *Haß.*] S. 203,14–22. – ◇
Dem »erstlich« z. 34 entspricht das »auch« 211,4.

36–211,32 ihr *scherzt,* oder: ihr seid nicht *gescheut.*] H: »ihr scherzt ◇
muthwillig. – Gelinder ist die Erwiederung wenn der deutsche sagt: ihr seid nicht *gescheut.*«

2–3 und so werden sie ... *Auslachen* zur Folge.] H: »und sie werden mir 211
immer Querstreiche spielen [...]«, A1, A2: »und so werden mir immer Querstreiche zur Folge.« Klarer Zeilenspringer beim Abschreiben (A1 von H), denn »Querstreiche« steht gerade über »*Auslachen*«. Anders Weischedel (S. 525).

◇   5–7 Das Wort *Närrin* … werden zu können.] »des letzteren« muß sich
auf »Frauenzimmer« beziehen; die »eitle Anmaßung« ist ihr beleidigender
Hochmut. Die Frau, für Kant grundsätzlich ein minderwertiges Vernunftwesen, ist gegenüber dem Mann so wenig satisfaktionsfähig wie ein Bürgerlicher gegenüber einem Adligen – die Angehörigen des zweiten Standes
können durch Personen des dritten Standes nicht beleidigt werden (und
umgekehrt).

◇   8–9 Wenn man den … einen Narren nennt] Der Hinblick auf den zeitlichen und ewigen Schaden wird auf das Bibelwort: »Die Toren sprechen in
ihrem Herzen: Es ist kein Gott« (Psalm 14, 1) anspielen. Vgl. auch Thomas
Hobbes, Leviathan I 15: »The same Foole hath sayd in his heart, there is no
such thing as Justice […] the same Foole hath said in his heart there is no
God«, sagt Hobbes im Hinblick auf seinen zeitlichen Leviathan (Hobbes
1991, 101). Das Wort »ewig« begegnet innerhalb der Anthropologie nur
hier.

◇   14–17 *Arouet*, der Vater des Voltaire … in Versen«] Findet sich nicht in
den erhaltenen Vorlesungsnachschriften, jedoch Refl. 1485 (XV 703,28):
»Ein Narr in Prosa, ein anderer in Versen.« (nicht datierter Zusatz der
Reflexion, die um 1776 datiert ist) Vgl. die anonyme Lebensbeschreibung
Voltaires (1787) 42: »Der mißvergnügte Vater sagte oft: Ich habe zween
Narren zu Söhnen, einen in Prosa und den andern in Versen.« Zu Kants
Voltaire-Rezeption s. Ferrari 1979, 103–112. Immer noch wichtig: Hermann
August Korff, Voltaire im literarischen Deutschland des XVIII. Jahrhunderts.
Ein Beitrag zur Geschichte des deutschen Geistes von Gottsched bis Goethe
(1917).

◇   15–16 zu jemanden … gratulirte] Fehlt in H und in der eben zitierten
Quelle Kants. Redseliger Zusatz von A1.

◇   23 oder Schälken] Fehlt in H.

◇   25–29 Ein witziger deutscher … zurückgekommen ist.«] Collins 116 mit
Kommentar Nr. 126 und XXV 1609 s. v. »Kästner«.

◇   30–212,4 Die gänzliche Gemüthsschwäche … betitelt werden.] Die
Blödsinnigkeit wird 1764 als Ohnmacht des Gemüts im Gegensatz zu
dessen Verkehrtheit geführt, s. II 263,30–33. – Karl Philipp Moritz
beschreibt in Gnothi Sauton einen Blödsinnigen (Gnothi Sauton 1, 1783,
5–6). Zum Phänomen der Blödsinnigkeit oder Demenz im 18. Jahrhundert
s. auch Michel Foucault 1969, 256–267.

◇   31–212,1 wie bei den *Cretinen* des Walliserlandes] Bei Dohna heißt es:
»Eine andre solche Menschenart auf den Pyrenäen, heissen Cagots. Dies
Volk soll gleichfalls sehr im Gebrauche des Verstandes herabgesetzt seyn. Es
ist der Rest der arianischen Gothen die ehedem in diesen Gegenden ihre
Wohnplätze hatten. Die Dummheit ist unter ihnen erblich, und ihre Race
artet nie aus.« (99) Eine Randnotiz lautet: »vide hier Carbonnier einen

neuen Autor«. Gemeint ist der Baron Louis François Elisabeth Ramond de Carbonnières und seine Schrift Reise nach den höchsten französischen und spanischen Pyrenäen (1789; Originaltitel: Observations faites dans les Pyrénées). Das 11. Kapitel von Band I handelt von den »Leute[n] mit Kröpfen im Lüchoner Thale. Geschichte der Cagots« (233–258). Dort weitere Literatur der zeitgenössischen Kretinen-Diskussion. Kant merkt unter dem Titel »Der Charakter der Rasse« (320,17) an, daß »die *Fruchtbarkeit* in Paarungen durch die Heterogeneität der Individuen aufgefrischt wird« (321,1–2); diese Heterogeneität der Individuen fehlt in den Alpen- und Pyrenäentälern.

32–34 Mensch ... gescheut machen.] H: »Mensch (der es gemeiniglich ◇ nur durch Erfahrung wird). Um ein Kluger genannt werden zu können dazu wird schon ein künstlicher Verstandesgebrauch erfordert.« Vgl. Refl. 512 (XV 223,1).

6 *Von den Gemüthskrankheiten.*] Vgl. Reichel 66 (»Von den Gemüths- 212 krankheiten.«) und Starke II 26 (»Allgemeine Betrachtungen über die Gemüthskrankheiten.«); Ms. 400 232 (»Von der Kranckheit des Verstandes.«). In den verschiedenen Darlegungen wird die Lehre von 1764 weiterentwickelt: »Versuch über die Krankheiten des Kopfes.« (II 257–271) – Zur zeitgenössischen Diskussion vgl. William Cullen, Anfangsgründe der praktischen Arzeneiwissenschaft (1778–1785). S. auch »Ueber die Natur und die Ursachen des Wahnsinns.« Vom Herrn de Beausobre. Aus dem Französischen, in: Magazin für die Philosophie und ihre Geschichte (1782) V 73–160. Heinrich Laehr, Die Literatur der Psychiatrie, Neurologie und Psychologie von 1459–1799 (1900).

7–9 Die oberste Eintheilung ... *Gemüth* (Manie).] Eine entsprechende ◇ duale Einteilung auch bei Cicero von insania und amentia oder dementia in den Tusculanae disputationes III 4,10. – Erwin H. Ackerknecht, Kurze Geschichte der Psychiatrie (1957).

7 , wie bereits oben bemerkt worden,] Fehlt in H; Rückverweis auf ◇ 202,8–9.

9–213,11 Die Benennung der ersteren ... nie recht froh werden.] Vgl. ◇ »*Von der Hypochondrie*« im Streit der Fakultäten (VII 103,12–104,28). Stefan Bilger, Üble Verdauung und Unarten des Herzens: Hypochondrie bei Johann August Unzer (1727–1799) (1990) 100–105. Böhme/Böhme 1983, 389–397 erörtern die eigene Hypochondrie Kants, der sich selbst eine Anlage zu dieser Gemütskrankheit zuschreibt: »Ich habe wegen meiner flachen und engen Brust, die für die Bewegung des Herzens und der Lunge wenig Spielraum läßt, eine natürliche Anlage zur Hypochondrie, welche in früheren Jahren bis an den Überdruß des Lebens gränzte.« (VII 104,12–15) Später ist er ihrer »Meister geworden durch Abkehrung der Aufmerksamkeit von diesem Gefühle, als ob es mich gar nicht anginge.« (104,27–28)

Damit ist erreicht: »Ein vernünftiger Mensch *statuirt* keine solche Hypochondrie« (104,1–2), wie Goethe von sich sagte: »Den Tod statuire ich
nicht.« – Christian Wilhelm Hufeland merkt in seiner Edition von Kants
Versuch über die Krankheiten des Kopfes zur Kantischen Hypochondrie-
Auffassung an: »Das größte Mittel gegen Hypochondrie und alle eingebildete Übel, ist in der That das *Objectiviren seiner selbst*, so wie die
Hauptursache der Hypochondrie und ihr eigentliches Wesen nichts anders
ist, als das *Subjectiviren aller Dinge*, das heißt, daß das physische Ich die
Herrschaft über alles erhalten hat, der alleinige Gedanke, die fixe Idee wird,
und alles andere unter diese Kategorie bringt. [...] Denn das wahre Ich wird
nie krank.« (Kant 1824, 35–36)

Kant selbst bringt dagegen das alte Kontrastpaar der »attentio« und
»abstractio« ins Spiel, z. 16 und 19; die Entgegensetzung findet sich schon in
Baumgartens »Psychologia empirica« § 638. – Johann Ulrich Bilguer, *Nachrichten an das Publicum in Absicht der Hypochondrie* (1767); Johann Baptist
Friedrich, *Versuch einer Literärgeschichte der Pathologie und Therapie der
psychischen Krankheiten* (1830).

◇   **10** (Hausgrille)] Fehlt in H.

◇   **18** eine] H, A 1: »durch«.

◇   **18–19** durch andere, zerstreuende Beschäftigungen bewirkte] Vgl. VII
104,10–11: Der vernünftige Hypochonder »richtet seine Aufmerksamkeit auf die Geschäfte, mit denen er zu thun hat.« 104,23–24: »Geistesar-
beiten [...] entgegen setzen«. Diese Beschäftigungstherapie wird von Kant
nicht integriert in das im 2. Buch erläuterte teleologische Programm der
Natur, gemäß dem uns der Schmerz zum Stachel der Tätigkeit wird,
s. 230,14–232,5 mit Kommentar.

◇   **22** von denen sich der Patient bewußt ist] Vgl. in der Ankündigung: »Bei
der *ersteren* ist sich der Kranke wohl bewußt, [...].« (202,9–10) Der
»malade imaginaire« weiß, daß er nicht wirklich krank ist. Dieses Bewußtsein bewirkt offenbar, daß er geheilt werden kann. Das »gestörte Gemüth«
dagegen ist unheilbar krank, vgl. 214,15–19 und die korrespondierende
Anmerkung.

◇   **25–28** aus eingenommenen blähenden Speisen ... aufgehört hat.]
Kant verwies für diesen Sachverhalt im »Versuch« von 1764 auf Johann
August Unzers Aufsätze in der Wochenschrift *Der Arzt* (1759–1764),
s. II 270,23–25 und die zugehörige Anmerkung II 490,14–20.

◇   **32–35** Ich habe ... ausschlagen können.] Die Fußnote fehlt in H. – Kant
war im *Streit der Fakultäten* (»3. Abschnitt«) auf dieses Phänomen der
Autosuggestion eingegangen, s. bes. 103,11–104,28: »*Von der Hypochondrie.*« Dort die »Aufmerksamkeit« und die »Abkehrung der Aufmerksamkeit«, 104,10 und 27–28. S. Kants Brief an Christoph Wilhelm Hufeland
vom 15. März 1797: »Ich werde mir diesen Genuß nur langsam zumessen,

um theils den Appetit immer rege zu erhalten, theils auch um Ihre kühne aber zugleich seelenerhebende Idee, von der selbst den physischen Menschen belebenden Kraft der moralischen Anlage in ihm, mir klar zu machen und sie auch für die Anthropologie zu nutzen.« (XII 148,23–27) S. a. Collins 25 und Mrongovius 22.

2–5 wenn dieser Patient ... die er im Buche liest.] So auch der Spectator 213 vom 29. März 1711 (Addison und Steele 1963–1964, I 75–78).

5–8 Zum Kennzeichen ... seiner Launen ist.] S. den Vorverweis ◇ 202,13–14.

9 auf kindische Art] Fehlt in H.   ◇

10–11 Wer aber über ... nie recht froh werden.] Vgl. 239,16–17: »Wer ◇ ängstlich wegen des Verlustes desselben [sc. des Lebens] bekümmert ist, wird des Lebens nie froh werden.«

12–13 *plötzliche Wechsel der Launen* (raptus)] H: »plötzliche Wechsel ◇ der Launen mit *Affect* (raptus)«; »mit *Affect*« ist Randzusatz.

13 raptus] Vgl. z. 18 und 253,9.   ◇

13–14 von einem Thema zu einem ganz verschiedenen] Vgl. zum ◇ »Thema« 122,2 und Kommentar. Der plötzliche Themenwechsel ist ein Präludium zur Untersuchung der Unsinnigkeit, s. 214,25–215,4.

16 verkehrt] S. den Kommentar zu 202,19–20.   ◇

17–20 Der Selbstmord ... wieder zunähen.] Vgl. die Erörterungen ◇ 258,10–259,22. – Kant sieht im Selbstmord ein Problem der individuellen Moral und anthropologisch eine Frage des individuellen Mutes. In zeitgenössischen Erörterungen wurde der Selbstmord auch als soziales Phänomen gesehen, vgl. zu der Diskussion in Tortarolo 1987, 284–285.

21 Die *Tiefsinnigkeit* (melancholia)] In der Temperamentenlehre wird ◇ die Melancholie nicht als Gemütskrankheit bezeichnet, vgl. 288,14–30; Kant stellt keinen Zusammenhang zwischen dem zwiefachen Auftauchen dieser Gemütslage her. Zur *Tief*sinnigkeit vgl. dort 288,20–21 (»daher jener auch tief [...] denkt«) und vorher 287,23.

24 Randnotiz: »Was will ich? [etc.?] / Selbst denken – An der Stelle des ◇ a[ ] / Die erste ist daß über sich selbst keine Regirung in Ansehung der / Aufmerksamkeit auf seine Gefühle [?] hat / sie also aus lauter Launen besteht«. (404,6–9)

26 Prof. Hausen] Christian August Hausen (1693–1745), Mathematik- ◇ professor in Leipzig. Vgl. VI 208,5; 33–36.

27–31 Das *Irrereden* ... mildernder Ausdruck ist.] Vgl. 203,9–14 das ◇ Irrereden, das »noch nicht für Verrückung zu halten« (203,14) ist.

30 krankhaften Zufälle] In H fehlt »krankhaften«. »Zufall« im Sprach- ◇ gebrauch des 18. Jahrhunderts häufig »krankhafte Störung«, »Symptom«, s. Grimm XX 1416–1418 s. v. »Symptom« und XXII 342–347 s. v. »Zufall«.

◇   31 mildernder Ausdruck ist. Wenn also jemand] H: »mildernder Ausdruck. [Durchstrichen: Daher gehört diese – sollte diese Seelenkrankheit zu
der Medicina forensis – nicht für die medicinische sondern philosophische Facultät gezogen werden.] Wenn also [durchstrichen: ein Verrückter]
jemand«.

◇   31 vorsetzlich] Man denkt, das stehe gerade zur Diskussion. Aber der
Verrückte scheint nach Kant zwar nicht mit »Entschließung« (214,10), aber
doch vorsätzlich zu handeln. Zu diesem Problemkreis vgl. Meo 1982,
117–118.

◇   35 (der Incompetenz des Gerichtshofes halber)] Randzusatz in H, ohne
Klammern.

◇   36–214,1 Denn die Frage ... gänzlich psychologisch] Die einschlägige
Psychologie müßte von Kant im folgenden § 52 entwickelt werden; ihr wird
jedoch kein direkter pragmatischer Nutzen zugebilligt (214,15–23), so daß
Kant diese Folgerung nicht gezogen zu haben scheint. – Weder in der
Problemstellung noch in der Darlegung des § 52 spielt der Bereich unbewußter Vorstellungen eine Rolle, die in der zeitgenössischen Gerichtspsy-
chologie für die Analyse schwer verständlicher Verbrechen herangezogen
wurden; in Immanuel David Maucharts Allgemeinem Repertorium für empirische Psychologie und verwandte Wissenschaften (1792–1801) wird z. B. ein
»Vater- und Muttermord aus dunklen Vorstellungen« (3, 1793, 112–116) in
den dazugehörigen »Bemerkungen« (ibid. 120–143) im Rückgriff auf Sulzer
als unbewußt motivierte und durchgeführte Tat analysiert. August Wilhelm
Rehberg publizierte 1792 »Ideen zu einer Criminal Psychologie«, vgl.
Rehberg 1828–1831, I 406–415, s.a. in: Zur Geschichte des Königreichs
Hannover (1826) 211–219. – Zum Fall Rüsau in Hamburg vgl. Klaus Dörner,
Bürger und Irre (1975) 212 f.

214   2 körperliche Verschrobenheit der Seelenorganen] Eine derartige Verschrobenheit ist nach wie vor schwer denkbar. Zu Versuchen der Vermittlung von Körper und Seele in der zeitgenössischen Literatur vgl. u. a. Bezold
1984, 146.

◇   2–3 vielleicht wohl bisweilen] H: »wohl bisweilen« später hinzugefügt.
Kant ist nicht beunruhigt durch die Tatsache, daß damit nach seinen eigenen
Prinzipien vielleicht wohl bisweilen ein Justizmord vorkommen muß. Die
Klammer z.3–4: »(jedem Menschen beiwohnenden)« führt dazu, daß der
Verrückte kein Mensch ist und die Justiz bei seiner Verurteilung keinen
Mord begeht.

◇   5 doch nicht so weit] Man erwartet in Verknüpfung mit dem »nicht so
weit« ein »noch nicht so weit«; in H steht jedoch eindeutig »doch«. S. auch
die Anmerkung zu Zeile 7–8. Das »doch« besagt die prinzipielle Unmöglichkeit, aus physiologischen Befunden mentale Prozesse selbst bei Verrückten ableiten bzw. feststellen zu können, daß die »unnatürliche[n] Über-

tretung« (z. 3) durch eine »körperliche Verschrobenheit« (z. 2) verursacht
ist.

7–8 erklären, oder ... sehen könnten] Der ursprüngliche Text in H ◇
lautet: »erklären könnten«. Ein eingeschobener senkrechter Strich verweist
auf den Randzusatz: »oder ohne Anatomie des Körpers sie vorhersehen
könnten«. – Kant räumt offenbar die Vorhersagbarkeit ein; der Mensch
könne jedoch gemäß seinen technisch-praktischen Möglichkeiten erst post
eventum die Ursache des Geschehens ausmachen. Die Unerklärbarkeit im
»commercium corporis et mentis« bleibt erhalten auch bei grundsätzlicher
Vorhersagbarkeit der Gemütsstörung.

8–13 und eine *gerichtliche* ... verweisen muß.] Durch das »und« erwar- ◇
tet der Leser zunächst die Abweisung der Möglichkeit einer »medicina
forensis« innerhalb der Medizinischen Fakultät (»und eine *gerichtliche
Arzneikunde* (medicina forensis) ist Einmischung in fremdes Geschäft« –
nämlich der Medizinischen in das der Philosophischen Fakultät); der Text
besagt jedoch etwas anderes: Der Richter ist nicht urteilskompetent im
Hinblick auf die Frage, ob ein Angeklagter seine Tat im Zustand der
»Verrückung, oder mit gesundem Verstande« (z. 10) begangen hat und muß
die Entscheidung daher »an eine andere Facultät verweisen« (z. 12–13).
Zuvor wurde gezeigt, daß dies nicht die Medizinische, sondern nur die
Philosophische Fakultät sein kann. Ist daraus zu folgern, daß die Symptome
des Verrücktseins, die 214,25–216,22 angeführt werden, dazu ausreichen,
den Menschen von einer Schuld (213,32) für seine Handlungen zu entbin-
den? Es scheint möglich, daß Kant auch dem Verrückten die Personqualität
und die Verantwortung für seine Handlungen im Hinblick auf das ihm
beiwohnende Pflichtgesetz (z. 3–4) beläßt.

8 medicina forensis] Vgl. dazu Foucault 1969, 117. Paolo Zacchia, *Quaes-* ◇
tiones medico-legales (1651) bes. II 102–145: »De dementia, et rationis lae-
sione, et morbis omnibus, qui rationem laedunt.« – Zu juristischen Fragen des
Wahnsinns in der Antike vgl. auch RE VII, 1, Spalte 380–382 s. v. »furor«.

14 § 52. Es ist schwer] In H folgt auf »§ 38« (mit eigener Zeile) die ◇
unterstrichene Überschrift »*Classification der Verrückung*«. Neue Zeile:
»Es ist schwer [...]«. A1 folgt H.

14–217,6 Es ist schwer ... ein wahrer werden.] Das allgemeine Kriterium, ◇
mit dem Kant in der Kennzeichnung und Systematisierung der Manie
vorgeht, ist die Zerstörung der Erkenntnis- (nicht Denk-!) fähigkeit des
Kranken. Das Symptom ist durchgängig die gestörte *Rede*.

14–15 Es ist schwer ... Unordnung ist.] Dazu die Konstatierung des ◇
Erfolges: »Es ist aber verwunderungswürdig, daß die Kräfte des zerrütteten
Gemüths sich doch in einem System zusammenordnen, und die Natur auch
sogar in die Unvernunft ein Princip der Verbindung derselben zu bringen
strebt« (216,22–25).

Die Frage ist als Parallele zu den Bemühungen um die »species morbi« zu sehen. Vgl. Goethe in der Italienischen Reise über den Prinzen von Palagonien: »Denn bei der größten Wahrheitsliebe kommt derjenige, der vom Absurden Rechenschaft geben soll, immer ins Gedränge: er will einen Begriff davon überliefern, und so macht er es schon zu etwas, da es eigentlich ein Nichts ist, welches für etwas gehalten werden will.« (Goethe 1948 ff., XI 242)

◇   **15–19 Es hat auch ... ausfallen muß.]** Vgl. in der Rektoratsrede »De Medicina Corporis, quae Philosophorum est« rät Kant bei den meisten Geisteskrankheiten eher zum Aderlaß (»mediam pertundere venam«) und zum Nieswurz als zu Argumenten (Refl. 1526; XV 942,20–943,5; 947,1–13). – Kants Vorstellung ist wie in anderen Bereichen (vgl. oben zur Problematik der Tauben 159,17–27) logoszentriert: Um den Verstandesgebrauch wiederzuerlangen, wird eben dieser vorausgesetzt; entsprechend gibt es keine Therapie der wirklich Geisteskranken. Das Hospital ist für Kant daher kein Sanatorium, sondern dient ausschließlich entweder der Sicherheit anderer, durch Geisteskranke nicht in Gefahr zu geraten (215,17–21), oder der Versorgung der Verrückten, wenn sie selbst »in Ansehung der geringsten Lebensangelegenheiten durch fremde Vernunft in Ordnung gehalten werden müssen« (202,29–31). Zu den zeitgenössischen vielfältigen Heilungen Geisteskranker durch andere Therapieformen als den nicht möglichen Verstandesgebrauch vgl. Roy Porter, Le prospettive della follia (1982) bes. 70 ff.

Es ist nicht einfach zu sehen, wie hier der Stempel des »typisch bürgerlich« paßt, mit dem Ricke 1981 hantiert: »Auch wo explizit nur von Krankheiten die Rede ist, fließen untergründig moralische Kategorien in die Darstellung ein« (173); denn die Norm der gesunden Vernunft sei der Gemeinsinn; wer die von ihm gesetzten Grenzen »überschreitet und seine eigene Welt von Bildern und Vorstellungen produziert, verläßt die bürgerlich denkende Öffentlichkeit und begibt sich in die private, unkontrollierte Sphäre der Subjektivität, die Kant als von Unvernunft, Wahnsinn und Unmoral bedrohte Welt darstellt« (176). Man kann sich, so die Position Kants, gern in die von Ricke gegen die bürgerlich denkende Öffentlichkeit ausgespielte unkontrollierte Sphäre der Subjektivität begeben (als Transzendentalphilosoph, Germanist etc.); der entscheidende Punkt ist, ob man sich selbst in geringsten Lebensangelegenheiten in Ordnung halten kann und ob man die Sicherheit anderer bedroht (wie es z. B. Aias tat, laut Homer und Sophokles).

◇   **19 alle Heilmethode ... ausfallen muß.]** H: »als Heilmethoden in dieser Absicht [korrigiert aus: zu diesem Zweck] ausfallen müssen.«

◇   **19–23 Indessen fordert ... zu versuchen.]** Der Zweck der Systematisierung kann nach dem vorhergehenden Satz nicht in der Therapie liegen; ihre

Aufdeckung und Darstellung ist somit nur noch »indirect pragmatisch« (z. 20). Man könnte ihn als spekulativ-teleologisch bezeichnen. Es sei, so Kant, verwunderungswürdig, daß die Natur selbst in der geistigen Zerrüttung zweckmäßig verfährt, damit das Denken, wenn es schon keine objektive Erkenntnis erlangt, »doch blos subjectiv zum Behuf des thierischen Lebens nicht unbeschäftigt bleibt« (216,27–28 mit Kommentar).

23–24 Man kann … *systematische* eintheilen.] Fehlt in H, die Einteilung ⬦ ist vermutlich vom Redaktor den nachfolgenden vier folgenden Punkten entnommen. – Die Rekonstruktion der Systematisierung führt auf vier Stufen der menschlichen Erkenntnis: 1. Stiftung einheitlicher Gegenstände und 2. Trennung phantasierter Vorstellungen von realen Wahrnehmungen durch den *Verstand*; 3. Subsumtion ähnlicher Objekte unter gemeinsame Klassenbegriffe durch die *Urteilskraft*; 4. Orientierung an notwendigen Vernunftideen durch die *Vernunft*. Diesen vier Stufen entsprechen dann die pathologischen Deformationen: 1. Fehlende Einheitsstiftung unter den Vorstellungen und 2. Realsetzung eingebildeter selbstgemachter Vorstellungen durch den gestörten Verstand; 3. Verwechslung von Ähnlichkeitsprädikaten mit bloßen Analogien durch die gestörte Urteilskraft; 4. unkontrolliertes Zusammenreimen von Ideen durch die gestörte Vernunft (gleichsam als die Ekbasis der guten Verfassungen). Die Dreiteilung (tumultuarisch, methodisch, systematisch) wird in der Durchführung (214,25–216,7) zu einer Viererordnung durch die Einschiebung des Fragmentarischen (beim Wahnwitz, s. 215,32–33, »ist zwar methodisch« 215,32) ergänzt; in dieser ergänzten Viererordnung stehen sich tumultuarisch und methodisch, fragmentarisch und systematisch gegenüber. Das diagnostische Mittel ist die Rede des Kranken (und nicht ein anderes auffälliges Verhalten; die Rede dient jedoch nur zur Diagnose, nicht wie in späteren Theorien auch zur Therapie). Der Aufbau ist orientiert an der Trias von Verstand (1 und 2), Urteilskraft (3) und Vernunft (4), in den Fällen 1 bis 3 mit Intervention der Einbildungskraft. Der Verstand versagt im Fall der Unsinnigkeit in der Einheitsbildung eines Objekts (mangelndes einheitliches Thema der Rede), im Fall des Wahnsinns bei der Frage des Realität des nunmehr einheitlichen Objekts; die Urteilskraft wird durch den Witz gestört, der analoge Prädikate unterschiedlicher Subjekte als ähnliche und somit klassenbildende ausgibt; die Vernunft folgt dann viertens mit ihrem eigenen abgehobenen Irrgang. Für den ersten Fall sind Frauen besonders anfällig, dem dritten stehen die Dichter, dem vierten die Philosophen nahe. Im zweiten Fall wird Kant an Rousseau denken. – Der Wahnsinnige ist unglücklich (215,12), der Wahnwitzige vergnügt (215,27), der Aberwitzige ruhig (216,3).

Für die gesamte Einteilung ist nicht unwichtig, was Kant in den »Zerstreuten Anmerkungen« zur Frage der Unterscheidung von »delirium generale« und »delirium circa obiectum« sagt (218,11–21). Er schließt ein originäres objektbezogenes Delirium auf Grund seiner formalen und folglich generalen Bestimmung der Gemütskrankheiten aus. Die materiale Bestimmung ist nur die zufällige konkrete Bindung an das erstbeste Objekt, das dem Verrückten begegnet. So kann also die konkrete Gemütskrankheit durchaus objektbezogen sein, ihre Grundlage jedoch ist immer formaler und damit allgemeiner und nach dem Aufbau der Erkenntnis rubrizierbarer Natur. – Analog ist die Gemütskrankheit angeboren; ihre konkreten Formen kommen durch die Gelegenheitsursachen ihres Ausbruchs zustande.

Derartige Einteilungsversuche gibt es in der stoischen Philosophie (vgl. wieder bes. Cicero, Tusculanae Disputationes IV 10, 23 ff.); Paracelsus unterscheidet zwischen »lunatici«, »insani«, »vesani« und »melancholici« (Foucault 1969, 187–188). John Locke orientiert sich bei der Einteilung der Gemütskrankheiten an der (nach-)aristotelischen Gliederung der Logik in die Lehre vom Begriff, Urteil und Schluß (eine Gliederung, die auch für Kant schon in seinem »Versuch über die Krankheiten des Kopfes« grundlegend ist); er unterscheidet »idiots« (Unsinnige) von »mad Men« (Wahnwitzige, Aberwitzige). Die ersteren können aus ihren Empfindungen keine stabilen allgemeinen Begriffe bilden und auch nicht ordentlich urteilen und schließen; »mad Men« dagegen haben diese letztere Fähigkeit, urteilen und schließen jedoch auf der Grundlage *falsch* gebildeter Begriffe. »That mad Men put wrong *Ideas* together, and so make wrong Propositions, but argue and reason right from them: But Idiots make very few or no Propositions, and reason scarce at all.« (Locke 1975, 161; An Essay concerning Human Understanding II 11, 12–13)

Diese Einteilung benutzt auch Kant in dem »Versuch« von 1764. Die Blödsinnigkeit ist angesiedelt im Bereich der Empfindungen läßt sich als Unordnung des »gestörten Gehirns« (II 263,36) vorweg ausscheiden (so auch 1798, VII 211,30–212,4). Das gestörte Gemüt jedoch zerfällt in drei Sparten: »Ich vermeine sie insgesammt unter folgende drei Eintheilungen ordnen zu können: erstlich die Verkehrtheit der Erfahrungsbegriffe in der *Verrückung*, zweitens die in Unordnung gebrachte Urtheilskraft zunächst bei dieser Erfahrung in dem *Wahnsinn*, drittens die in Ansehung allgemeinerer Urtheile verkehrt gewordene Vernunft in dem *Wahnwitze*« (II 264,7–12). Also: Begriffe, Urteil(skraft), Vernunft als das Vermögen der Schlüsse, hier: »allgemeinerer Urtheile«.

Die Gliederung, die Kant (fälschlich, s. Meo 1982, 51, Anm. 39) dem Abt Terrasson zuschreibt: Es gibt Gestörte, »welche aus falschen Vorstellungen richtig schließen, [... und diejenigen], die aus richtigen Vorstellungen auf eine verkehrte Art schließen« (II 269,37–270, 2), findet sich im Lockeschen Essay concerning Human Understanding II 11, 13 und II 33, 18. – Novalis schreibt in seinen Kant-Studien: »[...] die Wahrheit hängt mit dem absoluten, *positiven Universo* zusammen – der Wahn bezieht sich nur auf bestimmte, paradox erwählte Theile des Universi, die er zur absol[uten] Totalitaet erhebt – daher ist der Wahn, *Kranckheit* – die allemal *distinktiv – exclusiv – paradox* und polemisch gegen das Ganze durch die Unendlichkeit ihrer Forderungen und Behauptungen ist.« (Novalis 1978 ff., II 221, nach Groß 1997, 119 Anm. 142)

Hegels Systematik wird analysiert von Gerhard Gamm, Der Wahnsinn in der Vernunft. Historische und erkenntniskritische Studien zur Dimension des Anders-Seins in der Philosophie Hegels (1981) s. dort bes. 46 ff. – K. P. Kisker, »Kants psychiatrische Systematik« (1957).

25–215,4 1) *Unsinnigkeit (amentia) … ist tumultuarisch.*] Die Unsinnig-   ◇ keit wird in zwei Ebenen festgemacht: Zuerst ist es die Unfähigkeit, Erfahrung zu machen, weil der zu ihrer Ermöglichung nötige Zusammenhang nicht erstellt wird, sodann ist es – folglich – die Unfähigkeit, zusammenhängend zu reden. Beim Unsinnigen ist, so scheint es, das System der Kategorien und Grundsätze durcheinander geraten, denn in ihm liegt die *Möglichkeit* (z. 26), die kognitive Leistung einer thematisch einheitlichen Erfahrung zu erbringen; s. den Kommentar zu 177,11 (»Thema«) und 208,13–19 mit Kommentar. Im »Versuch über die Krankheiten des Kopfes« bestimmte Kant die Un-sinnigkeit wortgetreu: »Der Zustand des gestörten Kopfes, der ihn gegen äußere Empfindungen fühllos macht, ist *Unsinnigkeit*; […]« (II 268,34–35). 1798 dagegen ist die Unsinnigkeit die Unfähigkeit, Vorstellungen zu einer objektiven Einheit zu bringen (trotz 202,18). Die zusammenhanglose Gedankenfolge oder Rede gibt es gelegentlich auch ohne akute Unsinnigkeit oder amentia, s. 176,18–23 und 176,27–177,18. – Eine genaue Analyse legt Meo 1982, 78–83 vor.

25 *Unsinnigkeit (amentia)*] Zur »amentia« in der Antike vgl. RE I, 2   ◇ Spalte 1825–1826.

27–215,4 In den Tollhäusern … *ist tumultuarisch.*] In einem von Fou-   ◇ cault zitierten Text aus dem Jahr 1735 wird die Unsinnigkeit (als Demenz geführt) mit der Zusammenhanglosigkeit bloß hingeworfener Buchstaben verglichen (Foucault 1969, 256). Nach Kant dienen die Kategorien »gleichsam nur, Erscheinungen zu buchstabieren, um sie als Erfahrung lesen zu können; […].« (Prolegomena § 30; IV 312,33–35; vgl. in der KrV A 314) – Es ist nach Kant typisch nicht nur für die Frau im Tollhaus, sondern für die Frauen überhaupt, nicht bei einem Thema bleiben zu können. Seine Beschreibung der Unsinnigkeit wurde vermutlich angeregt durch den Bericht Sophie Beckers, die 1784–1786 in Begleitung Elise von Reckes von Mitau nach Karlsbad und Pyrmont reiste und bei der Durchreise durch Königsberg das Irrenhaus besuchte. In den unter ihrem Namen postum edierten Briefen einer Curländerin. Auf einer Reise durch Deutschland (1791) 22–23 heißt es: »Die Weiber sind meistens sehr geschwätzig, und wenn man

eine befragt und sie ihre Phantasieen auskramt, so wollen sich die übrigen
auch so erleichtern, und fangen auf einmahl an zu schwätzen, da hört man
denn eine Menge wunderlicher Einbildungen, deren Wirklichkeit den armen
Geschöpfen so möglich und gewiß ist, als es uns im Traum die ungereimtesten Dinge zu seyn scheinen.« (I. Teil, 3. Brief) Auch die weitere Beschreibung folgt den zeitgenössischen Stereotypen: »Bey den Männern dieser
Klasse wird man oft recht gelehrt unterhalten; wir fanden, daß metaphisi-
sche Spekulationen und Schwärmerey in Religionsbegriffen ein Weg zum
Narrenhause werden kann; von beyden sahen wir lebendige Beyspiele. Der
Methaphysiker sprach mit Begeisterung die unverständlichsten Worte; zog
aus den ungereimtesten Vordersätzen Schlüsse, deren Gründlichkeit ihn zu
entzücken schien. [Kants Wahnsinn, 215,5–21; s. unten mit Kommentar]
Der Religiöse brütete über Ideen der reinen Liebe zu Gott, sein süßes
träumerisches Lächeln verrieth die sanften Gefühle, deren Gewalt sich
seiner Vernunft bemeistert hatte.« Die Briefe wurden vom Ehemann Sophie
Beckers (bzw. Sophie Schwarz'), Johann Ludwig Schwarz, herausgegeben.
Diese nach ihm von seiner Frau selbst verfaßten Briefe hatten zur Grundlage
das Tagebuch, das Sophie Becker auf ihrer Reise schrieb. Dort heißt es unter
dem Datum vom 15. 7. 1786 nur: »Das Tollhaus ist sehr besetzt und da
machte Elise die Bemerkung, daß ein Tollhaus wohl auch mehr Tolle im
Lande machte. Wir dachten beide an unser Vaterland zurück, wo gar keines
ist und man doch so selten Leute findet, welche dahin gehören. Ein Aehn-
liches dachten wir beim Anblicke der Hochgerichte, welche das erste sind,
das man vor Königsberg sieht.« (Becker [o. J.] [1889] 13; in den Briefen mit
leichten stilistischen Änderungen S. 24–25) – Von Foucault wird darauf
hingewiesen, daß »keiner der Nosographen des achtzehnten Jahrhunderts
jemals Kontakt mit der Welt der allgemeinen Hospitäler und den Zuchthäu-
sern gehabt hat.« (Foucault 1969, 194) Nun hatte Sophie Becker zwar
Kontakt mit dem Königsberger Irrenhaus, ihr in den Briefen gegebener (von
ihrem Mann eingefügter?) Bericht hat jedoch nichts mit dem zu tun, was sie
dort sah. Nur die kritisch-kluge Bemerkung Elise von Reckes ist offenbar
authentisch. Auf die Katalogisierung und die Beschreibung der Typen von
Verrückten in den Briefen wie auch bei Kant trifft zu, was die Autoren vom
Wahnsinn sagen: Es werden vorgebliche Tatsachen erdacht (»selbstgemachte
Vorstellungen für Wahrnehmungen gehalten«, 215,8) und aus ihnen dann
gelehrte richtige Schlüsse gezogen; die Wahnsinnstheorie wird dadurch zum
adäquaten Abbild ihres Gegenstandes; sie ist wahr, wenn denn die Wahrheit
in der adaequatio rei et intellectus besteht. Eine verrückte Rache der Verrückten.

◊   **29 aus Verzweiflung**] Diese Begründung der Handlung steht nicht in
Einklang mit der syllogistischen Rekonstruktion des Richters, wie sie Kant
wiedergibt. – Der Fall ist, wenn ich richtig sehe, nicht identifiziert worden.

33 und kam durch den Schluß daraus] H, A1: »und schloß daraus«. ◇
37 und curiren] Fehlt in H. Alle Indizien sprechen dafür, daß Kant selbst ◇
die Gemütskrankheit für unheilbar hält; wir haben es hier demnach, so
scheint es, mit einem gravierenden Eingriff des Redaktors zu tun. Allerdings
wird nicht Kants eigene Meinung wiedergegeben.
4 *tumultuarisch.*] Refl. 1506: »Die Verükung ist entweder *tumultuarisch* **215**
oder *methodisch.*« (XV 814,25) Logik Hechsel 71: »Eine Erkenntnis ist
entweder. a) Methodisch oder b) Tumultuarisch.« (noch nicht gedruckt)
5–21 **2)** *Wahnsinn* (dementia) ... ist *methodisch.*] Vgl. im »Versuch ◇
über die Krankheiten des Kopfes« die »Verkehrtheit der Erfahrungsbegriffe
in der *Verrückung*« (II 264,8–9), die ähnlich wie in der Anthropologie
beschrieben wird (II 264,17–267,31): Der Verstand funktioniert normal, die
Datenbasis jedoch wird »verrückt«, indem eingebildete Objekte als wahrgenommen supponiert werden. S. auch in den Träumen einer Geistersehers, wo
die Verrücktheit der »falsch dichtenden Einbildungskraft« (VII 215,7–8)
ähnlich charakterisiert wird, »daß der verworrene Mensch bloße Gegenstände seiner Einbildungskraft außer sich versetzt und als wirklich vor
ihm gegenwärtige Dinge ansieht.« (II 346,4–6) Der Verfolgungswahn wird
1764 zu der Verrückung der Urteilskraft (bzw. des Verstandes) gezählt
(s. II 268,3–12), nicht wie hier zur falsch erdichteten Wahrnehmung. Die
Analyse der Systematik wird dadurch erschwert, daß für beide Deutungen
der Begriff des Wahnsinns verwendet wird (II 268,3 und VII 215,5). Vgl.
Meo 1982, 56–57; 83–88. Im Wahnsinn (von 1798) werden Phantasieob-
jekte als Gegebenheiten der Erfahrung genommen; diese falsche Prämisse
dient dann als Grundlage formal richtiger Schlüsse. Im nachfolgenden
Wahnwitz müßte nun umgekehrt auf der Grundlage richtiger Erfahrungs-
daten-Prämissen falsch geschlossen werden (vgl. II 269,37–270,2); tatsächlich werden zwar ähnliche, aber »disparate[r] Dinge« (z.25) für identisch
gehalten und dann auf dieser Grundlage vorgegaukelter Gleichheit eine
poetische Welt entworfen. – Zur Rolle der Einbildungskraft in der Kantischen Wahnanalyse vgl. Manganaro 1983, 178ff.
8 selbstgemachte Vorstellungen für Wahrnehmungen] Die eigene *Erzeu-* ◇
gung nicht durch die Sinne empfangener Vorstellungen ist nicht möglich,
vgl. 167,34–168,10. Einbildungen jedoch oder »selbstgemachte Vorstellungen« für Wahrnehmungen zu halten ist möglich und Sache des Phantasten.
Hier sind sie die »Data« (z.14), die als falsche Grundlage formal richtiger
Folgerungen fungieren. Zu dem so gefaßten Wahnsinn gehört das »Spiel der
Vorstellungen des inneren Sinnes«, das im § 24 beschrieben wurde, s. bes.
161,22–33.
9–15 Von der Art ... widerfahren lassen.] Das Krankenbild des Verfol- ◇
gungswahns ist schon 1764 fertig: »Der *Wahnsinnige* sieht oder erinnert sich
der Gegenstände so richtig wie jeder Gesunde, nur er deutet gemeiniglich

das Betragen anderer Menschen durch einen ungereimten Wahn auf sich
aus, und glaubt daraus wer weiß was für bedenkliche Absichten lesen zu
können, die jenen niemals in den Sinn kommen. Wenn man ihn hört, so
sollte man glauben, die ganze Stadt beschäftige sich mit ihm. [...] kurz, er
sieht nichts als eine allgemeine Verschwörung wider sich.« (II 268,3–12;
zur systematischen Einordnung s. den Kommentar zu z. 5–21) Kant denkt
später besonders an Rousseau und nennt diesen als Beispiel für Verfolgungswahn in der Vorlesung; so heißt es in der **Menschenkunde:** »Rousseau war
ein Mann von großer Laune, hatte aber auch wunderliche Grillen, und einen
großen Hang zum Argwohne; er glaubte immer Ränke zu bemerken, so daß
seine Phantasie sehr nahe an Wahnsinn gränzte. [...] Rousseau hatte eine
eingebildete Grille, da er glaubte, alle Menschen verschwören sich gegen ihn,
allein Menschen, die sagen, daß sie viele Feinde haben, sind schon Träumer;
[...].« (180–181)

◇   **15–17** Ich habe nie ... mit Vernunft zu rasen).] Vgl. 200,7. – Die einge-
streute empirische Erkenntnis steht auf der schmalen Basis, daß der Autor
selbst etwas nicht gesehen hat.

◇   **19–21** ohne andere in ... werden bedürfen.] S. dazu die Bestimmung
des Narrenhospitals 202,28–31. Wie die jetzt zum ersten Mal genannte Gefährdung durch Verrückte festgestellt wird, wird nicht gesagt. Muß der
Inhaftierung eine Tat vorangehen, die von Richtern als Verbrechen beurteilt
würde, für die jedoch der Täter nicht verantwortlich gemacht werden kann
(nach 213,31–214,13)? Vermutlich denkt Kant hier nur an – schwer kontrol-
lierbare – Präventiveinweisungen.

◇   **22 3)** *Wahnwitz* (insania) ist eine gestörte *Urtheilskraft*] Vgl. Refl. 1506:
»Wahnwitz (⁵ der Urtheilskraft).« (XV 814,8) Zum gesunden Verhältnis von
Witz und Urteilskraft vgl. 201,12–34. Der Fehler des Witzes und somit der
Einbildungskraft besteht darin, daß bloße Analogien für Begriffe ähnlicher
Dinge gehalten und die Analogien für Verstandeserkenntnisse ausgegeben
werden. Eine ausführliche Erörterung des Wahnwitzes bei Meo 1982,
88–97.

◇   **34–216,22 4)** *Aberwitz* (vesania) ist ... sogenannte Verrückung.] S. Meo
1982, 97–101. Hier wird zum ersten und einzigen Mal der Einbildungskraft
keine Funktion zugeschrieben; der Geisteskranke überspringt den imagina-
tiven Bereich und hält sich im rein spekulativen auf.

◇   **35–37** Der Seelenkranke überfliegt ... Unbegreifliche zu begreifen.] Vgl.
189,12–13 und auch 226,3–22. Vor dem Sprung über die methodisch
(hodos: Weg) geforderten Zwischenglieder hinweg warnt schon Platon, z. B.
Philebos 16e–17a. Vgl. KrV B XXXVI: »[...] wie durch [...] Verhütung
kühner Sprünge in Folgerungen der sichere Gang einer Wissenschaft zu
nehmen sei [...].« Die Notwendigkeit des kontinuierlichen Fortschreitens in der Erkenntnis ergibt sich sowohl durch die Forderung einer *lücken-*

losen Beweiskette wie auch durch das unterstellte Kontinuum des Seienden, die »chain of being«. Es fällt schwer, den Text nicht so zu verstehen, daß sämtliche vorkritische Metaphysiker, die eine erfahrungsüberhobene Erkenntnis des Wesens der Seele, der Welt und Gottes vorgaben, seelenkrank waren.

2–3 die Begreifung des Geheimnisses der Dreieinigkeit] Den spekulativ **216** Besessenen interessiert nicht die Trinität qua Symbol; s. dazu 172,31–37.

3–4 unter allen Hospitaliten] Die Krankheit als solche macht eine Ein- ◇ weisung nach Kants Bestimmung des Hospitals als einer Anstalt, die die Bürger vor den Geisteskranken schützt und die letzteren versorgt, wenn sie selbst zur eigenen Versorgung nicht in der Lage sind (s. Kommentar zu 214,15–19), nicht zwingend nötig. Vielleicht fehlt jedoch zur Selbsterhaltung der Kontakt mit dem »Sensorio communi« (z. 12–13).

6–7 Diese vierte Art … *systematisch* nennen.] Shaftesbury hatte im ◇ »Soliloquy or Advice to an Author« bekanntlich umgekehrt geschlossen: »The most ingenious way of becoming foolish, is by a system.« (Shaftesbury 1963, I 189)

9ff. Randnotiz in H: »Im Wahnwitz ist ein System. / Arouet hatte ◇ 2 Narren zu Söhnen / 2) nicht rasende. / Gestohrt. mente captus.«

10 *positive Unvernunft*] Vgl. 218,13–14. Die Kantische Fassung der ◇ Gemütskrankheit als eines Phänomens mit eigener »positiver« Gesetzlichkeit erinnert an den »Versuch, den Begriff der negativen Größen in die Weltweisheit einzuführen« (1762; II 165–204). Die negativen Größen haben als solche eine eigene Valenz, sie sind nicht nur das Ausbleiben der positiven Größen, sondern stehen zu ihnen im Verhältnis einer Realrepugnanz. Die Gemütskrankheit wird ähnlich nicht nur als gesetzlose Störung begriffen, sondern als ein eigene Welt mit ihrer widervernünftigen Gesetzlichkeit.

12–13 und aus dem Sensorio communi] H und A1: »und außer dem ◇ Sensorium commune«. – Vgl. 219,6–7; Refl. 1506: »2. Verrückung. Eine Anderung im Princip zu denken. Verlust des Sensus communis. Also Unvermögen, seine Gedanken aus einem fremden Standpuncte zu beurtheil.« (XV 813,26–814,2)

18–21 denn sie kann sich … Sinnes sein kann] So auch in der Auseinan- ◇ dersetzung mit Samuel Thomas Soemmering, vgl. XIII 31,35–32,18. S. auch in der KrV: »Äußerlich kann die Zeit nicht angeschaut werden, […].« (A 23)

22–24 Es ist aber … System zusammenordnen] Die »systematische ◇ Eintheilung« (214,14) gelang auf der Folie der eigenen Theorie der Erkenntnisvermögen. Mit der Möglichkeit der systematischen Kohärenz scheint zugleich die Wahrheit der Theorie gewährleistet, denn Kant stellt keine empirische Überprüfung bereit, die es an der Erfahrung bestätigen (oder falsifizieren) könnte.

◇   **24–28 und die Natur … nicht unbeschäftigt bleibt.**] Die Zerrüttung der
Erkenntniskräfte verhindert die Möglichkeit der Objektbeziehung, jedoch
nicht einen internen Denkablauf, der seinerseits eine biologische Funktion hat, so daß das Leben als solches durch die Verrücktheit nicht gefährdet ist. Eine gleiche, lebenserhaltende Funktion hat der Traum, s. bes.
105,30–106,8. Damit behält auch das zerrüttete Gemüt seine Funktion
»zum Behuf des thierischen Lebens« (z. 27) und ist somit auch im Modus
der »*positiven Unvernunft*« (z. 10) noch zweckmäßig. Es treten hiermit
jedoch Lücken in der Kantischen Zwecklehre zutage: Erstens versucht Kant
nicht zu zeigen, daß die Natureinrichtung der Gemütskrankheiten einen
Zweck in der Natur (inklusive der Kultur) hat, und er zeigt zweitens nicht,
welchen Endzweck oder Zweck an sich der unheilbare Gemütskranke und
Vernunftlose darstellt. Innerhalb der Naturteleologie tritt das gravierende
Problem auf, daß ein gesetzmäßig erzeugtes (da ererbtes) Phänomen aus
der Teleologie herausfällt. (Gegen die Lehre der »Kritik der teleologischen
Urteilskraft«, u. a. V 376,11–14: »*Ein organisiertes Product der Natur ist
das, in welchem alles Zweck und wechselseitig auch Mittel ist.* Nichts in ihm
ist umsonst, zwecklos, oder einem blinden Naturmechanism zuzuschreiben.« S. auch in der KrV A 688.) Sodann verfügt der Verrückte über keine
Vernunft, die ihn dazu qualifiziert, Person zu sein. Kant billigt ihm jedoch
offenbar wie dem Verbrecher den Status einer Person und nicht eines Tieres
oder einer Sache zu. Wenn diese Haltung theoretisch fundiert sein soll,
müßte die wohl verbliebene Gegebenheit einer Ich-Vorstellung des Verrückten (vgl. den Kommentar zu 202,1–2) ihn zum Personenstatus qualifizieren
(im Sinn von 127,4–5). Vgl. auch die Diskussion bei Meo 1982, 124–133
(»Malattia mentale e finalità della natura«).

◇   **29–217,6 Dagegen zeigt der Versuch … ein wahrer werden.**] Die Möglichkeit des Experiments in der Anthropologie wird von Kant nur hier im
Grenzbereich der Pathologie angesprochen. – Zur Frage des Experiments in
der Anthropologie des 18. Jhdts. s. Christa Kersting 1992, 129–135 (»An-
sätze zu einem pädagogisch-anthropologischen Forschungsprogramm«).
S. auch Bezold 1984, 133.

◇   **36 Helmont**] Johann Baptist van Helmont (1578–1664), s. die Erläuterungen Külpes.

217   **1–3 Ein anderer Arzt … Tumult wäre.**] Die Quelle wurde nicht gefunden.

◇   **3–5 Mehrere haben mit … ferner zu gebrauchen.**] Zur Beurteilung des
Opiums vgl. Jörg Jantzen, »Theorien der Irritabilität und Sensibilität«
(1994) 467–469, in: Schelling 1976 ff. (Reihe I, Werke; Erg.-Bd. zu Bde.
V–IX, 375–498).

◇   **8–218,10 Mit der Entwickelung … ausgefunden hat.**] Es wird zunächst
das Angeborensein der Verrückung erörtert (z. 8–18), sodann die (nach

Kant falsche) Meinung diskutiert, sie sei nicht angeboren, sondern erworben (z. 19–218,10; s. z. 20: »[…] nicht angeerbt, sondern zugezogen […]«), beim vorgeblichen Erwerb sind Liebe (z. 21–22; 24–26), Hochmut (z. 22–23; 26–29) und Studium (z. 23–24; 30–218,10) die vermeintlichen Motive. Kant zeigt in den drei letzteren Fällen, daß jeweils die Verrückung schon vorausgesetzt ist, sie also angeboren sein muß. Die gleiche Auffassung wird im »Versuch über die Krankheiten des Kopfes« vertreten (s. II 270,18 bzw. 25–271,22) und in »De Medicina Corporis, quae Philosophorum est« (XV 939–951, dort 947,1–13). Fulvio Papi, *Cosmologia e civiltà. Due momenti del Kant precritico* (1969) 165–171 führt die Kantische Ätiologie auf Friedrich Hoffmann zurück. Vgl. weiter Meo 1982, 38–39.

8–18 Mit der Entwickelung ... Gemüthsstörung an sich hat.] Vgl. die ◇ parallelen Ausführungen in der »Bestimmung des Begriffs einer Menschenrasse«, VIII 94,22–35.

8–9 Mit der Entwickelung ... auch erblich ist.] Davor in H (auch A1): ◇ »Es giebt kein gestöht Kind.« – Kant hat die Vorstellung einer erblichen, endogenen Genese des Wahns erst nach anderen Erklärungsmustern gewonnen. So ist in den sechziger Jahren unter dem Einfluß Rousseaus die bürgerliche Gesellschaft der Brutplatz der geistigen Verrückung. Anders in den siebziger Jahren: Refl. 496: »Wahnsinnig: […]. Entweder aus einer zufalligen Ursache. Heilbar. oder aus der angebohrnen Anlage (irre im Kopf): unheilbar Gestöhrt. Verrükt.« (XV 216,14–18)

Die frühe (1764–1769?) Refl. 488: »Man hat niemals ein wahnsinnig Kind gesehen. Der Unsinn findet sich nur zu der Zeit ein, wenn der Verstand zur Reife kommt« (XV 211,11–12) befindet sich im Einklang mit der seit den siebziger Jahren vertretenen Lehre: »Gestöhrtheit und Blödsinnigkeit pflanzen sich gleichsam erblich fort und entwickeln sich allemal erst mit dem Verstande des Menschen. Kleine Kinder sind noch nicht gestöht.« (Starke II 28) Die Pathogenese wird nur mit der Vererblichkeit in der Familie der Frau, nicht des Mannes verbunden. »Es ist gefährlich in Familien zu heurathen, wo auch nur ein einziges solches Subject vorgekommen ist« (z. 9–11) – hier liegt einer der Gründe, warum das Naturphänomen doch in die *pragmatische* Anthropologie aufgenommen wird.

Anders als der Wahn des Erkenntnisvermögens zerfallen die Wahnformen des Begehrungsvermögens, die Leidenschaften, in die »*natürlichen* (angebornen) und die […] aus der *Cultur* der Menschen hervorgehenden (erworbenen)« (267,33–34).

9–10 Es ist gefährlich] Sc. für den Mann gefährlich, da der Wahn sich nur ◇ weiblicherseits anerbt. Die Frau hat somit kein Recht, entsprechende Vorbehalte bezüglich der Erbanlagen des Mannes zu machen.

13–14 nachschlagen] H, A1: »nachschlachten« gemäß der üblichen ◇ Sprechweise.

◇   19 zufällige Ursache] Vgl. 218,18 (»zufällig aufstoßende *Materie*«).

◇   21 solle, als ob] H: »solle so daß«; A1: »soll, und«.

◇   21–24 »Er ist aus ... sich *überstudirt*.«] Die drei fälschlich als Ursache der Verrücktheit genannten Phänomene sind Liebe, Hochmut, Überstudium, die z. 24–218,10 in gleicher Abfolge erörtert und als Folgen der tatsächlich schon vorhandenen, ererbten Verrücktheit demaskiert werden.

◇   24–26 Die Verliebung ... Wirkung der Tollheit] Nicht die Liebe als solche wird hier behandelt (wie die Ankündigung z. 21–22 vermuten lassen könnte), sondern die aus sozialen Gründen von vornherein aussichtslose Verliebung, deren Ursache, nicht aber Wirkung die vorher schon latent vorhandene Tollheit ist.

◇   26–29 und was den Hochmuth ... gefallen sein würde.] Dieser Fall hat mit dem vorherigen Beispiel, das sich auf den Standesunterschied von Personen bezog, nichts zu tun. Vgl. 203,14–22 mit Kommentar.

◇   28 der Anstand, sich gegen ihn zu *brüsten*] Was heißt das?

◇   30–218,10 Was aber das *Überstudiren* ... ausgefunden hat.] Das übermäßige Studium gehört seit der spätantiken Melancholiediagnose zu den Ursachen der erworbenen (nicht durch ein physisches Temperament angeborenen) Melancholie. – Von Demokrit wollte die literarische Tradition wissen, daß er sich überstudiert und dadurch den Verstand verloren habe. So heißt es im Brief 10 der pseudohippokratischen Schriften, den die Abderiten an Hippokrates auf Kos schreiben: »Dieser Mann, von dem wir erhofften, daß er jetzt und in Zukunft der Ruhm unserer Stadt sein würde, [...] dieser Mann ist von der ihn erdrückenden Erkenntnis krank geworden.« Es folgt die Beschreibung der Krankheit: die sanguinische Melancholie; Hippocrates, Pseudoepigraphic Writings (1990) 54–56. Hippokrates selbst ist gemäß den fingierten Briefen anderer Meinung – derselben, die auch Kant vertritt: »Wie mit einer Seele leidet die Stadt mit ihrem Bürger [sc. Demokrit], so daß auch sie mir der medizinischen Behandlung zu bedürfen scheinen. Denn mir scheint es [sc. bei Demokrit selbst] gar keine Krankheit zu sein, sondern nur ein Übermaß des Studiums. Nein, nicht eigentlich ein Übermaß, obwohl Laien es dafür halten, denn das Übermaß von etwas Hervorragendem (arete) ist niemals schädlich. Das Urteil der Krankheit entsteht durch die mangelnde Bildung derjenigen, die das Urteil fällen.« (ibidem 64) Ein Reflex des Urteils der Abderiten z. B. bei Jean de La Fontaine in »Démocrite et les Abdéritains«: »La lecture a gâté Démocrite« (Vers 14; La Fontaine 1965, 138) Eine Sammlung literarischer Hinweise auf das Überstudieren bringt Robert Burton in seiner Anatomy of Melancholy (zuerst 1621) unter dem Titel des »Overmuch Study« in der Analyse der »Causes of Melancholy; with a Digression of Spirits«: »Subject. XV. – Love of Learning, or overmuch Study. With a Digression of the Misery of Scholars, and why the Muses are Melancholy« (Burton 1968, I 300–330, dort 300–304). »Quan-

tunque gli venga detto che le molte lettere lo fanno pazzo [...]«, heißt es in
Giordano Brunos Heroischen Leidenschaften von 1585 (Bruno 1995, 145).
Vgl. z. B. Benjamin Fawcett, Über Melankolie, ihre Beschaffenheit, Ursachen und Heilung, vornämlich über die so genannte religiöse Melankolie
(1785); zu den Ursachen gehört »zu anstrengendes und zu wenig unterbro-
chenes Studiren« (21). Die physiologische Erklärung der Entstehung der
Melancholie aus dem übermäßigen Studieren besagte, daß beim intensiven
Denken ein zu großer Teil des »spiritus vitalis« (im Herzen aus dem Blut
gewonnen) in den »spiritus animalis« (hier von »anima«, nicht »animal«!)
verwandelt wird und so der Leib austrocknet und der Mensch melancho-
lisch wird. Dieses Schicksal erlitt übrigens Don Quijote bei seiner unauf-
haltsamen Lektüre von Ritterromanen: »En resolución, él se enfrascó tanto
en su lectura, que se pasaban las noches leyendo de claro en claro, y los días
de turbio en turbio; y así, del poco dormir y del mucho leer se le secó el
celebro, de manera que vino a perder el juicio.« (zitiert von Helen Watanabe-
O'Kelly, Melancholie und die melancholische Landschaft (1978) 18) Marsilio
Ficino leitet eine Form der Melancholie aus der übermäßigen geistigen
Anstrengung ab, s. in den einflußreichen drei Büchern De vita (1489) I 4
Ende: »Maxime vero litteratorum omnium hi atra bile premuntur, qui
sedulo philosophiae studio dediti mentem a corpore rebusque corporeis
sevocant incorporeisque conjungunt tum quia difficilius admodum opus
maiori quoque indiget mentis intentione, tum quia quatenus mentem incor-
poreae veritati conjungunt eatenus corpore disjungere compelluntur. Hinc
corpus eorum nonnumquam quasi semianimum redditur atque melancholi-
cum.« Am Ende erstaunt es nicht, daß ein »überstudierter Professor« zu
den Requisiten von Irrenhäusern gehört, vgl. Heinrich von Kleist, Brief an
Wilhelmine von Zenge vom 13.(–18.) September 1800 (Kleist 1962,
II 558–567, dort 560). Kant rettet das wissenschaftliche Studium vor der
Unterstellung, ungesund zu sein. Anders Martin Heidegger in: »Warum
bleiben wir in der Provinz?« (1975 ff., XIII 9–13)

    32–218,36 Daß sich Kaufleute ... vergeblich gebrütet hat.] Fehlt in H.   ◇

    9–10 ein gewisser Autor ... ist schrifttoll«] Wer ist der Autor? Das Wort   **218**
»schrifttoll« ist in Kants Druckwerken nur hier belegt. S. jedoch Refl. 504:
»Schwärmer und Mucker sind beyde schrifttoll. Herrenhuter und pietist
Böhm. Guyon.« (XV 219,9–10)

    11–13 Ob es einen ... zweifle ich.] Menschenkunde 186; Busolt 54 und   ◇
Dohna 102. Die Quelle der Vorstellung, gegen die Kant Stellung nimmt,
wurde nicht ermittelt (vgl. Kommentar Nr. 122 zur Menschenkunde). Die
Ausdrucksweise ist seltsam, denn Kant nimmt selbst den Unterschied an,
plädiert jedoch für die Präzedenz der allgemeinen, weil bloß formalen, ange-
erbten Verrücktheit, die dann zu Konkretionen bei unterschiedlichen Gelegenheitsursachen führt. – Die Kantische Theorie des Wahns führt notwendig

zum Votum für das »delirium generale«, da sie die Krankheit rein formal faßt
(s. z. 15) und damit als applizierbar auf verschiedenartige »zufällig aufstoßende *Materie*«, z. 18. Vergleichbar ist die Unterscheidung von Hang und
Neigung; der erstere ist die allgemeine Disposition eines Menschen, z. B. des
Wilden zum hemmungslosen Alkoholkonsum, der Frau zum Herrschen, des
Kindes zur Geschlechtlichkeit (Collins 173; Parow 253–254; Menschenkunde
299); dieser Hang wird im Hinblick zu einer »an einem bestimmten Gegenstande haftenden« (z. 12) Neigung, wenn er bei Gelegenheit durch bestimmte
äußere Objekte aktualisiert wird. Die Hypochondrie ist eine Gemütskrankheit, die auch ohne bestimmtes Objekt möglich ist, sie ist dann im
Unterschied zur topischen Hypochondrie eine »hypochondria vaga« (103,
16), die praktisch identisch ist mit der Melancholie.

◇   **12–13** delirium circa obiectum] Vgl. die Randnotiz zu 203,22.

◇   **13–14** (die etwas … Vernunftmangel ist)] Die Klammer fehlt in H.

◇   **25** Verstand zu verlieren.] Hierauf folgt in H ein durchstrichener Passus,
s. 404,14–21.

◇   **26–27** der Geck, der … zu fischen hofft] Besagter Geck sucht am hellen
Tag, was der Schätzgräber nächtens unternimmt, vgl. 137,17–18 mit Kom-
mentar; s. auch den Kommentar zu 151,2. Bauchredner, Schatzgräber und
Indienfahrer vereint der Versuch, ohne Arbeit zu Reichtum zu kommen.
Wie man in Indien Gold »fischt«, wird nicht verraten. Vielleicht meint
Indien noch das vermeintliche Indien Amerika, besonders das Eldorado
Südamerikas, vielleicht schwingt die Reminiszenz der »dives India« (Horaz,
»Carmen« 3, 24, 2) und des östlichen goldreichen Stromes Paktylos (Sopho-
kles, »Philoktet« 394; Horaz, »Epode« 15, 20) nach.

219   **6–30** Das einzige allgemeine … verfährt und urtheilt.] Vgl. die parallelen
Ausführungen unter dem Titel des »logischen Egoisten« 128,31–129,17.
Ausführlich auch in den Träumen eines Geistersehers, s. bes. II 348, 33–349,
22. Vgl. Refl. 505 (datiert 1792–1794; XV 219, 15–16). – 1795 erhob Kant im
Ewigen Frieden die mögliche oder notwendige Öffentlichkeit von politi-
schen Maßnahmen zu einem transzendentalen Prinzip, s. VIII 381–386. Die
Kabinettspolitik der Geheimräte entspricht in ihrer Gesinnung gewisserma-
ßen dem Geisteszustand von Hospitalnarren.

◇   **7–8** *Gemeinsinnes* (sensus communis) … (sensus privatus)] Zum »sensus communis« vgl. 139,20 und Kommentar zu 139,18–21. Vom logischen
Eigensinn wird 129,23 gesprochen.

◇   **21–23** weil sonst etwas … würde gehalten werden] Dieser Fehler (in
seiner allgemeinen, nicht nur psychologisch-empirischen Form) wird bei
Baumgarten und in der Kantischen Dissertation von 1770 (vgl. II 412,7) als
»vitium subreptionis« bezeichnet und spielt eine fundamentale Rolle für
die Entstehung der kritischen Philosophie. S. weiter V 116,22; VI 297,21;
XX 222,32.

25–30 Der, welcher sich ... und urtheilt.] Vgl. 190,1–2 und Kommen-   ◇
tar.

33–220,3 So hatte der ... Fliegen andeuten wollen.] Dohna 103   ◇
(XXV 1542,23–28): »Es giebt Menschen, die viel sonderbares Zeug aber
doch mit einer gewissen Methode reden, also oft Talente und Originalität in
der Dollheit. Der Engländer Harrington ist hievon eine Beyspiel. Es ist
sonderbar, daß manche Menschen bisweilen glauben Funken aus ihrem
Körper springen zu sehn, und überhaupt versichert sind daß viel Electrici-
taet in ihrem Körper ist.« S. a. XXV 1542,30–33 (»He [sc. Harrington] was
observed to discourse of most other things as rationally as any man, except
his own distemper, fancying strange things in the operation of his animal
spirits, which he thought to transpire from him in the shape of birds, of flies,
of bees, or the like.«)
10 mit Einer Gabe] Fehlt in H. – Es folgt in H ein durchstrichener Text,   **220**
s. 404,28–405,3.
11 *Von den Talenten im Erkenntnißvermögen.*] In H ursprünglich statt   ◇
»im«: »als«. – § 54 bringt im 1. Absatz die Einteilung von »A« bis »C«
(221,3–227,15) und handelt im 2. Absatz von dem 221,1–2 (dort fälschlich)
angekündigten Thema. Ursprünglich plante Kant auch im 2. Absatz einen
Vorblick auf die drei Abschnitte, s. den gestrichenen Text zu 220,34 (hier
transkribiert, auch 405,4–11). – Die Schriftgröße des Titels im Manuskript entspricht der von 221,1–2 und auch 221,4; die korrekte Druckweise
müßte 220,11 so bringen wie 202,1–2 und jetzt fälschlich 221,1–2. Im
Erstdruck wird beides in gleicher Größe gebracht. Die späteren Herausgeber haben die Anlage des Gedankens nicht durchschaut. – Zur Position
des Themas »Talente« im ersten Buch der »Anthropologischen Didaktik«
vgl. die Gliederung in der Einleitung. Der Grund, warum die Talente
hier (und nicht *vor* den *»Schwächen und Krankheiten der Seele«* (202,1;
s. jedoch 201,12–34) bzw. als individuelle Naturgabe zu Beginn des zweiten Teils) behandelt werden, könnte, so scheint es, in der Tatsache liegen,
daß sie über Buch zwei und drei von Teil 1 hinübergreifen zum Anfang der
»Charakteristik« in Teil 2, die mit den Naturanlagen beginnt. Zu ihnen
zählen neben den Talenten auch das Naturell und die Temperamente;
entsprechend wurden die Talente in den Vorlesungen dort (ebenfalls) behandelt, s. die entsprechenden Abschnitte in XXV. Der erste Satz von § 54
stellt eben dies heraus: »Unter *Talent* (Naturgabe) versteht man diejenige
Vorzüglichkeit, welche nicht von der Unterweisung, sondern der natürlichen Anlage des Subjects abhängt.« (z. 12–14) Aber diese Brückenfunk-
tion wird kaum das Motiv für Kant gewesen sein. Ein anderes Motiv der
Behandlung der Talente im Anschluß an die Gemütskrankheiten liegt, so
könnte man ebenfalls zunächst vermuten, in der Erörterung des Genies als
dritter Talentform (224,5–227,15; § 57–§ 59), und das Genie grenzt an

Wahn. Nun wird das Genie zwar häufig mit Wahn und Schwärmerei in
Zusammenhang gebracht (vgl. Menschenkunde 237; Mrongovius 58 und 65);
in den genannten Paragraphen wird jedoch dieses Charakteristikum gerade
nicht erwähnt.

Entscheidend für die Kantische Disposition ist, daß auch Christian Wolff
in seiner Psychologia empirica vom »*Ingenium*« (Wolff 1962 ff., II 5, 367)
am Ende der Erörterung »De Facultatis Cognoscendi Parte Superiori«
innerhalb des vierten Kapitels (»De Dispositionibus naturalibus et Habiti-
bus intellectus«, § 425 – § 508) handelt (§ 476 – § 481). Das »ingenium« wird
bestimmt als die Leichtigkeit, Ähnlichkeiten der Dinge zu beobachten
(§ 476). Und dann Baumgarten; bei ihm werden die Zerstreuung, die
Unmündigkeit und das Verrücktsein (»mente captus«) in den §§ 638 und
639 (s. XV 37,4–27) behandelt, danach folgt die »Sectio XIII« mit dem
Thema »Ratio«; unter diesem Titel findet sich das Stichwort des »ingenium«
(§ 640). Es ist die letzte Erörterung von Eigentümlichkeiten des Erkenntnisvermögens vor dem Übergang zum praktischen Teil mit den Behandlungen der Indifferenz und des Gefühls der Lust und Unlust. Nun ist Kants
ausführliche Behandlung der unterschiedlichen Gemütsschwächen und
-krankheiten aus §§ 638 und 639 bei Baumgarten erwachsen; mit den
»*Talenten im Erkenntnißvermögen*« befinden wir uns also topologisch in
der »Sectio XIII« bei Baumgarten.

◇   **12–14** Unter *Talent … Subjects abhängt.*] Die Einteilung von Naturgabe
und Unterweisung geht auf die griechische Philosophie zurück; sie wird
häufig durch die dritte Komponente der Einübung ergänzt; s. den Beginn
des Platonischen Dialogs Menon. – Das Talent wird hier als Naturgabe
vorgestellt wie in der KrV die Urteilskraft mit sehr ähnlichen Wendungen,
s. A 133–134.

◇   **14–15** der *productive Witz*] Die sonst in den Druckschriften nur noch
221,4 belegte Formulierung ist in Analogie zu der seit etwa 1781–1782
belegten Formulierung einer »produktiven Einbildungskraft« geprägt (vgl.
Menschenkunde 107 mit Kommentar Nr. 78).

◇   **17–34** Der Witz ist … dazu *einschränkt.*] Vgl. hierzu § 44 und den
beigefügten Kommentar besonders im Hinblick auf den Kontrast von Witz
und Urteilskraft (z.23 und 31).

◇   **28** *Liberalität* der Sinnesart] »Liberal«, »Liberalität« sind von Kant
emphatisch gebrauchte Begriffe; vgl. hier 228,36; sodann VIII 304,17; 338,23;
339,6 und 14; V 268,34 (»*Liberalität* der Denkungsart«); VI 434,10–11
und 456,34 (»communio sentiendi liberalis«). Dies letztere »sentiendi«
spricht für die hier genannte »Sinnesart«, sonst ist immer von einer liberalen
*Denkungs*art die Rede. Zum Kontrast von Sinnes- und Denkungsart vgl.
285,18–19 mit Kommentar. – Zum zeitgenössischen Wortgebrauch von
»liberal« vgl. Abdelfettah 1989, 141–143.

29 veniam damus petimusque vicissim] Horaz, »Ars poetica« Vs. 11: ◇
»veniam petimusque damusque vicissim« (»Wir gewähren Nachsicht und
bitten wechselseitig darum«).

29–30 einer schwer zu … Verstandes überhaupt] Die Formulierung ◇
erinnert an das bekannte Diktum der KrV, der Schematismus des Verstandes
bzw. der produktiven Einbildungskraft sei »eine tief verborgene Kunst in
den Tiefen der menschlichen Seele, deren wahre Handgriffe wir schwerlich
der Natur jemals abraten, und sie unverdeckt vor Augen legen werden.«
(A 141)

31 iudicium discretivum] Vgl. 228,3; Ms. 400 153–154: »Das Vermögen ◇
Vorstellungen zusammen zu halten nach der Verschiedenheit ist die
UrtheilsKraft. ist das Iudicium discretivum.« Menschenkunde 2; Refl. 473
(XV 195,13–14): »iudicium discretivum, non comparativum«.

31–34 die mit der … dazu *einschränkt.*] In H als Randergänzung ◇
geschrieben. Im Haupttext dagegen ist durchstrichen: »Die *Sagacität* oder
Erforschungsgabe ist auch, ein Naturgeschenk sich darauf zu verstehen wie
man gut (mit Glück) suchen (die Natur oder andere Menschen befragen)
soll. Ein Talent *vorläufig zu urtheilen* wo die Warheit wohl möchte zu
finden seyn und ihr auf die Spuhr zu kommen. Baco von Verulam hat an
seiner eigenen Person von dieser Kunst vorläufig zu urtheilen (iudicii
praevii) ein glänzendes Beyspiel in seinem Organon gegeben wodurch die
Methode der Naturwissenschaft in ihr [durchstrichen: wahres] eigentliches
Gleis gebracht wurde. – Das *Genie* aber ist die Originalität in Erzeugung
der Producte des Erkentnisvermögens; das Vermögen unabhängig [Unab-
hängigkeit] von einem anderen Muster und selbst doch musterhaft zu
denken und zu handeln.« (Vgl. 405,4–14)

1–2 *Von dem specifischen … vernünftelnden Witzes.*] Der Titel ist hier 221
unpassend; er müßte vor dem Absatz 220,17–34 stehen, »A.« dagegen
handelt so wenig wie »B.« und »C.« von dem angekündigten Thema.

4 *Von dem productiven Witze.*] Zum zeitgenössischen Wortgebrauch von ◇
»Witz« vgl. Kolmer 1983, 394 Anm. 101. S. auch die Stellensammlung von
Kosenina 1989, 48, ohne Berücksichtigung der englischen Literatur. Wolf-
gang Schmidt-Hidding, Humor und Witz (1963).

17–19 *Burgemeistertugend* (die Stadt … und zu verwalten).] »zu schüt- ◇
zen und« fehlt in H. – Vgl. II 211,5–6; s. Mrongovius 37 mit Kommentar
Nr. 53.

19–22 Dagegen *kühn* (hardi) … (Frivolität) aussieht.] Vgl. Menschen- ◇
kunde 32 und 129; Dohna 46. – Buffon wird als »Verfasser des Natursy-
stems« (z. 20) angesprochen, obwohl er kein System der Natur (wie Linné),
sondern eine Histoire naturelle verfaßt hat; vgl. Ferrari 1979, 116; 140. Vogl
1994, 80–95; Kohl 1986, 137–152: »Prototyp und Varietäten«. Wolf Lepenies, Das Ende der Naturgeschichte (1978) 131 ff. Moravia 1973, 259. – Kant

stimmt mit dem Nachsatz in die französische Kritik Buffons ein. – Jürgen Trabant, »Le style est l'homme même. Quel homme?« (1990) 57–72. Frank W. P. Dougherty, »Buffons Bedeutung für die Entwicklung des anthropologischen Denkens im Deutschland der zweiten Hälfte des 18. Jhdts.« (1990) 221–279.

◊   **24–25** wie sie der Abt Trublet ... auf die Folter spannte, macht] H (vernünftigerweise): »reichlich aufstellte macht«. – Nicolas Charles Joseph Trublet (1697–1770), Essais sur divers sujets de littérature et de morale (1735). Vgl. den Kommentar Nr. 130 zu Collins 118. Ferrari 1979, 141.

◊   **31** *pedantisch.*] Kant nimmt teil an der mittlerweile (seit wenigstens der Renaissance geübten) pedantischen Kritik der Pedanten. 139,4 und 5 (mit Kommentar). Vgl. II 214,32; IX 46,23.

222   **1–2** Lobsprüchen erhoben] Hier erscheint in H eine Randnotiz, s. 405,15–19 (z. 4 zugeordnet).

◊   **2–3** (Persiflage): z. B. »Swift's Kunst ... zu kriechen«] Vgl. Refl. 479: »Antilongin. Persifflage« (XV 199,5–6, dazu die erschöpfende Anmerkung von Adickes).

◊   **3** *Butler's* Hudibras] S. Collins 119 mit Kommentar Nr. 133. Samuel Butler (1612–1680).

◊   **8** centnerschwerer Witz] Die Redewendung kehrt stereotyp in den Nachschriften der Anthropologie-Vorlesung wieder, Philippi 26, Collins 119; Ms. 400 159. – Das heute ungebräuchliche Wiegen des Witzes unternimmt z. B. Dieterich Kemmerich in seiner Neueröffneten Akademie der Wissenschaften: »Ein Lot Mutterwitz ist mehr wert als einer ganzer Zentner Schulwitz« (3. Aufl. 1739, I Vorrede).

◊   **10** (bon mot)] H: »(sententia)«.

◊   **13–15** Durch Sprichwörter reden ... der feineren Welt.] H statt »reden ist«: »reden (wie der gemeine Jude pflegt) ist daher« (Randzusatz). – Vgl. schon in der von Herder (also zwischen 1762 und 1764) mitgeschriebenen Vorlesung über Moralphilosophie: »Um das Künstliche vom Natürlichen zu unterscheiden muß man so auf den Ursprung dringen, wie die Vorurteile (Sprüchwörter) von Gewißheit zu unterscheiden« (XXVII 6,28–30). Zu einer Kritik an bestimmten Sprichwörtern vgl. 205,3–8.

◊   **20–223,11** Als eine ... die Johnson nie anwandelte.] Samuel Johnson (1709–1784). Vgl. Refl. 324 (XV 127,10) und die Anmerkung von Adickes. Kant befaßt sich überraschend lange mit dem von ihm wenig geschätzten Johnson.

◊   **29–30** Regierung, oder] H: »Regierung überhaupt oder«. Kant liegt daran zu zeigen, daß Johnson über keine Vernunftprinzipien verfügt.

◊   **34–223,11** Boswell erzählt ... nie anwandelte.] In den Vorlesungsnachschriften wird eine frühere Schrift James Boswells berücksichtigt, s. XXV 1578 und 1663 s. v. »Boswell«; auch VII 318,21. Hier bezieht sich

Kant auf Boswell, Life of Johnson (1790). Külpe verweist in seinem Kommentar zur Stelle auf die Neue Bibliothek der schönen Wissenschaften und freyen Künste 48, 1792, 50 ff. Giuseppe Baretti (1719–1789), sonst bei Kant nicht genannter italienischer Schriftsteller.

5–6 Witz, der zur ... Sprache zureicht] Gedacht ist an Samuel Johnsons 223 Dictionary of the English Language (1747–1755).

13 *Von der Sagacität oder der Nachforschungsgabe.*] Vgl. Refl. 535 ◇ (XV 233,1–19); VI 478,20–24; IX 74,8–75,21. Ursprünglich gehörte die Theorie des vorläufigen Urteils in das Kapitel »Vom Schein«, so im Ms. 400 108–109: »Der Schein ist kein Urtheil, sondern ein Grund zum vorläufigen Urtheil. Es wäre sehr nötig, wenn in der logic auch ein gantz apartes Capitel von den vorläufigen Urtheilen wäre, die zu mehreren Erfindungen Anlaß geben möchten.« – Die eigene Anthropologie verfolgt dagegen eine andere Methode, indem sie einen durch die Empirie nicht mehr revidierbaren Plan vorgibt, vgl. oben 120,21–26 und 121,29–122,7 mit Kommentaren. S. auch VIII 161,9–12. – Zur Methode der Forschung, speziell der »sagacity«, s. a. Descartes 1964 ff., X 403–406 (Regulae ad directionem ingenii X); Locke 1975, 668–669 (An Essay concerning Human Understanding IV 17, 2).

19 Randnotiz: »Von der nothwendigen Bescheidenheit in unserer Be- ◇ handlung der Ideen und durch dieselbe«.

14–20 Um etwas zu ... oder zu erfinden.] Vgl. die in der »Methoden- ◇ lehre« der »Metaphysischen Anfangsgründe der Tugendlehre« in Klammern beigefügte Bemerkung: »Denn es ist eine an die Logik ergehende, noch nicht genugsam beherzigte Forderung: daß sie auch Regeln an die Hand gebe, wie man zweckmäßig *suchen* solle, d. i. nicht immer blos für *bestimmende*, sondern auch für *vorläufige* Urtheile (iudicia praevia), durch die man auf Gedanken gebracht wird; [...].« (VI 478,20–24) Hier tritt also das vorläufige Urteil an die Stelle des reflektierenden (der KdU; V 179,16–181,11; »Einleitung IV«). Der Begriff des reflektierenden Urteils bzw. der reflektierenden Urteilskraft wird nie außerhalb der dritten Kritik in Kants Druckschriften verwendet; zum Begriff der Reflexion vgl. 134,15 mit Kommentar. – Kant verweist hier zwar auf Francis Bacon (z. 21), zu beachten ist jedoch auch, daß Baumgarten § 695 (in der Sektion über die »Facultas Appetitiva Superior«) von der »Volitio Nolitiove [...] Antecedens« spricht, sie als »praevia« faßt, als »ein vorläufiges, vorhergehendes Wollen oder Nichtwollen« und auf sie die »Volitio Nolitiove [...] Consequens« als »decisiva« oder »decretoria« folgen läßt (s. XV 52,39–41 und 53,8–9 bzw. 53,2–4).

20 Die Logik der Schulen ... nichts hierüber.] Dies ist, wie der zu ◇ z. 14–20 aus der Metaphysik der Sitten zitierte Text zeigt, ein Tadel. Hiermit ist vereinbar Logik Pölitz: »Die Lehre der Vorurteile gehört demnach eigent-

lich nicht in die Logik sondern in die Anthropologie« (XXIV 552,19–21).
So auch Logik Hechsel 54 und KrV A 52–53.

◇   **28** auswittern] Der Hinweis auf den Geruchssinn ist mit Bedacht
gewählt. Vgl. das »auf die Spuhr zu kommen« in dem durchstrichenen
Text 220,31–34, hier z. 18 und 224,1–2. Der Wortstamm von »nous«
hängt mit »Schnüffeln« zusammen; häufig wird der Hund als Tier mit
besonderem Geruchssinn benutzt, wenn es um das von Kant gemeinte
Aufspüren geht; Sagazität ist im Griechischen ἀγχινοία, auch hier der
Stamm νοῦς.

224   **6–7** *Von der Originalität ... dem Genie.*] »Originalität«: 293,4.

◇   **8–14** Etwas *erfinden* ... gar kein Verdienst.] Vgl. 247,28–36 mit den
Unterscheidungen von entdecken (»z. B. Amerika«, z. 29), erfinden, ausfindig machen, ersinnen und ausdenken, erdichten.

◇   **11–12** z. B. das *Schießpulver* ... gar nicht gekannt.] S. Mrongovius 43 mit
Kommentar Nr. 85. Schon Külpe verweist auf die »Abhandlung vom
Schiesspulver« von Johann Gamm, in: *Allgemeines Magazin der Natur,
Kunst und Wissenschaften* V (1755) 137–263. Dort findet sich auch die in der
Anmerkung mitgeteilte »Belagerung von A[l]geziras«. Der Text der Anmer-
kung fehlt in H (hinter »Künstler« steht jedoch der Stern für die fehlende
Anmerkung). Vgl. 247,30–31 (auch in H).

◇   **14–15** Nun heißt das Talent zum Erfinden das *Genie.*] Die Vorstellung
vom Genie ist starken Schwankungen unterworfen. Collins 142: »Zum
Mathematiker wird ein ganzer anderer Kopf erfordert, als zum Philosophen. Zwischen diesen beyden Wißenschafften ist ein großer Unterschied.
Die Philosophie ist mehr eine Wißenschafft des Genies, die Mathematic
hingegen mehr eine Kunst, man kann sie als ein Handwerck erlernen
[...].« – Norbert Hinske, »Ursprüngliche Einsicht und Versteinerung. Zur
Vorgeschichte von Kants Unterscheidung zwischen ›Philosophie lernen‹
und ›Philosophieren lernen‹« (1995 b) 7–28, bes. 14 (»Von ›Genie‹ dagegen,
jenem Lieblingswort der Logik Blomberg und der Logik Philippi, ist von nun
an nicht mehr die Rede«, sc. um 1781).

◇   **20** (exemplar)] Fehlt in H.

◇   **21–22** »die musterhafte Originalität seines Talents«] 225,28–29. Die (in
H jedoch fehlenden) Anführungszeichen indizieren hier, daß ein (Selbst-)
Zitat vorliegt; zu denken ist an V 318,6–8: »Nach diesen Voraussetzungen
ist Genie: die musterhafte Originalität der Naturgabe eines Subjects im
freien Gebrauche seiner Erkenntnißvermögen.«

◇   **26** Leonardo da Vinci] Vgl. allerdings Refl. 1510 (XV 828,22–23): »Der
allgemeine Kopf (Crichton, Leonardo da Vinci) ohne genie, welcher nur die
generalia aller Kenntnisse abschöpft.«

225   **7–11** Die Einbildungskraft ... gezählt werden würde.] Vgl. in der KdU
V 310,6–33; § 47.

10 originale Tollheit] Vgl. 188,24–25: »[...] daß dem *Genie* eine gewisse ◇
Dosis von Tollheit beigemischt sei.« Später ist von »*tollgewordener Prose*«
die Rede (248,20). Zur Affinität von Genie und Tollheit (»eine alte Be-
merkung«, s. 188,24; seit Platon und Aristoteles) s. auch Herder, Vom
Erkennen und Empfinden der menschlichen Seele (1778) (Herder 1877 ff.,
VIII 165–235, hier 223–225).

12 *Geist* ist das ... im Menschen.] Vgl. 246,16–247,2; die Ausführungen ◇
in der KdU V 313,30–31 (»*Geist* in ästhetischer Bedeutung heißt das belebende Princip im Gemüthe.«); auch II 319,21–23 (»Allein, fährt man fort,
dieses Wesen, was im Menschen Vernunft hat, ist nur ein Teil vom Menschen, und dieser Teil, der ihn belebt, ist ein Geist.«) In den Frühschriften ist
der Geist (lat. »spiritus«) dem Körper entgegengesetzt; in der Spätphase
Kants wird das Wort wesentlich in dem hier gemeinten Sinn gebraucht; vgl.
den Wortgebrauch von »geistreich«, »geistvoll«, »geistlos«.

28–32 Die Ursache ... machen kann.] Vgl. 318,30–34 (»[...] von der der ◇
Dichter selbst nicht sagen kann, wie er dazu gekommen sei, [...]«). Seit
Platon, Ion 536 c–d u. ö. in alle Dichtungstheorien integriert.

34 gleichsam] Fehlt in H. ◇

1–2 »durch welches die Natur der Kunst die Regel giebt.«] Anführungs- **226**
striche schon in H. Als Selbstzitat zu beziehen auf V 307,11–12: »*Genie* ist
das Talent (Naturgabe), welches der Kunst die Regel giebt.«

3–22 § 58. Ob der Welt ... zu nehmen?] H: »§ 43«. – In den Nachschrif- ◇
ten der Vorlesungen finden sich keine Parallelstellen zu diesen Ausführungen, die in engem Kontakt mit der Schrift »Von einem neuerdings
erhobenen vornehmen Ton in der Philosophie« von 1796 (s. VIII 387–406)
entstanden sein müssen und praktisch eine Vorarbeit oder Ergänzung zu
dieser Schrift sind. Der »entscheidende[n] Ton[e]« z. 19 ist der »vornehme
Ton« der Parallelschrift. Im einzelnen ergeben sich zahlreiche weitere Text-
und Sinnkongruenzen. Vgl. 139,26–34 und 191,34–192,7 (mit Kommentar)
und die »Einleitung« unseres Kommentars.

5 wenn sie gleich nicht Epoche machten] Vgl. z. 34 und VIII 113,15–18. ◇
Helvetius, Discurs über den Geist des Menschen (1760). »Genie ist qui fait
Epoque«. Voltaire schreibt am 14. 8. 1767 an den Prinzen Golitzin: »Il s'est
fait, depuis environ quinze ans, une révolution dans les esprits qui fera une
grande époque« (zitiert nach: Roland Mortier, Clartés et Ombres du Siècle
des Lumières (1969) 40). Kant an Mendelssohn vom 8. April 1766 (X 70,30);
Menschenkunde 236 und Karl Friedrich Flögel, Geschichte des menschlichen
Verstandes (1765) 15 ff. (»Versuch über das Genie«): »Denn man erlangt erst
den Namen eines Genies, wenn man *Epoche* macht [...].« (15, s. a. 34)

6 alltägigen, langsam am Stecken und Stabe der Erfahrung] »Alltägig« – ◇
s. 163,16–17. – Gegen die falschen Genies stellt Kant die Arbeit (VIII 393,26
und 30 u. ö., so schon Lockes »labour of the thought«), hier: den »Fleiß«

(z. 21) und den methodischen Fortgang; dazu Reinhard Brandt, »Kants ›Paradoxon der Methode‹« (1995 a).

◇   21 lachen] Ein philosophisch erprobtes und legitimiertes Lachen, s. die »Vorrede« der »Metaphysische[n] Anfangsgründe der Rechtslehre« VI 208,27–209,7. Es wird dort auf Shaftesburys Meinung, das Lachen sei ein Probierstein der Wahrheit, verwiesen; dieser Verweis findet sich auch in Friedrich Nicolais *Beschreibung einer Reise durch Deutschland und die Schweiz im Jahre 1781* (1796) Band XI, XXXIX. Nicolai wird unmittelbar vorher genannt (VI 208,24), Kant bezieht sich jedoch auf den Probierstein Shaftesburys schon in der Anthropologie-Vorlesung, die er vermutlich 1791–1792 hielt, s. XXV 1547 aus Dohna 241; und Johann Gottfried Herder berichtete bereits im November 1768 von des »Grafen Shaftesburi« Kriterium der Wahrheit, »das bei ihm Belachenswürdigkeit ist« (X 77,12–19).

◇   23–27 Das Genie ... in die *Frucht*.] Vgl. dieselbe Metapher eines Baumes oder einer Pflanze der Erkenntnis 201,28–32 (Blumen, Früchte) und 249,10–12 (Blüte, Frucht). Menschenkunde 240 mit Kommentar Nr. 185; Mrongovius 65. Angewandt auf die Schriften von Montesquieu in der Nachschrift Menschenkunde 241: »Montesquieu wird wegen seiner Schriften außerordentlich bewundert, obschon mehr Blüthe als Wurtzel darin ist. Hier [sc. in Deutschland] schießt das Genie mehr in die Frucht.« Vgl. Descartes, 1964 ff., IX/2 14: »Die ganze Philosophie ist wie ein Baum, dessen Wurzeln die Metaphysik bildet. Ihr Stamm ist die Physik, und die Äste, die von diesem Stamm ausgehen, sind alle anderen Wissenschaften, die sich auf drei Hauptwissenschaften zurückführen lassen: nämlich die Medizin, die Mechanik und die Moral.« Ob die Übertragung der Metapher auf die einzelnen Nationen von Kant selbst stammt, konnte nicht ermittelt werden.

◇   29–37 Der erstere ... doch nicht gemeines Genie.] In H fehlt z. 30–32: »nämlich der die [...] gethan ist, besitzt«; sodann in H: »Der letztere ist der Mann vom großen Umfange des Geistes in allen Epoche zu machen (wie Leibniz).« z. 36–37 lautet der Text in H: »wie sich einander unterstützen, einsieht ist jederzeit ein seltenes Genie. – Wer aber das Allgemeine blos historisch-erkannte nur von oben abzuschöpfen versteht, ist der Affe des ersteren.« – Wer hat den Text verbessert oder entstellt? In H werden vier bzw. fünf Typen unterschieden: der allgemeine Kopf, der erfinderische, der architektonische und der Affe des letzteren; sodann folgt die gigantische Gelehrsamkeit, die eigentlich die des ersten Typs des bloßen Polyhistors ist (vgl. 227,1–4 mit 184,19–22). Der allgemeine wird in den Ergänzungen als Mann der extensiven Größe, der erfinderische als der der intensiven Größe vorgestellt. Gegen, zumindest ohne H wird neben Leibniz Newton gerückt, dem Kant häufig explizit den Titel des Genies verweigert (s. den Kommentar zu 129,6–7). Das architektonische (auch erfinderische?) Genie müßte der Philosoph sein, der in H als »seltenes Genie« geführt wird, während A 1 ihn

als subaltern, wenn auch nicht gewöhnlich bezeichnet. In H wird an der
vierten Stelle die Polemik des vorhergehenden Paragraphen aufgegriffen,
von A1 gestrichen.

Zur Tradition des architektonischen Kopfes als des ausgezeichneten
vgl. Aristoteles in der Metaphysik 981 a 30; 1013 a 14 u. ö. Noch bei Baumgarten wird die Metaphysik als architektonische Erkenntnis bezeichnet,
vgl. Metaphysica § 4. – Im Opus postumum heißt es: »Denn Mathematik ist
eine Art von Gewerbzweig dessen sich der Philosoph bedienen kann,
(Handwerk) reine Philosophie [sc. dagegen] ein *Genieproduct*: […].« (XXI
140,1–3)

32 wie Jul. Cäs. Scaliger.] Vgl 184,20 mit Kommentar.   ◇

1–4 Es giebt aber auch *gigantische* Gelehrsamkeit … zweckmäßig zu 227
benutzen.] Vgl. 184,19–22. Die Kamele tragen die »Last von Geschichte«
(VIII 30,37), die mit Urteilskraft (184,25 und 27) bearbeitet und von der
»wahren Philosophie« (z. 2) zweckmäßig benutzt werden kann. S. auch die
ausführliche Refl. 903, in der unter dem Stichwort des bloß Cyclopischen
das Verhältnis der Wissenschaften zur Vernunft erörtert wird. »Ich nenne
einen solchen Gelehrten einen Cyclopen« (XV 395,3). Kant stellt dagegen
die »Anthropologia transcendentalis« (XV 395,31–32), die zwar nicht näher
erläutert wird, jedoch nach den vorhergehenden Ausführungen die Möglichkeit der grundsätzlichen Vermessung der menschlichen, ergo begrenzten
Erkenntnis meint; vgl. dazu die Ausführungen in der KrV A 759 ff.; B 787 ff. –
Der Nachteil bloßer Historie ist ihre pure Anhäufung von Material; der
Nutzen ist, daß sie den Stoff für Vernunftzwecke liefert (die später bei
Nietzsche zum puren sog. »Leben« verkommen werden, »Vom Nutzen und
Nachteil der Historie für das Leben«; Nietzsche 1967 ff., III, I).

5–10 Die bloßen Naturalisten … Erfinder sind] In H fehlt z. 6–9: »weil   ◇
sie […] doch Genies sind«. Hier wird ein Gebrauch des Wortes »Genie«
eingeblendet, der durch zwei Merkmale gekennzeichnet ist: Das Genie
bewährt sich als solches in einer Materie (sc. den mechanischen Künsten, der
Technik also), die »an sich keine Sache des Genies ist« (z. 8–9), und es wird
die Schweiz in diesem Kontext genannt; beides ist nicht in den siebziger
Jahren zu belegen, sondern erst mit der Menschenkunde, vgl. 240: »Autodi-
dacten, welche Dinge ausfindig machen, die sonst schon bekannt sind, nennt
man Genies […]«; 243: »Es gibt Schriftsteller, die aus sich selbst Dinge
hervorbringen, die zwar nicht unerhört sind, die sie aber doch ohne alle
Belehrung haben zu Stande bringen können. Dies sind die Zöglinge der
Natur die von selbst dazu gelangt sind, was Andere nur durch vielen Fleiß
haben erlernen können. Kein Land enthält nach Verhältniß der Menge der
Einwohner so viele solche Zöglinge als die Schweitz; […]. So hat man in der
Schweitz wahre mechanische Köpfe, die es allein durch sich selbst geworden
sind.« – Zu den Schweizer »élèves de la nature« (z. 5), die nach Berlin kamen,

vgl. 23. – Der Naturalist, von dem hier gesprochen wird, hat nichts zu tun mit dem »*Naturalist*[en] der reinen Vernunft« in der KrV A 855.

◇   **11–12** *Heinecke … Baratier*] Vgl. Refl. 1510 (XV 829,7); Menschenkunde 244; Mrongovius 66; Busolt 94; Dohna 121. – Über Heinecke hatte August Ludwig Schloezer eine Schrift herausgegeben: Leben, Thaten, Reisen und Tod eines sehr klugen und sehr artigen 4jaehrigen Kindes Christian Henrich Heineken aus Luebeck. Beschrieben von seinem Lehrer Christian von Schoeneich (1779).

◇   **20** nach den drei Facultäten] Die drei »Facultäten« (facultates = Vermögen) sind der Verstand, die Urteilskraft und die Vernunft. Diese Trias begegnet innerhalb der Anthropologie-Nachschriften zuerst Ms. 400 216–219, jedoch ohne die Verwendung des Wortes »Fakultät«. Zur Rede von den »Fakultäten« wird Kant durch die letzte Bearbeitung des Streits der Fakultäten angeregt sein; wie beides mit einander verbunden ist, zeigt der g-Zusatz der Refl. 903, XV 395,15–27.

◇   **22–24** *Was will ich?* … die Vernunft.)] Die logische Struktur dieser drei Fragen entstammt dem Aristotelischen Syllogismus: Der Verstand gibt die allgemeine Regel oder das allgemeine Ziel; danach folgt die Urteilskraft mit der Subsumtion dessen, worauf es in einem bestimmten Fall ankommt; sie muß innerhalb des Allgemeinen eine Unterscheidungsleistung vollziehen, daher ihr »iudicium discretivum« (228,3); dies sind die beiden Prämissen, »und der Spruch der Vernunft folgt von selbst.« (228,8–9)

◇   **25–26** Die Köpfe … sehr verschieden.] Diese Passage nimmt Reinhold Bernhard Jachmann in seine Biographie auf: »Wenn Kant in seiner Anthropologie sagt: der Verstand fragt, […] was kommt heraus? und er die Köpfe in der Fähigkeit, diese drei Fragen zu beantworten, sehr verschieden findet, so gebührt ihm, nach meiner Überzeugung, die Fähigkeit, die erste und dritte Frage zu beantworten, in einem höheren Grade, als irgend einem Wesen in der Welt, aber in einem verhältnismäßig geringerem Grade die Fähigkeit zur Beantwortung der zweiten.« (Groß (Hrsg.) 1912, 130) Jachmann nimmt an, die Fähigkeit, die dritte Frage zu beantworten, sei dem Grade nach unabhängig von der Urteilskraft.

228   **1** oder im Beginnen gewisser Handlungsplane zu] So A1; H: »oder in Handlungspl[änen?] zu«.

◇   **3** iudicium discretivum] Vgl. 220,31.

◇   **3–4** welches sehr erwünscht … selten ist.] Vgl. 199,7–19 mit Kommentar.

◇   **6** herumtappt] Dazu 120,25–26 mit Kommentar.

◇   **11** die Urtheilskraft mehr negativ] Zur Bedeutung und Funktion des Negativen vgl. 201,6 und den Kommentar.

◇   **14–16** Büchergelehrsamkeit vermehrt … Vernunft dazu kommt.] S. 184,19–28 und Kommentar.

23 Verschiedenheit der Köpfe] S. 227,25–26: »Die Köpfe sind in der ◊
Fähigkeit der Beantwortung aller dieser drei Fragen sehr verschieden.«
Die Formulierung nimmt den Titel der Schrift von Juan Huarte auf: Prüfung der Köpfe zu den Wissenschaften, worinne er die verschiedenen Fähigkeiten die in den Menschen liegen, zeigt (1752, zuerst 1575); s. XXV 1606
und 1673 s. v. »Huarte«.

28–29 (die als zur Weisheit führend bereits oben erwähnt worden)] ◊
Typischer Zusatz von A 2; Verweis auf 200,34–37.

31–34 1) *Selbst* denken … *einstimmig* zu denken.] Vgl. 200,34–37 mit ◊
Kommentar.

31 *Selbst* denken.] Vgl. 197,33–35: »Ein Bediener, der blos ein Compli- ◊
ment nach einer bestimmten Formel abzustatten hat, braucht keinen
Verstand, d. i. er hat nicht nöthig selbst zu denken [...]«; vgl. 200,10–14 und
Refl. 1508 (XV 820,3–4). Freiherr von Fürst und Kupferberg (Preußischer
Staatsminister 1763–1770) schrieb am 28. Mai 1770 über die Universität:
»Der Hauptzweck des Unterrichts auf Universitäten muß sein, derer Stu-
dierenden Verstand und Beurteilungskraft zu bilden und sie zum Selbst-
denken und Selbsturteilen anzuführen.« (Universitätsakten Halle, Rep. 3
Nr. 616, Bl. 44; zit. nach Heinz Kathe, »Die Universität Halle und das
Oberkuratorium« (1999)).
Die Maxime des Selbstdenkens wurde bes. unter dem Vorzeichen der
eklektischen Philosophie propagiert; vgl. u. a. Pierre Daniel Huet oder
Huetius (1630–1721) im Traité philosophique de la Foiblesse de l'Esprit
Humain (1723) 72; in der deutschen Übersetzung Von der Schwäche und
Unvollkommenheit des Menschlichen Verstandes in Erkänntniß der Wahrheit
(1724) §§ 301–303; hier und auch in der französischen Ausgabe das in
der Antike gut belegte griechische Wort ἰδιογνώμενος (ἰδιογνωμονέω;
ἰδιογνωμέω; ἰδιογνώμων); s. a. Johann Christoph Sturm[ius], »De philosophia sectaria et electiva«, erster Teil der Philosophia eclectica [...]
(1686) 2, übernommen von Christian Thomasius in seiner Introductio ad
philosophiam aulicam (1702) 42 (§ 90). Einen wichtigen Impuls gibt John
Locke mit seinem Appell des »employ our own Reason« im Essay concerning Human Understanding I 4, 23 (Locke 1975, 101) – Vgl. Albrecht 1994,
594 ff.; Norbert Hinske 1985, 393–395; Hannah Arendt, Das Urteilen
(1985) 95.

32–33 Sich (in der … *Anderen* zu denken.] Zur Vorstellung, die positio ◊
eines anderen einzunehmen, vgl. Werner Busch, Die Entstehung der kritischen
Rechtsphilosophie Kants (1979) 14–17.

34 Jederzeit *mit sich selbst einstimmig* zu denken.] Die Stoa forderte das ◊
ὁμολογούμενος ζῆν, das Leben in innerer Übereinstimmung, s. SVF
IV 104 s. v. ὁμολογούμενος. Vielleicht hat diese Konsistenzidee Kant beeinflußt.

◇   **35–229,2 Das erste Princip … aufstellen kann.]** Vgl. Refl. 1508 (XV
822,12–14). Die Kennzeichnung des Prinzips des Selbstdenkens als eines
negativen (z.35) auch in Dohna 86.

◇   **35–36 (nullius addictus iurare in verba Magistri)]** Fehlt in H. »Auf
keines Meisters Worte als Anhänger schwören.« Sonst bei Kant nicht belegt.
Horaz, »Epistulae« I 1,14. Vgl. Albrecht 1994, 45 ff. u. ö.

◇   **36–37 positiv, der *liberalen*, sich den Begriffen Anderer bequemenden]**
In H fehlt »positiv« und »sich [...] bequemenden«. – Zum Prinzip der
Liberalität vgl. oben 220,28 mit Kommentar.

229   **1–2 noch mehr aber … Beispiele aufstellen kann.]** H fügt am Rand
zwischen »deren jeder die Anthropologie« ein: »noch viel mehrere aber von
ihrem Gegentheil«. Es ist für die Aufgabenstellung der empirischen
Anthropologie entscheidend, daß sie für die in einem anderen Kontext
entwickelten drei Prinzipien (vgl. in der KdU § 40) zwar anschauliche
Beispiele liefert, die Erörterung dieser Prinzipien selbst jedoch außerhalb
ihrer Kompetenz liegt.

◇   **3 Die wichtigste Revolution in dem Innern des Menschen]** H: »1.) Die«.
Kant plante offenbar Erläuterungen zu allen drei angeführten Prinzipien,
blieb dann jedoch beim ersten stehen. Auf dem entsprechenden Blatt in H
ist fast eine halbe Seite frei geblieben. – Vgl. 294,27–33, wo diese »Revolution« (294,32) im Hinblick auf die Gründung eines Charakters angesprochen wird.

◇   **4 selbstverschuldeten Unmündigkeit.«]** Es fehlt das »(durch seine eigene Schuld)« in H. – Vgl. 208,29–209,6 mit Kommentar. S. a. 326,34;
328,15. – Die Anführungszeichen (auch in H) weisen auf ein (Selbst-)Zitat,
s. VIII 35,1–2 (»Beantwortung der Frage: Was ist Aufklärung?«, erster
Satz). Die selbstverschuldete wird von der natürlichen Unmündigkeit z.B.
von Kindern und Geisteskranken unterschieden (208,29–209,18). Die erste
ist abänderbar, die zweite ist es grundsätzlich oder zum jeweiligen Zeitpunkt
nicht.

◇   **6–7 mit eigenen Füßen … fortzuschreiten.]** Mendelssohn schreibt in
dem Aufsatz »Über die Grundsätze der Regierung«: »Unter einem eigenen
mächtigen Herrn bildet sich das Volk selten zur Freiheit. Es verlernt nicht
nur den Gebrauch seiner politischen Kräfte, und wird gleichsam unfähig,
auf eigenen Füßen zu stehen, sondern es verkennt auch durch die Länge der
Zeit den Werth derselben.« (Mendelssohn 1971 ff., VI 1, 135) Kant ersetzt
das Stehen auf eigenen Füßen (so in der Religionsschrift; VI 183,37–185,2)
durch das eigene Gehen. Mendelssohn sah in der Geschichte keinen Fortschritt, während Kant den Blick auf diesen Fortschritt freigibt. In der
englischen Aufklärung des 17. Jahrhunderts wird davon gesprochen, der
Mensch müsse mit seinen eigenen Augen sehen; ob auch vom Stehen oder
Gehen auf eigenen Füßen die Rede ist, entzieht sich meiner Kenntnis. Kant

akzentuiert den »Boden der Erfahrung«; vgl. schon in den Träumen eines
Geistersehers II 360,26; s. weiter KrV A 3 und 689; V 175,6.

2 *Das Gefühl der Lust und Unlust.*] Der Titel korrespondiert den beiden   230
anderen Titeln des ersten Teils: 127,2 und 251,2; die Drucktypen müßten
gleich sein. H und A1 schreiben z.1 statt »Buch«: »Hauptstück«. – Kant
geht nicht auf das Verhältnis von Erkennen und Fühlen ein; das Gefühl wird
hier nicht als Vermögen bestimmt (wie das Erkenntnis- und Begehrungsvermögen); anders Ms. 400 548: »Wir haben aber beym Vermögen der Lust
und Unlust gesehen, [...]«; Busolt 96: »Von dem Vermögen des Gefühls der
Lust und Unlust«; 97: »Gefühl der Lust und Unlust ist ein Vermögen der
Receptivität [...]«; Reichel 4; 72. Eine detaillierte Erörterung der Frage, ob
das Gefühl als solches eine kognitive Funktion hat und um seinen eigenen
Ursprung weiß, gibt Paul Guyer in *Kant and the Claims of Taste* (1979)
114–119. – Bei Kant ist das Gefühl der Lust und Unlust nicht unmittelbar
mit dem zuvor entwickelten Erkenntnisvermögen verbunden, sondern hat
eine eigene Domäne, wenn es auch in seiner Gliederung und Hierarchie
durch die Struktur der Erkenntnis bestimmt ist. Daher ist es notwendig, daß
diese zuerst behandelt wird und das Gefühl der Lust und Unlust erst an
zweiter Stelle folgt.

4 1) Die *sinnliche,* 2) die *intellectuelle Lust.*] Wolfgang Bayerer, «Bemer-   ◇
kungen zu einer vergessenen Reflexion Kants über das ›Gefühl der Lust und
Unlust‹» (1968). Im Kantischen Text fehlt nach dem Abschnitt »*Von der
sinnlichen Lust*« (230,9–239,17) ein entsprechender zweiter Abschnitt »Von
der intellektuellen Lust«, die ebenso wie die oberen Erkenntnisvermögen
(196,14–201,34) auch in die empirische Psychologie bei Baumgarten gehört
und zudem von Kant angekündigt wird. In der Durchführung wird jedoch
der Einteilung noch in einem anderen Sinn entgegen gehandelt: Der
Abschnitt »*Von der sinnlichen Lust*« enthält als zweiten Teil (B) die in der
Einteilung nicht vorgesehene Erörterung einer Lust, die teils sinnlich, teils
intellektuell ist (239,21–22), wobei die intellektuelle Komponente gemäß
den näheren Ausführungen sowohl die Begriffe bzw. den Verstand wie auch
die Ideen bzw. die Vernunft betrifft (vgl. 240,21; 241,16; 244,14; 246,19;
248,11). Somit findet sich im Teil B tatsächlich die vermißte intellektuelle
Lust und Unlust, wenn auch nicht unter getrenntem Titel. Die Inhaltsangabe 124,2–5 befreit sich durch Kürzungen von diesen Komplikationen.

Das Fehlen eines dem Abschnitt »*Von der sinnlichen Lust*« korrespondierenden getrennten Abschnitts »Von der intellektuellen Lust« hat zu einer
kuriosen Geschichte geführt. Fr. Ch. Starke (alias Johann Adam Bergk)
kündigte in der Vorrede von Immanuel Kant's Anweisung zur Menschen- und
Weltkenntniß. Nach dessen Vorlesungen im Winterhalbjahre von 1790–1791
(1831) VIII an, daß in kurzem Kants philosophische Anthropologie
erscheinen werde, die auch »den Abschnitt von der intellectuellen Lust und

Unlust enthält, der in Kant's Anthropologie in pragmatischer Hinsicht, 2te verbesserte Auflage 1800, fehlt, weil er auf der Post zwischen Königsberg und Jena, wo das Buch gedruckt wurde, verloren gegangen war.« Der Hinweis bezieht sich auf die (wohl fälschlich »philosophisch« genannte) Menschenkunde (ediert ebenfalls 1831), die jedoch den angekündigten Abschnitt weder in der »Inhaltsanzeige« (XVII–XX) noch im Text enthält. Schon Benno Erdmann schreibt: »Ohne tatsächliche Grundlage ist diese Bemerkung allerdings nicht. Kants Handbuch bietet an dem bezeichneten Punkt eine der auffallendsten Lücken« (Erdmann 1882, 58–59), kommt dann jedoch zu der neuen Meinung: »Als sicher aber dürfen wir annehmen, dass auch in den anthropologischen Vorlesungen eine entsprechende Ausführung fehlte« (Erdmann 1882, 60) – also handelt es sich nicht um eine Lücke nur des Handbuchs, zu der man vielleicht den fehlenden Text noch irgendwo zwischen Königsberg und Jena finden könnte. Erdmann versammelt unter dem Titel »Von der intellectuellen Lust« 7 Reflexionen (Nr. 392–398; S. 148–149). Starke wollte wahrscheinlich durch den Hinweis auf einen bisher nicht publizierten Kant-Text die Verkaufschancen seiner Edition steigern. Tatsächlich handelt Kant sowohl in der Druckschrift wie auch in der Menschenkunde an verstreuten Stellen von der intellectuellen Lust.

◇   4–7 Die *erstere* ... b) durch *Ideen*] Baumgarten unterscheidet im § 656 seiner »Psychologia empirica« (XV 42,14–17) bei der Lust oder Unlust (»Voluptas vel Taedium«) drei Klassen: »ex intuitu sensitivo«, »ex [intuitu] sensuali« und »ex [intuitu] distincto« sensitive, sensuelle und rationale Lust- und Unlustgefühle. Bei Kant wird man ebenfalls zu einer Dreiheit in der Form von Vergnügen der Sinne, Geschmack der Einbildungskraft und intellectueller Lust und Unlust (durch Begriffe und Ideen) gelangen.

◇   13 *Vergnügen* ist] So beginnt wörtlich die für den Beweis der Präzedenz des Schmerzes vor der Lust entscheidende Definition 231,22: »Vergnügen ist [...].« Zwischen diesen beiden Bestimmungen steht die Erklärung der Wirkung der Gefühle der Lust und des Schmerzes auf das Gemüt, s. 230,23–231,1 bzw. 231,21. Die Schwierigkeit der Interpretation des § 60 besteht u. a. darin, die genaue Beziehung der drei auf einander folgenden Bestimmungen bzw. Erklärungen zu erkennen. Während 230,13–22 der Charakter der Opposition von Lust und Schmerz als Realopposition bestimmt wird, folgt 230,23–231,21 die Bestimmung der Abfolge Schmerz-Lust aus der Wirkung auf unser Gemüt; es wird der jeweilige Gemützzustand in der subjektiven Perspektive analysiert. 231,22–37 werden Vergnügen und Schmerz als Zustände im Hinblick auf das Leben und die Lebenskraft gefaßt. Im zweiten dieser Abschnitte (230,23–231,21) kommt es zu einem vorläufigen Beweis der notwendigen Präzedenz des Schmerzes vor der Lust (»Es läßt sich aber auch schon zum Voraus erraten [...]«, 231,16–17). Der dritte

Abschnitt (231,22–37) führt den entscheidenden Beweis; am Anfang steht
ein Syllogismus (z. 22–26), sodann folgen zwei weitere Argumente (»Denn
[…]«, z. 26–28; »*Auch kann* […]«, z. 29–35).

15–19 Sie sind einander ... entgegengesetzt.] Die Klammern mit den ◇
lateinischen Erläuterungen fehlen in H. Die Einfügung der beiden Klammern mit den lateinischen Begriffen wird der Redaktor von A1 im Rückgriff auf die Metaphysik der Sitten VI 384,5–8 vorgenommen haben. – Zur
Differenz von logischer und Realopposition vgl. den Versuch den Begriff der
negativen Größen in die Weltweisheit einzuführen (1763) II 165–204, dort
bes. 180,10–182,28 mit der Erläuterung von Lust und Unlust als konträr
entgegengesetzter Seelenzustände. – Zur Problematik bei Kant s. Michael
Wolff, Der Begriff des Widerspruchs. Eine Studie zur Dialektik Kants und
Hegels (1981).

Eine andere Auffassung als Kant (auch als Platon) vertritt Edmund Burke
in den Philosophischen Untersuchungen über den Ursprung unsrer Begriffe
vom Erhabnen und Schönen (deutsch 1773). Nach ihm sind Schmerz und
Lust von einander unabhängige positive Größen, die erste wesentlich auf die
Selbsterhaltung des Individuums bezogen, die zweite auf dessen Neigung
zum anderen Geschlecht und zur Menschheit im ganzen. »Schmerz und
Vergnügen sind einfache Vorstellungen, die sich nicht erklären lassen. […]
Viele sind der Meynung, daß der Schmerz nur aus der Beraubung eines
gewissen Vergnügens, so wie hinwiederum das Vergnügen aus der Verminderung, oder der Hinwegschaffung des Schmerzens entstehe. Ich für mein
Theil, bin mehr geneigt zu glauben, daß Vergnügen und Schmerz, wenn
jedes für sich und auf die natürlichste Weise wirket, von positiver Natur
sind; und keines von dem andern nothwendig in seiner Entstehung abhängt.
Die menschliche Seele ist oft, und ich glaube, größtentheils, in einem
Zustande, wo sie weder Vergnügen noch Schmerz empfindet, und den ich
den Stand der Gleichgültigkeit nennen will. Wenn ich aus diesem Zustande
in den Zustand eines positiven Vergnügens übergehen soll, so scheint es
nicht nothwendig, daß ich durch das Medium irgend einer Art von Schmerz
hindurch müsse.« (39–40) »Mit einem Worte, Lust (ich meyne alles, sowohl
in der innern Empfindung als dem äussern Anblicke, was dem Vergnügen
aus einer positiven Ursache ähnlich ist,) entsteht niemals aus der Wegschaf-
fung von Schmerz oder Gefahr« (45). Diese Meinung wird von ihm selbst
offenbar revoziert, vgl. 220: Es scheint kein Zustand der Indifferenz möglich zu sein. Vgl. auch: Friedrich Victor Leberecht Plessing, Versuchter
Beweis der Nothwendigkeit des Uebels und der Schmerzen, bey fühlenden
und vernünftigen Geschöpfen (1783).

19–22 Die Ausdrücke ... zusammentreffen würden.] Das Thema des ◇
Abschnittes ist »*Von der sinnlichen Lust*«; daher der Ausschluß eines
Gefühls, das »auch aufs Intellectuelle« (z. 21) geht. Durch die Ausklamme-

rung des Intellektuellen aus dem Mechanismus von Lust und Unlust
unterscheidet sich Kant von Pietro Verri, aber auch von Edmund Burke, die
keine Cäsur zwischen sinnlicher und intellektueller Lust und Unlust kennen. Kants Trennung ermöglicht es, daß die intellektuelle Lust nicht von
einer vorhergehenden Unlust abhängt. Dies soll auch schon von der »*theils
sinnlichen theils intellectuellen Lust in der reflectirten Anschauung, oder
dem Geschmack*« (239,21−22) gelten.

◇   21−22 wo sie dann ... zusammentreffen würden.] Fehlt in H.

◇   23−232,5 Man kann diese Gefühle ... mit voller Überzeugung.] Die
Argumentation scheint folgendermaßen konzipiert zu sein: 23−231,10: Klä-
rende Präliminarien. − 10−13: Problemstellung (in subjektiver Hinsicht). −
13−16: ergänzende Erläuterung zur Problemstellung. − 16−21: erste subjektive Antwort. − 22−25: Beweisführung in objektiver Hinsicht in Form eines
Syllogismus mit der Conclusio: »*Also muß vor jedem Vergnügen der
Schmerz vorhergehen* [...]« (z.25) − 26−37: ergänzende Überlegungen
zugunsten der These. − 26−28: negativer Beweis der These (und Conclusio):
Würde Vergnügen auf Vergnügen folgen, müßte in Kürze der Tod eintreten. − 29−37: positiver Beweis der These (und Conclusio) aus dem Begriff
der Lebenskraft. − 232,1−5: Nicht einschlägig ist das langsame Vergehen
von Schmerzen.

◇   1 Empfindung unseres Zustandes auf das Gemüth] In H statt »Empfindung« zuerst »Vorstellung«. − Ist dies ein Fall der Affektion durch einen
äußeren Gegenstand oder der Selbstaffektion?

231   1−5 Was unmittelbar (durch den Sinn) ... angenehm] Vgl. 254,28−30:
»*Das Gefühl, welches das Subject antreibt in dem Zustande, darin es ist, zu
bleiben, ist angenehm; das aber, was antreibt, ihn zu verlassen, unangenehm.*«

◇   1−2 Was unmittelbar (durch den Sinn) mich antreibt] Hier ist ungeklärt,
ob die Empfindung sich ursprünglich intentional auf etwas bezieht, was
nicht identisch ist mit ihr selbst, oder ob die Empfindung selbst die
Letztinstanz ist. Im ersten Fall löst z.B. eine andrängende Gefahr eine
Furcht aus, die sich auf die als solche erkannte Gefahr bezieht; im zweiten
Fall kann ich unter einem Schwächeanfall leiden, einem Fieberschauer,
einem namenlosen Lebensschmerz, der identisch ist mit meinem Zustand.
Kant meint offensichtlich beides und interessiert sich nicht für die Klärung
der spezifisch kognitiven Leistung, die in einem intentional gerichteten
Gefühl bzw. der entsprechenden Empfindung liegt. Zum Gefühl*urteil*
s. auch 237,14−16 mit dem Kommentar.

◇   6 und dem damit verbundenen Wechsel der Empfindungen] Fehlt in H. −
Der »Wechsel der Empfindungen« war schon Thema bei der Erörterung der
»*Ursachen der Vermehrung oder Verminderung der Sinnenempfindungen
dem Grade nach*« (162,12−13), s. 164,1−31.

7–10 Ob nun gleich … und Wirkung gemäß.] Der realen Identität des ◇
Verlassens und Eintretens wird die Differenz von beidem »in unserem
Gedanken und Bewußtsein« entgegengestellt, so daß aus der Einheit eine
Abfolge werden kann. Es wird nicht die Schwierigkeit der Lokalisierung
dieses Gedankens und Bewußtseins in dem doch wohl selbstvergessenen
Gefühl des Vergnügens erörtert. Durch die Bindung von Lust und Unlust
an die Physiologie der »Lebenskraft« (z. 27; 31 u. ö.) bedarf es zweier Ebe-
nen der Analyse: Die eine liegt im Bewußtsein des selbstvergessen Fühlen-
den, die andere im Gedanken dessen, der das Gefühl analysiert und es auf
den Selbst-Zustand des Fühlenden, der sich selbst vergißt, zurückbindet.
Der selbst Fühlende wird den Wechsel nicht in die beiden Phasen von
Verlassen und Eintreten zerlegen, für die Analyse der Möglichkeit seines
Gefühls erweist sich diese Differenz jedoch als essentiell.

9–10 dem Verhältniß der Ursache und Wirkung gemäß.] Zum Problem ◇
der Zeitfolge bei *simultan* gegebener Ursache und Wirkung vgl. die Erörterung im Grundsatzkapitel der KrV A 202–203/B 247–248. Es bleibt
folgende Schwierigkeit: Sowohl in der A- wie in der B-Auflage bezieht sich
der Beweis der »Zweiten Analogie« (A 189 ff.; B 222 ff.) auf Geschehnisse im
Raum, deren notwendige Zeitordnung sich von der Wahrnehmungssequenz
unterscheiden kann. Diese Differenz ist im innerpsychischen Bereich nicht
möglich, so daß die Anwendung des Grundsatzes der Kausalität auf psychische Geschehnisse unbewiesen bleibt (ein Problem, das zu der Frage
hinzutritt, ob Kant auch bei Raumgeschehnissen mehr gewinnen als eine
Differenz von Wahrnehmungsfolge und Geschehnisfolge, also immer nur
eine Zeit-, aber keine Kausalfolge).

10–21 Es frägt sich nun … angenehmen Gefühls sein.] Nach Kant wird ◇
Vergnügen nur durch die Aufhebung des Schmerzes empfunden; die Aufhebung ist in der Realopposition nicht als »positiv« zu verbuchen, sondern
ist »etwas Negatives« (z. 14). Da nun der Schmerz selbst »etwas Negatives«
ist, ist der Empfindungszustand des Lebens nur noch negativ? – Der
entscheidende Punkt im Beweis scheint zu sein: Das Bewußtsein des jeweiligen Lebenszustandes ist analysierbar nur nach dem Zeitprinzip der
causa efficiens, nicht der causa finalis: Nicht die in der Vorstellung (»der
Prospekt«, z. 11–12) *antizipierte Lust der Zukunft* bewegt uns aus dem
Zustand der Gegenwart, sondern im Gegenteil die *gefühlte Unlust der
jeweiligen Gegenwart*, die »nach dem Verhältniß der Ursache und Wirkung« (z. 9–10; sc. der causa efficiens, nicht der causa finalis) kein Verweilen
(in der gefühlten jetzigen oder auch antizipierten zukünftigen Lust), sondern ein erzwungenes »Weiter!« in der im jeweiligen Jetzt gefühlten Unlust
beinhaltet. – Chi sta bene, non si muove.

13–16 Im ersten Fall … etwas Positives sein.] Das Negative und Positive ◇
verteilt sich hier nach den Gesichtspunkten von 230,15–19, wobei als

positiv ausgezeichnet wird, was schon vorhanden ist (nicht, was das »positive« Gefühl der Lust ausmacht, im Gegenteil).

◇   **19-20 unbestimmt in *welchen* anderen]** Nicht unwichtig, daß der künftige Zustand als unbestimmt gefaßt wird, nicht der Zustand des Schmerzes selbst. Kant hat in der Buchfassung der Anthropologie die von ihm ursprünglich vertretene Auffassung Pietro Verris, daß der Lebens-*schmerz* gegenstandslos, unbestimmt und folglich namenlos ist, offenbar aufgegeben. In der Menschenkunde heißt es dagegen noch: »Wir finden uns fortwährend mit namenlosen Schmerzen ergriffen, [...]. Ohne daß das Gemüth etwas Körperliches plagt, ist es doch von namenlosen Schmerzen gefoltert, [...]. Aus eben der Ursache haben sich auch verschiedene Menschen das Leben genommen, und der größte Theil solcher Melancholischen kommt auf das Laster des Selbstmordes, weil der Stachel des Schmerzes sie so verfolgt, daß sie kein anderes als dieses Mittel dagegen finden.« (251) Zu Verris Vorstellung vom namenlosen Schmerz vgl. die von Adickes exzerpierten Passagen XV 721,17–36. Die Fassung von 1798 besagt, daß der bestimmt gefühlte Schmerz im Zeitpunkt t^1 dazu nötigt, in den nur anderen, nicht in seinem Inhalt durch den Zustand in t^1 determinierten Zustand von t^2 überzugehen. Insofern ist der Zustand von t^2 »unbestimmt«, nämlich nicht durch den Zustand in t^1 »bestimmt«. Anders in der Kausalanalyse: »Denn von dem folgenden Zeitpunkt geht keine Erscheinung zu dem vorigen zurück, aber bezieht sich doch *auf irgendeinen vorigen*; von einer gegebenen Zeit ist dagegen der Fortgang auf die bestimmte folgende notwendig.« (KrV A 194) Der Schmerz ist blind für den Zustand, in den er den Menschen hineintreibt. Die Lust ist das Schwellengefühl des abgenötigten Übergangs. Die Unbestimmtheit des Zustandes von t^2 ermöglicht es dem Menschen, die Bestimmung selber zu vollziehen, also ihn mit Sinn und Vernunft zu gestalten. – Ein Problem der Kantischen Fundamentalanalyse des Lebensprozesses liegt darin, daß die Schmerzen in jedem t^1 von uns gefühlt werden müssen, weil das esse des Schmerzes nur im percipi liegen kann, d. h. ein nicht gefühlter Schmerz nicht existiert; andererseits gesteht Kant zu, daß wir unseren Lebenszustand »irrigerweise für ein continuirlich gefühltes Wohlbefinden halten« (z. 33–34) können, uns also der Schmerzen nicht bewußt sind, sie ergo nicht existieren.

◇   **20-21 in *welchen* ... die Ursache]** H: »in welchen Anderen nur daß er ein Anderer ist das kann die Ursache«. In beiden Fassungen wird dasselbe gesagt, in A steht das »allein« für das »nur« in H.

◇   **23-24 Leben aber ... Antagonismus von beiden.]** Dies ist auch in der medizinischen Anthropologie relevant, s. die Erläuterungen zu zentralen Thesen der Physiologie Robert Whytts in der Arbeit von John P. Wright, »Metaphysics and Physiology: Mind, Body and the Animal Economy in

Eighteenth-Century Scotland«, in: M. A. Stewart (Hrsg.), Studies in the
Philosophy on the Scottish Enlightenment (1990) 250–301.

    28 Tod vor *Freude*?] H: »Tod für Freude [durchstrichen: weil (?) das Mo- ◇
ment der Beschleunigung auch in der kürzesten Zeit eine Bewe-
gung hervorbringt]«. Vgl. auch die Randbemerkung zu 238,33–36 und
254,35–255,7. – Kein Scherz des Autors. Der Freudentod folgt logisch und
ist seit der Antike als Fakt belegt. Zunächst Kant selbst: Menschenkunde 336
(XXV 1154,28–29) und Mrongovius 82: »So sterben die Menschen sowol an
Freude als an Betrübniß.« S. Peter Villaume, Geschichte des Menschen
(2. Auflage 1788) 156: »Uebermäßige Freude verwirrt den Verstand und
tödtet plötzlich.« Johann Friedrich Zückert, Von den Leidenschaften (2. Auflage 1768) 41–42: »Die Freude, welche, wenn sie mäßig ist, einen milden
Strom von Leben und Zärtlichkeit durch unsere Adern gießet, hat auf einige
mit so übermäßigen Gewalt, mit einer solchen schnellen Heftigkeit ge-
würket, daß sie schleunig des Todes verblichen sind. *Plinius*, *Gellius*,
Pechlinus und *Lotichius* erzählen uns davon glaubwürdige Exempel. Auch
der berühmte *Zimmermann* hat einige merkwürdige Fälle davon beige-
bracht.«

    29–35 *Auch kann kein ... angenehmen Gefühlen besteht.*] In H fehlt die ◇
Klammer z. 34–35. – Zum Intermittieren von Lust und Unlust vgl. Verri
1777a, 76–77 im Zusammenhang des ästhetischen (von Kant anders bewer-
teten) Vergnügens: »Die ersten Striche eines Orchesters, die Anfangsperiode
eines Redners, [...] haben leicht die Wirkung, daß sie den Zuschauer und
Hörer auf eine angenehme Art überraschen, ein Vergnügen, woraus eine
plözliche Tilgung der nahmenlosen Schmerzen, und eine Entfernung von
uns selbst entsteht. Die große Kunst besteht darinnen, im Zuschauer kleine
schmerzhafte Empfindungen auf eine geschickte Art zu erregen, um sie
plötzlich verschwinden zu machen; [...]. Nach diesen Erfahrungen glaube
ich, daß eine Musik unerträglich seyn würde, wenn nicht an gewissen Stellen
Mistöne gebraucht würden, die für sich unangenehme, und schmerzhafte
Empfindungen machen.« Kant übernimmt diese Auffassung in seinen Anthropologie-Vorlesungen der achtziger Jahre (vgl. Menschenkunde 255), in
der KdU dagegen kann das Konzept Verris nicht aufgenommen werden, weil
die »Physiologie« (vgl. V 277,1–278,37) aus dem apriorischen Theorem
verbannt werden muß. Zur Rolle der Verrischen Theorie bei der Entwicklung des Gefühls der Achtung vgl. den nachfolgenden Kommentar.

    36 der Stachel der Thätigkeit] So wörtlich 233,28 und 235,2–3. Die ◇
Formulierung gibt es nicht vor 1778, sie geht damit vermutlich nicht auf
die Locke-Lektüre, sondern auf Verri zurück. – In der Lockeschen Motivationstheorie, wie sie in der 2. Auflage des *Essay concerning Human
Understanding* entwickelt wird, gilt der Grundsatz: »The motive to change,
is always some *uneasiness*« (Locke 1975, 249; II 21, 29). Wir versuchen,

diesem Unbehagen zu entgehen, indem wir ein vorgestelltes Gutes erstre-
ben. Dieses kann für sich nicht, wie Locke noch in der 1. Auflage annahm,
durch eine Attraktionskraft wirken; wir können lediglich das wahrhaft
Gute so psychisch präsent machen, daß wir ihm zur Schmerzvermeidung
und keinem falschen vermeintlichen Gut nachstreben. Nicht das objektive
oder vermeintliche summum bonum bewegt uns, sondern: »The greatest
present *uneasiness* is the spur to action« (Locke 1975, 258; II 21, 40). Locke
sieht die Funktion des Schmerzes in der dem Menschen abgenötigten
Tätigkeit der Überwindung dieses Zustandes. Maupertuis dagegen wählt in
seinem Essai de Philosophie Morale (1749) einen anderen Weg. Im menschlichen Leben überwiegt der Schmerz die Lust: »Si on examine la vie d'après
ces idées, on sera surpris, on sera effrayé de voir combien on la trouvera
remplie de peines, et combien on y trouvera peu de plaisir.« (16) Wie in der
christlichen Melancholie-Diagnose wird angenommen, daß der Mensch
gegen den Lebensschmerz die Ablenkung und das Vergnügen sucht. »Tous
les divertissemens des hommes prouvent le malheur de leur condition; ce
n'est que pour éviter des perceptions fâcheuses que celui-ci joue aux échecs,
que cet autre court à la chasse, tous cherchent dans des occupations sérieuses
ou frivoles l'oubli d'eux-mêmes.« (18–19) Die Lösung ist der Rekurs auf
Gott: »*Aimer Dieu de tout son coeur* [...].« (75) – Adam Smith kehrt in
seiner Theory of Moral Sentiments (1759) zu der Lehre zurück, daß das
imaginierte Glück, vor allem das Ansehen in den Augen anderer, das große
movens menschlicher Tätigkeit ist. Die »love of distinction« treibt uns um,
»we constantly pay more regard to the sentiments of the spectator than to
those of the person principally concerned« (Smith 1976ff., I 182; IV 1, 8). »It
is this deception which rouses and keeps in continual motion the industry of
mankind.« (Smith 1976ff., I 183; IV 1, 10) Johann Nicolas Tetens greift die
Lockesche Motivationsanalyse 1777 in seinen Philosophischen Versuchen
über die menschliche Natur und ihre Entwicklung auf, unterscheidet jedoch
zwischen Schmerz und »*Unbehaglichkeit* (uneaseness)« (Tetens 1979,
I 725). Beides sind »unangenehme Empfindungen« (I 711), die uns zu
unbestimmter oder bestimmter Tätigkeit reizen.

Zur Ablehnung der Lockeschen uneasiness durch Search s. Bachmann-
Medick 1989, 203. Kersting 1992, 245 beschreibt den Einfluß der Lockeschen »uneasiness« und der ihr entlehnten »inquiétude« Condillacs auf
pädagogische Konzepte zur Zeit Kants.

Die Vorstellung, daß das Gefühl der Unlust *vor* dem Gefühl der Lust
vorhergeht, scheint Kant die Möglichkeit gegeben zu haben, das Gefühl der
Achtung als moralische Triebfeder zu konzipieren. Demnach hätte er 1781
noch nicht gesehen, welche Möglichkeit die Verrische Theorie auf diesem
Feld bietet, denn in der KrV wird von einer Achtung vor dem Gesetz noch
nicht gesprochen. Das moralische Gesetz bestimmt entweder den Gebrauch

der Freiheit unmittelbar (A 807), oder es bedarf der Idee Gottes und einer
gehofften Welt als notwendiger Triebfeder sittlichen Handelns (A 812–813).
In der Grundlegung der Metaphysik der Sitten (1785) wird dagegen eine
theologiefreie Triebfederlehre mit dem Gefühl der Achtung vorgestellt (bes.
IV 401,17–40) und in der KpV in der Form entwickelt, daß das reine
moralische Gesetz zuerst eine Schmerzempfindung durch die Niederwer-
fung der Neigungen mit sich bringt: »Folglich können wir a priori einsehen,
daß das moralische Gesetz als Bestimmungsgrund des Willens dadurch, daß
es allen unseren Neigungen Eintrag thut, ein Gefühl bewirken müsse,
welches Schmerz genannt werden kann […].« (V 73,2–5; »Unlust« 78,28
u. ö.) Nun ist, was den Neigungen Abbruch tut und sie demütigt, zugleich
ein »Grund eines positiven Gefühls, das nicht empirischen Ursprungs ist
und a priori erkannt wird.« (V 73,32–34) Dieses »positive Gefühl« (auch
V 79,8 u. ö.) ist das somit neu bestimmte Gefühl der Achtung, das die
Empiristen unter dem Namen des »moral sense« verkannten. Im Bereich
des Ästhetischen gelingt Kant beim Schönheitsurteil 1790 eine Konstruktion, in der das Schmerzgefühl nicht mehr vor dem Lustgefühl vorhergeht,
sondern das letztere unmittelbar durch die zusammenspielenden Erkenntniskräfte erzeugt wird. Anders beim Gefühl des Erhabenen, das von der
Unlust zur Lust fortschreitet, s. V 257,27–32; 259,13–18 u. ö.

    1–4 Die *Schmerzen* … unmerklich ist.] Diese Sätze bilden in H einen   **232**
Randnachtrag mit einem Verweiszeichen zwischen »eintreten« (hier 231,37)
und »– diese Sätze« mit dem Hinweis zu Beginn: »Absatz«. Ursprünglich
hat Kant also den Grafen Verri nicht für die Sätze z. 1–4 verantwortlich
gemacht und dies vermutlich mit dem Nachtrag nicht tun wollen. Vgl.
jedoch in Pietro Verris Gedanken über die Natur des Vergnügens: »Je stärker
und schneller die Sprünge von einem Zustande zum andern sind; desto
stärker sind die dadurch hervorgebrachten Freuden oder Leiden. […] Weil
also alle moralische Vergnügungen aus plötzlichen Übergängen, oder einem
geschwinden Aufhören irgend eines Schmerzes entstehen, […]. (Verri
1777 a, 36–37) Vgl. auch Verris Resümee von Maupertius' gleichlautender
Analyse S. 54–56. Man wird entsprechend »Diese Sätze« auf die hervorge-
hobenen Sätze 231,25; 29–30 und auch 232,1–4 beziehen können (Vorschlag Piero Giordanetti).

    4 des Grafen *Veri*] Vgl. Refl. 1487 (XV 717,10–726,16; vgl. die Anm. von   ◇
Adickes 717–722). »Über das Mißlingen aller philosophischen Versuche in
der Theodicee«, VIII 259,36–260,2: »Auf die zweite Rechtfertigung: daß
nämlich das Übergewicht der schmerzhaften Gefühle über die angenehmen
von der Natur eines thierischen Geschöpfes, wie der Mensch ist, nicht
könne getrennt werden (wie etwa *Graf Veri* in dem Buche über die Natur
des Vergnügens behauptet), […].« Diese Behauptung findet sich nicht in der
(anonymen) Übersetzung der (anonym erschienenen) Abhandlung Über die

Natur des Vergnügens (1777b), sondern in der Auflage des italienischen
Fassung von 1781 (s. u.). Die falsche Schreibweise »Veri« statt »Verri« findet
sich auch in den einschlägigen Vorlesungsnachschriften. Sie geht nicht auf
Kant zurück, sondern findet sich bereits in der ADB 26 (1775) 238 und später
in folgender (von mir nicht überprüfter) Publikation: Betrachtungen über
die Staatswirtschaft. Aus dem Ital. des Grafen Veri. Übers., mit Anm. und
einer Abh. über Projekte begleitet von L. B. M. Schmid, Mannheim 1785. –
Der Verweis auf Verri in der Theodizee-Schrift besagt, daß mit dem –
gelungenen – Nachweis Verris, daß die Anthropologie auf ein Überwiegen
(und die Präzedenz) des Schmerzes gegenüber der Lust führe, daß mit
diesem Nachweis noch keine Begründung dafür geliefert wird, wozu es ein
vom Schmerz dominiertes Leben denn überhaupt gebe.

Der Mailänder Conte Pietro Verri (1728–1797) publizierte 1763 anonym
Meditazioni sulla felicità, Londra [Livorno]. 1766 erschien diese Schrift im
Mailänder Verlag G. Galeazzi einmal in der bisherigen Form, zum andern
»Con note critiche e risposta alle medesime d'un amico piemontese«. 1772
wurde in Livorno eine anonyme (dem Inhalt nach zu urteilen nicht von
Verri stammende) Abhandlung publiziert mit dem Titel La natura del piacere
e del dolore, seiner »Altezza Reale di Pietro Leopoldo« gewidmet, verfaßt in
Form von drei Briefen an einen »Marchese« (107 S.). Als Autor gilt Marco
Antonio Vogli (1736–1821), nach Lea Ritter Santini (Hrsg.), Eine Reise der
Aufklärung. Lessing in Italien (1993) 160 und 161, Anm. 152, mit fälschlicher
Einbeziehung auch der folgenden Schrift Verris: 1773 folgte die Schrift Idee
sull' indole del piacere, discorso (ebenfalls anonym, ebenfalls Livorno,
Stamperia dell' Enciclopedia, 105 S.). Diese Abhandlung erschien in zweiter,
unveränderter (?) Auflage 1774 in Mailand, ebenfalls anonym. – Christoph
Meiners rezensierte in den Göttingischen Gelehrten Anzeigen Nr. 41 vom
4. April 1776 (347–351) anonym die Ausgabe der Idee sull' indole del
piacere von 1774. Seine Übersetzung dieser Ausgabe erschien mit einem
Anhang unter dem Titel Über die Natur des Vergnügens 1777 in Göttingen.
Der Autor ist Meiners unbekannt; er spricht auch 1777 in der Anzeige seiner
Übersetzung und des eigenen Anhangs noch vom »ungenannten Italiänischen Philosophen« (Göttingische Gelehrte Anzeigen, Nr. 75 vom 23. Juni
1777, 593–596; dort 593). 1775 erschienen in Bologna die Osservazioni al
libro »Idee sull' indole del piacere« – Lettera anonima ad un amico (68 S.). Der
Autor dieser anonymen Osservazioni könnte identisch sein mit dem der
Abhandlung von 1772. (Die drei Abhandlungen sind vereinigt in *einem*
Band in der Biblioteca Nazionale di San Marco, Venezia; »221. D. 158«). Die
dritte erweiterte Auflage der Idee sull'indole del piacere erschien 1781 mit
geändertem Titel und jetzt mit Autornamen in dem Sammelband Discorsi del
Conte Pietro Verri sull'indole del piacere e del dolore; sulla felicità; e sull'eco-
nomia politica. Riveduti ed accresciuti dall' Autore in Mailand. Diese Ausgabe

wurde rezensiert in den Göttingischen Gelehrten Anzeigen, Zugabe vom
21. Dezember 1782, 806–808. Eine deutsche Übersetzung erschien 1785
(s. o.). Diese Übersetzung wurde nicht eingesehen, so bleibt nur die Vermutung, daß es sie wirklich gab. – Es ist nicht unwichtig darauf hinzuweisen,
daß Kant zwar die psychologische Schrift Verris las, nicht jedoch (nach
unseren Kenntnissen) die ökonomischen Schriften (von 1781 bzw. 1785). Es
ist jedoch auffällig, daß in einer (von Kant nicht wiederum thematisierten)
Parallelaktion der gesamte Gesellschaftskörper auf Schmerz gegründet
wird. So heißt es in der KdU § 83: »Die Geschicklichkeit kann in der
Menschengattung nicht wohl entwickelt werden, als vermittelst der Ungleichheit unter Menschen: da die größte Zahl die Nothwendigkeit des
Lebens gleichsam mechanisch, ohne dazu besonders Kunst zu bedürfen, zur
Gemächlichkeit und Muße anderer besorgt, welche die minder nothwendigen Stücke der Cultur, Wissenschaft und Kunst, bearbeiten, und von diesen
in einem Stande des Drucks, saurer Arbeit und wenig Genusses gehalten
wird [...].« (V 432,13–19)
    Friedrich Nietzsche notiert zu unserer Stelle: »Kant sagt: diese Sätze des
Grafen Verri (1781 sull'indole del piacere e del dolore) unterschreibe ich mit
voller Überzeugung – il solo principio motore dell'uomo è il dolore. Il
dolore precede ogni piacere / il piacere non é un essere positivo.« (Nietzsche
1967ff., VII, I 322)
    6–233,5 *Erläuterung durch Beispiele ... angetrieben fühlt.*] Die ersten   ◇
vier Beispiele (z. 7–28) werden in Form von »problemata« erörtert; die
Frageform wird auch in anderen Teilen der Anthropologie praktiziert, s. z. B.
247,10–249,8.
    Inhaltlich werden hier sowohl Vergnügungen wie auch die Arbeit als
Mittel der Schmerzüberwindung erörtert.
    12–17 Wodurch sind *Schauspiele ... Motion versetzt hat.*] Vgl. zur   ◇
Schauspiel-»Motion« 263,21; s. auch 261,26. »Motion« wird immer physiologisch gebraucht, V 273,35; 332,2; 334,16; VII 109,32; 110,36.
    17–24 Warum schließt ein ... mit Affect).] Vgl. 253,8–9. Daß die Liebe   ◇
mit der Hochzeit endet, gehört zu den häufig wiederholten Dicta Kants.
Rischmüller (Hrsg.) 1991, 58; 97; 99; 244–245. Refl. 536 (XV 234,8–9):
»Der Besitz des Geliebten Gegenstandes ist das Ende von den Schmerzen
der Verliebten, aber auch das Ende der Liebe«. Refl. 1511 (XV 830,14 und
20). – Kant folgt hier wie häufig in Gefühlssachen Rousseau; im Emile heißt
es: »La félicité du sens est passagére. L'état habituel du coeur y perd
toujours. Vous avez plus joui par l'espérance que vous ne jouirez jamais en
réalité. L'imagination qui pare ce qu'on désire l'abandone dans la possession.
Hors le seul Etre existant par lui même il n'y a rien de beau que ce qui n'est
pas.« (Rousseau 1959ff., IV 821). In der Nouvelle Héloïse VI 8 (Rousseau
1959ff., II 693). Rischmüller (Hrsg.) 1991, 218 verweist auf Richardson.

◇   **18–19** angehängter Supplement-Band … Stümpers noch] H: »angehängter Band (wie im Fielding) die ihn noch«. Zur Fielding-Ergänzung vgl.
164,25–28.

◇   **24–28** Warum ist Arbeit … Genießbares sein würde.] Vgl. 151,21 und
276,2–3. – Das Wort »Arbeit« wird für ein breites Spektrum von mühevollen Tätigkeiten verwendet. So ist die Philosophie nach Lockes Vorbild
»labour of our Thoughts« (Locke 1975, 52; s. a. 156), wie Kant besonders im
»Vornehmen Ton« gegen die aristokratischen Herren Platoniker herausstellt: Platon der Briefsteller (nicht der Forscher in der Akademie) verleite
zur Schwärmerei, »Die Philosophie des *Aristoteles* ist dagegen Arbeit.«
(VIII 393,30) Wie die Technik und Ökonomie, so wird auch die Arbeit nicht
für sich thematisiert. Wenn Kant die Händler (besonders unter den Juden)
als »nicht-producirende[n] Glieder der Gesellschaft« (206,13–14; mit Kommentar) bezeichnet, wird man die Philosophie des näheren als nicht-
produktive Arbeit charakterisieren müssen.

◇   **28–35** Der Toback … herumschweifend sind.] Vgl. 160,21–34. S. auch
Verri 1774 (zu Verri s. oben die Hinweise zu z. 4), in der Meinersschen
Übersetzung: »Oft verschafft sich der Mensch, ohne sich dessen deutlich
bewußt zu seyn, peinliche unangenehme Empfindungen, blos um sie plötzlich aufhören zu machen. Vielleicht ist der Gebrauch des die Nerven sehr
reizenden Schnupftabaks, das anderswo gebräuchliche Käuen eines ekelhaf-
ten Krauts, die Gewohnheit, den Mund mit dem Rauch eines prickelnden
Gewächses zu füllen, endlich der Gebrauch des Senfs aus dem angegebenen
Grunde eingeführt worden.« (60) S. auch Meiners selbst in der auf die
Übersetzung folgenden Prüfung der vorhergehenden Theorie des Vergnügens: »Viele Menschen entweder aus Instinct, oder weil sie die Entstehung
des Vergnügens aus einem plötzlich verschwindenden Schmerze wahrgenommen haben, verursachen sich freywillig kleine Schmerzen, um aus deren
Tilgung Vergnügen zu ziehen. Der Gebrauch des Tabaks [...] kann aus
dieser Beobachtung am besten erkläret werden« (128–129); in der Anzeige
vom 4. April 1776, 350: »wie beym Gebrauch des Tabacks«. Auf das
Rauchen gehen auch schon die Osservazioni von 1775 kritisch ein (52). In
den größeren Umkreis dieser Vorstellungen des dolce piccante gehört das
theoretische Bemühen um das Phänomen des »angenehmen Grauens«, das
Carsten Zelle in seiner gleichnamigen Schrift (1984) dargestellt hat. S. a. 237,18
mit Kommentar.

233   **5** fühlt.] Vor dem folgenden Paragraphen steht in H ein durchstrichenes
Textstück, vgl. 405,31–406,22. Der neue, wohl gleich als Ersatz des Durchstrichenen verfaßte Text ist begrifflich dichter, der Titel erfaßt besser das
tatsächlich behandelte Thema.

◇   **6** *Von der langen Weile und dem Kurzweil.*] Die lange Weile, der ennui, gehört zu den Jahrhundertthemen. Christian Gottlob Klemm wird

als Herausgeber des Wiener Wochenblatts Wider die Langeweile (1767) genannt (der Hinweis auf Cranz bei Tortarolo 1987, 288, Anm. 5 konnte nicht
verifiziert werden). Kant besaß das Buch von André François Boreau Deslandes, L'Art de ne point s'ennuyer (1715), dazu Ferrari 1979,
105f. – Friedrich II. hätte es für erstaunlich gehalten, wenn ein Königsberger Philosoph über die Langeweile nicht mit intimer Kompetenz geschrieben hätte; sein Urteil als Kronprinz: »Müßiggang und Langeweile sind,
wenn ich nicht irre, die Schutzgötter von Königsberg, denn die Leute,
die man hier sieht, und die Luft, die man hier atmet, scheinen nichts
anderes einzuflößen.« (nach Gause 1996, II 232) – Im 19. Jhdt. wird das
Thema aufgenommen, dem »ennui« widmet Charles Baudelaire das
erste Gedicht der Fleurs du mal: »Mais parmi les chacals, les pantheres, les
lices … / Il en est un plus laid, plus mechant, plus immonde! … / C' est l'
Ennui!«

    7–12 Sein Leben fühlen … cultivirte Menschen).] H: Randnotiz, ◇
s. 406,23–33. Die Randnotiz handelt unter dem (unpassenden?) Titel »Von
Affecten« vom Geschmack. Weischedel liest statt »Sinnan[schauung]« z. 36
»Sinnen[reiz]«, S. 555. – Georg Forster resümiert in den Philosophische[n]
Nachrichten aus der Südsee: Reise um die Welt (1778–1780), der Europäer
müsse einsehen, »daß der Mensch von seiner Art, der zu einem thätigen Leben
geboren, mit tausend Gegenständen bekannt, wovon die Tahiter nichts wissen, und gewohnt ist, an das Vergangene und Zukünftige zu denken, daß der,
einer so ununterbrochenen Ruhe und eines beständigen Einerley bald über-
drüßig werden müsse, und daß eine solche Lage nur einem Volk erträglich sey
könne, dessen Begriffe so einfach und eingeschränkt sind, als wir sie bey den
Tahitern fanden.« (zit. nach Michael Neumann, »Philosophische Nachrichten
aus der Südsee: Georg Forsters Reise um die Welt«, in: Schings (Hrsg.) 1994,
517–544, hier 543).

    15–16 weil der üppige … mehr neu ist] Fehlt in H. ◇
    16–17 wie man in … die Zeit zu passiren.«] Vgl. XXV 1620 s. v. »Le ◇
Blanc«. Vgl. Refl. 604 (XV 259,18–20); Refl. 989 (XV 434,9); Refl. 1513
(XV 841,7 und die Anmerkung von Adickes). Die Questions sur l' Encyclopé-
die werden nicht 1739 veröffentlicht (Adickes). XV 841,40–41), sondern
1770; Parow 246 mit Kommentar Nr. 215 und 217; Ms. 400 311 und Kommentar Nr. 72; Refl. 1497 (XV 773,7–9).
    Reinhold Wolff, Die Ästhetisierung aufklärerischer Tabukritik bei Montes-
quieu und Rousseau (1972) 150: Die »angebliche Selbstmordneigung der
Engländer [ist] eines der gängigsten nationalen Vorurteile des 17. und 18. Jahrhunderts« in Frankreich. Schon Voltaire entlarvt diese Meinung; er bemerkt
in einem zwischen 1726 und 1729 verfaßten Artikel, »die angeblich über-
durchschnittliche Selbstmordziffer in England würde sich als recht normal
herausstellen, wenn auch den französischen Gazetten erlaubt wäre, über

Selbstmordfälle zu berichten.« (150 Anm.) S. a. René Pomeau, »En marge des *Lettres Philosophiques*: un essai de Voltaire sur le suicide« (1954) 4. J.B. Bamborough weist jedoch in seiner Einleitung zur Edition von Robert Burtons Anatomy of Melancholy (1989) XXIV darauf hin, daß der englische Arzt Richard Napier am Ende des 16. Jahrhunderts schreibt, »[...] the English people became more concerned about the prevalence of madness, gloom and self-murder than they had ever been before.« (XXIII) Bamborough vermutet, daß der Grund für das Interesse an der Melancholie »was no more than a heightened consciousness of human irrationality and a change of attitude towards it [...].« (XXIV) Das gewachsene Selbstbewußtsein in der ausgehenden Renaissance läßt sich vielfach belegen, ist aber keine nur englische Eigentümlichkeit.

◇   24–25 wie eine Gesellschaft... Lustreise im Wagen] H: »und eine«. In der durchstrichenen Passage in H war besagte Gesellschaft zu Hause geblieben, s. 406,20–22.

◇   26–29 Der Caraibe... überhoben ist.] In H fehlt der Text von z. 27 (nach »zu fangen«) bis zum Schluß. – Vgl. Parow 330 und Kommentar Nr. 262. – Die Tätigkeit und Initiative ist, so wird man Kants Rassenvorstellungen zusammenfassen können, eine Eigentümlichkeit des weißen Mannes. Vgl. Physische Geographie Hesse 94: »[Die Neger] haben keinen andern Fleiß, als den man beym Sitzleben und bey der Gemächlichkeit anwenden kan. Der Chineser sitzet den ganzen Tag, mahlet entweder baumwollene Tücher, oder arbeitet im Weberstuhl. Er ist bey seinem Fleiß träge.«

Eine andere Edition des Caraiben ist der Herdersche »Morgenländer«, der allerdings nicht neben und außerhalb der Geschichte steht, sondern an ihrem ehrwürdigen Anfang. Der Morgenländer hielt es »schon beinah' für Mühe [...], zu denken, für Strafe, daß seine Seele in den Körper gesetzt wäre, ihn zu bewegen, für höchste Seligkeit, sich dem unthätigen ruhigen Nichts zu nähern.« (Herder 1877 ff., VI 279) Weiterführend Häfner 1995, 197. Wie für Kant ist für Rousseau die Langeweile ein Kulturprodukt. Für die Menschen gilt generell: »L'inquiétude des desirs produit la curiosité, l'inconstance; le vuide des turbulens plaisirs produit l'ennui. On ne s'ennuie jamais de son état, quand on n'en connoît point de plus agréable. De tous les hommes du monde, les Sauvages sont les moins curieux et les moins ennuyés; tout leur est indifferent: ils ne jouissent pas des choses, mais d'eux; ils passent leur vie à ne rien faire, et ne s'ennuyent jamais.« (Rousseau 1959 ff., IV 515; Emile IV)

◇   29–36 Unsere Lesewelt... dem Publicum anbietet.] Vgl. 185,17–28.

◇   35 *Journal des Luxus und der Moden*] Das Journal wurde unter diesem Titel 1787–1812 von Friedrich Justin Bertuch (1747–1822) und Georg Melchior Kraus (1733–1806) herausgegeben; der erste Jahrgang von 1786 erschien als Journal der Moden.

15–25 Die Ursache ... ergeben würde.] Die Beobachtung der Zeit- 234
empfindung auf der Reise nach Berlin entnimmt Kant Johann Bernoullis
*Reisen durch Brandenburg, Pommern, Preußen, Curland, Rußland und Pohlen,
in den Jahren 1777 und 1778* (1779–1780) und Henry Homes *Grundsätzen
der Kritik* (1790–1791), zu beiden Quellen s. Menschenkunde 262 mit Kommentar Nr. 207.

21–22 Schluß auf einen ... erforderlich gewesene Zeit] H und A1: ◇
»Schluß auf eine lange dazu erforderlich gewesene Zeit, folglich auch auf
einen großen zurückgelegten Raum«.

25–34 Eben so wird ... nun mit *Zufriedenheit*.] Hier spricht Kant ver- ◇
mutlich auch über sich selbst.

30–31 vitam extendere factis] »Das Leben durch Taten verlängern.« – ◇
Vergil, Aeneis VI 806: »virtutem extendere factis«. Vielleicht spielt in die
Kantische Umwandlung das Juvenalsche »vitam impendere vero« (»Satire«
IV 91) hinein, vertraut als Rousseaus Lebensmotto.

32–33 »Je mehr du gedacht ... eigenen Einbildung) gelebt.«] Eine Para- ◇
phrase und Interpretation des »vitam extendere factis«-Mottos.

35–235,13 Wie steht es aber ... der Tod folgt.] »Acquiescientia«, Baum- ◇
garten, Metaphysica § 682 (XV 50,13; s. dort die Zeitordnung!). Vgl. auch
VIII 400,29. Kant werden die einschlägigen Aristotelischen Glücksüberle-
gungen der Nikomachischen Ethik nicht präsent sein. »Zufriedenheit« ist der
Gegenbegriff zu Lockes »uneasiness«. Bernard de Mandeville hat als einer
der ersten den geistigen Stimulus der »uneasiness« und die destruktive
Funktion von »content« erkannt. In seiner 1705 zuerst als Raubdruck, ab
1714 von ihm selbst in rasch auf einander folgenden Auflagen publizierten
Fable of the Bees entwirft er einen Bienenstaat, der in voller Blüte und
Lebenskraft steht und nur mit einem Fehler behaftet ist: Alle sind korrupt.
Irgendwann kehrt Moralität in den Staat ein, »honesty«; mit ihr verschwin-
det der Luxus, damit das Handwerk, das Geld für ein schlagkräftiges
Söldnerheer, kurz – der Staat regrediert, und die verbleibenden Bürger
ziehen sich zurück in eine Baumhöhle: »They flew into a hollow Tree, / Blest
with Content and Honesty«, wie die Schlußzeile lautet. Warum »content«?
Das Wort wird schon vorher benutzt: »All Arts and Crafts neglected lie; /
Content, the Bane of Industry, / Makes 'em admire their homely Store, /
And neither seek nor covet more.« (Mandeville 1957, I 34–35) Mandeville
übernimmt die Lockesche Analyse der Produktionspsychologie, setzt die
»uneasiness« jedoch in eine unauflösliche Verbindung mit Immoralität und
Korruption. Wenn die Menschen umgetrieben sind von einem permanenten
Unbehagen, wenn ein namenloser Schmerz sie nach vorne reißt und sie
niemals zufrieden sein läßt mit dem, was sie erreicht haben, dann werden sie
den Erfolg mit allen Mitteln suchen. Damit aber blüht die Wirtschaft und
mit ihr das staatliche Gebilde im ganzen.

235   2–3 Die Natur hat … nicht entgehen kann] Vgl. 231,36–37.
◇   9 oder Abstumpfung] Fehlt in H.
◇   14–20 In diesem Abschnitte … Abschnittes vornehmen.] H, A1: »[…]
Affecten als den Schranken der inneren Freyheit im Menschen überschrei-
tenden Gefühlen der Lust oder Unlust […].« – Zur Unterscheidung von
Affekt und Leidenschaft vgl. 251,15–19 und die dann folgenden Ausführungen. S. auch V 272,30–37 (KdU, »*Allgemeine Anmerkung zur Exposition
der ästhetischen reflectirenden Urtheile*«): »*Affecten* sind von *Leidenschaften* specifisch unterschieden.« – Kant betont gemäß den Vorlesungsnachschriften, daß die Unterscheidung von Affekt und Leidenschaft zuerst von
Francis Hutcheson vorgenommen wurde, so Menschenkunde 302: »Affect
ist ein Gefühl, das uns außer Fassung setzt, Leidenschaft hingegen eine
Begierde, die sich unserer bemeistert, Hutcheson hat diesen Unterschied
zuerst bemerkt.« S. auch Josef Bohatec, Die Religionsphilosophie Kants in der
›Religion innerhalb der Grenzen der bloßen Vernunft‹ (1938) 245–247 (mit
dem Aufweis auch von Differenzen zwischen Hutcheson und Kant). – Die
Tatsache, daß 250,4 und 17 die Zukunft und die Gegenwart angesprochen
werden, verweist auf die antike Unterscheidung von vier »perturbationes«:
Lust und Unlust bezogen auf den gegenwärtigen Zustand (Kants im Gefühl
lokalisierte Affekte) und Hoffnung und Furcht bezogen auf etwas Künfti-
ges (Kants im Begehrungsvermögen liegende Leidenschaften); vgl. u. a.
Cicero, Tusculanae disputationes III 11, 24–25; abgedruckt auch bei von
Arnim, SVF III 93–94 (Frg. 385); dort auch die weiteren Texte (Frg. 386;
388), die dieselbe stoische Lehre dokumentieren. S. auch Peter Steinmetz,
»Die Stoa« (1994) 547–548 mit Literatur.
       Der Grund, Affekte und Leidenschaften zusammen zu erörtern, wird in
der häufigen Vermengung und in der nun tatsächlich vorliegenden nahen
Verwandtschaft gesehen. Es wird diese Verwandtschaft jedoch nicht näher
dargestellt und etwa noch auf die Frage hin untersucht, ob die Seelengliede-
rung in Erkennen, Fühlen und Wollen nicht auch innere Zusammenhänge
verdeckt. – Im Gegensatz zu Kant erörtert John Locke die Leidenschaften
und Affekte (ungeschieden) nicht unter dem Titel des Willens, sondern als
»Modes of Pleasure and Pain«, vgl. im Essay concerning Human Understanding II 20 (Locke 1975, 229–233).
◇   *23–25* wie *Epikurs … bedeuten sollte.*] Kant denkt an Seneca, De vita
beata 12, 4–13, 3. Vgl. auch den von Külpe angeführten anonymen Aufsatz
»Zur Geschichte der alten Philosophie und der Philosophen«, in: Litteratur
und Völkerkunde 4, 1784, 901–920: »Unter die berühmtesten Philosophen
des Altherthums gehörte Epicur, dessen Werke aber unglücklicher Weise
gröstentheils verlohren gegangen sind. Man war viele Jahrhunderte lang in
einem ihm sehr nachtheiligen Irrthum, da man glaubte daß er öffentlich die
Wollust gelehrt und die Vergnügungen der Sinne für das höchste Gut

gehalten habe. Man ist jetzo aber von diser falschen Meynung zurückgekommen, an welcher ein unrecht verstandener Horazischer Vers nicht
wenig Schuld war, wo dieser Dichter von dem wollüstigen Leben redet, das
er führte, und sich des Ausdrucks bedienet, daß er ein Schwein von der
epicurischen Heerde sey. Man weiss indessen, daß das System dieses Weisen sich ganz auf eine reine, edle und mehr geistige als sinnliche Wollust
gründete.« (901 f.)

 25-36 *Gleichmüthig* ist der ... selbst zurecht zu stellen.] Vgl. Refl. 1169 ◇
(XV 517,2–17).

 25-28 *Gleichmüthig* ist der ... sehr unterschieden.] S. Baumgarten, ◇
Metaphysica § 651, der erste Paragraph der »Sectio XIV: Indifferentia«
(XV 40,16–25; »indifferentia« zwischen Gefallen und Mißfallen). – Eine
analoge Unterscheidung wird in der ersten Vorrede der KrV (A X–XI) im
Hinblick auf den Indifferentismus benutzt.

 28-32 die *launische* Sinnesart ... Hypochondristen anhängt.] »Luna- ◇
tisch« – eine der halsbrecherischen oder »launichten« Etymologien Kants;
sie zeichnet sich dadurch von den meisten anderen aus, daß sie unter dem
Vorbehalt des »vermutlich« präsentiert wird.

 30 Traurigkeit] Vgl. Descartes in den Artikeln C; CV; CX der Passions de ◇
l'âme (Descartes 1964 ff., XI 403–410).

 32 von dem *launichten* Talent] In den früheren Phasen der Anthropolo- ◇
gie spielt die Laune und das »launichte« Schreiben eine größere Rolle als
1798. Es ist ein Topos, daß man das Laster durch »launichte« Darstellung
lächerlich machen soll, Parow 25; Ms. 400 123.

 32-33 *launichten* Talent (eines Butler oder Sterne)] H: »*launigten* Talent ◇
(eines Buttler oder Sterne)«. – Samuel Butler (1612–1680), Autor des
Hudibras, und Lawrence Sterne (1713–1768), Autor von The Life and Opinions of Tristram Shandy; Gentleman«. Zu beiden Autoren vgl. XXV 1582
und 1664 (s.v. »Butler«); 1648 und 1687 (s.v. »Sterne«).

 36-236,5 *Empfindsamkeit* ist jener ... afficiren zu lassen.] Die Unter- ◇
scheidung von Empfindsamkeit und Empfindelei geht, wenigstens in ihrer
öffentlichen Wirksamkeit, auf eine Schrift von Joachim Heinrich Campe
zurück: Über Empfindsamkeit und Empfindelei in pädagogischer Hinsicht
(1779). S. Georg Jäger, Empfindsamkeit und Roman. Wortgeschichte, Theorie und Kritik im 18. und frühen 19. Jahrhundert (1969) 21. Jäger leitet den
Hinweis auf die hier zu erläuternde Kant-Passage 235,36–236,5 folgendermaßen ein: »Für die Spätaufklärung, die eine in ihrem Sinne richtige
Empfindsamkeit vertritt, ist die Frontstellung nach zwei Seiten, gegen den
kalten Vernünftler und das schwärmerische Genie, charakteristisch. Sie kann
die Empfindsamkeit bejahen, weil sie sich von der Leidenschaft grundlegend
unterscheidet. Die wahre Empfindsamkeit besteht nach der Zergliederung
Heydenreichs (1790) aus drei Momenten: ›1) Fertigkeit im Empfinden; 2) In-

teresse am Empfinden; 3) Freyheit dieses Interessés‹. Heydenreich denkt sich
›das Interesse des Empfindsamen an der Empfindung als ein freyes, nicht als
ein mechanisches, durch zwingende Verhältnisse bestimmtes Interesse‹. Kant
hat später in der Anthropologie in pragmatischer Hinsicht (1798) die gleiche
Auffassung von der Empfindsamkeit vertreten und ihr die Empfindelei entgegengestellt. Es ist charakteristisch, daß er sich keinen Gegensatz zwischen
Empfindsamkeit und Gleichmütigkeit denkt.« (folgt Zitat) (48–49). Rainer
A. Bast in: Ernst Cassirer, Rousseau, Kant, Goethe (1991) 119.

236   6–13 Die erstere ist männlich ... läppisch und kindisch.] Kant meint
natürlich: Empfindsamkeit ist Sache des Mannes, Empfindelei der Kinder
und Frauen.

◇   16–17 daß es in ... oder erlitten wird.] H: »daß es in schlimmer und
mürrischer begangen wird.«

◇   18–28 Von dem Schmerz ... desselben zu verknüpfen.] Zu dem Kontrast
vgl. in den Vorlesungen Menschenkunde 268; Mrongovius 70. S. auch
Refl. 1159 (XV 513,20–21).

◇   20 nichts zu] H, A1: »nichts dergleichen zu«. A2, dem Külpe folgt,
verschlechtert den Text.

◇   24 was schon außer meiner Gewalt ist] S. z.21: »was sich nicht ändern
läßt«. S. 131,31 mit Kommentar.

◇   36 mit Wissenschaften und schönen Künsten] H, A1: »mit schönen
Künsten und Wissenschaften«. Kant folgt noch der alten Reihenfolge der
»arts et sciences«, während sein Berichtiger in Jena diese Tradition nicht
mehr kennt.

237   2 es, wie bereits oben gesagt,] Der eingeschobene Verweis fehlt in H und
A1. Schütz bezieht sich auf 165,6–15.

◇   5–6 und Weiber unter dem Namen] H: »und unter dem Nahmen«. –
Kants Argwohn, daß es sich um eine typisch französische Krankheit
handelt, stammt aus der Zeit vor 1789; vgl. in den Beobachtungen über das
Gefühl des Schönen und Erhabenen: »Nach dem französischen Geschmack
heißt es nicht: Ist der Herr zu Hause?, sondern: Ist Madame zu Hause?
Madame ist vor der Toilette, Madame hat Vapeurs (eine Art schöner Grillen)
[...].« (II 246,35–37) – Rousseau, Emile IV: »Les femmes surtout qui ne
savent plus ni s'occuper ni s'amuser, en sont dévorées sous le nom de
vapeurs.« Nach Ferrari 1979, 174, Anm. 12 gehört die Stelle zu den Dokumenten, daß Kant französisch las. Külpe verweist 364 zur Stelle des weiteren
auf Denis Diderots »Rêve de d'Alembert«: »Mademoiselle de L'Espinasse:
'Dans les vapeurs, sorte d'anarchie qui nous est si particulière.« (Diderot
1875 ff., II 163) Die Formulierung »unter dem Namen der Vapeurs« weist
jedoch auf Rousseau. – In Dohna wird vermerkt: »Die Vapeurs sind eine
schlimme Krankheit, welche aus Überdruß an allem aus Langeweile entsteht. Seit der Revolution haben sie in Frankreich aufgehört; [...].« (104)

6–13 Junger Mensch! (ich wiederhole es) … unabhängig ist.] Der explizite Rückverweis fehlt wie in z.2 in H und A1. Vgl. 165,16–26. ◇

12–13 welches vom Zufall … unabhängig ist.] Zu dem hier wieder herausgestellten Wert des »in potestate mea«-Seins vgl. den Kommentar zu 131,31. ◇

14–16 Wir urtheilen aber … überlassen sollen.] Vom (Wohl-)Gefallen und Mißfallen war schon kurz 230,19–22 die Rede. Es kommt hier in die Beurteilung des Vergnügens und Schmerzes eine moralische Note, wie Kant selbst sagt (»nämlich das moralische«), so daß sich die Frage erhebt, warum nicht an die Stelle von Wohlgefallen und Mißfallen das Werturteil der Billigung und Mißbilligung tritt. ◇

18 *bitteren Freude.*] Mit diesem Begriff – und dem Ausdruck »*süßer Schmerz*« z.26 – nimmt Kant ein auch von Baumgarten vermerktes Phänomen auf, vgl. § 661 die »amara voluptas« (XV 44,29) und Platon, Philebos 47d–48a u.ö. Zur Geschichte und Theorie der gemischten Gefühle Carsten Zelle, Angenehmes Grauen (1987). ◇

22 im Gemüthe eines Adjuncts] Vgl. unter etwas anderem Aspekt Refl. 379 (XV 152,17); Refl. 615 (XV 264,14). Der Ajunkt wartet seit Ms. 400 346 (Winter 1775–1776) mit bitterer Lust auf den Tod des Seniors. ◇

26–27 einer sonst wohlhabend … trösten lassen] Zuerst in der KdU § 54 (V 331,11–12): »(die Traurigkeit einer Witwe über ihres verdienstvollen Mannes Tod)«. Vgl. auch hier 262,18: »[…] eine Witwe, die, wie man sagt, sich nicht will trösten lassen, […].« Die trauernde wohlhabende Witwe des verdienstvollen Mannes begegnet bei Cicero in der Diskussion der stoischen Affektenlehre, gemäß der es bei einer andauernden Trauer einer sich immer erneuernden »opinio« über das erlittene vermeintliche »malum« bedarf: »Ut Artemisia illa, Mausoli Cariae regis uxor, quae nobile illud Halicarnassi fecit sepulcrum, quam diu vixit, vixit in luctu eodemque etiam confecta contabuit. Huic erat illa opinio cotidie recens, quae tum denique non appellatur recens, cum vetustate exaruit« (Tusculanae disputationes III 31, 75; dazu Forschner 1981, 118–119). Das Motiv wird aufgenommen in der psychologisch großartigen Erzählung von Giovanni Boccaccio in De mulieribus claris (Boccaccio 1970, X 228–237; »LVII. De Arthemisia regina Cariae«). Bei Kant verharrt die Witwe in ihrem Schmerz, weil sie ihn – wenn auch ohne »Affectation« – genießt. ◇

30–31 Gegenständen, mit denen … Ehre macht,] Der Einschub fehlt in H. ◇

5–7 und wenn man auch … schämen muß.] Zur ökonomischen und moralischen Beurteilung der Lotterie Dohna 157: »Die Lotteriespiele sind wirklich dem gemeinen Wesen schädlich, sie erfüllen die Menschen mit Phantasien, und mancher traut seiner Phantasie und glaubt dadurch glücklich zu werden, welches doch nicht angeht.« 238

◊ **16–17** Man sieht leicht, … Mensch sei.] Fehlt in H.

◊ **21–25** Diese Wirkung ist … inniglicher fühlen möge.] Vgl. dagegen Refl. 536: »Von einer gewissen Bosheit in der Menschlichen Natur, in den Übeln anderer Menschen einen gewissen Trost zu finden.« (XV 234,14–15) Refl. 1471: »[…] daher das Übel, das andere drückt, eben so viel Erleichterung des unsrigen ist und in dem Leiden unserer besten Freunde etwas ist, das uns nicht ganz misfällt.« (XV 649,16–18) Vgl. auch Dohna 158.

◊ **22–23** (nach dem Satze … magis elucescunt)] »Entgegengesetztes wird deutlicher, wenn es nebeneinander gestellt ist«. Vgl. dazu die Erläuterungen zu dem Stichwort »Contrast« 162,17. Georg Friedrich Meier wiederholt den alten Topos der Ästhetik und Rhetorik in seiner Theoretischen Lehre von den Gemüthsbewegungen überhaupt (1744): »Es ist eine gar zu bekannte Regel: Opposita iuxta se posita magis elucescunt, als daß ich nöthig haben sollte, meine gegebene Vorschrift zu erläutern.« (Meier 1777, 250)

◊ **25–29** Man leidet vermittelst … gerade zu stellen)] H: »leidet in«. Die Klammer fehlt in H. – Vermutlich eine Reminiszenz der Smith-Lektüre, denn in der Theory of Moral Sentiments heißt es gleich im ersten Kapitel: »The mob, when they are gazing at a dancer on the slack rope, naturally writhe and twist and balance their own bodies, as they see him do, and as they feel that they themselves must do if in his situation.« (Smith 1976ff., I 10) Während Smith den Mob charakterisiert, der zusammenläuft (mob von movere), um Seiltänzer zu sehen, denkt Kant an beliebige Situationen, denen »man« unwillkürlich beiwohnt. Der Mob, der zusammenläuft und an dem man nicht unbedingt teilnimmt, tritt erst beim nächsten Beispiel der öffentlichen Hinrichtung auf. – Daß Kant die Theorie der moralischen Gefühle kannte und schätzte und der Zusatz in A1 durchaus von ihm stammen kann (s. auch den Kommentar zu 239,1), geht aus dem Brief von Marcus Herz vom 9. Juli 1771 (X 126,24) hervor.

◊ **29–30** und ist nur froh … verflochten zu sein.] Im gleichen Sinn macht Mendelssohn in der Rhapsodie auf die zitierte Lukrez-Passage aufmerksam (Mendelssohn 1971ff., I 390).

◊ **30–239,5** Daher läuft das … desto fühlbarer macht.] Zu ähnlichen zeitgenössischen Beschreibungen der Wirkung öffentlicher Hinrichtungen auf das Publikum vgl. Richard J. Evans, Rituals of Retribution (1996) 196–197.

◊ **33–36** Suave, mari … cernere suave est.] H, A1: »Dulce, mari«. – »Es ist angenehm, bei hochgehender See, wenn die Winde das Meer aufwühlen, vom Land aus die große Mühsal eines anderen mit anzusehen. Nicht weil es ein Vergnügen ist, daß jemand sich abquält, sondern weil es angenehm ist zu sehen, von welchen Übeln man selbst frei ist.« Lukrez, De rerum natura II 1–4 (Übers. Wieland). Vgl. Refl. 1484 (XV 695,15; dort auch »Dulce mari«). – Auf das Zitat folgt in H als Randnotiz: »Warum sterben für Freude. Affect« (dazu 231,28 mit Kommentar).

Zur Verbreitung des Lukrez-Zitats vgl. Zelle 1987, 39–40 (und Index s. v. »Lukrez«). Während die Theoretiker vor Kant (besonders auch Edmund Burke) das »suave« (oder »dulce«)-Phänomen des Schrecklichen für die Analyse des Erhabenen benutzen, nimmt Kant eine scharfe Trennung vor; die Lust, die das Geistesgefühl des Erhabenen begleitet, ist gerade nicht die Lust an der eigenen Sicherheit beim Erblicken der Lebensgefahr, sondern die Lust an einer eigenen, über das physische Leben hinausgehenden moralischen Bestimmung.

1 wirken sympathetisch auf den Zuschauer] Vgl. schon 236,10–13. – Die **239** Verbindung von »sympathetisch« und »Zuschauer« klingt natürlich nach Adam Smith, s. den Anfang seiner *Theory of Moral Sentiments*. S. den Kommentar zu 238,25–29.

10–17 Das gründlichste ... froh werden.] In H fehlt: »wird des Lebens ◊ nie froh werden.« – Busolt 133: »Denn für die Vernunft hat das Leben keinen Werth, sondern nur in so fern sich der Mensch durch seine Handlungen des Lebens würdig macht.« Vgl. KdU § 84, Anmerkung (V 434,24–36).

16 der also in seiner Gewalt ist.] Vgl. 236,34; 237,12–13 und den Kom- ◊ mentar zu 131,31.

20–22 *d. i. / der theils sinnlichen ... reflectirten Anschauung*] H ursprüng- ◊ lich: »oder der Sinnlichkeit in der reflectirten Anschauung«. Zum Problem von sinnlicher und intellektueller Lust s. 230,4 mit Kommentar. Der Begriff der reflektierten Anschauung begegnet, wenn ich richtig sehe, nur hier; er nimmt jedoch die Begriffsbildung der KdU auf, s. V 191,1: Die gesuchte Lust könne jederzeit nur durch »reflectirte Wahrnehmung« entspringen, und V 206,5–6: »bloße reflectirte Formen der Anschauung«. Zu dem auch in der Anthropologie mitgemeinten Formbegriff vgl. hier 240,36 und 37.

23–24 ist, wie schon oben gesagt,] Wieder Einschub von A 2; s. Kom- ◊ mentar zu 237,2 und 6. Gemeint ist 157,6–17.

26–28 Er ist in seinem ... zu verstehen] Bei Aristoteles werden die ◊ Sinnesorgane als Unterscheidungsinstrumente gefaßt: *De anima* 424 a.

33–34 nicht zum Erkenntnißvermögen ... der Objecte gehören, son- ◊ dern] H: »nicht [durchstrichen: verhältnis des Erkentnisvermogen [?] zum Object sondern Beziehung] nicht zum Erkenntnisvermögen der Objecte, sondern«. Der Gedanke ist klar, er rekapituliert die Auffassung der KdU (V 203f. u. ö.).

2 enthält also zugleich] H: »also [durchstrichen: nicht blos die Vorstel- **240** lung des Unterschieds der Ge] zugleich«.

3 Unterscheidung durch Wohlgefallen oder Mißfallen] Zur Problematik ◊ eines ästhetischen Mißfallens vgl. den Kommentar zu 241,18–25.

8 nach einer gewissen Regel zu wählen] Zuvor fehlte eine Regel, der ◊ Wohlgeschmack blieb bis z. 5 eine bloße Privatangelegenheit. Die Regel ihrerseits kann bloß empirisch oder »a priori begründet sein« (z. 17–18). –

Der Begriff der Wahl beim Geschmack dominiert in den folgenden Ausführungen; er findet sich nicht in der »Kritik der ästhetischen Urteilskraft«,
wohl aber in den Nachschriften der Anthropologie-Vorlesungen, vgl. Collins 154: »Eine Wahl ist zu treffen, ohne auf den Nutzen zu reflectieren,
[...]«; 156–157: »Der modische Geschmack ist kein Geschmack; wer aus
Mode wählt, weil er sie für das principium des Schönen hält, der wählt aus
Eitelkeit, und nicht aus Geschmack.« Von der Wahl beim Geschmack
spricht z. B. auch Anton Raphael Mengs in seiner Schrift Gedanken über die
Schönheit und den Geschmack in der Malerey (3. Auflage von 1771, 49 ff.).
Die Vorstellung der Wahl und des Wählens ersetzt, oder besser: operationa-
lisiert den Begriff der Schönheit. – Erst später wird als Kontrastbegriff des
Erhabenen eingeführt (241,26 ff.).

◇   9 vorgestellt wird.] In H folgt ein durchstrichener längerer Text,
s. 406,37–407,4, und eine Randnotiz, s. 407,5–13.

◇   17–25 Aber es giebt auch ... reflexus) nennen.] Einen derartigen
Geschmack schließt Kant 1781 noch aus, vgl. KrV A 21, aber auch noch B 35
Fußnote. Vgl. den Brief an Reinhold vom 28. 12. 1787 (X 513–515). In der
(noch nicht publizierten) Physischen Geographie Hesse (um 1770) heißt es:
»*Vom Geschmack der Nationen*. Der Geschmack bezeichnet eben so wohl
den Charackter anderer Menschen, als andere Eigenschaften. Der Geschmack entstehet weder durch die Anstrengung der Vernunft, noch durch
die Erwegung des Nutzens, sondern man ziehet dabey, durch ein bloß sin-
liches Empfindungs Urtheil eine Sache der andern vor. Der Geschmak der
Augen über die Schönheit, ist bey allen Völckern nicht einerley. Bey den
Griechen scheint er wohl am allervollkommensten gewesen zu seyn [...].«
(103) – Kant bringt hier in Abbreviatur die Geschmackstheorie der »Kritik der ästhetischen Urteilskraft«. Der Hinweis auf die Notwendigkeit
des Urteils (z. 17–25), dem vierten Moment des Geschmacksurteils (vgl.
V 236,12–240,19) steht hier *vor* dem Nachweis der Allgemeingültigkeit von
241,10–18 (dem zweiten Moment, V 211,17–219,25), die gesondert nachgewiesen wird; 244,7–16 wird dagegen die Allgemeingültigkeit einfach aus
der Notwendigkeit gefolgert (244,9 »weil [...]«). Während 241,6 vom Verstand und dem »Spiele der Einbildungskraft und der Gesetzmäßigkeit des
Verstandes« (241,20–21; vgl. § 9 im zweiten Moment, V 216,29–219,23)
gesprochen wird, ist die Notwendigkeit eine Sache der Vernunft (240,21; so
auch 244,14). Der Grund der Umkehrung der Reihenfolge von Vernunft-
Notwendigkeit und Verstand-Allgemeingültigkeit könnte darin liegen, daß
die Notwendigkeit das ästhetische Urteil sogleich vom Empirischen ab-
grenzt, während dies bei der Allgemeinheit nicht der Fall ist, da es auch eine
empirische (natürlich-zufällige) Allgemeinheit gibt.

◇   23–25 und diesen Geschmack ... reflexus) nennen.] H endet den Absatz:
»(jenen gustus refl[?] [durchstrichen: apprehendens apprehendens] diesen

reflectens) nennen.« Das erste »refl[?]« ist eher als »reflectens« zu lesen, nicht »reflexus«, das zweite zweifelsfrei »reflectens«. – Der empirische Geschmack wurde z. 6–16 beschrieben, der vernünftelnde ist der des in der KdU exponierten und deduzierten Geschmacksurteils. Zum Begriff des Vernünftelns vgl. V 337,5–6, anders V 286,3.

30 sich sein Haus] H: »sich oder sein Haus«. Von Vorländer und Cassirer ◇ korrekt übernommen.

31–32 gegen die Seinigen (Weib und Kinder)] H (besser?): »mit den ◇ Seinigen (Weib und Kindern)«. – Es versteht sich in der Kantischen Theorie von selbst, daß das Subjekt der nach außen relevanten Handlungen – auch im Ästhetischen – der Mann ist (z. 31 »er wird […]«).

33 Im *Geschmack* … ästhetischen Urtheilskraft] Wichtig das »aber«; wäh- ◇ rend zuvor das »schmücken oder ausputzen« (z. 30–31) die empirische Selbst- darstellung vor Fremden (Personen außerhalb der Familie) charakterisierte, ist jetzt das freie ästhetische Urteil und seine korrespondierende Rezeption gemeint, die nicht mehr auf die kontingenten Umstände seiner Äußerung bezogen werden können. – Anders Pietro Verri (s. Kommentar zu 232,4), der alle Lust und Unlust auch »moralischer« Natur (als nicht durch unmittelbare physische Affektion ausgelöst) auf die Furcht und Hoffnung der empirischen Umstände bezieht, also nur die reale Mitteilung und deren Folgen, nicht die prinzipielle Mitteilbarkeit in der Gesellschaft im Sinn hat; vgl. seine 1777 in deutscher Übersetzung erschienenen *Gedanken über die Natur des Vergnü- gens* (1777a) 14: »Eben deswegen behaupte ich, daß alle unsere moralische Schmerzen und Vergnügungen nichts anders seyn, als ein Eindringen unseres Geistes in die Zukunft, nichts als Furcht und Hoffnung.«

35 die freie (productive) Einbildungskraft] Vgl. dazu den Kommentar zu ◇ 167,34–35.

36 d. i. die *Form*] Man wird bezweifeln dürfen, ob sich hinter dem ◇ materialreichen Formbegriff Kants eine konsistente Konzeption ausmachen läßt. Von der Form soll gelten, daß sie das Subjekt nicht affiziert; das ist plausibel, wenn man »forma« gleich »eidos« gleich »Wesen« faßt, denn das Wesen einer Sache kann man nach platonisch-aristotelischer Auffassung erkennen, aber nicht sehen oder hören. Kant dagegen faßt den Formbegriff schon als Element der Sinnlichkeit, das uns vorgeblich im Unterschied zum Material nicht affizieren kann, ergo vom Subjekt stammen muß. Dies ist ein essentielles Element der Raum-Zeittheorie der KrV. Die hier z. 36 und 37 gemeinte Form der produktiven Einbildungskraft kann jedoch kaum in transzendentaler Ebene angesiedelt sein, sondern muß empirischer Natur sein. Aber wie soll dann noch allgemeingültig zwischen Form und dem »Materiale der Vorstellung« (z. 34) unterschieden werden? Worin liegt die Form eines Bildes von Goya und eines Dramas von Shakespeare, die diese Werke auszeichnet?

241   4 so erklären: »Geschmack ist] H: »so erklären. [durchstrichen: Geschmack ist [die Urtheilskraft] das Vermögen das freye Spiel der Einbildungkraft mit der Gesetzmäßigkeit des Verstandes zu [verbinden] vereinigen. Er ist also das Vermögen der ästhetischen Urtheilskraft allgemeingültig
zu wählen.]«
◇   4–5 »Geschmack ist … zu wählen.«] Vgl. auch 407,35–36.
◇   9 Socialität] Der Begriff ist in den Kantischen Druckschriften nur hier
belegt.
◇   10–18 Aber die *Allgemeingültigkeit* … als rein) gedacht.] Die Akzente
sind anders gesetzt als in der »Kritik der ästhetischen Urteilskraft«, bes. § 9
(V 216,29–219,25). Hier treten »Freiheit im Spiele der Einbildungen« (z. 8)
und Gesetzmäßigkeit des Verstandes getrennt auf und sollen sich im
Geschmacksurteil irgendwie vereinigen; dort wird ein Spiel von Einbildungskraft und Verstand angenommen, das die Harmonie beider Vermögen
bezeugt und daher als Grundlage einer Erkenntnis überhaupt gelten kann.
◇   18 (mithin das letztere nicht als rein)] Fehlt in H, überflüssiger Zusatz
des Redaktors. Das nicht-reine Verstandesurteil im Geschmacksurteil darf
nicht verwechselt werden mit dem nicht-reinen Geschmacksurteil von
1790! Nach der »Kritik der ästhetischen Urteilskraft« bezieht sich das reine
Geschmacksurteil auf die reine Form der Zweckmäßigkeit im Spiel von
Einbildungskraft und Verstand, während das nicht-reine Geschmacksurteil
dort durch Reiz und Rührung sinnlich affiziert ist, s. bes. § 13 und § 14
(V 223,2–226,20).
◇   18–25 Die Beurtheilung … zu werden oft bedarf.] Die Kantische Theorie
des Geschmacksurteils ist mit dem Problem belastet, daß ein *Widerstreit*
(z. 20) von Einbildungskraft (hier: in ihrem freien Spiel) und Verstand (hier:
in seiner Gesetzmäßigkeit) die für das Urteil postulierte »allgemeine Mit-
theilbarkeit« (V 217,1) zerstört, denn diese letztere ist nach § 9 der »Kritik
der ästhetischen Urteilskraft« nur durch die *Einstimmung* der Erkenntniskräfte zu einer Erkenntnis überhaupt gewährleistet; mit dem Widerstreit
fehlt also die Basis der Mitteilbarkeit, folglich kommt kein ästhetisches
Urteil zustande. S. dazu Reinhard Brandt, »Zur Logik des ästhetischen
Urteils« (1998a) 238–240. Beim Erhabenen gibt es einen intermediären
»Widerstreit« von Vernunft und Einbildungskraft (V 258,27). – Zur Gegensetzung von beurteilendem Geschmack und erzeugendem Genie vgl. den
korrespondierenden Kontrast von Geist und Geschmack 246,16–247,2. Im
übrigen in der »Kritik der ästhetischen Urteilskraft« § 48 (»*Vom Verhältnisse des Genies zum Geschmack*«, V 311,1–313,17). – Zur Genie-Proble-
matik auch: Manfred Heinemann, Schule im Vorfeld der Verwaltung (1974)
77–78.
◇   19–21 oder den Widerstreit … der Gesetzmäßigkeit] In H eine Zeile, in
deren Höhe eine Randnotiz beginnt, vgl. 407,18–41.

407,30-31 Der Geschmack geht auf Mitteilung der Lust ... hinaus] Es ist ◇
schwer vorstellbar, daß hier die sonst mitgenannte *Unlust* im Hinblick auf
das, was *nicht* zu wählen ist, paritätisch mitgeführt werden kann. Die
Mitteilbarkeit bezieht sich nur auf die Lust, nicht die Unlust; vgl. den
Kommentar zu z. 18-25.

407,34 *Sancho* eiserner kleiner Schlüssel] Vgl. Refl. 233 (XV 89,10) und ◇
die entsprechende Anmerkung von Adickes.

22 Sinnenvorstellungen) ästhetisch zu *beurtheilen*] H: »Sinnenvorstel- ◇
lungen) nicht die Materie (die Sinnenlust) an, welche vielmehr, vornehmlich
wenn das Gefühl derselben (der Reitz) stark ist das Geschmacksurtheil
überschreyt. – Der *Geschmack* ist also nur ein Vermögen [durchstrichen:
den Gegenstand] diese Einhelligkeit oder Mishelligkeit im Zusammenseyn
der Vorstellungen ästhetisch zu *beurtheilen*«. Die Streichung in A1 ist
vertretbar, weil das hier Gesagte schon bekannt ist und nicht zum Kontrast
von Urteil und Erzeugung gehört.

28-29 doch an sich] Fehlt in H. ◇

30-37 Selbst die *Darstellung* ... bei sich führt.] Hamilton 210-211: ◇
»Schöne Vorstellungen von Gegenständen sind von den schönen Gegenständen selbst zu unterscheiden. Wir können von häßlichen Gegenständen
schöne Vorstellungen haben. Eine wohlgemahlte häßliche Person kann uns
gefallen, einige Tiere mißfallen uns, sind sie aber in Marmor wohl abgebil-
det, so gefällt uns das Bild wegen der Uebereinstimmung mit dem
Gegenstande.« In der »Kritik der ästhetischen Urteilskraft« heißt es entsprechend: »Die schöne Kunst zeigt eben darin ihre Vorzüglichkeit, daß sie
Dinge, die in der Natur häßlich oder mißfällig sein würden, schön
beschreibt.« (V 312,8-9) – Zum traditionellen, schon in der Antike vielfach
erhobenen Postulat, Kunst müsse auch dem Nicht-Schönen die Form des
Schönen geben, vgl. Moses Mendelssohn, Briefe, die neueste Literatur betreffend, 82. Brief vom 14. Februar 1760 (Mendelssohn 1971 ff., V 1, 130-133);
Gottfried Ephraim Lessing im Laokoon (1766) Kap. XXIV (Lessing 1970 ff.,
VI 152-156; dort auch der von Kant z. 33 genannte Thersites).

30-31 z. B. der Gestalt des personificirten Todes bei Milton] Im 2. Ge- ◇
sang des Verlorenen Paradieses; vgl. dazu »Milton« in Collins 10 und
Kommentar Nr. 26.

33-37 denn sonst bewirkt ... Genuß, bei sich führt.] H: »sie [durchstri- ◇
chen: Gleichgültigkeit] entweder Unschmackhaftigkeit [...] beyde Bestre-
bungen enthalten eine Vorstellung [...] zur innigsten Vereinigung mit dem
Gegenstande der Wahl bey sich führt.« Zur Vorstellung der »innigsten
Vereinigung« vgl. 157,23 mit Kommentar (dort auch Näheres zum Ekel);
242,1-2 und 303,8.

37-242,1 Mit dem ... *Seele*] Die Formulierung der »Schönheit der ◇
Seelen« begegnet in der erhaltenen Literatur zuerst bei Plotin, »Enneade«

I 6, 5. Während Platon und die Platoniker den Begriff der Schönheit problemlos auf die Seele anwenden können, impliziert die Kantische Ästhetik,
daß von einer Schönheit der (sinnlich nicht wahrnehmbaren) Seele nur im
metaphorischen Sinn gesprochen werden kann. Der Ausdruck »schöne
Seele« ist Kant aus vielfältiger Verwendung in der zeitgenössischen Literatur, besonders Rousseaus »belle âme«, vertraut; vgl. dazu u. a. den Kommentar von Erich Trunz zu Goethes »Bekenntnissen einer schönen Seele« in
Wilhelm Meisters Lehrjahren (Goethe 1962, VII 639–642). S. auch Rainer
A. Bast in: Ernst Cassirer, Rousseau, Kant, Goethe (1991) 121–122 (Anm.
56). – Schiller spricht in »Über Anmut und Würde« (1793) der schönen
Seele Anmut, der erhabenen Gesinnung Würde zu, Schiller 1943 ff., XX,
I 287–289. Hegel nimmt das Motiv in der Phänomenologie des Geistes in
dem Abschnitt über »Das Gewissen, die schöne Seele, das Böse und seine
Verzeyung« auf (Hegel 1968 ff., IX 340–362). Dazu Johannes Heinrichs, Die
Logik der 'Phänomenologie des Geistes' (1974) 367 ff., 389 ff. Eine umfassende Information zu Kants Auffassung und zu ihren Voraussetzungen
bietet Robert E. Norton, The Beautiful Soul: Aesthetic Morality in the Eighteenth Century (1995).

242   2–3 denn *Seelengröße* ... zu gewissen Zwecken)] Es ist auffällig, daß die
Seelengröße hier als Mittel geführt wird, während sie 293,22–23 einen
absoluten Wert darstellt und der Seelenstärke und Seelengüte in der Wert-
hierarchie überlegen ist. Zur Seelenstärke vgl. auch den Kommentar zu
132,10; KdU V 261,21 und die etwas andere Bewertung in den »Metaphysischen Anfangsgründen der Tugendlehre« VI 384,8–29. S. dazu den Kommentar zu 293,19–23.

◇   4–9 die *Seelengüte* ... sinnlichen Lust versammelt.] H: »die Seelenschönheit [...] gleich dem *Eros* [...] urschöpferisch aber auch überirdisch
ist.« Von der Seelengüte wird also in H nicht gesprochen. Zur Vorstellung
der Seelengüte vgl. V 235,21 und hier 293,20. Mit der Vorstellung, daß das
Geschmacksurteil sich auf die Seelengüte und nicht nur Seelenschönheit
bezieht, wird die Fundierung des Geschmacksurteils im Pflichtprinzip des
§ 69 vorweggenommen.

243   3 § 68. Das *Erhabene*] H: »§ 48 / Vom Geschmack in Ansehung des /
Erhabenen / Das Erhabene«.

◇   4 dem Umfange oder dem Grade nach] In H am Rand hinzugefügt. Kant
nimmt hier offensichtlich die beiden Formen des Erhabenen der KdU, das
Mathematisch- und das Dynamisch-Erhabene auf, das in Anlehnung an die
Unterscheidung von extensiver und intensiver Größe in der KrV konzipiert
wird, jedoch auch eine schon in Johann Jacob Bodmers Critischen Betrachtungen über die poetischen Gemählde der Dichter (1741) 211 ff. und 239 ff.
getroffene Unterscheidung des »Großen« und des »Heftigen« oder »Unge-
stümen« fortführt.

11–12 *ein angenehmes Gefühl ... des Schmerzens*] H, A1: »Schmerzes«, ◇
wohl versehentlich in A2 geändert. Es ist nicht unwichtig, daß in der
Analyse des Gefühls des Erhabenen der »Kritik der ästhetischen Urteilskraft« der Schmerz nicht begegnet; es wird umgekehrt der empirischen
Auffassung besonders von Edmund Burke vorgeworfen, sie zerstöre mit
ihrem Rekurs auf das Schmerzgefühl den Allgemeinheits- und Notwendig-
keitsanspruch des Urteils, s. V 266,3 und 277,7. Die Formulierung »conti-
nuirliche Überwindung des Schmerzens« (z. 11–12) zeigt u. U. einen
Einfluß von Pietro Verri an (vgl. 232,4 mit Kommentar).

19–20 *Bewunderung, als ... nicht satt wird*] S. die Stellenverweise im ◇
Kommentar zu 135,29. Wie hier 261,16: »[...] eine Bewunderung, von der
man sich nicht losreißen (sich nicht genug verwundern) kann«. S. den
Kommentar zu 261,10–19. Zum erstenmal findet sich die gleiche Erklärung
der Bewunderung V 272,20–21; vgl. auch V 365,22–23.

22–24 *Daher haben die Schriftsteller ... ungeheuer betitelten*] Vgl. ◇
Refl. 486 (XV 206,13); Dohna 166. Wer sind »die Schriftsteller« (z. 22)?
Anton Friedrich Büsching schrieb in seinen Wöchentlichen Nachrichten,
50. Stück, 1776 am 9. Dezember, daß er den Entwurf einer neuen Karte
von Rußland gesehen habe, der »in Ansehung der äußersten nordöstlichen
Gegenden des ungeheuer großen Staats« seine besondere Aufmerksamkeit erregt habe; nach Peter Hoffmann (Hrsg.) 1995, 426, Anm. 8. Da sich
Kant jedoch nach dem erhaltenen Material erst in den neunziger Jahren auf besagte Schriftsteller bezieht, wird man ungern bis 1776 zurückgehen.

1–2 *Der Geschmack ... der Moralität*.] Manfred Sommer, Die Selbster- **244**
haltung der Vernunft (1977) 193.

1 *Tendenz*] Der Begriff der Tendenz wird im Frühwerk im Zusam- ◇
menhang mit Fragen der Physik benutzt (I 26,22; 27,2; II 86,9; 171,23). Er ist
in den Vorlesungsnachschriften zur Anthropologie nicht belegt. Erst im
Streit der Fakultäten und in der Anthropologie von 1798 begegnet innerhalb
der Druckschriften der Tendenzbegriff in einer metaphorischen Anwendung: 84,32; 85,3 (s. auch die Vorarbeiten Refl. 8077, XIX 607,28 u. ö.;
XXII 623,13); 244,16; 324,10 mit Kommentar; 328,4; 329,23; 331,29;
333,13).

3–7 *Der Geschmack (gleichsam als formaler Sinn) ... zu empfinden.*] ◇
»gleichsam« fehlt in H. – Es gibt also für die philosophische Analyse eine
doppelte Lust, die des solitär gedachten und die des sozial gedachten
Subjekts. Bei dem ersteren wird das absichtsfreie Spiel der Erkenntniskräfte
mit dem Gefühl der Lust empfunden, das die Grundlage des Schönheitsur-
teils ist. Die Allgemeinheit ermöglicht die Einstimmung im sensus communis mit anderen Subjekten, und auch diese Einstimmung erzeugt ein
Wohlgefallen. Da nun die Allgemeingültigkeit letztlich in der Notwendig-

keit, diese aber in der Vernunft und damit im Pflichtprinzip begründet ist
(s. Kommentar zu 240,17–25), kann der Geschmack eine Tendenz zur –
äußeren – Beförderung der Moralität haben.

◇   **12–17** nach einem allgemeinen Gesetz ... äußeren Beförderung der Moralität.] »äußeren« wie z. 22. S. zu 21–26. Hier wird nicht das allgemeine
Gesetz des Verstandes (241,13; 21), sondern der Vernunft angenommen
(s. zu 240,17–25), die Vernunft auf die praktische restringiert und damit die
Brücke zur Moral geschlagen, wie ähnlich in der »Dialektik« der »Kritik der
ästhetischen Urteilskraft«, § 59 (V 351,13–354,30).

◇   **21–26** Auf diese Weise ... Werth zu setzen.] z. 25 »die Neigung« fehlt in
H, erläuternder Zusatz von A 1. Inhaltlich wird angeknüpft an die Erörte-
rung an § 14: »*Von dem erlaubten moralischen Schein*« (151,6–153,17). Der
Widerspruch dem Buchstaben nach (z. 22–23) liegt in der Verknüpfung von
Moralität und Äußerlichkeit. Die Gesittetheit begnügt sich mit dem nur
Äußerlichen und setzt in den Schein der Moralität einen Wert, die Moralität
selbst ist dagegen ein inneres Prinzip des Handelns.

◇   **29–245,2** Die Vorstellung dieser ... *Beredsamkeit* und *Dichtkunst*.] Die
Klassifikation unterscheidet sich von der Einteilung, die Kant im § 51 der
»Kritik der ästhetischen Urteilskraft« entwickelt. Dort wird die Kunst als
Ausdruck ästhetischer Ideen und von der Seite des Produzenten begriffen,
hier wird das Kunstwerk als fertig vorgestellt; es wendet sich an die intuitive
Vorstellungsart (Hören und Sehen) oder die diskursiv-sprachliche. Von der
Ausdrucksseite her erwähnt Kant dieses Schema auch dort: »Man könnte
diese Eintheilung auch dichotomisch einrichten, so daß die schöne Kunst in
die des Ausdrucks der Gedanken, oder der Anschauungen [...] eingetheilt
würde.« (V 321,2–5)

◇   **30** äußerlich *intuitive* Vorstellungsart] H: »äußerlich intuitive oder eine
discursive und nur innerlich intuitive Vorstellung seyn. – Die *intuitive*
Vorstellungsart«. H bringt also den in A 1 nicht mehr gedruckten Vorschlag,
die diskursive Vorstellungsart als eine »innerlich intuitive« der eigentlichen,
nämlich äußerlich intuitiven entgegenzustellen.

◇   **32** Musik und bildende Kunst] In der Höhe dieser Zeile beginnt in H
eine Randnotiz, s. 408,1–15.

◇   **408,5–7** Der letztere [sc. der Reflexionsgeschmack] ... (venus orania
[sic!])] Vgl. zur »Tugend, wenn sie sichtbar erschiene« die gleiche Vorstellung in der Grundlegung zur Metaphysik der Sitten: »Die Tugend in ihrer
eigentlichen Gestalt erblicken« (IV 426,31).

245   **3–4** Geschmack. / A.] Durchstrichener Text in H zwischen Titel und
»A«: »Der *populäre* Geschmack (zum Unterschiede vom *ausgewählten*) ist
die *Mode*. Die Frage: was ist jetzt Mode? [bedeutet] geht nicht blos [was ist
jetzt] auf den [zur] durch Gewohnheit gleichsam zum Gesetz gewordenen
eleganten Gebrauch, [sondern]«.

6–9 Es ist ein … seine Weise nachzuahmen.] Zur Nachahmung vgl. ◇
HWPh VI 319–336.

17–19 Besser ist es … der Mode zu sein] Busolt 79. »Daher sagt der ◇
Engländer ich will ein Narr in der Mode, als einer Auser derselben seyn.«
Vgl. dazu den Kommentar Nr. 28. Ludwig von Holberg schreibt in den
Moralischen Gedanken (1744) 424: »Es erfordert zuweilen die Klugheit, sich
nach den Moden des Landes zu richten, so wunderlich dieselben auch zu
seyn scheinen. Ein weiser Mann will nicht der erste, aber auch nicht der
letzte seyn, wenns auf die Annehmung einer Mode ankömmt. Denn es heißt
bey ihm: Man muß nach seinem eigenen Geschmack essen, aber nach
anderer ihrem Geschmack sich kleiden; eben wie man nach der alten Mode
leben, aber nach der neuen Mode sich putzen muß.«

27 gehört zum *Ton* der Hofleute] Zu Kants Äußerungen zu den Hofleu- ◇
ten vgl. 120,12–15 mit Kommentar. 250,26–27 (»guter Ton des gemeinen
Umgangs«). 1796 publizierte Kant den Aufsatz »Von einem neuerdings
erhobenen vornehmen Ton in der Philosophie« (VIII 387–406). In trans-
formativer Hermeneutik erscheint dieses Motiv bei P. Fenves, *Raising the
Tone of Philosophy* (1993).

28 niedrigen] H, A1: »niedrigern«. ◇

31–32 vornehm zu thun] Fehlt in H. ◇

33 petits maîtres] Dazu Rischmüller (Hrsg.) in: Kant 1991, 137. ◇

10–15 Ich ziehe hier … ihren Platz hat.] Von der Musik wurde unter **246**
einem anderen Gesichtspunkt 155,28–31 gesprochen.

10–11 nur die redenden Künste: *Beredsamkeit* und *Dichtkunst*] Vgl. in ◇
der KdU § 51: »Die *redenden* Künste sind *Beredsamkeit* und *Dichtkunst*.«
(V 321,7) Daneben nennt Kant im System der Künste die bildenden Künste
und die Kunst des schönen Spiels der Empfindungen. Das Aufwecken zur
Tätigkeit (z. 12–13) wird in der KdU nicht als Charakteristikum der redenden Künste angeführt; hier könnte auch die Marschmusik ein Wort mitreden
wollen. Nach Platon und Aristoteles ist die Musik wichtig in der Erziehung,
also bei der Frage, »was aus ihm [dem Menschen] zu machen ist« (z. 14).

16 Man nennt … des Gemüths *Geist*.] Vgl. V 313,30. ◇

17–23 *Geschmack* ist … zu *bilden* (fingendi).] Der Kontrast entspricht ◇
dem von Geschmack und Genie, vgl. 241,18–25 mit Kommentar. Für die
Verbindung des Mannigfaltigen in einer Einheit ist gemäß der KrV der
Verstand zuständig; die Vernunft steht als produktives Vermögen auf der
Seite des Geistes und des Genies. Mit dem Hinweis auf das »Muster«
(z. 19) knüpft der Text an die »Kritik der ästhetischen Urteilskraft« an,
s. § 46 (V 308,2–3); zur Zuständigkeit des Geschmacks für die Form
s. V 312,30–31.

19 das productive Vermögen der Vernunft] Die Vorstellung der Ver- ◇
nunft als eines produktiven Vermögens scheint einmalig bei Kant zu sein.

Zum Problem der zwei Formen der produktiven Einbildungskraft vgl.
167,20–35 mit Kommentaren.

◇   **21–22** um sie für die … zu beschränken] H: »um [durchstrichen: ihnen
eine] sie [?] den Gesetzen der productiven Einbildungskraft angemessene
Form [durchstrichen: unterzulegen] zu beschränken«. Die Handschrift
zeigt die Formulierungsschwierigkeiten, die Kant bei seiner für ihn selbst
ungewöhnlichen Vorstellung hat.

247   **3–7** Weil die Dichtergabe … gemacht werde.] Hiermit soll nicht die
gegen Johann Gottlieb Kreutzfeld vertretene These revoziert werden, daß
Dichter nicht täuschen im Sinne des Betrugs oder der Lüge (s. z. 36), sondern eine Illusion stiften. Dichtung ist keine »fraus«, sondern »illusio«,
s. XV 903–935.

◇   **7–9** Über den Charakter … Bemerkungen aufzustellen.] Zum Wortlaut
in H und A1 s. »Lesarten« 386. Zum Charakter im engeren Sinn vgl. erst
249,24–30.

◇   **10–11** Warum gewinnt … denselben Zwecken?] In Form eines problema
(vgl. dazu 232,7 mit Kommentar) wird hier eine Frage gestellt, die in den
Bereich des »paragone« im Rangstreit der Künste gehört.

◇   **16–20** Die Poesie gewinnt … zum Vehikel dient.] Die Rangstufung
entspricht der Synkrisis der Künste im § 53 der »Kritik der ästhetischen
Urteilskraft« (V 326,19–330,23). Diese Beurteilung ist nicht identisch mit
der der Reinheit des Geschmacksurteils, denn hierbei übertrifft die
Musik und reine zweckfreie Form in räumlichen Gebilden die Dichtung.
»Freie Schönheiten« (V 229,30–31) »stellen nichts vor, kein Object unter
einem bestimmten Begriffe [...]. Man kann auch das, was man in der Musik Phantasieen (ohne Thema) nennt, ja die ganze Musik ohne Text zu
derselben Art zählen.« (V 229,29–32). Dieser Konzeption widerspricht
z. 19–20.

◇   **18** die Malerei (wozu die Bildhauerkunst gehört)] Vgl. Inka Mülder-
Bach: »Die größten Konsequenzen hat dieser genetische Ansatz [sc. Herders, RB] für die bildenden Künste, [...].« (Mülder-Bach, »Eine neue
›Logik für Liebhaber‹: Herders Theorie der Plastik«, in Schings (Hrsg.)
1994, 355) S. dazu 246,10–11 mit Kommentar.

◇   **27–38** Für den Verstand … superne) / Horat.] Vgl. die Ausführungen
zum gleichen Thema 224, 8–14.

◇   **31–32** Aërostat. – Etwas] H: »Aerostat. der Mönch [...] Algezires
gebraucht worden war«, s. den Text 386 zu 247,31. In H beginnt hier
ebenfalls eine Randnotiz, s. 408,20–33. – Der Aërostat, die seit 1783
bekannte Montgolfiere, wird sonst nur noch VIII 300,2 erwähnt.

◇   **37–38** Turpiter atrum … superne) / Horat.] Horaz, »Ars poetica« V 3:
»Eine oben wohlgebildete Frau endet häßlich in einen Fischschwanz«. Die
Funktion des Zitats scheint darin zu bestehen, die Lüge zu illustrieren: Sie

beginnt als »mulier formosa« und stellt sich heraus als »piscis ater«. Bei
Horaz selbst hat der Vers diese Konnotation nicht.

9–12 Der *Naturmaler … der Meister der schönen Kunst.*] Kant plädiert   248
grundsätzlich gegen den Realismus und Naturalismus als geistloser Ver-
dopplungen dessen, was es ohnehin schon gibt (»nur nachahmt«) für eine
ideal-orientierte Kunst; die Aufgabe des Künstlers ist, den Ideen eine sinnliche Wirklichkeit zu verschaffen, die sie ohne ihn nicht haben. – Der
Kontrast von Idealismus und Naturalismus geht innerhalb der neuzeitlichen Ästhetik auf Giovanni Pietro Bellori zurück, der in seinen Vite de'
Pittori, Scultori et Architetti moderni (1672) die an der Idee orientierten Maler
den Naturalisten entgegenstellt: »[…] quelli, che si gloriano del nome di
Naturalisti, non si propongono nella mente Idea alcuna; copiano i difetti
de'corpi, e si assuefanno alla brutezza e a gli errori, giurando anch'essi nel
modello, come loro precettore […]« (»[…], die sich der Bezeichnung der
Naturalisten rühmen; sie stellen sich in ihrem Geist keine Idee vor und
kopieren die Fehler der Körper und gewöhnen sich an die Häßlichkeit und
Irrtümer und schwören auf ihr Modell als ihren Lehrmeister […]«). Dieser
Text ist abgedruckt bei Erwin Panofsky, Idea (1960) 130–139 (dort 136).
Kant wurde diese Auffassung durch Winckelmann vermittelt, vgl. Die
Geschichte der Kunst des Altertums (1764) (Winckelmann 1966 b, 156–167;
Winckelmann verweist allerdings nicht auf Bellori als seine Quelle in den
»Anmerkungen über die Geschichte der Kunst des Altertums« (1767) 36,
wie Panofsky 1960, 117 meint). – Kant ist gänzlich am Klassizismus (Win-
ckelmann, Mengs) orientiert; der bloße Gegensatz von Natur- und Ideen-
maler ermöglicht jedoch für den letzteren auch andere Spielarten als nur die
klassizistische.

19–20 so wird dergleichen … genannt.] Refl. 1485: »tollgewordene ◇
Prose.« (XV 703,27). Bei Dohna gibt es eine Randnotiz mit dem Hinweis:
»Hugo Blaire von der Beredsamkeit, ein sehr lesenswerth Buch« (55;
s. XXV 1541). Reichel 54. Schon von Külpe nicht im Werk von Blair
ermittelt, sondern: »in der ›Epistle to Dr. Arbuthnot‹, being the prologue to
the satires« von Pope Zeile 188, und dieser hat es einem Dr. Abel Evans, der
wegen seiner Epigramme berühmt war, entnommen: »It is not poietry, but
prose run mad.« (365,2–4) Weiteres s. Busolt 48 mit Kommentar Nr. 13.

22–32 Warum ist der Reim … einfallender Reim lächerlich.] Eine nähere ◇
Quellenanalyse wurde nicht unternommen. Kant befindet sich im Konsens
mit Zedlers Universal-Lexicon, in dem festgehalten wird: »In der Lateinischen Poesie haben die Reime keine statt, und sind nur in den mittlern
Zeiten bey dem Verfall der Wissenschaften aufgekommen, […].« (Zedler
1732 ff., Band 31, s.v. »Reim«, Sp. 236) Zur Ungeeignetheit der deutschen Sprache für metrische Dichtung vgl. Band 29, s.v. »Prosodie«,
Sp. 935–936.

◇   **31–32** ungefähr zwischen andre Sätze einfallender] H: »ohngefähr sich zwischen Sätze einfallender«.

◇   **33** *poetische Freiheit*] Kant denkt an Quintilian, Institutio oratoria II 4, 3: »[…] in quas plerique imitatio poeticae licentiae ducuntur, […].« Kants »Gesetz der Form« (z. 35) dürfte schwerlich zu päzisieren sein.

249   **10–11** und Thätigkeit in Geschäften] Fehlt in H.

◇   **14–20** weil ferner *Gewohnheit … als Spiel ist.*] H: »weil was [durchstrichen: durch] eine durch Gewohnheit erlangte Fertigkeit zugleich ein Zwang ist ferner auf demselben Wege fortzuschreiten [durchstrichenes unleserliches Wort] und dadurch die Neuigkeit der«. Der mißlich konstruierte (»was« nach »weil« muß gestrichen werden) und nicht zu Ende geführte Satz mußte zurecht gebracht werden; ob die gedruckte Version von Kant oder dem Redaktor stammt, wird sich nicht mehr entscheiden lassen.

◇   **19** in Epigrammen und Xenien] In H, den übrigen Druckschriften und den Vorlesungsnachschriften der Anthropologie begegnet das Wort »Xenien« nicht. Martial gab dem XIII. Buch seiner »Epigrammata« den Untertitel »Xenia« (»Gastgeschenke«), Martialis 1990, 432. Die Formulierung, die die Xenien *neben* die Epigramme stellt, legt es nahe, an Goethes und Schillers »Xenien« im »Musen-Almanach für das Jahr 1797«, herausgegeben Ende 1796, zu denken.

◇   **24–25** Eine Eigenheit aber … *Charakter zu haben*] H knapper: »Daß aber, was den Character betrifft nämlich keinen zu haben«.

◇   **30** verschrobenen] Fehlt in H.

◇   **31** *Von der Üppigkeit.*] Der Paragraph ist nicht eingerichtet, da er inhaltlich nicht mehr zu »B. / *Vom Kunstgeschmack.*« gehört und so nicht in die Zweiteilung der »*Anthropologischen Bemerkungen über den Geschmack*« paßt. Man wird ihn jedoch unter diesen letzten Titel subsumieren müssen. Das Thema dieses Schlußparagraphen des 2. Buches korrespondiert dem Thema der beiden letzten Paragraphen des 3. Buches (§§ 87 und 88).

◇   **31–250,30** *Von der Üppigkeit … haben möchte.*] Dohna 154–155 (XXV 1545,23–29): »Ein Engländer gab folgende Definition des Luxus an: Luxus ist das Uebermaaß der Vergnügen, welche weichlich machen. Dies kann wohl von dem schädlichen Luxus gelten. – Home (in seinen Betrachtungen über den Menschen) sagt fahren macht weichlich, aber nicht reiten, also gehören Kutschen zum Luxus aber nicht Reitpferde. Er rühmt auch ferner, daß die Vergnügen seiner Nation von der Art wären, daß sie nicht weichlich machten wie z.B. Wettrennen pp.« (Henry Home, 1774–1775, 1. Buch, 8. Versuch: »Das Wachsthum und die Wirkungen des Luxus« (I 386ff.)). Vgl. auch Rousseau, Discours sur l'inégalité (Rousseau 1959ff., III 206) und die Anm. 284 in der Ausgabe Heinrich Meiers (1984) 313–315. – Zur intensiven Luxusdebatte im 18. Jahrhundert vgl. u. a. Dorit

Grugel-Pannier, Luxus. Eine begriffs- und ideengeschichtliche Untersuchung unter besonderer Berücksichtigung von Bernard Mandeville (1996).

9 z.B. ein Lordmaireschmaus).] Der Terminus ist in den Vorlesungs- 250 nachschriften nicht belegt. Es paßt zu Kants profranzösischer und antienglischer Einstellung in den neunziger Jahren, daß für den exzessiven Luxus auf Banketten ein Beispiel aus England gewählt wird.

9–11 Ob die Regierung ... hieher nicht gehört.] Das »hieher« bezieht ◇ sich entweder auf den Paragraphen oder das Buch oder aber die pragmatische Anthropologie, weil die Befugnisfrage zur Rechtsphilosophie gehört. Das Thema der Aufwandsgesetze wurde jedenfalls ohne Erörterung der Befugnis ironisch schon § 47 (209,27–31 mit Kommentar) angesprochen und kehrt hier im letzten Absatz wieder (z. 22–30). Kant ist der Meinung, man dürfe ein Volk nicht mit Aufwandsverboten belästigen; in den »Metaphysischen Anfangsgründen der Rechtslehre« wird die Frage speziell der rechtlichen Befugnis nicht angesprochen.

13 Lakonicisms] H besser: »Laconismus«. ◇

17 »er weiß zu leben«] Vgl. Rischmüller (Hrsg.) in: Kant 1991, 247. ◇

2 *Vom Begehrungsvermögen.*] In der Metaphysik der Sitten, ein Jahr vor 251 der Anthropologie publiziert, wird das Begehrungsvermögen ähnlich exponiert: »Begehrungsvermögen ist das Vermögen, durch seine Vorstellungen Ursache der Gegenstände dieser Vorstellungen zu sein.« (VI 211,6–7) mit der überraschenden »Erläuterung« im Anhang der Ausgabe von 1798 (VI 356,23–26); sodann vorher V 9,9–27; s. auch XX 205,20–208,18. Bernd Ludwig bringt in seiner Ausgabe der »Metaphysischen Anfangsgründe der Rechtslehre« (1986) einen einschlägigen Passus der »Hagen-Papiere« (XLII–XLIII und 208). – Vorherige Abhandlungen in einer Übersicht zusammengestellt von Jean École in seiner Einleitung zur Psychologia empirica von Christian Wolff (Wolff 1962 ff., II 5, XXVII Anm. 50). Die Behandlung der »facultas appetendi« bildet bei Wolff 1962 ff., II 5, 387–720 (§§ 509–964) bzw. die »facultas appetitiva« bei Baumgarten §§ 663–739 (z. T. XV 45–54) den Abschluß der empirischen Psychologie mit dem Anhang: »De commercio mentis et corporis«. Im Gegensatz zu Kant unterscheiden sie auch bei diesem Vermögen innerhalb der empirischen Psychologie »oben« und »unten«, die »facultas inferior« und die »facultas superior«. Kant nimmt seit Beginn der Vorlesung ein klar geschiedenes oberes Begehrungsvermögen von der anthropologischen Erörterung aus.

3–25 *Begierde* (appetitio) ist ... anzuwenden hätte.] Vgl. Refl. 1490 ◇ (XV 735,6 – 736,12).

3–5 *Begierde* (appetitio) ... Wirkung derselben.] In H fehlt »als ... ◇ derselben.« – Vgl. die begrifflich elegante Bestimmung des Zwecks als des Gegenstandes »eines Begriffs, sofern dieser als die Ursache von jenem [...]

angesehen wird« (»Kritik der ästhetischen Urteilskraft« § 10; V 220,1–3).
Die Vorstellung des Künftigen bestimmt die Begierde zur Hervorbringung
des nur Vorgestellten. John Locke ist in der 2. Auflage des Essay concerning
Human Understanding (Locke 1975, 250–286; II 21,31–72) der Meinung,
daß die Begierde nur dann wirksam werden kann, wenn sie das Fehlen des
nur Vorgestellten schmerzlich fühlt, daß also der Schmerz, »uneasiness«,
das movens ist, nicht die Lust am Vorgestellten. Dieser Meinung schließt
sich Kant im Hinblick auf das Gefühl der Lust und Unlust (via Verri) an,
s. 230,23–232, 5, spricht auch wie Locke vom Schmerz als dem »Stachel der
Thätigkeit« (231,36; 233,28; 235,2–3; in anderer (?) Bedeutung V 147,15),
bezieht diese Lehre jedoch *nicht* in die Analyse des Begehrungsvermögens
ein. Man wird also zu dem Urteil gelangen, daß Kant keine einheitliche
Motivationstheorie entwickelt. Der Grund der Dissonanz liegt darin, daß
die Vermögenstheorie das Gefühl der Lust und Unlust vom Willen trennt
und die Locke-Konzeption via Verri – fälschlich – nur beim ersteren
angesiedelt wurde. Andererseits mußte Kant aus sachlichen Gründen darum
bemüht sein, der Lockeschen (»physiologischen«) Determinationstheorie
aus dem Wege zu gehen, um die Möglichkeit der Einwirkung der reinen
praktischen Vernunft auf den Willen nicht zu gefährden.

Zum Begriff der Selbstbestimmung (nur hier in der Anthropologie, jedoch
auch IV 427,22; XI 462,21; XXIII 39,2; Ms. 400 348) vgl. schon Moses
Mendelssohn »Über die Empfindungen« (Mendelssohn 1971 ff., I 82).

Wilhelm G. Jacobs, Trieb als sittliches Phänomen. Eine Untersuchung zur
Grundlegung der Philosophie nach Kant und Fichte (1967) faßt »Selbstbestimmung« als noumenal: »Kraft« werde »hier als voluntative verstanden […].
Dies wird zur Gewißheit, wenn man bedenkt, daß für Kant die Selbstbestimmung Kriterium der Freiheit ist, daß sich aber keine Erscheinung selbst
bestimmen kann. In der Definition der ›Metaphysik der Sitten‹ ging der
Begierde die praktische Lust als Ursache notwendig vorher, was eindeutig
Fremdbestimmung besagt; hier ist die Begierde Spontaneität. […] Damit
hat Kant die Freiheitswelt zum Grunde der Natur gemacht.« (22) Hierfür
könnte an das einzige weitere Vorkommen von »Selbstbestimmung« in
den Druckschriften (IV 427,22) appelliert werden. Die Interpretation widerspricht jedoch dem Genus der Anthropologie, die eine derartige Begründung nicht leisten kann. Zur Bestätigung kann das einzige Vorkommen in
den Vorlesungsnachschriften dienen, Ms. 400 348–349: »Genau kann man
die Begirden nicht erklären, doch in so weit es zur Antropologie gehört, so
ist das im denckenden Wesen, was in der Cörperlichen Welt die bewegende
Kraft ist. Es ist die thätige Kraft der Selbstbestimmung der Handlungen des
denckenden Wesens. […] Die Beziehung der Begierden ist die Thatigkeit zu
bestimmen.« Die Anthropologie thematisiert den »mundus sensibilis« der
inneren Phänomene, so wie die Physik (oder physische Geographie) die

Erscheinungswelt der körperlichen Phänomene. Kant wird also die Kraft und mit ihr die Selbstbestimmung vermutlich zur Erscheinungswelt ziehen.

5 Die habituelle sinnliche Begierde heißt *Neigung*.] So wörtlich VI 212,23 ◇
(»[…] die habituelle Begierde aber *Neigung* heißen, […]«). Vgl. dazu in der Religionsschrift: »*Hang* ist eigentlich nur die *Prädisposition* zum Begehren eines Genusses, der, wenn das Subject die Erfahrung davon gemacht haben wird, *Neigung* dazu hervorbringt.« (VI 28,30–32) Diese Stufung korrespondiert der Aristotelischen Lehre einer dynamis erster und zweiter Stufe; die letztere ist eine hexis, habitus (entsprechend hier »habituelle« Begierde). Kant begründet 1793 entgegen der ihm vorliegenden Tradition den Hang in der Freiheit, nicht in der Natur, so wenigstens im Hinblick auf unsere eigene moralische Vorstellung: »Unter einem *Hange* (propensio) verstehe ich den subjectiven Grund der Möglichkeit einer Neigung (habituellen Begierde, concupiscentia), sofern sie für die Menschheit überhaupt zufällig ist. Er unterscheidet sich darin von einer Anlage, daß er zwar angeboren sein kann, aber doch nicht als solcher vorgestellt werden *darf*: sondern auch (wenn er gut ist) als *erworben*, oder (wenn er böse ist) als von dem Menschen selbst sich *zugezogen* gedacht werden kann.« (VI 28,27–29,4) Vgl. zur Bestimmung des Hanges den Kommentar zu 288,15–16.

11–14 Die in Ansehung … nichts befriedigt).] Die »appetitio vaga« ist ◇
Baumgarten unbekannt. Auffällig ist die Vorliebe der Anthropologie von 1798 für Verbindungen mit »vagus«, s. dazu ad 154,1 »sensus vagus«. Diese »appetitio vaga« wäre kein schlechter Kandidat für den allgemeinen Lebensschmerz als »Stachel der Tätigkeit«.

15–19 Die durch die Vernunft … der *Affect*.] Es wurde schon oben (ad ◇
202,1–2) darauf hingewiesen, daß die Erörterung des dritten Buches mit Ausnahme der beiden letzten Paragraphen den Gemütskrankheiten der Affekte und Leidenschaften gewidmet ist. Nur die letzteren, die Leidenschaften, gehören jedoch in die Domäne des Begehrungsvermögens. »Dagegen ist das Gefühl einer Lust oder Unlust im gegenwärtigen Zustande, welches im Subject die *Überlegung* […] nicht aufkommen läßt, der *Affect*.« (251,16–19) Was *gefühlt* wird, ist gegenwärtig, während sich das *Begehren* auf Zukünftiges bezieht. Ohne daß dieser Differenzpunkt der Zeitbeziehung besonders herausgehoben wird, ist er der wesentliche. Zur Unterscheidung von Affekt und Leidenschaft und dem Grund der Behandlung auch der ersteren im Buch über das Begehrungsvermögen s. den Kommentar zu 235,14–20. Bei der weiteren Charakteristik der Differenz, bes. der »Gegeneinanderstellung« von Affekten und Leidenschaft(en) 252,1–253,18 spielt dieser ursprüngliche Differenzpunkt zwar eine Rolle, wird jedoch nicht mehr ausdrücklich genannt. An die Stelle von Gegenwartsbezug des Affekts und Zukunftsbezug der Leidenschaft tritt die unterschiedliche Dauer.

Zur Herkunft bei Kant s. den Hinweis im Ms. 400: »Die Gemüths
Bewegungen sind zwiefach. Affecten und Leidenschaften. Man hat dieses
für einerley gehalten [vgl. Baumgarten § 679 (XV 49,24–32), wo »affectus«
mit »Leidenschaften« übersetzt wird], allein Hutcheson machte hier zuerst
einen gantz richtigen Unterscheid. Affect ist ein Gefühl wodurch wir aus
der Faßung kommen, Leidenschaft aber eine Begierde, die uns aus der
Faßung bringt. Die Begierde ist nicht eine Wahrnehmung deßen was würk-
lich ist, sondern bloß was möglich und künftig ist. Gefühl aber geht aufs
gegenwärtige.« (392; vgl. auch Menschenkunde 302) Kant bezieht sich auf
Francis Hutcheson, s. Ms. 400 392. Die Texte im Ms. 400 und in der
Menschenkunde zeigen den – schon in der Antike bekannten – Grund des
Unterschiedes: Er liegt in der Zeit. Lust und Unlust oder Freude und
Schmerz sind gegenwartsbezogen, Hoffnung und Furcht dagegen richten
sich auf Zukünftiges.

Vgl. V 272,30–32: »Affecten sind von Leidenschaften specifisch unterschieden, jene beziehen sich bloß auf das Gefühl; diese gehören dem
Begehrungsvermögen an und sind Neigungen [...].«

Diese Unterscheidung ist schon der Antike vertraut, vgl. resümierend
Hutcheson, s. Collins Kommentar Nr. 192.

Gibt es die Unterscheidung von Affekt und Leidenschaft vor Hutcheson?
In der Übersetzung von Otto Baensch lautet der Schluß der dritten Defini-
tion in Teil III der Ethik Spinozas: »Wenn wir daher von einer dieser
Affektionen die adäquate Ursache sein können, dann verstehe ich unter dem
Affekt eine Handlung, im anderen Falle eine Leidenschaft« (Baruch de
Spinoza, Ethik (1910) 100). Hier werden jedoch nicht Affekte und Leidenschaften unterschieden, sondern zwei Formen des Affekts genannt: »Si
itaque alicujus harum affectionum adaequata poßimus esse causa, tum per
Affectum actionem intelligo, aliàs paßionem« (Spinoza, Opera (1923 ff.)
139). Die Unterscheidung hat also mit der von Kant nichts zu tun außer in
der Form, daß der Affekt qua actio mit dem Begehrungsvermögen verbunden wird, als passio jedoch mit dem Gemüt; dann entspräche der actio die
handlungsbezogene Leidenschaft, der passio jedoch der gegenwärtig erlittene Affekt.

◇   17–19 welches im Subject ... weigern solle) nicht] H: »welches [durch-
strichen: die Vernunft mit ihrem Begriffe vom Guten und Bösen Ub] im ...
(die Vernunftvorstellung) nicht«. – »Überlegung« ist hier (und 252,6; 9)
nicht theoretische »reflexio« (KrV A 260, B 316 u. ö.), sondern praktische
»deliberatio«, »Complexus actuum facultatis cognoscitivae circa motiva
stimulosque decernendi«, wie Baumgarten die »deliberatio«, das »Bedenken« definiert (XV 53,12–13; § 696). Bei der Interpretation sind einzubeziehen Thomas Hobbes, Leviathan I 6 (Hobbes 1991, 44) und John Locke,
An Essay concerning Human Understanding II 21, 52 (Locke 1975, 267).

Wenn bei Kant diese Überlegung näher charakterisiert wird, besteht sie in
einer Beziehung der momentanen Situation auf das Leben im ganzen. Vgl.
dazu 254,14–17 mit Kommentar.

20–25 Affecten und Leidenschaften ... dabei anzuwenden hätte.] Kant ◇
folgt in der Einstufung von Affekt und Leidenschaft als Gemüts*krankhei-*
ten (die eigentlich unter diesem Titel 212,6–220,10 zu erörtern wären) der
stoischen Argumentation, die sich gegen die aristotelische richtet, wie die
Kant vertraute Schrift Senecas De ira durchgehend dokumentiert. Zum
»Seelenarzt« s. 252,29. Die Vorstellung des Philosophen als eines Seelenarz-
tes ist in der Antike vielfach belegt.

3 Der Affect ist Überraschung] H: »Der *Affect* ist [durchstrichen: gleich- 252
sam [der Ausbruch] Überschwemmung durch den Ausbruch [des] Dammes
[von einem Strohm]; Leidenschaft dagegen ein Strohm durch die Abschüs-
sigkeit des Bodens veranlaßt der sich immer tiefer eingräbt und beharrlich
macht] Überraschung«.

4 animus sui compos] Vgl. 131,31 mit Kommentar; VI 407,20. ◇

7–8 *Phlegma* im guten Verstande] Diese Phlegma-Bewertung gibt es ◇
schon u.a. in der Nachschrift Collins 186, jedoch nicht mit der hier
gebrauchten Terminologie »im guten Verstande« (vgl. 318,3 mit Kommentar,
s. auch 254,10). Kant schließt sich vermutlich der Vorstellung Alexander
Baumgartens in der Ethica Philosophica (3. Auflage 1763) an, in der es im
§ 249 heißt: »Defectus in aversando s. INDOLENTIA (Fühllosigkeit), et
appetendo PHLEGMA MORALE vocatur SIGNIFICATU MALO (Mangel der
Begierden), progenies socordiae M§ 698. Bono enim SIGNIFICATU (kaltes
Blut) est iusta dosis temperantiae [...]. Quaere [...] phlegma morale significatu bono. Fuge [...] phlegma morale significatu malo, § 170.« Aufgenom-
men schon bei Georg Friedrich Meier im 3. Teil der Philosophischen
Sittenlehre (1756): »Aus der gehörigen Vermischung der Mäßigung und der
Tapferkeit entsteht nun derjenige glückselige Gemüthscharakter, den man
das kalte Blut, oder das moralische Phlegma im guten Verstande zu nennen
pflegt [...].« (387–388) Als Beispiel folgt bei Meier wie schon in den ersten
Vorlesungsnachschriften Kants der General im Feld, der sich nicht von
Affekten rühren läßt. (Hinweis Dr. Stefan Born, Ansbach.)

8 Eigenschaft des wackeren Mannes] Die Restriktion dieser positiven ◇
Haltung auf den Mann ist für Kant selbstverständlich; vgl. den »Mann von
Grundsätzen« 295,20 und den Kommentar dazu.

10–20 Was der Affect ... vereinigen läßt.] Die Rolle der Zeit als Dauer ◇
beim Affekt des Zorns erörtert auch Seneca in De ira II 29; das Kapitel beginnt
mit dem Satz: »Maximum remedium irae mora est.« Seneca denkt allerdings
nicht an die somatische Komponente, die Kant z. 16–20 ins Spiel bringt.

10–13 Was der Affect ... zu denken.] Auch in H: »es seinem Gegner zu ◇
denken.« – Zur Unterscheidung des Affekts des Zorns von der Leidenschaft

des Hasses vgl. V 272,30–37 und VI 408,5–14. Ohne die terminologische analoge Unterscheidung findet sich die sachliche Differenz zweier Arten des Zorns auch bei Descartes in den Passions de l'âme: »[...] qu'on peut distinguer deux especes de Colere: l'une qui est fort prompte, et se manifeste fort à l'exterieur, mais neantmoins qui a peu d' effect et peut facilement estre appaisée; l'autre qui ne paroist pas tant à l'abord, mais qui ronge davantage le coeur et qui a des effets plus dangereux« (Article CCI, s. a. CCII; Descartes 1964ff., XI 479).

◇ **15–20** Nöthigt einen ... nicht wohl vereinigen läßt.] Refl. 1246 (XV 551,2); Refl. 1498 (XV 775,14); Refl. 1514 (XV 845,15–16).

◇ **24–30** Der Affect wirkt ... zu verschreiben weiß.] Zur Vorstellung der Affekte und Leidenschaften als Seelenkrankheiten vgl. 251,20–25.

◇ **26–30** Er ist wie ein Rausch ... verschreiben weiß.] In H fehlt »aus [...] Verkrüppelung«. – Vgl. 266,17–20. – Zu einer Randnotiz in H vgl. 408,38–43.

◇ **26** Er ist wie ein Rausch, den man ausschläft] Irrtümlich noch einmal 253,4–5.

◇ **408,41–43** Lieben kann durch ... nicht los wird.] – Man erwartet eine genau umgekehrte Charakteristik. S. aber 253,6–9.

◇ **28–29** einen innern oder äußern Seelenarzt] H: »einen Seelenarzt«. Ein »äußerer Seelenarzt« ist nicht leicht vorstellbar. Hier hat der Redaktor so gedankenlos ergänzt wie beim Untertitel des 1. Teils der Anthropologie.

◇ **29** keine radicale, sondern] H, A1: »radical-, sondern«. Es werden also radikal-heilende den palliativ-heilenden Mitteln entgegengestellt.

◇ **36–253,1** Die Chinesen werfen ... »wie die Tartarn«] Die literarische Quelle konnte nicht ermittelt werden.

253 **1–3** diese aber jenen ... irre machen lassen.] Vgl. Parow 267–268 mit Kommentar Nr. 228; Menschenkunde 312; Dohna 246. Die Charakteristik der Chinesen in den Vorlesungsnachschriften ist eine Kollektion negativer Merkmale. Seit Christian Wolffs neugieriger Untersuchung der Moralvorstellung der Chinesen hat die Aufklärung ihre Akzentsetzung verändert. S. dazu Reinhard Brandt, »Europa in der Reflexion der Aufklärung« (1997d) 9–10.

◇ **6–8** Wer *liebt* ... unvermeidlich blind] Zum Kontrast von Lieben und Verliebtsein s. auch 266,7–13 und 408,41–43 mit der anderslautenden Meinung: »Aber sich verlieben ist eine Leidenschaft die man nicht los wird.«

◇ **8–9** wiewohl der Letztere ... zu erlangen pflegt.] Vgl. 232,17–24 mit Kommentar. »Gesicht« hier: sein Sehvermögen.

◇ **9** pflegt. Wem der] H: »pflegt. – [durchstrichen: Der Affect ist ehrlich und läßt sich nicht verhelen. Die Leidenschaft gemeiniglich versteckt] Wen der«.

13–14 Sokrates war … zu zürnen] H: »zu zürnen« fehlt. – Die Quelle ist ◇
nicht ermittelt.

15–16 daß man kaltblütig … oder nicht,] Dieser Einschub fehlt in H. ◇

16–17 Leidenschaft dagegen … kein Mensch.] Daß man wünscht oder ◇
wünschen sollte, von Leidenschaften frei zu sein, ist Kantisch-Stoisches
Credo. Von den Pietisten hebt er nach Rink rühmend hervor: »Sie besaßen
das Höchste, was der Mensch besitzen kann, jene Ruhe, jene Heiterkeit, jenen
inneren Frieden, der durch keine Leidenschaft beunruhigt wurde.« (Friedrich Theodor Rink, Ansichten aus Immanuel Kant's Leben (1805) 13 f.)

19 *Von den Affecten insbesondere.*] Diesem Titel müßte 265,20 ein glei- ◇
cher Titel im Hinblick auf die Leidenschaften korrespondieren. Es endet
dort Teil »B.« (254,26) der Affektbehandlung.

21 *Von der Regierung … der Affecten.*] Statt der Titelformulierung ◇
»Von der Macht des Gemüts durch den bloßen Vorsatz seiner krankhaften
Gefühle Meister zu sein« (VII 97,1–3) zieht Kant es hier vor, von der
Regierung zu sprechen. – Zu der Vorstellung von Macht, Herrschaft oder
Regierung der Vernunft über die Affekte vgl. Christian Begemann, Furcht
und Angst im Prozeß der Aufklärung (1987) 34–40. Was Begemann als
Spezifikum der neuzeitlichen Aufklärung herausstellt, gehört allerdings
seit dem Beginn der antiken Moralphilosophie zum festen Bestand aller
moralischen Reflexion. »Das bürgerliche Ideal der Furchtlosigkeit« (21) –
worin liegt das Spezifische gegenüber demselben Ideal der homerischen
Helden?

22–26 Das Princip … weniger) blind.] Vgl. Refl. 1169 (XV 517,2); in den ◇
»Metaphysischen Anfangsgründen der Tugendlehre« wird dasselbe Prinzip
angeführt: »Zur Tugend wird *Apathie* (als Stärke betrachtet) nothwendig
vorausgesetzt« (VI 408,24–25). – Das Wort »Mitleid« kommt in der Anthropologie nur hier und 211,24 (»Mitleiden«) vor. Der Sache nach ist jedoch
vom Mitleid 236,10–13 die Rede: »Dagegen ist die thatleere Theilnehmung
seines Gefühls, sympathetisch zu anderer ihren Gefühlen das seine mittö-
nen und sich so blos leidend afficiren zu lassen, läppisch und kindisch.«
Mitleid ist eine Sache der Frauen, nicht des Mannes (II 217,32–35;
219,23–33;223,18–21; 229,9–10; 325,3–5; vgl. auch IX 487,7–15). Kant
1991, 148f. und 151.
Zur Mitleids-Frage im 18. Jhdt. vgl. Ulrich Kronauer (Hrsg.), Vom Nutzen
und Nachteil des Mitleids. Eine Anthologie (1990).

26–31 Daß gleichwohl die Natur … zur Belebung beizufügen.] »dazu« ◇
(z.26) – wozu? Zur Apathie oder zum Affekt? Man muß sich für den
letzteren entscheiden. Nicht die »*Naturgabe* einer *Apathie*« (254,9) ist hier
gemeint, sondern der Affekt, den uns die Natur als »einstweiliges Surrogat
der Vernunft« (z. 30) gibt. – Ms. 400 485: »So ferne also in der Natur etwas
hat provisorie liegen müssen, auf den Fall wenn die Vernunft nicht aufge-

kläret wäre, und der Mensch als ein Thier hätte leben müssen; [...].« S. a.
Menschenkunde 309 mit einer Auseinandersetzung mit David Hume (auf
gemeinsamer stoischer Grundlage). – Zur »provisorischen Veranstaltung«
der Natur im Hinblick auf die Menschengattung im ganzen vgl. die Ausführungen zur Naturgarantie im Ewigen Frieden (VIII 363,3 ff.), auch in KrV
A 748 (s. schon den Verweis im Kommentar zu 151,6) und zur problemati-
schen gleichen Ansicht bezüglich der Leidenschaften s. hier 267,20–30. – In
der englischsprachigen Philosophie des 18. Jahrhunderts gehört es zu den
immer wiederkehrenden Topoi, daß die Natur die fundamentalen Lebens-
regelungen nicht der menschlichen Vernunft überlassen hat, sondern sie
selbst durch Instinkte und Gefühle steuert. Ein Beispiel für viele: »Though
man, therefore, be naturally endowed with a desire of the welfare and the
preservation of society, yet the Author of nature has not entrusted it to his
reason to find out [...] it has not been intrusted to the slow and uncertain
determinations of our reason, to find out the proper means of bringing them
[sc. die Zwecke] about.« (Adam Smith, The Theory of Moral Sentiments II 1,
5, 10; Smith 1976 ff., I 77) Kant sieht die Naturfürsorge als Provisorium, das
durch die Vernunft abgelöst wird. Ähnlich Rousseau zur Rolle der »pitié«
bei Mensch und Tier als einer vorrationalen Steuerung der Natur, s. Discours
sur l'inégalité, »Première Partie«; Rousseau 1959 ff., III 154.
   Im Hintergrund steht immer die Stoa, die einerseits Naturimpulse zu sitt-
lichem Verhalten festhält, andererseits die Sittlichkeit einzig in der Vernunft
begründet; vgl. dazu in den SVF bes. III 83–85 (»§ 5. De coniunctione
hominum.«). Tatsächlich wird diese »coniunctio« als Form der oikeiosis
schon im Bereich des Animalischen – z. B. der auch bei den Tieren feststell-
baren Elternliebe – realisiert, »provisorisch«, wie Kant die »pronoia«, die
Vorsehung der Natur, nennt. Adam Smith bekennt sich expliziter zum
(stoischen) Deismus, während Rousseau und Kant zurückhaltender von
der »Natur« sprechen, die sie mit einer – dann doch göttlichen – Vernunft
ausstatten.

◇   *27 provisorisch*] In der Anthropologie noch einmal 267,28 verwendet;
innerhalb der Druckschriften zuerst KrV A 748 (»Allein diese Anlage, sich
besser zu stellen, als man ist, und Gesinnungen zu äußern, die man nicht
hat, dient nur gleichsam *provisorisch* dazu, um den Menschen aus der
Rohigkeit zu bringen, [...]«). Durchgängig auch in den Vorlesungsnachschriften. Zu dem in (und nur in) der Metaphysik der Sitten relevanten
Unterschied von »provisorisch« und »peremtorisch« vgl. Reinhard Brandt,
»Das Erlaubnisgesetz, oder: Vernunft und Geschichte in Kants Rechtslehre«
(1982).

◇   **29 pathologischen**] H: »mechanischen«. Es ist wichtig, diesen Begriff
beizubehalten, denn Kant hat eine bestimmte Theorie des »Mechanism der
Natur«, die hier einschlägig ist.

31–32 Denn übrigens … Zweck zu verfolgen,] H: »zu erreichen«. – ◇
Vgl. 260,1–2: »*Von Affecten, die sich selbst in Ansehung ihres Zwecks
schwächen.*« – Kant übernimmt die einschlägige stoische Lehre; so heißt
es in De ira von Seneca: »Nullus enim adfectus vindicandi cupidior est
quam ira, et ob id ipsum ad vindicandum inhabilis: praerapida et amens,
ut omnis fere cupiditas, ipsa sibi in id quod properat opponitur.« (I 12, 5)
Vgl. weiter zur Blindheit und zur Selbstschädigung des Zorns in der
stoischen Theorie Änne Bäumer, Die Bestie Mensch. Senecas Aggressionstheorie, ihre philosophischen Vorstufen und ihre literarischen Auswirkungen
(1982) 67. Kurt Borries, Kant als Politiker (1928) 44 zitiert Rousseau: »L'ar-
deur même des passions est presque toujours ce qui les détourne de leur
but.«

33–254,8 Gleichwohl kann die … werden muß.] Vgl. 269,8–12 (»So   ◇
erweckt nicht allein der Freiheitsbegriff unter moralischen Gesetzen einen
Affect, der Enthusiasm genannt wird, […]«) und 313,29–314,2, sodann
im Streit der Fakultäten VII 85–86, wo der Enthusiasmus ohne Vorbehalte
zu den Affekten (und damit zum Gefühl, nicht zum Begehrungsvermögen)
gezählt wird: »Dies also und die Theilnehmung am Guten mit *Affect*, der
Enthusiasm, ob er zwar, weil aller Affect als ein solcher Tadel verdient,
nicht ganz zu billigen ist, giebt doch vermittelst dieser Geschichte zu der
für die Anthropologie wichtigen Bemerkung Anlaß: daß wahrer Enthusiasm nur immer aufs *Idealische* und zwar rein Moralische geht, dergleichen
der Rechtsbegriff ist, und nicht auf den Eigennutz gepfropft werden kann.«
(86,6–8) Der Enthusiasmus wird in der Anthropologie »eigentlich« (z. 7)
zum Begehrungsvermögen statt zum Gefühl gezogen, weil das erstere sich
auf eine auszuführende Tätigkeit richtet, während die Affekte des Gefühls
nur gegenwartsbezogene Reaktionen darstellen; vgl. die Einteilung der
Temperamente in Temperamente des Gefühls und der Tätigkeit 286,29–31.
Kant müßte eigentlich die Konsequenz ziehen und aus den Enthusiasmus
als Leidenschaft bezeichnen, wenn er nicht zu den Affekten gehören soll,
vgl. 235,14–20. – Kant ermöglicht einen sittlich positiven Enthusiasmus
durch die seit der Grundlegung zur Metaphysik der Sitten von 1785 benutzte
Figur einer Gefühlserzeugung durch die reine Vernunft; dort ist es das
moralische Gefühl der Achtung, hier des Enthusiasmus. Zur Vorbereitung
dieser gegenüber der KrV neuen Theorie vgl. Ms. 400 665: »Viele Nationen
laßen sich wohl discipliniren aber durch Gewalt, und nicht aus Achtung
fürs allgemeine Gesetz. Die Freiheit, die aus Achtung fürs Gesetz entspringt, stimmt mit jeder Freiheit, aber die Licenz stimmt nicht mit jeder
Freiheit.« Und Ms. 400 837: »Als Jüngling muß seine Unterweisung positiv seyn. Er muß erstlich Pflichten erkennen die er hat in Ansehung des
menschlichen Geschlchts und denn Pflichten, die er in der bürgerlichen
Ordnung hat; da muß er zwey Stücke beobachten: Gehorsam und Achtung

fürs Gesetz. Der Gehorsam muß nicht sklavisch seyn, sondern aus Achtung fürs Gesetz.« Man sieht hier gut den rechtlich-öffentlichen Charakter
der Kantischen Moralphilosophie (und den impliziten Ausschluß der
Frauen aus der sittlichen Spontaneität). In Pillau 114 die Verbindung:
»Enthusiasmus ist die Achtung für das Erhabene.« Zuvor ist der Enthusias-
mus ein »Affect, der aus idealen Ursachen entspringt« (Pillau 106). Zur
Verbindung von Enthusiasmus und Rechtsidee vgl. 269,8–12 und 86,11
und 33. Im Streit der Fakultäten ist das Sonderbare, daß Kant in bestimmten
Passagen (Ziffer 6 und 7) die Präsenz der Rechtsidee als der Ursache der
Kundgebungen glaubt erschließen zu können, also eine fixierbare Epipha-
nie des Noumenalen in den Erscheinungen annimmt. – Zu anderen
Aspekten des Enthusiasmus: er wird als edle Phantasterei (Collins 88;
Ms. 400 193) geführt, der Enthusiast ist »idealisch betruncken« (Parow
130), ohne Enthusiasmus gibt es nichts Großes, er, aber eben ein Affekt. –
VI 408,33–409,2: der negativ bewertete private Enthusiasmus des durch
keine Öffentlichkeit kontrollierten Privat-Schwärmers. S. auch II 221 und
V 251; 271; 275.

Wieland im Teutschen Merkur 4 (1775) 151–155: »Zusatz des Herausge-
bers« zu den »Auszügen einer Vorlesung über Schwärmerey«. Danach ist
Enthusiasmus »eine Erhitzung der Seele die nicht Schwärmerey ist; sondern
die Wirkung des unmittelbaren Anschauens des Schönen und Guten, Voll-
kommenen und Göttlichen in der Natur, und unserm Innersten, ihrem
Spiegel!« (152) Vgl. Manfred Engel: »Die Rehabilitation des Schwärmers.
Theorie und Darstellung des Schwärmers in Spätaufklärung und früher
Goethezeit« (1994) 472.

254   4–5 nicht als Wirkung, sondern als Ursache eines Affects] Hiermit wird
gedrängt das Problem Gefühlsmoral versus Vernunftmoral reformuliert.
Das Gefühl der Achtung ist wie hier das Gefühl des Enthusiasmus nicht der
Bestimmungsgrund der Moral, sondern wird umgekehrt aus einem mora-
lischen Grundsatz erzeugt, s. zuerst in der Grundlegung IV 401,19–23:
»Allein wenn Achtung gleich ein Gefühl ist, so ist es doch kein durch
Einfluß *empfangenes*, sondern durch einen Vernunftbegriff *selbstgewirktes*
Gefühl [...]. Was ich unmittelbar als Gesetz für mich erkenne, erkenne ich
mit Achtung, [...].« Zur Frage der hierin enthaltenen Verkehrung von
Ursache und Wirkung vgl. Brandt 1995 a.

◇   9–10 ist, wie gesagt,] Der Rückverweis ist ein Zusatz von Schütz (vgl.
237,2 und 6); er bezieht sich auf 252,6–8.

◇   14–17 Überhaupt ... Zustande zu vergleichen.] Vgl. 251,17–19;
265,27–30 und 266,25–28: Die Neigung qua Leidenschaft hindert die
Vernunft, sie mit der »Summe aller Gefühle« (z. 16; »Summe aller Neigungen«, 265,29; 266,27), »der Menge *aller* Vergnügen« (z.20–21) zu *vergleichen* (z.17 und 22). Das Prinzip, eine Leidenschaft mit der Summe aller

Neigungen zu vergleichen, kennt Kant schon in den Beobachtungen
(II 261,16–19). In den Anthropologie-Vorlesungen: Collins 131; Parow 258
und in allen folgenden Vorlesungsnachschriften.

Eine derartige vernünftige Übersicht über die Neigungen im ganzen kann
sich auch der Hedonist zum Ziel setzen. – Zu dem Problem des hier in
Anspruch genommenen Vergleichens s. u. a. die Vorstellungen in der KdU
V 190,2–13. – Eine der Quellen der Beziehung einer momentanen Handlung und ihrer Folgen auf das Leben im ganzen ist Ciceros De officiis I 4, 11:
»[…] facile totius vitae cursum videt ad eamque degendam praeparat res
necessarias.« Sodann Seneca in den Epistulae morales ad Lucilium 95, 57:
»Habitus porro animi non erit in optimo, nisi totius vitae leges perceperit et
quid de quoque iudicandum sit, exegerit, nisi res ad verum redegerit.« Vgl.
Forschner 1981, 186.

20 *eines* Vergnügens] Fehlt in H.   ◇

27 *Von den verschiedenen Affecten selbst.*] Kant waren Affektunter-   ◇
scheidungen und -katalogisierungen der Antike vertraut; zur stoischen
Theorie und Tabellarik vgl. die Zusammenstellung unter dem Titel »De
affectibus« in den Stoikerfragmenten von Arnim, SVF III 92–133 (Frg.
III 377–490). Besonders die Cicero- und Seneca-Texte, aber auch die Pas-
sagen aus Diogenes Laertius, vielleicht auch Plutarch und Galen waren Kant
präsent. Vgl. weiter das Kapitel VI des Hobbesschen Leviathan: »Of the
Interiour Beginnings of Voluntary Motions; commonly called the PASSIONS.
And the Speeches by which they are expressed.« (Hobbes 1991, 37–46)
Descartes setzt diese Tradition in den Passions de l'âme fort, Spinoza in
seiner Ethica, vgl. Teil III: »De Origine et Natura Affectuum« und Teil IV:
»De Servitute Humana, seu de Affectuum Viribus« (Spinoza 1923ff.,
II 41–308). Betrachtet man diese Erfahrungskunde menschlicher Affekte
(oder davon nicht getrennter Leidenschaften), gibt es eine ungebrochene
Konstanz von Homers Zorn (nicht Schreck oder Vergnügen, nicht Furcht,
nicht Liebe, sondern Zorn) des Achill (1. Zeile der europäischen Literatur)
bis zu Kants Affekt- und Leidenschaftsanalyse.

28–30 *Das Gefühl, welches … verlassen, unangenehm.*] Vgl. Refl. 556   ◇
(der siebziger oder achtziger Jahre): »Das Verhaltnis der Vorstellungen zu
den thatigen Kräften des subiects, um dieselbe Vorstellung zu erhalten oder
hervorzubringen, ist das Gefühl der Lust.« (XV 241,14–16); in der Metaphysik Pölitz: »Wenn eine Vorstellung einen Grund enthält, bestimmt zu
werden, dieselbe Vorstellung wieder hervorzubringen, oder wenn sie da ist,
zu continuiren, ist Lust.« (XXVIII 586, 16–18); zu dem »Verweile doch« in
der Ästhetik vgl. V 222, 31–37.

Maupertuis schreibt im »Essai de philosophie morale«: Lust sei der
Zustand, den wir lieber haben als nicht haben wollen; dies wird von Moses
Mendelssohn in seinen Briefen »Über die Empfindungen« von 1755 auf-

genommen, s. Mendelssohn 1971 ff., I 112, so auch in: »Rhapsodie, oder
Zusätze zu den Briefen über die Empfindungen« (Mendelssohn 1971 ff.,
I 383). Baeumler 1974, 133 verweist auf Johann Georg Sulzer: Kontempla-
tion sei »der Zustand, welcher gefällt, und in welchem man gerne bleiben
möchte.« (Vermischte philosophische Schriften I 238) Der nachfolgende
Hinweis auf Christian Wolffs Psychologia empirica § 591 (Wolff 1962 ff.,
II 5, 446) ist mißlich, weil dort die Betrachtung des Guten im Hinblick
auf das Begehren erörtert wird; »[...] seu eam appetimus, quamdiu in
notione boni confusa acquiescimus« heißt ja gerade, daß wir auf das nur
Vorgestellte hinstreben, also diesen Zustand verlassen möchten. Das ist
nicht unwichtig, weil »voluptas« und »taedium« sowohl bei Wolff wie auch
bei Baumgarten noch an das Begehrungsvermögen gebunden sind und erst
in der nachfolgenden Philosophie die Eigenständigkeit gewinnen, die die
Ausbildung der Ästhetik mit einem interesselosen Wohlgefallen ermöglicht.

◇   30–32 Mit Bewußtsein ... dieses *Traurigkeit*.] Hier wird die Frage
relevant, ob der Bewußtseinsbegriff, wie er 131,15 ff. eingeführt wird, epistemisch dominiert ist oder sich problemlos auch auf Gefühle bezieht, ohne
diese also zu Vorstellungen von Gefühlen zu machen. – Was soll die Aussage
genau bedeuten? Nach Kant können Tiere zwar Lust und Schmerz, aber
nicht Vergnügen bzw. Freude und Mißvergnügen bzw. Trauer empfinden. –
»voluptas« und »taedium« entsprechend der empirischen Psychologie von
Wolff und Baumgarten, die dort allerdings als Affekte bzw. Leidenschaften
gefaßt werden.

◇   35–255,7 Doch hat man ... langsam tödtend ist.] Zum »Tod durch
Freude« vgl. 231,28 mit Kommentar und Ms. 400 314 mit Kommentar
Nr. 74. In der einschlägigen Literatur wird beides berichtet, daß Menschen
aus übermäßiger Trauer oder auch Freude starben; vgl. dazu vorzüglich
Rather 1965, 228–230.

255   8–9 Der *Schreck* ... Fassung bringt.] Vgl. 166,20–22.
◇   11–12 Anreiz zur ... in sich enthält).] Vgl. 243,11–12 und 261,4–8. –
Stephen Greenblatt, *Wunderbare Besitztümer. Die Erfindung des Fremden:
Reisende und Entdecker* (1994).
◇   15–19 Furcht über einen ... (einem krankhaften Zustande).] H: »[durch-
strichen: Angst] Furcht über einen unbestimmten Gegenstand«. Mit dem
Begriff der »Bangigkeit« wird ein Phänomen genannt, das in der Literatur
unter dem Titel der Melancholie tradiert wird und in der deutschsprachigen
Literatur eher den Namen »Angst« hat (in der Tradition von »anxietas«,
verwandt mit »eng«). S. dazu den »namenlosen Schmerz« bei Pietro Verri
(s. den Komentar zu 230,36 und 232,1–5).
◇   25 krankhafte Zufälle] »Zufall« wird im 18. Jhdt. in bestimmten Kontex-
ten gleichbedeutend mit »Anfall« gebraucht.

26 Browns System] Vgl. VI 207,14–15: »[…] es gibt nur ein Princip zum ◇
System der Krankheitseintheilung (nach Brown), […].« – Vgl. Schelling,
»Über die Jenaische Allgemeine Literaturzeitung« (1800): »Nicht viel
später, als das Kantische System anfing in Deutschland allgemein Aufsehen
zu erregen, erhob sich ein anderes in seiner Art nicht minder großes und
bedeutendes System aus seiner unverdienten Dunkelheit, ich meine das
Brownische System der Heilkunde, welches unter denen, die sich dafür und
dawider interessirten, nicht geringen Zwiespalt und wo möglich heftigere
Parteikämpfe erweckte als das erstere« (Schelling 1927ff., Erster Erg. Band
351–384; 373). Zur Verwendung des Brownschen Systems »nach einer
Analogie« vgl. auch Engel 1994, 492–493.

30 *Lachen* mit Affect ist eine *convulsivische* Fröhlichkeit.] Vgl. 262,2. ◇

31 *Weinen* begleitet] H, A1: »Weinen ist«. ◇

34 das Lachen und das Weinen,] Dieser Zusatz fehlt in H und A1. ◇

37–256,1 Lachen ist *männlich*, … (beim Manne *weibisch*)] »(beim ◇
Manne *weibisch*)« fehlt in H. – In den Beobachtungen über das Gefühl des
Schönen und Erhabenen behandelte Kant Affekte und Leidenschaften im Stil
der Antithetik von »männlich« und »weiblich«, vgl. den 3. Abschnitt,
II 228,1–243,4.

6 *Von der Furchtsamkeit und der Tapferkeit*.] Der Furcht wird nicht die 256
Hoffnung zugeordnet, wie es in einer zeitlichen Anordnung der Affekte
geschieht. Lust und Schmerz beziehen sich dann auf die Gegenwart, Hoff-
nung und Furcht (oder Angst) auf die Zukunft; vgl. u.a. SVF III 97;
Fragment 387 und 388. – Zur Affektenlehre der Aufklärungszeit vgl. die
Darstellung von Christian Begemann, Furcht und Angst im Prozeß der Auf-
klärung (1987). Die Untersuchung leidet unter der Unkenntnis der antiken
Affektreflexion; so erscheint mancherlei als typisch bürgerlich, was den
Helden Homers schon von ihren Vätern längst vertraut war.

11 *Unerschrockenheit*.] In dieser Höhe beginnt eine Randnotiz in H, ◇
s. 409,1–18.

15–16 *Waghalsig* ist … nicht kennt.] Die Unterscheidung des Waghal- ◇
sigen vom Kühnen oder wahrhaft Mutigen findet sich schon in Platons
Protagoras 350bff.

18 wie Karl XII. bei Bender).] Vgl. Pillau 94 mit Kommentar Nr. 50; ◇
Menschenkunde 320.

18–19 Die Türken … *Tolle*.] Quelle nicht ermittelt, vgl. Menschenkunde ◇
320 mit Kommentar Nr. 240.

25–27 Einem Feldherrn … Herzkammern stocken] Quelle nicht ermit- ◇
telt, vgl. Collins 52 mit Kommentar Nr. 65.

27–29 und an einem … schüchtern war.] Vgl. dazu Ms. 400 492: »So sagt ◇
Bringmann, wer Säure im Magen hat, der ist ein Poltron«; Mrongovius 97′:
»So erzählt Bringmann ein Arzt in der Pfalz von einem großen General daß

er ein tapferer Man gewesen aber so bald sich eine Portion Säure in dem Magen und in den ersten Canaelen der VerdauungsWege befunden; sei er sogleich die feigeste Memme geworden.« Marienburg 143. Die Quelle Kants ist nicht ermittelt; vgl. Kommentar Nr. 92 zu Ms. 400 492.

◇   **33–35** Das Wort *Poltron* ... zu dürfen.] Fehlt in H̲, jedoch 257,6–7 »NB Poltron«. Die Anmerkung enthält die Kantische Auffassung; die (falsche) Etymologie wird vielfach in den Vorlesungsnachschriften (s. u. a. Menschenkunde 320; Mrongovius 85 und Hasse 1925, 19) wiederholt. Der Rezensent der Erlanger Litteratur-Zeitung Nr. 11 vom 16. 1. 1799 moniert: »Den Ausdruck *Poltron* leitet Kant nach dem Saumaise [bzw. Salmasius], dessen Bizarrerie und Hartnäckigkeit in vorgefasster Meinung schon Bayle rügt, auf die bekannte gezwungene Art von *pollex truncatus* ab. Weit natürlicher ist es, dieses Wort von dem italiänischen *poltro*, ein junges scheues Füllen, wovon auch das italiänische *poltrone*, ein feiger, herkommt, abzuleiten.« (Spalte 88)

257 **3–5** man will aber bemerkt ... im Gefechte sind.] Vgl. Refl. 1083 (XV 480,13).

◇   **14** davon das Wort hallucinari hergenommen)] Külpe verweist für Auskünfte über diese falsche Etymologie auf Adalbert Bezzenbergers Untersuchung (1904) 263.

◇   **16–23** Geduld aber ... sollte zwingen können.] H: »niedermachen lassen mehr Muth« (z. 19). »Mir scheint ... zwingen können.« fehlt in H. Man sieht nicht, wie dieser in A1 hinzugefügte Text zu dem vorhergehenden (das Sich-Wehren zu Klagen und Seufzern) passen soll.

Die Quelle wurde nicht ermittelt. In gewisser Nähe bewegt sich die Beschreibung von Adam Ferguson in seinem Essay on the History of Civil Society von 1767: »The principal point of honour among the rude nations of America, as indeed in every instance where mankind are not corrupted, is fortitude. Yet their way of maintaining this point of honour, is very different from that of the nations of Europe. [...] They reserve their fortitude for the trials they abide when attacked by surprise, or when fallen into their enemies hands; and when they are obliged to maintain their own honour, and that of their nation, in the midst of torments that require efforts of patience more than of valour.« (91) Ferguson verweist lapidar auf »Charlevoix«; sowohl die englische Ausgabe von Duncan Forbes (1966) wie auch die deutsche Übersetzung und Ausgabe von Hans Medick und Zwi Batscha (1986) ehren das Andenken an den Autor dadurch, daß sie diesen einfachen Verweis »Charlevoix« übernehmen und ihn nicht durch nähere Angaben entstellen.

◇   **30–36** Es gehört nämlich ... Hohnlachen verweigert.] Dieser Passus folgt (mit anderem Wortlaut am Anfang) in H und A1 auf den nächsten Absatz (z. 37–258,9).

2 *Blödigkeit*] Vgl. 260,26 und 260,32 ff. und die Monographie von Georg   258
Stanitzek, Blödigkeit. Beschreibungen des Individuums im 18. Jahrhundert
(1989).

4 billiges Vertrauen zu sich selbst] Hier (ungefähr) beginnt eine Randno-   ◇
tiz in H, s. 409,9–17. Weischedel ergänzt korrekt »schiefe« z. 10, von Külpe
nicht berücksichtigt.

10–259,22 Ob Selbstmord ... zu vertheidigen.] Vgl. 213,17–20 und   ◇
233,16–17. – Der Schlußsatz besagt: Es ist in diesem kurzen Panorama des
Selbstmordes nur von der anthropologischen, nicht der moralischen Seite
die Rede. Die letztere wird ohne Beziehung zur Anthropologie in der
Vorlesung Kants über Ethik (Kant 1924) 186–193, in der Grundlegung zur
Metaphysik der Sitten IV 429,14–25, der Kritik der praktischen Vernunft
V 44,9–12 und 69,27–28 und in der Metaphysik der Sitten VI 421 ff. unterschiedlich, wenn auch mit gleichem Ergebnis analysiert. – Zur Selbstmord-
erörterung im 18. Jhdt. vgl. die Studie von Gerald Hartung, »Über den
Selbstmord. Eine Grenzbestimmung des anthropologischen Diskurses im
18. Jahrhundert« (1994).

20 die Qualen] H: »die Übel«.   ◇

24–26 oder (wie es ... geschärftes Sublimat] Vgl. in der Metaphysik der   ◇
Sitten: »Kann man es einem großen unlängst verstorbenen Monarchen zum
verbrecherischen Vorhaben anrechnen, daß er ein behend wirkendes Gift bei
sich führte [...]?« (VI 423,25–31) Vermutliche Quelle: Anton Friedrich
Büsching, Beyträge zu der Lebensgeschichte denkwürdiger Personen, insonderheit gelehrter Männer, [...]. Fünfter Theil, der den Character Friederichs
des zweyten, Königs von Preußen, enthält (1788; ²1789) 249. S. Külpes
Kommentar und XXV 1583 s. v. »Büsching«. Vgl. auch Voltaire, Mémoires
pour servir à la vie de M. de Voltaire, écrits par lui-même von 1759, s. Voltaire
1877–1885, I 48–51. Die Briefe: 9. 10. 1757 von Friedrich und Voltaires
Antwort im Oktober 1757, Briefwechsel Friedrichs des Großen mit Voltaire,
hrsg. von Reinhold Koser und Hans Droysen (1908–1911) III 24 ff. Zu dem
gesamten Komplex vgl. Christiane Mervaud, Voltaire et Frédéric II: une
dramaturgie des lumières 1736–1778 (1985) 263 ff.

29–30 oder ein Schnitt ... geheilt werden kann] H, A1: »ein Halsab-   ◇
schneiden, das noch«. – Vgl. 213,18–20: »Denn der, welcher sich in der
Heftigkeit des Affects die Gurgel abschneidet, läßt sich bald darauf geduldig
sie wieder zunähen.«

9–11 in Zeitläuften ... französischen Republik)] Einer der vielen Bezüge   259
der Anthropologie zur Französischen Revolution, s. die »Einleitung« 2 b:
»Die Abfassungszeit von H«. – Albert Soboul, Die Große Französische
Revolution (1988) 305.

11 z. B. Roland] Roland war vom 13. 12. 1791 bis zum 13. 6. 1792   ◇
Innenminister der Monarchie, vom 10. 8. 1792 bis zum 21. 1. 1793 der erste

Innenminister der Republik. Er konnte sich der Verhaftung (als Girondist) im Juni 1793 durch Flucht nach Rouen entziehen. Als Anfang November 1793 die Girondistenfraktion, darunter seine Frau Manon, hingerichtet wurde, nahm er sich vor seiner Verhaftung das Leben, in Kantischen Kategorien: auf »rüstige« Weise, indem er sich unrettbar in sein Schwert stürzte. – Georg Büchner, Über den Selbstmord. Eine Rezension (1831): »Über *Roland* ist zu hart geurteilt, ihn brachte nicht die Furcht vor dem Blutgerüst zu dem Entschluß sich selbst zu ermorden, sondern der Schmerz, welcher ihn bei der Nachricht von der Hinrichtung seiner Gattin übermannte. Überhaupt weiß ich nicht, was die letzte Phrase *hier* bedeuten soll, denn wer sich selbst ermordet wagt es doch wahrlich dem Tod in das Auge zu sehen.« (Büchner 1988, 36)

◇   **13 in einer constitutionellen Verfassung selbst]** Wohl gemeint: »in einem constitutionellen [sc. Zustand, nach z. 10] selbst«.

◇   **14–17 Es liegt in … eine *verdiente* anerkennen.]** H: »eine solche anerkennen.« – Eine verwandte Überlegung findet sich in den »Erläuternden Anmerkungen zu den metaphysischen Anfangsgründen der Rechtslehre«: »In jeder Bestrafung liegt etwas das Ehrgefühl des Angeklagten (mit Recht) Kränkendes, weil sie einen bloßen einseitigen Zwang enthält und so an ihm die Würde eines Staatsbürgers, als eines solchen, in einem besonderen Fall wenigstens suspendirt ist: da er einer äußeren Pflicht unterworfen wird, der er seinerseits keinen Widerstand entgegen setzen darf.« (VI 363,25–29)

◇   **20 wie Nero]** Vgl. Tacitus, Annalen XV 61.

◇   **22 Die Moralität … zu vertheidigen.]** Fehlt in H.

◇   **23–31 Der Muth des Kriegers … gemeint sind.]** S. schon in den Bemerkungen, s. Kant 1991, 16; 118ff. – Die Ausführungen Kants lassen sich zwanglos auf das »Allgemeine Landrecht« von 1794 beziehen, in dem einerseits die Tötung im Duell als Mord galt und als solche mit der Todesstrafe geahndet wurde (Allgemeines Landrecht für die Preußischen Staaten, hrsg. von Hans Hattenhauer (1970) 693–694), andererseits das Duell eine besondere Strafmaterie darstellte, die unter dem Titel »Von Beleidigungen der Ehre« abgehandelt wurde. – Zum Problem vgl. Rousseau in der *Lettre à d'Alembert* (Rousseau 1959ff., V 62–67). – Domenico Losurdo, *Hegel und das deutsche Erbe* (1989) 228ff. ist fälschlich der Meinung, Kant vertrete hier in der Anthropologie und in der Metaphysik der Sitten (VI 336ff.) unterschiedliche Auffassungen. – Zur Problematik allgemein die vorzügliche Studie von Ute Frevert, *Ehrenmänner. Das Duell in der bürgerlichen Gesellschaft* (1991) bes. 66–76 (»Duellgesetzgebung im Zwiespalt. Allgemeines Verbrechen oder Sonderdelikt?«). – Zu Kants Meinung, daß der Duellmord (wie der Kindesmord) der Todesstrafe unterliegt, vgl. Reinhard Brandt, »Die Todesstrafe bei Duell- und Kindesmord« (1998c).

29–31 denn es giebt … nicht gemeint sind.] Der Grund der Strafexem- ◇
tion beim Duell und eventuell Duellmord läge demnach in der – nach Kant
falschen – Auffassung, daß der Duellant sich automatisch als tapferer
Krieger qualifiziert, wie ihn der Staat braucht. Wendet der Staat die Todesstrafe an und unterdrückt dadurch das Unwesen der Duelle, so wird seine
Armee nicht schlechter – dies scheint der Gedanke zu sein, mit dem Kant für
Urteilsstrenge und Konsequenz wirbt.

35 Ritter Bayard] Pierre du Terrail Seigneur de Bayard (1474–1524); vgl. ◇
XV 848,3–4.

1–2 *Von Affecten, die sich selbst in Ansehung ihres Zwecks schwächen.*] 260
Vgl. schon 253,31–32 mit Kommentar.

3 Impotentes animi motus.] Hiermit soll dasselbe wie in dem deutschen ◇
Titel gesagt werden, nicht, daß die Affekte kraftlos sind. Seneca schreibt in
De ira I 2,1 vom Affekt des Zorns: »Iam vero si effectus eius damnaque
intueri velis, nulla pestis humano generi pluris stetit.« Seneca bezieht in den
Affekt des Zorns auch die Massenpsychologie ein, die »aufgebrachte
Menge« (III 2,2: »Denique cetera singulos corripiunt, hic unus adfectus est,
qui interdum publice concipitur«; vgl. auch Bäumer 1982, 107–126, bes.
109); ein Gedanke, der bei Kant nicht mehr bzw. noch nicht vorkommt.
Öffentlichkeit ist bei ihm im Sinne der Aufklärung positiv besetzt; der
einzige kollektive Affektzustand, der erwähnt wird, ist der Rechtsenthusiasmus während der Französischen Revolution, vgl 85,4–29. In den
absolutistischen Staaten zur Lebenszeit Kants gab es kaum Berichte von
massenpsychologischen Phänomenen.

4–5 § 78. Die Affecten … Es sind plötzlich] H, A1: »Sie sind *Zorn* und ◇
Schaam. Plötzlich«. Typische Divergenz in der Titelauffassung: Kant integriert ihn stark in den Text, Schütz distanziert ihn.

4 des Zorns] »Zorn«, »menis« ist das erste Wort der europäischen ◇
Literatur – »menin aeide, thea, […]«, beginnt die Ilias. Der Zorn wird in den
Affektkatalogen des Aristoteles (Rhetorik 1378a–1380a) und der Stoiker
besonders berücksichtigt, u.a. SVF III 96–97, Frg. 395–397.

8–10 Wer ist mehr… Rachgier halber).] Die gleiche Frage stellt Descartes ◇
in den Passions de l'âme: »Pourquoy ceux qu' elle [sc. la colère, RB] fait
rougir, sont moins à craindre, que ceux qu'elle fait pallir.« Die Antwort: »Et
on juge ordinairement que la Colere de ceux qui palissent, est plus à
craindre, que […].« (»Article CC«; Descartes 1964ff., XI 478) Zum Erröten
und Erblassen vgl. weiter den »Article CXIV«: »Des changements de
couleur« (Descartes 1964ff., XI 413). Vom Erröten und Erblassen bei Affekt
des Zorns handelt auch Christian Wolff, Psychologia empirica § 611 (Wolff
1962ff., II 5, 460). – Kant trennt gemäß der Differenz von Gefühl der Lust
und Unlust und Begehrungsvermögen den Affekt von der Leidenschaft,
so auch hier im Feld des vorher und in der späteren Theorie einheitlich

behandelten Zorns, wo nicht zwischen dem momentan aufwallenden Ge-
fühl und der langfristigen Rachbegierde unterschieden wird, vgl. etwa die
Definition im Duden, Bd. 8, Vergleichendes Synonymwörterbuch, bearb. von
Paul Grebe, Wolfgang Müller (1964) 748: »Zorn, der (ohne Plural): leiden-
schaftlicher und heftiger Unwille über eine Handlung, ein Ereignis oder
einen Zustand, die als Unrecht empfunden werden [...]; äußert sich in
Miene, Wort oder Handlung und richtet sich meist gegen einen bestimmten
Menschen als Urheber des Ärgernisses.« (Verwendet von Bäumer 1982, 21,
Anm. 4) Das Wort »Zorn« richtet sich eher auf den momentanen Affekt,
Kant meidet daher in dem Kapitel über die korrespondierende *Leidenschaft*
(270,18–271,13) dieses Wort.

◇   **24–25** in der Scham] Fehlt in H.

◇   **25–27** (der selbst ... behaftet war)] S. 258,2 mit Kommentar. Vgl. David
Hume »Of Impudence and Modesty« (Essays (1987) 552–556, hier 553 f.).
Die Stelle nennt Külpe im Kommentar, der dann irrtümlich weiterfährt:
»Sulzer, Vermischte Schriften IV 18 f.«; gemeint sind die Vermischten Schriften David Humes, die 1754–1756 mit einer Einleitung Johann Georg
Sulzers erschienen. – So schon Dohna: »Dagegen war David Hume, sonst ein
so großer Kopf, von einer solchen Blödigkeit, daß man ihn gar nicht zu
öffentlichen Verhandlungen gebrauchen konnte.« (237) Ähnlich Mrongovius
89'. Vgl. dazu Johann Georg Scheffner an Herder am 30. 10. 1766: »Da ich
einmal Anekdoten schreibe, so lesen Sie auch noch folgendes von Hume u.
Rousseau, ersterer war bei der Gesandschafft in Paris, hat aber den Posten
wegen seiner Blödigkeit im mündlichen Vortrage verlassen, u bekomt jetzt
von der Regierung 800 P. Str. [...]. Dieses hat mir Kant aus Herrn Greens
Briefen erzählt. Vielleicht weiß ihr Anekdotenfabrikant ein mehreres.«
(Arthur Warda (Hrsg.), *Briefe an und von Johann George Scheffner* (1916
bzw. 1918–1938) I 260–261) – In Parow 324 wird auf Cicero als Redner mit
demselben Defekt verwiesen, s. den zugehörigen Kommentar mit den
entsprechenden Verweisen.

◇   **30** allmählig von] H: »allmählig [durchstrichen: zu [Rand: im Umgange
mit denen deren Urtheil bedeutender ist und so ferner bis zu dem der
wichtigsten Person] der freymüthigeren Darstellung seiner selbst fortzuschreiten, welches zur vollendeten Erziehung gehört. zur] von«.

◇   **33** *Blödigkeit*] H, A1: »Verschämtheit«.

◇   **35–261,3** Wir sympathisiren ... selbst nicht sicher.] Vgl. Adam Smith in
der *Theory of Moral Sentiments* I 2,3,5: »But it is quite otherwise with the
expressions of hatred and resentment. The hoarse, boisterous, and discor-
dant voice of anger, when heard at a distance, inspires us either with fear or
aversion.« (Smith 1976 ff., I 36–37)

261   **8–10** *Erstaunen* heißt aber ... träumend geschehe.] H (ähnlich A1): »[?]
ist aber [...] geschehe, Affect des Erstaunens.«

10–19 Ein Neuling in der Welt … eröffnen zu sehen.] Eines der wenigen ◇
biographischen Zeugnisse in der Kantischen Anthropologie, darf man vermuten, stilisiert nach einem bekannten Muster. Am Anfang steht die
Verwunderung; bei wachsender Erkenntnis folgt das »nihil admirari«, schief
wiedergegeben als »sich über nichts zu verwundern« statt, wie hier auch
gemeint: »nichts bewundern«; und dann am Schluß die Rückkehr zur
Bewunderung und Verwunderung. Während in der Spätphilosophie der
Begriff der Bewunderung durchgehend positiv verwendet wird, steht in den
Frühschriften der Rebell gegen die Bewunderung auf: »[…] und der
menschliche Verstand habe sich schon der Fesseln glücklich entschlagen, die
ihm Unwissenheit und Bewunderung ehemals angelegt hatten.« (I 7,11–13)
»Es ist auch für keinen geringern Vorzug anzusehen, daß die leichtgläubige
Bewunderung, die Pflegerin unendlicher Hirngespinste, der behutsamen
Prüfung Platz gemacht hat, […]« (II 3,5–8); »[…] und die Bewunderung
eine Tochter der Unwissenheit ist.« (II 94,37) So auch II 152,14–21; vgl.
jedoch die dann folgende Rehabilitierung der Bewunderung. Auch in den
frühen Schriften findet sich neben der negativen zuweilen eine positive
Bewertung der Bewunderung, der mittlere und späte Kant benutzt den
Begriff der Bewunderung (bewundern, Bewunderer) nur noch positiv (»Be-
wunderer« negativ noch III 516,6). – Klaus Düsing, Die Teleologie in Kants
Weltbegriff (1986) 75–79 (»Die Bewunderung der Zweckmäßigkeit der
Natur«).

13 nihil admirari).] In den Druckschriften nur hier belegt. Horaz, »Epi- ◇
stulae« I 6,1: »Nil admirari prope res est una, Numici,« (in der Aufnahme
einer langen, auf Pythagoras und Demokrit zurückgehenden Tradition,
s. den Kommentar von Kiessling und Heinze zur Horaz-Zeile). – René
Descartes, Les passions de l'âme, Art. LXX (»De l'Admiration. Sa définition
et sa cause.«); Art. LXXVIII (Descartes 1964ff., XI 380–386). Greenblatt
1994, 34ff.

16 Bewunderung] Vgl. den Kommentar zu 243,19–20. ◇

17–18 welcher Affect aber … angeregt wird] Hierin gleicht der Affekt ◇
der Bewunderung dem Gefühl der Achtung und dem Affekt des Enthusiasmus. Nur vom letzteren heißt es, er verdiene als Affekt Tadel und sei nicht
ganz zu billigen (VII 86,6–8).

18–19 eine Art von … eröffnen zu sehen.] H: »heiligem Schreck ist ◇
[durchstrichen: die Pforte zum Ub] den«. – Vom »Schreck« und »heiligen
Schauer« wird zuerst bei der Analyse des Gefühls des Erhabenen gesprochen: »Die Verwunderung, die an Schreck gränzt, das Grausen und der
heilige Schauer, welcher den Zuschauer bei dem Anblicke himmelansteigen-
der Gebirgsmassen […].« (V 269,12–14; so auch 277,13 und 316,36) Vom
»Abgrund« in dem hier gemeinten Sinn spricht Kant schon in der Allgemeinen Naturgeschichte und Theorie des Himmels (I 256,14); in der kritischen

Phase III 387,33; 409,21 u. ö. Auch VIII 112,20–24; VI 441,12–19 sind zu beachten. – Hans Blumenberg, *Das Lachen der Thrakerin* (1987) 110; Manfred Sommer, *Die Selbsterhaltung der Vernunft* (1977) 56–58.

20–24 *Von den Affecten ... Weinen. Der Zorn*] H: »§ 27 / Von den Affecten durch welche die Natur / die Gesundheit mechanisch befordert / Sie sind das Lachen und das Weinen. / Der Zorn«. Ähnlich A1.

◇   **26–27** als das Ausschelten ... des Gesindes] Fehlt in H; in A1 fehlt: »der Kinder und«.

◇   **29** die Maschine] Vgl. 214,5 (»das Maschinenwesen im Menschen«); zur Terminologie und Körperauffassung bei Kant vgl. Alex Sutter, *Göttliche Maschinen. Die Automaten für Lebendiges bei Descartes, Leibniz, La Mettrie und Kant* (1988).

◇   **32–262,1** Das gutmüthige ... erfinden würde«.] H: »dagegen [...] nämlich« fehlt. – Parow 246 und Kommentar Nr. 216. Cicero, *Tusculanae disputationes* V 7,20: »Nam Xerxes quidem refertus omnibus praemiis donisque fortunae, non equitatu, non pedestribus copiis, non navium multitudine, non infinito pondere auri contentus, praemium proposuit, qui invenisset novam voluptatem: qua ipsa non fuit contentus; neque enim umquam finem inveniet libido.« Kants Einfall, Xerxes als (oder besser: statt der) voluptas in neuer Variante ein gutmütiges, verdauungsförderndes Lachen zu empfehlen, ist hoffentlich ironisch gemeint.

262   **6** der uns zu lachen macht,] Dieser Einschub fehlt in H und A1.

◇   **11** dieses ... befördert] H, A1: »diese [...] befördern«.

◇   **25** Frau Gräfin von K–g] Vgl. XIII 94,9–18, auch Vorländer 1977, I 199.

◇   **26–28** Bei ihr hatte ... den Besuch gemacht] Zum Grafen Sagromoso vgl. XV 853,6. Nicht identifiziert.

◇   **30** Hier setzt eine Randbemerkung in H ein, s. 409,29–34.

263   **13–28** Warum aber lieben ... gedeihlich wird.] In der Höhe der Zeile 28 setzt eine Randnotiz ein, s. 409,34–37.

◇   **30–264,3** Gewisse innere ... zu sein scheint.] Von »körperlichen Gefühlen« wird 192,36–37 gesprochen, jedoch erst in A1 (s. den Kommentar). Vgl. zur Sache 154,7–11, wo das hier aufgenommene Phänomen dem Vitalsinn zugerechnet wird. In Dohna 227 steht: »In den Nerven liegt unser körperliches Gefühl«; es sei fähig, »die ganze Maschine über den Haufen zu werfen.« »Körperliche Empfindungen« 212,13.

264   **4–17** Der *Schwindel ... mehr gehoben wird.*] Vgl. 169,26–28 mit Kommentar und 178,11–13.

◇   **18–20** Ein Acteur ... als durch den wahren.] Vgl. Parow 96; 124; Refl. 1069 (XV 474,4–5); Refl. 1492 »affectirter Affect« (XV 751,9 mit der Anmerkung Adickes'). Der Schauspieltheoretiker Rémond de St. Albine forderte in seiner 1747 erschienenen Schrift Le comédien (deutsch in Lessings *Auszug aus dem Schauspieler des Herrn Rémond von St. Albine*, in: Lessing 1886 ff., VI 120–152), daß der Schauspieler die dargestellten Gefühle selbst empfindet, während der Schauspielpraktiker Francesco Riccoboni in der 1750 publizierten L'Art du Théâtre den Verstandesschauspieler fordert; ihm folgen Rousseau und Kant. In seiner, Kant vertrauten, Lettre à d'Alembert charakteristet Rousseau den Schauspieler als Person, die kaltblütig und ohne eigene Affekte um so besser den Schein eben dieser Regungen erzeugen kann: »Qu'est-ce le talent du comedien? L'art de se contrefaire, de revetir un autre caractére que le sien, de paroitre différent de ce qu'on est, de se passionner de sang-froid, de dire autre chose que ce qu'on pense [...].« (Rousseau 1959 ff., V 72–73) – Ulrike Stephan, »Gefühlsschauspieler und Verstandesschauspieler. Ein theatertheoretisches Problem des 18. Jahrhunderts« (1986).

30–33 wie Terrasson ... gravitätisch einhertretend] Jean Terrasson ◇ (1670–1750). Die Anekdote entstammt der von Johann Christoph Gottsched herausgegebenen Schrift Des Abbts Terrassons Philosophie, nach ihrem allgemeinen Einflusse, auf alle Gegenstände des Geistes und der Sitten (1756) 45–46. – II 269,36–270,2 mit der zugehörigen Anmerkung S. 490; Refl. 1492 (XV 752,25 mit der Anmerkung von Adickes). Vgl. hier 204,25–27 mit Kommentar. Kant 1991, 142 (mit der falschen Angabe der Hrsg. VII 246 statt 264); KrV A XVIII–XIX mit Vaihinger, Commentar (1881) I 142. Ferrari 1979, 143.

31–32 voll von dem ... der Wissenschaften] Fehlt in H. – Die »querelle ◇ des anciens et des modernes« wird meist um den Vorrang »des arts et des sciences« geführt, nicht nur der Wissenschaften. Kant (oder die Person, die den Text ergänzt hat) wird hier nur eine Abkürzung benutzen, ohne Stellung nehmen zu wollen. Zu Kants Lebzeiten ist der Streit offiziell entschieden: In der Kunst gebührt der Antike der Vorrang, in den Wissenschaften den Modernen. Terrassons Sorge um eine Entscheidung ist lächerlich geworden.

37–265,5 Kinder, vornehmlich Mädchen ... frühzeitig vorbereitet.] Vgl. ◇ Refl. 1491: »Kinder sollen früh lachen, vornemlich Mädchen.« (XV 750,7) Rousseau war derselben Meinung; Kant las im V. Buch des Emile: »[...] il ne leur suffit pas d'être belles, il faut qu'elles plaisent; [...]« (Rousseau 1959 ff., IV 702). »Pour moi, je voudrois qu'une jeune Angloise cultivât avec autant de soin les talens agréables pour plaire au mari qu'elle aura, qu'une jeune Albanoise les cultive pour le Harem d'Ispahan.« (Rousseau 1959 ff., IV 716)

2–5 denn die Erheiterung ... frühzeitig vorbereitet.] Einmal findet sich 265 hier der Reflex der von Rousseau ohne Vorbehalte übernommenen Meinung, Mädchen und Frauen seien zum Gefallen der Männer geschaffen, der

Hauptpunkt ihrer Erziehung sei das »plaisir« (vgl. die vorhergehende Anmerkung). Wie Rousseau hält auch Johann Bernhard Basedow in seinem Methodenbuch für Väter und Mütter der Familien und Völker von 1770, das Kant für seine Pädagogik-Vorlesung benutzte (Weisskopf 1770, 117–119; 130), fest: »Hingegen ist eine Person des andern Geschlechts am geschicktesten, durch ihre Annehmlichkeit dem Manne zu gefallen.« (Basedow 1979, 276) Zweitens: Kant glaubt an die Wirkung des äußeren Scheins auf die innere wirkliche Disposition, eine Art individuellen und gattungsbezogenen Lamarckismus. Zu dieser anti-rousseauschen Rettung des gesellschaftlichen Scheins als einer wohltätigen Illusion (und nicht betrügerischen Täuschung) vgl. XXV »Einleitung« S. XXXVII–XXXVIII.

◇ **16–19** Die Stelle eines ... *unter* aller Kritik.] Eine der wenigen Stellen, an denen Kant die bürgerliche Welt verläßt und höfisches Verhalten kritisiert. Vgl. dazu 120,12–15. Eine ähnliche Kritik wie die am Hofnarren findet sich 281,8–10 an der »Tafelmusik bei einem festlichen Schmause großer Herren«.

◇ **20** *Von den Leidenschaften.*] H, A1: »*Vom Begehrungsvermögen*«. Die Korrektur ist sinnvoll, denn das gesamte dritte Buch trägt den Titel »Vom Begehrungsvermögen«. Der Irrtum Kants wird darin begründet sein, daß die zuvor behandelten Affekte (253,19–265,19) zum Gefühl der Lust und Unlust gehören, die Leidenschaften dagegen zum Begehrungsvermögen, s. 235,14–20. Der Titel korrespondiert dem Titel »*Von den Affecten insbesondere*« und müßte in gleicher Druckform erscheinen, s. den Kommentar zu 253,19. – Johann Friedrich Zückert, Von den Leidenschaften (²1768).

◇ **21–30** Die subjective *Möglichkeit* ... animi).] Vgl. hierzu die Erörterung von Bohatec 1938, 241–253.

◇ **27–30** Die Neigung, durch ... passio animi).] Vgl. 254,14–17 mit Kommentar.

266 **6–8** Man benennt ... dem *Verliebtsein*.] So auch in H; der Satz ist unverständlich. Zum Kontrast von Liebe und Verliebtsein vgl. 253,6–8.

◇ **8–13** Die Ursache ist ... Princip enthält.] Vgl. VIII 112,27–113,18; VI 426,20–32. – Ähnlich die Erörterung des Unterschiedes von physischer Begierde und auf eine konstante Person bezogener Liebe Rousseau im ersten Teil des Discours sur l'origine de l'inégalité (Rousseau 1959ff., III 157–158).

◇ **15–16** Sie ist also jederzeit mit der Vernunft desselben verbunden] Zu ergänzen ist allerdings, daß die durch die Leidenschaft monopolisierte Neigung höchst unvernünftig ist, weil sie das Ganze zugunsten eines Teiles vernachlässigt und dadurch »der Vernunft selbst in ihrem formalen Princip gerade widerspricht.« (z.36–37) Insofern handelt es sich um eine unvernünftige und bloß instrumentelle Vernunft, über die allerdings weder Tiere noch reine Vernunftwesen verfügen.

17–20 Ehrsucht, Rachsucht … Palliativmittel giebt.] Vgl. 252,25–30.   ◇

21–22 reine praktische Vernunft] So auch 192,5–6, die Randnotiz zu   ◇
270, s. hier Kommentar zu 270,16–17 bzw. 410,13–25 und 271,1. Zu dem
Problem des Verhältnisses der Anthropologie zur kritischen Philosophie, in
der das Konzept der reinen praktischen Vernunft zu verorten ist, vgl. in der
»Einleitung« von XXV S. XLVI–L.

24–28 Die Vernunft … bestehen könne.] Vgl. 254,14–17 mit Kommen-   ◇
tar.

5–7 ausschlägt, nicht blos *pragmatisch* … verwerflich.] H: »bloß ver-   267
werflich sondern auch moralisch verderblich.« Ursprünglich: »ausschlägt
verwerflich und verderblich.«

8–14 Der Affect thut … verwachsen sind.] Affekt und Leidenschaft   ◇
zerstören kurz- oder langfristig die Selbstbeherrschung, die Vorbedingung
der Sittlichkeit: »*Zur Tugend wird zuerst erfordert die Herrschaft über sich
selbst*« (VI 407,27–28).

10 Sklavensinn.] Vgl. 272,8–9.   ◇

15–20 Gleichwohl haben … Natur gepflanzt.«] Külpe verweist auf   ◇ ◇
Helvétius, De l'esprit (1758) III 6–8; s. a. Rousseau im Discours sur l'inégalité
(Rousseau 1959ff., III 143; s. a. 259; 704); in der Nouvelle Héloise (IV 12)
heißt es von den »passions«: »Tous les grands efforts, toutes les actions
sublimes sont leur ouvrage; la froide raison n'a jamais rien fait d'illustre
[…]« (Rousseau 1959ff., II 493). – Vgl. Hegel in der Philosophie der
Geschichte (Hegel 1958ff., XI 56). – Panajotis Kondylis, Die Aufklärung im
Rahmen des neuzeitlichen Rationalismus (1986) 411, 440, 572.

15 haben die Leidenschaften auch ihre Lobredner gefunden] Von der   ◇
»*Apologie für die Sinnlichkeit*« (143,14) wird Refl. 1482 ausdrücklich
notiert: »Apologie vor die Sinne, nicht *Panegyris*« (XV 674,6).

16 Bösartigkeit in Grundsätzen] Vgl. 293,28–294,2: »Daher kann man   ◇
nicht füglich sagen: die Bosheit dieses Menschen ist eine Charaktereigen-
schaft desselben; denn alsdann wäre sie teuflisch; der Mensch aber *billigt* das
Böse in sich nie, und so giebt es eigentlich keine Bosheit aus Grundsätzen,
sondern nur aus Verlassung derselben.« – Vgl. in der Religion innerhalb der
Grenzen der bloßen Vernunft: »Die Bösartigkeit der menschlichen Natur ist
also nicht sowohl *Bosheit*, wenn man dieses Wort in strenger Bedeutung
nimmt, nämlich als eine Gesinnung (subjectives *Princip* der Maximen), das
Böse als *Böses* zur Triebfeder in seine Maxime aufzunehmen (denn die ist
teuflisch), […].« (VI 37,18–21)

17–20 heißt: »daß nie … Natur gepflanzt.«] H: »heißt, daß nie […]   ◇
Natur gepflanzt.« – Ein Rousseau-Zitat? Im »Versuch über die Krankheiten des Kopfes« (1764) hieß es: »[…] ist der *Enthusiasmus*, und es ist niemals ohne denselben in der Welt etwas Großes ausgerichtet worden.«
(II 267,10–11)

◇ 22–30 Aber daß sie … Natur gelegt hätte.] Die Leidenschaften müssen als gesetzmäßige Einrichtung der inneren Natur des Menschen einen Zweck haben (zum durchgehenden Finalismus vgl. XXV S. XLV–XLVI). Kant bestreitet, daß dieser Zweck in einer provisorischen Statthalterfunktion bestehen könnte (s. dazu 253,26–31 mit Kommentar); so bleibt als Zweck wohl nur die Stimulierung einer moralischen Haltung in der Bekämpfung der Leidenschaften.

◇ 25–26 nämlich mit Pope … Leidenschaften Wind«] Parow 218 und Kommentar Nr. 190a; vgl. Refl. 1482 (XV 677,15).

◇ 31 Eintheilung der Leidenschaften.] Der Titel korrespondiert dem Titel »Von den verschiedenen Affecten selbst.« im vorigen Abschnitt (254,27). Man kann als das thematische Gebiet entweder § 82 oder aber § 82–§ 86 nehmen. Zu vergleichen mit der Einteilung der Neigungen Collins 179.

◇ 31–32 Leidenschaften. / Sie] H: »Leidenschaften. / [durchstrichen: Sie sind der Obereintheilung nach A.) die der äußeren Freyheit mithin eine Leidenschaft des negativen Genusses, B.) die des Vermögens mithin Leidenschaft des positiven Genusses entweder a.) des [physischen] realen der Sinne oder b.) des idealen im bloßen Besitz der Mittel zu jedem beliebigen Genusse.] Sie«.

◇ 32–34 Sie werden in … Neigung eingetheilt.] Die Einteilungssparten von »angeboren« und »erworben« werden auf vielen Gebieten der Philosophie verwendet; der Besitz kann entweder wie der eigene Körper (und nach Kant die Ehre) angeboren oder aber wie der Sachbesitz oder der Rechtsanspruch aus Verträgen erworben sein. Einen Teilbereich behandelt Michael Oberhausen, Das neue Apriori. Kants Lehre von einer ›ursprünglichen Erwerbung‹ apriorischer Vorstellungen (1997).

268 6–11 Alle Leidenschaften … eine Leidenschaft.] S. 270,3–5 und 19–21. Vgl. auch in der Religionsschrift am Anfang des »Dritten Stücks« die Leidenschaftsanalyse, VI 93,17–94,14. – Das gleiche gilt für die Rechtsbeziehung; sie ist nicht (wie in der Lockeschen Arbeitstheorie) eine Relation der Person zur Sache, sondern der Menschen untereinander über eine Sache, vgl. VI 268,31–269,16.

◇ 8–9 oder dergleichen Kuh … keine Affection] In der Freundschaftserörterung zur Zeit Xenophons und Platons wurde erörtert, ob es eine Freundschaft zu Tieren (natürlich nicht Kühen, sondern Hunden und Pferden) geben kann.

◇ 13 Von der Freiheitsneigung als Leidenschaft.] Vgl. Julius Caesar, Bellum gallicum III 10, 3: »Omnes autem homines natura libertatis studio incitari [incendi] et condicionem servitutis odisse.«

◇ 14–16 in einem Zustande … zu kommen.] Vgl. in den »Metaphysischen Anfangsgründen der Rechtslehre« die Wendung »[…] sich mit allen anderen (mit denen in Wechselwirkung zu gerathen er nicht vermeiden kann) dahin vereinigen, [...]« (VI 312,15–17).

26–31 Ja das Kind ... sofort angekündigt.] Vgl. die naturteleologische ◇ Überlegung 327,22–328,37. – In der Pädagogik wird eine konkrete Ursache für das »Unvermögen, sich seiner Gliedmaßen zu bedienen« (z. 29) angegeben, über das zu Kants Zeit in Europa übliche Windeln der Kleinkinder heißt es: »[...] das Windeln. Auch ist es den Kindern selbst ängstlich, und sie gerathen dabei in eine Art von Verzweiflung, da sie ihre Glieder gar nicht brauchen können.« (IX 458,26–28) – Rousseau geht ausführlich auf das Geschrei des Kleinkindes im ersten Buch des Emile ein, s. Rousseau 1959ff., IV 261 und 286–287. Das kindliche »Geschrei« (»pleur«) rührt von einem Gefühl des Unbehagens aufgrund der physischen Bedürfnisse; Rousseau nimmt darüber hinaus auch an, daß Kleinkinder, die ungerecht behandelt werden, in ihrem angeborenen Rechtsgefühl (»le sentiment du juste et de l'injuste«; 286) verletzt werden und daher schreien. Kant verbindet das Geschrei, mit dem das Kind in die Welt tritt, schon mit dem Gefühl, in seiner Freiheit durch einen – unrechtmäßigen – Zwang gehindert zu sein. – Die Windeln spielen auch für die (Kant vertraute) Kulturphilosophie Johann Joachim Winckelmanns eine nicht unerhebliche Rolle. In den Gedanken über die Nachahmung der griechischen Werke in der Malerei und Bildhauerkunst (1755) wird ein Grund, warum die Modelle des antiken Künstlers der Natur näher sind als die der modernen Künstler darin gesehen, daß die Menschen ohne Zwang aufwuchsen: »Man nehme einen jungen Spartaner, den ein Held mit einer Heldin gezeugt, der in der Kindheit niemals in Windeln eingeschränkt gewesen, der von dem siebenten Jahr an auf der Erde geschlafen [...].« (Winckelmann 1960, 31)

32–35 Lucrez ... transire malorum!] Lukrez, De rerum natura ◇ V 226–227 (»Und erfüllt die Stätte mit kläglichem Winseln, wie es für ein Wesen paßt, das im Leben noch so viele Übel durchzumachen hat.«) Lukrez kann »als Dichter« das Kleinkind mit einem Ausblick auf sein künftiges Leben ausstatten; tatsächlich könne das Kleinkind diesen »Prospect [...] nun wohl nicht haben« (269,24). Das Phänomen ist im Tierreich merkwürdig, d. h. es kommt sonst nicht vor. – Lukrez nimmt an dem Geschrei des Kleinkindes ein Interesse, weil er zeigen möchte, daß diese Welt kaum mit göttlicher Fürsorge für den Menschen geschaffen sein dürfte, wie die hellenistische Teleologie annahm.

31–269,8 Nomadische Völker ... wirklich veredelt.] Zu Hirten- und ◇ Jagdvölkern (in umgekehrter Reihenfolge) vgl. im »Muthmaßlichen Anfang der Menschengeschichte« den »Beschluß der Geschichte.« (VIII 118,3– 120,26) – Wilfried Nippel, Griechen, Barbaren und Wilde (1990) 61.

5–8 Bloße Jagdvölker ... wirklich veredelt.] H: »Freiheitsgefühl vor den **269** anderen ... wirklich veredelt.« – XV 842,5–6; Pillau 87 mit Kommentar

Nr. 46; Busolt Kommentar Nr. 44. Die Quelle ist nicht ermittelt. Ähnliche Äußerungen Dohna 249 und VIII 390,8–12.

◇   8–9 So erweckt nicht … Enthusiasm genannt wird] Vgl. im Streit der Fakultäten: »Dies also und die Theilnehmung am Guten mit *Affect, der Enthusiasm,* […].« (VII 86,6–7)

◇   11 durch die Analogie mit dem Rechtsbegriffe] H: »durch Gewohnheit«. – Vgl. 270,27–28. Diese Vorstellung ist geformt nach dem Modell des »analogon rationis«, das sich in der Sphäre der Sinnlichkeit findet. S. zu diesem Begriff bei Baumgarten und Wolff 155,27 mit Kommentar.

Nach dem Absatz folgt in H: »B / Die Neigung zum Besitz des Vermögens überhaupt / ist auch ohne den Gebrauch desselben Leidenschaft«. Nach dieser Überschrift ist ein Absatz durchstrichen, s. 409,43–410,8. Dazu der Kommentar zu 270,6.

◇   24–30 Diesen Prospect kann … sich gehindert fühlt.] Vgl. 327,22–26. Den »Prospect« ins Jammertal des Lebens kann das Neugeborene nicht haben, jedoch ein dunkles Unrechtsbewußtsein; dies letztere »entdeckt sich« (z. 27) als solches jedoch erst mit der »Entwickelung gewisser Vorstellungen von Beleidigung und Unrechtthun« (127,25–26).

◇   25–26 von einer dunkelen Idee] Vgl. dazu die Ausführungen im § 5 mit zugehörigem Kommentar. Kant benutzt den Ideenbegriff bewußt; das Recht ist Sache der (praktischen) Vernunft und nicht eines Verstandesbegriffs. Daß wir ein dunkles Rechtsbewußtsein haben und sich dieses durch den Philosophen nur analytisch aufklären läßt, gehört zum festen Lehrbestand Kants seit 1770, vgl. Collins 11: »Die Principien der Sittlichkeit und der Metaphysic, liegen schon im Dunkeln in uns und der Philosoph macht sie uns nur klar, und entwickelt sie. Er wirft gleichsam ein Lichtstrahl in dem dunklen Winkel unsrer Seele.«

◇   30–38 Dieser Trieb … allmählich erlernt werde.] »allmählich« fehlt in H. – Im Rostocker Manuskript steht 324,21 (in der Akademie-Ausgabe der Anthropologie s. 412,25–28): »Das Schreien eines Kindes dem man seinen Willen nicht erfüllt ob es zwar ein Anderer ihm eben so wenig erfüllen würde ist bösartig und so ist es mit jedem Verlangen über andere zu herrschen. – Warum schreit ein Kind bey der Geburth ohne Weinen.« – Hier wird die dunkle Rechtsidee als Anspruch gegen andere gefaßt; Rousseau schreibt im Emile: »Les prémiéres pleurs des enfans sont des priéres: si on n'y prend garde elles deviennent bientôt des ordres; ils commencent par se faire assister, ils finissent par se faire servir.« (Rousseau 1959ff., IV 287) Bezieht man den thymos bei Platon auf das Gefühl von Recht und Unrecht, so sind auch bei Platon Kleinkinder fähig, das Unrecht, das ihnen widerfährt, als solches zu erkennen, s. Politeia 441 a 7–9 und Timaios 42 a 6–b 1.

270   1 Mißbrauchs, den Menschen] H: »Mißbrauchs [durchstrichen: der Freyheit in Ansehung seines Zwecks classificirt werden müssen] den Menschen«.

6 Diese Leidenschaften sind … *Habsucht.*] Hier kann der Text nicht in ◇
Ordnung sein, denn »Diese« ist ohne Bezug; außerdem liegt eine Irritation
in der Gesamtdisposition vor, s. »Einleitung« S. 35 f.
Die Logik der Gedankenentwicklung wird nur durch den Rückgriff auf
H durchsichtig. Dort folgt auf »A. Von der Freiheitsneigung als Leidenschaft« (hier 268,12–13; als [Teil der] erste[n] Gattung der Leidenschaften
angekündigt 267,35–268,1) »B. Die Neigung zum Besitz des Vermögens
überhaupt ist auch ohne Gebrauch derselben Leidenschaft«, deutlich als
Überschrift, nicht als Teil des fortlaufenden Textes wie 409 ad 269,12
abgedruckt. Diese Überschrift ist nicht durchstrichen. Es folgt, später
durchstrichen, folgender Text: »Man kann etwas leidenschaftlich lieben oder
hassen aber blos durch Instinct wo der Verstand nichts hinzuthut wie bey
der physischen Lieb des Geschlechts aber alsdann ist die Neigung nicht auf
die Gattung des Objects sondern blos auf Individuen gerichtet und kann
nicht Leidenschaft der Art nach [durchstrichen: sondern] und [durchstri-
chen: folg] objectiv als eine solche betrachtet heissen sondern ist blos
subjective Neigung. – Dagegen wenn die Neigung blos auf die Mittel und
den Besitz derselben zur Befriedigung aller Neigungen überhaupt [durch-
strichen: gerichtet] mithin aufs bloße Vermögen gerichtet ist sie nur eine
Leidenschaft heissen kan.« Hierauf folgt der Text 269,13–270,16. Innerhalb
dieser Vordisposition der beiden Gattungen der Leidenschaften erfolgt dann
der endgültige Überschritt zu den drei auf Mittel bezogenen Neigungen, die
Ehrsucht, Herrschsucht und Habsucht (270,6). Dieser Zusammenhang ist
durch die Entfernung von »B.« mit nachfolgender Überschrift verlorengegangen.
6 *Ehrsucht, Herrschsucht, Habsucht.*] Zu der Trias vgl. die Erläuterung ◇
zu 271,25: »*Ehre, Gewalt* und *Geld*«.
7–16 Da sie Neigungen … gleich zu schätzen.] Die Überlegungen wer- ◇
den im § 84 aufgenommen. § 83 ist aus der jetzigen Text-Disposition ein
Einschub.
14 Neigungen des Wahnes] Bei der Erörterung des Duell- und Kindes- ◇
mords weist Kant ausdrücklich darauf hin, daß es sich um eine wahre
Ehre handle, »welche jeder dieser zwei Menschenclassen [sc. Offiziere und
ledige Frauen] als Pflicht obliegt«, ein Ehrbegriff, »der hier kein Wahn ist«
(VI 336,3–4 und 33).
16–17 gleich zu schätzen. / B.] Im Rostocker Manuskript folgt auf ◇
270,16 auf einem neuen Blatt die Überschrift »Eintheilung der Leidenschaften«, auf neuer Zeile »§ 30« und danach mit neuer Zeile (s. auch 410,13–25):
»Leidenschaften [werden] sind vom Menschen nur auf Menschen nicht auf
Sachen gerichtete Neigungen und selbst wenn die Neigung auf Menschen
aber nicht sofern sie Personen sondern blos als thierische Wesen von der
nämlichen Species betrachtet werden verfällt in der Neigung zum Ge-

schlecht kann die Liebe zwar leidenschaftlich aber eigentlich nicht eine Leidenschaft genannt werden weil die letztere Maximen (nicht bloße Instincte) in dem Verfahren mit anderen Menschen voraussetzt. / *Freyheit, Gesetz* (des Rechts) und *Vermögen* (zur Ausführung) sind nicht blos Bedingungen sondern auch Gegenstände eines bis zur Leidenschaft gespannten Begehrungsvermögens des Menschen, wobey die practische Vernunft der Neigung unterliegt indem sie zwar nach Maximen verfährt.« Als Marginalie folgt auf derselben Seite ein Text, der sich gedanklich an den eben gebrachten Text anschließt, nicht als Folgetext von 270,32, wie Külpe 410,16–36 suggerieren könnte. Die Marginalie lautet folgendermaßen: »Leidenschaft ist die Empfänglichkeit des inneren Zwangs durch seine Neigung in Befolgung seiner Zwecke. Leidenschaften setzen also zwar ein sinnliches aber doch auch ein diesem entgegen wirkendes vernünftiges Begehrungsvermögen voraus (sind also nicht auf bloße Thiere anwendbar) nur daß die Neigung in dem ersteren der reinen practischen Vernunft in dem letzteren die Herrschaft benimmt in Nehmung der Maximen entweder in Ansehung seines Zwecks oder des Gebrauchs der Mittel dazu zu gelangen. Leidenschaftlich lieben oder hassen. Unnatürlichkeit der [?] Rachgier. – Alle Leidenschaften sind vom Menschen nur auf Menschen gerichtet sie zu seinen Absichten zu benutzen oder [?].«
    Dieser gesamte Text ist nicht ausgestrichen; Kant wollte mit ihm offenbar eine verbesserte Fassung von 267,31 ff. liefern. Entsprechend fährt er folgendermaßen fort: [neue Zeile:] »§ 31« / »A« / »Von der Freyheitsneigung / als Leidenschaft vid. S. 1.« Es soll also hier eingefügt werden der Text, der sich jetzt 268,12–269,12 befindet. Dann folgt in Übereinstimmung mit der neuen Disposition »B / »§ 32« / Von der Rechts[»neigung«; ausgestrichen] begierde / als Leidenschaft«; es folgt der Text 270,17 ff.
    Hier haben wir einen der Fälle, bei denen ein Rückgriff auf das Rostocker Manuskript für den Leser und Interpreten der Kantischen Anthropologie unumgänglich ist, weil der Drucktext die klare und sachlich interessante Absicht Kants zunichte macht.
◇ **18** *Von der Rachbegierde als Leidenschaft.*] H und A1: »Rechtsbegierde«. Vgl. dazu Reinhard Brandt, »›Das Wort sie sollen lassen stahn‹. Zur Edition und Interpretation philosophischer Texte, erläutert am Beispiel Kants« (1990) 351–374. »Rachbegierde ist von Rechtsbegierde zu unterscheiden.« (XXVII 435) Vgl. dort die weiteren Ausführungen. – In der stoischen Ethik wird »ira« als Rachbegierde für erlittenes Unrecht bestimmt; Cicero, Tusculanae disputationes III 14–21, ein Text, den Kant bestens kannte. Desgleichen Seneca, De ira. Kant bestimmt »Zorn« (überzeugend) als Affekt (V 272,34; VI 408,6; hier 252,15–20), kann also dieses Wort als Übersetzung von »ira« als einer Leidenschaft nicht benutzen und hat so einige Schwierigkeit, das Gemeinte im Deutschen wiederzugeben;

»Haß«, »*Groll*« z. 31; 271,4; 10. – Kant wird die große Rechts-Rache-Tragödie Senecas, die *Medea*, gekannt haben. Als Heinrich von Kleist 1804 in Königsberg war, konzipierte er sein Werk über die Rache, den »Michael Kohlhaas«. Hatte er Kants Anthropologie und deren § 83 gelesen?

23 und den Willen] Vorländer (Textausgabe im Verlag Meiner) vermerkt ◇ an dieser Stelle zu Recht, daß es heißen muß: »und ein den Willen«.

24–32 so ist der Haß … überbleiben läßt.] Zu Handlungen aus Zorn ◇ über ein wirkliches oder vermeintliches Unrecht s. auch Aristoteles in der Nikomachischen Ethik 1135 b 25–1136 a 1 (»Denn Zorn richtet sich gegen ein vermeintliches Unrecht«, 1135 a 28–29); s. auch Aristoteles, Rhetorik 1378 a 30–b 9.

28 deren Analogon jene ist] Vgl. 269,11 mit Kommentar. ◇

1–9 Aber die *Erregbarkeit* … demselben nicht entrinnt] Die Erregbar- 271 keit des Bewußtseins der reinen praktischen Vernunft im Hinblick auf den Rechtsbegriff benutzen Locke und Rousseau pädagogisch zur Einführung des Rechtsbewußtseins von Eigentum. Locke läßt dem Zögling ein Geschenk wegnehmen, Rousseau konfrontiert Emile mit der Verwüstung dessen, was er bearbeitet hat, s. John Locke, Some Thoughts on Education, s. Locke 1963, IX 100 (§ 110); Rousseau 1959 ff., IV 329–333.

4 nicht der … gegen uns *Ungerechten*] Vgl. Aristoteles, Rhetorik ◇ 1378 a 32–34.

10–13 weil, wie es heißt, … abgewaschen wird.] Vgl. den »Beschluß der ◇ ganzen Ethik« in der Metaphysik der Sitten (1797): »Die Idee einer göttlichen Strafgerechtigkeit wird hier personificirt; […]. Das unschuldig vergossene Blut schreit um Rache.« (VI 489,26–37)

16 *Menschen zu haben*.] H: »Menschen [durchstrichen: nach seinem ◇ Belieben] zu haben als Leidenschaft.«

25 *Ehre, Gewalt* und *Geld*] Im Ms. 400 heißt es: »Die 3 Arten vom ◇ Vermögen können wir am besten durch Stärcke, Mittel und Ansehn ausdrük-ken, mit denen Gesundheit, Ehre und Reichthum parallel gesetzt wird. […] Gesundheit ist der Besitz aller Lebens Kräfte auch der Stärcke und Macht die das complete Leben begleitet, […]. Alles was der menschliche Fleiß, hervorbringt, kann man vor Geld haben. […] Der Engelländer setzt zuerst die Freiheit, denn Ehre, Gesundheit und Reichthum, also die Ehre vor der Gesundheit.« (368–369) »Nun giebts aber gesellschaftliche Neigungen, die auf uns selbst gehen. Von der Art ist die Herrschbegierde, die Ehrbegierde und alle Eitelkeiten.« (378) – In einer nicht auf den ersten Blick erkennbaren Weise ordnet Kant im »Achten Satz« der »Idee zu einer allgemeinen Geschichte in weltbürgerlicher Absicht« die Formen, wie die Fürsten durch ihre Leidenschaften und Laster die Tugenden der bürgerlichen Gesellschaft (inklusive Aufklärung) ungewollt fördern, nach den Gesichtspunkten der Ehrsucht (VIII 27,29–33), der Habsucht (VIII 27,34–28,20) und der

Herrschsucht (VIII 28,20–29). – Zu dieser Trias und ihrer Präsenz in der europäischen Kulturgeschichte vgl. Reinhard Brandt, D'Artagnan und die Urteilstafel (1991 b) 37.

272   18–273,13 Man darf dem Hochmuth ... Kennzeichen abgebe.] Vgl. die parallelen Ausführungen 203,14–22; 210,34–211,8; 217,26–29; VI 465,19– 466,6. Die ὕβρις, superbia, ist in der Antike das größte Vergehen überhaupt.

◇   27–28 eine verfehlte, ihrem eigenen Zweck ... Ehrbegierde] Zu dieser Figur, daß eine Gemütsregung die Mittel ihrer Befriedigung zerstört und so ihrem eigenen Zweck entgegen ist, vgl. 273,20–21 und 232,17–24 mit Kommentar.

◇   30–31 einbilderischen Mächtigen selbst durch seinen Hochmuth] H: »eingebildeten Gecken«.

◇   31–34 wie das Wort Heuchler ... hat bedeuten sollen.] H: »wie *Heuchler* (Häuchler) durch Stoßseufzer der Frömmeley den [am Rand ergänzt: machthabenden] Geistlichen die Gunst abzugewinnen sucht.« Randnotiz: »Hochmuth ist niederträchtig. Schmiegeln. Wackere Leidenschaften.«

273   2–3 vielmehr ist der ... Narr genannt.] Vgl. schon 210,32–33 mit Kommentar.

◇   3–4 vernünftiger, rechtschaffener Kaufmann] H: »vernünftiger Kaufmann«.

◇   11–13 der Hochmuth an sich ... Kennzeichen abgebe.] H: »der Hochmuth von der Niederträchtigkeit ein nie [durchstrichen: fehlend] trügendes Kennzeichen seyn werde.«

◇   21 und *unklug*] Fehlt in H. Die Einfügung folgte wegen der vorhergehenden Dualität von »mißliches und ungerechtes Mittel« (z. 19–20); das »und unklug« entspricht dem »mißlich«. Aber H schreibt z. 22–23 auch: »machen kann, Abbruch thut.«

◇   23–34 Was die *mittelbare* Beherrschungskunst ... in sich enthält.] In H fehlt: » – Nicht als ob ... in sich enthält.« – Zur Herrschaftsneigung und -bestimmung der Frau vgl. 305,9–11; 309,30–33. Neigungen herrschen, der Verstand regiert. Die Neigungen gehören zur (mit instrumenteller Vernunft – dazu VI 26,8–9; 418,8 – begleiteten) Naturseite des Menschen, von denen sich der Mann tunlichst freihält, da sie seine Autonomie gefährdet.

274   5–6 welches sonst keine ... haben darf)] Hierin gleicht das Geld der Sprache, vgl. 155,23–24.

◇   18 Zur Fortsetzung des Textes von H s. 410,40–411,24. – 410,40–43 (in H durchstrichen): »Abtheilung ... und Nachahmung)«. In dieser durchstrichenen Überschrift werden die »Neigungen des Hanges« von den zugezogenen unterschieden, also der natürliche Hang von der erworbenen habituellen Neigung, vgl. 251,5 mit Kommentar. Zu der Unterscheidung von formalen und materialen Neigungen vgl. Menschenkunde 334: »Alle unsere Neigungen können in formelle und materielle eingetheilt werden.«

20–22 Unter dem *Wahne* ... objectiv zu halten.] Vgl. 275,28–31. Das ◇
parallele Phänomen in apriorischer (oder transzendentaler) Ebene ist das
»vitium subreptionis«, die »permutatio intellectualium et sensitivorum« der
Dissertation von 1770 (II 412,7–8). Hier liegt die Keimzelle der Problematik, die innerhalb der KrV als Dialektik der reinen Vernunft geführt wird. –
S. auch V 116,22; VI 297,21–22; XX 222,32.

29–33 Hier ist die ... Handelsweisheit beweiset.] Fehlt in H. – »wie Pope ◇
sagt«: Zitat mit leicht geändertem Text aus den »Moral Essays« III 371–374,
in der Übersetzung von Popes Werken (1778) IV 122: »[...] bis der ganze
Dämon in einem milden Regen von hundert auf hundert herabkam, tief in
ihn fuhr, ihn ganz besass [...] und sich seiner Seele versicherte.«

2–3 und die Natur also wirklich mit dem Menschen spielt] In H fehlt 275
»also«. – Zum Spiel, das die Natur mit uns treibt, vgl. 136,22–24 mit
Kommentar.

3–4 zu seinem Zwecke spornt] H: »zu ihrem Zwecke [durchstrichen: ◇
antreibt] spornt«, nämlich dem Zweck der Natur, der nicht identisch ist mit
der subjektiven Zwecksetzung des Menschen (bzw. der Menschen, vgl. z. 20
das »zu ihrem Zwecke«). Bis auf Cassirer ändern die Drucke das Kantische
»ihrem« unnötig in »seinem«. Kants Formulierung zeigt, wie das Subjekt
»Natur« mit unsichtbarer Hand über die Köpfe der Menschen das Zusammenleben zweckmäßig steuert. Z. 4 ist »(objectiv)« in H am Rand hinzugefügt, nicht sehr glücklich und vielleicht der Grund der Änderung des
»ihrem« in »seinem«. Die von Kant selbst vorgenommene Änderung von
»antreibt« in »spornt« kann motiviert sein durch die Präsenz des »spur to
action«, des »Stachels der Tätigkeit«, den Kant seit der Verri-Lektüre in
seine Theorie einbrachte, s. dazu die Ausführungen zu 232,4–5. Vgl. hier
auch z. 14–15 (»[...] werden insgesammt unwissentlich von der weiseren
Natur [...] angespornt: [...]«). Beim »Stachel der Tätigkeit« handelt es sich
allerdings, anders als hier, um einen treibenden Schmerz.

19 wenn sie bedenken,] Dieser Einschub fehlt in H. ◇

27–28 Jäger, Fischer, auch Spieler (vornehmlich in Lotterien)] H ◇
(411,23): »Jäger, Fischer, auch wohl Seefahrer vornehmlich gemeine Lotte-
riespieler«. S. Kommentar zu 274,18.

32–36 Ein Mann in ... Art anzuwenden.«] Quelle nicht ermittelt. ◇

2–277,4 Der größte Sinnengenuß ... unzweideutig vorzustellen.] Der 276
Paragraph zerfällt in drei Absätze; der erste handelt von dem höchsten
physischen Gut, der Ruhe nach der Arbeit; der zweite von der Funktion
der Laster, besonders der Faulheit, als *scheinbar* funktionsloser Übel; der
dritte Absatz zeigt die Funktion der Liebe zum Leben und zum Geschlecht
im Hinblick auf einen künftigen Glückseligkeitszustand »im Prospect«
(277,3). Laster und Liebe scheinen dadurch zusammenzugehören, daß beides mechanische Mittel der teleologischen »Natur« (z. 14) bzw. des »Welt-

regierers« (z.30) sind, das Gute der Individuen und der Gattung zu bewirken.

◇   **2–3** Der größte Sinnengenuß ... *nach der Arbeit.*] Diese Analyse knüpft
nicht ausdrücklich an § 60 an, in dem im Anschluß an Pietro Verri der
Schmerz als primärer Lebensimpuls erwiesen wurde, der uns zu immer
neuer Tätigkeit zwingt. Dies führte in den angefügten problemata zu der
Beantwortung der Frage: »Warum ist Arbeit die beste Art sein Leben zu
genießen? Weil sie beschwerliche [...] Beschäftigung ist, und die Ruhe
durch das bloße Verschwinden einer langen Beschwerde zur fühlbaren Lust,
dem Frohsein, wird; [...].« (232,24–28)

◇   **15–16** in seinen für ... Instinct gelegt] H: »in seine Natur gelegt«.

◇   **18–20** bedurfte. *Demetrius* hätte ... bestimmen können: indem] H: »bedurfte so daß Demetrius nicht ohne [durchstrichen: allen] Grund auch diesen
Unholden einen Altar bestimmen konnte indem«. Betrachtet man z.14–18,
so ist die in den Ausgaben vorgenommene Restriktion auf die »Unholdin«
Faulheit naheliegend (»so daß«, »daher«); orientiert man sich dagegen an dem
nachfolgenden Text (z.20–27), ist die Rückkehr zu H zwingend: Alle drei
»Unholde« verdienen tatsächlich sogar ironischerweise einen Altar, weil sie
ihrerseits die »Bosheit« (z.21), den »Blutdurst« (z.23) und die »Bösartigkeit« (z.26) der Menschen eindämmen – eine verehrenswerte Weisheit der
Natur! Vom Bösen gilt: »[...] indem es die Triebe der selbsterhaltung
bewegt, so treibt es die Keime des Guten, so fern es in der Bekämpfung des
Bösen besteht.« (Refl. 1448; XV 632,14–16) »Ein Tempel der Feigheit, der
Untreue und dem Neide« (Refl. 536; XV 235,21). »Dank sei also der Natur
für die Unvertragsamkeit, für die mißgünstig wetteifernde Eitelkeit, für die
nicht zu befriedigende Begierde zum Haben oder auch zum Herrschen!«
(VIII 21,26–28) Vgl. die »3 NaturAnlagen 1. Faulheit. 2. Feigheit und
3. Falschheit« bei Mrongovius 127'–129 (XXV 1420,24–1423,5). – Hier zeigt
sich besonders deutlich der extreme neostoische Finalismus Kants: »Alles in
der Welt ist irgend wozu gut; nichts ist in ihr umsonst; und man ist durch das
Beispiel, das die Natur an ihren organischen Producten giebt, berechtigt, ja
berufen, von ihr und ihren Gesetzen nicht, als was im Ganzen zweckmäßig
ist, zu erwarten.« (V 379,5–9) Vgl. auch Brandt 1997c, 239–240.

◇   **18** *Demetrius*] Vgl. Refl. 536 (XV 235,21); Refl. 1448 (XV 632,10–11)
und die Anmerkung von Adickes: statt Demetrius ist der sonst kaum
bekannte makedonische Feldherr Dikaiarch (um 200 v. Chr.) gemeint, von
dem Polybios XVIII 54 (bzw. 37,8–11) berichtet, er habe bei Antritt einer
Expedition der »asebeia« (Gottlosigkeit) und der »paranomia« (Ungesetz-
lichkeit) je einen Altar errichtet. Außer Adickes a.a.O. auch Ferrari 1979,
270.

◇   **24–26** da nämlich unter ... der es verrät] In der Kantischen Sicht steht
apriori fest, daß das Komplott in einem Regiment von »Bösewichtern«

angezettelt wird. Es ist ein Verbrechen, die staatliche Ordnung, auch in ihrer
(von Kant sicher nicht geliebten) militärischen Domäne, zu gefährden, wie
immer sie sich aus der Sicht des Einzelnen darstellt. Im ganzen ist sie rechtlich notwendig und im Hinblick auf die Bestimmung des Menschen gut in
jeder ihrer historischen Phasen.

28–33 Die stärksten ... Species zu erhalten] Vgl. Menschenkunde 336 ◇
(Einschub Petersburg), Kommentar Nr. 252, XXV 1149; Mrongovius 94;
Busolt 135; Reichelt 106; Marienburg 138; Dohna 256; s. a. 424.

30 Vernunft (des Weltregierers)] Külpe vermerkt (366,38–39), daß hier ◇
von den Gothaischen Gelehrten Zeitungen (1799) 399 ergänzt werde: »len-
kenden Macht«; aber damit ist nichts gesagt, was nicht schon im Text
stünde. – »Weltregierer« in der Anthropologie nur hier; der Begriff ist sonst
nicht kongruent mit der »vorsorgenden Natur« oder dem »Demiurgen«
(331,33). – Die Naturtriebe vertreten den Weltregierer, d. h. sie wirken in
seinem Auftrag. Der Weltregierer bedient sich des Bösen zur Durchsetzung
des Planes, daß die Menschen dazu gezwungen werden sollen, sich selbst zu
kultivieren, zu zivilisieren und zu moralisieren (dazu 324,37; vgl. auch den
Kommentar zu 322,5–8).

30–31 ohne daß menschliche Vernunft dazu hinwirken darf] Vgl. in der ◇
Religionsschrift VI 26,12–14: »Die Anlage für die *Thierheit* im Menschen
kann man unter den allgemeinen Titel der physischen oder bloß *mechanischen* Selbstliebe, d. i. einer solchen bringen, wozu nicht Vernunft erfordert
wird.«

31–35 Liebe zum Leben ... erhalten wird, unerachtet] H: »Leben, Liebe ◇
zum Geschlecht und Liebe der durch Vermischung des letzteren erzeugten
Jungen und so im ganzen Leben [...] erhalten unerachtet«. – Während H ein
triadisches, auch altersstufiges Muster von Selbstliebe, Liebe zum anderen
Geschlecht und gemeinsamer Elternliebe entwickelt, »im ganzen Leben«,
wie es heißt, reduziert A1 den Gedanken auf das duale Schema der Erhaltung
von Individuum (Selbstliebe) und Gattung (Geschlechtsliebe). – Die Dreiheit von Selbstliebe, Liebe zum Geschlecht und Liebe zu den Jungen findet
sich in ähnlicher Form wie in H bei Collins 175; Mrongovius 94 (Selbstliebe
und Geschlechtsliebe); Ms. 400 373; 471–472, an dieser letzteren Stelle in
folgender Variante: »Wir haben in uns von Natur eigentlich drey Triebe. Der
eine Trieb geht auf die Erhaltung seiner selbst, der andere auf die Erhaltung
seiner Art, der dritte auf die Erhaltung der Gesellschaft. Der letzte Trieb ist
nur zufällig, die beyden ersteren sind aber wesentliche Triebe. Aus dem
Triebe seine Art zu erhalten, oder aus der Geschlechter Neigung entspringt
als eine Folge die Neigung zu den Kindern oder die Eltern Liebe. Dieser Trieb
liegt in der Natur der Thierheit des Menschen [...].« In dieser Trias wird auch
ungefähr die Vernunftgenese im »Mutmaßlichen Anfang der Menschengeschichte« (1786) konzipiert; der erste Schritt betrifft den »Instinct zur

Nahrung« (VIII 112,27, dargestellt VIII 111,18–112,26), der zweite Schritt den *Instinct zum Geschlecht*« (VIII 112, dargestellt VIII 112,27–113,18), der dritte Schritt (VIII 113,19–114,2) bezieht sich auf die Sorge um die Zukunft, besonders der Kinder (VIII 113,28). Ähnlich auch die Religionsschrift von 1792 bzw. 1793: »Die Anlage für die *Thierheit* im Menschen kann man unter den allgemeinen Titel der physischen und bloß *mechanischen* Selbstliebe, d. i. einer solchen bringen, wozu nicht Vernunft erfordert wird. Sie ist dreifach: *erstlich* zur Erhaltung seiner selbst; *zweitens* zur Fortpflanzung seiner Art durch den Trieb zum Geschlecht und zur Erhaltung dessen, was durch Vermischung mit demselben erzeugt wird; *drittens* zur Gemeinschaft mit andern Menschen, d. i. der Trieb zur Gesellschaft.« (VI 26,12–18) Einzubeziehen ist auch 265,24–26: »[…] der *Instinct* (wue der Begattungs- trieb, oder der Älterntrieb des Thiers sein Junge zu schützen u. d. g.)«. – Die stoische Lehre der von der Natur vorsorglich gestifteten animalischen Liebe zum (sc. eigenen) Leben kannte Kant u. a. aus Cicero, De finibus III 5,16 (vgl. diesen und weitere einschlägige Texte SVF III 43–44; Frg. 178–184); dort auch die Liebe zum Geschlecht und die Elternliebe zu den Jungen, De finibus III 19, 62: »[…] natura fieri, ut liberi a parentibus amentur; a quo initio profectam communem humani generis societatem [die eben zitierte »Erhal- tung der Gesellschaft«] persequimur. Quod primum intellegi debet figura membrisque corporum, quae ipsa declarant, procreandi a natura habitam esse rationem. Neque vero haec inter se congruere possent, ut natura et procreari vellet et diligi procreatos non curaret.« S. auch SVF III 83–85 (Frg. 340–348) und schon Xenophon, Memorabilia I 4, 7.

In den Vorlesungsnachschriften wird auf die Elternliebe mit dem griechi- schen στοργή verwiesen. Shaftesbury schrieb in seinen »Miscellaneous Reflections«: »But as the design or end of Nature in each animal system is exhibited chiefly in the support and propagation of the particular species, it happens, of consequence, that those affections of earliest alliance and mutual kindness between the parent and the offspring are known more particularly by the name of natural affection. στοργή. For which we have no particular name in our language.« (Shaftesbury 1963, II 293; vgl. auch Menschenkunde Kommentar Nr. 252) S. auch Refl. 6678 (XIX 131,12) mit dem Verweis Friedrich Bergers auf Achenwall, Ius naturae II § 62.

◇   **34 mit Vernunft begabten Gattung**] Hier beginnt eine nicht durch- strichene, aber auch nicht ausformulierte Randbemerkung in H, s. 411,25–37.

◇   **411,26–27 Vermenschlichung *humanisatio*.**] Beide Termini sind sonst nicht in Kants Werken, Briefen und Nachschriften der Anthropologievor- lesungen belegt. »humanisatio« wird ein versuchter Neologismus (nach »Humanisierung«) sein.

411,28–30 Ist die Menschheit … moralischen Gehalt?] Vgl. im Streit der   ◇
Fakultäten, »*Erneuerte Frage: Ob das menschliche Geschlecht im beständigen Fortschreiten zum Besseren sei.*« (VII 79–94) S. auch 324,31–32;
329,3–4.

411,33–37 Die Antwort auf … sein soll oder nicht.] Vgl. im Ewigen   ◇
Frieden die Erörterung VIII 351,4–20.

3 der nicht mehr … im Prospect] Vgl. dieselbe Metaphorik 324,10–11: 277
»[…] aber die *Tendenz* zu diesem Endzwecke zwar wohl öfters gehemmt,
aber nie ganz rückläufig werden kann.« Der moralisch-rechtliche Fortschritt, das Vernünftiger-Werden der menschlichen Gattung wird metapho-
risch an den Bahnen der Planeten festgemacht; von der heliozentrischen
Position der *reinen praktischen* Vernunft aus erweisen sich die Zyklen und
Epizyklen als eine kontinuierliche Bahn. Vgl. im Streit der Fakultäten: »Die
Planeten, von der Erde aus gesehen, sind bald rückgängig, bald stillstehend,
bald fortgängig. Den Standpunkt aber von der Sonne aus genommen,
welches nur die Vernunft thun kann, gehen sie nach der Kopernikanischen
Hypothese beständig ihren regelmäßigen Gang fort.« (VII 83,22–26) – Zu
der Bedeutung der Astronomie als Paradigma für die Kantische Moralphilosophie vgl. Reinhard Brandt, Zu Kants politischer Philosophie (1997c)
229–230. Wichtig ist, daß Kant nach 1795 die Fortschrittsannahme nicht
mehr an der Naturteleologie festmacht, sondern einer moralischen Ursache,
die *tendenziell* zu besseren Rechtsverhältnissen führt.

5 *Von dem höchsten moralisch-physischen Gut.*] Der Schlußparagraph   ◇
des 2. Buches handelte von der mehr öffentlichen als privaten Üppigkeit,
dem Luxus (§ 72; 249,31 ff.), während das 3. Buch die private Tischgesell-
schaft als Beispiel humanen Umgangs an den Schluß stellt. Vgl. dazu
Georg Simmel, »Die Soziologie der Mahlzeit« (1910). Vgl. weiter Norbert
Hinske: »… Essen und allgemeine Menschenvernunft« (1990); Agnes Heller, A Philosophy of History in Fragments (1993; »Culture, or an Invita-
tion to Luncheon by Immanuel Kant«). Ohne neue Einsichten: Albert
O. Hirschmann, Tischgemeinschaft. Zwischen öffentlicher und privater
Sphäre (1997).

6–7 Die beiden … *moralische*, können] H: »Beyde können«, A1: »Beide   ◇
können«.

7–8 denn so würden sie sich neutralisiren] Sonst nur noch 82,27; 290,31   ◇
und 291,4 innerhalb der Druckschriften; der Begriff des Neutralisierens ist
in den Vorlesungsnachschriften nicht belegt. Es ist ein der Chemie entlehn-
ter Neologismus. Zum Einfluß der Chemie auf die Gedankenbildung der
neunziger Jahre vgl. die Kommentare zu 177,19–29.

9–11 *Wohlleben* und *Tugend* … machen zusammenstoßend den] H: ◇
»Wohlleben und Tugend [durchstrichen: sind zwey gegenwirkende Principien (reagentia)] machen vereinigt den«; vgl. z. 14.

◇   **13–14** aber, weil im Gebrauch ... einer Zersetzung] H: »aber im Gebrauch einer Zersetzung«.

◇   **15** Verbindung] H: »Mischung«. – Kant orientiert sich an chemischen Vorstellungen; sie werden im Druck geändert.

◇   **19** *Humanität.*] Der Begriff wird in den Vorlesungsnachschriften zuerst Ms. 400 384 gebraucht, also 1775–1776; vgl. auch Menschenkunde 367. Zu »Vermenschlichung humanisatio« s. oben 276 bzw. 411,26–27. – In seiner Kant-Biographie schreibt Ludwig Ernst Borowski: »Oder mit einem andern Worte alles zusammen zu fassen, *Humanität,* in dem vollen Sinne dieses nun so häufig gebrauchten, von ihm selbst aber (Kritik der Urteilskraft S. 258) am richtigsten exegesierten Worts, war es, was von K. in einem hohen Grade prädiziert werden konnte.« (Groß (Hrsg.) 1912, 72–73)

◇   **32** wie man vorgiebt,] Dieser Einschub fehlt in H und A1. Vgl. die Varianten 278,1.

278   **1** nach der Tafel dienen soll] H: »vor der Tafel zu dienen vorgegeben wird«. Es gibt keinen Grund zur Änderung.

◇   **12–14** von der Chesterfield sagt ... sein müsse.] In H folgt ein durchstrichener Text, s. 411,38–41. – Randbemerkung: »So viel zur Critik des physischen Geschmacks«. – Zum Inhalt vgl. Ms. 400 677–678 mit Kommentar Nr. 132.

◇   **27** Damen] A1, A2: »Dame«. Es handelt sich entweder um einen Flüchtigkeitsfehler oder die mißliche Korrektur nach z. 32–33 (»Eine einzige Person [...] die Wirthin des Hauses [...]«) und dem »anwesenden Frauenzimmer« (280,23); letzteres tatsächlich ein Pluraletantum.

◇   **27–28** die Freiheit der Chapeaus] Zu der Redeform vgl. Kants eigene Kritik in den Bemerkungen zu den Beobachtungen über das Gefühl des Schönen und Erhabenen XX 78,1–7.

◇   **36** gleich dem Gastmahle des Plato] Vgl. Refl. 562: »*Nachschmak* [...] Mahlzeit des plato« (XV 244,18–19); Mrongovius 38. Die Quelle ist nicht der Dialog »Das Gastmahl« Platons, sondern eine Anekdote von Athenaeus, Deipnosophistae X 14.

279   **8** nachgeplaudert] H: »ausgeplaudert«. Eines der vielen Beispiele der Textverschlechterung in den Drucken.

◇   **15–16** *sogenannten* öffentlichen Gesellschaft] Klaus Blesenkemper, »Publice age« – Studien zum Öffentlichkeitsbegriff bei Kant (1987).

◇   **17–18** die staatsbürgerliche überhaupt in der Idee ist] H: »die bürgerliche überhaupt ist«. Die Drucke bringen eine unnötige rechtsphilosophische Gelehrsamkeit in den Text.

◇   **22** zu verbreiten und] Fehlt in H.

280   **4** während der einsamen Mahlzeit] Fehlt in H.

◇   **23–281,1** zum Theil auch dem anwesenden Frauenzimmer zu gefallen] Am Räsonnieren nahmen die Frauenzimmer idealiter nicht teil, sie treten erst beim »Spiel des Witzes« (mitsamt dessen eigentlichen Naturzweck, 281,4–6) in Erscheinung.

24–38 Denn der *philosophirende … absolute Einheit ist.*] Vgl. »Von ◇ einem neuerdings erhobenen vornehmen Ton in der Philosophie« (1796): »Es ist doch ein Unterschied zwischen Philosophiren und den Philosophen machen.« (VIII 394,15–16) Die vielfältigen Parallelen können hier im einzelnen nicht aufgeführt werden. S. schon § 58 (226,3–22) mit Kommentar. Zur Frage der *einen* Idee des Philosophen vgl. die postulierte Einheit der Philosophie in der »Vorrede« der »Metaphysischen Anfangsgründe der Rechtslehre« VI 206,35–207,29. S. weiter die »Vorrede« zu Reinhold Bernhard Jachmanns »Prüfung der Kantischen Religionsphilosophie« VIII 441.

Monika Sänger, »Die kategoriale Systematik in den ›Metaphysischen Anfangsgründen der Rechtslehre‹. Ein Beitrag zur Methodenlehre Kants« (1982); Hans Saner, *Kants Weg vom Krieg zum Frieden* (1967) 226–227.

25 durch vielfältige Versuche] Zur Rolle der »Versuche« in Kants Kon- ◇ zeption der Wissenschafts- und Philosophieentstehung s. in der »Vorrede« der 2. Auflage der KrV B XI; XVI; s. a. VI 207,6; 18. Lukrez sprach bei der Organismusentstehung vom »Versuchen« der Natur, De rerum natura V 837–838 (»Multaque tum tellus etiam portenta creare / conatast […]«).

32 als *Arbeiter*] S. z. 20–21 (»Arbeit und Kraftanstrengung«). Mit ande- ◇ rem Akzent das Arbeitspathos im vermeintlichen Anschluß an Aristoteles und Locke VIII 393,26; 30; 403,19 (»Von einem neuerdings erhobenen vornehmen Ton in der Philosophie«, 1796). Locke hatte im *Essay concerning Human Understanding* vom »labour of [our] thought[s]« gesprochen, Locke 1975, 52; 156; 540. Vgl. 144,7–8 mit Kommentar.

38 absolute Einheit] Noch vom Charakter gebraucht, 295,1 und natür- ◇ lich vielfältig in der KrV u. a. A 67: »[…] weil sie aus dem Verstande, als absoluter Einheit, rein und unvermischt entspringen, […]«; A 352. Der Ursprung der Vorstellung von »absoluter Einheit« liegt in der auf Parmenides zurückgehenden Metaphysik von Platon und Aristoteles, vgl. bes. den Parmenides Platons.

4–8 welches, wenn es … zu finden wähnen.] Leicht ironisch wird auch **281** hier die Figur einer List der Natur verwendet, vgl. 275,1–5; 276,18–27. Wer lacht, weiß nicht, wozu es gut ist; der Philosoph jedoch entdeckt den eigentlichen Naturzweck der vermeintlichen Geisteskultur.

8–10 Eine Tafelmusik … haben mag.] Parow 194 und 263 (ohne die ◇ Spitze gegen die großen Herren); Ms. 400 321: »Wer grobe Empfindsamkeit hat, der liebt lermende Vergnügungen Z. E. Tafel Music, welche schon immer einen Menschen von groben Empfindungen verrathen, denn bey einer Tafel Music fallen alle unterhaltende und belebende Vergnügungen weg.« Auch Dohna 139. Vgl. in der KdU § 44 (V 305,32–306,1).

◇ **24–26** und beim Stocken … zu spielen verstehen] Das gesellschaftliche Gespräch folgt den Assoziationsprinzipien, vgl. 176,27–177,18.

◇ **30–31** angebrachten Scherz abwenden. e)] H: »angebrachten Spaß. e« – Statt »abwenden« in A1 und A2 muß es heißen: »abzuwenden«.

282 **2** mit dem] H: »mit den«. Die Handschrift ist also nicht auf *den* kategorischen Imperativ fixiert, wie die Drucke gern möchten.

◇ **3–4** gefallenden Maximen oder Manieren] H: »gefallenden Manieren«. Die Drucke ergänzen auch hier ein Stück aus der Kantischen Moralphilosophie.

◇ **6–9** Der *Purism* des … Anspruch machen.] Vgl. VI 23–24 Anmerkung.

283 **2** *Zweiter Theil.*] Zur Zweiteilung als solcher vgl. XXV S. XXVII–XXXI. Der zweite Teil enthält im Gegensatz zum ersten keine Paragrapheneinteilung, s. den Kommentar zu 125.

H enthält die Randnotiz: »Anthropologie / 1ster Theil / Anthropologische / *Didactik* /Was ist der Mensch? / 2ter Theil / Anthropologische *Characteristik* / [durchstrichen: Wie] Woran ist die Eigenthümlichkeit jedes Menschen zu erkennen. / Der erstere ist gleichsam die Elementarlehre die zweyte die Methodenlehre der Menschenkunde« (412,3–8). Die Funktion dieser Randnotiz ist unklar; soll der vom Haupttext abweichende Untertitel des zweiten Teils jetzt an die Stelle des Titels im Haupttext treten? Zum Problem des Untertitels des ersten Teils s. den Kommentar zu 125. Die beiden Untertitel (»Was ist der Mensch?« »Woran ist die Eigenthümlichkeit jedes Menschen zu erkennen«) sind so auf einander bezogen, daß die erste Frage den Menschen generell betrifft, die zweite die unterscheidenden Charakteristika der Menschen im Einzelfall. – Zur Frage: »Was ist der Mensch?« vgl. den Kommentar zu 141, dort 399,3.

◇ **3** *Die anthropologische Charakteristik.*] H: »*Die Charakteristik*«. S. jedoch die zitierte Randnotiz. Zur Vorstellung der »Charakteristik« vgl. Baumgarten Sectio XI »*Facultas characteristica.*« § 619: »Signa cum signatis una percipio; ergo habeo facultatem signa cum signatis repraesentando coniugendi, quae *facultas characteristica* dici potest […].« (XV 32,14–16) Die Charakteristik bei Kant ist dagegen die Erkenntnis des Eigentümlichen; so heißt es 305,19–21: »Denn Neigung zu dem, was uns vortheilhaft ist, ist allen Menschen gemein, mithin auch die, so viel uns möglich, zu herrschen; daher *charakterisirt* sie nicht.« In der »Charakteristik« also werden Distinktionen zwischen den Menschen aufgewiesen, während im ersten Teil das analysiert wurde, was allen Menschen gemeinsam ist.

◇ **4–5** *Von der Art, das Innere des Menschen aus dem Äußeren zu erkennen.*] Vgl. 295,23–25: Physiognomik ist »die Kunst, aus der sichtbaren Gestalt eines Menschen, folglich aus dem Äußeren das Innere desselben zu beurtheilen; […].« Aber auch bei den Temperamenten: »Der Sanguinische giebt seine Sinnesart an folgenden Äußerungen zu erkennen.« (287,34–35)

Vgl. Refl. 1497: »Physiognomic: aus dem außern aufs Innere schließen«
(XV 775,10). Nach diesem Programm fällt also im zweiten Teil die Introspektion als psychologische Erkenntnisquelle fort. – Christian Thomasius
bot dem Kurfürsten Friedrich III. eine Erfindung an »einer wohlbegründe-
ten und für das gemeine Wesen höchstnötigen Wissenschaft, das Verborgene
des Herzens anderer Menschen auch wider Willen aus der täglichen Konvention zu erkennen« (Leibbrand und Wettley 1961, 313).

Die duale Anlage der Kantischen Anthropologie scheint in der weiteren
Geschichte keine systembildende Kraft entfaltet zu haben; es ist jedoch
auffällig, daß John Stuart Mill auf die Psychologie als zweiten Teil eine
»Ethologie« folgen läßt, in der das Innere aus dem Äußeren erkannt wird,
vgl. System der deduktiven und induktiven Logik (1965) 602. Bei Wilhelm
Wundt wird die Psychologie durch die Völkerpsychologie ergänzt, die nicht
introspektionsfähig ist. In der Entwicklung der Disziplinen löste der Beha-
viorismus die Psychologie nach seinem eigenen Anspruch ab; er verzichtete
gänzlich auf die Möglichkeit der Introspektion: Wir können das vermeintlich Innere *nur* aus dem äußeren Verhalten erkennen.

3 3) der Charakter des Volks, 4) der Charakter der Gattung.] Es fehlt in **285**
der Aufzählung der Hinweis auf den Charakter der Rasse, 320,16–321,9.
Der Grund der Auslassung wird 320,18–21 angegeben. Vgl. auch 120,6–8
(mit anderer Begründung der Auslassung) und 124,19.

In H folgt in neuer Zeile: »§ 38«; A1, A2: »§ 79.« In H findet sich eine
durchstrichene Paragraphenangabe zwischen unserer Zeile 1 und 2. – Die
Paragraphenzählung wird nicht weitergeführt, sie scheint aber von Kant
besonders im Hinblick auf die Korrektur bewußt gesetzt zu sein. Ein Hinweis auf eine mögliche Erklärung liegt in z. 16–17: »[...], was zu seinem
Begehrungsvermögen gehört (praktisch ist), [...].« Das besagt, daß der Charakter der Person noch zum letzten Buch von Teil 1 gezählt werden kann und
daß deswegen eine Paragraphenfortzählung wenigstens für diesen Teil der
»Charakteristik« geboten ist. Kant hat keine Möglichkeit, das Ende dieses
Paragraphen beim Übergang zum Charakter des Geschlechts zu markieren,
wenigstens findet sich dort keine einschlägige Heraushebung. – H weicht
S. 285 in etlichen, jedoch geringfügigen Punkten von den Drucken ab; die
Abweichungen werden in den kritischen Editionen nicht aufgeführt.

5 *Der Charakter der Person.*] Zum Begriff des Charakters vgl. den 1772 ◇
erschienenen Artikel »Charakter« im »Ersten Theil« von Johann Georg
Sulzers Allgemeiner Theorie der Schönen Künste (1771): »Das eigenthümliche
oder unterscheidende in einer Sache, wodurch sie sich von andern ihrer Art
auszeichnet.« (Sulzer 1771, 194 s. v. »Charakter«) Im Zentrum der Aufmerksamkeit auf das Charakteristische steht der Charakter des Menchen: »Unter
den mannigfaltigen Gegenständen, welche die schöne Künste uns vor Augen
legen, sind die Charaktere denkender Wessen ohne Zweifel die wichtigsten.

[…] Es giebt Menschen, die in ihren Handlungen und in ihrer Art zu denken, gar keinen bestimmten Charakter zeigen, die einigermassen den Windfahnen gleichen, […].« (Sulzer 1771, 195) So auch in der Auflage von 1792.

◇   **6–21** In pragmatischer Rücksicht … zu machen bereit ist.] Hier wird das *Wort* »Charakter« innerhalb der von Kant als natürlich bezeichneten Zeichenlehre allgemein erläutert, es müßte folglich auch auf die Ziffern 2)–4) der Einteilung (z. 2–3) Rücksicht genommen werden; tatsächlich jedoch wird gemäß der Überschrift nur der doppelte Aspekt des »Charakter[s] der Person« berücksichtigt.

◇   **6–7** *natürliche* (nicht bürgerliche)] Die hier auffällige Kontrastierung von »natürlich« und »bürgerlich« wird sich am Gegensatz von »(status) naturalis« und »(status) civilis« orientieren. Die bürgerliche Zeichenlehre beruht auf Konvention. Anders die Gegensetzung von natürlicher (naturalis) und künstlicher (artificialis) Logik oder auch Physiognomie; diese Unterscheidung bezieht sich auf denselben Sachverhalt, während hier die natürlichen Zeichen von den konventionellen Zeichen (z. B. Buchstaben) unterschieden werden sollen. Die gleiche Bedeutungsdifferenz weist das griechische χαρακτήρ auf.

◇   **11** ist das Unterscheidungszeichen] Vgl. 321,12–16: Die Angabe des Charakters bedeutet die Nennung der differentia specifica. – Die Verbindung des Wortes des »Charakters« und »Charakterisierens« mit dem Unterscheiden ist antik, vgl. z. B. das Stoikerfragment 403 (Simplicius): »Gemäß einer Unterscheidung nennen sie das entsprechend einem Merkmal Charakterisierte […]. Das Süße und das Bittere enthält Unterschiede [διαφοράς], gemäß denen etwas charakterisiert wird […].« (SVF II 132)

◇   **13–15** Der Mann von Grundsätzen … hat einen Charakter.] Vorher war vom Menschen, hier ist nur noch vom Mann die Rede; vgl. ähnlich 289,29–31 (»[…] man darf den Mann, der viel Phlegma hat, darum sofort nicht einen Phlegmatiker oder ihn phlegmatisch nennen und ihn unter diesem Titel in die Classe der Faullenzer setzen«); der Mann, der viel Phlegma hat, ohne ein Phlegmatiker zu sein, ist der Mann der Grundsätze, der »tenax propositi« (Horaz, »Carmen« III 3,1; vgl. IX 487,30; Menschenkunde 341; s. a. Mrongovius 43; Reichel 113), der »feste Mann« (290,8) und »Mann von wahrem Charakter« (293,11); 321,31. Frauen können so wenig wie Kinder einen Charakter aus eigenem Grundsatz haben. – Die Grundsätze müssen nach 292,10–14 nicht die eines guten Willens sein!

◇   **14–15** von dem man … zu versehen hat] Vgl. 314,27 mit Kommentar.

◇   **15–16** Daher kann man] Es ist nicht ohne weiteres ersichtlich – »daher« –, daß aus der Zweiteilung von physischem und moralischem Charakter die Dreiheit von Naturell, Temperament und Charakter wird. Auch die Einteilung in »Sinnesart« (z. 18) und »Denkungsart« (z. 19) läßt sich schwer dreiteilen.

16–17 was zu seinem … gehört (praktisch ist)] Die Restriktion des ◇
Charakters der Person auf das Charakteristische des Begehrungsvermögens
(in der Durchführung allerdings auch des Gefühls der Lust und Unlust, vgl.
286,6–11; 287,12ff.) ist das Produkt einer Entwicklung der Kantischen
Anthropologie. Zur Behandlung der unterschiedlichen Talente am Schluß
des Erkenntnisvermögens vgl. den Kommentar zu 220,11.

17–19 das *Charakteristische* in … einteilen.] So ähnlich schon Mrongo- ◇
vius 99: »Zum Charakteristischen des Menschen […] gehort. – a.) das
Naturell oder die Naturanlage b.) das Temperament oder die SinnesArt
c.) der natürliche Character oder die DenkungsArt des Menschen überhaupt.« Im Unterschied zur Fassung von 1798 wird hier der »*Charakter*
schlechthin« als natürlicher bezeichnet; nach der zitierten Stelle fährt der
Text fort: »Zu dem moralischen Character des Menschen selbst wo ich ihn
als freies Wesen betrachte, gehören […]« – es folgen der Charakter der
Geschlechter, der Nationen und der Menschengattung. Es ist schwer nachzuvollziehen, daß die Geschlechterdifferenz gerade die Freiheit des Menschen betreffen soll; der Text der Nachschrift wird die Vorlesung daher nicht
korrekt wiedergeben.

18–19 Sinnesart … Denkungsart] Die Unterscheidung von Sinnes- und ◇
Denkungsart begegnet in den Vorlesungsnachschriften zuerst Pillau 117,
sodann Menschenkunde 337; Mrongovius 99. Vgl. VI 47,33–36: »Dieses ist
nicht anders zu vereinigen, als daß die Revolution für die Denkungsart, die
allmählige Reform aber für die Sinnesart (welche jener Hindernisse entgegenstellt) nothwendig und daher auch dem Menschen möglich sein muß.«
In den Druckschriften zuerst in der KrV A 551 (zusammen mit der Zweiteilung von empirischem und intelligiblem Charakter hier 324,22 und 29). – Es
ist für die Entwicklung der Kantischen Temperamentenlehre wichtig zu
sehen, daß die Unterscheidung von Sinnes- und Denkungsart in den Beobachtungen über das Gefühl des Schönen und Erhabenen von 1763 noch fehlt
und daher das Temperament unmittelbar mit der Moralität der Person
verbunden werden konnte, vgl. bes. die Charakteristik II 220,12–224, 24.
Mrongovius 110 thematisiert die Differenz von Denk- und Denkungsart. –
Die Unterscheidung von Sinnes- und Denkungsart spiegelt die Kantische
Auffassung des Menschen als eines centaurischen Wesens, das aus Leib und
getrennter Seele, Rezeptivität und Spontaneität, Anschauung oder Sinnlichkeit und Verstand oder Vernunft, dem Hang zum Bösen und der
moralischen Anlage besteht. Ein großer Teil der Aufgabe des Philosophen
ist die Klärung der Interaktion dieser beiden Teile des Menschen. S. weiter
»Sinnenwohl«, »*Verstandeswohl*« des Staates, 331,7 und 12.
Ursprünglich unterschieden von der »Denkungsart« ist die »Denkart«;
sie wird in den publizierten Werken zuerst 1787 in der neuen »Vorrede« der
KrV ins Spiel gebracht: »Die Geschichte dieser Revolution der Denkart

[…]« (B XI) Diese »Denkart« bezieht sich zunächst nur auf die Geometrie und Naturwissenschaft, sodann auch auf die Metaphysik als Wissenschaft der spekulativen Vernunft. Durch die Selbstkritik der Vernunft und die aus ihr folgende Unterscheidung (krinein, Kritik) von Ding an sich und Erscheinung wird es allererst möglich, die reinen Moralprinzipien freizulegen. Zur Verknüpfung von theoretischer und praktischer Vernunft in dem »ersten Gedanken« (B XVI) des Kopernikus und seiner »anfänglichen Hypothese« (B XXVIII), der Erdrotation und des heliozentrischen Systems vgl. Reinhard Brandt, Zu Kants politischer Philosophie (1997 c). Es ist daher kaum ein slip of the pen, wenn Kant statt »Denkart« auch »Denkungsart« schreibt: »[…] was wir als die veränderte Methode der Denkungsart annehmen, daß wir nämlich von den Dingen nur das a priori erkennen, was wir selbst in sie legen.« (B XVIII); vgl. auch im Hinblick auf das Zeitalter Christian Wolffs B XXXVI. Sowohl die spekulative wie auch die praktische Vernunft entdecken sich auf den Gebieten der Natur und der Freiheit als Gesetzgeber. Revolution der Denkart und der Denkungsart sind letztlich in dem einen Gedanken der Autonomie vereint.

◇   **19** *Charakter* schlechthin] Bei Kant ist das »schlechthin« (in H am Rand eingefügt) ein terminus technicus, s. 291,24–25 (mit Kommentar) und 292,6–7.

◇   **19–21** Die beiden ersteren … machen bereit ist.] Vgl. oben 119,11–14 und 292,15–18. Es heißt »die zweite (moralische)« und nicht »die dritte« (nämlich »c)«), da Kant Naturell und Temperament gemeinsam der moralischen Denkungsart gegenüberstellt.

286   **2** »Er hat ein gut *Herz*«] Vgl. in den Beobachtungen über das Gefühl des Schönen und Erhabenen II 218,2–4.

◇   **6–11** Und so geht … Sinnlichkeit offenbart.] Das Naturell bezieht sich hiermit auf das Gefühl, das Temperament auf das Begehrungsvermögen und damit auf die Tätigkeit; die Temperamente ihrerseits werden wiederum in Temperamente des Gefühls und der Tätigkeit untergliedert.

◇   **16** *Vom Temperament.*] Frühere Behandlungen der vier Temperamente finden sich in den Beobachtungen über das Gefühl des Schönen und Erhabenen (II 218,34–224,24), sodann in sämtlichen Phasen der Anthropologievorlesung. Kant glaubt nicht mehr, die vier Temperamente auf näher bestimmbare Substrate des Körpers: der Säfte (antike Humoralpathologie, erneuert durch Christoph Ludwig Hoffmann, 1721–1807), der Substanzen Schwefel, Salz und Quecksilber (Paracelsus, 1493–1541), der Fasern oder Nerven (William Cullen, 1710–1790), auch nicht nach Albrecht von Hallers Vorbild auf die festen Teile des Körpers, die Konstitution (s. dazu den Kommentar zu z.17–21) zurückführen zu können; er sieht jedoch die Klassifizierung der Äußerungsformen als rettbar an. Die antike Theorie operierte mit den vier basalen Zuständen des Kalten und Warmen und

Feuchten und Trockenen, die die vier Elemente formten (kalt: Erde; warm: Feuer, feucht: Wasser, trocken: Luft) und die in ihrer Kombinatorik zu den vier Körper- und Seelentemperamenten führten. So enstand die antike Säftelehre der gesunden oder pathologischen Mischung von Blut (warm-feucht), weißem Schleim (kalt-feucht) und schwarzer (kalt-trocken) oder gelber (warm-trocken) Galle. Beim Sanguiniker überwiegt das Blut zu sehr, beim Phlegmatiker der Schleim, beim Melancholiker die schwarze, beim Choleriker die gelbe Galle. Auf diese Weise waren die Temperamente mit dem Kosmos und der Natur im ganzen verbunden. Die neuzeitliche Einführung der chemischen Stoffe und die Fundierung der Temperamente in Nerven und Fasern restringierte den Bereich auf den je eigenen Körper. Kant verzichtet auf jede Plazierung in einem bekannten Körpersubstrat und macht die Temperamente zu einer bloßen Klassifikation von bestimmten psychisch-somatischen Erscheinungen.

Ein entscheidender Wandel vollzieht sich in der Bewertung des Phlegmatikers. Wird ihm 1764 der »Mangel des moralischen Gefühls« (II 219,1–2) und die vergleichsweise Unfähigkeit, das Schöne und Erhabene zu empfinden (II 220,3–8 und 224,21–24), zugesprochen, so wird später (im Anschluß an Baumgarten, s. den Kommentar zu 252,7–8) sein »glückliches Temperament« (290,13) gelobt. Man wird diesen Wandel in der Beurteilung des Phlegmatikers mit der Entwicklung der Kantischen Moralphilosophie in Verbindung bringen müssen und vielleicht einer breiteren Neubelebung des Stoizismus. – Eine Aufwertung des coolen Typs des Phlegmatikers vollzieht auch Johann Georg Heinrich Feder, Untersuchungen über den menschlichen Willen dessen Naturtriebe, Veränderlichkeit, Verhältnis zur Tugend und Glückseligkeit: »[...] sondern daß ihm auch ein gewisses ungestörtes, gleichmäßiges Wirken die höheren Freuden der Thätigkeit und des Ehrgefühls zu Theil werden können; die ihn, bey seiner Begnügsamkeit, dem Ideal des stoischen Weisen, qui metuit quique cupit nihil, unter manchen Gesichtspunkten ähnlicher machen können, als man es nach den Grundbegriffen vermuthen sollte.« (Feder 1777 ff., III 132) – S. auch Schellings »Anthropologisches Schema« (Schelling 1958 ff., V 335–340).

Hans Jürgen Eysenck, Persönlichkeitstheorie und Psychodiagnostische Tests (1965) 6 ff.

17–21 *Physiologisch* betrachtet ... mit begriffen ist).] Kant stellt die ◇ *Konstitution* der festen Teile neben die *Komplexion* der flüssigen, ohne näher auf beides einzugehen. In der Temperamentenlehre von Georg Ernst Stahl wurde gegen die antike Humorallehre, die also – in der Kantischen Terminologie – nur die Komplexion berücksichtige, die Auffassung gestellt, daß die festen Teile des Körpers, die »Struktur« und damit das System der mechanischen Hydraulik für das jeweilige Temperament entscheidend sei. Zur Begründung der Temperamente in der körperlichen Konstitution s. die

Ausführungen Albrecht von Hallers in seinen Elementa physiologiae corporis humani (1757 ff., II 140 ff.) und den Primae lineae physiologiae [...]
(1751), die Adickes XV 509,24–510,32 bringt. Der Körperbau wird auch bei
Lavater für die Temperamente mitverantwortlich gemacht; vgl. Stanitzek
1987, 162.

◇   **19–20** *Complexion* (das Flüssige ... Bewegliche im Körper] Der von
Hamann verehrte, von Kant wenig geschätzte Jakob Böhme hatte die
Temperamente als Komplexionen gefaßt: *Das Achte Büchlein de quatuor
complexionibus oder Trost-Schrift von vier Komplexionen* [...] (1621); Böhme
1955 ff., IV 221–252. Johann Daniel Longolius, *Warhafftiger Temperamentist, oder unbetrügliche Kunst der Menschen Gemüther nach ihren natürlichen
und moralischen Haupt-Eigenschafften zu unterscheiden* (1716) 45: »Der Unterschied eines menschlichen Leibes von dem Andern in Gestalt, Structur,
und Mixtur zusammen, wird seine Complexion oder eigenthümliche Beschaffenheit genannt.« (VI § 1)
Zur »Lebenskraft« vgl. zuerst 164,11–12 (20 Belegstellen in der Anthropologie). In den Druckschriften ist »Lebenskraft« zuerst in der Rassen-
schrift von 1775 (II 438,4) zu finden. Im Ms. 400 werden die Temperamente
auf die Lebenskräfte bezogen (546–547); Mrongovius 100: »Das Temperament kann man eigentlich das characteristische der LebensKraft nennen.«

◇   **28–29** doch wohl ingeheim ... haben mögen] Vgl. bei Parow 287–288:
»Wenn wir hier den Unterschied zwischen einem melancholischen und
sangvinischen Menschen aus der Complexion herleiten wolten, so würden
wir uns gar leicht zu tief in die Medicin wagen, wo es uns an genugsamen
Kenntnißen fehlen dürfte.« Kant wird 1798 die Überzeugung hegen, daß der
Zusammenhang des Körperlichen mit den Seelentemperamenten der
menschlichen Erkenntnis grundsätzlich entzogen oder jedenfalls für die
pragmatische Anthropologie irrelevant ist, vgl. 119,14–22.

◇   **29–32** ferner daß ... verbunden werden kann] Die Unterscheidung der
Temperamente in die des Gefühls und der Tätigkeit und der Erregbarkeit und
der Abspannung wird in der näheren Darstellung durch die Bezeichnung
des Leicht-, Schwer-, Warm- und Kaltblütigen aufgenommen (287,33–
290,24), wobei die Unterscheidung von warm und kalt (als Differenz der
Anspannung und Abspannung im Bereich der Temperamente der Tätigkeit)
aus der antiken Humoralpathologie stammt, diese jedoch anstelle der Differenz von leicht und schwer die von feucht und trocken setzte. Dies ist bei Kant
schon deswegen nicht möglich, weil er das Blut als gemeinsamen Nenner *aller*
Temperamente nennt. Die Einführung des Leichten und Schweren ermöglicht den Anschluß an die Alltagsrede von Leichtsinn und Schwermut.

◇   **30–31** in Temperamente des *Gefühls* und der *Thätigkeit*] Vgl. die präzi-
sierende, vielleicht nicht mehr aufrecht erhaltene Bestimmung Refl. 1143:
»Die Temperamenten des Gefühls beruhen auf Nerven, die der Thätigkeit

auf Fasern und Musceln.« (XV 507,8–9) – Die Einteilung scheint von Kant zu stammen, wie er selbst 287,1–3 (mit Kommentar) andeutet; vgl. schon Carl Friedrich (1757–1814) in seiner vierbändigen Schrift *Der Mann. Ein anthropologisches Charaktergemälde seines Geschlechts* (1805–1808): »Aus einer zu strengen Liebe zu strengen Eintheilungen (wovon oft die Natur nichts weiß), ging *Kant* sogar in seinen Behauptungen dahin aus: ›daß es durchaus *keine* zusammengesetzten Temperamente, – sodern deren in allem *nur vier*, und jede derselben einfach seyen, indem man nicht wisse, was aus dem Menschen gemacht werden solle, der sich ein gemischtes zueignet.‹ Seine Eintheilung der Temperamente ist übrigens die *alte*, – nur daß er sie im allgemeinern unter zwey Hauptstämme bringt. I. *Temperamente des Gefühls* [...]. II. *Temperamente der Thätigkeit* [...].« (II 397) Kants Begründung der Ablehnung von gemischten Temperamenten ist von Pockels mißverstanden worden.

31–32 Erregbarkeit der *Lebenskraft* ... (remissio)] Die vorhergehende ◇ Einteilung ist die dominante, die als Obereinteilung bei der Darstellung der einfachen Temperamente benutzt wird (287,31–290,24); die hier angeführte Einteilung gemäß der Erregung oder Abspannung der Lebenskraft stellt dagegen die Erregbarkeit des sanguinischen und cholerischen und die Abspannung des melancholischen und phlegmatischen Temperaments zusammen; diese zweite Gliederung wird im folgenden explizit 287,12–29 für die Temperamente des Gefühls ausgeführt. In den Nachschriften der Vorlesung ergibt sich für Ms. 400, daß die Lebenskraft mit der Tätigkeit identifiziert wird, so daß die Differenz in der Lebenskraft keine Untergliederung der Temperamente des Gefühls oder der Empfindung stiften kann. Die dort verwendete Differenzierung ist die der Reizbarkeit zum Vergnügen (so der Sanguiniker) und die Reizbarkeit zum Mißvergnügen (so der Melancholiker) (545–546).

Mit dem Begriff der »Erregbarkeit« nimmt Kant die »Irritabilität« von Albrechts von Hallers *Elementa physiologiae corporis humani* (1757 ff.) II 147 auf. In der Refl. 1151 (XV 509,16–18) wird der hier einschlägige Bezug auf Haller in folgender Form gebracht: »Das cholerische temperament hat nach Hallern eine reitzbare und Starke, das melancolische eine reitzbare und schwache, das phlegmatische eine wenig reitzbare [Zusatz: schlaffe] und schwache [bricht ab].« Dazu Adickes XV 509,23–510,32. Von der »intensio« und »remissio« spricht Haller in den von Adickes zitierten Passagen nicht, da diese die von Kant angesprochene vis vitalis, nicht aber die Nerven betreffen. – Collins 185: »Es läst sich auch leicht einsehen daß eine Spannung der Nerven und Fasern, ein verdünntes und leicht transpirirendes Blut den Menschen ein größeres Leben empfinden läst, hingegen ist ein dickes Blut und schlaffe Spannung der Nerven eine große Hinderniß das Leben zu fühlen.«

Herder hatte 1769 über Edmund Burke notiert: »[daß er] überall das
Erhabne auf ein Gefühl der *Anstrengung*, das Schöne auf eine sanfte
Erschlaffung der Nerven zurückleitet.« (Herder 1877 ff., IV 103; Burke
1980, 192–193 und 198–199); nach Haller dagegen ist eine Anspannung und
Erschlaffung der Nerven nicht möglich (*Elementa physiologiae corporis
humani* (1757 ff.) IV 194).

◇   **33** *vier* einfache Temperamente] Den einfachen (s. auch 291,16) wären die
zusammengesetzten oder gemischten Temperamente entgegengesetzt, die es
jedoch nach Kant nicht gibt, vgl. 290,25–291,18.

◇   **33–34** wie in den … medius terminus] Vgl. 330,33–34. – Eine syllogi-
stische Ordnung, sei es gemäß den vier Figuren (dazu Kants Schrift von
1762: »Die falsche Spitzfindigkeit der vier syllogistischen Figuren erwiesen«; II 45–62), sei es gemäß den drei Sätzen der maior, minor und
conclusio wird häufig besonders in den Spätschriften für Vierer- oder
Dreierordnungen in Anspruch genommen. In der KdU ergibt sich durch den
syllogistischen Dreisatz die Notwendigkeit einer Vermögenstrias des
menschlichen Gemüts, vgl. dazu den Kommentar zu 127,2. In der »Rechtslehre« der Metaphysik der Sitten erfolgt die Gewaltenteilung nach »den drei
Sätzen in einem praktischen Vernunftschluß« (VI 313,23).
      Kant verrät nicht, wie sich die vier Temperamente genau auf die syllogi-
stischen Figuren beziehen lassen; die Beziehbarkeit soll jedoch der Grund
der Rettung der »alten Formen« (287,1) sein. Welches wäre der »medius
terminus«? 287,12–15 wird die Viererordnung auf Grund einer doppelten
Disjunktion gewonnen; Gefühl / Tätigkeit, (Erregbarkeit) / (Abspannung)
ergibt:

	Gefühl	Tätigkeit
Erregbarkeit	*sanguinisch*	*cholerisch*
Abspannung	*melancholisch*	*phlegmatisch*

287   **1–3** wodurch dann die … Deutung erhalten.] Vgl. die Beibehaltung der
Ulpianschen Trias des »honeste vive«, »neminem laede« und »suum cuique«
in der »Einleitung in die Rechtslehre« der Metaphysik der Sitten: »Man kann
diese Eintheilung [sc. die der Rechtspflichten] sehr wohl nach dem *Ulpian*
machen, wenn man seinen Formeln einen Sinn unterlegt, den er sich dabei
zwar nicht deutlich gedacht haben mag, den sie aber doch verstatten daraus
zu entwickeln, oder hinein zu legen.« (VI 236,20–23)

◇   **3–4** Deutung erhalten. / Hiebei dient] H: »Deutung erhalten. / [durch-
strichen: A / Das sanguinische / Temperament] / Hiebey dient«.

◇   **7–8** man verlangt … zu wissen] Die Formel »man verlangt zu wissen« ist
eine stereotype Formel, vgl. II, 24,4; III 79,11; VIII 53,19; 181,30; 366,25 u. ö.
Es wird hiermit das beweistechnische »aitema« aufgenommen und nicht
notwendig auf eine wirkliche Preisfrage oder die Anfrage eines Rezensenten
Bezug genommen.

8 chemische Blutmischung] Vgl. 287,8. – Die Chemie fehlt innerhalb der ◇
˙ Temperamentenlehre in den Vorlesungsnachschriften. Es wird lediglich in
der Erörterung der Sinnesphysiologie von chemischen Einflüssen (beim
Schmecken und Riechen) gesprochen.

12–15 Die Obereintheilung ... 4 Temperamente geben.] Hiermit wird ◇
wiederholt, was 286,29–33 ausgeführt wurde; vgl. dort den Kommentar.

12 kann also die sein] Das »also« bezieht sich auf die zuvor erwähnten ◇
Gefühle und Neigungen, wobei die letzteren der Tätigkeit zugeordnet
werden, s. 286,30–31.

13 *Gefühls*] H; A1: »*Empfindung*«. ◇

14 diese kann durch ... Arten zerfallen] Diese Untereinteilung wird ◇
durch den nervenpathologischen Aspekt von 286,31–32 geliefert.

15–29 Zu den Temperamenten ... Lebenskraft starren machen.] Entge- ◇
gen der Überschrift »*Vom Temperament*« (286,16) wird z.15–29 schon
ausschließlich vom »Temperament des Gefühls« (z.31) gehandelt, und zwar
von dessen Einteilung unter dem Aspekt der Erregung und Abspannung
der Lebenskraft (gemäß 286,31–32). Vgl. den textkritischen Hinweis zu
z.3–4.

16 *Gefühls*] H; A1: »*Empfindung*«. ◇

16 zähle ich] Kant scheint hier die Gliederung der Temperamente in die ◇
des Gefühls und der Tätigkeit als eigene, nicht von einem anderen Autor
entlehnte anzunehmen.
Randnotiz in H, s. 412,9–14.

18 afficirt wird, aber] H: »afficirt aber«. H ist vorzuziehen; die Textän- ◇
derung rührt vermutlich von der vorhergehenden zweimaligen Änderung
von »Empfindung« in »Gefühl«.

22 Leichtsinn der Sanguinischen] H; A1: »Leichtsinn des Sanguini- ◇
schen«. Es gibt keinen Grund zur Änderung.

25–26 die man in seiner Gewalt hat] Die Formel wird von Kant häufig ◇
benutzt. Sie geht auf das griechische »eph'hemin« und lateinische »in
potestate mea« zurück, beides zentrale Begriffe der antiken Ethik. Vgl.
131,30–31 mit Kommentar.

33 *Das sanguinische Temperament des Leichtblütigen.*] Zur Anfangspo- ◇
sition vgl. Raymond Klibansky, Erwin Panofsky und Fritz Saxl, *Saturn und
Melancholie* (1990) 122: »So kann in den Illustrationen des 15. und 16. Jahrhunderts das Melancholikerbild seinen Platz ohne weiteres mit dem
Phlegmatikerbild tauschen, [...] während der Sanguiniker regelmäßig an
erster und der Choleriker ebenso regelmäßig an zweiter Stelle rangiert.« Die
Herkunft der Disposition der Temperamente bei Kant wurde nicht näher
untersucht. – Bei den Heiligen Drei Königen ist Kaspar der jugendliche
Sanguiniker, Melchior der Choleriker im Mannesalter, Balthasar der Melancholiker, so daß der Vierte, das Königskind Jesus, Phlegmatiker sein muß.

Wenn das Kind Sanguiniker ist, nimmt der Phlegmatiker die Altersposition ein.

◇   **34 Der Sanguinische giebt seine Sinnesart**] Die Temperamente betreffen grundsätzlich die Sinnes- und nicht die Denk[ungs]art, s. 285,18–19 und 292,15–18 den Unterschied von Temperament als Sinnes- und Charakter als Denkungsart. Die Erörterung des Phlegmas als Stärke (290,3–4) bildet die Brücke vom Temperament zum Charakter. Vgl. 285,18–19 mit Kommentar.

◇   **35 und von guter**] H: »und voll guter« – wieder kein Grund zur Änderung.

288   **7 Vive la bagatelle!**] Vgl. in den Bemerkungen: »Unser Zeitalter ist das *Seculum* der schönen Kleinigkeiten Baggatellen oder der erhabenen *Chimaeren*« (Kant 1991, 56 und Kommentar).

◇   **14 *Das melancholische Temperament des Schwerblütigen.*]** In der Elemententradition wird der Melancholiker der Erde zugeordnet, die nach unten strebt, also schwer ist. In der Kombination der Zustände vereint die Erde das Trockene und Kalte. – Auf Grund der Beschreibung des Melancholikers in den **Beobachtungen** (II 220,12–222,7) ist häufig angenommen worden, Kant habe sich selbst als Melancholiker gesehen und beschrieben; vgl. dazu u. a. Hans Vaihinger, »Kant als Melancholiker« (1898) 139–141.

◇   **15–16 nicht der Melancholische … einem Zustande**] Während beim Sanguiniker und Choleriker nicht von einem Hang gesprochen wird, taucht dieser bei Kant terminologisch fixierte Begriff (vgl. Kommentar zu 251,5) beim Melancholiker und beim Phlegmatiker auf (289,32), hier als Disposition zu einem Zustand (ob der Melancholische, der also im Zustand der Melancholie ist, auch einen Hang zu diesem Zustand haben muß, bleibt wohl unklar); beim Phlegmatiker wird das Phlegma qua Hang als Schwäche verbucht, während das Phlegma als Stärke eine bestimmte Eigenschaft sein soll (290,3). Hier wird der Begriff des Hanges – anders als in der Religionsschrift – so gebraucht, daß er nur angeboren, nicht aber erworben ist und auch nicht als erworben betrachtet werden kann. S. Kommentar zu 251,5.

◇   **26–30 Übrigens ist diese … anderen gönnen wird.**] Der Melancholiker ist »wenigstens dem Anreize nach« (z.28) kein Philanthrop, sondern neigt zur Misanthropie. Diese Verknüpfung ist alt; das bekannteste Beispiel findet sich in Molières Misanthrope (von 1666), der ursprünglich unter dem Titel des »L'Atrabilaire amoureux« erscheinen sollte (s. Molière, Oeuvres complètes (1971) II 125). Daß Alceste, der Misanthrop, Melancholiker ist, zeigen eindeutig die Verse 90 (»[…] à m'échauffer la bile«), auch 105 (»[…] cette maladie«), 165 (»[…] que votre bile«). Den Gegensatz zum Melancholiker Alceste bildet der Phlegmatiker Philinte (vgl. Vers 166 und 167). Der Melancholiker nimmt die Menschen, wie sie sein sollen, der Phlegmatiker dagegen sagt: »Je prends doucement les hommes comme ils sont« (Vers 164);

Kontrastierung also von Idealismus (der im schlechten Sinn gegen Platon geltend gemacht wurde: er nehme die Menschen nicht, wie sie sind, sondern wie sie sein sollen, und denke entsprechend chimärisch) und Realismus. Beide werden mit Übertreibungen karikiert, das Phlegma jedoch erscheint wie bei Kant nach den sechziger Jahren als Stärke. Zu Molière vgl. den Hinweis ad 121,25.

5 er ist *hitzig*, brennt schnell auf wie Strohfeuer] Diese Charakteristik **289** entspricht der Zuordnung des Cholerikers zum Element des Feuers. Vgl. auch Pseudo-Galen, Περὶ χυμῶν (Klibansky, Panofsky, Saxl 1990, 118).

6 zürnt alsdann] Bei Seneca ist der Zorn dem Element des Feuers ◇ zugeordnet, vgl. De ira II 19, 2: »Iracundos fervida animi natura faciet; est enim actuosus et pertinax ignis [...].«

11−12 Daher ist ... Ehrbegierde] Bei Christian Thomasius werden die ◇ Temperamente den Lastern so zugeordnet, daß der Melancholiker (in alter Tradition) geizig ist, der Sanguiniker wollüstig und der Choleriker ehrgeizig; der Phlegmatiker erscheint als frei von diesen Lastern. Thomasius verrät nicht, woher er die Überzeugung der drei Laster als einer im Prinzip vollständigen Ordnung nimmt; vgl. Werner Schneiders, Naturrecht und Liebesethik (1971) 212, Anm. 39. Das von ihm zugrunde gelegte Schema findet sich schon in der Apologie Platons, die drei Güterklassen geltend macht: die äußere Habe, den eigenen Körper und die Seele (29 d−e; s. auch Aristoteles, Nikomachische Ethik 1098 b 13−14 u. ö.). Die von Thomasius aufgeführten Laster sind die Perversionen der Sorge um diese drei Güterklassen; der Geiz bezieht sich auf die äußeren Güter, die Wollust ist die Körperlust, der Ehrgeiz ein verblendetes Seelengut. So auch schon bei Aristoteles 1196 b − 1128 b, jedoch ohne Zuordnung zu den Temperamenten. Die Dreiheit von Ehrsucht, Herrschsucht und Habsucht (271,28−274,18) entstammt der gleichen Wurzel. Becker 1739, 28 und Collins 185. Kant nimmt keine Zuordnung der Temperamente zu einer kanonisch festgelegten Laster-Ordnung vor; entsprechend finden sich bei den übrigen Temperamenten keine dem Ehrgeiz genau korrespondierenden Fehler.

16 *sich* mehr selbst.] H: »sich nur selbst.« Die Ausgaben zerstören den ◇ Gedanken: Tatsächlich ist die Großmut des Sanguinikers bloßer Schein, das eigentliche Motiv ist die Selbstliebe.

17−18 ist höflich, aber mit Ceremonie] In den Beobachtungen heißt es ◇ schon vom Choleriker: »sein Wohlwollen ist Höflichkeit, seine Achtung Zeremonie« (II 223,23−24).

22−23 indessen daß der Geizige] H: »indessen der Habsüchtige« − ◇ wieder besser als die vermeintliche Verbesserung.

27 *Das phlegmatische Temperament des Kaltblütigen.*] Es wurde schon ◇ erörtert, daß Kant von einer negativen Bewertung des Phlegmatikers (vgl.

II 220,3–8; 224,21–24) zu einer positiven gelangt, wie sie hier ihren Ausdruck findet. S. dazu »das *Phlegma* im guten Verstande« 252,7–8 mit
Kommentar. – Die Schrift Περὶ κατασκευῆς (vgl. Klibansky, Panofsky,
Saxl 1990, 118) ordnet die vier Temperamente so, daß dem Sanguiniker die
rote Hautfarbe entspricht, dem Melancholiker das schwarze Haar und die
schwarzen Augen, der gelben Galle wieder eine gelbe Hautfarbe und dem
Phlegmatiker, in dem die weiße Flüssigkeit dominiert, die weiße Hautfarbe.
Untergründig steht damit die positive Bewertung des Phlegmatikers in
einem Zusammenhang mit der Meinung Kants, daß einzig die weiße Rasse
zum Handeln aus Grundsätzen und zum moralischen Fortschritt befähigt
ist. Bei den Weißen ist wiederum der Deutsche durch sein Phlegma ausgezeichnet, s. 317,27–28 mit Kommentar. Es gibt jedoch, wenn ich richtig
sehe, keine Äußerung, die zeigen könnte, daß Kant diesen Zusammenhang
intendierte.

Cesare Beccaria schreibt in Dei delitti e delle pene von 1764 (Kant in der
Übersetzung von Karl Ferdinand Hommel vertraut, vgl. VI 334,37 mit
Anmerkung) vom »freddo esaminatore della natura umana«, der sich nicht
von den Leidenschaften hinreißen läßt (in der Edition von Franco Venturi
(1969) 9). Vergleichbar Melchior Adam Weikard, Der philosophische Arzt
(1776) das Kapitel »Von dem Charakter und Temperamente des Philosophen« (49–92): »So wie man aus den bisher erzählten Ursachen einen
gewissen Kaltsinn und eine unerschrockene Gleichgültigkeit von einem
Philosophen fordert: so wird auch eben Unpartheilichkeit eine seiner ersten
Tugenden seyn. Verdienst und Wahrheit überwiegt bey ihm weit die Wirkungen der Feindschaft, Verwandtschaft, des Hasses, der unbescheidenen
Eigenliebe.« (54) »Nichts verleitet uns eher zu Irrthümern, als die Leicht-
gläubigkeit: und nichts ist mehr des Philosophen Eigenthum, als eine
phlegmatische Hartgläubigkeit.« (55) Diese neustoischen Worte könnte
Kant unterschreiben.

◇   **29** darum sofort nicht einen] H: »darum nicht sofort«. Unsinnige Änderung in A.

◇   **32–290,3** Phlegma, als *Schwäche*, ist Hang ... Phlegma, als *Stärke*] Vgl.
Menschenkunde 344: »Phlegma kann als Stärke, und als Schwäche betrachtet
werden [...].« Zum »Hang« vgl. 288,15–16 mit Kommentar.

290   **3–24** Phlegma, als *Stärke* ... es zu zertrümmern.] Vgl. V 272,11–16:
»Aber (welches befremdlich scheint) selbst *Affectlosigkeit* (Apatheia,
Phlegma in significatu bono) eines seinen unwandelbaren Grundsätzen
nachdrücklich nachgehenden Gemüths ist und zwar auf weit vorzüglichere
Art erhaben, weil sie zugleich das Wohlgefallen der reinen Vernunft auf ihrer
Seite hat. Eine dergleichen Gemüthsart heißt allein edel: [...].« – Dem hier
skizzierten Stoiker und »Philosophen« (z. 14–15) gehört Kants ganze Sym-
pathie. Hier wird die Lehre der reinen Temperamente von der Sinnesart in

die Denkungsart überführt: »nicht vom Instinct ausgehend« (z. 12); das
Phlegma favorisiert den »überlegten Willen« (z. 20) des Mannes von Charakter. Nach dem Zwischenstück über zusammengesetzte Temperamente
folgt schlüssig das Kapitel »*Vom Charakter als der Denkungsart*«.

5 Der, welcher eine gute Dosis von Phlegma in seiner Mischung hat] Vgl. ◇
schon Parow 289–290. »In seiner Mischung hat«, die wörtliche Übersetzung von »Temperament«; anders 291,4. Nach 290,25–291,18 scheint ein
gemischtes oder zusammengesetztes Temperament ausgeschlossen zu sein.

24–25 zu zertrümmern. / Wenn ein] In H beginnt hier eine neue Seite; ◇
der vorhergehende Text wurde sehr gedrängt auf dem vorhergehenden Blatt
zu Ende geschrieben. Tatsächlich endet dort die Behandlung der reinen
Temperamente mit dem Enkomium des Phlegmas als Stärke; hier beginnt die
Erörterung der Möglichkeit bzw. Unmöglichkeit zusammengesetzter Temperamente. Dabei wird die Verbindung von A und D und C und B nicht
berücksichtigt.

31 sie *neutralisiren* sich.] S. den Kommentar zu 277,7–8. ◇

32 wenn das sanguinische mit dem melancholischen] Die Temperaments- ◇
lage der sanguineo-melancholicus ist seit der Spätantike möglich; in der
Renaissance wird Demokrit zum prominentesten Vertreter dieser Tempera-
mentenmischung. Vgl. dazu Rütten 1992.

4 die Neutralisirung … (gleichsam chemischen)] S. 277,7–8 und 287,8 **291**
mit Kommentar.

13 Also giebt es keine *zusammengesetzte* Temperamente] Vgl. Refl. 1495 ◇
(XV 759,16).

23 *Vom Charakter als der Denkungsart*.] Zum Gegensatz von Den- ◇
kungsart und Sinnesart vgl. 285,18–19 mit Kommentar; s. a. 292,6–14. –
Collins 193 schreibt noch: »Der Mensch kann sich keinen andern Charakter
geben, als den er von Natur hat, und alles was er thun kann, ist das schlimme
zu mildern. Zum Guten müßen Keime vorhanden seyn, und man kann bald
sehen ob sie da sind.« – Die Kontrastierung ist als Parallelstück zum
Gegensatz von intelligiblem und sensiblem Charakter zu sehen, zuerst
belegt in der KrV A 551. S. 285,18–19 mit Kommentar.
Die Bestimmung des Charakters ist auffällig konstant in den Kantischen
Ausführungen seit den Beobachtungen, unterschiedlich jedoch ist die Funktion in der Ethik. Bis hin zur Grundlegung zur Metaphysik der Sitten und der
Vorstellung, daß sittliches Handeln aus Achtung für das Sittengesetz erfolgt,
ist eine der beiden Argumentationsformen Kants, daß der sittliche Mensch
(d. h. Mann) aus Charakter gut handelt. Diesen Charakter hat er sich selbst
verschafft, und er gewährleistet das unbedingte Festhalten an den – sc. sittlichen – Grundsätzen. Gegentypen sind derjenige, der zwar einen *festen*
Charakter hat, jedoch keine *guten* Grundsätze; sodann derjenige, der keinen
Charakter hat und ihn nur annimmt und nachahmt (293,3–13), und dann

derjenige oder diejenige, der/die aus einer guten Sinnesart handelt, nicht aus
Grundsatz, sondern aus schnell anders affizierbarer Naturanlage.

Das sittliche Handeln auf Grund des einmal erworbenen Charakters steht
1781 in der KrV neben einem sittlichen Handeln, dessen Triebfeder auf einen
praktischen Glauben an einen allmächtigen, gerechten und gütigen Gott
angewiesen ist (A 828ff.). Diese letztere Triebfederlehre wird in der Grundlegung geändert; die Lehre vom Charakter jedoch wird konstant weitergeführt, wenn sie auch jetzt ergänzt werden kann durch die Formel, daß
derjenige, der einen Charakter hat, aus Achtung für das Gesetz handeln
kann. Kant hat diese Ergänzung in der Anthropologie nicht vorgenommen,
sie wäre jedoch, wenn ich richtig sehe, problemlos möglich. Die Rede vom
Handeln »aus Achtung vor dem Gesetz« wird verwendet im Ms. 400:
»Viele Nationen laßen sich wohl discipliniren aber durch Gewalt, und nicht
aus Achtung fürs allgemeine Gesetz. Die Freiheit, die aus Achtung fürs
Gesetz entspringt, stimmt mit jeder Freiheit [...].« (665)

Kant führt es nicht explizit an, aber er ist der Meinung: Die Frau ist auf
Grund ihrer Naturanlage nicht dazu fähig, einen Charakter zu haben; es ist
kein Zufall, daß der Schlußsatz der Abhandlung vom Charakter nicht mehr
vom Menschen, sondern vom Mann spricht: »[...] so muß, ein Mann von
Grundsätzen zu sein (einen bestimmten Charakter zu haben), der gemeinsten Menschenvernunft möglich [...] sein« (295,20–22). – In einigen
wichtigen Elementen entspricht die Kantische Theorie des Charakters der
stoischen Lehre einer sittlichen diathesis, die gegenüber der schesis, die auch
von außen kommen kann, und der hexis, die durch keine äußeren Faktoren,
sondern nur von innen durch die Person selbst bestimmt ist, die abschließende innere unumstößliche Disposition zum guten Handeln ist; dazu
Maximilian Forschner, Die stoische Ethik (1981) bes. 63–65.

◇   **24–25 Von einem Menschen schlechthin ... Charakter«]** S. 292,6–7; vgl.
die analoge Formulierung in der »*Namenerklärung des Erhabenen*« der
KdU: »*Erhaben* nennen wir das, was *schlechthin groß* ist.« (V 248,5); »Wenn
ich nun schlechtweg sage, daß etwas groß sei, [...]« (V 248,28); »Wenn wir
(unter der obgenannten Einschränkung) von einem Gegenstande schlechtweg sagen, er sei groß: [...].« (V 249,28–29) Dem »schlechthin« korrespondiert das »überhaupt« 293,26 (»ein bestimmter Charakter überhaupt«) und
295,1–2 (»absolute Einheit des inneren Princips des Lebenswandels überhaupt«). – Es wird hier in der Anthropologie eine in der Religionsschrift
(1793) ausführlich dargestellte Problematik nicht erwähnt: Die Kenntnis,
ob jemand tatsächlich aus rein moralischen Motiven gehandelt hat, ist auch
dem Handelnden selbst letztlich entzogen. Es wird zwar die »*Revolution* in
der Gesinnung« (VI 47,24) gefordert und damit die Etablierung eines Charakters der Denkungsart, zugleich gilt, daß »die Tiefe des Herzens (der
subjektive erste Grund seiner Maximen) ihm selbst [und a fortiori anderen

Menschen] unerforschlich ist« (VI 51,15–16). Der Mensch bleibt in einem
ständigen Kampf mit dem bösen Prinzip, so daß niemand von sich selbst
oder einer anderen Person im strikten Sinn sagen kann, er habe einen guten
Charakter. Andererseits muß das, was gefordert ist, möglich sein; und
hiermit wiederum ist folgendes Problem verknüpft: Die Bestimmung des
Menschen besagt, daß er seine – sc. moralischen – Anlagen nur in der
Gattung im ganzen erreicht, nicht wie die vernunftlosen Tiere in jedem
Individuum (u. a. 329,14–25). Nur die Gattung kann »durch ihre eigene
Thätigkeit die Entwicklung des Guten aus dem Bösen dereinst zu Stande
bringen« (329,23–25). Aber wie ist dann die Bildung eines moralischen
Charakters in der Form möglich, daß das einzelne Individuum (wie bei den
Tieren) die moralische Anlage realisiert (nach der Religionsschrift z. B. der
Sohn Gottes)? Und: Ist die Kultivierung und Zivilisierung, die in der
Gattungsgeschichte für die Moralisierung geleistet werden muß, auch vom
Individuum, das einen Charakter erwirbt (»der gemeinsten Menschenvernunft«, 295,21), vorweg zu leisten? Nach Kant muß die isolierte reine
praktische Vernunft für sich die Charakterformierung bewirken können; er
darf keine Erkenntnis- oder Bildungsvoraussetzungen (wie Platon oder
auch noch die Stoiker) zur notwendigen Voraussetzung der Moralität
machen. Auch für den Diener Lampe muß es möglich sein, zwischen 30 und
40 einen Charakter zu erwerben und damit die Aufgabe der Menschheit als
Individuum zu lösen. Der Wille ist aus dem Kontext des Erkenntnisvermögens und des Gefühls der Lust und Unlust herausgelöst und muß als reiner
Wille oder als reine praktische Vernunft die Möglichkeit der Charaktergründung gewährleisten. »Erziehung, Beispiele und Belehrung« (294,27–28)
brauchen wiederum nur moralischer Natur zu sein. Es hat zwar »der
ideale Geschmack eine Tendenz zur äußeren Beförderung der Moralität«
(244,16–17), aber er ist keine notwendige Bedingung. Die Moral ist an das
stante pede erkennbare Pflichtgesetz gebunden, nicht an die Erkenntnis des
Guten wie bei Platon und Aristoteles.

    30–33 In der Religion ... *Indifferentist.*] Vgl. Refl. 1144 (XV 507,19– ◇
508,23); Refl. 1495 (XV 761,17–22); Refl. 1496 (XV 765,8–11); ein Spiel der
Zuordnung von Religion, Temperament und philosophischer Richtung
bringt Refl. 1146 (XV 508,14–17). Vgl. auch Collins 190. Zu den vier grundsätzlichen Formen der »Ausschweifung« in der Religion s. die Analyse in den
Beobachtungen über das Gefühl des Schönen und Erhabenen II 250,5–252,3).
In früheren Vorlesungen scheint Kant durchaus nicht denselben Abstand
(»hingeworfene Urtheile«; »scurrilischer Witz«, z. 34–35) zu der Beziehung
von Temperament und jeweiliger Religion gezeigt zu haben wie in der Publikation von 1798; Philippi 83: »In der Religion wird ein Melancholischerer ein
Hang zur Schwärmerey, der Pflegmatische zum Aberglauben, der Sanguinische zur Freygeisterey, der Cholerische zur Orthodoxie haben.« S. auch

Collins 189–190 und Refl. 1495. – »So heißt es« (z. 29); während sich Kant hier auf einen anderen Autor zu beziehen scheint, tragen die übrigen Stellen das Schema eher als eigene Lehre vor.

In einer gewissen Verwandtschaft ist die Vorstellung zu sehen, die den Bramanen zugeschrieben wird: *Physische Geographie* Hesse 200–201: »Ihr *Brama* erschuf im Anfange 4 Menschen, den ersten machte er zum Kaufmann, von dem kommt die Kaste der *Banianen*, den 2ten zum Soldaten, den 3ten zum Priester und den 4ten zum gemeinen Mann. Diesem gab er ein lustiges *Temperament*, dem Priester ein melancholisches, dem Soldaten ein kriegerisches und dem Kaufmann ein pflegmatisches.«

In H folgt auf »(valeant quantum possunt)« [mögen sie so viel wert sein, wie sie können]: »und man kann den Juristen auf ähnliche Weise parodiren«. Dort wird zuvor eine zweite Aufstellung gebracht und dann durchgestrichen: »Im öffentlichen Amt der Chol. – Ordnunghaltend / Sangu – nachlässig / Mel. – peinlich«.

◇ **32 der Melanch.** *Schwärmer*] S. Manfred Engel, »Die Rehabilitation des Schwärmers« (1994) 475.

292 **6–14 Einen Charakter aber ... etwas Seltenes ist.**] Die Vorlesungen bis Mitte der siebziger Jahre kennen noch nicht die Unterscheidung der beiden Charakterbegriffe gemäß der Differenz von »Sinnesart« (z. 6) und Denkungsart und bei der letzteren die Orientierung an Grundsätzen; vgl. Collins 192–193 (XXV 227,14–228, 5). – Bei der Charakteristik der Engländer (hier 314,12–28) zeigt sich, daß die hier aufgewiesenen Eigentümlichkeiten auch insgesamt eine negative Konnotation haben können, wenn der Charakter nicht wirkliche Originalität (vgl. 293,4 und 314,17) hat.

Kant meidet zwar die Terminologie seiner eigenen Ethik – der Begriff des kategorischen Imperativs begegnet weder in den Vorlesungsnachschriften noch in der Publikation von 1798 – ; dennoch wird besonders hier deutlich, daß die allgemein gehaltene Bestimmung des Charakters auf die eigene Sittenlehre appliziert werden kann. Aus diesem Grund ist es möglich, die hier in der Anthropologie gegebenen Ausführungen im Medium der kritischen Morallehre zu explizieren und vielleicht auch die letztere gegen häufige Fehlinterpretationen zu klären.

Es zeichnen sich drei Verhaltensweisen ab: Das Hin und Her wie im Mückenschwarm, zweitens das Handeln nach festen, wenn vielleicht auch falschen Grundsätzen und drittens das Handeln nach festen, sittlich einwandfreien Grundsätzen.

Auch die Person ohne Charakter (Kants Version des »la donna è mobile«) verfügt über praktische Vernunft und handelt damit unweigerlich nach Regeln oder Maximen. In jeder Handlung eines Vernunftwesens liegt analytisch eine häufig gewußte, häufig nicht gewußte Maximen, nach der sie qua Handlung ausgeführt wird. Morgens etwa vergrößert jemand auf

unfaire Weise sein Vermögen; er handelt dann nach der Maxime, »[s]ein
Vermögen durch alle sichere Mittel zu vergrößern.« (V 27,23) Am Nachmit-
tag rächt er sich für eine nichtige Beleidigung; seine Maxime: »keine
Beleidigung ungerächt zu erdulden.« (V 19,19–20) Abends nimmt er sich
das Leben nach der Maxime: »wenn das Leben bei seiner längeren Frist
mehr Übel droht, als es Annehmlichkeit verspricht, es mir abzukürzen.«
(IV 422,5–6) Es ist entsprechend falsch, die Maxime als »general policy of
life« (Lewis White Beck, A Commentary on Kant's Critique of Practical
Reason (1960) 77) oder als »pattern of life« (ebd. 36) zu interpretieren (wie
Beck interpretiert auch Bittner in dem Kant-Kongreßbeitrag »Maximen«
(1974)). Zu einer Verfestigung ausgewählter Regeln, die den charakterlosen
Personen bei ihren sprunghaft wechselnden Handlungen als bewußte oder
unbewußte Maximen dienen, gelangt erst der Mann von Charakter. (Kant
formuliert allerdings hin und wieder so, als bilde sich die jeweilige Person
mit einer Maxime eine feste Lebensregel; diese Formulierungen sind jedoch
durchsichtig und in der Kantischen Theorie entsprechend zu korrigieren.)
Bei ihm können die »Grundsätze auch bisweilen falsch und fehlerhaft sein«
(z. 10), er läßt sich jedenfalls nicht mehr von den wechselnden Objekten und
den ihnen folgenden Neigungen impressionistisch bestimmen. Die nächste
abschließende Stufe wird erreicht, wenn sich der Mann von Charakter zu
seinen Grundsätzen nicht halsstarrig, sondern kritisch verhält und überprüft, ob die in seinem Kopf fixierten Maximen dazu taugen, allgemeine
Gesetze zu sein. Folgt er nur den Maximen, die den Tauglichkeitstest
bestehen, so ersteigt er den Rang eines moralischen Charakters – »Denn
dazu werden Maximen erfordert, die aus der Vernunft und moralisch-
praktischen Principien hervorgehen.« (293,26–28)

6–7 Einen Charakter aber schlechthin zu haben] S. 285,19 und ◇
291,24–25.

9 die er sich] Grammatisch richtig wäre: »die es sich«; da Kant jedoch ◇
sowieso nur an Männer denkt, kann er die Restriktion vom »es« zum »er«
problemlos vornehmen.

10–14 Ob nun zwar… etwas Seltenes ist.] Vgl. 293,14–23: Der Vorrang ◇
der Seelenstärke vor der Seelengüte. – Die Seelenstärke im Festhalten an
bestimmten, wenn vielleicht auch falschen praktischen Prinzipien ist eine
notwendige, wenn auch nicht hinreichende Bedingung des Charakters
schlechthin, weil sich die Prinzipien selbst noch als konsistent erweisen
müssen. Dies ist nur dann der Fall, wenn sie moralischer Natur sind. Vgl.
293,16–23. Der Fall von Grundsätzen, die vielleicht falsch sind, liegt z.B.
dann vor, »wenn bloß die Macht der Vernunft im Menschen, über seine
sinnliche Gefühle durch einen sich selbst gegebenen Grundsatz Meister zu
sein, die Lebensweise bestimmt«, wie es in der Abhandlung »Von der Macht
des Gemüths durch den bloßen Vorsatz seiner krankhaften Gefühle Meister

zu sein« heißt (100,35–101,2). Vgl. auch die Charakteristik des melancholischen Temperaments II 220,12–15. – Kant scheint der Meinung zu sein, daß wir zwar aus einem *Gefühl* der Achtung für das Gesetz handeln sollen, daß dieses Gefühl aber epistemisch transparent ist, so daß wir nicht das Gefühl der Achtung vor einem beliebigen Führerbefehl mit dem Gefühl der Achtung vor dem moralischen Gesetz verwechseln können.

In der Stoa ist das »tenax propositi« in vielfacher Weise bei Autoren vorgebildet, die Kant vertraut waren. Forschner 1981, 206, Anm. 126. Dazu Seneca in den *Epistulae morales ad Lucilium* 20,2: »[…] ut ipse ubique par sibi idemque sit«; 20, 3: »Unam semel ad quam vivas regulam prende et ad hanc omnem vitam tuam exaequa« ; 20, 5: »semper idem velle atque idem nolle«.

◇   **12–13** nicht wie in … dahin abzuspringen] Vgl. Ms. 400 593–594 unter dem Stichwort des »schlechten Charakters«. S. auch die Charakterlosigkeit bei Dohna: »Dem Engländer kommt ein Mensch der gar keinen Charakter hat, unerträglich vor. Aus dem Grund lies Choiseul einen Kopf der Voltairen vorstellte oben auf einen Wetterhahn setzen« (310). Am Rand die überflüssige Notiz: »Damit er sich auch hier stets nach dem Winde richten könnte«. (Choiseul-Stainville, Etienne François Duc de; 1719–1785.)

◇   **19–25** Alle andere … Preis erhaben.] In den Druckschriften findet sich die Trias der Wertstufung zuerst IV 434–435. Vgl. *Menschenkunde* 337 mit Kommentar Nr. 258 a. Einschlägig die Ausführungen in den »Metaphysischen Anfangsgründen der Tugendlehre« § 11 (VI 434,20–436,13): Der Mensch als »homo phaenomenon, animal rationale« hat eine nur geringe Bedeutung, auch seine Fähigkeit, selbst Zwecke zu setzen, gibt ihm nur ein »pretium vulgare« oder »pretium usus« (VI 434,22–29); als »homo noumenon« jedoch, »d. i. als Subject einer moralisch-praktischen Vernunft, ist [er] über allen Preis erhaben; denn als ein solcher (homo noumenon) ist er nicht blos als Mittel zu anderer ihren, ja selbst seinen eigenen Zwecken, sondern als Zweck an sich selbst zu schätzen, d. i. er besitzt eine *Würde* (einen absoluten inneren Werth), wodurch er allen andern vernünftigen Weltwesen *Achtung* für ihn abnöthigt, […].« (VI 434,32–435,4) Nach der Publikation der Anthropologie verwendet Kant den Unterschied von bedingtem Wert (der Arbeit oder Ware) und unbedingtem moralischem Wert zur Charakteristik des Unterschiedes von »*Philosophie* als Lehre einer Wissenschaft«, einer Geschicklichkeit, und »Philosophie in buchstäblicher Bedeutung des Worts, als Weisheitslehre« (VIII 441,2 und 9–10; vgl. hier die analoge Differenz des »philosophirenden Gelehrten« und des »Philosophen«, 279,37–280,1 und 280,24–38 mit Kommentar). Während die Philosophie als Weisheitslehre sich nun ihrerseits als Arbeit gegen die Mystik als bloßer Eingebung abhebt, ist die Gründung des Charakters nicht das Ergebnis einer zeitraubenden Arbeit, sondern wird als plötzliche Umwandlung und

Revolution begriffen, wenn auch nicht von Natur, sondern durch eigenen Erwerb (hier 294,22–295,2).

Der Marktpreis, der sich auf »gute und nutzbare Eigenschaften« (z.19) des Menschen bezieht, entspricht in der (nicht gänzlich korrespondierenden) Trias von »technisch-pragmatisch-moralisch« dem ersten Bereich, der »innere[n] Werth« (z.24–25) dem dritten Bereich. Nicht unwichtig ist es festzuhalten, daß es sich hier um Wertungen von Eigenschaften handelt, nicht um die der Menschen selbst; als selbst Zwecke setzenden Wesen und Personen kommt ihnen apriori ein unbedingter Wert zu. – Es wird im Hinblick auf den inneren Wert unterstellt, daß die Grundsätze des Charakters nicht vorwiegend »falsch und fehlerhaft« (z.10) sind; die eigentlich moralische Qualität des Charakters wird jedoch erst im folgenden (293–295) entwickelt.

Die Kantische Trias hat einen Vorläufer in den *Magna Moralia*, die Aristoteles zugeschrieben werden. Die Schrift stellt drei Klassen von Gütern vor: die ehrenwerten (τίμια), die lobenswerten (ἐπαίνετα) und die bloßen Vermögen (δυνάμεις); zu den ersteren gehört das Göttliche wie die Seele, der Geist, das Anfängliche; lobenswert sind die Tugenden, und zu den Vermögenswerten gehören die äußeren Güter der Herrschaft, des Reichtums, der Kraft, der Schönheit (1183 b 20–35; dem entspricht in der Nikomachischen Ethik die Passage 1101 b 10–1102 a 4).

In der stoischen Lehre der Wertschätzung und des Wertes werden ebenfalls drei Klassen unterschieden: Der unbedingte, nicht graduierbare Werte der Ehre oder Sittlichkeit, sodann, wie es bei Stobäus und Diogenes Laertius heißt, der (relative) Wert, den der prüfende Fachmann erteilt, und drittens der ebenfalls relative Wert einer Vorzugswahl. Zu den Quellen und unterschiedlichen Besetzungen der relativen Werte vgl. Forschner 1981, 165–171 (»Die Gliederung des Wertvollen«). Kant ist die folgende Passage aus den *Epistulae morales ad Lucilium* von Seneca genau vertraut: Er wolle von der Philosophie sprechen, »quae nullum bonum putat nisi quod honestum est, quae nec hominis nec fortunae muneribus deliniri potest, cuius hoc pretium est, non posse pretio capi.« (XIV, 90, 35) – Für die Kantische Plazierung des Affektionspreises innerhalb der überkommenen Trias scheint es kein Vorbild zu geben.

24–25 der Charakter hat … Preis erhaben.] Vgl. XXI 446,4–12. – »Es ◇ ist überall nichts in der Welt, ja überhaupt auch außer derselben zu denken möglich, was ohne Einschränkung für gut könnte gehalten werden, als allein ein *guter Wille*,« beginnt der Haupttext der *Grundlegung zur Metaphysik der Sitten* (IV 393,5–7). Vorformen: Augustinus mißt einzig dem guten Willen das Prädikat des Guten zu (*De libero arbitrio* I 12). Descartes, *Passions de l'âme* Art. XVIII und XLV (Descartes 1964ff., XI 342–343 und 362–363).

◇   26–30 Ein Seefahrer hörte ... für baar gelten.] Vgl. Refl. 1175
(XV 519,16). Die Quelle der Anekdote ist unbekannt. Weder diese noch die
nächste Anekdote erscheinen in den Vorlesungsnachschriften. Theologe,
Jurist und Arzt werden genannt entsprechend den drei oberen Fakultäten
der Universität, die untere Philosophische Fakultät kommt erst mit Diogenes dem Philosophen (z. 38) zum Zuge.

◇   31–34 König Jakob I. ... selbst machen.«] Nicht nachgewiesen.

◇   34–293,36 : Diogenes (der Cyniker) ... Menschenwerths schätzen.] Vgl.
Mrongovius 127 mit Kommentar Nr. 42. Die Quelle ist Diogenes (sc. Laertius) VI 2, 74. – »der einen *Herren* nöthig hat« (293,31), in der Cobetschen
Übersetzung: »hic enim domino indiget«. Dies dürfte auch die Quelle der
umstrittenen Formulierung Kants im »Sechsten Satz« der »Idee zu einer
allgemeinen Geschichte in weltbürgerlicher Absicht« sein: »[...] der
Mensch ist ein *Thier*, das, wenn es unter andern seiner Gattung lebt, *einen
Herrn nöthig* hat.« (VIII 23,5–6) »Aber dieser ist eben so wohl ein Thier,
das einen Herrn nöthig hat.« (VIII 23,13–14) Herders Replik in den Ideen
zur Philosophie der Geschichte der Menschheit: »Ein zwar *leichter*, aber
böser Grundsatz wäre es zur Philosophie der Menschengeschichte: der
Mensch sei ein Thier, das einen Herrn nöthig habe [...]« (Herder 1877 ff.,
XIII 383) und Kants Antwort: »Jener Grundsatz ist also nicht so *böse*, als
der Verfasser meint. – Es mag ihn wohl ein *böser Mann* gesagt haben.«
(VIII 64,12–14 und 65,8–10) Zum Ethos, das sich für Kant mit dem
genannten Prinzip verbindet, vgl. Ms. 400 über die verzogenen Kinder
besonders der Adligen und Reichen: »[...] sie wißen nicht, daß alle Menschen einander gleich sind. Hierauf muß auch in der Erziehung der Prinzen
gesehen werden, und es schadet nicht, daß wenn sie einem von ihren
Unterthanen einen Schlag geben, sie auf der Stelle einen wieder bekommen.
Man sagt von den Creolen in Amerika, daß sie sich gar nicht beherrschen
laßen, weil sie von Jugend auf an die Herrschaft über die Sclaven gewohnt
sind, [...].« (569–570; s. auch 830: »[...] so müßen sie von derselben Person
wieder zurückgeschlagen werden.«) Vgl. den Kommentar zu 269,30–38;
s. auch die Analyse des Schreiens der Kleinkinder, dem besonders in den
unteren Schichten fälschlich sofort nachgegeben wird, IX 459,33–460,4.
      In den Vorlesungsnachschriften begegnet der zum allgemeinen Prinzip
erhobene Satz des Diogenes zuerst in der Menschenkunde: »Der Mensch ist
ein Geschöpf, welches einen Herrn nöthig hat, den nicht einmal die Thiere
bedürfen.« (370) – Külpe (367,11–12) verweist darüberhinaus auf Pierre
Bayles Dictionnaire historique et critique (1696 ff.) s. v. »Diogene le cynique:
(K)«; aufgenommen von Ferrari 1979, 268. Die Ausführungen von Kant
zeigen keine Merkmale, die auf Bayle statt auf Diogenes Laertius als Quelle
verweisen. – Schon bei Parow 283 heißt es: »[...] so können sie ebenfalls
solche Creolen werden. Der Mensch ist ein Thier, welches Disciplin nöthig

hat,« (s.a. 325) und in der Rinkschen Pädagogik: »Der Mensch ist das
einzige Geschöpf, das erzogen werden muß.« (IX 441,1) – Kant war sicher
Senecas Hinweis auf die Schwierigkeit der Erziehung der Kinder von
Reichen und Adligen vertraut, s. De ira II 21, 7–10.

34–35 (wie die vorgebliche Geschichte lautet)] Fehlt vernünftigerweise   ◇
in H.

4 Originalität der Denkungsart.] Zu »Denkungsart« vgl. 285,18–19. –   **293**
Die Formulierung rückt den moralischen Charakter in große Nähe zum
(Kunst-)Genie und dessen »Originalität des Erkenntnisvermögens«
(224,6–7) und »Originalität des Gedanken[s]« (248,8). Beide qualifizieren
sich dazu, so könnte man diese Parallele fortführen, Gesetzgeber zu sein,
das Genie vornehmlich auf einem speziellen Gebiet der Erkenntnis (vgl. den
Kommentar zu 226,29–37) und dem (wechselnden) Gebiet der Kunst
(224,15–22 mit Kommentaren), der moralische Charakter auf dem (kon-
stanten) Gebiet der Sittlichkeit, vielleicht auch des Rechts.

4 Er schöpft] Zurückzubeziehen auf »Charakter«; das »er« besagt jedoch   ◇
weder nur die Bezugnahme auf »Charakter«, noch folgt Kant hier und im
folgenden nur der Idiosynkrasie der Sprache, die dem maskulinen Geschlecht im Hinblick auf »den« Menschen einen grammatischen Vorzug
einräumt, sondern es ist entschieden Kants Meinung: Eine Frau hat keinen
Charakter im positiv-emphatischen Sinn. S. auch 295,20 (»ein Mann von
Grundsätzen«) und 208,37–209,2.

13 dargestellt] H; A1: »vorgestellt«. Die Änderung in A2 ist überflüssig.   ◇

14–16 Die Bösartigkeit … Oberhand gewinnen.] Es überrascht, daß das   ◇
Temperament qua Sinnesart (285,18) schon moralisch bewertet wird; s. jedoch 292,3–6. Im Hintergrund steht vielleicht die Zopyros-Sokrates-
Anekdote, vgl. Ms. 400 536 mit Kommentar Nr. 100; Ms. 400 602; Pillau
119; Mrongovius 112. Das »Schlimme« an der Gutartigkeit ohne Charakter
ist die Unzuverlässigkeit, s.u.a. 292,12–13 (»wie in einem Mückenschwarm
bald hiehin bald dahin abzuspringen«).

16–19 Selbst ein Mensch … der Bewunderung] Zum Problem des Schur-   ◇
ken, den der Mensch nach Kant bewundert, vgl. Hermann Schmitz, Was
wollte Kant? (1989) 128. Zur zeitgenössischen Abscheu und Bewunderung
großer Verbrecher z.B. durch Denis Diderot vgl. Emita Hill, »Human
Nature and the Moral *Monstre*« (1973) 91–117 (»To be consistent in evil is
admirable; to vacillate, to be uncertain, torn between conflicting impulses
for good and for evil, is merely despicable, a sign of failure«, 102). Friedrich
Schiller in dem Aufsatz »Über das Pathetische« (1793): »Offenbar kündigen
Laster, welche von Willensstärke zeugen, eine größere Anlage zur wahrhaf-
ten moralischen Freyheit an, als Tugenden, die eine Stütze von der Neigung
entlehnen, weil dem consequenten Bösewicht nur einen einzigen Sieg
über sich selbst, eine einzige Umkehrung der Maximen kostet, um die

ganze Consequenz und Willensfertigkeit, die er an das Böse verschwendete, dem Guten zuzuwenden. Woher sonst kann es wohl kommen, daß wir den halbguten Karakter mit Widerwillen von uns stoßen, und dem ganz schlimmen oft mit schauernder Bewunderung folgen?« (Schiller 1943 ff., XX 220–221) Für Platon, Aristoteles, auch die alte Stoa ist der konsequente Bösewicht nicht bewunderns-, sondern verabscheuenswert, weil er den völligen Mangel an Einsicht und harmonisch gestimmter Gefühle verrät und somit ein Krüppel ist; entsprechend ist auch die Bewunderung des Verbrechers ein Affekt, der sich nur auf Grund mangelnder Erkenntnis bilden kann. Erst die Isolierung des Willens im Neustoizismus macht die Attitüde Diderots, Schillers und Kants möglich. Während besonders bei Platon und Aristoteles das sittliche Handeln von der Erkenntnis des *Guten* bestimmt ist, wird mit Beginn der Neuzeit dem Grundsatz (»tenax propositi«) und dem bloßen *Gesetz* des isolierten Willens der Primat zuerteilt. Das Faktum der reinen praktischen Vernunft, der kategorische Imperativ, der sich im Gefühl der Achtung meldet (oder bei der Rechtsidee möglicherweise im Enthusiasmus; 86,6–7; 33), wird nicht an bestimmte epistemische Vorbedingungen geknüpft.

◇ **17 wie Sylla]** Lucius Cornelius Sulla (auch H: »Sylla«), 138–78 v. Chr., wird in den Anthropologie-Vorlesungen zuerst innerhalb der Affektenlehre erwähnt (Parow 264; Brauer 158), dagegen im hier behandelten Kontext zuerst 1784–1785 bei Mrongovius 111 und auch Dohna 311; Sullas »steifer Sinn« sei ein »Analogon des Characters«.

Sulla wurde von Plutarch in den *Vitae Parallelae* charakterisiert und dem griechischen General Lysander entgegengestellt; beide erscheinen als Ausbund der Perfidie und Brutalität. In der abschließenden Gegenüberstellung (V 3–5) hat Sulla vielleicht einen gewissen Vorzug. Im 18. Jahrhundert interessierte Sulla in ähnlicher Weise wie Nero: Aus welchem psychologischen Stoff sind die großen Verbrecher gemacht? Montesquieu schrieb 1724 einen »Dialogue de Sylla et d'Eucrate« (Montesquieu 1964,156–159).

Vermutlich findet sich bei Kant ein Reflex der Auseinandersetzung um den Charakter Sullas, die von der überraschenden Hochschätzung durch Ludwig Freiherr von Holberg ausgelöst wurde; er hatte 1741 einen Essay zu Sulla publiziert. Daraufhin verfaßte Johann Heinrich Gottlob von Justi eine Gegenschrift: »Betrachtungen ueber des Freyherrn von Hollberg Lebensbeschreibung des Römischen Diktators Sylla«, in: Historische und Juristische Schriften (1760–1761) II 49–70.

In Pietro Verris Gedanken über die Natur des Vergnügens (1777 a; s. dazu den Kommentar zu 232,5), heißt es: »Sulla hatte freylich ein gleiches gethan [sc. freiwillig auf die Macht verzichtet, wie der zuvor geschilderte Italiener neueren Datums, dazu Mrongovius 111 mit Kommentar Nr. 245 a] aber Sulla, der noch von römischem Blute rauchte, der sich einer unrechtmäßigen

Herrschaft über seine Mitbürger mit Gewalt bemächtigt hatte, der durch mordende Büttel und Legionen seiner Grausamkeit zahllose Schlachtopfer gebracht hatte, dieser Sulla konnte nicht hoffen, daß man ihm in dem Augenblicke eine edle tugendhafte That zurechnen würde, in welchem er, selbst durch seine Verbrechen ermüdet, und gesättigt, die scheußliche Reihe seiner Schandthaten beschloß. Der unsterbliche Schriftsteller, der ihn mit dem Eukrates reden läßt, hebt ihn zwar zur Größe seiner erhabenen Seele; allein die Geschichte seiner Verbrechen läßt der Vermuthung keinen Platz, daß er aus edlen Bewegungsgründen, an die freywillige Ablegung seiner Herrschaft und Größe gedacht hätte.« (17)

19–23 wie *Seelenstärke* überhaupt ... berechtigt zu sein.] Vgl. die (etwas ◇ anders wertende) triadische Konzeption 242,2–3 (mit Kommentar); anders auch in der Anweisung zur Menschen- und Weltkenntniß (Starke 1831): »Die Seelengüte macht zwar beliebt, aber bei weitem noch nicht den innern Werth des Menschen aus. Zur Seelengröße, welche uns Achtung verschafft, gehört, daß man sich vieles versagt. Beide mit einander verbunden, machen die Seelenstärke aus, doch diese Verbindung findet höchst selten statt.« (59)

19 *Seelenstärke*] Vgl. die Erörterung der Stärke der Seele in der »Tugend- ◇ lehre« der Metaphysik der Sitten (VI 384,5–29). Auch dort die Problematik der Seelenstärke großer Verbrecher. Vgl. dazu Friedrich Schillers Lehrer, Jakob Friedrich Abel, Versuch über die Seelenstärke. Erster Theil (1804); Abel verweist auf Aristoteles, Nikomachische Ethik II 2, Cicero, De officiis I 19–20, Ernst Platner, Philosophische Aphorismen nebst einiger Anleitung zur philosophischen Geschichte (1793 ff.) II 789 und die Kantischen »Meta- physischen Anfangsgründe der Tugendlehre« (Abel 1804, 5–6). Die Seelen- stärke wird auf die drei Vermögen des Gefühls, des Vorstellens und des Willens (6–9) bezogen. »Sylla« wird geschätzt wegen seiner Seelenstärke in der Ausführung des einmal gefaßten Entschlusses (71). Neben der Seelen- stärke wird auch die Seelengröße charakterisiert.

22 *Seelengröße*] Vgl. die Seelengröße beim Enthusiasmus für die Rechts- ◇ idee 86,13. In der Seelengröße kulminiert somit die moralische Qualifika- tion eines Menschen. Mit diesem Begriff nimmt Kant die ethische Diskussion auf, die bei Aristoteles in der Nikomachischen Ethik zur μεγα- λοψυχία (1123 a 34 ff.) und in der römischen Ethik zur magnanimitas geführt wurde. S. auch Thomas Hobbes, Leviathan Kap. X (»Of Power, Worth, Dignity, Honour, and Worthinesse«), Hobbes 1991, 62–69. Einen Literaturüberblick zur »magnanimity« bietet Leo Strauß, Hobbes' politische Wissenschaft (1965) 51–62 (»Adelstugend«) mit einer insgesamt verfehlten Hobbes-Interpretation (Strauß sieht in Hobbes einen mit Machiavelli ver- gleichbaren politischen Autor und nicht einen Rechtsphilosophen).

24–25 wie etwa an Karl XII.] Vgl. Mrongovius 111: »Der steife Sinn erregt ◇ anfangs Bewunderung wird aber hernach gleichgültig als Carl XII.«

◇   28–294,2 Daher kann man … Verlassung derselben.] Kant resümiert hier
eines der Lehrstücke der Religion innerhalb der Grenzen der bloßen Vernunft:
»Die Bösartigkeit der menschlichen Natur ist also nicht sowohl *Bosheit*,
wenn man dieses Wort in strenger Bedeutung nimmt, nämlich als eine
Gesinnung (subjectives *Princip* der Maximen), das Böse als *Böses* zur zur
Triebfeder in seine Maxime aufzunehmen (denn die ist teuflisch), sondern
vielmehr *Verkehrtheit* des Herzens, welches nun der Folge wegen auch ein
böses Herz heißt, zu nennen.« (VI 37,18–23) Zum Problem des Teuflischen
s. u. a. Ms. 400 455–457.

294   2–5 derselben. – … Sie sind: / a. Nicht vorsetzlich] H disponiert etwas
anders: »derselben. – Man thut also […] vorträgt. / ** / a. Nicht vorsetzlich«.

◇   6 Schimpf des Widerrufens] Zum Widerruf vgl. in der Logik den Hin-
weis: »Wer aber seinen Beifall oft hat zurücknehmen müssen und dadurch
klug und vorsichtig geworden ist, wird ihn nicht so schnell geben, aus
Furcht, sein Urtheil in der Folge wieder zurücknehmen zu müssen. Dieser
Widerruf ist immer eine Kränkung und eine Ursache, auf alle andren
Kenntnisse ein Mißtrauen zu setzen.« (IX, 74,35–75,2); auch XXII 154,28.
Zu Kants Problem eines Widerrufs im Hinblick auf seine eigene Religionsschrift vgl. XII 380,28–381,6 und 527, XIII 372,3–387,6 zu Brief 642. – Seit
der Antike war die Palinodie des lyrischen Dichters Stesichoros sprichwört-
lich berühmt, in der er seine Schmähung der Helena widerrief; vgl. u. a.
Platon, Phaidros 243 b. – In der stoischen Konzeption des Weisen ist es
wichtig, daß er niemals eine Handlung (also nicht nur eine Aussage) bereuen
muß, vgl. SVF III 563.

◇   14 noscitur ex socio etc.] Dohna 314: »Noscitur ex socio qui non cognos-
citur ex se.« (Wer nicht aus sich selbst erkannt wird, wird an seinem
Gefährten erkannt.) Refl. 7187 (XIX 267,17–18): »Wer nach dem tode der
Leiche folgt. Noscitur ex socio.« S. Kommentar Nr. 200 zu Parow 228–229;
im Personenindex s. v. »Walther«.

◇   19–21 Ding ist, zu mäßigen […] Sittlichkeit auszudehnen.] H: »Ding
obgleich wenn … hat es doch besser ist wie man sagt ein Narr in der Mode
als ein Narr außer der Mode zu seyn«.

◇   22 der sich eines] H: »der eines«.

◇   24–295,2 Man kann auch annehmen … Lebenswandels überhaupt.]
Durch die Gründung (z. 24 und 33: »gegründet«; 295,1) eines Charakters
tritt der Mensch »auf einmal« (z. 31) aus dem Naturzustand (z. 30–31: »am
schwankenden Zustande des Instincts«, also der Heteronomie) in den
»status civilis« und damit der Selbstgesetzgebung. Die Charaktergründung
ist »unvergeßlich«, so wie es vom »Phänomen« der Französischen Revolution und damit des Versuchs der Gründung einer autonomen Republik im
Streit der Fakultäten heißt, es »*vergißt sich nicht mehr*« (88,12).

26–27 selbst thut, sie … ihm unvergeßlich mache.] H: »selbst thut sie ◇
ihm unvergeßlich mache.«

27–31 Erziehung, Beispiele … erfolgt, bewirken.] Zur Alternative des ◇
»nach und nach« oder »auf einmal« bei der Charakterbildung vgl. in der
Religionsschrift die Ausführungen der »Allgemeinen[n] Anmerkung. Von
der Wiederherstellung der ursprünglichen Anlage zum Guten in ihre Kraft«
(VI 44,12–14). Eine instantane Revolution vollzieht sich in der Höhle in
Platons Politeia 515 c 6–7 u. ö. Neben der platonischen Tradition gibt es auch
die stoische Lehre vom Erwerb der sittlichen diathesis; dieser Erwerb
vollzieht sich nach Clemens von Alexandria als qualitativer Umschlag: »Die
Stoiker sagen, die Umkehr (metastrophé) zum Göttlichen geschehe durch
einen Wandel (metabolé), indem sich die Seele zur Weisheit umwandle« (SVF
III 52; Frg. 21).
   Sigismund Jacob Baumgarten, De conversione non instantanea (1743);
s. Altpreußische Monatsschrift 36, 1899, 26; 46.

31–33 Vielleicht werden … gegründet haben.] Vgl. die Stufung von ◇
Geschicklichkeit, Klugheit und Weisheit (20, 40, 60 Jahre alt) 201,1–6. –
Diese biographische Festlegung wird nicht darin begründet, daß bestimmte
Erfahrungen und Erkenntnisse die Vorbedingungen des Charaktererwerbs
bilden (wie etwa die Bildungs- und Erkenntnisstufen Platons). Die Zäsur in
einer bestimmten Lebensphase bleibt ein pures anthropologisches Faktum,
da der Charakter nur im Festschrauben von Grundsätzen besteht und deren
moralische Ausrichtung der (mündig gewordenen) Vernunft zu jeder Zeit
und unabhängig von epistemischen Bedingungen möglich sein muß.
   Rousseau beschreibt in der »Troisième Promenade« der Rêveries du
promeneur solitaire seine Lebensrevolution: »Je parvins jusqu'à l'age de
quarante ans […]. Une grande révolution qui venoit de se faire en moi, un
autre monde moral qui se devoiloit à mes regards […]. C'est de cette époque
que je puis dater mon entier renoncement au monde […].« (Rousseau
1959ff., I 1014–1015)

32 Revolution] Vgl. 229,3: »Die wichtigste Revolution in dem Innern des ◇
Menschen […].«

2–4 Auch sagt man … Einfall aufgäben] Die vermeintliche Charakterlo- 295
sigkeit der Poeten (und Schauspieler) ist nach Collins 65 eine Folge davon,
daß sie die Gegenstände nur darstellen und nicht wirklich machen und daß
sie viele Charaktere annehmen: »Plato sagt vortreflich: die Poeten entwerfen
nur die bloßen Bilder der Tugend; […]. Poetische Naturelle haben eigentlich keinen bestimmten Charackter; sie sind Mahler von Gegenständen, und
versetzen sich zuweilen in ganz verschiedene Umstände z. B. Voltaire.« Im
Kontrast jedoch zu seiner Frau wird der Poet John Milton gerade wegen
seines Charakters gerühmt, s. 308,10–16.

◇   6–7 in einerlei Stimmung] Fehlt in H, desgleichen das ebenfalls überflüssige »(moralischen)« z. 8.

◇   12 Tugend ... in ihrer schönen Gestalt] In der Grundlegung zur Metaphysik der Sitten heißt es: »Die Tugend in ihrer eigentlichen Gestalt erblicken, ist nichts anders, als die Sittlichkeit von aller Beimischung des Sinnlichen und allem unächten Schmuck des Lohns oder der Selbstliebe entkleidet darzustellen. Wie sehr sie alsdann alles übrige, was den Neigungen reizend erscheint, verdunkele, kann jeder vermittelst des mindesten Versuchs seiner nicht ganz für alle Abstraction verdorbenen Vernunft leicht inne werden.« (IV 426,31–36) – Das Pendant der Vorstellung, die Tugend lasse sich in ihrer *schönen* Gestalt vorstellen, ist die Lehre »*Von der Schönheit als Symbol der Sittlichkeit*« in der KdU (V 351,14). – Die Übereinstimmung des Schönen und Guten wird in einer langen literarischen Tradition herausgestellt, vgl. Cicero, De officiis I V 15: »Formam quidem ipsam, Marce fili, et tamquam faciem honesti vides, 'quae si oculis cerneretur, mirabiles amores, ut ait Plato, excitaret sapientiae'.« Cicero wird sich auf Platon, Phaidros 250d beziehen. Montaigne sagt irgendwo: »C'est l'office des gens de bien de peindre la Vertu la plus belle que se puisse.«

Klaus Reich, Kant und die Ethik der Griechen (1935) sieht in der Wendung der Grundlegung die Aufnahme des Textes von Christian Garves Cicero-Übersetzung: »Dies ist die Gestalt, und sozusagen das Antlitz der Tugend, eine Gestalt, die nach dem Ausspruche des Plato, wenn sie unseren irdischen Augen nach ihrer ganzen Schönheit sichtbar wäre, die feurigste Liebe zu ihr und zur Weisheit bei uns entzünden würde.« (Reich 1935, 40–41) Obwohl Kant Ciceros Schrift über die Pflichten sicher gänzlich präsent war, ist nicht ausgeschlossen, daß Garve den Anstoß zu dem Zitat gab, zumal Garve durch seine Rezension der ersten Kritik und die kommentierte Übersetzung von De officiis wesentlich zur Entstehung der Grundlegung beitrug.

◇   20 ein Mann von Grundsätzen] Es ist dezidiert Kants Meinung: Eine Frau ist auf Grund ihrer (gehirnphysiologischen?) minderen Qualifikation nicht dazu in der Lage, selbst einen Charakter zu haben; sie ist weder zum eigenen ethischen Urteil noch in der Sphäre des Rechts zur aktiven Gesetzgebung und Staatsbürgerschaft (s. VI 314,28–29) befähigt.

◇   21–22 dem größten Talent] Zurückzubeziehen auf 292,21–22.

◇   23 *Von der Physiognomik*.] Die Physiognomik als die »Kunst, aus der sichtbaren Gestalt eines Menschen, folglich aus dem Äußeren das Innere desselben zu beurtheilen« (z. 24–25), folgt auf die Darstellung des (erschlossenen?) Inneren, zuerst im Hinblick auf die Sinnesart (nach 285,18: Naturell und Temperament, 285–291) und die Denkungsart (nach 285,19: Charakter schlechthin, 291–295).

Die Formulierung scheint in Aufnahme des Eingangssatzes von Lavaters Physiognomischen Fragmenten (ab 1775) geschrieben: »Physiognomik ist die

Wissenschaft, den Charakter (nicht die zufälligen Schicksale) des Menschen in weitläufigstem Verstande aus seinem Äußerlichen zu erkennen« (7). Bei Kant (H, auch A1) steht ursprünglich »Lehre« statt »Kunst«; auf jeden Fall gilt: »[…] so ist nicht zu streiten, daß es eine physiognomische Charakteristik gebe, die aber nie eine Wissenschaft werden kann […]« (296,24–26 mit Kommentar). In der Sache ist die Differenz von Lavaters »Wissenschaft« und Kants »Lehre« bzw. »Kunst« nicht so groß, da die Physiognomik bei Lavater wesentlich eine Sache des Genies ist, s. Ms. 400 Kommentar Nr. 114a die Rede von einer »unmathematischen Wissenschaft«. S. auch Karl Pestalozzi, »Physiognomische Methodik« (1988) 137–153, dort 143–145.

Montaigne handelt im »Essai«: »De la phisionomie« (III 12; Montaigne 1962, 1012–1041) mit ausführlichen Rückgriffen auf antike physiognomische Lehren von dem hier erörterten Phänomen.

Georg Gustav Fülleborn, »Abriss einer Geschichte und Litteratur der Physiognomik«, in: Fülleborn (Hrsg.) 1797, 1–188 und 1798, 164–169 (»Zusätze zu meiner Geschichte der Physiognomik«).

Wilhelm von Humboldt 1960, I 463 (Schriften zur Anthropologie und Geschichte).

Jean-Jacques Courtine and Claudine Harocke, Histoire du visage: XVIe-debut XIXe siècle (1988).

Claudia Schmölders, Das Vorurteil im Leibe. Eine Einführung in die Physiognomik (1995).

24 aus der sichtbaren Gestalt] Hiermit scheint entschieden, daß die ◇ Temperamente als innere Gestimmtheiten nicht zu den Zeichen der Erkenntnis des Inneren gehören, wie eine weit verbreitete Tradition wollte; vgl. z.B. Johann Georg Walchs Commentatio de arte aliorum animos cognoscendi (1733a): »Primum disseramus de signis physicis [im Gegensatz zu den signa moralia wie Sprechen und Handeln; nur die signa physica gehören zur Physiognomie], in quibus a plerisque prae aliis commendatur temperamentum. Existimant quippe, quod temperamentum ad producendas propensiones multum valeat, adeo ut isto, veluti caussa, cognito, facile quoque effectus, sive indoles animi, possit fieri manifestus.« (36) Neben dem Temperament dienen als Zeichen die Figur des Körpers und seiner Teile, die Körperbewegung, -farbe, -lineatur und ähnliches (38). Kant dagegen beschränkt sich auf die Gestalt, und zwar »wenn sein Gemüth […] in Ruhe ist« (295,27–28), auch wenn die Mienen als »ins Spiel gesetzte Gesichtszüge« (300,10) hinzukommen.

Diese Stellung der Physiognomik ist nicht neu, sie wird z.B. in der Temperamentenlehre tradiert, s. Johann Wilhelm Appelius, Historisch-Moralischer Entwurf der Temperamenten und der hieraus entstehenden Neigungen des Gemüths, Sitten und Naturells (1733): Im letzten Kapitel wird »Von denen Kennzeichen, aus welchen die innere und verborgene Neigungen derer

Menschen können erkannt werden« (202–227) gehandelt. Bei Appelius
wird »Von denen Temperamenten gantzer Völcker, und ihrem daher entstehenden Naturell, Sitten und Geschicklichkeiten in Ansehung der Wissenschafften, Kriegs- und Commercien-Wesens« (Cap. IV, 33–92) vor der
Lehre von den äußeren Kennzeichen gehandelt, anders also als bei Kant; wie
dieser jedoch läßt Johann Heinrich Becker, Kurtzer doch gründlicher Unterricht von den Temperamenten (1739), den Abschnitt »Von denen Kennzeichen derer Temperamenten« auf die Darstellung der Temperamente der
einzelnen Personen folgen und schließt erst dann die Diversifikationen
gemäß Alter, Geschlecht und Land an (100 ff.).
  Georg Christoph Lichtenbergs Unterscheidung von Physiognomik und
Pathognomik (Über Physiognomik; wider die Physiognomen von 1777 bzw.
1778; Lichtenberg 1967 ff., III 256–295) scheint Kant nicht überzeugt zu
haben; nach ihr dürfte es z. 24–25 nicht »folglich« heißen, weil die Pathognomik zwar das Innere aus dem Äußeren erkennt, sich aber nicht nur auf die
Gestalt bezieht, sondern den Bereich der Mienen einbezieht.

◇ **26 Sinnesart oder Denkungsart]** S. 285,18–19 mit Kommentar.

◇ **28–32 Es versteht sich … ausgesetzt zu sehen.]** Vgl. 121,1–3 mit Kommentar.

◇ **34 ein berühmter Uhrmacher]** Nicht ermittelt.

296 **6–7 daß er etwa … werde beigegeben haben]** Vgl. Refl. 622: »Ob nicht
Schönheit und Vollkommenheit, mithin die Ursachen derselben so wohl als
die Regeln sie zu beurtheilen, in geheimer Verbindung stehen. z. E. Ein
schöner Mensch hat oft eine gute Seele.« (XV 269,21–23)

◇ **9–10 hic niger est, hunc tu Romane caveto]** »Der ist schwarz, vor dem
hüte dich, Römer«; Horaz, »Satiren« I 4, Vs. 85.

◇ **24–26 so ist nicht zu streiten … Wissenschaft werden kann]** Im Hinblick
auf diese Grundthese wird 295,24 das Wort »Lehre« durch »Kunst« ersetzt
worden sein. – Kants vermittelnde Haltung entspricht der allgemeinen
Überzeugung nach den siebziger Jahren; ähnlich votiert Louis François
Jauffret, Begründer der »Société des Observateurs de l'homme«; er distan-
zierte sich gleichermaßen vom »absoluten Pyrrhonismus, der in den
verschiedenen Physiognomien nichts als unbedeutende Merkmale sieht«,
wie auch von der »übertriebenen Zuversichtlichkeit, die sich anmaßt, ihren
Sinn erklären und sogleich das ganze Schicksal eines Menschen daraus
ablesen zu können.« (zit. nach Moravia 1973, 60). Zu anderen gleichlauten-
den Stellungnahmen zu Lavaters vermeintlicher Wissenschaft vgl. Kosenina
1992, 106–107.

◇ **31–32 innere Eigenschaft des Menschen im Inneren]** Der Satz ist flüchtig niedergeschrieben, ein »Inneres« müßte gestrichen werden.

◇ **33–34 Baptista Porta]** Vgl. Refl. 918 (XV 403,2–405,4 mit dem Kommentar Adickes'). Giambattista Porta aus Neapel (1540–1615) verfaßte die

Schrift De humana physiognomia (1580 u. ö.) it. Della fisionomia dell'uomo
(1607).

5–9 die doch zweideutige ... desselben übereinstimmen] Vgl. Refl. 1253   297
(XV 552,15–16 und die Anmerkung von Adickes); Reichel 199: »Archen-
holz sagt: will man wissen, was ein Mensch für einen Character hatt; so mach
man seine Mienen, wenn man allein ist, nach, und bemerke, was man für
Gefühle dabey hatt.«

Johann Wilhelm von Archenholtz (1743–1812), »Ein Scherflein zur
Physiognomik« (1784) 859: »Wie kann aus der Physiognomie eines Unbekannten empirisch entdeckt werden, von welcher Hauptneigung derselbe
sein möchte? Man äffe seine Gesichtszüge, Stimme, Gang, Stellung an sich
selbst nach, bemerke was für Gemüthsbewegungen dabei im Gemüth vorgehen, und man kann hierdurch auf Anlässe zu einem nicht ganz betrüg-
lichen Urtheil seiner Gemüthsbeschaffenheit geführt werden.« (Der Beitrag
ist unterzeichnet mit M. Y.) – Edmund Burke bezieht sich in den Philosophischen Untersuchungen bei der Erörterung dieser methodischen Anleitung
auf Campanella, referiert in Jacob Spons Recherches curieuses d'Antiquité
(Burke 1980, 172–173); Spon weist zurück auf Nicolaus Chorerius, De Petri
Boessatii, Equitis et Comitis Palatini Viri Clarissimi, Vita amicisque litteratis libri
duo (1680) 123–124: »Si quas ad judices aliosve, quorum ope et authoritate
egeret, litteras daret [sc. Thomas Campanella], quis illis ore habitus, quae
species esset sciscitabatur. Quam ad speciem, quantum quidem in eo erat,
vultum componebat, corpus conformabat. Tum, qua de re scripsisset, quae
mens eo momento consiliumque sibi esset, attento animo, advertebat, quasi
in eos esset mutatus. Talem illis fore de se mentem animique sententiam
conjectabat.«

13–15 Gebräuchen, um ... zu Hülfe zu kommen.] H: »Gebräuchen   ◇
durch eine ... Menschenkenntnis überhaupt beförderlich ist.«

24–25 Statüen] Fehlt in H und A1. In H befindet sich nach 295,22 eine   ◇
Randnotiz: »Geschnitten[e] Stein[e] / Camee und intaglio«.

26 Das *griechische* perpendiculäre *Profil*] Schon in den Bemerkungen in   ◇
den Beobachtungen über das Gefühl des Schönen und Erhabenen wird vermerkt: »griechisch *Profil*« (XX 26,1). Vgl. Mrongovius 107. – Johann Joachim
Winckelmann schreibt in der Geschichte der Kunst des Altertums (1764): »In
der Bildung des Gesichts ist das sogenannte griechische Profil die vornehmste Eigenschaft einer hohen Schönheit. Dieses Profil ist eine fast gerade oder
sanft gesenkte Linie, welche die Stirn mit der Nase an jugendlichen, sonderlich weiblichen Köpfen, beschreibt [...]. Daß in diesem Profil eine Ursache
der Schönheit liege, beweist dessen Gegenteil; denn je stärker der Einbug der
Nase ist, je mehr weicht jenes ab von der schönen Form [...].« (Winckelmann 1966b, 174–175) Also auch hier schon der Verweis auf den üblichen
Sprachgebrauch; die Quelle Winckelmanns wurde nicht ermittelt.

Das griechische Profil gewann eine neue Aktualität bei der Rassen- und Schädelforschung, die mit Petrus Camper (1722–1789) und Johann Friedrich Blumenbach (1752–1840) beginnt. So schreibt Camper in seinen Works on the Connexion: »The two extremities [...] of the facial lines are from 70 to 100 degress, from the negro to the Grecian antique, make it under 70, and you describe an ourang or an ape; lessen it still more, and you have the head of a dog.« (nicht eingesehen)

◇   **33–34** die neueren Griechen] S. 319,31–34 mit Kommentar.

298   **1–2** Perpendicularität des Profils ... der Kunstwerke als] H: »Perpendicularität in ihrem Gesicht [...] der Gemmen als«.

◇   **3–7** Nach diesen mythologischen ... schöner findet.] Fehlt in H.

◇   **8–13** Wenn wir über Menschen ... erfordert wird.] In H fehlt: »weil zu dieser [...] erfordert wird«. In der Ergänzung zum Text H wird das »Charakteristische« (z.13) genannt. – Der Eingangshinweis »so wie sie wirklich sind« ist auf den Gegensatz des Idealen (297,23–298,7) zu beziehen. – Kant nimmt ein seit der neuplatonischen Stoiker-Kritik verbreitetes Motiv auf, gemäß dem die Schönheit (einer Person) neben oder auch entgegen der Regelmäßigkeit noch eine besondere Eigenschaft aufweisen muß; vgl. dazu Plotin in der »Enneade« I 6 (»Über das Schöne«) die Erörterungen der Kapitel 1 und 2 (Plotin 1964, 92–95). In der Folgezeit wurde dieses Motiv durch das »je ne sais quoi« aufgenommen, so z. B. bei Benito Jerónimo Feijóo (1676–1764), der im Essay »El no sé qué« (1733) schreibt: »La hermosura de un rostro es cierto que consiste en la proporcion de sus partes, ó en una bien dispuesta combinacion del color, magnitud y figura de ellas. [...] Pero, qué sucede muchas veces? Que ven este ó aquel rostro, en quien no se observa aquella estudiada proporcion y que con todo les agrada muchisimo. Entónces dicen, que no obstante esa falta ó faltas, tiene aquel rostro un *no sé qué* que hechiza.« (Feijóo 1924, 352; Feijóo 1980, 236)

◇   **13–18** Man kann aber... dennoch aber gestehen] H: »Man kann daher an einem schönen Gesicht bald hier die etwas zu schmale Stirn oder das breitere Kinn oder die Farbe des Haares u.s.w. tadeln und dennoch zugestehen«.

◇   **23** auch einen ... Hang dazu] H: »auch einer ... Disposition dazu«.

◇   **34–36** wenn eine Dame ... häßlich zu sein.«] Paul Pellisson-Fontanier (1624–1693). S. XXV 1631, s. v. »Niceron«.

299   **10–12** und den Chinesen ... lächerlich vor.] Vgl. Mrongovius 75, Kommentar Nr. 173. Nicht ermittelt; die Beobachtung steht nicht in Jean-Baptiste Du Halde, Beschreibung des chinesischen Reichs und der großen Tartarey (1747–1749).

◇   **13–20** Was die bloßen Hirnschädel ... zu sein pflegt.] Zu Camper und Blumenbach s. Kommentar zu 297,26. Zum Verweis auf die Physische Geographie vgl. 120,6–8.

21 Ob ein Hügel auf der Nase einen Spötter anzeige] H; A1: »Hübel« ◇
(korrekt). – Vgl. Refl. 1255 (XV 553,6); Refl. 1259 (XV 555,5); Refl. 1498
(XV 776,12); in den Vorlesungen ab Menschenkunde 351 (»Grübchen«),
Mrongovius 107 (»Hübel«, mit Verweis auf die Alten). Zurückgehend auf
Martial, Epigrammata I 3, 6: »Et pueri nasum rhinocerotis habent«.

22 von denen man sagt] Mrongovius 107 mit Kommentar Nr. 225 a: ◇
Johann Joachim Schwabe (Hrsg.), Allgemeine Historie der Reisen zu Wasser
und zu Lande [. . .] (1747–1774) VI 343: »[. . .] nämlich, daß die Zähne der
Chinesen anders geordnet wären, als unsere; indem die oberste Reihe
herausstünde, und zuweilen auf die Unterlippe, oder wenigstens auf das
untere Zahnfleisch stießen, aus welchem die Zähne einwärts stünden, und
die beyden Reihen Zähne selten so, wie bei den Europäern, auf.«

23 über den oberen hervorrage, eine Anzeige] H: »über die obere her- ◇
vorrage [durchstrichen: auch auf ihr Temperament einen Einflus habe u. d. g.
diese Fragen gehören zur vergleichenden Thierphysiognomie] eine Anzeige«.
Randnotiz in H: »Hume im Gedanken und Rousseau / Von den Schädeln
nach Camper und Blumenbach. Kuglichter Kopf und flache Stirn / Hey-
degger«.

2 Ein solches Gesicht ist nicht *Caricatur*] H, A1: »Das sind nicht **300**
Zeichnungen in Carricatur«.

4 und gehört zur Mimik] Das Wort »Mimik« ist in den Vorlesungsnach- ◇
schriften erst spät belegt, s. Berlin 176 (»Die Kunst durch Geberden zu
sprechen ist Mimic.«) und Dohna 306 (»die Kunst in Rüksicht der Mienen
allein heißt Mimik.«). In den publizierten Schriften außer dieser Anthropo-
logie-Stelle nur in der KdU V 225,28. – Mrongovius 107 erwähnt Engels
Mimik (Johann Jakob Engel, Ideen zu einer Mimik, 1785–1786).

9 *Von dem Charakteristischen der Mienen.*] Fehlt in H und A1. ◇

10–12 Mienen sind ... des Menschen ist.] Vgl. Christian Wolff, Psycho- ◇
logia empirica § 611 (Wolff 1962 ff., II 5, 462, auch 460).

13–18 Es ist schwer den Eindruck ... entziehen möchte.] Vgl. Henry ◇
Home, Grundsätze der Kritik, »Von den äußerlichen Kennzeichen der Bewegungen und Leidenschaften« (Home 1790–1791, II 123–154). Im deisti-
schen Konzept Homes hat die Vorhersehung dafür gesorgt, daß die inneren
Bewegungen durch äußere Kennzeichen mitgeteilt werden, nur so ist das
Zusammenleben der Menschen möglich: »Denn wenn diese Kennzeichen,
gleich den Worten, willkührlich und veränderlich wären, so würde die
Kunst, die Handlungen und Bewegungsgründe unsrer Nebenmenschen zu
entziffern, so verwickelt seyn, daß daraus ein unüberwindliches Hinderniß
für die Errichtung jeder Gesellschaft entstehen müßte. So wie aber die Sache
wirklich geordnet ist, machen nunmehr die äußerlichen Erscheinungen der
Freude, der Betrübniß, des Zornes, der Furcht, der Schaam, und der übrigen

Leidenschaften, eine durchgängig bekannte Sprache aus, die uns einen geraden Weg zum Herzen öffnet.« (134)

◇   **22** *Heidegger*] Vgl. Refl. 1067 (XV 473,18); Refl. 1498 (XV 774,21); die Geschichte erscheint zuerst bei Mrongovius 75, s. dort den Kommentar Nr. 177. – In England gab es einen Club der Häßlichen; vgl. die Schrift von William Hay, Die Häßlichkeit. Ein Versuch (1759). Näheres XXV 1600 und 1671 s. v. »Hay«.

301   **1–2** welche unvorsetzlich ... vorsetzlich lügen] Zum Kontext bei Kant und in der zeitgenössischen Literatur vgl. Kosenina 1995, 82–3.

◇   **4–5** Wenn jemand ... jederzeit gelogen.] Daß das Schielen ein zuverlässiger Lügendetektor sei, wird schon im Anschluß an Johann Caspar Lavater, Von der Physiognomik und Hundert physiognomische Regeln 1772 (Lavater 1991, 22–23) in der erstbelegten Anthropologie-Vorlesung gesagt; Collins 197 und Kommentar Nr. 203. – Kulturhistorisch läßt sich diese Beobachtung den »Gebärdenprotokollen« zurechnen, die in der »Peinlichen Gerichtsordnung« Kaiser Karls V. von 1533, der Carolina, vorgesehen sind; vgl. die Hinweise von Manfred Schneider, »Die Inquisition der Oberfläche: Kleist und die juristische Kodifikation des Unbewußten« (1993) 23–39, dort 29–32. In dem Artikel von Paul V. Trovillo, »A History of Lie Detection« (1938) 848–881, wird die kuriose Kant-Lavatersche Entdeckung nicht angeführt.

◇   **6–7** – Man muß aber ... frei sein kann.] Fehlt in H; überflüssige Ergänzung.

◇   **8–19** Sonst giebt es ... *Auszischen* u. d. g.] »Spöttrisch« (z.13) Fehler in A2; H und A1: »Spöttisch«. – Georg Christoph Lichtenberg, Über Physiognomie; wider Physiognomen. Zur Beförderung der Menschenliebe und Menschenkenntniß (²1778): »Ohnstreitig gibt es eine unwillkürliche Gebärden-Sprache [...].« (Lichtenberg 1967ff., III 278)
In neueren Untersuchungen ist die Frage, ob es »von der Natur constituirte Geberdungen« (z.8) gibt, kontrovers behandelt worden. Doris Humphrey schreibt in The Art of Making Dances (1959): »[...] gestures are patterns of movement established by long usage among men. [...] There are many feelings which can be expressed in so many ways that there is really no one pattern for them.« (114, 118) Das Zitat ist Nelson Goodmans Languages of Art (1976) 49 entnommen, der weiter aus einem nicht publizierten Manuskript von Ray L. Birdwhistell zitiert: »[...] just as there are no universal words, sound complexes, which carry the same meaning the world over, there are no body motions, facial expressions or gestures which provoke identical responses the world over. A body can be bowed in grief, in humility, in laughter, or in readiness for aggression. A ›smile‹ in one society portrays friendliness, in another embarrassment and, in still another, may contain a warning that, unless tension is reduced, hostility and attack will follow.«

18–19 compescere labella] »Die Lippen bezähmen«. Juvenal, Saturae ◇
I 160: »cum veniet contra, compesce labellum«.

21–22 Oft wiederholte … stehende Gesichtszüge] Vgl. Rousseaus Aus- ◇
führungen im Emile (Rousseau 1959 ff., IV 515 ff.). Die Auffassung entspricht
Kants Meinung, der Schein der Anständigkeit werde allmählich internalisiert
und so zu einer wirklichen moralischen Haltung, vgl. 151,12–15 mit Kommentar. – Diese Auffassung wurde im 19. Jahrhundert von Theodor Piderit,
Wissenschaftliches System der Mimik und Physiognomik (1867) 148 ff. aufgenommen.

23 wie Lavater anmerkt] Mrongovius 107: »Lavater sagt daß die Mie- ◇
nen eines Menschen, wenn auch viel Boshaftigkeit darin läge nach seinem
Tode doch Gutartigkeit verriethen […]«; mit Kommentar Nr. 229 und
XXV 1620 s. v. »Lavater«.

30–31 Man spricht auch … Das letzte bedeutet] Text von A 2; H dage- ◇
gen: »Man spricht auch vom *Gemeinen* Gesicht […] Es bedeutet«. Die
hierauf folgende Charakteristik bezieht sich bis 302,9 auf das »gemeine
Gesicht«; das »Es« von H und A1 ist daher korrekt. Es bleiben jedoch
Schwierigkeiten, so die Frage, worauf sich »welche« z. 32 beziehen soll.

8–12 welches, ohne sich … in ihrem Gesichte abdrücken.] H: »welches 302
zur guten Aufnahme erfordert wird. Dagegen sie sich bewußt sind hierdurch über Andere […] habituell wird sich mit bleibenden Zügen in ihrem
Gesichte abdruckt.«

13–16 *Devote*, wenn sie … physiognomisch charakterisiren.] Vgl. Physi- ◇
sche Geographie Hesse 84 (noch ungedruckt): »Die Religion und der Stand
des Menschen hat in seine Minen einen ganz besondern Einfluß. Ein
Quäcker hat eine ganz gezwungene Mine, die ihm durch die Gewohnheit sie
zu verzerren, natürlich geworden ist. Bey den Printzen findet man Minen
der Dreistigkeit, die sie sich ihres Standes bewußt, von Jugend auf annch-
men.« Zur entstehenden »Nationalphysiognomie« eines Volks, wenn es von
einer Sekte oder Religion beherrscht wird, vgl. die Ausführungen im Streit
der Fakultäten VII 57,25–38.

17–18 So spricht … in Bayern] Vgl. VII 57,29–30: »*Beate*, oder wie sie ◇
Hr. Nicolai nennt, *gebenedeiete* Gesichter […]«; Reichel 120–121: »Nicolai
erzählt bey seiner Reise durch Bayern, daß viele Weiber gebenedeite Gesichtszüge haben, d. h. solche barmherzige, weil durch den häufigen, katholi-
schen Gottesdienst die Mienen sich eindrücken.« Dohna 307 (XXV 1549,30–
32): »Die devote Gemüthsverfassung drükt sich da wo man ein Geschäfft
daraus macht, auf den Gesichtern ab. Nicolai nennt sie gebendeyete Gesichter«. Friedrich Nicolai, Beschreibung einer Reise durch Deutschland und die
Schweiz […] (1783–1796) III 191: »Wer in Wien ist, darf nur auf die vielen
benedeyten Gesichter, auf die vielen wohlbeleibten Jünglinge, auf die vielen
hangenden Backen, bey Leuten von mittlerm Alter Achtung geben, […].«

◊   **24–25** in *Rasphuis* in … in London] H: »im Rasphyis (in Amsterdam) in bicetre und in London«. »im« ist korrekt gegen »in«.

◊   **25** ein geschickter reisender deutscher Arzt] S. Mrongovius 109; Reichel 121; Ms. 400 mit Kommentar Nr. 116. Mit dem Arzt ist Johann Friedrich Karl Grimm gemeint: Bemerkungen eines Reisenden durch Deutschland, Frankreich, England und Holland. In Briefen an seine Freunde (1775) 334: »Wie kommt es, dass man in solchen Häusern die meisten Leute von dunkeln Haaren und Augen, groben auffallenden Gesichtszügen und starken Gliedern antrifft. Eine Bemerkung, die ich nicht allein hier, sondern auch in andern Gefängnissen, welche ich durchkrochen bin, gemacht habe. – Das Rasphuis, Newgate, die Salpetière, Bicêtre und Bedlam, würden für Herrn Lavater artige Studirstuben sein.«

◊   **27–29** von keinem aber… keine leserliche Hand.«] Vgl. Ms. 400 658–659 und Kommentar Nr. 124. – Georg Christoph Lichtenberg, Über Physiognomie (1778): »Der Schauspieler Macklin in London, von dessen Gesicht Quin den bekannten Ausspruch that: Wenn dieser nicht ein Schelm ist, so schreibt Gott keine leserliche Hand, […].« (Lichtenberg 1967 ff., III 271) Ohne den Hinweis auf Macklin und Quin erscheint der »bekannte Ausspruch« in den anonymen Angenehmen Beschäftigungen in der Einsamkeit, oder tausend Stück auserlesener Anecdoten (1777 a) 25; vgl. Ms. 400 658–659 mit Kommentar Nr. 124. – Vgl. Refl. 1221 (XV 535,1–2); Refl. 1242 (XV 549,14); Kant schließt sich der Lichtenbergschen Haltung und Lavater-Kritik an.

303   **2** *Der Charakter des Geschlechts.*] Vgl. Refl. 1502: »Character des Geschlechts« (XV 793,11–798,11). Zum Thema des Geschlechtervergleichs s. bes. Jean-Jacques Rousseau, Emile, Beginn des 5. Buches (Rousseau 1959 ff., IV 692–703).

◊   **3–4** In alle Maschinen … muß *Kunst* gelegt sein.] H: »mit kleinerer Kraft«. – Reichel 130: »Bey allen Maschienen, wo eine kleine Kraft und grosse Wirkung ist, gehört mehr Kunst; […].« – Die Rede von der »kleineren« und »großen« Kraft suggeriert einen Hinweis auf ein physikalisches Kraftmaß; gemeint ist jedoch die Alltagserfahrung, daß z. B. ein Kind mit einem Hebel (Flaschenzug etc., die »artes manuales«) Lasten zu heben vermag, die ein Mann mit großen Kräften ohne »Kunst« nicht bewegen kann. In der dann folgenden Anwendung scheint Kant jedoch wieder zu unterstellen, daß das physikalische Kraftmaß gemeint ist.

◊   **8** ausstattete als das Weib, um beide] H: »ausstattete da sie beyde«. Der Wechsel von der kausalen zur finalen Verknüpfung spiegelt vielleicht die Unsicherheit in der Klärung der Frage, was der eine Gedanke überhaupt mit dem anderen zu tun hat.

◊   **9** als *vernünftige* Wesen] Vgl. z. 11 »als vernünftige Thiere«. Die Vernunft ist hier rein technisch gemeint und muß noch nicht die der moralischen Persönlichkeit sein. Von einer derartigen technischen oder, mit Max Hork-

heimer, instrumentellen Vernunft ist in der Religionsschrift von 1793 die
Rede; Kant unterscheidet dort »als Elemente der Bestimmung des Menschen« (VI 26,5) die Tierheit (als eines lebenden Wesens), Menschheit
»desselben, als eines lebenden und zugleich *vernünftigen* [...] Wesens«
(VI 26,8–11) und die Persönlichkeit »als eines vernünftigen und zugleich
der *Zurechnung fähigen* Wesens.« (VI 26,10–11). Der Mensch als bloßer
Mensch zwischen Tier und Persönlichkeit zeigt wenig erfreuliche Züge.
Er hat die Neigung, sich in der Meinung der anderen einen Wert zu verschaffen, er ist als in diesem Sinn vernünftiges Wesen besetzt von Lastern
der Kultur, und diese »werden im höchsten Grade ihrer Bösartigkeit [...],
z. B. im *Neide*, in der *Undankbarkeit*, der *Schadenfreude* u. s. w., *teuflische
Laster* genannt.« (VI 27,22–26) Vgl. sodann die »Tugendlehre« von 1797;
der Mensch betrachte sich als Sinnen- und als Vernunftwesen, und zu dieser letzteren Bestimmung heißt es erläuternd: »[...] nicht blos [als] vernünftiges Wesen, weil die Vernunft nach ihrem theoretischen Vermögen
wohl auch die Qualität eines lebenden körperlichen Wesens sein könnte.«
(VI 418,8–10)

9–10 zu dem ihr am meisten ... Erhaltung der Art, zusammenzubringen] ◊
»zusammenzubringen« Zusatz von A 2. – Vgl. 310,33–34, wo vom Zweck
der Natur gesprochen wird, »der nichts Geringeres ist als die Erhaltung der
Art.«

14–22 Zur Einheit und ... zu ihr zu bemeistern] Die Passage wird ◊
zustimmend zitiert von Carl Friedrich Pockels im vierbändigen Werk
Der Mann. Ein anthropologisches Charaktergemälde seines Geschlechts
(1805–1808) I 11–12. Pockels spricht vom »ewigen Krieg« der Geschlechter
(11) und dem »ewigen Krieg der Menschheit mit sich selbst« (12). Diese
schon im Stil Nietzsches bramarbasierende Rede ist Kant fremd.

14–17 Zur Einheit und ... regieren zu können.] Es wird hier und im ◊
folgenden als selbstverständlich angenommen, daß der Ort des Zusam-
menlebens das private Haus ist. Dessen Rechtsstruktur entwirft Kant in
den »Metaphysischen Anfangsgründen der Rechtslehre« VI 248,21–29;
276,16–283,36. Die Idee des dabei entwickelten »auf dingliche Art persönlichen Rechts« stimmt mit dem Leibnizschen »jus personalissimum« überein, das eine dritte Position neben dem Sachen- und Vertragsrecht ausmacht;
dazu Leibniz 1923 ff.,VI 1, 301 und André Robinet, G. W. Leibniz: Le meilleur
des mondes par la balance de l'Europe (1994) 130–132. – Kant kennt weder in
rechtlicher noch sonstiger Hinsicht das Haus als »ganzes Haus«, wie es
besonders von Otto Brunner kreiert wurde, dazu Hans Derks, »Über die
Faszination des ›Ganzen Hauses‹« (1996) 221–242.

17 beherrschen oder regieren] In H fehlt: »beherrschen oder«; ebenso ◊
fehlt in H »irgendworin« z.16. Die Änderung geschah in Kenntnis der
Kantischen Vorstellungen mit dem Ziel, beide Seiten der Verbindung ins

Spiel zu bringen, vgl. 304,16–17; 309,31–32 (»[...] die Frau soll *herrschen* und der Mann *regieren*; [...]«); im Politischen: 87,35–38 und 91,13–14. Ms. 400 804 mit Kommentar Nr. 143; VI 348,29–32 (»Der letztere heißt Mutterstaat. Der Tochterstaat wird von jenem beherrscht, aber doch von sich selbst (durch sein eigenes Parlament, allenfalls unter dem Vorsitz eines Vicekönigs) regirt (civitas hybrida)«). Refl. 1267 (XV 559,16–24). Vgl. Rousseau im 5. Buch des Emile: »Il y a bien de la différence entre s'arroger le droit de commander, et gouverner celui qui commande. [...] Elle doit régner dans la maison comme un ministre dans l'Etat, en se faisant comander ce qu'elle veut faire.« (Rousseau 1959ff., IV 766) S. auch im 2. Discours: »Or il est facile de voir que le moral de l'amour est un sentiment factice; né de l'usage de la société, et célébré par les femmes avec beaucoup d'habilité et de soin pour établir leur empire, et rendre dominant le séxe qui devroit obéir.« (Rousseau 1959ff., III 158) Und schon in der »Dédicace« der Schrift an die Genfer Republik: »Aimables et vertueuses Citoyennes, le sort de vôtre séxe sera toujours de gouverner le nôtre. Heureux! Quand vôtre chaste pouvoir exercé seulement dans l'union conjugale, ne se fait sentir que pour la gloire de l'Etat et le bonheur public.« (Rousseau 1959ff., III 119) Montesquieu: »Il est contre la raison et contre la nature que les femmes soient maitresses dans la maison, comme cela était établi chez les Égyptiens; mais il ne l'est pas qu'elles gouvernent un empire.« (De l'esprit des lois VII 17) Vgl. in den Bemerkungen den Hinweis: »*Montesqviev* sagt es sey gantz unnatürlich daß eine Frau ein Haus regire aber es könne gar wohl geschehen daß sie ein Land regire.« (XX 189,18–19) Vgl. Theodor Gottlieb Hippel, Ueber die Ehe im »Fünften Capitel«: »Ueber die Herrschaft in der Ehe« (Hippel 1972, 47–48). In diesem Kapitel wird nicht zwischen Herrschaft und Regierung unterschieden, der Mann hat schlicht beides. Vgl. dazu jedoch Claudia Honegger, Die Ordnung der Geschlechter (1996) 80–81; s. a. 33–34. Zum Zusammenspiel von Herrschen und Regieren bei Rousseau s. a. Verena Ehrich-Haefeli, Mutter und Mütterlichkeit: Wandel und Wirksamkeit einer Phantasie in der deutschen Literatur (1995a) 140: »Es trifft ja gar nicht zu, daß die Frau dem Mann nur untertan ist, ›elle règne par la douceur de son charactère‹«.

Der Gegensatz von Herrschaft und Regierung gehört zur Bestimmung des Unterschiedes von zweien der drei Staatsgewalten: »Ein jeder Staat enthält drei *Gewalten* in sich, d.i. den allgemein vereinigten Willen in dreifacher Person (trias politica): die *Herrschergewalt* (Souveränität) in der des Gesetzgebers, die *vollziehende Gewalt* in der des Regierers [...].« (VI 313,17–20) Die Benutzung des gleichen Vokabulars im Geschlechterverhältnis besagt nicht, daß die überlegene souveräne Gewalt der Frau zukomme, sondern verkehrt eben dies Verhältnis; sie übt die Herrschaft durch die (blinde) Neigung aus, während der (umsichtige) Verstand regiert,

309,31–33. – Die Festlegung des jeweiligen Trägers von Herrschaft oder Regierung scheint kaum durch die Wörter und vielleicht deren Etymologie noch durch den allgemeinen Wortgebrauch festgelegt zu sein. Johann Bernhard Basedow schreibt in seinem Methodenbuch für Väter und Mütter der Familien und Völker (1770, ²1772, ³1773; zur Benutzung durch Kant vgl. Weiskopff 1970, 117–135), die Frau müsse die Herrschaft des Mannes ertragen, sie nehme aber teil an der Herrschaft über Kinder, Hausgenossen und Gesinde; »sie muß also auch die Gaben und Tugenden einer häuslichen Regentin besitzen.« (1979, 159) So lautet auch eine Notiz Kants: »*Eine Frau regiert, aber beherrscht nicht das Haus*« (Refl. 1502; XV 797,14); Reichel 130: »Das Weib ist für den Mann gemacht, um ihn zu regiren.« – Zur Differenz von Regierungs- und Staatsform in der Naturrechtslehre vgl. Horst Denzer, Moralphilosophie und Naturrecht bei Samuel Pufendorf (1972) 168–169 und vor allem Diethelm Klippel, »Familie versus Eigentum. Die naturrechtlich-rechtsphilosophischen Begründungen von Testierfreiheit und Familienrecht im 18. und 19. Jahrhundert« (1984). – Die Differenz von Herrschen und Regieren, wie sie im Fall der von Natur aus unmündigen Frau und des vernünftigen Mannes von Kant gemeint ist, entspricht ungefähr der Unterscheidung von institutioneller Herrschaft und wirklicher Macht, die Max Weber in Wirtschaft und Gesellschaft (1922) 28 ff. u. ö. expliziert. – Weiteres s. im Kommentar zu 309,28–310,9.

17–19 Denn in der *Gleichheit ... lauter Zank.*] Kant scheint hier nicht zu ◇ bemerken, daß Freundschaft nach seiner eigenen Auffassung den Bund Gleicher (sc. Männer) bedeutet, vgl. u. a. VI 469,14–473,11. Wenigstens schließt er implizit aus, daß die Ehe wesentlich durch Freundschaft bestimmt sein könnte. Diese Eheauffassung gibt es dagegen schon bei Xenophon und anderen griechischen Autoren.

21 sein körperliches Vermögen und seinen Muth, das] H: »sein Ver- ◇ mögen das«. Gemeint ist das Geschlechtsvermögen, s. 308,35–309,2 mit Kommentar.

24–25 die weibliche Eigenthümlichkeit] Zum Begriff der Eigentümlich- ◇ keit s. Gerhard Plumpe, »Eigentum – Eigentümlichkeit. Über den Zusammenhang ästhetischer und juristischer Begriffe im 18. Jahrhundert« (1979) 175–196. Ursula Pia Jauch, Immanuel Kant zur Geschlechterdifferenz (1988) 38 ff.

27 Holzäpfel und Holzbirnen] H: »Aepfel«. Zur Textentscheidung muß ◇ VIII 363,30–32 (»Zum ewigen Frieden«), ohne Parallele in den Vorlesungsnachschriften, herangezogen werden.

28–31 denn die Cultur ... kennbar zu werden.] Alle Entwicklung ist ◇ Auswicklung des in der Anlage schon Vorhandenen (gegen Epikur).

4–6 Sie scheut ... Mann entwaffnet.] Vgl. Menschenkunde 360; Berlin 196. **304** Über die Absicht der Natur im Hinblick auf die Redseligkeit der Frau wurden Überlegungen angestellt, und Kant führt hier eine vermutlich eigene und neue Variante vor.

◇   **5–6** Redseligkeit und affectvolle Beredtheit] Dazu vgl. 209,6–10 mit Kommentar.

Randzusatz am Ende der Seite (d. h. nach z. 10): »Warum eine Frau [darübergeschrieben: Venus] auch den häßlichsten Mann (Vulkan) heuratet und darüber nicht verlacht wird / bey rohen Völkerschaften ist das Weib ein Lastthier / Hearne v. der Hudsonsbay / Von der letzten Gunst der Cicisbeen … Den Schlägen der Russen aus Liebe und Eifersucht«. (412,21–25) – Zu Samuel Hearne (1754–1792) und seinem Reisebericht vgl. den Hinweis VI 33,8 und die Quellenangabe XXV 1603 s. v. »Hearne«.

◇   **11–12** Das Weib ist da ein Hausthier.] Ms. 400 746–747 und Textanmerkung 1, Kommentar Nr. 139. In Opposition gegen Kant, dessen Auffassungen ihm vertraut waren, schreibt Theodor Hippel, in der Phase der Jäger und Sammler habe zwischen Mann und Frau Gleichheit geherrscht. Erst die bürgerliche Gesellschaft zementiere eine physische Ungleichheit als rechtliche; s. Anke Lindemann-Stark, »Die Rechte beyder Geschlechter« (1994) 305. Vgl. Johann Gottfried Herders Millar-Rezension, Herder 1877 ff., V 452–456. Wilfried Nippel, Griechen, Barbaren und »Wilde« (1990) 66. Marvin Harris, The Rise of Anthropological Theory. A History of Theories of Culture (1972) 31 ff.

◇   **14** barbarische bürgerliche Verfassung] Vgl. 331,1. Nippel 1990, 61 ff. Der Despotismus wird hier zwischen rohem Naturzustand und bürgerlichem Zustand (z. 19) angesiedelt.

◇   **15–16** in ihrem Zwinger (Harem genannt)] »Zwinger« noch VI 248,23. – Beate Wagner-Hasel, »Frauenleben in orientalischer Abgeschlossenheit? Zur Geschichte und Nutzanwendung eines Topos« (1989) 18–29. Peter James Marshall und Glyndwr Williams, The Great Map of Mankind. Perceptions of New Worlds in the Age of Enlightenment (1982) 145.

◇   **17** Zank vieler um Eine (welche ihn beherrschen soll)] H: »um Einen« (korrekt bei Weischedel, übersehen von Külpe). Der Klammerausdruck erläutert das eigentliche »worum« des Zanks; es ist also zu H zurückzukehren.

◇   **26–28** Die alte Sage … für Fabel gehalten.] Külpe (368,14–28) verweist auf: »Von Weibern, die erst dann, wenn sie geschlagen werden, ihre Männer lieben«, in: Berlinische Monatsschrift 13 (1789) 551 ff.; desgleichen auf: Carl Friedrich Flögel, Geschichte des Groteske-Komischen (1788) 181: »Hierbei muss einem die Sage einfallen, dass die Weiber der Russen die Liebe ihrer Männer nicht eher erkennen wollen, als bis sie von ihnen derb abgepügelt worden.« Die »alte Sage« wird zurückgehen auf Sigmund von Herberstein, Moscoviter wunderbare Historien (1567): »Es ist in Moscaw ein Teutscher schmid, so Jordan genennet, wölcher ein weib inn Reussen zu der

ehe genommen, wie nun dise ein zeit lang bey ihrem man gewohnet, soll
sy in zu einer kommlichen zeytt angesprochen haben: Mein lieber ehegema-
hel, warumb hast du mich nicht auch lieb? da antwortet der mann: Ich habe
dich vonn hertzen lieb. spricht sy, ich kann doch solliches noch nit mitt
einerley zeichen spüren. da begäret der mann zu wüssen was sy doch für
zeichen vermeinet? Die frauw spraach, du hast mich noch nie geschlagen.
Der mann sagt: Zwar hab ich die streich nitt für ein zeichen der liebe
gehalten, doch will ich dir an disem orth fälen: Deßhalben hatt eer sy
harnach grausamlichen übel geschlagen« (»Wie die ehe bey ihnen beschlossen«, S. LVIII).

28–32 Allein in Cooks ... müssen das thun!] Külpe (368,19–28) macht ◇
auf drei Quellen aufmerksam. »Cooks Reisen« bezieht sich auf: James
Cook, Capitain Cooks dritte und letzte Reise, oder Geschichte einer Entdek-
kungsreise nach dem stillen Ocean (1789); dort heißt es beim Bericht von
»Otaheite« (sc. Tahiti) III 45–46: »Nichts ist indessen gemeiner, als daß sie
von den Männern ohne alle Barmherzigkeit geschlagen werden.« Vgl. auch
den Bericht von den »Freundschaftsinseln« IV 394.

35 oder andere Buhlerei] Fehlt in H. ◇
Randbemerkung in H am Ende der Fußnote: »Das Weib sucht allen
Männern zu gefallen weil wenn der ihre stirbt sie auf einen andern dem sie
gefiel Hofnung hat« (412,26–27).

1–8 mit ihrer Gunst ... fehlen möge.] Vgl. 307,13–14.   305

8–9 H sieht hier einen neuen Paragraphen vor: »§« ohne Zahlangabe ◇
(weder bei Külpe noch Weischedel 650 vermerkt). Es muß sich um einen
Irrtum Kants handeln, denn sonst kennt der zweite Teil der Anthropologie
keine Paragraphenzählung.

9 *Pope*] Menschenkunde 360 mit Kommentar Nr. 272. Alexander Pope, ◇
Sämmtliche Werke (1778) IV 61: »In Männern finden wir manche herr-
schende Leidenschaft; bey den Frauenzimmern hingegen nur zwey, die sich
in dem ganzen Geschlecht teilen: die Liebe zum Vergnügen und die iebe zur
Herrschaft. [...] Die erste haben sie von der Natur empfangen. [...] Die
Herrschaft ist ihre ganze Absicht: aber die Schönheit macht alle ihre Mittel
aus.« (61–63) – Kant beruft sich auf einen notorisch misogynen Autor; vgl.
Kant 1991, 156.

26–28 Da dann die Neigung ... Effect zu verschaffen.] Fehlt in H. – Der ◇
Zusatz faßt die am Anfang mit einem bloßen »und« (z. 11) verbundenen
Neigungen in einer Mittel-Zweck-Relation, wie es den Kantischen Ausfüh-
rungen z. 11–16 entspricht.

32 selbst vermittelst der Thorheit der Menschen] Zu dieser Teleologie ◇
vgl. Reinhard Brandt, »Antwort auf Bernd Ludwig« (1997a).

33 doch der Naturabsicht nach Weisheit sein muß] Zum durchge- ◇
henden Finalismus der Kantischen Anthropologie s. »Einleitung« XXV

S. XLVff. – »Weisheit« der Natur auch 311,1–2. Von Weisheit wird hier
nicht im kritischen Sinn gesprochen, denn in der KdU wird hierfür die
Kenntnis des Endzwecks und die der Ausrichtung aller Zwecke auf diesen
Endzweck gefordert. Ohne dies letztere hätte ich zwar »einen *Kunstver-
stand* für zerstreute Zwecke; aber keine *Weisheit* für einen Endzweck
[…]« (V 441,2–4). Kant folgt hier David Humes Dialogues concerning
Natural Religion (1779). In der Schrift »Über das Mißlingen aller philosophischen Versuche in der Theodicee« (1791) wird zugestanden, daß
organische Produkte der Natur »als eine *göttliche Kunst* nicht unrecht auch
mit dem Namen der Weisheit belegt werden können; doch, um die Begriffe
nicht zu verwechseln, mit dem Namen einer *Kunstweisheit* des Welt-
urhebers zum Unterschiede von der *moralischen Weisheit* desselben.«
(VIII 256,24–27)

306   **10–18** Da sie auch … ist, gebracht sah.] Zu dieser Funktion der Frau in
der Zivilisations- und Kulturgeschichte der Menschheit vgl. Lukrez, De
rerum natura V 1011–1017: »Inde casas postquam ac pellis ignemque para-
runt, / et mulier coniuncta viro concessit in unum / […] et Venus imminuit
viris puerique parentum / blanditiis facile ingenium fregere superbum.«
Das Motiv wird aufgenommen von Rousseau im zweiten Teil des Discours
sur l'origine de l'inégalité parmi les hommes (1755), s. Rousseau 1959ff.,
III 168.

◇   **15–16** von einem Kinde unsichtbar gefesselt] Auf die Nähe von – anmu-
tigen, aber würdeunfähigen – Frauen und Kindern wird auch sonst
verwiesen: »*Kinder* sind natürlicherweise unmündig und ihre Eltern ihre
natürlichen Vormünder. Das *Weib* in jedem Alter wird für bürgerlich-
unmündig erklärt; der Ehemann ist ihr natürlicher Curator.« (209,3–5;
s. den Kommentar zu 208,37–209,2) Im Ms. 400 heißt es: »So gefält uns ein
kluges Kind, weil wir es uns nicht von ihm vorstellten, so gefält uns ein
kluges FrauenZimmer aus eben demselben Grunde.« (107) »Der Gebrauch
der Vernunft über das Practische [sc. über das Praktische hinaus] ist oft
lächerlich und wiedrig Z. E. wenn ein Weib vernünftelt in Ansehung der
Religion oder über den Staat. Ihr practischer Gebrauch erstreckt sich nur
über das Hauswesen, da können sie vernünfteln, wozu sie auch ein gutes
Talent beßer als der Mann haben. Eben so, wenn Kinder vernünfteln, da man
sie alsdenn super klug nennt.« (240) Daß die Frau als Kind zu betrachten ist,
hatte Kant bei Rousseau gelesen; dazu u. a. Verena Ehrich-Haefeli, »Rousseaus Sophie und ihre deutschen Schwestern« (1995b) 128.

◇   **16** nicht zur Moralität selbst] Vgl. die Rettung der bloßen Phänomene im
Grenzbereich der Moralität im § 14: »*Von dem erlaubten moralischen
Schein.*« (151,6) Die Frau kann nur bis zum äußeren Anschein der Moralität
im Rahmen der zivilisierten Geselligkeit gelangen, indem sie ihrem Gefühl
und den Autoritäten folgt. Sie ist weder zur moralischen noch zur recht-

lichen (s. VI 314,29) eigenen Gesetzgebung befähigt und ist somit weder gesetzgebendes Glied im Reich der Zwecke noch aktiver Staatsbürger. Aristoteles hatte ein ähnliches Zwischenwesen zwischen vernunftbegabtem Griechen und den Tieren in den natürlichen Sklaven gesehen, die zwar den Befehlen gehorchen können, aber nicht zu eigenem regelgeleiteten Handeln in der Lage sind, vgl. Politik 1254 b 22–23: Der Sklave von Natur »nimmt so weit am logos teil, daß er ihn wahrnimmt, aber nicht selbst hat.« S. auch Nikomachische Ethik 1161 a 35–1161 b 9.

17 doch zu dem, was ihr Kleid ist, dem gesitteten Anstande] H: »Kleid ⬦ ist [durchstrichen: der sittlichen Schönheit] dem gesitteten«. – Vgl. 151,15–17.

20 Die Frau will herrschen, der Mann beherrscht sein] Vgl. Refl. 1267 ⬦ (XV 559,16–24). S. auch den Kommentar zu 303,17.

21–22 Sie setzt früh in sich selbst Zuversicht zu gefallen.] Die natürliche ⬦ Aufgabe der Frau ist nach Rousseau das »plaisir«: »[…] il s'ensuit que la femme est faite spécialement pour plaire à l'homme […].« (Emile V; Rousseau 1959 ff., IV 693) Dazu Ehrich-Haefeli 1995b, 129–132 (»Bestimmt zu gefallen: Leben im Spiegel«).

25–26 das Recht, Achtung vor sich auch ohne Verdienste zu fordern] ⬦ Nach Kant, der auch hier Rousseau folgt, kann die Frau weder Geld noch Ehre verdienen. Die Achtung »behauptet sie schon aus dem Titel ihres Geschlechts« (z. 26–27), den sie also nicht erwirbt, sondern von Natur aus hat.

7–8 das *Cicisbeat* eine affectirte Freiheit des Weibes in der Ehe] Vgl. dazu **307** XXV 1606 s. v. »HM« und Külpe im zugehörigen Kommentar 368,31–34. – Am Rand von H: »Es wird dazu keine von allen weiblichen Tugenden erfordert als blos daß sie wider die Versuche auf ihre weibliche Ehre (sich nicht ohne Ehe wegzugeben) fest bestehe.«

9–11 In der historia … cortegianas vocant] »Es gab dort auch 300 ⬦ vornehme Dirnen, die sie Kurtisanen nennen.« – Paolo Sarpi, Historia del Concilio Tridentino (1619). Külpe (368,36–37) gesteht, daß er das Zitat nicht gefunden hat. Dieser negative Befund kann nach erneuter Durchsicht der von Kant genannten lateinischen Ausgabe bestätigt werden. Die Herkunft des Zitats wurde nicht ermittelt.

15–18 in Reizen oder … Schande zu machen.] In H fehlt: »oder im ⬦ Vornehmthun« und »wenn man das […] Schande zu machen.«

27–28 Sie frägt nicht … viel gelegen.] Vgl. 309,16–17. Auch bei der ⬦ Heirat einer Witwe interessert den Mann nur ihr Verhalten vor dieser Vorehe unendlich.

31–34 Was die gelehrten Frauen … Sonne gestellt ist.] Vgl. den Brief von ⬦ Maria Charlotta Jacobi vom 12. Juni 1762 an Kant mit dem kryptischen Hinweis: »[…] dan wird auch meine Uhr aufgezogen werden […].«

(X 39,31–32) Madame du Châtelet, die Kant in der Schätzung der lebendigen Kräfte (1747) als Gelehrte berücksichtigt (I 45,11; 55,10 u. ö.), sollte sich
auf Empfehlung der Beobachtungen über das Gefühl des Schönen und
Erhabenen doch gleich einen Bart umhängen (II 229,37–230,1); sie wird in
den Anthropologie-Nachschriften und auch in der Publikation von 1798
nicht erwähnt. Frauen haben keinen zur Gelehrsamkeit nötigen dirigierenden oder »architektonischen Verstand«, und von ihrem bloß technischen
Verstand heißt es bei Collins: »Solcher technischer Frauenzimmer Verstand
ist den Leidenschafften zinsbar, er wird durch sie verdunckelt, und muß
ihnen wie ein Sklave folgen.« (131) So stimmt für den Verstand des Frauen-
zimmers, was David Hume dem Verstand oder der Vernunft generell testiert:
»Reason is, and ought only to be the slave of the passions, and can never
pretend to any other office than to serve and obey them.« (Treatise II 3, 3;
Hume 1978, 415)

◇   **34 nicht nach der Sonne gestellt ist.]** Hiermit ist vermutlich die öffentliche Zeit und der öffentliche Stand der Erkenntnis gemeint. Richtungwei-
send für die Frauen ist wohl der Mond.

308   **1–4 Der Mann ... verloren sind.]** Ms. 400 457–458 (Kommentar Nr. 87);
820 (Kommentar Nr. 144a); Menschenkunde 363 (Kommentar Nr. 274a).

◇   **8–10 Es gab aber doch ... mit Ruhm behaupteten.]** An welche wackeren
Hausfrauen hier zu denken wäre, wird nicht näher ausgeführt. Der angemessene Hausfrauen-Charakter ist jedenfalls keine »*Denkungsart*« (291,23),
da diese im Gegenteil zur »Sinnesart« dem Mann vorbehalten ist.

◇   **10–16 Dem Milton wurde ... ein ehrlicher Mann sein.«]** Vgl. Refl. 1283
(XV 566,8). S. Collins 27 und dort Kommentar Nr. 42. Milton wird hier
nicht als charakterloser Poet (zu dem on-dit s. 295,2–3), sondern als
charaktervoller Mann gegenüber dem typischen Ansinnen der Frauen herausgestellt.

◇   **16–20 Die Frau des Sokrates ... waren, zu schmälern.]** So wie der Satz
seit A1 gedruckt ist und alle weiteren Drucke überlebt hat, ist er unsinnig.
Schon Kant hat sich vertan. In H steht: »Die Frau des Sokrates [durchstri-
chen: und] [am Rand: vielleicht auch] die Hiobs wurden durch ihre
[durchstrichen: rechtschaffenen Frauen] wackere Weiber eben so«. Das
heißt: Kant schrieb »rechtschaffene Frauen« bzw. »wackere Weiber«, offenbar in der falschen Meinung, der Satz beginne »Sokrates und Hiob [...]«;
nur dann ist der Satz passend. Die Herausgeber haben es vorgezogen, den
Satzanfang zu übernehmen und die wackeren Weiber durch wackere Männer zu ersetzen und zu hoffen, daß niemand den von ihnen selbst wohl nicht
durchschauten Unfug denn doch durchschaut. – Zum Inhalt vgl. Menschenkunde 362: »Hiobs und Socrates Weiber scheinen nur sehr häuslich,
sonst nicht sehr böse gewesen zu seyn.« (mit Kommentar Nr. 273 und
XXV 1627 s. v. »Mendelssohn«)

24 Der *junge* Ehemann herrscht über seine *ältere* Ehefrau.] Hier (und ◇
309,3) wird die Unterscheidung von Herrschen und Regieren (s. 309,31–32
und 303,17 mit Kommentar) nicht berücksichtigt.

35–309,2 Ein Mann aber ... lüderlich durchgebracht hat] Vgl. die Aus- ◇
führungen 165,16–26, speziell die Vorstellung der »Baarschaft [des] Le-
bensgefühls« 165,20, und 237,6–13. Das männliche Geschlechtsvermögen wird wie ein geerbtes Sach- oder Geldvermögen angesehen, das man
aufbewahren und erhalten oder aber verprassen und durchbringen kann.
Dazu vgl. u. a. die Metaphorik 165,19–26. Kant blendet die Möglichkeit
einer günstigen Kapitalanlage aus, in der das Vermögen durch Investitition
wächst.

5–7 *Hume* bemerkt, daß ... auf ihr *Geschlecht*.] Vgl. Refl. 1283 (XV 309
565,14). David Hume, »Of love and marriage« (Essays (1987) 557–562):
»I know not whence it proceeds, that women [...] always consider a satyr
upon matrimony as a satyr upon themselves.« (557) Vgl. Parow 342 mit
Kommentar Nr. 268.

14–15 Das Weib wird ... seine Freiheit.] Ms. 400 798: »[...] aber in der ◇
Ehe haben sie [sc. die Frauen] viel Freiheit [...] Der Mann aber verliert
durch die Ehe viel Freiheit [...].« S. in Theodor Gottlieb von Hippels 1774
anonym publiziertem Buch Über die Ehe: »Bedencke, Ungetreue, daß dein
Mann, da er um die warb, dich aus der Sclaverey befreyte, in der du dich in
dem Hause deiner Eltern befandest.« (Hippel 1972, 39)

16–17 Die moralischen ... Sache einer Frau.] Vgl. 307,27. Ähnlich ist es ◇
dem Volk nicht erlaubt, in praktischer Absicht den Ursprung der obersten
Gewalt im Staat zu erforschen, VI 318,19 ff.

28–310,9 Wer soll dann den ... Minister an die Hand gibt.] Vgl. 303,17 ◇
und 304,17. – Der Vergleich der Verhältnisse in der Hausgesellschaft mit
denen in der Staatsgesellschaft bezieht sich auf eine vorrepublikanische
Staatsform. Der Monarch herrscht offiziell, der Minister aber führt die
Regierung und entscheidet, jedoch so, daß der Monarch meint, selbst zu
entscheiden. Die Willensführung des kindischen Monarchen oder der von
Natur infantilen Frau durch einen vernünftigen Mann findet ihr Analogon
und Vorbild bei Rousseau im Fall des Erziehers und seines Zöglings Emile
im gleichnamigen Roman. – »Est-il utile [und gut, legitim etc.] de tromper
les femmes?« – Kant würde die Frage mit Ja beantworten müssen.

3 seinem blos auf Vergnügen bedachten Monarchen] Daß die Frau bloß 310
auf Vergnügen bedacht ist, war auch die Meinung Rousseaus, allerdings mit
der näheren Bestimmung, daß es sich dabei nicht eigentlich um das eigene,
sondern um das Vergnügen des Mannes handelt, vgl. den Kommentar zu
306,21–22.

10–15 Da sie gesucht werden ... der Frauen ungerecht.] Vgl. 305,3–8. ◇
17–18 spotten darüber ... im Scherz] H: »spotten darüber im Scherz;«. ◇

◇   21–29 Daß gemeiniglich ... angenehm zu machen.] Vgl. Refl. 177:
»Warum liebt die Mutter den muntersten Sohn?« (XV 65,15–16).

◇   32 die Natur hat auch in diese ihre Ökonomie] Zum Begriff der Ökonomie der Natur, den Kant innerhalb der Druckschriften nur hier verwendet, vgl. schon Plutarch, De Stoicorum repugnantiis cp. 34, p. 1050: »οὕτω δὲ
τῆς τῶν ὅλων οἰκονομίας προαγούσης [...].« Die Übertragung von der
Haus- und Staatswirtschaft auf die Natur ist möglich durch die Annahme
eines die Natur beherrschenden Vernunftprinzips.

◇   34 Erhaltung der Art] Vgl. 303,9–10 mit Kommentar.

311   1–2 die Weisheit der ... Naturanlagen] Zur Verwendung von »Weisheit«
s. 305,33 mit Kommentar.

◇   5 Der Charakter des Volks.] Vgl. in den Beobachtungen: »Vierter
Abschnitt. Von den Nationalcharaktern [...].« (II 243,5–6) Collins 198
(»Vom National Charackter«); Parow 328 (»Vom Charackter der Völcker«);
Ms. 400 606; Pillau 129; Menschenkunde 352; Mrongovius 117. Zum selben
Thema der in der Vorlesung zur Physischen Geographie s. Erich Adickes,
Kant als Naturforscher (1924–1925) II 404. – Zunächst Kant, der Kritiker:
»Wenn ich einsehende Männer mit einander wegen der Charakteristik der
Menschen, der Thiere oder Pflanzen [...] im Streite sehe, da die einen z. B.
besondere und in der Abstammung gegründete Volkscharactere [...] annehmen, [...] so darf ich nur die Beschaffenheit des Gegenstandes in Betrachtung ziehen, um zu begreifen, daß er für beide viel zu tief verborgen liege, als
daß sie aus Einsicht in die Natur des Objects sprechen könnten.« (KrV
A 667–668) In der Physischen Geographie Hesse gibt es einen Abschnitt
über den »Geschmack der Nationen« (103); die näheren Ausführungen
beziehen sich auf den Geschmack des Auges, des Gehörs, des Gaumens;
sodann die Stellung der Frauen (105). – Die Juden werden 205,35 als Nation,
206,19 als Volk bezeichnet; die hier eingeführten Bestimmungen von Volk
und Nation schließt jedoch diese Bezeichnung bei den Juden aus.
    Eine der Quellen der Psychologie der europäischen Völker bildet die
Schrift Noticia seculi des Alexander von Roes, bei dem Europa einerseits
eine Vielheit von Völkern und Staaten umgreift, andererseits werden jedoch
vier »regna principalia« herausgestellt: Das griechische, das spanische, das
römische und das fränkische (d. h. deutsche) Reich; sodann gibt es drei
Hauptvölker, die näher porträtiert werden: Die Italiener streben nach
Besitz, die Deutschen nach Herrschaft, die Franzosen nach Wissen; die
Italiener sind mäßig, verschwiegen, langmütig und klug, aber auch habgie-
rig, hartherzig, und zänkisch (vgl. Roes 1958). Für die Tradition der
Völkerpsychologie ist entscheidend dann die Schrift Icon animorum (1614)
des schottischen Humanisten John Barclay: »Saecula paene singula suum
genium habere, diversumque a ceteris. Esse praeterea cuilibet regioni pro-
prium spiritum, qui animos in certa studia et mores quodammodo adigit.

Hos spiritus investigare operae pretium est.« (zit. nach Erich Hassinger,
Empirisch-rationaler Historismus (1978) 143) (Während Kant sich seit den
Beobachtungen über das Gefühl des Schönen und Erhabenen lebhaft für die
Völkerpsychologie interessiert, fehlt ihm jedes Interesse für den *historischen*
»Zeitgeist«, den »genius« oder »spiritus saeculi«, der von John Barclay
schon in dem 1605–1607 erschienenen Roman Euphormionis Lusinini Saty-
ricon angesprochen wird.) Es ist für die Kantische Rechtsphilosophie
wiederum charakteristisch, daß sie sich nicht für den Nationalcharakter
interessiert; sie ist universalistisch konzipiert, nicht »kommunitarisch«.
Montesquieu und Rousseau dagegen legen den Prinzipien der jeweiligen
Gesetzgebung den Nationalcharakter zugrunde. Dies ist das Thema von
Montesquieus De l'esprit des lois (1748), aber auch der am Ende empirischen
Rechtslehre Rousseaus; zur entscheidenden Wichtigkeit des jeweiligen Na-
tionalcharakters vgl. Rousseau 1959 ff., III 901–950 (»Projet de constitution
pour la Corse«).
    Vgl. u. a. Friedrich Sengle, Wieland (1949) 89. Ulrich Im Hof, Das Europa
der Aufklärung (1993) 239–244; Kurt Röttgers, Kants Kollege und seine
ungeschriebene Schrift über die Zigeuner (1993) 57, auch 61; Ingeborg Maus,
»›Volk‹ und ›Nation‹ im Denken der Aufklärung« (1994) 602–612; Gerhard
Wolandt, »Kants Völkeranthropologie als Programm« (1988).
    6–13 Unter dem Wort *Volk* ... ausschließt.] Kant faßt das (Staats-)Volk   ◇
einer bestimmten bürgerlichen Gesellschaft als diejenige Teilmenge einer
Menschenmenge, die 1. durch gemeinsame Abstammung vereint ist und die
sich 2. im Gegensatz zum Pöbel den Gesetzen unterwirft. Durch die erste
Bestimmung wird der Akzent der Volkszugehörigkeit auf die nationale
Identität gelegt, auf die Blutgemeinschaft und nicht die Bewohnung eines
geographisch bestimmten Teils des Erdbodens. Die zweite Bestimmung fügt
zur Qualität des Naturfaktums der bestimmten Geburt das eigene Handeln
hinzu; der Bürger muß sich in die societas civilis fügen.
    Vielleicht läßt sich in dieser Bestimmung ein Zusammenhang mit der
Tatsache erblicken, daß Kant in seiner Rechtstheorie den Vereinigungsver-
trag einer Menge Menschen zu einem Staatsvolk aus seiner fundierenden
Rolle entläßt. Dieser Vertrag – wie immer die Kritik eines David Hume
(Treatise III 2, 7; Hume 1978, 534–549) und anderer, ihn naturalisierender
Autoren wiegt und nicht wiegt – hatte den Vorteil, die Zugehörigkeit einer
Person zu einem Staatsvolk ausschließlich in einer Konvention und nicht
der natürlichen Abstammung zu sehen. »[...] sed ante constitutionem
civitatis, *Populus* non extitit« (Hobbes, De cive VII 7; Hobbes 1983, II 153).
Oder, außerhalb der rechtlichen Konstitution: »[People] signifieth only a
number of men, distinguished by the place of their habitation; as the *people*
of England, or the people of France, which is no more, but the multitude of
those particular persons that inhabit those regions, without consideration of

any contracts or covenants amongst them, by which any one of them is obliged to the rest.« (Elements XXI 11) – Vgl. Ingeborg Maus, Zur Aufklärung der Demokratietheorie (1992) 206–209.

◇   **8–10** Diejenige Menge ... heißt *Nation* (gens)] Es gibt also zwar ein Volk, das in mehrere bürgerliche Gesellschaften oder Staaten (der Begriff im folgenden nur 314,1 und 331,6) zerfällt, aber nicht umgekehrt einen Vielvölkerstaat. Während die bürgerliche Gesellschaft als anthropologisch wichtige Vereinigung behandelt wird, kommt die Hausgesellschaft (vgl. in der »Rechtslehre« VI 276,16–284,5) nicht zur Sprache. Kant hat nur das Verhältnis der beiden Geschlechter behandelt, nicht jedoch das Verhältnis der Eltern zu den Kindern und zum Gesinde. Man kann wohl generell sagen: Außer der bürgerlichen Gesellschaft und der Ehe wird keine Institution der Gesellschaft in der Anthropologie berücksichtigt, das heißt vor allem weder die Kirche noch die Universität (letztere nur 120,31 erwähnt).

◇   **11** heißt *Pöbel* (vulgus)] »Pöbel« schon 144,6 und 145,27. S. auch Refl. 7777, XIX 513,21–22; die Sinnlichkeit als Pöbel unterliegt der Gesetzgebung des Verstandes, der umgekehrt auf eben diesen Pöbel angewiesen ist.

Der Pöbel wird vom Volk qua Nation und »gens« ausgeschlossen. Diese Zweiteilung ist der Intention nach vermutlich kongruent mit der Zweiteilung von aktiven und (nicht-naturaliter) passiven Staatsbürgern. Das »*Rottiren*« bezieht sich auf das Phänomen, daß sich die »plebs« in einer in den Institutionen nicht vorgesehenen Weise und gegen sie versammelt. So zeichnet sich in der dualen Konstruktion von »gens« und »vulgus« eine Dreiteilung ab, gemäß der die eigentliche »gens« Gesetze gibt und sich gesetzeskonform verhält, der Pöbel als solcher keine Gesetze gibt, sich ihnen jedoch unterwirft und gesetzeskonform handelt, und letztlich ein Teil des Pöbels, der sich »von der Qualität eines Staatsbürgers ausschließt« (z.13), also zu den Verbrechern zählt. – Peter Burg, Kant und die Französische Revolution (1974) 180 ff. Zur sozialgeschichtlichen Bedeutung des Begriffs vgl. auch Werner Conze, »Vom ›Pöbel‹ zum ›Proletariat‹. Sozialgeschichtliche Voraussetzungen für den Sozialismus in Deutschland« (1966).

◇   **13** welches ihn von der Qualität eines Staatsbürgers ausschließt.] Vgl. dazu die Ausführungen in der »Rechtslehre« der Metaphysik der Sitten zum »Straf- und Begnadigungsrecht« (VI 331,2–337,20); die Rottierung gehört somit zu den Kriminalverbrechen.

◇   **14** *Hume* meint] David Hume, »Of National Characters« (Essays (1987) 197–215): »And the great liberty and independency, which every man enjoys, allows him to display the manners peculiar to him. Hence the *English*, of any people in the universe, have the least of a national character, unless this very singularity may pass for such« (207). In Deutsch: »Von Nationalcharakteren«, in: Vermischte Schriften (1754–1756) IV 324–351, dort 340; s. Ms. 400, 525–526 (XXV 630,10–12 mit Kommentar Nr. 99).

Vgl. Refl. 1113 »Die charactere der Engländer sind insgesamt verschieden, daher hat die nation keinen Character« (XV 496,11–12); Refl. 1163 (XV 514,16–17).

17 die Affectation eines Charakters] Vgl. 314,23–24 ([…] einen zu haben affectiren;«). ◇

19–21 besonders darum weil … zu können glaubt.] Nach einer früheren ◇
positiven Beurteilung der Engländer bewertet Kant besonders die englische Verfassung als bloßen Schein der Freiheit, s. Georges Vlachos 1962, 463–464; Domenico Losurdo, *Immanuel Kant – Freiheit, Recht und Revolution* (1987) 76.

26 die zwei *civilisirtesten* Völker] Der Begriff der Zivilisation im Gegen- ◇
satz zu dem der Kultur hat noch nicht die Bedeutung, die sich im folgenden Jahrhundert herausbilden und zur negativen Bewertung der (bloß) zivilisierten Völker im Gegensatz zum deutschen Kulturvolk führen sollte.

29–32 Der Schimpfname … Plautus, Curcul.).] »Abstammung von« – ◇
hier muß in sachlicher Hinsicht wieder einmal ein »nicht« eingeschoben werden, denn Kants etymologische Herleitung ist falsch. »canaille« stammt (natürlich) einfach von »canis«. Die Ausrücke »cavillator« und »ridicularius« finden sich nicht in Plautus' Curculio; in seinem *Miles gloriosus* III 1, 47: »cavillator« (jemand, der stichelt) und im *Truculentus* III 2, 15–16 »cavillator« und »ridicularia«. Gellius, *Noctes Atticae* IV 20, 3.

33–35 **) Es versteht sich … sein würde.] Fehlt in H. Statt dessen findet ◇
sich in H an dieser Stelle die Anmerkung zu 312,7, also 312,22–312,25.

1–2 ihrem angebornen … nur die Folge ist] Zur Unterscheidung von 312
angeboren und erworben im Hinblick auf den Charakter s. z.17–18; 315,27–31; 319,27–30.

4 vermischt werden] Durchstrichener Randzusatz in H: »[welches durch ◇
die Ungleichartigkeit ihrer Naturanlagen schwerlich [möglich ist] zu vermeiden]« (412,31–32).

5–6 Daß die französische … weiblichen feinen Welt] Vgl. 313,23–24 mit ◇
Kommentar.

8–21 Was aber ihr Naturell … zu classificiren.] Die Darstellung bemüht ◇
sich um eine Klärung der methodischen Voraussetzungen und Mittel der Völkerpsychologie: Der jetzige Charakter ließe sich herleiten aus dem »angebornen Charakter des Urvolks« (z.10–11), aber es mangelt an Dokumenten; es soll, »so weit es möglich ist« (z.14), eine systematische Aufstellung versucht werden; in H steht z.14–15: »welche [durchstrichener Randzusatz: gleichsam a priori] urtheilen«, und die folgenden Textunsicherheiten sind ebenfalls von dem Problem des Erkenntniswerts bestimmt.

18–21 Maximen, welche die … zu classificiren.] H: »Maximen [durch- ◇
strichen: ihrer Denkungsart als der] und Sinnesart eines Volks, sind nur so viel gewagte Versuche [durchstrichen: das Spiel] die Varietäten im natür-

lichen Hang ganzer Völker [durchstrichen: zu klass] mehr [durchstrichen: zur Belustigung] für den Geographen [Randzusatz: empirisch] als [durchstrichen: zur Belehrung] für den Philosophen nach Vernunftprincipien zu classificiren.« – Es folgt in H ein durchstrichener Text, s. 412,33–38. Der Inhalt entspricht ungefähr 313,17–22, es fehlt jedoch der Hinweis auf die Revolutionswirren von 313,20. – Die schiefe Unterscheidung von angestammten und gleichsam zur Natur gewordenen Maximen (z. 17–18) nimmt die Unterscheidung von angeborenem und erworbenem Charakter z. 1–2 auf. Kant gleitet von den Maximen, die von dem jeweiligen Volk selbst gepflegt werden, zur Klassifikation durch derartige Maximen in der pragmatischen Anthropologie. Die letztere unterscheidet sich hier kaum von der physischen Geographie (die jeweils im Sommersemester Gegenstand einer Vorlesung war).

◇   **22–25** Der kaufmännische Geist ... eine Million.«] In H fehlt: »; der Franzose: ›er *besitzt* eine Million‹«. Da den Franzosen z. 5–6 eine Konversations- und keine Handelssprache testiert wurde und 312,22–25 mit »Der kaufmännische Geist« beginnt, ist der Zusatz wenig passend und wird nicht von Kant stammen. – Vgl. Pillau 88 und Kommentar Nr. 48; Menschenkunde 251 a; Mrongovius 94. Dohna 254 nennt an Stelle des Franzosen den Deutschen in der dritten Position mit der gleichen Redeform. – Noch Friedrich Engels schreibt in Die Lage der arbeitenden Klasse in England: »Die elende Sklaverei, in der das Geld den Bourgeois hält, ist durch die Bourgeosieherrschaft selbst der Sprache aufgedrückt. Das Geld macht den Wert des Mannes aus; dieser Mann ist zehntausend Pfund wert – he is worth ten thousand pounds, d. h. er besitzt sie.« (MEW II 487)

◇   **26–35** Die Türken ... Unterthan sein will.] Die reisenden Türken sind europäische Türken (s. z. 35). Ms. 400 614–615 (Nr. 106); Mrongovius 124 (Nr. 299 a). Quelle nicht ermittelt. – Vgl. Krauss 1979, 176–189 (»Exkurs II: Die Türken im Urteil der Franzosen des 18. Jahrhunderts«).

◇   **35–313,36** Rußland und die ... gerathen sind.] Zu Rußland vgl. weiter 319,21–26. – Die unsichere politische Grenze Europas veranlaßt Kant, das christliche Europa als Einheit zu fassen, sich auch provisorisch des Namens »Frankestan« (z. 36) zu bedienen. Die politische Ausgrenzung der Russen und Türken geschieht nach dem schon von den Griechen verwendeten Despotiekriterium, denn eine »Verfassung des Gesetzes ohne Freiheit« (313,35–36) ist »Despotism« (330,31). Europa ist das Land der Freiheit, Asien des Despotismus, dies war auch die Losung des Esprit des lois von Montesquieu (II 5; III 9; V 14; XV 9; 20 u. ö.).

◇   **35** die europäische Türkei] Krauss 1979, 188 macht darauf aufmerksam, daß Contant d'Orville in seiner Histoire des différents peuples du monde (1771) VI 188 und 194 erstmals zwischen den europäischen und asiatischen Türken unterscheidet.

1–4 Daß auf die ... eigenthümlichen Charakter?] H: »Behaupten, daß 313
auf die«. – Vgl. 319,7–8 »welches alles freilich wohl der Form der Reichsverfassung Deutschlands zugerechnet werden mag«.

In der »Nachricht von der Einrichtung seiner Vorlesungen in dem Winterhalbenjahre von 1765–1766« (II 303,1–314,28) skizziert Kant die
geplante Vorlesung zur »Physischen Geographie« so, daß in der Darstellung
der physischen Merkwürdigkeiten der Erde »das eigentliche Fundament
aller Geschichte, ohne welches sie von Märchenerzählungen wenig unterschieden ist« (II 312,31–33), aufgewiesen werde; die Betrachtung des
Menschen nach den geographischen Unterschieden liefere die Kenntnisse,
»ohne welche man schwerlich allgemeine Urtheile vom Menschen fällen
kann« (II 312,36–37) und sodann drittens: »*Zuletzt* wird dasjenige, was als
eine Folge aus der Wechselwirkung beider vorher erzählten Kräfte angesehen werden kann, nämlich der Zustand der *Staaten* und Völkerschaften auf
der Erde, erwogen, nicht sowohl wie er auf den zufälligen Ursachen der
Unternehmung und des Schicksales einzelner Menschen als etwa der Regie-
rungsfolge, den Eroberungen und Staatsränken beruht, sondern in Verhältniß auf das, was beständiger ist und den entfernten Grund von jenen enthält,
nämlich die Lage ihrer Länder, die Producte, Sitten, Gewerbe, Handlung
und Bevölkerung.« (II 313,2–10; zur »Wechselwirkung« z.3 als dritter
Position vgl. VIII 368,5!) Hier also schon deutlich die Vorstellung, daß die
Regierungsart ihrerseits von tieferliegenden Strukturen eines Landes abhängt. Vgl. *Physische Geographie Hesse* (noch ungedruckt): »Ihren [der
Neger] Aberglauben könnte man ihrer schlechten Regierungsart beymeßen,
wenn sich ihre Regierungsart nicht auf ihren Character und auf ihre Begriffe
von Recht und Unrecht gründete.« (93) Und vorher: »*Montesquieu* hat
besonders den Einfluß des *Climatis* auf den Character der Nationen
aufgesucht, und die Einrichtungen der Gesetze davon hergeleitet. *Hume*
wiederspricht ihm und hält diesen Unterschied der Charactere vor zufällig.«
(92) »Man weiß nicht, ob die Regierung eine Folge von dem Charakter der
Nationen, oder der Character eine Folge von der Regierung sey, doch ist es
natürlich, daß eine Nation eine Regierung unter sich aufrichtet, sich nach
ihrer Neigung und nach ihren Charackter darin richten werde, und daß
diejenigen, die das Volck regieren, es nach seiner Gemüthsbeschaffenheit
regieren werden. In Asien können sich die Einwohner keinen Begriff von
einer freyen Regierung machen. In Europa siehet man noch immer, auch
unter der Dienstbarkeit einen Schatten von Freyheit. Die Regierung ist auch
niemals so strenge. Der Einfluß von dem allgemeinen Geist der Freyheit –
macht, daß die Regenten selbst denen Unterthanen immer gewiße Rechte
einräumen. Die Türcken haben einen besondern Gemüths Charakter, der
keine andere Regierung als die jetzige ist, verstattet.« (96–97) Später folgt in
derselben Nachschrift: »Die politische Verfaßung der Länder, gründet sich

auf der natürlichen Beschaffenheit des Bodens, der anliegenden Meere, des
Climatis, der *Producte* von Pflanzen und Thieren und der Menschen. Nach
der Verschiedenheit dieser Stücke, muß auch die politische Einrichtung
verschieden seyn. Der Gesetzgeber muß alles dieses zu Rahte ziehen. Jedoch
der Geist der Nationen rühret nicht wie *Montesquieu* behauptet vom
Clima, sondern wahrscheinlich von den *racen* her.« (184) Dazu auch
Adickes 1924–1925, II 396–397, Anmerkung 3. S. auch die Refl. 1343
(XV 584–586) um 1759. Der Entwurf eines Briefes Johann Georg Hamanns
an Kant von 1759 zeigt, daß Kant und Hamann zu diesem Zeitpunkt über
das Verhältnis von Geographie und Politik sprachen. Hamanns These:
»Eine weise Regierung hat mehr Macht als das Clima den Charakter einer
Nation zu veredeln.« (Hamann 1955 ff., I 453–454; 453) Die von Hamann
vertretene, von Kant abgelehnte Meinung wurde von Hume (s. Adickes
a. a. O.) und Rousseau vertreten, so in den Confessions: »J'avois vu que tout
tenoit radicalement à la politique, et que, de quelque façon qu'on s'y prit,
aucun peuple ne seroit jamais que ce que la nature de son Gouvernement le
feroit être; […]« (Rousseau 1959 ff., I 404); desgleichen Johann Jakob
Volkmann in seinen Historisch-kritischen Nachrichten von Italien (1770–1771
und 1777–1778); Christof Dipper, »Das politische Italienbild der deutschen
Spätaufklärung« (1993).

◊   4–9 Auch Klima und Boden … hervorblicken lassen.] Vgl. Refl. 1343
(XV 584,19–586,11) mit den Anmerkungen von Adickes; vgl. auch, mit
weiterführender Literatur, Michael Neumann, »Philosophische Nachrichten aus der Südsee« (1994) bes. 528–532. – Zur Klimatheorie bei Montes-
quieu, auf die sich Kant häufiger bezieht, s. Robert Shackleton, »The
Evolution of Montesquieu's Theory of Climate« (1955) 317–329.
Die Abhängigkeit des Volkscharakters vom Klima und der Verfassung
vom Volkscharakter behauptet Aristoteles in der Politik 1327 b 21 ff. S. den
Kommentar zu 330,28–29. Eine ausführliche Behandlung des Einflusses
des Klimas auf den Charakter und den Verstand der Menschen und der
Völker findet sich bei Carl Friedrich Flögel, Geschichte des menschlichen
Verstandes (1778) 58–123 (»Vom Klima«).

◊   9–10 Ich werde die Zeichnung ihres Portraits] Es werden nur europäische Nationen einbezogen; die Polen, die noch 312,33–35 dazugehörten,
werden ausgesperrt, s. 319,23–26; Rußland gehört hier definitiv nicht zu
Europa, s. 312,35–313,36 und 319,21–26.

◊   17–314,11 1. *Die französische Nation* … vorschwebt.] Eine Vorarbeit
»*Characteristic* des Volcks. Franzosen« bringt Stark 1993, 244. – Zu einer
der Quellen »schon seit Caesars Zeiten« vgl. Collins 169 und Kommentar
Nr. 186. Vgl. die analoge Darstellung in den Beobachtungen über das
Gefühl des Schönen und Erhabenen (II 246–247). Manfred Fuhrmann, »Die
›Querelle des Anciens et des Modernes‹, der Nationalismus und die deut-

sche Klassik« (1979): »[…], selbst so verschiedene Naturen wie Lessing
oder Herder stimmen in ihrem Urteil über ›die Franzosen‹ genau überein. Die Franzosen, heißt es, sind korrekt, höflich, auf Konventionen und
einstudierte Umgangsformen versessen […].« (121) – Conrad Wiedemann, »Römische Staatsnation und griechische Kulturnation. Zum
Paradigmenwechsel zwischen Gottsched und Winckelmann« (1986) 9,
173–178.

20 wenn es gleich jetzt außer der Mode ist *höfisch* zu sein.] »*höflich*« z. 19 ◇
wie hier »*höfisch*« auch in H unterstrichen. – Einer der Hinweise auf das
revolutionäre Geschehen in Frankreich; vgl. dazu in unserer Einleitung den
Abschnitt 2b: »Die Abfassungszeit von H«.

23–24 so ist die … letzteren geworden] Rousseau beklagt ähnlich in der ◇
Lettre à d'Alembert, daß die Frauen in der modernen Gesellschaft den Ton
angeben, die nur noch puerilen Männer seien in eine »dépendance du Séxe«
geraten (Rousseau 1959 ff., V 94).
Londa Schiebinger, Schöne Geister. Frauen in den Anfängen der modernen
Wissenschaft (1993) 223 mit Anmerkungen.

28 liebenswürdig] Vgl. 314,29–33: »Daß dieser Charakter […] auf alle Lie- ◇
benswürdigkeit […] Verzicht thut und blos auf Achtung Anspruch macht.«
Der Begriff der Liebenswürdigkeit ist schon beim frühen Kant der
Gegenbegriff des Achtungs- und Verehrungswürdigen; zum letzteren vgl.
I 458,14 (bezogen auf Gott); Liebenswürdigkeit und Schönheit werden dem
Erhabenen und der Achtung entgegengesetzt, vgl. II 215,34–35 und
239,32–33. Das Christentum ist liebenswürdig, VIII 339,8–9; 20. In den
Spätschriften wird nach der Liebenswürdigkeit des Menschengeschlechts im
ganzen gefragt, VIII 307, 34–35; 312,19.

29–314,2 Die Kehrseite der … das Äußerste hinausgeht.] Hier wird der ◇
Charakter der Franzosen im Hinblick auf die Revolution von 1789 geschildert. Vgl. das Gegenbild der Deutschen 317,24–29.

30–31 bei hellsehender Vernunft ein Leichtsinn] Vgl. Christian Gott- ◇
fried Schütz, Ueber verschiedene widrige Schicksale der deutschen Philosophie (1772) 3: Die Philosophie Britanniens habe einen »hellsehenden
Beobachtungsgeist«, die der Franzosen verrate dagegen Leichtsinn.

34–314,1 in Beziehung des Volks auf den Staat] Fehlt in H. Vermutlich ◇
gegen Kants Intention, nicht nur die staatsrechtliche Seite der Revolution
anzusprechen, von A1 eingefügt.

1 alles erschütternden Enthusiasm] Vgl. 86,33–34: »Von einem solchen **314**
Enthusiasm der Rechtsbehauptung für das menschliche Geschlecht kann
man sagen […].« Bei der Rede vom »alles erschüttern« wird bei Kant noch
die Vorstellung vom »Allerschütterer« Zeus gegenwärtig sein.

1–2 noch über das Äußerste hinausgeht.] H: »Äußerste hinaus.« – Im ◇
»Versuch über die Krankheiten des Kopfes« hieß es: »Die Schwärmerei

führt den Begeisterten auf das Äußerste, den *Mahomet* auf den Fürsten-
thron und den *Johann von Leyden* aufs Blutgerüst.« (II 267,19–20)

◇   2–11 Die Eigenheiten dieses Volks ... dem Denkenden vorschwebt.] Die
hier gegebene Charakteristik ist aus einem Reservoir vor 1789 geschöpft,
während sich die Passage 313,33–314,2 auf die Revolution bezog.

◇   2–3 in schwarzer Kunst] Mit schwarzem Stift? Als bloße Silhouette?

◇   7 bureau d'esprit] Vgl. Ferrari 1979, 141 ff. Irene Himburg-Krawehl,
Marquisen, Literaten, Revolutionäre. Zeitkommunikation im französischen Sa-
lon des 18. Jhdts. (1970) bes. 73 ff.: »Ein ›Bureau d'esprit‹: Der Salon der
Madame des Deffand«.

◇   12–315,26 2. Das *englische Volk* ... zur Absicht hat.] Das Englandbild
Kants macht einen Wandel durch; während England in der Frühzeit positiv
beurteilt wird, verdunkelt sich das Bild zunehmend. Aus den Gesprächen
vom Sommer 1798 notiert Johann Heinrich Abegg Kants Äußerung: »Die
Engländer sind im Grunde die depravirteste Nation [...].« (Abegg 1976, 186) –
Im folgenden ist wie bei den Franzosen älteres Material neben neueres gestellt.

◇   12–28 Das *englische Volk* ... zu gewärtigen hat.] Die Argumentation ist
seltsam, denn der Charakter, den sich das englische Volk selbst verschafft,
wird als bloß affektiert (z. 24) angeschwärzt, weil ihm die Originalität (z. 17)
fehle. Diese letztere aber wird hier zu einer Natureigenschaft (z. 21) stilisiert.
Anders bei dem bloß affektierten Charakter, der auf Nachahmung beruht:
»Der *Nachahmer* (im Sittlichen) ist ohne Charakter; denn dieser besteht eben
in der Originalität der Denkungsart. Er [sc. der Originalcharakter] schöpft
aus einer von ihm selbst geöffneten Quelle seines Verhaltens.« (293,3–5)

◇   15–16 (denn die kurze ... hinterlassen können)] Fehlt in H.

◇   17–21 verlöscht, und da ... eigentlich] H: »verlöscht und da ein Han-
delsvolk als ein solches [durchstrichen: eigentlich] keinen Character als den
welchen es sich selbst anschafft folglich von Natur eigentlich«.

◇   23–24 er müsse sich ... zu haben affeciren] H: »d. i. ihn affeciren
indem«. – Zum affektierten Charakter der Engländer s. 311,17. – Nach der
Lehre vom Charakter als Denkungsart (291,22–295,22) ist ein affektierter
Charakter nicht möglich; beim Völkercharakter handelt es sich jedoch eher
um die bloße Sinnesart, vgl. 312,18.

◇   27 und Er sich von Anderen] Törichter Zusatz von A1 und den nachfolgenden Drucken. H sagt hier nur, was schon 285,13–15 steht.

◇   31–33 jenes Volks ... nach seinem] H: »jenes Volks [am Rand hinzugefügt: mit anderen ja sogar unter sich selbst] nicht allein keinen Anspruch
macht sondern blos [übergeschrieben: auf Achtung] nach seinem«.

◇   35–36 Wie Hr. Prof. ... nicht brittanni).] Fehlt in H. – Johann Georg
Büsch (1728–1800), Mathematikprofessor an der Hamburger Handelsaka-
demie, war Autor vieler erfolgreicher Schriften. Külpe notiert 369,16–17, er
habe den Ausspruch über die Schreibweise »Briten« nicht finden können.

1 und allen] H: »und in [durchstrichen?:] allen«; Stiftungen, die bei allen **315** anderen Völkern unbekannt sind.

8–11 und in der Fremde … Gesellschaft zu halten.] Menschenkunde 5 ◇ mit Kommentar Nr. 2; zum Inhalt s. Menschenkunde 356. Zu Dr. Sharp vgl. XXV 1646 s. v. »Sharp«.

14 haßt und verachtet] Vgl. Hegels »feindselige Haltung« in seinen ◇ Vorlesungen über die Philosophie der Weltgeschichte (Hegel 1913 ff., VIII 2, 934).

16–18 der Handelsgeist überhaupt … sehr ungesellig ist.] Zur Beurtei- ◇ lung des Handelsgeistes im 18. Jahrhundert vgl. die Studie von Clemens Picht, Handel, Politik und Gesellschaft. Zur wirtschaftlichen Publizistik Eng- lands im 18. Jahrhundert (1993).

19–20 (der freilich wohl ein Meer heißen könnte)] Fehlt in H. ◇

22 *Besorgniß*] H: »*Freundschaft*«. Der Begriff wird als einfacher Kon- ◇ trastbegriff des Hasses von Kant benutzt worden sein; in den Sachkontext paßt er nicht so gut.

23–26 welche zwei Arten ihrer … zur Absicht hat.] »ihrer Unverein- ◇ barkeit« (z. 23–24), nämlich der beiden Völker (z. 18). »im entgegengesetz- ten Falle« (z. 25), nämlich als Alternative zur Beherrschung im Fall des Hasses: Der gehaßte Feind wird beherrscht oder vernichtet. – Auf diese letzten Wörter des Haupttextes folgt auf dem freien Platz der Seite die Randnotiz: »Russen und Polen sind keiner Autonomie fähig die 1sten weil sie ohne [müßte heißen: nicht ohne] absoluten Herrn die 2 weil sie alle Herrn seyn wollen. / Französischer Witz ist oberflächlich / Gondoliers und Lazzaroni« (413,1–4). Daß die Russen *nicht ohne* absoluten Herren sein wollen, geht aus 312,35–313, 36, kombiniert mit 330,31 hervor. S. auch Refl. 1367: »Sclavische und Wilde barbaren. Russen und Pohlen. / Ohne freyheit und ohne Gesetz.« (XV 595,10–11, auch 14–15)

24 *Selbsterhaltung*] So in H und den Drucken; Weischedel schreibt: ◇ »*Selbstverhaltung*« (665). – Der Begriff der Selbsterhaltung kommt in der Anthropologie nur hier vor; in den Druckschriften zuerst in der KdU (V 261,36 u. ö.); s. a. Refl. 1509: »Grundsatz der Vernunft: ihre Selbsterhal- tung.« (XV 823,19); VI 421,10–12.

32–37 *)** Der Handelsgeist … anzusehen sein würden.] Fehlt in H. ◇

1 des europäischen] Fehlt in H. **316**

17 von romantischer Stimmung] Der Begriff des Romantischen ist bei ◇ Kant nur noch in Pillau 115: »Ein Melancholischer hat eine romantische Denckungsart«, und in Mrongovius 119: »[die Spanier] haben einen Hang zum Romantischen«, belegt. »Die Romantik« gibt es noch nicht.

19 Geschmack … außer-europäische] H: »Geschmack [durchstrichen: ◇ den Abstamm von] seine [Randeinfügung: zum Theil] außer-europäischen«. H ist klarer als die Drucke.

◇   **22 die Aussicht von seinen Alpen]** So auch in der Rostocker Handschrift. Die Vorstellung begegnet in keiner der erhaltenen Vorlesungs-Nachschriften, und zwar weder von den Italienern noch den Schweizern (Albrecht von Hallers »Die Alpen« werden erwähnt); vielleicht sollte es heißen: »Appeninen«? Vielleicht ließ sich Kant in der Erinnerung von einer Bemerkung Pontoppidans in der Beschreibung Norwegens bestimmen: »Einer meiner Vorweser allhier soll den Districkt Waas, der etliche Meilen im Osten von Bergen liegt, das nordische Italien genennet haben« (s. Kommentar Nr. 64 der Nachschrift Collins mit der Beschreibung von beschneiten Berggipfeln und den »schönsten Wiesen« in den Tälern).

◇   **24–25 Das Temperament ... keinen Charakter ab]** »hierin nicht gemischt« bedeutet nicht, daß wir es bei den Italienern nicht mit einem gemischten Temperament (gemäß 291,4) zu tun haben, sondern daß sich der Charakter der Italiener nicht aus ihrem Temperament ergibt. Die erstere Variante würde allerdings grammatisch besser passen: Das Temperament ist weder gemischt noch desultorisch. Auf einen »Hang zur Fröhlichkeit oder Traurigkeit« (287,21–22), in den sich das Temperamtent nicht mischt, weist Kant 287,20–25 hin; vgl. hier den »Frohsinn« z.20. »Desultorisch«, wohl nur hier von Kant gebraucht, von »desultor«, dem Kunstreiter, der von Pferd zu Pferd springt; auch »desultor amoris« oder »desultor bellorum civilium«, der im Bürgerkrieg von einer Partei zur anderen wechselt.

◇   **25–27 sondern eine Stimmung ... Schönen vereinbar ist.]** Nach der Lehre der KdU sind die Gefühle des Schönen und Erhabenen nicht vereinbar.

◇   **34 die Außenwelt mit eigenen Augen kennen zu lernen]** Tatsächlich benutzt Kant das Wort »Außenwelt« in den Druckschriften nur noch innerhalb der »Tugendlehre« von 1797: »Das Begehrungsvermögen ist aber auch dem Idealisten Etwas, obgleich diesem die Außenwelt nichts ist.« (VI 356,17–19, im gleichen Sinn 357,3) Fichte schrieb 1794 in der Grundlage der gesamten Wissenschaftslehre (1794): »Das Ich kann sich für sich selbst gültig [...] nicht *nach aussen* richten, ohne sich selbst erst begrenzt zu haben; denn bis dahin giebt es weder ein Innen, noch ein Aussen für dasselbe. Diese Begrenzung seiner selbst geschah durch das deducirte *Selbstgefühl* Dann kann es sich eben so wenig nach aussen richten, wenn nicht die Aussen-Welt sich ihm *in ihm selbst* auf irgend eine Art offenbart.« (Fichte 1962ff., I 2, 433) Hier liegt gleichermaßen der Fichtesche Geburtsort der Außenwelt und auch vermutlich der »Außenwelt«. Der Sache nach geht die »Außenwelt« auf die Stoa zurück; nach ihr tragen die Sinne, die »gleichsam die Fenster des Geistes« (»quae quasi fenestrae sint animi«) sind, diesem die Vorstellungen zu, die er dann frei beurteilt (Tusculanae disputationes I 20, 46). Was außerhalb der Fenster liegt, ist die »Außenwelt«. Via Justus Lipsius gelangt diese Fensterphilosophie in die Neuzeit; s. dazu: Reinhard Brandt,

Philosophische Bilder, »René Magritte, ›La condition humaine‹« (erscheint 1999). – Die Außenwelt im spekulativen Sinn ist nicht identisch mit dem »mundus sensibilis«, denn zu dem letzteren gehören die Phänomene auch des inneren Sinnes. Eher wird man z.B. an George Berkeleys »sensible world« denken können (Berkeley 1967, II 212 u. ö.). Die Kantische Anthropologie zeigt, daß die »Außenwelt« in kurzer Zeit in Deutschland heimisch geworden ist und auch im harmlosen Sinn gebraucht wird.

3 in musivischer Arbeit] In Mosaikarbeit.   **317**

4–5 um zu *sehen* und in großer Gesellschaft gesehen zu werden.] H: ◇ »sehen« nicht unterstrichen; der Redaktor, der nicht zugleich das Wort »gesehen« unterstrich oder kursiv setzen ließ, wußte nicht mehr, daß Kant hier offensichtlich mit einem Ovidvers spielte: »Spectatum veniunt, veniunt, spectentur ut ipsae.« (Ars amatoria I 99)

5–6 Dabei aber (um … nicht zu vergessen):] H: »Dabey aber doch den ◇ Eigenutz nicht zu vergessen:« (schließt also syntaktisch an den vorhergehenden Satz an, wozu A1 der Mut fehlt).

9 wie Rousseau sagt] Zum Rousseau-Zitat vgl. Mrongovius 120 mit ◇ Kommentar Nr. 281. – Die erste Nennung Rousseaus in der Anthropologie; weitere Nennungen 324,1; 326,15; 34; 332,34. – Vgl. Claus Süssenberger, Rousseau im Urteil der deutschen Publizistik bis zum Ende der Französischen Revolution. Ein Beitrag zur Rezeptionsgeschichte (1974).
Jacques Monnier, La fortune des écrits de J. J. Rousseau dans les pays de la langue allemande de 1782 à 1813 (1980).

17–18 seiner zweiköpfichten Regierungsart zugeschrieben wird.] H: ◇ »zuzuschreiben ist«. Wohl geändert mit Rücksicht auf 313,1–4. Vgl. Rousseaus Ausführungen im Contrat social IV 8: »De tous les Auteurs Chrétiens le philosophe Hobbes est le seul qui ait bien vû le mal et le remede, qui ait osé proposer de réunir les deux têtes de l'aigle et de tout ramener à l'unité politique, sans laquelle jamais Etat ni Gouvernement ne sera bien constitué.« (Rousseau 1959 ff., III 463)

22 5. Die *Deutschen*] Deutschland zerfällt in das katholische Ober- ◇ deutschland und das protestantische Niederdeutschland, vgl. Physische Geographie Hesse 246–247 (noch nicht publiziert). Die Deutschen werden wie die übrigen Nationen als Charakter- und Sprachgemeinschaft gesehen, wobei der Charakter entweder angestammt oder im Laufe der Geschichte erworben sein kann (s. 312,1–2 u. ö.).

23–24 ; Eigenschaften, die eben nicht zum Glänzen geeignet sind.] Fehlt ◇ in H.

24–29 Der Deutsche fügt … eine auszudenken.] S. auch 318,22–24. – ◇ Dem Deutschen wird die Loyalität gegenüber der Regierung und der mit ihr verbundenen Ordnung testiert, und zwar sowohl im praktischen (z.24–27) wie auch im theoretischen (z.28–29) Verhalten. Der Satzteil »Sein Charak-

ter ist mit Verstand verbundenes Phlegma,« wirkt wie ein Einschub, denn
das folgende »die« muß auf »Regierung« z. 25 oder »Ordnung« z. 27
zurückbezogen werden; gedanklich leitet diese Bemerkung jedoch von der
Praxis zum Vernünfteln und Ausdenken über. Zum Begriff »vernünfteln«
s. 228,16–22. – Im Gegensatz zu »den« Deutschen hat Kant in seiner
Funktion als Philosoph zwar in der Praxis die machthabende Regierung
loyal anerkannt, jedoch weder darauf verzichtet, über sie »zu vernünfteln«
noch »selbst eine auszudenken« (z. 29), nämlich die republikanische (Staatsform). Der Passus bildet das Gegenstück zur Charakteristik der Franzosen
313,29–314,2. Die hier geäußerte Meinung über den Charakter der Deutschen ist schwer zu verbinden mit der affektiven »*Theilnehmung* dem
Wunsche nach« (85,26) an der Französischen Revolution, die auch die
Deutschen erfaßte.

◊   **27–28** Sein Charakter ist mit Verstand verbundenes Phlegma] Vgl.
318,3–5. Dohna 341. Physische Geographie Hesse: »Der Deutsche hat mehr
Phlegma als der Franzose, jedoch mehr Geselligkeit als der Engländer.«
(247) – Die scheinbar harmlose Zuweisung des Phlegmas an die Deutschen
zeichnet sie tatsächlich vor den anderen europäischen Nationen, die ihrerseits schon Weiße sind, noch einmal aus; s. dazu den Kommentar zu
289,27.

◊   **28** die schon eingeführte] Sc. Regierung. Der Rückgriff ist zwingend; H
hat denselben Text.

◊   **29–30** Er ist dabei … und Klimaten] Der Deutsche ist gewissermaßen
alle anderen; s. auch 318,5–8: Man kann von seinem Verstand und seiner
Vernunft so viel wie von *jedem* anderen Volk erwarten; 318,15: »Er lernt
mehr als jedes andere Volk fremde Sprachen«; 318,19: Er ist »Kosmopolit«.
Vgl. Refl. 1352 (XV 590,8–13); Refl. 1353 (XV 590,15–591,2); Refl. 1354
(XV 591,4–11): »Sie sind gemacht, das Gute aller Nationen zu sammlen und
zu vereinbaren, und nehmen alle gleich willig auf. Ein Völkerbund, der
allgemein werden kan. rousseau.« (Mit der Anmerkung von Adickes).

318   **3** Da Phlegma (im guten Sinn genommen)] Vgl. 317,27–28 mit Kommentar. »im guten Sinn« s. 290,3 mit Kommentar und V 272,12–13: »Phlegma in
significatu bono«.

◊   **6–8** seiner tief nachdenkenden … Cultur fähigen Volk] H: »tief denkenden Vernunft so viel wie von jedem anderen Volk«.

◊   **12** nicht *Genie*] H: »nicht [durchstrichen: Genie erfordert wird als ein
Talent zu Productionen dessen was man nicht durch Lernen von andern
erwerben [kann erfordert wird] sondern nur durch selbst eigene Erfindung
erworben werden kann dergleichen die Werke ächter Dichter etc. sind.]
Genie«.

◊   **16** wie Robertson sich ausdrückt] Reichel 144: »Robbertsson sagt: die
Deutschen sind die Marchands en gros in der Gelehrsamkeit; doch jezt nicht

mehr so, als in dem vorigen Jahrhundert, da die Polyhistorie noch statt
fand.« – Külpe (369,29–31) nimmt an, daß es sich um William Robertson
(1721–1793) handelt; er hat den Ausspruch jedoch nicht in dessen Werken
gefunden. Überprüft wurde mit negativem Ergebnis die Historische Untersuchung über die Kenntnisse der Alten von Indien und die Fortschritte des
Handels mit diesem Lande [...] (1792).

18–19 er hat keinen Nationalstolz] Vgl. Refl. 1099: »Von der Aufforde-   ◇
rung der Gecken in Deutschland zum Nationalstolz.« (XV 489,22)
Refl. 1351: »Es ist [durchstrichen: vortheilhaft] dem deutschen Charakter
wenigstens vor ietzt nicht angemessen, ihm von einem Nationalstoltz vor-
zuschwatzen.« (XV 590,2–3)

21 wie Boswell gesteht] Vgl. Parow 294 mit Kommentar Nr. 242.   ◇
S. Külpe 369,32–34.

25–319,20 Seine unvortheilhafte ... Talents verräth.] Vgl. u. a. Refl. 1346   ◇
(XV 588,14–17); Refl. 1347 (XV 588,19–589, 8); Dohna 341 und Reichel
142–143.

27–38 Genie ist ... Einbildungskraft auslockt.] Hier wird wiederholt,   ◇
was der Leser schon verschiedentlich erfuhr, vgl. 188,16–25; 224,6–227,15.

33–34 scit genius, natale comes qui temperat astrum] »Der Genius weiß   ◇
es, der als Begleiter den Geburtsstern lenkt.« Horaz, »Epistulae« II 2, 187;
die Bedeutung ist bei Horaz eine andere, als Kant sie unterstellt, denn
Horazens »genius« ist noch nicht genial.

35 und wieder verschwindende] Fehlt vernünftigerweise in H.   ◇

36–38 angezündeten und ... Einbildungskraft auslockt.] H: »angezün-   ◇
deten und unterhaltenen Licht, sondern wie Funken, welche eine glückliche
Anwandlung aus der productiven Einbildungskraft auslockt.« Der Text
verdient wieder den Vorzug vor den Drucken. – Zum Begriff der produktiven Einbildungskraft vgl. 167,34–35 mit Kommentar.

7–20 welches alles ... Talents verräth.] Bei Reichel wird die Titelsucht ins   **319**
Mittelalter zurückdatiert: »Dieses kommt noch alles vom Lehnwesen her«
(143); Dohna 341 gibt keine Erklärung. Die Anthropologie von 1798 setzt
sich mit einer Rückführung der deutschen Titelsucht auf die Reichsverfassung auseinander und plädiert demgegenüber für den Geist und die Natur
der deutschen Nation als letzten Ursprung. Die von Kant 1798 abgelehnte
Auffassung wurde in einem anonymen Artikel der Berlinischen Monatsschrift
19 (März 1792) vertreten: »Betrachtungen über den Einfluß der deutschen
Staatsverfassung auf das Nationalglück der Deutschen in Beziehung auf
zwei Aufsätze von Mirabeau und von Wieland« (268–299). Dort heißt es
S. 288 resümierend: »Daher jenes Rang- und Titelwesen, das einen so klein-
lichen Ehrgeiz veranlaßt«. (Auf den Beitrag in der Berliner Monatsschrift
macht Kurt Borries, Kant als Politiker (1928) 207 Anm. 2 aufmerksam.) Der
Aufsatz verdient eine kurze Analyse, weil er eine überraschend klare sozial-

politische Herleitung bestimmter Eigentümlichkeiten der Deutschen bringt;
Kant läßt die ökonomische Untersuchung gänzlich beiseite und führt als
letzten Grund die Natur der Deutschen selbst an.

Der Autor referiert zuerst die beiden Stellungnahmen von Mirabeau und
Wieland. Bei ihnen werde nach der Regel geurteilt, alles gut zu finden. (272)
Mirabeau nun meint, die Kleinstaaten in Mitteleuropa seien friedenfördernd
(274) – dies aber ist eine historisch nachweisbar falsche Ansicht. (275) Gegen
Mirabeau und Wieland richtet sich gleichermaßen die These, daß die vielen
Höfe ökonomisch keineswegs günstig sind: »[...] wenn Deutschland eine
Constituzion hätte, welche die Industrie im Großen, die Handlung, die
Schiffahrt, die Manufaktur mehr begünstigte; so würden sich für Männer
von gleichere Gelehrsamkeit und Talenten weit mehr und ergiebigere Quellen des Auskommens und der Anwendung ihrer Einsichten und Geschicklichkeiten hervorthun, als sich jetzt (bloß die Rechtsgelehrten ausgenom-
men) für sie finden.« (280) Die Höfe ziehen ein Klasse von Kostgängern
empor, die zwar ehrenvoll sein mögen, volkswirtschaftlich jedoch sind sie
eine Last. (281) »Die producirenden Volksklassen werden durch unsre
Verfassung unter gehalten [...]. Die deutsche Industrie würde einen höhern
Schwung nehmen, wenn ihr die Flügel nicht gelähmt wären.« (283) Es folgt
ein ausführlicher Nachweis, daß die deutschen Produkte nicht mehr kon-
kurrenzfähig gegenüber den englischen sind.

◇   8 Reichsverfassung Deutschlands] 313,1–4 und 317,17–18 wird von
der »Regierungsart« als vermeintlicher Ursache bestimmter Volkseigentüm-
lichkeiten gesprochen. Hier ist es die »Reichsverfassung«, ohne daß jedoch
erläutert wird, was darunter – vielleicht im Unterschied zur »Regierungsart« – zu verstehen ist.

◇   8–9 dabei aber sich die Bemerkung nicht bergen läßt] H: »dabey aber die
Bemerkung nicht vorbey gegangen werden darf«.

◇   20–21 ***] Die Zäsur (auch in H: »**«) trennt optisch Europa von den
Grenzgebieten; zur Begründung der Grenzziehung vgl. 312,35–313,36.

◇   21–23 Da Rußland ... erfordert wird] Vgl. Refl. 1345: Rußland und
Polen »haben noch nicht recht die abendländische Cultur angenommen; bey
dem einen ist sie noch nicht auf moralische Begriffe, bey dem anderen nicht
auf das Ansehen der Gesetze gegründet.« (XV 588,4–7) Menschenkunde
357: »Die Russen sind noch zu unbekannt, und es ist nicht rathsam, aus
einigen Kleinigkeiten die Nation zu beurtheilen.« Anders Physische Geographie Hesse 95: »Die Rußen werden vermuthlich nicht höher kommen, als sie
jetzt sind. Da sie jetzt alle Vortheile haben, sich in den Wißenschaften
hervorzuthun, so bringen sie es doch nicht höher.« In derselben Nachschrift: »Der Character einer Nation zeiget sich nur in der Freyheit,
Unglück macht boshaft und trotzig, Sclaverey lasterhaft. Hiernach beur-
theile man den Character der Rußen, solange sie unter der zum Theil

sclavischen und barbarischen Regierung liegen. Man rechne also ihre Laster zE. daß sie tückisch, versoffen und mistrauisch auch sogar gegen Freunde sind, nicht zu ihrem Character.« (248–249)

Das »noch nicht« findet sich sinngemäß schon bei Leibniz; eine der für das neue, wohl von Leibniz inaugurierte Moskau- und dann Rußlandbild symptomatische Äußerung steht in einem Brief an einen ihm bekannten Pädagogen: »[...] puisque le Czar veut débarbariser son pays, il y trouvera Tabula Rasa comme une nouvelle terre, qu'on veut défricher [...]«, zit. nach: Dieter Groh, Rußland im Blick Europas. 300 Jahre historische Perspektiven (1988) 43; dort weitere Literatur. Die Vorstellung der »tabula rasa« geht auf Platon zurück, der in der Politeia schreibt: »Wenn sie nun, sprach ich, den Staat und die Gemüter der Menschen wie eine Tafel zur Hand nehmen, werden sie sie wohl zuvörderst rein machen müssen [...].« (501 a) Leibniz ist der Bezug zu Platon natürlich gegenwärtig, damit auch die Parallele: Moskau = Syrakus und Zar Peter I = Dionysios II. Und die eigene Position ist die Platons (vgl. auch in der »Préface« der Nouveaux Essais die bekannte Selbstvorstellung: Lockes System habe »plus de rapport à Aristote et le mien à Platon [...]«; Leibniz 1923 ff., VI 6, 47). Vor diesem Hintergrund wird auch die Akademie-Idee verständlich, mit der Leibniz seinen Rußlandenthusiasmus begleitet. S. auch Reinhard Brandt, »Europa in der Reflexion der Aufklärung« (1997d). – Auch Rousseau argumentiert – gegen Voltaire – für das (allerdings permanente) »noch nicht« Rußlands im Hinblick auf eine Gesetzgebung: »Les Russes ne seront jamais vraiment policés, parce qu'ils l'ont été trop tôt.« (Rousseau 1959 ff., III 386; s. a. den Kommentar Robert Derathés III 1466–1467) Hegels »noch nicht«: Die anderen modernen Staaten hätten vielleicht das Ziel ihrer Entwicklung schon erreicht oder überschritten und seien statarisch geworden, wogegen Rußland in seinem Schoß eine »ungeheure Möglichkeit von Entwicklung seiner intensiven Natur« trage (nach Karl Rosenkranz, Georg Wilhelm Friedrich Hegels Leben (1844) 304; s. auch Karl Löwith, Von Hegel zu Nietzsche (1964) 55 mit weiterer Literatur).

23 *Polen* aber es *nicht mehr* ist] Anders noch – vor den polnischen ◇ Teilungen – Physische Geographie Hesse (1770): »*Pohlen.* Dieses Land hat einen weit beßern Boden als Rußland, die Einwohner aber sind faul, und pflügen mit dem hölzernen Pfluge. Pohlen ist ziemlich volkreich, es liegt blos an der Regierung, daß es nicht ein ganz anderes Ansehen bekommt, daß die Einwohner nichts als elend Latein können und die Künste hier ein Ende haben. Die wunderliche Regierung, der gesetzlose Adel, der sclavische Bürger und Bauer machen, daß Pohlen gar kein Staat ist, noch werden kann. Der Character der Pohlen ist schlechter als der Character der Rußen. Sie sind feige und verzagt, biegsam in ihrer Sclaverey, weichlich und leichtsinnig.« (249)

◇ **25–26** so kann die … übergangen werden.] H: »so [durchstrichen: muß]
wird man [durchstrichen: mit] gegen diese unvollständige und unsicheren
Zeichnung derselben schon Nachsicht [durchstrichen: hegen] haben müssen.« A 1 hat im hier sinnlosen Rückgriff auf 193,10 Kants Text verschlimmbessert in: »wird man gegen […] derselben, welche auf *demonstrativen,
remonstrativen* und *prognostischen* Zeichen beruht, schon […] müssen.«

◇ **27–30** Überhaupt da hier … die Rede ist] H: »Da hier«. – Vgl. zu diesem
Kontrast 312,1–2 mit Kommentar.

◇ **31–320,3** In dem Charakter der … sich wieder herzustellen.] Vgl. den
Kommentar zu den »Nachrichten aus der Türkei« 176,32. – Wo wird die
Frage, ob die Griechen regenerierbar sind oder sich in der Mischung mit
Türken und anderen Völkern endgültig verloren haben, in der Literatur
diskutiert? Die Kantische Meinung scheint sich auf eine Erörterung dieser
Frage zu beziehen. Sie kommt nicht vor in der (von Friedrich Hölderlin für
den Hyperion benutzten) Reise des Grafen von Choiseul-Gouffier durch Griechenland (1780 und 1782) (Heft 1 und 2 von Band I). Der Vergleich der
modernen Griechen mit den antiken findet sich bei Griffith Hughes, The
Natural History of Barbados (1750) 16: »That slavery not only depresses, but
almost brutalizes human nature, is evident from the low and abject State of
the present *Grecians*, when compared with their learned and glorious
ancestors.« Adam Ferguson, Essay on the History of Civil Society (1767): »A
modern Greek, perhaps, is mischievous, slavish, and cunning, from the same
animated temperament that made his ancestor ardent, ingenious, and bold,
in the camp, or in the council of his nation.« (Ferguson 1969, 109).

◇ **31–34** In dem Charakter … Gesichtszüge verloren] H: »ihrer Leibesge-
stalt«. – Zum Text s. unseren Hinweis in der »Einleitung« 2c: »H und der
Redaktor«. S. 25 f. – IX 422: »Die Einwohner [sc. Griechenlands] sind sehr
von ihrem ehemaligen guten Charakter heruntergekommen.« – In der
Anthropologie-Vorlesung scheint der Rückbezug auf die alten Griechen
keine größere Rolle gespielt zu haben. Bei Parow heißt es: »Die Urheber aller
Künste und Wißenschaften sind die Indianer, von diesen kamen sie auf die
Grichen, die sie ausbildeten, […].« (241) Im Zuge einer allgemeinen Euro-
päisierung Europas in der späteren Aufklärung wurde die Frage, ob die
Ursprünge wissenschaftlichen Denkens vielleicht im Orient liegen, verdrängt. – Ohne das »wunderbare Volk der Griechen« mit seinem Namen zu
benennen, setzt ihm Kant in den drei letzten Absätzen der »Kritik der
ästhetischen Urteilskraft« (V 355,24–356,24) ein großes Monument.

◇ **32** *Caloyers*] Külpe (369,36–39) entdeckte als Quelle Jacob Friedrich
von Bielfeld, Erste Grundlinien der allgemeinen Gelehrsamkeit III (1767)
252: »Es gibt bei dieser Kirche [sc. der griechischen] […] Mönche (vom
St. Basilius-Orden), die sie Caloyers nennen, welche eine schwarze Kleidung tragen fast so wie die Benedictiner.«

2 durch glückliche Ereignisse] Zu ihnen zählt entsprechend den histori- 320
schen Umständen eine – rechtlich unerlaubte – Erhebung der Griechen.

3–12 Unter einem anderen … erforschen können.] IX 406,16–17: »Die ◇
Armenier gehören unter die größten Kaufleute im Oriente«. Zur Charakteristik der Armenier (A1; »Armenianer«) vgl. Johann Hübner, Vollständige
Geographie (1730–1731) II 414: »[…] die [sc. die Armenier oder Armenia-
ner] sind von den benachbarten Georgianern gar sehr unterschieden. Denn
das sind fleißige, nüchterne und sparsame Leute, welche ein starckes Commercium treiben, und deßwegen aller Orten ihr Brodt suchen.«

6 Verkehr zu treiben] Fehlt in H. ◇

12–15 So viel ist … zuträglich sei.] Die Erläuterung hierzu findet sich in ◇
der Schrift Zum ewigen Frieden, s. den Kommentar zu z. 24–321,9.

17 *Der Character der Rasse.*] Zeile 21–22 führt Kant den Begriff der ◇
Varietät ein; Rasse und Varietät spielen für die Rassenfrage des Menschen in
der Neuzeit terminologisch eine wechselnde Rolle. François Bernier publizierte 1684 einen Aufsatz mit dem Titel: »Nouvelle division de la Terre, par
les differentes Espèces ou Races d'hommes qui l'habitent […]« (Journal des
Sçavants 12 (1684) 148–155). Johann Friedrich Blumenbach, De generis
humani variete nativa (1775). Felix Günther, Die Wissenschaft vom Menschen. Ein Beitrag zum deutschen Geistesleben im Zeitalter des Rationalismus
(1907) 37ff. F. Lotter, »Christoph Meiners und die Lehre von der unterschiedlichen Wertigkeit der Menschenrassen« (1987). Eine Fallstudie Kantischer (von Montesquieu und David Hume geteilter) Rassenurteile liefert
Firla 1997.

18–21 In Ansehung dieser … vorgetragen hat] Christoph Girtanner, ◇
Über das Kantische Princip für die Naturgeschichte (1796).

24–321,9 Hier hat die Natur … auf Unfruchtbarkeit hinwirkt.] Zum ◇
teleologisch konzipierten Prinzip der Diversifikation der Natur auch bei den
Völkern vgl. z. 12–15. Refl. 1176: »Die Menschen werden sich vermischen,
aber doch sortieren.« (XV 520,7–8) Im Ewigen Frieden (1795) steht das
Völkerrecht ganz unter dem Aspekt der Verhinderung eines Universalreiches
mithilfe der Sprach- und Religionsunterschiede der Völker, VIII 367,8–38.
Schelling nimmt den Kantischen Gedanken offenbar in seinem Ersten
Entwurf eines Systems der Naturphilosophie auf: »Zuletzt gehen die immer
engeren Beschränkungen der organischen Bildung (innerhalb der allgemeinen Sphäre des Gattungsbegriffs) hauptsächlich bei der Menschengattung
ins Unendliche, und die Natur scheint in der Mannichfaltigkeit immer neuer
äußerer sowohl als innerer Charaktere, die sie auf dieselbe ursprüngliche
Form pfropft, wahrhaft unerschöpflich zu seyn. […] Am auffallendsten
freilich bei der Menschenspecies, wo jede Bildung eine gewisse Originalität
hat. Darum z. B. sagt Shaftesbury, könne man *ideale* Porträts von Copien
nach der Natur augenblicklich unterscheiden, weil in letzten eine Wahrheit,

d. h. eine so genaue Determination liegt, dergleichen die sich selbst überlassene Kunst niemals erreicht.« (Schelling 1927 ff., II 59)

◇   27–28 (z. B. der weißen), anstatt … beständig und fortgehend] H: »(z. B. der weißen) die Charactere nicht [durchstrichen: zusammenfließen] einander fortgehend«.

321   5–6 die Natur hat Vorrath genug in sich] Die Entwicklung wird auch hier (vgl. z. B. 303,28–31) interpretiert als die Auswicklung von etwas bereits Vorhandenem.

◇   11 Das Kapitel endet in H auf der halben Seitenhöhe; der übrige Teil ist unbeschrieben, nur auf dem linken unteren Rand finden sich zwei Notizen (in flüchtiger Handschrift): »1ste Stufe / Der Mensch ist ein nicht blos für die Natur und den Instinct sondern auch für die [durchstrichen: Kunst di] freye Kunst geschaffenes Thier / 2te Stufe.« (413,11–15) Davon getrennt: »Urtheil der Spanier in Mexico«.

◇   11 Der Charakter der Gattung.] In den Druckschriften zuerst VI 21,23; 29,10; VII 82,18. In den Vorlesungen zuerst Ms. 400 666 ff. Vgl. weiter Menschenkunde 365; Mrongovius 124. – Der Gang der Bestimmung scheint folgender zu sein: Es wird im 1. Absatz (321,12–28) die Frage erörtert, ob man den Menschen unter dem Gattungsbegriff eines irdischen vernünftigen Wesens charakterisieren, d. h. durch eine differentia specifica von nicht-irdischen vernünftigen Wesen unterscheiden kann. Da wir von diesen letzteren keine Kenntnis haben, fällt die Möglichkeit einer Charakteristik des Menschen im angegebenen Sinn fort. Es wird sodann eine Alternative vorgestellt: Dem Menschen als Lebewesen (und nicht mehr vernünftigen Wesen) einen Ort im System der Natur zuzuerteilen; dieser Aufgabe widmet sich die Erörterung 321,29–322,20. Der Mensch zeichnet sich gegenüber anderen Tieren durch seine Fähigkeit aus, sich selbst zu perfektionieren. Dies geschieht nicht in friedlicher Weise, sondern durch den stimulus der Zwietracht. Sie wirkt im Hinblick auf drei Anlagen, durch die sich der Mensch von den sich nicht perfektionierenden Tieren unterscheidet. Die Darstellung dieser drei Anlagen: 322,21–324,32. Es folgt die »Summe der pragmatischen Anthropologie« 324,33–325,4. Schwierigkeiten und Hindernisse bei der Erreichung der nunmehr festliegenden Bestimmung des Menschen im Hinblick auf seine Perfektionierung: 325,5–328,26. Die Bilanz und moralische Folgerung für den einzelnen und für das Menschengeschlecht insgesamt 328,26–331,30. Am Schluß – 331,31–333,22 – wird die Frage nach dem Charakter der Species Mensch als eines irdischen vernünftigen Wesens wieder aufgegriffen.

Rousseau sprach in den Anmerkungen zum Zweiten Discours über das Problem der Einordnung des Menschen in die Tierwelt: »Quoiqu'il en soit, il est bien démontré que le Singe n'est pas une variété de l'homme, non seulement parcequ'il est privé de la faculté de parler, mais surtout parcequ'on est sur que son espéce n'a point celle de se perfectionner qui est le caractére spécifique de l'espéce humaine« (Rousseau 1959 ff., III 211; Note X). Adam Ferguson nimmt den Begriff von Rousseau in seinem Versuch über die Geschichte der bürgerlichen Gesellschaft (1768) auf und spricht vom »Charakter unsrer Gattung« (7), im Original: »character of our species« (5; in der Fußnote am Ende des Absatzes Verweis auf Rousseau). Johann Nicolas Tetens befaßt sich in seinen Philosophischen Versuchen über die menschliche Natur und ihre Entwickelung von 1777 ebenfalls mit dem Thema »Über die Grundkraft der menschlichen Seele und den Charakter der Menschheit« (Tetens 1979, I 730 ff.). Von diesem »Versuch« schreibt Tetens auch an anderer Stelle: »Der letzte Versuch über die *Perfektibilität* und über die *Entwickelung der Seele* ist gewissermaßen das Ziel, wohin die meisten der vorhergehenden Betrachtungen zusammen laufen.« (Johann Nicolaus Tetens, Ueber die allgemeine spekulative Philosophie (1913) XXVIII) Es wird in diesem »Versuch« die Unterscheidung von Mensch und Tier angesprochen (Tetens 1979, I 740 ff.) und die Bestimmung des Menschengeschlechts (741). – Claudia Langer, Reform nach Prinzipien. Untersuchungen zur politischen Theorie Immanuel Kants (1986) 29 ff. Hans Esselborn, »Vexierbilder der literarischen Anthropologie. Möglichkeiten und Alternativen der Menschen im europäischen Reiseroman des 17. und 18. Jahrhunderts« (1994) 499–516. S. auch Hugh Barr Nisbet, »Herders anthropologische Anschauungen in den ›Ideen zur Philosophie der Geschichte der Menschheit‹« (1992). S. auch Nisbets Herder and the Philosophy and History of Science (1970).

12–28 Von der Gattung ... nicht darbietet.] Der erste Teil des Absatzes ◇ (z. 12–20) befaßt sich ausschließlich mit dem allgemeinen methodologischen Problem der Charakteristik eines Wesens, das in seiner Gattung singulär ist, der zweite Teil (z. 20–28) dagegen bringt die Anwendung auf den homo sapiens.

12–16 Von der Gattung ... gebraucht wird.] Zur logischen Forderung ◇ nach einem »Unterscheidungsgrunde« (z. 15) bei der Charakteristik (im Unterschied zur Logik der »Didaktik«) den Kommentar zu 125.

20–24 Der oberste Gattungsbegriff ... charakterisiren zu können.] Statt ◇ »Der oberste Gattungsbegriff« erwartet man den Begriff der »Species vernünftiger *Erdwesen*« (331,32), die zusammen mit der *Spezies* nicht-irdischer vernünftiger Wesen zur *Gattung* der vernünftigen Wesen gehören. – Kant nimmt das Thema 331,31 ff. wieder auf und spricht dort von einem Schöpfungsdemiurgen (Gott wird weder als Schöpfer noch als vernünftiges Wesen innerhalb der Anthropologie ins Spiel gebracht).

24–28 Es scheint also ... uns nicht darbietet.] Vielleicht muß betont ◇ werden, daß das Problem nur unauflöslich zu sein *scheint*. Es folgt 322,3 ff. eine Charakteristik »der Menschengattung in Vergleichung mit der Idee möglicher vernünftiger Wesen auf Erden überhaupt« (322,3–5; vgl.

VI 21,24–25), eine Charakteristik, die ihrerseits voraussetzt, daß er Mensch zunächst im System der lebenden Natur charakterisiert wird (z. 29–30). – Vgl. Refl. 1482: »(s Ob es schweer sey, sich selbst zu erkennen. Nein! Aber den Menschen zu erkennen, weil man ihn mit nichts anderem vergleichen kann, ist schwer.) (s transcendentale Kentnis.)« (XV 661,25–27) Zur »transcendentalen Kentnis« vgl. Refl. 903 (XV 395,31–32); die Interpretation von Monika Firla 1981, 44–45 trifft den generischen Unterschied von Transzendentalphilosophie und Anthropologie nicht.

◇   **28** Hier folgt in H ein durchstrichener Text, s. 413,16–28.

Der Grund der Streichung wird in der Inanspruchnahme von Theorieelementen liegen, die nicht in die empirisch-pragmatische Anthropologie gehören. Die Unterscheidung von vernünftigem Tier und Vernunftwesen (z. 16–18) wird näher in der Religionsschrift (VI 26,1–28,29) und der »Tugendlehre« der Metaphysik der Sitten (VI 418,5–23) expliziert. – S. auch die Erläuterung zu 119,14.

◇   **29–35** Es bleibt uns … machen kann] Es scheint, daß auf eine schulgerechte Charakteristik verzichtet wird, weil sich der Mensch nicht von anderen nicht-irdischen Vernunftwesen spezifisch unterscheiden läßt, und daß stattdessen »dem Menschen im System der lebenden Natur« ein Ort angewiesen wird, was immerhin ermöglicht, ihn im Kontrast zu anderen lebenden Erdwesen zu charakterisierten. Der Text ist nicht so zu verstehen, daß aus der Unmöglichkeit der Charakteristik aufgrund der Singularität *folge*, daß der Mensch »einen Charakter hat, den er sich selbst schafft« (321,31). Diese Bestimmung des Menschen im Natursystem muß gesondert begründet werden; hier folgt jedoch nur ihre Feststellung.

Der Entwicklungsgedanke der Selbstperfektion steht einem biologischen Entwicklungsgedanken gegenüber, wie er u. a. von Herder in den Ideen zur Philosophie der Geschichte der Menschheit (1784–1791) und von Goethe in der Konzeption einer vergleichenden Anatomie favorisiert wurde; dazu Wolf Lepenies, »Naturgeschichte und Anthropologie im 18. Jahrhundert« (1980) 219–221. Anders argumentiert Kant jedoch 327,33–328,3 (s. den zugehörigen Kommentar).

◇   **31** daß er einen Charakter hat, den er sich selbst schafft] Wir stoßen hiermit auf den Übergang vom ersten zum zweiten Charakterbegriff, wie 285,6–15 dargestellt. Der Charakter der Gattung ist folglich nicht wie der Charakter des Volks und der Rasse dem der Sinnesart zuzurechnen, sondern der grundsatzorientierten Denkungsart, wie 291,24–295,22 im Hinblick auf die einzelne Person entwickelt. Ein Sonderproblem ergibt sich bei der Doppelbestimmung 324,12–32 (der Mensch hat einen guten intelligiblen und einen bösen sensiblen Charakter).

◇   **32** sich nach seinen … zu perfectioniren] Vgl. 322,10–11 (»[…] die Perfectionirung des Menschen durch fortschreitende Cultur, […]«, mit

Kommentar). Entscheidend ist hier nur der Gedanke der eigenen Zwecksetzung, durch die sich der Mensch von den Tieren insgesamt unterscheidet, die der Zwecksetzung der Natur unterliegen, wie es auch in der KdU heißt, der Mensch sei der »letzte Zweck der Schöpfung auf Erden, weil er das einzige Wesen auf derselben ist, welches sich einen Begriff von Zwecken machen [...] kann.« (V 426,37–427,3) Vgl. auch in der Metaphysik der Sitten: »Das Vermögen sich überhaupt irgend einen Zweck zu setzen ist das Charakteristische der Menschheit (zum Unterschiede von der Thierheit).« (VI 392,1–3) Die Kennzeichnung ist somit positiv, nicht negativ in der Form, daß der Mensch als Mängelwesen gegenüber den Tieren gekennzeichnet wird. Dieser aus dem platonischen Protagoras (dort 320 d 6–322 d 5) vertraute, rousseauwidrige Gedanke klingt in der »Idee zu einer allgemeinen Geschichte in weltbürgerlicher Absicht« an (s. VIII 19,29–20,2), wird hier jedoch vermieden. Kultivierung, Zivilisierung und Moralisierung entspringen keiner Notwendigkeit der Kompensation von Natur-Mängeln, sondern, wie 322,5–12 zuerst gesagt wird, der Zwietracht, die der Mensch selbst verschuldet (wenn auch gemäß einem Plan der Natur). Da die Selbst-Zweck-Setzung nicht nur für die Gattung gilt, sondern für das mündige Individuum überhaupt, ist das Programm der Freiheit (als »Unabhängigkeit von eines Anderen nöthigender Willkür«, VI 237,29) und folglich Gleichheit (ebenda) in der Natur des Menschen fundiert und bestimmt die Kultivierung, Zivilisierung und Moralisierung gleichermaßen. Die Perfektionierung kann also nur unter Bedingungen der Republik, nicht einer ständischen Hierarchisierung gedacht werden.

33–35 mit Vernunftfähigkeit ... machen kann] H: »mit Vernunft begabtes Thier (animal rationabile) sich selbst zu einem vernünftigen Thier (animal rationale) machen kann«. Die Terminologie ist nicht eindeutig festgelegt, vgl. dazu den durchstrichenen Text 413,16–18. »rationabile« wohl im Anschluß an Seneca, der (nach bestimmten Ausgaben) in »De vita beata« 14, 1 bzw. 13, 5 vom »rationabilis animus« und von der »rationabilis natura« spricht. »Rationabilis« ist ursprünglich gleichbedeutend mit »rationalis«; so auch in Boetius' Definition der Person als »naturae rationabilis individua substantia«. – Parow 6: »Man muß bey Menschen jederzeit die Thierheit und die Rationalitaet unterscheiden.« Die hier getroffene Unterscheidung zwischen einem mit Vernunft begabten Tier und einem vernünftigen Tier ist nicht identisch mit der Vernunftdifferenz in der Religionsschrift und der »Tugendlehre«, VI 26,8–11 und 418,8–10.

34–35 machen kann] Vgl. 119,11–14: »Die physiologische Menschenkenntniß geht auf die Erforschung dessen, was die Natur aus dem Menschen macht, die pragmatische auf das, was er als freihandelndes Wesen aus sich selber macht, oder machen kann und soll.« 328,26–27: »Übrigens soll und kann die Menschengattung selbst Schöpferin ihres Glücks sein; [...].« Da

zu der Charakterisierung des Menschen im Natursystem auch die moralische Anlage (u. a. 322,16) gehört, gehört zu dem Können auch das Sollen.

◇   **35–322,3** erstlich sich selbst … Ganze *regiert*] Der Aufbau: Von der
animalischen Selbst- und Arterhaltung zur häuslichen und dann staatlichen
Gesellschaft. Die untere Stufe bleibt in der höheren erhalten. Zum Übergang von der animalischen Gattungserhaltung zur häuslichen Gesellschaft
vgl. 328,28–31.

◇   **35** erstlich sich selbst und seine Art *erhält*] Vgl. unter einem anderen
Aspekt 276,28–33.

◇   **35–322,1** zweitens sie übt … *erzieht*] »Sie« bei »zweitens« und »drittens« ist zu beziehen auf »Art«, zu der aber dann der Erziehende und
Regierende unpassend selbst gehört. – Die Hausgesellschaft wird innerhalb
der »Metaphysischen Anfangsgründe der Rechtslehre« im »Privatrecht«
abgehandelt; sie ist die einzige vernunftrechtlich bestimmte Gesellschaft
neben der Staatsgesellschaft. Die Frau wird einzig für das Leben in der häuslichen Gesellschaft erzogen; der Mann steht dem Hause nach außen vor und
wird für das an dritter Stelle (322,1–3) genannte systematische Ganze geübt,
belehrt und erzogen. Vgl. auch 325,22–26: Nur der Mann kann ein Hauswesen gründen, dem dann »Weib und Kind« (325,23) inhärieren und von
ihm erhalten werden müssen.

322 **2–3** für die Gesellschaft gehöriges] Fehlt in H.

◇   **3–5** wobei aber das … überhaupt dieses ist] S. den Kommentar zu
321,24–28. Das Charakteristische der Menschen als irdischer vernünftiger
Wesen wird nicht durch die differentia specifica mit anderen »vernünftigen,
nicht-irdischen Wesen« (321,22) gewonnen, sondern mit deren Idee; sie ist
»nur« eine Idee, weil uns Erfahrungswerte fehlen, aber auch tatsächlich eine
Idee, weil sie ein Vernunftprodukt ist, das als Leitlinie dient – die »Bestimmung des Menschen, so wie die Vernunft sie ihm im Ideal vorstellt« (330,1–2).

◇   **5–8** daß die Natur… zu derselben herausbringe] Die Alternative könnte
ein Wesen mit friedlicher Schafsnatur sein, das sich durch fleißigen Schul-
und Kirchenbesuch allmählich perfektioniert. Der Mensch ist anders. Vgl.
VIII 360,12–16: »Das, was diese *Gewähr* (Garantie) leistet, ist nichts Geringeres, als die große Künstlerin *Natur* (natura daedala rerum), aus deren
mechanischem Laufe sichtbarlich Zweckmäßigkeit hervorleuchtet, durch
die Zwietracht der Menschen Eintracht selbst wider ihren Willen empor-
kommen zu lassen, […].« Die Zwietracht fungiert in der ersten geschichtsphilosophischen Skizze (Ms. 400 673–689) als ein Moment in einem
Naturantagonismus von Attraktion und Repulsion. Dieser Mechanismus
führt zur Besiedlung des ganzen Erdballs. Nur der Mensch ist dazu befähigt, die *ganze* Erde zu bewohnen. So auch William Robertson: Der Mensch
ist das einzige Wesen, das sich auf Grund seiner Leibeskonstitution auf der
ganzen Erde ausbreiten kann (Robertson 1777, I 332). Dies richtet sich

gegen die antike Auffassung, gemäß der der Mensch nur 2/5 der Erde zu
bewohnen vermag: s. Robertson 1777, I 495.

S. Ludwig Uhlig, Georg Forster. Einheit und Mannigfaltigkeit in seiner
geistigen Welt (1965) 73. – Die generelle These der Erzeugung von Einheit
durch Zwietracht »in dem Plane der Natur« (z. 9) besagt, daß sich die Natur
(Vorsehung, Weisheit) des moralisch Bösen und der physischen Übel
bedient, um den Menschen zum Guten zu zwingen. Diese Natur ist der bloß
mechanischen Natur dadurch übergeordnet, daß sie über Vernunft, auch
reine moralische Vernunft, verfügt; sie scheint jedoch mit dem Gott, den die
reine moralische Vernunft in uns postulieren muß (s. die Postulatenlehre der
KpV), nicht identisch zu sein. Dieser Gott kann nur durchgängig gut sein
und wirken; die Natur jedoch benötigt das Böse und das Übel; sie rechnet
mit einer »felix culpa«, die das große Selbstmoralisierungswerk der Menschen unter dem mechanischen Zwang des Bösen und des Übels erst möglich macht. Zum Verhältnis von Gott und vorsehender Natur vgl. den
Kommentar zu 276,30. – Ob die Assoziation der »felix culpa« sachhaltig ist,
bleibt noch zu entscheiden. Der einschlägige Text lautet: »O certe necessa-
rium Adae peccatum, quod Christi morte deletum est! O felix culpa, quae
talem ac tantum meruit habere Reemptorem!« (Liturgie zur Karsamstagweihe
der Osterkirche. Lateinisch-deutsches Volksmeßbuch (¹³1962) 427) Zum
Thema vgl. auch Andreas Urs Sommer, »Felix peccator? Kants geschichtsphilosophische Genesis-Erklärung im *Muthmaßlichen Anfang der Men-
schengesichte* und die Theologie der Aufklärungszeit« (1997).

7–10 Eintracht, wenigstens die... einer höchsten, uns] H: »Eintracht [am   ◇
Rand ergänzt: wenigstens die beständige Annäherung zu derselben] heraus
bringe welche [über der Zeile hinzugefügt: zwar ihr] [durchstrichen: der]
Zweck der Idee, der That nach aber in dem Plane der Natur nur das Mittel
dieser letzteren als einer höchsten uns«. Man wird zu diesem von Kant selbst
mit Korrekturen, also in besonders überlegter Weise erstellten Text zurückkehren und auf die verwirrenden Hilfeleistungen von A1 und Külpe
(s. dessen »Lesarten«) verzichten müssen. Der *Idee* der Vernunft bzw. der
Natur *nach* ist die Eintracht der Zweck, der *Tat nach* jedoch, nach dem also,
was wirklich gemäß dem Plan der vorsehenden Natur geschieht, ist dieser
Zweck nur ein Mittel dieser letzteren, also der vorsehenden Natur, die Perfektionierung des Menschen zu bewirken. Das ideelle Ziel ist also im Plan der
Natur nur das Mittel, den Menschen zur Selbstverwirklichung zu zwingen.
Die Natur stellt somit dem Menschen eine Aufgabe in der Idee (die Eintracht),
um ihn zu nötigen, auf dem Weg der Lösung die eigenen Fähigkeiten zu
verwirklichen. Bei dieser Interpretation kommt allerdings nicht das übliche
Konstrukt zutage, gemäß dem die *Zwietracht* der Menschen das Mittel der
Vorsehung ist, sie zu der Entwicklung ihrer Anlagen zu nötigen. – Ein ähn-
liches, wenn auch weniger schwieriges Textproblem ergab sich 275,1–4.

◇   10-11 die Perfectionirung des Menschen] Der von Turgot um 1750
gebrauchte Begriff der »perfectibilité« (s. R. Baum und S. Neumeister,
Artikel »Perfektibilität I« in: HWPh VII 238–241) wurde von Rousseau
im Discours sur l'inégalité (Rousseau 1959ff., III 142 u. ö.; s. Jean Starobin-
skis Kommentar dort 1316–1319) aufgenommen und euopaweit verbreitet; Kant verdankt der dadurch ausgelösten Diskussion die Impulse zu
seiner Geschichtsphilosophie in der zweiten Hälfte der siebziger Jahre, in
den Vorlesungsnachschriften seit 1775–1776 belegbar. Zum Aufklärungs-
programm der Perfektionierung des Menschen (nicht mehr der Welt wie
bei Leibniz und Wolff) vgl. Hornig, 1980. Ernst Behler, Unendliche Perfektibilität. Europäische Romantik und Französische Revolution (1989), 81–90
(wenig ergiebig).
    Hegels Kritik in den Vorlesungen über die Philosophie der Weltgeschichte:
»In der Tat ist die Perfektibilität beinahe etwas so Bestimmungsloses als die
Veränderlichkeit überhaupt; sie ist ohne Zweck und Ziel: das Bessere, das
Vollkommenere, worauf sie gehen soll, ist ein ganz Unbestimmtes.« (Hegel
1913ff., VIII 2, 149–150) S. auch § 343 der Grundlinien der Philosophie des
Rechts (Hegel 1958ff., VII 447f.). – Kant glaubt in der rechtlichen und ethischen Autonomie ein bestimmtes Ziel der Perfektionierung angeben zu
können. Die erste besagt präzise die schwierig erreichbare Verwirklichung
des rechtlichen Friedens unter den Staaten, die zweite die – erst unter Frie-
densbedingungen wirklich mögliche – sittliche Autonomie der Menschen.

◇   11-12 wenn gleich ... der Lebensfreuden desselben] Anders der Akzent
413,39–414,3 mit Kommentar. – Kants grundsätzliche Haltung wird nicht
schlecht durch die bekannte Schwalbengeschichte illustriert. Wie Ehregott
A. Chr. Wasianski berichtet, hatte Kant in einem kühlen Sommer, als es wenig
Insekten gab, unter den Schwalbennestern »einige Jungen auf dem Boden
zerschmettert gefunden« und dann entdeckt, daß die Schwalben selbst einige
der Jungen aus den Nestern würfen, um die übrigen erhalten zu können. »Da
stand mein Verstand stille, da war nichts dabei zu tun, als hinzufallen und
anzubeten.« (Wasianski in: Groß 1912, 293) Der Natur liegt auch bei den
Tieren, die ihre Bestimmung im Individuum erfüllen, am Erhalt der Gattung;
für deren Erhaltung muß in bestimmten Fällen das Individuum aufgeopfert
werden, auch wenn dies der von Kant (und den Stoikern) den Tieren zugestandenen Mutterliebe widerspricht. So mag die von dem Geistlichen
Wasianski vielleicht nur vor seinem geistlichen Auge gesehene und dann als
historisch berichtete Szene des Kniefalls und der Anbetung nicht korrekt
sein, die Haltung Kants wird jedoch gut dokumentiert.
    Unabhängig von der speziellen Geschichtsphilosophie wird man den
Aufopferungsgedanken des Erhabenen hier einbeziehen: »Das Wohlgefallen
am Erhabenen der Natur ist daher auch nur negativ (statt dessen das am
Schönen positiv ist), nämlich ein Gefühl der Beraubung der Freiheit der

Einbildungskraft durch sie selbst, indem sie nach einem andern Gesetze, als
dem des empirischen Gebrauchs zweckmäßig bestimmt wird. Dadurch
bekommt sie eine Erweiterung und Macht, welche größer ist als die, welche
sie aufopfert, deren Grund aber ihr selbst verborgen ist, statt dessen sie die
Aufopferung oder die Beraubung und zugleich die Ursache *fühlt*, der sie
unterworfen wird.« (V 269,5–12; vgl. 271,19)
     Zu dem Konflikt von »schön« und »erhaben«, der in die Aufopferung
hineinspielt, vgl. die falschen, aber sehr erfolgreichen Interpretationen von
Jean François Lyotard, Die Analytik des Erhabenen (1996). – Herder drama-
tisiert das Golgatha der Geschichte in Auch eine Philosophie der Geschichte
zur Bildung der Menschheit: »[...] der Weg des Schicksals ist eisern und
strenge [...]« (Herder 1877ff., V 565); »[...] der Gang der Vorsehung geht
auch über Millionen Leichname zum Ziel!« (ebd. 576)
     13–20 Unter den lebenden ... charakteristisch unterscheiden.] Dieselbe   ◇
Trias begegnet bereits im Brief an Marcus Herz Ende 1773: »[...] eine
Vorübung der Geschicklichkeit der Klugheit und selbst der Weisheit [...].«
(X 146,5–6) In der Pädagogik: »Zu der praktischen Erziehung gehört
1) Geschicklichkeit, 2) Weltklugheit, 3) Sittlichkeit.« (IX 486, 6–7) Zur
Herkunft aus der Anthropologie vgl. Weisskopf 1970, 263–264. Zum
Ursprung des pädagogischen Gedankens, der hier nicht erscheint, s. Weiss-
kopf 1970, 294–295.
     13–16 Unter den lebenden ... geschickt zu brauchen)] Die Unterschei-   ◇
dung von technischer und pragmatischer Anlage entspricht ungefähr der
Differenz von ποιεῖν und πράττειν bei Aristoteles, s. Nikomachische Ethik
1140 a 1 ff.
     14 mit Bewußtsein verbunden-mechanische] H: »mit [durchstrichen: ◇
Überlegung] Bewußtseyn«. – Die in Klammer zugefügte Erläuterung macht
auf den spezifischen Charakter menschlicher Technik im bekannten Unterschied zu technischen Fähigkeiten der Tiere (Bienen, Biber etc.) aufmerksam.
     14–15 Handhabung der Sachen] So auch 323,17. Kant interessiert sich   ◇
nicht für das Phänomen der Technikentwicklung, durch die die Handhabung der Sachen zunehmend an Maschinen delegiert wird. Die Anthropologie zielt auf das historisch Invariante.
     15–16 andere Menschen ... geschickt zu brauchen] Es versteht sich,   ◇
daß unter dem Pragmatischen auch der kluge Umgang mit sich selbst zu
verstehen ist, der in der Kantischen Anthropologie vielfach berücksichtigt
wird, um zu bestimmen, was der Mensch aus sich selbst machen kann.
Bei der moralischen Anlage wird das »gegen sich« (z. 17) ausdrücklich
genannt.
     19–20 den Menschen ... charakteristisch unterscheiden.] Damit ist die   ◇
Lokalisierung im »System der lebenden Natur« (321,29) vollzogen.

◇   21–323,20 I. *Die technische Anlage* ... Thieres bezeichnet hat.] Im Unterschied zu den beiden folgenden Anlagen wird die technische auf biologische
Probleme und Anfangsfragen der Menschheit restringiert; hier gibt es kein
Fortschreiten wie im Pragmatischen und Moralischen (324,7–8 und 32). Die
Trias der fortschrittsfähigen Kultivierung, Zivilisierung und Moralisierung
ist also hier nicht identisch mit der Abfolge der drei Anlagen, denn Kultivierung und Zivilisierung werden zur pragmatischen Anlage gezogen. Allenfalls
die Unbestimmtheit der Hand (323,14–20) steht mit dem Fortschrittsgedan-
ken in lockerer Verbindung. Zu beachten ist auch, daß das Wort »Arbeit« in
diesem Bereich der Auseinandersetzung des Menschen mit den »Sachen«
(z. 15 und 323,17) nicht vorkommt. Auch die Besonderheit der menschlichen
Hand durch ihre Unbestimmtheit und durch das Tastgefühl der Fingerspitzen (323,14–20) wird nicht mit einer technischen Formierung der Natur
durch den Menschen in Zusammenhang gebracht.

◇   21–28 I. *Die technische Anlage* ... friedliches Thier sei] Schelling, Erster
Entwurf eines Systems der Naturphilosophie von 1799: »Diese Unterscheidungen, welche die vergleichende Anatomie entdeckt, sind allein eigentlich
durch die Natur selbst gemacht. Die gewöhnlichen Classificationen existi-
ren nicht in der Natur und sind nur als Hülfe für den Gedanken ersonnen.
Härte der Linneischen Methode. Der Mensch und die Fledermaus, der
Elephant und das Faulthier in Einer Klasse. Dieses unnatürliche Zusam-
menstellen ist nothwendig, so lange bloß äußere Merkmale gelten, z. B. ob
die Thiere Brüste haben, ob gespaltene oder nicht gespaltene Klauen, wie viel
Zähne u. s. w.« (II 65 Anm. 1)
        Hans Werner Ingensiep, »Der Mensch im Spiegel der Thier- und Pflan-
zenseele. Zur Anthropomorphologie der Naturwahrnehmung im 18. Jh.«
(1994); Hester Hastings, *Man and Beast in French Thought of the Eighteenth
Century* (1936); Walter Zimmermann, *Evolution. Die Geschichte ihrer Probleme und Erkenntnisse* (1953) 266 ff.

◇   21–32 Die Fragen: ... Wahrscheinlichste ist.] Alle von Kant genannten
Fragen werden von Rousseau im Discours sur l'inégalité erörtert: Das Problem der Bestimmung zum vier- oder zweifüßigen Gang erscheint in der
dritten Anmerkung (Rousseau 1959 ff., III 196–198); die Alternative von
Frucht- und Fleischfresser wird in der fünften Anmerkung behandelt (ebd.
199, vgl. auch 201 und 216); die Frage, ob der Mensch aggressiv oder
furchtsam ist, diskutiert Rousseau im Haupttext der Schrift (136–137). Und
die letzte Frage wird ebenfalls von Rousseau gestellt und eindeutig beantwortet (140).

◇   21 Die Fragen:] Bis 323,13 wählt Kant die Darstellungsform der problemata.

◇   22 Moscati] In seiner »Recension von Moscatis Schrift: Von dem körperlichen wesentlichen Unterschiede zwischen der Structur der Thiere und

Menschen« (1771; II 421–425) rekapituliert Kant die »paradoxen« (ebd.
424,36) Ansichten von Moscatis »akademischer Rede« (423,2) und findet,
sie seien beinahe völlig gewiß (425,1): Der Mensch ist von Natur vierfüßig,
für das gesellige Zusammenleben erwies sich jedoch der aufrechte Gang als
»die geschickteste Stellung« (425,8). Im Ms. 400 672–673 heißt es abmil-
dernd: »Aber unser Bau ist ja zu 2 Füßen eingerichtet.« – Vgl. Refl. 1260
(XV 555,18–21); Refl. 1387 (XV 604,13–16); Refl. 1498 (XV 779,1–3); vgl.
auch Tetens 1979, I 741.

23–25 ob der Gibbon … widerstreiten)] Vgl. die sich für Kant neu eröff- ◇
nende Möglichkeit 328,31–37. – Rousseau widmet der Frage der Grenzziehung zwischen Mensch und Affe eine ausführliche Erörterung in der
Anmerkung X des Discours sur l'inégalité, Rousseau 1959ff., III 208–241;
vgl. auch die Erläuterungen von Heinrich Meier in seiner Edition und
Übersetzung (1984 u.ö.).

23–24 ob der Gibbon … bestimmt sei] So auch in H. »bestimmt« zu ◇
interpretieren als: Von der Natur als sogleich bestimmtes, nicht einer weiteren
Selbst-Bestimmung bedürftiges und fähiges Wesen geschaffen; oder aber im
Rückgriff auf den vorhergehenden Satz: ob die genannten Menschenaffen
zum vierfüßigen oder zweifüßigen Gang bestimmt sind. (So Vorländer in der
zugehörigen Fußnote: »Vor ›bestimmt‹ scheint ein ›dazu‹ zu fehlen«.)

25 Linneus und Camper] Vgl. Refl. 1498 (XV 778,1–5 und die Anmer- ◇
kung von Adickes); Refl. 1521: »[…] Ob vierfüßig oder zweyfüßig.
Moscati. Ob mit dem Gibbon oder Orangoutan verwandt. Linnaeus,
Camper.« (XV 885,13–14, auch wieder Adickes' Anmerkung) – Külpe ver-
weist auf Christian Friedrich Ludwig, Grundriß der Naturgeschichte der
Menschenspecies (1796), wo der zweite Abschnitt »Von den besonderen
Unterschieden zwischen dem Menschen und den menschenähnlichsten
Affen« handelt und Linné, Camper und Moscati berücksichtigt werden
(Ludwigs Buch war mir nicht erreichbar).

25–26 ob er ein Frucht- … Thier sei] Vgl. Rousseau 1959ff., III 216: ◇
»[…] voilà une forte raison de plus pour douter que l'espèce humaine soit
naturellement Carnacière.« Vgl. XXV 1674 s.v. »Hunter«.

28–29 die Beantwortung … keine Bedenklichkeit.] Es folgen zwei Fra- ◇
gen, deren Beantwortung offenbar Bedenklichkeit hat (322,33–323,13). Sie
handeln im Gegensatz zu dem vorhergehenden und nachfolgenden Text der
Ziffer I von Problemen des Anfangs der Naturgeschichte, vom »ersten
Menschenpaar« (323,4) und vom »erste[n] Gesang« der Vögel (323,11). Hier
steht die Schöpfungsgeschichte und das Problem der Konstanz der Arten
zur Diskussion, und Kant weiß, daß er diese Frage mit den ihm zur
Verfügung stehenden Mitteln nicht lösen kann.

33–323,6 Ein erstes Menschenpaar … geschieht?] Vgl. im »Muthmaß- ◇
lichen Anfang der Menschengeschichte« die Ablehnung aller Schwärmerei,

die nicht an der Konstanz der Arten und der Monogenese aus einem Menschenpaar festhält: »Will man nicht in Muthmaßungen schwärmen, so muß der Anfang von dem gemacht werden, was keiner Ableitung aus vorhergehenden Naturursachen durch menschliche Vernunft fähig ist, also: mit der *Existenz des Menschen*; und zwar in seiner *ausgebildeten Größe*, weil er der mütterlichen Beihülfe entbehren muß; in einem *Paare*, damit er seine Art fortpflanze; und auch nur *einem einzigen* Paare, damit nicht sofort der Krieg entspringe, [...].« (VIII 110,7–13) – In der Physischen Geographie Hesse wird Voltaire als Vertreter der Gegenmeinung im Hinblick auf die Monogenese angeführt: »*Voltaire* glaubet, daß gleich bey der Schöpfung jedes Land mit seinen eigenthümlichen Einwohnern besetzet worden, und also nicht alle Menschen von einem Stamm wären. Der Lappe wäre wie das Rennthier, der Grönländer wie der Wallfisch seinem Lande angebohren. So wäre auch Africa das eigenthümliche Land der Neger, und America der kupferrothen Menschen. Dieses ist ganz unmöglich.« (90) Zuvor hieß es im Hinblick auf die Möglichkeit, die Schwarzen als eine Stammrasse anzusehen: »Wenn man sie als eine Stammrace angeben wollte, so müßte man die weiße und die Oliven Farbe auch dazu machen, und dieses wäre dem Ursprunge der Menschen wiedersprochen, welcher von einem einzigen Menschen herrühret.« (88) Und weiter: »Es muß also der erste Stamm nothwendig im heißen Weltstriche gewesen seyn, und die verschiedenen Figuren der Menschen müßen Ausartungen von diesem Stamme seyn, wovon die besonderen Beschaffenheiten der Himmelsstriche Ursache sind. [...] Selbst um der Einheit willen muß man das menschliche Geschlecht von einem Stamm ableiten. Wenn man sich blos an der Vernunft hält [und nicht auf eine höhere Ursache, eine »himmlische Macht«, rekurriert], wird man in der Vorstellung der ersten Menschen ganz blind. Wenn er so wie wir, keine Verbindung mit einer himmlischen Macht gehabt hätte, so hätte er nicht leben können. Von Natur hat der Mensch keinen Instinct sein Futter zu unterscheiden, selbst zu gehen, oder irgend eine Gefahr zu unterscheiden. Er kennet die Früchte die zu seiner Nahrung dienen. Alles das aber muß er erst lernen. Hätte Gott dem ersten Menschen die Kentniß aller dieser Dinge verschaffen, so müßte er diesen Instinckt durch die Zeugung fortpflanzen, und wir müßten ihn noch jetzt haben. Es muß daher mit dem ersten Menschen ganz was außerordentliches vorgegangen seyn, denn wenn er keinen gehabt hätte, der ihn lehren könnte, so hätte er umkommen müßen. Es muß ihn nothwendig eine Kraft, die von der Ordnung der Natur unterschieden ist begleitet haben.« (91)

S. Rousseau 1959 ff., III 135 und 198. – Hier 328,31 ff. Zu der noch zu Kants Zeiten allgemein akzeptierten Vorstellung der Artenkonstanz (nota bene: sie wird auch von Voltaire angenommen) vgl. z. B. die Ausführungen Linnés in seinen *Genera Plantarum eorumque characteres naturales* (⁴1752),

»Ratio Operis«: »Species tot sunt, quod [Druckfehler; richtig: »quot«]
diversas formas ab initio produxit Infinitum Ens; quae deinde formae
secundum generationis inditas leges produxere plures, ut sibi semper similes, ut Species nunc sint plures, quam quae fuere ab initio. Ergo Species tot
sunt, quot diversae formae sue structurae Plantarum, rejectis istis, quas locus
vel casus parum differentes (Varietates) exhibuit, hodienum occurrunt [...].
Omnia Genera et Species naturalia sunt.« (III–IV)
   Zu der zitierten Passage des »Muthmaßlichen Anfanges der Menschengeschichte« vgl. Lovejoy (1959) 1968, 190–195; zu der Kantischen Vorstellung
der Konstanz der Arten vgl. die Hinweise zu 327,22–328,37. Einiges zur
zeitgenössichen Diskussion bei Nisbet 1970, 216–219 (»The origin of
man«).
   Das Thema des ersten Menschenpaars wurde von Friedrich Johann Buck
in einer Schrift von 1749 behandelt: Versuch einer Philosophischen Abhandlung von denen Stammeltern des menschlichen Geschlechts, darinnen aus
Gründen der neuern Weltweisheit gezeiget wird: ob, und was die menschliche
Vernunft vom Daseyn, und Ursprung unsrer ersten Eltern wahrscheinlich erkennen könne (genannt bei Werner Stark, »Hinweise zur Kants Kollegen vor
1770« (1998, im Druck)).
   37–323,2 Der erste Mensch ... die man lernen muß] Vgl. Refl. 1467   ◇
doppeldeutig: »Adam war an dem Ufer des rubicon« (XV 646,31); in der
Moscati-Rezension (1771) II 424,28–36. David Hume schreibt im Enquiry
concerning Human Understanding (1748): »Adam, though his rational faculties be supposed, at the very first, entirely perfect, could not have inferred
from the fluidity and transparency of water that it would suffocate him,
[...]« (Hume 1975, 27; IV 1, Abs. 6).
   2–3 oder er würde ... beständiger Gefahr sein.] Physische Geographie   **323**
Hesse 91: »Wenn man sich blos an die Vernunft hält, so wird man in der
Vorstellung der ersten Menschen ganz blind. Wenn er so wie wir, keine
Verbindung mit einer himmlischen Macht gehabt hätte, so hätte er nicht
leben können. Von Natur hat der Mensch keinen Instinkt sein Futter zu
unterscheiden, selbst zu gehen, oder irgend eine Gefahr zu unterscheiden.« – Vgl. im »Mutmaßlichen Anfang der Menschengeschichte« (VIII
111,4–17) die Lösung dieses Kantischen Bibelproblems. Dort scheint die
Vorstellung die zu sein, daß ein scharfer Geruchssinn vor giftigen Wurzeln
und Früchten warnen konnte.
   7–13 Zwar lehren die Singvögel ... den Jungen nicht an?] Die Beobach-   ◇
tung ist von einiger Relevanz, da Kant gern die Bestimmung des Menschen
als eines animal rationale durch die des animal rationabile ersetzt und den
Menschen als das einzige Tier bestimmt, »welches Disciplin nöthig hat«
(Parow 283); so auch Refl. 1423, XV 620–621 (»Der Mensch ist ein Thier,
was eine Erziehung nothig hat«, 621,9). Demnach dürfte es keine Tiere

geben, die auf Erziehung angewiesen sind. – Vgl. auch Weisskopf 1970, 145; 255; 257.

◇   **14–20** Die Charakterisirung ... bezeichnet hat.] Zur Auszeichnung der menschlichen Hand vgl. Aristoteles, De anima 432 a 1.

◇   **15–16** *in* der Gestalt ... und *Fingerspitzen*] Nicht in der Gegebenheit der Hand als solcher. Zur Sonderstellung des Menschen im Hinblick auf seine »*Finger* und *Fingerspitzen*« s. 154,28–155,11 mit Kommentar.

◇   **17–18** nicht für Eine Art ... unbestimmt für alle] Die »Handhabung der Sachen« auch 322,14–15 mit Kommentar. Vgl. in der Grundlegung zur Metaphysik der Sitten den Imperativ der Selbstkultivierung: »Denn als ein vernünftiges Wesen will er [sc. der Mensch] nothwendig, daß alle Vermögen in ihm entwickelt werden, weil sie ihm doch zu allerlei möglichen Absichten dienlich und gegeben sind« (IV 423,13–16 [»und gegeben« ist Zusatz der 2. Auflage]). Vgl. Schings (Hrsg.) 1994, 501; Barkhoff und Sagarra (Hrsg.) 1992, 187–212.

In der neueren Entwicklungsbiologie wird das Phänomen, auf das Kant bei der menschlichen Hand hinweist, unter dem Terminus der »Entspezia-lisierung« geführt. »Ein hervorstechendes Merkmal dieser Evolutionsphase des Menschen liegt darin, daß sich in ihr ein allgemeiner Trend der Evolu-tion geradezu in sein Gegenteil verkehrte, nämlich der Trend zur *Speziali-sierung* der organischen Ausstattung zwecks Anpassung an eine gegebene Umwelt. Die Entlastung der Hand und des Gesichts sind nämlich Ereig-nisse nicht der Spezialisierung, sondern der physischen *Entspezialisierung*. [...] Das ist der Grund, warum man den Menschen oft mißverständlich als ein ›Mängelwesen‹ charakterisierte. Entspezialisierung jedoch erwies sich in diesem Zweig der Evolution nicht als ein negatives Moment, sondern im Gegenteil als eine höchst fruchtbare Quelle neuer Fähigkeiten, die durch ein Gehirn gewährleistet werden, das instandgesetzt ist, angemessenes Verhal-ten in selbstregulierten Instruktionen zu erlernen.« (Erhard Oeser und Franz Seitelberger, Gehirn, Bewußtsein und Erkenntnis (1995) 28–29) Anders als Rousseau im Emile (Rousseau 1959ff., IV 281).

Georg Wilhelm Friedrich Hegel, Phänomenologie: »Daß aber die Hand das Ansich der Individualität in Ansehung ihres Schicksals darstellen muß, ist leicht daran zu sehen, daß sie nächst dem Organ der Sprache am meisten es ist, wodurch der Mensch sich zur Erscheinung und Verwirklichung bringt. Sie ist der beseelte Werkmeister [Aristoteles' organon empsychon] seines Glücks; man kann von ihr sagen, sie ist das, was der Mensch tut, denn an ihr als dem tätigen Organe seines sich selbst Vollbringens ist er als Beseelender gegenwärtig, und indem er ursprünglich seine eigenes Schicksal ist, wird sie also dieses Ansich ausdrücken.« (Hegel 1958ff., II 244) Mit der Akzentuierung der Arbeit bei Engels ist die Auszeichnung der Fingerspit-zen wieder verloren: »Aber gerade hier zeigt sich, wie groß der Abstand ist zwischen der unentwickelten Hand selbst der menschenähnlichsten Affen und der durch die Arbeit von Jahrtausenden hoch ausgebildeten Menschenhand.« (MEW XX 445)

17–18 unbestimmt für alle] Der Mensch appropriiert sich bei Rousseau ◇ (der der Stoa folgt) alle Instinktleistungen der Tiere durch Imitation: »Les Hommes, dispersés parmi eux [den Tieren], observent, imitent leur industrie, et s'élévent ainsi jusqu'à l'instinct des Bêtes, avec cette avantage que chaque espèce n'a que le sien propre, et que l'homme n'ayant peut-être aucun qui lui appartienne, se les approprie tous [...].« (Rousseau 1959ff., III 135) Kant enthält sich jeder entwicklungsgeschichtlichen Klärung.

25 zur Eintracht bestimmtes Wesen zu werden] H: »zur Eintracht ◇ bestimmtes« Randnotiz, also späterer Einschub. Hiermit ergibt sich eine unglückliche Formulierung, denn der Mensch ist zwar bestimmt, ein gesittetes Wesen, jedoch kaum, ein zur Eintracht bestimmtes Wesen zu werden. Die Dopplung ist andererseits kein Zufall, sondern ist angelegt in der Verwendung des Begriffs der Bestimmung, die besagt, daß der Mensch *bestimmt* ist, sich »zu seiner *Bestimmung*« emporzuarbeiten (z. B. 324,8–9).

26 Er ist einer Erziehung ... Zucht (Disciplin)] Vgl. 325,5–11; ◇ 328,8–329,6. – Die Notwendigkeit der »educatio« bei Seneca, De ira II 18, 1–2. – Bei der Vorstellung der Disziplin schließt sich Kant an Seneca an. Die Natur des Menschen bedarf der Disziplin und der Schwächung ihrer rohen Kraft: »Quod evenit quia fortia solidaque natura ingenia, antequam disciplina molliantur, prona in iram sunt«, heißt es z. B. in De ira II 15,1. In der Dimension der Staatsphilosophie ist die Disziplin bei Hobbes entscheidend; De cive I 2 Annotatio: »Ad societatem ergo homo aptus, non naturâ sed disciplinâ factus est.« Daneben gibt es die Vorstellung, daß die Sozialisierung des Menschen mit einer Verweichlichung einhergeht, vgl. Lukrez, De rerum natura V 1014: »tum genus humanum primum mollescere coepit«.

27 Man kann mit dem Ritter *Linné* für die Archäologie der Natur] ◇ Zur »Archäologie der Natur« vgl. 193,20–25 (speziell z.24) mit Kommentar.

4–11 Zuvörderst muß ... werden kann.] Vgl. 329,15–21; VIII 18,29–32; **324** 20,12–24; 61,25–32; 65,11–30; Refl. 1499 (XV 781,15–19); Refl. 1524 (XV 896,17–23); auch Mrongovius 125 f.

Rousseau schreibt im Discours sur l'inégalité umgekehrt, daß alle Fortschritte der Geschichte dem Individuum zu nützen scheinen, aber in Wirklichkeit »vers la décrépitude de l'espèce« gehen (Rousseau 1959ff., III 171). Entscheidend ist jedoch, daß Rousseau die Geschichte der menschlichen Gattung unter dem Aspekt ihrer Fortschritte aus der übrigen Natur herauslöst und als Einheit sieht. Die Position Kants wird in Adam Fergusons Essay on the History of Civil Society (1767) vorformuliert: »In other classes of animals, the individual advances from infancy to age or maturity; and he attains, in the compass of a single life, to all the perfection his nature can reach: but, in the human kind, the species has a progress as well as the individual; they build in every subsequent age on foundations formerly laid; and, in a succession of years, tend to a perfection in the application of their faculties, to which the aid of long experience is required, and to which many generations must have combinied their endeavours.« (Ferguson 1966, 4–5) Während Kant jedoch nur an einen rechtlich-moralischen Fortschritt denkt, steht bei Ferguson das technisch-kulturelle Können im Vordergrund. In der 4. Auflage des *Essay* von 1773 wird der zitierte Text ersetzt durch eine Neufassung, in der das Verhältnis von Phylogenese und Ontogenese thematisiert wird: »Die Errungenschaften der Eltern vererben sich nicht ins Blut ihrer Kinder, und auch der Forschritt des Menschen ist nicht als eine physische Mutation der Gattung zu betrachten. Das Individuum hat in jedem Zeitalter denselben Weg von der Kindheit bis zum Mannesalter zu durcheilen. [...] Die Menschen setzen ihre Arbeit im gemeinsamen Voranschreiten durch viele Zeitalter hindurch fort. Sie bauen auf den Grundlagen, die von ihren Vorfahren gelegt sind. In einer Abfolge von Jahren zielen sie auf eine Vervollkommnung in der Anwendung ihrer Kräfte, wozu die Hilfe langer Erfahrung erforderlich ist und zu der viele Generationen ihre Bemühungen vereinigt haben müssen.« (Ferguson 1988, 101) Dieser Aspekt wird von Kant in der »Idee zu einer allgemeinen Geschichte in weltbürgerlicher Absicht« in den Vordergrund gestellt, s. VIII 20,10–24. Zur Differenz von Kant und Herder vgl. Hans Dieter Irmscher, »Die geschichtsphilosophische Kontroverse zwischen Kant und Herder« (1987a).

In England wurde die Kontroverse aufgegriffen, als nach einer Phase der wohlwollenden Kant-Rezeption gegen ihn und den Jenaer Idealismus polemisiert wurde. James Walker sieht in der Kantischen Geschichtsphilosophie den Geist von Robespierre; er schreibt in *The Anti-Jacobin Review and Magazine* VI (1800), daß die modernen Philanthropisten und Philosophisten die Meinung vertreten, daß »in the progressive perfectionment of man, nature, forgetful of the individual, attends only the species – that individuals perish, but species continues, and, of consequence that true philosophy comprises the whole species, compared to which a few individuals go for nothing. Thus Robespierre was a philanthropist and laboured for the good of the species, to which the insulated individuals, whom he murdered for the good of the whole, bear no kind of proportion. This position has been seriously maintained by a German philosophist« (572; zitiert nach Giuseppe Micheli, *The Early Reception of Kant's Thought in England 1785–1805* (Vorabdruck, 1993b) 89). Walker war nicht bekannt, daß eben diese Position von Ferguson vertreten wurde und Kant sie vermutlich von ihm übernahm.

Karl Lamprecht, »Herder und Kant als Theoretiker der Geschichtswissenschaft« (1897).

5 sich selbst überlassenen Thieren] Hiermit wird vermutlich auf die ◇
Züchtung von Tieren mit gewünschten Eigenschaften Rücksicht genommen.

6 seine ganze Bestimmung] Während Kant in den Druckschriften nie ◇
vom »ganzen Menschen« spricht, kommt die Wendung der »ganzen Bestimmung« schon in der KdU vor, V 259,11.

7–8 nur durch *Fortschreiten* in einer Reihe unabsehlich vieler Generationen] Im Hintergrund der Kantischen Fortschrittstheorie steht die ◇
stoische Vorstellung, gemäß der Gott die Wirklichkeit in einem regelmäßigen Fortschreiten gestaltet; s. dazu die – Kant vertrauten – Diogenes
Laertius- und Cicerotexte SVF Frg. 171 und 172 (SVF I 44,1–13; s. auch
II 328,19–20). Dieser kontinuierliche Gang Gottes zur Wirklichkeit wird
mit einer anderen Metapher assoziiert, die sich dem Wandel des ptolemäischen in das kopernikanische Himmelssystem verdankt – die Planeten sind
keine Irrsterne, wie ihr Name besagt, sie beschreiten keine Epizyklen,
sondern gehen, sieht man sie vom richtigen Standpunkt, ihren regelmäßigen
Gang; vgl. dazu den Hinweis auf das »nie ganz rückläufig werden«, z. 11 mit
Kommentar.

8–9 zu seiner Bestimmung empor arbeiten kann] Hier wird die planeta- ◇
rische Metapher verlassen und die der »continuirlichen Annäherung zu
ihrer [sc. unserer Gattung] Bestimmung« (326,19–20) gewählt. Während
das erste Bild zwar die Kontinuität der Bewegung vermittelt, dreht sich das
Ganze wortwörtlich im Kreise und bringt nur die dauernde Wiederkehr des
Gleichen. Das zweite Bild führt dagegen zur Vorstellung einer linearen
Aufwärtsbewegung. Die Vorstellung des Emporarbeitens selbst scheint spät
zu sein; sie begegnet noch einmal in der »Rechtslehre« bei der Bestimmung,
daß die positiven Gesetze den natürlichen Gesetzen der Freiheit und
»Gleichheit Aller im Volk, sich nämlich aus diesem passiven Zustande zu
dem activen empor arbeiten zu können, nicht zuwider sein müssen.«
(VI 315,20–22)

10 *Tendenz* zu diesem Endzwecke] Zum Begriff der Tendenz vgl. 244,1 ◇
mit Kommentar. Kant führt den Begriff im Streit der Fakultäten im
Abschnitt 5 (84,32, dann 85,3) ein, nachdem er zuvor das planetarische
Modell abgewiesen hat: Wir können nicht die Kopernikanische Hypothese
mutatis mutandis verwenden, weil der Gegenstand der Frage nach dem
Fortschritt der Menschheit freie, also *für uns* nicht vorhersagbare Handlungen sind (83,30–84,3). So bleibe nur die Möglichkeit, aufgrund einer
bestimmten Erfahrung *und* ihrer Ursache (nämlich der moralischen Anlage,
85,28) eine *Tendenz* der Menschheit in eine bestimmte Richtung anzunehmen. Die Abweisung der physischen Natur (sprich: des Neigungsmechanis-

mus in teleologischer Regie) als Grundlage der Fortschrittserkenntnis und
die Aufdeckung einer moralischen Ursache innerhalb der Geschichtserfah-
rungen ist das Novum des Streits der Fakultäten gegenüber dem dritten
Abschnitt des Gemeinspruchs (1793) und dem Ewigen Frieden (1795). Die
Ausführungen in der Anthropologie stimmen mit diesem neuen Standpunkt überein. Die Rede davon, daß die Tendenz »nie ganz rückläufig
werden kann« (z. 11; man beachte die unglückliche Kombination zweier
Metaphern: Kraft und – planetarische – Bewegung!) und daß unsere »Naturbestimmung im continuirlichen Fortschreiten« (z. 31–32) bestehe, schließt
zwar an die kopernikanische Vorstellung an, ist jedoch nicht mehr an sie
gebunden. Kant findet in der Empfänglichkeit für die Rechtsidee eine in der
moralischen Anlage selbst liegende Ursache, die tendenziell – bei günstigen
Gelegenheiten – in die Richtung einer zunehmenden Rechtlichkeit wirkt. –
Das Wort »Tendentia« wird im Zedlerschen Universal-Lexicon wiedergegeben
mit »ein Streben oder Bestrebung, eine Neigung« (Zedler 1732 ff., 42. Band
(1744), Spalte 851 s. v. »Tendentia«). – Zum Begriff des Endzwecks vgl.
327,13–14. Die Anthropologie übernimmt explizit nicht die terminologische
Differenz von letztem Zweck und Endzweck, die in der KdU § 83–§ 84
(V 429–436) entwickelt wird, verstößt jedoch auch nicht gegen sie.

◇   11 nie ganz rückläufig werden kann.] H: »werden wird.« – Zur Herkunft der Anschauung bzw. Metapher vgl. IV 291,2–3: »Den Gang der Planeten stellen uns die Sinne bald rechtläufig, bald rückläufig vor [...].«
Vgl. 325,8–9; 326,5–9: Das Fortschreiten der Gattung in Wissenschaften
gewähre »keine Sicherheit wegen des Rückganges, womit es durch dazwischen tretende staatsumwälzende Barbarei immer bedroht wird.« Die
Vorstellung orientiert sich am scheinbaren Rückgang der Planeten, den das
Ptolemäische System in Form wirklich vollzogener Epizyklen interpre-
tierte. Die Frage, ob eine Entwicklung »ganz rückläufig« ist oder nicht, läßt
sich in keinem Geschichtsmoment empirisch entscheiden, da es immer
möglich bleibt, daß der Rücklauf tatsächlich ein besonders langdauernder
Epizyklus ist. – Gottfried Ephraim Lessing: »Geh deinen unmerklichen
Schritt, ewige Vorsehung! Nur laß mich dieser Unmerklichkeit wegen an
Dir nicht verzweifeln. Laß mich an dir nicht verzweifeln, wenn selbst deine
Schritte mir scheinen sollten, zurück zu gehen!« (Lessing 1970 ff., VIII 509)
Lessing fehlt die Orientierung an der Rückschrittsversicherung, die mit der
Kantischen Geschichtsphilosophie verbunden ist.

◇   11 werden kann.] Hier folgt in H ein durchstrichener Abschnitt,
s. 413,30–414,3 gedruckt. Die gestrichenen Ausführungen richten sich
gegen einen Fortschrittspessimismus, der nach der »ruhigen Einfalt und
Genügsamkeit (des Hirtenlebens)« (413,36–37) zurückblickt. Kant sieht
dagegen einen Anwachs in der »Summe der Tugenden sowohl als der
Lebensfreuden« (413,42–43), ermöglicht durch eine »durch Erfahrung

gewitzte Klugheit« (414,2). Der Grund der Streichung liegt vielleicht in dem Optimismus besonders im Hinblick auf die anwachsenden Lebensfreuden, den Kant sonst nicht vertritt (vgl. 322,11–12).

12–32 III. *Die moralische … Besseren bestehe.*] Kant nimmt mit der ◇ Ausgangsfrage ein Problem auf, das zur Exposition der Religionsschrift von 1793 dient und dort zweimal nacheinander in folgender Weise vorgestellt wird: »Weil es aber doch wohl geschehen sein könnte, daß man sich in beider [sc. der beiden vorhergehenden pessimistischen und optimistischen Weltanschauungen] angeblichen Erfahrung geirrt hätte, so ist die Frage: ob nicht ein Mittleres wenigstens möglich sei, nämlich, daß der Mensch in seiner Gattung weder gut noch böse, oder eines sowohl als das andere, zum Theil gut, zum Theil böse, sein könne« (VI 20,18–22); und: »Dem Streite beider oben aufgestellten Hypothesen liegt ein disjunctiver Satz zum Grunde: *der Mensch ist* (von Natur) *entweder sittlich gut oder sittlich böse.* Es fällt aber Jedermann leicht bei, zu fragen: ob es auch mit dieser Disjunction seine Richtigkeit habe; und ob nicht jemand behaupten könne: der Mensch sei von Natur keines von beiden; ein Andrer aber: er sei beides zugleich, nämlich in einigen Stücken gut, in andern böse.« (VI 22,11–17) Sowohl in der Religion innerhalb der Grenzen der reinen Vernunft wie auch in der Anthropologie von 1798 stellt Kant die Disjunktion zunächst als vollständige dar (tertium non datur), um dann selbst zu dem Ergebnis zu kommen, daß der Mensch sowohl gut (der angeborenen Anlage nach) wie auch böse (dem angeborenen Hang nach) sei. Die Weise der Beantwortung und Auflösung der Paradoxie ist jedoch unterschiedlich, und zwar so, daß die Antwort der Anthropologie in der Religionsschrift ausdrücklich als falsch abgelehnt wird.

Zunächst zur Anthropologie. Kant lehnt die beiden Kompromißformen ab, weil der menschlichen Gattung nachweislich ein Charakter eignet: Es ist ein Faktum des Bewußtseins (so wird hier nicht formuliert, aber darauf läuft das Argument hinaus, z. 17–21), daß wir unter einem Pflichtgesetz stehen, also einen nicht-sinnlichen, sondern intelligiblen guten Charakter haben – »in so fern ist der Mensch seiner angeborenen Anlage nach (von Natur) gut« (z. 23–24). Nun zeigt die Erfahrung, daß der Mensch generell einen Hang »zur thätigen Begehrung des Unerlaubten« (z. 24–25) hat, also von Natur böse ist (vgl. »ihr angeborner böser Hang«, 327,9–10). Zwischen beiden Positionen besteht an sich ein Widerspruch (z. 30: »ohne daß sich dieses widerspricht« – verwandt, aber nicht identisch mit dem vorhergehenden Widerspruch!), weil nun der Charakter der Gattung gut *und* böse ist. Die Auflösung des Widerspruchs geschieht mit Hilfe der kritischen Philosophie: Wir können unterscheiden zwischen einem intelligiblen und einem sensiblen Charakter (homo noumenon und phaenomenon) und können annehmen, daß die Menschheit sich vom Sensibel-Bösen zum Intelligibel-Guten

emporarbeitet. – Zur Differenz von intelligiblem und sensiblem Charakter
vgl. den Hinweis zu 285,6–21.

In der *Religion innerhalb der Grenzen der bloßen Vernunft* wird diese so
kritisch scheinende Position schroff abgelehnt: Der Grund des Bösen kann
nicht, »wie man ihn gemeiniglich anzugeben pflegt, *in der Sinnlichkeit* des
Menschen und den daraus entspringenden natürlichen Neigungen gesetzt
werden.« (VI 34,18–20) Würde man dies tun, destruierte man die Verantwortung des Menschen für sein böses Handeln und verbuchte es auf der
Seite einer übermächtigen Natur und Sinnlichkeit. Der Grund liegt, so die
Antwort der Religionsschrift, in einer *intelligiblen Tat* des Menschen, einem
Entschluß zur Verkehrung seiner Maximen und Übergabe des Primats an
die sinnlichen Neigungen. – Wie läßt sich der offenkundige Widerspruch
der beiden Schriften erklären? Eine mögliche Lösung lautet: Kant sieht die
pragmatische Anthropologie nicht als den Ort an, von einer intelligiblen Tat
und deren theoretischen Zusammenhängen zu sprechen, sondern begnügt
sich mit der sinnenfälligen, wenn auch eigentlich falschen, tradierten Vorstellung, daß das Böse der Sinnlichkeit zufällt. Eine andere Lösung wäre:
Kant nimmt die Position von 1793 (die er in keiner anderen Schrift vertritt)
zurück und nimmt die frühere erneut ein. Diese Abkehr könnte darin
begründet sein, daß die intelligible Tat eine Sache der Vernunft ist (»Jene
ist intelligibele That, bloß durch Vernunft ohne alle Zeitbedingung erkennbar; [...].« (VI 31,32–33); und: vom »Vernunfturprung« des Bösen
(VI 39,8–44,11)) und damit die Vernunft gewissermaßen ihrer Vernünftig-
keit verlustig geht; sie verliert ihre Stellung als einer normativen Instanz
(Interpretationsvorschlag von Erika Böck, München). Tatsächlich wird die
»intelligible Tat« nach 1793 aus dem Kantischen Vokabular gestrichen, so
weit es in den erhaltenen Dokumenten überliefert ist. – Zur grundsätzlichen
Orientierung s. Henry Allison, Kant's Theory of Freedom (1990) 146–161
(»Radical evil«). Heiner Klemme schlägt folgende Interpretation vor: Kant
modifiziert die Position von 1793, kehrt jedoch nicht einfach zu der früheren zurück, sondern sieht die Schuld des Menschen in seinem Hang, »sich
den Anreizen der Gemächlichkeit und des Wohllebens, die er Glückseligkeit nennt, *passiv* zu überlassen« (325,1–2). Das Böse liegt demnach in der
Passivität, nicht in der Übermacht der Neigungen (Klemme 1999).

Ein weiterer Punkt sollte angemerkt werden: in der Anthropologie fungiert die sinnliche Erfahrung als ratio cognoscendi nur des Bösen (»die
Erfahrung zeigt«, z. 24; gegen »Bewußtsein der Freiheit« und »in diesem
Bewußtsein«, z. 17–19 beim Guten). Im Streit der Fakultäten gibt es dagegen
eine Erfahrung, die als ratio cognoscendi gerade der intelligiblen Rechtsidee
dient: Der Enthusiasmus der Zuschauer der französischen Revolution indiziert die Präsenz der reinen Rechtsidee in der Menschengattung, vgl.
VII 86,6–12. Auch in der Religionsschrift ist nur das Böse aus der Erfah-

rung erschließbar; VI 32,34–34,17. Vgl. Reinhard Brandt, »Ein problematischer Absatz im ›Ersten Stück‹ von Kants ›Religion innerhalb der Grenzen
der bloßen Vernunft‹« (1995 b).

Der Titel der Schrift von Spalding wird 324,33–34 eingeflochten (»in
Ansehung der Bestimmung des Menschen«; wiederholt 330,1). Vgl. auch
Refl. 1471a: »[…] ob das Böse oder das Gute Princip in der ursprünglichen
Anlage des Menschen überwiegend sey, und welchen Begriff man sich von
der Bestimmung des Menschen zu machen habe: – da indessen dieser
Untersuchung sich die Theologen bemächtigt haben […].« (XV 651,16–20)
und aus der Zeit um 1766: »Der letzte Zweck ist die Bestimmung des
Menschen zu finden« (XX 175,29).

13–14 von Natur … empfänglich sei] H: »von Natur gleich für [Nach- ◇
trag am Rand: eines oder das andere empfänglich] [durchstrichen: beydes
gestimmt] […] empfänglich sey«.

15 cereus in vitium flecti etc.] »Wie Wachs zum Bösen gewendet werden«. ◇
Horaz, »Ars poetica« V. 163.

19 in den dunkelsten Vorstellungen] Es gehört seit 1770 zum Lehrbe- ◇
stand Kants, daß (entgegen der Leibniz-Wolffischen Auffassung) Intellektualbegriffe wie der Rechtsbegriff dunkel und verworren sein können,
während es klare und deutliche reine Anschauungen gibt, vgl. u. a. § 7 der
Dissertation (II 394,30–395,14). Das sich bei einem dunklen Pflichtbegriff
dann meldende »Bewußtsein der Freiheit« (z. 17–18; 19) dürfte als moralisches Gefühl der Achtung präsent sein. S. auch Klemme 1999.

20–21 und im Gefühl … oder unrecht geschehe.] Zur »*Rachbegierde als* ◇
Leidenschaft« (270,18), die erregt wird, wenn »*ihm*« (hier z. 21) selbst
Unrecht geschieht, s. 270,18–271,13, aber auch 327,22–26. – Vom Zorn des
Achill über das Unrecht durch Agamemnon spricht die erste Zeile der
griechischen Literatur und benennt damit das Thema der »Ilias«. Hobbes
sieht in diesem elementaren Rechtsgefühl ein Spezifikum des Menschen,
denn die Tiere können lediglich Nutzen und Schaden registrieren: »[…]
irrational creatures cannot distinguish betweene *Injury*, and *Damage*; and
therefore as long as they be at ease, they are not offended with their fellows:
whereas Man […].« (Leviathan II 17; Hobbes 1991, 120)

21 unrecht geschehe.] Hier folgt in H ein längerer durchstrichener Text, ◇
gedruckt 414,4–22, mit Randzusatz z. 23–28. Es wird die Frage exponiert,
ob der Mensch im natürlichen Zustand gut oder böse ist.

22 der *intelligibele* Charakter der Menschheit überhaupt] Die in der KrV ◇
A 539 (ohne Vorbild?) eingeführte Differenz von intelligiblem und sensiblem (hier z. 29) Charakter geht in der Sache auf die platonische und
neuplatonische, auch thomistische Unterscheidung von sensitiver und intellektiver Seele (anima) zurück. Kant markiert jedoch mit dem Wort
»Charakter«, daß die Unterscheidung hier nur in praktischer Hinsicht

gemeint ist und daß keine spekulative Seelenlehre vorgetragen wird. Trotzdem ist die Differenz nur möglich vor dem Hintergrund der theoretischen
Unterscheidung von Ding an sich und Erscheinung, s. KrV A 539. Der
moralische, von mir zu erwerbende Charakter setzt den intelligiblen angeborenen voraus. Vgl. auch 285,10.

◇   **24–26** daß in ihm ein Hang ... zum *Bösen*, sei] Vgl. 327,9–10 »angeborner böser Hang«. – Ovid formulierte mit Eleganz die Folge: »Video meliora
proboque, deteriora sequor.« (Metamorphosen VII, Vs. 20–21)

◇   **33–34** Die Summe der pragmatischen ... des Menschen] Diese
»Summe«, die sich nicht auf die gesamte pragmatische Anthropologie
bezieht, sondern nur »in Ansehung der Bestimmung des Menschen«
(z. 33–34) gezogen wird, fehlt in den Vorlesungsnachschriften.

◇   **37** zu *cultiviren, ... moralisiren*] Vgl. 414,21–22; VIII 26,20–26;
Refl. 1460 (XV 641,10–642,2); Refl. 1502a (XV 800,15–18); Refl. 1524
(XV 897,6–8). Hier 326,24–28. – Die drei Phasen oder Modalitäten sind
nicht so gedacht, daß etwas prinzipiell Neues in ihnen erzeugt wird, sondern
es handelt sich nur um die Entwicklung von Anlagen, die keimhaft im
Menschen angelegt sind; vor allem die Moral ist kein originäres Produkt
anthropologischer Zivilisation, sondern die Entwicklung von moralischen
Keimen im Sinn des stoischen »logos spermatikos«; gegen diesen Ursprung
und damit gegen den Nerv der Kantischen Moraltheorie argumentiert Allan
W. Wood, der die spezifische Moralphilosophie als Produkt der anthropologischen Entwicklung faßt, s. »Unsociable Sociability: The Anthropological Basis of Kantian Ethics« (1991) 325–351.
    Hans Robert Jauß, Ästhetische Erfahrung und literarische Hermeneutik
(1984) 612; Jörn Garber, »Von der Menschheitsgeschichte zur Kulturgeschichte. Zum geschichtstheoretischen Kulturbegriff der deutschen Spätaufklärung« (1983); Georg Bollenbeck, Bildung und Kultur. Glanz und Elend
eines deutschen Deutungsmusters (1994); Hermann Lübbe, Politische Philosophie in Deutschland. Studien zu ihrer Geschichte (1963) 193.

325   **5–7** der aber, welcher ... er selbst bedarf.] Die Frage: Wer erzieht die
Erzieher? ähnelt der Juvenalschen Frage: »quis custodiet ipsos / custodes?«
(»Wer wird die Wächter bewachen?«; »Satura« VI 348–349) und ist
vielleicht durch sie inspiriert. Vgl. den »Sechsten Satz« der »Idee zu einer
allgemeinen Geschichte in weltbürgerlicher Absicht« (VIII 23), s. auch Über
Pädagogik IX 443,19–20: »[...] daß der Mensch nur durch Menschen
erzogen wird, die ebenfalls erzogen sind.« Ein Nachklang bei Karl Marx in
der 3. Feuerbachthese: »[...] daß der Erzieher selbst erzogen werden muß.«
(MEW III 5–6) In Anwendung auf das Widerstandsrecht: »[...] sie können
sich niemals wiedersetzen [...]. Die Ursache hiervon ist, weil der Mensch
ein thier ist, was nur unter dem Zwange Gut ist, und der da zwingen soll,
selbst Mensch ist.« (Refl. 7680; XIX 487,7–11)

9–11 Wir wollen die ... derselben anführen.] Wie die im folgenden ◇
angeführten drei »Schwierigkeiten« (z. 9–10) und »Hindernisse« (z. 10)
geordnet sind, ist nicht leicht zu sehen. Die ersten beiden Punkte betreffen die zeitlichen Inkongruenzen der Gattungsreproduktion im Natur-
und Zivilzustand und der Wissensproduktion im Zivilzustand, gemessen
an der natürlichen Lebensdauer des Individuums. Der dritte Punkt
(326,10–327,11) handelt dagegen von der Differenz von *Natur*trieb zur
Glückseligkeit und *Vernunft*bedingung der Moralität in Bezug auf Natur-
und Zivilzustand. Die hier angeführten nicht eliminierbaren Konflikte
zwischen dem Natur- und Gesellschaftsstand ähneln den Argumenten, die
Kant in der »Rechtslehre« unter dem Titel »Von der subjectiv-bedingten
Erwerbung durch den Ausspruch einer öffentlichen Gerichtsbarkeit«
(VI 296,13–14) anführt; dort werden unaufhebbare Differenzen zwischen
dem Rechtsurteil der »bloßen gesunden Vernunft« (VI 300,11–12) und dem
Rechtsurteil eines Gerichtshofes in der bürgerlichen Gesellschaft angeführt.
Kant ist nicht gewillt, die Konflikte zwischen unserer natürlichen Ausstat-
tung und den Zwängen der zivilen Gesellschaft zu verschweigen.

13–28 Die erste physische ... als mit Lastern.] So schon ausführlich ◇
im Ms. 400 689–695; 707–708; aufgenommen im »Mutmaßlichen Anfang
der Menschengeschichte« VIII 116,26–117,18. In der Vorlesung wird darauf
hingewiesen, daß die Dissonanz zwischen Naturbestimmung und Verwirklichung nicht im Naturzustand, wohl aber in der bürgerlichen Gesellschaft
auftritt; der »Mutmaßliche Anfang« blickt dagegen eher in eine versöhn-
liche Zukunft: Den jetzt unvermeidlichen Widerstreit kann »eine vollkommene bürgerliche Verfassung (das äußerste Ziel der Cultur) heben«
(VIII 117,15–16); wie, wird nicht gesagt. Die Anthropologie von 1798 nennt
nur das Problem, ohne eine Lösung in Aussicht zu stellen.

14 Erhaltung] H: »*Erhaltung*«; vgl. 325,30 (»Wissenschaft«) und 326,11 ◇
(»*Glückseligkeit*«). Die in H unterstrichenen Begriffe geben die Titel der
drei behandelten Bereiche an. Dies ist dem Redaktor von A1 entgangen.

15 Naturepochen] Johann Georg Schlosser, Briefe über die Gesetzgebung ◇
überhaupt, und den Entwurf des preußischen Gesetzbuchs insbesondre (1789)
76–77 (Erörterung der Differenz des Heiratsalters in der Natur und in der
bürgerlichen Gesellschaft). Zum Problem s. auch Kurt Röttgers, Kants
Kollege und seine ungeschriebene Schrift über die Zigeuner (1993) 88.

30–326,1 Der Trieb ... einem andern überläßt.] Refl. 1393 (XV ◇
606,26–30). In der Metaphysik Pölitz (= L1) wird das hier genannte Motiv
bei der Frage der Bestimmung des Menschen aufgegriffen: »Das Leben ist
zu kurz, sein Talent völlig auszubilden. [...] Wenn z. E. ein Newton länger
gelebt hätte; so hätte der allein mehr erfunden, als alle Menschen zusammen in 1000 Jahren nicht würden erfunden haben. [...] Demnach hat
die Kürze des Lebens gar keine Proportion zu dem Talente des mensch-

lichen Verstandes. Da nun nichts in der Natur umsonst ist; so muß auch
dieses für ein anderes Leben aufgehoben seyn. Die Wissenschaften sind
der Luxus des Verstandes, die uns den Vorschmack von dem geben, was wir
im künftigen Leben seyn werden.« (XXVIII 294) Im »Mutmaßlichen Anfang der Menschengeschichte« wird ähnlich interpretiert: »Ein anderes
Beispiel zum Beweise der Wahrheit des Satzes: daß die Natur in uns zwei
Anlagen zu zwei verschiedenen Zwecken, nämlich der Menschheit als Thier-
gattung und eben derselben als sittlicher Gattung, gegründet habe, ist das:
Ars longa, vita brevis des Hippokrates [...] und der griechische Philosoph klagte nicht ganz ohne Grund: *es ist Schade, daß man alsdann sterben
muß, wenn man eben angefangen hat einzusehen, wie man eigentlich hätte
leben sollen.*« (VIII 117,19–39) S. auch VIII 18 f. und 122. S. Kommentar zu
326,1–5.

◇   30 Wissenschaft] H: »*Wissenschaft*«. S oben z. 14.

326   1–5 Welche Masse von Kenntnissen ... begünstigt worden?] Vgl. in der
»Idee zu einer allgemeinen Geschichte in weltbürgerlicher Absicht«
VIII 19,3–10. Hinter dem Lamento steht der Aphorismus des Hippokrates
»vita brevis, ars longa« (»Aphorismus« 1, zit. bei Demetrios, De elocutione 4
und 238, auch bei Seneca, De brevitate vitae 1). Kant knüpft wohl an Cicero
an; in den Tusculanae Disputationes heißt es: »Theophrastus autem moriens
accusasse naturam dicitur, quod cervis et cornicibus vitam diuturnam,
quorum id nihil interesset, hominibus, quorum maxime interfuisset, tam
exiguam vitam dedisset: quorum si potuisset esse longinquior, futurum
fuisset ut omnibus perfectis artibus omni doctrina hominum vita erudiretur.
Querebatur igitur se tum, cum illa videre coepisset, exstingui.« (III 28,69);
aufgenommen bei Johannes Brucker, Historia critica philosophiae (1766)
I 842. Kant selbst verweist auf die Theophrast-Anekdote in den »Bemerkungen in den Beobachtungen über das Gefühl des Schönen und Erhabenen«,
XX 38,36–38; s. auch Kant 1991, 193 mit einem weiteren Rousseau-
Hinweis. – Die Bekanntheit des Diktums wurde erneuert Goethe, »Studier-
zimmer« im Faust I: »Die Zeit ist kurz, die Kunst ist lang.« (Goethe 1948 ff.,
III 59)

◇   2–3 ein Archimed, ein Newton, oder Lavoisier... Fleiß und Talent] In H
zuerst statt »Lavoisier«: »Galilei«. Zu »Fleiß und Talent« (statt »Genie«)
vgl. den Kommentar zu 129,6–7. – Der Hintergrund dieser Aufzählung: In
Dohna ist notiert: »Montucla sagt in seiner Geschichte der Mathematik es
habe im Alterthum nur einen Archimedes, und in der neuern Zeit nur einen
Newton gegeben« (122; XXV 1544,29–32); dazu Montucla 1758, in der
Neuausgabe des Jahres VII, I 245: »S'il n'est qu'un Newton parmi les
modernes, il n'est qu'un Archimède dans l'antiquité«. Kant sieht in der
Chemie und in Lavoisier einen würdigen Fortsetzer der Reihe großer
Gelehrter. Lavoisier wird VI 207,14; IX 185; XXIII 284 erwähnt. Lavoisier

(1743–1794) wurde in den Revolutionswirren enthauptet und damit das Opfer der »staatsumwälzende[n] Barbarei« (326,8; auch 259,7–14). Seine Nominierung neben Archimedes und Newton wird nicht mit seinem politischen Schicksal zu verbinden sein.

7 wegen des Rückganges] Vgl. 324,9–11: »[...] wo das Ziel ihm doch ◇ immer noch im Prospecte bleibt, gleichwohl aber die *Tendenz* zu diesem Endzwecke zwar wohl öfters gehemmt, aber nie ganz rückläufig werden kann.«

8 staatsumwälzende Barbarei] »Barbarei« hier noch 331,1 (»Gewalt ohne ◇ Freiheit und Gesetz (Barbarei).«). In der zweiten »Vorrede« der KrV von 1787 heißt es: »Der *Metaphysik* [...] ist das Schicksal bisher noch so günstig nicht gewesen, daß sie den sichern Gang einer Wissenschaft einzuschlagen vermocht hätte; ob sie gleich älter ist als alle übrige, und bleiben würde, wenn gleich die übrigen insgesammt in dem Schlunde einer alles vertilgenden Barbarei gänzlich verschlungen werden sollten.« (B XIV) In einer vermutlichen Vorarbeit zum zweiten Abschnitt des *Streits der Fakultäten* heißt es von der Französischen Revolution: »Von da an aber und dieser Wiedergeburt eines Staats, welchem diese fieberhafte innere Bewegung nicht den Tod einer gänzlichen Barbarey zugezogen sondern alle Künste, die zur Cultur gehören, übrig gelassen hat, von da und der (auch ausserhalb gesicherten) Constitution desselben an würde sich der Zustand des Menschengeschlechts in fernerem *beständigen Fortschreiten zum Besseren* datieren lassen.« (Refl. 8077; XIX 608,4–9)

14–327,11 Man darf eben nicht ... doch nicht vertilgt wird.] Vgl. ◇ Refl. 1498: »Rousseau: ob der wilde Zustand besser sey als der gesittete; der letzte ist, wenn der Cirkel geschlossen ist, besser.« (XV 778,8–9); Refl. 1498 (XV 779,26–27).

17 Randnotiz in H: »[Der Ankläger – Advocat und Richter. Der Mittlere ◇ ist der so eine jede Sache so viel ihm es sey Schein oder Wahrheit zu verteidigen aufgetragen ist].«

17 in die Wälder zurück zu kehren] z. 30: »dahin wieder zurückzukeh- ◇ ren«; z. 35–36: »wiederum in den Naturzustand zurück *gehen*«. Die Wendung begegnet schon in den Bemerkungen (Kant 1991, 29); vgl. XX 31,17–18. Vgl. weiter Refl. 1454 (XV 635,15–636,13); Refl. 1521 (XV 890,3–7). S. auch II 423,6–7 (»Da haben wir wiederum den natürlichen Menschen auf allen Vieren, worauf ihn ein scharfsinniger Zergliederer zurückbringt, [...]«). – Rousseau verwendet eine ähnliche Formulierung in der Anmerkung IX des *Discours sur l'inégalité*: »Quoi donc? Faut-il détruire les Sociétés, anéantir le tien et le mien, et retourner vivre dans les forêts avec les Ours? Conséquence à la manière de mes adversaires, que j'aime autant prévenir que de leur laisser la honte de la tirer.« (Rousseau 1959 ff., III 207) Erst durch Voltaires »retours à la nature« (an Rousseau 30. 8. 1755) wird der

Satz zum Slogan; Rousseaus Antwort: »Vous voyez que je n'expire pas à nous rétablir dans notre bêtise, [...]« (Rousseau 1959ff., III 226). Wieland nimmt den Topos in seiner kurzen Schrift Über J. J. Rousseaus ursprünglichen Zustand des Menschen von 1770 auf: »[...] keinen besseren Rath geben könne, als ›in die Wälder [...] zurückzukehren, [...]‹.« (Wieland o. J. XXXI 65–94 (69))

◇   23 Randnotiz in H: »Daß eine cosmopolitische Anlage in der Menschengattung selbst unter allen Kriegen sey welche den selbstsüchtigen der Volker allmalig im Lauf politischer Angelegenheiten den Lauf abgewinnt.«

◇   24–34 Seine drei Schriften ... umgeben hat.] Drei Schriften (z. 24 und 28) Rousseaus, deren Titel nicht genannt wird, dienen »seinem *Socialcontract*, seinem *Emile* und seinem *Savoyardischen Vicar* zum Leitfaden« (31–32). Die erste Schrift wird der erste Discours sein, die zweite ist sicher der zweite Discours; für die dritte schlägt Külpe (370,9–10) Julie ou la nouvelle Héloise vor (zu Kants Lektüre und Beurteilung dieses Buches s. a. Ernst Cassirer, Rousseau, Kant, Goethe (1991) 15–19). – Im »Mutmaßlichen Anfang der Menschengeschichte« (1786) bediente sich Kant einer anderen Lesart der Rousseauschen Schriften. Er legte den Kontrast von Natur und Kultur zugrunde, ohne die letztere in die (bereits vorhandene, vgl. VIII 26,20–23) Trias von Kultivieren, Zivilisieren und Moralisieren zu gliedern. Er faßte die beiden Diskurse von 1749 und 1755 als Schriften, die zunächst den *Widerstreit* der (bestehenden) Kultur mit der Natur (in der jedes Individuum seine Bestimmung erreichen soll) aufweisen sollen. Im Gesellschaftsvertrag, im Emile »und anderen Schriften« (VIII 116,13–14) werde dann gezeigt, wie die Kultur fortschreiten müsse, um den Widerstreit von Natur und Kultur (im Hinblick auf die sittliche Bestimmung der Gattung und die natürliche Bestimmung des Individuums) zu lösen. Am Ende wird in Aussicht gestellt, daß »vollkommene Kunst [sc. Kultur] wieder Natur wird« (VIII 117,4–118,1) – aus dem Widerstreit wird die Versöhnung erzeugt. Das Muster hierfür findet sich schon in den Bemerkungen in den Beobachtungen über das Gefühl des Schönen und Erhabenen: »Der Mensch in seiner Vollkommenheit ist nicht im Stande der [...] Gnugsamkeit auch nicht im Stande der Üppigkeit sondern in der Rückkehr aus diesem Stande in jenen.« (XX 153,16–18; auch Kant 1991, 114 mit Kommentar) Diese dreistufige Entwicklung findet sich auch bei Menschenkunde 368 und Mrongovius 125–127 (XXV 1416–1420). Sie weicht 1798 einer Konzeption, gemäß der Rousseau in drei Schriften die Schäden ausmalt, die die *Kultur* durch Schwächung unserer physischen Stärke, die *Zivilisierung* durch wechselseitige Unterdrückung und die *Moralisierung* durch »naturwidrige Erziehung und Mißbildung der Denkungsart« (z. 27–28) anrichtet. Diese Diagnose dreier Formen der gesellschaftlichen Pathologie diene den therapeutischen Vorschlägen im Gesellschaftsvertrag, im Emile und dem »Savoyardischen

Vicar« als Leitfaden, um »aus dem Irrsal der Übel sich heraus zu finden«
(z. 33) Der optimistische Schluß von 1786, gemäß dem die Diremtion von
Natur und Kultur überwunden werden kann, fehlt 1798 prononciert – die
angeborene oder zugezogene Verdorbenheit der Menschen kann getadelt
und gebändigt, aber niemals vertilgt werden (327,6 – 11). Eine Vorarbeit der
Fassung von 1798 findet sich in der Refl. 1521, XV 889,19 – 890,7 (»Rousseaus drey paradoxe Sätze«), s. auch XXV 1419,23. – Da Kant niemals
Bedenken trug, fremden Autoren die Meinungen zu unterstellen, die sich
nach ihm, Kant, aus ihrem Grundansatz ergaben, ist nicht damit zu rechnen,
daß die Änderung seiner Rousseau-Darstellung auf eine erneute Lektüre der
Schriften zurückgeht.

Die Anregung zu einem geschichtsdialektischen Schema, nach dem Rousseau die drei Stadien aufeinander habe folgen lassen, kommt zuerst aus dem
2. Discours, in dem Rousseau auf die Darstellung der verfehlten Gesell-
schaftsbildung die grobe Skizze der »Nature du Pacte fondamental de tout
Gouvernement« (184) folgen läßt. Auch im Emile legt Rousseau diese
Auffassung dar: »[...] on réuniroit dans la République tous les avantages de
l'état naturel à ceux de l'état civil, on joindroit à la liberté qui maintient
l'homme exempt de vices la moralité qui l'élève à la vertu.« (Rousseau
1959ff., IV 311) Im Genfer Manuskript des Contrat social war von der
Rückkehr der vollendeten Kultur zur Natur die Rede: »Par de nouvelles
associations, corrigeons, s'il se peut, le défaut de l'association générale. [...]
Montrons lui dans l'art perfectionné la réparation des maux que l'art
commencé fit à la nature [...].« (Rousseau 1959ff., III 288) Vgl. Reinhard
Brandt, Rousseaus Philosophie der Gesellschaft (1973) 53 – 57.

Hiermit ist nichts über eine Anordnung der Schriften selbst gesagt; für
diese Vorstellung gibt es, so weit ich sehe, keine Grundlage in Rousseaus
eigenen Äußerungen; sie findet sich nicht in den Bemerkungen. Eine mögliche Vorlage dafür bildet eine sonst recht unbekannte Publikation Johann
Heinrich Füsslis, Remarks on the Writings and Conduct of J. J. Rousseau
(1767). Am Anfang des 3. Kapitels heißt es: »Ich kann es nicht unterlassen,
auf den moralischen Zusammenhang zwischen den verschiedenen Werken
des Autors einzugehen, durch den jedes folgende zum Kommentar des
vorhergehenden wird. Zunächst scheint es ihm um Extreme zu gehen [...]
von diesen, sag ich, kehrte er zurück, um euch zu willfahren [...]. Dies ist
die Methode des Emile [...].« (Füssli 1962, 123 – 124) Das Buch fand weder
in England noch in Frankreich ein Echo; der einzige Ort seines Erfolges war
Königsberg. »Es geht aus Herders Briefwechsel mit Scheffner vom Jahr
1766 hervor, daß Kant, Hamann und Herder sich aufs lebhafteste und mit
geteilten Gefühlen für den Rousseau-Hume-Streit interessierten [...]. Auf
irgendeine Weise, vielleicht durch Vermittlung Greens, der auch sein Freund
war, ist Hamann bald nach Erscheinen von Füsslis Remarks auf das Buch

aufmerksam gemacht worden. Schon im Juli 1767, in drei aufeinander folgenden Beiträgen zu den Königsbergschen gelehrten und politischen Zeitungen, setzt sich Hamann für das Buch ein [...]. Eine sehr freie, zusammengestrichene und zum Teil fehlerhafte Übersetzung des Werks nimmt etwa zwei Drittel der Hamannschen Besprechung ein; der Rest besteht aus einer Zusammenfassung des Inhalts, Kapitel um Kapitel und aus einer Beschreibung des Titelblatts« (Eudo C. Mason in: Füssli 1962, 50). Kant wird diesen »moralischen Zusammenhang« der Rousseauschen Schriften aufgegriffen und nach dem alten Muster einer triadischen Geschichtsdialektik neu gefaßt haben.

Bronislaw Baczko, Rousseau: Solitude et Communauté (1974) 150: »Kant semble avoir été le premier à donner de Rousseau une interprétation au terme de laquelle le conflit entre la nature et la culture, esquissé dans les deux Discours, devrait être dépassé non par un simple retour à la nature, mais par un développement de la culture qui aboutirait à sa réconciliation avec la nature.« Vgl. auch Jean Starobinski, Jean-Jacques Rousseau: La transparence et l'obstacle (1971) 37–38 und Georges Vlachos, La pensée politique de Kant (1962) 202–213. – Friedrich Engels versuchte in den Vorarbeiten zum Anti-Dühring eine dialektische Einheit der drei Schritte zu entwickeln und als Gedanken Rousseaus vorzustellen: »Sogar die Rousseausche Vorstellungsweise von der Geschichte; ursprüngliche Gleichheit – Verderben durch die Ungleichheit – Herstellung der Gleichheit auf einer höhern Stufe – ist Negation der Negation.« (MEW XX 584; vgl. auch 129ff.) Vgl. auch mit umfangreicher Literatur Katja Tenenbaum, I volti della ragione (1996), 17–77 (»›Finché l'arte perfezionata tornerà ad essere natura‹: Kant e Rousseau a confronto«).

◇   **25** durch Schwächung unserer Kraft] S. 323,26 mit Kommentar; 327,16 (»durch *Schwächung*«). Es gehört zu den festen Motiven der Kantischen Kulturphilosophie, daß der Natur-Mensch durch Disziplin geschwächt werden muß; vgl. Refl. 6763: »Das Roß muß entnervt werden, damit es der menschliche centaur regiren kann.« (XV 154,20–21) Vgl. auch Refl. 7680. »[...] weil der Mensch ein thier ist, was nur unter dem Zwange Gut ist [...].« (XIX 487,9–10)

◇   **32** seinem *Savoyardischen Vicar*] Gemeint ist die »Profession de foi d'un Vicaire Savoyard« im 4. Buch des Emile, Rousseau 1959ff., IV 565–635.

◇   **34** durch ihre eigene Schuld] Vgl. 229,4 mit Kommentar; 328,15 (fehlt in H!).

◇   **34–36** Rousseau wollte … Naturzustand zurück *gehen*] Vgl. schon in den Bemerkungen in den Beobachtungen über das Gefühl des Schönen und Erhabenen: »Wenn man die Glückseeligkeit des Wilden erwegt so ist es nicht um in die Wälder zu kehren sondern nur um zu sehen was man verlohren habe indem man andrer seits gewinnst.« (XX 31,17–19) So auch Rousseau selbst

im dritten Gespräch von Rousseau juge de Jean-Jacques: »Mais la nature
humaine ne retrograde pas et jamais on ne remonte vers les tems d'innocence
et d'égalité quand une fois on s'en est éloigné.« (Rousseau 1959 ff., I 935) – In
der »Idee zu einer allgemeinen Geschichte in weltbürgerlicher Absicht« wird
nicht zwischen dem »zurücksehen« und »zurückgehen« unterschieden:
»[...] und *Rousseau* hatte so Unrecht nicht, wenn er den Zustand der Wilden
vorzog [...]«; Kant fährt jedoch fort: »vorzog, so bald man nämlich diese
letzte Stufe, die unsere Gattung noch zu ersteigen hat, wegläßt.«
(VII 26,17–20) Da Kant unterstellt, daß Rousseau diese letzte Stufe im Blick
hatte, ist das »vorziehen« auch hier nur ein »zurücksehen«.

1–3 Er nahm an: ... nicht böse zu sein] Vgl. im Discours sur l'inégalité die   327
These, »que les Sauvages ne sont pas méchans précisément, parce qu'il ne
savent pas ce que c'est être bons.« (Rousseau 1959 ff., III 154)

2 und absichtlich] Fehlt in H. Überflüssiger Zusatz des Redaktors von   ◇
A1.

4–5 Da nun aber hiezu wiederum *gute* Menschen] »Hiezu«, nämlich: ◇
den Menschen vor den bösen und ungeschickten Führern zu bewahren.
Zum Gedanken vgl. 292,34–293,36 mit Kommentar; 325,5–7: »Der
Mensch muß also zum Guten *erzogen* werden; der aber, welcher ihn
erziehen soll, ist wieder ein Mensch, der noch in der Rohigkeit der Natur
liegt und nun doch dasjenige bewirken soll, was er selbst bedarf.« Vgl. auch
die »Idee zu einer allgemeinen Geschichte in weltbürgerlicher Absicht«
VIII 23,12–24.

12–14 welche der... ihrer Bestimmung ist] Der Satz ist schwer verständ-   ◇
lich; selbst die perfekteste bürgerliche Rechtsverfassung ist nur das äußere
Gehäuse, in dem sich die Keime der Moralität, die die Natur in uns gelegt
hat, entfalten können, vgl. u. a. VIII 28,34–37.

16 nur durch *Schwächung*] Vgl. VIII 23,10–11: »Er bedarf also einen   ◇
Herrn, der ihm den eigenen Willen breche [...].«

21–328,7 weil die Natur ... vergeblich sucht.] Kant kondensiert das   ◇
Problem zur Frage der Präzedenz von Natur oder Moralität; vgl. 333,
14–16: »Wenn aber in dieser Disciplin des Volks die Moral nicht vor der
Religion vorhergeht, so macht sich diese zum Meister über jene [...].« Ähnlich im Streit der Fakultäten: Die Fakultätenordnung der Vernunft verkehrt
die der Natur (22,6–16). Zur Präzedenzfigur vgl. Reinhard Brandt, »Kants
›Paradoxon der Methode‹« (1995a).

22–26 Das Geschrei, ... genommen wird.] H: »aufgebrachten [durch-   ◇
strichen: Bosheit] Zorns an sich; nicht weil ihm was schmerzt sondern
vermuthlich«. – Vgl. 127,25–27; 268,26–31; 269,24–38; 414,25–28. Vgl.
Rousseau im Emile: »Comme le prémier état de l'homme est la misère et la
foiblesse, ses prémiéres voix sont la plainte et les pleurs.« (Rousseau 1959 ff.,
IV 286; s. a. 287; 261; s. die Anmerkung zu 286)

◇   **26–328,37 Was mag doch die … sich allmählig entwickelte.**] Im »Mutmaßlichen Anfang der Menschengeschichte« heißt es mit anderer Zielsetzung: »Der *Trieb sich mitzutheilen* muß den Menschen, der noch allein
ist, gegen lebende Wesen außer ihm, vornehmlich diejenigen, die einen
Laut geben, welchen er nachahmen und der nachher zum Namen dienen
kann, zuerst zur Kundmachung seiner Existenz bewogen haben. Eine ähnliche Wirkung dieses Triebes sieht man auch noch an Kindern […].«
(VIII 110,33–37) – Kant gelangt in der Anthropologie zu prädarwinistischen
Vorstellungen. Er nimmt zwei Epochen in der bisherigen Natur an; die erste
ist die der puren Natur, in der die Jungen (später: Kleinkinder) noch nicht
bei ihrer Geburt schreien; sodann folgt eine Epoche des häuslichen Lebens,
in der das Geschrei des Kleinkindes nicht mehr gefährlich ist. Eine aner-
bende Eigenschaft des menschlichen Geschlechts kommt also im Laufe der
Geschichte zu den bisherigen Erbfaktoren hinzu; sodann führt der
Gedanke auf die Möglichkeit einer dritten künftigen Epoche mit der Transformation der Menschenaffen zu Menschen. Sie bringen vier Organeigen-
schaften mit, die sich zur Umbildung eignen: Der Gang kann erstens zum
aufrechten Gang umgebildet werden, der für den Menschen eigentümlich
ist; zweitens können die Hände den eigentlichen Tastsinn zum Befühlen der
Gegenstände ausbilden (»Befühlen« ist hier »Betasten«, denn daß Tiere über
das traditionelle »Tast«gefühl verfügen im Hinblick etwa auf die Wärme
eines anderen Körpers, ist klar; dazu 154,29–155,11 mit Kommentar);
drittens lassen sich die Sprechorgane entwickeln aus der entsprechenden
Organstruktur beim Orang-Utan oder Schimpansen, und im Hirn ist
viertens Raum für den Verstand. Beim Übergang von der ersten zur zweiten Epoche wird gesagt, wir wüßten nicht, »wie die Natur und durch welche mitwirkende Ursachen sie eine solche Entwickelung veranstaltete«
(328,30–31). Beim Übergang von der zweiten zur dritten Epoche wird
davon gesprochen, daß ein Orang-Utan oder Schimpanse »die Organe, die
zum [sc. menschlichen] Gehen, zum Befühlen der Gegenstände und zum
Sprechen dienen, sich zum Gliederbau eines Menschen ausbildete [Kon-
junktiv wie »enthielte« z. 36]« (328,34–35).
    Eine Erörterung mit Verweis auf frühere Literatur bringt Arthur Lovejoy
in dem Beitrag »Kant and Evolution« des Bandes Forerunners of Darwin
1745–1859, hrsg. von Bentley Glass, Owsey Temkin, William L. Strauss
(1968) 173–206, dort 200–206. Lovejoy ist der Meinung, Kant rücke auch
hier nicht vom Prinzip der Artenerhaltung ab und schließe sich mit der in
Aussicht gestellten dritten Epoche Charles Bonnet an, der schon 1770 in der
Palingénésie philosophique, ou idées sur l'état passé et sur l'état futur des êtres
vivans eine ähnliche Vorstellung entwickelt habe. Der einschlägige Text bei
Bonnet: »La même Progression que nous découvrons aujourd'hui entre les
différens Ordres d'Etres organisés, s'observera, sans doute, dans l'Etat

Futur de notre Globe: mais elle suivra d'autres Proportions, qui seront
déterminées par le degré de *Perfectibilité* de chaque Espece. L'*Homme*,
transporté alors dans un autre séjour plus assorti à l'éminence de ses
Facultés, laissera au *Singe* ou à l'*Eléphant* cette première Place qu'il occupait
parmi les Animaux de notre Planete. Dans cette Restitution universelle des
Animaux, il pourra donc se trouver chez les *Singes* ou les *Eléphans* des
Newtons et des Leibnitz; chez les *Castors*, des Perraults et des Vaubans,
etc.« (203–204) Hier bleibt die »espèce« erhalten und gelangt nur nach einer
Naturrevolution (allerdings: unvorstellbaren Ausmaßes, ein Weltenbrand)
zu größerer Vollendung. Wenn nun auch ein Elefant zum Newton werden
kann, bleibt die Überlegung reine Fiktion; Kant dagegen nimmt die organischen Vorzeichnungen ausschließlich bei den Menschenaffen an und läßt
sich aus ihren jetzigen Organen die vier entscheidenden Modifikationen
bilden. Damit aber hat sich aus dem Affen ein Wesen entwickelt, das vom
Menschen wohl kaum noch unterscheidbar ist, denn der aufrechte Gang,
der Tastsinn (s. 154,33 »allein dem Menschen«), die Fähigkeit zu sprechen
und der Verstand kommen unter den Erdbewohnern nur den Menschen zu.
Es ist schwer zu sehen, wie hiermit nicht das von Kant sonst anerkannte
Aristotelische Prinzip »der Mensch zeugt einen Menschen« (dazu Klaus
Oehler, Ein Mensch zeugt einen Menschen. Über den Mißbrauch der Sprachanalyse in der Aristotelesforschung (1963)), das Prinzip der Artkonstanz
also, durchbrochen sein soll. Von einer in dieser dritten Epoche zu erwar-
tenden Weiterentwicklung des Menschen selbst ist nicht die Rede; dies aber
war bei der Fortschrittsvision von Bonnet zentral: Die gesamte Schöpfung
entwickelt sich bei ihm in seinen märchenhaften Weltumstürzen weiter, und
den bisherigen Platz der Species Mensch nehmen in der Zukunft Affen und
Elefanten ein, weil die Menschen ihn verlassen haben. Kein Gedanke davon
bei Kant. – Bei Adam Ferguson hieß es: »Dennoch müssen wir im Gegensatz zu dem, was die Federn hervorragender Schriftsteller geschrieben
haben, betonen, daß die Menschen unter den Tieren immer als eine besondere und hörere Gattung erschienen sind. Weder der Besitz gleicher Organe,
noch die Annäherung an ihre Gestalt, noch der Gebrauch der Hand, noch
der fortgesetzte Umgang mit diesem souveränen Künstler hat irgendeine
andere Spezies befähigt, ihre Natur oder ihre Erfindungen mit den seinen zu
vermischen.« (Ferguson 1988, 102) Reinhard Löw hält in seiner Philosophie
des Lebendigen (1980) drei Differenzen von Kant und Darwin fest: 1. Kant
lehnt den Gedanken einer Urzeugung des Organischen durch die unorga-
nische Materie ab. 2. Es gibt keinen monophyletischen Stammbaum, sondern viele unabhängige Gattungen. 3. Die Aufspaltung der Gattung in
Arten, Rassen und Varietäten erfolgt nicht durch Selektion (190). Der hier
erörterte Fall der möglichen Aufbesserung des Affen zum Menschen wird
von Löw allerdings nicht betrachtet.

Man wird annehmen dürfen, daß mit dieser entwicklungsgeschichtlichen Möglichkeit die »unendliche Kluft« zwischen Tier und Mensch gefährdet ist; dazu Kommentar ad 127,4–5.

328 4–7 z. B. wenn Religionsunterricht ... vergeblich sucht.] Fehlt in H. Die hier deplazierte Meinung war dem Redaktor als Kants Auffassung vertraut, vgl. z. B. VII 66–67.

◇ 8 Erziehung des Menschengeschlechts] Kant spielt an auf Lessings 1780 anonym publizierte Schrift Die Erziehung des Menschengeschlechts. Er sympathisiert mit Lessings Grundidee. Vgl. dagegen Moses Mendelssohn in Jerusalem oder religiöse Macht und Judentum (1783): »Ich für meinen Theil habe keinen Begriff von der Erziehung des Menschengeschlechts, die sich mein verewigter Freund Lessing von, ich weis nicht, welchem Geschichtsforscher der Menschheit hat einbilden lassen.« (Mendelssohn 1971 ff., VIII 162) Gegen Mendelssohns Ausführungen (162–164) richtet sich schon Kants »Idee zu einer allgemeinen Geschichte in weltbürgerlicher Absicht« (1784) und dann explizit der III. Abschnitt im »Gemeinspruch« (1793), VIII 307–313. Vgl. hierzu Alexander Altmanns Anmerkungen in: Mendelssohn 1971 ff., VIII 340–341.

◇ 8–10 Gattung, d. i. collectiv ... (singulorum)] H: »Gattung, collectiv«. – Vgl. die Ausführungen im Ewigen Frieden VIII 371,6–15. Das gleiche Thema auch im zweiten Abschnitt des Streits der Fakultäten: »Übrigens ist es hier [...] um die Sittengeschichte und zwar nicht nach dem Gattungsbegriff (singulorum), sondern dem Ganzen der gesellschaftlich auf Erden vereinigten, in Völkerschaften vertheilten Menschen (universorum) zu thun [...].« (VII 79,12–17)

◇ 10–11 nicht ein System ... zusammengelesenes Aggregat] Das Menschengeschlecht als System: 331,17–18 (»collectiv (als ein Ganzes des Menschengeschlechts)«); 333,9 (»zu der Gattung als einem System«). Vgl. zur Kontrastbildung von »System« und »Aggregat« in der KrV A 645: »Diese Idee postuliert demnach vollständige Einheit der Verstandeserkenntnis, wodurch diese nicht bloß ein zufälliges Aggregat, sondern ein nach notwendigen Gesetzen zusammenhängendes System wird.« In der »Idee zu einer allgemeinen Geschichte in weltbürgerlicher Absicht« wird gefolgert, daß die Geschichte im ganzen ein System darstellt (VIII 29,14–17). Auch für Polybios ist die Geschichte ein System, vgl. Historiae I 3, 4 (die Geschichte als ein einziger organischer Körper).

Rousseau reflektiert die Differenz von Ansammlung und politischer Einheit im Contrat social: »Que des hommes épars soient successivement asservis à un seul, [...] je n'y vois point un peuple et son chef; c'est si l'on veut une aggrégation, mais non pas une association; [...].« (Rousseau 1959 ff., III 359) Friedrich Schiller nimmt die Kontrastbildung von Aggregat und System in seiner Antrittsvorlesung von 1789 auf: »So würde denn

unsere Weltgeschichte nie etwas anderes als ein Aggregat von Bruchstücken
werden und nie den Namen einer Wissenschaft verdienen. Jetzt also kommt
ihr der philosophische Verstand zu Hülfe, und indem er diese Bruchstücke
durch künstliche Bindungsglieder verkettet, erhebt er das Aggregat zum
System, zu einem vernunftmäßigen zusammenhängenden Ganzen.« (Schiller 1943 ff., IV 736)

Zum Thema s. Ralf Selbach, Staat, Universität und Kirche. Die Institutionen-
und Systemtheorie Immanuel Kants (1993).

15 (durch seine eigene Schuld)] Fehlt in H. Die Vorstellung war dem ◇
Redaktor aus der Anthropologie (229,4 und 326,34) und der Aufklärungsschrift vertraut.

16 von oben herab, sage ich,] Fehlt in H. Vom Redaktor aus dem Streit ◇
der Fakultäten (92,15) eingefügt.

20–21 dem innerlich ... veruneinigenden *Bösen*.] So auch 329,11–13: ◇
»das Böse (da es Widerstreit mit sich selbst bei sich führt und kein bleiben-
des Princip in sich selbst verstattet)«; s. auch 293,30–294,2: »der Mensch
aber *billigt* das Böse in sich nie, und so giebt es eigentlich keine Bosheit aus
Grundsätzen, sondern nur aus Verlassung derselben.«

22 Erhaltung der Species] Kant ist überzeugt, daß es konstante Arten in ◇
der lebendigen (wie hier) und der unbelebten Natur gibt; er folgt hiermit
dem Hauptstrom der Biologie seit Aristoteles und Theophrast; vgl. Hans
Joachim Krämer, »Grundbegriffe akademischer Dialektik in den biologischen Schriften von Aristoteles und Theophrast« (1968).

28 mithin nur späterhin eine zweite Epoche] H: »mithin [durchstriche- ◇
nes unleserliches Wort] späterhin«. – Von Epochen der Natur bzw. der Welt
spricht Kant in den publizierten Schriften zuerst 1763 (II 127,32). 325,15 ist
von Naturepochen bei der Entwicklung des Individuums die Rede.

29 *häuslichen*] In H nicht unterstrichen. ◇

30–31 ohne daß wir wissen: wie die Natur ... Entwickelung veranstal- ◇
tete.] Auf diese Frage glaubte Darwin die Antwort gefunden zu haben: Die
Natur wendet das Mittel der Selektion an. Darwin tilgt allerdings die
Planidee und läßt in der Natur mit dem mechanischen Mittel etwas gänzlich
Neues entstehen.

32–33 auf dieselbe zweite Epoche bei großen Naturrevolutionen] H; ◇
A1: »dieser zweyten Epoche«. – Kant spricht zweimal in den publizierten
Werken von einer »Katastrophe« der Natur (I 454,13; 459,27) und viermal
entweder von einer »Naturrevolution« (VII 89, 5) oder von »Naturrevolutionen« (hier und 329,25–26; VIII 175,8). Während hier und VIII 175,8 die
Naturrevolutionen in den Gattungsplan der Natur integriert sind, wird
VII 89,5 und 329,25–26 von der Naturrevolution bzw. den Naturrevolutionen als Katastrophen gesprochen, die nicht in den terrestrischen Entwick-
lungsplan gehören. Die »Erdrevolutionen« von XXI 214–215 gehören zum

ersteren Typ, so auch die »Revolutionen« von XXI 567,22–25: »Endlich
könnte man sich wohl gar den gantzen Erdglob' selbst als einen organischen
wenn gleich nicht lebenden Körper denken: dessen fortschreitende mit
Revolutionen untermengte doch zweckmäßige Ausbildung [...].«

◇   **33** eine dritte folgen dürfte; da ein Orang-Utang] H: »da [durchstrichen:
ein Gibbon,] ein Orang-Utan«. Das »da« muß sich auf die dritte der
früheren Epochen beziehen und für »in der« stehen.

329   **3–4** als nöthig ist ... nicht zu verzweifeln] Hierin liegt ein essentieller
Punkt der Kantischen Geschichtsphilosophie; vgl. VIII 30,14–15 die Rolle
der »tröstende[n] Aussicht in die Zukunft«.

◇   **5–6** ein jeder, so viel an ihm ist] Die Formel »so viel an ihm ist« benutzt
Kant auch in anderen Zusammenhängen (II 448, 5; IV 430, 24; V 430, 32); sie
nimmt das griechische hoson ep'auto bzw. das lateinische quantum in me
ipso est auf und gehört zu den wenig beachteten Elementen der traditionellen praktischen Philosophie; vgl. dazu Reinhard Brandt, »So viel an ihm ist«
(1979).

◇   **7–8** der erste Charakter ... Vermögen als vernünftigen Wesens, sich] H:
»der erste Characterzug [...] Vermögen des Menschen [Randzusatz: als
vernünftigen Wesens] sich«

◇   **13** Randnotiz: »Es ist ganz was anderes um die Frage was zu thun sey um
dem moralischen Gesetze *Überzeugung* als um ihm *Eingang* zu verschaffen.«

◇   **15–27** Man kann es ... erwartet werden kann.] Vgl. 324,4–11 und den
dortigen Kommentar.

◇   **22** Randnotiz, s. 414,36–415,6. Die Überlegung kreist um die beiden
Sätze: »Der Character der Gattung kann nur aus der Geschichte gezogen
werden.« (414,36–37) und: »Der Character der Gattung kann nicht historisch durch Geschichte allein ausgemacht werden.« (415,3–4)

◇   **22–23** kennen und in ... zu diesem Zwecke] H: »kennen ist nur eine
Tendenz der Natur [durchstrichen: und zwar in einer langen Reihe von
Generationen bis sie zuletzt auch [jeder] obzwar im idealischen Prospect
auch jedes Individuum zu treffen verspricht] vernünftiger Wesen zu diesem
Zwecke«.

◇   **25–26** Naturrevolutionen ihn auf einmal abschneiden] Diese Möglichkeit wird auch im *Streit der Fakultäten* berücksichtigt: »[...] wofern nicht
etwa auf die erste Epoche einer Naturrevolution, die (nach *Camper* und
Blumenbach) bloß das Thier- und Pflanzenreich, ehe noch Menschen
waren, vergrub, noch eine zweite folgt, welche auch dem Menschenge-
schlechte eben so mitspielt, um andere Geschöpfe auf diese Bühne treten zu
lassen, u. s. w.« (VII 89,4–8) Und im *Opus postumum*: »Man kann nun die
Classification organischer und lebender Wesen noch weiter treiben da nämlich nicht blos das Gewächsreich um des Thierreichs und dessen Vermeh-

rung und Vermannigfaltigung sondern Menschen als Vernünftige um
anderer der Species (Race) nach verschiedenen Menschen willen da sind als
welche um eine Stufe der Menschheit höher stehen entweder neben einander
wie etwa Amerikaner und Europäer oder nach einander wenn durch Erdrevolutionen unser selbst organisirte vorher chaotisch aufgelösete nun
neugebärende Erdglob anders organisirte Geschöpfe zum Vorschein brächte
die wiederum nach der Zerstörung ihrerseits anderen Platz machten und so
die organische Natur in verschiedenen auf einander folgenden Weltepochen
sich obzwar in verschiedenen Formen reproducirend und unseren Weltkörper nicht blos als ein mechanisch sondern auch organisch gebildeten Körper
denken ließe. – Wie viel solcher Revolutionen unter denen zwar viele alte
jetzt nicht mehr über der Erde lebende Organische Wesen vor der Existenz
des Menschen vorher gegangen seyn mögen da jetzt kein einziges Exemplar
(nach Camper) vom letzteren in den Tiefen derselben mehr angetroffen wird
und welche vielleicht mit vollkommenerer Organisation noch bevorstehen
dürften ist unseren ausspähenden Blicken verborgen.« (XXI 214,13–215,11;
vgl. dazu die im Apparat angegebenen Marginalien)
    Die Schrift von Camper wird von Adickes angeführt: XIV 619; der
Verweis von Vorländer VII 345 (ihm folgt Lehmann XXII 805) ist nicht
korrekt. Die Überlegung, daß auch in Zukunft noch Naturkatastrophen die
jetzt lebenden Gattungen auslöschen können, um höheren Lebewesen Platz
zu machen, findet sich weder bei Camper noch bei Blumenbach. Kant
verlegt mit ihr seine Spekulationen über höher- und niederrangige Vernunftwesen auf den diversen Planeten (entsprechend der Nähe oder Ferne zur
Sonne), die er in der *Allgemeinen Naturgeschichte und Theorie des Himmels*
entwickelt hatte, in eine mögliche Entwicklungsgeschichte auf der Erde
selbst. – Die Überlegung, daß die Natur noch andere Absichten haben
könnte als die Vervollkommnung unserer Gattung, begegnet erst im Alters-
werk.
    26–27 mit moralischer ... *Gewißheit*] Vgl. III 536,36 (»nicht logische,   ◇
sondern *moralische* Gewißheit«). – »certitudo moralis« ist üblich als Gegenbegriff von »certitudo metaphysica« oder auch »mathematica«, »logica«.
    3–4 *Grundzüge der Schilderung des Charakters der Menschengattung.*]   330
Vgl. Refl. 1468 (XV 647–648). Adickes 1920, 97 plädiert dafür, daß der im
IV. Konvolut der Krause-Papiere überlieferte Passus XXI 344,18–346,33
mit der Überschrift »*Beschlus*« das ursprüngliche Finale der Anthropologie
in pragmatischer Hinsicht sei (ihm folgend Stark 1993, 288). Der Text enthält
zentral das Problem der persönlichen Unsterblichkeit (XXI 345,9–10: »Es
ist ein Leben nach dem Tode.« S. auch 345,31; 346,5; 18–19). Dies ist jedoch
eine Frage, die systematisch aus der Anthropologie bis in die achtziger Jahre
und dann wieder in der Buchfassung ausgeklammert ist, so daß schon aus
diesem Grund die vorgeschlagene Lokalisierung der Vorarbeit ausgeschlos-

sen ist. Schon der erste Satz der Vorarbeit paßt nicht zur Ausklammerung einer theologischen Perspektive (»[...] es ist ein Gott [...]«) aus der Anthropologie bei Kant.

◇   **5–6** Der Mensch ... Stock zu gehören.] Refl. 1524 (XV 897,17–19). – Die Herde lebt (parataktisch) in einem Aggregat, der Bienenstock (syntaktisch) in einem System oder organisierten Ganzen; die Herde setzt sich folglich aus Teilen zusammen, der Stock aus Gliedern. Rousseau hatte dagegen im Emile geschrieben: »Les hommes ne sont point faits pour être entassés en fourmilliéres, mais épars sur la terre qu'il doivent cultiver. Plus ils se rassemblent, plus ils se corrompent [...].« (Rousseau 1959ff., IV 276).

◇   **6** wie die Biene] Refl. 1501; XV 789,12 (»Bienenstok«). Zum Vergleich von Mensch und Biene im Hinblick auf die Staatlichkeit s. Aristoteles, Politik 1253 a 9–11; Thomas Hobbes, De cive V; Leviathan II 17 (Hobbes 1991, 119).

◇   **6–7** *Nothwendigkeit ... Gesellschaft zu sein.*] Die Notwendigkeit bezieht sich auf das Individuum, wobei diese Aussage nicht identisch ist mit der rechtlichen Notwendigkeit, in die bürgerliche Gesellschaft zu treten, wenn der wechselseitige Einfluß nicht zu vermeiden ist: »Alle Menschen, die auf einander wechselseitig einfließen können, müssen zu irgend einer bürgerlichen Verfassung gehören.« (VIII 349,23–24) »*Tritt* (wenn du das letztere [sc. anderen zu begegnen] nicht vermeiden kannst, in eine Gesellschaft mit Andern, in welcher Jedem das Seine erhalten werden kann [...].« (VI 237,1–3) – Vgl. Wilhelm Dörpinghaus, Der Begriff der Gesellschaft bei Kant. Eine Untersuchung über das Verhältnis von Rechts- und Geschichtsphilosophie (1959) und Manfred Riedel, »Der Begriff der ›bürgerlichen Gesellschaft‹ und das Problem seines geschichtlichen Ursprungs« (1982).

◇   **7** Glied irgend einer bürgerlichen Gesellschaft] Tiere einer Herde als eines bloßen Aggregats bilden nach der Kantischen Diktion deren *Teile*; *Glieder* gehören dagegen einem organisierten Ganzen an. In diesem Sinn bildet der Mensch nach einer frühen Anthropologie-Nachschrift nicht nur einen Teil der Welt, sondern ist deren Glied: »Jeder Mensch, jedes Geschöpf, was sich selbst zum Gegenstand seiner Gedancken macht, kann sich nicht als einen Theil der Welt ansehen, das Leere der Schöpfung auszufüllen, sondern als ein Glied der Schöpfung, und als der Mittelpunct derselben, und ihr Zweck.« (Collins 3) In dem später entwickelten Organ-Begriff ist alles Glied und nichts nur Teil. Anders Herder 1774 in der Schrift Auch eine Philosophie der Geschichte zur Bildung der Menschheit, enthusiastisch: »Siehe das ganze Weltall von Himmel zu Erde – was ist Mittel? was ist Zweck? nicht alles Mittel zu Millionen Zwecken? nicht alles Zweck von Millionen Mitteln?« (Herder 1877ff., V 559)

Der Begriff der bürgerlichen Gesellschaft wird bei Kant noch im traditionellen Sinn der »societas civilis« benutzt und somit nicht dem Staat entgegengesetzt. – Auch Aristoteles unterscheidet zwischen Gliedern und materiellen Voraussetzungen der Polis in Form von unfreien Bürgern, s. Politik 1328 a 21 – 37.

9 – 10 diesem Korbe … solcher Körbe neben] H: »dieser Stock … solcher ◊ Stöcke neben«.

14 Ein jedes Volk] Kant identifiziert hier das durch gemeinsame Abstam- ◊ mung, Sprache und Religion geeinte Volk mit dem Staatsvolk. So auch im Ewigen Frieden (VIII 367).

16 – 19 so ist der … *bürgerlichen* überzugehen] Bis zum »Gemeinspruch« ◊ nahm Kant mit dem Abbé de Saint-Pierre an, daß der offene oder latente Kriegszustand unter den Staaten nur durch einen Staatenbund, d. h. einen mit militärischer Durchsetzungsgewalt ausgestatteten allgemeinen Völkerstaat (VIII 313,10 – 11; s. a. VII 24,22 – 28) zu überwinden ist. 1795 dagegen wird die Gründung friedfertiger Republiken in Aussicht gestellt, die souverän bleiben und nur lockere Bündnisse eingehen; dadurch ist ein bürgerlicher Zustand »unserer Gattung« (z. 17) gewährleistet, herbeiführbar durch den »Mechanism der menschlichen Neigungen« (VIII 368,16). Im Ewigen Frieden bezeichnet Kant den Völkerbund als »eine der bürgerlichen ähnliche Verfassung« (VIII 354,7). Zu diesem Komplex vgl. Reinhard Brandt, Zu Kants politischer Philosophie (1997 c).

17 der innere oder äußere Krieg] In der Druckfassung der Anthropologie ◊ wird der Krieg nicht als Mittel der Bevölkerung des Globus im ganzen angenommen, wohl eher aus Zufall. Zu dieser Auffassung vgl. VIII 364.

Antike und sonstige Auffassung (Robertson): partiell; die Vorstellung des göttlichen Planes einer Gesamtbesiedlung des Globus durch die Menschen vertritt Süßmilch; s. Waschkies »Naturgeschichte und Geschichte bei Kant« (1993) 171.

Kant gebraucht den Begriff des Krieges wie Thomas Hobbes auch im Hinblick auf die vorstaatliche gewaltsame Auseinandersetzung von Menschen, während Rousseau den Krieg als Gewaltanwendung zwischen Staaten definiert, jedoch gegen seine eigene Festlegung verstößt: s. das Strafkapitel im Contrat social (Rousseau 1959 ff., III 376).

19 Maschinenwesen der Vorsehung] Es ist Kants grundsätzliche, schon ◊ vorkritische Auffassung, daß die »Vorsehung« (Natur, Gott) die Gesetze der bloß mechanischen Kausalität (causa efficiens im Gegensatz zur causa finalis) so eingerichtet hat, daß die Bildung des Planetensystems und die für organisches Leben und den Menschen als moralisches Wesen notwendige Einrichtung der Erde auf nur mechanischem Weg und ohne weitere Eingriffe erfolgt. Sie leitet auf gleiche Weise den Prozeß der Gattungsgeschichte mit dem Mechanismus der Neigungen, so daß das moralische Ziel der Menschen allein durch diesen Mechanismus erreicht werden könnte; daher das Teufelsargument im »Ewigen Frieden« (VIII 366,15 – 367,7).

◇   **23** *Freiheit* und *Gesetz* (durch welches jene eingeschränkt wird)] In der Moral- und Rechtsphilosophie schränkt das Gesetz die Freiheit nicht ein, sondern ist das Freiheitsgesetz: beides sind Wechselbegriffe, vgl. u. a. V 4,28–37; VI 221,7–36; 237,29–32. Die beiden Freiheitsbegriffe werden bei Thomas Hobbes und John Locke vorformuliert, bei Hobbes vgl. den Anfang von Kap. XXI des Leviathan, bei Locke Kap. IV, § 22 des »Second Treatise of Government«.

◇   **27–29** Nun kann man ... den beiden ersteren denken] Rein kombinatorisch ergeben sich mehr Möglichkeiten. Bei Mrongovius 129' werden 5 Kombinationen angeführt: »Freiheit ohne Gesetz und Gewalt ist die Freiheit der Wilden und Nomaden. Bei dieser Freiheit bin ich immer in Gefahr meine Freiheit zu verlieren. Die Freiheit mit Gesetz und Gewalt schaft eine Gleichheit unter den Menschen. Aber Freiheit mit Gesetze und ohne Gewalt ist das ungereimteste was sich denken läßt und ist die wahre polnische Freiheit. Freiheit mit Gewalt und ohne Gesetz ist Contradictio in adjecto denn das läßt sich nicht denken. Gewalt und Gesetz ohne Freiheit ist Despotismus und die turkische Regierung.« In der Reflexion 1501 (XV 788,29–793,8; zwischen 1775 und 1789) werden vier »Negativ«kombinationen angeführt und als »anarchie«, »pohlnische Freyheit«, »barbarey« (geändert in »tyranney«) und »despotismus« bezeichnet (XV 790,6–12). In der Position der Barbarei (»Gewalt ohne Freiheit und Gesetz«; 331,1) erscheint bei Dohna 363 die Tyrannei oder der Despotismus: »(3.) Gewalt ohne Gesetz und Freiheit ist Tyrannei, Despotismus«, hier rubriziert als »Gesetz und Gewalt ohne Freiheit« (z.31). Die Frage, ob »Gewalt ohne Freiheit und Gesetz« Tyrannei oder Despotismus ist (Dohna 323) oder Barbarei (hier 331,1), kann als relevant für das Widerstandsrecht angesehen werden, denn für die Barbarei gilt der Grundsatz des »exeundum est e statu naturali«, nicht jedoch für den Despotismus, der schon eine »societas civilis« darstellt; Heiner Klemme in: Kant 1992, XXVI–XXVII. Freiheit und Gesetz »sind die zwei Angeln, um welche sich die bürgerliche Gesetzgebung dreht« (z.24), es muß die Gewalt zur Verwirklichung hinzukommen. Die pure Anarchie ist ein Konstrukt, das nach der Rechtslehre nicht unter Menschen realisierbar ist; die Rechtslehre macht von der Annahme Gebrauch, daß der Mensch seine Freiheit mißbrauchen kann und ergo entweder in Verhältnissen bloßer Gewalt lebt oder unter Zwangsgesetzen. Für die Anarchie ist also das »vacat« der Utopie einzutragen. Entsprechend heißt es bei Pillau 150: »Freyheit und Gesetze aber keine Gewalt; das könnte nur bey lauter gutartigen Menschen stattfinden;« der Begriff der Anarchie wird dort allerdings anders gefaßt: »Freyheit ohne Gesetze ist Anarchie (der Stand der Wildheit)« (150). – Die Barbarei ist rechtlich vom status naturalis nicht zu unterscheiden, denn er ist definiert durch das faktische oder drohende »bellum omnium contra omnes« (vgl. VI 97 Anm.). Eine »barba-

rische bürgerliche Verfassung« gibt es in der Türkei (304,113–18). So
bleiben für den eigentlichen »status civilis« nur die Despotie und die
Republik übrig, und die letztere zeichnet Kant durch den Zusatz der
»wahren« bürgerlichen Verfassung aus. Dem Nicht-Zustand der Utopie
und dem Naturzustand der Barbarei stehen also der gute wahre und der
schlechte »unwahre« Staat gegenüber, Despotismus und Republik. Unabhängig von dieser problemlos herzustellenden Ordnung erhebt sich die
Frage, ob Personen in an sich gesitteten Ländern zu dem rechtskräftigen
Urteil gelangen können, daß der – dann: ehemalige – Staat in den Zustand
der Barbarei getreten ist. Kant vermeidet es, hierauf eine Antwort zu geben;
für den Bürger, so scheint es, ist die Unterscheidung von Despotismus und
Barbarei nicht möglich.

Aristoteles teilt den Erdkreis in drei Klimazonen und damit drei grundsätzliche Volkscharaktere, denen wiederum je eine durch den jeweiligen
Charakter begünstigte Staatsverfassung zukommt. Im Norden herrscht
extreme Kälte, Muthaftigkeit und *Anarchie*, im Süden extreme Wärme,
Mutlosigkeit und *Despotismus*, im Mittelraum herrscht ein ausgewogenes
Klima, der Charakter ist ausgeglichen und die Staatsverfassung die bestmög-
liche (Politik 1327 b 23–33).

Die Kant vorgegebenen Verfassungen (mit einer jeweiligen Präferenz der
Autoren) beziehen sich grundsätzlich auf den einzelnen Staat. Bei Kant
dagegen hat die Republik seit 1795 eine welthistorische Funktion. Mit ihr
und nur mit ihr kann es gelingen, aus der in Staaten verstreuten und
zerstrittenen Menschheit die stoische Idee einer »societas generis humani«
zu realisieren.

Schlapp zitiert aus der verschollenen Anthropologie-Nachschrift von
Elsner aus dem Wintersemester 1792–1793: »Man muß nicht dabei bleiben,
daß etwas nicht möglich sei, weil es noch nicht vorher in der Welt gewesen
ist, z.B. freie Menschen einem gesetzlichen Zwange zu unterwerfen, z.B.
französische Republik; sondern man muß durch die Vernunft weiter gehen.
Was vernunftmäßig ist, ist auch möglich, und es ist Pflicht, diesen Ideen zu
folgen, und sich zu bestreben, sie immer mehr zu realisieren« (Schlapp 1901,
16).

32–33 Analogisch dem ... Figuren abgiebt.] Vgl. ähnlich 286,33–34   ◇
(»[...] gerade nur *vier* einfache Temperamente (wie in den 4 syllogistischen
Figuren durch den medius terminus) [...]«). S. den dortigen Kommentar.
Der Vergleich der Mediatisierung von Gesetz und Freiheit durch die
Gewalt mit dem Vermittlungsbegriff im Aristotelischen Syllogismus (der
Prädikatorenlogik) ermöglicht die Systematisierung und damit den Nachweis der Vollständigkeit der hier angegebenen Möglichkeiten in Analogie
zu den 4 Figuren, die in der Aristoteles-Tradition kanonisch festgelegt
wurden.

331   3–15 Man sieht, daß … besteht nur durch jene.] Staatsform (Demokratie, Aristokratie oder Monarchie) regelmäßig als Gegensatz zur Regierungsform bzw. -art (republikanisch oder despotisch), vgl. in der Metaphysik der Sitten VI 340,23–341,8 u. ö. In dieser letzteren Schrift wird die Republik ebenfalls so bestimmt, daß nur in ihr (im Gegensatz zur Despotie) die Vereinigung von Freiheit, Gesetz und Gewalt durch die vernunftnotwendige Trennung der drei Gewalten erreicht wird; die Legislative aber ist das Gesetzgebungsorgan der aktiven Staatsbürger, die also, was Kant nicht sagt, *demokratisch* die Gesetze geben und eine von der Legislative unabhängige Regierung zur Durchführung einsetzen. Die Republik also ist nur als Demokratie zu verwirklichen. Es muß das Prinzip der Repräsentation gelten, so daß der aktive Staatsbürger sich vertreten lassen kann, und es muß die Trennung von aktiven und passiven Staatsbürgern akzeptiert werden (was etwa im Fall von Kindern einer allgemeinen Überzeugung entspricht). Kant lehnt die Demokratie als Staatsform durchgängig explizit ab, weil sie in ihrer antiken Ausformung vermeintlich 1. die Repräsentation und 2. die Gewaltenteilung ausschließt, weil das Volk sich auch die Regierung anmaßt (wie man demokratia mißdeuten kann). – Neu ist in der Anthropologie die Kontrastierung von Sinnenwohl und Verstandeswohl im Hinblick auf die Verfassung mit der Bestimmung des letzteren als der »Erhaltung der einmal bestehenden *Staatsverfassung*« (z. 13). Kant votiert hiermit oberflächlich betrachtet für den status quo, tatsächlich jedoch vertraut er auf die Änderungskräfte, die die Geschichte mit sich führt, wenn nur der Rechtsrahmen respektiert wird – er bewegt sich dann von selbst hin zur Verwirklichung bürgerlicher und politischer Freiheit. Man könnte auch so argumentieren, daß sich das Erhaltungsgebot auf die »wahre bürgerliche Verfassung« (z. 3) bezieht, von der umgekehrt gilt, daß sie auch die einzige Staatsform ist, die sich als solche zu erhalten vermag. Man sähe schwer ein, warum »das höchste Gesetz einer bürgerlichen Gesellschaft überhaupt« (z. 13–14) darin bestehen soll, Anarchie, Despotismus und Barbarei zu erhalten. Vielleicht ist für den Kontext im ganzen folgender Gedanke entscheidend: Die Republik soll »Gewalt mit Freiheit und Gesetz« vereinen (z. 2). Hierbei ist offen, ob mit der Freiheit die politische Freiheit der Selbstgesetzgebung einer von den Aktivbürgern gebildeten Legislative gemeint ist (s. in der »Rechtslehre« VI 318,4–6) oder die bürgerliche Freiheit, unter Rechtsgesetzen das eigene Glück realisieren zu können. Dies letztere ist nur möglich, wenn die Staatsverfassung (in welcher Staatsform immer, z. 4–5) sich nicht ihrerseits das »Sinnenwohl des gemeinen Wesens« (z. 7–8) zum Ziel setzt, sondern das »*Verstandeswohl*« (z. 12), d. h. die Rechtsform. Im ersteren Fall ist der Staat despotisch, weil er die bürgerliche Freiheit vernichtet, im zweiten republikanisch (im Sinn eben der Realisierung der bürgerlichen, wenn auch – noch – nicht politischen Freiheit). – Zur Position »D«, der Republik, schreibt schon ähnlich Thomas

Hobbes in den (Kant unbekannten) Elements of Law II 8, 3: »Now seeing freedom cannot stand together with subjection, liberty [Freiheit] in a commonwealth is nothing but government [Gewalt] and rule [Gesetz], which because it cannot divided, men must expectin common; and that can be no where but in the popular state, or democracy.« (Hobbes 1969, 169–170)

6 das alte Brocardicon] Vgl. Refl. 2517 (XVI 402,10); Refl. 2519 ◇ (XVI 403,16); Refl. 2527 (XVI 406,2); Logik Hechsel 51. – Ein in einer bündigen »formula« ausgedrückter Rechtsgrundsatz. Wenn Kant von der »Formel« des kategorischen Imperativs spricht, denkt er an eine derartige »formula«.

6–7 Salus civitatis … suprema lex esto] »Das Wohl der Stadt soll das ◇ höchste Gesetz sein.« Cicero, De legibus III 3: »Salus populi suprema lex esto.«

7–11 Das Sinnenwohl … welches Allgemeinheit fordert] Etwas anders ◇ die Koda in der Friedensschrift, in der eine systematische Verknüpfung von Rechtlichkeit und Glück versucht wird (VIII 386,14–17).

7 Das Sinnenwohl] Der Kontrast von »Sinnenwohl« und »*Verstandes-* ◇ *wohl*« (z. 12) ist nach der Unterscheidung von »Sinnesart« und »Denkungs-art« (285,18–19 mit Kommentar) gebildet. Dem entspricht die Gegenüber-stellung von Staatsklugheit und Staatsweisheit VIII 377,20 und 37.

16–21 Der Charakter der Gattung … nicht *vermeiden* können] Diese ◇ Vorstellung findet ihren Niederschlag schon im Ms. 400 673–689.

23–24 in eine *weltbürgerliche Gesellschaft* (cosmopolitismus)] Voraus- ◇ setzung dieser in ihrer Grundlage stoischen Konzeption ist, daß der Mensch den Planeten im ganzen besiedelt. Er ist dazu im Gegensatz zu den übrigen Tieren durch seine physische Natur vorbereitet, vgl. 322,5–8 mit Kommen-tar. So auch Johann Nicolas Tetens im ersten Band seiner Philosophischen Versuche: »Ob nicht auch der Körper des Menschen, wenn nicht Vorzüge an Macht und Stärke und Geschmeidigkeit, doch dergleichen an innerer Selbst-thätigkeit und an Unabhängigkeit von dem Einfluß der äußern Dinge, vor andern thierischen Körpern voraus habe, ist eine Frage, die wenigstens mit Wahrscheinlichkeit bejahet werden kann.« (Tetens 1979, I 757)

24–25 sich von der Natur bestimmt fühlen] Mit dieser Formulierung ◇ wird vermutlich der Zwang, den die Natur unerbittlich auf das Menschen-geschlecht ausübt (VIII 360,10–368,20) neu gefaßt. Es ist schwer zu entscheiden, ob die Theorie der Friedensschrift mit ihrer »Garantie des ewigen Friedens« (VIII 360,11) insgesamt noch aufrechterhalten wird. Das Wort »bestimmt« verweist auf die »Bestimmung des Menschengeschlechts« z. 28.

25–27 kein constitutives Princip … nur ein regulatives Princip] Der ◇ Kontrast ist zuerst belegt in der KrV A 509.

◇   28–30 ihr als der Bestimmung ... fleißig nachzugehen.] Vgl. 329,2–6
dasselbe »gegründet«: »[...], sondern nur aus der Erfahrung und Geschichte mit so weit gegründeter Erwartung schließen, als nöthig ist, an
diesem ihrem Fortschreiten zum Besseren nicht zu verzweifeln, sondern mit
aller Klugheit und moralischer Vorleuchtung die Annäherung zu diesem
Ziele (ein jeder, so viel an ihm ist) zu befördern.«

◇   31–34 welche, wenn man ... genannt werden kann] Vgl. in der »Idee zu
einer allgemeinen Geschichte in weltbürgerlicher Absicht« VIII 23,32–37. –
Hiermit wird das Thema vom Anfang der Charakterbestimmung der Gattung (321,20–28) wieder aufgenommen und durch die Demiurgenfiktion
ergänzt; der »Eine« Demiurg wird als tätig auf verschiedenen Planeten
gedacht. Es wird sich kaum entscheiden lassen, ob Kant an den Weltdemi-
urgen des Platonischen Timaios erinnern will, jedenfalls wird durch den
Rückgriff die Beziehung auf den christlichen Schöpfergott vermieden; ähnlich wird in anderem Zusammenhang »die große Künstlerin Natur (natura
daedala rerum)« (VIII 360,13) apostrophiert. In den Druckschriften ist nur
hier vom Demiurgen die Rede; innerhalb des Opus postumum greift Kant
häufiger auf den Terminus zurück: »Alte Meynung daß die Ganze Welt mit
allem Bösen was in ihr ist vom Weltschopfer (Demiurgus) abstamme«
(XXI 66,14–15); »[...] in einer obersten Welturache (die hier demiurgus
heißen mag; weil hiebey auf keinen moralischen Rücksicht genommen
wird)« (214,35–37); »Vom Weltschöpfer Demiurgus der der Urheber alles
Bösen seyn soll« (590,26–27). Vgl. weiter den Index XXII 673 s. v. »Gott«;
»Gott als Weltschöpfer (Demiurg)«.

◇   32–34 vernünftiger Erdwesen in ... genannt werden kann) – ob] H:
»vernünftiger [durchstrichen: Welt]Wesen in Vergleichung mit denen auf
anderen Planeten denkt auch Race genannt werden kann) – ob«. Die
Korrektur in »Erdwesen« im Rückgriff auf 119,7. – Erst hier wird der
Begriff der Rasse auf die Menschheit im ganzen angewendet (s. auch 332,10;
29; 333,21 und Friedrichs II. »maudite race« 332,36). In der Schrift »Über
den Gebrauch teleologischer Principien in der Philosophie« (1788) steht:
»Der Name einer Race, als radicaler Eigenthümlichkeit, die auf einen
gemeinschaftlichen Abstamm Anzeige giebt [...]« (VIII 163,25–26); diese
Bestimmung wird durch die fiktionale Annahme vernünftiger Wesen auf
anderen Planeten beibehalten. Entscheidend ist, daß Kant den Menschen
zur Gattung der Vernunftwesen und zur Species »vernünftiger Erdwesen«
(z. 32) zählt.

332   3 Timon ... Momus] Der erstere ist ein athenischer Misanthrop, dessen wirkliche Existenz nicht klar belegt ist, der zweite ein mythologische
Figur.

◇   5–6 Thorheit ... Narrheit] Zur Kontrastierung vgl. oben 210,28–
211,29.

8 Verheimlichung] S. den Kommentar zu z. 21–25. ◇

13–21 Es könnte wohl sein: ... vertragen könnten.] Vgl. Kommentar ◇
Nr. 79 zu Collins 69; XXV 88 (Verweis auf den entfernt ähnlichen Spectator
Nr. 225 vom 17. 11. 1711). S. auch Shaftesbury, »Advice to an Author«: »For
'tis well known we are not many of us like that Roman [wer?] who wished
for windows to his breast, that all might be as conspicuous there as in his
house, which for that reason he had built as open as was possible.« (Shaftes-
bury 1963, I 107). – Christian Nicolaus Naumann, »Über einen falschen
Gedanken des Herrn von Rochefoucault« in: Erfahrungsurtheile über den
Unterscheid des Guten und des Bösen (1752). S. Georg Stanitzek, Blödigkeit.
Beschreibung des Individuums im 18. Jahrhundert (1989) 132; Georg Cavallar,
Pax Kantiana (1992) 365. Petra Gehring, »Menschen als Maschinen der
Sprache: Über ein polemisches Sprachbild bei Kant« (1993).

21–25 Es gehört also ... fortzuschreiten nicht ermangelt.] Der Hinweis, ◇
daß der Mensch seine eigenen Gedanken zurückhält, knüpft an z. 7–9 an:
Der Mensch verheimlicht seine Gedanken. Die »Verstellung« nimmt das
Motiv von 121,3, auch von § 14 (151,6–153,17: »Von dem erlaubten mora-
lischen Schein«) auf. Der Mensch, der zunächst in die Gattung der
Vernunftwesen gesetzt wird und dann seine differentia specifica als Erdwesen findet (331,31–32) zeichnet sich aus durch die Maskierung seiner
Vernunft, die Stichworte sind Verstellung, Täuschung und Lüge. Wie beim
Gefühl der Lust und Unlust der Schmerz die Präzedenz vor der Lust hat,
d. h. Lust nur möglich ist durch die vorhergehenden Unlust (§ 60) und beim
Begehrungsvermögen der Faulheit, Feigheit und Falschheit ein Altar zu
errichten ist, weil nur durch diese Laster das Gute ermöglicht wird (§ 87), so
wird hier als das Spezifikum der gegenseitigen Erkenntnis die Verstellung,
Täuschung und Lüge genannt. Es ist die Bestimmung des Menschen, die
Verstellung, den Schmerz und das Böse aus eigenen Kräften zu überwinden
und in Wahrhaftigkeit, Arbeit und das moralisch Gute zu verwandeln. – Im
Bereich der Erkenntnis korrespondiert der Selbstverstellung die eigentümliche Illusion der Vernunft, die auf dem natürlichen falschen Gebrauch der
Vernunft beruht und zur Entdeckung der Kritik führt – ohne Dialektik der
Vernunft gibt es keine Selbsterkenntnis der Vernunft, wie Kant post festum
die Selbsttäuschung als Segen interpretiert.

27 zum gutmüthigen Belachen] Kant stellt sich in den Vorlesungsnach- ◇
schriften auf die Seite Demokrits, der über die Laster und Schwächen der
Mensch lacht, statt sie wie Heraklit zu beweinen, vgl. Collins 96; Parow 26
(korrigiert); 133; Mrongovius 84'. Nero ist ein Narr, kein Bösewicht, Collins
101 u. ö.

31–36 Friedrich II. ... nous appartenons.«] »Mein lieber Sulzer, Sie ◇
kennen nicht genügend diese verwünschte Rasse, der wir angehören.«
Külpe (370,21–29): »Johann Georg Sulzer (1720–1779) hat niemals die

Direction über die Schulanstalten in Schlesien gehabt und nur einmal
persönlich mit dem König gesprochen. Über die Unterredung berichtet
Friedrich Nicolai, Anekdoten von König Friedrich II. von Preussen und einigen
Personen, die um ihn waren (1789–1792) 3. Heft, 274 f.: »Als er mit dem sel.
Sulzer vom Erziehungswesen sprach, und dieser bei der Gelegenheit äus-
serte: Der Mensch habe von Natur weniger Neigung zum Bösen als zum
Guten; so schüttelte der König den Kopf und sagte lächelnd: ›Je vois bien,
mon cher Sulzer, que vous ne conaissez pas comme moi cette race maudite à
laquelle nous appartenons.‹«

333   1–2 eine angeborne … verriethe, auch jenem Hange] H: »in derselben
[Randzusatz: eine angebohrne Aufforderung der Vernunft] verriethe
[durchstrichen: einander als Menschen aus dieser aufzufordern und zu
ermuntern die Annäherung [zur Besserung] [Guten] Besseren in der Denkungsart wozu die Triebfeder in uns liegt zu befördern] auch jenem
Hange«.

◇   9 in und zu der Gattung … das kosmopolitisch] H: »System [durchstri-
chen: in ihrer wechselnden Unterordnung] d.i. cosmopolitisch«. – Die
»fortschreitende Organisation« (z. 8) findet *in* der Gattung als einem System
hin *zu* der Gattung als einem System statt. Die Menschengattung ist somit
ein sich selbst in fortschreitender Organisation realisierendes System; sie
wird durch einen Organisationsprozeß das, was sie (gewissermaßen in der
Idee der Natur) ist.

◇   14–16 Wenn aber in … über jene] Vgl. 327,12 – 328,7. Zum Primat der
Moral vor der Religion vgl. Refl. 6753 (XIX 148,25): »Es ist nöthig die Sittlichkeit vor der Religion zu schiken […].«

◇   16–18 und statutarische … genannt) zu regieren] Kant schließt seine
Anthropologie mit einer kaum verhüllten Verurteilung des bigotten Nachfol-
gers von Friedrich II., Friedrich Wilhelms II.

◇   17 was den Charakter unvermeidlich verstimmt] Vgl. die Diagnose im
»2. Zusatz« der Friedensschrift von 1795: »Daß Könige philosophiren, oder
Philosophen Könige würden, ist nicht zu erwarten, aber auch nicht zu
wünschen: weil der Besitz der Gewalt das freie Urtheil der Vernunft
unvermeidlich verdirbt.« (VIII 369,28–30)

LITERATURVERZEICHNIS

1. Siglen

ADB   Allgemeine Deutsche Biographie, hrsg. von der Historischen Kommission der bayrischen Akademie der Wissenschaften, Leipzig 1875 ff.

DK   Die Fragmente der Vorsokratiker, hrsg. von Hermann Diels und Walther Kranz, Berlin (8. Aufl.) 1956.

HWP   Historisches Wörterbuch der Philosophie, hrsg. von Joachim Ritter u. a., Basel 1971 ff.

KrV   Kritik der reinen Vernunft.

KpV   Kritik der praktischen Vernunft.

KdU   Kritik der Urteilskraft.

MEW   Marx-Engels Werke, Berlin 1956 ff.

RE   Paulys Realenzyklopädie der Classischen Altertumswissenschaft, hrsg. von Georg Wissowa u. a., Stuttgart 1893 ff.

SVF   Stoicorum Veterum Fragmenta, hrsg. von Johannes von Arnim und Max Adler, 4 Bde. (Nachdruck) Stuttgart 1964.

A 1   Anthropologie in pragmatischer Hinsicht abgefaßt. Königsberg 1798.

A 2   Anthropologie in pragmatischer Hinsicht abgefaßt. Königsberg 1800.

Anweisung   Immanuel Kant's Anweisung zur Menschen- und Weltkenntniß. Nach dessen Vorlesungen im Winterhalbjahre von 1790–1791. Hrsg. von Fr. Chr. Starke, Leipzig 1831.

H   Kants Manuskript der Anthropologie in pragmatischer Hinsicht (Universitätsbibliothek Rostock).

Cassirer   Schöndörffer: Anthropologie, in: Immanuel Kants Werke, hrsg. von Ernst Cassirer u. a., Berlin ²1923.

Vorländer   Immanuel Kant, Anthropologie in pragmatischer Hinsicht, hrsg. von Karl Vorländer, Hamburg 1912 u. ö.

Weischedel   Schriften zur Anthropologie, Politik und Pädagogik 2, in: Immanuel Kant. Werke in 12 Bänden, hrsg. von Wilhelm Weischedel, Bd. 12, Frankfurt am Main 1977, 395–690.

2. Primärliteratur

Abegg, Johann Friedrich (1977): Reisetagebuch von 1798, hrsg. von Walter und Jolanda Abegg. Frankfurt am Main.

Abel, Jakob Friedrich (1804): Versuch über die Seelenstärke. Erster Theil. Tübingen.

Accetto, Torquato (1983): Della dissimulazione onesta (1641), hrsg. von Salvatore S. Nigro. Genf.

Achenwall, Gottfried (1767–1768): Ius naturae: in usum auditorum. 6., erweiterte Aufl. Göttingen.

Addison, Joseph und Richard Steele (Hrsg.) (1963–1964): The Spectator (1711–1712). London.

Addison, Joseph und Richard Steele (Hrsg.) (1749 ff.): Der Zuschauer, übers. von Luise Adelgunde Victoria Gottschedin. Leipzig.

Addison, Joseph und Richard Steele (Hrsg.) (1782–1783): Auszug des Englischen Zuschauers, übers. von Johann Lorenz Benzler. Berlin.

Adelung, Johann Christoph (1806 ff.): Mithridates oder allgemeine Sprachenkunde. Berlin.

Albine, Rémond de St. (1747): Le comédien. Paris.

anonym (Fielding, Henry) (1750): The History of Tom Jones the Foundling, in his Marriate State. o. O.

anonym (Herringman, Henry) (1655): Anthropologie Abstracted: Or the Idea of Human Nature Reflected in briefe Philosophicall, and Anatomicall Collections. London.

anonym (1757): Abhandlung von einer versteinerten Stadt in der Landschaft Tripoli in Africa, in: Hamburgisches Magazin oder gesammlete Schriften aus der Naturforschung und den angenehmen Wissenschaften überhaupt 19, 631–653.

anonym (1775): Gedanken über das Schicksal der Juden, in: Der Teutsche Merkur 3, 213–220.

anonym (1777 a): Angenehme Beschäftigungen in der Einsamkeit oder tausend Stück auserlesene Anecdoten. Leipzig.

anonym (1777 b): Vom Genius des Sokrates, eine philosophische Untersuchung, in: Deutsches Museum 1, 481–510.

anonym (1784): Zur Geschichte der alten Philosophie und der Philosophen, in: Litteratur und Völkerkunde 4, 901–920.

anonym (1787): Lebensbeschreibung Voltaires. Nürnberg.

anonym (1789): Von Weibern, die erst dann, wenn sie geschlagen werden, ihre Männer lieben, in: Berlinische Monatsschrift 13, 551–560.

anonym (1792): Betrachtungen über den Einfluß der deutschen Staatsverfassung auf das Nazionalglück der Deutschen in Beziehung auf zwei Aufsätze von Mirabeau und von Wieland, in: Berlinische Monatsschrift 19, 268–299.

anonym (1799): [Rez. zu Kants Anthropologie] o. T., in: [Erlanger] Litteratur-Zeitung, Nr. 11 vom 16.1., 81–88.

Appelius, Johann Wilhelm (1733): Historisch-Moralischer Entwurf der Temperamenten und der hieraus entstehenden Neigungen des Gemüths, Sitten und Naturells. Hamburg.

Archenholtz, Johann Wilhelm von (1784): Ein Scherflein zur Physiognomik, in: Litteratur und Völkerkunde 3, 857–860.

Aristoteles (1908 ff.): Works, hrsg. von W. D. Ross. Oxford.

Arnauld, Antoine und Pierre Nicole (1965): La Logique de Port-Royal (1662), hrsg. von Bruno Baron-Freytag. Stuttgart-Bad Cannstadt.

Athenaeus (1957): Deipnosophistae, hrsg. von Burton Gulick. Cambrige (Mass.) / London.

Augustinus, Aurelius (1990): De libero arbitrio (387–395), hrsg. von Herbert Hunger. Wien.

Bacon, Francis (1963): Works, hrsg. von Ellis Spedding und Douglas Denon Heath (1857–1874). Stuttgart-Bad Cannstatt.

Baczko, Ludwig von (1824): Geschichte meines Lebens. Königsberg.

Barclay, John (1614): Icon animorum. London.

Barclay, John (1973): Euphormionis Lusinini Satyricon. 1605–1607, neu hrsg. von David A. Fleming. Nieuwkoop.

Basedow, Johann Bernhard (1979): Methodenbuch für Väter und Mütter der Familien und Völker (1770), neu hrsg. von Horst M. P. Krause. Verduz Lichtenstein.

Baumgarten, Alexander Gottlieb (1760): Initia philosophiae practicae primae. Halle / Magdeburg.

Baumgarten, Alexander Gottlieb (1961): Aesthetica (1750–1758). Hildesheim / New York.

Baumgarten, Alexander Gottlieb (1963): Metaphysica (1739). Hildesheim / New York.

Baumgarten, Alexander Gottlieb (1969): Ethica philosophica (1740). Hildesheim / New York.

Baumgarten, Sigismund Jacob (1743): De conversione non instantanea. Halle / Magdeburg.

Bayle, Pierre (1696 ff.): Dictionnaire historique et critique, hrsg. von Des Maizeaux. Amsterdam.

Beausobre, Charles Louis de (1782): Ueber die Natur und die Ursache des Wahnsinns, in: Magazin für die Philosophie und ihre Geschichte V, 73–160.

Beccaria, Cesare (1969): Dei delitti e delle pene (1764), hrsg. von Franco Venturi. Turin.

Becker, Johann Heinrich (1739): Kurtzer doch gründlicher Unterricht von den Temperamenten. Bremen.

Becker, Sophie (1791): Briefe einer Curländerinn. Auf einer Reise durch Deutschland, hrsg. von Johann Ludwig Schwarz. Berlin.

Becker, Sophie (ohne Jahr [= 1889]): Vor hundert Jahren: Elise von der Reckes Reisen durch Deutschland 1784–86 nach dem Tagebuch ihrer Begleiterin Sophie Becker, hrsg. und eingeleitet von G. Karo und M. Geyer. Stuttgart.

Bellori, Giovanni Pietro (1672): Vite de' Pittori Scultori et Architetti moderni. Rom.

Bendavid, Lazarus (1794): Versuch über das Vergnügen. Wien.

Bendavid, Lazarus (1800): Ueber den logischen Egoism. An Hrn Salomon Maimon, in: Neue Berlinische Monatsschrift 4, 384–400.

Berkeley, George (1948): Works, hrsg. von A. A. Luce und T. E. Jessop. London u. a.

Bernier, François (1684): Nouvelle division de la Terre, par les differentes Espèces ou Races d'hommes qui l'habitent [...], in: Journal des Sçavants 12, 148–155.

Bernoulli, Johann (1779–1780): Reisen durch Brandenburg, Pommern, Preußen, Curland, Rußland und Pohlen, in den Jahren 1777 und 1778. Leipzig.

Bilguer, Johann Ulrich (1767): Nachrichten an das Publicum in Absicht der Hypochondrie. Oder Sammlung verschiedener, und nicht sowohl für die Aerzte als vielmehr für das ganze Publicum gehörige die Hypochondrie, ihre Ursachen und Folgen betreffende medicinische Schriftstellen, [...]. Kopenhagen.

Blanckenburg, Christian Friedrich von (1774): Versuch über den Roman. Leipzig / Liegnitz.

Blumenbach, Johann Friedrich (1775): De generis humani variete nativa. Göttingen.

Boccaccio, Giovanni (1970): De mulieribus claris, in: ders.: Tutte le opere. A cura di Vittore Branca, Bd. X. Mailand.

Boccaccio, Giovanni (1977): Corbaccio (ca. 1362), hrsg. von P. G. Ricci. Turin.

Bodmer, Johann Jakob (1741): Critische Betrachtungen über die poetischen Gemählde der Dichter, mit einer Vorrede von Johann Jacob Breitinger. Zürich.

Böhme, Jakob (1955 ff.): Sämtliche Schriften, hrsg. von August Faust. Stuttgart.

Bonnet, Charles (1770): La palingénésie philosophique, ou idées sur l'état passé et sur l'état futur des êtres vivans. Münster.

Bonnet, Charles (1770–1771): Analytischer Versuch über die Seelenkräfte, übers. von Christian Gottfried Schütz. Bremen / Leipzig.

Bonnet, Charles (1970): Essai analytique sur les facultés de l' âme (1760). Genf.

Borowski, Ludwig Ernst (1912): Darstellung des Lebens und Charakters Immanuel Kants (1804), in: Groß (Hrsg.) 1912, 1–115.

Boswell, James (1934 ff.): Life of Johnson, hrsg. von George Birkbleck Hill und C. F. Powell. Oxford.

Boyle, Robert (1966): Works, hrsg. von Thomas Birch (1772). Hildesheim.

Brockes, Berthold Heinrich (1740): Versuch vom Menschen des Herrn Alexander Pope. Hamburg.

Brucker, Johannes (1766): Historia critica philosophiae. Leipzig.

Brydone, Patrick (1774): Reise durch Sicilien und Malta, in: Briefen an William Beckford, Esq. zu Somerly in Suffolk. Leipzig.

Büchner, Georg (1988): Werke und Briefe, hrsg. von Karl Pörnbacher u. a. München.

Buck, Friedrich Johann (1749): Versuch einer philosophischen Abhandlung von denen Stammeltern des menschlichen Geschlechts, darinnen aus Gründen der neuern Weltweisheit gezeiget wird: ob, und was die menschliche Vernunft vom Daseyn, und Ursprung unsrer ersten Eltern wahrscheinlich erkennen könne. Halle.

Büsching, Anton Friedrich (1788): Beyträge zu der Lebensgeschichte denkwürdiger Personen, insonderheit gelehrter Männer, [...]. Fünfter Theil, der den Character Friederichs des zweyten, Königs von Preußen, enthält. Halle.

Büsching, Anton (1995): s. Hoffmann, Peter (Hrsg.) (1995).

Buffon, Georges Louis Leclerc (1752–1770): Histoire naturelle générale et particulière. Paris.

Burdach, Karl Friedrich (1848): Rückblick auf mein Leben. Leipzig.

Burke, Edmund (1773): Philosophische Untersuchungen über den Ursprung unsrer Begriffe vom Erhabnen und Schönen, nach der fünften englischen Ausgabe übers. von Christian Garve. Riga.

Burke, Edmund (1980): Philosophische Untersuchung über den Ursprung unserer Ideen vom Erhabenen und Schönen, hrsg. von Werner Strube. Hamburg.

Burton, Robert (1968): The Anatomy of Melancholy (1621), eingeleitet von Holbrook Jackson. London.

Burton, Robert (1989): The Anatomy of Melancholy (1621), hrsg. von Thomas C. Faulkner, Nicolas K. Kiessling und Rhonda L. Blair. Oxford / New York.

Butler, Samuel (1732): Hudibras: Written in the time of the Late Wars, corrected and amended with Additions. London.

Caesar, Cajus Julius (1962): Bellum Gallicum. Der Gallische Krieg, hrsg. von Georg Dorminger. München.

Campe, Joachim Heinrich (1779): Über Empfindsamkeit und Empfindelei in pädagogischer Hinsicht. Hamburg.

Camper, Petrus (1821): Works on the connexion between the science of anatomy and the arts of drawing, painting, statuary, übers. von T. Cogan (1794). London.

Carosi, Johann Philipp (1781–1784): Reisen durch verschiedene polnische Provinzen, mineralischen und andern Inhalts. Leipzig.

Casmann, Otto (1594): Psychologia anthropologica sive animae humanae doctrina. Hannover.

Casmann, Otto (1605): Nucleus mysteriorum naturae. Hamburg.

Castillon, Jean de (1765): Dissertation sur les Miracles, contenant l'examen des Principes posés par Mr. David Hume compilée en anglais par George Campbell, übers. von Jean de Castillon. Utrecht.

Chladenius, Johann Martin (1985): Allgemeine Geschichtswissenschaft (1752), mit einer Einleitung von Christoph Friederich und einem Vorwort von Reinhart Koselleck. Wien / Köln / Graz.

Chorerius, Nicolaus (1680): De Petri Boessatii, Equitis et Comitis Palatini Viri Clarissimi, Vita amicisque litteratis libri duo. Gratianopoli.

Cicero, M. Tullius (1963 ff.): Opera omnia quae exstant. Mailand.

Choiseul-Gouffier, Graf von (1780–1782): Reisen [...] durch Griechenland, übers. von Heinrich August Ottokar Reichhard. Stuttgart.

Cohausen, Johann Heinrich (1720): Satyrische Gedanken von der Pica Nasi, oder der Sehnsucht der Lüstern Nase. Das ist: Von dem heutigen Mißbrauch und schädlichen Effect des Schnupf-Tabacks. Leipzig.

Cook, James (1787 ff.): Dritte und letzte Reise oder Geschichte einer Entdeckungsreise nach dem stillen Ocean. Anspach.

Crinito, Pietro (1508): De honesta disciplina. Paris.

Crusius, Christian August (1747): Wege zur Gewißheit und Zuverlässigkeit der menschlichen Erkenntnis. Leipzig.

Cullen, William (1778–1785): Anfangsgründe der praktischen Arzneiwissenschaft. Leipzig.

Dahlberg, Carl Theodor Anton Maria von (1777): Betrachtungen über das Universum. Erfurt.

Dampier, William (1714): Reise nach den Südländern. Neu-Holland u. a. 4. Theil. Frankfurt / Leipzig.

Della Porta Giambattista (1607): Della fisionomia dell' huomo. Padua.

Demetrios (1960): De elocutione, in: Aristoteles: The Poetics. Cambridge.

Descartes, René (1964 ff.): Œuvres, hrsg. von Charles Adam und Paul Tannery (1896 ff.). Paris.

Deslandes, André François Boreau (1715): L'Art de ne point s'ennuyer. Amsterdam.

Diderot, Denis (1964): Œuvres philosophiques, hrsg. von Paul Vernière. Paris.

Dohm, Christian Konrad Wilhelm von (1781): Über die bürgerliche Verbesserung der Juden. Berlin.

Eberhard, Johann August (1772 und ²1776–1778): Neue Apologie des Sokrates, oder Untersuchung der Lehre von der Seligkeit der Heiden. Berlin / Stettin.

Engel, Johann Jacob (1785–1786): Ideen zu einer Mimik. Berlin.

Engel, Johann Jakob (1971): Schriften. Frankfurt am Main.

Epikur (1966): Epicurea, hrsg. von Hermann Usener (1887). Stuttgart.

Erdmann, Benno (Hrsg.) (1882–1884): Reflexionen Kants zur kritischen Philosophie. Aus Kants handschriftlichen Aufzeichnungen. Leipzig.

Euler, Leonhard (1746): Nova Theoria Lucis et Colorum. Berlin.

Fawcatt, Benjamin (1785): Über Melankolie, ihre Beschaffenheit, Ursachen und Heilung, vornämlich über die so genannte religiöse Melankolie, übers. von Joach. Fr. Lehzen. Leipzig.

Feder, Johann Georg Heinrich (1779 ff.): Untersuchungen über den menschlichen Willen: dessen Naturtriebe, Veränderlichkeit, Verhältnis zur Tugend und Glückseligkeit. Göttingen / Lemgo.

Feijóo, Benito Jerónimo (1924): Obras Escogitas. Madrid.

Feijóo, Benito Jerónimo (1980): El no sé qué, in: ders.: Teatro crítico universal, hrsg. von Angel-Raimondo Fernández Gonzáles. Madrid, 225–239.

Ferguson, Adam (1969): An Essay on the History of Civil Society (1767), hrsg. von Duncan Forbes. Edinburgh.

Ferguson, Adam (1988): Versuch über die Geschichte der bürgerlichen Gesellschaft (1769), hrsg. von Zwi Batscha und Hans Medick. Frankfurt am Main.

Feuerbach, Ludwig (1903 ff.): Sämmtliche Werke, hrsg. von Wilhelm Bolin und Friedrich Jodl. Stuttgart.

Fichte, Johann Gottlieb (1962 ff.): Gesamtausgabe der Bayerischen Akademie der Wissenschaften, hrsg. von Reinhard Lauth und Hans Gliwitzky. Stuttgart.

Ficino, Marsilio (1978): De triplici vita (1498). Hildesheim / New York.

Fielding, Henry (1749): The History of Tom Jones, a Foundling. London.
Fielding, Henry (1966): The History of Tom Jones, a Foundling (1749), hrsg. von M. C. Battestin und F. Bowers. Oxford.
Fischer-Lamberg, Hanna (Hrsg.) (1963–1974): Der junge Goethe. Berlin.
Flögel, Carl Friedrich (1765, ²1778): Geschichte des menschlichen Verstandes. Frankfurt / Leipzig.
Flögel, Carl Friedrich (1788): Geschichte des Grotesk-Komischen. Liegnitz u. a.
Forster, Georg (1958 ff.): Werke. Sämtliche Schriften, Tagebücher, Briefe, hrsg. von der Akad. d. Wiss. d. DDR. Berlin.
Forster, Georg und Johann Reinhold Forster (1778–1780): Reise um die Welt während den Jahren 1772 bis 1775. Berlin.
Forster, Johann Reinhold (1783): Bemerkungen über Gegenstände der physischen Erdbeschreibung, Naturgeschichte und sittlichen Philosophie auf seiner Reise um die Welt gesammlet. Berlin.
Friedrich, Jacob (1783): Erste Grundlinien der allgemeinen Gelehrsamkeit. Breslau / Leipzig.
Fülleborn, Georg Gustav (1797): Kleine Schriften zur Unterhaltung. Breslau.
Fülleborn, Georg Gustav (1798): Encyclopaedia philologica. Vratislava.
Füssli, Johann Heinrich (1962): Remarks on the Writing and Conduct of J. J. Rousseau (1767), hrsg. von Eudo C. Mason. Zürich.

Gamm, Johann (1755): Abhandlung vom Schießpulver, in: Allgemeines Magazin der Natur, Kunst und Wissenschaften 5, 137–263.
Garve, Christian (1974): Popularphilosophische Schriften über literarische, ästhetische und gesellschaftliche Gegenstände. Stuttgart.
Garve, Christian und Johann Georg Heinrich Feder (1782): [Rezension der Kritik der reinen Vernunft], in: Göttingische Gelehrte Anzeigen, Zugabe 1 / Nr. 3 (19. Januar), 40–48.
Gassendi, Petrus (1964): Opera omnia. Stuttgart-Bad Cannstatt.
Gedike, Friedrich (1785): Ueber die Begräbnisse in den Kirchen, in: Berlinische Monatsschrift 9, 80–95.
Gedike, Friedrich (1791): Geschichte und Glaube an die Heiligkeit der Zahl Sieben, in: Berlinische Monatsschrift 15, 494–525.
Gellert, Christian Fürchtegott (1966): Fabeln und Erzählungen. Historisch-kritische Ausgabe bearbeitet von Siegfried Scheibe. Tübingen.
Gellius (1968): Noctes Atticae, hrsg. von P. K. Marshall. Oxford.
Gerard, Alexander (1774): An Essay On Genius. London.
Gerard, Alexander (1776): Versuch über das Genie, aus dem Englischen von Christian Garve. Leipzig.
Gesner, I. M. (1774–1775): Primae lineae in eruditionem universalem nominatim philologiam, historiam et philosophiam in usum praelectionum ductae. Leipzig.
Girtanner, Christoph (1796): Über das Kantische Princip für die Naturgeschichte. Göttingen.
Goethe, Johann Wolfgang von (1948 ff.): Werke, hrsg. von Erich Trunz. Hamburg.
Goethe, Johann Wolfgang von (1962–1967): Briefe, hrsg. von Karl Robert Mandelkow. Hamburg.
Gottsched, Johann Christoph (1962): Versuch einer kritischen Dichtkunst (1730). Darmstadt.
Gottsched, Luise Adelgunde Victoria (1969): Ode über eines Schulfuchses im Quintilian [...] (1742), in: Epochen der deutschen Lyrik 1700–1770, hrsg. von Jürgen Stenzel. München, 159–161.

Grimm, Johann Friedrich Karl (1775): Bemerkungen eines Reisenden durch Deutschland, Frankreich, England und Holland. In Briefen an seine Freunde. Altenburg.

Groß, Felix (Hrsg.) (1912): Immanuel Kant. Sein Leben in Darstellungen von Zeitgenossen. Die Biographien von L.E. Borowski, R.B. Jachmann und A.Ch. Wasianski. Berlin.

Grotius, Hugo (1939): De jure belli ac pacis (1625). Leyden.

Halde, Jean-Baptiste Du (1747–1749): Beschreibung des chinesischen Reichs und der großen Tartarey. Rostock.

Haller, Albrecht von (1747, ²1751): Primae lineae physiologiae in usum praelectionum academicarum auctae et emendatae. Göttingen.

Haller, Albrecht von (1757–1766): Elementa physiologiae corporis humani. Lausanne / Bern.

Haller, Albrecht von (1781): Grundriß der Physiologie für Vorlesungen. Berlin.

Haller, Albrecht von (1787): Tagebuch seiner Beobachtungen über Schriftsteller und über sich selbst. Zur Karakteristik der Philosophie und Religion dieses Mannes, hrsg. von Johann Georg Heinzmann. Bern.

Haller, Albrecht von (1882): Die Alpen, in: ders.: Gedichte, hrsg. von Ludwig Hirzel. Frauenfeld, 20–42.

Hamann, Johann Georg (1955 ff.): Briefwechsel, hrsg. von Walter Ziesemer und Arthur Henkel. Wiesbaden.

Harris, James (1781): Philosophical Inquiries. London.

Hartmann, Friedrich Traugott (1784): Über die Heiligkeit der Zahlen 3. 7. und 9, in: Hieroglyphen, 60–80.

Hasse, Johann Gottfried (1925): Der alte Kant (1804), hrsg. von Artur Buchenau. Berlin / Leipzig.

Hattenhauer, Hans (Hrsg.) (1970): Allgemeines Landrecht für die Preußischen Staaten von 1794. Textausgabe. Frankfurt am Main / Berlin.

Haüy, Valentin (1990): Essai sur l'éducation des aveugles, mit einer Übers. von Michel. Würzburg.

Hay, William (1759): Die Häßlichkeit. Ein Versuch. Breslau.

Hegel, Georg Wilhelm Friedrich (1913 ff.): Vorlesungen über die Philosophie der Weltgeschichte. Hamburg.

Hegel, Georg Wilhelm Friedrich (1955): Ästhetik. Berlin.

Hegel, Georg Wilhelm Friedrich (1958 ff.): Sämtliche Werke, hrsg. von Hermann Glockner. Stuttgart.

Hegel, Georg Wilhelm Friedrich (1968 ff.): Gesammelte Werke. Hamburg.

Hegel, Georg Wilhelm Friedrich (1802): Ueber das Wesen der philosophischen Kritik überhaupt, und ihr Verhältniß zum gegenwärtigen Zustand der Philosophie insbesondere, in: Kritisches Journal der Philosophie 1, III–XXIV.

Helvétius, Claude Adrien (1758): De l'esprit. Amsterdam.

Helvétius, Claude Adrien (1760): Discurs über den Geist des Menschen, übers. von Johann Gabriel Forkert. Leipzig / Liegnitz.

Hemsterhuis, François (1769): Lettre Sur La Sculpture A.M. De Smeth, Ancien président des échevins de la ville d'Amsterdam, in: Œuvres philosophiques (1792), Paris. I 1–55.

Hennings, Justus Christian (1774): Geschichte von den Seelen der Menschen und Thiere. Halle.

Herberstein, Sigmund von (1576): Moscoviter wunderbare Historien: In welcher deß trefflichen grossen land Reüssen, sampt der hauptstadt Moscaw, und anderer nammhaftigen umliegenden Fürstentump und stetten gelegenheit, Religion, und seltzame

gebreüch. Auch deß erschrockenlichen großfürsten zu Moscauw härkommen, mann-
liche tathen, gewalt und lands ordnung, auff das fleyßigste ordentlichen begriffen: so
alles bis här bey uns in Teütsche nation unbekannt gewesen, übers. von Heinrich
Pantaleon. Basel.

Herder, Johann Gottfried (1877 ff.): Sämtliche Werke, hrsg. von Bernhard Suphan. Berlin.

Heyne, Christian Gottlob (1785): Nonnulla ad quaestionem de caussis fabularum seu
mythorum veterum physicis, in: Opuscula academica collecta et animadversionibus
locupletata I, 184–206.

Hinske, Norbert (Hrsg.) (²1977): Was ist Aufklärung? Beiträge aus der Berlinischen
Monatsschrift. Darmstadt.

Hippel, Theodor Gottlieb von (1828–1839): Sämtliche Werke. Berlin.

Hippel, Theodor Gottlieb von (1972): Über die Ehe (1774), hrsg. von Wolfgang Max Faust.
Stuttgart.

Hippocrates (1990): Pseudoepigraphic Writings, hrsg. von Wesley D. Smith. Leiden.

Hirschfeld, Christian Cajus Lorenz (1777): Von der Gastfreundschaft, eine Apologie für
die Menschheit. Leipzig.

Hißmann, Michael (1777): Psychologische Versuche, ein Beytrag zur esoterischen Logik.
Frankfurt am Main / Leipzig.

Hißmann, Michael (1782): Magazin für die Philosophie und ihre Geschichte. Göttingen /
Lemgo.

Hobbes, Thomas (1969): The Elements of Law, Natural and Politic (entst. 1640), hrsg. von
Ferdinand Tönnies (1889). London.

Hobbes, Thomas (1983): De cive (1647), hrsg. von Howard Warrender. Oxford.

Hobbes, Thomas (1991): Leviathan (1651), hrsg. von Richard Tuck. Cambridge.

Hoffmann, Peter (Hrsg.) (1995): Geographie, Geschichte und Bildungswesen in Rußland
und Deutschland im 18. Jahrhundert: Briefwechsel Anton Friedrich Buesching – Gerhard Friedrich Mueller 1751 bis 1783. Berlin.

Hofstede, Peter (1769): Des Herrn Marmontels Belisar und die Laster der berühmtesten
Heiden angezeigt, zum Beweise, wie unbedachtsam man dieselben ihrer Tugenden
wegen selig gepriesen, hrsg. von dem Herrn Peter Hofstede, Prediger zu Rotterdam,
übers. von Mart. Dietrich Stenigker. Leipzig / Wesel.

Holberg, Ludwig von (1744): Moralische Gedanken, übers. von Elias Caspar Reichard.
Leipzig.

Hölderlin, Friedrich (1946 ff.): Sämtliche Werke, hrsg. von Friedrich Beissner. Stuttgart.

Home, Henry (1774–1775): Versuche über die Geschichte des Menschen, übers. von
Anton Ernst Klausing. Leipzig.

Home, Henry (1790–1791): Grundsätze der Kritik, übers. von Johann Nicolaus Mein-
hard. Hamburg / Leipzig.

Homer (1966): Odyssee. Berlin / Darmstadt.

Horatius Flaccus, Quintus (1955): Opera, erklärt von Adolf Kiessling, besorgt von
Richard Heinze. Berlin.

Huarte, Juan (1752): Prüfung der Köpfe zu den Wissenschaften, worinne er die verschiedenen Fähigkeiten die in den Menschen liegen, zeigt. Zerbst.

Hübner, Johann (1730–1731): Vollständige Geographie. Frankfurt am Main / Leipzig.

Huet, Pierre Daniel (1723): Traité philosophique de la foiblesse de l'esprit humain.
Amsterdam.

Huet, Pierre Daniel (1724): Von der Schwachheit und Unvollkommenheit des menschlichen Verstandes zur Erkenntnüß der Wahrheit. Frankfurt am Main.

Hufeland, Christian Wilhelm (1797): Makrobiotik oder die Kunst, das menschliche Leben
zu verlängern. Jena.

Hughes, Griffith (1750): The Natural History of Barbados. London.

Humboldt, Wilhelm von (1903 ff.): Gesammelte Schriften, hrsg. von der Königl. Preuss. Akad. d. Wiss. Berlin.

Humboldt, Wilhelm von (1960): Schriften zur Anthropologie und Geschichte [= Werke Bd. I], hrsg. von Andreas Flitner und Klaus Giel. Darmstadt.

Hume, David (1754–1756): Vermischte Schriften, hrsg. von Johann Georg Sulzer u. a. Hamburg / Leipzig.

Hume, David (1779): Dialogues Concerning Natural Religion. London.

Hume, David (1987): Essays. Moral, Political, and Literary, hrsg. von Eugene F. Miller. Indianapolis.

Hume, David (1932): The Letters, hrsg. von J. Y. T. Greig. Oxford.

Hume, David (1975): Enquiries Concerning Human Understanding and Concerning the Principles Of Morals (1748/1751). Oxford.

Hume, David (1978): A Treatise of Human Nature (1739–1740), hrsg. von Peter Harold Nidditch. Oxford.

Hume, David (1983): The History of Great Britain (1754–1762). Indianapolis.

Hutcheson, Francis (1971): Collected Works. Hildesheim.

Irwing, Karl Franz von (²1777–1785): Erfahrungen und Untersuchungen über den Menschen. Berlin.

Ith, Johann (1803): Versuch einer Anthropologie oder Philosophie des Menschen. Zweyte viel vermehrte und berichtigte Auflage. Winterthur.

Jakob, Ludwig Heinrich (1791): Grundriß der Erfahrungs-Seelenlehre. Halle.

Jenisch, Daniel (1787): Ueber die Schwärmerey und ihre Quellen in unsern Zeiten, in: Gnothi Sauthon 5, 23–48.

Johnson, Samuel (1747–1755): Dictionary of the English Language. London.

Juvenal (1993): Satiren, Lateinisch-Deutsch, hrsg. von Joachim Adamietz. München.

Kästner, Abraham Gotthelf (1768–1773): Einige Vorlesungen gehalten in der deutschen Gesellschaft zu Göttingen. Altenburg.

Kästner, Abraham Gotthelf (1971): Gesammelte Poetische und Prosaische Schönwissenschaftliche Werke (1841). Frankfurt am Main.

Kant, Immanuel (1792): Ueber das radikale Böse in der menschlichen Natur, in: Berlinische Monatsschrift 16, 323–385.

Kant, Immanuel (1824): Von der Macht des Gemüths durch den bloßen Vorsatz seiner krankhaften Gefühle Meister zu sein, hrsg. und mit Anmerkungen versehen von C. W. Hufeland. Leipzig.

Kant, Immanuel (1838 ff.): Sämmtliche Werke, hrsg. von Karl Rosenkranz und Friedrich Wilhelm Schubert. Leipzig.

Kant, Immanuel (1882–1884): Reflexionen Kants zur kritischen Philosophie. Aus Kants handschriftlichen Aufzeichnungen, hrsg. von Benno Erdmann. Leipzig.

Kant, Immanuel (1900 ff.): Gesammelte Schriften, hrsg. von der Akademie der Wissenschaften. Berlin.

Kant, Immanuel (1924): Eine Vorlesung Kants über Ethik, hrsg. von Paul Menzer. Berlin.

Kant Immanuel (1976): Immanuel Kants Menschenkunde. Nach handschriftlichen Vorlesungen. Im Anhang Immanuel Kants Anweisung zur Menschen- und Weltkenntniß. Nach dessen Vorlesungen im Winterhalbjahre 1790–1791, hrsg. von Fr. Chr. Starke. New York.

Kant, Immanuel (1977): Anthropologie in pragmatischer Hinsicht, in: Immanuel Kant: Werke in 12 Bänden, hrsg. von Wilhelm Weischedel, Bd. 12. Frankfurt am Main, 395–690.
Kant, Immanuel (1985): Antropologia Pragmatica, übers. von Giovanni Vidari und Augusto Guerra. Rom / Bari.
Kant, Immanuel (1986): Metaphysische Anfangsgründe der Rechtslehre, hrsg. von Bernd Ludwig. Hamburg.
Kant, Immanuel (1991): Bemerkungen in den »Beobachtungen über das Gefühl des Schönen und Erhabenen«, hrsg. und kommentiert von Marie Rischmüller. Hamburg.
Kant, Immanuel (1992): Über den Gemeinspruch: Das mag in der Theorie richtig sein, gilt aber nicht für die Praxis – Zum Ewigen Frieden, hrsg. und eingeleitet von Heiner F. Klemme. Hamburg.
Kant, Immanuel (1993): Opus postumum, hrsg. und ins Englische übers. von Eckart Förster und Michael Rosen. Cambridge.
Karl V. (1533): Carolina. Peinlich gerichts ordnung. Mainz.
Kemmerich, Dieterich Hermann (1711–1714): Neueröffnete Akademie der Wissenschafften: zu welchen vornemlich Standes-Personen nützlich können angeführet werden, und zu einer vernünftigen und wohlanständigen Conduite geschickt gemacht werden. Leipzig.
Kleist, Heinrich von (1962): Sämtliche Werke und Briefe. Darmstadt.
Knigge, Adolph Freiherr von (1788): Philo's endliche Erklärung und Antwort, auf verschiedene Anforderungen und Fragen, an ihn ergangen, seine Verbindung mit dem Orden der Illuminaten betreffend. Hannover.
Koser, Reinhold (u. a.) (Hrsg.) (1908–1911): Briefwechsel Friedrichs des Großen mit Voltaire. Leipzig.
Koser, Reinhold u. a. (Hrsg.) (1908–1911): Briefwechsel Friedrichs des Großen mit Voltaire. Leipzig.
Kreutzfeld, Johann Gottlieb (1777): Dissertatio Philologico-Poetica de Principiis Fictionum Generalioribus particula 1. Königsberg.

La Bruyère, Jean de (1962): Les Caractères de Théophraste traduits du grec avec les caractères ou les moeurs de ce siècle (1688), hrsg. von Robert Garapon. Paris.
La Condamine, de (1745): Relation abrégée d'un voyage fait dans l'interieur de l'Amerique méridionale. Paris.
La Fontaine, Jean de (1965): Œuvres complètes. Paris.
Laertius, Diogenes (1929): De clarorum Philosophorum Vitis, Dogmatibus et Apophthegmatibus Libri Decem. Paris.
Lafitau, Joseph François (1724): Moeurs des sauvages Amériquains. Paris.
Lambert, Johann Heinrich (1965 ff.): Philosophische Schriften, hrsg. von Hans Werner Arndt. Hildesheim.
Lavater, Johann Caspar (1771): Geheimes Tagebuch. Von einem Beobachter Seiner Selbst. Leipzig.
Lavater, Johann Caspar (1773): Unveränderte Fragmente aus dem Tagebuche eines Beobachters seiner Selbst; oder des Tagebuches Zweyter Theil, nebst einem Schreiben an den Herausgeber desselben. Leipzig.
Lavater, Johann Caspar (1968): Physiognomische Fragmente, zur Beförderung der Menschenkenntniß und Menschenliebe (1775–1778). Zürich.
Lavater, Johann Caspar (1991): Von der Physiognomik und Hundert physiognomische Regeln (1772), hrsg. von Karl Riha und Carsten Zelle. Frankfurt am Main.
Le Cat, Claude Nicolas (1740): Traité des sens. Rouen.
Leibniz, Gottfried Wilhelm (1923 ff.): Sämtliche Schriften und Briefe, hrsg. von der Akad. d. Wiss. Berlin.

Leibniz, Gottfried Wilhelm (1965): Die philosophischen Schriften (1875 ff.), hrsg. von C. I. Gerhardt. Hildesheim.

Leibniz, Gottfried Wilhelm (1956): Philosophical Papers and Letters, übers. und eingeleitet von Leroy E. Loemker. Chicago.

Leß, Gottfried (1777): Parallel des Genius Sokratis mit den Wundern Christi, in: Deutsches Museum 2. 302–310.

Lessing, Gotthold Ephraim (³1886 ff.): Sämtliche Schriften, hrsg. von Karl Lachmann und Franz Muncker. Stuttgart.

Lessing, Gotthold Ephraim (1970 ff.): Werke, hrsg. von Herbert G. Göpfert. München.

Lichtenberg, Georg Christoph (1967 ff.): Schriften und Briefe, hrsg. von Wolfgang Promies. München.

Linnaeus, Carolus (1752): Genera Plantarum eorumque characteres naturales secundum numerum, figuram, situm, et proportionem omnium fructificationis partium. Halle / Magdeburg.

Liturgie zur Karsamstagsweihe der Osterkirche. Lateinisch-deutsches Volksmeßbuch (¹³1962), hrsg. von Urbanus Bomm. Einsiedeln / Köln.

Locke, John (1963): The Works of John Locke (1823). Aalen.

Locke, John (1975): An Essay Concerning Human Understanding (1690), hrsg. von Peter Harold Nidditch. Oxford.

Locke, John (1981): Versuch über den menschlichen Verstand (1795–1797). Hamburg.

Loen, Johann Michael von (1972): Moralische Schildereien nach dem Leben gezeichnet. Frankfurt.

Longolius, Johann Daniel (1716): Warhafftiger Temperamentist, oder unbetrügliche Kunst der Menschen Gemüther nach ihren natürlichen und moralischen Haupt-Eigenschaften zu unterscheiden. Budissin.

Lorry, Annaeus Carolus (1765): De melancholia et morbis melancholicis. Paris.

Ludwig, Christian Friedrich (1796): Grundriß der Naturgeschichte der Menschenspecies. Leipzig.

Lukrez, Titus Lucretius Carus (1963): De rerum natura, hrsg. von Cyril Bailey. Oxford.

Maimon, Salomon (1791): Über Selbsttäuschung. In Bezug auf den vorhergehenden Aufsatz, in: Gnothi sauton 8, 8–50.

Maimon, Salomon (1800): Erklärung einer allgemein bekannten merkwürdigen anthropologischen Erscheinung, in: Neue Berlinische Monatsschrift 3, 61–72.

Malebranche (1962 ff.): Œuvres complètes. Paris.

Mandeville, Bernard (1957): The Fable of the Bees: or Private Vices, Publick Benefits (1714). Oxford.

Marmontel, Jean-François (1767): Belisar. Nebst der glücklichen Familie, einer moralischen Erzählung von eben diesem Schriftsteller. Leipzig.

Marschall, Peter James und Glyndwr Williams (1982): The Great Map of Mankind. Perceptions of New Worlds in the Age of Enlightenment. London.

Martialis, Marcus Valerius (1990): Epigrammata, hrsg. von D. R. Shackleton Bailey. Stuttgart.

Mauchart, Immanuel David (1792–1801): Allgemeines Repertorium für empirische Psychologie und verwandte Wissenschaften. Nürnberg.

Maupertuis, Pierre Louis Moreau de (1749): Essai de philosophie morale. Berlin.

Medicinisch-praktische Bibliothek 1 (1785). Göttingen.

Meier, Georg Friedrich (1752): Auszug aus der Vernunftlehre. Halle.

Meier, Georg Friedrich (1971): Theoretische Lehre von den Gemüthsbewegungen überhaupt (1744). Frankfurt am Main.

Meiners, Christoph (1773): Kurzer Abriß der Psychologie. Zum Gebrauche seiner Vorlesungen. Göttingen / Gotha.
Meiners, Christoph (1775): Versuch über die Religionsgeschichte der ältesten Völker, besonders der Egyptier. Göttingen.
Meiners, Christoph (1777): [Anzeige seiner Übersetzung von Pietro Verris anonymen Idee sull' indole del piacere] in: Göttingische Gelehrte Anzeigen, Nr. 75, 593–596.
Meiners, Christoph (1800 f.): Allgemeine kritische Geschichte der ältern und neuern Ethik oder Lebenswissenschaft nebst einer Untersuchung der Fragen: Gibt es dann auch wirklich eine Wissenschaft des Lebens? Wie sollte ihr Inhalt, wie ihre Methode beschaffen seyn? Göttingen.
Mendelssohn, Moses (1971 ff.): Gesammelte Schriften, hrsg. von Ismar Elbogen und Alexander Altmann. Stuttgart-Bad Cannstadt.
Mengs, Anton Raphael (³1771): Gedanken über die Schönheit und den Geschmack in der Malerey, hrsg. von J. Caspar Füeßli. Zürich.
Me[t]zger, Johann Daniel (1784): Ueber das Königsbergsche Irrhaus, in: Magazin für gerichtliche Arzneikunde und medizinische Polizei 2, 767–774.
Michaelis, Christian Friedrich (1785): Medicinisch-praktische Bibliothek. Göttingen.
Mill, John Stuart (1968): Gesammelte Werke, übers. von Thomas Gomberz. Aalen.
Milton, John (1965): Episches Gedicht von dem Verlohrnen Paradiese (1742), übers. von Johann Jacob Bodmer. Stuttgart.
Milton, John (1767): Paradise Lost (1667). London.
Molière, Jean-Baptiste [d. i. Poquelin, Jean Baptiste] (1971): Œuvres complètes, hrsg. von Georges Couton. Paris.
Montaigne, Michel de (1962): Œuvres complètes, hrsg. von Albert Thibaudet und Maurice Rat. Paris.
Montaigne, Michel de (1992): Essais [Versuche] nebst des Verfassers Leben, nach der Ausgabe von Pierre Coste übers. von Johann Daniel Tietz (1753–1754). Zürich.
Montesquieu, Charles de Secondat (1960): Lettres persanes (1721). Paris.
Montesquieu, Charles de Secondat (1964): Œuvres complètes, hrsg. von Georges Vedel. Paris.
Montucla, Jean Étienne (1758): Histoire des mathématiques. Paris.
Moritz, Karl Phillip (1785): Anton Reiser. Berlin.
Moritz, Karl Philipp (Hrsg.) (1791): Beiträge zur Philosophie des Lebens, mit einem Anhang über Selbsttäuschung (1780). Berlin.
Moritz, Karl Philipp (Hrsg.) (1783–1793): Gnothi Sauton oder Magazin zur Erfahrungsseelenkunde als ein Lesebuch für Gelehrte und Ungelehrte. Berlin.

Naumann, Christian Nicolaus (1752): Über einen falschen Gedanken des Herrn von Rochefoucault, in: Erfahrungsurtheile über den Unterscheid des Guten und des Bösen. Erfurt. (Nicht eingesehen).
Newton, Isaac (1934): Sir Isaac Newton's Mathematical Principles of Natural Philosophy and His System of the World, Translated by Andrew Motte (1729). Neu hrsg. von Florian Cajori. Berkeley.
Nicolai, Ernst Anton (1758): Gedancken von der Verwirrung des Verstandes, dem Rasen und Phantasieren. Kopenhagen.
Nicolai, Friedrich (1783–1796): Beschreibung einer Reise durch Deutschland und die Schweiz im Jahre 1781, nebst Bemerkungen über Gelehrsamkeit, Industrie, Religion und Sitten. Berlin / Stettin.
Nicolai, Friedrich (1789–1792): Anekdoten von König Friedrich II. von Preussen und einigen Personen, die um ihn waren. Berlin / Stettin.

Nicolai, Friedrich (1799): Ueber meine gelehrte Bildung, über meine Kenntniß der kritischen Philosophie und meine Schriften die selbe betreffend, und über die Herren Kant, J.B. Erhard, und Fichte. Berlin / Stettin.
Nietzsche, Friedrich (1967 ff.): Kritische Gesamtausgabe, hrsg. von Giorgio Colli und Mazzino Montinari. Berlin.
Novalis (1978 ff.): Werke, Tagebücher und Briefe Friedrich von Hardenbergs, hrsg. von Hans-Joachim Mähl und Richard Samuel. München / Wien.

Orville, Contant d' (1771): Histoire des différents peuples du monde. Paris.
Ovid (1983): Ars amatoria, hrsg. von Karl-Heinz Niemann. Göttingen.

Pacioli, Luca (1497): De divina proportione. Venedig.
Persius Flaccus, Aulus (1956): Saturarum Liber, hrsg. von W.V. Clausen. Oxford.
Platner, Ernst und Johann Sigfrid Kaehler (1767): De vi corporis in memoria specimen primum cerebri in apprehendendis et retinendis ideis officium sistens. Leipzig.
Platner, Ernst (1772): Anthropologie für Aerzte und Weltweise. Erster Theil. Leipzig.
Platner, Ernst (1793 ff.): Philosophische Aphorismen nebst einiger Anleitung zur philosophischen Geschichte. Leipzig.
Platon (1970 ff.): Werke, hrsg. von Gunther Eigler. Darmstadt.
Plautus, Titus Maccius (1830): Curculio, hrsg. und übers. von Friedrich Wilhelm Ehrenfried Rost. Leipzig.
Plautus, Titus Maccius (1832): Truculentus, hrsg. und übers. von Friedrich Wilhelm Ehrenfried Rost. Leipzig.
Plautus, Titus Maccius (1910): Miles gloriosus, in: Plauti comoediae, hrsg. von W.M. Lindsay. Bd. 2. Oxford, Ohne Paginierung.
Plessing, Friedrich Victor Leberecht (1783): Versuchter Beweis von der Nothwendigkeit des Uebels und der Schmerzen, bey fühlenden und vernünftigen Geschöpfen. Dessau / Leipzig. (Kein Exemplar zugänglich).
Plotin (1956 ff.): Schriften, übers. von Richard Harder, hrsg. von Rudolf Beutler und Willy Theiler. Hamburg.
Ploucquet, Gottfried (1753): Principia de substantiis et phaenomenis. o. O.
Plutarch (1950): Moralia, hrsg. von Max Pohlenz. Leipzig.
Plutarch (1961): Vita Dionis, in: ders.: Vitae parallelae, übers. von Bernadotte Perin. London / Cambridge (Mass.).
Pockels, Carl Friedrich (1798): Neue Beyträge zur Bereicherung der Menschenkunde überhaupt und der Erfahrungsseelenlehre insbesondere. Hamburg.
Pockels, Carl Friedrich (1805 ff.): Der Mann. Ein anthropologisches Charaktergemälde seines Geschlechts. Hannover.
Polybius (1960): Historiae, übers. von W.R. Paton. London / Cambridge (Mass.).
Pope, Alexander (1778): Sämmtliche Werke. Strasburg.
Pope, Alexander (1950): The Poems of Alexander Pope, hrsg. von Maynard Mack. London / New Haven.
Porta, Giambattista (1580 u. ö.): De humana physiognomia. o. O.
Prediger S** (1792): Eine Schatzgräbergeschichte aus Pommern. Eingesandt vom Herrn Prediger S**, in: Berlinische Monatsschrift 16, 68–76.
Pseudo-Longinos (1966): Vom Erhabenen, übers. und hrsg. von Reinhard Brandt. Darmstadt.
Pseudo-Mayne (1983): Über das Bewußtsein (1728), übers. und hrsg. von Reinhard Brandt. Hamburg.
Pufendorf, Samuel (1994): Über die Pflicht des Menschen und Bürgers nach dem Gesetze der Natur (lat. 1673, dt. 1927), hrsg. von Klaus Luig. Frankfurt am Main.

Puster, Rolf W. (1991): Britische Gassendi-Rezeption am Beispiel John Lockes. Stuttgart-Bad Cannstatt.

Quintilianus (1971): Institutionis oratoriae libri XII, hrsg. von Ludwig Rademacher. Leipzig.

Ramond de Carbonnières, Louis François Elisabeth (1789): Reise nach den höchsten französischen und spanischen Pyrenäen, oder physikalische, geologische und moralische Beschreibung der Pyrenäen, ihrer Höhe, der Gletscher oder Eisberge auf denselben u. s. f. ihrer Bewohner, deren Geschichte, Sitten, Lebensart &c nebst einer Vergleichung dieser Gebirge mit den Alpen. Straßburg.

Rebmann, August Georg Friedrich (1798–1804): Obscuranten-Almanach. Paris.

Rehberg, August Wilhelm (1826): Zur Geschichte des Königreichs Hannover in den ersten Jahren nach der Befreiung von der Westphälischen und Französischen Herrschaft. Göttingen.

Rehberg, August Wilhelm (1828–1831): Sämmtliche Schriften. Hannover.

Reicke, Rudolph (Hrsg.) (1860): Kantiana. Beiträge zu Immanuel Kants Leben und Schriften. Königsberg.

Reid, Thomas (1858): Works, hrsg. von William Hamilton. Edinburgh / London.

Reinhold, Karl Leonhard (1789): Versuch einer neuen Theorie des menschlichen Vorstellungsvermögens. Prag / Jena.

Reusch, Karl Daniel (1772): Meditationes physicae circa systemata Euleri et Newtoni de luce et coloribus. Königsberg.

Riccoboni, Francesco (1750): L'Art du Théâtre. Paris.

Rink, Friedrich Theodor (1800): Mancherley zur Geschichte der metacritischen Invasion. Königsberg.

Rink, Friedrich Theodor (1805): Ansichten aus Immanuel Kant's Leben. Königsberg.

Robertson, William (1777): Geschichte von Amerika, übers. von Johann Friedrich Schiller. Leipzig.

Robertson, William (1792): Historische Untersuchung über die Kenntnisse der Alten von Indien und die Fortschritte des Handels mit diesem Lande [...]. Berlin.

Robinet, Jean Baptiste (1763): De la nature. Amsterdam.

Roes, Alexander von (1958): Noticia seculi, in: Die Schriften des Alexander von Roes und des Engelbert von Admont (= Monumenta Germaniae Historica 500–1500: Staatsschriften des späteren Mittelalters, Bd. I). Stuttgart, 149–171.

Rohr, Julius Bernhard von ([4]1732): Von der Kunst der Menschen Gemüther zu erforschen, Darinnen gezeiget, In wie weit man aus eines Reden, Actionen und anderer Leute Urtheilen, eines Menschen Neigungen erforschen könne, Und überhaupt untersucht wird, Was bey der gantzen Kunst wahr oder falsch, gewiß oder ungewiß sey. Leipzig.

Rosenkranz, Karl (1844): Georg Wilhelm Friedrich Hegels Leben. Berlin.

Rousseau, Jean-Jacques (1959ff.): Œuvres complètes. Paris.

Rüdiger, Andreas ([2]1729): Philosophia pragmatica, methodo apodictica et quod eius licuit, mathematica, conscripta. Leipzig.

Saumaise, siehe Salmasius

Salmasius, Claudius (Saumaise) (1648): De annis climactericis. Leyden.

Sarpi, Paolo [u. d. Pseudonym Petrus Suave Polano] (1619): Historia del concilio Tridentino. London.

Scheffner, Johann Georg (1919–1938): Briefe Scheffners, hrsg. von Arthur Warda. München.

Schelling, Friedrich Wilhelm Joseph (1927ff.): Werke, hrsg. von Manfred Schröter. München.

Schelling, Friedrich Wilhelm Joseph (1976 ff.): Werke. Historisch-Kritische Ausgabe, hrsg. von Hermann Krings und Hermann Zeltner. Stuttgart.

Schiffert, Christian (1741): Nachrichten von den jetzigen Anstalten des Collegii Fridericiani. Königsberg.

Schiller, Friedrich von (1943 ff.): Werke. Nationalausgabe, begründet von Julius Petersen. Weimar.

Schlegel, August Wilhelm und Friedrich Schlegel (Hrsg.) (1798 ff.): Athenaeum. Berlin.

Schlegel, Johann Elias (1743): Der geschäftige Müßiggänger, in: Ders.: Theater der Deutschen (²1768–1776). Bd. 9. Königsberg.

Schleiermacher, Friedrich (1799): [Rezension von Kants Anthropologie], in: Schlegel / Schlegel (Hrsg.) 1798 ff., II 2, 300–306.

Schloezer, August Ludwig: (Hrsg.) (1779): Leben, Thaten, Reisen und Tod eines sehr klugen und sehr artigen 4jährigen Kindes Christian Henrich Heineken aus Lübeck, beschrieben von seinem Lehrer Christian von Schoeneich. Göttingen.

Schlosser, Johann Georg (1789): Briefe über die Gesetzgebung überhaupt und den Entwurf des preußischen Gesetzbuchs insbesondre. Frankfurt am Main.

Schlosser, Johann Georg (1797): Schreiben an einen jungen Mann, der die kritische Philosophie studiren wollte. Lübeck / Leipzig.

Schmid, Carl Christian Erhard (1791): Empirische Psychologie. Jena.

Schmid, Carl Christian Erhard (1976): Wörterbuch zum Gebrauch der Kantischen Schriften (1786). Darmstadt.

Schütz, Christian Gottfried (1770–1771): Betrachtungen über verschiedene Methoden der Psychologie [...], in: Bonnet (1770–1771), II 185–322.

Schütz, Christian Gottfried (1772): Ueber verschiedene widrige Schicksale der deutschen Philosophie. Halle.

Schütz, Christian Gottfried (1773): Grundsätze der Logik oder Kunst zu denken zum Gebrauche der Vorlesungen. Lemgo.

Schütz, Christian Gottfried (1776–1778): Lehrbuch zur Bildung des Verstandes und des Geschmacks. Halle / Lemgo.

Schulz, Friedrich (1791): Über Paris und die Pariser. Berlin.

Schwabe, Johann Joachim (Hrsg.) (1747–1774): Allgemeine Historie der Reisen zu Wasser und zu Lande; oder Sammlung aller Reisebeschreibungen, welche bis itzo in verschiedenen Sprachen von allen Völkern herausgegeben worden [...]. Leipzig.

Senault, Jean François (1643): De l'usage des passions. Paris.

Seneca, Lucius Annaeus (1995): Philosophische Schriften, hrsg. von Manfred Rosenbach. Darmstadt.

Shaftesbury, Anthony Third Earl of (1963): Characteristics of Men, Manners, Opinions, Times, hrsg. von John M. Robertson. Indianapolis / New York.

Smith, Adam (1776–1792): Untersuchung der Natur und Ursachen von Nationalreichthümern, übers. von Johann Friedrich Schiller. Leipzig.

Smith, Adam (1810): Untersuchung über die Natur und die Ursachen des Nationalreichthums, nach der 4. Ausgabe übers. von Christian Garve. Breslau / Leipzig.

Smith, Adam (1976 ff.): Works and Correspondence. Oxford.

Soemmerring, Samuel Thomas (1796): Über das Organ der Seele. Königsberg.

Sonnerat, Pierre (1783): Reise nach Ostindien und China auf Befehl des Königs unternommen vom Jahr 1774 bis 1781. Zürich.

Sophokles (1962): Werke, ins Englische übers. von F. Storr. London / Cambridge.

Spinoza, Baruch de (1910): Ethik (1677, dt. 1744), übers. von Otto Baensch. Leipzig.

Spinoza, Baruch de (1923 ff.): Opera, hrsg. von Carl Gebhardt. Heidelberg.

Spon, Jacob (1683): Recherches curieuses d'Antiquite. Lyon.

Staël, Anne Louise Germaine (1968): De l'Allemagne. Paris.

Stahl, Georg Ernst (1723): Neu-verbesserte Lehre von den Temperamenten [...]. Leipzig.

Sterne, Laurence (1763): Leben und Meinungen des Tristram Shandy, übers. von Johann Joachim Bock. Berlin.

Sterne, Lawrence (1912): The Life and Opinions of Tristram Shandy, Gentleman (1760–1767). London.

Struth, Joseph (1602): Ars sphymica seu pulsuum doctrina. Basel.

Sturm[ius], Johann Cristoph (1686): Philosophia eclectica [...] exercitationes academicae, quibus philosophandi methodus selectior [...] explicatur [...] Altdorf Noricorum. Schönnerstaedt.

Sulzer, Johann Georg (1750): Unterredungen über die Schönheit der Natur. Berlin.

Sulzer, Johann Georg ([2]1759): Kurzer Begriff aller Wissenschaften und andern Theile der Gelehrsamkeit, worin jeder nach seinem Inhalt, Nutzen und Vollkommenheit kürzlich beschrieben wird. Leipzig.

Sulzer, Johann Georg (1771 ff.; [2]1792 ff.): Allgemeine Theorie der Schönen Künste. Leipzig.

Sulzer, Johann Georg (1773): Vermischte philosophische Schriften. Leipzig.

Swift, Jonathan (1756 ff.): Satyrische und ernsthafte Schriften, übers. von J.H. Waser. Hamburg / Leipzig.

Swift, Jonathan (1966): Gulliver's Travels, hrsg. von Robert A. Greenberg. New York.

Tacitus, Publius Cornelius ([2]1992): Annalen, hrsg. von Erich Heller. München.

Terrasson, Jean (1754): La philosophie applicable à tous les objets de l'esprit et de la raison, [...] Précédé des Réflexions de M. d'Alembert. Paris.

Terrasson, Jean (1756): Philosophie nach ihrem allgemeinen Einflusse auf alle Gegenstände des Geistes und der Sitten, hrsg. von Johann Christoph Gottsched. Leipzig.

Tertullian, Quintus Septimus Florens (1954): De fuga in persecutione, in: Tertulliani opera. Turnhout. II, 1133–1155.

Testa, Joseph (1790): Bemerkungen über die periodischen Veränderungen und Erscheinungen im kranken und gesunden Zustande des menschlichen Körpers. Leipzig.

Tetens, Johann Nicolas (1913): Über die allgemeine spekulativische Philosophie. Philosophische Versuche über die menschliche Natur und ihre Entwicklung, Bd. 1 (1775), besorgt von Wilhelm Uebele. Berlin.

Tetens, Johann Nicolas (1979): Die philosophischen Werke. Hildesheim.

Thomasius, Christian (1688): Introductio ad philosophiam aulicam; seu, Lineae primae libri de prudentia cogitandi et rationandi, ubi ostenditur media inter praejudicia cartesianorum, & ineptias peripateticorum, veritatem invenienda via. Addita est Ulrici Huberi [...] oratio de paedantismo. Leipzig.

Thomasius, Christian (1699): Versuch vom Wesen des Geistes. Halle.

Tiedemann, Dieterich (1777–1778): Untersuchungen über den Menschen. Leipzig.

Toze, Eobald (1785): Einleitung in die allgemeine und besondere Europäische Staatskunde. Bützow / Schwerin / Wismar.

Trapp, Ernst Christian (1780): Versuch einer Pädagogik. Berlin.

Trublet, Nicolas Charles Joseph, Abbé (1735): Essais sur divers sujets de littérature et de morale. Paris.

Varenius, Bernardus (1671): Geographia generalis in qua affectiones generales Telluris explicantur. Amsterdam. Neu hrsg. von Isaac Newton (1672), Cambridge.

Verri, Pietro (1763): Meditazioni sulla felicità. Livorno.

Verri, Pietro (1774): Idee sull' indole del piacere (1773). Mailand.

Verri Pietro (1775): Osservazioni al libro »Idee sull' indole del piacere« – Lettera anonima ad un amico. Bologna.

Verri, Pietro (1777): Gedanken über die Natur des Vergnügens, übers. von Christoph Meiners. Leipzig.

Verri, Pietro (1781): Discorsi sull' indole del piacere e del dolore; sulla felicità, e sulla economia politica. Riveduti ed accresciuti dall' Autore. Mailand.

Verri, Pietro (1785): Betrachtungen über die Staatswirtschaft, übers. von L.B.M. Schmid. Mannheim. (Kein Exemplar zugänglich)

Verri, Pietro (1998): Meditazioni sulla economia politica. Milano.

Vieussens, Raymundus (1590): Doctoris Medici Monspeliensis Neurographia Universalis. Hoc est, Omnium Corporis humani Nervorum, simul & cerebri, medullaeque spinalis Descriptio Anatomica. Frankfurt.

Villaume, Peter ([2]1788): Geschichte des Menschen (1783). Leipzig.

Vitruv (1962): De Architectura, mit einer Übers. ins Englische von Frank Granger. London / Cambridge.

Vogli, Marco Antonio (1772): La natura del piacere e del dolore. Livorno.

Volkmann, Johann Jakob (1770–1778): Historisch-Kritische Nachrichten von Italien, welche eine Beschreibung dieses Landes, der Sitten, Regierungsform, Handlung, des Zustandes der Wissenschaften und insonderheit der Werke der Kunst enthalten. Zweyte viel vermehrte und durchgehends verbesserte Auflage. Leipzig.

Voltaire, François Marie Arouet de (1759): Candide. London.

Voltaire, François Marie Arouet (1785): Œuvres completes. o.O.

Voltaire François Marie Arouet de (1877–1885): Œuvres complètes. Paris.

Voltaire, François Marie Arouet de (1930): Œuvres complètes. Contes et romans, hrsg. von Philippe van Tiegheim. Paris.

Voltaire, François Marie Arouet de (1960): Romans et contes, hrsg. von Henri Bénac. Paris.

Wagnitz, Heinrich B. (1791–1794): Historische Nachrichten und Bemerkungen über die merkwürdigsten Zuchthäuser in Deutschland. Halle.

Walch, Johann Georg (1733): Commentatio de arte aliorum animos cognoscendi. Jena.

Walch, Johann Georg (1740): Philosophisches Lexicon. Leipzig.

Walker, James (1800): The literati and literature of Germany, in: The Anti-Jacobin Review 6, 562–580.

Wasianski, Ehregott Andreas Christoph (1912): Immanuel Kant in seinen letzten Lebensjahren (1804), in: Groß (Hrsg.) 1912, 213–306.

Weikard, Melchior Adam (1776): Der philosophische Arzt. Berlin / Leipzig.

Weikard, Melchior Adam (1799): Philosophische Arzneykunst oder von Gebrechen der Sensationen, des Verstandes und des Willens. Frankfurt.

Wieland, Christoph Martin (o.J. [ca. 1860–1880]): Werke. Berlin.

Wieland, Christoph Martin (1775): Zusatz des Herausgebers [zu den] Auszügen einer Vorlesung über die Schwärmerey, in: Teutscher Merkur 4, 151–155.

Winckelmann, Johann Joachim (1966a): Anmerkungen über die Geschichte der Kunst des Alterthums (1767). Baden-Baden / Straßburg.

Winckelmann, Johann Joachim (1966b): Die Geschichte der Kunst des Alterthums (1764). Baden-Baden / Straßburg.

Wolff, Christian (1962ff.): Gesammelte Werke. Hildesheim / New York.

Xenophon (1985): Memorabilia, hrsg. von Carolus Hude. Stuttgart.

Zacchia, Paolo (1661): Quaestiones medico-legales. Leiden.

Zedler, Johann Heinrich (1961ff.): Grosses vollständiges Universal-Lexicon aller Wissenschafften und Künste (1732ff.). Graz.

Zöllner, Johann Friedrich (1781–1783) (Hrsg.): Lesebuch für alle Stände zur Beförderung
    edler Grundsätze ächten Geschmacks und nützlicher Kenntnisse. Berlin.
Zückert, Johann Friedrich (²1768): Von den Leidenschaften. Berlin.

3. Sekundärliteratur

Abdelfettah, Ahcène (1989): Die Rezeption der Französischen Revolution durch den
    deutschen öffentlichen Sprachgebrauch: untersucht an ausgewählten historisch-politi-
    schen Zeitschriften. Heidelberg.
Ackerknecht, Erwin H. (1957): Kurze Geschichte der Psychiatrie. Stuttgart.
Adickes, Erich (1896): German Kantian Bibliography, in: Philosophical Review (Mai
    1893 – Juni 1896).
Adickes, Erich (1911): Untersuchungen zu Kants physischer Geographie. Tübingen.
Adickes, Erich (1920): Kants Opus postumum. Berlin.
Adickes, Erich (1924–1925): Kant als Naturforscher. Berlin.
Adler, Hans (1990): Die Prägnanz des Dunklen: Gnoseologie – Ästhetik – Geschichtsphi-
    losophie bei Johann Gottfried Herder. Hamburg.
Adler, Jeremy (1987): »Eine fast magische Anziehungskraft«: Goethes ›Wahlverwandt-
    schaften‹ und die Chemie seiner Zeit. München.
Adorno, Theodor W. (1971 ff.): Gesammelte Schriften, hrsg. von Gretel Adorno und Rolf
    Tiedemann. Frankfurt am Main.
Agethen, Manfred (1984): Geheimbund und Utopie. Illuminaten, Freimaurer und deut-
    sche Spätaufklärung. München.
Albrecht, Michael (1994): Eklektik: eine Begriffsgeschichte mit Hinweisen auf die Philo-
    sophie- und Wissenschaftsgeschichte. Stuttgart-Bad Cannstatt.
Allison, Henry (1990): Kant's Theory of Freedom. Cambridge.
Arendt, Hannah (1985): Das Urteilen. Texte zu Kants politischer Philosophie, hrsg. von
    Roland Beiner. München / Zürich.
Ascoli, Georges (1930): La Grande-Bretagne devant l'opinion française au XVIIe siècle.
    Paris.
Ayers, Michael (1993): Locke. Epistemology and Ontology. London / New York.

Babb, Lawrence (1951): The Elizabethan Malady. A Study of Melancholia in English
    Literature from 1580–1642. East Lansing.
Bachmann-Medick, Doris (1989): Die ästhetische Ordnung des Handelns. Moralphiloso-
    phie und Ästhetik in der Popularphilosophie des 18. Jahrhunderts. Stuttgart.
Baczko, Bronislaw (1974): Rousseau: Solitude et Communauté. Paris / La Haye.
Bäumer, Änne (1982): Die Bestie Mensch. Senecas Aggressionstheorie, ihre philoso-
    phischen Vorstufen und ihre literarischen Auswirkungen. Frankfurt am Main /
    Bern.
Baeumler, Alfred (1974): Das Irrationalitätsproblem in der Ästhetik und Logik des
    18. Jahrhunderts bis zur Kritik der Urteilskraft. Darmstadt.
Barkhoff, Jürgen und Eda Sagarra (Hrsg.) (1992): Anthropologie und Literatur um 1800.
    München.
Barta Fliedl, Ilsebill und Christoph Geissmar (Hrsg.) (1992): Die Beredsamkeit des
    Leibes. Zur Körpersprache in der Kunst. Salzburg / Wien.
Bayerer, Wolfgang G. (1968): Bemerkungen zu einer vergessenen Reflexion Kants über das
    »Gefühl der Lust und Unlust«, in: Kant-Studien 59, 267–272.
Beck, Lewis White (1960): A Commentary on Kant's Critique of Practical Reason.
    Chicago.

Begemann, Christian (1987): Furcht und Angst im Prozeß der Aufklärung. Zu Literatur und Bewußtseinsgeschichte des 18. Jahrhunderts. Frankfurt am Main.

Béguin, Albert (⁵1939): L'âme romantique et le rêve. Paris.

Behler, Ernst (1989): Unendliche Perfektibilität. Europäische Romantik und Französische Revolution. Paderborn u. a.

Behrens, Rudolf und Roland Galle (Hrsg.) (1993): Leib-Zeichen. Körperbilder, Rhetorik und Anthropologie im 18. Jahrhundert. Würzburg.

Behrens, Rudolf (1994): Die Spur des Körpers. Zur Kartographie des Unbewußten in der französischen Frühaufklärung, in: Schings (Hrsg.) 1994, 561–583.

Beierwaltes, Werner (1991): Selbsterkenntnis und Erfahrung der Einheit. Plotins Enneade V 3. Text, Übersetzung, Interpretation, Erläuterungen. Frankfurt.

Bernard, Wolfgang (1988): Rezeptivität und Spontaneität der Wahrnehmung bei Aristoteles. Versuch einer Bestimmung der spontanen Erkenntnisleistung der Wahrnehmung bei Aristoteles in Abgrenzung gegen die rezeptive Auslegung der Sinnlichkeit bei Descartes und Kant. Baden-Baden.

Bezold, Raimund (1984): Popularphilosophie und Erfahrungsseelenkunde im Werk von Karl Philipp Moritz. Würzburg.

Bezzenberger, Adalbert (1904): Zur Erinnerung an Immanuel Kant. Abhandlungen [...] der Universität Königsberg. Königsberg.

Bittner, Rüdiger (1974): Maximen, in: Akten des 4. Internationalen Kant-Kongresses Mainz. 6.-10. April 1974, hrsg. von Gerhard Funke. Teil II. 2. Berlin / New York, 485–498.

Blesenkemper, Klaus (1987): »Publice age« – Studien zum Öffentlichkeitsbegriff bei Kant. Frankfurt am Main.

Blum, Herwig (1969): Die antike Mnemotechnik. Hildesheim / New York.

Blumenberg, Hans (1987): Das Lachen der Thrakerin. Eine Urgeschichte der Theorie. Frankfurt am Main.

Bohatec, Josef (1938): Die Religionsphilosophie Kants in der »Religion innerhalb der Grenzen der bloßen Vernunft«. Mit besonderer Berücksichtigung ihrer theologisch-dogmatischen Quellen. Hamburg.

Böhm, Benno (1966): Sokrates im achtzehnten Jahrhundert. Studien zum Werdegange des modernen Persönlichkeitsbewußtseins (1929). Neumünster.

Böhme, Hartmut und Böhme, Gernot (1983): Das Andere der Vernunft. Zur Entwicklung von Rationalitätsstrukturen am Beispiel Kants. Frankfurt am Main.

Böhme, Hartmut (1994): Germanistik in der Herausforderung durch den technischen und ökologischen Wandel, in: Germanistik in der Mediengesellschaft, hrsg. von Ludwig Jäger und Bernd Schwitalla. München, 63–77.

Bollenbeck, Georg (1994): Bildung und Kultur. Glanz und Elend eines deutschen Deutungsmusters. Frankfurt am Main.

Borries, Kurt (1973): Kant als Politiker (1928). Aalen.

Brandt, Reinhard (1973): Rousseaus Philosophie der Gesellschaft. Stuttgart.

Brandt, Reinhard (1979): »Soviel an dir ist«. Zur Tradition einer moralischen Reflexion, in: Archiv für Geschichte der Philosophie 61, 77–81.

Brandt, Reinhard (1981): Materialien zur Entstehung der Kritik der reinen Vernunft. John Locke und Johann Schultz, in: Beiträge zur Kritik der reinen Vernunft 1781–1981, hrsg. von Ingeborg Heidemann und Wolfgang Ritzel. Berlin, 37–68.

Brandt, Reinhard (1982): Das Erlaubnisgesetz, oder: Vernunft und Geschichte in Kants Rechtslehre, in: Rechtsphilosophie der Aufklärung. Symposium Wolfenbüttel 1981, hrsg. von Reinhard Brandt. Berlin, 223–285.

Brandt, Reinhard (1989): Feder und Kant, in: Kant-Studien 80, 249–264.

Brandt, Reinhard (1990): ›Das Wort sie sollen lassen stahn.‹ Zur Edition und Interpretation philosophischer Texte, erläutert am Beispiel Kants, in: Zeitschrift für philosophische Forschung 44, 351–374.

Brandt, Reinhard (1991 a): Beobachtungen zur Anthropologie bei Kant (und Hegel), in:
Tuschling / Hespe 1991 (Hrsg.), 75–106.

Brandt, Reinhard (1991 b): Kants Vorarbeiten zum Übergang von der »Metaphysik der
Natur zur Physik«. Probleme der Edition, in: Forum für Philosophie Bad Homburg
bzw.: Übergang. Untersuchungen zum Spätwerk Immanuel Kants, hrsg. von Siegfried
Blasche u. a., Frankfurt am Main 1991, 1–27.

Brandt, Reinhard (1992): Rezension von: Lothar Kreimendahl, Kant – der Durchbruch
von 1769, in: Kant-Studien 83, 100–111.

Brandt, Reinhard (1993): Rezension von: Rolf W. Puster, Britische Gassendi-Rezeption am
Beispiel John Lockes, in: British Journal for the History of Philosophy 1, 150–152.

Brandt, Reinhard (1994 a): Die Schönheit der Kristalle und das Spiel der Erkenntniskräfte.
Zum Gegenstand und zur Logik des ästhetischen Urteils bei Kant, in: Autographen,
Dokumente und Berichte. Zu Edition, Amtsgeschäften und Werk Immanuel Kants
(= Kant-Forschungen 5). Hamburg, 19–57.

Brandt, Reinhard (1994 b): Vernunft bei Kant, in: Vernunftbegriffe in der Moderne, hrsg.
von Hans Friedrich Fulda und Rolf-Peter Horstmann. Stuttgart, 175–183.

Brandt, Reinhard (1995 a): Kants »Paradoxon der Methode«, in: Veritas filia temporis?
Philosophiehistorie zwischen Wahrheit und Geschichte, hrsg. von Rolf W. Puster.
Berlin / New York, 206–216.

Brandt, Reinhard (1995 b): Ein problematischer Absatz im »Ersten Stück« von Kants
»Religion innerhalb der Grenzen der bloßen Vernunft«, in: Trascendenza. Trascenden-
tale. Esperienza. Studi in onore di Vittorio Mathieu. Rom, 337–349.

Brandt, Reinhard (1997 a): Antwort auf Bernd Ludwig: Will die Natur unwiderstehlich die
Republik?, in: Kant-Studien 88, 229–237.

Brandt, Reinhard (1997 b): Commentaire de la préface de l'Anthropologie du point de vue
pragmatique, in: L'année 1798. Kant sur l'anthropologie, hrsg. von Jean Ferrari. Paris,
197–220.

Brandt, Reinhard (1997 c): Zu Kants politischer Philosophie, in: Sitzungsberichte der
Wissenschaftlichen Gesellschaft an der Johann-Wolfgang-Goethe-Universität Frankfurt
25. Stuttgart, 217–245.

Brandt, Reinhard (1997 d): Europa in der Reflexion der Aufklärung, in: Politisches
Denken. Jahrbuch 1997, 1–23.

Brandt, Reinhard (1998 a): Zur Logik des ästhetischen Urteils, in: Kants Ästhetik / Kant's
Aesthetic / L'esthétique de Kant, hrsg. von H. Parret. Berlin / New York, 229–243.

Brandt, Reinhard: (1998 b): Die Todesstrafe bei Duell und Kindsmord, in: Festschrift für
Ingeborg Maus. Frankfurt. [im Druck]

Brandt, Reinhard (1998 c): D'Artagnan und die Urteilstafel. Über ein Ordnungsprinzip
der Europäischen Kulturgeschichte (1, 2, 3 / 4) (1991). München.

Brandt, Reinhard (1998 d): Transzendentale Ästhetik, §§ 1–3, in: Immanuel Kant, Kritik
der reinen Vernunft (Klassiker Auslegen), hrsg. von Georg Mohr und Marcus Willa-
schek. Berlin.

Brandt, Reinhard und Werner Euler (Hrsg.) (1998): Studien zur Entwicklungsgeschichte
preußischer Universitäten. Wolfenbüttel. [im Druck]

Brandt, Reinhard und Heiner Klemme (1989): David Hume in Deutschland. Literatur zur
Hume-Rezeption in Marburger Bibliotheken. Marburg.

Büchner, Georg (1988): Über den Selbstmord. Eine Rezension (1831), in: ders.: Werke und
Briefe. Münchner Ausgabe, hrsg. von Karl Pörnbacher, Gerhard Schaub, Hans-Joachim
Simm und Edda Ziegler. München, 34–38.

Burg, Peter (1974): Kant und die Französische Revolution. Berlin.

Burnett, Anne Pippin (1991): Signals from the Unconscious in Early Greek Poetry, in: Classical Philology 86, 275–300.

Buroker, Jill Vance (1981): Space And Incongruence. The Origin of Kant's Idealism. Dordrecht / Boston / London.

Busch, Werner (1979): Die Entstehung der kritischen Rechtsphilosophie Kants 1762–1780. Berlin / New York.

Cadalso, José de (1975): Cartas Marruecas, hrsg. von Rogelio Reyes Cano. Madrid.

Cantarutti, Giulia (1986): Moralistik, Anthropologie und Etikettenschwindel. Überlegungen aus Anlaß eines Urteils über Platners »Philosophische Aphorismen«, in: Neuere Studien zur Aphoristik und Essayistik, hrsg. von Giulia Cantarutti und Hans Schumacher. Frankfurt am Main / Bern / New York, 49–103.

Carboncini, Sonia (1991): Transzendentale Wahrheit und Traum. Christian Wolffs Antwort auf die Herausforderung durch den Cartesianischen Zweifel. Stuttgart.

Carl, Wolfgang (1989): Der schweigende Kant. Die Entwürfe zu einer Deduktion der Kategorien vor 1781. Göttingen.

Carmely, Klara (1982): Wie »aufgeklärt« waren die Aufklärer in Bezug auf die Juden? in: Humanität und Dialog. Lessing und Mendelssohn in neuer Sicht, hrsg. von Erhard Bahr, Edward P. Harris und Laurence G. Lyon. Detroit / München, 177–188.

Cavallar, Georg (1992): Pax Kantiana. Wien u. a.

Cassirer, Ernst (1991): Rousseau, Kant, Goethe, hrsg. von Rainer A. Bast. Hamburg.

Castiglione, Baldassare (1934): Il Cortegiano (1528). Capitoli Scelti con introduzione, note e sommari della parte omessa, a cura di Michele Rigillo, hrsg. von Carlo Signorelli. Mailand.

Chinard, Gilbert (1934): L'Amérique et le rêve exotique dans la littérature française au XVIIe et au XVIIIe siècle. Paris.

Conze, Werner (1966): Vom »Pöbel« zum »Proletariat«. Sozialgeschichtliche Voraussetzungen für den Sozialismus in Deutschland, in: Moderne deutsche Sozialgeschichte, hrsg. von Hans-Ulrich Wehler. Köln / Berlin, 111–136.

Corbin, Alain (1988): Pesthauch und Blütenduft. Eine Geschichte des Geruchs. Berlin.

Courtine, Jean-Jacques und Claudine Harocke (1988): Histoire du visage: exprimer et taire ses émotions (XVIe au début XIXe siècle). Paris.

Danto, Arthur C. (1974): Analytische Philosophie der Geschichte. Frankfurt am Main.

Denzer, Horst (1972): Moralphilosophie und Naturrecht bei Samuel Pufendorf. München.

Derathé, Robert (1950): Jean-Jacques Rousseau et la science politique de son temps. Paris.

Derks, Hans (1996): Über die Faszination des ›ganzen Hauses‹, in: Erweiterung der Sozialgeschichte, hrsg. von Hans-Ulrich Wehler (= Geschichte und Gesellschaft 22), 221–242.

Derossi, G., M. M. Olivetti, A. Poma und G. Riconda (Hrsg.) (1995): Transcendenza – Transcendentale – Esperienza. Studi in onore di Vittorio Mathieu. Mailand.

Derrida, Jacques (1994): Politiques de l'amitié suivi de L'oreille de Heidegger. Paris.

Dipper, Christof (1993): Das politische Italienbild der deutschen Spätaufklärung, in: Deutsches Italienbild und italienisches Deutschlandbild im 18. Jahrhundert, hrsg. Klaus Heitmann und Theodoro Scamardi [= Reihe Villa Vigoni 9]. Tübingen.

Dörner, Klaus (1975): Bürger und Irre. Zur Sozialgeschichte und Wissenschaftssoziologie der Psychiatrie. Frankfurt am Main.

Dörpinghaus, Wilhelm (1959): Der Begriff der Gesellschaft bei Kant. Eine Untersuchung über das Verhältnis von Rechts- und Geschichtsphilosophie. Köln.

Dougherty, Frank William P. (1990): Buffons Bedeutung für die Entwicklung des anthropologischen Denkens im Deutschland der zweiten Hälfte des 18. Jahrhunderts, Die Natur des Menschen. Probleme der physischen Anthropologie und Rassenkunde (1750–1850), hrsg. von Gunter Mann und F. Dumont. Stuttgart / New York, 221–279.

Duden, Bd. 8. (1964): Vergleichendes Synonymwörterbuch, bearbeitet von Paul Grebe und Wolfgang Müller. Mannheim.

Düsing, Klaus (1968): Die Teleologie in Kants Weltbegriff. Bonn.

Ehrich-Haefeli, Verena (1995 a): Mutter und Mütterlichkeit: Wandel und Wirksamkeit einer Phantasie in der deutschen Literatur. Würzburg.

Ehrich-Haefeli, Verena (1995 b): Rousseaus Sophie und ihre deutschen Schwestern: zur Entstehung der bürgerlichen Geschlechterideologie, in: Rousseau in Deutschland: neue Beiträge zur Erforschung seiner Rezeption, hrsg. von Herbert Jaumann. Berlin, 115–162.

Eichstädt, Volkmar (1938): Bibliographie zur Geschichte der Judenfrage 1, 1750–1848. Hamburg.

Eisler, Rudolf (1930): Kant-Lexikon. Naehschlagewerk zu Kants sämtlichen Schriften, Briefen und handschriftlichem Nachlass. Berlin.

Engel, Manfred (1994): Die Rehabilitation des Schwärmers. Theorie und Darstellung des Schwärmers in Spätaufklärung und früher Goethezeit, in: Schings (Hrsg.) 1994, 469–498.

Ernst, Ulrich (1997): Gedächtniskünstler in der europäischen und amerikanischen Literatur, in: Zeitschrift für Literaturwissenschaft und Linguistik 105, 86–123.

Esselborn, Hans (1994): Vexierbilder der literarischen Anthropologie. Möglichkeiten und Alternativen des Menschen im europäischen Reiseroman des 17. und 18. Jahrhunderts, in: Schings (Hrsg.) 1994, 499–516.

Evans, Richard J. (1996): Rituals of Retribution. Capital Punishment in Germany 1600–1987. Oxford.

Eysenck, Hans Jürgen (1965): Persönlichkeitstheorie und Psychodiagnostische Tests, in: Diagnostica, Zeitschrift für psychologische Diagnostik 11, 3–27.

Fabian, Bernhard, Wilhelm Schmidt-Biggemann und Rudolf Vierhaus (Hrsg.) (1980): Deutschlands kulturelle Entfaltung. Die Neubestimmung des Menschen. München.

Fauser, Markus (1991): Das Gespräch im 18. Jahrhundert. Rhetorik und Geselligkeit in Deutschland. Stuttgart.

Fenves, P. (1993): Raising the Tone of Philosophy. Late Essays by Immanuel Kant, Transformative Critique by Jacques Derrida. Baltimore.

Ferrari, Jean (1981): Les sources françaises de la philosophie de Kant. Paris.

Firla, Monika (1981): Untersuchungen zum Verhältnis von Anthropologie und Moralphilosophie bei Kant. Frankfurt am Main / Bern.

Firla, Monika (1997): Kants Thesen vom »Nationalcharakter« der Afrikaner, seine Quellen und der nicht vorhandene ›Zeitgeist‹, in: Mitteilungen des Instituts für Wissenschaft und Kunst 52, 7–17.

Fleischacker, Samuel (1991): Philosophy in Moral Practice. Kant and Adam Smith, in: Kant-Studien 82, 249–269.

Forschner, Maximilian (1981): Die stoische Ethik. Über den Zusammenhang von Natur-, Sprach- und Moralphilosophie im altstoischen System. Stuttgart.

Förster, Eckart (1993): Kant's Third Critique and the Opus Postumum, in: Graduate Faculty Philosophy Journal 16, 345–358.

Foucault, Michel (1961): Introduction à l'anthropologie de Kant. Paris. [unpubliziertes Manuskript]

Foucault, Michel (1969): Wahnsinn und Gesellschaft. Eine Geschichte des Wahns im Zeitalter der Vernunft. Frankfurt am Main.

Frank, Manfred (1997): »Unendliche Annäherung«. Die Anfänge der philosophischen Frühromantik. Frankfurt am Main.

Freeland, Cynthia (1992): Aristotle on the Sense of Touch, in: Nussbaum / Oksenberg / Rorty (Hrsg.) 1992, 227–248.

Frevert, Ute (1991): Ehrenmänner. Das Duell in der bürgerlichen Gesellschaft. München.

Friedreich, Johann Baptist (1830): Versuch einer Pathologie und Therapie der psychischen Krankheiten. Von den ältesten Zeiten bis zum neunzehnten Jahrhundert. Würzburg.

Fuhrmann, Manfred (1979): Die ›Querelle des Anciens et des Modernes‹, der Nationalismus und die deutsche Klassik, in: Classical Influence on Western Thought A. D. 1650–1870, hrsg. von R. R. Bolgov. Cambridge, 107–129.

Fuhrmann, Manfred (1994): Alexander von Roes: Ein Wegbereiter des Europagedankens? (Sitzungsberichte der Heidelberger Akademie der Wissenschaften, Philosophisch-historische Klasse, 1994, Bd. 4) Heidelberg.

Fulda, Hans-Friedrich und Rolf Peter Horstmann (Hrsg.) (1994): Vernunftbegriffe in der Moderne. Stuttgarter Hegel-Kongreß 1993. Stuttgart.

Funke, Gerhard (1958): Gewohnheit (= Archiv für Begriffsgeschichte 3). Bonn.

Gamm, Gerhard (1981): Der Wahnsinn in der Vernunft. Historische und erkenntniskritische Studien zur Dimension des Anders-Seins in der Philosophie Hegels. Bonn.

Garber, Jörn (1983): Von der Menschheitsgeschichte zur Kulturgeschiche, in: Kultur zwischen Bürgertum und Volk. Zum geschichtstheoretischen Kulturbegriff der deutschen Spätaufklärung, hrsg. von Jutta Held. Berlin, 76–97.

Gause, Fritz (²1996): Die Geschichte der Stadt Königsberg. Bd. II. Köln u. a.

Gehring, Petra (1993): Menschen als ›Maschinen‹ der Sprache. Über ein polemisches Sprachbild bei Kant, in: Das sichtbare Denken, hrsg. von Jörg Mass. Amsterdam, 46–74.

Geitner, Ursula (1992): Die Sprache der Verstellung. Studien zum rhetorischen und anthropologischen Wissen im 17. und 18. Jahrhundert. Tübingen.

Geitner, Ursula (1994): Zur Poetik des Tagebuchs. Beobachtungen am Text eines Selbstbeobachters, in: Schings (Hrsg.) 1994, 629–659.

Gersmann, Gudrun (1994): Das Geschäft mit der Lust des Lesers. Thérèse philosophe – Zur Druckgeschichte eines erotischen Bestsellers im 18. Jahrhundert, in: Das Achtzehnte Jahrhundert 18, 72–84.

Gibson, James J. (1966): The Senses Considered as Perceptual Systems. Westport.

Gibson, James J. (1973): Die Sinne und der Prozeß der Wahrnehmung. Bern / Stuttgart / Wien.

Glantschnig, Helga (1987): Liebe als Dressur. Kindererziehung in der Aufklärung. Frankfurt am Main / New York.

Goldmann, Stefan (1994): Topos und Erinnerung. Rahmenbedingungen der Autobiographie, in: Schings (Hrsg.) 1994, 660–675.

Goodman, Nelson (1976): Languages of Art. Indianapolis.

Grau, Kurt Joachim (1981): Die Entwicklung des Bewußtseinsbegriffes im XVII. und XVIII. Jahrhundert. Tübingen.

Greenblatt, Stephen (1994): Wunderbare Besitztümer. Die Erfindung des Fremden: Reisende und Entdecker. Berlin.

Grimm, Jacob und Wilhelm Grimm (1984): Deutsches Wörterbuch (1854–1971). München.

Groh, Dieter (1988): Rußland im Blick Europas. 300 Jahre historische Perspektiven. Frankfurt am Main.

Groß, Friedrich (1997) Die »perturbationes animi« in Kants Seelenlehre. [Unpublizierte Magisterarbeit. Marburg.]

Grugel-Pannier, Dorit (1996): Luxus. Eine begriffs- und ideengeschichtliche Untersuchung unter besonderer Berücksichtigung von Bernhard Mandeville. Frankfurt am Main.

Günther, Felix (1907): Die Wissenschaft vom Menschen. Ein Beitrag zum deutschen Geistesleben im Zeitalter des Rationalismus. Gotha.

Guthke, Karl Siegfried (1983): Der Mythos der Neuzeit. Das Thema der Mehrheit der Welten in der Literatur- und Geistesgeschichte von der kopernikanischen Wende bis zur Science Fiction. Bern / München.

Guyer, Paul (1979): Kant and the Claims of Taste. London / Cambridge, Mass.

Haas, Norbert (1975): Spätaufklärung. Johann Heinrich Merck zwischen Sturm und Drang und Französischer Revolution. Kronberg.

Hacking, Ian (1996): Einführung in die Philosophie der Naturwissenschaften. Stuttgart.

Häfner, Ralph (1994): »L'âme est une neurologie en miniature«: Herder und die Neurophysiologie Charles Bonnets, in: Schings (Hrsg.) 1994, 390–409.

Häfner, Ralph (1995): Johann Gottfried Herders Kulturentstehungslehre. Studien zu den Quellen und zur Methode seines Geschichtsdenkens. Hamburg.

Harris, Marvin (1972): The Rise of Anthropological Theory. A History of Theories of Culture. London.

Hartung, Gerald (1994): Über den Selbstmord. Eine Grenzbestimmung des anthropologischen Diskurses im 18. Jahrhundert, in: Schings (Hrsg.) 1994, 33–53.

Hassinger, Erich (1978): Empirisch-rationaler Historismus. Bern.

Hastings, Hester (1936): Man and Beast in French Thought of the Eighteenth Century. Baltimore.

Haverkamp, Anselm und Renate Lachmann (Hrsg.) (1991): Gedächtniskunst: Raum – Bild – Schrift. Studien zur Mnemotechnik. Frankfurt am Main.

Heidegger, Martin (1975 ff.): Gesamtausgabe, hrsg. von Friedrich-Wilhelm von Herrmann. Frankfurt am Main.

Heinemann, Manfred (1974): Schule im Vorfeld der Verwaltung. Die Entwicklung der preußischen Unterrichtsverwaltung von 1771–1800. Göttingen.

Heinrichs, Johannes (1974): Die Logik der Phänomenologie des Geistes. Bonn.

Heller, Agnes (1993): A Philosophy of History in Fragments. Oxford.

Henn, Claudia (1974): Simplizität, Naivität, Einfalt. Studien zur ästhetischen Terminologie in Frankreich und in Deutschland 1674–1771. Zürich.

Herrmann, Ulrich (Hrsg.) (1982): »Die Bildung des Bürgers«. Die Formierung der bürgerlichen Gesellschaft und die Gebildeten im 18. Jahrhundert. Weinheim u. a.

Heuvel, Gerd van den (1985): Terreur, Terroriste, Terrorisme, in: Handbuch politisch-sozialer Grundbegriffe in Frankreich 1680–1820, hrsg. von Rolf Reichardt und Eberhard Schmitt. München, 89–132.

Hill, Emita (1973): Human Nature and the Moral *Monstre*, in: Diderot-Studies 16, 91–117.

Himburg-Krawehl, Irene (1970): Marquisen, Literaten, Revolutionäre. Zeitkommunikation im französischen Salon des 18. Jahrhunderts. Osnabrück.

Hinske, Norbert (1985): Aufklärung, in: Staatslexikon. Recht – Wirtschaft – Gesellschaft, hrsg. von der Görres-Gesellschaft (1985 ff.). Freiburg. I, 390–400.

Hinske, Norbert (1990 a): Die Kantausgabe der preußischen Akademie der Wissenschaften und ihre Probleme, in: il cannocchiale 3, 229–254.

Hinske, Norbert (1990 b): Kants »höchstes moralisch-physisches Gut«. Essen und allgemeine Menschenvernuft, in: Aufklärung 5, 49–58.

Hinske, Norbert (1995 a): … Perché il popolo colto rivendica con tanta insistenza la libertà della stampa. Pluralismo e libertà nel pensiero di Kant, in: Derossi u. a. (Hrsg.) 1995, 281–298.

Hinske, Norbert (1995 b): Ursprüngliche Einsicht und Versteinerung. Zur Vorgeschichte von Kants Unterscheidung zwischen ›Philosophie lernen‹ und ›Philosophieren lernen‹, in: Das kritische Geschäft der Vernunft, hrsg. von Gisela Müller. Bonn, 7–28.

Hirschmann, Albert O. (1997): Tischgemeinschaft zwischen öffentlicher und privater Sphäre. Wien.

Hohenegger, Michael (1997): Lezioni sulla conoscenza naturale dell'uomo, in: Micro-Mega (4/1997), 237–270.

Holzhey, Helmut und Walter Ch. Zimmerli (Hrsg.) (1977): Esoterik und Exoterik der Philosophie. Beiträge zu Geschichte und Sinn philosophischer Selbstbestimmung. Basel / Stuttgart.

Honegger, Claudia (1996): Die Ordnung der Geschlechter. Frankfurt am Main.

Hornig, Gottfried (1980): Perfektibilität, in: Archiv für Begriffsgeschichte 24, 221–273.

Humphrey, Doris (1959): The Art of Making Dances. New York.

Im Hof, Ulrich (1993): Das Europa der Aufklärung. Heidelberg.

Immerwahr, Raymond (1978): Diderot, Herder, and the Dichotomy of Touch and Sight, in: A Journal of Germanic Studies 14, 84–96.

Irmscher, Hans Dieter (1987 a): Die geschichtsphilosophische Kontroverse zwischen Kant und Herder, in: Hamann – Kant – Herder: Acta des Internationalen Hamann-Kolloquiums im Herder-Institut zu Marburg/Lahn 1985. Marburg, 111–192.

Irmscher, Hans Dietrich (1987 b): Zur Ästhetik des jungen Herder, in: Johann Gottfried Herder 1744–1803, hrsg. von Gerhard Sauder. Hamburg, 43–76.

Ingensiep, Hans Werner (1994): Der Mensch im Spiegel der Tier- und Pflanzenseele. Zur Anthropomorphologie der Naturwahrnehmung im 18. Jahrhundert, in: Schings (Hrsg.) 1994, 54–79.

Jacobs, Wilhelm G. (1967): Trieb als sittliches Phänomen. Eine Untersuchung zur Grundlegung der Philosophie nach Kant und Fichte. Bonn.

Jäger, Georg (1969): Empfindsamkeit und Roman. Wortgeschichte, Theorie und Kritik im 18. und frühen 19. Jahrhundert. Stuttgart u. a.

Jansohn, Heinz (1969): Kants Lehre von der Subjektivität. Eine systematische Analyse des Verhältnisses von transzendentaler und empirischer Subjektivität in seiner theoretischen Philosophie. Bonn.

Jauch, Ursula Pia (1988): Immanuel Kant zur Geschlechterdifferenz. Wien.

Jauß, Hans Robert (1984): Ästhetische Erfahrung und literarische Hermeneutik. Frankfurt am Main.

Käser, Rudolf (1987): Die Schwierigkeit, »ich« zu sagen. Rhetorik der Selbstdarstellung in Texten des »Sturm und Drang«. Herder-Goethe-Lenz. Bern u. a.

Kathe, Heinz (im Druck): Die Universität Halle und das Oberkuratorium, in: Studien zur Entwicklung preußischer Universitäten […], hrsg. von Reinhard Brandt und Werner Euler. Wolfenbüttel.

Kershner, Sybille (1992): »Aus Furcht, zu zerspringen«: Grenzen der Selbsterkenntnis, Krankheit und Geschlecht in popularphilosophischen Texten von Weikard, Pockels und Moritz, in: Das Achtzehnte Jahrhundert 16, 120–136.

Kersting, Christa (1992): Die Genese der Pädagogik im 18. Jahrhundert. Campes »Allgemeine Revision« im Kontext der neuzeitlichen Wissenschaft. Weinheim.

Kessler, Helmut (1973): Terreur. Ideologie und Nomenklatur der revolutionären Gewaltanwendung in Frankreich von 1770 bis 1794. München.

Kisker, K. P. (1957): Kants psychiatrische Systematik, in: Psychiatria et Neurologia 133, 17–28.

Klemme, Heiner F. (Hrsg.) (1994): Die Schule Immanuel Kants. Hamburg.

Klemme, Heiner F. (1996): Kants Philosophie des Subjekts. Systematische und entwicklungsgeschichtliche Untersuchungen zum Verhältnis von Selbstbewußtsein und Selbsterkenntnis. Hamburg.

Klemme, Heiner F. (1999): Die Freiheit der Willkür und die Herrschaft des Bösen. Kants Lehre vom radikalen Bösen zwischen Moral, Religion und Recht, in: Aufklärung und Interpretation. Studien zu Kants Philosophie und ihrem Umkreis, hrsg. von Heiner F. Klemme, Bernd Ludwig, Michael Pauen und Werner Stark. Würzburg (im Erscheinen).

Klibansky, Raymond, Erwin Panofsky und Fritz Saxl (1990): Saturn und Melancholie. Frankfurt am Main.

Klippel, Diethelm (1984): Familie versus Eigentum. Die naturrechtlich-rechtsphilosophischen Begründungen von Testierfreiheit und Familienerbrecht im 18. und 19. Jahrhundert, in: Zeitschrift der Savigny-Stiftung für Rechtsgeschichte, Germanistische Abteilung 101, 117–168.

Kohl, Karl-Heinz (1986): Entzauberter Blick. Das Bild vom Guten Wilden und die Erfahrung der Zivilisation. Frankfurt am Main.

Kohnen, Joseph (Hrsg.) (1994): Königsberg. Beiträge zu einem besonderen Kapitel der deutschen Geistesgeschichte des 18. Jahrhunderts. Frankfurt am Main u. a.

Kolmer, Lothar (1983): G. Ch. Lichtenberg als Geschichtsschreiber. Pragmatische Geschichtsschreibung und ihre Kritik im 18. Jahrhundert, in: Archiv für Kulturgeschichte 65, 371–415.

Kon, Igor S. (1979): Freundschaft. Geschichte und Sozialpsychologie der Freundschaft als soziale Institution und individuelle Beziehung. Reinbek bei Hamburg.

Kondylis, Panajotis (1986): Die Aufklärung im Rahmen des neuzeitlichen Rationalismus. München.

Koppenfels, Werner von (1983): Parva componere magnis: Vergil und die ›mockheroische‹ Perspektive des Klassizismus in England, in: 2000 Jahre Vergil: Ein Symposion, hrsg. von Viktor Pöschl [= Wolfenbüttler Forschungen 24]. Wolfenbüttel, 153–173.

Korff, Hermann August (1917): Voltaire im literarischen Deutschland des XVIII. Jahrhunderts. Ein Beitrag zur Geschichte des deutschen Geistes von Gottsched bis Goethe. Heidelberg.

Kosenina, Alexander (1989): Ernst Platners Anthropologie und Philosophie: der philosophische Arzt und seine Wirkung auf Johann Karl Wezel und Jean Paul. Würzburg.

Kosenina, Alexander (1992): Wie die ›Kunst von der Natur überrumpelt‹ werden kann: Anthropologie und Verstellungskunst, in: Barkhoff / Sagarra (Hrsg.) 1992, 53–71.

Kosenina, Alexander (1995): Anthropologie und Schauspielkunst. Studien zur ›eloquentia corporis‹ im 18. Jahrhundert. Tübingen.

Krämer, Hans J. (1968): Grundbegriffe akademischer Dialektik in den biologischen Schriften von Aristoteles bis Theophrast, in: Rheinisches Museum für Philologie 11, Frankfurt.

Krauss, Werner (1979): Zur Anthropologie des 18. Jahrhunderts. Die Frühgeschichte der Menschheit im Blickpunkt der Aufklärung, hrsg. von Hans Kortum und Christa Gobrisch. Wien.

Kronauer, Ulrich (Hrsg.) (1990): Vom Nutzen und Nachteil des Mitleids. Eine Anthologie. Frankfurt am Main.

Kühlmann, Wilhelm (1982): Gelehrtenrepublik und Fürstenstaat. Entwicklung und Kritik des deutschen Späthumanismus in der Literatur des Barockzeitalters. Tübingen.

Kuhn, Thomas S. (1970): The Structure of Scientific Revolutions. Chicago.

Kulstad, Mark (1991): Leibniz on Apperception, Consciousness, and Reflection. München / Hamden / Wien.

Laehr, Heinrich (1900): Die Literatur der Psychiatrie, Neurologie und Psychologie von 1459–1799. Berlin.

Lamprecht, Karl (1897): Herder und Kant als Theoretiker der Geschichtswissenschaft, in: Jahrbücher für Nationalökonomie und Statistik, 161–203.

Land, Stephen K. (1986): The Philosophy of Language in Britain. Major Theories from Hobbes to Thomas Reid. New York.

Langer, Claudia (1986): Reform nach Prinzipien. Untersuchungen zur politischen Theorie Immanuel Kants. Stuttgart.

Leibbrand, Werner und Annemarie Wettley (1961): Der Wahnsinn. Geschichte der abendländischen Psychopathologie. Freiburg / München.

Lepenies, Wolf (1978): Das Ende der Naturgeschichte: Wandel kultureller Selbstverständlichkeit in den Wissenschaften. Frankfurt am Main.

Lepenies, Wolf (1980): Naturgeschichte und Anthropologie im 18. Jahrhundert, in: Studien zum 18. Jahrhundert, hrsg. von Bernhard Fabian u. a. 2/3. München.

Lévi-Strauss, Claude (1967): Strukturale Anthropologie. Frankfurt am Main.

Lévi-Strauss, Claude (1973): Anthropologie structurale deux. Paris.

Lévi-Strauss, Claude (1976): Das Rohe und das Gekochte. (Mythologica I). Frankfurt am Main.

Liebsch, Burkhard (1991): »Eine Welt von Konsequenzen ohne Prämissen [...]«. Ein Nachtrag zur Geschichte des Theorems vom unbewußten Schluß. Mit Überlegungen zum Verhältnis von Wissenschaftsgeschichte und Phänomenologie, in: Archiv für Begriffsgeschichte 34, 326–367.

Lindemann-Stark, Anke (1994): »Die Rechte beyder Geschlechter sind einander gleich«, in: Kohnen (Hrsg.) 1994, 289–308.

Linden, Mareta (1976): Untersuchungen zum Anthropologiebegriff des 18. Jahrhunderts. Frankfurt am Main / Bern.

Long, Anthony Arthur (1974): Hellenistic Philosophy. Stoics, Epicureans, Sceptics. New York.

Losurdo, Domenico (1987): Immanuel Kant – Freiheit, Recht und Revolution. Köln.

Losurdo, Domenico (1989): Hegel und das deutsche Erbe: Philosophie und nationale Frage zwischen Revolution und Reaktion. Köln.

Lotter, Friedrich (1987): Christoph Meiners und die Lehre von der unterschiedlichen Wertigkeit der Menschenrassen, in: Geschichtswissenschaft in Göttingen, hrsg. von Hartmut Boockmann und Hermann Wellenreuther. Göttingen, 30–75.

Lovejoy, Arthur O. (1965): The Great Chain of Being. A Study of the History of an Idea (1933). New York.

Lovejoy, Arthur O. (1968): Kant and Evolution, in: Forerunners of Darwin 1745–1859, hrsg. von Hiram Bentley Glass u. a. Baltimore, 173–206.

Löw, Reinhard (1980): Philosophie des Lebendigen. Frankfurt am Main.

Löwith, Karl (1964): Von Hegel zu Nietzsche. Der Bruch im Denken des 19. Jahrhunderts (1941). Stuttgart.

Lübbe, Hermann (1963): Politische Philosophie in Deutschland. Studien zu ihrer Geschichte. Basel / Stuttgart.

Ludwig, Bernd (1988): Kants Rechtslehre. Hamburg.

Lyotard, Jean François (1994): Die Analytik des Erhabenen. München.

Manganaro, Paolo (1983): L'antropologia di Kant. Neapel.

Markus, David F. (1901): Die Associationstheorien im XVIII. Jahrhundert. Halle.

Marquard, Odo (1965): Zur Geschichte des Begriffs ›Anthropologie‹ seit dem Ende des achtzehnten Jahrhunderts, in: Collegium philosophicum, hrsg. von Ernst Wolfgang Bockenforde u. a. Basel / Stuttgart, 209–239.

Marshall, Peter James und Glyndwr Williams (1982): The Great Map of Mankind. Perceptions of New Worlds in the Age of Enlightenment. London.

Martens, Wolfgang (1971): Die Botschaft der Tugend. Die Aufklärung im Spiegel der deutschen Moralischen Wochenschriften. Stuttgart.

Marx, Jacques (1974): L'art d'observer au XVIIIe siècle: Jean Senebier et Charles Bonnet, in: Janus, Revue internationale de l'histoire des sciences, de la médecine, de la pharmacie et de la technique 61, 201–220.

Mathieu, Vittorio (1989): Kants Opus Postumum, hrsg. von Gerd Held. Frankfurt am Main.

Matthews, Gareth B. (1977): Consciousness and Life, in: Philosophy 52, 13–26.

Maus, Ingeborg (1992): Zur Aufklärung der Demokratietheorie. Frankfurt am Main.

Maus, Ingeborg (1994): »Volk« und »Nation« im Denken der Aufklärung, in: Blätter für deutsche und internationale Politik 5, 602–612.

McRae, Robert (1976): Leibniz: Perception, Apperception, and Thought. Toronto / Buffalo.

Meo, Oscar (1982): La malattia mentale nel pensiero di Kant. Genua.

Mervaud, Christiane (1985): Voltaire et Frédéric II: une dramaturgie des lumières 1736–1778. Oxford.

Micheli, Guiseppe (ohne Jahr [= 1993]a): Le prime traduzioni di Kant: John Richardson. o. O.

Micheli, Guiseppe (Vorabdruck, 1993b): The Early Reception of Kant's Thought in England 1785–1805. Padua.

Mix, York-Gothart (1991): Guillotinen aus Papier. A.G.F. Rebmanns ›Obscuranten-Almanach‹ (1798–1800) und H.A.O. Reichards ›Revolutions=Almanach‹ (1793–1804), in: Wolfenbütteler Notizen zur Buchgeschichte 16, 22–28.

Monnier, Jacques (1980): La fortune des écrits de J.J. Rousseau dans les pays de la langue allemande de 1782 à 1813. Paris.

Moravia, Sergio (1973): Beobachtende Vernunft. Philosophie und Anthropologie in der Aufklärung. München.

Morgan, Michael J. (1977): Molyneux's Question. Vision, Touch and the Philosophy of Perception. Cambridge u. a.

Mortier, Roland (1969): Clartés et ombres du siècle des lumières. Etudes sur le XVIIIe siècle littéraire. Genf.

Mülder-Bach, Inka (1994): Eine »neue Logik für den Liebhaber«: Herders Theorie der Plastik, in: Schings (Hrsg.) 1994, 341–370.

Müller, Lothar (1987): Die kranke Seele und das »Licht der Erkenntnis«. Karl Philip Moritz' Anton Reiser. Frankfurt am Main.

Neubecker, Annemarie Jeanette (1956): Die Bewertung der Musik bei Stoikern und Epikureern. Eine Analyse von Philodems Schrift De musica. Berlin.

Neumann, Michael (1994): Philosophische Nachrichten aus der Südsee. Georg Forsters *Reise um die Welt*, in: Schings (Hrsg.) 1994, 517–544.

Nippel, Wilfried (1990): Griechen, Barbaren und »Wilde«. Alte Geschichte und Sozialanthropologie. Frankfurt am Main.

Nisbet, Hugh Barr (1972): Herder and the Philosophy and History of Science. Cambridge.

Nisbet, Hugh Barr (1992): Herders anthropologische Anschauungen in den »Ideen zur Philosophie der Geschichte der Menschheit«, in: Barkhoff / Sagarra (Hrsg.) 1992, 1–23.

Norton, Robert E. (1995): The Beautiful Soul. Aesthetic Morality in the Eighteenth Century. Ithaca.

Nussbaum, Martha C. und Amelie Oksenberg Rorty (Hrsg.) (1992): Essays on Aristotle's De Anima. Oxford.

Oberhausen, Michael (1997): Das neue Apriori. Kants Lehre von einer ›ursprünglichen Erwerbung‹ in apriorischer Vorstellung. Stuttgart-Bad Cannstadt.

Oehler, Klaus (1963): Ein Mensch zeugt einen Menschen. Über den Mißbrauch der Sprachanalyse in der Aristotelesforschung. Frankfurt am Main.

Oeser, Erhard und Franz Seitelberger (1995): Gehirn, Bewußtsein und Erkenntnis. Darmstadt.

Ogorek, Regina (1984): Das Machtspruchmysterium, in: Rechtshistorisches Journal 3, 82–107.

Onians, Richard Broxton (1954): The Origins of European Thought about the Body, the Mind, the Soul, the World, Time, and Fate. Cambridge.

Pallach, Ulrich-Christian (1987): Materielle Kultur und Mentalitäten im 18. Jahrhundert. München.

Panofsky, Erwin (1960): Idea. Ein Beitrag zur Begriffsgeschichte der älteren Kunsttheorie (1924). Berlin.

Papi, Fulvio (1969): Cosmologia e civiltà. Due momenti del Kant precritico. Urbino.

Pauen, Michael (1994): Dithyrambiker des Untergangs. Gnostizismus in Ästhetik und Philosophie der Moderne. Berlin.

Paulson, William R. (1987): Enlightenment, Romanticism, and the Blind in France. Princeton.

Pemproke, S. (1979): The Early Human Family: Some Views 1770–1870, in: Classical Influences on Western Thought A.D., hrsg. von R.R. Bolgar. Cambridge, 275–291.

Perler, Dominik (1996): Cartesische Emotionen, in: Descartes nachgedacht, hrsg. von Andreas Kemmerling und Hans-Peter Schütt. Frankfurt am Main, 51–79.

Pestalozzi, Karl (1988): Physiognomische Methodik, in: Germanistik aus interkultureller Perspektive, hrsg. von Adrien Fink und Gertrud Gréciano. Straßburg, 137–153.

Petrone, Giuseppe Landolfi (1997): L'ancella della ragione: Le origini di Der Streit der Fakultäten di Kant. Neapel.

Peursen, Cornelis-Athnie van (1983): Ars inveniendi im Rahmen der Metaphysik Christian Wolffs, in: Christian Wolff 1679–1754. Interpretationen zu seiner Philosophie und deren Wirkung, hrsg. von Werner Schneiders. Hamburg, 66–88.

Pfotenhauer, Helmut (1987): Literarische Anthropologie. Selbstbiographie und ihre Geschichte – am Leitfaden des Leibes. Stuttgart.

Picht, Clemens (1993): Handel, Politik und Gesellschaft. Zur wirtschaftlichen Publizistik Englands im 18. Jahrhundert. Göttingen u.a.

Piderit, Theodor (1867): Wissenschaftliches System der Mimik und Physiognomie. Detmold.

Piechotta, Hans Joachim (Hrsg.) (1976): Reise und Utopie. Zur Literatur der Spätaufklärung. Frankfurt am Main.

Ploog, Detlev (1989): Zur Evolution des Bewußtseins, in: Gehirn und Bewußtsein, hrsg. von Ernst Pöppel. Weinheim, 1–16.

Plumpe, Gerhard (1979): Eigentum – Eigentümlichkeit. Über den Zusammenhang ästhetischer und juristischer Begriffe im 18. Jahrhundert, in: Archiv für Begriffsgeschichte 23, 175–196.

Poliakov, Léon (1983): Die deutsche Philosophie und die Juden, in: ders.: Geschichte des Antisemitismus 5. Die Aufklärung und ihre judenfeindliche Tendenz. Worms, 199–213.

Polke, Irene (im Druck): Kallimachos im Urteil der Neuzeit. Marburger Dissertation.

Pomeau, René (1954): En marge des Lettres philosophiques: un essai de Voltaire sur le suicide, in: Revue des Sciences Humaines 4, 285–294.

Pöppel, Ernst (Hrsg.) (1989): Gehirn und Bewußtsein. Weinheim.

Porter, Roy (1982): Le prospettive della follia, in: Intersezioni 2, 55–76.

Promies, Wolfgang (1966): Der Bürger und der Narr oder das Risiko der Phantasie. München.

Puster, Rolf W. (1991): Britische Gassendi-Rezeption am Beispiel John Lockes. Stuttgart-Bad Cannstatt.

Rather, L. J. (1965): Mind and Body in Eighteenth Century Medicine. A Study Based on Jerome Gaub's De regimine mentis. London.

Read, Herbert (1955): Icon and Idea. The Function of Art in the Development of Human Consciousness. London.

Reich, Klaus (1935): Kant und die Ethik der Griechen. Tübingen.

Renwick, John (1967): Reconstruction and Interpretation of the Genesis of the Bélisaire affair, in: Studies on Voltaire and the Eighteenth Century 53, 171–222.

Renwick, John (1974): Marmontel, Voltaire and the Bélisaire affair, hrsg. von Theodore Besterman. Oxfordshire.

Ricke, Gabriele (1981): Schwarze Phantasie und trauriges Wissen. Beobachtungen über Melancholie und Denken im 18. Jahrhundert. Hildesheim.

Riedel, Manfred (1982): Der Begriff der »bürgerlichen Gesellschaft« und das Problem seines geschichtlichen Ursprungs, in: Zwischen Tradition und Revolution. Studien zu Hegels Rechtsphilosophie. Stuttgart, 139–169.

Riedel, Wolfgang (1992): Influxus physicus und Seelenstärke. Empirische Psychologie und moralische Erzählung in der deutschen Spätaufklärung und bei Jacob Friedrich Abel, in: Barkhoff / Sagarra (Hrsg.) 1992, 24–52.

Rieger, Stefan (1992): Unter Sprechzwang. – Zur Geschichte der Taubstummenpädagogik im 18. und 19. Jahrhundert, in: Das Zeichen 21, 257 – 269.

Risse, Wilhelm (1964–1970): Die Logik der Neuzeit. Stuttgart-Bad Cannstatt.

Ritter Santini, Lea (Hrsg.) (1993): Eine Reise der Aufklärung: Lessing in Italien 1775. Berlin.

Robinet, André (1994): G. W. Leibniz: Le meilleur des mondes par la balance de l'Europe. Paris.

Robinson, Hoke (Hrsg.) (1995): Proceedings of the Eighth International Kant Congress. Memphis 1995. Milwaukee.

Rösner, Manfred und Alexander Schuh (Hrsg.) (1990): Augenschein – ein Manöver reiner Vernunft. Zur Reise J. G. Forsters um die Welt. Wien / Berlin.

Röttgers, Kurt (1993): Kants Kollege und seine ungeschriebene Schrift über die Zigeuner. Heidelberg.

Röttgers, Kurt (1997): Kants Zigeuner, in: Kant-Studien 88, 60–86.

Rotenstreich, Nathan (1963): The Recurring Pattern. Studies in Anti-Judaism in Modern Thought. London.

Rütten, Thomas (1992): Demokrit: lachender Philosoph oder sanguinischer Melancholiker? Leiden.

Saner, Hans (1967): Kants Weg vom Krieg zum Frieden. München.

Sänger, Monika (1982): Die kategoriale Systematik in den »Metaphysischen Anfangsgründen der Rechtslehre«. Ein Beitrag zur Methodenlehre Kants, in: Kant-Studien Ergänzungsheft 114. Berlin, 93–109.

Satura, Vladimir (1971): Kants Erkenntnispsychologie in den Nachschriften seiner Vorlesungen über empirische Psychologie. Bonn.

Schepers, Heinrich (1959): Andreas Rüdigers Methodologie und ihre Voraussetzungen. Ein Beitrag zur Geschichte der deutschen Schulphilosophie im 18. Jahrhundert. Köln.

Schiebinger, Londa (1993): Schöne Geister. Frauen in den Anfängen der modernen Wissenschaft. Stuttgart.

Schings, Hans-Jürgen (1977): Melancholie und Aufklärung. Melancholiker und ihre Kritiker in Erfahrungsseelenkunde und Literatur des 18. Jahrhunderts. Stuttgart.

Schings, Hans-Jürgen (1980): Der anthropologische Roman. Seine Entstehung und Krise im Zeitalter der Spätaufklärung, in: Deutschlands kulturelle Entfaltung. Die Neubestimmung des Menschen, hrsg. von Bernhard Fabian, Wilhelm Schmidt-Biggemann und Rudolf Vierhaus. München, 247–275.

Schings, Hans-Jürgen (Hrsg.) (1994): Der ganze Mensch. Anthropologie und Literatur im 18. Jahrhundert. Stuttgart / Weimar.

Schivelbusch, Wolfgang (1988): Das Paradies, der Geschmack und die Vernunft. Eine Geschichte der Genußmittel. München / Wien.

Schlapp, Otto (1901): Kants Lehre vom Genie und die Entstehung der ›Kritik der Urteilskraft‹. Göttingen.

Schmidt-Hidding, Wolfgang (1963): Humor und Witz. München.

Schmitt, Arbogast (1989): Zur Erkenntnistheorie bei Platon und Descartes, in: Antike und Abendland 35, 54–82.

Schmitt, Arbogast (1990): Selbständigkeit und Abhängigkeit menschlichen Handelns bei Homer. Hermeneutische Untersuchungen zur Psychologie Homers. Stuttgart.

Schmitt, Arbogast (1994): Das Bewußte und das Unbewußte in der Deutung durch die griechische Philosophie (Platon, Aristoteles, Plotin), in: Antike und Abendland 40, 59–85.

Schmitz, Hermann (1989): Was wollte Kant? Bonn.

Schmölders, Claudia (1994): [Rez. von Behrens / Galle (Hrsg.) 1993], in: Das 18. Jahrhundert 18, 192–200.

Schmölders, Claudia (1995): Das Vorurteil im Leibe. Eine Einführung in die Physiognomik. Berlin.

Schneider, Manfred (1993): Die Inquisition der Oberfläche: Kleist und die juristische Kodifikation des Unbewußten, in: Behrens / Galle (Hrsg.) 1993, 23–39.

Schneiders, Werner (1971): Naturrecht und Liebesethik. Zur Geschichte der praktischen Philosophie im Hinblick auf Christian Thomasius. Hildesheim / New York.

Schneiders, Werner (Hrsg.) (1983a): Christian Wolff 1679–1754. Interpretationen zu seiner Philosophie und deren Wirkung. Hamburg.

Schneiders, Werner (1983b): Zwischen Welt und Weisheit. Zur Verweltlichung der Philosophie in der frühen Moderne, in: Studia Leibnitiana 15, 2–18.

Schrader, Ludwig (1969): Sinne und Sinnesverknüpfungen. Studien und Materialien zur Vorgeschichte der Synästhesie und zur Bewertung der Sinne in der italienischen, spanischen und französischen Literatur. Heidelberg.

Schwab, Dieter (1995): Geschichtliches Recht und moderne Zeiten. Heidelberg.

Selbach, Ralf (1993): Staat, Universität und Kirche. Die Institutionen- und Systemtheorie Immanuel Kants. Frankfurt / Berlin u. a.

Sengle, Friedrich (1949): Wieland. Stuttgart.

Shackleton, Robert (1955): The Evolution of Montesquieus' Theory of Climate, in: Revue internationale de philosophie 9, 317–329.

Silber, John R. (1962): The Importance of the Highest Good in Kant's Ethics, in: Ethics 73, 179–197.

Soboul, Albert (1988): Die große französische Revolution: Ein Abriß ihrer Geschichte (1789–1799), hrsg. von Joachim Heilmann und Dietfrid Krause-Vilmer. Frankfurt am Main.

Sommer, Andreas Urs (1997): Felix pecator? Kants geschichtsphilosophische Genesis-Exegese im *Muthmaßlichen Anfang der Menschengeschichte* und die Theologie der Aufklärungszeit, in: Kant-Studien 88, 190–217.

Sommer, Manfred (1977): Die Selbsterhaltung der Vernunft. Stuttgart-Bad Cannstatt.

Sommer, Manfred (1988): Identität im Übergang: Kant. Frankfurt am Main.

Spon, Jacob (1683): Recherches Curieuses d'Antiquité. Lyon.

Stackelberg, Jürgen von (1960): Tacitus in der Romania. Studien zur literarischen Rezeption des Tacitus in Italien und Frankreich. Tübingen.

Stanitzek, Georg (1989): Blödigkeit. Beschreibung des Individuums im 18. Jahrhundert. Tübingen.

Stark, Werner (1988): Zu Kants Mitwirkung an der Drucklegung seiner Schriften, in: Ludwig, Bernd: Kants Rechtslehre. Hamburg, 7–29.

Stark, Werner (1993): Nachforschungen zu Briefen und Handschriften Immanuel Kants. Berlin.

Stark, Werner (1994): Wo lehrte Kant? Recherchen zu Kants Königsberger Wohnungen, in: Kohnen (Hrsg.) 1994, 81–110.

Stark, Werner (1998): Hinweise zu Kants Kollegen vor 1770, in: Brandt / Euler (Hrsg.). [im Druck]

Starnes, Thomas C. (1994): Der Teutsche Merkur. Ein Repertorium. Sigmaringen.

Starobinski, Jean (1971): Jean-Jacques Rousseau: La transparence et l'obstacle. Paris.

Steinmetz, Peter (1994): Die Stoa, in: Grundriß der Geschichte der Philosophie, begr. von Friedrich Ueberweg, hrsg. von Hellmut Flashar. Antike 4/2. Basel, 491–716.

Stenzel, Jürgen (Hrsg.) (1969): Epochen der deutschen Lyrik 1700–1770. München.

Stephan, Ulrike (1986): Gefühlsschauspieler, Verstandesschauspieler. Ein theatertheoretisches Problem des 18. Jahrhunderts, in: Empfindung und Reflexion, hrsg. von Hans Körner u. a. Hildesheim, 99–116.

Stewart, Michael Alexander (Hrsg.) (1990): Studies in the Philosophy of the Scottish Enlightenment. Oxford.

Strauß, Leo (1965): Hobbes' politische Wissenschaft. Neuwied.

Studer, Thomas (1994): Ludwig von Baczko. Schriftsteller in Königsberg um 1800, in: Kohnen (Hrsg.) 1994, 399–423.

Süssenberger, Claus (1974): Rousseau im Urteil der deutschen Publizistik bis zum Ende der Französischen Revolution. Ein Beitrag zur Rezeptionsgeschichte. Frankfurt am Main u. a.

Sutter, Alex (1988): Göttliche Maschinen. Die Automaten für Lebendiges bei Descartes, Leibniz, La Mettrie und Kant. Frankfurt am Main.

Tenenbaum, Katja (1996): I volti della ragione. L'illuminismo in questione. Rom.

Thomann, Johannes (1992): Anfänge der Physiognomik zwischen Kyoto und Athen: Sokratische Begriffsbestimmung und aristotelische Methodisierung eines globalen Phänomens. Die Beredsamkeit des Leibes, hrsg. von Ilsebill Barta-Fliedel und Christoph Geissmar. Salzburg / Wien, 209–215.

Tietz, Manfred (1993): Die Körpersprache als Tor zur Seele, in: Behrens / Galle (Hrsg.) 1993, 61–82.

Tortarolo, Edoardo (1989): La ragione sulla Sprea. Coscienza storica e politica nell' illuminismo berlinese. Bologna.

Trabant, J. (1990): Le style est l'homme même. Quel homme?, in: Comparatio 2, 57–72.

Traub, Hartmut (1992): Johann Gottlieb Fichtes Populärphilosophie 1804–1806. Stuttgart-Bad Cannstatt.

Traversa, Guido (1991): L'unità che lega l'uno ai molti. La *Darstellung* in Kant. Rom.

Trovillo, Paul V. (1938): A History of Lie Detection, in: Journal of Criminal Law and Criminology 29, 848–881.

Tuschling, Burkhard und Franz Hespe (Hrsg.) (1991): Psychologie und Anthropologie oder Philosophie des Geistes. Beiträge zu einer Hegel-Tagung in Marburg 1989. Stuttgart.

Ueberweg, Friedrich (1994): Grundriß der Geschichte der Philosophie. Antike 4/2. Basel.

Uhlig, Ludwig (1965): Georg Forster. Einheit und Mannigfaltigkeit in seiner geistigen Welt. Tübingen.

Utz, Peter (1994): »Es werde Licht!« Die Blindheit als Schatten der Aufklärung bei Diderot und Hölderlin, in: Schings (Hrsg.) 1994, 371–389.

Utz, Peter (1990): Das Auge und das Ohr im Text. Literarische Sinneswahrnehmung in der Goethezeit. München.

Vaihinger, Hans (1970): Commentar zu Kants Kritik der reinen Vernunft. Zum Hundertjährigen Jubiläum Derselben. 2 Bde. (1881–1892). Aalen.

Vaihinger, Hans (1898): Kant als Melancholiker, in: Kant-Studien 2, 139–141.

Valeri, Nino (1969): Pietro Verri. Florenz.

Van de Pitte, Frederick P. (1971): Kant as Philosophical Anthropologist. Den Haag.

Van de Pitte, Frederick P. (1972): Kant as Philosophical Anthropologist, in: Proceedings of the 3rd International Kant-Congress, hrsg. von Lewis White Beck. Dordrecht, 514–581.

Vartanian, Aram (1973): FIAT LUX and the Philosophes, in: Diderot-Studies 16, 375–387.

Vergata, Antonello La (1995): L'économie de la nature et la morale de l'effort, in: Archives des Sciences 48, 67–75.

Vlachos, Georges C. (1962): La pensée politique de Kant. Paris.

Vogl, Joseph (1994): Homogenese. Zur Naturgeschichte des Menschen bei Buffon, in: Schings (Hrsg.) 1994, 80–95.

Vollhardt, Friedrich (1994): Zwischen pragmatischer Alltagsethik und ästhetischer Erziehung. Zur Anthropologie der moraltheoretischen und -praktischen Literatur der Aufklärung in Deutschland, in: Schings (Hrsg.) 1994, 112–129.

Vorländer, Karl (1977): Immanuel Kant. Der Mann und das Werk, neu hrsg. von Rudolf Malter. Hamburg.

Wachendorff, Elke-Angelika (1991): Das neue Denken der »Noth-Wendigkeit«: Leiden, Schmerz und Lust in der Philosophie Friedrich Nietzsches. München.

Wagner-Hasel, Beate (1989): Frauenleben in orientalischer Abgeschlossenheit? Zur Geschichte und Nutzanwendung eines Topos, in: Der Altsprachliche Unterricht 23, 18–29.

Wallace, William (1882): Kant. Freeport / New York.

Walther, Rudolf (1972 ff.): Terror, Terrorismus, in: Geschichtliche Grundbegriffe, hrsg. von Otto Brunner, Werner Conze und Reinhart Koselleck, 6, 323–444.

Warda, Arthur (1922): Immanuel Kants Bücher. Berlin.

Waschkies, Hans-Joachim (1993): Naturgeschichte und Geschichte bei Kant, in: Existenz und Kooperation. Festschrift für Ingtraud Görland, hrsg. von Rolf Fechner und Carsten Schlüter-Knauer. Berlin, 163–175.

Watanabe-O'Kelly, Helen (1978): Melancholie und die melancholische Landschaft. Ein Beitrag zur Geistesgeschichte des 17. Jahrhunderts. Bern.

Weber, Max (1922): Wirtschaft und Gesellschaft. Tübingen.

Weis, Eberhard (1990): Der Illuminatenorden (1776–1786). Unter besonderer Berücksichtigung der Fragen seiner sozialen Zusammensetzung, seiner politischen Ziele und seiner Fortexistenz nach 1786, in: ders.: Deutschland und Frankreich um 1800. Aufklärung-Revolution-Reform, hrsg. von Walter Demel und Bernd Roeck, 46–66.

Weisskopf, Traugott (1970): Immanuel Kant und die Pädagogik. Beiträge zu einer Monographie. Zürich.

Wellek, Albert (1935): Farbenharmonie und Farbenklavier. Ihre Entstehungsgeschichte im 18. Jahrhundert, in: Archiv für die gesamte Psychologie 94, 347–375.

Whyte, Lancelot Law (1962): The Unconscious before Freud. London.

Wieacker, Franz (1967): Privatrechtsgeschichte der Neuzeit unter besonderer Berücksichtigung der deutschen Entwicklung. Göttingen.

Wiedemann, Conrad (1986): Römische Staatsnation und griechische Kulturnation. Zum Paradigmenwechsel zwischen Gottsched und Winckelmann, in: Alte und neue Kontroversen: Akten des VII. Internationalen Germanisten-Kongresses, Göttingen 1985, hrsg. von Albrecht Schöne. Tübingen, 173–178.

Wissowa, Georg u. a. (Hrsg.) (1893 ff.): Paulys Realencyclopädie der Classischen Altertumswissenschaft. Stuttgart.

Wokler, Robert L. (1988): Apes and Races in the Scottish Enlightenment, in: Philosophy and Science in the Scottish Enlightenment, hrsg. von Peter Jones. Edinburgh, 145–168.

Wolandt, Gerd (1988): Kants Völkeranthropologie als Programm, Europa und das nationale Selbstverständnis, hrsg. von Hugo Dyserinck und Karl Ulrich Syndram. Bonn, 39–70.

Wolff, Michael (1981): Der Begriff des Widerspruchs. Eine Studie zur Dialektik Kants und Hegels. Königstein.

Wolff, Reinhold (1972): Die Ästhetisierung aufklärerischer Tabukritik bei Montesquieu und Rousseau. München.

Wolfson, Harry Austryn (1935): The Internal Senses in Latin, Arabic, and Hebrew Philosophic Texts, in: The Harvard Theological Review 28, 69–133.

Wood, Alan W. (1991): Unsociable Sociability: The Anthropological Basis of Kant's Ethics, in: Philosophical Topics 19, 325–351.

Wood, P. B. (1990): Science and the Pursuit of Virtue in the Aberdeen Enlightenment, in: Stewart (Hrsg.) 1990, 127–150.

Woodbridge, Frederick (1939): Some Unusual Aspects of Mental Irresponsibility in the Criminal Law, in: Journal of the American Institute of Criminal Law and Criminology 6, 822–847.

Wright, John P. (1990): Metaphysics and Physiology: Mind, Body and the Animal Economy in Eighteenth-Century Scotland, in: Stewart (Hrsg.) 1990, 250–301.

Wuthenow, Ralf-Rainer (1980): Die erfahrene Welt. Europäische Reiseliteratur im Zeitalter der Aufklärung. Frankfurt am Main.

Yates, Frances A. (1991): Gedächtnis und Erinnern: Mnemonik von Aristoteles bis Shakespeare. Weinheim.

Zaehle, Barbara (1933): Knigges Umgang mit Menschen und seine Vorläufer. Ein Beitrag zur Geschichte der Gesellschaftsethik. Heidelberg.
Zelle, Carsten (1987): Angenehmes Grauen. Hamburg.
Zelle, Carsten (1994): Die Notstandsgesetzgebung im ästhetischen Staat. Anthropologische Aporien in Schillers philosophischen Schriften, in: Schings (Hrsg.) 1994, 440–468.
Zimmermann, Walter (1953): Evolution. Die Geschichte ihrer Probleme und Erkenntnisse. Freiburg.